小早川光郎先生古稀記念

現代行政法の構造と展開

小早川光郎 先生

謹んで古稀をお祝いし

　小早川 光郎 先生 に捧げます

　　　　　　　　　執筆者一同

目　　次

第1編　行政法学の変化と基層 ―――― 1

「社会」改革と行政法理論 …………………………… 飯島淳子　3

法の情報分析と公共政策法学の可能性 ……………… 岩橋健定　19

行政法の一般原則 ……………………………………… 大橋洋一　37

行政上の主体と実定法 ………………………………… 北島周作　59

続・法治国原理の進化と退化 ………………………… 仲野武志　89
　　──行政法における違法概念の諸相

「行政に固有な法の体系」としての行政法 ………… 橋本博之　111
　　──アイゼンマンによるローバデール批判，
　　　　そして小早川理論

第2編　国際化の視点 ―――― 125

グローバル化と個人情報保護 ………………………… 宇賀克也　127
　　──立法管轄権を中心として

行政法関連判例における国際取極めの位置づけ …… 斎藤　誠　151
　　──「国際的な基準」を中心に

国際動向と国内法制の不整合について ……………… 櫻井敬子　179

租税手続法の国際的側面 ……………………………… 増井良啓　199

第3編　行政過程と争訟過程 ―――― 215

抗告訴訟における実体法の観念 ……………………… 太田匡彦　217
　　──あるいは行政法における実体法の観念，その現況

実体的真実の解明をうける行政客体の手続上の権利 … 新山一雄　265

行政手続および行政訴訟手続における事実の調査・
　判断・説明 ……………………………………………山本隆司　293

行政過程の正統性と民主主義 …………………………興津征雄　325
　　──参加・責任・利益

台湾の都市更新（再生）条例における都市再生
　事業計画の許可に関する正当な行政手続と
　多段階行政手続 ………………………………………陳　春生　347
　　──大法官第 709 号解釈（2014 年）を中心に論じる

「法適用行為」と「法関係形成力」の視点からの
　ひとつの考察 …………………………………………加藤幸嗣　367

行政法における法の解釈と適用に関する覚え書き……角松生史　383

行政裁量論に関する一考察 ……………………………植村栄治　401

行政処分の条件と法目的 ………………………………交告尚史　413
　　──空間利用に係る許可制度の運用と自然環境への配慮

裁量方針（Policy Statement）について ………………常岡孝好　441
　　──裁量基準に対する司法審査

第 4 編　行政争訟の制度と法理　477

審査請求における違法性・不当性判断の基準時考察
　のための一視点 ………………………………………大江裕幸　479
　　──包括的検討に向けた予備的考察

機関訴訟と自己訴訟 ……………………………………門脇雄貴　493
　　──ドイツにおける両概念の関係

行訴法 4 条前段の訴訟（いわゆる形式的当事者訴訟）
　について ………………………………………………中川丈久　509
　　──土地収用法における損失補償訴訟の分析

中国における行政裁判所論議 …………………………王　天華　535
　　──司法権の独立をめぐる論争の一断面として

台湾における不服申立前置主義について	張　惠東	557
韓国行政法に見る 'Paternalism'	俞　珍式	579
──行政不服制度を素材にして		
環境行政訴訟における証明責任	桑原勇進	597

第5編　行政活動の担い手と手段 ──615

条例による事務処理の特例と都道府県の是正要求権限	板垣勝彦	617
流域治水と建築制限	山下　淳	633
──滋賀県流域治水条例を素材にして		
公害防止協定と比例原則	髙木　光	653
──摂津市対JR東海事件を素材として		
公物における競争法の適用について	木村琢麿	667
──フランスにみる公物法の変容とその理論的意義		
契約と行政行為の並存・交錯状況	田尾亮介	685
──フランスの場合		
大学の規律維持に関する法的仕組み	德本広孝	713
即時強制・仮の行政処分・事実行為の実施	横田光平	729
──参照領域としての子ども法		
中国における行政執法の改革の行方について	肖　軍	745

第6編　隣接分野との触れ合い ──755

環境法上の原因者負担原則に関する一考察	島村　健	757
憲法学から見た裁量型課徴金制度	宍戸常寿	775
景品表示法上の課徴金について	中原茂樹	793
金融行政法におけるファイアウォールの改正と課題	進藤　功	811
──証券会社と銀行の顧客情報の共有		

1962年憲法改正とルネ・カピタン……………………………高橋信行　833
　　──国民主権の発露としての国民投票

主権免責の「民間化」………………………………………玉井克哉　859
　　──アメリカ不法行為法の一側面

議会の財政・金融権限と名誉革命……………………………中里　実　881

非常事態の法理に関する覚書…………………………………長谷部恭男　901

小早川 光郎 先生 略歴　　917
小早川 光郎 先生 主要著作目録　　921
あとがき　　939

執筆者紹介 (執筆順)

氏名	所属	氏名	所属
飯島 淳子 (いいじま じゅんこ)	東北大学教授	中川 丈久 (なかがわ たけひさ)	神戸大学教授
岩橋 健定 (いわはし たけさだ)	弁護士	王 天華 (オウ テンカ)	中国政法大学教授
大橋 洋一 (おおはし よういち)	学習院大学教授	張 惠東 (チョウ ケイトウ)	台北大学助理教授
北島 周作 (きたじま しゅうさく)	東北大学教授	俞 珍式 (ユ ジンシク)	全北大学校教授
仲野 武志 (なかの たけし)	京都大学教授	桑原 勇進 (くわはら ゆうしん)	上智大学教授
橋本 博之 (はしもと ひろゆき)	慶應義塾大学教授	板垣 勝彦 (いたがき かつひこ)	横浜国立大学准教授
宇賀 克也 (うが かつや)	東京大学教授	山下 淳 (やました あつし)	関西学院大学教授
斎藤 誠 (さいとう まこと)	東京大学教授	髙木 光 (たかぎ ひかる)	京都大学教授
櫻井 敬子 (さくらい けいこ)	学習院大学教授	木村 琢麿 (きむら たくまろ)	千葉大学教授
増井 良啓 (ますい よしひろ)	東京大学教授	田尾 亮介 (たお りょうすけ)	首都大学東京准教授
太田 匡彦 (おおた まさひこ)	東京大学教授	徳本 広孝 (とくもと ひろたか)	首都大学東京教授
新山 一雄 (しんやま かずお)	成城大学教授	横田 光平 (よこた こうへい)	同志社大学教授
山本 隆司 (やまもと りゅうじ)	東京大学教授	肖 軍 (ショウ グン)	上海社会科学院法学研究所副研究員
興津 征雄 (おきつ ゆきお)	神戸大学教授	島村 健 (しまむら たけし)	神戸大学教授
陳 春生 (チェン チュンセン)	司法院大法官	宍戸 常寿 (ししど じょうじ)	東京大学教授
加藤 幸嗣 (かとう こうじ)	桐蔭横浜大学特任教授	中原 茂樹 (なかはら しげき)	東北大学教授
角松 生史 (かどまつ なるふみ)	神戸大学教授	進藤 功 (しんどう いさお)	弁護士
植村 栄治 (うえむら えいじ)	大東文化大学教授	高橋 信行 (たかはし のぶゆき)	國學院大學教授
交告 尚史 (こうけつ ひさし)	東京大学教授	玉井 克哉 (たまい かつや)	東京大学教授
常岡 孝好 (つねおか たかよし)	学習院大学教授	中里 実 (なかざと みのる)	東京大学教授
大江 裕幸 (おおえ ひろゆき)	信州大学准教授	長谷部 恭男 (はせべ やすお)	早稲田大学教授
門脇 雄貴 (かどわき ゆうたか)	首都大学東京准教授		

第1編　行政法学の変化と基層

「社会」改革と行政法理論

飯 島 淳 子

 序
 Ⅰ 「社会」改革の観察
 Ⅱ 「社会」改革を捉えるための理論枠組みの模索
 結 語

序

 「規制行政にせよ給付行政にせよ，それを事業として捉えてその事業全体の適正な実施・運営を問題とするのと，規制なり給付なりの特定の相手方の権利義務の問題こそが重要だと考えるのとでは，議論の立て方が異なったものとなる可能性もある。行政法学の方法ないし枠組みの問題として，今後，議論していく必要がある」。このように結ばれた論攷は[1]，小早川光郎教授の行政法理論において突出しているようにも見える。行政と立法との関係を憲法 41 条に則って整序しつつ[2]，実質的意味における行政の観念を「人民との関わり」において捉え[3]，——おそらくは「人民」を基点とするがゆえに，行政の目的よりも——行政作用の態様に焦点を絞った立法による制度の仕組みすなわち法的仕組みを理論枠組みの基本に据える[4]行政法学者が，特定の相手方との関係を超えた「地域社会ないし国民社会の全体」に視点を置き，「事業全体の適正な実施・運営」を確保するための法のあり方を考察すると述べるとき[5]，そこではどのような行政法の課題

---

 1) 小早川光郎「規制行政と給付行政」芝池義一 = 小早川光郎 = 宇賀克也編『行政法の争点〔第 3 版〕』(2004 年) 8-9 頁。
 2) 小早川光郎『行政法上』(1999 年) 87 頁以下。
 3) 小早川・前出注 2) 10-11 頁。
 4) 小早川・前出注 2) 188 頁。

が見据えられているのか[6]。

かかる疑問を抱えつつ，近時の立法を眺めると，そこに，「社会」を直接の名宛人とする規定が増加していることに気付かされる。法律が —— 人の権利義務について定め，行政機関の職務・権限について規律するのではなく —— 社会そのものを規定するということは，果たしてどういうことなのか。仮に，「現実に生きた具体的な行政法は社会的必要の産物であり，社会的闘争の産物である」[7]のならば，これらの法律にも日本社会の現状が映し出されていることになるが，その問題を問題として捉えるための理論枠組みは，果たして用意されているだろうか。

本稿は，近時の立法における一つの特徴的な動向を「社会」改革という言葉[8]で取り出した上で（Ⅰ），単なる個人を超えた「社会」を直接の対象とするこれらの立法を眼前にして，行政法理論の枠組みを再考するための基礎作業という位置づけの下，「事業」としての行政という枠組みの潜在的含意を探り当てることを試みる（Ⅱ）。

Ⅰ 「社会」改革の観察

1 「社会」改革の諸相

(1) 「社会」改革の類型化　　まず，「社会」なかでも「地域社会」という用語[9]を用いている法律の規定に着目して[10]，「社会」改革の類型を括り出す。

---

5) 小早川・前出注1) 9頁。
6) 2011年に公刊された小早川光郎「行政法の存在意義」磯部力＝小早川光郎＝芝池義一編『行政法の新構想Ⅰ』1頁以下は，主に，侵害行政を対象とし，行政処分による法律関係の確定の仕組みに着目して「行政法の存在意義」を論じた後，行政法の射程の拡大がその存在意義を拡散させることに対する危惧の表明で締めくくっている。この論攷は，侵害的政府活動という実体を対象とし，侵害行政における態様よりむしろ侵害行政の手法に重点を置き，侵害行政のそれぞれの手法と関連させながら法的仕組みについて考察するという点において，教科書で示された方法論とは別のアプローチに拠っているようにも見える。ただし，この論攷はむしろ，行政目的の実現（前田雅子「行政法のモデル論」前出『行政法の新構想Ⅰ』32頁以下，特に35頁参照）という土俵に乗りながらも，"機能的" ではなく "法学的" に考察する方法を示したものであると理解するべきなのかもしれない。
7) 遠藤博也『計画行政法』(1976年) 185頁。なお，遠藤博士のいう「社会管理」の考え方は小早川教授においても受け入れられている（小早川・前出注2) 7頁）。
8) ちなみに，経済財政運営と改革の基本方針（骨太の方針）2015（平成27年6月30日閣議決定）は，「経済・財政一体改革」を「広く国民全体が参画する社会改革」として位置づけると述べている。何らの留保も付すことなく打ち出された「社会改革」という用語法はそれ自体，検討の対象とされなければならない。
9) 本稿が「地域社会」という用語を手懸かりとするのは，特定の分野ごとに，そしてその集合体として「社会」を考察するのではなく，あらゆる活動がなされる場として，あるいは，あらゆる

一つの類型として，地域社会像の提示を行う立法群がある。これらは，大半は目的規定，基本理念規定あるいは前文において，インフラ，防災，環境，社会保障，情報，文化など，ハードからソフトまで行政分野の隔てなく，「健全な」「自立的」「個性豊か」「活力に満ちた」といった様々な"形容詞"によって，「地域社会」のあるべき姿を謳うものである。これらの法律から読み取るべきほぼ唯一のしかし重要な含意は，その制定時期である。必ずしも明確に画しうるわけではないものの，平成12年頃から，すなわち，中央省庁改革や第一次地方分権改革が遂行された後から，規定の仕方に量的・質的な変化が見られる。そして，東日本大震災後から，「地域社会」のみならず「日本社会」さらには「国際社会」という用語が並んで用いられるようになる[11]。これらの時期に法律が「社会」への働きかけを強化ないし拡大したことは，一定の法的意味を有していると言えよう。

　もう一つの類型として，地域社会に対して一定の役割を担わせる立法群がある。これらは，各法律の目的を実現するために，地域社会をして，他のアクターとの連携・協力の下に行動させようとするものである[12]。地域社会をアクターとし

　　　活動をなしうる主体として，「社会」を考察するという意図に基づくものである。
10）　判例は基本的に，「地域社会」を十分には捉えておらず，あるいは無視していると言ってよい。例えば，損失補償請求事件において，――立法がコミュニティ対策を一定程度進めているのに対し――裁判所はコミュニティの喪失による生活上の損失の主張を認めていない（最判昭和63・1・21判時1270号67頁，岐阜地判昭和55・2・25行裁例集31巻2号184頁等参照）。ただし，最判平成2・1・18民集44巻1号1頁は，公務員の懲戒処分に関する裁量権の逸脱を否定する論拠の一つとして，「〔当該教諭が行った〕特異な教育活動が，……生徒の父兄に強い不安と不満を抱かせ，ひいては地域社会に衝撃を与えるようなものであったことは否定できない」ことを挙げている。なお，最大判昭和45・6・24民集24巻6号625頁は，会社の権利能力の問題を判断する件りのなかで，「会社は，他面において，自然人とひとしく，国家，地方公共団体，地域社会その他（以下社会等という。）の構成単位たる社会的実在なのであるから，それとしての社会的作用を負担せざるを得ない」と述べた。この判示は，「地域社会」を国家，地方公共団体と並列に「社会等」と一括りにした上で，その構成単位をして「社会的作用」を負担するものとしている点だけをとってみても，さらなる議論の余地がある。
11）　劇場，音楽堂等の活性化に関する法律（平成24年6月27日法律第49号）前文・1条，まち・ひと・しごと創生法（平成26年11月28日法律第136号）1条。なお，持続可能な社会保障制度の確立を図るための改革の推進に関する法律（平成25年12月13日法律第112号）3条2項は，「日本社会」という用語のみを使用している。
12）　例えば，高齢社会対策基本法（平成7年11月15日法律第129号）前文は，「国及び地方公共団体はもとより，企業，地域社会，家庭及び個人が相互に協力しながらそれぞれの役割を積極的に果たしていくことが必要である」と規定し，いじめ防止対策推進法（平成25年6月28日法律第71号）17条は，「関係機関，学校，家庭，地域社会及び民間団体の間の連携の強化」を求めている。

て捉えるという点において，地方自治法における唯一の用語例として平成3年改正により導入された認可地縁団体の要件（260条の2第2項1号）も，この類型に含められうる[13]。加えて，地域社会を擬人化する用語法も見られる[14]。

以上の二つの類型[15]はそれぞれに，考察の対象とされなければならない。というのも，これらの法律が，人と人の間，国の領土・地方公共団体の区域・個人の土地の間という，法制度上の基本的単位とされていない"空間"を実体化しようとしているからであり，言い換えるならば，国家が，国家の活動とは区別された自己固有の生活を営む本来的に自由であるべき「社会」に対し，公益実現を目的づけようとしているからである[16]。

（2）具体例──まち・ひと・しごと創生法　そこで，「社会」改革の典型例とも言いうるまち・ひと・しごと創生法を読むことにする。この法律は，現在までのところ，「地域社会」のみならず「日本社会」を正面から扱っているただ一つの法律である。

まち・ひと・しごと創生法の構造面での特色は，"基本法的な法律"であることに求められる[17]。すなわち，法律自体は，基本理念，組織等を定めるほか，計画の作成と実施について，政府に対しては法的に義務づけ，地方公共団体に対

---

13) 個人住民税を「地域社会の会費的性格」とする，社会保障の安定財源の確保等を図る税制の抜本的な改革を行うための消費税法の一部を改正する法律（平成24年8月22日法律第68号）7条2号もまた，地域社会がアクターとなることを前提としていると解される。

14) 例えば，「地域社会が自立と連帯の精神に立脚して形成される社会」（高齢社会対策基本法2条），「地域社会とのあつれき」「地域社会の理解と協力」（ホームレスの自立の支援等に関する特別措置法（平成14年8月7日法律第105号）1条），「地域社会の絆」（東日本大震災復興基本法（平成23年6月24日法律第76号）2条，福島復興再生特別措置法（平成24年3月31日法律第25号）2条1項，劇場，音楽堂等の活性化に関する法律3条8号）がある。

15) なお，以上の二つの類型のほかに，立法者ないし行政機関に対して地域社会への影響の考慮を要請する諸規定が存在する。例えば，水俣病被害者の救済及び水俣病問題の解決に関する特別措置法（平成21年7月15日法律第81号）前文は，立法事実として地域社会への影響を宣明している（「水俣病は……長年にわたり地域社会に深刻な影響を及ぼし続けた」「水俣病の被害についての無理解が生まれ，平穏な地域社会に不幸な亀裂がもたらされた」「地域における紛争を終結させ，水俣病問題の最終解決を図り，環境を守り，安心して暮らしていける社会を実現すべく，この法律を制定する」）。また，駐留軍等の再編の円滑な実施に関する特別措置法（平成19年5月30日法律第67号）11条1項・2項は，事業の優先付けにあたっての考慮要素として「地域社会への影響の内容及び程度」を掲げている。

16)「社会」による公共的活動は，近時，必要性を認められ，それゆえに制度化が図られつつある（地域運営組織，エリア・マネジメント等々）。本稿は，──直接の検討対象とはしないものの──これらの事象に直面した行政，行政法，行政法学のあり方をも視野に入れている。

17) 溝口洋「『まち・ひと・しごと創生法』の解説（中）」地方財務2015年2月号16頁。

しては努力義務とするにとどめている。そのなかで，法律による規律としては，計画策定手続の規律（8条3項）が重要視されている[18]。この手続的規律は，長期ビジョンの策定，指標の設定，および，地方公共団体からの意見聴取を内容とするものである。そして，法律で課されたこの手続に則って長期ビジョンが策定され，長期ビジョンに基づいて計画（総合戦略）が策定された。計画においては，政策の基本原則（自立性，将来性，地域性，直接性，結果重視というまち・ひと・しごと創生の政策5原則）を前提としつつ，法律で課された手続に則って，指標が設定される（4つの基本目標について成果指標が設定され，さらに，そのいわば具体化として主な重要業績評価指標〔KPI: Key Performance Indicator〕が設定される）。これらの指標が設定された政策は，大括りのパッケージとして提示され，さらに，そのいわば具体化として主な個々の施策が提示される。個別施策は，計画の付属文書であるアクションプラン（個別施策工程表）に従って，実現に移されることになる。

　以上を踏まえ，人口減少および東京一極集中という社会事象を行政がどのように制御しようとしているかを見ると，第一に，行政の対象として，まち・ひと・しごとを一体として捉えていることが挙げられる。第二に，行政の手法として，計画という総合的手段を用い，ここに，目標と目標の間および目標と施策の間における階層構造を設けると同時に，PDCAサイクルに基づく時間軸を埋め込んでいることが挙げられる。これは，いわばタテ方向とヨコ方向のいずれをもカバーする包括的な介入であるとも言えよう。

　この行政事象について法律がどのように秩序付けようとしているかを見ると，第一に，基本法という法形式は，基本法によって提示された基本方針の枠付けのなかで，状況の変化に即応した個別作用法が別建てで順次制定されることを予定している。個別の施策に関するPDCAサイクルがミクロの時間軸であるとすると，基本法に基づく個別作用法の制定と実施はマクロの時間軸であることになろう。第二に，基本原則→目標→政策パッケージ→主な施策→個別施策という階層構造は，一方で"上から下へ"の合理性を，他方で"下から上へ"の合理性を要求するものである。前者は，上位階層による下位階層の拘束であり，後者は，行政作用の仕組みの濫用の禁止を意味しうる[19]。

---

18) 溝口・前出注17) 23-24頁。
19) 個々の施策が，本来の趣旨目的の範囲を越えて地方創生の手段として利用されていないか，そして，政策パッケージが，個々の施策の本来の趣旨目的の範囲を越えてパッケージされていな

2 「社会」改革の法理

(1) 単なる個人を超えた「社会」という視座　ここで改めて，「社会」改革を標榜する諸法律の根底に存在しているであろう"法理"を抽出する。

先に括り出した二つの類型はいずれも，――個人でもなく行政でもなく――「社会」を基準とするものである。このことは，裏を返すと，「社会」を基準としなければ，法律の目的が実現されえないということを示している。例えば，「農用地の保全に資する各種の取組が，……良好な地域社会の維持及び形成に重要な役割を果たしてきている」（農業の有する多面的機能の発揮の促進に関する法律2条2項）という文言は，農業者個人にとっての意義を超えた，地域社会にとっての意義を強調するものであり，ひいては，地域社会にとって重要な役割を果たしていなければ，農用地の保全という目的の必要性が裏付けられえないことを示している。すなわち，「社会」にとって必要であると主張しえなければ，目的を実現するための資源が分配されないのである[20]。「社会」改革という現象は，このように，単なる個人を超えた「社会」の重要性が立法者によって認識されるに至り，その認識が強まっていることを意味していると解される。そして，「社会」にとっての必要性は，特定の行為ないし特定の主体を基準として測定することができないため，KPIによる可視化・実体化が求められる。このKPIの設定の仕方は，第一義的な重要性を帯び，したがって，法のルールに服せしめられるべきことになる。

(2) 「資源管理」という法理　単なる個人を超えた「社会」という視座は，有限の資源をいかに公正に分配し，いかに効率的に目的を実現するかという課題，すなわち，「資源管理」にあたって選び取られたものである。もとより，今日では，行政資源の有限性への明確な自覚の下に，適法性のみならず効率性という価値が求められることは，共通認識となっている[21]。

　　いかが問われる。例えば，広域連携という施策に関し，市町村合併後の総合行政主体観の限界ないし自治のかたちの多様化という本来の趣旨目的を越えて，人口減少社会の制御のための手法として用いられていないか，そして，広域連携と既存ストックのマネジメント強化など，それぞれに本来の趣旨目的を持つ施策が，政策パッケージとしてパッチワーク的に寄せ集められていないかが問われる。

[20] 同様に，水俣病被害者の救済及び水俣病問題の解決に関する特別措置法においては，被害者個人の救済では収まらず，"地域における紛争の終結"までが必要とされた（前出注15））。

[21] 従来は，私人のニーズの多様化に行政がいかに対応するかという見方に立って，ニーズの測定とこれに基づくサービスの質・量の決定・実現の仕方が論じられてきたのに対し，今日の社会

問題は，そこでの「資源」の内容である。通常念頭に置かれる資源は，環境資源（水，大気，土地等）[22]や行政資源（財源，人員，情報等）[23]であろう。なるほど，公務員は人員ないし人的手段として捉えられ，営利団体の人材もこれとパラレルでありうる[24]。対して，まち・ひと・しごと創生法1条は「地域社会を担う個性豊かで多様な人材の確保」を目的として掲げている。ここで「確保」されるべき「人材」は，営利団体に加え，非営利団体，さらには，自己固有の生活を営む個人（生活者住民・国民）にまで及びうる。そして，「人材」とは人的資源でありしかも有限の資源であるがゆえに，効率的な「活用」が求められる。だが，このように国家が生活者個人を「資源」として把握し調達することは，「個人」の観念それ自体を否定することへと向かうおそれがあるのではないか。単なる個人を超えた「社会」という視座は，個人から「社会」に重心を移したとしてもなお，自らの生活すなわち生き方を自ら決するという個人の根源的な領域までを塗り込めるようなものであってはならない。「資源」のなかに生活者個人そのものを忍び入れさせる余地を絶つ必要があるのである[25]。

　　事象と行政事象は，国家によるニーズのコントロールを，国民全体に対して，直接的に企てるに至っている（骨太の方針2015・前出注8）は，「インセンティブ改革」の名の下に，"国民1人ひとりの意識や行動の変化を促し，公共サービスに対する需要を変えていく"ことを強調している）。ここでは，資源の量から逆算してニーズを抑制するという，資源管理のいわば"裏"の面をも直視した規律が求められる。

22)　磯部力「公物管理から環境管理へ」成田頼明先生横浜国立大学退官『国際化時代の行政と法』（1993年）25頁。なお，土地については，2050年までに，居住地域全体の約2割では人が住まなくなると推計されており（国土審議会政策部会長期展望委員会「国土の長期展望　中間とりまとめ」（平成23年2月21日）等），「資源」としての性格が根本的に変わりつつある。

23)　大橋洋一「行政の自己制御と法」前出注6)『行政法の新構想Ⅰ』167頁は，リスク管理，組織管理，人員管理，情報管理，モニタリングおよび行政基準の6つを取り上げている。

24)　例えば，地域再生法（平成17年4月1日法律第24号）2条にいう"多様な人材の創造力を活用した事業活動の活性化"は，事業者の「人材」を念頭に置いており，この点で通常の用語法であると言える。

25)　磯部力「行政システムの構造変化と行政法学の方法」塩野宏先生古稀『行政法の発展と変革　上巻』（2001年）67頁は，「ソフトな形での行政資源調達システムへの転換」を課題として指摘し，この課題は一般化すれば，「公的な介入がない限り私的な価値にとどまる諸々の潜在資源（ヒト，モノ，カネ）に対し，公的なシステムによって何らかの公的な価値を付加する（公共的なお墨付きを与えるなど）ことによって，直接の公金支出や公権力行使を伴わずとも，公用負担によって獲得する価値と同等以上のもの（関係者の主体的な選択行動や自覚的な公共意識を伴う場合には，より一層創造的な価値）を公共資源として調達し得るようなしくみを開発していく課題」であると述べている。「ヒト」を行政資源として調達するしくみは，その設計如何によっては，本文で述べたのと同じ問題を孕みうる。

Ⅱ 「社会」改革を捉えるための理論枠組みの模索

1 行政法学の諸営為の点検

こうして，資源管理の法理に基づく「社会」改革について，そこに潜む問題を問題として捉えるための理論枠組みが模索されるべきことになる。

ここでの基本的な障壁は，行政事象が「人民との関わり」を直接の要素としておらず，行政法の営為が法律関係の展開としてはうまく捉え切れないことにある。かかる障壁に関して，行政法学による対応がなされていないわけでは決してない。それどころかここにこそ，行政法学の拡張可能性が見出されていると言ってもよい。

一つの方向性として，行為形式論の拡充と深化が挙げられる。行政計画論[26]，さらに「基本方針」論[27]は，法的権利義務関係に還元されえない政策の策定・実現を秩序付けようとするものである。また，行政指導論に加え，行政契約論も遅まきながら発展しつつある。これらの行為形式は，当事者間の合意に基づいて，かつ，複数の当事者を"動員"しうるものであることから，"社会を変える"ためのソフトな手段として用いられうる[28]。

もう一つの方向性として，公私協働論が挙げられる。地域社会がアクターとなる場合には，私行政法[29]に服せしめることによって，公的主体と（地域社会の相手方あるいはその構成員としての）個人との間で，地域社会をして公的主体からの自律性を保持させると同時に個人に対する介入を抑制させることが担保されう

---

26) 西谷剛『実定行政計画法』（2003年）。
27) 小幡雅男「『『基本方針法』としての外来生物法の機能と特徴（一）（二・完）」大阪学院大学法学研究33巻1＝2号1頁，34巻1号1頁（2007年），碓井光明「法律に基づく『基本方針』」明治大学法科大学院論集5号（2008年）1頁。
28) 比較対象となりうるフランス法の仕組みの一つに，国・州間の計画契約（contrats de plan）のいわば下位契約を成す地域安全契約（contrats locaux de sécurité）がある。この契約は，治安の悪化に対して，地域社会の幅広い構成員による多種多様な活動をコーディネートし，積極的・継続的なパートナーシップを組織化することを通じて，生活の質そのものを改善しようとするものである。この契約は，計画のロジックのなかで，一定のサイクルに則って動態的に実現される。すなわち，利害関係者間の協議によって，地域実態評価が実施された上で，各利害関係者の活動，予算，設備，人的体制，事後評価の方法・基準等を盛り込んだ行動計画が作成・実施され，事後に，行動計画に照らしてフォローアップとフィードバックが行われることになっている（拙稿「契約化の公法学的考察（二）」法学74巻4号（2010年）22-24頁参照）。
29) 山本隆司「公私協働の法構造」金子宏先生古稀『公法学の法と政策（下）』（2000年）562頁以下。

る30)。

　これらの理論枠組みは，確かに，「社会」改革の一定の側面を規律することができる。しかし，「社会」改革の問題性が，国家と個人との間の「社会」を直接の対象とすること，また，行政過程の明確な把捉と分節化に困難を抱えていることに由来していると見るならば，公と私の伝統的な区別を基本とし，特定の行為ないし特定の主体に着目した理論枠組みは，必ずしも十全には機能しえないおそれがある。

2　「事業」としての行政という理論枠組み

(1)　行政の定義・分類のレベルにおける有効性　　以上に述べ来ったところに鑑みるとき，「事業」としての行政という理論枠組みの意義が浮かび上がってくる。

　第一に，この枠組みは，行政上の法律関係という範疇では掬い取れない行政活動を対象としうるものである。「事業」という枠組みはそもそも，特定の相手方の権利義務からの基点の転換を通じて，かような機能を持つものとして設定された枠組みに他ならない。

　第二に，この枠組みは，社会全体にとっての受益を梃子に，給付行政と規制行政を同時に視野に入れるものである。

　ここでは，一つには，憲法学における国家の基本権保護義務の議論[31]とある面ではこれに対応する行政介入請求権の議論の応用可能性が試される。比喩的な表現を用いるならば，「社会」改革は，弱者のために（弱者だけでなく）強者を動かすという側面を有している。例えば，高齢者，ホームレス，「子どもを生み，育てる者」，障害者，いじめを受けた児童・いじめを行った児童といった"弱者"

---

30)　なお，公私協働論において主に念頭に置かれている「私」は，自主規制をも含む部分秩序により規律された事業者であり，したがって，私行政法は，この部分秩序と公的主体が本来的に服する公法規範との間の調整のルールであるとも解されよう。このルールは，立法的選択の対象であり，かつ，立法の介入を要するものである。これに対し，生活者個人は，立法の介入を阻む憲法上の自由を保障されているから，少なくとも現在の公私協働論をそのままには適用しえない可能性がある。

31)　小早川・前出注1) 9頁参照。なお，憲法学と行政法学との相互学習の営みは，近時注目を集めつつある（本稿の関心事に照らして，棟居快行『「憲法と行政法」序説』阿部泰隆先生古稀『行政法学の未来に向けて』(2012年) 129頁参照)。「基本権保障における初期近代→確立期近代←現代，そして人のいう『ポストモデルネ』の間の緊張と連続」（樋口陽一『国法学』(2004年) 114頁）をめぐる考察に学んだ上での本格的な検討は他日を期したい。

の利害に鑑み，（弱者に対し一方的行為ないし契約的行為によって働きかけるのみならず）地域社会を含む"強者"に対し連携と協力を求めるのが，これに当たる[32]。このような行政事象に関しては，弱者と強者という主体に着目し，また，弱者と強者との関係を規律する枠組みは必ずしも十分でない。「事業」の枠組みによるならば，行政が，弱者という点的な対象に対して特定の時点において介入するばかりでなく，強者すなわち多数者全体という面的な対象に対して長期間にわたって働きかける――したがってコストも増加しうる――ことが，社会全体にとっての受益という見地から適正かどうかといった問題設定がなされうることになる。

　もう一つには，実際に行われる活動に即した――行政作用の類型概念に囚われない――発見機能が生まれる。特に問題となりうるのは，規制緩和の仕組みである。例えば，主務大臣が策定した基本方針に基づいて，事業者が計画を作成し，主務大臣の認定を受けると，関連する一定の規制が緩和されるという仕組みが定められている場合がある[33]。私計画認定制度とも呼ばれるこの仕組みは，当該事業者に対する誘導効果を持つ。ただし，この仕組みは，当該事業者以外の者に対する規制でありうるし，当該事業者に対しても（一般的禁止を個別具体的場合に解除して自然の自由を回復するものではなく）連動して壮大な計画体系への組み込みを余儀なくするという意味において規制でありうる。このような行政事象に関しても，当事者という主体に着目し，また，当事者間の関係を規律する枠組みは必ずしも十分でない。「事業」の枠組みによるならば，行政が，多数の相手方に対してそれぞれに個別の処置を積み重ねていくばかりでなく，特定の相手方に限り一回の処置をもって関係する一連の処置を擬制することが，社会全体にとっての受益という見地から適正かどうかといった問題設定がなされうることになる。

　第三に，この枠組みが行政活動の仕組みと財政の仕組みを一つのシステムとして捉えうることが注目される。事業とは，予算配分がなされ，その歳出に伴って行政活動がなされるものであると言っても大きな誤りはなかろう。もとより，資源分配の基準は――個人の利益でもなく部分集団の利益でもなく――社会全体の利益でしかありえない。しかるに，行政作用の法的仕組みは，特定の相手方の権

---

32) 本文で取り上げた「人」を基準とした「事業」に加え，「区域」を基準とした「事業」がありうる。例えば，地方創生政策において，中山間地域という"弱者"のために"強者"である東京からの移住を誘導したり，復興政策において，被災地域という"弱者"のために"強者"である全国民の関心を惹起し維持したりするのが，これに当たる。

33) 西谷・前出注26) 185頁。

利義務に照準を定めるものであるから，財政の仕組みとの間にずれを生じさせざるを得ない[34]。これに対し，「事業」の枠組みは，社会全体にとっての受益に照準を定めることによって，資源を対象に，その分配すなわち財政の仕組みとその管理すなわち行政活動の仕組みを接続させうる。具体的には，後に述べるように，資源管理が計画→執行→評価→改善というサイクルをとるのに対応して，資源分配は予算配分→予算執行（補助金交付等）→統制（議会による決算承認や住民訴訟等）→是正（議会の決算不承認に対する長の説明責任や住民訴訟の判決を踏まえた個人責任と組織責任等）というサイクルをとり，両者が連動することになる。

(2) 行政法の構造のレベルにおける有効性　進んで，「社会」改革を一個の事業として捉え，その適正な実施・運営を確保するための法のあり方について，実体面と手続面のうち後者を中心に考察する。

① 実体面の秩序付け　実体面の秩序付けに関しては，資源の分配と管理が適合すべき基準を定立するべきことになる。この基準として，各個別法の定める実体的規律（そこで掲げられた地域社会像や地域社会の役割を含む）のほか，一般的なレベルにおいて，まず，事業の実施・不実施・中止に関する基準が必要となろう。とりわけ，憲法上の制約として，個人の自己決定に委ねられなければならない領域，団体の「自立性」[35]に委ねてよい領域，および，国家が担わなければならない領域の間の守備範囲が問題となりうる。また，事業の実施・運営の仕方に関する基準が必要となろう。標語的に述べるならば，サービスの平等・画一から質と量の差異化へ，また，公役務の継続性から変更可能性へといった転換が求められているなかで，適切な対抗軸の設定を通じて，原則と例外の関係を秩序付けていくことになる。

② 手続面の秩序付け　手続面の秩序付けに関しては，PDCA サイクルという道具立てを法学的に再構成することが課題となる。以下では，ある事業の実施・運営について，社会全体にとっての受益という観点から，その適正さを確保

---

[34] 大橋洋一「新世紀の行政法理論」前出注25)『行政法の発展と変革上巻』127頁は，現実の行政活動は規制の体系と財政のしくみという二つのシステムを組み合わせて行われているにもかかわらず，後者の考察が不足しているとして，経済的手法への着目の必要性等を指摘している。

[35] まち・ひと・しごと創生の政策5原則（前出7頁）の一つである「自立性」は，施策の効果が特定の地域・地方，企業・個人に直接利するものであり，国の支援がなくとも地域・地方の事業が継続する状態を指すとされている。ここでの「自立性」は，経営的要素を有する点において，従来の用語法とは異なる。

するためにいかなる法のルールが要求されるか，ということを，三段階構造モデルからの偏差を測定することによって位置付けるという方法[36]に依拠しつつ考えてみたい。

　まず，三段階構造モデルにおけるような一方向かつ限定された授権の縦関係とは異なり，行政基本決定と行政執行活動[37]は相互に前提をなしつつ展開される動態的なサイクルとなる。具体的には，事業の計画（P）とその実施・運営との関係の設計の仕方という問題となって現れる。実施・運営を計画と接続させる場合には，上から下への拘束すなわち比例原則と同時に，下から上への還元すなわち権限の不当連結の禁止原則が課される。対して，実施・運営を計画から分離する場合には，国家の任務を計画の策定に限定し，その実施・運営を社会に留保することによって，自治を確保するという途も開けてこよう。なお，計画の段階では，事業の調整・選択が地域に重大な影響を与えるから，調査義務（例えば，まち・ひと・しごと創生法8条3項）や参加手続などの規律を課すことによって，外部化が図られることになる。

　そして，行政行為がそれ自体，実体法的側面と争訟法的側面を含む仕組みであることと対照させるならば，ここでの行政統制の局面をも含む行政基本決定と行政執行活動の過程は，時間軸と構造軸における一定の拡張を加えるものである。

　一方で，時間軸においては，事業の実施・運営は，執行活動（D）のみならず，評価活動（C）と改善活動（A）までを含んでいる。評価活動については，一般法である行政機関が行う政策の評価に関する法律とその特別法における評価の仕組み（例えば，まち・ひと・しごと創生法12条2号）との関係が関わり，また，改善活動については，一般法である行政手続法が命令等制定機関に見直しの努力義務を課していること（38条2項）と個別法における見直しの仕組み（例えば，まち・ひ

36）　藤田宙靖『行政法総論』（2013年）7頁。なお，「社会」改革は，目的規定・基本理念規定という形をとっていることからも，まさしく目的プログラム（遠藤・前出注7）92頁以下）に他ならず，したがって，三段階構造モデルが採用する条件プログラムと対置させることも十分に可能である。だが，まち・ひと・しごと創生法に典型的に表れているように，今日では，PDCAサイクルが制度化されており，しかも，これが法学的観点よりも政治学的・行政学的観点に拠っていることから，本稿は，PDCAサイクルを法的に記述することで法のルールを提示しようと試みるものである。

37）　小早川・前出注2）50頁。なお，行政計画について，これがかなりの部分において行政基本決定の概念と重なり合うこと，また，予算も年度ごとの総合的行政計画としての側面を有することが述べられている（52頁）。

と・しごと創生法8条6項，都計21条の2〔都市計画提案手続〕[38]）との関係が関わってくる。

　他方で，構造軸においては，本来の案件処理手続とは区別される統制の仕組みを通じて，他者による評価・審査，さらに，場合によっては審査の結果に基づいて必要な処置が施される[39]。ここでの評価および処置の実施は，本来の案件処理手続における自己評価および改善と重層構造を成している。統制の仕組みの要となる裁判手続[40]のうち注目すべきものとして，まず，住民訴訟制度において，裁判所は，財務会計行為を対象として，公金の配分の仕方，すなわち，事業の優先順位付け（実現の順序・金額）の適法性をも含めて，事業の実施・不実施・中止の適法性を判断する[41]。加えて，都市計画事業の分野において，事情の変更に応じた都市計画の変更がなされないことの違法性を争う取消訴訟も一定の役割を果たしている[42)43]。これらの仕組みは，評価から改善へというサイクルを，いわば行政と司法との協働によって[44]実現しようとするものであるとも解される。

---

38) 西谷・前出注26) 166頁は，都市計画提案制度を変更請求の一つの制度化であると述べている。この制度は，土地所有者に加えてまちづくりNPO等による請求を認める点において，社会全体の見地からの見直しという要素をも有しうる。

39) 小早川・前出注2) 71頁参照。

40) 裁判手続のほか，議会による予算・決算の統制や監査委員・外部監査人による監査なども重要である。

41) 住民訴訟制度は，――地方公共団体に関する仕組みであり，当該区域や住民に限られることのない地域社会に適用するには限界があるものの――原告住民に公益の代表者として出訴させる点（最判昭和53・3・30民集32巻2号485頁参照），公金支出の適法性が審査の対象となる点，――行政過程の一つのポイントを取り出して争いの対象とさせる取消訴訟とは異なり――一連の行為を一体とみて争いの対象とさせうる点（最判平成18・4・25民集60巻4号1841頁等参照），および，特に4号請求訴訟について組織としての対応（説明責務，見直し義務を含む）を組み込んでいる点において，統制の仕組みとしての有効性を備えていると言いうる。

42) 例えば，名古屋高判平成9・4・30行裁例集48巻4号323頁は，都市計画決定権者の変更権限（都計21条）を前提として，事情の変化により都市計画基準に適合しなくなった計画の不変更が，変更義務違反として問題とされうることを示唆している。なお，取消訴訟においては，裁量統制の局面における判断過程統制が有効性を発揮しうる。

43) さらに，本来の案件処理手続と統制の仕組みをリンクさせた都市計画争訟制度に係る提言が参考となる。国土交通省都市・地域整備局都市計画課「人口減少社会に対応した都市計画争訟のあり方に関する調査業務報告書」（平成21年3月）において提案された都市計画違法確認訴訟の仕組みは，裁判所と都市計画決定権者との役割分担のなかで，判決の拘束力に基づく行政による補正手続に期待するものである。

44) なお，最判平成17・11・1判時1928号25頁に付された藤田宙靖裁判官補足意見が補償の要否の判断に都市計画制限が課せられた期間の長短を考慮に入れると述べたことが，地方公共団体による都市計画事業の見直しの理由づけとして利用されているとの指摘もなされている（角松生史「都市空間の法的ガバナンスと司法の役割」角松生史＝山本顕治＝小田中直樹編『現代国家と市民社会の構造転換と法』（2016年）44頁）。

以上のPDCAサイクルの基礎にあるのは，行政は事業の実施・運営にあたって，――実体面に劣らず――手続面の責任，具体的には説明責務と見直し義務を負うという考え方であろう。説明責務は絶えざる正当化と外部化を理念とするものであり，見直し義務は，これを前提とした上で，下から上へのチェックと実験の完成を図るものであると言える。「事業」の実施・運営に係る法的ルールは，資源の分配と資源の管理および時間軸と構造軸といった異なるレベルのヴェクトルを組み合わせ，しかるべき結節点を創出することによって，手続的な合理性を獲得していくための営みとしても捉えられうる。

結　語

　「社会」改革は，ある文脈からすれば，日本の行政・行政法にとって必然の事象でもある。近代行政法が国家と社会の二元論を原型とするものであったとしても，日本においては，行政の社会への介入と社会の行政への依存，そして両者の癒着が深化しつづけてきた。この"日本型"行政を打破するべく，「この国のかたち」という標語の下，国家権力の成り立ちを変革しようとする一連の統治構造改革が1990年代以降進められた。そこでは，「事前規制から事後統制へ」という言葉に象徴されるように，手続（事前・事後）の重視，行政共通制度諸法の整備，法の一般原則の発展等を通じて，横断的・行政統制法の整備が目指された。これらの「法化」は，（国家）行政の社会に対する介入を抑制することで，個人および地方公共団体の自己決定権を確保しようとするものであったと言いうる。かかる認識に拠るならば，「社会」改革は，統治構造改革とセットを成すものとして，社会の行政への依存を抑制するべく企図されたものであることになろう。統治構造改革が一区切りした後で「社会」改革を本格化させた立法の動向も，このことを裏付けている。

　もっとも，行政改革が「集団主義的ないし団体主義的色彩の濃い国家・社会から，より自由主義・個人主義的な国家・社会への移行」[45]を目指すものであったとするならば，「社会」改革は，特定の方向ないし価値に向けて社会を誘導・統合するものであるとも言える――しかも，その狙いは，社会に個人を引き受けさせることにあるようにも見える――から，行政改革に真っ向から反することにな

---

45)　藤田宙靖「『自己責任』の社会と行政法」同『行政法の基礎理論（下）』（2005年，初出1999年）145頁。

る。だが、「社会」改革はむしろ、従来は社会の自治に委ねられていた領域を、特に資源の観点からの社会にとっての重要性に鑑みて、立法の対象に掬い取り、すなわち、法のルールに服せしめようとするものであると理解されるべきであろう。

そのような理解の下で、本稿は、利害関係者[46]でない者を含め、すべての生活者個人をおしなべて「社会」改革の直接の名宛人とし、その生活に意図的に作用を加えうるという点に、「社会」改革を横断する固有の問題の構造を見出した上で、「事業」としての行政という理論枠組みは、特定の相手方の権利義務から社会全体にとっての受益へと基点を転換することを通じて問題を捉え、資源への着目によって、社会全体にとっての受益を基準に、資源の分配と資源の管理を一つのシステムとして法的に規律するという意義を秘めているのではないかとの（差し当たりの）結論に到達した。

個人は、最終的には、憲法ないし憲法学の領分に属するはずであるが、――個人および国家との関係での独自性を承認されるか否かも曖昧なままに、存在意義を高められている――社会は、行政法ないし行政法学にとって固有の対象でありうる。社会管理のあり方を観察し、複雑肥大化・専門分化を遂げた現代の行政法と照応させつつ、そこで守られなければならない一線を守ると同時に実現されなければならない価値を実現するための理論枠組みを不断に追究していくことは、行政法学の一つの役割であると考えられるからである。

---

46) 遠藤博士のいう「社会管理」は、国家による――すなわち法を通じた――独占に対する問題提起と社会の組織化への期待をともに含み持っているが、ここでの社会とは、利害関係者、しかも偶然の反対利害関係者ではなく（遠藤博也『行政法Ⅱ（各論）』（1977年）11、18頁）、法の生産のみならず法の運用においても赤裸々な利害関係に基づいて関与する利害関係者（16頁）が想定されている。遠藤博士の行政過程論に関し、スメント理論を踏まえて批判する藤田宙靖「法現象の動態的考察の要請と現代公法学」同『行政法学の思考形式』（2002年、初出1977年）376頁以下は、スメントの市民像には、前近代的な身分秩序の思考枠組と英米政治社会の市民観という二つのモデルが存在すること（396頁）をも背景に、動態的考察方法における担い手の問題を指摘している（412頁）。

法の情報分析と公共政策法学の可能性

岩　橋　健　定

  I 総合的考察による行政法学の発展
  II 法の情報分析による分析的考察
  III 法の情報分析と公共政策法学の可能性
  IV 公共政策法学と行政法学

I 総合的考察による行政法学の発展

 1 始期をどこにとるかはともかくも、ある時期から現在までのいわゆる行政法総論の発展は、総合的考察によってもたらされたと総括しても、それほど的はずれではないだろう。極めて単純に図式化するのであれば、行政活動を私法上の行為から最も顕著に特徴づける行政行為に主たる考察の中心を置く行政行為論から、行政行為以外の行為形式にも着目し、複数の行為形式の組み合わせによって展開される行政過程を重視し、また、それぞれの行為形式の最終の法効果のみならずその効果を生じさせるプロセスにも着目するという行政過程論への発展は、現在の行政法学の中心軸を形成しているといってよい[1]。このうち、行政過程の個々の局面を論じる際に全体過程との関連を重視すべきとする立場は、個々の行為形式からすれば、一つ上の次元に考察の視点の中心を移すものとなる[2]。これは、何ら精密ではない比喩であるが、数学でいえば積分するという考え方であるといってよいだろう。

---

 1) 塩野宏『行政法I〔第6版〕』(2015年) 96-101頁、塩野宏「行政過程総説」同『行政過程とその統制』(1989年、初出1984年) 3頁。
 2) これに対し、具体的な行政決定に向けられた過程である行政手続は、マクロのプロセスである全体としての行政過程に対して、ミクロのプロセスとして位置づけられる。塩野・前出注1)〔行政法I〕292頁、塩野・前出注1)〔行政過程総説〕6頁。

近年強調されている「法的仕組み論」もまた，総合的考察に分類されるべきものである。行政作用を法的に考察する上では，複数の行為形式の組み合わせによってあらかじめ設定された行政作用の法的仕組みこそが重要であり，個々の行為形式は行政作用の法的仕組みの一部としてこそ意味を持つとし，それらによって構成される法的仕組みがその全体として果たす機能に着目してこれを検討するという法的仕組み論の立場[3]は，より顕著に総合的考察としての特色を有している。従来の行政行為論のうち，行政行為から出発しつつ実体法上・争訟法上の法律関係の展開の仕組みについて考察してきた成果について，一つ上の次元となる行政作用の法的仕組みに着目する視点から発展させるとの手法[4]は，正に積分であるといってよかろう。

　このように，個別の行為は，それらの全体としての行政過程なり法的仕組みなりの中に位置づけられているからこそ重要であるとする立場は，事実としての過程の展開に重点を置くか，あらかじめ設定された法的仕組みに重点を置くかの差はあれ，総合的考察として位置づけることができる。そして，これらの総合的考察に基づく行政法学の発展は，判例法理にも影響を与えてきたものと考えられる。いわゆる余目町個室付浴場業事件最高裁判決[5]は，行政過程論的考察によらなければ理解することのできないものであろうし，病院開設中止勧告や病床数削減勧告に処分性を認める最高裁判決[6]もまた，結論への賛否や派生する論点への態度は分かれるとしても，それが総合的考察の成果であることは明らかである。

　以上のように，行政過程論や法的仕組み論といった総合的考察による議論が，複雑化と多様化の進む行政法現象を動態的に把握する考察が可能な場を用意し，その中での個別の法行為の効果を正しく判定する上で有効な枠組みを与えたことは，現在に至る行政法学の最大の成果であり，将来に向けて引き継ぐべき基盤である。そして，現実の訴訟においても，処分概念をより精緻に捉えることを可能にするなどの成果をもたらし，国民の権利利益の実効的救済に資する役割を果たしたと評価することができよう。

---

 3) 小早川光郎「行政の過程と仕組み」高柳信一先生古稀『行政法学の現状分析』（1991 年）151 頁，小早川光郎『行政法［上］』（2004 年）185 頁。
 4) 小早川・前出注 3)［高柳古稀］156-162 頁。
 5) 最判昭和 53・5・26 民集 32 巻 3 号 689 頁，最判昭和 53・6・16 刑集 32 巻 4 号 605 頁。
 6) 最判平成 17・7・15 民集 59 巻 6 号 1661 頁，最判平成 17・10・25 判時 1920 号 32 頁。

2 しかしながら，行政活動に対する総合的考察が全盛である行政法学には，意識的か無意識的かはともかく，ありうる議論の可能性や発展の方向性の中で，切り捨てられてきたものがあるのではないか，少なくとも，後回しにされてきたものがあるのではないかというのが本稿の問題意識である。

(1) まず，個別の行為形式についてさらに分析的に考察するという方向性については，行政手続に関しての検討を除けば，十分な議論の発展がなされてこなかったのではないかと思われる。先ほどの比喩からすれば，微分するという方向性である。

個別の行為形式を微分すると何になるかは微分の仕方によるであろうが，本稿の視点では，情報の流れに帰結するものと考えている。すなわち，行為形式は，程度の差はあれ，いずれも情報の収集とその加工をいったん打ち切ってそこまでの結論を定めるという性質を有しており，意思決定の一種であるということができる[7]。そして，意思決定においては，現状や可能な代替案，代替案を選択したときの帰結などについての情報収集は，その本質の一つである。また，一定の情報状態の下でいかなる意思決定を行うべきかという判断基準も，外部から情報として与えられることがある。そして，その結果として決定される結論もまた，情報として表示されることが多い。このように，個別の行為形式はいずれも複数の情報の流れの連鎖によって形成されており，これを分解すれば情報の流れに帰結するといってよい。

このように，個別の行為形式をさらにそれを形成する情報の流れに着目して分析するのであれば，①いかなる方法でいかなる範囲の情報を収集した上で意思決定を行うべきか，②いかなる情報をどの程度の比重で考慮して意思決定を行うべきか，③仮に，収集された情報の下では一定の事実の存否について100％確実とはいえない場合にいかなる処理をすべきか，といった諸点が当然に課題として浮上する。このうち，①の課題は，いうまでもなく行政手続の問題そのものであり，行政過程論の重視するところである。しかし，行政手続に対する行政法学上の関心は，主として外部関係における手続に集中しており[8]，これに加えて行政調査について権力的な手法を中心に取り上げられるにとどまるのが通例である[9]。ま

---

[7] 行政過程を意思決定の連鎖として捉えた先駆的業績として，山村恒年『行政法と合理的行政過程論』(2006年) がある。
[8] 塩野・前出注1) [行政法Ⅰ] 292頁。

た，②の課題については，有力な研究者による研究[10]がみられる一方で，そのような問題意識に基づく研究が十分に展開してきたとはいいがたい。さらに，③の課題については，立証責任論との関係で数少ない業績[11]があるほか，ほとんど顧みられなかった論点であるといわざるを得ないであろう。

　もちろん，分析的考察を軽視することは，総合的考察を行うことの論理的帰結ではない。複数の行為形式の組み合わせによって展開される行政過程をも重視し，最終の法効果のみならずその効果を生じさせるプロセスをも重視するという行政過程論は，一つの行政過程がその目的を達する過程についてより分析的に考察する契機を含んでいる[12]。しかし，その一方で，行政処分を行う上での情報収集の範囲の検討，考慮すべき要素の特定，必要とされる心証の検討といった課題に対して，「それぞれの行政過程による。」とか「全体としての法的仕組みによる。」といった応答をすることで，それ以上の検討を行わず，一般理論の発展を放棄してきたという側面が，現実としては存在してきたように思われてならない。

　(2)　もう一つ，行政の行う行為と私人の行為との連続性や同質性も，独自性や異質性と比較して，十分に意識されてきたとはいえないと思われる。

　このことは，行政の法的仕組み論においてより顕著に表れる。行政法現象について，それをあらかじめ設定された行政作用の法的仕組みに着目して検討するのであれば，そこで注目されるのが行政作用に特有の法的仕組みとなるのはある種の必然である。また，このことは，行政法学が何を対象とし，何を目的として認識してきたか，そして，そこから何を自己の存在意義として認識してきたかにもよっている。行政法学が，「行政法現象」を対象として，その法的規律を目的とする限りは，行政法学が行政過程や行政の法的仕組みの機能を他の現象から抜き出して認識し，そこから私人の行為との異質性を強調することは，自然な成り行

---

9)　例外的に，行政調査を行政過程における意思決定の前提として捉え，その観点から行政調査について包括的に研究したものとして，山村・前出注7) 201頁以下がある。

10)　芝池義一「行政決定における考慮事項」法学論叢116巻1-6号（1985年）571頁以下，芝池義一「行政決定と第三者利益の考慮」法学論叢132巻1-3号（1992年）87頁以下，髙木光「行政処分における考慮事項」曹時62巻8号（2010年）1頁以下。ただし，これらの業績の主たる関心は，原告適格論と裁量統制論に置かれている。

11)　小早川光郎「調査・処分・証明 —— 取消訴訟における証明責任問題の一考察」雄川一郎先生献呈『行政法の諸問題（中）』（1990年）249頁以下。

12)　行政過程論の古典である塩野・前出注1)［行政過程総説］が，関係する各主体間のやりとりについてフローチャートを用いて図示していることは，行政過程論が行政過程がその目的を達する過程について分析的に考察する契機を含んでいることを如実に示している。

きでもあるし，そのような研究には理論上も実際上も重要な意味があることはいうまでもない。

ただし，そのことが，行政法の存在意義やその機能についての認識を鈍化させているのであれば，それは学問としての発展の方向性の一つを放棄していることにほかならない。行政や行政法の存在意義は，公益の実現にあることはいうまでもない。より日常的な用語でいえば，行政の任務は公共政策の実施であり，行政法は公共政策の手段であるといってもよい。しかし，公共政策の過程は，行政過程や行政の法的仕組みが機能することによって完結するものではない。公益の実現は，ほとんどの場合，行政過程や行政の法的仕組みの作用のみによるのではなく，それを前提とした私人の行動の変更によってもたらされるものである。また，公益は，行政過程なり行政の法的仕組みでなければ実現することができないものでもない。行政過程や行政の法的仕組み以外にも，公益の実現のための手法は存在している。例えば，ある湖の水質を改善するためには，そこへの排水についての許可制度や不法投棄者についての公表などの行政法的手法のほかにも，不法投棄等への刑事罰による刑事法的手法，それによって損害を被る者から排出者に対する損害賠償請求や差止請求といった民事法的手法も考えられるし，さらには，環境保護団体等による広告や啓蒙といった，政府が関与せず，法的ですらない手法も考えられる。そして，実際にその湖の水質が改善するのは，許可処分や不許可処分がなされるからではなく，許可を受けた者がその許可条件に従って排出削減のための機器を作動させたり，許可を得られそうにない者が事業を断念したりするからである。制度の構成によっては，許可制度自体はあらかじめ設定されたとおり運営されていても，業者数自体の増大などの要因によって，水質の改善といった最終的な政策目的は実現しないことも考えられる。

このように，公益の実現や公共政策の実施といった，行政や行政法の目的にまで遡るのであれば，行政に特有な法現象に着目し，私人の行為との異質性に着目すること以上に，行政法現象と私人の行為との連続性や同質性に着目することが必要となる。そして，そのような連続性や同質性に着目することは，公益の実現や公共政策の実施における行政法的手法とそれ以外の手法の比較を可能とし，よりよい手法の選択や開発を可能とするものとなる。

もちろん，行政法学において，行政法現象と私人の行為との連続性や同質性が，全く認識されてこなかったわけではない。しかし，行政法学が，行政に特有の法

現象を主たる対象とし，それと私人の行為との異質性を強調してきたことは確かである。そして，行政過程論や行政の法的仕組み論などは，そのことを強調する方向に機能する面はあっても，それを緩和し克服する方向には機能してこなかったといわざるを得ないだろう。むしろ，現在の行政法学が主たる対象として参照している法分野は，行政過程や行政の法的仕組みのみを切り離して考察してもそれほど無意味にはならないものに限定されているように思われる。競争法・環境法・知的財産権法など，その目的の実現過程において行政法現象と私人の行為との連続性や同質性に着目することが必要な分野が，法現象自体の性質としてはかなりの部分が行政法であるにもかかわらず，現在では既に別の分野として定着しつつあるのは，授業科目や試験科目の構成といった外在的要因のみによるものではないと思われるのである。

II 法の情報分析による分析的考察

1 以上のような課題に対応するための手法として本稿が提案するのが，「法の情報分析」という手法である[13]。ここで「法の情報分析」と呼んでいる手法は，法制度や法現象を，そこで流通する情報の流れに分解し，そこからその合理性や正統性を検討するという考察方法である。

(1) これを，小売店における消費財——例えばカバンのようなもの——の売買を例に説明していくと，以下のようになる。売り手が買い手にカバンを売り，買い手はその代金を支払う。これを，法学の基本的な視点では，売り手の「このカバンをある値段で売る。」という意思表示と買い手の「このカバンをある値段で買う。」という意思表示が合致したことによって売買契約が成立し，それによってカバンの引渡請求権と売買代金債権とが発生して，それを相互に履行した，と捉える。一方，ミクロ経済学であれば，カバンと代金との交換によって，売り手も買い手もその効用を改善した，と捉えるであろう。

これを，情報という視点からより分析的にみていくのが法の情報分析である。まず，買い手は，通常は使用することを目的としてカバンを購入する。そして，使うことによって，そのカバンの利便性・美しさ，そして強度や耐久性などを享

---

[13] 「法の情報分析」は，訳語ではなく，筆者による造語である。これ以前においては，文部科学省科学研究費補助金による研究課題名（「法の情報分析試論」〔平成16-17年度新領域法学萌芽研究〕）として筆者が用いたのみであると認識している。

受することになる。そのことは，情報という視点からすれば，買い手には，購入後にそのカバンの品質に関する多様な情報が流入することを意味する。そして，そのことを前提に，買い手は，買う以前の段階において，そのカバンについての必要な情報を収集してそれを処理して，そこから自らが得られる利益と自らが負担すべき費用とを予測し，それを内心にある何らかの判断基準に照らして，買うか買わないか，どれをいくつ買うか，といった意思決定を行うことになる。これに対し，売り手は，カバンを売る段階では，それほどの情報収集は必要がない。特に，その場で商品と引き換えに現金で支払う現実売買であれば，ほとんど不要といってよい。それは，いうまでもなく，売買以後は当該カバンは売り手の手を離れ，それがどう使われようと関係がないからである。しかし，もちろん，それに先立つ段階では，カバンを作るか否か，どのようなカバンを作るか，どこから何をどれだけ購入して作るか，いつどこでいくつ作るか，そして，いくらで売るかを決定しなくてはならず，そのためには多様な情報を収集することになることはいうまでもない。ともかくも，カバンの売買においては，カバンの品質に関する情報は，取引の前に買い手によって収集され，それに基づいて購入するかしないかといった意思決定がなされ，その意思が表示されることによって取引が行われ，使用段階でさらに買い手によって実際のカバンの品質に関する情報が認識されることとなる。

　もちろん，カバンの売買においても，そのカバンに関する全ての情報が収集されるわけではない。まず，カバンの品質に直接関係しない製造過程での環境負荷に関する情報などは，買い手は通常は積極的には収集しないであろう。また，情報の収集には時間その他の費用はかかるから，品質についても一定以上の情報は収集されないであろう。このような個人による消費財の購入に当たっては，その際に必要とされる情報収集の程度も，それに基づく判断の基準も，基本的に本人の内部的なものとなり，外部からは与えられない。そして，このような情報の流れは，一つには，判断能力のある者や判断の結果が帰属する者に必要な情報が与えられて合理的な意思決定を可能にしているかという合理性の観点から評価でき，もう一つには，私有財産制や自己決定権に照らして正統化しうるかという正統性の観点から評価することができる。

　このように，法制度や法現象をめぐる情報の流れに着目し，そこからその合理性や正統性を検討する分析手法が，本稿が「法の情報分析」と呼ぶものである。

(2) このような分析は、行政法現象についても行うことができる。行政法現象もまた、意思決定によって構成されているからである。むしろ、行政法学が主たる対象としてきた行政法現象は、ほとんどが意識的かつ組織的になされる意思決定の連鎖によって構成されているから、このような分析によりよくなじむものである。

例えば、典型的な許可制についてみれば、以下のようになる。まず、許可申請者は、申請書や添付資料を提出することによって、許可を得たいとの意思と許可不許可の判断をする上で必要となる事実に係る情報の一部を許可権者に示す。許可権者の側では、法令などによって与えられた判断基準に従い、許可申請者の側から示された情報に自ら収集した情報を加え、それを基礎として許可不許可の判断を行い、それを許可申請者に示すこととなる。この際、判断理由についても示すことが求められる（行手8条1項）。また、これらに先立って、許可権者の側で、法令などによって与えられた判断基準について、より具体化した審査基準を定めたり（行手5条1項参照）、それを公にしたりする（行手5条3項）ことも行われる。加えて、許可申請の審査に当たっては、公聴会の開催（行手10条参照）や関係者や関係行政機関からの意見聴取などが行われることもある。

ここで見落としてはならないのは、これらの個別の情報の流れも、私人の側でのさらなる情報収集や行動の変化をもたらすことである。例えば、審査基準に所在地についての一定の条件が定められれば、ある許可申請者はそれに合致する土地を探すであろうし、別のある者はその事業を断念するであろう。これらの情報の流れは、行政過程としてみれば具体的な行政決定に向けられたミクロのプロセスと位置づけられるが、これらの過程からも私人の行動の変化は生じるのである。

さらに、この例での許可権者の意思決定と先ほどのカバンの例の買い手の意思決定とを比較すれば、許可権者の判断基準は法令などの形で外部から与えられていることを特色として挙げることができる[14]。また、収集すべき情報の範囲や程度、収集方法などについても、外部から与えられることがあり、それを満たさずに行われた許可は、単に結果の妥当性が問われるというだけではなく、違法と

---

14) もっとも、私人の行為であれば判断基準が外部から与えられることがないわけではない。委任関係や雇用関係などの社会的関係においては、私人が他者から与えられた判断基準によって活動すべき場面は珍しくない。また、医師や教員などの専門職にあっては、抽象的には委任者との関係で善管注意義務を負うことになるが、その具体的内容は医療水準や科学的知見といった形でそれとは別のところから補充されることもある。

評価されることもあるだろう。そして，そのことは，法律による行政の原理や，適正手続といった正統性の契機から説明が可能である。

　このように，法の情報分析は，行政法学が主たる検討対象としてきた行政法現象を，私人の行為と同様の枠組みで分析することができるものである。いうまでもなく，いずれも意思決定によるものであるからである。法の情報分析における「微分可能性」は，意思決定によって構成されているか否かによって定まるといってよい[15]。

　(3) 既に若干触れたように，法現象における事実及び判断基準についての情報の流れには，少なくとも二つの契機がある。

　一つは，意思決定をより合理的なものとする上で必要な情報を収集するという契機である。ある意思決定を評価する上では，いかなる事実についての情報に基づいて，いかなる判断基準によって意思決定を行ったのかに着目することが重要であることはいうまでもない。意思決定を行うための制度とは，いかにして事実についての情報を収集し，いかにして判断基準を策定するかのあり方そのものであるから，その制度が設定する情報の流れによってその制度を分析することは，極めて自然なことである。そして，そこに，「最も能力のあるものに最も多くの情報を与えて判断させることが効率的である。」といった原理を導入すれば，効率性の観点からの評価を与えることもできる[16]。

　もう一つは，正統性の契機である。いうまでもなく，行政が法律によって与えられた判断基準に従わなくてはならないとすることは，法律による行政の原理そのものである。また，行政活動によって影響を受ける者から事実に関する情報を収集したり，意見を述べる機会を与えたりすることも，その上でなされる意思決定の正統性を高めるものとして考えられている。これに対し，私人の行為の正統性は，私有財産制や自己決定権，場合によっては職業倫理などから検討することになるであろう。そして，これらの意思決定の合理性と正統性は，それによって

---

15) よって，裁判制度も，意思決定によって構成されているから，法の情報分析によって分析することが可能である。そして，裁判制度は，判決のための基礎とすべき情報の収集について当事者主義を採用していること，民主的基盤を持たない職業的法律家である裁判官が法と良心に基づいて判断することなど，合理性の面からも正統性の面からも独特の制度であることが明らかとなる。裁判を社会的意思決定と捉えるものとして，太田勝造『法律』(2000年) 59頁以下がある。
16) 不確実性の下での効率的な意思決定については，太田勝造『裁判における証明論の基礎——事実認定と証明責任のベイズ論的再構成』(1982年)，太田・前出注15)参照。

構成される法現象やそれを生み出す法制度を評価する上で，法学が重視してきた判断基準であることもいうまでもあるまい。

このように，法の情報分析は，従来の法学の課題に対応するものでもあるということができる。

2　さて，法の情報分析という手法によってみていくと，法現象をめぐる情報の流れは，それぞれの法現象の特質によって異なっていることが明らかとなる。そして，それに対応する法制度は，それらの情報の流れの特質に対応して構成されており，場合によっては新たな情報の流れを設定することによって，その目的を達成しようとしていることも明らかとなる。

これを，廃棄物処理を例としてみていくと，以下のようになる。

(1)　廃棄物処理の委託は，民法上は廃棄物を適正に処理するという役務提供契約として捉えられているが，廃棄物に着目してみると，通常の商品の場合と異なり，廃棄物の移転と代金の移転とが同方向を向いている。このことは，「逆有償」などと表現され，廃棄物処理の特色として広く認識されてきた。これは，法の情報分析の視点からすれば，廃棄物の引渡し後には，金銭を支払う側にカバンの取引における買い手にみられたような品質に関する多様な情報の流入がなく，それに伴い，取引前の段階においても，通常収集される情報の範囲が限定されるということを意味する。廃棄物の排出者にとっては，第一義的には自らの排出する廃棄物が手元からなくなればよいのであるから，収集される情報は廃棄物がなくなるか否かと，代金の額だけということになる。カバンの売買であれば，売り手の方に近くなるということである。結果として，カバンの売買と比較した場合，排出者は，受託者による廃棄物の処理の品質について，カバンの品質と同程度の情報収集を行うとは想定できず，そのままでは受託者による監視では適正処理が確保されがたいということになる。

(2)　廃棄物処理法が，廃棄物処理業者について許可制を採っているのは，廃棄物処理の委託のこのような性質によるものであると説明することができる。

産業廃棄物を例に取れば，事業者は，その産業廃棄物を自ら処理しなければならないこととされている（廃棄物11条1項）。しかし，その運搬や処分を他人に委託することができないわけではない。ただし，事業者がその産業廃棄物の運搬を委託する場合には産業廃棄物収集運搬業者等に委託しなければならず，処分を委

託する場合には産業廃棄物処分業者等に委託しなければならない（廃棄物12条5項）。産業廃棄物処分業者の許可は，その区域を管轄する都道府県知事によってなされる（廃棄物14条6項）。産業廃棄物処分業者の許可を受けるためには，各種の欠格事由に該当しないほか，その事業の用に供する施設及び申請者の能力がその事業を的確に，かつ，継続して行うに足りるものとして環境省令で定める基準に適合するものであることが求められる（廃棄物14条10項）。また，この許可には，生活環境の保全上必要な条件を付することができる（廃棄物14条11項）。そして，許可を受けた者は，産業廃棄物処理基準に従って産業廃棄物の処分を行わなければならない（廃棄物14条12項）。

このように，廃棄物処理業者の許可制は，産業廃棄物の処理を行う者の能力について，あらかじめ許可申請手続を通じて都道府県知事が情報を収集し，その結果に基づいて不適格業者を排除することによって，不適格業者に対して廃棄物処理の委託がなされなくするというものである。この制度は，先に挙げた廃棄物処理の委託の特性によって処理の適正さについて排出者による情報収集が十分になされないことを前提として，その情報収集を行政機関が行い，その結果を公表するものであると位置づけることができる。

(3) しかしながら，廃棄物処理法に基づく許可制度のみでは，許可業者による不適正処理を含め，個別の廃棄物の適正処理の実現の上では十分ではなかった。そこで導入されたのがいわゆるマニフェスト制度である。

産業廃棄物の運搬・処分を他人に委託する者は，その委託に係る産業廃棄物の引渡しと同時に，運搬を受託した者に対して産業廃棄物の種類及び数量等を記載した産業廃棄物管理票を交付しなければならない（廃棄物12条の3第1項）。産業廃棄物の運搬を受託した者は，運搬を終了したときは，交付された管理票に環境省令で定める事項を記載して，管理票交付者に管理票の写しを送付しなければならない。この場合において，その産業廃棄物について処分を委託された者があるときは，その者に管理票を回付しなければならない（廃棄物12条の3第3項）。産業廃棄物の処分を受託した者は，処分を終了したときは，交付または回付された管理票に環境省令で定める事項等を記載し，処分を委託した管理票交付者に当該管理票の写しを送付しなければならない。この場合において，管理票が回付されたものであるときは，回付をした者にも当該管理票の写しを送付しなければならない（廃棄物12条の3第4項）。

このように，マニフェスト制度は，許可制度による廃棄物処理業者の能力についての情報収集と公表に加えて，廃棄物処理の委託においては自然には発生しない個別の廃棄物の適正処理に関する情報の流通を人為的に作り出すことによって，さらに適正処理を推進させることを意図したものであるということができる。

(4) ただし，ここで注意しなくてはならないのは，産業廃棄物処分業者の許可やマニフェスト制度のような情報の流れを設定する方法は，行政の法的仕組みを構築することには限らないということである。

例えば，事業者が排出した産業廃棄物が適正に処理されず，第三者に損害を与えたり，原状回復費用が必要となったりした場合には，それらの負担は全て排出事業者に対して請求できるという厳格な排出者責任制度が置かれた場合を考える。この場合，委託先によって不適正処理が行われた場合には，排出事業者は極めて重大な負担を余儀なくされるから，委託先の選定に当たってはその適格性と処理能力について，十分な情報収集の上で慎重な審査を行うであろうし，個別の産業廃棄物の適正処理の確保についても何らかの措置を採るであろう。そして，適格性や処理能力が不十分な事業者には委託しないであろうし，子会社による処理や自社処理などの方法によってより直接的に管理することにも検討の余地が出てくるはずである。

このような厳格な排出者責任制度は，少なくとも排出事業者に対する請求が民事訴訟によって行われることとする場合には，通常は行政の法的仕組みとは呼ばれない。しかし，そのような制度によっても，産業廃棄物処分業者の許可やマニフェスト制度と同様の情報の流れを設定することはできるのである。また，この排出者責任制度の帰結としてある業者が取引を拒絶されて廃棄物の処理から排除されることは，不許可による排除とは行政法学的には全く異なるものと評価されるであろう。しかし，不適格業者の排除という機能からすれば，これらに差異はなく，廃棄物の適正処理の確保という公共政策の実現という面では同等なものとして評価できるものである。

さらにいえば，このような情報の流れを設定するためには，法的な手法である必要も，政府の活動である必要もない。例えば，大学やNPO法人などが廃棄物処理業者についての情報を収集して公表するとか，廃棄物の適正処理などに着目した投資ファンドなどが積極的な活動を展開するといった場合においても，廃棄物に係る情報の流通のあり方は変化し，それによって廃棄物処理のあり方も変動

するはずである。これらの手法も，公共政策の実現という面では，行政の法的仕組みや行政以外の法的仕組みと比較可能なものであり，考察の対象とすることが必要なのである。

3　以上のように，法現象は，それぞれの特質を反映した情報の流れを形成する。さらに，法制度もまた，それらの情報の流れを変化させるものであり，場合によっては意図的に情報の流れを変化させることによってその目的を達成しているのである。

このような情報の流れに正面から着目し，そこで行われる意思決定の合理性と正統性を検討するのが，法の情報分析である。

III　法の情報分析と公共政策法学の可能性

1　以上のような法の情報分析は，行政法学が従来からその考察の対象としてきたさまざまな制度に自然な説明を与えることができる。法律による一般的規範の定立と行政庁による具体的な権力的行為による権利義務の変動とか，個人の権利利益の救済に向けられた行政手続といった，従来の行政法学が典型的なものとして想定してきたものは当然であるが，それ以外の行政法現象についても，それらの機能に着目した適切な位置づけをすることが可能になる。思いつくままに挙げれば，環境影響評価制度，各種の公表制度，行政指導などは，まさに法の情報分析になじむものである[17]。また，近年の公共調達における指名停止やいわゆる専門的自主法についての業績は，それが法の情報分析において重要な分野であることを示唆している[18]。そして，これらの非典型的とされてきた制度について適切に評価することは，とりもなおさず典型的とされてきた制度のよりよい理解にもつながるものであろう。

また，法の情報分析は，行政法学が従来からその考察の対象としてきた法現象

---

[17]　米国の National Environmental Policy Act について情報の流れを変動させるものとして捉えたものに，岩橋健定『NEPA と意思決定理論 —— 環境アセスメントと行政の政策決定』（1994年）がある。

[18]　例えば，最近のものとして，安田理恵「情報共有に基づく公共調達契約からの排除のネットワーク」名古屋大学法政論集 263 号（2015 年）81 頁，安田理恵「行政法を構成する専門的自主法（1-4・完）」名古屋大学法政論集 248 号（2013 年）123 頁，249 号（2013 年）63 頁，251 号（2013 年）297 頁，253 号（2014 年）441 頁。

について，総合的考察とは異なった問題意識から考察することができる。本稿では取り上げることができないが，このような考察からは，現在では立証責任論や裁量論として一部が論じられているに過ぎないいくつかの問題について，より明解な視野を与えられると考えている。

2　しかしながら，本稿は，法の情報分析の重要性はそれにとどまらず，より大きな発展性を有するものであると考えている。それは，公共政策について，行政の法的仕組みだけではなく民事法的手法や法的手法ではないような手法を含めて，また，公共政策の立案や実施過程だけではなく遵守過程を含めて，その全体を包括して分析し，理解し，立案し，実現していく「公共政策法学」を築き上げる基礎的枠組みとなる可能性である。

既に述べたように，従来の総合的分析に基づく行政法学は，行政過程論であれ行政の法的仕組み論であれ，その考察の中心を行政活動に置くものである。そして，主として「複数の行為形式の組み合わせによってあらかじめ設定された行政作用の法的仕組み」に着目する行政の法的仕組み論はもとより，「複数の行為形式の組み合わせによって展開される行政過程をも重視し，また行政行為についても，最終の法効果のみならずその効果を生じさせるプロセスにも着目する」という行政過程論であっても，そこでは行政活動と通常の私人間の活動との異質性や独自性が際だたせられることとなる。

しかしながら，行政活動は，多くの場合には私人の行動を変化させることによって，その効果を発揮するものである。このような場合，行政活動の目的を狭く捉えれば私人の行動を一定方向に誘導することであろうが，それはあくまで「行政活動」を取り上げた場合の目的であって，より全体的な目的はその下での私人の活動を含めた社会の状況を政策目的に合致したものとすることである。すなわち，行政活動は，それ自体で完結するものもないわけではないが，通常は，その下での私人の行動と一体化して公益を実現するものである。そして，それらの活動や制度は，その結果としての私人の行動の変化を含めた社会のあり方によって評価されるべきものである[19]。

法の情報分析は，行政活動も私人の行動も，法的行為も法的ではない行為も，

---

19)　草野耕一「2020年以後の法律家・法律学」法教404号（2014年）144頁は，このような考え方を「規則帰結主義（rule-consequentialism）」と呼ぶ。

いずれも情報の収集と加工をいったん打ち切ってそこまでの結論を定めるという「意思決定」の連鎖によって構成されているという同質性に着目するものである。法の情報分析は、このような同質性に着目し、行政活動と私人の活動とを同一の枠組みで把握することによって、私人の活動を含めて展開する公共政策過程の全体を一つの枠組みで取り扱うことを可能にする。すなわち、このような分析手法を用いることによって、行政活動に着目する行政法学の枠にとどまらない、政策過程全体を把握する「公共政策法学」を構築する可能性が生じるのである。

このような分析枠組みに、さらに、「最も能力のあるものに最も多くの情報を与えて判断させることが効率的である。」といった原理を組み合わせれば、単なる分析だけではなく、より効率的な政策を設計するための手法となる。このような手法によって、単に行政活動を私人の活動と異質なものとして対比するにとどまる行政法学を克服し、これらの比較可能性や連結可能性を明らかにすることは、より合理的な公共政策を実現する手法について論じる公共政策法学の実践面での貢献を実現することとなろう。また、従来の行政法学が重視しつつも、かなりの程度でマジックワードとして用いられてきた「正統性」という概念も、法の情報分析によれば、その内実についてより明らかにし、より意味のある概念として再構成することが可能となるであろう。

3　以上のような法の情報分析による公共政策法学の可能性は、現在の急速な情報化の進展の中では、既に抽象的な理論的可能性ではなく、実践的な政策課題から要求される不可避の要請となっている。

例えば、タクシー営業を例とすれば、従来は、乗客が自らが乗ろうとする車の運転手の運転能力・事故歴・乗客との紛争履歴など、その運転手の評価につながる情報を事前に確認することは想定できなかったし、運転手の側でもその乗客の支払能力・乗車中の態度・運転手との紛争履歴など、その乗客に対する評価につながる情報を事前に確認することは想定できなかった。運賃についても、事前にその詳細を確認することは困難であり、紛争を引き起こす可能性が低くなかった。そして、そのようなことを前提として、道路運送法は、一般旅客自動車運送事業に対する許可制（道運4条）や運賃についての認可制（道運9条の3）を定めるなどして、タクシー事業を強い規制の下に置いてきた。しかし、IT技術の発展により、現在では、運転手についての情報も乗客についての情報も、相互に提供可

能となったし，目的地までの距離と予想時間を算定し，それに基づく運賃を事前に算定することも可能となった。そのような状況の変化の下で，これまでの道路運送法による規制のどの部分を維持し，どの部分は私人間での情報のやりとりに委ねるべきかを明らかにすることは，規制改革の観点からも，いわゆるライドシェアリングのような新しい業態にどの範囲で規制を及ぼすかを検討する上でも，極めて実践的な政策課題である。そして，このような課題に対応するためには，従来の規制によって，いかなる情報がどのように収集・加工・発信され，それによってどのように輸送の安全が確保され，結果としてどの程度まで乗客の利益の保護と利便の増進が図られてきたのかを確認することは，当然に要請されるものである（道運1条参照）。

このように，従来は私人の活動の中で収集・加工・発信されることを想定できなかった情報が，IT 技術の発展やスマートフォンの普及によって容易に集積・提供されるようになった現状で，従来型の規制をどこまで維持すべきか（すなわち，何を行政に，何を私人に割り振るべきか）を検討することは，公共政策に係る法的分析の中では喫緊の課題である。そして，そのような課題に対処する上では，法の情報分析は極めて直截かつ有効な手法であると思われるのである。

Ⅳ 公共政策法学と行政法学

このように，行政法学が対象としてきた行政法現象を，私人の行為と同質の意思決定の連鎖として捉え直し，そこで収集・加工・発信される情報に着目した分析的考察を行う法の情報分析は，私人の行動を含めた公共政策の実現過程全体を包括して分析し理解する「公共政策法学」を可能とする枠組みを与えるものである。そこでは，合理性や効率性の契機と正統性の契機とを，一つの枠組みで扱うことができる。そして，そのような枠組みによれば，競争法・環境法・知的財産権法など，行政法現象と私人の行為との連続性や同質性に着目することが必要な分野をも，あらためて中心的な対象として捉えられることとなる。これらの法分野の研究も，現在ではあえて法的な部分にのみ着目する傾向があるように思われるが，それに加えて，それらの法分野の存在意義である公共政策としての側面にも正面から着目することが可能になるのである。このような公共政策法学においては，従来の行政法学は，法治主義などの行政の基本原理を示すものとして，また，行政訴訟法学として，公共政策法学総論の中核として位置づけられることに

なるであろう。そして，競争法は競争政策法学として，環境法は環境政策法学として，知的財産権法は知的財産政策法学として，それぞれ各論的に位置づけられることとなろう。

　以上のような指摘に対しては，それは行政法学の役割を超えるものであるとの指摘はあり得よう。しかし，行政法学の成果に立脚しつつも，その従前の役割を超える役割を果たすことができる手法の開発は，それ自体として行政法学の発展と呼んでよいはずである。そして，その結果として，従前の行政法学がより大きな任務を果たすべき学問の一分野となり，それ自体は解消されたとしても，それは学問としてはあり得る発展の方向性である。

行政法の一般原則

大　橋　洋　一

は じ め に
I　一般原則の概念
II　基礎の多様性
III　国内法概念と国際法概念
IV　一般原則と特別原則
V　行政システム上の意義
VI　法典編纂と一般原則
VII　行政管理基本法と一般原則
お わ り に

は じ め に

　行政法の一般原則は，行政法テキストで必ず論じられるなど，わが国の行政法学にとって基礎概念としての地位を有している[1]。しかし，代表的な一般原則が紹介されるに止まり，理論上の意義について深く論じられることは必ずしも多くはなかった。個別の法原則を対象とした研究を除けば，一般原則全般を対象とした比較法研究などは皆無であった[2]。邦語文献だけでは情報量も限定されること

---

[1] 代表的なテキストにおける記述として，塩野宏『行政法 I〔第 6 版〕』（有斐閣，2015 年）91 頁以下，芝池義一『行政法総論講義〔第 4 版補訂版〕』（有斐閣，2006 年）59 頁以下，小早川光郎『行政法上』（弘文堂，1999 年）142 頁以下，宇賀克也『行政法概説 I〔第 5 版〕』（有斐閣，2013 年）43 頁以下，高木光『行政法』（有斐閣，2015 年）65 頁以下，曽和俊文『行政法総論を学ぶ』（有斐閣，2014 年）29 頁以下，高橋滋『行政法』（弘文堂，2016 年）10 頁以下，20 頁，原田大樹『例解行政法』（東京大学出版会，2013 年）17 頁以下，櫻井敬子＝橋本博之『行政法〔第 5 版〕』（弘文堂，2013 年）21 頁以下，阿部泰隆『行政法解釈学 I』（有斐閣，2008 年）195 頁以下，遠藤博也『実定行政法』（有斐閣，1989 年）61 頁以下などを参照．
[2] 高木光「比例原則の実定化」芦部信喜先生古稀『現代立憲主義の展開（下）』（有斐閣，1993

から，本稿では比較の対象をドイツ法に求め，そこで行政法の一般原則がどのように論じられているのかを分析する。中心的問題関心は，日本法における一般原則の理論的解明を深める点にあり，ドイツ法の参照はそのための手段に止まる。ドイツにおける一般原則をめぐる議論の展開を仔細に見ると，日本法との類似点を多く発見することができるなど，比較研究のもたらす日本法への示唆は，少なくないものと考える。他方で，ドイツにおいては，行政法の国際化，グローバル化がヨーロッパ法の進展の下で進んでいることから，わが国では顕在化していない問題ないしは問題関心が高くない課題に関して，知的刺激を受けることができる[3]。本論文の最後では，一般原則の比較法研究の発展研究として，わが国における行政管理法の発展可能性についても言及する。

I 一般原則の概念

(1) 概念の不明確性　一般原則を扱う場合に，先ず問題関心となるのが，用語法に見られる混乱である[4]。ドイツにおいても，一般原則は行政法テキストで決まって扱われるにもかかわらず，論者によって用語法も様々である。この点をオッセンビュール教授は「バビロニア人の言語法」といった表現で，その不統一ないし混乱を記述したところである[5]。こうした混乱は，以下で詳説するように，一般原則をめぐる問題の所在が多層的，多面的であることに起因している。したがって，こうした不統一が生じる原因を多面的に分析することとしたい。

(2) 一般原則は不文の原則か　行政法の一般原則に関しては，しばしば，不文の原則であると説かれてきた。たしかに，多くの一般原則は法文として明文化されていないことから，不文の原則であるといった説明は間違いではない。しか

年）228 頁以下，鈴木庸夫「アカウンタビリティと行政法理論」園部逸夫先生古稀『憲法裁判と行政訴訟』（有斐閣，1999 年）621 頁以下，乙部哲郎『行政法と信義則』（信山社，2000 年），須藤陽子『比例原則の現代的意義と機能』（法律文化社，2010 年）などを参照。

3) グローバル化に関して，斎藤誠「グローバル化と行政法」磯部力＝小早川光郎＝芝池義一編『行政法の新構想 I』（有斐閣，2011 年）339 頁以下，藤谷武史「多元的システムにおける行政法学——アメリカ法の視点から」新世代法政策学研究 6 号（2010 年）141 頁以下，原田大樹『公共制度設計の基礎理論』（弘文堂，2014 年）95 頁以下，興津征雄「グローバル行政法とアカウンタビリティ——国家なき行政法ははたして，またいかにして可能か」社会科学研究 65 巻 2 号（2014 年）57 頁以下，大橋洋一「グローバル化と行政法」行政法研究 1 号（2012 年）90 頁以下。

4) F. Ossenbühl, in: H.-U. Erichsen/D. Ehlers, Allgemeines Verwaltungsrecht, 12. Aufl., 2002, S. 178.

5) F. Ossenbühl, Allgemeine Rechts- und Verwaltungsgrundsätze - eine verschüttete Rechtsfigur? in: Festgage 50 Jahre Bundesverwaltungsgericht, 2003, S. 289.

し，正確に述べるならば，すべての一般原則が不文であるわけではない。この点が，一般原則に関して複雑性をもたらす理由のひとつである。オッセンビュール教授は，この点に関し，次のように述べている[6]。

「一般的法原則は，必ずしも不文の原則ではない。実定法の衣を着て登場することもあれば，憲法に示されていることもある。その基本は，不文法という点にあるわけではないのである。」

ドイツ法では，ボン基本法が制定される以前から一般原則は論じられてきた。そのため，当初は憲法上の位置づけを明確にせずに一般原則が語られた時代が存在したのである。この時代には，一般原則は，明文の根拠を欠くように見えたのである。また，一般原則は裁判例の積み重ねの中で確立し，そうした判例法が実定法化された例も少なくない。このように，不文の法原則が実定法へと至る進化の過程が見られるわけであり，進化後の状況まで視野に入れるならば，一般原則は明文化しているということができる。さらに，比例原則について見られたように，連邦法や州法の警察法分野で確立し[7]，実定法化された後に，個別領域限定型の原則から全領域横断型原則へと発展した例も存在する。ここでは，警察法領域では明文の根拠があるが，拡張された法分野では明文の根拠は見られず，不文の原則と呼ばれる余地が存在したのである。このように，発展状況は時代や領域によって区々であることから，一般原則は不文の原則であることが多いとは言えても，必ず不文であるとまではいえない。比例原則，権限濫用の禁止原則，信頼保護原則，結果除去義務は，今日では憲法に定められた基本権や法治国家原理に位置づけられた原則であると説明されている[8]。

(3) 一般原則は静態的法源か　ドイツ及び日本の行政法教科書において，一般原則を行政法の法源論において扱う例は決して少なくない。一般原則が法律や条例，府省令といった成文法と並べて紹介される場合には，確固たる内容を有したもの，確立されたものといった印象を与えがちである。換言すれば，一般原則は静態的原則としてのイメージを強く有していた。しかし，ドイツで今日，一般

---

[6] Ossenbühl (Anm. 5), S. 291.
[7] V. Götz, Allgemeines Polizei- und Ordnungsrecht, 12. Aufl, 1995, kap. 12.
[8] E. Schmidt-Assmann, Verwaltungsrechtliche Dogmatik, 2013, S. 48. 比例原則は，今日では，憲法上の地位を持つ原則と語られている。Vgl. K. Stern, Zur Entstehung und Ableitung des Übermassverbots, in: P. Badura (Hrsg.), Festschrift für P. Lerche zum 65. Geburtstag, 1993, S. 165 ff.

原則であると認められているものは，時間をかけて議論された末，学説や裁判例によって形成されたものを多く含む。そうした発展の成果として，例えば1977年の行政手続法制定につながったのである。

同法では，行政手続の法原則（聴聞，自己の事柄に関する決定の禁止，利益相反及び予断の排除），行政行為の無効，取消，撤回に関する原則，信頼保護原則，結果除去請求権などが規律されるに至った[9]。こうした発展を導いた主な要因は，基本法19条4項に定められた権利救済に基づく発展であり，それを行政手続法が確認したのである。

したがって，確立した法原則と呼ぶべき一連の原則群が存在する一方で，形成途上の一般原則が存在する。このことは，ドイツ法では当然の前提として承認されている。この点を指して，例えば，「発生段階にある慣習法（Gewohnheitsrecht in statu nascendi）」といった表現が見られるところである[10]。これは，市民の法的確信が成立するに至っているが，なお繰り返された慣用性に欠ける点で，慣習法ではないと位置づけられた原則である。このように，一般原則をめぐる議論は動態的な性格の原則をも対象としている。わが国では，確立した原則のみが一般原則であって，形成段階のものはなお原則ではないかのような静態史観がしばしば見られる。しかし，そうした視点では一般原則論を受け止めることはできない。これが比較法研究を通じた考察の帰結である。

一般原則の持つ動態性は，法秩序の各層間における発展として確認することができる。つまり，ドイツ法における比例原則に見られたように，国内実定法における明文規定から出発して広範な領域にわたり定着し，憲法原則として最も重要な法的基準としての機能を果たすに至り，さらに，ヨーロッパ法上の原則にまで発展しているのである[11]。

(4) 一般原則は国内法上の概念か　行政法は国内公法であることを長らく前提としており，その影響は一般原則論においても認めることができる。わが国の一般原則をめぐる議論も，多くの場合，最高裁判決を引証しながら，国内で適用可能な法原則を紹介するに止まる。これに対して，比較法研究を進めた場合に顕著となることは，ドイツにおける議論が国内法に止まらない多層型法秩序を視野

---

9) Ossenbühl (Anm. 5), S. 302.
10) Ossenbühl (Anm. 4), S. 182.
11) Ossenbühl (Anm. 5), S. 294.

に入れて議論を行っていることである。ヴォルフ・バッホフ・シュトーバー・クルートの行政法テキストは、一般原則について以下のように指摘する[12]。

「（ドイツ法，ヨーロッパ法，国際〔行政〕法といった）各法源レベルを貫徹した重要性を持つ。」

上記の現象について，ドイツ法はヨーロッパ法に属すことから特殊であり日本法とは無関係であるといった見解が存在するかもしれない。しかし，それは表面的な理解である。むしろ，ヨーロッパ法の圧力が顕著であることから，ドイツ法で新規課題の顕在化が進んでいると捉えるのが正確であるように思う。現在では，欧州裁判所が形成した判例法理の中で，一般原則と呼ばれるものが確立しつつあり，その内容がドイツ国内法における行政上の一般原則と相似することが指摘されている。したがって，国際行政法のレベル，ヨーロッパ法のレベル，国内行政法のレベルといった異なった層において，一般原則が承認されているという興味深い展開が見られる[13]。こうした各層レベルにおける類似性から，一般原則のもつ紛争解決規範としての重要性が論じられるほか，各層を縦断する（共通）行政スタイルの重要性が認識されるに至っている点が重要であろう。

(5) 歴史と法的基盤に基づく相違　行政法の一般原則には，100年を超える歴史を持つものもあれば，数十年の蓄積を持つにすぎないものなど，その歴史的背景は様々である。このほか，そうした原則を導出した法的基礎の多様性に注目することが肝要である[14]。つまり，憲法上の基礎を持つ一般原則もあれば，慣習法として論じられるもの，判例法として積み重ねられてきたもの，実体法の体系的解釈を通じて類推適用の形で発展したものなど，一般原則を支える法的基盤は様々である。興味深いことは，歴史や法的基盤にかかわらず，裁判所が一般原則として適用を試みれば，原則としての歩みが始まるという点である。

(6) 法規との相違　ここでいう法規とは，典型的には要件や効果の規律が具体的に定められた法令など，具体的事例において適用することが容易な法規範を指す。それに対して，一般原則と呼ばれるものには，抽象的な内容のものが少な

---

12) H. J. Wolff/O. Bachof/R. Stober/W. Kluth, Verwaltungesrecht Bd. 1, 12. Aufl., 2007, § 25 Rn. 2; M. Ruffert, Rechtsquellen und Rechtsschichten des Verwaltungsrechts, in: Hoffmann-Riem, Schmidt-Aßmann,Voßkuhle, Grundlagen des Verwaltungsrechts, Bd. 1, 2006, § 17 Rn. 96.

13) D. Ehlers, in: H. -U. Erichsen/D. Ehlers, Allgemeines Verwaltungsrecht, 15. Aufl., 2015, § 2 Rn. 9.

14) Ossenbühl (Anm. 4), S. 180.

くなく，そのままでは具体の場面で直接には適用できないものが見られる。つまり，法令の解釈において道しるべとしての役割を果たすに止まるもの，解釈指針・解釈原則としての性格を持つものが見られるのである。ヴォルフ・バッホフ・シュトーバー・クルートの教科書は，この点に関し，次のように指摘している[15]。

　「法原則は法源であり，実定法を認識する基礎ではあるが，それ自身は法規ではない。原則として，法規に必要な決定性と意味の確定性が法原則には欠けている。当該原則は指針ではあるが，具体の事実に直接適用可能な個別的規範性を有してはいない。信義則や平等則だけに依拠したのでは，裁判官は包摂を通じて具体事例を決定することはできないのである。」

　もっとも，上記批判にいう法規範性は程度問題であるようにも思われる。シュミット・アスマン教授も，上記のような形で一般化して議論することは適切性を欠くと批判している。その上で，同教授は一般原則は二面性を有しており，比例原則や権限濫用禁止原則のように条文と同様に把握できるものがある一方で，条文の形式を欠いている場合であっても，実務で詳細に基準が提供されているものがあると指摘する[16]。つまり，原則の中には，具体化され適用に適したものも存在するのである。

　ヴォルフ・バッホフ・シュトーバー・クルートの教科書によれば，法原則から法規範性が導出可能な例として，請求権の失効原則，（信義則原則から導かれる）自己案件処理の禁止，（予断禁止原則から導かれる）行政措置への自己関与禁止，自己契約（自己取引）の禁止などが挙げられている[17]。もっとも，一般的な傾向として述べるのであれば，法規範性の存否に着目して法規と一般原則の差異を指摘することは可能であろう。

　一般原則は，規律対象となる生活関係や事実状況に応じて具体化を要するものを含み，そうした具体化は，裁判官によっても，立法者によっても行われうる[18]。裁判官が具体化を行う場面を例にとると，法的基準が不足している事例であっても，法秩序の完結性を補償する視点の下で法秩序の調和と統一を尊重しながら，自ら合理的で説得力あると思われる基準を探し，形成することが可能で

---

15) Wolff/Bachof/Stober/Kluth（Anm. 12），§ 25 Rn. 6.
16) Schmidt-Assmann（Anm. 8），S. 48.
17) Wolff/Bachof/Stober/Kluth（Anm. 12），§ 25 Rn. 8.
18) Ossenbühl（Anm. 5），S. 291.

ある[19]。連邦憲法裁判所は，裁判官の任務と一般原則の関係につき，以下のように判示している[20]。

「一般的法原則の発展は，法の発見に属するものである。特に，最上級審の決定において，法の一般原則は，法の統一と法的安定性に貢献する。伝統的な法律解釈や裁判官による法形成の限界を尊重した上で，裁判所は一般原則により正統化された裁判官の任務を果たすことができる。」

上記の法形成活動は，法の欠缺を補充するといった枠を超える場合もあり，従前の原則を変革し，新しい視点を広めるなど，法秩序に対する変革機能をも有している。その代表例が，1950年代に見られた信頼保護原則の確立過程であったといわれている[21]。

(7)　一般原則の具体例　　それでは，行政法の一般原則として，現代のドイツの論者が念頭に置いているものは，いかなるものであろうか。論者の間に共通部分が見られる一方で，相違も見受けられるところである。ここでは，代表的な文献やテキストを参照して，具体例を概観することとしよう。以下で挙げられているものはあくまでも例示であり，これ以外のものが存在する点には留意する必要がある。また，ある原則を他の原則が具体化するなど，原則間に階層関係，包含関係が認められる点も注意しなければならない。例えば，法治国の要請が法的安定性，さらには市民の信頼保護といった形で具体化の過程を経て，利益的内容をもつ違法な行政行為の取消に関する基準が発展したのである[22]。

①　オッセンビュール教授による例示[23]

行政行為の存続，撤回，取消に関する原則，公法における失権に関する原則，行政の自己拘束に関する原則，比例原則，行政手続にかかる原則（例えば，聴聞，自己の事案に関する決定の禁止，利益相反や利害関係者の関与に関する原則〔現在は行政手続法で規律〕），公法上の損失補償にかかる原則，公法上の償還請求権及び結果除去請求権にかかる原則，信頼保護原則。

以上のほかにも，同教授は，連邦憲法裁判所の判例を通じて，法律の遡及効に関して洗練された憲法上の要請が，法治国原則の具体化としての信頼保護原則か

---

19)　Ossenbühl (Anm. 5), S. 294.
20)　BVerfGE 95, 48 (62).
21)　Ossenbühl (Anm. 5), S. 295.
22)　Ossenbühl (Anm. 4), S. 181; ders. (Anm. 5), S. 290. これは，行政手続法48条に規定されるに至った。
23)　Ossenbühl (Anm. 4), S. 179.

ら発展した例を挙げる[24]。

② マウラー教授による例示[25]
　利益的な内容の行政行為の取消，裁量権行使，主観的公権の要件，行政活動の比例性，結果除去請求権，信義則，権限濫用禁止など。

③ エーラース教授による例示[26]
　最も重要な一般的法原則は，基本法28条1項1文の法治国家原則や基本権から導出される。特に，このことが妥当するのは，法律の優位や法律の留保，明確性の原則，比例原則，法的安定性，信頼保護，遡及適用の禁止，結果除去請求権ないし補償類似の収用等に対する賠償責任などである。

④ ヴォルフ・バッホフ・シュトーバー・クルートの教科書による例示[27]
　人間の尊厳の尊重，法治国家性，公正で適正な手続，後まで影響を及ぼす開発における環境保護，法的平等の確保，行政の自己拘束，信頼保護，個別事例における法的安定性と公正性，権利濫用禁止としての形式濫用禁止や嫌がらせの禁止，公序良俗違反行為の禁止，過剰規制禁止，特別法は一般法に優先するという規準，公法上の払戻請求権。

II　基礎の多様性

　一般原則は，特定の法源に基礎を置いて説明することができないほどの広がりを持つ。例えば，その効力を論じる場合には，以下で挙げるようなものが根拠として挙げられる[28]。もっとも，以下で，(1)から(3)に挙げたものは相互排他的なものではなく，重複する場合もあれば，1つの原則が転位する形で発展することもある点には注意が必要である[29]。

(1) 慣習法　一般原則は，慣習法として基礎づけることができる。これは，繰り返して利用されることで，市民の間に法的確信が形成される場合に論じることができる。一連の一般原則は慣習法として成立し，例えば，利益的な内容をも

---

24) Ossenbühl (Anm. 5), S. 296; C. Degenhart, Staatsrecht 1, 14. Aufl., 1998, Rn. 311 ff.
25) H. Maurer, Allgemeines Verwaltungsrecht, 18. Aufl, 2011, S. 81.
26) Ehlers (Anm. 13), § 2 Rn. 11
27) Wolff/Bachof/Stober/Kluth (Anm. 12), Rn. 4.
28) Maurer (Anm. 25), S. 82.
29) Maurer (Anm. 25), S. 83. 同教授は，一例として，比例原則が，長らく承認された後に慣習法として確立するに至ったが，基本法（個別の基本権，19条2項及び法治国家原則）からも導かれるほか，警察法など個別法領域において一般化され実定法となっている例を挙げている。Wolff/Bachof/Stober/Kluth (Anm. 12), Rn. 5 は，法の一般原則は，一部，慣習法ないし判例法から構成される点を指摘する。

つ違法な行政行為の取消に関する原則（現在は行政手続法48条1項1文に規定されている），公共に対する犠牲についての公法上の損失補償などが例として挙げられる[30]。

もっとも，上記の定義からすれば，市民の法的確信が確認できる場合であっても，適用例が少ないなど，歴史が浅い場合には慣習法としては性格づけることができない[31]。

(2) 憲法の具体化　ドイツにおいては，1950年代には，憲法に規定された基本決定（例えば，法治国家原則，民主主義原則，ないしは社会国家原則）の中に，行政法の一般原則の源を求めることが通例とされた。連邦憲法裁判所などにより，数多くの一般原則が導かれ，派出された原則自体も憲法上の地位を有する例が見られた（例えば，比例原則，信頼保護原則がその例であり，憲法原則として位置づけられた）。憲法原則の具体化として一般原則を導き出すという方法論は，一面において，従前の議論の仕方を変更する性格を有していた点が重要である[32]。

オッセンビュール教授は，ボン基本法の制定後は，憲法秩序が大きく変わり，こうした状況下で同法以前の法状態に関連づけて慣習法を語ることが憚られたという事情について指摘しており興味深い[33]。

(3) 類推適用及び問題発見　以上のほかにも，法規範を一般化して，それが当初予定していない他領域へと類推適用することが，判例を通じて一般原則の適用という形で行われてきた。マウラー教授は，この点に関し，「既存の規範の体系的，帰納的，類型的観察方法により，一般原則は獲得されてきた。そこにおける方法論上の手段は，類推とトピクである」と説明している[34]。

一般原則は，たんに法律規定の欠缺部分について類推適用を促しただけではない。現行法の規定が解釈によって不都合な事象をもたらす場合に，判例法のレベルでそれを回避するために，一般原則が確立される例が見られた。具体例として，ドイツの建設法における計画維持原則が存在する。複雑な形式規定や手続規定が

---

30)　Ossenbühl (Anm. 4), S. 180.
31)　Maurer (Anm. 25), S. 82.
32)　Ossenbühl (Anm. 5), S. 293.
33)　Ossenbühl (Anm. 4), S. 180. 具体化の必要性に関し，Vgl. R. Wahl, Der Grundsatz der Verhältnismaeßigkeit: Ausgangslage und Gegenwartsproblematik, in: D. Heckmann/R. P. Schenke/G. Sydow, Verfassungsstaatlichkeit im Wandel, Festschriftfür T. Würtenberger, 2013, S. 823 ff.
34)　Maurer (Anm. 25), S. 82.

法令に数多く法定されたために，約9割の地区詳細計画が違法性を有し，取消しの対象となり，こうした実務上耐えられない帰結を避けるために，計画維持原則が判例上発展したのである[35]。同原則により，単なる形式や手続の瑕疵を理由として当該計画の違法をもたらさないことが承認された。その後，立法者により，こうした計画維持原則は現行法として位置づけられたのである[36]。

　一般原則は，他の法分野に対する開放性を表現したものでもある。これが端的に表明されたのが，行政法関係における民法規定の類推適用問題であった。ドイツ法では，かかる類推適用を認めるにあたり，2つの類似した説明が用いられた[37]。1つは，民法規定の基礎にある考え方が公法でも妥当し，解決に用いることができると説明する見解である。2つには，民法規定は一般的法思考を表現したものであるから，公法でも直接的に効力を持つと説くものである。

III　国内法概念と国際法概念

（1）**多層関係における相似性**　国内法で発展を遂げてきた，行政法の一般原則は，近年では，ヨーロッパ法や国際法で特に顕著な形で発展を続けている。オッパーマン教授によれば，一般原則は，ヨーロッパ法にとって「並外れて重要な機能（eine ungemein wichtige Funktion）」を果たしているのである[38]。

　ヴォルフ・バッホフ・シュトーバー・クルートの教科書は，比例原則，聴聞原則，中立性原則をその例として挙げる[39]。エーラース教授は，欧州裁判所が打ち立てた法治国家原則として，法律による行政の原理，法的安定性と信頼保護，聴聞を受ける権利，文書閲覧請求権などを挙げ，その一部はドイツ法の水準を上回っているとすら指摘している[40]。国内法においては，既に見たように，法秩序が不完全な場合に，その補充を図りつつ法秩序を発展させる基礎として一般原

---

35)　Ossenbühl (Anm. 5), S. 296.
36)　H. Sendler, Plan- und Normerhaltung vor Gericht, in: W. Erbguth (Hrsg.), Festschrift für W. Hoppe zum 70. Geburtstag, 2000, S. 1011; BauGB § 214 ff. 計画維持原則は実体法で行政手続の瑕疵論を修正する内容を持つほか，訴訟法で無効判決を回避する補完手続の法定をもたらした。参照，大橋洋一「都市計画訴訟の法構造」同『都市計画制御の法理論』（有斐閣，2008年）68頁以下。
37)　Ossenbühl (Anm. 4), S. 181.
38)　T. Oppermann/C. D. Classen/M. Nettesheim, Europarecht, 6. Aufl., 2014, §9 Rn. 31.
39)　Wolff/Bachof/Stober/Kluth（Anm. 12), Rn. 7.
40)　Ehlers (Anm. 13), §2 Rn. 31. 一例として，ドイツ行政法では行政手続法28条により聴聞が保障されているのに対し，ヨーロッパ法はそれを超えた攻撃防御を認めるという。

則はその役割を果たしてきた。その背景として，例えば，ヨーロッパ法で言えば，ヨーロッパ法の機関が加盟諸国の法制度を観察しながら，そこに見られる法制度に示唆を得て，制度形成を図ってきた事情を挙げることができる。例えば，ヴォルフ・バッホフ・シュトーバー・クルートの教科書によれば，一般原則は「特に欧州裁判所により，個別加盟国の間で価値評価を伴う比較を行うことを通じて，発展し，人権や法治国家の基本要素の尊重にまで及んでいる」という[41]。ヨーロッパ共同体法の一般原則は，欧州連合条約6条1項及び2項に法源として規定されている。このほか，賠償責任に関しては，加盟各国の仕組みに見られる一般原則が参照されている。つまり，ヨーロッパ共同体の条約外の責任に関して，ヨーロッパ共同体は加盟国の法秩序に共通の「一般的原則に則して」[42]賠償を行うのである。

また，ヨーロッパ法や国際法レベルでは，法形成が網羅的になされていないことから，不完全な制度の補充機能を果たしてきた一般原則は発展の余地を大きく有しているのである。シュミット・アスマン教授は，行政法システムを構築する上で必要となる開放性及び柔軟性を，法の一般原則の持つ不確定性がもたらしたと指摘していた[43]。

上記の発展の結果，国際法，ヨーロッパ法，国内法といった各層の法秩序において，相似した形で法原則が機能している状況が生まれている。こうした状況を超えて，ルッフェルト教授は「今日では一般的法原則は層を超えた重要性を持つ」という[44]。また，こうした多層関係を含む紛争事例において，多層的行政抵触法といったものの存在を指摘する見解も現れている[45]。

上記のように，国内法，ヨーロッパ法，国際法の各層で，一般原則が共通して存在する。このことを前提とした上で，シュミット・アスマン教授は，行政法において，一般原則は，以下の3つをつなぐ橋渡しの機能を三重の意味で果たして

---

41) Wolff/Bachof/Stober/Kluth (Anm. 12), Rn. 7.
42) Art. 340 Satz 2 AEUV.
43) Schmidt-Assmann (Anm. 8), S. 47. 例えば，ヨーロッパ裁判所の判決では，行政法の一般原則が特別な地位を占めているといわれている。Vgl. J. Schwarze, Europäisches Verwaltungsrecht, Bd. 1, 1988, S. 62, 63.
44) Ruffert (Anm. 12), §17 Rn. 96.
45) K. -H. Ladeur, Die Bedeutung eines Allgemeinen Verwaltungsrechts für ein Europäisches Verwaltungsrecht, in: H. -H. Trute/T. Gross/H. C. Röhl, C. Möllers, Allgemeines Verwaltungsrecht, 2008, S. 795, 810 ff.

いると核心を突いた指摘を行っている[46]。

①社会の基礎となる公正観念（基本法，欧州連合条約，国際人権規約などの条文で規定されたもの）

②個別実定法（行政法各論領域の諸法律，欧州連合条約の第二次法，国際組織の規律）。これは基礎に立ち帰って価値判定されたうえで，類推解釈を通じて一般的法原則形成のために利用されうる）

③行政実務や行政文化（つまり慣れ親しんだ規律及び「よき行政（eine gute Verwaltung）」への現実的期待）

（2）よき行政を求める権利（Das Recht auf eine gute Verwaltung）　欧州裁判所は，数多くの一般的手続原則を発展させてきた。その一部は，欧州連合基本権憲章41条に，以下のように規定されている[47]。ここには，ヨーロッパ法レベルで確立した一般原則論の姿を確認することができる。

41条：よき行政を求める権利

第1項　自己の案件に関して，連合の機関，組織ないし他の部署により，第三者性を確保した上で，公正に，かつ，適切な期間内に，処理されることにつき，全ての者は権利を有する。

第2項　前項の権利は，特に，以下のものを含む，

a）不利益な個別措置がなされる前に全ての者が聴聞を受ける権利を有すること

b）職業及び事業の秘密並びにプライバシーにかかる適正な権利を保護した上で，自己に関わる文書に全ての者がアクセスすることができる権利を有すること

c）決定に理由を付記しなければならない点につき，行政が義務を負うこと

第3項　連合は，その機関ないし職員がその職務を行うにあたり引き起こした損害につき，加盟諸国の法秩序に共通の一般原則に従い，賠償しなければならず，全ての者はかかる賠償請求権を有する。

第4項　全ての者は，連合の機関に対して，条約所定言語の1つを用いて不服を申し立てることができ，（不服が申し立てられた場合には）当該言語でそれに対する応答を受けるものとする。

上記の「よき行政を求める権利」を一見したところでは，わが国の行政手続法で既に法定化された内容がヨーロッパ行政法のレベルで法文化されたものといっ

46）Schmidt-Assmann（Anm. 8), S. 53.

47）Wolff/Bachof/Stober/Kluth（Anm. 12), § 25 Rn. 7; F. Kopp/U. Ramsauer, Verwaltungsverfahrensgesetz, 16. Aufl., Einführung Ⅱ. 2015, Rn. 48 ff.

た印象を受けるところである。例えば，41条2項の内容は，聴聞権，文書閲覧権，理由提示といった内容をもつものであり，わが国でも相当するものが，とりわけ行政行為について認められるところである。しかし，仔細に見ると，3点で日本法との相違点を見いだすことができ，こうした相違点に参照価値を見いだすことが可能である。1つは，ヨーロッパ法では，41条の適用対象は行為形式とは無関係である。換言すれば，よき行政を求める権利は行政行為に限定されず，行政契約や行政指導などの事実行為を含む全ての行政活動にまで及ぶ[48]。したがって，わが国の行政手続法が上記権利について処分限定思考であることを超えている。つまり，個別の行為形式の要件といった捉え方ではなく，行政活動であることから求められる権利，行政活動の流儀として規定されているのである。換言すれば，一般原則に近い内容を持つのである。2つは，上記の文書閲覧権は行政手続における個人の権利主張の観点から求められただけではなく，透明性原則の表明として理解されている点である[49]。このように，文書閲覧が権利救済手段の付属物としてではなく，一般原則である透明性原則の具体化として理解されている点が現代的である。3つには，ヨーロッパ法で理由提示が求められている「決定」が，包括的な概念として理解されている点である[50]。つまり，行政行為のような個別的行為に限定されていないのである。したがって，処分限定の理由提示という発想ではなく，広く行政活動に理由を求める点で，説明責任原則に近い規範的内容を持つ。

(3) 有効性の原則　　国際法やヨーロッパ法まで射程に入れて一般原則を見た場合には，法の実効性に関して伝統的なドイツ行政法に刺激がもたらされている状況を指摘することができる[51]。中でも，ヨーロッパ共同体法で最も大きな影響力を持つ法原則として，有効性原則（effet utile）がしばしば示唆されている[52]。これは，国際法上の概念であり，条約の目的を最善かつ最も簡易に達成できるように規範を解釈，適用すべしとする原則である。国際法に起源を持つ有効性原則でもって，欧州裁判所は，ヨーロッパ法において独自の解釈基準を発展させるために方法論的に支持しうる立脚点を早期に確立したのである[53]。ヨーロッパ法

---

48) Kopp/Ramsauer（Anm. 47），Einfuhrung II, 2015, Rn. 46.
49) Kopp/Ramsauer（Anm. 47），Einfuhrung II, 2105, Rn. 51.
50) Kopp/Ramsauer（Anm. 47），Einfuhrung II, 2015, Rn. 52.
51) E. Schmidt-Aßmann, Das Allgemeine Verwaltungsrecht als Ordnungsidee, 2. Kap. Tz. 20 ff.
52) Ruffert（Anm. 12），§ 17 Rn. 105.

などでは，固有の執行機関を持たない（国内）法秩序における執行確保が問題となるため，こうした執行問題への関心が高まる関係にある。このことが，ドイツ行政法の広範な領域を視野に入れて，執行問題，とりわけ実効性確保の問題に対する問題関心を高めることに貢献しているのであろう。

Ⅳ 一般原則と特別原則

（1）概念　一般原則という概念は，特別原則に対置した用語法である。つまり，一般原則は，国内行政法を例に説明するならば，個別の行政領域を超えて様々な行政領域において効力を持つこと，すなわち，領域横断的性格を持つ点に特色が認められる。これに対し，特定の行政領域，個別の行政分野において発展を遂げている原則が存在する。よく挙げられる例が，環境法分野における予防原則及び原因者負担原則である[54]。

ヴォルフ・バッホフ・シュトーバー・クルートの教科書は，2つの原則の関係について次のように説明する[55]。

> 「特別な法原則は，基本的な規範であり，空間ないし時間の点で区分された特別社会的生活関係内部における利益状況に対して公正性原則を適用する際に明らかとなる。これは，法観念から導かれるものではなく，特別な生活関係や現行法秩序の全体を前提とするものである。一般的法原則とは異なり，不変の内容というわけではなく，基礎とする利益状況及び秩序によって，変化しうる。」

上記テキストで例示されている特別原則は，行政機関による公益の尊重要請，危険回避に対する行政機関の義務及び権限，自己の事項に対する決定の禁止，少なくとも事後的に聴聞を実施する原則，環境行政法における予防原則，原因者責任原則，協働原則などである。

（2）動態的発展　一般原則は，今日では憲法の具体化として定着しているほか，なかには実定法化されたもの，判例法として確立したものもあるため，一般原則自体の重要性なり意義は，従前よりも低減したという指摘が見られる。他方で，領域を限定してみた場合には，当該領域において新たな原則が生成し，活性化している状況を確認することができる。行政法の参照領域として注目されている諸領域，例えば，環境法，情報法，社会法などの新しい領域は，新たな原則の

---

53) Schmidt-Assmann（Anm. 8），S. 54.
54) Ossenbühl（Anm. 5），S. 291.
55) Wolff/Bachof/Stober/Kluth（Anm. 12），Rn. 5.

発展領域に多く含まれている。こうした新領域で，一般法原則が重要な役割を果たしている理由として，2つのものが考えられる。1つは，新たに生起する法律問題には未解明のものが多く，法的意義も解明されていない場合が多い。こうした不明確性を理由として，一般原則の持つ柔軟な対応能力，法の欠缺を補充する機能に期待が寄せられているのである。2つには，既に確立して長い歴史を持つ法分野であればあるほど，先例や確立した概念との関連で拘束が多く，行政機関による新規政策課題への対応が鈍くなる反面，新規領域では発想豊かに問題を直視して迅速に対応することが可能であるという事情が存在する。換言すれば，問題発見能力が，こうした分野では期待できるといった事情である。こうした各論領域における原則は，やがては領域横断的に，一般原則へと包括的原則として発展する例も見られるところである[56]。

また，各論領域で生成した原則が一般原則へと確立されるに至る動態的発展過程は国際法レベルでも確認することができる。例えば，ドイツ法においては，各論領域の特別原則であった環境法上の予防原則や原因者負担原則は，欧州連合条約において表現されるに至ったのである[57]。

V 行政システム上の意義

一般原則が，現行法にとって重要な補充的機能を果たすことは，今日では広く承認されている。連邦行政裁判所は，この点に関して，次のように判示している[58]。

> 「一致していることは，行政法の一般原則は，明文の法源が沈黙している場合，ないしは補充を要する場合に，効力を持つことである。」

こうした補充的機能に対して，当初は，補充が必要な場面に限定して一般原則が急遽登場し，穴埋めを行うといった見方が存在した。しかし，一般原則が発展するにつれて，一般原則についての理解も変化してきたように思われる。つまり，法律が詳細に規律しており欠缺が存在しない場合であっても，一般原則は活躍する場面もなく顕在化していないだけであり，いわば潜在的に存在するといった理解である。換言すれば，一般原則は，いつの時も，法秩序にとって目に見えない

---

56) Ruffert (Anm. 12), § 17 Rn. 98.
57) Art. 191 Abs. 2 Satz 2 AEUV.
58) BVerwGE 2, 22 (23).

基礎となっており，常に存在すると把握する見解である[59]。このように，法システムの基礎に一般原則が存在するといった見解が定着すると，興味深いことに，その次の発想として，一般原則は行政法システムにとって礎石としての機能を果たしているのではないかといった認識がドイツ法で登場してきた。ここまで来ると，個別の解釈論での補充的機能に重点を置いた一般原則論から，システムの形成といった制度設計に関わる理論としての機能へと関心が移行するのである。シュミット・アスマン教授は，一般原則の意義について，近時，行政法の理論形成やシステム形成のための認識源として捉える見解を公表している。同教授は，次のように指摘する[60]。

「一般原則は，その概念の下において，観察方法，認識方法，発展方法の多様性を表現するものであって，行政法ドグマティークの刷新能力を示すものであるように思われる。」

VI 法典編纂と一般原則

以下では，行政法の法典編纂と一般理論との関係について言及することとしたい。一般原則が発展したことは，ドイツ行政法において長らく行政法の法典編纂が行われてこなかったという歴史的経緯と密接な関連を持つといわれている。オッセンビュール教授は，こうした関連について次のように指摘する[61]。

「1945年以降のドイツ行政法は，ワイマール時代の伝統の上に築かれた。行政法の一般法典は編纂されることもなく，こうした編纂問題が第43回ドイツ法曹大会で議論されたにもかかわらず，編纂はなされず，1977年に行政手続法によって初めて行政法総論の一部が法典化された。これは，新たな立法作業というわけではなく，行政法理論と判例による発展が築いてきた内容を表現したものである。こうした発展においては，行政法の一般原則に依拠することが確固たる基礎だったわけである。一般的行政法の編纂作業を欠いていた一方で，必然的に，それに代わって，（行政法システムの本質的な礎石である）行政法の一般原則を絶えず見直す作業が行われなければならなかったのである。」

---

59) Ossenbühl (Anm. 5), S. 301.
60) Schmidt-Assmann (Anm. 8), S. 47.
61) Ossenbühl (Anm. 5), S. 301.

Ⅶ　行政管理基本法と一般原則

　それでは，法典編纂と一般原則との関係について，日本法においてはどのように考えるべきであろうか。筆者は，行政管理基本法について執筆する機会があり，その際に，行政管理基本法の制定は，公共部門に期待される役割なり，あるべき公務員像を明示する作業と重なる部分が大きいことを指摘した[62]。合わせて，同法の内容として，現代的な一般原則を法定することを提案した。一般原則の問題は国内行政法の範囲を超える広がりをもつものであり，歴史的個性を誇ったヨーロッパ大陸の行政法においてヨーロッパ行政法が語られる場合に，そこで説かれる内容が上記諸原則と重なる部分が多いことについても言及した。以下では，行政管理基本法と一般原則との関係を中心に，若干の補足を行うこととしたい。

1　行政管理の基本法

　わが国の行政法の歴史において，行政運営にかかる一般法を制定しようとする動きが見られた。例えば，1953 年には，行政運営法案が公法学会と行政学会の合同で議論されている[63]。しかし，こうした法律制定に対して，当時は学説による批判が強かった。その理由の1つとして，法律の内容とされている事項の多くは行政の内部事項にかかわり，法律の規律になじまないといった批判が見られた。しかし，行政の内部的統制として語られてきた分野は，現在では，行政の自己制御であるとか，行政ガバナンス法として，行政活動のアカウンタビリティを求める法分野として重要視されるように変化している[64]。換言すれば，行政内部事項として捉えた認識は既に変容しているのである。

　行政管理基本法を想定する場合に，1つの考え方として，ドイツの行政手続法のように，これまで確立された法原則，例えば，職権取消制限の法理，撤回制限の法理などを法定化することが考えられる。しかし，そうした事項は具体の場面に限定され，現代の行政過程で要請されているものとは言いがたい。むしろ，より一般的な射程を持つ原則として，近年制定・改正された法律に共通する新しい規範的要請を抽出して，一般化して掲げるといった方法もありうるところである。

---

62)　大橋洋一「行政管理基本法について」季刊行政管理研究 149 号（2015 年）1 頁以下。
63)　公法研究 11 号（1954 年）119 頁以下参照。
64)　大橋洋一「行政の自己制御と法」磯部＝小早川＝芝池・前出注 3) 167 頁以下参照。

日本法の現状を前提とした場合，例えば，以下の内容の一般原則を法定することが考えられる。こうした原則論の提示が，比較法的な視点からどのような意味を持つのかについて，以下では検討することとしたい。

2 現代行政の一般原則[65]

(1) 説明責任原則　　行政の分野を超えて，政治や社会の分野でも広く人々の口に上るようになった用語として説明責任が存在する。当初は，行政機関情報公開法（行政機関の保有する情報の公開に関する法律・1999年）1条の目的規定に置かれた概念であり，知る権利に対して劣後するかのような批判を浴びた時期も存在した。しかし，知る権利か説明責任かといった用語の選択によって，開示の具体的範囲が左右されることはない。むしろ，情報法の分野を超えて，行政活動に対する基礎的視点を提示した点で，説明責任の法定は日本の行政過程にとって幸運だったように考えられる。その理由は，市民の活動と比べた場合に，行政活動に対して求められる最も大きな規範的要請として，説明責任の存在が明確化されたからである。この要請は，行政行為などの特定の行為形式に限定されず，事実行為であろうと，財務会計行為であろうと，広く，行政活動であれば説明を尽くす義務が行政機関には課されていることを示す。これは，現代で最も重要な行為規範であるといえよう。これを基本法で正面から規律することの意義は大きいものと考える。なぜならば，市民の委託を受けて行われる行政活動である以上，市民に対して説明責任を尽くすことは行政システムにとって本質的構成要素だからである。

(2) 節約性の原則（効率性の原則）　　行政活動の原資が税金で成り立っている以上，その資金管理や使途に関して，行政機関は責任を負っている。自己の自由に処分できる資金ではない以上，納税者が無駄遣いを望まないことを前提に，行政機関は施策の展開を考えるべきである。こうした要請は，財政法の分野では既に明示した規定が散見されるところである（財政法9条2項，地方自治法2条14項，地方財政法4条1項）。現代において考えるべき点は，個別の行政活動を執行する局面で，行政機関と市民の双方がその資金源に同時に思いをめぐらせることである。執行問題と財政負担問題を切り分けるといった従前の法律学の基本的発想は

---

[65] 現代型一般原則に関しては，大橋洋一『行政法Ⅰ　現代行政過程論〔第3版〕』（有斐閣，2016年）53頁以下参照。

捨てて，財政規律を絶えず意識した行政運営を図るためにも，行政運営の基本指針として節約性の原則を掲げることの意味は大きいものといえよう。

(3) **基準準拠原則**　法律と個別行政活動で構成される単純な２層型の仕組みは，複雑化した現代的行政過程では標準ではなく，むしろ各法分野では行政基準や行政計画といった準則型の行為形式が多用されている。行政基準に関していえば，処分基準，審査基準，行政指導指針の策定及び公表が求められ，こうした基準が司法審査で活用されているのも，近年の顕著な特色である。他方，行政計画に準拠して個別執行活動が行われるという段階型執行構造が一般的である。これは，恣意的な執行を防ぐ目的のほかに，計画策定レベルで利害調整が行われることを要求する点で重要性を持つ。１つには，計画段階で，施策の優先順位が整理されることであり，２つには，複数計画相互の間で利害調整が図られることである。計画策定の過程が透明化され，段階ごとに説明が繰り返されることで，行政過程の合理性は飛躍的に向上するところである。しかし，計画に関する規範的要請は，分野によって不均一であるほか，計画は策定されると固定化して陳腐化するなど，更新や時間管理といった視点が欠落して運用されていることが少なくない。計画に基づく行政の原則を，一般ルールとして定めておくことの必要性は高いものといえよう。

(4) **透明性原則**　一部の行政担当者により，秘密裏に重要事項の決定が行われてはならないという考え方，新規施策の基礎となるデータなり立法事実を明らかにして，新規施策の成否に関する判断を後世の評価に委ねるといった施策運営方針を示すものが，透明性原則である。行政活動の実態を正確に外部者に示すという透明性原則は，真実の情報が明かされるべきであるという真実性の原則を前提とするものである。透明性の概念は，行政機関情報公開法（１条）で初めて実定法化されたものであるが，現代では，市民の開示請求に応じた公文書開示以外にも，政府が政策情報を外部に向けて情報発信する例が増大している。こうした情報化，電子化の動きを全体として捉えると共に，提供される行政情報の質について注文を付けていくことが要請されよう。最も危惧されるのは，些末な情報が大量に提供され，加えて，特別措置法のような暫定的法律ばかりが頻繁に制定改廃され，結果として，市民が施策の全体像なり全貌を把握することがますます難しくなっているといった矛盾である。こうした状況に鑑みると，重要事項明示の役割が法律に期待されていることを，改めて確認することが必要であろう。近時

では，誘導と称して，法律事項ではないと考えられた補助金や減免措置を重視して，目立たない形で政策形成を図る手法が急増している。これは，施策展開を担う公務員には便宜な手法かもしれないが，施策に対する市民の理解，支援を得るといった点では，大きな問題点を残すものである。

(5) 相互配慮原則　これは，市民と行政機関との関係でも，行政機関相互の関係でも，相互が交渉し対話する際の基本ルールとなるものである。対流原則と表現されるものも，同様の内容である。広域的な主体，ないしは，より大きな権限を有した主体が一方的にその利害を押しつける上意下達の仕組みを第1期とすると，狭域主体なり，権限の弱い主体がその利害を主張し，広域主体の政策形成，運用に参加する仕組みを第2期と呼ぶことができる。今後目ざすべき第3期は，広域主体と狭域主体が相互に他者の利害に配慮しながら対話を通じて調整点を見いだす相互配慮の時代である。例えば，国は，地方公共団体の意向を尊重しながら自己の施策推進を図り，地方公共団体は，国全体における自己の位置づけなり役割を認識した上で，自己の施策展開を図るといった協議型行政スタイルの重視である。

(6) 公私協働原則　市民参加といった用語以上に近年頻繁に見受けられるものが，公私協働の概念である。官の世界だけでは，資金も，マンパワーも，またノウハウも不足している現代においては，民の知恵を活用して，民間の活力を動員して行政施策を展開しなければならない。市民提案を受け止める手法，協議会手法が近年，飛躍的に増大している状況も，こうした環境変化を背景とするものである。大切な点は，民の側も公的補助に依拠するといった従属的思考を脱し，自律の下に，持続的に維持可能な財政規律を守り，施策展開を図ることである。自律の精神と「身の丈主義」が協働の前提となるものといえよう。

(7) 補完性原則（行政関与の正当化要請原則）　民間に可能な業務を行政が希少なマンパワーを用いて，公費で実施する必要はない。これは，行政改革の際に，絶えず主張される考え方である。現在でも，不必要と思われるほど外郭的団体なり，業務が目立つ。そこで，補完性原則を，業務見直し，組織見直しの基本原則として掲げることの必要性は高い。

(8) 新規開拓主義（実験主義）　新規課題について解決策が不存在の時代にあっては，イノベーションや試行を重視する考え方が重要となる。実験主義は，第一線における試行なり実験を積極的に推進して，新規施策を開拓するといった姿

勢を尊重する原則である。

　　おわりに

　判例法理を通じて規範性が確立したもの，憲法の具体化として位置づけられるものに，一般原則を限定する立場から見た場合には，上記の原則論は違和感を抱く内容のものかもしれない。しかし，本稿で見てきたように，行政法の一般原則に関しては，試行を経て確立されたものが存在すること，比較法的には規範的要素，補充的機能を超えて発展してきていること，国内行政も含めた行政法各層で展開しているものであること，一般原則として評価することのできる規範的要請が「よき行政を求める権利」としてヨーロッパ法で確立していること，行政文化や基本的行政スタイルを体現するなど橋渡し機能を発揮することが一般原則に期待されていること，現行行政法規で新たに登場した内容を一般化し展開する機能を持つべきことなどが認められる。こうした特質に着目すると，行政法の一般原則は開かれた原則として構想することができるものと考える。

行政上の主体と実定法

北 島 周 作

I　はじめに
II　行政上の主体と実定法の関係
III　行政上の主体と処分性の問題
IV　おわりに

I　はじめに

　小早川光郎は，行政法学が学問として連続性を持って考察の対象としてきた行政法とは「行政に固有な法の体系」であるとした上で，「行政」とは「私的」なものではなく「公的」なものであるとした。すなわち，小早川は，遠藤博也の言葉を借りて，「行政」とは，「社会管理」（人間の置かれた一定の状況を個々人の問題として放置するのではなく，社会自身の問題として，「公共の福祉」ないし「公益」の観点から管理する）という課題を達成するための仕事であるが，社会管理の仕事すべてが行政にあたるとされるわけではなく，それは国家の観念による特殊な限定を伴い，その中でも「公的なもの」——国・地方公共団体の事務（＝公の事務）として処理されるもの——としていた[1]。

　しかし，近年，かつては国・地方公共団体といった典型的な行政主体（以下，「典型行政主体」と呼ぶ）によって直接行われ[2]，行政法学の考察対象となっていた公の事務が，様々な法的手段によって，典型行政主体にあたらない主体に委ねら

---

1) 小早川光郎『行政法上』（弘文堂，1999年）1-10頁。
2) 国の行政各部と地方公共団体は，憲法が設立を予定している統治のための組織と考えられる。中川丈久「行政による新たな法的空間の創出」岩波講座『憲法第4巻変容する統治システム』（岩波書店，2007年）203頁以下。

れ，履行されている。戦前より，公共組合などの例はあったが，戦後，主として行政実務上の必要から，特殊法人，認可法人と呼ばれる法人群が現れ，近年では，国・地方の独立行政法人，国立大学法人なども登場している[3]。また，従来，典型行政主体が行っていた公の事務が民営化により[4]，私人によって行われ，あるいはかつてであれば典型行政主体の活動とされていたであろう活動が業界団体等の自主規制活動の活用などにより対応されている例もある[5]。その意味で，現在，公の事務は，典型行政主体だけでなく，多様な主体によって担われている（以下，このような主体を「行政上の主体」と呼ぶ）[6]。

こうした行政上の主体の多様化に対して，行政法学上の関心が寄せられるべき問題の一つに行政法のシステムの対応問題がある。すでに述べたように，行政法学は，社会管理機能の中でも「公的なもの」——国・地方公共団体の事務（＝公の事務）として処理されるもの——を行政とし，そうした意味での行政に固有の法たる行政法について，様々な法規範（法の原理及び準則）を一個の体系として提示することを目指し，その中で法の現状を認識，記述し，あるいは法の現状を変革しようとしてきたのであり[7]，そうした営為により構築されてきた行政法のシステムは基本的には典型行政主体による活動を前提としたものである。確かに，伝統的な行政法のシステムにおいても，典型行政主体以外の活動は例外的な形で一部組み入れられていたが，最近のように活動主体の多様化が進展してきた場合，それに対する本格的対応が行政法学に求められることになる。

筆者は，これまでの論稿において，行政法において培われてきた公法規範，つ

---

3) そうした法人群について，代表的なテキストでは（理論上は行政主体性を持たないものも含め）「特別行政主体」という項目で扱われている（塩野宏『行政法Ⅲ』（第4版，有斐閣，2012年）89頁以下）。
4) 組織形態の変更に限定されない広い意味での民営化に関する具体的事例と行政法学上の論点を扱ったものとして，角松生史「行政活動の民営化と行政法学」行政法研究8号（2015年）107頁。
5) 原田大樹『自主規制の公法学的研究』（有斐閣，2007年）。
6) ここでいう「行政上の主体」は，「国民全体を平等に構成員とする国の組織から，分節化・開放化された国の組織，自治組織，公私混合組織を経て，公的組織と協働する私的主体，公的組織によって特別な参加権または受給権を認められ，あるいは特別な規制を受ける私的主体へと至」り，「公的組織と私的主体との間の一般的な規制，給付，参加の関係に連続する」，山本隆司のいう「行政の主体」にほぼ対応する。山本隆司「行政の主体」磯部力ほか編『行政法の新構想第1巻』（有斐閣，2011年）104頁。なお，小早川・前出注1）においては，典型行政主体以外の行政上の主体については例外的なものとして記述対象から外すという立場が採られていたが，2007年に出された「追補」において，その後の事情の変化に鑑みて附記がなされている（「追補」3頁以下）。
7) 小早川・前出注1）2頁以下。

まり典型行政主体が公の事務をする際に規律するものとされる規範に関心を持ち，検討を続けてきた。すなわち，行政法のシステムの対応問題において，特に問題とされるのは，活動主体の属性の変更により，この公法規範が適用されなくなるという意味での公法規範の潜脱問題であると見て，特にイギリスの判例法・学説の展開を踏まえた上で，実質的に同内容の規律を実現可能な規範が，主体の属性ではなく，活動の内容や性質から導き出される場合があることが考えられること，そのことから，これまで公法規範とされてきたものについて，私法において論じられてきた私法規範との比較の中で再検討する必要があるとした[8]。しかし，そこでは，個々の・行・政・に・関・す・る・実・定・法（以下，「実定法」）の検討には至っていなかった。つまり，そこでは，主として，行政主体性を軸として公法規範の適用範囲について分析を行ったのであるが，その後，行政手続法に関する詳細な検討をする機会を得たことをきっかけに[9]，個々の実定法の内容に目を向けると[10]，必ずしも行政主体性のみを基準として公法規範の射程が決定されてきたわけではなく，立法においては，様々な事情に基づいて，その適用範囲が調節され，それは当該実定法において明示的・具体的に定められる場合もあれば，抽象的な形で定められ，行政機関がその実施段階において，あるいは裁判所が裁判において，解釈，適用することを通じて具体化する場合もあることが分かってきた。そこで，本稿では，個々の実定法と行政上の主体との関係について整理し，その内容を分析・検討することにしたい。

II　行政上の主体と実定法の関係

(1)　行政上の主体と実定法の関係の整理作業をするにあたり，まずは個々の実定法において行政上の主体が，いかなる意味を持つのかを確認しておきたい。

よく知られているように，かつて，宮沢俊義は，公法人と私法人，さらに公法と私法の区別には，理論的な区別と技術的ないし制度的な区別があり，両者を明確に分けて考える必要があるとした。理論的な区別とは，理論的認識の必要から

---

[8]　北島周作「行政法における主体・活動・規範(1)-(6・完)」国家122巻1=2号51頁，3=4号133頁，5=6号66頁，7=8号59頁，9=10号72頁，11=12号120頁（2009年）（「北島・国家」と引用）。

[9]　北島周作「行政手続法立案過程と行政法学」塩野宏=小早川光郎編『行政手続法制定資料(1)』（信山社，2012年）92頁以下参照。

[10]　北島周作「公的活動の担い手の多元化と『公法規範』」法時1059号（2013年）23頁。

生ずる区別であり，技術的な区別というのは，実定法の技術的必要に基づいて制度として設けられる区別である。そして，両者は一致することもあるが，それは実定法の技術的必要が理論的な区別を技術的・制度的な区別として承認した結果に過ぎず，決して理論上当然にそうなるわけではないとし，両者が理論上，超実定法的に互いに一致するもののように考えるそれまでの考え方を痛烈に批判した[11]。この宮沢による，公と私に関する理論的な区別と技術的・制度的（以下，単に「技術的」とする）な区別の相違 —— これは理論的な概念と技術的概念の相違に係るものであるが —— に関する問題提起は，戦後における公法と私法の区別に係る議論の発展に大きく寄与したことはよく知られている[12]。

この宮沢の枠組みによると，個々の実定法において定められた行政上の主体はいうまでもなく技術的なものである。そうすると，当該主体がいかなるもので，いかなる規律に服するかは，当該実定法の内容によることになる。しかしながら，少なくとも現在の行政法の体系において，その内容を考えるにあたっては，次の点に留意する必要がある。

(2) 第一に，個々の実定法上の概念と理論的な概念は密接に関係しているということである。宮沢も認めていたところであるが，当該実定法における技術的必要が，理論的な区別を技術的な区別として利用することがある[13]。そして，その場合には，当該実定法の内容を考える際に背景となった理論の内容が大きな意味を持つことになる。この点，特に近年は，理論的な検討を経て，個々の実定法上の主体に関する定めが置かれることが多い点に注意する必要がある。例えば，独立行政法人等情報公開法による情報公開の対象となる法人である「独立行政法人等」（同法2条1項）の範囲を画定する際に採用された「政府の一部を構成すると見られるもの」という視角は[14]，学説の行政主体の理論の影響を強く受けたものとみることができる[15]。また，必ずしも明確な理論的背景を持って実定法

---

11) 宮沢俊義「公法人と私法人の異同」『公法の原理』（有斐閣，1967年，初出1935年）38頁。
12) 塩野宏「公法・私法概念の再検討」『公法と私法』（有斐閣，1989年，初出1983年）103頁以下。
13) 田中二郎「公法人論の吟味」『公法と私法』（有斐閣，1955年，初出1942年）125頁は，「公法人・私法人の概念は歴史的な類型的な概念であるが，それが実定法上の制度的な概念としても認められて居る」としていた。
14) 特殊法人情報公開検討委員会「特殊法人等情報公開制度の整備充実に関する意見」（平成12年7月27日）。
15) 塩野宏「行政法学における法人論の変遷」『行政法概念の諸相』（有斐閣，2011年，初出2001

が定められたとはいえない場合であっても，個別の紛争の解決にあたる裁判所が特定の理論を援用することがある。著名な成田新幹線判決（最判昭和53・12・8民集32巻9号1617頁）における国と鉄建公団の関係などは，学説における「独立行政法人」の理論（主として田中二郎説）と，行政機関相互間の行為に関する理論・判例を組み合わせる形で用いたものとされる[16]。この場合は，いわば事後的に実定法は理論と関わりを持つことになる。なお，成田新幹線判決は，行政主体の理論の発展を促し[17]，そこで発展した行政主体の理論は，先にも述べたように，独立行政法人等情報公開法制定の理論的基礎となった。ここに，司法判断を媒介とする理論と実定法の循環的発展関係を見ることができる。

（3）第二に，行政上の主体に焦点を当てて，関係する実定法を分類すると[18]，いくつかのタイプに分けることができるということである。タイプとしてはさしあたり次のようなものが考えられる。

まず，典型行政主体の組織・運営・活動等への適用を主として想定しつつ，原則として主体について限定を付さず，それ以外の主体にも明文の規定や解釈により，「拡張的」に適用されるものがある。行政手続法，行政事件訴訟法，行政不服審査法，国家賠償法といった異なる行政分野に共通して適用される行政共通制度諸法とも呼ばれる法律には[19]，このような定め方をするものが多く見られる。一般法としての性格を有するこれらの法律は，異なる行政分野に共通して適用されるが故に，典型行政主体のみならず多様な行政上の主体の活動を対象とすることを想定して，このような定め方がなされているものと思われる。また，公務執行妨害罪（95条），賄賂罪（197条〜198条）等の刑法上の公務員関係規定のように，民刑事法の中にも典型行政主体の職員やその活動等への適用を想定しつつ，それ以外への拡張が予定されている一般法的性格を持つ規定もある。

もっとも，これらの法律においても規律対象の規定の仕方に差異が見られる。例えば行訴法，行審法，国賠法は，それぞれ，「行政庁の処分その他公権力の行

年）416頁は，検討委員会の作業は，行政主体論の情報公開法制における適用場面として理解することができるとする。
16)　石井健吾「最判解民事篇昭和53年度」535頁以下。
17)　北島・国家(2)154頁以下参照。
18)　実定法の体系化に関する一般論として，野呂充「行政法の規範体系」磯部ほか編・前出注6)41頁。
19)　小早川・前出注1)48頁。

使に当たる行為」（行訴法3条2項），「行政庁の処分」（行審法2条），「国又は公共団体の公権力の行使」（国賠法1条1項）などと一般抽象的に定め，行政庁・国・公共団体等について具体的に規定していないため，典型行政主体にその射程が限定されることなく解釈によりその射程が拡張される余地がある。それに対して，行手法は，一部ではあるが規律対象を具体的に定めて，射程の拡張の余地を予めなくしている。例えば，行政指導に関する手続の規律対象たる「行政指導」は，「行政機関」の行う一定の行為であるが（2条6号），その「行政機関」が何かは具体的に規定され，特定の国の機関と地方公共団体の機関に限定されている（2条5号）。また，手続的保護の享受対象としての側面に関するものであるが，行政管理実務上，特殊法人，認可法人，指定法人と呼ばれている法人等のうち法定の要件を満たしたものに対する一定の処分について，行手法上の一定の手続の適用を除外しており（4条2項・3項），行手法の処分に関する手続の適用範囲は主体の面で限定されている。このような違いが生じた理由としては，行訴法等の射程は，その実施後に訴訟等の提起を受けて裁判所等が法解釈により判断するのに対して，行手法は，その適用を受ける者が，実施の際に判断しなければならず，内容の明確性がより要求されること，また，制定された時期における典型行政主体以外の行政上の主体の活動の存在感，行政上の主体に関する理論・判例の蓄積の違いなどが考えられよう[20]。

なお，制定法ではないが，行政事件訴訟や国家賠償請求訴訟などを主たる舞台として発展してきた判例法理といえるもの（例えば，行政裁量審査に関する法，行政上の一般原則等。以下，「行政上の判例法理」という）も，典型行政主体の行政活動に対して主として適用されるものと考えられるが，いかなるものがあるのか，その内容は行政活動に対する特殊な規律であるのか，未解明の部分が多い。先ほど触れた筆者の従来の取組みは，主としてこの点に焦点を当てたものであった。

以上のバリエーションとして，典型行政主体とは区別された一定の法人群の組織・運営・活動等に横断的に適用されるものがある。独立行政法人は，設立自体は個別の制定法によりなされるが（例えば，独立行政法人たる国立公文書館を設立する国立公文書館法），独立行政法人とされる法人群に対して横断的に適用される独立行政法人通則法が存在し，組織，運営等に関して共通する事項を規定している

---

[20] 北島・前出注9) 92頁以下参照。

(1条1項・2項)。先に述べた独立行政法人等情報公開法もこのタイプと見ることができよう。また、法律上示された特定の法人群に関する労働関係について特別の定めを置く法律(かつての公共企業体労働関係法、現在の行政執行法人労働関係法)もこのタイプにあたる。

次に、当該主体の組織・運営・活動等について個別に定めるものがある(以下「個別法」と呼ぶ)。典型行政主体であっても、一般法により規律される部分は一部であり、各省設置法等の組織法や個別分野の作用法等、個別法により個別に規律されるところが多い。典型行政主体以外の主体は、一般法が拡張的に適用され規律される部分があり、また特に近年特定の法人群に対して適用される法律が増えているが、典型行政主体と比べて個別法により個別の定めがなされる部分が多い。行政管理実務上、特殊法人、認可法人などと呼ばれてきた法人群は、一定の活動を担わせるために個別法に基づいてアドホックな形で設立されてきたという経緯から[21]、行政管理実務上の分類に基づいて内容がある程度規格化されるところはあったにせよ、個別法によって規律されるところが多いように思われる。具体的には、特殊法人とされる日本年金機構は、日本年金機構法の規定により設立され、その組織、活動内容について規律され、厚生年金保険法、国民年金法等に従って活動を行っている。この日本年金機構法、厚生年金保険法等は、日本年金機構の組織・運営・活動等について個別の事項を定めている。

先ほど一般法の典型行政主体以外への適用の有無について、一般法自身に規定される例があることに触れたが、個別法の側で、一般法の適用の有無を明示している場合もある。弁護士法が、弁護士会の行う処分については行手法の第2章、第3章及び第4章の2の規定は適用されないとし(43条の15)、また登録又は登録換えの請求の進達の拒絶等や懲戒処分について、行審法に基づく審査請求ができることを前提とする規定(12条の2、59条)を置いているのはその例である。日本年金機構法20条は、「機構の役員及び職員……は、刑法……その他の罰則の適用については、法令により公務に従事する職員とみなす」としている。これは、一般にみなし公務員規定と呼ばれるものであるが、当該規定が置かれた個別法により、一般法的性格をもつ刑法上の公務員関係規定の射程を拡張するものといえる[22]。

---

21) 塩野・前出注15) 411頁以下。
22) みなし公務員規定については、佐藤文哉「みなし公務員規定」伊藤栄樹ほか編『注釈特別刑

なお，行政上の主体は，以上に加えて，一定範囲で民法等の私法の規律も受ける。いかなる範囲で，またいかなる基準で，私法が適用・準用等（以下，単に「適用」とする）されるかは，公法と私法の関係をめぐる議論において論じられてきた問題である[23]。私法の適用については，個別法により行政上の主体への適用が明記される場合もある。例えば，日本年金機構法は，住所や代表者の第三者に対する損害賠償責任について一般社団財団法人法の規定を準用している（8条）。また，指定法人制度のように，一般法人法等の私法により設立された法人に個別法に基づいて活動を行わせる制度の場合，その組織・運営については，個別法の関係規定の適用を受けるほか，一般法人法等の私法も適用されることが想定されていると考えられる[24]。関連して，PFI 法等に基づいて締結された協定等の規律を受ける場合もある[25]。

　極めて大雑把にいうと，行政上の主体に関する実定法制度は，全体として，以上のような複数のタイプの実定法の組み合わせにより構築されているといえる。そして，近年の行政法学における，公私協働や民営化等を含む広い意味での行政の組織に関する議論は，立法・司法・行政において，個別法の内容をいかに定め，また一般法，私法等の内容とどのように組み合わせることによって，当該主体に対する適切な規律を実現するかという点について，その制度設計及び，既存制度の内容，解釈について，法治国原理や民主政原理等に依拠して理論的な基礎を提供する試みと位置づけることができよう[26]。

　(4)　第三に，種々の実定法の内容は相互に関係していることから，その内容を考える際には，実定法相互の関係を適切に理解し，また調整を行う必要があることに留意すべきである。

　こうした実定法間の関係は，行政法の解釈一般において問題となるものである。いくつかの例を出すと，行手法とそれが適用される個別行政作用法の間には，前者の想定する手続規律が，後者における多様な適用場面における個別事情を捨象

　　　法第一巻』（立花書房，1985 年）261 頁に詳しい。
　23)　塩野宏『行政法Ⅰ』（第 6 版，有斐閣，2015 年）29 頁以下参照。
　24)　この点，立法時において，行政規制法と民商法の規律をどのように組み合わせるかが問題となる。この問題に関する検討として，斎藤誠「公法的観点から見た銀行監督法制」金融法研究 20 号（2004 年）64 頁以下。
　25)　PFI に関する詳細は，碓井光明『公共契約法精義』（信山社，2005 年）303 頁以下。最近の状況については，宇賀克也『行政法概説Ⅲ』（第 4 版，有斐閣，2015 年）509 頁以下。
　26)　北島・国家(1) 52 頁以下，北島・前出注 10) 25 頁以下参照。

してどの程度強固に及ぶべきかという問題がある[27]。行手法と行訴法には，双方とも「処分」（行手法2条2号，行訴法3条2項）という概念が用いられているが，行訴法の解釈において処分とされた場合に，それが行手法の処分として取り扱われるかどうかという問題がある[28]。この点，限界事例への適用のため，その中核部分を崩さないように配慮する必要もあるとの指摘もある[29]。そうした中，それぞれの実定法の間の解釈に整合性を持たせる形で，関係をいかに調整するかは難しい問題である。

(5) 以上のような行政上の主体と実定法の関係に関する認識を前提として，以下では，行訴法上の抗告訴訟の対象，処分性の問題を素材として，行政上の主体に関する実定法の内容の問題を具体的に検討していく。処分性の問題を検討素材とするのは，取消訴訟を中核とする抗告訴訟制度が長年にわたって行政訴訟の中心的地位を占め，裁判例が比較的豊富であり，また，一般法，個別法，行政法理論等との関係が密であると考えられるからである[30]。

III 行政上の主体と処分性の問題

1 行訴法の規定

行訴法3条1項は，「この法律において『抗告訴訟』とは，行政庁の公権力の行使に関する不服の訴訟をいう」と定義し，抗告訴訟の対象を「行政庁の公権力の行使」としている。この「行政庁の公権力の行使」の意味するところについて，同法の立案関係者である杉本良吉は次のように説明している[31]。

> 「『行政庁の公権力の行使』とは，法が認めた優越的な地位に基づき，行政庁が法の執行としてする権力的意思活動を指す。……ここにいう『行政庁』も，右のような意味での公権力の行使の権限を法によって付与されている機関であればこ

---

27) 北島周作「一般法としての行政手続法の解釈について」法学79巻2号（2015年）1頁参照。
28) 最判平成17・10・25判時1920号32頁の藤田宙靖裁判官補足意見，さらに，藤田宙靖『行政法総論』（青林書院，2013年）418頁も参照。もっとも，この問題は，本文で示した実定法間の関係のみならず，処分とされることによる，取消訴訟の排他的管轄，出訴期間の制限等の行訴法内部の連動する制度的効果（塩野宏『行政法II』（第5版補訂版，有斐閣，2013年）120頁）の問題でもある。
29) 塩野宏「行政法概念の諸相」塩野・前出注15) 書3頁。
30) なお，成田新幹線判決に代表される行政主体間関係の問題もこの問題と関係するが，紙幅の都合上扱わない。
31) 杉本良吉『行政事件訴訟法の解説』（法曹会，1963年）9頁。

れに当り，従って国または地方公共団体の機関のみでなく，事項によっては，公団，公社，公共団体でも行政庁と認められる場合もある」。

　この説明によると，「行政庁」とは，ここで述べられている意味での公権力の行使の権限を付与されている機関であるということになる。そこでは，まずは，当該行為の公権力行使該当性が判定され，行政庁は単にそれを行うものとして位置づけられており，立法機関や裁判所といった例外を除けば[32]，一定の内容を持った「行政庁」にあたらないことを理由として，行訴法上の行政庁該当性が否定される発想は見受けられない。

　このような行政庁に関するオープンな考え方は，行政（官）庁を一定の主体の機関とする伝統的行政法学説等と一見合致しないように見える。すなわち，美濃部達吉は[33]，「行政官庁……とは，行政に関し天皇の下に大命に依り或る範囲に於いて国家意思を決定し，人民に対してこれを表示し得べき権能を与へられて居る国家機関を謂ふ」（傍点本稿筆者）とし，戦後，美濃部の学説を継承した田中二郎は[34]，「行政官庁という語は，国のためにその意思を決定表示する権限を有する国家機関を指し，行政庁という語は，これと地方公共団体の長その他の執行機関を含め，すなわち，国又は地方公共団体のためにその意思を決定表示する権限を有する機関」（傍点本稿筆者）としていた[35]。また，行訴法の前身である行政事件訴訟特例法のもとでの大田区ごみ焼却場判決（最判昭和39・10・29民集18巻8号1809頁）も，「行政事件訴訟特例法1条にいう行政庁の処分とは，所論のごとく行政庁の法令に基づく行為のすべてを意味するものではなく，公権力の主体たる国または公共団体が行う行為のうち，その行為によつて，直接国民の権利義務を形成しまたはその範囲を確定することが法律上認められているものをいうものである」（傍点本稿筆者）としていた。

　もっとも，前記学説や判例が，以上のような説明をする場面で，国・（地方

---

32) 杉本・前出注31) 9頁以下。
33) 美濃部達吉『日本行政法上巻』（有斐閣，1936年) 373頁。
34) 田中二郎『新版行政法中巻』（全訂第2版，弘文堂，1976年) 32頁。もっとも田中は，「行政不服審査法や行政事件訴訟法等は，いずれも，この意味において行政庁という語を用いている」としている（同頁）。
35) 日本の行政法理論における行政庁概念の形成・展開に関する研究として，稲葉馨『行政組織の法理論』（弘文堂，1994年) 200頁，小林博志『行政組織と行政訴訟』（成文堂，2000年) 33頁，木藤茂「２つの『行政機関』概念と行政責任の相関をめぐる一考察」行政法研究2号（2013年) 7頁など。

公共団体を取り上げているのは，行政庁を一定の主体の機関に限定する趣旨ではなく，公権力の行使が，典型的には国・（地方）公共団体の機関によること——言い換えれば，典型的な行政庁が国・（地方）公共団体の機関であること——を示しているのに過ぎないと理解すると，前記杉本解説と齟齬はないと見ることができよう。典型的な行政庁以外が行政作用権限を行使しうること自体は，戦前より，行政法理論上も実例とともに認められていたし[36]，行訴法の前身である行特法時代の学説・判例においても，行特法上の行政庁は，行政処分をなす権限を与えられている機関であるとし，公共企業体や私人が行政庁とされることが認められていた[37]。杉本が，前記解説において，典型的な行政庁以外の存在にわざわざ触れたのはそれを意識したためとも考えられる。

このように，主として国・（地方）公共団体の機関を指す「行政庁」という言葉に限定されず，公権力行使該当性が認められる範囲で，典型行政主体以外の者の行為についても，抗告訴訟の対象とされることが立法時より予定されていたといえよう[38]。以上は，行訴法3条1項にいう抗告訴訟の対象たる「行政庁の公権力の行使」に関する議論であるが，抗告訴訟の一類型たる取消訴訟の対象である「行政庁の処分その他公権力の行使に当たる行為」に関しても基本的に当てはま

- [36] 例えば，美濃部達吉は，私人である企業者に対して土地収用法に基づく土地収用権が付与される例等を紹介していた。美濃部・前出注33）105頁以下。
- [37] 福岡高判昭和25・9・11高裁民集3巻3号136頁は，行特法にいう「行政庁とは，国及び地方公共団体の行政機関のみならずいやしくも法令の規定により外部に対し公法上の権利義務に法律効果を及ぼす行為をする権限を認められている機関はすべてこれに当るものと解すべ」とする。また，雄川一郎『行政争訟法』（有斐閣，1957年）70頁は，行特法1条は，「『行政庁』の違法な処分と定めているが，一般に行政庁とは，国又は公共団体の行政機関で，国又は公共団体の意思を決定表示する権限のあるものをいうが，本条においては，右に述べた意味での行政処分をなす権限を与えられている機関が行政庁に当ると考えてよい……。……公共企業体や私人も，公権力を賦与されている限り，行政庁の地位に立ち，その発動としての行為はここでいう行政処分の性質をもつ」とする。田中二郎ほか『行政事件訴訟特例法逐条研究』（有斐閣，1957年）54頁では，実例として，農業協同組合による土地改良法に基づく農地の交換分合，日本専売公社のするタバコの植付，塩製造の許可等の例があげられている。
- [38] 厳密にいうと，典型行政主体以外の法人自体が権限を付与され行使する場合と，当該法人の機関が権限を付与され行使する場合があるが，以下では，それらを包括して「典型行政主体以外の者」とする。なお，権限を付与されているのが，法人自体であれ，その機関であれ，その権限行使の効果は通常当該法人自体に帰属し，当該法人の行為となると考えるのが素直であるが，特に，国賠法に基づく賠償責任の帰属主体を論じる場面などにおいて，平成11年の地方分権一括法による改正前の地方自治法に存在した機関委任事務のごとく，ある者の権限行使が別の行政主体に帰属し，その行政主体の行為となる可能性が考えられることもある（詳細は，北島・国家（1）78頁以下）。本稿では，さしあたり後者の場面については考えないものとする。

まると考えられる。

次の問題は、実際にどのような形で典型行政主体以外の者の行為への対応がなされてきたかである。以下では、立法による対応と司法による対応に分けて見ていく。

2 立法による対応

(1) 立法による対応として、まず行訴法自身によるものを見ていく。

前記のように、行訴法の立案関係者は、行政庁についてオープンな立場を採っていたと見られるが、立法時の規定にはそのことを示した明文の規定は見当たらず、基本的には、(行訴法施行に伴う整理法による改正も含めて) 個別法又は司法による対応を予定していたものと思われる。もっとも、平成16年改正においては、典型行政主体以外の者が処分を行うことを前提に、それに対応するための規定がいくつか加えられている。

まず、被告適格に関する11条2項は、「処分又は裁決をした行政庁が国又は公共団体に所属しない場合には、取消訴訟は、当該行政庁を被告として提起しなければならない」とし、「国又は公共団体に所属しない行政庁」による処分等の存在を予定している。改正法では、被告適格が従来の処分又は裁決をした行政庁から、それらの行政庁が所属する国又は公共団体に改められたが (11条1項)、司法制度改革推進本部行政訴訟検討会「行政訴訟制度の見直しのための考え方」(平成16年1月6日) においては、処分権限を委任された指定機関 (指定法人等) が処分をした場合など、国又は公共団体に所属しない行政庁が処分をする場合が考えられることから、そうした場合に、処分をした指定法人等を被告とするためのものと説明されており (第2 3(1)②)、指定法人等による処分への具体的対応を意識して規定されたことが明らかにされている。このように具体的対応が意識された背景には、指定法人制度が当時すでに定着し、行政法学においても検討が進められていたことで[39]、指定法人等が処分性を有する行為を行うことが広く認知されており、対応の必要性が指摘されていたという状況があった[40][41]。

---

39) 行政法研究者による初期の代表的研究として、塩野宏「指定法人に関する一考察」『法治主義の諸相』(有斐閣、2001年、初出1993年) 449頁以下、米丸恒治『私人による行政』(日本評論社、1999年、初出1994年) 335頁以下。

40) 被告適格については、当初、「『処分又は裁決に係る事務の帰属する国又は公共団体』を被告とする」とする案が出されていたところ、特に指定機関の場合において事務の帰属が不明確であ

次に，12条4項は，「国又は独立行政法人通則法……第2条第1項に規定する独立行政法人若しくは別表に掲げる法人を被告とする取消訴訟」について，特定管轄裁判所にも提起することができると定めている。この規定も，同様に，独立行政法人や別表に掲げる法人が処分を行うことを予定した上で，対象法人が被告となる場合の裁判管轄について特別の取扱いをすることを定めたものといえる。なお，別表の法人は独立行政法人等情報公開法別表第1に掲げる法人と一致しているので，対象となる法人は同一ということになる。これは，この制度が，行政機関情報公開法，独立行政法人等情報公開法における情報公開訴訟において採用されていた制度を一般化したものであるという経緯による[42]。すでに述べたように（Ⅱ(2)），独立行政法人等情報公開法の対象法人は，学説の行政主体の理論において打ち出されていた「政府の一部を構成すると見られるもの」という基準によるものであるから，対象となる法人を同じとしたことは，それが妥当かどうかはともかくとして，結果的に同じ基準に基づいて制度の適用範囲が決定されたということになる[43]。

　(2)　次に個別法による対応を見る。個別法による対応とは，個別法において典型行政主体以外の者の一定の行為を取消訴訟の対象とするものである。例えば，弁護士法は，日本弁護士連合会（日弁連）による弁護士の登録又は登録換えの拒絶，弁護士及び弁護士法人に対する懲戒処分について，東京高裁に取消しの訴えを提起することができる旨規定している（16条，61条）。このような直接的な規

　　るという批判が行政法学者によりなされていた。米丸恒治「行政訴訟の被告適格・裁判管轄・出訴期間」ジュリ1263号（2004年）77頁。
41)　なお，指定法人ではないが，一般社団法人による補助金不交付決定に対する取消訴訟において，11条2項に基づいて当該一般社団法人の被告適格が認められた例として，福岡地判平成25・2・4判自385号69頁がある。そこでは，一般社団法人が「純然たる私人であるとして，行政事件訴訟法が規定する取消訴訟の被告にはなり得ない旨」の主張に対して「国又は公共団体に属しない法人等が行政訴訟法が規定する取消訴訟の被告になり得ることは，行政事件訴訟法11条2項の規定からも明らかであ」るとしている。
42)　民衆訴訟に近い情報公開訴訟において特定管轄裁判所の管轄が認められたにもかかわらず，改正前行訴法は認めておらず，不均衡が生じていたとされる（宇賀克也『新・情報公開法の逐条解説』（第6版，有斐閣，2014年）167頁以下）。
43)　小林久起『行政事件訴訟法』（商事法務，2004年）243頁は，「特定管轄裁判所にも管轄が認められる公共団体の範囲は，管轄の拡大による応訴の負担の増大に対応できる組織的な基盤を有し，実質的に国の事務ないしこれに準ずる公共的な事務を遂行する団体と認められるものが掲げられていますが，その趣旨は，独立行政法人等の保有する情報の公開に関する法律第2条第1項及び別表第1に定める同法の適用の対象となる法人の範囲を定める考え方と共通していることから，その範囲は，同法と同じになって」いるとしている。

定ではないが，同じ趣旨を持つ規定として一般に認知されているものとして，一定の行為につき，行審法に基づく審査請求等の不服申立てをすることができるとする（それを前提とするものも含む）規定（以下，行審法に基づく不服申立て及びそれをすることができる旨の規定を「審査請求」及び「審査請求規定」，行審法に基づかないものを含める場合は，「不服申立て」及び「不服申立て規定」とする。また，以下で行う議論はほぼ平成26年改正前のものであるため，特に断らない限り，以下では，行審法に係る記述は関係法令を含め平成26年改正前のものとする）がある。学説上，一般に，審査請求の対象である処分と行訴法上の取消訴訟の対象である処分が同一であるとされていることから，ある行為について，審査請求規定がある場合，当該行為について取消訴訟を提起できるものと解されている[44]。もっとも，規定にはバリエーションが存在する。筆者が調査したところ（ただし，網羅的ではない），(a)特定の行為について審査請求をすることができることを前提とした規定（先ほど紹介した弁護士法12条の2, 59条など），(b)当該法令に基づく「処分」について包括的に審査請求をすることができる旨定める規定（建築基準法94条など），(c)特定の行為「に係る処分」について審査請求をすることができる旨定める規定（医薬品医療機器等法13条の2など），(d)特定の行為について審査請求をすることができる旨定める規定（司法書士法12条など）といった形が見られた。審査請求規定については，行審法施行時の整理法（「行政不服審査法の施行に伴う関係法律の整理等に関する法律」）により個別法の改正を行う際に，それ以前に存在した個別法に基づく不服申立て規定について，その対象行為の処分性の判定作業が行われたようであり[45]，その段階で，処分性を有しないとされたものは，審査請求規定を置く対象から外されたものと考えられる[46]。したがって，少なくとも整理法による調

---

44) 例えば，大橋洋一『行政法II』（第2版，有斐閣，2015年）60頁は，「不服申立制度は処分について行政機関に不服を申し立てる制度であると理解されている。つまり，不服申立ての対象行為は抗告訴訟の対象行為と同様に解釈されている。そこで，ある行政活動に対し，法律上不服申立規定が定められている場合には，立法者は当該行政活動を処分と理解したものと解される」とする。典型行政主体以外の者による行為の処分性の有無を不服申立て規定の有無により判断しているものとして，米丸恒治「『民』による公権力の行使」小林武ほか編『「民」による行政』（法律文化社，2005年）58頁，74頁（注10）などがある。

45) 田中真次＝加藤泰守『行政不服審査法の解説』（改訂版，日本評論社，1977年）40頁は，整理法において処分性の有無が判断されたとしている。

46) 例えば，公共団体が固有の資格でその相手方となる処分については，行審法に基づく審査請求の対象とならないが，それらについては個別法に審査請求規定ではなく，個別法に基づく不服申立て規定が置かれている（田中＝加藤・前出注45）241頁参照）。

整を経て審査請求規定が置かれている場合，当該行為について処分性を認めたものと解してよいと思われる。逆に，整理法以後に置かれた規定などは，このような整理法による行審法と個別法の調整を経ておらず，後で見るように不整合が生じる可能性がある点に注意する必要がある。

　もっとも，これらの規定の多くは，当該行為の取消訴訟対象性を基礎付ける，あるいは明らかにするよりは，別の目的に重点を置いているように思われる。前記の弁護士法16条，61条などは，日弁連の行為が取消訴訟の対象となることを前提に[47]，むしろ，救済方法を特定の裁判所で争う取消訴訟に限定することに重点を置くものと考えられる[48]。また，審査請求規定についても，特に類型(a)，(b)などは，その規定の仕方からして，処分性自体は当該行為の根拠規定により直接導き出され，当該行為に対して審査請求をすることができることを前提に，その内容について行審法の特則を定めることに重点を置くものと見られる。典型行政主体以外の者は，通常の行政組織の系列に属さないため，その行為に対する，審査請求先を明示する必要があることや，後で触れる裁判例④で指摘されているように主務大臣等による監督の必要から置かれているものと考えられる[49]。このような規定の趣旨から考えると，当該規定が存在することが取消訴訟の対象であることを認めるための必要条件とはいえないように思われる。

3　司法による対応

(1)　司法による対応として，典型行政主体以外の者の行為の処分性が問題とされた裁判例に焦点を当てることにする。そのような裁判例として[50]，国営事業

---

[47]　福原忠男『弁護士法』(増補版，第一法規，1990年) 111頁は，弁護士名簿の管理は，従来法務省の所管であったものをそのまま移譲されたこと，その資格審査の権限は，懲戒の権限とともに，国の行政権の一部であることは争いないところであるとする。

[48]　福原・前出注47) 112頁は，実質的に日弁連が弁護士会の上級行政庁的立場で関与した事項であり，機構と手続において準司法的機能を一応果たしているものと認められ，かつ，事案の性質上迅速に処理され確定されること及び全国的に統一された判断が示されることが望まれるからであり，特に東京に限定されたのは，日弁連が東京都にあることを考慮したためとする。

[49]　不服申立て規定の多様な機能については，橋本博之「個別法による不服申立前置について」慶應法学27号 (2013年) 119頁に詳しい。

[50]　検討裁判例の選択は，判例データベース (D1-Law判例体系) を用いて以下のようにして行った。①体系目次「行政争訟法／行政事件訴訟法／第3条 (抗告訴訟)／2処分取消しの訴えの対象／(2)行政処分かどうかが問題となるもの」と体系目次「行政組織法／第2章公法人・特殊法人等組織法」の両方に収録されているものを抽出，②①で抽出されたものを個別検討して，主体の属性が処分性の有無の判断に何らかの関わりを持つと見られるものをさらに抽出，③②で

を引き継いだ特殊法人によるものとして，①日本国有鉄道（以下，国鉄とする）の総裁が国鉄法に基づき行った懲戒処分（最判昭和49・2・28民集28巻1号66頁），公営競技関係団体によるものとして[51]，②日本中央競馬会（以下，JRAとする）が競馬法に基づき行った調教師免許更新拒否処分（東京高判昭和57・12・9行集33巻12号2416頁）[52]，職能団体によるものとして，③日本司法書士会連合会が司法書士法に基づき行った登録取消し（東京高判平成11・3・31判時1680号63頁）[53]，④弁護士会が弁護士法に基づき行った営業許可（東京地判平成14・1・22判時1809号16頁）[54]に関するものなどがある。以下，それぞれの事案でどのような判断が行われたのかを順に見ていくことにする。

(2) ①は，国鉄（上告人）総裁が国鉄法に基づき行った懲戒処分の処分性が問題となったものである。そこでは，次のように判断している。

　国鉄は，「従前国家がその行政機関を通じて直接に経営してきた鉄道事業を中心とする事業をそのまま引き継いで経営し，その能率的な運営によりこれを発展させ，もつて，公共の福祉を増進することを目的として設立された公法上の法人であり（国鉄法1条，2条参照），その資本金は全額政府の出資にかかり（同法5条参照），その事業の規模が全国的かつ広範囲にわたるものであることなどの顕

　　抽出された裁判例の評釈等で引用されているものを抽出，④②③で抽出したものと同一あるいは類似の制度に関するものを抽出，⑤①の抽出方法では，公法人等の行為に関する裁判例しか抽出できないが，②の検討結果から当該行為が処分か私法上の行為かが問題とされることが多いことが分かったため，体系目次「行政争訟法／行政事件訴訟法／第3条（抗告訴訟）／2処分取消しの訴えの対象／(2)行政処分かどうかが問題となるもの／ア行政処分と私法行為等」から関係するものを抽出，⑥その他，逐条解説書等の掲載裁判例や個人的に知り得たものを追加，⑦②～⑥の内容を比較検討し，類似するものをグルーピングして，代表的なものを選択。もっとも，以上の方法では，データベースに収録されていないものや適切に分類されていないもの，処分性が争われていないもの（例えば，優生保護法に基づき県医師会が行った人工妊娠中絶を行いうる医師の指定について処分性を有することを前提として判断した，最判昭和63・6・17判時1289号39頁）などは十分カバーできず，また，分析が及ばないという限界がある。

51) なお，公営競技関係団体によるものでも，日本自転車振興会による自転車競技法に基づく選手登録消除処分（東京地決昭和43・3・8行集19巻3号365頁，東京地判昭和49・6・27行集25巻6号694頁）や，全国モーターボート競走会連合会によるモーターボート競走法に基づく選手の出場停止処分（東京地判昭和61・5・21判時1202号38頁），選手登録消除処分（東京地判平成元・9・25行集40巻9号1255頁）などでは処分性が問題とされていない。

52) なお，原審東京地判昭和56・6・11行集33巻12号422頁では処分性は問題とされていない。地方競馬に関するものとして，前橋地判平成3・4・9行集42巻4号511頁（騎手免許試験不合格処分），神戸地判昭和58・12・20判時1108号75頁（きゅう務員設置認定取消処分）などがある。根拠法令等は異なるが，その判断枠組みはいずれも②に類似している。

53) なお，原審東京地判平成10・11・13判時1680号65頁は処分性を認めている。

54) 同様の判断枠組みを用いているものとして，国選弁護運営規則に基づく，国選弁護人推薦停止決定に関する東京地判平成16・2・26判タ1160号112頁がある。

著な事実を考え合わせると，上告人はそれ自体極めて高度の公共性を有する……」。そして，そのため「事業の経営，役員の任免，予算，会計等に関して，国家機関から種々の法律上の規制を受けている……」。しかし，「高度の公共性を有する公法上の法人であるということから，直ちに上告人に関するすべての法律関係が公法的規律に服する公法上の関係であるとなしえないことは明らかであるのみならず，上告人の経営する鉄道事業等が経済的活動を内容とし，その活動は公権力の行使たる性格を有せず，しかも，上告人が国家行政機関から完全に分離した独立法人であつて，前述の国家機関による種々の規制もなお監督的，後見的なものと認められることに鑑みると，一般的に上告人又はその機関が行政庁たる性格を有し，その行為が行政処分ないしそれに準ずる性格を有するものと解することはできず，却つて，その行為は，原則的には私法上の行為たる性格を有するものと考えるのが相当である。もとより，上告人は，高度の公共性を有する公法上の法人であるから，一般の私企業と全く同一の地位に立つものではなく，したがつて，実定法規によつて，特に，上告人に関する個々の特定の法律関係につき公法的規律に服するものとし，更に，上告人又はその機関を行政庁に準ずるものとして取り扱い，その行為を行政処分に準ずる性格を有するものとすることが許される場合が」あり，現に，右の趣旨を窺わしめる実定法規も存する（例えば，国鉄法60条ないし63条参照。なお，最大判昭和29・9・15民集8巻9号1606頁参照）。しかし，そのような実定法規が存しないかぎり，「上告人に関する法律関係がすべて公法上の規律に服するものであるとか，上告人又はその機関の行為が行政処分に準ずる性格を有するものであるということはできない」。そして，そうした実定法規は存在せず，処分にはあたらない。

　ここで，最高裁は，まず，一般的に国鉄又はその機関は行政庁たる性格を持たず，その行為は原則として私法上の行為となるとした上で，例外的に，「個々の特定の法律関係につき公法的規律に服するもの」とし，さらに，国鉄及びその機関を「行政庁に準ずるもの」として取り扱い，その行為を「行政処分に準ずる性格を有するもの」とするためには，実定法規における手掛かりが必要であるとしている。先に見たように，立案関係者は，行政庁についてオープンな立場を採っていたと見られるが，ここでは，国鉄又はその機関が，一定の内容を有する行政庁という属性を有するかどうかを手掛かりとしている点が注目される（以下，このように権限行使にあたった者ないしその帰属主体が何らかの属性を有しているかの判断を「主体の属性の判断」といった言い方をする）。主体の属性をどのように判断したのかと，実定法上の根拠としてどのようなものを求めているかを以下見ていく。

最高裁は，国鉄又はその機関が行政庁に該当しないとした理由として，事業内容が経済的活動であり，公権力の行使たる性格を持たないことをあげているが，この点は，伝統的な公法関係と私法関係の区別に関する議論を想起させるところであり[55]，ここでは，事業内容による法律関係の属性判断とその法律関係における主体の属性判断が一体的，付随的になされているように見える。加えて，規制が監督的であることへの言及は国鉄又はその機関が形式面だけでなく，実質面においても独立していることを示す意図があるように見える。なお，判示の中で国鉄は「高度の公共性を有する公法上の法人」とされている。これは，国鉄を公法上の法人とする国鉄法2条等を受けてのものであるが[56]，行政庁該当性の判定において直接手掛かりとせず，次に触れる法律関係を公法的規律に服させる等の効果をもたらす実定法規の存在可能性と結びつけるにとどめている点が注目される。なお，調査官解説においては，処分にあたるかは基本的には実定法上の根拠によるべきであるとしており，その点からすれば，法律関係及び主体の属性判断は必ずしも必要なものと位置づけられない。しかし他方で，属性判断の結果により，はっきりとした実定法上の根拠を要求する旨の記述もあり，その必要性についてははっきりしない。また，主体の属性判断は法律関係の属性判断と一体的，付随的に行われているように見えるが，主体の属性判断に独自性を認めるような記述もあり，この点もはっきりしない[57]。

---

　55)　伝統的な公法関係私法関係に関する議論については，小早川・前出注1) 146頁以下参照。
　56)　なお，日本國有鐵道設立準備委員会『日本國有鉄道』（日本交通文化協会，1949年）125頁は，国鉄は，いずれかといえば公法人であるとするが，公法人概念について法律上の問題を解決する実益はあまりないという学説の議論を紹介した上で，国鉄法各条の規定の内容の総合効果として，それがまさしく公法人に外ならないという結論が生まれてくるのであり，この規定は国鉄の人格を説明する説明的規定であるとしている。
　57)　鈴木康之「最判解民事篇昭和49年度」498頁は，「懲戒処分の性質決定は，右処分そのものについて，直接に実定法規に基づいて検討されるべきである」としつつ，実定法規は性質についてそれほど明定していないので，補充的に法律関係及び主体の属性判断には意味がないわけではないとする。それを受けて注では，「やや大胆に言えば，行政機関とは別個独立の公法人とその職員との関係は，原則的には私法上の関係とみられ，その懲戒処分は，よほどはっきり行政処分性を与える趣旨の実定法規がないかぎり，私法上のものということができる」としている（同505頁）。また，この説明及び，同じ年に出された現業国家公務員判決（最判昭和49・7・19民集28巻5号897頁）が，国の行政機関に勤務するものであり，しかも，国公法及びそれに基づく人事院規則の詳細な規定がほぼ全面的に適用されていることを理由として，郵便事業等という経済的活動を行う企業に従事する現業公務員の勤務関係を，基本的には公法上の関係であるとしており，ここでは事業が経済的活動であることは重要な要素とはなっていないことを踏まえて，国との勤務関係にあって，その懲戒処分が国の行政機関によりなされる建前になっている場合とは，若干考察方法に差異があろうとしていることからすると（同505頁），主体の属性判断は法

次に，判決では，そうした趣旨を窺わせる実定法上の根拠として国鉄法60条～63条が例示され，また最大判昭和29年9月15日民集8巻9号1606頁が参照されている。具体的には，60条は，災害補償，61条，62条は，失業保険の給付に関して，国鉄の職員等について国家公務員等に準ずる扱いをすることを想定し，私人を対象とする法律（労災保険法，失業保険法）の適用を外すことを企図した規定，63条は，道路運送法等の適用につき，国鉄を国，国鉄総裁を主務大臣とみなす規定（いずれも当時）である[58]。また，昭和29年最高裁大法廷判決は，行政機関職員定員法に基づき国鉄総裁により行われた免職に行特法上の処分性を認めたものである。これらは，国鉄及び国鉄総裁，職員等に対して，国及びその機関たる大臣，公務員等に準ずる法的地位を付与することを企図した規定といえる[59]。

(3) ②はJRA（債務者）による調教師免許の公権力行使該当性が問題となったものである。競馬法において免許法制が採用されている趣旨と，昭和28年改正前の競馬法においては，現行の中央競馬に相当する競馬は国営競馬として政府によって主催されており，調教師免許は農林大臣によって付与されていたという沿革に触れた上で次のように判示している。

「免許制度は，中央競馬の公正な運営と健全な発展を公益にかかわるものと認め，これを実現するために中央競馬に出走すべき馬の調教業務についても一定の公法的規制を加えるのが相当であるとの見地から，右調教業務にたずさわることのできる調教師の資格を免許によつて限定するという方法で右規制を行うこととし，前記のような法規や規約の下において具体的に右調教業務を行う者を決定する行為は債務者に行わせることにしたもの」とみることができ，また，「免許の性質は，単に受験者の適格性の有無を判定する作用にとどまるものではなく，債務者が自らの責任ある判定に基づいて中央競馬の競走のために馬の調教を行うことができるという法的地位を与えることを内容とする権力的な作用であると解されるから，これを行う債務者は，法律によつて特に付与された優越的な地位に立つて

律関係の判断に完全に付随するものではないものと考えられる。
[58] 各規定の内容の詳細については，日本国有鉄道法研究会『日本国有鉄道法解説』（交通協力会出版部，1973年）241頁以下を参照。なお，各規定の制定経緯等については，日本國有鉄道設立準備委員会・前出注56) 224頁以下に詳しい。
[59] もっとも，法定された懲戒処分制度が採用されていること（国鉄法27条～32条），みなし公務員規定（同法34条1項）や公共企業体等労働関係法の争議行爲禁止規定が存在することが，国鉄職員の勤務関係が全面的に公法的規律に服する根拠となるかも検討されているが，消極に解されている。

右権限を行使するものであつて，右免許は，かかる性質の作用として公定力を有し，行政事件訴訟法上の『公権力の行使』たる性格」を帯有し，また，JRAは，「右免許を行う限りにおいて，同法上の行政庁にあたる」。

②は，①と異なり，JRAの属性について直接には判断をせず，競馬法の解釈上，免許法制が採用されていること，農林大臣が行っていたものを引き継いだことを手掛かりとしている。両当事者ともに，JRAの公法人性を意識した主張をしているが，決定においては，引用前の部分において，JRAが「競馬の健全な発展を図つて馬の改良増殖その他畜産の振興に寄与するため競馬会法により競馬を行う団体として設立された法人であつて，農林水産大臣による一般的監督に服する……ほか，規約で調教師の免許に関する事項について定め，これにつき農林水産大臣の認可を受けなければならないものとされている」と説明するにとどまる。もっとも，①の判断枠組みにおいても，少なくとも十分な実定法上の根拠が認められれば，主体の属性と関係なく処分性が認められるとも考えられるから，本件においては，沿革や免許法制を考え合わせて，①でいう実定法上の根拠が存在すると判断したものとも考えられる[60]。なお，実定法上の根拠について，「免許」という言葉が，法令用語としては，一般に講学上の許可又は特許という行政処分の意味を表す言葉として用いられるものであることが重要なファクターとなっているとの指摘がある[61]。こうしたアプローチは，「却下」及び「処分」という字句を用いていることを供託官の供託金取戻請求却下処分の処分性を認める理由の一つとしてあげる，最大判昭和45年7月15日民集24巻7号771頁を想起させるものである。

(4) ③は日本司法書士会連合会（被控訴人。以下，連合会とする）の登録取消しの処分性が問題となったものである。大田区ごみ焼却場判決の定式を引用した上で，次のように述べている。

---

60) なお，高橋滋「判批」自研68巻10号（1992年）108頁以下は，②と類似の構成をとる，地方競馬全国協会による騎手免許試験不合格処分に関する前橋地判（前出注52））について，「処分性の有無は，調教騎手免許の趣旨・目的や地方競馬全国協会の行政組織上の位置づけ等に関する総合的な検討のなかで決せられるべき」としている。

61) 判時1068号55頁及び判タ495号125頁の無記名コメントは，林修三ほか編『法令用語辞典』（第5次全訂新版，学陽書房，1976年）635頁を引用しつつ，そのように評価する。阿部泰隆「判批」季刊実務民事法3号（1983年）194頁は，「免許とは用語上も一般に公権力の行使の一形態を指すもので，私法上の行為とは考えられないこと」を指摘する。もっとも，JRAが競馬を行う団体として設立された特殊法人であり，競馬を行うために必要な公権力を与えられたとするのも不合理ではないとも言う。

「公権力の主体たる国又は公共団体でない者の行為は，特別の規定（例えば，弁護士法62条）がない限り，行政処分とはいえないところ，被控訴人は，公権力の主体たる国又は公共団体ではなく，その行為を行政処分として取り扱う旨の法令上の根拠もないのであるから，その行為は抗告訴訟の対象となる処分とはいえない」。そして，登録取消しについて司法書士法に置かれている審査請求規定の存在から，「『登録取消し』が行政処分であるかのようにみえないでもない」が，「この規定は，被控訴人は行政庁ではないけれども，司法書士制度の公共性の故に，行政庁による行政処分と同様な不服申立制度を利用するのが適当であるがために，この制度を借り，不服申立てに対する法務大臣の裁決になお不服がある者には，当該裁決取消しの行政訴訟を提起し得る途を開いたものであって，この制度が用いられるが故に，もともと行政庁ではない被控訴人が行政庁になるわけでもないし，その行為が行政処分となるものでもない」としている。加えて，登録取消しという行為の法的性質について，「既に司法書士としての資格を喪失していることを公に証明する公証手続にすぎず，これにより新たに司法書士としての身分を剥奪することとなるものではない」としている。

ここでは，公権力の主体である国又は公共団体でない者の行為について処分性を認めるためには特別の規定が存在することが必要であるとしており，①と同様，主体の属性を判定し，判定結果によって実定法上の根拠を要求するアプローチを採っている。主体の属性の判断については，①や後述する④と違い，連合会の属性の判断基準を示すことなく，連合会は，公権力の主体たる国又は公共団体ではないと判断している。本件で，主たる争点となったのは実定法上の根拠の方である。判決は，審査請求規定について，司法書士制度の公共性の故に借用されたものであり，直ちにそうした特別の規定にあたるとは解されないとしている。これは，つまり，処分ではないものに対して審査請求規定が置かれたと解するものであるが，このような理解は，すでに述べた一般的な理解とは異なる。

ここでこのような判断がなされたのは，登録取消しに処分性を認めがたい理由があったためと推測される。処分性を認めがたい理由として，判決では，司法書士としての資格喪失を公に証明する公証手続に過ぎない——つまり規律力がない——という点が指摘されている[62]。また，それに加えて，判例時報の無記名コメントにおいては，立法時において処分性がないものと考えられていた点，行手法の制定時に日弁連の処分と異なり適用除外規定が置かれなかったという点が指

---

62) 規律力という言葉は，塩野・前出注23) 155頁，塩野・前出注28) 102頁による。

摘されている。前者について敷衍すると，引用されている衆議院法務委員会の議事録によると[63]，救済方法としては，連合会は行政庁ではないため，登録取消しについて，直接取消訴訟を提起することを認めず，審査請求を行い，その裁決に対してのみ取消訴訟を提起する形となる旨の政府委員の答弁がなされている。正確にいえば，直接に処分性が認められないというより，裁決主義的な制度の採用を立案関係者が想定していたということになろう[64]。

このように，本件では，登録取消しの処分性について，それを否定する司法書士法の解釈に係る根拠と，肯定する行審法の解釈に係る根拠が存在しており，司法書士法と行審法の間で解釈上の不整合が生じていたと評価できる[65]。本判決は，このような不整合について，司法書士法においては，行審法の仕組みを処分以外の行為に対する不服申立て制度として借用したとし，いわば行審法の解釈を後退させることで調整したといえる[66]。もっとも，司法書士法の解釈として，本件のように明文の規定がない場合に，審査請求規定のみで裁決主義的な制度を採用したものと解するのは困難であるように思われるし，適用除外規定が置かれなかったのは，処分を行わないものと判断された場合のほか，行手法の規定がそのまま適用されるべきと判断された場合もあるため，根拠としては弱いものがある。登録取消しの規律性の問題を考え合わせても，このような調整の妥当性については多少の疑問がある[67]。

---

[63] 「原処分庁に当たるような連合会を相手にして行政訴訟が起こせるという説があるいはあるかもしれませんけれども，先ほど申し上げましたように，連合会というのは行政庁ではございません。したがって，連合会を相手に行政処分の取り消しという形で行政訴訟を考えるということはちょっとなじまないのではないかという感じがいたしますので，行政訴訟の形は裁決を争うというふうな形になるものと考えております」。第102回国会衆議院法務委員会議録14号11頁（枇杷田泰助政府委員）。

[64] なお，日暮・後出注70）135頁は，司法書士法に基づく連合会の登録拒否について，委任行政として公権力の行使を行うものとしつつ，明文の規定が存在しないにもかかわらず，「まず，法務大臣に審査請求をし，なお不服のある場合には法務大臣の裁決を争うことのみが許されるのであって，登録拒否自体を行政処分と捉えてその取消訴訟を提起することは許されない」としている。

[65] 見上崇洋「判批」判評493号（2000年）18頁も「本件登録取消については，……司法書士会自体が独自の判断を行うとの構造にはなっていないし，法効果も認定できないとすれば，不服申し立ての規定のみが，処分性を根拠づけることができるのか，ということが問題になる」とする。

[66] この借用という評価は，「形式的行政行為」に関する理論のうち，救済の便宜から取消訴訟の利用が認められた場合に，公権力の行使としての実体がないことを理由に公定力・不可争力を否定する見解（兼子仁『行政法総論』（筑摩書房，1983年）227頁以下）を想起させる。

[67] なお，行手法立案過程の資料の中には不利益処分として分類しているものも存在する。「国及び地方公共団体以外が処分権者となっている規定一覧」（塩野宏＝小早川光郎編『行政手続法制

それはさておき，ここで，このような不整合が発生した原因を考えると，司法書士法を改正して規定を置くにあたって，審査請求規定を置く意義を含む行審法の制度への理解と配慮が不足していたのではないかと思われる。すなわち，本件規定は，登録関係事務が国から連合会に移されたことに伴い，行政権は内閣に属するという憲法上の問題を意識して，行政事務を民間に移譲する際に必要とされる「その事務について政府が責任を持てる体制」を構築するという，いわば監督目的で置かれたものであり[68]，規定が置かれた時期や目的からして，行審法制定時の整理法による改正のように，行審法との関係について十分検証・調整されずに置かれた可能性がある。仮に，登録取消しに処分性を認めず，さらに裁決のみを争わせる制度を採用しようとするならば，立法論としては，行審法の一般的な解釈との整合性を維持する見地から，行審法の適用を受けない個別法に基づく不服申立て規定を置き，さらにそれに対する裁決等に対してのみ取消訴訟を提起し得る旨を明記しておくべきであっただろう[69]。

(5)　④は，平成15年改正前弁護士法に存在した弁護士会による営業許可の処分性が問題となったものである。大田区ごみ焼却場判決の定式を引用した上で次のように判示している。

> 「弁護士会は，……本質的には弁護士という共通の職業に就いている者らがその共通の利益を維持増進することを目的として結集しているもので，いわゆる同業者団体の一種であるということができる。同業者団体は，一般に，その存立の目的からして，公益の実現といった行政作用を行うものではなく，この点において，専ら公益の実現を目的として設立される公共組合とはその本質を異にするものといわざるを得ない。……もっとも，同業者団体も，その活動に当たって構成員に一定の規律の保持を求め，それに違反する構成員に制裁を与えることから，権力的な作用を行っているようにみえないでもないが，そのような行動は，本来的にはあくまで団体の目的達成のために行われる自治的活動であって，そのことによって同業者団体を公権力の主体とみることはできない」。

　　　定資料(9)』(信山社，2012年)〔資料115〕)。もっとも，同書・資料〔116〕の説明によると，このリストには，不利益処分かどうか判然としないケースも含まれる。
[68]　第102回国会衆議院法務委員会議録14号2頁(枇杷田泰助政府委員)。
[69]　ある行為について，不服申立てを行い，それに対する判断に対してのみ取消訴訟を提起することができるという広い意味での裁決主義的制度が採られている場合，当該行為についての不服申立て規定が行審法に基づくものである場合には，行審法の解釈との整合性から当該行為について処分性を認めることが要請されるが，個別法に基づくものである場合には，そのような要請が働かないため，当該行為について処分性が否定されることもあり得る。

「他方，特定の職業について，法律により，一定の資格要件を備えた者のみに従事することを認めるために許可制を採用し，その資格にふさわしい業務を行うよう種々の義務を課すとともに，これに違反した者には業務を停止させるなどの措置を採るとの制度が設けられることがある。このような制度は，当該職業の性質を考慮して公益を保護するために採用されるものであり，この制度に基づく許可，監督及び制裁は，いずれも公権力の発動としての性質を有するものであり，本来は国の機関である行政庁が行うべき事務であるが，法律により，その全部又は一部を当該職業についての同業者団体に委任することも可能である。このようにして委任を受けた同業者団体は，その委任の範囲内で公権力の行使を行うことになるが，同業者団体は，公共団体とは異なり，上記のように本来は公権力の主体ではないのであるから，その行為が当然に行政処分となるわけではなく，これに不服のある者は，委任庁に対して監督権の発動を求め，これに対する委任庁の裁決等になお不服がある場合にのみ当該裁決等の取消しを求めて出訴し得るとの制度がとられるのが通常であり（司法書士法6条の5等），同業者団体の行為自体を行政処分として取消訴訟の対象とし得るのは，当該事務を委任した法律において，その旨の明文の定めがある場合に限られると解すべきである」。

「弁護士法30条3項の弁護士会による許可・不許可の決定については，同決定に関する不服申立てを定めた規定や日弁連が同決定につき一定の行為をすることを前提としてその取消しを求める訴訟の提起を認めた規定もないから，同決定を行政処分として取り扱う旨の法令上の根拠はないということができ，したがって，その行為は抗告訴訟の対象となる処分とはいえない」。

「その上，同決定については，国の機関に対する監督権の発動を求める途もないことや，同項自体が弁護士の品位保持のための規定と解されることからすると，同決定自体が，同業者団体一般が行う自治的活動の一環として行われているものと解するのが相当であり，国からの委任に基づいて公権力を行使しているものではないと解すべきである」。

この判断は，弁護士会という主体の属性に関して判断をした上で，それを前提として処分性を認めるための実定法の根拠の有無を検討するという点で，①及び，担当裁判官の一部を同じくする③と共通するものといえる。もっとも，次のように，③において不十分であった部分を補完し，その内容をさらに発展させている。

第一に，③では主体の属性の判断基準が示されていなかったが，④は，弁護士会という主体の属性の判断において，公共組合に関する議論を含む行政主体の理論や委任行政の理論といった学説において展開されてきた理論を積極的に用いている。具体的に説明すると，弁護士会の目的が公益の実現ではなく同業者の利益

の増進であり，その活動は通常はそうした目的の達成のためであることから，もっぱら公益の実現を目的とする公共組合と異なるとしている。このような設立目的の内容に着目し，その行政事務性の有無により行政主体か否かを区別する手法は，学説の行政主体の理論に依拠するものと思われる。また，公共組合ではない場合には，原則として公権力の行使としての性格を持たないが，例外的に，事務を委任され，委任の範囲で公権力を行使する場合があるとしているが，これは行政主体ではない者による公権力の行使を委任行政として整理する学説に依拠するものに見える[70]。行政主体の理論自体は，公権力の行使との関係でいえば，ある主体が，一般に，公権力の行使にあたるとされる行為を行っていることを前提として，行政主体であることによりそれが正当化されるとするものであるが[71]，逆に，行政主体でなければ，そのような者による公権力の行使は正当化されないため，その行為は公権力の行使ではないことが推定されるということであろう[72]。

　第二に，処分性を認めるための実定法上の根拠について，審査請求規定及びそれに対する裁決について取消訴訟の対象とする旨を示す明文の規定（以下，「裁決取消訴訟規定」とする）が存在することを求めており，審査請求規定のみでは（直接取消訴訟の対象となるという意味での）処分性を基礎付けない点で③と共通する。このように解する理由については，前記引用部とは別の部分で，公定力・取消訴訟の排他的管轄との関係で詳細に説明されているが[73]，さらに，興味深いのは，

---

70) 本判決が依拠していると考えられる学説の理論については，担当裁判官であった日暮直子裁判官による「公共組合」藤山雅行ほか編『行政争訟法』（改訂版，青林書院，2012 年）128 頁参照。行政主体，委任行政に関する行政法理論については関係文献を含めて，北島・国家(1) 87 頁以下，国家(2) 133 頁以下参照。
71) 塩野・前出注 3) 113 頁。
72) 塩野・前出注 3) 116 頁は，（行政主体によらない）委任行政における公権力の行使は例外であり，公権力の行使の必要性だけでなく，委任の合理的根拠が厳密に検証される必要があるとする。もっともここで論じられているのは，実体的な公権力性であり，行政法上の手続的公権力性との関係でいかに考えるかという問題はあろう。実体的権力と手続的権力について，小早川光郎「抗告訴訟の本質と体系」雄川一郎ほか編『行政法大系第 4 巻』（有斐閣，1984 年）150 頁以下。
73) 前記引用部とは別の部分で，最大判昭和 42・9・27 民集 21 巻 7 号 1955 頁について，日弁連の懲戒処分を「広い意味での行政処分」に属するものとしたと評価した上で，そこでは，行審法による不服申立てが認められるからという理由で「公定力があることが認められる」のではなく，「公定力はいわゆる取消訴訟の排他的管轄を基礎にして説明されるものである」から，日弁連に対して行審法による「審査請求をし得ることのみならず，日弁連のした裁決等に対して取消訴訟を提起できる旨の規定があって初めて，当該行為に公定力を認め，その意味での行政処分性を認めることができることをいうもの」と説明している。これは，取消訴訟との直接・間接の明示的

不服申立て規定等による監督・救済のシステムを委任行政の仕組みと積極的に関連付けている点である。すなわち，本判決は委任行政においては，当該事務を委任した法律において，委任した行政庁に対して監督権の発動を求め，さらにその裁決に対して取消訴訟を提起できる制度が置かれることが通常であるとし，それを，（少なくとも同業者団体を用いた）委任行政の仕組みの標準装備のように捉えており，その意味で，委任行政の仕組みの中で一定の機能を果たすものと位置づけている。また，③において示されていた審査請求規定のみで裁決主義を採ったものとする解釈も，委任行政の仕組みの一部として考えることができようか。

もっとも，判決に現れたこのような委任行政の内容は学説の議論を超えるものである。すなわち，学説における委任行政の理論は，行政主体ではない主体が公権力の行使を行っていると評価される具体の法制度について，その内容，許容性，あるべき姿を論じるものであり，民主的コントロールの必要性や，委任者により法律に定められた範囲での指揮監督がなされることが指摘されるが[74]，委任者に監督権の発動を求めるため，以上のようなシステムを標準装備とし，それが委任行政であることのメルクマールとなるといったことが具体的に論じられているわけではない。しかしながら，委任行政の具体の法制度を設計する際には，主任の大臣による所要の監督が行われていることが，憲法65条等との関係で必要であると解されてきたとの指摘があり[75]，実際，③の審査請求規定はそのような趣旨で置かれていたほか，審査請求規定を含む不服申立て規定はそのような監督のための仕組みとして広く活用され，また裁決主義を採る例も多かったことを踏まえると[76]，標準装備という理解は必ずしも誤りではないと思われる[77]。

　　　　接続がなければ，取消訴訟の排他性が生じないとするもののようであり（③の判例評釈である見上・前出注65）18頁において示されていた見解である），当該行為について，③と同様一般的な理解と異なる。このような見解が，同判決の理解として妥当なものであるかは疑問であり，このような判示をする必要もないと思われるが，おそらくは，④の裁判長の藤山雅行裁判官が③の担当裁判官であったことから，両判決の整合性を意識したのではないかと推察される。

74）塩野・前出注3）123頁以下。
75）なお，阪田雅裕編著『政府の憲法解釈』（有斐閣，2013年）156頁は，塩専売法上の処分を日本たばこ産業株式会社が行いうる点に関する参議院大蔵委員会における小野政府委員，大出政府委員の答弁を引いた上で，そのように評価する。もっとも，法制上，主務大臣の監督権限が及んでいない弁護士会が処分をし得る点については，「弁護士法は議員立法であることをも踏まえてか，その合憲性について政府は必ずしも明確な答弁をしていない」とする（同頁）。
76）「行政不服審査法の施行に伴う関係法律の整理等に関する法律」（昭和37年法律第161号）は，行審法制定時，既存の個別法に基づく不服申立て制度を行審法との関係で整理したものであり，当時の不服申立て法制をある程度網羅的に扱っているものと思われる。その内容を見ると，この

なお，引用していないが，④は，処分性を否定しても，原告が予備的に請求していた弁護士会に営業許可の意思表示を求める民事訴訟は適法であるので，保護に欠けることはないとし，本案審理を行っている。これは，取消訴訟と民事訴訟との役割分担の見地からの判断であり，行訴法上の取消訴訟制度の射程の解釈に関わるものである。この点，民事訴訟や当事者訴訟により救済可能な場合には，処分性を拡張する必要は薄く，実際，裁判所が処分性を否定した事例について民事訴訟を通じて実効的解決が図れたと思われるケースが多いとの指摘もある[78]。もっとも，本件においては，民事訴訟が営業許可の義務付け訴訟に該当するものであることを考えると，取消訴訟を完全に代替するものとは評価し得ないように思われる[79]。加えて，本件で処分性を否定して民事訴訟において行われている弁護士法に基づく営業許可権限の行使に関する裁量審査は，典型行政主体の行為について処分性が否定された場合と異なり[80]，行政裁量ならぬ私的裁量の審査となるように思われるが，そうした私的裁量審査に関する法が行政裁量審査に関する法とどのように異なるのか明らかではないという問題もあろう[81]。この点

　　　当時においてすでに委任行政の法制度において監督の仕組みとして行審法の仕組みが広く用いられていたことが分かる（不服申立て規定を置き，裁決主義を採っている例として，専売公社の処分に対する監督として，たばこ専売法9条の3，認定機関の処分に対する監督として，輸出検査法44条等）。

77)　なお，平成26年行審法改正の際に，「行政不服審査法の施行に伴う関係法律の整備等に関する法律」により多くの個別法にいわゆる「上級行政庁みなし規定」（指定法人等の処分について大臣等に対して審査請求できる旨の規定があるときに，当該大臣等を指定法人等の上級行政庁とみなす旨の規定）が置かれたが，これは，行審法を通じた（委任行政の法制度の）委任者の監督機能を強化するものといえる。同規定については，上村進＝宇賀克也「行政不服審査法の施行に伴う関係法律の整備等に関する法律について」ジュリ1480号（2015年）77頁参照。

78)　髙橋滋ほか編『条解行政事件訴訟法』（第4版，弘文堂，2014年）64頁〔髙橋滋〕。

79)　なお，弁護士会による国選弁護人推薦停止決定の処分性が問題となった，東京地判平成16年・前出注54）は，④と同一裁判部によるものであり，判断枠組みを基本的に踏襲するが，民事訴訟として，当該決定により不利益が生じていない法的地位の確認訴訟と損害賠償請求訴訟を提示する。

80)　山本隆司『判例から探究する行政法』（有斐閣，2012年，初出2008年）323頁は，「行政主体は契約を利用するからといって，私人と同様の契約の自由を享受せず，一般論としては，私人は行政主体に，私益・公益を適正に考慮・衡量して契約を締結・履行するよう求めることができる」とする。

81)　神橋一彦「判批」判評546号（2004年）6頁は，同業者団体であるとすると，逆にその決定の自律性は相当程度尊重されなければならないという考え方も成り立ちうるのであるが，行政裁量における「実体的判断代置方式」に近い踏み込んだ審査を行い，さらに営業許可の意思表示を義務付けるという自律的決定に対する強力な介入を行っており，本判決の考え方には全体として整合性に問題があるとしている。この点，①は，民事訴訟（雇用関係の存在確認訴訟）において，懲戒処分の処分性が否定されたもので，民事訴訟として本案審理がなされており，その内容は，

は問題提起にとどめておく。

(6) 以上，裁判例を網羅的に検討できたわけではなく，また，一貫した判例法理のようなものを検討により見出せたわけではないが，さしあたり，次の点が指摘できよう。

まず，いくつかの裁判例においては，主体の属性に関心を向けた上で，行政庁や国・公共団体，公共組合にあたらないとされた者の行為につき処分性が認められるためには，実定法の根拠を必要とするアプローチが見られた（①③④）。立案関係者においては，行政庁についてオープンな考え方を採っていたが，それらの裁判例においては，主体の属性が公権力行使該当性判断の一つの判断要素となっているものと見える。

この点，典型行政主体の行為についても，当該行為が，公権力の行使として行われた処分であるのか，そうではない私的行為であるのか問題とされているところ，権力的な関係を中心とするかどうかといった，当該行為が関わる法律関係の全体をアンブロックに捉えてその性質を論ずる関係一括型の解釈態度と，前記最高裁昭和45年大法廷判決に見えるような「却下」「処分」等の文言の使用や審査請求規定の存在など，当該行為に関する局所的な法の仕組みに照らしてその行為の性質を考える行為分離型の解釈態度が存在し，裁判例においては両者が使い分けられ，また併用されているとの見立てがある[82]。この見立てを用いて①③④のアプローチを説明すると，当該行為の主体が本来の公権力の主体ではない場合には，法律関係につき非権力的法律関係であるとの推定が働くため，実定法の根拠を要求する行為分離型の解釈により，公権力行使該当性が基礎付けられる必要があるとしたものといえる。他方で，②は，関係一括型の解釈は特に行わず，沿革や免許法制，免許等の文言の採用により公権力行使該当性を判断しており，関

社会観念と社会通念という違いや判断代置審査の否定に関する部分がないという違いはあるが，3年後に出される公務員の懲戒処分の裁量審査に関する神戸税関事件最高裁判決（最判昭和52・12・20民集31巻7号1101頁）の内容と類似しているように思われる（菅野和夫「公務員の懲戒処分と懲戒権者の裁量権」ジュリ663号（1978年）76頁は両者は酷似するとする。もっとも，民間企業の懲戒処分の審査内容とは懲戒権者の裁量権を尊重する枠組みを定立しようとしている点で異なるとする（同77頁））。同判決の調査官解説（越山安久「最判解民事篇昭和52年度」433頁）は，同様に裁量が委ねられる「ゆえん」を詳述する先例として，最判昭和29・7・30民集8巻7号1463頁（京都府立医大最高裁判決）と並んで①を紹介し，①を行政裁量に関する先例として捉えているようにも見える。

[82] 小早川光郎『行政法講義下Ⅱ』（弘文堂，2005年）145頁以下。

係一括型の解釈をすることなく，行為分離型解釈のみで判断したものといえる。
このように整理すると，以上の裁判例で見られた基本的枠組み自体は，典型行政主体の行為を対象とする一般的なそれと大きく異なるものではないようにも見える。もっとも，行為分離型解釈として標準的な内容と思われる②と比べて，①④は，実定法上の根拠について，通常よりも高い水準のもの，あるいは質の異なったものを要求しているように思われる。①は，国及びその機関等に準ずる法的地位を付与する趣旨の規定を例示しているが，非権力的法律関係の推定を崩す程度に明確なものを要求しているように見える。そして，④においては，審査請求規定及び裁決取消訴訟規定が要求されていた。審査請求規定は，委任行政の標準装備として捉えられ，本来公権力の主体ではない者と評価された者による公権力の行使を正当化する役割を担っていた。

次に，主体の属性の判定に用いられた理論について，①は，伝統的な公法私法関係論をおそらく意識して，法律関係と一体的に判断していた。④においては，行政主体の理論に依拠して，設立目的が公益であるか同業者の共通利益の実現であるかにより，本来の行政主体であるかどうかを判断している。行政主体の理論が，伝統的な公法私法関係論及び公法人論を批判する形で発展してきたことを考えると，地裁レベルの判決であっても実務において実際に用いられたことは重要な意味を持つように思われる。

現時点では，決して多いとはいえない裁判例を分析するにとどまったが，今後，多様な行政上の主体の活動が増え，それに関わる紛争が増大した際に，司法による対応が一層重要性を増すことが予想される。その中で，以上の裁判例においてなされた取組み，それに対する分析及び構築された理論が生かされることが期待される。

Ⅳ　おわりに

行政上の主体と実定法の関係について，理論的整理をした上で，行訴法の処分性の問題を素材として立法・司法の対応の内容を具体的に検討してきた。立法による対応として，行訴法は，立案時においては，（明文の規定は持たないものの）典型行政主体以外の行為も取消訴訟の対象とする立場を採り，個別法は，アドホックな形で典型行政主体以外の者の行為を取消訴訟の対象とする趣旨の制度を設けてきた。そして，そうした制度の存在感がさらに高まっていた時期になされた平

成 16 年改正を経て，行訴法は，それに対応するための明文の規定を一部備えるに至っている。また，司法による対応として，具体の裁判例には，公権力行使該当性判断に関する通常の基本的枠組みに概ね従って対応しつつも，主体の属性を重要な判断要素としている例が多く見られた。そして，それらの対応においては，行政上の主体に関する理論が重要な役割を果たしている場面も見られた。こうした理論は，具体の法制度，裁判例に依拠して，あるいはその内容を問題視して発展してきた側面があり，今後，多様な行政上の主体の活動が増加していく中で，具体の法制度の構築及び裁判例の形成・発展において広く用いられるとともに，それらの成果を踏まえて，一層発展していくことが望まれる。また，そうした発展を通して，個別法の制定，解釈・適用の場面に見られた不整合等も解消されていくことが期待される。

　小早川光郎先生は，その理論をもって，行政法学の発展だけでなく，行政手続法，行政事件訴訟法，地方自治法等多くの法律の制度設計に多大な貢献をしてこられた。また，その理論は，裁判の場でも広く参照されているところである。しかし，それは，一方的なものではなく，先生の理論のさらなる発展を促したこともあるとうかがったことがある。本稿は，そうした行政法理論，制定法，裁判例等の関係について，研究生活に入って以来のテーマである「行政上の主体」に関する検討を通じて論じようとしたものである。先生のご指導に心から御礼を申し上げるとともに，いまだ能力不足のため，検討が甘く不十分な点が多く存在することをお詫びしたい。

続・法治国原理の進化と退化
―― 行政法における違法概念の諸相

仲 野 武 志

はじめに
Ⅰ・Ⅱ　帝国憲法・現憲法下の官吏責任・国家責任（要旨）
Ⅲ　国賠法1条1項に関する判例
Ⅳ　最高裁の判例理論
Ⅴ　判例・学説の相互認識
Ⅵ　学説の課題
おわりに

は じ め に

　本稿では，前稿[1]に続いて，取消違法と国賠違法の関係を考察する。紙幅の都合上，Ⅰ・Ⅱについては，別稿[2]の要旨を掲げるにとどめた。

Ⅰ・Ⅱ　帝国憲法・現憲法下の官吏責任・国家責任（要旨）

　帝国憲法下では，官公吏が処分等をしたことが不法行為を構成する場合には，裁判所系統の一人官庁（Einmannbehörde）が公益でなく特定者の私権を保護するため行う公証行政・民事執行作用に限り，官吏責任に関する特別法が定められていた（（旧）戸籍法4条等）が，その他一切の官吏責任及び国家責任は，行政裁判法16条及び大審院の民法に関する判例により否定されていた。一方，官公吏の不法行為を要件としない国家責任としては，人を犯罪人として処罰するため行動の自由又は生命を奪う作用に限り，特別法が定められていた（（旧）刑事補

---

1) 拙稿「法治国原理の進化と退化？――行政法における違法概念の諸相」長谷部恭男編『岩波講座現代法の動態1法の生成／創設』（2014年）145頁以下。
2) 拙稿「帝国憲法・現憲法下の官吏責任・国家責任」自治研究92巻7号（2016年）76頁以下。

償法1条2項)。

　現憲法下では、(旧)戸籍法4条等が代位責任構成による国家責任に改められて一般法化された（国賠法1条1項）。そこでは、不法行為の客観的・主観的帰責要件としてそれぞれ国賠違法・故意過失が規定された（同項を無過失責任とする案は、他の立法例との均衡を欠くとして斥けられた。)。その反面、公務員の不法行為を要件としない国家責任が一般法化されることはなく、わずかな特別法（消防法6条3項（現2項）等）が付け加わったにとどまる。

Ⅲ　国賠法1条1項に関する判例

1　加害行為の分類

　国賠法1条1項を含め過失責任主義の下では、加害行為（他人に損害を加える行為）は「意思による支配の可能な人のふるまい[3]」であり、損害の発生を帰責しうる加害行為のみが不法行為を構成する[4]（民法720条1項等参照）。

　国賠法1条1項では、処分はされていても、当該処分（加害行為は事実であるため、正確には、公務員が当該処分をしたこと）それ自体は加害行為でない事例（Ⅲ2参照）もある。そのような事例では、国賠違法を取消違法と同じ平面で比較することはできない。本稿Ⅲ3以下ではもっぱら、処分、非訟・訴訟事件の裁判、法令の制定施行等の法的行為及び事実行為（以下「処分等」という。）それ自体が加害行為（不法行為を構成しないと判断されたものを含む。）である事例を考察する。

　最高裁の判例（後掲の判例一覧参照）を通観すると、第一に、非裁量処分等の事例（Ⅲ3〜5参照）と裁量処分等の事例（Ⅲ6参照）を区別することができる。第二に、処分等が直接的な加害行為である事例（Ⅲ3参照）と間接的な加害行為（私人が当該処分等を前提とする行為をしてはじめて損害が発生するもの）である事例（Ⅲ4参照）を区別することができる[5]。第三に、（二以上の処分等から構成される）手続中の最終段階の処分等だけでなく、それに至る手続全体が加害行為とされた事例（Ⅲ5参照）もあることが分かる。各処分等の根拠法令違反（処分でいう取消違法）の有無（（○○法上違法な）等は、当該判決又は確定した別訴で肯定された原告の

---

[3]　四宮和夫『事務管理・不当利得・不法行為』中巻（1983年）293頁。
[4]　このような思考順序による国賠法研究の重要性を説くものとして参照、中川丈久「国家賠償法1条における違法と過失について」法学教室385号（2012年）73頁。
[5]　本稿では、単純化のため、全ての不利益処分を一応、直接的な加害行為に分類しておく（本稿の結論には影響しない）。実際には、納税義務を確定する課税処分がされたことによりただちに損害が発生する場合もあれば、納税者が税額を納付するまで損害が発生しない場合もあろう。

主張。〈○○法上違法な〉等は，当該判決では判断されず，又は否定された原告の主張）を併せた概要は，Ⅲ2～6のとおりである。

2 処分等はされているものの，それ自体は加害行為でない事例

　この事例は次の3種に分類される。第一は，法的行為それ自体でなく，その外観又は附随的にされた事実行為が加害行為である事例である（⑨⑱⑳㉑㉓㉗㊹㉔⑨⑨）。⑨では，強制競売それ自体でなくその外観（(目的物が第三者の所有に属し(旧)民事訴訟法上無効な[6])強制競売をし，買受人が競売調書の謄本により真の所有者であると原告を誤信させ売買代金を詐取するに至らしめたこと），⑱では，所有権移転登記それ自体でなくその外観（(実体上の権利関係に合致せず(旧)不動産登記法・民法上無効な[7])同登記をし，申請人が登記簿の記載により真の所有者であると原告を誤信させ売買代金を詐取するに至らしめたこと），⑳では，強制競売それ自体でなく占有の移転（(目的物が原告の所有に属し(旧)民事訴訟法上無効な)強制競売をし，買受人に目的物を引き渡して転得者に即時取得させるに至らしめたこと），㉑では，仮処分登記の抹消それ自体でなくその外観（(実体上の権利関係に合致せず(旧)不動産登記法・民法上無効な)抹消をし，原告が登記簿の記載により制限のない土地と誤信して転得するに至らしめたこと），㉓では，強制競売それ自体でなく収納行為（(立木を動産とする(旧)民事訴訟法上無効な)強制競売をし，原告から競落代金を領収したこと），㉗では，農地の買収・売渡処分それ自体でなく占有の移転（(死者を名宛人とする自作農創設特別措置法上無効な)買収処分及び（これを前提とする同法上無効な）売渡処分をし，後者の名宛人に農地を引き渡して時効取得に至らしめたこと），㊹では，貨物の公売処分それ自体でなく占有の移転（(関税法上適法な)同処分をし，買受人に貨物を引き渡して輾転流通に至らしめたこと），㉔では，売却許可決定それ自体でなく誤った外観を作出した行為（(民事執行法上適法な)同決定に先立ち，現況調査報告書に隣地を目的物と記載し，原告（買受人）がそのように誤信して建物を建築し，使用するに至らしめたこと），⑨では，（私的独占の禁止及び公正取引の確保に関する法律（以下「独禁法」という。）上適法な）排除命令それ自体でなく命令書の記載が，それぞれ加害行為であ

---

6) 判例につき参照，小室直人「競売の公信的効果」『執行・保全・特許訴訟』（1999年）158頁・164-165頁注1。

7) 権利に関する登記は，直接的効果はないが，民法177条により間接的効果を付与された行為である（通常の処分と異なり，実体上の権利関係に合致しないものは，事例を問わず無効とされる。）。

る。⑨⑱⑳㉑㉓㉗では，法的行為は根拠法令上違法無効であり，それ自体が加害行為となる余地はない。㊹(74)(99)では，法的行為は根拠法令上適法有効だが，その効果（所有権の移転及び排除義務の賦課）により損害が発生したわけではない。

第二は，拒否処分それ自体でなく，（許認可等をすべき時期にしなかった）不作為が加害行為である事例である。㉟は，（毒物及び劇物取締法上違法な）劇物輸入業等の登録をすべき時期を過ぎて拒否処分をした場合には，拒否処分それ自体でなく，登録をすべき時期にしなかった不作為が加害行為である8)とした（本稿では，不作為の国賠違法については検討しない。）。

第三は，処分等又はそれに至る手続全体それ自体でなく，国・公共団体が自ら事件を作出して処分等又はそれに至る手続全体を本来予定されていない目的9)で利用した行為が加害行為である事例である。㉙では，〈児童福祉法上違法無効な〉児童遊園の設置認可10)から〈風俗営業等取締法上違法無効な〉個室付浴場業の停止命令に至る手続全体でなく，訴外余目町に働きかけて同認可を申請させ，当該手続全体を原告の営業を阻止する目的で利用した行為11)が加害行為である12)。

8) これに対し，当該時期までに拒否処分をした場合には，それ自体が加害行為である（損害は当該時期まで発生しない。参照，宇賀克也『国家責任法の分析』（1988年）202頁注3）。(61)(84)(91)（後出）では，そのように判断されたようである。これに対し，㉚㊵㊼(59)は，当該時期を過ぎて許認可等等がされた事例である。

9) ⑨⑭⑱⑳でも，処分等が（私人により）利用されているが，いずれも本来予定されている目的である。

10) ㉙は，第一次的に設置認可，第二次的に停止命令を加害行為とする原告の主張のうち，第二次的な主張について判断するまでもなく第一次的な主張について判断して請求を認容した原審を維持している。とはいえ，設置認可は停止命令の「不可欠の前提」（原審）とされており，㉙は，同認可のみを加害行為としたものでない。

11) 石井忠雄「行政権限の濫用と国家賠償の成否」藤山雅行＝村田斉志編『新・裁判実務大系』25巻改訂版（2012年）660頁は，当該手続全体を利用した行為が加害行為であると説くが，最高裁は，社会で自然に生じた事件につき禁考慮要素を考慮して処分がされた場合には，処分と処分の利用行為とを区別していない（参照，前稿151頁〔長束小判決〕）ため，㉙は，山形県が自ら事件を作出した点を特に重視したものとみられる。仮に，設置認可を申請した余目町のみが営業阻止の目的を有し，山形県知事・公安委員会がこのことを知りえないまま両処分をし，かつ，余目町も被告とされていたとすれば，余目町の申請行為（私経済作用でなく社会福祉行政作用に当たる。）だけが国賠違法を肯定されたと思われる。なお，最判平成19・3・20判時1968号124頁〔稚内木馬館〕は，パチンコ業者らが競業者の営業を阻止する目的で社会福祉法人に土地等を寄附し，児童遊園の設置認可及び営業不許可処分に至らしめたことを民法上の不法行為とした。

12) ㉙では，設置認可に根拠法令違反はないとも解しうる（参照，石井・前出注11）663-664頁及び武田真一郎「国家賠償における違法性と過失について」成蹊法学64号（2007年）15-16頁）が，取消違法の有無は「特に論じなければならない問題ではない」と解説されていた（石井健吾〔判解民昭53〕214頁）。

3 非裁量処分等それ自体が（直接的な）加害行為とされた事例

　法的行為の事例としては，②⑯⑲㉜㊳㊽㉑㉔㉖㉘㉒㊸㉛㉔がある。②では，〈見積価格・公売価格が著しく低く（旧）国税徴収法上違法な[13]〉公売処分，⑯では，〈法廷等の秩序維持に関する法律上違法な〉過料の制裁決定，⑲では，〈剰余主義に反し（旧）民事訴訟法上違法な[14]〉強制競売，㉜では，〈正当な理由がなく地方自治法上違法な〉集会の用に供する公の施設の使用許可の取消処分，㊳では，〈適用法令の選択を誤り実体法上違法な〉給付判決，㊽では，〈違憲な〉在宅投票廃止法律の制定施行，㉑では，〈幼年者との接見を一律に禁止し監獄法上違法な〉接見不許可処分，㉔では，〈税額が過大であり所得税法上違法な〉更正処分，㉖では，〈無期限原則に反し国家公務員法上違法な〉期限付任用（期限に係る部分に限る。），㉘㉒では，〈正当な理由がなく地方自治法・条例上違法な〉集会の用に供する公の施設の使用不許可処分，㊸では，〈債権が第三者に属し国税徴収法上違法な〉差押及び充当，㉛では，〈非開示情報でなく条例上違法な〉公文書一部非開示決定の変更決定等，㉔では，〈輸入禁制品でなく関税定率法上違法な〉輸入禁制品該当通知が，それぞれ加害行為である（いずれも，根拠法令上無効とは主張されていない。）。

　物理的事実行為の事例（開始自体も加害行為であるもの）としては，⑪⑫⑬⑮㊾㊴㊇㊁㊃⑩がある。⑪では，〈関係人の合意に瑕疵があり（旧）民事訴訟法上違法な[15]〉配当表の作成と配当の実施[16]，⑫では，〈同法上違法に〉建物から退去させたこと，⑬では，〈移植適期でなく同法上違法な〉生立木の収去，⑮では，〈令状で許可された物件でなく刑事訴訟法上違法な〉差押，㊾では，被疑者を追跡し，原告との衝突事故に至らしめたこと，㊴では，〈所得税法上違法な〉立入，㊇では，〈配当異議の起訴証明があり民事執行法上違法な〉配当の実施，㊁では，〈刑事訴訟法上違法な〉現行犯人の留置，㊃では，〈許可状で許可された物件でなく国税犯則取締法上違法な〉差押，⑩では，〈刑事収容施設法上違法な〉信書の返戻が，それぞれ加害行為であ

---

[13]　参照，桃井直造編『条解国税徴収法』（1957 年）638-639 頁。
[14]　㊋（後出）と同じく，原告との関係での国賠違法は否定された。処分の場合，このような事例では，取消訴訟の原告適格を欠くか，「自己の法律上の利益に関係のない違法」（行訴法 10 条 1 項）と判断されよう。
[15]　関係人の合意に基づく配当は，同法上適法である（参照，宮脇幸彦『強制執行法（各論）』（1978 年）459 頁）。
[16]　配当表の作成については，法的行為（裁判）か事実行為か諸説ある（参照，宮脇・前出注 15）468-469 頁）が，本稿では立ち入らない。但し，関係人の合意に基づく配当表の作成と配当の実施は，一個の事実行為であるとしておく。

る。このうち⑫⑬⑮㊻㊼では，当該行為に先立って処分等（執行吏保管の仮処分，土地明渡判決及び配当表の作成）又は内部行為（差押状・捜索差押許可状の請求・発付）がされているが，その根拠法令上の違法も国賠違法も主張されていない。

物理的事実行為の事例（開始自体は加害行為でないもの）としては，⑤⑥⑩㉖がある。⑤では，（滅失防止措置をとらず（旧）民事訴訟法上違法な）仮差押物の保管，⑥⑩では，（毀損防止措置をとらず関税法上違法な）差押物の保管，㉖では，（供託をせず競売法上違法な）配当額の保管が，それぞれ加害行為である。

精神的事実行為の事例としては，㉝㊱㊵㊸㊿㉛㊽⑩がある。㉝では，退職を強要する行政指導，㊱では，犯罪人名簿に関する弁護士会照会への回答，㊵では，調査書の作成・提出，㊸では，寄付金の納付を事実上強制しようとする行政指導，㊿では，住民票の続柄の記載[17]，㉛では，接見申入れへの回答[18]，㊽では，公務災害に関する調査報告書の作成・公表，⑩では，政治倫理審査請求，決議及び警告[19]が，それぞれ加害行為である。

4 非裁量処分等それ自体が（間接的な）加害行為とされた事例

法的行為の事例としては，㊶㊻⑩がある。㊶では，（欠格事由があり宅地建物取引業法上違法な[20]）免許の付与・更新をし，名宛人の原告に対する債務不履行に至らしめたこと，㊻では，〈有用性が肯定されず薬事法上違法な〉医薬品の製造承認及び日本薬局方への収載をし，名宛人等がこれを製造するなどに至らしめたこと，⑩では，（建築計画が建築基準関係規定に適合せず建築基準法上違法な）建築確認をし，原告が建築物を建築するに至らしめたことが，それぞれ加害行為である。法的行為を前提とする私人の行為は，㊶では，民法上の不法行為となる可能性もないではなく，㊻では，一部が民法上の不法行為とされたが，⑩では，原告自身の行為であり，国賠違法の主張が信義則に反する場合もありうるとされた。

精神的事実行為の事例としては，⑭㊹㊾がある。⑭では，（本人の意思を欠き条

---

17) ㊿では，㊾と異なり，記載そのものが個人情報の管理行為に当たる。
18) ㉛の判決要旨（「接見を申し入れ……これを許さなかった……措置」）は，㊶の判決要旨（「接見を許さない旨の処分」）と異なっている。㉛は，不許可処分をしたのでなく，許可処分がされる見込みがないことを伝えて事実上接見させなかった事例だからであろう（⑩も，信書発信の不許可処分をしたのでなく，信書を返戻して事実上発信させなかった事例である。）。
19) 原告は「一連の手続」と表現しているが，各段階の行為は独立して直接的な加害行為たりうるため，ここに分類しておく。
20) 前出注14)参照。

例上違法な）印鑑証明をし，請求人が真正な代理人であると原告を誤信させ貸付金を詐取するに至らしめたこと，⑩では，獣医師会所属獣医師から飼犬等の不妊手術を受けた市民に手術料を補助するとした要綱を定めて公にし，市民が原告でなく同会所属医師を選択するに至らしめたこと，⑲では，再販売価格である税込み価格を税込みである旨明示して表示する方法が一般「消費者の利益」（現・独禁法 23 条 1 項）を不当に害することなく「適当と考えられる」旨の見解を公表し，原告が（本体価格のみを表示した販売行為は一般消費者の利益を不当に害すると反対解釈して）不公正な取引方法の排除命令を回避するためカバーを刷り直すなどに至らしめたことが，それぞれ加害行為である。事実行為を前提とする私人の行為は，⑭では，民法上の不法行為であるが，⑩では，そうでなく，⑲では，原告自身の行為である。

5 手続中の最終段階の非裁量処分等だけでなく，それに至る手続全体が加害行為とされた事例

最終段階が法的行為の事例としては，③⑦⑰㉞がある。③では，（価額が社会通念上明らかに不相当であり（旧）民事訴訟法上違法な）差押物の評価から（同じ理由により同法上違法な[21]）競落告知に至る手続全体，⑦では，（小作地でなく自作農創設特別措置法上違法な）農地の買収計画，異議申立却下決定及び訴願棄却裁決をし，買収処分に至らしめたこと[22]，⑰では，（株主優待金を利益配当とする所得税法上違法な取扱いを命じた）通達の発出から（当該通達に従った）賦課処分を経て公売処分に至る手続全体，㉞では，（一切の不法滞在者を適用対象外とする国民健康保険法上違法な取扱いを求めた）通知の発出から（当該通知に従った）被保険者証不交付処分に至る手続全体が，それぞれ加害行為とされた。

最終段階が物理的事実行為の事例としては，①㉛㊶㊻㉝がある。①では，〈被疑事実と公訴事実が異なり刑事訴訟法上違法な〉勾留期間更新請求・決定から勾留（継続）に至る手続全体，㉛では，〈同法上違法な〉逮捕状・勾留状の請求・発付から逮捕・勾留に至る手続全体，㊶では，〈同法上違法な〉逮捕状の請求・発付から逮捕に至る手続全体，㊻では，（実体法上無効〈であり公証人法上違法〉な）公正証

---

21) 参照，鈴木忠一ほか編『注解強制執行法』2 巻（1976 年）167 頁〔井関浩〕。
22) 買収処分をするには買収計画によらなければならない（同法 6 条 1 項）ため，同処分でなく，同計画等（により同処分に至らしめたこと）が加害行為と主張されたのであろう。

書の作成をし，(民事執行法上無効²³⁾）債権差押命令がされ債権者が支払を事実上差し止めるに至らしめたこと²⁴⁾，㊱では，（在外居住者は適用対象外であり，在外居住者となった者に係る健康管理手当の支給認定は当然に失効するため，支給を打ち切るという原子爆弾被爆者の医療等に関する法律等上違法な取扱いを命じた）通達を作成・発出し，（当該通達に従った）支給打切りに至らしめたこと²⁵⁾が，それぞれ加害行為とされた。

手続全体・その一部の行為いずれが加害行為であるかは，原告の主張²⁶⁾の範囲内で，裁判所が認定する²⁷⁾。手続中の行為が国家公務員と地方公務員とで分担してされる場合，手続全体を加害行為とするためには，国・地方公共団体いずれも被告としなければならない²⁸⁾(㊴)。但し，当該地方公務員が国の機関である場合（機関委任事務）には，手続全体が国の「公権力の行使」（国賠法1条1項）に当たるため，国だけを被告としても，手続全体を加害行為とすることができる（⑦㊱)。

6 裁量処分等それ自体が加害行為とされた事例

この事例には，㉒㊸㊾㊿㊻㊺㊷㊶㊵㊴㊳㉠がある²⁹⁾。国賠違法は，取消違法と同じく³⁰⁾，要考慮要素を考慮しなかったこと等をもって肯定されている（㊻㊺

---

23) 実体法上無効な公正証書に基づく強制競売は民事執行法上無効であり（判例につき参照，小室・前出注6) 160-162頁），債権差押命令についても同様に解される。
24) いわゆる不当執行は国賠法の対象外であるため（参照，最判昭和57・2・23民集36巻2号154頁），債権差押命令でなく，同命令に至らしめたことが加害行為と主張されたのであろう。
25) ㊱では，このような手続をし，原告が再申請・申請を断念するに至らしめたことも，加害行為とされている。この観点からみた当該手続全体は，⑩⑲と同じく，間接的な加害行為（精神的事実作用）に分類されよう。
26) ㊶では，法務大臣の省令改廃の不作為は加害行為と主張されていない（参照，増井和男〔判解民平3〕366頁・370頁注12）。
27) 二以上の処分等から構成される手続だけでなく，一の処分等の準備行為についても同様である。㉚では，補助職員の行為のみが加害行為と主張されたため，国賠違法が否定された（傍論で決裁権者の行為の国賠違法を肯定）。
28) ㉘は，国の指導（住民基本台帳法31条1項）に従ってされた処分の事例であるが，地方公共団体だけが被告とされていた。
29) ⑯も，ここに分類する余地があろう。なお，㊾の園部補足意見は「裁量」という表現を用いているが，これは（前稿・本稿でいう）行政権と司法権との関係における裁量でなく，立法権と行政権との関係における裁量にすぎない。
30) 参照，稲葉馨「国家賠償法上の違法性について」法学73巻6号 (2010年) 64頁注23。とりわけ，伊方原発判決と㊺との間及び㊾と小田急・林試の森・獅子島各判決との間の類似性は，顕著である（参照，前稿154-155頁・151-152頁）。

㉘㉙)。もっとも，両違法を基礎付ける事実が論理的に一致すると考えられているかは，いまだ同一の裁量処分につき両違法が判断された事例がないため，明らかでない³¹)。なお，裁量処分等では，国賠違法と過失を基礎付ける事実もまた同一とされている³²)。

Ⅳ 最高裁の判例理論

1 「国賠違法＝過失＝注意義務違反」テーゼ

以上の整理によると，取消違法と国賠違法の関係を解明する鍵となるのは，結局のところ，㉜㉑㉔㉓³³)であることが分かる。㉜は，(根拠法令違反を肯定する上告理由に対し)根拠法令違反を肯定した後，ただちに自判して賠償責任を肯定した。㉑は，(根拠法令違反及び過失を否定する上告理由に対し)根拠法令違反を肯定し過失を否定した。㉔は，(国賠違法を否定する上告理由に対し)国賠違法とは根拠法令違反でなく，公務員が根拠法令違反の処分をしないよう注意して事実認定・法令解釈(事実の評価・適用法令の選択を含む。以下同じ。)をする義務違反である³⁴)とした上，これを否定した。㉓は，(㉔にいう国賠違法及び過失を否定する上告受理申立て理由に対し)㉔にいう国賠違法を肯定した後，ただちに過失も肯定した。

㉜㉑が現れた時点では，根拠法令違反こそが国賠違法であることを前提に，㉜では，国賠違法から過失を事実上推定することができ，㉑では，それができなかったという解釈もありえたところであるが，これと並んで，公務員の注意義務違反こそが国賠違法であり過失でもあることを前提に，㉜では，(たまたま根拠法令

---

31) ⑩は，要考慮要素が考慮されていないため（裁量権の逸脱濫用として）取消違法を肯定し，「〔要考慮要素に関する〕法令の解釈について，職務上尽くすべき義務を尽くしたとはいえず，また，……相当な資料に基づき合理的な判断過程を経て行われたものともいえない」ため国賠違法を肯定したものと解説されている（参照，匿名〔判解〕判時 1929 号 39 頁）が，ただちに判決文から読み取ることはできない。

32) ⑥は，違法性を肯定した後ただちに過失を肯定した原審を審理不尽・理由不備とする上告理由に対し，「同検察官の措置は……著しく合理性を欠く違法なものであり，これが捜査機関として遵守すべき注意義務に違反するものとして，同検察官に過失があることは明らか」とした。㊀につき参照，芝池義一『行政救済法講義』3 版（2006 年）251 頁。⑩も，要考慮要素を考慮せずに処分をしたことが過失にも当たるとした。

33) ⑨では，仮に，通達が支給認定を取り消すよう命ずるものであり，それに従い取消処分がされていたとしても，同じ判断になったとみられる。よって⑨は，最終段階の行為が事実行為の事例であるが，最終段階の行為が処分の事例と同様に考えることができる。

34) 国賠違法が根拠法令違反と注意義務違反に解体されるわけではない。稲葉馨『行政法と市民』（2006 年）231 頁及び北村和生「国家賠償における違法と過失」高木光＝宇賀克也編『行政法の争点』（2014 年）149 頁の説明も，そのような趣旨ではなかろう。

違反と一致した）国賠違法が肯定されたため当然に過失も肯定されたにすぎず，(61)では，国賠違法でなく，根拠法令違反が過失判断の前提として判断されたにすぎない[35]という解釈もまたありえたところである。その後，(64)(93)が現れたことにより，後者の解釈がとられていること[36]が明らかになったといえよう[37]。

すなわち㉜は，事実認定・法令解釈ともに比較的容易であり，かつ，集会の自由が害されるおそれのある事例であったため，高度の注意義務が要求され，根拠法令違反の処分をしたことがほぼ自動的に注意義務違反として評価される結果，国賠違法がたまたま根拠法令違反と一致したと理解することが可能である[38]（根拠法令違反を判断した後ただちに国賠違法を判断した㉜以外の事例（(66)(68)(69)(72)[39]）についてはⅥ2参照）。

一方，(61)[40]では，上告理由には国賠違法と明示されていない[41]。ここでは，仮に国賠違法も判断されていたとすれば，過失と重複した内容になっていたと理解することが可能である[42]。

35）　過失についてのみ上告された事例（⑦㉖）では，この点は明瞭である。

36）　(61)と同様の判断をした(84)は，「本件処分は違法であると判示した上，本件処分をしたことが国家賠償法上も違法と評価されるかどうかについては触れずに，……過失があるとはいえないとし」たものと解説されている（福井章代〔判解民平16〕92頁）。

37）　橋本博之「判例実務と行政法学説」塩野宏先生古稀『行政法の発展と変革』上巻（2001年）381頁注41は，このような経緯を遡及的な統合プロセスと表現している。

38）「違法性相対論といえども，行政処分取消訴訟と国家賠償請求訴訟とで，公権力の行使の違法性の判断が結果として同一になることまで否定するものではない」（喜多村勝徳「行政処分取消訴訟における違法性と国家賠償請求訴訟の違法性との異同」藤山＝村田編・前出注11）636頁）。遠藤博也『国家補償法』上巻（1981年）177頁も，取消判決の既判力が国賠請求訴訟に及ぶとする学説につき，「そのような簡単明瞭な説明が通用しうる単純な事例もないわけではないというだけの話である」と論じていた。

39）　(72)は，「損害の有無，その額等」を審理させるための差戻判決である。国賠違法及び過失を「等」に含めることは余りに不自然であるため，国賠違法及び過失を肯定した判決と考えられる。

40）　(84)についても同じ（㉓は不明。参照，野田宏〔判解民昭46〕249頁）。

41）　加えて，(61)では，上述した前者の解釈によると，加害者と主張されていない法務大臣の行為（省令改廃の不作為）の国賠違法を判断したことになってしまい（参照，神橋一彦「違法な法令の執行行為に対する国家賠償請求訴訟について」立教法学75号（2008年）86頁），不合理である。

42）　参照，三木素子〔判解民平19〕724頁（⑦(61)(84)のほか，処分以外の行為（㉓㉖）についても同じ。）。(76)では，注意義務違反が国賠違法も過失も基礎付けると解説されていた（参照，野山宏〔判解民平9〕1140頁）。神橋一彦「『職務行為基準説』に関する理論的考察」立教法学80号（2010年）26-27頁は，国賠違法と過失を基礎付ける事実が重複する事例は必ずしも珍しくないが，民法上の不法行為と同じく，客観的・主観的帰責要件が完全に融合してしまうこともないであろうという見通しを示している。以上に対し，(101)の寺田・大橋補足意見では，国賠違法と過失の関係につき別の試論が示されているが，なお未整理の部分が少なくないように思われる。

2　判例理論の基礎にある思想

非裁量処分の取消違法は，根拠法令違反があれば，調査・検討義務違反の有無にかかわらず，肯定される。これに対し，非裁量処分の国賠違法は，根拠法令違反があっても，調査・検討義務違反がなければ，否定される（(64)(91)(94)）。国賠請求訴訟では，あたかも非裁量処分が裁量処分となったかのように，判断結果の違法でなく判断過程の違法しか審査されないのである[43]。

このような判例理論の基礎にあるのは，国賠法が「意思による支配の可能な人のふるまい」（前述）の責任を問う法である以上，国賠違法は“人（公務員）に課された規範”への違反なのであって，取消違法のような“国家行為（処分等）に課された規範”への違反ではない[44]という思想なのであろう。㊳は，国賠法における「行為規範性は，処分ないし法的行為の効力発生要件に関する違法とは性質を異にすることに注意すべきである。やはり，究極的には他人に損害を加えることが法の許容するところであるかどうかという見地からする行為規範性である[45]」という遠藤教授の学説から“国家行為に課された規範”と“人に課された規範”の区別を読み取った上，「裁判の客観的法秩序違反」と「担当裁判官の行為規範違背」を区別したものと解説されている[46]ところ，同様の区別は，あらゆる国家行為及びその担当者につき観念することができるからである。

V　判例・学説の相互認識

1　多数説からみた判例理論

以上のような判例理論と異なり，多数説は，後述のような理論的根拠に基づき，国賠違法すなわち根拠法令違反であると解した上，国賠違法から過失を事実上推定する経験則の存在を緩やかに認める[47]。そこでは，根拠法令違反の処分によ

43）　神橋・前出注 42）20 頁は，「決定プロセスに関与する公務員の行為に対する評価」と「決定プロセスの所産＝結果に対する評価」の区別と表現している。

44）　神橋・前出注 41）72-74 頁は，行政機関を受命者とする「権限規範」と公務員を受命者とする「行為規範」の区別と表現している。小早川光郎「課税処分と国家賠償」藤田宙靖博士退職『行政法の思考様式』（2008 年）429-432 頁も，この区別を意識している。

45）　村上敬一〔判解民昭 57〕219 頁注 10 により引用された遠藤・前出注 38）166 頁。この学説の力点は「行為規範性に重点を置いた相関関係説」（宇賀克也「職務行為基準説の検討」行政法研究 1 号（2012 年）21 頁）にあった（参照，遠藤・同 187 頁）が，村上調査官にとっては，行為不法説と相関関係説の区別以前にある“国家行為に課された規範”と“人に課された規範”の区別を説くものに映ったようである。

46）　村上・前出注 45）211 頁（なお参照，同 212-213 頁）。

り生じた損害が（過失が広く肯定される分だけ）広く賠償されるという法律上の効果とともに，（根拠法令違反の判断に既判力・拘束力（行訴法33条1項）のような法律上の効果までは生じないが）当該処分の職権取消しを促し，当該処分及び同種の処分の繰返しを抑制するという事実上の機能がもたらされる[48]。

問題はその理論的根拠であるが，およそ事実上の機能それ自体はいかなる意味においても理論的根拠たりえないし，文理及び立案関係者の説明も手掛りにはならない（別稿Ⅱ2参照）。多数説の理論的根拠は，「法律による行政の原理」（"処分は根拠法令に違反してはならない"）及びこれを担保する「近代行政救済法の原理」（"（根拠法令違反の処分は取り消され，）根拠法令違反の処分によって生じた損害は賠償されなければならない"）それ自体に求められている[49]。

とはいえ，憲法は，決して「近代行政救済法の原理」をそのまま実現する法律の制定を明示的に要請しているわけでない。憲法が明示的に要請しているのは，公務員の不法行為を要件とする国家責任の一般法化及び（公務員の不法行為を要件としない）刑事補償の充実だけである。国賠法は，たかだかこの明示の要請に応えて制定された法律にすぎない[50]（別稿Ⅱ1参照）。よって多数説は，憲法が「近

---

47) 参照，阿部泰隆『行政法解釈学Ⅱ』（2009年）500頁・496頁，宇賀・前出注45) 39頁注70及び山本隆司『判例から探究する行政法』（2012年）543-544頁。藤田宙靖『行政法総論』（2013年）570-571頁・573-574頁，塩野宏『行政法Ⅱ行政救済法』5版補訂版（2013年）380-381頁及び西埜章『国家賠償法コンメンタール』2版（2014年）498頁も，国賠違法が肯定されて過失が否定される現象自体を問題視し（この点につき同旨，芝池・前出注32) 249頁），過失の事実上の推定等を解決策として挙げている。

48) これに対し，根拠法令違反を国賠違法とするのみで，過失を特に広く肯定しない見解では，仮に国賠違法が肯定されたとしても過失は否定されるという判断（審理の順序が定められていない以上，このような判断をすることは何ら妨げられない。）がされれば，法律上の効果どころか，事実上の機能すら得られなくなってしまう。かかる中途半端な見解を支える一貫した論拠を見出すことは困難であろう。

49) 参照，藤田・前出注47) 370頁・536頁。同旨，阿部・前出注47) 500頁，宇賀・前出注45) 37-38頁，塩野・前出注47) 320-321頁（主権無答責の法理等の克服）及び西埜・前出注47) 137頁。このほか，事情判決（行訴法31条）が多数説に立脚した国賠請求訴訟を予定していることを論拠とする見解（参照，阿部・前出注47) 500頁）が，同法の立案関係者はそのような説明をしていない（参照，杉本良吉「行政事件訴訟法の解説（二）」曹時15巻4号（1963年）38-39頁）。また，国等に処分をしない自由が（公益目的上）与えられていないことに伴う危険責任を論拠とする見解もある（参照，山本・前出注47) 542-544頁・551頁）。国賠違法・過失一元的判断をとることを前提に，（具体的な事例で）根拠法令違反のおそれのある処分をせざるをえない危険があることから国賠違法・過失を事実上推定するならともかく，国賠違法・過失二元的判断をとることを前提に，上記の点をもっておよそ一般に国賠違法すなわち根拠法令違反と解することができるかは，いまだ必ずしも十分に論証されていないように思われる。

50) 塩野・前出注47) 320-321頁への疑問として参照，高木光「法律の執行」阿部泰隆先生古稀

代行政救済法の原理」の実現を黙示的に要請しており，公務員の不法行為を要件としない国家責任を一般法化していない状態が違憲であることを前提に，国賠法を同原理に適合させて合憲限定（拡張？）解釈しようとするものといえよう。

このような多数説にとって，非裁量処分を裁量処分並みに扱う判例理論は，法治国原理を退化させるものにほかならない[51]。

2 判例理論からみた多数説

逆に，判例理論から多数説をみると，仮に憲法が「近代行政救済法の原理」の実現を黙示的に要請しているとすれば，消防法6条3項（現2項。別稿Ⅱ4参照）を一般法化して対応するのが筋であり[52]，たといそれまでの応急的な対応として，国賠法等を同原理に適合させて解釈しなければならないにせよ，国賠違法すなわち根拠法令違反とするのは，もはや解釈論の限界を超えているというのであろう。国賠違法も過失も不法行為の帰責要件たる"人に課された規範"違反である以上，"加害行為という結果を生じさせない義務"違反は，国賠違法にも過失にもなりえない[53]からであり，「保護法規〔＝私人の権利利益の保護を目的とする法令〕違反をその回避可能性を問うことなく違法とみるのは，『法は不能を強いない〔lex non cogit ad impossibilia〕』の原則に反する[54]」からである。

確かに，処分それ自体が加害行為である事例では，根拠法令違反は帰責要

『行政法学の未来に向けて』（2012年）27頁。

51) 裁量が違法の主張制限の一形態である点につき参照，拙稿〔判批〕自治研究90巻5号（2014年）137頁及び藤田宙靖「自由裁量論の諸相——裁量処分の司法審査を巡って」日本学士院紀要70巻1号（2015年）80頁。取消訴訟でも，非裁量処分を裁量処分の如く扱った裁判例がある（東京地判昭和38・10・30判時354号15頁〔東京電解〕）が，課税処分を所得額の認定方法が合理的でないとして取り消した判決であり，申請型義務付け訴訟の一部判決（行訴法37条の3第6項）と同じく，拘束力を用いた迅速な救済をめざすものであった。

52) 藤田・前出注47) 579頁は，同項を国賠法に代えて一般法化するのでなく，同項のような特別法を整備することにより「損害賠償制度と損失補償制度との谷間」を埋めてゆくべきであると説くにとどまる。

53) 神橋・前出注42) 8頁が〈およそ公務員は，〔根拠法令上〕違法な行政処分を行ってはならない〉という行為規範がありうるのだろうか」と問題提起したとおりである。文脈は異なるが，高木光「国家賠償法における『行為規範』と『行為不法論』」石田喜久夫先生ほか還暦『損害賠償法の課題と展望』（1990年）161頁も，「最高裁判所は，損害賠償の場合にも，結果論的に原因行為を評価することをしない立場」であると分析していた。

54) 四宮・前出注3) 300頁（傍点原文。私人間の保護法規についての叙述であるが，公務員・私人間の保護法規についても妥当しよう。）。引用箇所でいう「違法」とは，「行為の面における一般的非難可能性」（同276頁）すなわち客観的帰責要件である。

件55)を満たすための必要条件56)となるから，立法論として，これを別個の要件とすること（「……故意又は過失によつてその根拠となる法令の規定に違反して違法に……」）はもとより可能である57)。しかしながら，解釈論として，国賠違法すなわち根拠法令違反とすると，それ以外の客観的帰責要件を不文化することになってしまい，余りに不自然なのである58)。

　ちなみに，民法上の不法行為でも，保護法規違反のみをもって客観的帰責要件としての「違法性」を肯定した判例は見当たらない59)。根拠法令違反（被保全権利の不存在）の仮処分命令を申請して執行させた私人の行為についても同様である。最高裁は，当該命令を申請して執行させたことのみをもって客観的帰責要件としての「違法性」を肯定する立場をとっていない60)。

---

55) 根拠法令違反は，必ずしも常に客観的帰責要件に含まれるとは限らない。裁量処分はもとより，非裁量処分でも，事実認定・法令解釈に関する公務員の主観的な認識を織り込んだ形の根拠法令がみられるからである（参照，藤田・前出注47) 571-572頁）。
56) 園部逸夫「国家補償法の意義」西村宏一ほか編『国家補償法大系』1巻（1987年）6頁は，「行政法上適法な行為であっても，民法上不法な結果を生〔じ〕……国家賠償法上の違法な行為となりうる」と説くが，処分等それ自体が加害行為である事例でそのような場合がありうるかは疑問である（㉙㊹⑭㊾参照）。國井和郎「国家賠償法第1条——違法性と過失」西村宏一ほか編『国家補償法大系』3巻（1988年）79頁がそのような場合として挙げるのも，㉙のほか，根拠法令がないか，あっても明瞭でない行為（法律の制定施行，検察官の訴訟行為及び行政指導）にとどまっている。
57) もっとも，棄却判決では，この新たな要件が判断されるとは限らない。
58) 国賠違法は「基本はやはり損害賠償法上の違法であって，故意過失論をはじめ，他の責任要件全体の中で体系的に整理され，適当に位置づけられる必要がある」（遠藤博也『行政法スケッチ』(1987年) 138頁）。同旨，高木光「公定力と国家賠償請求」水野武夫先生古稀『行政と国民の権利』(2011年) 18頁。なお，西埜章『国家賠償責任と違法性』(1987年) 27-28頁は，国賠違法を（それだけで賠償責任を基礎付ける）根拠法令違反と解した上，故意過失は「立法政策上の制限にすぎない」と断じているが，一般法上の過失責任から特別法上の無過失責任が分化したという立法史の大勢を無視するものであり，賛同しがたい。
59) 最判平成17・7・14民集59巻6号1323頁（証券取引法違反の勧誘）のような違法性・過失一元的判断をとった事例（同判決にいう「違法」は，客観的帰責要件としての「違法性」でなく，不法行為性と同義である。）ではもちろん，最判昭和47・6・27民集26巻5号1067頁〔砧町日照妨害〕（建築基準法（容積率制限）違反の施工）のような二元的判断をとった事例（参照，井田友吉〔判解民昭47〕522頁）でも同様である。逆に，不法行為性を否定するためには，保護法規違反を否定すれば足りる（参照，最判平成22・10・22民集64巻7号1843頁〔カネボウ〕）。
60) 最判昭和43・12・24民集22巻13号3428頁は，違法性・過失一元的判断をとった上，「特段の事情」がない限り過失（ここでは不法行為性と同義である。）が事実上推定されるとした。学説は「特段の事情」として事実認定・法令解釈の困難性を挙げており（参照，本間靖規「不当な民事保全と損害賠償」中野貞一郎ほか編『民事保全講座』1巻（1996年）522頁），国賠法1条1項の判例理論を先取りした観がある。

VI 学説の課題

1 多数説

 以上のような判例・学説の相互認識を踏まえると，多数説には，より判例理論と噛み合った形で，自らの立場を補強することが求められる。例えば，国賠法1条が民法44条[61]と異なり免責的債務引受構成をとった理論的根拠[62]を解明することは，その一つの手掛りとなりうるかもしれない。

 より根柢的には，果して「近代行政救済法の原理」のどこまでが憲法の黙示的な要請といえるのか，洗い直してみる必要があろう。憲法32条（裁判を受ける権利）は，あらゆる処分を取消訴訟の対象とすることを要請していると解されるところ，取消訴訟の意義は，（法律→行政行為→強制行為という）三段階構造モデルにおいて，強制行為がされる前に行政行為を争う機会を保障する点にある[63]。この観点からみれば，執行停止決定を待たずに処分が執行された場合，（訴えの利益が消滅したとして）取消訴訟を却下し，（判例理論にいう国賠違法を否定して）国賠請求訴訟を棄却することは，行政庁による取消訴訟の対象の限定を認めるにも等しい。よって，この場合には，憲法32条の趣旨に照らし，根拠法令違反から（判例理論にいう）国賠違法及び過失が法律上推定されるという解釈[64]をとることができないか，慎重に検討されなければならない[65]。仮にこの解釈が認められれ

---

61) 判例・学説につき参照，林良平＝前田達明編『新版注釈民法』2巻（1991年）320-321頁〔前田＝窪田充見〕。

62) 西埜・前出注58）20-21頁は，「国……が公務員の責任を代位するにしても，代位の理由がなければならない。この理由を追究していけば，国にもそれだけの責任があるということになり，結局，自己責任に行き着かざるを得ないであろう」と説く（ここでいう「自己責任」は，代位責任説と対比される自己責任説を指す趣旨でない。参照，稲葉馨「公権力の行使にかかわる賠償責任」雄川一郎ほか編『現代行政法大系』6巻（1983年）51-52頁）。もっとも，ドイツでは，免責的債務引受構成は「法理論上の要請に基づくものというより，むしろ，政策上の妥協としての性格を……色濃く有していた」という（宇賀・前出注8）206頁）。

63) 参照，拙稿「行政過程による〈統合〉の瑕疵」藤田退職・前出注44）105頁。

64) この場合に多数説の立場から過失の推定を提唱する見解として参照，阿部泰隆『行政救済の実効性』（1985年）220-221頁。

65) [64]のような原告にも落度のある事例では，過失相殺がされることとなろう。これに対し，出訴期間を徒過した者との関係では，三段階構造モデルを設けた意味はなく，取消訴訟と国賠請求訴訟を関連付ける必要もない。そこでは，処分及びその執行を純然たる不法行為とする現在の判例理論をもって足りよう。「国家賠償法は，第一次的には，行政争訟法との関連で考察されるべき」であるとする多数説（宇賀克也『国家補償法』（1997年）5頁）も，「防衛せよ，而して清算せよ（wehre dich und liquidiere）」の法理に対しては，警戒姿勢を崩さない（参照，宇賀・前出注8）445頁）。しかしながら，本文に述べた限度でこの法理を受容することは，多数説にとって

ば，取消判決の法律要件的効果（Tatbestandswirkung）として無過失損害賠償請求権を発生させる消防法６条３項（現２項。別稿Ⅱ４参照）を部分的ながら一般法化したのと同じ帰結が得られよう。

２ 判例理論を前提とする立場の学説

一方，判例理論を前提とする立場の学説には，どのような・類・型・の処分等及びどのような・事・例・に，どの程度の注意義務が要求されるかを一般理論化することを通じて，予測可能性を保障することが求められる[66]。この点，⑰が「微妙な事実認定とこれに対する専門的な法律判断を必要とする」ため過失を否定したことは，注目に値する。現在の判例理論の下では，この説示は国賠違法についても妥当すると解されるからである。

根拠法令違反の処分等をしない高度の注意義務が要求される・類・型・の処分等としては，次のようなものが考えられる。第一は，事実認定・法令解釈ともにきわめて容易な類型の処分等である（㉟[67]）。もっとも，このような処分は，それほど多くないであろう（18歳に満たない者に対する銃砲の所持許可の拒否処分（銃砲刀剣類所持等取締法５条１項１号）等）。第二は，事実認定・法令解釈ともにきわめて容易とまではいえないが，根拠法令を所管する主務大臣自らがする処分等又は人の生命，健康若しくは精神的自由が害されるおそれのある類型の処分等であって，要件適合性につき確信が得られるまでしなくてよい類型のもの（㊽[68]）[69]）である。

また，根拠法令違反の処分等をしない高度の注意義務が要求される・事・例・としては，次のようなものが考えられる。第一は，事実認定・法令解釈ともにきわめて容易な事例である（㊻[70]）。第二は，事実認定・法令解釈ともにきわめて容易とまではいえないが，人の生命，健康若しくは精神的自由が害されるおそれのある

も不可避であるように思われる。
66) 参照，神橋・前出注42) 39頁。
67) ㉟はまた，例外的に特殊な事実認定・法令解釈を必要とする事例でもなかった。認定すべき事実は，ストロングライフが設備でなく護身用具であること（この点に誤認はなかった。）であり，とるべき法令解釈は，設備に関する基準を護身用具に類推適用するのは「法律による行政の原理」に照らし許されないことであり，いずれも容易だったからである。
68) 但し，㊽では，処分は「その時点における医学的，薬学的知見を前提として」すべきものとされており，容易に根拠法令違反が肯定されるわけでもない。
69) 申請に対する処分には，確信が得られるまでしなくてよい類型のものが多いであろう。
70) ㊻では，事実認定（常勤職員増員の困難性及び担当業務の代替性）・法令解釈（前記事実があれば日々雇用職員として任用してよいこと）いずれも容易であった。

事例（㉜㊻㋷㊘），判断の指針となる最高裁判例がある事例（㊘）又は公務員が関係者から「相応の説明と客観的な資料の提出」を受けている事例71)である。

　これに対し，根拠法令違反の処分等をしない高度の注意義務が要求されない類型の処分等としては，次のようなものが考えられる。第一は，事実認定又は法令解釈が容易でないにもかかわらず，確信がなくともせざるをえない処分等である。根拠事実がもっぱら私人の支配領域にあり，その協力を得なければ的確な事実認定が困難であるにもかかわらず，平等原則上，一定の期日までにせざるをえない更正処分（㊽），国家資格を有する私人が根拠事実の存在を保証すべきものとされ，処理期間も法定されている（建築士の設計独占に係る）建築確認（㊾）等がこれに当たる。第二は，訓令通達，処理基準又は技術的な助言に従ってされる処分等である（㊼㊽）。その代わり，主務大臣等が訓令通達を発し，処理基準を定め，及び技術的な助言をする行為には，高度の注意義務が要求される（㊚）。第三は，先例に従った画一的処理が不可欠な公証行為等である72)(㊽)。

　また，根拠法令違反の処分等をしない高度の注意義務が要求されない事例としては，次のようなものが考えられる。第一は，国家資格を有する私人が根拠事実の存在を保証すべき立場で関与している事例である（⑪73)）。第二は，判断の妨げとなる最高裁判例がある事例である（㊛）。

　学説には，上記の処分類型を行政行為の分類学に加えるとともに，このような一般理論をより精緻なものとしてゆくことが期待される。

　　おわりに

　ここまで，あえて解釈論的な考察にとどめてきたが，国賠法が「近代行政救済法の原理」どころか取消訴訟との関連性すら意識せずに制定された以上，立法論的な考察を避けて済ませることは許されない。

　この点，同原理をそのまま一般法化すれば，「国又は公共団体は，その根拠となる法令の規定に違反する公権力の行使によって第三者に生じた損害を賠償する責任を負う。」となる。しかしながら，これに類似する立法例は皆無であり，既

---

71)　参照，静岡地浜松支判平成26・9・8判時2246号81頁。
72)　「登記官の職務の特殊性――登記官の形式的審査，先例拘束，大量画一処理など――を無視するわけにはいかない」（古崎慶長『国家賠償法の理論』(1980年) 122頁）。同124-125頁と併せ，過失についての叙述であるが，現在の判例理論の下では，国賠違法についても妥当しよう。
73)　⑪は，「弁護士の職責を強調し」たものと解説されている（高津環〔判解民昭41〕231頁）。

存の法体系から完全に断絶している。

　一方，消防法6条3項（現2項）は，事実の評価が容易でない点に立脚しているため，決して特殊な立法例でなく，事実認定・法令解釈が容易でない場合一般に汎用可能なものである（別稿Ⅱ4参照）。そこで同項を（無効の場合も含めて）一般法化すれば，「国又は公共団体は，その行政庁の処分その他公権力の行使に当たる行為（行政事件訴訟法（昭和三十七年法律第百三十九号）第三条第二項に規定する行政庁の処分その他公権力の行使に当たる行為をいう。）が判決により取り消され，又は無効とされた場合には，当該行為によって第三者に生じた損害を賠償する責任を負う。」となる[74]。

　これは，取消しの場合には，民事法における仮執行宣言付判決が変更された場合の損害賠償（別稿Ⅰ4参照）を，無効の場合には，刑事法における再審補償（別稿Ⅰ3参照）を，それぞれ行政法に拡張するものとみることができるため，既存の法体系とも一応連続的である。行政行為は仮執行宣言付判決と本質を同じくするともいえ[75]，無効確認訴訟は再審の訴えに類するともいえる[76]からである。これが実現すれば，事実認定・法令解釈が容易でない場合に国賠違法が否定されることによる救済の限界を補うことができよう。

判　例　一　覧

　接見の日時等の指定等のうち本稿の観点から先例的価値の乏しいもの，学校事故及び予防接種法に基づかない医療過誤は除いた。
　　○：国賠違法が明示的に判断された事例又は根拠法令違反を肯定し，若しくは否定する
　　　　上告理由に対して根拠法令違反を肯定し，若しくは否定した事例
　　◎：○のうち，処分それ自体又はそれに至る手続全体が加害行為とされた事例
　　△：国賠違法が明示的には判断されなかった事例（他の要件を肯定してただちに責任を肯
　　　　定した事例，国賠違法か過失か不明な「注意義務」違反を判断した事例等）
　　×：国賠違法が全く判断されなかった事例（他の要件を否定して責任を否定した事例等）

①最判昭和28・11・10民集7巻11号1177頁（×）

---

　74)　これを国賠法1条の新1項とし，現1項に「前項の場合を除くほか，」を加えて新2項とし，現2項を新3項とするわけである。
　75)　参照，兼子仁『行政行為の公定力の理論』3版（1971年）325頁。阿部・前出注64）220-222頁は，かねてからこの点に着目して，本文のような立法論の必要性を説いていた。
　76)　参照，白石健三「行政処分無効確認訴訟について（一）」曹時13巻2号（1961年）14頁等。

②最判昭和 34・11・26 集民 38 号 451 頁（×）
③最判昭和 37・3・22 集民 59 号 461 頁（△）
④最判昭和 37・7・3 民集 16 巻 7 号 1408 頁（×）
⑤最判昭和 37・9・18 民集 16 巻 9 号 1946 頁（△）
⑥最判昭和 38・1・17 集民 64 号 1 頁（×）
⑦最判昭和 38・7・9 集民 67 号 23 頁（×）
⑧最判昭和 38・10・24 集民 68 号 525 頁（△）
⑨最判昭和 39・1・16 集民 71 号 69 頁（○）
⑩最判昭和 40・12・3 判時 436 号 39 頁（△）
⑪最判昭和 41・4・22 民集 20 巻 4 号 803 頁（×）
⑫最判昭和 41・7・15 訟月 12 巻 8 号 1189 頁（×）
⑬最判昭和 41・9・22 民集 20 巻 7 号 1367 頁（○）
⑭最判昭和 41・10・21 集民 84 号 635 頁（△）
⑮最判昭和 42・6・8 集民 87 号 985 頁（○）
⑯最判昭和 43・3・15 判時 524 号 48 頁（◎）
⑰最判昭和 43・4・19 判時 518 号 45 頁（×）
⑱最判昭和 43・6・27 民集 22 巻 6 号 1339 頁（△）
⑲最判昭和 43・7・9 判時 529 号 51 頁（◎）
⑳最判昭和 43・11・5 判時 542 号 55 頁（×）
㉑最判昭和 44・2・18 判時 552 号 47 頁（×）
㉒最判昭和 44・7・11 民集 23 巻 8 号 1470 頁（○）
㉓最判昭和 46・6・24 民集 25 巻 4 号 574 頁（○）
㉔最判昭和 46・11・30 民集 25 巻 8 号 1389 頁（○）
㉕最判昭和 47・5・25 民集 26 巻 4 号 780 頁（×）
㉖最判昭和 49・12・12 民集 28 巻 10 号 2028 頁（○）
㉗最判昭和 50・3・28 民集 29 巻 3 号 251 頁（○）
㉘最判昭和 52・10・25 判タ 355 号 260 頁（○）
㉙最判昭和 53・5・26 民集 32 巻 3 号 689 頁（○）
㉚最判昭和 53・7・10 民集 32 巻 5 号 820 頁（○）
㉛最判昭和 53・10・20 民集 32 巻 7 号 1367 頁（○）
㉜最判昭和 54・7・5 判時 945 号 45 頁（◎）
㉝最判昭和 55・7・10 判タ 434 号 172 頁（○）
㉞最判昭和 56・1・27 民集 35 巻 1 号 35 頁（○）
㉟最判昭和 56・2・26 判時 996 号 42 頁（○）
㊱最判昭和 56・4・14 民集 35 巻 3 号 620 頁（○）
㊲最判昭和 57・1・19 民集 36 巻 1 号 19 頁（○）
㊳最判昭和 57・3・12 民集 36 巻 3 号 329 頁（◎）
㊴最判昭和 57・4・2 訟月 28 巻 11 号 2154 頁（○）

㊵最判昭和 57・4・23 民集 36 巻 4 号 727 頁（○）
㊶最判昭和 57・4・23 判時 1046 号 33 頁（×）
㊷最判昭和 57・7・15 判時 1053 号 93 頁（○）
㊸最大判昭和 58・6・22 民集 37 巻 5 号 793 頁（○）
㊹最判昭和 58・10・20 民集 37 巻 8 号 1148 頁（×）
㊺最判昭和 59・3・23 民集 38 巻 5 号 475 頁（○）
㊻最判昭和 60・5・17 民集 39 巻 4 号 919 頁（○）
㊼最判昭和 60・7・16 民集 39 巻 5 号 989 頁（○）
㊽最判昭和 60・11・21 民集 39 巻 7 号 1512 頁（◎）
㊾最判昭和 61・2・27 民集 40 巻 1 号 124 頁（○）
㊿最判昭和 62・11・13 判時 1290 号 75 頁（○）
㉕最大判昭和 63・6・1 民集 42 巻 5 号 277 頁（○）
㉖最判昭和 63・6・16 判時 1300 号 49 頁（○）
㉗最判昭和 63・7・15 判時 1287 号 65 頁（○）
㉘最判昭和 63・12・20 集民 155 号 477 頁（○）
㉙最大判平成元・3・8 民集 43 巻 2 号 89 頁（○）
㉚最判平成元・11・24 民集 43 巻 10 号 1169 頁（◎）
㉛最判平成 2・2・20 判時 1380 号 94 頁（×）
㉜最判平成 3・4・19 民集 45 巻 4 号 367 頁（×）
㉝最判平成 3・4・26 民集 45 巻 4 号 653 頁（○）
㉞最判平成 3・5・10 民集 45 巻 5 号 919 頁（○）
㉟最判平成 3・7・9 民集 45 巻 6 号 1049 頁（◎）
㊱最判平成 4・7・14 判時 1437 号 89 頁（○）
㊲最判平成 5・2・18 民集 47 巻 2 号 574 頁（○）
㊳最判平成 5・3・11 民集 47 巻 4 号 2863 頁（◎）
㊴最判平成 5・3・16 民集 47 巻 5 号 3483 頁（○）
㊵最判平成 6・7・14 判時 1519 号 118 頁（◎）
㊶最判平成 6・12・6 判時 1517 号 35 頁（○）
㊷最判平成 7・3・7 民集 49 巻 3 号 687 頁（○）
㊸最判平成 7・6・23 民集 49 巻 6 号 1600 頁（○）
㊹最判平成 7・11・7 判時 1553 号 88 頁（○）
㊺最判平成 8・3・8 民集 50 巻 3 号 408 頁（○）
㊻最判平成 8・3・15 民集 50 巻 3 号 549 頁（◎）
㊼最判平成 9・3・28 判時 1608 号 43 頁（○）
㊽最判平成 9・7・15 民集 51 巻 6 号 2645 頁（△）
㊾最判平成 9・8・29 民集 51 巻 7 号 2921 頁（○）
㊿最判平成 9・9・4 判時 1619 号 60 頁（×）
㊼最判平成 9・9・9 民集 51 巻 8 号 3850 頁（○）

⑱最判平成 10・9・10 判時 1661 号 81 頁（○）
⑲最判平成 10・12・18（平成 6（行ツ）136）公取 HP（○）
⑳最判平成 11・1・21 判時 1675 号 48 頁（○）
㉑最判平成 11・7・19 判時 1688 号 123 頁（○）
㉒最判平成 13・10・25 集民 203 号 185 頁（○）
㉓最判平成 15・6・26 金法 1685 号 53 頁（◎）
㉔最判平成 16・1・15 民集 58 巻 1 号 226 頁（○）
㉕最判平成 16・7・15 判時 1875 号 48 頁（○）
㉖最判平成 17・4・19 民集 59 巻 3 号 563 頁（○）
㉗最判平成 17・7・14 民集 59 巻 6 号 1569 頁（○）
㉘最大判平成 17・9・14 民集 59 巻 7 号 2087 頁（○）
㉙最判平成 18・2・7 民集 60 巻 2 号 401 頁（○）
㉚最判平成 18・3・23 判時 1929 号 37 頁（○）
㉛最判平成 18・4・20 集民 220 号 165 頁（◎）
㉜最判平成 18・6・23 訟月 53 巻 5 号 1615 頁（×）
㉝最判平成 19・11・1 民集 61 巻 8 号 2733 頁（○）
㉞最判平成 20・2・19 民集 62 巻 2 号 445 頁（◎）
㉟最判平成 20・4・15 民集 62 巻 5 号 1005 頁（○）
㊱最判平成 21・4・17 民集 63 巻 4 号 638 頁（○）
㊲最判平成 21・4・28 民集 63 巻 4 号 853 頁（○）
㊳最判平成 22・4・27 判自 333 号 22 頁（○）
㊴最決平成 22・7・2（平成 22（オ）888）公取 HP（○）
⑩⓪最判平成 23・7・12 判時 2130 号 139 頁（◎）
⑩①最判平成 25・3・26 集民 243 号 101 頁（○）
⑩②最判平成 26・5・27 判時 2231 号 9 頁（△）
⑩③最判平成 26・10・9 民集 68 巻 8 号 799 頁（○）
⑩④最判平成 27・3・5 判時 2264 号 33 頁（○）
⑩⑤最判平成 28・4・12 民集 70 巻 4 号登載予定（○）

「行政に固有な法の体系」としての行政法
——アイゼンマンによるローバデール批判,そして小早川理論

橋 本 博 之

　Ⅰ　はじめに
　Ⅱ　ローバデールの学説
　Ⅲ　アイゼンマンの批判
　Ⅳ　おわりに

Ⅰ　はじめに

　現在，わが国では，行政法に係る多種多様な概説書・教科書が公刊されている。これらの書物群は，「行政（活動）に関する法」を広く視野に収めた上で行政の組織・作用・救済に関する諸現象から行政法的特質と呼べるような何ものかを抽出しようとする問題発見型の傾向性と[1]，専ら民事法との対比を念頭に「行政に固有な法」ないし「行政に特有の法」を観念した上で理論的求心性のある叙述を展開しようとする体系構築型の傾向性とを[2]，重心の置かれ方に偏差はあるものの，多くの場合共に内包させている。そのような中で，小早川光郎の概説書は，行政法学に係る学問的蓄積を余すことなく精査しつつ，「法的仕組み」や「行政

---

[1] 例として，塩野宏『行政法Ⅰ〔第6版〕』（有斐閣，2015年）54頁以下，阿部泰隆『行政法解釈学Ⅰ』（有斐閣，2008年）28頁以下。また，藤田宙靖『行政法総論』（青林書院，2013年）51頁は，重厚な体系書である同書の目的について，「流動する法理論・法制度の状況を，ありのままに示すこと」であると記す。

[2] 例として，兼子仁『行政法学』（岩波書店，1997年）3-4頁。民法との差異を強調する例として，芝池義一『行政法読本〔第3版〕』（有斐閣，2013年）5頁以下。なお，芝池義一『行政法総論講義〔第4版補訂版〕』（有斐閣，2006年）2-8頁。

の過程」という新しい体系を構築するという部分で,特別の存在感を示している。小早川は,概説書の冒頭部分で,「日本の実定法においてそのような意味(実質的意味――橋本注)での行政法なるものの存在を認めるべきか,また何をもってそのような行政法と認めるべきか」という問いを立て,「行政法学の学問的営為を通じて行政に固有な一個の法の体系として提示されていくべきものが,行政法なのである」と自答する。小早川は,ここでの「行政に固有な法の体系」としての行政法とは,「行政に関するさまざまな法規範(法の原理および準則)を一個の体系として提示することを目指す」という過去から現在へと続く「行政法学自身のアイデンティティの存在」を踏まえたものであるとし,行政法学という「知的営為」と行政法学の対象である「行政法」との間に本質的な分かち難さがあることを,適確に描出する[3]。小早川は,「行政に関する特殊固有の法」を「公法」概念により等値する伝統的学説とは決別する一方[4],理論的な構築作業の成果物でありつつ同時に学問的な認識対象でもある「行政に固有な法の体系」たる「行政法」に新たな地平を拓こうとする。ここで小早川が問いかけているのは,「行政法学自身のアイデンティティ」まさにそれ自体ということになる。

　本稿は,前述の如き「知的営為」としての小早川理論を念頭に置きつつ[5],直接の検討素材として,行政法学の母国たるフランスにおいて,「行政法」と「行政に関する特殊固有の法」とを等値するかの地での法的ドグマを仮借なく否定してみせたアイゼンマンの論稿を取り上げ,「行政法学自身のアイデンティティ」の在り方に係る議論に光を当てる。アイゼンマンの行政法学は,「行政法の憲法的基礎」論に係る論争相手であったヴデルにより[6],droit administratif négatif

---

3) 小早川光郎『行政法上』(弘文堂,1999年) 1-3頁。
4) 田中二郎は,行政法学の研究対象となる「行政」は「形式的に行政府の権限に属しているものの全般」とする一方(田中二郎『新版行政法上巻』[弘文堂,1954年] 8頁),「独立の法の体系又は法の分野としての行政法」はドイツ的な「法治国家思想」とフランス的な「行政制度の観念」を歴史的与件として成立したことに注意を促し(同書18-22頁),「行政法は,行政に関する特殊固有の法,すなわち,公法のみを指す」と定位する(同書25頁)。これに対し,今村成和『行政法入門』(有斐閣,1966年) 27頁が,公法・私法二元論を「いちおう御破算」とし,行政法を「行政権の帰属者たる行政府の活動をひろく指す」ところの「行政に関する特有の法」としたことは周知のとおりである。
5) 小早川行政法学は,フランス行政法学に関する深い理解をその特色とすることが指摘されるのであり,フランス行政法のある側面を代表するアイゼンマン理論と対置することは,有意味であると思われる。
6) ヴデルによる「行政法の憲法的基礎」理論は,第五共和政憲法への移行を捉えるかたちで行政および行政法概念の憲法的基礎を探求し(言わば,「憲法が変われば行政法もまた変わる」とい

と称された「批判の学」たる学風を誇るものであった[7]。本稿では，行政裁判制度を基軸とする行政制度[8]を鍵とする行政法の概念構成，さらに，民事法との関係で特殊性・自律性を有する規範の集合体としての行政法概念構成に対し，徹底的な批判を展開したアイゼンマンのテクストを読み解き，「行政に固有な法の体系」という「行政法学自身のアイデンティティ」の在り方につき，若干の考察が試みられる。

アイゼンマンの行政法学については，近時，その全体像を検討するシフロのモノグラフィが現れ[9]，さらに，同じ著者による緒言が付された行政法に係る論稿の集成が刊行されることにより，その全貌にアプローチすることが容易になった[10]。本稿で検討対象とするアイゼンマンの小論「行政法の autonomie──誤ったドグマ」も，この集成に転載されたものを参照した[11]。同論文は，簡潔なものではあるが，「行政法の autonomie」ドグマに立脚するフランスで主流の行政法学説に対して，その命題の真偽を緻密に論証している。同論文におけるアイゼンマンの理論的批判の矛先は，直接的にはローバデールの見解に向けられていると推察されるため，本稿は，まず，ローバデールの学説を確認しておくことから論を起こすこととしたい。

II ローバデールの学説

ローバデールは，大著『行政法概論』の導入部分で行政法の定義を論じるにあたり，まず，あらゆる法分野と同様，学問領域（diciplinescientifique）という観点

う理論的主張である），公権力概念に基礎を置く法としての行政法を定位し直すものであった。G. Vedel, Droit administratif, 5e éd., Thémis, 1973, pp. 17-56. なお，初出は，Etudes et Documents du Conseil d'Etat, 8, 1954, pp. 21-53. これに対し，アイゼンマンが徹底的批判を行ったことは良く知られている（参照，後出注10）274頁以下を参照）。わが国における代表的な研究として，深瀬忠一「フランスにおける『行政法の憲法的基礎』をめぐる論争について(1)」北大法学論集27巻3＝4号（1977年）187頁以下がある。

7) 樋口陽一「シャルル・アイゼンマン再読」書斎の窓532号（2004年）17-18頁．樋口は，「実定的」と「建設的」という二つの意味の掛詞としての positif という形容詞と対比し，「批判の学たることを真骨頂とする」という意味で，négatif という表現が使われていると読み解く。
8) 原語は，régime adnimistratif である。小早川・前出注3) 23頁は「行政的法機構」との訳語を採用しているが，本稿では，多くの例に従い，行政制度と訳す。
9) N. Chifflot, Le droit administratif de Charles Eisenmann, Dalloz, 2009.
10) C. Eisenmann, Ecrits de droit administratif, Dalloz, 2014.
11) 初出は，南米の公法学者 Sayagués-Laso に献呈された記念論文集への寄稿である。筆者は，同論文の存在について，前出注10) の論文集により初めて知った。本稿での引用も，前出注10) に拠っている。

からの定義と，法的規範の総体（corps）という観点からの定義という二つの観点があり得ることを指摘する。学問領域としての行政法は，公権力を有し，現代国家の様々な積極的介入を担う機関・公務員・団体の総体である行政（Administration）の組織及び活動に関する国内公法の一翼，と定義できるとされ，行政組織，行政活動（行政行為・公役務・行政契約・行政賠償責任等），行政手段（公務員・公物），行政争訟（行政の法的統制）という四領域に及ぶとされる[12]。このような行政法学の定義と領域設定に関するローバデールの叙述は，同書が刊行された時点におけるかの地でのオーソドクスィを体現している[13]。

　他方，ローバデールは，法的規範の総体という観点から，行政法は，行政に適用される法規範の総体（行政に関する法）という広義の行政法と，私法とは異なる特殊規範（règles spéciales）のみに限定された狭義の行政法という，二種類の定義が可能なことを述べる。要するに，組織・作用を問わず行政に適用されるあらゆる法的規範から構成されるのが広義の行政法であり，その中でも，私法の規範とは本質的に異なっており，その総体がautonomeな法を構成し得るものを，厳密な意味での行政法とするのである[14]。これは，行政活動の相当大きな部分が司法裁判所の管轄の下で私法規範に規律される一方，行政裁判管轄の下で私法規範が適用されることもある，という判例法・実定法のありようを背景としている。そして，ローバデールは，広義の行政法と狭義の行政法を区別することにより，autonomeな法領域としての行政法が実定法上も観念可能である，と主張する。ローバデールは，アングロサクソン型の統治構造と対置されるヨーロッパ大陸型の行政制度に立脚し，フランス的な憲法的与件とリベラリズムに支えられたautonomeな行政法の実在の論証に意を尽くす。まず強調されるのは，行政裁判制度と行政法の強固な結びつきを示す行政制度の意義であるが，司法裁判所が行政法の原則や規範を適用できないとすることまではできず，例外的に司法裁判所で行政法が適用可能なことは留保されている[15]。次に，行政法の法源に目が向け

---

12) A. de Laubadère, Traité de droit administratif, tome 1, 3e éd., Libraire générale du droit et de jurisprudence, 1962, pp. 11-13. 本稿では，後出注18) のアイゼンマン論文が主たる引用対象とする1962年刊行の第3版を参照した。
13) ローバデールによるフランス行政法の定義について，雄川一郎「フランス行政法」田中二郎他編『行政法講座第1巻』（有斐閣，1956年）152-155頁。
14) Laubadère, op. cit., p. 14.
15) Ibid., p. 30.

られる。行政法の法源のうち,成文法については,行政組織及び行政活動の主要領域を規律する一連の grands textes と,多様な特殊行政領域を規律する法律・行政立法群があるところ,後者については私法の領域を規律する法令と同質であるとしても,行政法においては,その一般理論(行政行為,行政契約,行政賠償責任等)が成文法を法源としないという部分で,私法とは異なることが指摘される。フランス行政法においては,判例が主要な法源であり,上記の行政法の一般理論は判例により発展し,法令が存在する領域でも判例が重要な役割を果たしており,特に,コンセイユ・デタの判例は,それが真の法源であり,非常に大きな柔軟性を持つ特質がある,と述べられる[16]。ローバデールは,実定法制度上,行政法と私法の相対化が進行しているとしても,法源のありようという点で,行政制度と切り結ぶ判例法に由来する部分において,狭義の行政法と私法とは相違すると説明するのである。

そこから進んで,ローバデールは,フランス行政法の autonomie について,単に二元的裁判制度の存在から導き出されるのではなく,フランスにおける行政に固有な法が普通法の単なる例外ではなく,行政裁判官が私法から自由に行政生活に固有の必要性に応じて行政法の規範を創出していることに由来することを示唆する。ローバデールは,行政裁判制度を持たないアングロサクソンでも行政に対して固有な法が適用される例があり,行政裁判制度を有するフランス行政法でも私法が適用される例があるが,アングロサクソンでは,行政に固有な法はコモンローの例外ととらえられる一方,行政制度を持つフランスでは,行政に固有な法が原則として位置付けられるという指摘を行う。行政法と私法の違いは,単なる程度の差の問題ではなく,原則の相違ということになる[17]。

ローバデール学説は,オーリウに代表される行政制度に基礎付けられた行政法,あるいは,デュギィを始祖とする公役務概念を基軸とする行政法という旧世代により確立された行政法理論が,その後の多様な理論的チャレンジを受けて大きく揺らぎ,実定法上も行政法と民事法の相互浸食が進む時代背景の中で,フランス行政法の autonomie を根拠付けるべく新しい論陣を張ろうとするものであり,古典的理論を当時の実定法の現状に折衷させるものと評することができよう。

---

16) Ibid., pp. 31-33.
17) Ibid., pp. 34-37.

III アイゼンマンの批判

1 autonomie 命題の解析

アイゼンマンの論文「行政法の autonomie——誤ったドグマ[18]」は，行政法に係る autonomie 命題を解析・検討した上で（アイゼンマンはこれをモニスムという），autonomie 命題が実定法に照らして不正確な綜合（synthèse inexacte）であることを証明し，行政法は本質的にデュアリスムを基盤とすべきことを主張する。以下，行政法を autonome な法とする命題を解析する箇所を要約する。

いわく。今日最も権威を有する行政法の概説書・教科書において，行政法には autonomie と呼ばれる確かで根源的な特質があるとされ，行政法とは本質的に autonome な法であるとされる。そこで，autonomie という抽象的文言がいかなる法的与件を言い表しているのか，細心の注意をもって解析する必要がある。論者のいう行政法の autonomie とは，私人間の法関係に係る法，すなわち私法との関係性のみの下での行政法を性格付ける局面に関わる。そして，私法との関係における autonomie は，法源の autonomie と内容の autonomie という二つの観点によって規定される。法源の autonomie とは，行政法のあらゆる規範が，私法上の規範が由来する法源とは異なりかつ独立した法源に由来することであり，法源という点で，私法に対し，autonome，すなわち，相違し，独立し，独自であることを意味する。行政法の法源は，実際上の役割が小さい慣習を除けば，主要なものとして，明文化された統制規範の総体（法律，各種行政立法の全てを含む）と，最上級行政裁判所であるコンセイユ・デタの判例の二つがある。特に重要なのは後者であり，百年以上にわたり，しかも時を追ってより強化されるかたちで，実定法として認められてきている。コンセイユ・デタは，立法者が行政上の特別法を何ら定めていないあらゆる問題について，適用する規範を定立する権限，適用規範を立法者と同様の完全な自由をもって選択し決定する権限を有している。行政法の領域において立法化されていない問題の領域は非常に広く，とりわけ始原的で根源的な諸規範，行政法に係る基本問題の多くの原理たる諸規範に係るものに及ぶ，と。

続けていわく。他方で，行政法の諸規範がその内容において autonome である

---

18) Eisenmann. op. cit., pp. 452-471.

というためには，それらの規範内容が，同一の対象に係る私法上の諸規範と対比して特殊であり，固有であり，相違があるという命題が真でなければならない。しかし，そうでないことは明らかである。規範内容のautonomieについては，例外が認められる。行政法におけるautonomeな法源は，時に，autonomeでない規範，すなわち，私法上の規範と同一の規範をもたらし，認める。さらに，autonomeな法源は，民法典に代表される私法上の法源からautonomeではない規範を借用することもある。コンセイユ・デタは，いくつかの判例において，民法典の特定の条項の適用を認めている。また，行政に関する争訟を裁断する管轄を司法裁判所に割り当てているいくつかの法律は，その解決のために，すなわち，それらの紛争の基となっている法関係あるいは法的地位について，私法上の法源に由来する規範の適用を可能としている。しかし，規範内容のautonomieに関する上記のような例外は，次の二点において，行政法はautonomeな法であるという命題を覆すものではない。第一に，上記の非autonomieのケースは，頻度において少なく，重要性において小さい。なぜなら，非autonomieのケースは，射程の広い主要な論点，根本的理論に関する第一義的で本質的な規範に関するものではなく，個別的・第二次的な規範のみに関わるからである。第二に，コンセイユ・デタが民法典のある条項を形式的に適用したとしても，それは，民法典の当該条項の通用力，すなわち完全な法としての適用可能性を認めたものではなく，コンセイユ・デタによる任意で自由な決定により，それらの条項を適切に借用し，拡張したものと解釈可能である。行政裁判官は，民法典の規定を，始原的に，かつそれ自体を綜合した上で，行政法領域に適用しているのであり，その状況は，立法者が，特殊行政的な法律において，当該法律が規律する領域に民法典のある条項を適用させることを定めるという状況と類比可能である。その結果，規範の内容的なautonomieが欠如していても，その法源となっているのが行政裁判でありその判例であるということから，形式的にautonomieは保たれる，と[19]。

以上のように，アイゼンマンは，行政法はautonomeな法であるという命題を説明するためには，行政法には，形式的・外在的な法源のautonomieと，実質的・根源的・実体的な規範内容のautonomieという二重のautonomieを共に認めることが必要になる，という解析結果を導き出す。その上で，アイゼンマンは，

---

[19] Ibid., pp. 452-455.

法源と規範内容という二重の autonomie のうち，後者が第一義的であることを確認する。アイゼンマンは，次の三点を指摘する。第一に，一般論として，法の分析において，規範の内容は，その法源との関係で，終局的な優位を保つ。法源の独自性は，規範内容の autonomie を導くという限りで，存在理由を持つに過ぎないのであり，その意味で，規範内容が第一義的である。第二に，（言葉の広い意味での）立法者が特殊行政的な法を定めるとするなら，それは，立法者が，行政上の法律関係に，類似する私法上の関係を規律する規範とは異なる規範を定めようとする意図を有したからであるということが通常かつ一般的であり，その意味で，規範内容が第一義的である。第三に，最も重要なのは，以下の点である。判例的法源を念頭に置くなら，今日，われわれは，国家責任法の領域において1873年に権限裁判所の Blanco 判決により提示された一般原則を広く受け入れているのであるが，Blanco 判決では，行政裁判所の管轄の容認は，類比される事案につき司法裁判所で適用される規範とは原則として異なる規範，すなわち droit spécial を紛争解決において適用するというイデーによってのみ正当化されるという法理が示されている。仮に，特別な行政法的立法が無い限り行政裁判所において純粋かつ単純に私法を適用するというのであれば，行政裁判所が制度化されることはなく，今日まで生き延びられなかったのはほとんど確実であろう。この意味で，法源の autonomie の本質的要素である行政裁判制度の存在は，行政裁判所が創造し適用する法の規範内容の autonomie と結び付くものである，と。

　アイゼンマンは，autonomie 命題を主張する論者たちは，行政法と私法とが同一の規範内容であっても，法源の autonomie が存続しているがゆえに自己の命題は傷ついていないと主張するが，そこには非論理性が内在しており，命題における規範内容の第一義性は揺らぎ得ない，と指摘するのである[20]。

2　広義の行政法と狭義の行政法

　アイゼンマンは，autonomie 命題を肯定する論者が，行政法を広い概念と狭い概念の二種類に分け，その後者についてのみ行政法の autonomie を認めざるを得ないことを指摘した上で，さらに論を進める。以下，参照する。

---

20)　Ibid., pp. 455-457.

いわく。今日の主要な学説は，行政法について，どのような局面であれ行政に適用される規範の総体を指す広い概念と，その内容において私人間の関係に適用される規範とは内容において異なるもののみを含む諸規範，すなわち，私法の諸規範とは異なる，積極的に言えば行政に固有な諸規範のみにより構成される狭い概念とに分ける。行政法は autonome な法であるという命題を真とする論者たちは，明らかに狭い概念について autonomie 命題を採っている。しかしながら，このような立論は受容不可能であり，命題の価値・射程・意義を失わせる。命題は，あらかじめ autonomie が認められると定義した規範の集合体について autonomie を認めただけのことになる。命題はいわゆる分析判断となり，その命題が関わる対象につき知見を付け加えるような新しい命題を提示することはできず，すでに所与のものである定義の説明的分析が切り出せるにとどまる。命題は，出発点において設定された定義との関係でそのようであるという，形式に過ぎない。ゆえに，真の問題は，autonomie 命題が，行政に関するあらゆる法的制度の全体，定義自体において autonomie の性格を内包しない広い意味の行政法に関わるものであると理解できるか否かである。行政に関する法制度について，実定法の与件に照らし，真に autonomie を認めることができるか，われわれは問う必要がある，と[21]。

3　原則としての autonomie

アイゼンマンは，autonomie 命題を支持する論者たちは，原則としての autonomie という趣旨で命題を定位していることを指摘し，原則としての autonomie という命題が，実定法との一致という意味で偽であることを論証する。以下，テクストを要約する。

いわく。行政法の autonomie，すなわち始原性・特異性が絶対的に認められるためには，行政に関わる法的地位・法的関係のあらゆる局面において，いかなる程度・いかなる内容でも私法の適用が排除されることが必要である。行政は，どのような局面であれ，（論者の言う）autonome な規範に完全かつ排他的に規律されている必要がある。これが，autonomie 命題の本来の用語法である。しかしながら，あらゆる論者が実定法に関する確実な与件として記しているように，行政

---

[21]　Ibid., pp. 457-458.

及び行政の相手方は多少とも民法典をはじめとする民事法あるいは商事法によって規律されていること，さらに，これらの規範は紛争局面において民事ないし商事裁判所で適用されていることは，明白で疑いがない。このような現象は，専ら特別立法による帰結であるとは言えず，権限裁判所，コンセイユ・デタ，破毀院の原理的判決，半世紀にわたる行政判例の帰結である。このような現象が普通法的であることは，商工業的活動ないし役務に関する判例法，あるいは，行政的性格を持たない普通法的契約の領域を見れば，明らかである。ゆえに，字義通りの意味での autonomie 命題は，実定法に照らして真であると認めることはできない。その定式は明らかに過剰であり，誇張である。行政に適用される法的制度の完全な autonomie は，問題になり得ない。論者たちは，われわれが指摘する与件を完全に認識しており，論者たちの思考は控えめなものである。論者たちが確認したと考え，理解しているのは，行政法の autonomie は，原理，すなわち一般的規範であるということであり，その結果として，行政がその法的行為及び法的関係につき私法に服すること，そのこととの相関において私法裁判権に服することは，例外的，特例的性格を有するということである。ローバデールは，アングロサクソンにおいて，行政はコモンローとの関係でオリジナルな法（国家の行政活動に固有な制度及び法的レジーム）に服するが，コモンローが原則であり，コモンローの排除が特別な行政的法律に基づく例外であると説明することにより，かの国に行政法が存在しないという命題は覆されないとする。autonomie 命題の支持者たちは，フランスの行政は立法的規範が欠如する場合に原則として補充的立法者たるコンセイユ・デタの行政判例法により規律されること，行政に係る立法的規範の特殊・限定的性格にかんがみると行政及び行政的法律関係に適用される法の本質的内容は行政判例法により形成されていると言い得ること，以上のような規範内容に係る原則が裁判管轄に係る原則と結びつくため，行政上の裁判手続は，例外的な明文の立法規定ないし例外的な判例的解決によるものを除き，原則として行政裁判管轄に服することを立論している，と。

　以上の考察を経て，アイゼンマンは，autonomie 命題の真偽へと論を進める。アイゼンマンは，autonomie 命題が，実定法に照らして真・偽を判断するための基準を提示する。いわく。autonomie 命題が，実定法に照らして真であると判断するためには，量的与件・質的与件の双方において，行政が公法（行政法学者のいう autonome ないし特有の法）の諸規範に服することが一般原則として認められ，

その結果として，行政が私法に服することが原則の例外として認められ得ることが必要である。量的与件については，一方と他方の法のそれぞれの適用領域に非常に強い不均衡があること，私法の適用領域が公法の適用領域よりも比較にならないほど限定されていること，行政が私法に服するのが公法に服するよりも明らかに少なく真の意味で限定的であることが必要である。質的与件については，私法に服するさまざまな局面や規範（例外的解決）が，その基礎として，別の局面において公法が適用される場合にそれを基礎付けると考えられる理念と同じ性格・同じ価値の一般的な普通的理念を持たず，特別で個別的な根拠ないし正当化に基づくことが充足されなければならない。この点，われわれは，実定法により，両者のいずれもが充足されていないのは確実と考える。今日，立法的諸規範，判例上の諸規範に照らして，行政が私法に服する場面が相当程度に拡大しており，そして，それは，射程が限定され，重要でない，普通的でない局面に係るものではない。行政が私法に服する局面は量的に拡大し，公法に服することとの関係で，例外と原則の関係にあるとは言えなくなっている。質的与件は，法的イデーに関わるものとしてより重要な意味を持つ。今日の判例において，行政に対する私法の全面的な適用領域は，個別的により根拠が与えられる特殊な解決の集積の結果ではなく，個別の適用例のそれぞれについて同様の説明が可能な共通の基礎を形成する一般的性質の定式，ひとつの原理によって決定されている。私法の適用による解決と公法の適用による解決は，この点から，何らの相違もない。行政は，私人相互間の関係の下に行動し地位にあるとは類比できないと判断される状況下で行為しあるいは地位にあるときに公法により規律され，反対に，私的関係の領域にあるのとまったく相似する条件下で行為し地位にあるときに私法により規律される。この指導的原則は，学説からではなく，Blanco 判決を始め，1921 年の bac d'Eloka 判決（商工業的公役務），1954 年の Naliato 判決（社会的公役務）に代表されるような，行政に私法の適用を認めるために権限裁判所，コンセイユ・デタ，破毀院が積み重ねてきた一連の判例・政府委員論告から読み取ることができる，と。

　ここに至って，アイゼンマンは，自身の結論を提示する。いわく。量的与件と質的与件に照らし，行政が公法制度に服することと私法制度に服することとの関係が原則と例外の関係にあるというイデーは打ち消される。行政に係る公法・私法の適用関係は，両面性はあるが，しかし単一の規範の適用によって画されるの

であり，その意味で，等しく規範的であり，ひとつの準理に基づく。原則としてのautonomieという命題は，行政法のautonomieという過剰な定式を修正するものではあるが，この緩和された命題もまた誤っている。命題は，実定法の不正確な綜合（synthèse inexacte du droit positif）である，と[22]。

4　半autonomieとデュアリスム

以上のように，アイゼンマンは，（私法との関係での）行政法のautonomieを否定し，行政法のautonomieを時代遅れのドグマとして，行政に関する法的制度の一般理論としては採用できないとの結論に至る。そして，この命題に代わって，半autonomie命題（行政法は，ある指導原理に従い，一方ではdroit spécialに，他方では私法に規律されるとする）を採ることも考えられるが，autonomieという用語は，行政法の制度のモニスムを示唆するものであり，根源的なデュアリスムに立つとすることの方が，行政の法的制度の原則をより単純に言い表す，とする。アイゼンマンは，デュアリスムという言葉は，行政に関する法が，その法源を部分的に異にし，規範内容が大きく異なっている公法と私法という二つの規範全体から形成されるというイデーをよく示す，と記す[23]。

アイゼンマンの論旨とするところは，行政法は，原則と例外という不調和で複雑な理論ではなく，デュアリスムに立脚することにより，一貫し，明快で単純な視座を獲得することができる，というものである。そして，論者の多くが，実定法上の変容を認識しながら過剰な定式であるautonomie命題に固執する理由として，このような記述が，初学者である学生を主たる読み手とする書物において必要，あるいは推奨される単純で断定的な態度・レッテルへの指向によるのではないか，との厳しい断罪がなされるのである。

Ⅳ　おわりに

アイゼンマンの思考は，行政裁判制度の存在とコンセイユ・デタの判例創造機能に強く規定されるかたちで行政法のautonomieを定位するドグマを徹底して解体し，行政に係る「原則」として「固有」な法という概念構成の非論理性を明快に指摘する。行政に適用される行政法規範と私法規範の間に「原則・例外」の

---

22) Ibid., pp. 461-468.
23) Ibid., pp. 468-470.

関係があるという言説の問題点が余すことなく示されると同時に，通常は「行政に固有な法の体系」を基礎付けるものとして殆ど疑われることのない行政制度概念と行政法学とを切断すべきとの立論が採られ，行政が私法規範に服することを正面から肯定した上での行政法学の在り方が提起されている。「行政法学自身のアイデンティティ」を一度解体し，その後構築し直すという学問的態度は，まさに droit administratif négatif という表現と合致する。また，わが国では，むしろ国家と社会，公法と私法等の「二元論」を想起させるデュアリスムという用語法が，伝統的行政法学解体後の行政法の在るべき姿として用いられていることも，示唆に富む。アイゼンマンにとって，私法との関係で「固有な」法という見方こそが理論的に克服すべきモニスムであり（公法の中での憲法と行政法，あるいは，税財政法と行政法の関係について同様の理論的課題があることも示唆されている），行政に適用される私法まで完全に視野に収めた理論体系でない限り，（私法との関係の中で）実定法の正しい綜合としての行政法学たり得ていないのである。

　ここで，改めて小早川による「行政に固有な法の体系」としての行政法という認識に目を向けると，小早川理論は，わが国の伝統的な公法・私法二元論の克服を前提とし，行政法学による知的営為として行政法の概念構成を設定しようとする部分では，アイゼンマンと共通点があるが，伝統的学説の用語法や理論体系との連続性を保ちつつ学説を進化させようとする部分において，行政制度概念を含む伝統的学説の解体を主旨とするアイゼンマンとは様相を異にする。しかしながら，固定のドグマを排して徹底した論理的思考を展開する小早川の姿勢は，概説書・教科書において教育的配慮から理論的精緻さを犠牲にすることを厳しく戒めるアイゼンマンの所論と軌を一にするものと言えるであろう。その上で，「行政法学自身のアイデンティティ」まで解体しようとするアイゼンマンと，その在り方を突き詰めて考え抜こうとする小早川のアプローチの違いとも言えよう。

　わが国の行政法学説が，アイゼンマンの言うデュアリスムによる方向に展開できるとすれば，たとえば，平成16年の行政事件訴訟法改正による当事者訴訟の活用という立法者意思をも踏まえて，行政の行為形式（それに対応する手続・過程）と行政実体法に係る権利義務・法律関係とを，手続と実体という独立した次元を異にする二つの思考軸に据えた行政法体系の構築という方向性がある[24]。具体

---

24) 先駆的意味で，小早川光郎『行政訴訟の構造分析』（東京大学出版会，1983年）198-202頁。また，遠藤博也『実定行政法』（有斐閣，1989年）は，「権利自由」ないし「権利義務」という

的解釈論のレベルでも，たとえば，平成26年の行政不服審査法改正で導入された審査請求に係る審理員の手続裁量について，民事訴訟における裁判官の手続裁量の規律に係る議論を（実体法上の行政裁量理論と並んで）参照する等の理論的展開があり得よう。民事法との差異の探索により行政法学のアイデンティティを求めようとすることそれ自体が，わが国の行政法学が理論的に克服すべきひとつの要素と言えるだろう。

視座から「請求権の体系」としての行政法を描き出そうとする特筆すべき業績である。

第 2 編　国際化の視点

グローバル化と個人情報保護
—— 立法管轄権を中心として

宇 賀 克 也

I　はじめに
II　立法管轄権
III　おわりに

I　はじめに

　企業活動がグローバル化し，国境を越えて流通する個人情報は増加の一途をたどっている。そのため，個人情報保護もグローバルな視点で考察することが不可欠になっている。わが国の個人情報保護法制も，一方において，国内における行政情報化の進展に対応する個人情報保護の要請に応える必要から整備されてきたものの，他方において，グローバル化への対応が，個人情報保護法制の整備に当たり，絶えず念頭に置かれてきたといえる。すなわち，わが国の個人情報保護法制は，1980年9月23日の「プライバシー保護と個人データの国際流通についてのガイドラインに関する OECD 理事会勧告」(以下「1980年 OECD プライバシー・ガイドライン」という)[1]附属文書で示された OECD 8 原則[2]と呼ばれるプライバ

---

1) 詳しくは，堀部政男＝新保史生＝野村至『OECD プライバシーガイドライン——30 年の進化と未来』(JIPDEC, 2014 年) 1 頁以下 (堀部政男執筆)，榎原猛編『プライバシー権の総合的研究』(法律文化社, 1991 年) 233 頁以下 (大石秀夫執筆)，新保史生『プライバシーの権利の生成と展開』(成文堂, 2000 年) 282 頁以下，小沢美治夫「個人データの国際流通とプライバシー保護ガイドライン——OECD 勧告」ジュリ 742 号 (1981 年) 264 頁以下参照。OECD 8 原則の筆者による邦訳として，宇賀克也『解説 個人情報の保護に関する法律』(第一法規, 2003 年) 85 頁以下参照。
2) 1980 年 OECD プライバシー・ガイドラインは，2013 年に改正され，同年 9 月 9 日に公表された (改正後の OECD プライバシー・ガイドラインを，以下，「2013 年 OECD プライバシー・ガ

シー保護の基本原則に絶えず配慮し，これへの適合を意図して整備されてきた。2003年のいわゆる個人情報保護関係5法の制定作業においても，OECD8原則をベースラインとして設定し，それへの適合については慎重な検討が行われた。これに対し，2015年に行われた個人情報の保護に関する法律（以下「個人情報保護法」という）の改正に当たっては，OECD8原則の要件充足はすでに実現しているという前提の下に，1995年10月に公表されたEUの「個人データ処理に係る個人の保護及び当該データの自由な移動に関する欧州議会及び理事会の指令」（以下「EU個人データ保護指令」という）[3]25条1項の「十分な水準の保護措置」を確保すること（以下「EU十分性認定」という）[4]が明確に目標として設定されたことに特色がある[5]。これは，わが国の個人情報保護法が制定されてから10年以上を経過しても，EU十分性認定が得られておらず，個人情報保護法の大幅な改正なしには，この認定が得られる見込みがないことが明らかになったこと[6]，

イドライン」という）。しかし，OECD8原則は変更されなかった。2013年OECDプライバシー・ガイドラインについては，新保史生「OECDプライバシー・ガイドライン（2013年改正）の解説」NBL1017号（2014年）17頁以下，堀部＝新保＝野村・前出注1）41頁以下（新保史生＝野村至執筆），石井夏生利『個人情報保護法の現在と未来——世界的潮流と日本の将来像』（勁草書房，2014年）12頁以下参照。

3) 堀部政男「個人情報保護——制度整備と影響」新聞研究578号（1999年）12頁以下，同「EU個人データ保護指令と日本」ジュリ増刊『変革期のメディア』（1997年）363頁以下，藤原静雄「諸外国における個人情報保護法制の動向」ひろば54巻2号（2001年）11頁以下，村上裕章「国境を超えるデータ流通と個人情報保護——欧州連合個人データ保護指令の第三国条項を手がかりとして」川上宏二郎先生古稀『情報社会の公法学』（信山社，2002年）321頁以下，庄司克宏「EUにおける『個人データ保護指令』——個人データ保護と域外移転規制」横浜国際経済法学7巻2号（1999年）143頁以下，新保・前出注1）285頁以下参照。同指令の検討段階の状況について，藤原静雄「国際化の中の個人情報保護法制」公法55号（1993年）66頁以下参照。EU個人データ保護指令の筆者による邦訳については，宇賀・前出注1）86頁以下参照。

4) EU個人データ保護指令25条の規定に基づく審査が，WTO協定の規定する物やサービス等の自由貿易に反しないかについては議論がある。國見真理子「国際経済法の観点からみたEUデータ保護指令に関する検討」消費者庁・個人情報保護制度における国際的水準に関する検討委員会・報告書（2012年3月）36頁以下とりわけ45頁以下参照。また，EU—アメリカ間で2000年に合意されたセーフ・ハーバーの枠組みが，GATSの最恵国待遇原則違反かについても議論がある。國見・前掲42頁参照。なお，2015年10月6日，EU司法裁判所は，このセーフ・ハーバーの枠組みが無効であるとする判決を下した。

5) もっとも，2015年の個人情報保護法改正が，EU十分性認定の審査基準とされている事項のすべてに対応できているわけではない。この点について，板倉陽一郎「『パーソナルデータの利活用に関する制度改正大綱』についての欧州十分性審査の観点からの考察」情報処理学会研究報告電子化知的財産・社会基盤（EIP）Vol. 2014-EIP-65 No. 9（2014/9/19）1頁以下参照。

6) 2010年に欧州委員会が公表したわが国の個人情報保護制度に対する評価では，取り扱う個人データの量が少ない事業者の適用除外，越境データ制限の不在，東京地判平成19・6・27判時1978号27頁による開示請求権の否定，独立の監督機関の不在，データ漏えい通知制度の不在，

EU十分性認定が得られない結果，わが国の企業がEU域内の子会社の従業者および顧客の個人データを本社に送付する場合にも手続に時間を要する等の問題が生じており，EU十分性認定を得ることを求める経済界の要望があることを背景としている。EU十分性認定を得るためには，わが国の個人情報保護の水準を高める必要があり，個人情報保護に係る規律の強化が不可欠になる。このことは，グローバルな経済活動面での外国による規制を緩和させるために国内の規制強化が要請される場合があることを示すものとして興味深い。

EU十分性認定を得るために行われた個人情報保護法改正の内容は多岐にわたるが，その中で，グローバル化と密接に関わるのが，越境データ移転の問題である。わが国の個人情報保護の水準を向上させても，日本国民の個人情報が国外に委託等により移転し，移転先で十分な個人情報保護措置が講じられなければ，日本国民の個人情報を保護することはできない。また，わが国に国外から移転された個人情報が，わが国を経由して第三国に再移転される場合，当該第三国における個人情報保護が不十分であれば，わが国に移転された個人情報の本人の権利利益を侵害するおそれがあるし，ひいては，わが国への個人情報の移転が制限されることになる可能性がある。したがって，個人データの越境移転制限は，EU十分性認定を得ることも目的として行われたものの，経済活動のグローバル化が必然的に要請するものであったといえる。

経済活動のグローバル化の進展に伴う個人データの国際的流通の急激な増加は，このほかにも，以下のような問題を惹起した。

第1は，立法管轄権（legislative jurisdiction）ないし規律管轄権（prescriptive jurisdiction）（事物管轄権〔subject matter jurisdiction〕と呼ばれることもある）の問題である。外国事業者が国外からわが国に居住する者に物品の販売をしたりサービスを提供したりして，その個人情報を取得し，それを国外で取り扱う場合，わが国の個人情報保護法が適用できないと個人情報の本人の権利利益を保護することができなくなる。そこで，わが国の個人情報保護法のいわゆる域外適用（extraterritorial application）[7]が課題になる。第2が，執行管轄権（executive or enforcement

---

事業者登録制度の不在等の問題が指摘された。宮下紘「欧州委員会EUデータ保護改革と国際的水準への影響」消費者庁・個人情報保護制度における国際的水準に関する検討委員会・報告書（2012年1月）100頁以下参照。

[7] 域外適用という用語は，自国の立法管轄権が国外の行為に及ぶことを意味しているが，域外適用という概念が規範的な意味を持つわけではないので，この用語を使用することに否定的な見解

jurisdiction)[8]の制約に伴う諸外国との執行協力の問題である。個人情報保護法の域外適用を認めたとしても，国外でわが国がその執行を行うことは原則としてできないので，諸外国との執行協力が不可欠になる。

　本稿では，グローバル化への対応として個人情報保護法改正で導入された立法管轄権の拡大に焦点を当てて，理論的な検討を行うことを目的とする。

II　立法管轄権

1　属地主義の意義と限界

　立法管轄権ないし規律管轄権の基本は，属地主義（領域主義）（territorial principle）である。したがって，日本国内に活動拠点を有する個人情報取扱事業者の日本国内における活動にわが国の個人情報保護法が適用されることは当然である。国外からインターネットを利用して日本国内でサービスを提供し，日本国内に居住する者の個人情報を取得している場合，個人情報の取得については，日本国内から個人情報が発信され国外で取得される過程全体を取得行為とみれば，少なくともその重要な一部が国内で行われる。属地主義においても，行為の全部が国内で行われている必要はなく，刑法においても，構成要件の一部が国内で行われ，または構成要件の一部の結果が国内で発生すれば，遍在説により，国内犯（1条1項）に当たると解されている[9]。したがって，属地主義の立場から立法管轄権を肯定できるので，個人情報保護法の適用を肯定することができよう[10]。国外から行われた行為であっても，国内にある者に対してなんらかの働きかけが行われる場合には，その行為の一部が国内で行われたと解して，域外適用に関する特

　　もある。小寺彰「国内法の『域外適用』と国際法──競争法（独禁法）等について」自正61巻5号（2010年）14頁，白石忠志『独占禁止法〔第2版〕』（有斐閣，2009年）406頁参照。域外適用という概念が説明概念にとどまり，道具概念でないことは，これらの主張のとおりであろう。本稿で域外適用という用語を用いる場合には，説明概念としてであって，道具概念としてではない。
　[8]　手続管轄権と呼ばれることもある。褚代「競争法の域外適用について」西南学院大学大学院法学研究論集28号（2012年）3頁参照。
　[9]　山口厚『刑法総論〔第3版〕』（有斐閣，2016年）416頁参照。また，刑法適用法について詳しくは，森下忠『新しい国際刑法』（信山社，2002年）25頁以下参照。
　[10]　行為主体の所在国が管轄権を行使しうるという立場を「主観的属地主義」，行為の結果発生国が管轄権を行使しうるとする立場を「客観的属地主義」と呼ぶことがあるが（小寺彰「独禁法の域外適用・域外執行をめぐる最近の動向──国際法の観点からの分析と評価」ジュリ1254号〔2003年〕67頁参照），日本国内に所在する者からの取得の結果は，日本国内で発生しているので，客観的属地主義の立場から日本の立法管轄権が及ぶともいえる。

別の規定を置くことなく，日本法の適用があるものとして運用されている例としては，以下のものがある。

電話による詐欺的な勧誘（コールド・コーリング）が国外から行われる場合も，金融商品取引法（以下「金商法」という）の解釈では，国内における勧誘に当たるとされている。また，外国証券事業者がウェブサイトに有価証券関連業に関する広告を掲載する行為も，原則として，金商法の勧誘に当たると解されている[11]。

特定電子メールの送信の適正化等に関する法律は，その所在地を問わない概念である「送信者」に対して，原則として特定電子メールの送信を禁止している（3条1項）。国外から送信したとしても，国内の電気通信回線を利用し，受信は日本国内で行われ，被害も日本国内で発生するので，国内で送信行為の一部が行われたと解することができ，属地主義により，わが国の立法管轄権を基礎付けうると考えられる（また，国内で受信され，送受信上の支障を惹起することから，効果理論〔effect doctrine or theory〕[12]によってもわが国の立法管轄権を基礎付けうる）。

国外から日本国内にある電気通信回線に接続している電子計算機（特定電子計算機）に対する不正アクセス行為が行われた場合，不正アクセスの結果は日本国内で発生しているから，属地主義により国内犯として処罰することができると解される。不正アクセス行為の禁止等に関する法律4条の定めるアクセス制御機能に係る他人の識別符号の取得行為が海外から行われている場合であっても，取得行為の一部は日本国内で行われており，属地主義により国内犯としての処罰が可能と解される。

しかし，取得した個人情報の国外での取扱いについては，属地主義の下では，立法管轄権を及ぼすことに疑問が提起されうる。個人情報保護法改正過程では，かかる状態を放置できないという認識が広く共有されたといってよい。なぜならば，国外に活動拠点を有する事業者が，わが国に居住する者に向けてインターネット等を利用して物品を販売したり役務を提供し，わが国に居住する者の個人情

---

[11] 「金融商品取引業者等向けの総合的な監督指針」（2014年9月）Ⅹ（監督上の評価項目と諸手続〔外国証券業者等〕）-1-2）参照。

[12] 効果原則ともいう。効果理論は，アメリカが競争法の域外適用の根拠として主張したもので，今日では，競争法の分野における立法管轄権の根拠として，国際的に広く承認されるに至っている。効果理論は，物理的な結果の発生をもって立法管轄権を根拠付けてきた属地主義のバリエーションであり，経済的な効果の発生を物理的な結果の発生と同視するものである。奥脇直也「国家管轄権概念の形成と内容」山本草二先生古稀『国家管轄権』（勁草書房，1998年）17頁，小寺・前出注10）67頁参照。

報を取得する場合が増加しており[13]，かかる国外の事業者がわが国に居住する者から取得した個人情報の取扱いについて，わが国が適切な監督を行うことができないとすれば，わが国に居住する者の個人情報が不当に取り扱われ，個人情報の本人の権利利益が侵害されても，わが国として救済を与えることができないことになるからである。それは，わが国に居住する者の期待に背くものであろう。わが国に居住する者は，わが国の電気通信回線を通じて，わが国に居住する者にサービスを提供している事業者であれば，わが国の個人情報保護法の規定の適用を受けてしかるべきと考えると思われるからである[14]。

2 EUにおける個人情報保護に係る立法管轄権

域外適用を認める立法管轄権を定めたとしても，執行管轄権は原則として否定されるので，実際の執行は，外国の執行機関に情報提供して執行協力を依頼することになると考えられる。したがって，域外適用に係るわが国の立法管轄権が，国際的にみて理解の得られるものでなければならない。現在，個人情報保護法制において，最も大きな影響力を有しているのは，EU個人データ保護指令[15]であると思われるので，EU個人データ保護指令の考え方を確認しておくこととする。

EU個人データ保護指令においては，加盟国の個人データ保護法が適用される場合について，「処理が加盟国の領域内に設置された管理者の活動に関して行われる場合。同一の管理者が複数の加盟国領域内に設置されたときは，当該管理者は，これらの設置のそれぞれが適用される国内法により定められた義務を遵守することを担保するために必要な措置を講じなければならない」（4条1項a号），「管理者が加盟国の領域内には設置されていないが，国際公法によって当該加盟国の国内法が適用される場所に設置されている場合」（同項b号），「管理者が共同

---

13) 2004年11月から2009年11月までの5年間におけるインターネットのトラフィックの総量のうち，海外からのトラフィックの占める割合は倍増し約4割を占めるに至っており，海外のデータセンタから提供されるサービスの利用が大幅に増加していることが窺える。スマート・クラウド研究会報告書（2010年5月）第6章2参照。
14) 国内で取得した情報を国外で不正に取り扱ったことを処罰する先例は，わが国に存在する。すなわち，不正競争防止法は，詐欺等行為もしくは管理侵害行為があった時または保有者から示された時に国内において管理されていた営業秘密を国外において開示・使用する行為について国外犯処罰規定を置いている（21条4項・1項2号）。
15) 2016年5月4日に，EU個人データ保護規則が公布され，2018年5月25日から適用される予定である。しかし，現時点で適用されているのは，EU個人データ保護指令であるので，本稿では，EU個人データ保護指令について論ずることとする。

体の領域内に設置されていないが、個人データの処理を目的として当該加盟国の領域内に設置された自動的その他の設備を利用する場合。ただし、共同体の領域内を通過する目的のためにのみ当該設備を利用する場合は、この限りではない」（同項 c 号）、「管理者は、前項 c 号の場合において、その加盟国の領域内に設置された代理人を指名しなければならない。ただし、管理者自身に対して訴訟を提起することを妨げない」（同条 2 項）と規定している。EU 個人データ保護指令 4 条 1 項 c 号の「当該設備を利用する場合」には、個人データの収集や処理のためにクッキーを使用している場合を含むものとして運用されている[16]。したがって、EU 域外の事業者が、EU 域内に居住する者に対してインターネットを使用してサービスを提供し、その際にクッキーを使用し、当該サービスの利用者が、EU 域内において、パソコンを用いてあるサイトを閲覧し当該パソコン内にクッキーが作成されると、当該パソコンは EU 個人データ保護指令 4 条 1 項 c 号の「当該設備」に当たることになる。さらに、JavaScript、バナー広告等についても、EU 個人データ保護指令 29 条作業部会は、類似の解釈をとっている[17]。したがって、かかる場合、EU 域外の事業者が EU 域内に事務所を設けていなくても、EU 加盟国の個人データ保護法の規定が適用されることになる。これを受けて、フランスの情報技術・データファイル及び市民の自由に関する法律 5 条 2 項においては、データ管理者が同国または他の EU 加盟国内に所在しない場合であっても、同国の領域内におけるデータ処理手段を使用する場合には、同国の領土または他の EU 加盟国を経由する目的での処理の場合を除き、同法の規定を適用することとしている[18]。実際、グーグル株式会社が 2012 年初頭に、アプリケーションごとのプライバシー・ポリシーを統一したことに対し、EU 個人データ保護指令 29 条作業部会を構成する 27 の個人データ保護機関は連名で、グーグル株式会

---

[16] Article 29-Data Protection Working Party, Working Document: Privacy on the Internet: An integrated EU Approach to On-line Data Protection（5063/00/EN/FINAL WP 37）,（Adopted on 21st November 2000）28.

[17] Article 29-Data Protection Working Party, Working document on determining the international application of EU data protection law to personal data processing on the Internet by non-EU based web sites（5035/01/EN/FINAL WP 56）,（Adopted on 30 May 2002）11-12.

[18] EU 個人データ保護指令を受けて、英国のデータ保護法では、単に英国内を通過する目的の場合を除き、「個人データの処理について英国内の装置を利用する場合」（5 条 1 項 b 号）に同法の規定を適用することとしている。スウェーデンの個人データ法 4 条 2 項も、同様の方針で国内法の適用を認めている。

社に対し，変更後のプライバシー・ポリシーの適用の延期を要請し，フランスの CNIL は，グーグル株式会社が個人データの利用目的の通知を十分に行っていないこと等を理由として，グーグル株式会社に課徴金を課している（スペインの個人データ保護機関も，同様にグーグル株式会社に課徴金を課した）[19]。EU 個人データ保護指令 4 条 1 項 c 号については，EU 域内の行為の遂行手段に着目しているので，属地主義に基づくとも考えられるし，EU 域内で発生する効果に着目しているとみて効果理論により説明することも可能であろう[20]。

EU 個人データ保護規則[21]3 条 2 項においては，EU 域内に設置されていない管理者による EU 域内に居住するデータ主体の個人データ処理が，EU 域内の当該データ主体に対する商品もしくは役務の提供または当該データ主体の EU 域内の行動の監視に関連する場合には，同規則を適用することとしている。したがって，対価の支払を要するか否かにかかわりなく，EU 域内に居住するデータ主体に商品もしくは役務を提供して，それに関連して個人データを取り扱う場合，または，EU 域内に所在するデータ主体についての個人データを用いてプロファイリングを行う場合には，同規則が適用されるのである。国外の行為に対して，自国の立法管轄権を及ぼすためには，自国との密接関連性（特別の連結）が不可欠と考えられるが[22]，EU 個人データ保護規則は，その点に配慮して立法管轄権の範囲を定めたものと思われる。

---

19) オランダの個人データ保護機関がカナダのプライバシー・コミッショナーと共同で調査を行い，カリフォルニアに本社のあるモバイルアプリ会社の WhatsAPP が，当該アプリを利用していない者の個人データも含めて収集していることが，オランダの個人データ保護法に違反していることを指摘した例もある。この事案においては，当該会社がオランダ国内の人的・技術的手段を利用していることとオランダ語の設定画面が表示され，オランダ人に意識的に向けられたサービスであったこと等を根拠に，オランダの個人データ保護機関は，オランダの国内法が適用されるという立場をとった。

20) 庄司克宏「リスボン条約後の EU 個人データ保護法制における基本権保護と域外適用」消費者庁・個人情報保護制度における国際的水準に関する検討委員会・報告書（2012 年 1 月）25 頁参照。

21) 藤原静雄「EU データ保護一般規則提案の概要」NBL 975 号（2012 年）4 頁以下，石井・前出注 2）43 頁以下，同「EU データ保護規則提案と日本の課題：欧州調査及び最新動向を踏まえて」InfoCom REVIEW60 号（2013 年）38 頁以下，宮下・前出注 6）78 頁以下，新保史生「EU の個人情報保護制度」ジュリ 1464 号（2014 年）40 頁以下等参照。

22) 国外犯処罰の文脈においてであるが，Robert Jennings and Arthur Watts, Oppenheim's International Law, Vol. 1, 9th edition, Introduction and Part 1 (1992), 468 では，国家がある事項について立法管轄権を及ぼすためには，当該国家と当該事項の間に，直接かつ実質的な関連が必要であると述べられている。

3　わが国の他法令における立法管轄権

　立法管轄権については，国際的ハーモナイゼーションの重要性はいうまでもないが[23]，国内法との整合性についても留意する必要がある。そこで，特にグローバル化の影響が大きいと思われる分野に焦点を当てて，わが国の他法令における立法管轄権を概観することとする。

　(1)　刑　法　　刑法では，内乱，予備および陰謀，内乱等幇助，外患誘致，外患援助，通貨偽造および行使，公文書偽造等，公正証書原本不実記載等，偽造公文書行使等，電磁的記録不正作出および供用，有価証券偽造等，偽造有価証券行使等などについて，(国家)保護主義 (protective principle)[24]に基づく国外犯処罰が認められている (2条)。また，建造物等放火，殺人，傷害等についての国民の国外犯について積極的属人主義 (能動的属人主義)[25] (3条)，殺人，傷害等について国民以外の国外犯について消極的属人主義 (受動的属人主義または国民保護主義ともいう) (3条の2)[26]，公務員の国外犯について積極的属人主義ないし (国家) 保護主義 (4条)，条約による国外犯について普遍主義 (世界主義) (universality principle) に基づく国外犯処罰が認められている (4条の2)[27]。

　(2)　情報法　　行政機関の保有する個人情報の保護に関する法律 (以下「行政機関個人情報保護法」という) 56条は，個人情報ファイルの不正な提供 (53条)，保有個人情報の不正な提供または盗用 (54条)，職権濫用による個人の秘密に属する事項が記録された文書等の収集 (55条) について国外犯処罰の規定を設けている。これは，積極的属人主義に基づくものと解される。

---

23)　わが国と経済的に密接な関係を有するアメリカ，EU，英国，中国の法令のうち，域外適用により，日本企業の経済活動に重大な影響を及ぼす可能性がある重要法令を概観するものとして，アンダーソン・毛利・友常法律事務所監修『域外適用法令のすべて』(きんざい，2013年) 参照。
24)　狭義の域外適用と呼ばれることもある。長谷川俊明「法の域外適用と国際法務」国際商事法務43巻1号 (2015年) 2頁参照。
25)　属人主義 (nationality principle) は国籍主義と呼ばれることもある。
26)　日本国民に対して殺人，傷害，強盗，強姦等の重罪を犯した外国人に対する消極的属人主義に基づく国外犯処罰規定は，従前，わが国の刑法に置かれていたが，国際協調主義にそぐわないという理由で一度廃止された。しかし，犯罪地国における刑罰権の執行が適切になされない例もあり，在外邦人の保護に欠けるという認識が広まり，日本国民の生命・身体を侵害する重大な犯罪を対象として，2003年の刑法改正で，消極的属人主義に基づく国外犯処罰規定が復活することになった。
27)　森下・前出注9) 47頁，48頁，54頁，65頁，山中敬一『刑法総論〔第3版〕』(成文堂，2015年) 101-105頁参照。森下・前出注9) 47頁は，刑法4条は，行為者の身分によって限定された特殊な属人主義とする。普遍主義の例として，海賊行為の処罰 (国連海洋法条約に基づく)，ハイジャックの処罰 (航空機の不法な奪取の防止に関する条約) がある。

行政手続における特定の個人を識別するための番号の利用等に関する法律（以下「番号法」という）56条は，個人の秘密に属する事項が記録された特定個人情報ファイルの不正な提供（48条），個人番号の不正な提供または盗用（49条），情報提供等事務または情報提供ネットワークシステムの運営に関する業務に関して知り得た秘密の漏えいまたは盗用（50条），個人番号の不正な取得（51条），職権濫用による個人の秘密に属する特定個人情報が記録された文書等の収集（52条）について国外犯処罰規定を設けている。これは，基本的に積極的属人主義によるものと解されるが，番号法51条1項の規定に基づく犯罪は外国人も国外犯処罰の対象になると解されるので，純粋な積極的属人主義ではなく，被害が日本で発生することに着目した属地主義も考慮したものと思われる。

(3) 競争法　わが国の法令で域外適用を認める例として著名なのは，私的独占の禁止及び公正取引の確保に関する法律（以下「独禁法」という）である。すなわち，独禁法2条1項が定義する事業者は，その所在地を問わない概念であり，事業者全体に対して，私的独占または不当な取引制限を禁止し（3条），不当な取引制限または不公正な取引方法に該当する事項を内容とする国際的協定または国際的契約の締結を禁止している（6条）。したがって，日本に物品を輸出する外国企業が，日本国外で市場分割の合意を行い，それに基づき日本向けの輸出を停止し，日本市場で競争制限が生じた場合には，わが国の独禁法違反となる。また，外国会社を含む会社に対し，他の国内の会社の株式を取得し，または所有することにより国内において事業支配力が過度に集中することとなる会社となることを禁止している（9条2項）。これは，競争法の分野で国際的に有力な効果主義に基づき，外国で実施された行為であっても，日本市場で競争制限的効果が発生する場合には，立法管轄権を及ぼすことができるとする立場をとったものと解することができると思われる[28]。

不正競争防止法21条4項は，同条1項2号または4号から7号までの罪につ

---

28) 根岸哲＝舟田正之『独占禁止法概説〔第5版〕』（有斐閣，2015年）51-52頁，村上政博『独占禁止法〔第6版〕』（弘文堂，2014年）103頁参照。根岸哲編『注釈独占禁止法』（有斐閣，2009年）118頁（瀬領眞悟執筆）は，客観的属地主義または効果主義により，独禁法の域外適用が可能とする。金井貴嗣＝川濱昇＝泉水文雄『独占禁止法〔第5版〕』（弘文堂，2015年）429-431頁は，日本の独禁法が効果主義を採用していると断定することはできないとしつつ，公正取引委員会の方針は，基本的に効果主義を採用する方向に大きく傾斜しつつあると評価することができるとする。

いて，詐欺等行為もしくは管理侵害行為があった時または保有者から示された時に日本国内において管理されていた営業秘密について，日本国外においてこれらの罪を犯した者にも適用することとしている。これは，積極的属人主義と異なり，日本国籍を有しない者の行為も対象としている。営業秘密の保護法益である財産的価値の低下および公正な競争秩序の破壊は，営業秘密の不正使用・開示が国内外のいずれで実施されても同じように発生するものであり，経済のグローバル化が一層進展する中で，国外での使用・開示行為を処罰の対象としないことは均衡を欠くために，この規定が設けられた。詐欺等行為もしくは管理侵害行為があった時または保有者から示された時に日本国内において管理されていた営業秘密に対象を限定したのは，わが国の法制とは無関係な外国で管理されている営業秘密を外国で不正取得・使用・開示した場合を処罰対象から除外するためである[29]。

(4) 金融法　金商法は，非居住投資者がわが国の上場国内会社の発行する株券を日本国内の流通市場で売買する場合には，公開買付規制，大量保有報告規制，売買報告書提出規制，インサイダー取引規制等が及ぶこととし，国外で発行された当該株券に係る権利を表示する預託証券を国外で売買する場合にも同様の規制が適用されることとしている（27条の2第1項，27条の23第1項，163条，166条1項，同法施行令6条1項5号，14条の4の2第3号，27条の4第4号）。また，外国の法令に準拠し，外国において有価証券関連事業を行う外国証券業者（58条）に対し，国内にある者を相手方として有価証券関連業に当たる行為を行うことを禁止している（58条の2）。さらに，外国ファンドの自己運用行為も規制されている（2条8項15号ハ・2項6号）。それに加えて，外国において投資助言業務または投資運用業を行う者は，内閣総理大臣の登録（29条）を受けていない場合には，金融商品取引業者のうち投資運用業を行う者その他政令で定める者のみを相手方として投資助言業務または投資運用業を行うことができることとされている（61条）。また，外国の法令に準拠して設立された法人で外国において金融商品債務引受業と同種類の業務を行う者がわが国で金融商品債務引受業を行う場合には，内閣総理大臣の免許を受けることが義務付けられ（156条の20の2），外国金融商品取引清算機関の役員もしくは職員またはこれらの職にあった者には秘密保持義務が課され（156条の20の7），内閣総理大臣は，外国金融商品取引清算機関等に

---

[29]　経済産業省知的財産政策室編『逐条解説不正競争防止法〔平成23年・24年改正版〕』（有斐閣，2012年）201頁参照。

報告または資料の提出を命じ，内閣府の職員に物件の検査をさせることができるとしている（156条の20の12）。これは，外国で行われる行為であっても，結果の発生が日本国内であれば，客観的属地主義により，わが国の立法管轄権が及ぶという考えによるものとも解しうる[30]。

(5) **外国為替および外国貿易**　外国為替及び外国貿易法5条は，(i)わが国に主たる事務所を有する法人の代表者，代理人，使用人その他の従業者が，外国においてその法人の財産または業務についてした行為，(ii)わが国に住所を有する人またはその代理人，使用人その他の従業者が，外国においてその人の財産または業務についてした行為についても適用するとしている。わが国に主たる事務所または住所を有することにより，日本政府の施政権が及び，かつ，日本政府の為替管理の実効性を確保するために不可欠と認められる範囲で，外国における行為も規制するものである。

(6) **税法**　所得税法は，非居住者，外国法人であっても，一定の国内源泉所得等について課税対象としており（7条1項3号・5号）[31]，消費税法は，外国事業者であっても，国内で行った課税資産の譲渡等について課税対象としており（5条1項），資産の譲渡等が国内において行われたか否かの判定は，資産の譲渡または貸付けである場合には，当該譲渡または貸付けが行われる時において当該資産が所在していた場所が国内にあるか否かにより（4条3項1号），役務の提供である場合には，当該役務の提供が行われた場所が国内にあるか否かにより（同項2号）行うものとしている。所得税法では，日本国内において所得が発生したこと，消費税法では日本国内において課税資産の譲渡等が行われたことを要件としており，国外にある者にもわが国の法律が適用されるとはいえ，属地主義によるものと考えられる。

(7) **小括**　以上，他法令における立法管轄権を概観したが，国外犯処罰規

---

[30] 行為の一部が日本国内で行われている場合には，属地主義により金商法を適用することが可能であるが，取引が外国の金融商品取引所で執行される場合に，効果主義により，わが国の金商法を適用できるかについては議論がある。山下友信＝神田秀樹編『金融商品取引法概説』（有斐閣，2010年）460頁（山下友信執筆）参照。金融法分野における域外適用の問題について，金融法務委員会「金融関連法令のクロスボーダー適用に関する中間論点整理――証券取引法を中心に」商事1643号（2002年）58頁以下では，属地主義を基本としつつ，それでは法目的を十分に達成できない場合に効果主義を加味して調整するという観点から検討が行われている。

[31] 諸外国でも一般的に採用されているソース・ルールによる。金子宏『租税法〔第20版〕』（弘文堂，2015年）505頁参照。

定を除くと，国外にある者にわが国の法令が適用される場合，属地主義（とりわけ客観的属地主義）で説明できる場合が多く，また，属地主義のバリエーションといえる効果主義で説明可能な場合もある。独禁法で採用されているとする解釈が有力な効果主義と比較すれば，以下に述べる個人情報保護法75条は，より謙抑的な立法管轄権を定めたものともいえ，わが国の他法令との関係で突出した立法管轄権規定であるとはいえないと思われる。

4 個人情報保護法75条

(1) 立法管轄権の根拠の比較検討　2015年に改正された個人情報保護法は，国内にある者に対する物品または役務の提供に関連してその者を本人とする個人情報を取得した個人情報取扱事業者が，外国において当該個人情報または当該個人情報を用いて作成した匿名加工情報を取り扱う場合についても，同法の規定の一部を適用することとしている（75条）。「外国において当該個人情報又は当該個人情報を用いて作成した匿名加工情報を取り扱う場合」と規定されているように，同条は，外国における行為について，一定の範囲でわが国の立法管轄権を及ぼすものである[32]。日本国内に本店のある事業者の海外支店・営業所における行為や日本に支店・営業所を有する事業者の海外の本店における行為であっても，もっぱら外国の領域内でなされる行為については，属地主義の原則の下では，わが国の立法管轄権を及ぼすことは困難と思われる。そこで，選択肢として考えうる(i)消極的属人主義，(ii)効果理論，(iii)標的基準（targeting criteria）[33]の優劣を検討することとする[34]。

---

[32] 域外適用を認めているとされるわが国の法律を概観すると，刑法や外国為替及び外国貿易法のように，明示的に域外適用を定めている例がある一方，明文の規定を置かず，解釈により域外適用を認めている例もある。個人情報保護法の場合，解釈により合理的に域外適用の範囲を画することは困難であるので，明文でわが国の立法管轄権を及ぼす範囲について定めていると考えられる。

[33] 標的基準への移行を早期に提唱した論文として，Michael A. Geist, 'Is There a There There? Toward Greater Certainty for Internet Jurisdiction', 16 Technology Law Journal (2001) 1345参照。標的基準に不明瞭さが残ることを認めつつ，EU個人データ保護規則において，この基準を採用することを推奨するものとして，Christopher Kuner, 'Data Protection Law and International Jurisdiction on the Internet (Part 2)', 18 International Journal of Law and Information Technology (2010) 227, 240参照。

[34] 個人情報保護法は，個人の権利利益を保護することを目的とするのであるから，国家の重要な権益の侵害に対して，行為者の国籍や行為地の如何にかかわらず処罰の対象とする保護主義を根拠とすることはできないし，個人情報保護の分野では，行為者の国籍や行為地にかかわらず

(i)については，国内にある者への物品または役務の提供に関連して取得した場合に限らず，いかなるルートで取得した場合であっても，個人データの不適正な取扱いの結果，国内にある者[35]の権利利益が侵害されるのであれば，わが国の立法管轄権が及ぶことになり，また，当該個人データが日本国内にある者のものであることの予見可能性も不要であるので，(i)〜(iii)の中では最も広範に国内にある者の権利利益を保護しうるという長所を有する。他方，(i)は，わが国の刑法3条の2で採用されているが，その保護法益は，国民の生命，身体の安全に限定されている。個人データ保護を基本的人権の擁護の問題として位置付けるEU加盟国においても，消極的属人主義による個人データ保護を行っていないことに鑑みると，わが国がこの分野で消極的属人主義による立法管轄権を定めることには，国際的理解が得られるか疑問がある。

　(ii)については，国内にある者に対する物品または役務の提供に関連して取得したか否かを問わず，いかなるルートで取得した場合であっても，個人データの不適正な取扱いの結果，国民の権利利益が侵害される効果が発生すれば，わが国の立法管轄権が及ぶことになりうる点で，(i)と同様，(iii)よりも広範な域外適用が可能になりうる。また，この基準による場合，効果が及ぶことが予見できることが必要とされており，どの程度の予見可能性を要件とするかにより，適用対象が左右されることになるが，予見可能性を緩やかに解した場合，効果理論の射程は相当に広くなりうる。しかし，効果理論には，何に対する悪影響をもって「効果」と呼ぶかが判然としないという問題があり[36]，個人情報保護については，特にその問題が深刻になりうる。すなわち，「一人にしてもらう権利」という古典的な意味のプライバシー権は，安全管理措置違反で個人データが漏えいし，ウェブサイトに掲載された時点で侵害されたことは明らかであり，その時点で本人に「効果」が発生したとすることには異論はないと思われるものの，個人データが

　　べての国に立法管轄権を認める普遍主義は当面は成立しがたいので，これを根拠とすることもできないと思われる。また，実行行為者が日本国籍を有する場合に限定して国外犯を処罰する積極的属人主義では，わが国の個人データが外国事業者により大量に取得され，当該外国事業者による海外での個人データの取扱いを規制しなければ，日本国民の権利利益を保護できないという状況に対応できない。したがって，これらの主義は，検討の対象外とする。
　35)　被害者が自国民である場合に限らず，自国に居住する者をすべて対象とする場合も消極的属人主義と呼ばれることがある。森下・前出注9) 57頁参照。
　36)　白石忠志「自国の独禁法に違反する国際事件の範囲（上）」ジュリ1102号（1996年）70頁参照。

本人同意なしに目的外で利用された場合，そのことにより，直ちに古典的意味でのプライバシー権が侵害されたとはいいがたい。しかし，プライバシー権を自己情報コントロール権ととらえる立場からすれば，本人同意なしの目的外利用があれば，その時点で（漏えいがなくても）プライバシー権が侵害されたことになり，「効果」が発生したといえる。このように，個人情報保護の分野では，何をもって「効果」とみるかは，競争法の分野以上に国際的な合意を得ることが容易でないように思われ，立法管轄権を画する基準としての明確性の点で問題があるように思われる。

　これに対し，(iii)の場合，国内にある者への物品または役務の提供に関連して取得した場合に射程が限られるため，日本国内の事業者から個人データを取得した国外の事業者が国外で当該個人データを不適切に取り扱った場合等には適用できないことになり，国民の権利利益の保護という観点からは十分でないという評価はありうる。しかし，事業者が日本に居住する者の個人データを取得したことを認識可能であり，したがって，日本法が適用されることも認識可能であり[37]，国外の個人情報取扱事業者がわが国の個人情報保護法の適用を予見することが困難であるにもかかわらず，わが国の個人情報保護法を適用することの問題を回避できる長所があると思われる[38]。この点について検討すると，日本国内にある者に対する物品または役務の提供のために，日本語のウェブサイトを開設している場合や日本国内にある者に物品等の送付を行っている場合には，日本国内にある者に対する物品または役務の提供を行っていることを明確に意識していると考えられるので，日本法の適用を予見することは十分可能であると思われる。英語等の外国語でウェブサイトを開設して物品または役務の提供を行っている場合であっても，インターネットの配信地域から日本を除外せずに配信している以上[39]，日本国内にも配信していることを認識していると考えられ，したがって，日本法の適用可能性を予見できると考えられる[40]。また，従前国外犯処罰規定

---

[37]　もっとも，常に容易に予見できるとまではいえないかもしれないが，すでに域外適用を認めている他の立法例においても，予見の容易性が常に必要とまでは考えられていないと思われる。

[38]　標的基準を提唱したガイストも，立法管轄権についての予見可能性の重要性を指摘している。Geist, supra note 33, at 1385.

[39]　技術の進展により，配信地域を選別することが可能になったことについて，Geist, supra note 33, at 1393.

[40]　この点について，Geist, supra note 33, at 1402.

が置かれていた犯罪は，諸外国においても一般に犯罪とされているものであり，違法性の認識を持ちうるものであるが，個人情報保護法制は，今日，民主主義国家に広く存在しており，その内容もおおむね共通しているから，わが国の個人情報保護法違反に該当する行為についての違法性の認識を期待することも困難とはいえないと思われる。したがって，個人情報保護の分野における標的基準に基づく立法管轄権が，予見可能性の観点から国際的に批判を受けることはないと考えられる。

さらに，前述したEU個人データ保護規則も標的基準を採用していると思われ[41]，標的基準は，わが国の立法管轄権を行使するために必要なわが国との密接関連性が認められる場合に射程を限定しているので，国際的にみて，過大な立法管轄権を認めるものではないから，国際的な理解は最も得られやすいと考えられる。

個人情報保護法75条において，「国内にある者に対する物品又は役務の提供に関連してその者を本人とする個人情報を取得した」ことが要件とされているのは，自国内の個人を標的とする行動がとられた場合に，自国の立法管轄権を適用しうるとする標的基準の考え方を参考にしたものと考えられる[42]。すなわち，国外における行為について，日本法を域外適用するためには，一般に，わが国との密接関連性があり，わが国として保護する十分な必要性のある場合に限られるので，保護されるべき者がわが国の領域内にいる場合であり，かつ，かかる者に対して物品の提供（商品の販売や貸与等）または役務の提供（音楽や映像の配信，情報の提供等）を行い，それに関連して個人情報を取得した場合に限り，その後の取扱いについても，わが国の個人情報保護法を域外適用するという立法政策がとられたと考えられる。他方，日本国内にある者の個人情報を国外で偶然に取得したにとどまるような場合に，わが国の立法管轄権を及ぼすのは，過大な立法管轄権として国際的な摩擦が生ずるおそれがあるので，立法管轄権を及ぼさないこととしたものと思われる。「国内にある者に対する物品又は役務の提供に関連してその者を本人とする個人情報を取得した」といえる場合としては，日本国内に在住する

---

41) 庄司・前出注20) 27頁参照。
42) 板倉陽一郎「個人情報保護法制の国際的調和」自正66巻9号（2015年）34頁，日置巴美＝板倉陽一郎『平成27年改正個人情報保護法のしくみ』（商事法務，2015年）135頁も，標的基準が参考にされたと解している。

者を顧客として想定して日本語のウェブサイトを開設して申込みを募り，日本国内に向けて物品を送付している場合や，日本も配信地域として設定してインターネットを通じて映画を配信している場合等が考えられる。日本国内を配信地域として明示的に設定していない場合であっても，自国内に制限せずに配信しており，日本を含む諸外国に配信して物品または役務を提供する意思であると客観的に認識しうるときは，「国内にある者に対する物品又は役務の提供」といえると考えられる[43]。

(2) 域外適用対象となる規定　域外適用の対象になる規定は，15条（利用目的の特定），16条（利用目的による制限），18条（2項を除く）（取得に際しての利用目的の通知等），19条（データ内容の正確性の確保等），20条（安全管理措置），21条（従業者の監督），22条（委託先の監督），23条（第三者提供の制限），24条（外国にある第三者への提供制限），25条（第三者提供に係る記録の作成等），27条（保有個人データに関する事項の公表等），28条（開示），29条（訂正等），30条（利用停止等），31条（理由の説明），32条（開示等の請求に応じる手続），33条（手数料），34条（事前の請求），35条（苦情の処理），36条（匿名加工情報の作成等），41条（指導および助言），42条1項（勧告），43条（個人情報保護委員会の権限の行使の制限），76条（適用除外）である。17条（適正な取得）の規定が適用されないのは，取得については，その行為の重要な一部が日本国内で行われると考えられるので，属地主義の立場からも日本法を適用できるし，個人情報保護法75条は，「個人情報を取得した個人情報取扱事業者」の義務等を定める規定であるから，取得は，同条適用の前提になっているからであろう。同法18条2項（本人から書面で個人情報を取得する場

---

[43] 「国内にある者に対する物品又は役務の提供に関連してその者を本人とする個人情報を取得した」場合には，日本国内の個人情報取扱事業者がわが国で取得した個人情報を国外に移転して国外で取り扱う場合も含まれると解される。同条では，域外適用を受ける者を個人情報取扱事業者に限定しているので，個人情報データベース等を事業の用に供している者（個人情報保護法2条5項柱書）のみが対象になる。体系化された個人情報データベース等を有せず，散在情報としての個人情報を保有するにすぎない場合や個人情報データベース等を用いる者であっても事業のためではなく私的な目的のためにのみ用いる場合は対象外であると解される。また，個人情報保護法2条5項ただし書の1号〜4号に該当する場合，たとえば，海外の日本大使館・領事館（同項ただし書1号），地方公共団体が姉妹都市に置く現地事務所（同項ただし書2号），国立大学法人の海外支部（同項ただし書3号），地方独立行政法人である大学の海外支部（同項ただし書4号）は，個人情報取扱事業者に含まれないので，域外適用の対象外になる。「国内にある者に対する物品又は役務の提供に関連して」という要件であるので，「国内にある者に対する物品又は役務の提供」を行っておらず，第三者提供により，日本国内にある者を本人とする個人情報を取得したにとどまる場合には，域外適用の対象外になる。

合の利用目的の明示）が対象とされていないのは，同項における利用目的の明示は取得の前に行われる行為であるが，個人情報保護法75条は取得行為を前提として適用される規定であるからと考えられる。国外の個人情報取扱事業者が，本人から直接書面に記載された当該本人の個人情報を取得する場合，あらかじめ本人に利用目的を明示していなければ，18条1項の規定の適用により，取得後速やかに，その利用目的を本人に通知し，または公表しなければならないことになる。26条（第三者提供を受ける際の確認等）は，第三者から個人データの提供を受けるに際しての確認義務を定めるものであり，日本国内にある者に対する物品または役務の提供に関連してその者を本人とする個人情報を取得した場合の取扱いについて定めるものではない。個人情報保護法75条は，日本国内にある者に対する物品または役務の提供に関連してその者を本人とする個人情報を取得した場合に限り，立法管轄権を拡大するものであり，日本を経由して国外の事業者に提供された個人データの取扱い全般について立法管轄権を拡大するものではないので，26条は適用しないこととされたと考えられる。37条（匿名加工情報の提供），38条（識別行為の禁止），39条（安全管理措置等）は，個人情報取扱事業者または匿名加工情報取扱事業者から匿名加工情報の提供を受けた匿名加工情報取扱事業者の義務等を定めるものであるので，標的基準によれば，同じく立法管轄権の対象にできないことになる。40条の立入検査に係る部分は，間接強制とはいえ，外国政府の同意がない限り，当該外国の執行管轄権を侵害するおそれがあるし[44]，40条1項の報告または資料提出の求めに係る部分，42条2項・3項（命令）は，外国で物理的に公権力を行使するものではないものの，名宛人に対する行政処分であるから[45]，当該外国の主権を侵害するおそれがあり，域外適用の対象とはせずに，当該外国の公的機関に情報提供を行い，執行協力を求めることにより対応することとしている。44条（権限の委任）は，事業者に対する権限行使につい

---

44) 常設国際司法裁判所のローチュス号事件判決（PCIJ, Series A, No. 10, 1927）は，国際法により国家に課せられた制約の最も基本となる規範は，国際慣習法または条約で特に認められた場合を除き，他国の領土内で力（power）を行使することであると判示している。相手方の意思に反して物理的に公権力を行使して行われる直接強制調査が，国際法上，原則として許されないことは明確である。

45) 個人情報保護法40条1項の報告または資料提出の求めは，間接強制調査であり（85条1号の罰則規定参照），行政処分としての性格を有する。同法42条2項・3項の規定に基づく命令も，それに従わない場合には罰則が定められていることからも（84条），行政処分であることは明確である。

て直接定める規定ではなく，行政機関間の関係について定めるものであるので，適用対象とされていない。45条は，事業所管大臣の請求について定めるものであるが，国外の事業者に関して，事業所管大臣の請求が必要になる場合は稀と思われることに加えて，国外の事業者に対して個人情報保護委員会が講ずることができる措置は限定されているので，事業所管大臣の請求まで認める必要はないと考えられ，適用対象とされていない。46条は事業所管大臣について定めるものであるが，45条の規定を適用しない以上，46条についても，75条に明記する必要はないとされたものと考えられる。4章4節は，民間団体による個人情報の保護の推進に関する規定であり，国外に所在する個人情報取扱事業者による個人情報の取扱いとそれに対する監督について定める個人情報保護法75条に明記する必要はないことから同条において適用対象に含められなかったと考えられる。もっとも，このことは，国外に所在する個人情報取扱事業者が，認定個人情報保護団体の対象事業者となることを妨げるものではない。

(3) 行政処分　個人情報保護法75条は，行政処分としての性格を持つ場合には，それが国外の相手方に法的に義務を課したり，その権利を制限することから，立法管轄権を行使しないこととしている。このような場合，わが国の立法管轄権を行使することが許されないかについては，議論がありうるので，この問題について，さらに検討することとしたい。

　他の法律においても，行政処分については，主権侵害が生じないような配慮が一般になされている。すなわち，電波法は，外国において無線設備の点検の事業を行う者は，総務大臣の登録を受けることができることとし（24条の13第1項），登録外国点検事業者に変更の届出（24条の13第2項，24条の5第1項）・廃止の届出（24条の13第2項，24条の9第1項）等を義務付け，登録外国点検事業者が総務大臣から求められた報告の懈怠，虚偽報告，検査の拒否・妨害，適合請求に応じないこと等の事由に該当する場合に登録を取り消すことができるとしている（24条の13第3項）。ここで注目されるのは，国内の事業者に対し適合措置を講ずることを命ずる部分（24条の7第1項）が，登録外国点検事業者については「請求する」と読み替えられていることである（24条の13第2項）。これは，国外にある事業者に対して命令という行政処分を行うことが，当該事業者の所在する国の主権を侵害するおそれがあり，また，命令の実効性を担保する罰則については，裁判管轄権（ないし司法管轄権）（adjudicative or judicial jurisdiction）が及ばないため，

命令の実効性が確保されないと考えられたからである。

　同様に、医薬品、医療機器等の品質、有効性及び安全性の確保等に関する法律は、外国においてわが国に輸出される医薬品、医薬部外品または化粧品を製造しようとする者（医薬品等外国製造業者）は、厚生労働大臣の認定を受けることができることとし（13条の3第1項）、厚生労働大臣は、医薬品等外国製造業者がその業務に関し遵守すべき事項を厚生労働省令で定めることができ（18条2項）、厚生労働大臣から求められた報告の懈怠、虚偽報告、検査の拒否・妨害、質問に対する答弁の懈怠、虚偽答弁、改善請求に応じないこと等の事由に該当する場合に認定を取り消すことができるとしている（75条の4第1項）。ここで注目されるのは、国内の事業者に対し改善を命ずる部分（72条3項）が、医薬品等外国製造業者については「請求する」と読み替えられていることである（75条の4第2項）。

　電気通信事業法では、外国においてわが国で使用されることとなる端末機器を取り扱うことを業とする者（外国取扱事業者）についても、国内の登録認定機関に対する妨害防止命令（54条）が妨害防止請求に読み替えられている（62条2項）。さらに、工業標準化法は、外国登録認証機関については、国内登録認証機関に対する適合命令（36条）、改善命令（37条）を適合請求、改善請求に読み替え（41条2項）、肥料取締法は、国内の事業者に対する表示命令（21条）を登録外国生産業者については表示請求に読み替えている（33条の2第6項）。衛星リモートセンシング記録の適正な取扱いの確保に関する法律案19条3項、29条3項も、外国取扱者について、同様の読み替えを行っている。これらも、同様に、命令という行政処分を国外の事業者に対して行うことが当該外国の主権侵害になるおそれがあり、また、命令の実効性を担保する罰則については裁判管轄権が及ばないため、命令の実効性が確保されないことを懸念したものと考えられる[46]。そして、国外に所在する事業者に対する主務大臣の「命令」を明記した立法例は見当たらない[47]。

　このように、従前のわが国の立法例をみると、国外に所在する事業者に対して

---

[46] もっとも、個人情報保護法75条は、国内の個人情報取扱事業者に対する命令を国外の事業者については請求に読み替える規定を置いていない。それは、命令と同じ内容のことを請求するとは、勧告（同法42条1項）にほかならず、勧告に関する規定が国外の個人情報取扱事業者にも適用されているからである。

[47] 国外にある者に対して、法律で不作為義務を課す例として、資金決済に関する法律36条があるが、当該者に対する監督に関する規定も、その義務違反に対する制裁も定められていない。

行政処分を行うことが，外国の主権の侵害になりうることを懸念して，それを避けることが一般的であったといえよう。もっとも，医薬品，医療機器等の品質，有効性及び安全性の確保等に関する法律のように，罰則により担保された間接強制調査であっても，国外の事業者に対して行うことができる旨が規定されている例がある（75条の2の2第1項3号，85条8号）。また，独禁法に基づく排除措置命令という行政処分が，国外に所在する事業者に対してなされた例は皆無ではない。マリンホース・カルテル事件（公正取引委員会審決集54巻512頁）において，公正取引委員会は，不当な取引制限を行った5社に対し，2008年2月20日に排除措置命令を行っているが，うち4社は，国外に所在する事業者であった。これは国外の事業者を含む国際カルテルに対し，公正取引委員会が排除措置を命じた初の例である[48]。この事案においては，国内に文書受領権限を有する代理人に送達されたが，国内にかかる代理人がいない場合には，独禁法70条の7の規定により準用される民事訴訟法108条の規定により領事送達が行われることになる。しかし，行政処分の領事送達は，主権侵害の問題を生じさせるので，当該国の同意が必要と解され，外交ルートを通じて相手国の同意を取り付けてから，日本の在外領事館等を通じて，国外の事業者に書類の送達を実施する運用がなされている[49]。

なお，「金融商品取引業者向けの総合的な監督指針」（2014年9月）X（監督上の評価項目と諸手続〔外国証券業者等〕）-2-1(3)，X-2-2(3)においては，「重大・悪質な法令等違反行為が認められる等の場合には，金商法第60条の8第1項の規定に基づく業務改善命令や業務停止命令等の発出も含め，必要な対応を検討するものとする」と記載されているが，これが国外における行為まで射程に入れた記述か否かは定かでない（実際には，国外における行為を対象として業務改善命令や業務停止命令等が発出された例は，公表資料を見る限り存在しないようである）。

以上のように，国外に所在する事業者に対して，わが国の行政庁が行政処分を

---

[48] 同事件については，松下満雄「競争政策／競争法における国際協力」公正取引717号（2010年）50頁，大川進＝平山賢太郎「マリンホースの製造事業者に対する排除措置命令及び課徴金納付命令について」公正取引693号（2008年）69頁以下参照。テレビ用ブラウン管国際カルテル事件（平成27年5月22日公取委審決等データベース）においては，国外の事業者に対し，排除措置命令のみならず課徴金納付命令も出されている。

[49] 根岸＝舟田・前出注28）53頁，村上政博編『条解独占禁止法』（弘文堂，2014年）763頁参照。

行うことが，当該外国の主権を侵害するかについては，議論はありうるところである。しかし，個人情報保護法は，この点について謙抑的立場をとり，かかるおそれがある以上，行政処分に係る規定の適用を避けたものと考えられる[50]。

(4) 立法管轄権の重複　　国外の事業者に，わが国の個人情報保護法と国外の事業者が所在する国の個人情報保護法が二重に適用される場合が生じうる[51]。他の分野では，この問題に対処するため，多国間での条約（租税条約，サイバー犯罪条約等）または二国間の協定（独禁法分野における日米協定[52]，日加協定等）により，重畳的適用を回避するための調整がなされている例があるが，かかる調整を行う条約または協定がない限り，域外適用が認められないというわけではない[53]。実際には，二国間の協議により，執行段階で調整が図られると考えられるからである。すなわち，立法管轄権が競合した場合であっても，個人情報取扱事業者が国外にいる場合，わが国は執行管轄権を有しないため，外国の執行機関に情報提供を行い，法執行を依頼することになるが，外国の執行機関は，二重の制裁を科すことにより比例原則に反するということがないように配慮した法執行を行うと想定される[54]。

III　おわりに

本稿においては，個人情報保護の分野における国家管轄権のうち，紙幅の関係で立法管轄権を中心とした検討を行った。しかし，立法管轄権が及んでいても，わが国の個人情報保護法に違反した国外の事業者に対する執行管轄権，裁判管轄

---

50) 第189回国会参議院内閣委員会，財政金融委員会連合審査会会議録第1号（2015年6月2日）5頁（山口俊一国務大臣答弁）参照。なお，裁判例の中にも，国家主権に由来する「対他国家不干渉義務」により，国外の医療機関には，原子爆弾被爆者に対する援護に関する法律に基づく法的拘束力のある監督権限は行使できないと判示したものがある（大阪高判平成26・6・20民集69巻6号1689頁，大阪地判平成25・10・24民集69巻6号1640頁）。

51) 管轄権重複の問題について，小寺彰「国家管轄権の構造──立法管轄権の重複とその調整」法教254号（2001年）117頁参照。

52) 外務省北米局北米第二課編・解説『日米独禁協力協定』（日本国際問題研究所，2000年）参照。

53) 特定電子メールの送信の適正化に関する法律に係る条約または協定は存在しないし，金商法関係でも，証券に関する条約は存在するものの，金融商品全体についての立法管轄権の調整のための条約または協定は存在しない。

54) 立法管轄権の重複となる場合において，わが国の個人情報保護法と当該外国の個人情報保護法の内容が根本的に矛盾している場合には，わが国の法執行に対する協力は期待し得ないが，諸外国の個人情報保護法も，わが国と同様，OECD8原則を基礎としており，内容面での根本的な矛盾は存在しないと思われる。

権をわが国が有するわけでは原則としてない。そこで，法執行の実効性を確保するため，外国執行当局に個人情報を提供して法執行を依頼することができるようにしておく必要がある。また，外国執行当局に個人情報の提供を求めるためには，相互主義の観点から，わが国も，外国執行当局の求めに応じて，個人情報を提供できるようにしておく必要がある。このような執行協力の進展は，域外適用の必要性を減少させる面も有することに留意する必要がある[55]。

　2015年改正前の個人情報保護法には，外国執行当局への個人情報の提供に関する規定は存在しなかったため，わが国の行政機関が外国執行当局へ個人情報を提供する場合，かかる情報提供自体を目的として特定していなければ，目的外提供になるが，行政機関個人情報保護法8条2項のうち，外国執行当局への情報提供の根拠となりうるのは，同項1号の「本人の同意があるとき」，同項4号の「本人以外の者に提供することが明らかに本人の利益になるとき，その他保有個人情報を提供することについて特別の理由のあるとき」に限られていた。そこで，個人情報保護法に相当する外国の法令を執行する外国執行当局に対し，わが国の個人情報保護委員会の職務に相当する職務の遂行に資すると認める情報を提供する権限をわが国の個人情報保護委員会に付与し，外国で漏えいや不正利用等が発生した場合等に日本に居住する者の個人情報を提供する根拠規定を設けることにより，行政機関個人情報保護法8条1項の「法令に基づく場合」として，個人情報の目的外提供を可能とした（個人情報保護法78条1項）[56]。このように，域外適用の問題と越境個人データに係る執行協力の問題は，密接に関係している。越境執行協力については，別稿[57]で論じているので，本稿と併せて参照していただければ幸いである。

---

55) 小寺彰「競争法執行の国際協力——日米独禁協力協定の性格」公正取引590号（1999年）19頁参照。
56) 外国執行当局への情報提供規定の先例として，独禁法43条の2第1項，金商法189条1項，関税法108条の2第1項，特定電子メールの送信の適正化等に関する法律30条1項，犯罪による収益の移転防止に関する法律14条1項参照。
57) 宇賀克也「個人情報保護法改正について（2・完）」季報情報公開・個人情報保護60号（2016年）55頁以下参照。

151

行政法関連判例における国際取極めの位置づけ
―― 「国際的な基準」を中心に

斎 藤　誠

はじめに
I　条約の効力と適用
II　「国際的な基準」の判例における取扱い
III　「国際的な基準」の国内裁判における位置
　　　――一般論のスケッチ
むすび

　　　――「最近では，国家と人民（国民または外国人）とのあいだの行政上の関係について条約等の国際法の規範による規律が問題となる場合も少なくないが，この種の事柄については，それをことさら行政法の範囲から除外する必要はない」[1]

はじめに

　筆者は，「グローバル化と行政法」(2011) の「IV　垂直・協調関係における行政法の国際化」において，条約・行政協定・国際的なガイドライン等の国内化措置の問題について若干の検討を加えた[2]。グローバル化という現象の進展にとも

---

1)　小早川光郎『行政法（上）』(1999 年) 45 頁。
2)　斎藤「グローバル化と行政法」磯部力 = 芝池義一 = 小早川光郎編『行政法の新構想 I』(2011 年) 362 頁以下，書評として，原田大樹『公共制度設計の基礎理論』(2014 年) 95 頁以下，横溝大「行政法と抵触法」自治研究 89 巻 1 号（2013 年）128 頁以下がある。現今の「グローバル行政法」論との関係で，同稿に言及する論説として，興津征雄「グローバル化社会と行政法」法律時報 88 巻 2 号（2016 年）79 頁も参照。「国内公法の内側から守りを固める戦略」という修辞（興津・前出 81 頁）についていえば，国内公法・国際法間の応答によるそれぞれの動態的な変容は，当然ながら本稿筆者も認めている。斎藤・前出 370 頁「当該システムとの接触によって，国内行政法の革新が促される」。同「セーフガード措置と行政法」三辺夏雄他編『法治国家と行政

ない，人やものの国際的移動にかかる行政紛争も，裁判実務の課題としてクローズアップされ[3]，立法・行政による国内化措置に加えて，裁判における条約等の位置づけ[4]も，ますます重要な論点になっている[5]。

本稿では，日本の裁判所が「国際的な基準」をどのように取り扱っているのかを素材にこの問題にアプローチを試みる。裁判所における，その「国内適用」にせよ，「考慮」「参照」にせよ，「国際的な基準」の類型もふまえ，国内法との関係を精査し，訴訟類型による差異も分析する必要性が高い。さらにまた，問題にアプローチするための前提的な問題（条約と国内法の抵触，条約の直接適用の可能性など）も非常に大きいが，幸いなことに，「（行政法から見た場合の）特別行政法の諸分野」[6]で，この点に関しても，近時の判例が注目すべき判断を示しているので，まずはそれを手がかりに考察を開始したい。

I　条約の効力と適用

1　条約の国内的効力と条約・法律の抵触——グラクソ事件

日本の場合，憲法学・国際法学における通有の理解に沿って，憲法98条2項

訴訟』（2004年）554頁注2も参照。なお，Menzel, J., Internationales Öffentliches Recht, 2011 が，抵触法から国際コミュニケーション法にいたる素材を提示し，外国公法不適用ドグマにも論駁しつつ，抵触規範だけでなく承認規範と協働規範も含む「境界法」（Grenzrecht）として，国際（的）公法の新たな理論化を図っており，興味深い。Kämmerer, J.A./Starski, P., Das "Das Internationale Öffentliche Recht"-Versuch einer Annäherung, AöR139, (2014), S. 619（同著の書評論考）は，同著の主要なモチーフとしての「トランスナショナルな開放性」も含め，複雑性の縮減は未だ道なかばであるが（「境界法の人形博物館」！），理論の進展を促すナビゲーションシステムであると評している（S. 628 f）。

3) 裁判実務家による近時の論説が，共通して出入国管理・難民認定の問題を取り上げていることに象徴的である。定塚誠編著『行政関係訴訟の実務』（2015年）2頁以下，加藤聡「条約と行政法規」藤山雅行＝村田斉志編『行政争訟〔改訂版〕』（2012年）44頁以下，杉原則彦「活性化する憲法・行政訴訟の現状」公法研究71号（2009年）201頁以下を参照。

4) 条約の国内実施方法の類型化，立法・行政機関による実施と国内訴訟における主張の可否の区別の必要性も含め，山本草二「国家の条約解釈権能をめぐる課題」ジュリスト1387号（2009年）19頁以下，同「核物質防護条約体制の拡充と法形成機能」日本エネルギー法研究所『核物質防護に関する国際法・国内法上の問題』（2011年）15頁以下，同「国際法の展開と学説の役割」書斎の窓625号（2013年）28頁以下を参照。

5) 斎藤・前出注2）で参照した文献に加え，その後の邦語文献から，公法研究74号「市場のグローバル化と国家」（2012年）所収の諸報告と討論要旨，ライナー・ヴァール（小山剛監訳）『憲法の優位』（2012年），特にその「Ⅲ・第5章　国家の変遷——主権の装甲をこじ開ける」，国際的な基準も含め，「行政上の規範の多元性」について論ずる原田・前出注2）352頁以下，を掲げる。

6) 斎藤・前出注2）371頁。

を論拠に，1）締結・批准された条約が国内的効力（国内法としての効力）を持つこと，2）法律より条約の方が効力上優位であることをそれぞれ前提にするとしても[7]，条約・法律における抵触の具体的判断は，個別条約・法律の規定の文言だけでなく，条約・法律の趣旨・目的（ウィーン条約法条約31条を参照）や条約が規定している国の権限の性質によって条約と法律それぞれを解釈することによりなされるものであろう。

　タックス・ヘイブン対策税制を定めた租税特別措置法66条の6第1項（平成12年改正前）の日本・シンガポール政府間の租税協定（日星租税条約）7条1項に対する適合性が問われた法人税更正処分等取消請求事件において，最高裁判所は，前者が後者に違反しないと判断したが，そこでは，以下のように，（事案に即しつつも）この点に関する一定の準則を提示している[8]。

　①「一般に，自国における税負担の公平性や中立性に有害な影響をもたらす可能性のある他国の制度に対抗する手段として，いわゆるタックス・ヘイブン対策税制を設けることは，国家主権の中核に属する課税権の内容に含まれるものと解される。したがって，租税条約その他の国際約束等によってこのような税制を設ける我が国の権能が制約されるのは，当該国際約束におけるその旨の明文規定その他の十分な解釈上の根拠が存する場合でなければならないと解すべきである」。

　②「各締約国の課税権を調整し，国際的二重課税を回避しようとする日星租税条約の趣旨目的にかんがみると，その趣旨目的に明らかに反するような合理性を欠く課税制度は，日星租税条約の条項に直接違反しないとしても，実質的に同条約に違反するものとして，その効力を問題とする余地がないではない」。

同条約は，タックス・ヘイブン対策税制を是認ないし排除する明文の規定を持たないので，判決は①に続く部分で，条約7条1項を解釈し，それは「A国〔一方の締約国〕の企業に対するいわゆる法的二重課税を禁止するにとどまるものであって，同項がB国〔他方の締約国〕に対して禁止又は制限している行為は，B国のA国企業に対する課税権の行使に限られるもの」であるのに対して，法66条の6第1項による課税は「あくまで我が国の内国法人に対する課税権の行使として行われるもの」であるから条約7条1項の禁止・制限に該当しないとした。

---

[7]　小寺彰他編『講義国際法〔第2版〕』（2010年）105頁以下〔岩沢〕，酒井啓亘他『国際法』（2011年）386頁以下〔濵本〕，柳原正治他『プラクティス国際法講義〔第2版〕』（2013年）63頁以下〔髙田〕を参照。なお，再校時に松田浩道「憲法秩序における国際規範：実施権限の比較法的考察(1)」国家129巻5＝6号（2016年）123頁に接した。

[8]　最判平成21・10・29民集63巻8号1881頁，①②は筆者が便宜上付した。

そして，経済協力開発機構（OECD）モデル租税条約のコメンタリーを条約「解釈の補足的な手段」（ウィーン条約法条約32条）として参照した上で，この解釈が「国際的にも，多くの国において広く承認されている見解であること」を示し[9]，次いで，条約の趣旨目的との関係にかかる②の準則を，66条の6第1項に当てはめ，以下のように，同項が条約の趣旨目的に反しないとした。

「……我が国のタックス・ヘイブン対策税制は，特定外国子会社等に所得を留保して我が国の税負担を免れることとなる内国法人に対しては当該所得を当該内国法人の所得に合算して課税することによって税負担の公平性を追求しつつ，特定外国子会社等の事業活動に経済合理性が認められる場合を適用除外とし，かつ，それが適用される場合であっても所定の方法による外国法人税額の控除を認めるなど，全体として合理性のある制度ということができる。そうすると，我が国のタックス・ヘイブン対策税制は，シンガポールの課税権や同国との間の国際取引を不当に阻害し，ひいては日星租税条約の趣旨目的に反するようなものということもできない」。

一般行政法の観点からも興味深いのは，①が条約によって制約される国家権能の性質との関係で，条約に明文ないしその他の十分な解釈上の根拠を求めたことである。法源の上位・下位関係からすると，一般には国内法の規定によって条約を解釈することはできないから，ここでもあくまで条約自体の解釈がなされているものではあるが，法律の条約適合性の司法審査において，結果的には国内法の層の一定の自律性が承認されている[10]。

また，条約の国内裁判所における適用という文脈におくと，判決において，二つの準則はともに，本件条約規定違反の法律（及び当該法律に基づく処分）が無効になりうることは前提にしている。（国内的効力を持った）条約の性質決定としては，同規定は課税制限規定として，裁判所により直接適用される条約規定と位置

---

9) OECDコメンタリーの条約解釈上の位置づけにつき，岡田幸人・平成21年度最判解民事篇804頁注26，増井良啓「マルチ租税行政執行共助条約の注釈を読む」租税研究775号（2014年）254頁以下を参照。

10) 行政法分野における近時の著名事件である，薬事法施行規則事件（最判平成25・1・11民集67巻1号1頁）は，当該委任立法の法律適合性について，「郵便等販売を規制する内容の省令の制定を委任する授権の趣旨が，上記規制の範囲や程度に応じて明確に読み取れることを要する」とした。同判決の調査官解説（岡田幸人・法曹時報67巻11号（2015年）347頁注23）は，アメリカにおける州主権制限にかかる連邦法の明確性の要求を参照し，あわせて，かっこ書きでグラクソ事件最高裁判決にも言及している。同解説は，「委任命令によって制約されるべき権利利益の性質」などによって，明確性の程度が左右されるとしており，授権か制限かの違いはあるにせよ，上位規範と下位規範の関係の規律枠組みに関し，三者に共通性を見出しているのであろう。

づけられたと解することができる[11]）。

そして，どのような基準で，条約の直接適用可能性を判断するかについても，下級審レベルで詳細な説示を行う判決が登場した。

2 条約の直接適用可能性——西陣ネクタイ事件から WTO 豚肉差額関税事件へ

直接適用可能性の基準については，国際経済法の分野において，国内法令に基づく繭糸輸入一元化措置及び価格安定制度が GATT 19 条に適合するかどうかが争われた西陣ネクタイ事件（国家賠償請求訴訟）が著名であった。一審判決（京都地判昭和 59・6・29 訟月 31 巻 2 号 207 頁）は，以下のように，同制度が 19 条に違反しないとの判断（①）に加えて，GATT の法的効力を限定的に解して，直接適用可能性を否定した（ように読める，②）ことで，当該論点について直接に判断しなかった同最高裁判決（最判平成 2・2・6 訟月 36 巻 12 号 2242 頁）とともに批判の対象になってきた[12]）。

①「……本件一元輸入措置及び価格安定制度は，昭和 51 年法律第 15 号による改正前の法 12 条の 10 の 2 第 2 項に基づき，繭糸価格安定法施行令の一部改正をして，期間を限定したうえ実施してきた一元輸入措置を，本件条項を立法化することにより，当分の間，維持して本件価格安定制度と相まつて，輸入圧力から蚕糸業の経営を保護しようと図つたものであつて，それは，ガット 19 条によつて締約国に許された緊急措置に該当する実質をもつものと解される。もつとも右の緊急措置はその性格上存続期間に制限があるのが当然であろうが，それは絶対的なものではなく，輸入圧力の持続期間との関係で相対的に決められるべきであるから，法 12 条の 13 の 2 が当分の間本件一元輸入措置を実施する旨定めたことをもつて不当とすることはできない」。

②「原告ら指摘のガット条項の違反は，違反した締約国が関係締約国から協議の申入や対抗措置を受けるなどの不利益を課せられることによつて当該違反の是正をさせようとするものであつて，それ以上の法的効力を有するものとは解されない。

---

11) 租税条約における，課税制限規定・課税根拠規定の区分及び，その租税法律主義との関係について，増井良啓＝宮崎裕子『国際租税法〔第 3 版〕』（2015 年）27 頁以下，原田大樹『行政法学と主要参照領域』（2015 年）32 頁以下を参照。

12) 同事件を取り上げる近時の文献として，松下満雄＝米谷三以『国際経済法』（2015 年）151 頁以下，櫻井敬子『行政法講座 2』（2016 年）84 頁以下，中川淳司他『国際経済法〔第 2 版〕』（2012 年）97 頁以下〔平〕，あわせて，柳赫秀「ガット 17 条（国家貿易企業）の国内的効果——西陣ネクタイ事件」山本草二＝古川照美編『国際法判例百選』（2001 年）150 頁を参照。

したがつて，本件条項がガツト条項に違反し無効であつて，本件立法行為を違法ならしめるものとまでは解することができない」。

説示②は，もっぱら条約側の履行確保手段との関係で，法的効力の限定を簡単に導いており，当時の条約直接適用可能性に関する議論の状況から見ても疑問であった。

それから四半世紀以上の時を経て，豚肉を対象とした関税法上の差額関税制度がWTO農業協定4条2項[13]に違反するかどうかが争点となった刑事訴訟において，被告側が「日本政府は，WTO協定の直接適用可能性について公式の見解を表明していないが，実際に韓国とコスタリカにおいてWTO協定の直接適用が認められていることからも明らかなように，その内容は詳細かつ明確であって客観的基準を満たしているといえるから，日本においてもWTO協定は直接適用」されると主張したのに対して，東京高判平成25年11月27日（高刑集66巻4号1頁，判タ1406号273頁）[14]は，以下のように詳細に説示して，WTO協定の我が国における直接適用可能性を否定している。

「憲法98条2項の定めによれば，国会の承認を経て公布された条約は国内法的効力が肯定されることになるのは所論が主張するとおりである。しかし，このように国内法秩序に受容された条約が直接適用可能か否か，ひいて法律の規定と抵触する場合に当該規定を無効ならしめるか否かは別の問題である。

これをWTO協定についてみると，同協定は，その直接適用可能性については何ら規定しておらず，それを認めるか否かを含めて，協定の国内的実現の手段方法は各加盟国の判断に委ねられたものと解されているところ，日本政府は

---

13) 同協定「第4条　市場アクセス
　　第1項　譲許表に定める市場アクセスに関する譲許は，関税の譲許その他譲許表に明記されている市場アクセスに関する約束に係るものである。
　　第2項　加盟国は，次条及び附属書五に別段の定めがある場合を除くほか，通常の関税に転換することが要求された措置その他これに類するいかなる措置（注）も維持し，とり又は再びとってはならない。
　　　注：これらの措置には，輸入数量制限，可変輸入課徴金，最低輸入価格，裁量的輸入許可，国家貿易企業を通じて維持される非関税措置，輸出自主規制その他これらに類する通常の関税以外の国境措置（特定の国について承認された千九百四十七年のガットの規定からの逸脱として維持されているものであるかないかを問わない。）が含まれるが，千九百九十四年のガット又は世界貿易機関協定附属書一Ａに含まれている他の多角的貿易協定における国際収支に関する規定その他の農業に特定されない一般的な規定に基づいて維持される措置は含まれない。

14) 以下，引用部分の段落分けは本稿筆者による。解説として阿部克則「豚肉差額関税事件」平成26年度重要判例解説286頁，WTO農業協定について，濱田太郎「農業協定の意義とその解釈の展開」日本国際経済法学会編『国際経済法講座Ⅰ』（2012年）83頁以下を参照。

WTO 協定の直接適用可能性に関して公式の見解を表明していない。そこで，WTO 協定につき直接適用可能性が肯定されるか否かは，我が国の国内法に依拠して決まるものであるが，本件に即していえば，WTO 農業協定4条2項の内容及び性質を基礎として，我が国における三権分立の在り方，国内法制の状況，訴訟における請求や主張の形態なども勘案して総合的に判断することになる。

　まず，WTO 協定の内容は，GATT との対比においてより詳細かつ明確になったとはいえ，なお交渉を通じた柔軟な紛争解決の余地が排除されたわけではなく，規律の柔軟性が残っている部分もあると考えられる。また，アメリカ合衆国及び EC（平成21年のリスボン条約の発効により，EC は廃止され，現在は，EU が WTO 加盟国としての EC の地位を承継。）は，WTO 協定を国内・域内に実施する法令において直接適用可能性を明示的に否定しているところ，日本及びアメリカ合衆国及び EU 加盟国との間では貿易が盛んに行われており，こうした状況下で日本のみが WTO 協定の直接適用可能性を肯定することになれば，これらの国との関係で WTO 協定上の義務履行に関して著しい不均衡が生じ，不利益を被ることにもなりかねない。このことは取りも直さず，立法及び行政による裁量権の行使が WTO 協定に関する司法審査によって制約されるということになるが，これは日本国憲法が採用する権力分立の観点からも好ましいものとはいえない。

　そうすると，WTO 農業協定との関係で差額関税制度の適法性ないし有効性が問題となっている本件においても，WTO 協定の直接適用可能性を認めるべき根拠を見出し難い」。

　条約の国内法的効力に関する冒頭の説示は，先に挙げた学説の通有的な考え方によっており，当該効力と直接適用可能性[15]を明示的に区別している点は，この間のシベリア抑留訴訟事件控訴審判決[16]を踏襲している。しかしながら，同判決は直接適用可能性の一般的判断基準として，条約締結国の具体的意思（主観的基準）と規定の明確性（客観的基準）を採用していた。それに対して，本判決は，規定の明確性に関して WTO 協定の柔軟性を指摘するに加えて，一般基準にかかる近時の議論の動向を参照する──「〔条約規定〕の内容及び性質を基礎として，

---

15) 効力（Geltung）と適用（Anwendung）の区別自体は，国際私法，国内公私法の法源それぞれについても与件である。なお，行政法学の視点から条約を類型化した上で，国際法学における「国内法的効力」「間接適用」論を批判的に検討する中川丈久「行政法からみた自由権規約の国内実施」国際人権23号（2012年）65頁以下も参照。行政法において，処分性のない場合の都市計画についても判例は，その有効・無効を措定している（最判平成11・11・25 判時1698号66頁など）。

16) 東京高判平成5・3・5 判タ811号76頁。

我が国における三権分立の在り方，国内法制の状況，訴訟における請求や主張の形態なども勘案」[17]。さらに，WTO 協定についての近時の学説動向，特に，EU における適用否定論の論拠としての消極的相互主義[18]を援用し，それを我が国の立法・行政裁量及び権力分立論との関連を重視する議論に連結させたことに特徴がある。

ここに，「条約の国内適用の方式と条件」[19]に対する判例理論の一定の進展を見て取ることができるが，国際取極め[20]のなかには，条約，行政協定（行政取極め）だけでなく，各種ガイドライン・勧告・標準といった，よりインフォーマルなものがあり，そこにおいても「国際的な基準」が策定される。

II 「国際的な基準」の判例における取扱い

1 標準化の進行という事象

民間機関が定立するものも含め，インフォーマルな道具立てにより形成される基準が，国内外を問わず重要性を増し続けていることは多言を要しない——19世紀後半以来の，国際的な場面も念頭においた論者の表現を借りれば「標準化が指揮を執る」(Standardization takes command.)[21]という現象が拡大し，加速している。

そのような類型に，国内法上どのような位置づけが付与されるのか。「国際的

---

17) 判タ 1406 号 275 頁以下の同判匿名「説明」部分も参考にすると，この点に関しては，中川淳司「国内裁判所による国際法適用の限界」国際法外交雑誌 100 巻 2 号（2001 年）91 頁以下の影響が大きいことがうかがわれる。
18) この点については，東史彦「日本における WTO 協定の直接適用可能性」亜細亜法学 43 巻 2 号（2009 年）113 頁以下，中川他・前出注 12）100 頁〔平〕の影響が大きいことがうかがわれる。EU における関連判例の推移につき，中西優美子『EU 権限の判例研究』（2015 年）500 頁以下，同協定の直接適用可能性に関するドイツ公法学から見た概観として，Ruffert, M., Rechtsquellen und Rechtsschichten des Verwaltungsrechts, in: GVwR Bd. 1 (2Aufl.), S. 1247 f. を参照。
19) 山本・前出注 4）ジュリスト 19 頁。
20) 本稿では，国際取極めという語を，条約，行政協定，国際機関の定立する規範，ガイドライン等を包摂し，日本が策定に関与していないものも含む意味で用いる。したがって，「条約その他の国際約束」（外務省設置法 4 条 4 号）よりは対象が広い。
21) Vec, M., Standardization Takes Command, in: Kloepfer, M., (Hrsg.), Technikentwicklung und Technikrechtsentwicklung, 2000, S. 45 ff. Vec の論考のこのタイトルは，Giedion, S., Mechanization Takes Command, 1948（邦訳として，S・ギーディオン（榮久庵祥二訳）『機械化の文化史——ものいわぬものの歴史』（1977 年））を踏まえたものである。Vgl., Vec. M., Recht und Normierung in der Industriellen Revolution, 2006. 民間機関による基準を巡る現今の議論につき，例えば，Grünberger, M., Transnationales Recht als responsiver Rechtspluralismus?, in: Der Staat, 55 Bd., 2016, S. 117 ff. を参照。

な基準」といっても条約上にその根拠があるもの，条約において言及があるもの，あるいは条約との連結がない，スタンド・アローンのもの，そしてまた民間機関が定立するものなど，様々なものがある。考察の起点にあたっては，それらを幅広く包摂しうる用語として，「国際的な基準」という表現を用いる[22]。

そして具体的には，国際民間航空条約（シカゴ条約）において国際民間航空機関（ICAO）が定立する国際標準・勧告方式（international standards and recommended practices, SARPs）に関する判例を対象に考察し，国際的な基準の分析の端緒としたい。

2　シカゴ条約における国際標準・勧告方式

(1)　概　観　1944年に採択され，47年に発効したシカゴ条約は，「航空法規ニ関スル条約」（パリ国際航空条約，1922年発効，日本は同年に批准）を引き継ぎ，国際民間航空に関する一般ルールを定める多国間条約である[23]。

条約12条が，締約国は，航空機の飛行又は作動に関する規則について，「自国の規則をこの条約に基いて随時設定される規則にできる限り一致させることを約束する」と規定し，37条が，各締約国は，航空規則を含め，各種規則の「実行可能な最高度の統一」の確保に「協力することを約束」し，このためにICAOの「国際標準並びに勧告される方式及び手続」が採択・改正されると規定する。

国際標準及び勧告方式の条約上の位置づけについては，ICAO理事会の義務的任務を定める54条が，その(1)項で「この条約の第6章の規定に従つて国際標準及び勧告方式を採択し，便宜上，それらをこの条約の附属書とし，且つ，執つた

---

22)　事象に対して付す便宜的呼称であり，規範的な含意はない。この点，本稿に関連する概念において興味深いのは，Funke, A., Umsetzungsrecht, 2010, S. 14 の，「転換」「転換法」（Umsetzung, Umsetzungsrecht）の概念としての機能に関する以下の立論である。「現象と，可能な限り正確なその把握が問題なのであって，名前の問題ではない。用語の問いは二義的であり，なににせよ概念を見出さねばならないが，法的効果がそれにより，（明確になるにせよ）導かれるものではない。目的はドグマーティッシュな明確性だけである」。そして，転換（法）という概念は，様々な法分野における現象を比較し，包摂するものではあるが，「利益」「行政任務」「責任」といった，行政法学上の「鍵概念」とは異なるとしている。

23)　シカゴ条約，ICAO及び標準・勧告方式については，横溝大「ソフトローの観点から見た国際航空法」小寺彰＝道垣内正人編『国際社会とソフトロー』（2008年）271頁以下が，締約国の遵守状況変化という文脈も含め，幅広い視野から検討を行っており，標準・勧告方式に関する本稿の記述も，同論考に負うところが大きい。近時の概観として，森肇志「国際民間航空条約」法学教室427号（2016年）121頁以下，パリ条約からの沿革，及び国際標準の拘束力の問題につき，篠原梓「国際民間航空機関の準立法活動」一橋論叢84巻4号（1980年）549頁以下も参照。

措置をすべての締約国に通告すること」と定める。

　一般には，条約附属書（annex）は条約議定書（protocol）と同様，条約の一部として法的効力を持つことが多いが[24]，ICAO が採択する国際標準及び勧告方式を記載する，シカゴ条約の当該附属書は，便宜上附属書とする，という特殊な位置づけになっている。

　当該附属書の採択は，総会が選挙する 36 カ国からなる理事会（50 条）で，3 分の 2 の賛成投票を必要とし，理事会が各締約国に送付する。締約国の過半数が不承認を届け出た場合には附属書，及びその改正の効力は生じない（90 条）。

　国際標準及び勧告方式のうちの国際標準は「物理的特性，形態，施設，性能，人員及び手順に関する細則であって，その統一的適用が国際航空の安全又は正確のため必要と認められ」るものであり，条約 38 条は，締約国が標準に自国の規制・方式を一致させることが不可能な場合や，相違する規制・方式を採用することが必要な場合，「標準によって設定された方式との相違を直ちに国際民間航空機関に通告しなければならない」と規定する。

　勧告方式は，同じ事項に関する細則ではあるが，「その統一的適用が国際航空の安全，正確及び能率上望ましいと認められ，締約国が条約に従って努力すべきもの」である[25]。

　この「国際的な基準」についての，条約上の他の効果としては，33 条が，航空機が登録を受けた国の各種証明書，免状が，「条約に従つて随時設定される最低標準と同等又はそれ以上」であるなら，他締約国もそれが有効と認めなければならない旨定める。したがって，国際標準における最低水準を満たしていない証明書について，締約国はそれを承認せず，当該証明書による航空機の運航を認めないことができる。さらに 34 条が「この条約に従つて随時定められる形式」での航空日誌記入・保持を義務付け，あわせて，航空規則につき定める 12 条第 3 文が，公海上空では，同規則は「この条約に基いて設定されるものでなければならない」とする。

　以上 3 点は，相違通告の有無にかかわらず締約国に国際標準遵守義務が課されている[26][27]。

---

24)　まずは，ウィーン条約法条約 2 条 1 項(a)の「条約」の定義を参照。
25)　名古屋地判平成 16・7・30 判時 1897 号 144 頁を参照。パリ条約における附属書とシカゴ条約附属書の差異について，篠原・前出注 23）550 頁以下を参照。

日本の裁判所は、この国際標準及び勧告方式にどのような意味を認めているのか。以下、2つの事案を取り上げる。

(2) 名古屋地判平成16年7月30日――業務上過失致死傷被告事件（判時1897号144頁、以下①判決という）

(i) 事案の概要　　本件は、国際標準及び勧告方式にかかわる刑事事件として広く知られている事案である[28]。

平成9年、日本航空のMD-11型機が志摩半島上空で着陸態勢に入った段階で、予定していた降下スピードを超過し、自動制御が働いたことが一つの要因で何度も上下に機首が揺れた。当該揺れにより、客室乗務員一人が死亡し、乗客にも重傷者が出て、パイロットは業務上過失致死傷で起訴された。

事故の原因が自動制御システムの問題なのか、パイロットの操作ミスによるのかが争点となり、検察側は、航空事故調査委員会が作成し公表した航空事故調査報告書を立証のために用いたが、これに対して弁護側は、同報告書の刑事訴訟における利用が、シカゴ条約及びICAOの国際標準（第13附属書5.12条）に違反するとの主張を行った。

(ii) 判決説示から　　以下、当該論点にかかる一審判決の説示を紹介する（以下、各判決における下線は、本稿筆者による）。

「第3　航空事故調査報告書の証拠能力について
1　航空事故調査報告書と国際民間航空条約第13付属書
……「〔第13付属書の〕3.1条には、

『事故又はインシデント調査の唯一の目的は、将来の事故又はインシデントの防止である。罪や責任を課するのが調査活動の目的ではない。』

と規定され、5.12条には、

『事故又はインシデントがいかなる場所で発生しても、国の適切な司法当局が、記録の開示が当該調査又は将来の調査に及ぼす国内的及び国際的悪影響よりも重要であると決定した場合でなければ、調査実施国は、次の記録を事故又は重大イ

---

[26]　篠原・前出注23）551頁、横溝・前出注23）274頁以下を参照。
[27]　横溝・前出注23）276頁は、政府による国際標準・勧告方式不遵守が要因で事故が起こった場合の政府の責任に言及している。
[28]　論説として、川出敏裕「刑事手続と事故調査」ジュリスト1307号（2006年）17頁、笹倉宏紀「事故調査報告書の証拠能力について」研修713号（2007年）3頁以下、横溝・前出注23）277頁注24、森・前出注23）126頁、など。評釈として、土本武司・判例評論583号（2007年）164頁、小畑郁・国際106巻4号（2008年）537頁、藤井成俊・刑事弁護41号（2005年）110頁を参照。

ンシデント調査以外の目的に利用してはならない。
　　a）　調査当局が調査の過程で入手したすべての口述
　〔b〕　以下略〕
　　注　事故又は重大インシデント調査の間に面接した者から自発的に提供されたものを含む上記の記録に含まれる情報は，その後の懲戒，民事，行政及び刑事上の処分に不適切に利用される可能性がある。もしこのような情報が流布されると，それは将来，調査官に対し包み隠さず明らかにされるということがなくなるかもしれない。このような情報を入手できなくなると，調査の過程に支障を来たし，航空の安全に著しく影響を及ぼすことになる。』
と規定されている」。
「2　第13付属書の効力
　(1)　第13付属書は，航空機事故についての標準及び勧告方式を内容とするものであり，……〔37条及び38条の内容を援用〕……〔38条は〕相違通告という制度によって，標準として定められた内容の遵守を確保している。
　(2)　日本国は，第13付属書第7版までは，相違通告をしていたところ，平成6年11月に発効した同第8版及び平成13年11月に発効した同第9版のいずれの5.12条についても相違通告をしていない。
　(3)　付属書は，条約自体ではなく，また，国際民間航空条約加盟国の合意により採択されるものでも，直接に同条約加盟国を拘束するものでもないが，同条約が，統一された手続等の実現に向けて，付属書により標準等を採択し，相違通告制度によって，付属書の定める標準に従わない別個の方式を採用する国は，その旨を明らかにすべきことを義務づけていることからすると，相違通告をしない国は，採択された付属書の定める標準に従うことを表明したものと解するのが相当である。すると，刑事手続においても，裁判所は，証拠調べをするに当たり，第13付属書5.12条の制限を考慮する必要がある」。

　判決は，このように，刑事手続の証拠調べにおいて，第13附属書5.12条の「制限を考慮する必要がある」としたが，引き続き，同条の趣旨につき，「同条は，その文言上，同条に掲げられた記録の開示を制限する規定である」と限定的に解釈し，かつ「すでに一般に流布している記録を利用する場合にも，当該調査又は将来の調査に及ぼす国内的及び国際的悪影響を考慮しなければならないとするのは，刑事裁判の審理に過大な制限を課すもので」あり，「同条は，その文言どおり，記録の開示の制限を定めたものである」とした。

　その結果，調査報告書が公表されたことにより，同報告書の内容中，第13付属書5.12条のaないしeに該当する部分についても，同条の制限の対象にはな

らないとして，事故調査報告書の証拠能力を認めた。具体的には，調査報告書を刑事訴訟法321条4項の定める鑑定書に準ずるものとして証拠として採用した上で審理し，機長には過失がなかったとして無罪と判断した。

なお，控訴審判決（名古屋高判平成19・1・9）[29]は，国際標準の国内刑事裁判における位置づけという論点には触れていない。

(3) 千葉地判平成19年10月19日――新東京国際空港にかかる工事実施計画の変更認可処分取消等請求事件一審（以下，②判決という）[30]
(i) 事案の概要　本件は行政訴訟であって，新東京国際空港（成田空港）の滑走路拡張工事につき，周辺住民が騒音や安全上問題があるとして工事実施計画の変更認可処分の取消しを求めて出訴した。原告側は，並行滑走路の幅が狭すぎる等として，それが国内法上違法というだけではなく，シカゴ条約の第14附属書として採択された国際標準及び勧告方式に違反している旨主張した[31]。

裁判所は，変更認可によって新たにあるいは従前以上に飛行場の制限表面による私権制限を受ける者に限定して原告適格を認めた上で，本案を審理し，処分の違法性についての原告の主張を斥けたが，そのなかで，国際標準及び勧告方式の位置づけについて，以下のように説示している。

(ii) 一審判旨から
「(2) シカゴ条約違反の主張について
〔中略〕
　イ　シカゴ条約38条及び14附属書によれば，シカゴ条約にいう標準とは，物理的特性，形状，器材，性能，要員又は方式に関する細則であって，国際航空の

---

29)　判タ1235号136頁。
30)　裁判所ウェブサイト収録：LEX/DB 28140395。評釈として，吉村祥子「国際民間航空標準の国内的効力」平成20年度重要判例解説328頁がある。
31)　標準との関係では，具体的には以下の主張である。「……着陸帯Bダッシュは，長さ2300メートル幅150メートル（滑走路の中心線精密進入用滑走路を含む滑走路帯は，実行可能な所では常に，横方向に少なくとも下記の距離まで，当該滑走路の中心線及び中心線延長上の両側に横方向に75メートル）とされ，滑走路Bは，長さ2180メートル，幅60メートルとされている。滑走路Bダッシュは，精密進入用滑走路であることが明らかであるところ，着陸帯Bダッシュは，国際民間航空機関の国際標準に著しく違背している。すなわち，滑走路Bダッシュは，14附属書の第1章1.3.2で規定する飛行場基準コードによればコード番号4であるところ，同附属書第3章の3.3.3で，コード番号4の場合，精密進入用滑走路を含む滑走路帯は，実行可能な所では常に，横方向に少なくとも150メートルの距離まで，当該滑走路の中心線及び中心線延長上の両側に，滑走路帯の全長にわたって広がるべきであると国際標準を規定しているから，着陸帯Bダッシュは，着陸帯の幅において150メートルも国際標準に違反している」。

安全若しくは秩序に対して，その統一的な適用が必要として認められ，締約国が条約に従って遵守するもので，もし遵守することができないときは，国際民間航空機関理事会に通告することが義務付けられているものである。このように，<u>国際標準は，その内容に従うことを絶対的に締約国に強制するものではなく，その内容によることができないときは，自国の方式と国際標準によって設定された方式との相違の通告のみが義務付けられているに過ぎない</u>。

また，同附属書によれば，勧告方式は，その統一的な適用が国際航空の安全，秩序及び効率性のために望ましいと認められる事項であるが，<u>国際標準とは異なり，これに従うように努力することを求められているにとどまるものである</u>。すなわち，自国の方式と勧告方式が相違したとしても，国際民間航空機関に通告することは義務付けられていないのであり，これに従うよう努力することを求められているものにすぎない。

以上のとおり，<u>国際標準及び勧告方式にはいずれもその内容に従うことを締約国に対して強制するものではなく，したがって国内法的効力がないから，それらの内容に従わなくてもシカゴ条約違反の事態は生じない</u>。

ウ また，本件空港変更認可は，法に基づいて行われるものであるところ，その適法性は，法の要件に適合しているか否かのみに係るものであり，<u>法及び規則が国際標準及び勧告方式に従うことは要求されていないのであるから，仮に，本件空港変更認可に係る滑走路Ｂダッシュ等において国際標準及び勧告方式に従わない扱いがあっても，直ちに法に違反するものではない</u>。そして，本件空港変更認可は……法の定める要件を充足しており，適法性に欠ける点はない」。

（4）同事件第二審・東京高判平成21年6月1日（以下，③判決という）[32] 二審判決は一審の判断を是認したが，当該論点に関する部分について，一審判決に，以下のように若干の修正を加えている。

　　「シカゴ条約違反の主張（〔上記イの末尾文〕）について

　　『以上のとおり，シカゴ条約締約国は，<u>同条約に沿った国内法を制定する国際法上の義務を負っているものの，同条約第14付属書の国際標準及び勧告方式は，いずれも条約国に対して，その内容を基準としてできるだけその実現を図ることを求めているのであって，これに従うことを強制するものではなく，標準についても遵守できない場合を予定しているのであって，それらの内容に合致しない点があるとしても，直ちに空港の工事実施計画が違法となるものではない</u>。』

　　「〔同ウ1文目〕『要求』を『強制』に改める」。

---

32) 裁判所ウェブサイト収録。LEX/DB 25441606。

(5) 分析の前提——国際的な基準の類型としての「二次法」とその国内化措置　各判決における標準・勧告方式の捉え方を分析するにあたり，「国際的な基準」に関する一般論をある程度整理しておくのが便宜であろう[33]。

国際組織が定立する規範，あるいは発出する文書における基準に絞ったとしても，その類型や名称には様々なものがある——決議，勧告，報告等々。条約とそれらの関係も多様であり，条約自体についても，国際組織が多国間条約の締結に向けての準備にあたり，その内容形成を主導することもある。

条約となんらか関連づけられた基準のなかで，20世紀後半から特に重要性が増し，なおかつ（比較的）輪郭がはっきりしているものが，「二次法」（Sekundärrecht）である[34]。二次法は，①締約国に対して拘束的であり，②国際組織の固有の意思を表現するものであって，なおかつ，③その一方的な行為として定立される。

①によって，非拘束的なガイドラインや行動規範と区別され，②③によって，締約国間の意思の合致による条約と区別することができる。③が端的に表れるのは，二次法を定立する決議が締約国の多数決によりなされる場合であり，そこに近代国際法の基本原則である合意（一致）原則からの離反を見出すことができる[35]。

二次法定立の根拠は，多くの場合は，（一次法〔Primärrecht〕としての）国際組織設立条約（Gründungsvertrag）の明文規定であり，あるいはその解釈による場合もある。そして，二次法のなかでも，締約国の側で，条約の義務付けに対応した「転換法」（Umsetzungsrecht）の定立が必要な類型[36]，及び「転換」（Umset-

---

[33] 以下は，前出注4)7)に掲げた文献に加えて，Funke, a. a. O., S. 12 ff, S. 20 ff. に負うところが大きい。

[34] 斎藤・前出注2)365頁以下，Funke, a. a. O., S. 21 ff. 用語としては，筆者は，前稿で「二次立法」としたが，酒井他・前出注7)137頁以下〔濱本〕は「国際組織の派生法」とし，山本・前出注4)ジュリスト20頁は，EUの命令等につき「第二次法規」という用語を用いている。二次法が，（国際法上の）国家責任法における「二次規則（規範）」とは違う概念であることにも留意しなければならない。後者につき酒井他・前出注7)312頁以下〔西村〕を参照。Funke, ibid., S. 21 は，二次法は，具体的行為に及ぶこともあり，また，国際機関では「立法機関・作用」「行政機関・作用」が国内の権力分立のようには区分されないとして，立法（Gesetzgebung）の語を避けて，二次法定立行為（Sekundärrechtsetzung）という語によっている。

[35] Funke, a. a. O., S. 21. 篠原・前出注23)552頁以下も，シカゴ条約における国際標準について，条約における同意原則から，立法原則による準立法活動に移行したものと捉えている。

[36] 当該類型として，EU指令（実務上重要なことに加えて，EU指令転換法は，ドイツ連邦憲法裁判所の判例によれば，原則として基本権適合性審査がなされないという特性もある），国連安保理決議等と併せ，転換法の先蹤として第二次大戦後のドイツにおける占領法規も，同論考の考察対象になっている。Vgl., Masing, J., Vorrang des Europarechts bei umsetzungsgebundenen

zung) という行為の特性自体に焦点を当てた Funke の論考は,「転換法」以外の国内措置に関する諸概念との差異も含め, 二次法の国内法的効力 (論) と「転換」の関係を, 以下のように整理しており, 参考になる。

(a) 条約の国内法 (秩序) への「変型 (Transformation)」「編入 (Inkorporation)」——前者は国際法規範の国内法への「改鋳」, 後者は同規範を国内的に適用することに限定しての国内措置[37]——は, いずれも, 特定の国際法規範への国内法の拘束とは必然的には結びついておらず, 国際法規範が義務付けを行う「転換」とは異なる。条約の一般的な「転換」義務は, 国際法上存在せず, どのように条約上の義務を編入・変型するかについての一般的な与件も国際法上存在しない。もちろん個別の条約上そのような義務を規定し, あるいは規定しないでおくこともできる。

ドイツの場合の, 条約承認法律 (ボン基本法59条2項) も, 一般に, 条約に国際法上の拘束力を付与するためのものであって, 条約内容にかかる義務の履行 (「転換」) ではない[38]。

(b) 他方で,「編入」ないし「変型」自体を目的とせず, 条約上の義務 (例えば, ジェノサイド条約5条, 欧州人権条約2条1項) の履行を保障するため, 国内法が制定・改正される類型がある。この場合には, 実務上はしばしば, 条約承認法律とは別途に当該法律が制定・改正される (例, ドイツにおける核テロ防止条約承認法律と, 刑法改正を含む同条約転換法)[39]。

しかし, この場合も, EU 指令や安保理決議の転換 (法) と比較すると, 法律の条約との関連性は間接的である。「(当該法律は) 国内的な適用において, 特殊性を持たない。せいぜいのところ, 基礎にある国際法上の義務が, 国内規定の解釈に影響することが主張可能な程度である。多くの場合, この義務は, 国内立法

Rechtsakten, in: Wahl, R.(Hrsg.), Verfassungsänderung, Verfassungswandel, Verfassungsinterpretation, 2008, S. 507 ff. EU における各種立法・文書の位置づけについての近時の邦語文献として, 中西優美子『EU 権限の法構造』(2012年) を参照。

37) Funke, a. a. O., S. 15. なお, 酒井他・前出注7) 389頁〔濱本〕の, より平明な表現によれば,「変型」は「国際法規範の規範内容を国内法秩序において実施するために, 国内法規を定立する」こと,「編入」は「国内法秩序において国際法規範としての性質を維持したまま法規範としての地位を与える方式」である。小寺他・前出注7) 113頁〔岩沢〕も参照。

38) Funke, a. a. O., S. 16.

39) Funke, a. a. O., S. 17, Fn. 21. 日本の場合には, 国会承認は法律の形はとらないので (憲法61条参照), 承認が必要な条約の場合, 当該承認といわゆる国内実施法 (核テロ防止条約についての「放射線発散処罰法」(2007年)) の関係が, Funke によるこの整理にある程度対応する。

に特別な地位を付与する与件にはならないことを強調しなければならない」。

　法律の規律の対象が条約上の義務そのものでなく，条約履行を保障するものであるので，Funke は，これを「転換」と区別して「保障」(Gewährleistung) という類型で把握している。

　(c)　国際法の「実施」(implementation) は，英米法系の語法では，「転換」と同義に用いられる（EU 指令の「実施」の場合が典型）。しかし別途，国際法学の文脈では，条約の国内化措置だけでなく条約違反の場合のサンクション・条約遵守（コンプライアンス）等も含めて，国際法と国内法の関係について制御学的，法社会学的色彩をもって「実施」が用いられることもある。それゆえ「転換」「転換（法）」をドグマーティッシュに捉える言葉として用いるには，「実施」の語は，問題を含んでいる。

　(d)　国際法の国内措置に関わる概念として，さらに「受容」(Rezeption) がある。それは広義では，憲法における国際法上の規律の参照を意味するが，狭義では，国内裁判所による国際法の考慮を意味する。考慮の対象には，条約だけでなく，国際的な裁判機関の判決も含まれる（欧州人権裁判所判決の国内裁判所における考慮など）が，当該国際機関の判決が国内法の改正に関わる場合には，それは上記「保障」の問題になり，国内裁判所による考慮が「受容」である。

　この場合の「受容」は個別事案に関するものであり，最終的な国内法への転換を図るものではないから，立法活動を対象とする「転換」とは異なる。「受容」も「保障」と同様に，国内措置によって国際法違反を避けるという機能を持つが，「受容」においては，国内裁判所において基本権保護が問題となる場面での，ヨーロッパ人権裁判所などによる国際的な義務付けの作用に典型的な如く，国際法を国内法秩序のなかに関連づける機能により重点がある[40]。

　(6)　標準・勧告方式の場合　　二次法としての拘束力の有無という観点からみると，勧告方式 (recommended practices) に拘束力がないことは文言・定義や条約上の位置づけ（38 条相違通告制度の対象でないことなど）から容易に認められよう。それに対して，標準 (international standards) については，一方で先にみた 33 条の証明書規定や 12 条の公海における義務付け規定があるが，他方で，相違通告制度により，標準からの離脱——いわゆる contracting out——が認められてい

40）　以上は，Funke, a. a. O., S. 15 ff. からの要約であり，(a)～(d)は，本稿筆者が便宜のため付したものである。

るので問題となる[41]）。

締約国が相違通告をしなかった場合の対当該国「拘束力」を認めるとして，それがさらに，国内法上どのような効力を持ち，どのように適用されるのか。

（i）刑事訴訟における報告書の利用　この点，①判決は，国際標準を規定した附属書につき，a「条約自体ではなく，また，国際民間航空条約加盟国の合意により採択されるものでも，直接に同条約加盟国を拘束するものでもない」とした上で，b「条約が，統一された手続等の実現に向けて，付属書により標準等を採択し，相違通告制度によって，付属書の定める標準に従わない別個の方式を採用する国は，その旨を明らかにすべきことを義務づけていることからすると，相違通告をしない国は，採択された付属書の定める標準に従うことを表明したものと解するのが相当であ〔り〕，……刑事手続においても，裁判所は，証拠調べをするに当たり，第13付属書5.12条の制限を考慮する必要がある」とした。

aの説示は，条約附属書一般の位置づけや，先に述べた条約「二次法」における合意原則から多数決原則への展開からすると，簡にすぎる感もあるが（豚肉差額関税事件における前掲説示と対照的でもある），contracting out の仕組みがあることで，個々の加盟国を直接拘束していないという意味では理解できる。

bの，相違通告をしないことにより，「標準に従うことを表明したものと解する」ことについては，まず，それがA）国際法上，締約国間でどのような効果があるのかと，B）国内裁判における作用の問題を，分けて考える必要がある。A）は，前記(b)「保障」の類型として，附属書の標準と整合しない国内法があれば，それを改定する国際法上の義務が有るのかどうかという問題になる。

B）は，前記(d)の狭義の「受容」の類型，言い換えれば，法律の条約（附属書）

---

41) 標準・勧告方式が，国際法上のハード・ローか，ソフト・ローかが議論される所以でもある。この点についても横溝・前出注23) が詳細であり，標準・勧告方式だけを切り出した，二者択一的な議論よりも，制度的枠組みや各国の遵守状況の動態的把握が重要であるとして，議論を展開している。二次法の広義の「実施」（上記(c)) に関する重要な研究と位置づけることができる。国際法学におけるソフト・ロー論の展開につき，小寺彰「現代国際法学と『ソフトロー』」小寺＝道垣内編・前出注23) 9頁以下を参照。山本草二『国際法〔新版・補訂〕』(1999年) 468頁は，「理事会で採択された国際規則等がなるべく迅速かつ広汎に適用され，各締約国の関係国内法令をその線で統一化するようにするため，一般的拘束性を課する特異な方式（contracting out)」とする。同146頁も参照。篠原・前出注23) 552頁は，国際標準の拘束力の基礎は，特に条約38条の通告義務にあるとし，「条約への批准によって加盟国の同意は予め制度化されている」とする。それに対してFunke, a. a. O., S. 23, Fn. 42. は，ICAO理事会による法行為の拘束力を根拠づけるのは簡単ではないという。

適合的解釈(いわゆる間接適用)の問題である。相違通告をしないことで，条約本体と同様の拘束力を A) において認めるのであれば，日本国憲法 98 条 2 項を媒介に，適合的解釈が一定程度正当化される。あるいは，そのような拘束力を認めない場合にも，相違通告をしないことで，国内法における自己拘束的な効果が，裁判所も含め，国家機関に生じると理論構成することも可能であろう。

いずれの構成によっても，判決における附属書上の「制限を考慮する必要」を導出することはできる。そして，国内法を解釈するにあたって，附属書に規定された標準の内容を考慮しなければならないという効果を認めるとして，当該国内法の規定のあり方も，具体的考慮の内容には反映する。以下，いくつかの検討要素を挙げておく。

1) 法律自体に，条約本体ないし附属書への言及がある場合，法律内在的に条約適合的解釈を主張することが容易になる。「条約に別段の(特別の)定めがある場合には，それによる」旨の規定は，その端的な類型である[42]。そして，国内化措置として定立された法律の場合，個々の条文において，条約との適合性が事前に図られているはずであるが[43]，航空法の場合，あわせて，以下のように，目的規定において法律の定めの条約と附属書への「準拠」が表明されている。

 航空法 1 条　この法律は，国際民間航空条約の規定並びに同条約の附属書として採択された標準，方式及び手続に準拠して，航空機の航行の安全及び航空機の航行に起因する障害の防止を図るための方法を定め，並びに航空機を運航して営む事業の適正かつ合理的な運営を確保して輸送の安全を確保するとともにその利用者の利便の増進を図ること等により，航空の発達を図り，もつて公共の福祉を増進することを目的とする。

---

42) 斎藤・前出注 2) 371 頁以下。当該規定は，個別具体的な「保障」ないし「転換」規定が不要ないし不適切であり，なおかつ条約を直接適用することが国際法上の義務の履行として適切であると，立法府が判断した規定と解することができる。もちろん，裁判所が当該規定をどのように扱うかは，三権分立の枠のなかで，なお開かれた解釈問題であるから(例えば，規定における「条約」に附属書も包摂するかどうかなど)，この(比較的)単純な規定においても，裁判所の判断によって，条約違反の状態が発生することはありうる。なお，阿部・前出注 14) 287 頁以下は，このタイプの規定である関税法 3 条但書きにより WTO アンチダンピング協定 2.2 条及び 3.3 条が行政機関及び裁判所によって直接適用されるとする。宇賀克也「アンチダンピング手続と司法救済」国際経済法 4 号 (1995 年) 137 頁以下を参照。

43) 例えば，知財高判平成 20・12・15 判時 2038 号 110 頁は，著作権法の 2 条 1 項各号及び同 23 条等の解釈にあたっては，当該条文が WIPO 条約 8 条を受けて改正されたものであるから，「WIPO 条約 8 条の規定の内容を十分参酌すべきことは明らか」としている。なお，同事件上級審判決である最判平成 23・1・18 民集 65 巻 1 号 121 頁は，この論点には触れていない。

航空法に詳細が規定されていない事項等について，この目的規定が存在することによって，条約・附属書の内容により，それを補充する解釈の正当化を図ることができる面がある[44]（裏から言うと，当該規定がない場合に，国内化措置にあたり個別に明文化されていない事項につき，裁判所が標準を解釈の決め手にするならば，相違通告をしていないことにより，前記B）の効果を認めるという根拠によらねばならない）。もっとも，一般論としては，条約の附属書改定による動態的展開という現象に対して，事後に改定された附属書の内容を，この目的規定を媒介にして，法改正なく個別規定の解釈に反映させることが適法かという問題は残る。

---

[44]　実際に，判例には以下のように，1条に言及し，附属書により航空法及び施行規則の具体的解釈を行うものがある。
　①　名古屋地判昭和37・10・10下刑集4巻9＝10号916頁（空港滑走路上での飛行機衝突事故について，航空管制官の過失を認めた事例）は，「航空法第1条は同法が国際民間航空条約の規定並に同条約の附属書として採択された標準，方式及び手続に的確に準拠しているから同法は右国際民間航空条約（所謂ICAO，イカオ，以下かく略称する。我国批准済）及びその附属書を当然その前提としている。更に航空交通管制の方式については，前記航空局長通達及び航空自衛隊航空交通管制規則は共に米国航空交通管制方式（所謂ANC，以下かく略称する）によるべきことを規定しているから，ANCは右通達及び規則の内容となっている。このANCは又米軍又は米民間の航空規則を前提としており（ANC 3, 401参照）その米軍又は米民間の航空規則とは現実には米空軍規則（AFR）及び米国民間航空法（CFR又はCAR）等であり，これらの規定はイカオ及びANCと共に国際航空慣行として認められ，現に右航空自衛隊航空交通管制規則にはANCと共にAFRによるべきことを規定している点から見ても，これらAFR及びCFRも亦法律解釈上参考とさるべきものと解する」として，航空法96条の「管制指示」の意味内容及び管制指示に関する責任の解釈に関し，附属書及びANCに依っている。
　②　神戸地判平成17・8・24判タ1241号98頁（神戸空港建設事業関連予算の支出差止めを求めた住民訴訟）は，小型固定翼機の駐機場が，航空法上の飛行場に該当するかどうかの争点について，航空法において飛行場の定義については直接規定していないとして，法1条を引用の上，附属書及び法施行規則の定義規定を挙げ，「国際民間航空条約附属書第14，法施行規則79条3号，4号の規定等に照らせば，飛行場とは，航空機の到着，出発，移動の用に供する一体的な区域及び施設であり，具体的には，滑走路，誘導路及びエプロンからなる一体的な区域及び施設であるが，本件用地内には滑走路がなく，格納庫が存在するので，本件用地は法38条1項に規定する『飛行場』には当たらない」とした。
　③　東京高判平成元・5・9判時1308号28頁（雫石全日空機・自衛隊機衝突民事事件）は，追越機の定義及び進路権と回避義務の関係につき，附属書を，かっこ書きで「なお，航空法1条参照」として引いた上で，第二附属書3.2.2の定義によって解釈を行っている。後者についての説示は以下の通り。「当時の航空法のもとにおいても，旧海上衝突予防法21条但書（現17条2, 3項）の定めと同様，回避機が適切な回避動作をとらず，又は，回避機の回避動作のみでは衝突を避け得ない状態になったときには，進路権を有する機も，衝突を避けるため最善の協力動作をしなければならないものと解すべきであり，……国際民間航空条約第二付属書3.2.2も，進路権の規則においては，航空機の機長が衝突を回避するため最善の措置をとることについて，その責任を軽減するものではない旨定めていることが認められ，右の解釈は，航空交通を規律する条理でもあるということができる」。
　以上，いずれも1条を媒介にして，附属書で補充して航空法規定の解釈を行っている。

2) 1)のような目的規定の傘の下になく，法律と附属書の積極的な同方向の関連づけができない場合も存在する。例えば本件で問題となった，鑑定書の証拠採用にかかる刑事訴訟法 321 条 4 項である。

このような場合，まずは，当該条文の文理・構造から，附属書を考慮に入れる文言になっているかどうかがポイントになりそうである。すなわち，不確定概念を使用し，あるいは行政の裁量を認めるような文言であれば，条約・附属書によりその内容を充填することが，可能であるようにも見える[45]。

しかし，そのような文言になっていない場合も含め，附属書の規定を考慮して，当該規定を限定的に解釈し，あるいは，適用しないという効果を認めるべきかどうかが，前提となる争点である[46]。先に取り上げた豚肉差額関税事件二審判決は，条約の直接適用につき，「〔条約規定の〕内容及び性質を基礎として，我が国における三権分立の在り方，国内法制の状況，訴訟における請求や主張の形態なども勘案して総合的に判断する」とした。この定式も参考にして，相違通告をしていないことで，立法上対応をしていないことの正当性は減じ，国際標準と相反する国内法の規定を裁判所が適用せず，あるいは限定解釈することも立法裁量，ひいては権力分立との関係でも適法（合憲）であるとしよう。しかしなお，ここでも，刑事法，民事法，行政法の類別と，訴訟の類型さらに附属書規定の保護法益と附属書により制限される権利・権限の性質によって，考慮の範囲・程度は異なりうるし，個別法規定において考慮する文言上の余地があるかどうか，ない場合にどう解釈するか，個別法とその条文ごとにすり合わせをしなければならない。

3) そして，本件が 2)で示した状況よりもさらに複雑なのは，事故調査の根拠法には，別途，調査における条約・附属書への準拠規定があることによる（旧航空事故調査委員会設置法 15 条 1 項「……条約の規定並びに同条約の附属書として採択された標準，方式及び手続に準拠して……調査を行なう」〔現在は，運輸安全委員会設置法 18 条 1 項〕）。ここでは，準拠規定をもった同法と刑事訴訟法上の規定の解釈における調整をどう図るべきかという問題が生ずる。

ところで，①判決は，一方で附属書 5.12 条の注を援用して，事故の再発防止

---

[45] この点に関して，「国内法に受容された条約それ自体」の「考慮事項提示機能」につき，環境関係条約を素材に検討を加える原田・前出注 2) 323 頁以下を参照。

[46] この点に関して，条約違反に関する国会・内閣による合理的説明義務を媒介に，裁判所による直接適用の可否を考察する，中川・前出注 15) 69 頁以下を参照。

のためになされた証言が他の手続に利用されると調査に支障を来すので，原則として調査過程で得られた情報を他で利用できないとすることにも理由があるとしつつ，記録の開示制限規定として附属書5.12条の方を限定的に解釈した。公表・開示されている報告書について，刑事訴訟での利用を認めることと制限することの法益の比較考量を行った上での限定であるが，当該条文の解釈として誤っているという批判もある[47]。

　もっとも，そのような限定解釈を附属書に加えることで，国内法との抵触は回避され，上記2) 3) の問題に，より具体的に回答する必要性がなくなったことは確かである。従来の判例には，前記西陣ネクタイ事件のように，条約の国内（法）的効力・適用にかかる性質決定の問題とは独立に，条約の内容に国内法が違反しないと判断できるのであれば，その判断を優先して行う傾向があった[48]が，本件にも類似の思考を見出すことはできる。それに対して，豚肉差額関税事件は，条約規定と国内制度の内容から，そのような処理が容易にはできなかったがゆえに，先に挙げた効力・適用論を展開する必要があったとも考えられる。

　(ⅱ)　行政法上の認可における標準・勧告方式の位置とその「強制」「要求」　次に(3)事件（②③判決）であるが，結論としては，②③判決はいずれも①判決とは異なり，附属書の規定内容は，裁判所における考慮事項，より具体的に言えば，処分の要件や処分における行政の要考慮事項にならないという判断を示している。

　その根拠として，②判決は，a 標準における相違通告のみの義務付け，勧告方式における努力義務→ b「内容に従うことの強制」の欠如→ c「国内法的効力」がない→ d 法・規則において附属書適合性は「要求」されていない→ e 法定要件充足により処分は適法，とし，③判決も，a → b′＝〔b″「条約に沿った国内法制定の国際法上の義務」＋b〕→ d′附属書適合性は「強制」されていない→ e，としており，一見，西陣ネクタイ事件一審判決に類似した，履行強制手段の欠如論とも受け取れる（特に②のb→cの運び）[49]。

　　47）　藤井・前出注28）114頁以下。
　　48）　比較的近時の例として，東京地判平成17・4・22裁判所ウェブサイト収録：LEX/DB 28112016〔接続約款認可処分取消請求事件，同処分とWTO電気通信サービス議定書参照文書の適合性が問題となった事例〕。
　　49）　この理解の方向で，用語の修正に着目して③判決の説示を再構成すると「条約に沿った国内法を制定する国際法上の義務を負っている」上に，国際標準・勧告方式の内容に従うことが「要

しかし,「強制」という言葉は,実体的な義務の有無に関しても用いられるのであり,③判決が,dの「要求」をd'「強制」に変えたのも,b″という条約自体にかかる義務はあることから,それとは異なる附属書適合義務の有無について,要求という曖昧な言葉に代えて,「強制」という言葉を使ったと見る方が妥当であり,②判決bの「強制」もそのような意味で読むべきであろう。締約国に対する条約上の義務の有無の問題と,その執行・コントロール手段の有無は別の問題と捉える,国際法学上の議論ともこちらが整合的である[50]。
　一般論に立ち戻ると,国内行政法上の許認可において,「国際的な基準」が,その要件,裁量基準,そして考慮要素になるかどうかは,A) 当該基準の国際法上の位置づけ,B)（条約と連結した基準であれば,その条約も含め）基準の国内（法）的効力,及び直接適用の可否,C) 許認可の根拠法令,法条の在り方——例えば,「安全性」等不確定な概念を使うなど,下位の規則も含め,裁判所に判断余地があるかどうか——,等に依拠する。もちろん,A) のレベルで加盟国に課す義務内容によって,A)〜C) が連動する場合も生ずるが,義務がないにもかかわらず,C) のレベル単独で,基準を裁判所が任意に利用することもある[51]。
　②③判決は,A) B) のレベルで,考慮義務は発生しないとして事案を処理したものであり,（刑事訴訟事件ではあるが）①判決が同レベルで附属書の考慮の必要性を認めたことと対照的である。シカゴ条約37条所定国際標準の一般論として,どちらが適切かという問いを立てるべきか,それとも事件の性質や,附属書の個別内容により,その差異を合理的に説明できるか,なお検討を要しよう。

　　　求」されている（＝従わない場合の「通告」義務がある）が,内容の履行の「強制」はされていない,となる。
50) 前出注7) の各文献,あわせて山本・前出注41) 103頁以下,119頁以下を参照。国内行政法においても,行政処分による権利・義務の措定と,その履行確保手段について,分けて考えることが通有の理解である点について,中原茂樹「行政上の誘導」磯部力＝芝池義一＝小早川光郎編『行政法の新構想Ⅱ』(2008年) 206頁以下を参照。
51) 例えば,新潟地判昭和54・3・30判タ395号116頁は,当時の法定外抗告訴訟の訴訟要件の論点につき,以下のように説示し,シカゴ条約を任意に判断要素の一つとして用いている。「ソヴィエト,韓国とも国際民間航空条約に加入しているので,日本国が同条約に準拠して航空法等を制定し自国国籍の航空機の航空の安全を図つているのと同様に,同条約に従つて航空機の安全航行の諸方策がとられているものと推定され,右認定の実績に照らしても外国国籍航空機の航行を違法視すべき事実も認められず,従つて原告らの生命・身体等に緊急差し迫つた危険が生じていると解することもできない」。なお,控訴審・東京高判昭和55・6・26行集31巻6号1400頁も,差止訴訟却下という一審の判断は維持している。

III 「国際的な基準」の国内裁判における位置
——一般論のスケッチ

　条約の効力と適用に関する近時の判例の考察から出発し，ICAO 標準・勧告方式に関する事件を分析して得られた知見により，「国際的な基準」の国内裁判における位置づけ一般について，「条約上の基準及び条約と連結した基準」と「スタンド・アローンの国際的な基準」に大括りに区分して，スケッチをしておきたい[52]。

1 条約上の基準及び条約と連結した基準

　この類型においても，条約自体における基準の位置づけや，条約との連結の在り方によって（相違通告による contracting out を認めるか否か等），国際法上の効力に差異は生ずる。その上で，1）条約上，締約国における基準の考慮義務が導き出せる場合，日本では，いわゆる国内実施法において義務への対応がなされることが多いが，国内実施法に基準に直接対応する規定がなくとも考慮が可能な場合には，基準と整合した国内法の解釈を裁判所が行うべきことになる。

　その場合，実施法において条約・基準に言及する目的規定や，条約の個別規定と同趣旨の法律規定があれば，それを媒介にした，基準との適合的解釈がある程度容易である。

　しかし，実施法に基準に対応する規定がないことが，条約締結時に政府が，あるいは実施法作成時に国会が，基準の受け入れを明示的に排除したことによる場合に，裁判所が当該基準を考慮し，判決の決め手にすることは，条約国内化措置に関して，条約が認める立法裁量，及び憲法上の立法・行政裁量との関係で，緊張関係を孕む。

　条約が，実施法規定の介在なく，国内裁判所によって基準が考慮ないし適用されることを義務付けている場合には，それが行われないと，国際法上の義務違反を政府は問われる。もっとも，基準と整合的でない解釈や基準の不考慮について，関係者がより上位の国際的な裁判機関や紛争処理手続を利用できなければ，事案については，国内終審裁判所の決定が最終的な通用力を持つ。

　　52）　これは静態的な区分にとどまるが，国際立法と国内行政法の動的展開を捉える必要性については，斎藤・前出注 2) 363 頁以下を参照。

2）条約上の考慮義務がない場合にも，行政訴訟の場合には特に，国内法の不確定概念の解釈・適用等において，裁判所が，基準を任意に考慮することはありうる。その際，処分の根拠法条だけでなく，根拠法全体の趣旨や目的，さらには関連する憲法条項及び他の法律と，当該考慮が適合するのかどうかも裁判所は検討する必要がある[53]。そして，解釈・適用の対象が，国内実施法の場合，明示的な排除がなければ，当該法律による行政処分において，（義務はなくとも）国際的な基準の考慮を行政が行うことが正当化される事案も想定され，そうした事案においては，裁判所の審査も，行政処分の裁量審査のなかで，行政による当該考慮の適否をレビューするスタイルで行われることになろう[54]。

2 スタンド・アローンの国際的な基準

条約との連結あるいは条約における言及のない，この類型では，条約の国内（法）的効力の有無及びその適用の可否が，基準の考慮にどう反映するかという次元の問題はない。したがって，1) 基準の策定にかかる我が国のコミットメントや，国内の行政慣行の蓄積等によって，行政機関において，自己拘束的に基準の考慮義務が導出されるかどうか，2) 1) の考慮義務がない場合にも，裁判所が国内法解釈にあたり任意に考慮する余地が，国内法の関係規定上あるかどうか，の問題になると考えられる。

例えば，2) について，行政訴訟における処分根拠要件該当性や，民事訴訟における請求根拠事実として，安全性の有無が争点になった際に，一方当事者が，国際的な基準に従っているので安全である旨主張した場合に，当該基準を裁判所がどのように評価するのか，という場面である。

---

[53] 国内裁判所が外国行政法を適用・考慮する場合の問題と類似する面がある。斎藤・前出注2) 354頁以下を参照。

[54] 義務の有無・内容も含め，この観点からの検討が必要な判例として，例えば，東京地判平成23・12・16裁判所ウェブサイト収録：LEX/DB 25490632，〔海洋汚染等防止法の許可要件とロンドン条約及び同議定書の関係〕，札幌地判平成25・9・19裁判所ウェブサイト収録：LEX/DB 25502559〔道路負担金の支出と生物多様性条約8条の関係，評釈として，高村ゆかり「生物多様性条約上の義務履行における裁量の範囲」平成27年度重要判例解説284頁〕がある。前者につき，堀口健夫「海洋汚染防止に関する国際条約の国内実施」論究ジュリスト7号（2013年）25頁，あわせて，原田・前出注2) 323頁以下を参照。

むすび

　国際的な基準の国内裁判所での取扱いにおいて，クリティカルな場面の一つとして，以下のような事例が想定される。「条約を締結・批准し，条約附属書に定められた基準は国内法令で具体的に取り入れたが，その後，附属書が，国際機関理事会における多数決議決で修正され，新たな基準が入った。日本は理事会メンバーではなく，contracting out の仕組みもなく，新たな基準についての国内化措置はいまだ採られていない」。

　一方に，技術的事項等を対象とした，条約体制における機動的かつ柔軟な対応の要請[55]，そしてまた，そのような条約体制に加入したことに対する，国民・利害関係者・他加盟国の信頼，といった，国内裁判所における当該基準の考慮を後押しする要素はある。しかし，他方で，個人の権利侵害に関わる事項を中心に，国内の法治主義が要請するルール群，及び（それと重なる部分もあるが）三権の権限・役割分担における，法的・政治的・財政的に重要な基準に対する国会による正当性付与とチェックの要請といった，逆方向の要素も存在する。

　「二次立法」の「転換」という，ドイツにおける特別な国内化措置の類型を分析した前記 Funke の論考は，「転換義務」と「国家主権」の関係について，前者は後者の制限としては把握できないとして，以下のように述べる[56]。

　　　「法定立権限を持った国際組織を設立することは，国家の対外的主権に基づいている。転換義務もまた構成国がその対内的主権を行使することに向けられている。国家がそのような法定立権限を持つ国際組織を設立し，当該組織がそれに対応した一般的権限を使用することの内的根拠は，法規範を定立することと結びついた，支配権の法治国的規律化への基本的信頼にある。転換関係は，法の支配への信頼に基づく」。

　転換義務が，民主的正統性の観点で疑義があり，国内立法権への介入であるという権力分立論による批判に対しては，転換関係の背景には，ドイツが当該国際組織のメンバーとなり，他の国とともに共同体を形成するというドイツの正当な利益が背景にあるとして，国内立法手続だけを見るのではなく「国内立法手続は，

---

[55] 山本・前出注41）468頁，斎藤・前出注2）365頁。そのような要請に対応すべく，当該事例において，当初の基準を行政手続法上の審査基準としての行政規則で取り入れていた場合にはどうか，という派生的な問いも設定できよう。

[56] Funke, a. a. O., S. 418. Vgl. S. 380 ff.

国際組織レベルでの法定立過程で始まる」という観点も重要であり，必然的に「国内立法機関が国際立法に協働できることが大きな意味を持つ」(具体的には EU 法との関係ではボン基本法 23 条 2 項〜 7 項所定の連邦議会・連邦参議院の参加権) としている[57]。

日本における国際的な基準の裁判所による取扱いについても，国際組織における法治主義，国際的な過程での国内立法機関のコミットメントと外交権の関係といった関連論点を，基準が形成される分野・領域の特性にも配意しつつ，さらに深掘りしなければならない。

「行政法の存在意義」について，「侵害行政に対応すべき法的秩序付けの必要性は，行政法という法の体系の形成・発展を促しかつ方向付ける大きな原動力となった」[58]ことを想起すれば，今日においては，グローバル化の諸現象に「対応すべき法的秩序付け」も，類似した面を持つことを確認し，ひとまず稿を閉じたい。

---

57) Funke, a. a. O., S. 420.
58) 小早川光郎「行政法の存在意義」磯部 = 芝池 = 小早川編・前出注 2) 18 頁。

国際動向と国内法制の不整合について

櫻 井 敬 子

    I   行政の国際化
    II   平成19年までのマネー・ローンダリング対策
    III 犯罪収益移転防止法の制定
    IV 考　　察
    結びに代えて

I　行政の国際化

　近年,「グローバル化と行政法」というテーマ設定に係る論考が目立つようになっている[1]。もっとも,個別の行政領域において国際化が著しく進展している分野があることは周知のところであるが,現時点においてそれが「行政法学の理論体系」[2]から見てどのような意味合いを持つのかは定かではない。議論の素材は全体として偏りがあり,かつ,展開される議論はアド・ホックであって,総論的な射程を持つには至っていないという段階であろう。とはいえ,最近,国内法制にとって国際社会の動きがどのような影響を及ぼし,いかなる法現象が生じているかを分析・検討することは,戦後一貫して「行政に関する国内法」[3]という閉じた定義のもとで議論が展開されてきた行政法学にとって,アイデンティティーに関わる大きな課題であることに異論はないと思われる。
　上記定義を唱えた田中二郎博士においても,昭和49年(1974年)段階で,国

---

  1)　テーマの含意および文献参照の意味を込めて,原田大樹「グローバル化と行政法」高木光他編『行政法の争点』(有斐閣,2014年) 12頁以下。
  2)　前出注1)『行政法の争点』はしがき2頁。
  3)　田中二郎『新版行政法上巻〔全訂第2版〕』(弘文堂,1974年) 27頁。

際的規律が行政法の視野に入るべき旨の指摘がなされていたが[4]，今日，国際的規律と国内法の関係は当時とは比べ物にならないほど密接の度を増しており，国際社会における様々な動きが国内法制に与える影響はほとんど直截的といってよいほどである。しかも，案件ないし分野によっては，極めて性急に法制化の圧力が容赦なくかけられることももはや珍しいことではなく，こうした状況が常態化している分野では，様々な国際的会議体における議論が各国の国内法を実質的に方向づけ，詳細な規律の受け入れが事実上強制される。そして，各国政府はもとより，議会もこうした要請を受け入れざるを得ない状況は，近代的な主権国家ないし議会主義モデルに照らせば，各国が実質的な意味において立法の自由を失いつつあるようにすら見える[5]。もちろん，国内に目を転じて，そうした個別案件の処理過程を仔細にみれば，国際会議等において決定された事項について国内法を整備しようとする場合，各国固有の事情はもとより，国内的な法制上のハードルを越えなくてはならず，そのプロセスは政治的動きと相俟ってときに困難を極めることがある[6]。そして，こうした事態がわが国に限られるものでないことはもちろんである[7]。

本稿は，国際化をめぐる行政法の総論的課題を提示するには到底及ばないが，この問題に一つの素材を提供すべく，国際的な動向が直截な形でわが国の国内法制に影響を与えてきた代表的素材として，マネー・ローンダリング（Money

---

4) 田中・前出注3) 29頁注3。
5) たとえば，SOLAS 条約は平成 12 年（2000 年）に IMO（国際海事機関）において改正され，改正条約は各国の批准を要することなく発効したが，これを受けてわが国でも，平成 16 年（2004 年）に「国際航海船舶及び国際港湾施設の保安の確保等に関する法律」（平成 16 年法律第 31 号）が制定された。この新法成立により，昭和 25 年（1950 年）に制定され，その骨格を連綿と維持してきた港湾法は，突如として根本に関わる大きな変容を余儀なくされることとなった。拙著『行政法講座』（第一法規，2010 年）205 頁以下。
6) こうした問題が解釈論レベルで顕在化した数少ない事例として，日工展訴訟（東京地判昭和 44・7・8判時 560 号 6 頁）がある。同裁判では，いわゆるココム（COCOM）が冷戦時代における共産圏諸国封じ込め政策に関わる非公式の国際機関であり，そこで策定された輸出統制基準を意識してなされたわが国における輸入不承認処分の外為法令適合性が争点となった。この事案は，法律改正が事実上困難な状況下において，国際的要請にわが国がどう対応すべきかが解釈論のレベルで問題となり，形式論では片付けられない深刻な背景を有するものである。拙著『行政法講座 2』（第一法規，2016 年）77 頁以下。
7) たとえば，TPP 交渉では，各国との関係ではアメリカを軸に議論が進められているにもかかわらず，当のアメリカにおいて交渉権限を包括的に委任する法律の制定が連邦議会において難航し，TPP 交渉の足かせとなったが，同様の事態は，かつてのウルグアイ・ラウンド交渉でも生じていた。

Laundering: 資金洗浄）をめぐる動きを取り上げ，国際動向と国内法制の関係，とくにその間の不整合について分析し，問題点を指摘することとしたい[8]。マネー・ローンダリングというテーマは，斎藤誠教授の表現を借りれば，行政法の「コアの部分」[9]における国際化の動きと位置づけられることから，議論の素材の偏りを多少なりとも是正することに寄与するであろう。

II 平成19年までのマネー・ローンダリング対策

1 麻薬新条約と麻薬二法

(1) マネー・ローンダリング対策は，もともとは麻薬対策が国際社会における深刻な課題として認識されたことに始まり，国際的な薬物密売組織による不正取引を規制するため，国際社会が先導する形で進められてきた。今日につながる大きな動きは，昭和63年（1988年）12月に「麻薬及び向精神薬の不正取引の防止に関する国際連合条約」（以下，「麻薬新条約」という）が採択されたことに始まる。同条約では，薬物犯罪による収益の隠匿等の行為を犯罪化することや，これを剥奪するための制度を構築することが締約国に義務づけられた。平成元年（1989年）7月にアルシュ・サミットが開催され，そこで麻薬に関するマネー・ローンダリング対策における国際協調を推進することを目的として，政府間会合であるFATF（Financial Action Task Force on Money Laundering: 金融活動作業部会）の設置が合意される[10]。FATFの動きは当初から迅速であり，早くもFATF設置の翌年である平成2年（1990年）には，各国がとるべきマネー・ローンダリング対策の基準として，「40の勧告」（The Forty Recommendations on Money）が策定され，各国に対して，条約の早期批准，マネー・ローンダリングを取り締まる国内法制の整備，金融機関による顧客の本人確認および疑わしい取引報告の措置が求められた。

---

8) マネー・ローンダリングについてわかりやすくまとめられた文献として，警察庁犯罪収益移転防止対策室『犯罪収益移転防止に関する年次報告書（平成27年）』をあげておく。
9) 斎藤誠「グローバル化と行政法」磯部力他編『行政法の新構想I』（有斐閣，2011年）362頁。もっとも，マネー・ローンダリングという素材では，条約と国内公法の関係だけではなく，政府間会合による勧告というソフト・ローと国内公法の関係が主たる課題となる。
10) FATFの参加国・地域及び国際機関は，平成27年（2015年）12月現在，OECD加盟国を中心とする34か国・地域（香港）および2つの国際機関（欧州委員会，湾岸協力理事会）となっている。わが国は設立当初からのメンバーであり，平成10年（1998年）7月から平成11年（1999年）6月まで議長国を務めている。

(2)　この「40の勧告」を受け，わが国でも，まず，国際的な協調体制に協力するという観点から，平成2年6月に大蔵省銀行局長から金融団体に対して，顧客の本人確認実施を要請する通達が発せられた（平成2年6月28日付「麻薬等の薬物の不正取引に伴うマネー・ローンダリングの防止について」〔蔵銀第1700号〕）。また，平成3年（1991年）10月には，麻薬新条約の国内担保法として，「国際的な協力の下に規制薬物に係る不正行為を助長する行為等の防止を図るための麻薬及び向精神薬取締法等の特例等に関する法律」（平成3年法律第94号。以下，「麻薬特例法」という）及び「麻薬及び向精神薬取締法等の一部を改正する法律」（平成3年法律第93号）が成立，公布された。両者を合わせて麻薬二法といい，平成4年（1992年）7月から施行された。

　麻薬特例法は，「規制薬物に係る不正行為が行われる主要な要因を国際的な協力の下に除去することの重要性」に鑑み，また「国際約束の適確な実施を確保」することをその趣旨とし（1条），内容的には，①薬物犯罪におけるマネー・ローンダリングが初めて犯罪化されたこと，②上陸・税関手続の特例としてコントロールド・デリバリーが導入されたこと，③金融機関等による疑わしい取引の届出制度が創設されたこと，が特筆される。このうち，②および③は，いずれも当時のわが国の法制には馴染みのない，新規の発想に基づく仕組みであった。②の「コントロールド・デリバリー」とは，水際規制に関し，出入国管理及び難民認定法（以下，「入管法」という）および関税法の特例として設けられた手続である（麻薬特例法3条，4条）。すなわち，入管法5条では上陸の拒否事由が掲げられているが，このうち規制薬物等を不法に所持する者であるという「疑いのある外国人」については，薬物犯罪の捜査を遂行するため，上陸を特別に認めるというものであり，また，規制薬物が隠匿されていることが判明した貨物については，同様の趣旨から，関税法67条に基づく輸入・輸出の許可等が特別に可能とされるものである。③の「疑わしい取引の届出制度」とは，この時点では，金融機関等に対して，薬物犯罪による不法収益の疑いがある場合に主務大臣等に対する届出を義務づけるものであるが（麻薬特例法5条〔当時〕），その実効性を支える本人確認は通達で要請されるにとどまり，勧告の履行という観点からは緩やかなものにとどまっていた。この仕組みは，後述するように，FATFの活動内容の変化に対応して，金融行政の領域を超えて急速な発展を見せていくことになる。

　「コントロールド・デリバリー」も「疑わしい取引の届出制度」も，違法行為

の疑いがあるというグレー段階にある私人の行為につき,行政レベルで一定の措置をとることを可能とする仕組みであり,公法学の伝統的な考え方からすれば,大きな争点になって然るべき論点を含んでいた制度改正であった[11]。しかしながら,条約を直接受けた形での新規立法であったということや,規制分野が麻薬領域に限定されていたことによるのであろう,とくに論争もなく,その法制化が実現した。

2 FATF 勧告とわが国の対応

(1) ところで,FATFは,国際基準としての勧告の策定のみならず,相互審査の形で各国の勧告の遵守状況を監視することも主な活動内容としているところ,平成6年(1994年),第1次FATF対日相互審査が実施され,マネー・ローンダリングの前提犯罪が薬物犯罪に限定されている点につき改善要望が出される。平成7年(1995年)6月のハリファクス・サミットにおいても前提犯罪を重大犯罪に拡大する必要性が確認され,続いて,平成8年(1996年)6月には「40の勧告」が一部改訂されて,疑わしい取引の届出制度の義務づけ等がその内容に盛り込まれる。こうした動きを受け,わが国では,平成11年(1999年)に「組織的な犯罪の処罰及び犯罪収益の規制等に関する法律」(平成11年法律第136号。以下,「組織的犯罪処罰法」という)が制定され,マネー・ローンダリングの前提犯罪は薬物犯罪から一般的な重大犯罪に拡大されるとともに(2条2項・4項,10条),これに平仄を合わせて疑わしい取引の届出に係る対象犯罪も拡大され(54条,55条),マネー・ローンダリングに関する情報収集の範囲は一般分野へ大きく広がりを見せることになった。そして,届出情報を集約して捜査機関に提供する部局(FIU: Financial Intelligence Unit)の設置については,平成10年(1998年)5月のバーミンガム・サミットにおいて合意がなされたところ,平成12年(2000年),日本版FIUとして,金融監督庁(同年に組織改編を受けて金融庁)に特定金融情報室が置かれることとなった(56条)[12]。

---

[11] その法的問題について,拙稿「組織犯罪対策の法制的課題」法律のひろば2008年4月号43頁以下。

[12] 日本版FIUをどの省庁に置くかについては調整が難航し,平成9年(1997年)7月23日開催の行政改革会議で橋本龍太郎内閣総理大臣の意向が示され,これを受ける形で金融監督庁に決着した経緯がある。この間の事情について,江口寛章「本人確認・情報分析によるマネー・ローンダリング対策——平成19年犯罪収益移転防止法の制定の概況」『講座警察法第1巻』(立花書房,

(2) その後，平成13年（2001年）9月11日，アメリカにおいていわゆる同時多発テロが発生し，世界を震撼させたこの大事件を境にFATFの動きは質的な変化を見せる。すなわち，同年10月，FATFは，G7財務大臣声明を受けてテロ資金対策に関する特別会合を開催し，テロ資金供与に関する「8つの特別勧告」(FATF Eight Special Recommendations on Terrorist Financing) を公表し，テロ資金供与行為の犯罪化とテロリズムに関係する疑わしい取引の届出の義務づけ等を参加国に要請するに至った。

この「8つの特別勧告」を受け，わが国でも，未締結であったテロ資金供与防止条約の担保法として，平成14年（2002年）6月に「公衆等脅迫目的の犯罪行為のための資金の提供等の処罰に関する法律」（平成14年法律第67号。以下，「テロ資金提供処罰法」という）が制定され，あわせて組織的犯罪処罰法も改正されて，テロ資金提供・収集罪をマネー・ローンダリングの前提犯罪に追加するとともに，テロ資金の疑いがある財産に係る取引が「疑わしい取引の届出制度」の対象に加えられた。ここにおいて，マネー・ローンダリング対策は，一般的な重大犯罪を網羅するだけでなく，新たにテロ対策の要素を取り込むものとなる。

さらに，従来通達に基づいて実施されていた本人確認についても，前述の「40の勧告」の一部改訂を受け，平成14年（2002年），「金融機関等による顧客等の本人確認等に関する法律」（平成14年法律第32号。以下，「本人確認法」という）が制定された。これにより，金融機関等には「本人確認義務」（3条）と「本人確認記録作成義務」（4条）が課せられ，顧客等が本人特定事項を偽った場合には罰則も置かれた（17条）。その後も法改正の動きは間断なく進められ，同法は，制定から2年後の平成16年（2004年）にはその題名が「金融機関等による顧客等の本人確認等及び預金口座等の不正な利用の防止に関する法律」に改められて，他人名義や架空名義の預貯金口座等に対する対策も取り入れられることになり，預貯金通帳等の譲受・譲渡やその勧誘・誘引行為等が処罰の対象に加えられた（16条の2）。

3 小　括

ここまでの経緯を振り返ってみると，当初，麻薬取締りという特殊な個別分野

2014年) 615頁注4参照。

から比較的静かに始まったマネー・ローンダリング対策は、次第に制度改革の速度を増しながら、その射程を大きく拡大するとともに、テロ対策という新たな問題領域をその内容に取り込み、平成19年（2007年）の犯罪収益移転防止法（後述）へとつながっていく。「疑わしい取引の届出制度」は、FATF「40の勧告」への対応として平成3年（1991年）に麻薬特例法の中で初めてセットされ、平成8年（1996年）にはその根拠規定が麻薬特例法から組織的犯罪処罰法に移されたうえで、届出の範囲が拡大された。そして、この制度を支える本人確認の仕組みも、当初は通達からスタートして、平成14年（2002年）に法律化されることとなり、ここにおいてわが国のマネー・ローンダリング対策は形式的には体制が整ったことになる。この間、国際的な動きと国内法制の関連づけ如何という本稿の問題関心からすると、わが国では、FATF勧告との関係では、国内法制の整備がなるまでに若干のタイムラグがあり、また、法制化ではなく行政運用の改善によって対応するという場面を残しながらも、全体としては、FATFを中心とする国際社会の要請に対して国内法は比較的スムーズに整備され、ハーモナイズされてきたと総括することが許されよう。

ところが、最近になって、これまで辛うじて予定調和的に推移してきた両者の均衡が崩れつつあるようであり、本稿ではこれ以降の動きについて主たる関心を置いている。それは、国際社会の動きがより大胆になり、全体としてダイナミズムの度合いが増していることもさることながら、FATFの要求がしばしば性急かつ強引で、次第にわが国の法制度の核心に迫る要求がされるようになっていることと無関係ではない。わが国では平成15年（2003年）に本人確認法が施行されるが、同年、FATFでは「40の勧告」の再改訂が行われ、FATF勧告にようやくキャッチアップしたわが国の法制度は、早くも国際標準から突き放されることとなる。再改訂後の勧告は、マネー・ローンダリングの罪として処罰すべき範囲の更なる拡大および明確化、本人確認等顧客管理の徹底、法人形態を利用したマネー・ローンダリングへの対応、非金融業者（不動産業者、宝石商・貴金属商、法律家、会計士等の職業専門家）へのFATF勧告の適用、さらにFIU・監督当局・法執行当局等の政府諸機関の国内および国際的な協調を要請するものであった[13]。

---

13) 再改訂後のFATF「40の勧告」の概要は、財務省ホームページ（http://www.mof.go.jp）で公表されている。

再改訂されたFATF勧告で示された課題はいずれも関係官庁が多岐にわたり，国内的な立法措置にこぎつけるには，政治的対応を含め，行政技術的工夫ないし特段の仕掛けが不可欠であり，実務上の難度が相当程度に高い問題群を形成する。わが国では，Ⅲで述べるように，この再改訂された勧告を実施するため，結局，内閣官房が関与することで新法の制定に緒をつけることになるが，FATFの要求は従前にも増して性急かつ強力となっており，日本国政府は，国内的な諸般の事情からこれに速やかに応えることができなかった。そして，そうこうしているうちに，平成24年（2012年）には，別途新たな勧告（The FATF Recommendations）が出され，これに対する対応が重ねて迫られる状況となる。

以下では，最近の状況を中心に述べることとする。

Ⅲ　犯罪収益移転防止法の制定

1　勧告実施に向けた体制整備

（1）　平成15年（2003年）にFATFが「40の勧告」の再改訂を行い，本人確認等の措置を講ずべき事業者の範囲を金融機関以外に拡大したこと等を受け，その翌年の12月，わが国では，その対応のため，内閣官房長官を本部長とする国際組織犯罪等・国際テロ対策推進本部において，同勧告の実施を盛り込んだ「テロの未然防止に関する行動計画」が決定される[14]。この行動計画では改訂された「40の勧告」および「9の特別勧告」[15]を「完全実施」すると銘打って，「経済産業省，財務省，法務省，金融庁，国土交通省その他関係省庁」が，銀行，証券会社，保険会社等に加え，ファイナンス・リース，宝石商，貴金属商，弁護士，公証人，会計士，不動産業者等に対して，顧客等の本人確認，取引記録の保存および疑わしい取引の届出の義務を課すことなどについて，「平成17年7月までにその実施方法を検討して結論を得ることとする」と記載される。期限を切り，政府として何らかの措置をとることは決定されたものの，この時点では法整備を行うかどうかはあくまで各省庁の検討結果によるという含みが残されている。

当該行動計画で示された予定から遅れること4か月，平成17年（2005年）11月，関係省庁の検討結果を踏まえ，同本部は「FATF勧告実施のための法律の

---

[14]　同計画は，首相官邸のホームページ（http://www.kantei.go.jp）から参照できる。

[15]　平成13年（2001年）に出された「8つの特別勧告」は，平成16年（2004年）にキャッシュ・クーリエ（現金運搬人）に関する勧告を加えて，「9の特別勧告」となった。

整備について」と題して，法律の目的を資金洗浄対策およびテロ資金対策とし，所管官庁につき，警察庁，法務省，金融庁，経済産業省，国土交通省，財務省，厚生労働省，農林水産省，総務省の9省庁としたうえ，法律案の作成は警察庁が行うこと，関係省庁は「内閣官房及び警察庁の調整の下，法律所管省庁として責任をもって法律案の作成に協力する」ことが決定される。また，法律の構成について，金融庁所管の本人確認法と法務省所管の組織的犯罪処罰法5章を参考として法律案を作成すること，勧告において「刑事，民事又は行政上の制裁措置」が求められていることに対応して，業法に基づいて行政上の措置をとることを原則とし，業法のない対象業種，行為についても「何らかの措置」がとれるよう関係規定を整備することを検討するとされた。さらに，FIUを警察庁に移管すること，疑わしい取引の届出の実効性を確保するため，業所管（指導）省庁が関係業界への指導・監督を責任をもって行うことも明記された。

　同本部の決定からは，FATF勧告の実施にあたり，予め法律内容を決め打ちしつつ，足並みの揃わない関係省庁を何とか一定の枠内に収めながら事態を進めようとする政府の苦心の跡が窺われる。平成18年（2006年）6月，同本部において犯罪収益流通防止法案（仮称）の考え方とその概要が決定され，平成19年（2007年）3月，「犯罪による収益の移転防止に関する法律」（平成19年法律第22号。以下，「犯罪収益移転防止法」という）が成立し，平成20年（2008年）3月から全面的に施行される運びとなった。この一連の経緯は，一部消極的権限争議の様相を呈しつつ，国際社会の要請に対して政府が一体となって対応することが容易ならざる実務上の課題であることを示唆している。

　(2)　新法のポイントは，①非金融事業者を含む広範な「特定事業者」が列挙され（2条2項），特定事業者には所定の取引をするに際して顧客等の本人確認を行う義務（4条），確認記録・取引記録等を作成する義務（6条，7条），収受した財産が犯罪収益である疑いがある等と認められる場合には行政庁に届出を行う義務（8条1項）が課されること，②国家公安委員会は，各行政庁を通じて届出に係る情報を受け取り（8条4項），これを整理・分析のうえ必要に応じて捜査機関等に情報を提供し（12条），一定要件のもとで外国の機関に情報を提供することができるとされたこと（13条），そして，③各行政庁に報告徴収，立入検査，指導・助言・勧告，是正命令を行う権限が認められたこと（14条～17条），に整理することができる。この法律により，FATF勧告の相当部分が一本の法律の中にま

とめられたことになる。①は疑わしい取引に係る事業者の義務，②は日本版FIUに関する規定であるが，③では，同法の執行形態として，わが国において多用される直罰方式[16]に委ねず，FATF勧告に従って行政措置が導入されたものであるが，これにより状況によって各行政庁の実働が要請される可能性がでてきたことから，この点が法案のとりまとめを格段に困難にする要因となったことは，指摘しておくべきであろう。

2 第3次FATF対日相互審査と平成22年報告書

(1) このような経緯で犯罪収益移転防止法は制定されたが，同法が全面施行されてわずか7か月後の平成20年（2008年）10月，第3次対日相互審査報告書において，わが国は，FATFから顧客管理に関する勧告5について「NC: Non-Compliant（不履行）」という最低評価を受けてしまう[17]。FATFによる相互審査の結果は，アメリカ，イギリス，イタリア，フランスなど各国においても必ずしも完璧というものではなかったものの，わが国の履行状況に対する評価は際立って厳しいものであり[18]，早急な対応が必要であることを認識させるのに十分であった。こうした事態を受けて，警察庁において有識者懇談会が立ち上げられ，平成

---

16) わが国の行政上の義務履行確保の手段は，GHQの方針により，戦後はもっぱら罰則に委ねる政策がとられてきた。罰則の整備は，義務履行確保にとって一見厳しく見えるが，刑罰の対象が多くなりすぎ，今日，結果として刑罰権の機能不全という状況をもたらしている。また，刑罰権の発動は捜査当局（警察組織ないし検察庁）の守備範囲となることから，罰則への過度の依存は，一方では捜査当局への過剰な権限集中をもたらすとともに，他方で，一般行政庁が法執行の責任を負わなくて済むという意味合いを有しており，法執行の責任分担のあり方としてみると，全体としてバランスを欠く原因となっている。この点，北村喜宣教授は，行政刑罰の量的拡大が「処罰されない犯罪」の量的拡大につながり，それにもかかわらず立法的にそれが拡大再生産されていることを「奇異なこと」と批判し（同「行政罰・強制金」磯部力他編『行政法の新構想Ⅱ』〔有斐閣，2008年〕140頁以下），他方で，黒川哲志教授は行政強制の実態につき，その実施の困難さを指摘されるが（同「行政強制，実力行使」同書114頁以下），両者を合わせ読むと，わが国の義務履行確保の仕組みの深刻な問題状況が明瞭となる。

17) FATF勧告の遵守に関する評価は，2004年のメソドロジーの4段階評価から成り，「C: Complaint（履行）」，「LC: Largely Complaint（概ね履行）」，「PC: Partially Complaint（一部履行）」，「NC: Non-Complaint（不履行）」または「NA: Not-Applicable（適用なし）」となっている。第3次対日相互審査報告書の原文はFATFホームページ（http://www.fatf-gafi.org/）から，その概要の仮訳および別添資料は財務省ホームページから参照できる。

18) わが国に対しては，全49項目中，10項目がNC，15項目がPCとの評価であった。わが国を含む各国に対する審査状況についての比較表が，警察庁刑事局組織犯罪対策部「マネー・ローンダリング対策等に関する懇談会」第3回（平成25年10月16日）配布資料5にあり，わが国に対する評価の厳しさの一端を伝えている。

22年（2010年）7月20日に「マネー・ローンダリング対策のための事業者による顧客管理の在り方に関する懇談会報告書」（以下，「平成22年報告書」という）が公表される[19]。

FATF勧告5においては，顧客管理措置として，事業者に対し，顧客の本人確認のほか，取引目的や真の受益者などに関する情報の取得，継続的に顧客管理を行うべきことやマネー・ローンダリングの危険性に応じて顧客管理措置を行うべきこと（リスクベース・アプローチ）が求められていたところ，FATFからは，これらの義務が犯罪収益移転防止法で課されていない旨の指摘がなされたほか，顧客管理に関し，事業者の内部管理体制の構築，本人確認書類の質の問題や本人確認方法の強化などの指摘があった。

(2) FATFの指摘に対し，平成22年報告書では，「国際的な取組みに歩調を合わせ，FATFの指摘に対応していく必要がある」とする一方で，顧客管理に関する問題が取引実務に大きな影響を及ぼし，事業者や顧客に負担を与えるとして，「我が国の実情を考慮した幅広い視点から検討していくこと」が重要であると述べ，「特に，我が国としてバランスのとれた実効あるマネー・ローンダリング対策を講ずるという観点」に立つというスタンスが示された（同報告書1-2頁）。この部分は，わが国のFATF勧告に対する基本的姿勢を示すくだりといってよいが，国際協調と対比させる形で「我が国の実情」を押し出し，「幅広い視点」ないし「バランス」というキーワードを並べ，つまるところ，FATFの要請にはにわかには応じられないという回答を示したといってよい。

象徴的であるのは，FATFは法令による義務づけを求めていたが，この点につき，同報告書では「我が国の法制の在り方を考えると，諸外国のようにFATF勧告の内容をそのまま法令に規定し得るかという問題があり，法令による義務付けは，我が国の法制に整合し得る範囲で行うべきことは言うまでもない」と述べられている点である（13頁）。ここでは，「我が国の法制」の特殊性が正面から打ち出されており，諸外国のように単純にはいかないという自己認識が示されている。そして，報告書の最後は，マネー・ローンダリング対策が「社会全体で真剣に考えなければならない問題である」という叙述で結ばれ（14頁），責任の所在が最大限希薄化され，全体として優れて日本的な文章となったという

---

19) 平成22年報告書は警察庁のホームページ（https://www.npa.go.jp）から参照できる。

評価が妥当しよう。平成23年（2011年）4月，この報告書を受けて犯罪収益移転防止法は改正され，平成25年（2013年）4月から施行された（以下，「平成23年改正法」という）。

3 FATFの反応

(1) さて，平成23年改正法に対するFATFの反応はいかなるものであったか。結論として，FATFからは同改正法はなお求められる水準に達していないとの厳しい評価を受け[20]，結局，わが国は改めて対応をとらざるを得ない状況に陥ることとなる。FATFの指摘は，具体的には，①どのような場合に顧客情報を取得するかという点について，関連する複数の取引が敷居値を超える場合の取扱いを明らかにすること，②顧客情報の取得に関しては，写真なし証明書の取扱い，取引担当者への権限の委任の確認，法人の実質的支配者，PEPs[21]の取扱い等について改善を求められ，また，③継続的な顧客管理については，継続的な取引における顧客管理，リスクの高い取引・低い取引の取扱い，既存顧客等について制度を充実するよう指摘がなされた（後出・平成26年報告書3頁以下参照）。

さらに，平成24年（2012年）2月には，従来のFATF「40の勧告」および「9の特別勧告」が一本化されて「新40の勧告」（第4次勧告）[22]に改訂され，審査手法についても有効性（Effectiveness）審査が行われることが示された。従来，FATFは，いわば外形面に着目して法整備がなされているかの審査を行ってきており，たとえば，通達では水準をクリアしておらず，告示を含む法令形式が要求されるなどの指摘が具体的になされていた（これを「技術的遵守状況（Technial Compliance）の審査」[23]という）。これに対して，有効性審査では，形式的に法令が

---

20) 平成23年改正法に対する評価に関わる第3次相互審査に対するFATFのフォローアップ結果は公表されておらず，国家公安委員会資料からその内容を窺い知ることができるにとどまる。その概要については，行方洋一＝渡邉雅之「日本におけるマネー・ローンダリング対策の現状と課題」金融法務事情1976号（2013年）55頁以下を参照されたい。

21) PEPsとはPolitically Exposed Personsの略であり，外国の国家元首，高位の政治家，政府高官，裁判官，軍当局者などを指し，マネー・ローンダリングに関わるリスクの高い存在として，各国における厳格な措置が求められている。

22) 第4次勧告および解釈ノートの仮訳は財務省ホームページから参照できる。

23) 財務省国際局の説明によると，技術的遵守状況審査（TC審査）とは，「40の勧告」が法令の法的拘束力のある形で実現されていること，勧告と同じような文言で記述されていることが重視される。第1回「マネー・ローンダリング対策等に関する懇談会」（平成25年6月12日）配布資料13「FATF審査について」（財務省説明資料）2頁，有効性審査についても同資料7頁以下

整えられるだけでは足りず，審査は実質面に及ぶことになり，より厳格な審査がなされることが見込まれる。行政上の義務履行確保をもっぱら刑罰に委ね，沿革的に「法執行（law enforcement）」の観念が希薄であるわが国にとって，執行面について本格的な審査がなされることになれば，わが国の行政実務は深刻な影響を受けることとなろう。そして，平成25年（2013年）6月のG8ロック・アーン・サミットでG8行動計画原則が合意され，首脳コミュニケにおいてG8各国がFATF基準の実施について率先して範を示すとの意思が示されるに至り[24]，わが国を取り巻く環境はさらに一段厳しいものとなった。

(2) こうした全体状況のもと，平成25年（2013年）6月に，新たな有識者懇談会が発足する。同月，わが国では，前述のG8行動計画原則を踏まえ，資金洗浄・テロ資金対策に係るリスク評価を行うこと等を盛り込んだ「法人及び法的取極めの悪用を防止するための日本の行動計画」（平成25年6月18日付）が公表された[25]。その後，有識者懇談会の議論が進行する間に水面下における動きが様々あり，報告書の公表直前の平成26年（2014年）6月27日，「日本に関するFATF声明」が出される。声明は，「FATFは，日本がハイレベルの政治的コミットメントを示しているにもかかわらず，2008年（平成20年）10月に採択された第3次相互審査報告書において指摘された多くの深刻な不備事項をこれまで改善してこなかったことを懸念している」と述べ，「最も重要な不備」として「金融及び非金融セクターに適用されうる予防措置の分野で顧客管理措置やその他の義務が不十分であること」があげられた。そして，声明は，「FATFは，日本が，必要な法案を成立させることを含め，マネロン及びテロ資金供与対策の不備に迅速に対処することを促す。FATFは，日本の進展を継続的にモニターする」と結ばれた。

言うまでもなく，わが国のような主要先進国に対してこのような名指しの声明が出されることは異例であり，わが国が取り組みの遅れた国の一つであるというFATFの認識が表明されるに至ったことは，それ自体遺憾なことという他はない。そして，FATFの先例に照らす限り，この時点で，わが国がマネー・ロー

を参照。
24) 2013年のG8ロック・アーン・サミット首脳コミュニケ（仮訳・平成25年6月18日）は外務省ホームページ（http://www.mofa.go.jp）から参照できる。
25) 同行動計画は，外務省のホームページから参照できる。

ンダリング対策等のハイリスク国として国名公表される可能性が現実味を帯びてきたことを意味する[26]。ことここに至って，事態を放置し，わが国が国際標準に達していないとの評価を受けるようなことがあれば，わが国の金融機関の海外取引に現実に支障が生じかねないことが民間ベースにおいて認識されるようになったといってよい[27]。

4 平成26年報告書と平成26年改正法

こうした深刻な切迫感のある中で，平成26年（2014年）7月に「マネー・ローンダリング対策等に関する懇談会報告書」（以下，「平成26年報告書」という）が公表される[28]。平成26年報告書では，「FATFの基準は，マネー・ローンダリング対策等に当たってのいわばグローバル・スタンダードである」としたうえ，「FATF基準を満たすためには，それぞれの項目について法令により義務付けられることが必要である」と述べ，平成22年報告書とは異なり，FATF勧告に素直に応じる姿勢が示される。そして，制度設計のあり方について，FATF基準の実施という観点からみると，わが国においては事業者等による実務上の取組みが相当程度効果を上げている反面，これを義務づける「我が国の法制度上の技術的表現」と「国際的に求められている規制の在り方」との間に「ずれ」が生じていることが問題であると指摘し，FATF勧告の遵守という国際的な要請に十分応えるためには，新たな制度の構築にあたって，国際基準と整合的なものとなるよう配慮されなければならないと記述され（16頁），この問題に対するスタンスが基本的に転換されていることが読み取れる。

平成26年11月，この報告書を受けて犯罪収益移転防止法は再度改正される

---

26) FATFは，平成12年（2000年），非協力的な国・地域として15か国を公表したことがあり，平成14年（2006年）にも，グレーリストとして国名公表が行われた。日本に対する声明が出された平成26年（2014年）6月27日には，別途，「資金洗浄・テロ資金供与対策に戦略上重大な欠陥があり，それら欠陥への対処に顕著な進展をみせていない，あるいはFATFと策定したアクションプランにコミットしていない国・地域」として，アルジェリア，エクアドル，インドネシア，ミャンマーが公表された。FATF声明の主なものは，財務省ホームページから参照できる。

27) 同旨，行方＝渡邉・前出注20) 61頁以下。

28) 報告書は警察庁のホームページを参照。報告書の概要について，安冨潔『「マネー・ローンダリング対策等に関する懇談会報告書」の概要』銀行法務778号（2014年）8頁以下。実務の対応に関して，藤井尚子『「マネー・ローンダリング対策等に関する懇談会報告書」を踏まえた金融機関の実務対応』同13頁以下。

(以下,「平成26年改正法」という)。同改正法では,疑わしい取引の届出に関する判断の方法に関する規定が整備されるとともに (3条3項・4項, 8条), 特定事業者の体制整備等の努力義務が拡充され (11条), わが国において初めてリスクベース・アプローチが法定化されることになった。リスクベース・アプローチは, 具体的には, 特定事業者は, 取引時確認の結果, 国家公安委員会が作成する「犯罪収益移転危険度調査書」の内容を勘案する等して疑わしい取引であるかどうかを判断しなければならないという形で法文化されている (8条2項)。当該調査書は, 国家公安委員会が, 毎年, 犯罪による収益の移転に係る手口その他の犯罪による収益の移転の状況に関する調査及び分析を行ったうえで, 特定事業者等が行う取引の種別ごとに, 当該取引による犯罪収益の移転の危険性の程度等が記載される[29]。同改正法の全面施行は平成28年 (2016年) 10月とされている。

ここに至って, 大筋においてわが国の行政当局もマネー・ローンダリング対策に対する姿勢を転換することとなったわけであるが, そのことの持つ意味について, 項を改めて述べることとしよう。

Ⅳ 考　　察

本稿は, いわゆる国際化といわれる動向につき, 法理論上の大きな課題があることを意識しつつ, 現在起きている法的現象を客観的に整理・分析することを基本的に目的としている。わが国の行政当局が「国際化」の要請に直面したとき, 平成22年報告書の例に限らず, わが国では外国とは異なって簡単に法制化することが難しいという趣旨の主張が時折みられるが, このような主張を額面通り受け取ることはできない。この点につき, 平成26年の法改正に至る経緯をみながら, 具体的に検討してみよう。

1　国際化の意味

まず, 前提として,「国際化」の意味について2点指摘しておきたい。

第一に, マネー・ローンダリング対策の場合, 取り組みが始まった当初からFATFの存在感が際立っているが, すでに紹介したように, 国際社会の動きはFATF会合だけでなく, 国連, サミット, G7・G8関連の各種会合等と多様で

---

29) 平成26年改正法を受けて初めて作成された「犯罪収益移転危険度調査書」は平成27年 (2015年) 9月18日に公表された。警察庁のホームページ参照。

あり，これらが時系列的に並行して，もしくは五月雨式に，同一課題を確認し合いながら各国の取り組みを促す構図ができあがっている。こうした個別の国際的会合による多元的ともいえる積み上げのなかで，マトリックス的に特定内容の施策に対する国際的要求が繰り返し表明されていく。FATFは各国により構成される任意団体であり，その要請も法的拘束力を持たない勧告，勧告解釈ノート，メソドロジー等の一種のガイドラインによるものであって，また，相互審査結果もまた事実上の要請の域を出るものではない。とはいえ，そうであるにもかかわらず，全体状況から判断する限り，各国とも国際社会の一員として，こうしたソフト・ロー[30]から自由でいることが難しく，とりわけアジア地域に限ってみれば，有力国の一つとして存在感を有するわが国が，国際的な取極めにつき一定の範を示すべきポジションにあることは否定しようもない。

　第二に，国際社会からの要請が，各国に対する具体的な法整備に向けられる場合，求められる標準装備が調えられているかどうかの判断基準として，まずもって，外的な見え方，法形式が重視されることは事柄の性質上当然の成り行きであると考えられる。とくに，マネー・ローンダリング対策の場合，目に見える「抜け穴（ループ・ホール）」を作ってはならないという意味では，各国が揃い踏みで一定の標準装備を確保するということ自体が，形式面を超えた特段の実質的意義を有するということができる。FATFはこれをTC審査（前述）によって一定程度実現しようとしており，それゆえ，内規やガイドラインが歓迎されず，客観的な形式を整えるという次元における行政スタイルの転換が，まずもって求められることになる。このことは，わが国の行政実務からみると，運用ないし指導重視の従来型の行政スタイルが国際的に拒絶されることに他ならず，連綿と積み上げられてきた霞が関モデルの変容が迫られている状況といってよいであろう。この課題に対する抵抗感は政策の国際的な実施という観点からは克服されなければならないが，問題はそれでは終わらず，すでに述べたように，今後，FATFが有効性審査に踏み込むことになれば，わが国の実務はより深刻な影響を受けることは必至といわなければならない。

　　30）ソフト・ローの役割の大きさについては，中山信弘他編『政府規制とソフト・ロー』（有斐閣，2008年），とくに第3部第4章（浅妻章如執筆）を参照。同書では，ソフト・ローは，「裁判所その他の国の権力によってエンフォースメントされないような規範であって，私人（自然人および法人）や国の行動に影響を及ぼしているもの」と定義されている（同書はしがき）。

2 わが国の対応の合理性

　以上を前提として，犯罪収益移転防止法に関するFATFの指摘に対するわが国の反応について整理しておくべきであろう。すでに述べたところから明らかなように，平成26年報告書が出される以前は，わが国の対応は基本的に後ろ向きないし消極的であったといってよいが，その消極的な反応は，大要，3つの類型に区別することが可能である。第一は，FATFの指摘に理由があり，わが国側の一見もっともらしい反論が規制導入を回避するための一種の口実と評価せざるを得ないもの，第二は，FATFの要請がわが国の法制度・法体系にとって新規のアイデアであるため，その導入にあたって十分な制度的咀嚼を要すると見られるもの，第三に，FATFの要請がわが国の立法事実に照らし，制度化の必要性の感じられないものである。

　第一の類型にあたる項目は多く，具体例として，①法人顧客の代理人の権限確認の問題と，②法人の「真の受益者」の扱いという問題をあげておく。まず，①については，平成23年改正法施行規則では，代理権等の確認方法として，委任状のほか，代理しようとしている者が会社の従業員であることを社員証等により確認した場合も認められていた。これに対し，FATFから，社員証等は会社等への帰属を証明するものにすぎず，代理権限の有無を確認できないというもっともな指摘があり，平成26年報告書ではこの部分は除外することとされた（7頁）。②については，FATFメソドロジーでは，事業者に対し，法人である顧客の「実質的支配者」（Beneficial Owner）を確認することが求められ，平成23年改正法では4条1項4号が新設され，事業者に対して法人顧客に実質的支配者があるときはその者の本人確認を行うことが義務づけられ，同法施行規則において，株式会社等については議決権の4分の1超を有する者，それ以外の法人については代表する者が実質的支配者に該当するとされていた。これに対し，FATFからは，法人顧客の場合には常に自然人まで遡って確認をなすべきこと，法人を代表するにとどまる者はFATF基準の「法人を最終的に所有又は支配する者」に合致しないという，これまた正当な指摘がなされた。平成26年報告書では，この指摘について，法人顧客や株主，事業者にとって「非常に大きな負担」があることに触れつつ，法人の透明性の確保が世界的な課題となっていることを述べて，メソドロジーに沿った制度とすることが妥当であるとした（8頁）。いずれもFATFの指摘は正鵠を射たものであり，平成22年報告書段階におけるわが国側

の消極的対応にマネー・ローンダリング対策としての合理性はなかったといわざるを得ない。この点，平成26年報告書の段階になると，前述のとおりFATF基準を満たさない場合の民間事業者にとってのリスクが認識されたことを背景に，当局において規制を躊躇する理由はなくなっていたことが方向転換を可能にした，ともいえる。その他，既存顧客に対する管理や継続的顧客管理の法令化という課題もこの類型に該当する。

　第二の類型としては，古くはコントロールド・デリバリーという行政手法や，疑わしい取引の制度の導入自体がこれにあたるほか，平成26年改正法によってリスクベース・アプローチが法令化されたことをあげるべきであろう。平成23年改正法ではリスクのある取引を分類したうえでその扱いを定めていたが，FATFからは，リスクの高い取引の扱いについて類型が限定的にすぎる，リスクの低い取引の扱いについてリスク評価が必要との指摘がなされた。リスクベース・アプローチについては，第4次勧告においても更なる強化が謳われたことから，正面から法定化に踏み切ることとなったものであろう。近年，様々な分野でリスク評価が言われるが，平成26年改正法はリスク評価に関するわが国最初の立法例ということができる。

　第三の類型に属する具体例としては，FATFによる指摘として，PEPsの扱いが規定されていないというものがある。平成23年改正法では対応はされず，わが国の実情からすると，PEPsに関する規制についてはいわゆる「立法事実」が必ずしもない項目であるともいえそうであるが，現代において実効性あるマネー・ローンダリング対策を講ずるには，「立法事実」を厳密にわが国に限るべきではなく，世界共通の制度インフラを整備すること自体に理由があるということになろうか。このような観点からの立法の正当性という問題は，すぐれて今日的な課題というべきであろう。

結びに代えて

　以上みてきたように，マネー・ローンダリング対策は，国際化という現象に対応した国内法の整備のあり方を検討するにあたって恰好の素材を提供するが，問題の深刻さとあいまって，国際社会の動きが迅速であり，要求内容が比較的ストレートであることが多く，そして関係各国にかけられるプレッシャーが強力であるという特徴がある。国際的な要請に対して，政府は否応なくその矢面に立たさ

れるが，わが国の場合，政府を構成する行政各部の感度が相対的に低く，そのために日本国政府としての全体的なとりまとめがしばしば困難を極めること，その困難の中にいわゆる「法制的な議論」が重要な位置づけをもって含まれていることは，現代の法律学においてよく認識される必要がある。また，このテーマについては，国会の存在感が格段に希薄であるという印象を拭うことができないが，国際的な要請と国内法制の結節点となる国会における論議をどのように構築していくか，現代的な意味における議会の役割が改めて問われることは言うまでもない。

　なお，いわゆるビットコイン等の仮想通貨取引がマネー・ローンダリングに利用される危険性があるというG7及びFATFの指摘を受け，「仮想通貨交換業者」を規制対象に加え，その行政庁及び主務大臣を内閣総理大臣とすることとする犯罪収益移転防止法の改正法が，平成28年5月25日に成立し，6月3日に公布された。

租税手続法の国際的側面

増 井 良 啓

　　I　序
　　II　情報交換の意義
　　III　納税者への通知
　　IV　データ保護
　　V　結

I　序

　近年，租税手続法[1]の国際的側面が，急速に展開している。とりわけ2008年夏の世界金融危機以降，国際的脱税と租税回避に対する各国市民の意識が高まる中で，国家間行政共助が進展した[2]。日本国も従来のポリシーを転換し，多国間の「租税に関する相互行政支援に関する条約」（以下「執行共助条約」という）に参加した[3]。執行共助条約の下で，非居住者の金融口座情報を自動的に交換するための国際的枠組みが合意され，日本法も2015年3月の税制改正でいわゆる共通報告基準（Common Reporting Standard, CRS）を国内法化した[4]。豊かな居住者に

---

[1] 本稿は金子宏『租税法〔第21版〕』（2016年）803頁にならい，租税の確定と徴収の手続に関する法を租税手続法という。租税手続法をより広義に定義し，不服申立てや訴訟の手続を含めるものとして，清永敬次『税法〔新装版〕』（2013年）13頁，谷口勢津夫『税法基本講義〔第5版〕』（2016年）84頁。岡村忠生＝渡辺徹也＝髙橋祐介『ベーシック税法〔第7版〕』（2013年）293頁以下〔髙橋祐介執筆〕も，課税手続・徴収手続とならんで権利救済を論じる。なお，中里実＝弘中聡浩＝渕圭吾＝伊藤剛志＝吉村政穂編『租税法概説〔第2版〕』（2015年）343頁以下〔渕圭吾執筆〕は，租税手続法の国際的側面として，情報交換・徴収共助・相互協議をあげている。

[2] 増井良啓「租税条約に基づく情報交換——オフショア銀行口座の課税情報を中心として」金融研究30巻4号（2011年）253頁。

[3] 増井良啓「マルチ税務行政執行共助条約の注釈を読む」租税研究775号（2014年）253頁。

[4] 増井良啓「非居住者に係る金融口座情報の自動的交換——CRSが意味するもの」論究ジュリスト14号（2015年）218頁。

国外財産調書の提出を義務づける国内法も導入されている[5]。

このような環境変化に対応して，租税手続法の国際的側面に関する研究が内外で活性化している。背景として，グローバル化への注目が，公法研究のひとつの潮流となった[6]。この中で，租税法学会の2013年研究総会が「国家管轄権と国際租税法」を取り上げ，紛争処理や情報交換をはじめとする租税手続法の国際的側面に光を当てた[7]。個別の学術論文としても，米国の外国税務コンプライアンス法（FATCA）のインパクトを同定する研究[8]，UBS事件をはじめとする米国とスイスの法的抗争とその帰結をスイス側の目線から構造化する研究[9]，「国際課税における金融口座情報の共有体制の確立」を跡付ける研究[10]，租税情報交換の国際標準化の展開を整理する研究[11]，「国際ネットワーク」として国際租税法をとらえそれを行政法学の参照領域として検討する研究[12]，グローバル化に対応した国家の統治の変容の例として自動的情報交換を分析する研究[13]など，意欲的な成果が続々と公表されている[14]。外国においてもこの分野の研究は活

---

5) 増井良啓「国外財産調書制度の適用」税務事例研究132号（2013年）37頁。また，2015年3月の税制改正で導入された財産債務調書制度につき，事前通知や調査終了に係る国税通則法の規定を適用すべきであるという立法論として，近藤雅人「財産債務調書の税務調査にかかる手続規定の整備」税研186号（2016年）110頁。

6) そのきっかけとなったのが，斎藤誠「グローバル化と行政法」磯部力＝小早川光郎＝芝池義一編『行政法の新構想Ⅰ行政法の基礎理論』（2011年）339頁である。日本公法学会は「市場のグローバル化と国家」を2011年総会テーマのひとつとし（公法研究74号（2012年）），大橋洋一『行政法Ⅰ〔第2版〕』（2013年）104頁は「国際行政法との協働」に1章を割き，浅野有紀＝原田大樹＝藤谷武史＝横溝大編著『グローバル化と公法・私法関係の再編』（2015年）の共同研究も公刊された。

7) 租税法学会編『国家管轄権と国際租税法』租税研究42号（2014年）。

8) 田中良「全世界所得課税確保のための海外金融資産・所得の把握手法——米国の適格仲介人（QI）レジーム・FATCAレジームの展開」金融研究30巻4号（2011年）313頁，田中良「租税執行における情報交換——FATCAを契機とした新たな構想」法律時報86巻2号（2014年）20頁。

9) 石黒一憲『スイス銀行秘密と国際課税——国境でメルトダウンする人権保障』（2014年）。

10) 吉村政穂「国際課税における金融口座情報の共有体制の確立」金子宏ほか編『租税法と市場』（2014年）532頁。

11) 一高龍司「所得課税に係る情報交換を巡る動向とその含意」租税法研究42号（2014年）23頁，一高龍司「税制改正大綱と納税環境整備」税研181号（2015年）58頁。

12) 原田大樹『行政法学と主要参照領域』（2015年）80頁。

13) 藤谷武史「グローバル化と『社会保障』」浅野ほか編著・前出注6）229頁。

14) 保井久理子「租税条約締結国との実効的情報交換」本庄資編『国際課税の理論と課題73の重要課題』（2011年）971頁，伊藤剛志「国家間の課税目的の情報交換の発展——on demandからautomaticへ」中里実＝太田洋＝弘中聡浩＝伊藤剛志編著『クロスボーダー取引課税のフロンティア』（2014年）58頁，重田正美「米国の外国口座税務コンプライアンス法と我が国の対応」レファレンス773号（2015年）49頁。また，BEPS対策における文書化と国別報告書の自

況を呈しており，著書や論文が量産されつつある[15]。

　本稿は，このような研究を一歩進めるものである。租税手続法の国際的側面の中でも，特に情報交換を考察対象とする。課税目的の国際的な情報交換が拡充強化される中で，納税者の手続保障や情報保護の必要性が複数の論者により指摘されている[16]。そこで本稿では，日本の現行法に則して二，三の論点を検討してみたい。租税手続法の目標が納税者の権利保障と税制の適正執行にあるとすれば，権利保障に軸足を置いた検討を行う。

　なお，租税手続法を広義にとらえれば，国際的事案に関する紛争処理手続の充実が重要な課題である[17]。しかし現在のところ，紛争処理のための超国家的組織は設立されておらず，二国間租税条約に基づいて権限のある当局が外交的に相互協議を行うにとどまる。以下では，国際的情報交換を巡って納税者と課税当局との間で争いが生じた場合には，関係各国の裁判所で紛争処理を行うことを前提とする[18]。

II　情報交換の意義

1　租税条約上の情報交換

　具体的な論点の検討に入る前に，租税手続法の国際的側面において情報交換が占める位置を確認しておこう。

　　動的情報交換につき，浅妻章如「税務情報――マイナンバー，文書化等」ジュリスト1483号（2015年）49頁。
15)　Alexander Rust and Eric Fort, Exchange of Information and Bank Secrecy (2012); Eleonor Kristoffersson et al., Tax Secrecy and Tax Transparency: The Relevance of Confidentiality in Tax Law Part 1 and Part 2 (2013); Oliver-Christoph Günther and Nicole Tüchler ed., Exchange of Information for Tax Purposes (2013); IFA, The practical protection of taxpayers' fundamental rights, Cahier de droit fiscal international Volume 100B (2015); Xavier Oberson, International Exchange of Information in Tax Matters (2015); EATLP, New Exchange of Information versus Tax Solutions of Equivalent Effect (2016). このうち国際租税協会（IFA）の共同研究については，大野雅人「納税者の基本的権利の実際上の保護（IFA 2000年総会の議題2）」租税研究795号（2016年）224頁。
16)　吉村・前出注10) 544頁，一高・前出注11) 租税法研究42号39頁，原田・前出注12) 83頁。
17)　谷口勢津夫「国際的租税救済論序説――国際的租税救済手続の体系的整備に向けた試論」租税法研究42号（2014年）1頁。紛争処理手続を効果的なものにすることは，OECDとG7によるBEPS行動14の課題である。OECD (2015), Making Dispute Resolution Mechanisms More Effective, Action 14- 2015 Final Report, OECD/G 20 Base Erosion and Profit Shifting Project.
18)　執行共助条約23条もこの前提でつくられている。参照，増井・前出注3) 279頁。

一般に，行政機関が行政目的で行う調査を，行政調査と呼ぶ[19]。行政調査については，情報を得るための手段としての立入り・質問・検査等の行為に着目した規律と，情報そのものに着目した規律（個人情報の取得・保有・提供の規律）とを，区別できる[20]。後者の方向からは，行政調査は行政による情報管理システムに位置づけられる[21]。

行政調査は国際法上の制約に服する。国家の執行管轄権に領域的制約があるからである。課税目的の行政調査ももちろん例外ではなく，国税庁の職員が日本の内国法人の香港支店に出かけていき，支店の従業員に質問し帳簿を検査できるかといえば，そのような公権力の行使は原則としてできないこととされている[22]。

かかる領域的制約を克服するために，各国は租税条約等を締結し，国家間行政共助を行ってきた。ここに租税条約等とは，二国間租税条約・情報交換協定・執行共助条約の総称である。課税目的の行政共助の三本柱は情報交換・徴収共助・文書送達であって，このうち実務的重要性が特に大きいのが情報交換に他ならない[23]。

2　情報交換の実績

日本の課税当局は積極的に海外取引に対する調査を行っており，外国課税当局との情報交換を利用している。

国税庁のプレスリリースによると，平成26事務年度における所得税及び消費税調査の状況として，「海外取引を行っている者や海外資産を保有している者などに対して，国外送金等調書，国外財産調書，租税条約等に基づく情報交換制度などを効果的に活用し」ていて，実地調査の件数は3322件あった[24]。平成26事務年度における法人税の調査事績としても，「海外取引を行っている法人の中には，海外の取引先からの売上を除外するなどの不正計算を行うものが見受けられ」るとし，「このような海外取引法人等に対しては，租税条約等に基づく情報

---

[19]　小早川光郎『行政法上』（1999年）306頁。
[20]　小早川・前出注19）309頁。
[21]　大橋洋一『行政法Ⅰ〔第3版〕』（2016年）369頁。
[22]　増井良啓＝宮崎裕子『国際租税法〔第3版〕』（2015年）17頁。
[23]　水野忠恒『体系租税法』（2016年）36頁は，租税の確定手続一般について情報収集の問題が特に重要であると指摘する。
[24]　https://www.nta.go.jp/kohyo/press/press/2015/shotoku_shohi/sanko04_03.htm

交換制度を積極的に活用するなど,深度ある調査に取り組んで」いて,実地調査を1万3000件実施したという[25]。

租税条約等に基づく情報交換は,①要請に基づく情報交換,②自発的情報交換,③自動的情報交換に大別される。それぞれについて,A日本の国税庁が外国課税当局から情報を受領する場合と,B日本の国税庁が外国の課税当局に情報を提供する場合がある。国税庁のプレスリリースによると,平成26事務年度における租税条約等に基づく情報交換事績は次の通りである[26]。年度によってややばらつきがあるものの,①と②が一定数用いられており,③はかなりの件数になっている。

①要請に基づく情報交換
A 526件(国税庁から外国課税当局に要請した件数——外国課税当局がこの要請に応じれば日本の国税庁が外国課税当局から情報を受領することになる。)
B 125件(外国課税当局から国税庁に要請した件数)
②自発的情報交換
A 1258件(外国課税当局から国税庁に提供した件数)
B 317件(国税庁から外国課税当局に提供した件数)
③自動的情報交換
A 約13万2000件(外国課税当局から国税庁に提供した件数)
B 約13万7000件(国税庁から外国課税当局に提供した件数)

3 情報交換の法的根拠

情報交換の法的根拠は,二国間租税条約・情報交換協定・執行共助条約にある。このうち執行共助条約の定めが最も詳細である。以下では,執行共助条約の情報交換に関する条項(4条から10条,18条から23条)を念頭におく。

日本の国内法上は,「租税条約等の実施に伴う所得税法,法人税法及び地方税法の特例等に関する法律」(以下「実特法」という)に情報交換に関する定めがある。これをA日本の国税庁が外国課税当局から情報を受領する場合と,B日本の国税庁が外国の課税当局に情報を提供する場合に大別すると,現在定めがあるのはもっぱらBの場合についてである。すなわち,相手国に対して原則として

---

25) https://www.nta.go.jp/kohyo/press/press/2015/hojin_chosa/pdf/hojin_chosa.pdf
26) https://www.nta.go.jp/kohyo/press/press/2015/joho_kokan/pdf/joho_kokan.pdf

情報提供ができるとした上で5つの列挙事由のいずれかに該当する場合はその限りでないとする規定が置かれているほか（実特法8条の2），納税者から課税目的・犯則調査目的で情報を取得するための諸規定がある（9条から10条の9）。

これに対し，A 日本の国税庁が外国課税当局から情報を受領する場合については，実特法には特段の定めが置かれていない。これは，徴収共助や文書送達に関する規定振りとはかなり異なっている。徴収共助については，相手国の租税の徴収を共助する場合とともに（実特法11条），日本国税の徴収の共助を相手国に要請する場合についても規定がある（11条の2）。また，文書送達については，相手国から文書送達の要請があった場合（11条の3第1項）と相手国の権限のある当局に嘱託して文書送達を行う場合（同条2項）の両方について定めがある。

III　納税者への通知

1　問　題

情報交換に際して納税者への通知は必要か。

問題になるのは，次のような税務調査の過程においてである（図1）。A 国の居住者が，脱税によって得られた裏金を B 国の銀行口座に隠匿する。資金運用益も申告しない。ここで A 国の課税当局が税務調査を開始し，B 国課税当局に対して租税条約上の情報提供を要請する。B 国課税当局はこの要請に応じ，問題の銀行口座の名義人や残高，入金状況などの詳細な情報を，A 国課税当局に提供する。

図1　情報交換の例

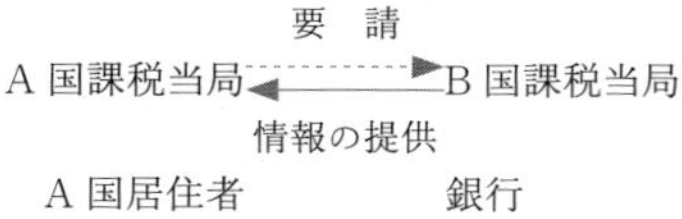

　　　　　　　要　請
A 国課税当局 ◀╌╌╌╌▶ B 国課税当局
　　　　　　情報の提供
A 国居住者　　　　　　銀行

2　日本の現行法

上の例のような場合について，日本の現行法は，納税者への通知義務を定めていない。このことは，日本国が A 国（情報受領国）の立場にある場合についても，B 国（情報提供国）の立場にある場合についても，同様である。納税者としては，条約相手国との間で情報提供が要請されたことや，相手国から情報提供を受けたことについて，知り得る機会がないことになる。

日本国が情報提供を要請し情報を受領するA国の立場にある場合，納税者への通知がないことは，国内で完結する税務調査と比較すると，それほどバランスを失しているわけではない。国内事案において国税庁の税務職員が日本国内の官公庁に協力を求める場合には（税通74条の12第6項），調査のために参考となるべき帳簿書類その他の物件の提供を求めることや，それによって情報を得ることを，納税者に通知する義務が法定されているわけではない。そこで，国際的な情報提供の要請についても，国税庁が国内官公庁に協力を求める代わりに外国課税当局に協力を求めているにすぎないとみるならば，納税者に通知しないのが同等の扱いということになる。しかし，内外の法制で手続保障のレベルにかなりの差がありうることからすると，外国課税当局を自国の官公庁と同視してしまってよいかという問題が残る。そもそも，国内官公庁への協力依頼についても，デュー・プロセスの観点から，本人への同意照会や，行政内部での通知・流用承認制度等の要件・手続等を確立すべきであると指摘されているところである[27]。

　自らに関係する情報が交換されることについて納税者に知る機会が保障されていないことは，上の例で日本国が情報提供国たるB国の立場にある場合には，より重大な帰結をもたらす。実特法8条の2は，5つの列挙事由のいずれかに該当する場合について，情報の提供を行うための根拠規定を不適用としている。列挙事由の中には，相手国において秘密の保持が担保されていないと認められるとき（2号）や，相手国で目的外使用のおそれがあると認められるとき（3号）のように，納税者の利害に密接に関係するものが含まれる。ここで，情報が外国課税当局に提供されることを知り得ない納税者は，これらの事由に該当するか否かについて意見を述べる機会もなければ，不服を申し立てることもできない。加えて，執行共助条約21条2項は無差別扱いなど実特法には明記されていない事由を列挙してそれらに該当する場合に被要請国の支援義務を解除している。これら条約上の事由に当たるか否かの判断過程についても，納税者には知らされないまま手続が進行する。知らされない以上，提供される情報の正確性を確認する機会も存在しない。

　場面はやや異なるが，同様のことは，日本国が情報提供国の立場にあって，相手国から提供を要請された情報を国税庁が保有していないため，税務職員が質問

---

[27]　大橋・前出注6) 363頁。ただし，大橋・前出注21) 377頁にはこの指摘がない。

検査権を行使する場合についても生ずる。この場合の質問検査権の根拠規定は実特法9条であって、同条には通知義務が定められていない。この点、平成23年度税制改正法案では、納税義務者等に対する調査の事前通知を要する旨の規定が含まれていたが[28]、現行法には盛り込まれなかった。こうして、対象者に対して実地の調査において質問や検査を行う場合、調査の事前通知の規定（税通74条の9）は準用されていない。

3 検　討

　日本法のこのような状態は、どのように評価すべきか。

　納税者への通知を要しないとする論拠として、次のものが考えられる。第一は、調査段階と処分段階の峻別である。すなわち、租税行政過程において、課税当局が情報を収集する段階は、更正や決定をする段階とは峻別された一歩手前の段階にとどまるのであって、納税者の関与の余地がないという考え方である。欧州司法裁判所はSabou事件でこの考え方を採用した[29]。もっともこれに対しては、学説の批判が強いところである[30]。手続段階が区別されるからといって調査段階で納税者の権利が一切ないということにはならず、秘密保持を含む保障を実効的にするためには通知と不服申立てを保障すべきであるという説も唱えられている[31]。峻別論はカテゴリカルにすぎるというべきであろう。

　通知を要しないとする論拠の第二は、不誠実な納税者への対処である。情報交換の要請があったことや、情報交換を行ったことを通知すると、不誠実な納税者に新たな対策・工作を行う時間を与えてしまう[32]。この懸念は、租税行政の実効的な遂行の見地からみて、かなり実質的なものである。しかし、すべての納税者に対して全面的に通知を不要とする論拠としては、必ずしも十分に強固なもの

---

28)　増井・前出注2）294頁。
29)　ECJ, 22 Oct. 2013, Case C-276/12, Jiři Sabou v. The Czech Republic.
30)　José Manuel Calderón Carrero and Alberto Quintas Seara, The Taxpayer's Right of Defence in Cross-Border Exchange-of-Information Procedures, Bulletin for International Taxation Vol. 68, No. 9 (2014) 498, 501; Oberson, supra note 15, 233.
31)　Philip Baker and Pasquale Pistone, General Report, in IFA, supra note 15, 50. ただしこの説は刑事法上の諸原則をほぼそのまま租税手続に転用しようとする。その問題点の指摘として、大野・前出注15）252頁。
32)　大野・前出注15）244頁は、納税者への通知と、納税者からの情報交換の差止め請求などを認めたとすれば、この問題が生じ、ひいては、もともと課税に結びつかず争いが生じなかったはずの事案についてまで、争いを生じさせ、行政コストの増加を招くおそれがあると指摘する。

であるとはいえまい。原則として通知し，不都合のある場合につき例外的に通知を遅らせたり不要としたりするやり方がありうるからである。この点で参考になるのが，国税通則法の定めである。国税通則法は原則として納税者に対する調査の事前通知を法定した上で（税通74条の9），その例外として，「違法又は不当な行為を容易にし，正確な課税標準等又は税額等の把握を困難にするおそれその他国税に関する調査の適正な遂行に支障を及ぼすおそれがあると認める場合」には通知を要しないとしている（74条の10）。情報交換についても，納税者の不誠実な行為のおそれが認められる場合に，例外的に通知を不要とすることで対処が可能である。

通知を要しないとする論拠の第三は，国際的協調である。2014年前後において，「税の透明性と情報交換に関するグローバル・フォーラム（Global Forum on Transparency and Exchange of Information for Tax Purposes）」によるピア・レビューを受けて，オーストリア[33]，リヒテンシュタイン[34]，オランダ[35]，スイス[36]が，通知を廃止ないし縮減したことが報告されている。情報交換の実効性を高めるためには，通知をなくすこともやむを得ないという動きである。しかし，ベルギー[37]，チリ[38]，ドイツ[39]，韓国[40]のように，通知を行う国も依然として存在する。また，情報交換に関する国際基準を示すOECDモデル租税条約26条のコメンタリーも，そのパラ14.1において，次のように述べて，通知手続の積極的意義を承認している。いわく，

「通知手続は国内法上認められた権利の重要な一側面でありうる。それは，誤りを防止し（例えば本人違いの場合），交換を促進する（通知を受けた納税者が要請国の課税当局に対し自発的に協力することを可能にする）ことに役立つ。」[41]

---

33) Werner Haslehner, Austria, in IFA, supra note 15, 119, at 134-135.
34) Martina Benedetter and Cordula Wytrzens, Liechtenstein, in IFA, supra note 15, 495, at 500.
35) Anke Feenstra, Hans Hertoghs, Marion Kors and Marc van Elk, Netherlands, in IFA, supra note 15, 545, at 565-566.
36) Susanne Raas and Marc Winiger, Switzerland, in IFA, supra note 15, 757, at 774-775. スイス法の状況につきより詳しくはOberson, supra note 15, 240-241.
37) Marielle Moris, Belgium, in IFA, supra note 15, 141, at 150.
38) Ignacio Gepp, Chile, in IFA, supra note 15, 207, at 222（銀行情報に限る）.
39) Daniel Dürrschmidt and Karin Kopp, Germany, in IFA, supra note 15, 371, at 390-391.
40) Hyejung Byun and Ted Tae Gyung Kim, Korea, in IFA, supra note 15, 481, at 492-493.
41) OECD, Model Tax Convention on Income and on Capital: Condensed Version 2014, Commentary on Art. 26, Para. 14.1.

こう述べた上で，情報交換を不当に遅延させることを防ぐため，情報提供に先立っての通知手続に例外を設けることを推奨しているのである[42]。

このように見てくると，情報交換に際して事前事後を問わず納税者に通知するための規定を一切もたない日本の現行法には，再検討の余地がある。

実際，日本の国内法がこのような状態であるにもかかわらず，条約例の中には通知について一歩を進めるものがある。2015年12月17日に署名された日独租税条約の議定書11(e)は，個人情報について次のように定める。

「情報を受領する当局は，情報を受領する当局が権限のある当局である締約国の法令に従い，ある者に関して提供された情報及び当該情報が使用される目的を当該者に通知する。」

これはドイツの条約締結方針を反映した定めであり[43]，日本の条約例としては例外的である。今後，納税者の手続保障の観点から，同様の条項を日本の租税条約締結方針に加えることを検討してしかるべきである。また，条約規定の充実と連動して，情報受領国としての通知手続について国内法令を整備すべきであろう。

4 自動的情報交換に特有の課題

以上の検討は，要請に基づく情報交換と自発的情報交換を念頭に置いている。

これに対し，金融口座情報の自動的情報交換については，事情がかなり異なる[44]。自動的情報交換はその性質上，定型的に集められた大量の情報を国家間で共有するものである[45]。それゆえ，1件1件について納税者への事前通知を要するとしたのでは機能しない。現実的な対応としては，金融機関に口座を開設するおりに，「あなたの口座情報は執行共助条約の締結国に自動的に提供されます」といった事前告知を顧客に対して徹底する程度のことにとどまろう。これでは，いつ・いかなる口座情報が・どの相手国に提供されることになるかが，納税者にはわからない。そこで，ある程度まとまった一括情報であってもよいので，特定

---

42) OECD, ibid.
43) ドイツの条約締結方針を示す Deutsche Verhandlungsgrundlage für DBA (DE-VG), Protokol 6. Zu Art. 25 に同様のテクストがある。ドイツ国内法との関係については，Michael Engelschalk in Vogel/Lehner DBA, Art. 26 Rz 25 (6. Aufl. 2015).
44) Baker and Pistone, supra note 31, 53.
45) OECD, Automatic Exchange of Information: What it is, How it works, Benefits, What remains to be done (2012).

相手国との間で自動的情報交換を行う予定が生じた場合にはその事実を納税者に通知することができるよう，手続を定めることが課題である。

Ⅳ　データ保護

1　問　題

情報交換に際していかにデータ保護をはかるべきか。

この問題は，納税者秘密の保護を中核とするが，それだけにとどまらない広がりを有する。それゆえに，税務職員の守秘義務を法定し，特定の場合にそれを解除するための規定を設けるだけでは，十分に対処したことにはならない。情報に誤りがあった場合の訂正やそれにより損害を被った者への賠償にはじまり，インターネットを用いた情報提供のためのフォーマットの共通化，行政組織運営の整備充実に至るまで，広大な問題領域を構成する。情報安全管理（information security management）のための工夫が必要なのである。

2　国際基準の現況

租税条約上の国際的情報交換ネットワークが拡大し強化される中で，OECDは秘密保持とデータ保護の基準作りを進めてきた。

かねてより，OECDモデル租税条約26条2項は情報受領国の国内法基準による秘密保護を義務づけており，権限のある当局が当該情報を開示できる対象者を租税の賦課徴収や訴追，不服申立てに関与する者に限定している。目的外使用は禁止され，公開法廷における審理について個別に開示が許容される。2012年のOECDモデル租税条約改訂では，他目的使用の条件として，両締約国の法令がこれを許容しており，かつ，情報提供国の権限のある当局がそのような使用を許可することが必要である旨の規定が追加された。

執行共助条約22条は，これらと同様の定めを置く。加えて，その1項において，個人情報保護に関して次のように情報受領国の義務を定める。

> 「この条約に基づき締約国が入手した情報は，当該締約国の法令に基づいて入手した情報と同様に，かつ，個人情報の保護の必要な水準を確保するために必要な範囲内で，情報を提供した締約国が自国の法令に基づいて特定する保護の方法に従い，秘密として取り扱い，かつ，保護する。」

すなわち，情報受領国は，自国の法令のみならず，情報提供国の法令における

個人情報保護の必要な水準を確保するために必要な範囲内で，受領した情報を秘密として取り扱い，保護することが必要である。この定めは2010年改正で設けられた。

このようなデータ保護基準を実効あらしめるために，OECDは2012年7月に情報保護のためのガイダンスを公表した[46]。そこでは，租税条約・国内法・行政運営にわたって，機密保持のためのベスト・プラクティスを各国に提示し，実務的ガイダンスを提供している。

データ保護は，大量データが国家間で共有されることになる自動的情報交換において，とりわけ切実な課題になる。そこで，OECDは，共通報告基準に基づく金融口座情報の自動的情報交換について，データ保護のための当局間合意の締結が必要であるとしている。すなわち，自動的情報交換を行うためには，各国の権限のある当局間で合意に至る必要があるところ，そのためのひな型として権限のある当局間のモデル合意（Model Competent Authority Agreement）を提示している[47]。

モデル合意5条1項によると，執行共助条約22条と同等の秘密保護その他のセーフガード規定があてはまり，個人情報保護についても情報提供国の権限のある当局が指定する保護措置があてはまる。さらに，同条2項によると，秘密漏洩や保護ルール違反があった場合には，相手国の権限のある当局に遅滞なく通知する。

権限の当局間の同様の通知義務は，モデル合意4条においても定められている。提供情報に誤りがあったり，報告金融機関の報告要件やデュー・デリジェンスに不履行があったりしたと信じる理由がある場合，相手国の権限のある当局に通知する。通知を受けた権限のある当局は，誤りや不履行を是正するためにその国内法上認められているすべての適切な措置を講ずる。

日本の条約例で，提供情報の訂正や消去，情報の交換に関連して不法に損害を被った者に対する責任などについて明記するのは，先に言及した日独租税条約の2016年改訂議定書である。情報交換に対する信頼性を高め，その運用を実のあ

---

[46] OECD, Keeping It Safe: The OECD Guide on the Protection of Confidentiality of Information Exchanged for Tax Purposes (2012).

[47] OECD, Standard for Automatic Exchange of Financial Account Information - COMMON REPORTING STANDARD (2014) Annex A.

るものにしていくには，他の国との関係でも同様の規定を取り入れていくことが必要であろう。

3　刑事手続との関係

　情報交換によって相手国に提供された情報が，相手国課税当局によって刑事手続に流用される可能性がある。そこで，そのようなおそれがある場合には，日本の課税当局としては情報提供を拒否しなければならないという解釈論が唱えられている[48]。

　刑事手続への流用は，相手国において重罪につながる可能性がある場合には，特に重大な問題をはらむ。この点につき，独中租税条約の議定書6(b)(2)は，刑事手続において情報を用いるためには情報提供国の事前の承認が必要であると定める。その理由は死刑につながる可能性を危惧したからであるというのが，ドイツ政府の説明である[49]。日本法は死刑制度を有するため，その点だけからしてもドイツ法と同じことは妥当しない。しかし，執行共助条約21条2項において「被要請国又は要請国の法令又は行政上の慣行に抵触する措置」や「公の秩序に反する措置」をとる義務がないとされていることには，日本から外国への情報提供に際しても十分に留意すべきである。

　なお，組織犯罪対策として，課税当局と資金洗浄規制当局との間の協力を推奨する国際的な動きがある。2015年9月にはOECDが「刑事及び民事目的で金融情報部門（Financial Intelligence Unit）が保有する情報に対する租税行政のアクセス」と題する文書を公表し，疑わしい取引に関する情報を共有するための法整備を提案した[50]。日本法に引きつけていうと，警察庁のJAFICが保有する情報を，国税庁が利用するということである。資金洗浄には国際的脱税が関係することが多いので，この動きも租税手続法の国際的側面の重要論点のひとつになっていくであろう[51]。

---

48) 原田・前出注12) 87頁。
49) Dürrschmidt and Kopp, supra note 39, 392.
50) OECD, Improving Co-operation Between Tax and Anti-Money Laundering Authorities: ACCESS BY TAX ADMINISTRATIONS TO INFORMATION HELD BY FINANCIAL INTELLIGENCE UNITS FOR CRIMINAL AND CIVIL PURPOSES (2015).
51) 関連して，千地雅巳「脱税がマネー・ローンダリングの前提犯罪とされた場合の論点」税大論叢82号（2015年）243頁。

4 盗まれた情報

広い意味でデータ保護に関係する論点として，盗まれた情報の扱いについて一言する。これは必ずしも国際的情報交換に固有の論点ではないのであるが，現実には，国際的な事案において顕在化した。たとえば，スイスのHSBCプライベート・バンクのシステム・エンジニアであったファルチャーニ氏は，10万人を超える顧客情報を入手して仏・伊・西の司法当局・課税当局に提供し，同氏はスイス司法当局から銀行秘密法違反で起訴されている[52]。また，ドイツ法上も，ドイツ課税当局がスイスやリヒテンシュタインで脱税情報入りのコンパクト・ディスクを購入した場合に，そのデータが刑事手続や課税手続において証拠使用禁止に服するかどうかが問題とされた[53]。さらに，リークされた情報が国際調査報道ジャーナリスト連合（International Consortium of Investigative Journalists）などの活動によってインターネット上で広く開示され，それをきっかけに各国課税当局が調査を開始することもある[54]。

日本法の下で具体的な事件は報告されていないものの，潜在的には同様の事例は容易に想定できる。たとえば，銀行から従業員が顧客情報を持ち出し，これを外国政府が購入する。その情報が執行共助条約上の自発的情報交換によって，日本の課税当局の知るところとなる。日本の課税当局がその情報を用いて更正や決定を行った場合，その適法性が問題となりうる。

この問題を考える上で基本的に区別しておくべきは，(あ)課税当局による情報収集自体が違法である場合と，(い)私人による情報収集は違法であるものの課税当局は合法的にその情報を入手した場合とである。両者の区別は現実には難しいことが多いであろうが，ここではいったん区別できたとして，先に(い)の場合についてみてみよう。

---

52) エルヴェ・ファルチャーニ（橘玲監修，芝田高太郎訳）『世界の権力者が寵愛した銀行』（2015年）41頁〔橘玲執筆部分〕。
53) ルドルフ・メリングホフ（松原有里訳）「租税徴収手続と租税刑事手続の原則と限界（2・完）」自治研究92巻3号（2016年）60頁，67頁。
54) 最近では2016年4月にいわゆるPanama Papersが開示された（https://panamapapers.icij.org/）。これに即座に反応し，英豪などの課税当局が調査を開始する旨報じられている。http://www.itv.com/news/update/2016-04-04/hmrc-ready-to-follow-up-panama-papers-allegations/（英），Neil Chenoweth, Panama Papers: ATO investigating more than 800 Australian clients of Mossack Fonseca, Sydney Morning Herald, April 4, 2016 at http://www.smh.com.au/business/banking-and-finance/panama-papers-ato-investigating-more-than-800-australian-clients-of-mossack-fonseca-20160403-gnxgu8.html（豪）。

この場合，私人の盗んだ情報を課税当局が用いることによって，私人の違法行為を助長する可能性がある。この点を重視するならば，行政行為の瑕疵や証拠の排除を問題にする余地もなくはない。しかし，私人の行為と課税当局の行為は本来は独立である。コンパクト・ディスクが複数の第三者間で転々譲渡されると，当初の私人の違法行為との関連性が薄くなる。さらにいえば，私人の行為が脱税の摘発に向けた公益通報的な性格を有すると評価され，結果的に違法ではなかったとされることもありうる。これらの点を考えあわせると，課税当局が私人を操って違法に情報収集したというような特段の事情がある場合を除き，情報の使用を認めてしかるべきであろう。

では，(あ)の場合（課税当局の情報収集自体が違法と評価される場合）には，租税調査の瑕疵が更正や決定の瑕疵をもたらすか。下級審裁判例は分かれているところ，適正手続の観点から行政調査に重大な瑕疵があればその行政調査を経てなされた行政行為も瑕疵を帯びるという学説が有力である[55]。この説には十分な理由があると考えるが，仮にこの説をとらないとしても，重大な瑕疵のある調査によって取得した情報は証拠排除すべきである。ちなみに，民事訴訟の近年の学説は，当事者間の信義則と公正な裁判の実現を根拠にして，違法収集証拠の証拠能力を制限し，プライバシーや営業秘密の違法な侵害がある場合には証拠能力を否定している[56]。なお，刑事事件についてはすでに最高裁が証拠能力を否定する基準を示しているから[57]，租税犯則事件との関係ではこれを参考にして，国税査察官による情報収集手続に重大な違法があり，将来の違法な犯則調査の抑制の見地からして相当でない場合には，当該情報を証拠排除すべきであろう。

V 結

以上，租税手続法の国際的側面に関して，情報交換を中心に若干の法律問題を論じた。納税者の行う国外取引について課税当局が情報を得られない状態では，公平な課税は絵に描いた餅になってしまう。その意味で，情報交換の拡充と強化が進んできたことには，十分な理由がある。しかし，各国の手続保障の水準がま

---

55) 塩野宏『行政法Ｉ〔第6版〕』（2015年）290頁。
56) 杉山悦子「民事訴訟における違法収集証拠の取扱いについて」伊藤眞先生古稀『民事手続の現代的使命』（2015年）311頁。
57) 最判昭和53・9・7刑集32巻6号1672頁。適用例として最判平成15・2・14刑集57巻2号121頁。

ちまちであるため、現状のままでは、国内法で保障されているはずの水準が切り下げられる危険がある。このような危険にかんがみ、本稿では、納税者への通知とデータ保護について、いくつかの提案を行った。また、日本の現行法に足りないと思われる点も遠慮なく指摘した。このような提案や指摘は、一見すると、せっかくの情報交換ネットワークの強化に歯止めをかけ、脱税者を助けるもののように見えるかもしれない。しかしそれは誤解である。確固とした手続保障の下でこそ租税行政への信頼が確保でき、強力な租税行政が推進できるものと考える。

　この分野は動きが速く、とかく実務が先行しがちである。自主的開示（voluntary disclosure）やアグレッシブ・タックス・プランニングの義務的開示（mandatory disclosure）、国別報告書（Country-by-Country Reporting, CbCR）の自動的情報交換と一般公開をはじめとして、実務的需要の増大に対応して法律論の検討が急がれる。租税条約と国内法が交錯するのみならず、マネーロンダリング規制や産業スパイ対策、個人情報保護などとの法制度横断的な性格を有しており、課題が多い。引き続き検討していきたい[58]。

---

58) 本研究は JSPS 科研費 25380026, 16K03281 の助成を受けた。

第 3 編　行政過程と争訟過程

抗告訴訟における実体法の観念
―― あるいは行政法における実体法の観念,その現況

太 田 匡 彦

I 問題の所在
II 二つの実体法の観念
　　――請求権と利益
III 両者の異同・距離
IV 結びに代えて

I 問題の所在

　抗告訴訟において実体法を観念するとき,我々は,その実体法をどのようなものと捉えているか。本稿は,この問いを自らのものとして考えるための手掛かりを得るべく,日本に既に存在する議論,その中でも比較的この問いに独自の意味を認めて取り組んだと思われる二つの学説を読解することを直接の課題とする。より特定した課題設定のため,現在の日本の行政法学においてこの課題設定が持つ特徴をまず確認しておこう。

1 抗告訴訟と実体法上の請求権

（1）義務付け訴訟・差止訴訟と実体法上の請求権　現在の日本には,行政事件訴訟法（以下,行訴法）の2004年改正により法定された義務付け訴訟と差止訴訟の性質理解に関し対立が存在する。すなわち,これらの訴訟は判決内容に照らして給付訴訟の性質を持ち,その訴訟物は原告の有する実体法上の請求権であると理解する立場が存する一方[1],形成訴訟と理解する立場も存する[2]。

---

1) 塩野宏『行政法II〔第5版補訂版〕』（2013年）234-237頁（義務付け訴訟について）,248頁（差止訴訟について）。髙木光『行政法』（2015年）341-343頁,髙木光「義務付け訴訟・差止訴

(2) 取消訴訟と実体法上の請求権　　他方，取消訴訟については，このような請求権を観念しない立場が，従来から現在までの多数説である。取消訴訟が形成訴訟とされ，その訴訟物が取消しを求められている行政行為の違法とされるとき，そこでは同時に，行政行為の取消しを求める請求権の存在は疑問視されているのである[3]。

　もっとも，高木光は，取消訴訟の背後にも侵害排除請求権など実体法上の請求権を観念するように見える[4]。しかし，だからといって取消訴訟に関する理解が大きく変わるようには見えない。取消訴訟は，行政による係争処分の取消しを判決において命じる訴訟ではなく，判決それ自体による当該処分の取消しを求める訴訟であり，取消判決が係争行政処分を取り消すという理解は変わらない[5]。

　他方，原告適格に関する議論を見る限り，取消訴訟の背後に請求権を想定しなくとも，取消訴訟において実体法を観念する妨げとはならないと現在の学説は理解しているように見える。原告適格に関し判例通説の採用する立場である，いわゆる法律上保護された利益説は，取消しを求められている処分の根拠法規が，原告の（侵害されたと主張する）利益を個別的に保護していることを原告適格承認の基本要件とするところ[6]，この処分の根拠法規は実体法と理解され[7]，原告適格を基礎付ける利益は，実体法上の権利利益と理解されている[8]。もし，取消訴訟の原告適格を基礎付ける利益がこのような形で実体法に位置づけられ，その結果，

　　　訟」磯部力ほか編『行政法の新構想Ⅲ』（2008年）47頁以下（54-62頁）。
　2) 山本和彦「行政事件訴訟法の改正について──民事訴訟法学者から見た感想」ジュリ1277号（2004年）36頁以下（36-37頁），高安英明「差止訴訟」園部逸夫＝芝池義一編『改正行政事件訴訟法の理論と実務』（2006年）193-194頁，行政事件訴訟実務研究会編『行政訴訟の実務』（2007年）94-95頁，108頁。
　3) 塩野・前註1) 87-91頁。雄川一郎『行政争訟法』（1957年）58-61頁も参照。
　4) 高木・前註1) 行政法342頁（高木・前註1) 新構想58頁註(26)も参照）。社会保障給付拒否処分に対する取消訴訟を考えると，給付受給請求権を主張しているケースもあることになろう。高木が原田尚彦に従って観念する侵害排除請求権，給付受給請求権，行政介入請求権は，状況に応じて取消訴訟，差止訴訟，義務付け訴訟の使い分けにより実現されるもので，訴訟類型と一対一対応をしているわけではない（高木・前註1) 行政法341-343頁）。高木光「行政介入請求権」（2004年）同『行政訴訟論』（2005年）220-225頁，229-231頁も参照。
　5) 取消訴訟の訴訟物に関する説明を高木・前註1) 行政法に見出せなかったが，取消判決は，形成判決と理解され，前提として取消訴訟は形成訴訟であると位置づけられている（同書310頁）。
　6) さしあたり塩野・前註1) 123頁以下。
　7) 塩野・前註1) 127頁には，「法律上保護されている利益説においては，当該処分の根拠法たる実体法がその利益を保護しているかどうかの解釈論が必要であり」という説明がある。
　8) 高木・前註1) 行政法290頁。

前提として実体法を観念したことになるのであれば，差止訴訟・義務付け訴訟を形成訴訟と理解した場合も，取消訴訟と同様に原告適格を考える以上，これらの訴訟でも実体法上の利益，さらには実体法が観念されていることになろう。

(3) 実体法上の請求権と実体法　　以上の概観は，現在の日本の行政法学が抗告訴訟を議論する際に実体法を観念すること，ただし，その実体法についていかなる理解を有しているか定かでないことを示す。後者の点を少し具体的にいえば，訴訟を通じて実現される法を実体法上の請求権の体系と理解したとき実体法の観念を有することになるという理解が窺われるものの，そう理解しなければ実体法を観念したことにならないとまで考えられているか疑わしい。

他方，実体法上の請求権と説明される請求権をなぜ実体法上のものと理解してよいか，以上の議論からは明らかでない。実体法が訴訟法の前提であり，実体権は訴訟法によって創出されるものではないという立場からすれば[9]，実体法上の請求権と称される請求権が実体法上のものと理解できる根拠は，抗告訴訟各類型の性質と別に論証されねばならない。

この点につき高木は，行政主体と私人の関係を法（律）関係と捉える法学的方法を採用することに伴う当然の帰結と理解しているように読める叙述を行うほか[10]，ある訴訟類型の存在は，その前提となる請求権が認知されていることの徴憑であるという議論は一定の説得力を持つと指摘する[11]。しかし，前者について言えば，法関係を観念することと，訴訟法と区別されその前提となる実体法を観念することとは，厳密には異なる問題であろう。法関係は，法を考える際の（一部の）単位相互間において法的に意味を持つ関係として[12]法全体について観念しうる。実体法と訴訟法の区別を構想するには，さらに何らかの要素・条件が付加される必要があろう。訴訟類型の存在を徴憑として実体権を推認する後者の方法も，過去にルップにより実体法上の請求権を構成する際に採用された「註釈学派的方法」と同手法と言ってよいと思われ[13]，既に日本でも，請求権の根拠

---

9) 高木・前註1) 新構想 57 頁。
10) 高木・前註1) 行政法 341 頁。
11) 高木・前註1) 新構想 57 頁。
12) 法を考える際の単位として何を設定し，さらに法関係を想定しうる単位として何を設定するかは，独自の考慮と一定の選択を要する。一例として，山本隆司『行政上の主観法と法関係』(2000 年) 452 頁。
13) Hans Heinrich Rupp, Grundfragen der heutigen Verwaltungsrechtslehre. Verwaltungsnorm und Verwaltungsrechtsverhältnis, 2., ergänzte Auflage (1991), S. 155, 171-176, insbes. 174-175.

に関する実体法的理論構成を断念するもの，アクチオ的思考の亜種と評価されている[14]。また，その評価と併せて，にもかかわらずこのような実体権を観念するとすれば，その構成を選択する真の原因は，「認識対象としての実定法の側にではなく，認識体系の構成者の側にあることを暗示している」とも評価されている[15]。実際，高木が義務付け訴訟・差止訴訟に係る形成訴訟理解を批判する際，その論拠は，形成訴訟理解は，国民の権利利益のヨリ実効的な救済に歯止めをかける危惧があるという実践的帰結である[16]。

2 小早川の興味深い位置

(1) 実体法を考えた小早川　　以上に鑑みたとき，小早川光郎は興味深い位置に立つ。小早川は，その研究を，「(1) 私人の行政に対する権利義務関係を構成要素とし，(2) 訴訟法から区別されかつ訴訟を通じて実現されるべきものとしての，『実体法』なる範疇」を想定した上で，「取消訴訟におけるこのような実体法の観念の成立可能性，西ドイツの現行法におけるこの観念の妥当の有無，その構造および内容を明らかにすること」[17]を課題とする研究からスタートさせた[18]。この研究を今一度読み直すことが本稿の中心的課題を構成するので詳細な紹介はここでは控えるけれども，幾つかの点をここで予め指摘しておこう。この研究の時点では小早川は，取消訴訟を形成訴訟と理解する多数の見解に従った上で，この理解を前提に取消訴訟において実体法上の排除請求権が主張されていると理解する当時のドイツの議論がそれ自体として破綻しているとは評価しなかったし[19]，同時に，義務付け訴訟に関しては，実体法上の請求権としての行政行為請求権がそこで主張されていると観念することはむしろ容易であるという見通しを持っていたと解される[20]。しかし同時に，この時点で既に小早川は，取消訴

---

14) 小早川光郎「取消訴訟と実体法の観念」（1973年）同『行政訴訟の構造分析』（1983年）1頁以下（109-111頁），山本・前註12）211頁。
15) 小早川・前註14）110頁。ただし，小早川は，そうだとしてもこのような方法により実体法を構成することは，方法としてみる限り十分に成立しうるとする（同書114-115頁）。ただ，そのような方法を選択する論理的要請がないというのである。
16) 高木・前註1）新構想61-62頁。
17) 小早川・前註14）5頁。
18) 小早川・前註14）指示論文。
19) 結論的な要約として小早川・前註14）112-116頁。取消訴訟を形成訴訟と理解した上で，実体法上の排除請求権を取消訴訟という訴訟類型に先行するものとして観念することが必要であり，可能であるという考察として，同書64-71頁。

訟に先行するこのような実体法を観念することにつき,慎重かつ複雑な態度を示していた[21]。

(2) 距離をとる小早川　これに対して,現在の小早川は,このような実体法を日本の抗告訴訟の背後に(も)想定することに一層慎重あるいは冷淡,少なくとも距離をとっているように見える。

(a) 第1に,義務付け訴訟・差止訴訟を,実体法上の請求権を主張する給付訴訟と性格付けることは避けられている[22]。取消訴訟についても,その基礎に排除請求権を観念する説明は見当たらない。また取消判決(取消訴訟)を形成判決(形成訴訟)と確認判決(確認訴訟)の区別に当てはめ,そのいずれかに属させるという思考も拒絶される[23]。

さらに,取消訴訟の原告適格を基礎付ける利益について実体法上のものと性格付けることは明示には避けられている。取消訴訟に係る第三者の原告適格についてみると[24],確かに,原告適格を基礎付ける利益を実体法上のものではないと明示してはいない。しかし,ここでの原告適格理解が,非申請型義務付け訴訟・差止訴訟の原告適格理解にそのまま転用されるところ[25],先述のように非申請型義務付け訴訟・差止訴訟が実体法上の請求権を主張する訴訟であるのか否かの判断を回避していることを考えれば,取消訴訟の原告適格,それを基礎付ける利益の有無に関する判断枠組みは,実体法上の排除請求権を観念するのか否か,ま

---

20) 小早川・前註14) 62-65頁。
21) この段階では,要約的に評価を示す小早川・前註14) 112-116頁,198-203頁を掲げるに止める。
22) 申請型義務付け訴訟については,義務付けを求められている行政処分につき,当該処分を求める権利(請求権)を語ることは可能であるが,それを実体法上の権利として構成することが義務付け訴訟の制度にとって不可欠というわけではないとされ(小早川光郎『行政法講義(下Ⅲ)』(2007年) 306頁。申請型義務付け訴訟における「本案の問題と本案前の問題の振り分けが,"処分を求める権利(請求権)"の実体法上の要件かどうかによって当然に決まるというものではない」ともされる〔同上〕),申請型義務付け訴訟を民事訴訟理論で言う給付訴訟・確認訴訟・形成訴訟の「いずれかにただちに当てはめることのできるものかどうかは疑問である」と指摘されている(同書297-298頁。この場合の訴訟物理解については,同書306頁)。差止訴訟についても同様の態度が示唆され(同書298頁),非申請型義務付け訴訟についても同様の態度がとられている(申請型義務付け訴訟と併せて,小早川光郎「行政庁の第一次的判断権・覚え書き」原田尚彦先生古稀『法治国家と行政訴訟』(2004年) 217頁以下〔235-236頁,239-242頁〕,小早川・本註下Ⅲ 314頁)。
23) この場合の取消判決理解も含めて,小早川光郎『行政法講義(下Ⅱ)』(2005年) 217-218頁。
24) 処分の名宛人が,処分により不利益を受けている場合の原告適格(訴えの利益)は,ほぼ自動的に認められる。小早川・前註22)下Ⅲ 255頁。申請拒否に関しては同書261-264頁も参照。
25) 非申請型義務付け訴訟につき小早川・前註22)下Ⅲ 314頁,差止訴訟につき同書322頁。

たその成立要件であるのか否かと一旦は切り離されていると理解しておいた方が転用しやすいと考えられる。すなわち，取消訴訟の原告適格に関して示される考察は，取消訴訟の原告適格が実体法に位置づけられる利益に基礎を置くのか，単に訴権を基礎付ける利益でしかないのかという問題に解答を与えるものではないと理解した方が合理的であろう。

(b) 第2に，抗告訴訟の独自性を，法律関係に関する争いを主題としない点に求める点も，抗告訴訟の背後に実体法を観念することへの冷淡さを示唆する。この点に係る小早川の議論も後に検討するので，ここでは簡単に触れる。

確かに，小早川にあっても，「法律上の争訟は，一般的には，訴訟法と実体法の区別を前提としたうえでの，何らかの実体的法律関係をめぐる当事者相互間の対立として捉えることのできるものである」とされ，抗告訴訟で取り扱われる争いも法律上の争訟ではある[26]。しかし，小早川の見る「抗告訴訟の本質的な特徴」は，「行政庁の公権力の行使としての処分による法律関係の規律に関し，当該法律関係の当事者その他の者が不服である場合の，その不服を主題とする」[27]ことにあり，しかも，そのような制度の合理性は，法律関係から緩やかにであれ離れて行政の法適合性を独自に審判の主題とできることに求められている[28]。この議論には，抗告訴訟の特質を，実体法に位置づけられる法律関係からの離脱の契機に見出す性格を認めえよう。すなわち，このような議論の下では，抗告訴訟において法律関係の持つ意味は，法律関係として持つ意味においても，当該法律関係が実体法上のものとされることで持つ意味においても減少しよう。重要なのは，行政が法により拘束されていることそれ自体なのである。

(c) しかし，抗告訴訟において対象となる争いが上述の意味での法律上の争訟であると認めることそれ自体，小早川においても，訴訟法と区別された実体法という観念から抗告訴訟の理解が完全に切り離されているわけでもないことを示す。実際，彼も，無効確認訴訟と処分の無効を前提とする現在の法律関係に関する訴えとの交錯[29]，行訴法4条前段の当事者訴訟の存在が示す抗告訴訟と当事者訴訟の交錯[30]，「将来に向かって行政庁の公権力行使の基礎となるべき現在の法律

---

26) 小早川・前註22) 下Ⅲ 325頁。
27) 小早川・前註22) 下Ⅲ 325頁。
28) 小早川・前註23) 141-142頁。この点は後に取り上げる。
29) 交錯するが故に，行訴法36条が交通整理を試みた。この問題に関する小早川の理解につき，小早川・前註22) 下Ⅲ 269-274頁。

関係」に紛争がある場合の行訴法4条後段の当事者訴訟と処分差止訴訟との交錯[31]を認める。法律関係を主題とする訴訟としての当事者訴訟という理解を前提とする限り[32]，抗告訴訟だけを，訴訟法と区別され訴訟法の前提になる実体法を観念しない，全く別の法を実現する訴えと理解することも困難だろう。同質の法関係に関わる同質の争いが存するからこそ，どちらの訴訟を用いてもその裁断が行えるという事態が想定されると考えられるからである。

　この結果，小早川が，抗告訴訟を，訴訟法と実体法の区別を持たない法（における権利）を実現するものと考える立場を選択しているわけではなく，それ故，行政法を，当事者訴訟の実現する法（＝訴訟法と区別されその前提となる実体法）と抗告訴訟の実現する法（＝訴訟法と実体法の区別を持たない法）との二元構造を持つと考える決断をしているわけでもないと理解できることになる。つまり，実体法上の請求権を構成しその観念を用いて義務付け訴訟・差止訴訟を理解するか否かという問題を指摘しながらもそこに立ち入らなかった現在の小早川は，立ち入らなかった反面として，訴訟法と区別された実体法を観念しない選択を帰結する議論をしているわけでもない。

　以上からすると，現在の小早川は，請求権を構成するか否かに立ち入らず，訴訟法と実体法の区別を抗告訴訟においては放棄するという選択もなおしていない以上，実体法上の請求権という観念を用いずに捕捉可能な実体法の存在可能性を承認していると帰結せざるを得ない。しかし，同時に，実体法上の請求権の観念を用いない実体法の存在可能性，このような実体法の形態・内容を，抗告訴訟との関係を視野に入れて小早川が意識的に論じたとは言えない。

　もっとも，処分の無効を前提とする現在の法律関係に関する訴訟に関連してなされた，法関係の規律を行う行政行為，それが位置づけられる実体法，当該行政行為の置かれる利害関係に関わる小早川の説明は，実体法の把握方法になお論ずべき点があることを示唆する。小早川によれば，複数私人間の利害に関わる行政行為であるとしても，処分の名宛人たる一方の私人と行政との関係についてのみ規律し，間接的に不利益を受けることとなる他の私人と処分の名宛人となった私

---

30) 小早川・前註22) 下Ⅲ 328頁。
31) 行訴法4条後段の当事者訴訟におけるこの類型につき小早川・前註22) 下Ⅲ 332-333頁，差止訴訟との振り分けに関して，同書335-336頁。
32) 小早川・前註22) 下Ⅲ 325頁。

人との間に直接の法律関係を措定しえない——その結果,処分の無効を前提とする現在の法律関係に関する訴訟を構成できない——という事態が生じる。しかし,この場合,小早川の分析においては,この二人の私人は「行政の作用で媒介された関係」にある。ただ,そのような関係に止まり,両者の間に法により規律された直接の関係,直接の法律関係を想定しえない,それが当該行政作用のあり方を定める実体法(または当該実体法の解釈)のなさしめるところであるという理解が示される[33]。

しかし,小早川の分析は,この「行政の作用で媒介された関係」が,処分の無効を前提とする現在の法律関係に関する訴訟によって処理されるべき関係とは言えないとしても,単なる無関係でもないことを示している。とするならば,我々は,無関係と区別するために,この「行政の作用で媒介された関係」を何らかの方法で法学として捉えなければならないのではないか。直接の法律関係ではないが「行政の作用で媒介された関係」ではあるという把握は,行政作用のあり方を決める実体法を通してみると無関係でないことは把握できるものの,実体法上の法関係の視角から見ると無関係と変わらない把握しかできない点で,なお考察すべき点を残しているとも考えられる[34]。以上の考察は,実体法上の請求権という観念を用いない場合に実体法として観念しうる範囲と実体法上の請求権という観念を用いる場合に実体法として観念しうる範囲との間に齟齬がありえる一方,それが持つ意味に我々は必ずしも鋭敏ではないことを示す。しかし,我々はむしろ,この齟齬に,実体法上の請求権を観念せずに実体法を観念する必要が少なくとも行政法においては存在する可能性を見出すべきであろう。

(d) 以上の検討に基づくと,小早川が抗告訴訟と実体法の関係について示す現在の議論も,I 1で確認した状況とさほど異ならない。すなわち,小早川の議論でも,抗告訴訟において,訴訟法と区別された実体法は観念されているように見える。しかし,そこで理解されている実体法の形態・内容は不分明である。実体法上の請求権の構成が不可欠であるとされない一方で,その構成を用いない実体法が積極的に追究されているとも言えず,また,実体法上の請求権の観念を用い

---

[33] 小早川・前註22)下Ⅲ 246頁。
[34] ただし,このような「行政の作用で媒介された関係」として捉えられる点で,請求権の体系として実体法の観念よりも,行政作用のあり方を定める実体法という観念の方が,精密な把握能力を持つとも言える。この点は,後に触れるところがある。

ずに実体法を観念する際と,実体法上の請求権の観念を用いて実体法を観念する際との共通点・差異も明らかでない[35]。

3 課題の特定

　以上の簡単な考察は,抗告訴訟における実体法の観念に関する不明瞭があることを示す。とすれば,実体法の明晰な把握をどのように行うかの考察が求められる。ただしその際に,実体法上の請求権を構成し,それを以て実体法を把握する実体法の観念方法が当然とは言えないことが示唆された以上,実体法上の請求権の構成方法という問題だけに立ち戻ることはできない。むしろ,問題は以下のように再整理・拡張されねばならない。第1に,どのような前提・観念を併せ持った時に我々は訴訟法と区別されその前提となる実体法を観念したことになるのかとの問題に一層注意を向けねばならない。第2に,実体法上の請求権という構成を用いない実体法の把握方法を追究しなくてはならない。第3に,実体法を観念することに伴う難点への対処などを含めた,実体法を観念することの帰結も探らねばならない。

　本稿は,以上の問題に全面的に取り組み,自らの立場を明らかにするには至らない。筆者の能力に鑑み,直接の課題は,日本において一貫した形で実体法の観念とその前提・帰結を明らかにしていると思われる二人の論者の議論を以上の視角から読み直すことに限定される。具体的には,小早川光郎と山本隆司の議論を取り上げ,両者を比較しつつ,以上の問題に関する彼らの議論を考察する[36]。

---

[35] もっとも,小早川の議論は,実体法上の請求権を構成するか否かの問題を提示すると共に,そこに意識的に立ち入らず,他方で実体法と訴訟法の区別の破棄も帰結しない議論を行うことで,実体法をどのように観念しているか完全に明確にせずとも行政訴訟そのものの理解のための一定の考察を行えること,その条件下で行える考察の内容を厳密に示しているとも言える。それは,実体法の理解に関わらない点で,行政訴訟法およびその法ドグマーティク——民事訴訟法との関係でもまた行政法における実体法との関係でも——独自に観念できると考えた場合に,実体法の理解がどの程度の意味を持つのかという問題も投げかける。しかし,実体法と訴訟法とが区別されることは,両者が無関係であることを意味するとも言えない。とすると,実体法の理解が明晰でないことは,最後まで,行政法における訴訟法ドグマーティクの自立可能性とその明晰さにも影を投げかけ続けることにならないか。

[36] なお,小早川・前註14)は国家学会雑誌に,山本・前註12)は法学協会雑誌にそれぞれ公表され(ただし山本は同書第6章第1節にあたる部分まで),その後,著書にまとめられる際に,それぞれ章立てを改めるなどされている(それぞれのはしがきを参照)。本稿は,この初出時の議論と著書にまとめられた議論とを比較することはせず,それぞれの著書における議論を検討対象とする。

予め概括的に言えば，小早川の議論は，請求権の体系という実体法理解とその前提および帰結（への対処）を示す議論という性格を，山本の議論は，請求権の体系という実体法理解と異なる実体法理解とその前提および帰結を示す議論という性格を，それぞれ強く示す[37]。ただし本稿は，紙幅に鑑み，彼らの議論の基本的骨格しかその対象とできない。また，両者はドイツの議論を検討しながら自己の理解を作り上げていった側面が強い。しかし，本稿は彼らが基礎としたあるいは現在のドイツの議論を分析することはしない。

II 二つの実体法の観念
―― 請求権と利益

ここでは，小早川と山本それぞれの議論に示された，実体法に関する二つの異なる観念の概要をその前提・全体構想の中の位置づけに注意しながら描き，かつそう観念する所以を確認する。両者の異同・距離の分析はIIIで行う。

1 請求権の体系としての実体法

請求権の体系として表れる実体法をどのように把握するか。この思考過程は，ドイツの関連議論を分析する小早川の議論の中によく示されている。

(1) 実体法の諸前提　　実定法が取消訴訟の提起を権利毀損のある場合に認めているとしても，そのことは，この権利を実体法上の権利として措定していることは意味しない。このような実体法を観念するためには，一定の思考枠組みが前

[37) このほかに，請求権の体系という実体法理解と異なる実体法の構成を探ろうとしたと理解できるものに仲野武志『公権力の行使概念の研究』（2007年）がある。彼の議論は，日本の行政法学に「国家・私人間の個々的な権利関係の束に還元してゆこうとする点で，方法論上，基本的な一致がみられる」とし（同書1頁），そうではない構成を客観的構成の名の下で探ろうとしたと理解できる（問題設定につき同書1-16頁）。実際，彼は日本法におけるこの可能性を自ら探るにあたり，小早川のいう，行政作用により媒介されているが媒介されている者の間に直接の法律関係を措定しえない領域に着目し，そこから考察を出発させる（同書271頁以下，この領域の全体像につき同書314頁以下）。しかし，本稿の問題関心からしたとき，彼の作業においては，抗告訴訟の背後に措定される実体法と当事者訴訟・民事訴訟の背後に措定される実体法とを相互に異質のものと構成する点で興味深い一方，実体法は特段の論証なくさしあたり存在が前提（または仮定）されていると解されるところ（同書14頁），同時に彼の観念する実体法のうち前者が「手続法」と一体化する可能性が示唆される（同書317頁。仲野武志「取消訴訟の存在理由」自研91巻12号（2015年）101頁以下〔117-118頁〕も参照）。これらの点で，仲野の議論は，本稿のさしあたりの関心から見ると，彼の実体法を観念するための前提と観念することに伴う帰結が明らかにされていない点で，本文で述べた二人と並べて取り扱うには至らない。

提として必要である[38]。

　第1の前提として，行政規律規範ではなく，紛争解決規範を観念することが必要である[39]。小早川の言う行政規律規範とは，訴訟で「問題になっている行政行為の手続および内容の規律を目的とする」規範[40]，「行政をそれ自体として拘束する法」[41]と把握される。この規範しか観念しない場合，行政訴訟に実質的当事者は観念しえず[42]，「原告たる私人の地位は，訴訟制度上与えられた出訴権限」でしかない[43]。これに対し，紛争解決規範は，行政と私人（二当事者）間に生じた紛争について一定の解決を規定する規範として観念される[44]。この紛争解決規範を観念するためには，中立の第三者が法を適用し紛争を解決する裁判という観念[45]，「法規範が特定の法的関連を『主観化』していることを前提として生じうべき複数法主体間の『権利領域』相互の衝突」としての法的紛争の観念を必要とし[46]，その結果，「当該法的関連の『主観化』という効果においてとらえられた法規範」[47]，「紛争当事者各自の権利の体系として把握される」[48]紛争解決規範が捉えられる。

　もっとも，このような紛争解決規範が観念されたとしても，そこで認められる当該権利が実体法上の権利であることは保障されない[49]。実体法上の権利を観念するためには，第2の前提として，小早川の対比するアクチオ的思考と実体法的思考のうち，実体法的思考に基づき，権利を構成しなくてはならない。小早川は，アクチオ的思考を，「実体的権利の概念構成にあたって実体権と訴訟上の諸権能とのあいだに明確な体系的区別を置かない傾向」[50]，実体法的思考を，「実体法上，個々の権利を自足的に構成する一方で，この実体法上の権利の抽象的総体に訴訟法上の一般的訴求可能性を対置する考えかた」[51]と定義する。実体法的

---

38)　小早川・前註14) 22-34頁。
39)　小早川・前註14) 35-50頁。
40)　小早川・前註14) 35頁。
41)　小早川・前註14) 49頁。
42)　小早川・前註14) 38-41頁，実質的当事者否定論につき同書7-19頁。
43)　小早川・前註14) 49頁。
44)　小早川・前註14) 35-36頁，49-50頁。
45)　小早川・前註14) 43-46頁。
46)　小早川・前註14) 46-47頁。
47)　小早川・前註14) 47頁。
48)　小早川・前註14) 50頁。
49)　小早川・前註14) 47-49頁，51頁。
50)　小早川・前註14) 51頁。

思考に基づく実体権の構成には，まず，一般的訴求可能性を承認するための基盤として概括主義の採用が必要であり[52]，さらに，「取消訴訟という訴訟類型の内部で権利を構成するのではなく，訴訟類型の定立に先行するものとしての，行政行為の取消を求める権利の実体法上の存在を，あくまで基本に置くことが必要」であった[53]。

第3に，以上の議論から明らかなように，行政法における実体法，実体法上の権利を観念するためには，理論上選択すべき前提のみならず，実定法解釈としてそれを可能にし意味のある選択とする制度も前提として求められる。改めて確認すれば，第1が，独立した中立的第三者と目される裁判機関，行政法の文脈では，行政から分離した（行政）裁判所制度であり[54]，第2が，概括主義であった[55]。

(2) 実体法の形態　以上の前提を満たして構想される，請求権の体系としての実体法において，取消訴訟において主張される実体法上の権利としての請求権はいかなる形態をとるか。これまでの前提の下で考察する場合，行政に対する個人の権利の成立を認め，その要件を一般的に示しただけでは，実体法上の権利を認めたことまでは帰結しない。小早川によれば，公権の三要件を示したビューラー，バホフの議論も，「実体法上の行政行為取消請求権の成立要件であるのか，それとも概括主義のもとで一般化された取消訴権の訴訟法上の要件にすぎないのか」が不明のままであるとされる[56]。

小早川が，実体的請求権の構成としてドイツの学説・判例の主流に認めたのは，（一般的）自由権を基礎とする排除請求権[57]と，私益保護規範に基づく排除請求権を観念する[58]，（基礎が異なる点で）二本立ての排除請求権理解であったと考えられる[59]。この立場は，一方で，侵害からの自由を梃子に自由権を基礎とする

---

51)　小早川・前註14）52頁。
52)　列挙主義の下では，権利を措定しても，実定法と無関係のところに位置づけられるか，訴訟法上の権能との明確な区別を維持しえないかのいずれかに帰着することにつき小早川・前註14）51-60頁。
53)　小早川・前註14）60-71頁（引用は70頁）。
54)　前註45）で指示した箇所を参照。この点に関連して概括主義の採用が持つ重要性につき，小早川・前註14）113-114頁。
55)　前註53）で指示した箇所を参照。
56)　小早川・前註14）71-77頁（引用は76頁）。この点は後に取り上げる。
57)　自由権を基礎とする排除請求権の構成につき，小早川・前註14）78-103頁。
58)　私益保護規範に基づく排除請求権の構成につき，小早川・前註14）103-111頁，134-138頁。
59)　小早川・前註14）138-140頁。

排除請求権を全面化することを消極的に評価し[60],他方で,私益保護性に基づく排除請求権に排除請求権の基礎を収斂させることも消極的に評価する[61]ことを意味する。

小早川は,実体法上の請求権を構成しようとする限り,排除請求権の理論が最も整合的な構成であるという評価を与えている[62]。しかし,彼は,この思考だけで取消訴訟制度の運用が適正に行えるとは考えておらず,この観念を用いるべきではないともしなかったが,その限界を認識し,様々な技術を複線的に利用すべきとする態度を示した[63]。この点の検討は後に行うが,「請求権の体系としての実体法」の観念と小早川の示す議論全体との間の距離として予め注記しておく。

2　利益を調整する実体法

これに対し,山本隆司の理解を,敢えて簡潔に示せば,利益を衡量・調整するものとしての実体法と言えよう。ここでは,このように理解される実体法の前提,その内容の概要を確認する。

なお,Ⅱ1で見たように,小早川は請求権の体系としての実体法という理解を示したが,小早川自身の行政法の全体構想がそこで同時に示されたとも言えないし,また,Ⅱ3(1)で確認するように,彼がその実体法理解だけを基礎に行政法を構想する立場をとったとも言えない。これに対し,山本の実体法理解は,むしろ,ドイツの議論の分析を踏まえて示される彼自身の行政法構想[64]を構成する一部である。このため,概要の紹介のあり方が,若干異なってくる。この点に,予め注意を促しておく。

（1）前提　山本の構想の出発点は,個人の行為の自由に求められる。これが法（システム）全体との関係で出発点を形成するからである。一方で,個人の

---

60) 小早川・前註14) 151-167頁。結果,自由権を基礎とする排除請求権は行政行為の目的（志向）的侵害の名宛人に主として認められ（同書121-134頁),行政行為の第三者については私益保護規範に基づく排除請求権が主として問題となる。それとは異なるケースも含めた分析として同書141-150頁。
61) 私益保護性に基づく請求権が自由権を基礎とする排除請求権にプラスアルファとして導入されるヴォルフ,ペッターマンに対比されるルップの議論に関する小早川・前註14) 140-141頁,関係規定の私益保護性に基づく第三者の原告適格判断に関する同書179-180頁を見よ。
62) 小早川・前註14) 199頁。
63) 小早川・前註14) 200-203頁。
64) 理解の出発点を与えるのは,山本・前註12) 443頁以下である。

行為の自由が法を形成する源となり，他方で，この行為の自由を法により制限するには個別の正当化が求められる。これが，次に述べる多極的行政法関係の複合体の第1層を構成する[65]。

他方で，個人がこの自由を行使する目的・関心，さらに自由を行使した結果への関心として利益を観念でき[66]，同時に利益相互の衝突を衡量・調整する必要が生じる。この利益衡量・調整を法により行う政治体制を実質的法治国と観念でき，この法治国の実質的理解の下，行政作用は，利益を調整する作用，すなわち分配行政として表れる。ただし法治国における分配行政である以上，その利益調整たる行政作用は「私人（私益）間の多様な関係（の複合）を含む関係複合＝『多極的法関係』」と観念しなくてはならない。この実質的法治国および分配行政の理解が山本の構想の今一つの基礎をなす[67]。

多極的行政法関係の複合体は，法との関係で先述の意味を示す個人の自由の層を第1層として，以下のような多層的構成として把握される。すなわち，第2層として，諸利益間の実体法関係が観念される。これは，法律等により形成された客観的制度を法解釈学によって解読（分析・分解）することによって観念される場合と，憲法により（基本権〔の規範外的効果〕に基づき）個別利益を起点に直接，総合・構成される場合とがある[68]。次いで，第3層に，「行政作用の実体法上の関係者と行政庁との間の手続法関係が位置する」。その上で，第4層に「行政組織法関係が位置する」[69]。

（2）　実体法の形態，他の法との接続　　以上からすると，山本の観念する実体法については，実体的法関係を読み取る基礎となる客観法規範という形態をとり，かつ利益衡量のあり方を構造化する法規範と理解できる。利益を調整する法規範群とも言いえよう。

この実体法は，先に見たように，多層的に構想される法の一つの層をなし，他

---

65)　山本・前註12) 445頁。
66)　参照，エバーハルト・シュミット－アスマン（太田匡彦／大橋洋一／山本隆司（訳））『行政法理論の基礎と課題——秩序づけ理念としての行政法総論』(2006年) 150頁。シュミット－アスマンの法治国理解が山本の実質的法治国理解の基礎を提供している点については，次註で指示する箇所を参照。
67)　山本・前註12) 175-177頁，242-250頁。
68)　山本・前註12) 445-447頁。実体法関係の諸類型については同書第4章第1節を，基本権の規範外的効果については同書第4章第2節第1款を参照。
69)　第3層と第4層については，山本・前註12) 447-449頁。

の層と接続する。第3層の手続法関係と接続することは上記の説明から自明であるが，第4層に位置する組織法関係とも接続する[70]。

　第2層において実体法上個別的権利を認められる者には，第3層において行政手続参加権・訴権が当然に保障される。もっとも訴権は，第2層の実体法関係との関係においてのみ認められるものではない。第2層においてそれ自体としては個別的権利が認められないとしても，それを囲繞する形で集合化された利益を分節し表出するための制度を構想する必要があり，その帰結として訴権が認められることもある[71]。この点は後に取り上げる。

3　実体法を観念する目的・必要

　では，それぞれについてこのような実体法を観念させた，あるいはこのような形で実体法の観念を明確にする作業を行わせた目的・必要はいかなるものであったと考えられるか。

　(1)　小早川の場合　　(a)　小早川は，Ⅱ1で見たように，請求権の体系として実体法を観念する理解をその前提も含めてドイツ行政法学の議論から浮彫にした。ただし，小早川が，その研究に基づき，この意味で観念された実体法だけを基礎に行政法を構想する立場を主張したとは言えない。したがって，このような実体法を観念する目的は，このような実体法を観念していると理解されたドイツの(当時の)行政法学は何を目的としてこのような営みを行ったと小早川が理解したかに変換して確認されねばならない。

　小早川は，「取消訴訟の訴訟法的構造から実体的請求権の範疇を相対的に独立させ」る思考の目的を，まずは，「取消訴訟制度の運用を，行政統制なり権利保護なりの現実の必要に応じてではなくもっと体系的に方向づけようとすることにあった」と見る[72]。あるいは，その思考を「促したもののひとつは，民事訴訟におけると同様の実体法なる観念そのものを確立し，取消訴訟を訴訟の一般理論に包摂しようとする体系化的志向であった」ともする[73]。

　しかし同時に，小早川は，実体的請求権規範を解釈論として構成しそれにより

---

70)　山本・前註12) 449頁。
71)　本段落全体につき，山本・前註12) 448-449頁。
72)　小早川・前註14) 198頁。
73)　小早川・前註14) 134頁。

取消訴訟の原告の地位を把握する試みには,「取消訴訟による権利保護を拡大しようとする実践的な志向も含まれていた」ともする[74]。小早川は,その志向を,一般的自由権による排除請求権の構成に加えて,私益保護規範による排除請求権を構成するドイツの主流学説に認める[75]。しかし,そこにはドイツの学説における主流を主流とする認識だけではなく,この構成に対する彼自身の親近感もあったのではないかと推測される[76]。ただし,山本の問題関心と比較した場合,小早川の研究にあっては,排除請求権を認めるべき範囲・主体に係る具体的基準の探究は相対的に低い関心に止められていると思われる。むしろ,いかなるロジックで排除請求権を認めるか(その有無を判断するか),認められた権利(出訴資格)は排除請求権のドグマーティクとどのような関係に立つかへの関心が強いと解される[77]。取消訴訟の原告に認められる権利の構造それ自体に対する興味が強かったと言ってもよかろう。

もっとも,ある制度の運営を体系的に方向付けようという意識自体,確かに権利救済を拡大すべしといった意識とは異なるものの,それはそれで実践的な志向ではある。とすれば,このような実体法を観念し取消訴訟を論じること自体を,実践論的志向とある法制度をヨリ体系的に捉えたいという認識論的志向との併存として理解できよう。

このように取消訴訟における実体法的思考の探究について一定の実践的志向が存したと理解する場合,我々は併せて,小早川が,実体法上の請求権を構成する思考それ自体が持つ限界,このような思考を実際に適用する際に表れる限界に注意を向けたことにも注目すべきであろう。この限界は,一方で,実体法的思考に基づいて取消訴訟の運用を整序しようとすることが,取消訴訟制度の果たしうる機能を十分には発揮させなくする形で[78],他方で,取消訴訟の機能を発揮させるために,この実体法的思考からの逸脱がなされるという形で表れうる[79]。

(b) このような限界に対して小早川が提示する手法は,大きく二つに分かれる。一つは,実体法的思考を精密にし,「絶えず現われる新たな紛争類型に対応して,

---

74) 小早川・前註14) 134-135頁。
75) 小早川・前註14) 134-140頁。
76) 前註61) を参照。
77) 小早川・前註14) 141-167頁を参照。
78) 小早川・前註14) 115-116頁は,こちらのタイプの限界を念頭に置いた叙述を行う。
79) 小早川・前註14) 201-202頁は,こちらのタイプの限界を念頭に置いた叙述を行う。

保護に値すると考えられる利益を請求権の解釈論的構成によって実体法の言語に翻訳して」いく方法である[80]。今一つは，実体法的思考とは異なる方法によって補完する方法である[81]。

　小早川にあっては，この二つの方法が共に利用可能である。なぜなら，第1に，このような実体法を観念して行政法を構想することが何らかの論理必然として要請されているわけではなく，それは論者の主体的選択，「対象把握のための基礎的範疇の選択の問題」であるからである[82]。第2に，取消訴訟制度は，特定私人の救済機能も，法律による行政の原理の実効性を保障することで一般公衆の有する利益に奉仕する機能も果たしうるものであり，ある個別の問題に対する特定の解釈の採否は，取消訴訟制度の目的に関する解釈者の立場との調和・不調和のみによって決されるべきものではない，すなわち単一の視座に封じ込められて，個別の問題に対する特定の解釈を行わねばならない訳ではないからである[83]。

　もちろん，ある思考を基本的な視座として選択しながら，その思考と異なる思考方法を多用する場合，基本的な視座に選択した思考が把握されるべき対象に対

---

80) 小早川・前註14) 115-116 頁。行政介入請求権の構成は試みの一例と言えるかもしれない。もっとも，日本における先導的提唱者たる原田尚彦（原田尚彦「行政法における公権論の再検討」(1968年) 同『訴えの利益』(1973年) 27 頁以下 〔49-58 頁〕，同「行政上の予防訴訟と義務付け訴訟」(1972年) 同『訴えの利益』61 頁以下 〔65-66 頁，81-88 頁〕，同『行政責任と国民の権利』(1972年) 60-66 頁，135-142 頁。現在の彼の議論を示すものとして同『行政法要論〔全訂7版補訂2版〕』(2012年) 96-99 頁。ただし 94-96 頁も参照。また行政介入請求権の下で原田の理解するものが変化したことにつき高木・前註4) 220-225 頁）が，小早川のこのような問題意識に対して示す態度はアンビヴァレントである。小早川の問題意識に対する誤解も存するように思われるが，原田尚彦「行政事件訴訟における訴えの利益」(1975年) 同『環境権と裁判』(1977年) 270 頁以下（292 頁註(2)）を参照。ここに見られる反応にもかかわらず，高木・前註4) 220-221 頁，小早川・前註22) 原田古稀 241-242 頁は，原田の議論を実体法上の請求権を構成する志向の議論と理解する。それぞれの論考の出版時期から見て原田に変化があったようにもみえるものの，この時期の原田は，取消訴訟の訴えの利益（特に原告適格）について取消訴訟の客観訴訟化を主張する立場（原田の言う処分の適法性保障説に近い）から保護に値する利益説に収斂する動きを示し（原田尚彦「訴えの利益」(1965年) 同『訴えの利益』(1973年) 1 頁以下 〔4-9 頁，16-18 頁〕と原田・前掲「行政事件訴訟」286-292 頁とを比較のこと。ただし，小早川光郎「紹介・原田尚彦著『訴えの利益』」(1975年) 同・前註14) 261 頁以下 〔272-273 頁〕も見よ），こちらの文脈では実体法にはじめから拘っていない。このため，本稿の主題・紙幅にも鑑み，原田が請求権を語るときに，小早川の理解する意味での実体法上の請求権を語っていたかについて本稿は判断を留保し，また他の論者も含め行政介入請求権を巡る議論についても立ち入らない。

81) 小早川・前註14) 200-203 頁。
82) 小早川・前註14) 114-115 頁。
83) 小早川・前註14) 5-6 頁。

して大した説明をもたらしていないとして、その選択の妥当性を問われることはあろう[84]。さらに、小早川のように、複数の方法（「複線的な技術」）で対応しようとする場合、個々の問題への対応につき、対応の要否のみならず、用いられた対応方法自体の適否も問われえよう。もっとも、この二つの方法の使い分けをいかに行うかに関し、この段階での小早川は、一方の方法の暴走・固定化が他方の方法により掣肘されるべきこと、その際には「均衡の感覚が必要とされている」ことを指摘するに止まったと言わざるを得ない[85]。彼が実際に示した具体的対応は、幾つかの点に絞ってⅢで検討する。

(2) 山本の場合——主観法への関心と前提とされる実体法　山本隆司の場合、実体法についても自己の理解・構想が示されるものの、彼も、実体法そのものへの興味から出発した訳ではない。彼の問題関心は、広義の主観法（権利・義務）、法関係、および自由といった概念の行政法における意味・位置づけ・機能にあった。山本においては、これらの概念が、行政法における実体法に止まらず、行政法全体を反省する手掛かりとなることは当初から意識されており、自由と権利の関係、行為への着目、さらには行為相互の関係、関係相互の関係という観点からの過程の把握[86]、行政法に含まれる複数の法の層（次元）への着目も示唆されていた[87]。しかし同時に、このような主観法への関心の背景として、主観法と客観法の関係、行政の義務を定める規範が当然に個人の権利を基礎付ける規範とはならないことへの意識があり[88]、それは行政訴訟への実践的関心とも連続していたと考えられる[89]。

---

84) 参照、小早川・前註14) 114頁。
85) 小早川・前註14) 201-202頁。
86) 法関係概念が時間との関係で持つ意義について山本・前註12) 452-454頁。
87) 山本・前註12) 1-14頁。山本は、それまでの日本における公権を巡る議論の不十分さの一つとして、「公権の孕む手続法的契機と実体法的契機とが分析されなかった」点を指摘している（同書3頁）。
88) だからこそ、小早川と比較したときに、権利の認められる範囲、つまり客観法から主観法を読み取ることのできる場合への関心が高いと考えられる（山本・前註12) 第4章。特に同章第1節第1款から第3款、第2節第1款は、日本の議論に引きつければ、抗告訴訟の原告適格の認められる範囲・要件を事実上扱っていると言える）。
89) 山本は、前註87) 指示箇所において、これらの関心をそこまで明示する訳ではないが、裁判実務との関係での問題意識、さらには山本・前註12) 495頁以下が「本書全体に関わる原告適格の問題」を結びとして取り上げている点はこの関心を示しているように思われる。ここでは、処分性の問題にも言及されているが、注目されている処分性の問題が、訴えの成熟性判断の文脈における処分性判断、つまり訴えの利益の判断という点で原告適格の判断と連続する問題が取り上げられている点にも注意すべきであろう（処分性問題が置かれる二つの文脈につき小早川・前註

しかし，以上のことが，訴訟法と区別された実体法，実体法的思考への無関心を示す訳ではない。むしろ，山本においては，訴訟法と区別され，訴訟法に先行する実体法という観念は，小早川と同じく概括主義によって基礎付けられ，前提にされている[90]。それ故に，実体法関係において個別的権利が認められると即，訴権（さらに行政手続参加権）も付与されるという議論が問題なく行えたと考えられる。以上からすると，山本において実体法の観念は当然に前提とされ，それを観念すること自体に特定の目的・必要は設定されていないと解することもできよう。

Ⅲ　両者の異同・距離

以上に確認したように小早川と山本は，それぞれ異なる問題関心の下，訴訟法と区別された実体法についてそれぞれ異なる観念を提出している。しかし，この両者の示す実体法の観念がどのような点で異なるかを正確に把握することは，その問題関心の違いも相俟って，必ずしも容易ではない。そのためには，それぞれの示す実体法の観念の内包，前提，他の概念との関係を分析し，両者の異同・距離を精密に測定する必要がある。本稿は，それぞれの実体法観念に関わる基本的な要素について，検討を行うこととしたい。具体的には，山本の議論の出発点となっている法治国原理の捉え方に関する小早川の態度を確認した上で（→1），小早川が厳密に理解した実体法上の権利（請求権）という観念と山本の重視した利益衡量という観点との関係（→2），実体法的思考の射程と補完に関わる問題（→3）を検討する。本稿の考察は，両者の異同・距離を測定するためのものであり，それぞれの見解に共通する要素は何か，差異は何か，その差異はいかなる違いに由来し，いかなる違いを帰結するかという関心に導かれて行われる[91]。

---

23) 143頁，訴えの利益問題としての処分性判定につき小早川・前註22) 下Ⅲ 252-254頁）。最近の山本隆司「客観法と主観的権利」長谷部恭男ほか編『岩波講座 現代法の動態Ⅰ法の生成／創設』（2014年）25頁以下（25-27頁）は，客観法と主観的権利との関係という問題と裁判所による行政活動の統制との関連に関する山本の問題意識を明ების示す。

90)「私人と行政との関係に関する議論は，行政訴訟の制度・理論と同時展開し，あるいはむしろそれに牽引されてきた。しかし現在では概括主義の採用により，行政訴訟についての解釈論，立法論を行う上で，私人と行政との関係に関する何らかの想定を，論理的に先行させる必要が高まっている。本書は，私人と行政との関係を，訴訟法の議論と一旦切り離して考察する」（山本・前註12) 5頁）。ここでは，先行させられた想定が実体法であるとは明言されていないが，Ⅱ2で述べたところからすれば，実体法も先行して想定されるべきものに該当すると言えよう。

91)　したがって，それぞれの対立を分析した上で，何らかの立場からどちらかを支持する態度決

1 法治国原理，個人と国家，自由――基本概念の配置

Ⅱ1において小早川による実体法の観念の探究を紹介した際，本稿は，彼の法治国理解を明示には紹介していない。他方，実体法・行政法に関する山本の議論を理解するためには，彼の実質的法治国観念は前提として重要な意味を持つ。では，小早川の実体法理解において法治国原理は，いかなる形で理解され，どのような意味を与えられ，両者の議論の違いをもたらしているか。

(1) 法治国原理の捉え方と法律による行政の原理の主観化　山本は，ヴォルフの法治国理解に実質的法治国観念の端緒を見出している[92]。しかし，山本も認めるように，この端緒がヴォルフにおいて十分な展開を見たとも言えず[93]，小早川がヴォルフにおいてまず注目した要素は，公法規範は行政機関に対してまずは権利または義務を設定するに止まり，その公法によって保障される利益はそれだけでは反射的利益と選ぶところはないという理解，また公法によって保障される私人の利益を法的なものに高める，つまり私人の請求権を基礎付ける規範として別に存在する「不法侵害の禁止」の法原則の承認であった[94]。したがって，小早川は，ヴォルフについて，まずは山本のいう「公法の客観法規範は，国家機関の形式的拘束であり，それにより，単独に捉えられた個人的利益・主観法が保護されるものと観念される」形式的法治国観念[95]から捉えたと考えられる。

また，小早川は，他の学説についても同様の法治国観念の上で分析したように見える。そもそも，小早川の問題において，「取消訴訟における原告の地位と法律による行政の原理とを，理論上結合することがそもそも可能か，また，その結合にはいかなる構成が与えられるか」の問題は出発点を構成するものであった[96]。小早川は，G・イェリネク，R・トーマに範型を見出す一般的自由権の古典的構成[97]，メンガーの議論[98]，ベッターマンの議論[99]などから，一般的自由

定まで本稿の課題としている訳ではない。また，山本・小早川それぞれが各々の議論を構築するにあたり分析対象としたドイツの学説について，両者の関心・解釈の差異に注意を向けるけれども，両者の共通性・差異の由来と帰結を把握する点に興味があるから，どちらの理解が当該ドイツの学説の理解としてヨリ適切かについては，さしあたり関心を向けない。これは，後日の課題とする。

92) 山本・前註 12) 175-177 頁。
93) 前註 92) 指示箇所を参照。
94) 小早川・前註 14) 94-97 頁。
95) 山本・前註 12) 181 頁。同書 187-188 頁も見よ。
96) 小早川・前註 14) 3-4 頁。
97) 小早川・前註 14) 80-91 頁。

権に基づく排除請求権および私益保護規範に基づく排除請求権という一定の解答を見出すところ，これらの排除請求権は，基本的に，国家から自立した個人の支配領域を措定した上でそこへの侵害を排除する権能と把握されており[100]，これは山本の分析によれば形式的法治国観念と適合的であるとされる[101]。以上からすると，小早川が実体法および実体法上の権利（請求権）を観念する際，山本の言う形式的法治国観念の下で思考していたと推測することはできよう。

(2) 背後にある共同体の観念と自由の位置　もっとも，小早川が分析した議論は，一部，形式的法治国観念とは別の観念，山本の言う共同体の観念を示しており，それは小早川の分析においても認識され[102]，かつ小早川も同様の考え方

---

98) 小早川・前註14) 99-103頁。
99) 小早川・前註14) 137-140頁。
100) 自由権の古典的構成につき小早川・前註14) 91-92頁，メンガーの議論につき同書102-103頁。ベッターマンにつき小早川自身の明示の解釈はないが，ベッターマンが私法上の妨害排除請求権に関する判例法からの類推により議論を構築していることにつき，同書137-138頁。
101) 山本・前註12) 193-207頁（山本の言う支配権→請求権思考）。メンガーについて山本は，「傾向として，主観法や客観法を，規律される社会事象や利益状況に対して開かれたものと捉え，主観法と客観法，私益と公益を，共同体という場で融和する同質的なものと見る」（同書215頁）論者の一人として分析しているが，同時にメンガーの議論を，国家が市民を顧慮する客観法上の義務に違反し『『妨害者／加害者』になると，国家と市民の『権利圏』が『分離』される。市民は法的地位の『復善請求権』を持ち，権利圏間の『調整』による共同体の回復が目指される」（同書216-218頁，引用は218頁）とも分析しており，これは小早川・前註14) 99-103頁の示す分析と符合する。小早川は，「統合としての国家，統合破壊の結果としての権利領域〔＝山本の言う権利圏：筆者付加〕の分化，という一連の事象は，……実定法が前提とせざるをえない所与の構造として理解されている」（同書103頁）点に着目し，法律に先行する支配領域という観念に自由権の古典的構成と共通点を見出し，そちらの観点からメンガーを位置づけたと言える。

　なお，この他にロップの見解も小早川は分析している。山本は，ロップを支配権→請求権思考とは別の，「義務に地位のみを対応させて直接権利を対応させず，義務違反に初めて請求権を対応させる」思考（山本のいう地位＋請求権思考）に立つものと分析するものの，山本によれば，ロップも形式的法治国観念の下にある論者であり（山本・前註12) 207-215頁），その特色は小早川・前註14) 103-111頁においても描かれている。小早川がロップの構成の他の論者との違いを強調しなかった理由については，取消訴訟において主張される請求権の内容が結局は排除請求権であったことのほか，ロップにおける行政の侵害自制義務から分析を開始した（この点で形式的法治国観念との整合性が強調される）ことに求められると思われる。小早川・前註14) 106頁は，ロップの示す行政の侵害自制義務とヴォルフのいう法原則としての不法侵害の禁止それぞれの関係につき，概念構成上の違いはあるものの，「両者は結局，行政の法への覇束が同時に私人に対する義務を行政に対して課する意味をも含むことを主張するものであるかぎりにおいては，共通する」としている。また，ロップ，メンガーに認められる，上述の共同体の観念に関して，後述するところも参照。
102) 共同体の観念につき前註101) 参照。メンガーにつき，前註101) のほか，前註98) で指示した箇所を参照。ロップに認められる共同体の観念については，小早川・前註14) 103-105頁，山本・前註12) 210-213頁。ヘンケに関し，小早川・前註14) 190-195頁，山本・前註12) 225-231頁。ヘンケは後に改説するが（山本・前註12) 231-236頁），本稿の問題関心からはさ

を受容しているように思われる。すなわち,自由権の古典的構成に対して,立憲君主制下と異なり,国民主権下では,「それぞれ固有の支配領域をもつ行政と私人の始原的対立を観念することはそこでは困難となる」ため,ヨリ緻密な理論構成が必要となると自身の評価として述べるとき[103],そこには彼が分析したメンガー,ルップ,ヘンケと同様の思考を感知できよう。この限りで,小早川は,共同体の観念の(形式的法治国観念に対する)独自性を重視したとは言えないが,その発想は受け入れているようにも見える。このため,個人の自由と民主政原理を基礎に,私人と行政(国家)とのアシンメトリーをあくまでも出発点に据える山本と異なる理解にも見える[104]。

しかし,小早川が固有の支配領域を私人に認めない構成を採用したかと言えば,そうとも言えない。既に述べたように,一般的自由権に基づく排除請求権と私益保護規定に基づく排除請求権の二本立て構成をドイツにおける実体法的構成の優勢な理解と認め,私益保護規定に基づく排除請求権に一本化しようとするものと理解されるルップの議論に対して距離を示した点はこのことを示す[105]。この点も山本の議論と興味深い差異を示す。山本は,自由をそのまま実体権として構成することはせず,これを多極的行政法関係の第1層に位置づけることで自由の法的レレヴァンスは認めつつも,自由は第2層に位置する実体的権利と組み合わせて主張できるとし,またこの実体的権利は,立法者の利益調整・衡量に基づき法律により形成された客観的制度から解読されるか,憲法上の基本権の規範外的効果によって基礎付けられるとするからである[106]。基本権の規範外的効果は,個人の権利の存否をすべて立法者による利益調整に委ねることを回避する機能を果たすが,これは最小限の範囲で保護するためのものである[107]。このため,山本の議論の重心は立法者の行う利益調整にあると言え,小早川からは,この点において,私益保護規範を通して私人の実体権を全面的に把握しようとするルップの議論に近いものに見えよう[108]。

しあたり立ち入る必要はない。
103) 小早川・前註14) 91-94頁(引用は92-93頁)。
104) 山本・前註12) 455-458頁。
105) 前註61) およびそれに対応する本文を参照。
106) 山本・前註12) 445-446頁。
107) 山本・前註12) 447頁。詳細につき同書331-350頁。
108) 山本・前註12) 13頁註(41)は,小早川・前註14)は一般的自由権の論理構造を重視したとする一方で,神橋一彦「公権論に於ける基本権の位置づけ」同『行政訴訟と権利論』(2003年,

2 利益，請求権，実体法――権利の構造または性格

　以上に見たように，小早川の示す議論と山本の示す議論は，法治国の理解，個人と国家の関係，自由の位置づけなど基本概念の理解に関して，微妙な差異を示す。もっとも，この違いが，実体法の理解・そこに位置づけられる諸概念にいかなる意味を与えているかはなお検討する必要がある。このため，以上の違いに注意しつつ，実体法上の権利（請求権），利益衡量という観念それぞれに注意を向けることにしよう。

　(1) 利益調整，紛争解決規範，実体法上の権利　Ⅱで確認したように，小早川は請求権の体系としての実体法を観念し，山本は利益調整・衡量を行いそれを構造化する実体法を観念したと言える。では，小早川の理解において，利益衡量・利益調整といった観念はどのように位置づけられているか。この点から小早川と山本の実体法，実体法上の権利という観念を巡る差異の考察を始めよう。

　小早川にあっても，利益を衡量・調整する規範は観念されており，それは紛争解決規範であると考えられる。Ⅱ1で述べたように，紛争解決規範は，主観化された複数主体間の権利領域相互の衝突を意味し，そのように構成された法的紛争をその形態に見合った形で解決するための準則であり，どちらの権利を当該紛争において認める（優先する）のかについて利益衡量を伴うと考えられるからである[109]。しかし，このように紛争解決規範の平面で権利が観念されるとしても，小早川の理解では，この権利はなお，実体法上の権利とは認められない。アクチオ的思考の下でもアクチオの羅列という形式において紛争解決規範を観念できるからである[110]。すなわち，利益調整を行う法規範というだけでは，小早川の議論においては実体法を観念したことにならない。

　　　新装版：2008年）所収は保護規範説による利益の評価を重視しているとして対比するが，これは，山本と小早川の差異もよく示すものであろう。
[109]　紛争解決規範の概念とその内容につき小早川・前註14）35-50頁。加えて言えば，ヴォルフのいう法原則としての不法侵害の禁止を分析する中で，それが「行政と私人の関係を……紛争解決規範による利害対立関係の規律という側面において理解する方向への手がかりとなる」という言明があり（同書96頁）、また，ルップのいう行政の侵害自制義務に関して，彼が「そのいわゆる『侵害的法律』のうちに行政の侵害自制義務の設定を見出す場合，そこで言われる『法律』が，……行政によって追求される――『共同体』の――利益と，それに対立する私人の利益との具体的調整を実現する規範として，すなわち紛争解決規範の範疇において理解されているものであることは，本稿のこれまでの考察から明らかであろう」とする言明があり（同書105頁），紛争解決規範が利益調整・衡量を行う規範と捉えられていることを示す。
[110]　小早川・前註14）51頁。

この点で、山本と小早川の実体法の把握は異なり、その差は、実体法上の権利の理解にも違いをもたらすように見える。バホフの議論に関する両者の位置づけの違いは、この点を明確化する手掛かりとなる。すなわち、小早川は、バホフの議論をビューラーの議論と併せて、「取消訴訟において適用されるべき紛争解決規範を純実体法的に構成するにあたってさしあたり有用なものではない」とするのに対して[111]、山本は、バホフの議論において「権力作用への参与という意味の手続法が優位したゲルバー公権論から、実体法優位の公権論への移行が、一応完了した」と評する[112]。この差は、それぞれの持つ実体法および実体法上の権利の理解の差を示唆する。

小早川がバホフの理解する権利を実体法上の権利と認めなかった理由は、バホフの議論において権利の要素とされた意思力の具体的根拠とその内容が明らかでない点にあった。小早川は、バホフの権利論を、「行政を羈束する一定の法規範——……行政規律規範——が、同時に、その羈束の結果私人の側に生ずべき利益に『意思力』を付加し、もって権利としての性格を賦与するもの」と理解した上で、この行政規律規範だけからは、ここでの私人の意思力が、「具体的に行政のいかなる行態を求める力であるか」が決定されないとする。行政規律規範への違反により私人への利益侵害は生じているにせよ、そのことが「紛争解決規範の平面において当該私人が行政に対して特定の行態を求めうるとの論理的帰結を伴うものではない」からである[113]。つまり、この構成では、行政規律規範違反を要件とする訴権が概括主義の下で一般的に認められているのか、紛争解決規範の下で実体法上の請求権の成立要件が論じられているのか区別できない[114]。

---

111) 小早川・前註14) 76頁。
112) 山本・前註12) 182頁。
113) 論理的には、この意思力を「行政の法に適合した行態一般を求めるものとして抽象的・絶対的にとらえること」は可能であるが、それはバホフの議論の解釈として適切でないし、このような把握は法律執行請求権に帰着してしまうところ、このような権利は一般に認められていないとも述べる（小早川・前註14) 75頁）。バホフも含め、山本の言う形式的法治国観念を基礎とした論者が、法律執行請求権は導けないとしつつ、その性格を留める権利を認めたことにつき、山本・前註12) 187-188頁も参照。
114) 以上につき小早川・前註14) 73-77頁（引用は74-75頁）。また小早川はビューラーの議論につき、バホフの意思力に概ね対応するとされた（同書71-73頁）「『法規範援用可能性』の契機は、自由権の場合には、法律による行政の原理を援用することによって『自由および財産』への法律によらない侵害の避止を請求しうる権能として理解されるが、それ自体としては客観的に行政を拘束するにすぎない法律による行政の原理が、いかなる根拠にもとづいて右のごとき私人の権利へと主観化されるのかは明らかでない」と述べる（同書88頁）。バホフの権利理解について

ここでは，バホフの議論につきアクチオの羅列としての紛争解決規範か実体法上の請求権の体系としての紛争解決規範か区別ができないという評価ではなく，紛争解決規範を観念しているか否かさえ構成上明確でないとされた点に注意を要する。同時に，我々は，行政に対して求めうる特定の行態をその根拠も含めて解明することが実体法上の権利を観念するための条件となっていることもここから看取できる。この時点での小早川の実体法理解にとって，ここでの行態は，法律により保護された利益を実現する行態といった程度では足りず，義務者の行うべき特定の行態をヨリ明確に構成する必要があった。もっとも，このような行態が判決形式に対応している必要はない。取消訴訟において主張される実体法上の請求権が取消請求権でなく排除請求権と構成されることは問題ではなかった[115]。しかし，排除（取消）という特定の行態を求める内容を持つ必要があるのである。

　(2) 利益と実体法，複合体としての権利　　これに対し，山本の議論においては，利益に関わる判断・事柄は，定義上，実体法に関わるとされていると理解できる。この利益という観念・視角が国家作用の内容・実質を分析し示す契機であるからである[116]。バホフによる実体法優位の公権論への移行とは，個人的利益保護性が認められると，基本法19条4項並びに基本法の法治国原理に照らして，すべての場合に権利の要素としての意思力（法的力），具体的には訴権が認められる構成が採用されたことを示している。ここにおいて，山本は，基本法「19条4項は，実体権を手続的権利に接続する意義を持つ」と評する[117]。

　この評価にも表れているように，山本の議論にあっては，実体法関係上の権利はその帰結として手続法関係に位置する権利としての行政手続参加権，訴権を保障される。すなわち，実体法上の権利はそれとして完結した権利というよりは，様々な権利を随伴させるものと理解されている。少なくとも，請求権という形で

　　　一般的に述べたところを自由権に即して述べたものと理解できよう。ただし，バホフにつき，同書76頁註（198）にも注意。
115）　実体法上の形成権としての行政行為取消権を構想することがかえってアクチオ的色彩を残すものと評価されること，排除請求権の満足を求める形成訴訟としての取消訴訟と考えることが実体法の観念・構造に本質的な制約となるものではないことにつき，ペッターマンの改説過程を使って分析する小早川・前註14）62-70頁を見よ。
116）　これまでの日本における公権の手続法的契機と実体法的契機の分析の不十分を指摘する山本・前註12）3頁，G・イェリネクに関する同書123-127頁，ビューラーの示す公権の要件としての個人的利益保護性に関する同書143-146頁などを参照。ドイツの公権論の展開に関する山本の分析の自身による簡明な要約として同書443-445頁，山本・前註89）27-31頁も参照。
117）　その他のニュアンスに富んだ評価も含め山本・前註12）181-182頁。

実体法上の権利を構成する必要があるとは考えられていない[118]。したがって，山本が「何が，客観法に適合するかを判断する論証過程」の平面において利益を一つの要素・観点とし，その論証過程を「諸利益を考慮し，相互に調整し，均衡させて，どの利益をどれだけ実現させることが公益に適い，客観法に適合するかを判断する形で展開する」過程と分析した上で（「無論，論証のための要素・観点が利益に尽きるわけではない」），この論証過程の平面に位置づけられた「諸利益を，社会において主張し実現するためのコミュニケーションの過程」において，先の「論証過程に位置づけられる利益を表現し主張する主体の法的資格を，『主観的権利』と解することができる」と言うとき，そこでの権利は，実体法関係上に位置づけられる権利とそれを根拠に与えられる手続法関係上の権利との複合体として観念されていると理解できよう[119]。

また，訴権という概念が特に問題なく用いられている点に示されているように，小早川のように「特定の行態を求めうる」契機が実体法上の権利であるとされるために重視されているとも言いがたい。個別的に保護されている利益の実現を図る行態を求めうるという程度で，実体法上の権利と観念するに特に問題はないと理解されているのではないか。

実際，両者の権利理解の差異を示唆する興味深いものに，都市計画に反する建築許可に対する取消訴訟の原告適格を基礎付ける権利（利益），営業免許制度における新規営業免許取消訴訟に関して既存事業者に認められた出訴資格に関する両者の理解の差異がある。小早川は，前者に関して主張されたレーデカーの計画遵守請求権に着目した上で，この権利について，建築許可「以前において隣人の享有していた特定の具体的利益が，排他性をもった法的地位として観念されているわけではない」，むしろこの権利は「計画の仕組みを構成する規範全体の遵守に向けられている」として，この遵守への「私人の期待は，彼の具体的かつ私的な利益と結合している」ことを認めつつも，この権利はつまるところ制度上の地

---

[118] ヴィントシャイトに対する山本の分析・評価として，山本・前註12) 52-54頁。また，ヴィントシャイトもそこに含まれる権利理解に関する意思説に対する総括として同書443頁。山本の基本構想からすると高く評価することは難しい特色が析出されている。

[119] 山本・前註89) 39-40頁。論証過程に位置づけられる利益をコミュニケーション過程において表現し主張する法的資格を権利と考えると，権利を理解する重心が手続法関係上の権利に移っているように解釈する余地もあるように見えるが，実体法関係・手続法関係相互の関係の内実を動態的に説明したことによるもので，考え方・構想に変化はないと理解してよかろう。

位として認められているとする。後者についても同様に理解され，これらの権利に基づく取消訴訟は，小早川のいう「紛争解決規範およびそれへの適用手続」ではなく，「紛争の有無にかかわらず行政作用のあるべき態様を定める行政規律規範とそれの保障機構にほかなら」ないとして，実体法上の権利に基づく訴訟とは理解されず，「制度上の地位」に基づく「純訴訟法上の取消訴権」に基づくものと位置づけられる[120]。これに対して，山本の議論においては，前者は「地位の組み合わせを巡る互換的利害関係」，後者は「反対利害関係の垂直的複合」または「競争行為を巡る互換的利害関係」として実体法上の法関係，権利が認められるべき類型である[121]。山本の議論において，互換的利害関係は，どの範囲で有意な互換的利害関係が成立しているかの判断を必要とするが，その成立が認められれば，権利は当然に認められる。ここでは，義務者にいかなる行態を求めうるかは問題とされておらず，個別性を持つ調整・分配の対象として認められることを以て権利が認められていると理解できる[122]。また，反対利害関係の垂直的複合の場合にも，人は手段・客体としてではなく常にそれ自体目的・主体として扱われねばならないから，最終目的に位置づけられる利益の主体に権利の余地が認められる場合，その利益実現のために制御・規制される利益の主体にも権利が認められなくてはならないとして，権利が認められる[123]。やはり権利者が義務者にいかなる行態を求めうるかは主たる問題ではないのである。

(3) 両者に共通する実体法的思考と，異なる実体法の内容・実体法上の権利

以上からすると，両者の権利理解の間には差異がある。しかし，山本が，小早川の意味での実体法的思考を実現せず，小早川の見るバホフらと同じ意味での権利，アクチオと区分されない紛争解決規範上の存在に止まる（アクチオ的）権利

---

[120] 以上につき，小早川・前註 14) 178-189 頁。
[121] 地位の組み合わせを巡る互換的利害関係につき山本・前註 12) 300-318 頁。新規営業免許取消訴訟に関して既存事業者に出訴資格が認められた事例として小早川の着目した路線事業免許処分に関するケースは，山本によれば，「反対利害関係の垂直的複合」と位置づけられることになろう（同書 280-281 頁，296-298 頁）。小早川も「法的には，レレヴァントなものとして評価されているのはそのような〔自己の経済上の利益を維持する：筆者付加〕私的利益ではなく，交通行政の適正な運営を確保するために既存事業者に認められた制度上の地位」である点に着目している（小早川・前註 14) 186 頁）。このため，規制の構造・目的については両者で同様の理解が行われており，ただ権利を認める論理構成が異なると言える。ただし山本はさらに進んで，競争行為を巡る互換的利害関係を観念し，権利を広く観念する。山本・前註 12) 300-305 頁参照。
[122] 山本・前註 12) 262-263 頁。
[123] 山本・前註 12) 280-281 頁。

を語っているとも言えない。本稿は，おそらく山本の実体法上の権利も，小早川が理解したところの実体法上の存在として位置づけうると考える。

　小早川の実体法理解およびバホフ評価に鑑みると，山本の権利が実体法上の権利と位置づけられるためには，彼の構成において，行政の負う義務と私人の権利との関連が論理的に関連づけられていなくてはならない。山本もバホフの議論を義務と権利の結合が内在的でなく外面的であると見ており[124]，実質的法治国観念と分配行政の下での多極的法関係の観念はこの点を克服する機能を持つ。すなわち，ある利益を他の利益との関係において関係づける多極的法関係の下で利益を分配・調整する分配行政，その基礎にある実質的法治国観念に基づき，利益調整のあり方を規律する客観法を主観法に分解・分析するという思考を可能にし，それにより行政の義務――法により命じられた態様と内容で利益を調整し公益として実現すること――と私人の権利（利益）との関係を内在化したと考えられる。これにより，山本のいう実体法関係上の権利は，小早川の理解によっても，少なくとも紛争解決規範上の権利と位置づけられよう。

　さらに，山本の議論では，あくまでも，利益の相互関係に着目した客観法規範からの主観法の分析・導出，それによる実体法上の権利の把握が先行し，これにより把握された権利が行政手続参加権・訴権を基礎付ける。実際，山本は，行政手続参加権・訴権から実体法上の権利を推認する方法を拒否する[125]。また，山本が訴権と呼ぶ手続法上の権利の具体的内容は，先行して把握された実体法上の権利とそれが侵害されている態様によって定まる。訴権は，その内容を訴訟において実現するものであり，その内容それ自体を実体法上の権利としての請求権と観念することが不可能な位置づけを与えられているとも言えない。その限りで，請求権への還元が全く不可能とも言えず，ただ，そのことに意味が認められていないに止まる。むしろ，山本の関心は，このような請求権の構成ではなく，その請求権を基礎付ける実質の把握にあったと言える。ただし，さらには，時間の経過により生成した状態や他の利益への配慮から手続法関係上で独自の調整を行う必要が生じ，請求権を訴訟において貫徹するという思考が取りにくくなる場合もあることなどを意識するために請求権構成を回避したとも考えられる。結果除去請求権・結果除去負担に関する山本の分析はその関心・方法も含めてこのことを

---

[124]　山本・前註12）180-181頁。
[125]　山本・前註12）388頁。

示しているようにも思われる[126]。

このように考えると，山本のいう実体法は，自身が述べるように，「私人と行政との関係に関する何らかの想定を，論理的に先行させ」，「訴訟法の議論と一旦切り離して考察する」思考に基づくものとして（前註90）参照），小早川のいう実体法的思考[127]を行っていると評価できるし，そこで観念される実体法も小早川の定義する実体法[128]と理解できる。しかし，山本が，請求権の概念を用いずに，実体法を構想し把握することを試みた点に起因して，両者が実体法とする内容はズレを持つと考えられる。例えば，山本の観念する実体権には，小早川のいう請求権へ還元できるものもあるし，できないものもあるかもしれないが，そのことに意味は見出されていない。この点で，両者のいう実体権は，それぞれ実体法上の存在ではあるが，その権利理解はやはり異なるということになる。

3　実体法的思考の射程と補完
——原告適格の承認方法と拡張方法，組織の権利

(1)　実体法的思考の限界とその補完，実体法の把握のズレの影響　Ⅱ1でも述べたように，請求権の体系として実体法を観念した小早川は同時に，このような実体法を観念する思考が持つ限界と，実体法的思考と異なる思考方法で補完する必要を強調した。したがって，小早川のような形で実体法を観念することの意

---

126)　山本・前註12）394-404頁。遠藤博也の示す「私人の『権利自由の具体化の過程』を重視した『請求権の体系』の構想」に対する同書9頁註（17）も参照。また，山本隆司「訴訟類型・行政行為・法関係」民商130巻4＝5号（2004年）640頁以下（644頁）は，行政訴訟の訴訟類型が設定される意味を述べる中で，「一方で，行政実体法は全体として，民事実体法と異なり，権利主体相互間の請求権を直接定める体裁をとっていない（局所的には，私人の申請権等が定められている）。むしろ，行政機関がどのように社会秩序を維持・形成すべきかを定める体裁をとる。したがって，行政実体法を，裁判所が原告の権利利益を保護するために行政機関の行為を統制する局面に接合させるには，民事実体法・民事訴訟法の場合とは異なる法規定や法理を工夫させる必要がある」と述べる。もっとも，山本は，この論文のさらに続く箇所で，救済法という次元を観念し，そこにおいて請求権の言葉を用いた（660-661頁）。しかし，この救済法という概念は，そこにあるように，以上に見た実体法・手続法の実現を確保する（サンクションする）ものとして，さらに別の次元のものと位置づけられており，その請求権は，実体法上の存在としての請求権とは異なると理解できる（山本和彦「民事訴訟法理論から見た行政訴訟改革論議」法時76巻1号（2004年）108頁以下〔109頁〕も参照）。また，その後の議論の展開を見ると，救済法の概念も，そこで用いられた請求権の言葉も，大きな意味を与えられて展開したとは言えないと思われる。このため本稿は，ここで請求権の観念・用語を山本が用いたことに大きな意味はないと解釈して，考察を進める。

127)　前註51）に対応する本文を参照。

128)　前註17）に対応する本文を参照。

味を明らかにするためには、この補完の方法も検討しなくてはならない。これに対し、山本の議論では、利益に着目して実体法を把握しそれを用いて思考することそれ自体に伴う限界が強調されることはない。むしろ、従来の通常の思考では実体法上の権利義務関係を容易には観念できない局面についてどのように対処するか、実体法上の法関係を読み取るための方法が性急に断念されていないかが問題として意識される[129]。このため本稿は、小早川が、請求権の体系としての実体法を観念する際に自ら見出した限界をどのような方法で補完したか、その限界と補完が山本の実体法理解からはどのように観察されるかを考えることで、両者の実体法理解の違いが持つ意味をさらに検討する。

　小早川は、取消訴訟における実体法の観念を探究した当初において、実体法上の請求権を新しく構成していくという実体法的思考それ自体による対応とは別に、実体法的思考の限界を補うための別の思考方法による補完として二つの方策を指摘している。一つは侵害概念を機能的に理解し、「行政行為によって生じた侵害の態様を実質的に検討し、救済すべきものは救済するという方向」で思考する方法であり[130]、今一つが行政行為への着目であった。すなわち、小早川は、実体法的思考の進展は行政と私人の間の法律関係を観念することに伴って行政行為の意味の低下を導くとしつつも[131]、行政行為が行政法において持つ意味を法律関係の集積に全面的に置き換えうるとは考えなかった。むしろ、実体法的思考の限界を補完するための手掛かりとして、行政行為それ自体が、取消訴訟を可能にするという訴訟法的機能のみならず、「権限および手続規律の総体が行政の適正な運営を全体として保障する」という独自の意味を持つことへの注意を促し、行政行為に対する司法審査を開始する権能を、実体法上の排除請求権が構成できるか否かにかかわらず、訴訟上の権能として一定範囲の者に与えるという方策を指摘している[132]。

　もっとも、その後の小早川の示した議論において、小早川が、実体法の観念を

---

129) 個別利益＝権利と、集合化された利益＝非権利は漸次的なスペクトルをなし、その境界は、論理的・一義的に引くことができず、「主観法的要素間・私益間の関係への分析・分解の『観点』も、論理的・悉皆的に示すことはできない」として将来の発展に開く態度（山本・前註12）261頁）、集合化された利益を分節し表現する（アーティキュレートする）ための制度を構想しなくてはならないとする態度（同書373-393頁）は、そのような問題意識の表れと理解できる。
130) 小早川・前註14）200-201頁。
131) 小早川・前註14）198-199頁。
132) 小早川・前註14）201-202頁。

探究した当時の研究とその後の議論との関係を明示して，補完策の追究を行ったとも言いがたい。しかし，その後の小早川の議論は，ここで示唆された方策と無縁ではなく，それぞれの態様で展開し，それは実体法的思考に対する補完の機能を果たすものであったと考えられる。すなわち，①侵害の機能的把握は，利益とそれへの侵害の態様に着目して抗告訴訟の原告適格を関係私人に付与する方法へ，②行政行為の持つ機能への着目は，行政作用それ自体の法的仕組みへ着目する方法により請求権の体系と異なる実体法を構想すると共に，その実体法に適った行政作用を確保するために独自の意味を持つ訴訟として抗告訴訟を捉え直す議論へと展開したと思われる。これを，後者から検討する。

(2) 行政作用の法的仕組みと抗告訴訟の合理性　(a) 小早川は，上に述べた，行政行為が行政法において持つ意味への着目を，その後，行為に対して意味が与えられる原因はそれが位置づけられるところの法的仕組みにあるとして，法的仕組みへの着目として展開したと考えられる[133]。これにより，個人の請求権の構成が決定的な意味を持つ実体法，あるいは請求権の体系としての実体法の観念ではなく，行政作用の法的仕組みの複合体として行政法における実体法を観念する方向が開かれた[134]。また，この結果，行政規律規範（の少なくとも法関係と関わる一部について）それ自体を実体法と位置づけることも可能となった。ただし，裁判を通じて行政規律規範の遵守を求めうる地位がこれにより当然に実体法上の請求権と把握されることになったとは言えない。司法統制を働かせるトリガーが原告に与えられるだけだとすれば，小早川の権利理解の下では，そのトリガーを，実体法上の請求権とはなお言えない。バホフの権利理解を実体法上の請求権とは言えないと評価したことが法的仕組みへの着目により必然的に変化するとは考えにくい。

他方，この法的仕組みに位置づけられる諸行為の中で，とりわけ行政処分（行政行為）[135]について，当該行政処分の客観法適合性，つまり法的仕組みやそれに

---

[133]　行為と法的仕組みの関係につき，小早川光郎『行政法（上）』（1999年）190-191頁，254-257頁，275-281頁，小早川光郎「行政の過程と仕組み」高柳信一先生古稀『行政法学の現状分析』（1991年）151頁以下（151-156頁）。併せて参照，小早川光郎「行政行為概念の意義」成田頼明編『行政法の争点〔新版〕』（1990年）54頁以下。

[134]　このため，前註37)のように日本の行政法学を批判する仲野武志は，小早川の法的仕組み論を（批判しつつも）高く評価することになる。仲野・前註37) 9-11頁。

[135]　現在の小早川は，行政行為に代えて行政処分の言葉を用いることに意味を見出しており（小早川・前註133) 行政法（上）275-281頁），本稿でも以後，行政処分の言葉を用いることがある。

関連する法規範との適合性に端的に審理の焦点を合わせる訴訟として，抗告訴訟が把握される。小早川にとり，このように把握された抗告訴訟は，一方で，行政処分について公権力の行使としての特別な効力（公定力）を理論的・先験的に認めることを前提に，それが憲法適合的な存在であるために必要不可欠なものであった[136]。しかし同時に，Ⅰ2(2)(b)で触れたように，この訴訟類型は，法律上の争訟として権利義務の争いでもあるし，抗告訴訟の対象となる処分の典型としての行政処分は，一定の法律関係を規律[137]するものであるものの[138]，行政処分による規律の対象とされた法律関係（権利義務関係）のあり方ではなく，公権力の行使たる行政の行態の法適合性を直接に審判の対象とする点で，小早川にすれば行政作用の性格に適合したものと評価する余地があった。なぜなら，小早川にとり，行政は，「法に従って，ただし，裁判手続により特定当事者間の法律関係（権利義務関係）を確定するというのではない別の方法で，社会内の諸利益の調整を行い，そのようにして社会を管理する」作用であり，「特定当事者相互間における権利義務の如何ということよりも，行政の任務である利益調整が適法に行われているか，そこでの行政庁の行動・態度に違法はないかということを中心にして，私人間の民事訴訟とは異なる訴訟の制度を組み立てることに，合理性があると言える」からである[139]。また，ある行政庁の行態を原因として紛争が生じたとして，それが処分その他公権力の行使（行訴法3条2項以下）として抗告訴訟の対象となる限り，争訟の全面的な解決をもたらさないような内容の請求であっても，訴えの利益の欠如を生じさせないため，行政の法適合性審査及びそれを通した私人の利益保護に仕える機能を高める（少なくともその可能性を持つ）ものでもあったと思われる[140]。かくして，抗告訴訟は，「基本的には，公権力の行使に係る行政庁の一定の行動または態度……についての不服が，訴訟の主題となる」

---

136) 小早川・前註133）行政法（上）265-272頁，小早川光郎「行政訴訟の課題と展望――行政訴訟改革をめぐって」司法研修所論集111号（2003年）32頁以下（37-41頁）。
137) 小早川の規律理解につき，小早川・前註133）行政法（上）137-138頁。
138) 小早川・前註133）行政法（上）265-275頁，小早川・前註23）158-159頁（同書141-151頁，小早川・前註22）下Ⅲ252-254頁も併せて参照）。
139) 小早川・前註23）138-142頁（引用部は141頁）。小早川・前註136）49-52頁。小早川の行政理解について，小早川・前註133）行政法（上）7-13頁も参照。
140) 小早川光郎「抗告訴訟の本質と体系」雄川一郎ほか編『現代行政法大系』（1983年）135頁以下（148頁）。なお，ここで小早川は，行政と私人の間に現に存在する法律上の争訟が必ずしも常に全面的に審判され解決されるとは限らないとも述べるが，この点は2004年行訴法改正による法定抗告訴訟の整備により，事情に変化が生じていると思われる。

点において,「一定の法律関係についての当事者相互間の対立を主題とする訴訟」,「法律関係当事者相互間の対立を主題とする訴訟」である法律関係訴訟 —— それは通常の民事訴訟と公法上の当事者訴訟とからなる —— と区別されることになる[141]。もっとも,このように抗告訴訟を考えるならば,訴訟の対象を処分,公権力の行使に限定する必然はないことも自認されていた[142]。

(b) これに対し,山本は総じて,このような小早川の捉え方に対して距離を取った議論を示す。もっとも,山本の評価は,小早川の公権力理解を除けば[143],小早川の把握内容を誤認とするものではなく,小早川の把握内容を強調することへの違和感と理解した方がよかろうと考えられる。

山本の理解においても,行政が法に従った利益調整を行う点は,後に述べる重要な差異はあるものの,行政を捉えるための重要な理解であったし[144],行政機関の行為にいわゆる処分性が認められ抗告訴訟が許されることは,「原告私人の法的地位に引き直さなくても(……),行政機関の行為を対象にすれば足りること」,「個別具体の事情により細かく訴えの利益を根拠づけなくても,制度的な手続保障として,行政決定を争う利益を認めることに趣旨がある」とされており,「直接に行政機関の行為の適法性を判決できること」も処分性承認に伴う手続保障の一つとして数えられている[145]。

にもかかわらず,山本にあっては,例えば取消訴訟を,処分という措置が行っ

---

141) 以上につき,小早川・前註23) 139-142 頁,小早川・前註22) 下Ⅲ 325-326 頁。
142) 小早川・前註136) 54-55 頁。
143) 小早川の示す公定力理解について(前註136)で指示した箇所のほか,小早川・前註133) 行政法(上) 290-293 頁,297-298 頁,小早川・前註23) 186-189 頁,小早川光郎「先決問題と行政行為 —— いわゆる公定力の範囲をめぐる一考察」田中二郎先生古稀『公法の理論(上)』(1976 年) 371 頁以下も参照),取消訴訟の排他的管轄による説明だけでは「行政行為が私人に対しどのような法的効力を有するかを,正面から直接説明したことにならない」とする限りで,小早川と問題意識を共通させるが(山本・前註126) 648 頁。そこに付された註(19) は,小早川・前註136) を指示する),山本は,ドイツの学説を参考に,公定力に代え,行政行為の効力をさらに分解的に捉えることを提案する(山本・前註126) 648-652 頁,山本隆司「行政訴訟に関する外国法制調査 —— ドイツ(上)」ジュリ1238 号(2003 年) 86 頁以下〔96-99 頁〕。併せて山本隆司『判例から探究する行政法』(2012 年) 186-200 頁も参照)。この点を含め行政行為の効力に関する両者の議論の異同について,本稿は立ち入らない。
144) Ⅱ2のほか,行政手続と行政訴訟手続との関係につき,例えば山本隆司「改正行政事件訴訟法をめぐる理論上の諸問題」論ジュリ8 号(2014 年) 71 頁以下(71-72 頁)。そこに見られるように,山本は情報収集・創出・加工の契機も重視するが,本稿はこの問題には立ち入らない。
145) 山本・前註143) 探究380-381 頁。また,訴えの利益に関する言明において,小早川・前註22) 下Ⅲ 254 頁が参照されている。

た法関係の規律のあり方に関する訴訟，すなわち当該規律の内容に係る実体上の違法性と規律を行った措置に係る手続上の違法性を争う訴訟であると捉えるなど，抗告訴訟を法関係に関する訴訟として当事者訴訟と連続的に捉えることが，ヨリ重要と考えられている[146]。むしろこの把握により，訴訟類型の峻別ではなく，民事訴訟に対する行政訴訟手続一般の特則，行政訴訟手続の中で抗告訴訟の対象となる行為全般に係る訴訟手続の特則，抗告訴訟手続の中での行政行為に係る訴訟手続の特則を精緻に区分し，特則の一人歩きを防ぐことの方が重要と考えられたと解される[147]。

(c) もっとも，小早川との違いとして，山本においては，行政処分の規律の対象となる法関係が権利義務関係よりも広い範囲で観念（設定）されている[148]。このため，山本の実体法理解にあっては，個人の権利・利益から行政作用に実体法を構成するための視点を移すことで，今まで捉えられなかったものが実体法として捉えられるようになる関係にはない。例えば，小早川の議論に関して確認された私人間の関係として「直接の法律関係ではなく行政の作用で媒介された関係にとどめる実体法」[149]は，山本にあっては当初から関係私人間に法関係を観念できる実体法であり，その実体法関係，すなわち利益調整のあり方をどのように読み取るかが問題であった。このため，抗告訴訟が利益調整のあり方を規律する行政処分の適法性を直接に審判の対象とするとしても，法関係を主題とする通常の訴訟に対してこの点を強調する必要を感じなかったと解される。

しかし，ある利益調整に関係する主体・行為の間に権利義務関係に収斂しない法関係を措定したとして，それがいかほどの意味を示すかは，別に検討する必要がある。山本も既に示しているところであるが[150]，ここでは，請求権の体系としての実体法に対する補完として訴権を付与する可能性を探る思考との比較という関心から，抗告訴訟の原告適格に関する小早川の議論と山本の議論を比較する。

---

146) 山本・前註126) 656-659頁。むしろ，山本隆司「取消訴訟の審理・判決の対象——違法判断の基準時を中心に(1)」曹時66巻5号（2014年）1077頁以下（1086-1093頁）の叙述を重視すると，現在では，取消訴訟について，規律としての行政処分に対する訴訟に収斂させて理解する方向に変化しているようにも思われるが，本稿では，この点には立ち入らない。
147) 山本・前註143) 探究387頁，山本・前註144) 72-73頁，79-80頁。山本・前註126) 644頁も参照。
148) 山本・前註12) 452頁。
149) 小早川・前註22) 下Ⅲ 246頁。
150) 山本・前註12) 452頁以下。

(3) 利益への着目，原告適格の拡張手法　(a) 原告適格の議論に関して小早川と山本両者の議論を比較するにあたり，日本の判例も基本的にはそうであるとされる保護規範説（法律上保護された利益説）に対する態度から比較を始めるのが妥当であろう[151]。両者ともその厳格な適用を支持しない点は共通するとしても，基本的な態度が異なると言える。山本の基本戦略は，保護規範説に立った上で，その柔軟な適用によって，客観法から権利（原告適格の認められる利益）を読み取ることができる局面を多く認めるものと言えよう[152]。この戦略は，実質的法治国理解・分配行政の観念に裏打ちされて実現可能なものと理解されている[153]。これに対して，小早川は，保護規範説に対してむしろ冷淡であり，彼が原告適格を拡張するために行う提案は，その冷淡さの表れである。

(b) 小早川においては，処分根拠規範の私益保護性に基づき排除請求権あるいは出訴資格を認める思考方法は，当初からその合理性に疑問の残るものであった[154]。現在，彼による整理に照らせば，とりわけ個別保護要件に対してその疑問は向けられている。処分根拠法規およびその関連法規（以下，処分根拠法令とのみ言う）が関係利益の調整を行い一定の利益を保護しているとしても，それぞれの利益を個別に保護しているかを通常は明示しないし，明示しないものを客観的で説得力のある解釈で補うことは困難であるし，にもかかわらず個別的に保護されているかという問いを立て解答を導こうとする態度はそもそも無理があると評価できるからである[155]。このような理解の下，小早川にとって，保護規範説，とりわけ個別保護要件にまで忠実である必要はなく，保護規範説に忠実な思考方法に加えて，他の思考方法により原告適格の拡張を図る手法は存在してよいものであるし，判例自体，実際はそのような態度をとっていると評価されるものであった。このような態度は，当該事案において侵害される利益の実質的評価その他

---

151) 日本の判例の立場とドイツの保護規範説との関係については，議論の余地があるが，概ね対応するものと理解されていると言ってよかろう（小早川・前註22）下Ⅲ 257-258頁，山本・前註143）探究451頁）。なお，本稿も，最高裁が原告適格を認めるための条件とする定式を小早川がパラフレーズした，不利益要件，保護要件，個別保護要件の言葉を用いる。それぞれの含意については，小早川光郎「抗告訴訟と法律上の利益・覚え書き」成田頼明先生古稀『政策実現と行政法』（1998年）43頁以下（47頁），小早川・前註22）下Ⅲ 257頁。
152) 山本・前註143）探究456-459頁。
153) 改めて山本・前註12）242頁以下。この立場を前提として（新）保護規範説により個人の権利を読み取ることを基本的に是とする点につき，同書250-255頁。
154) 小早川・前註14）179-180頁。
155) 小早川・前註22）下Ⅲ 259-260頁。

の諸事情を考慮するものとまとめられようが，その中にも幾つかの手法が見出される。

第1は，侵害されることとなる利益と侵害の態様を社会通念に照らして実質的に評価し，当該利益侵害に対する評価に基づいて個別保護を肯定する手法である。小早川によれば，この手法は判例も実質的には導入しており，故に個別保護の有無が立法により決定されているという立場は「建前として維持されているにすぎない」と評価できることになる[156]。

第2に，利益それ自体の性格として，当該利益の帰属者に対し他者の持つ利益と異なるという意味で排他的・個別的に帰属しているとは言えず，国民・住民といった他者と共通の一定の地位に基づいて共通に帰属している利益であるように見える場合にも，憲法秩序に照らした絶対的な評価が行われ，主観訴訟たる抗告訴訟における原告適格の承認あるいは客観訴訟と位置づけられる訴訟での柔軟な司法救済が図られる[157]。この手法は，情報公開制度における不開示処分に対する取消訴訟の原告適格が認められるべきことや，あるいは選挙訴訟において定数配分不均衡の違憲性が審査事由とされてよいことに用いられている[158]。また，そこからすれば，在外邦人の選挙権を行使する権利の確認を求める訴訟が主観訴訟たる当事者訴訟として認められてよい理由の一部を構成していると考えられよう[159]。

さらに第3として，処分根拠法令の保護する利益と原告の実際に有する利益とが一定の密接な関係に立つ場合に原告適格を認める手法が提案される。この手法の実例として二つの事例，すなわち文化財保護法の文化財（特別名勝）に係る現状変更許可処分に関する東京地判昭和30年10月14日（行集6巻10号2370頁），

---

156) 小早川・前註22）下Ⅲ260-261頁，小早川・前註151）48-50頁。
157) 小早川において主観（的）訴訟とは，「特定の人民にとっての権利利益と一般公共の利益とを区別したうえで」，「特定人の権利利益の主張に基礎を置く」訴訟を，客観的訴訟とは「一般公共の利益の主張に基礎を置く」訴訟をいう（小早川光郎『行政法講義（下Ⅰ）』（2002年）9頁，小早川・前註23）129頁）。
158) 小早川光郎編著『情報公開法——その理念と構造』（1999年）133-136頁〔小早川〕。小早川・前註22）下Ⅲ346頁も参照。
159) もっとも，小早川・前註22）下Ⅲ335-336頁は，最大判平成17・9・14民集59巻7号2087頁が，抗告訴訟ではなく当事者訴訟として争われるべきことについて論じるが，それが法律上の争訟であることについて特段の論証はしていない。これに対し，山本・前註143）探究488-490頁は，この訴訟が法律上の争訟に該当し，即時確定の利益も認められるべき理由として，権利の事後的な回復の不可能性と権利の重要性を重視する。

公衆浴場許可に関する最判昭和 37 年 1 月 19 日（民集 16 巻 1 号 57 頁）が指摘される。小早川は前者を，処分根拠法令の保護する利益と原告の利益とが「相互に裨益しあい，いわば消長をともにする関係」に基づき原告適格が認められた事例として，後者を，そのような関係は必ずしも存在しないにせよ，公益目的において定められた配置規制の「実効を確保するための手段」として，許可を受けた既存業者に「配置基準に反して自らの営業の安定を脅かすような新規参入が許可されないことを要求しうべき特別の法的地位を与える」ものと処分根拠法令が解釈され，この「公益目的のために与えられる特別の法的地位にてらして」原告適格が認められた事例と位置づける[160]。この原告適格は，後者について小早川自ら認めるとおり，彼のドイツ法の分析を使えば，実体法上の請求権ではなく「制度上の地位」に基づく「純訴訟法上の取消訴権」として認められていると解される[161]。ただし，小早川は，このような方法で原告適格の認められる原告が追行する取消訴訟も，原告自身の個別的利益に特別に関わることから主観訴訟の範疇で捉えられると理解していた[162]。

(c) しかし，山本にあっては，小早川の示す補完方法に対して，批判的もしくは冷淡な態度が示されることになる。

第 1 に，山本においては，「個人の権利保護を裁判所の役割の中心に据える限りで，保護規範説の考え方を捨て去ることはできない」。求められるのは，その柔軟な適用であり，とりわけ「個人に帰属させるのが困難な不可分の利益や，分散・拡散している利益」としての集合利益について訴訟を提起することを可能とするため，個別保護要件を緩和した形で利用することである[163]。小早川の見解

---

160) 小早川・前註 151）52-55 頁。後者について現在では，一般廃棄物収集運搬業許可を受けた既存業者による新規業者に対する同許可処分取消訴訟の原告適格に関する最判平成 26・1・28 民集 68 巻 1 号 49 頁も動員できよう。
161) 後者につき，小早川・前註 151）55 頁註（14）は，「部分的にこれに類する考え方を含むドイツの行政裁判所の判例につき」として小早川・前註 14）186 頁を指示する。ここで小早川の行っている分析につき，前註 120）に対応する本文を参照。ただし，後註 168）も参照。
162) 小早川・前註 151）54 頁。ドイツ法の分析として，実体法上の排除請求権ではなく純訴訟法上の取消訴権として出訴資格が認められるとするときでも，自己の権利・利益を主張する訴訟と理解されていたと解される。小早川はあくまでも行政裁判所法 42 条 2 項にいう権利毀損に基づく取消訴訟を論じており，同項に言う別の法律の定めにより認められる取消訴訟は問題とされていない。
163) 日本の判例が示す準則の分析と目指すべき方向に関する叙述として山本・前註 143）探究 448-451 頁，456-458 頁（引用は 456 頁，457 頁）。個別保護要件を放棄できないであろうことにつき山本・前註 144）75-76 頁も参照。これらの叙述に続く団体訴訟に関する議論は後に取り上

に影響を与えたと考えられ，また保護規範説を批判する法律上保護に値する利益説に対しては，「生命・身体等はともかく，多様で相互に衝突し得る利益の要保護性の判断を，個別法令を考慮せずに絶対的な尺度で行うことができるのか」という疑問も呈される164)。この疑問は，憲法秩序を手掛かりとしてではあれ，利益の単独評価を行う小早川に対しても呈されうるかもしれない。また，原告適格を否定せざるを得ないとしても，個別的利益の存否と個別的利益の存在を前提とした救済法上の利益の存否の問題を明確に区分し，個別的利益の存在自体は精密に確認しておく必要が指摘される165)。

　第2に，山本は，公益の実現に参与する性格を持つ選挙権や参政的権利である情報公開請求権を，権利を論じる際に従来より重視してよいとする。裏からいえば，他人と共通に帰属する利益であることは，権利であるために特段の問題を提供せず166)，これらの権利は，むしろ集合的利益を主張する権利を構想するための手掛かりの一つとして機能する167)。

　第3に，以上の立場から，小早川の提案する，処分根拠法令の保護する利益と原告の実際に有する利益が一定の密接な関係に立つ場合に原告適格を認める手法に対して，批判的もしくは冷淡な態度が示される。そもそも，小早川がこの補完方法のために指摘する事例の少なくとも一つは，山本の考察によれば，実体法関係の分析上，権利の認められる類型である168)。その上で山本は，まず，一般的

　　　げる。
164)　山本・前註143) 探究455-456頁。その他の疑問には立ち入らない。
165)　山本隆司「集団的消費者利益とその実現主体・実現手法——行政法学の観点から」千葉恵美子ほか編『集団的消費者利益の実現と法の役割』(2014年) 216頁以下 (219-220頁)。
166)　山本・前註165) 223頁は，選挙権や情報公開請求権等も裁判による実現を保障される権利であるとした上で，「個別的利益が権利に必須の要素とされるわけでは必ずしもない」と明言する。ただし後註168) にも注意。
167)　山本・前註89) 41頁。山本隆司「42条註釈」南博方ほか編『条解行政事件訴訟法〔第4版〕』(2014年) 870頁以下 (870-877頁) は，「『選挙人たる資格等』により提起される『民衆訴訟』」，「不特定多数者の利益をまとめて主張する『資格』に基づく『民衆訴訟』」，「機関訴訟」の順に考察し，その中に法律上の争訟と解されるべきものが存在することを指摘した上で，「個別的利益から行政組織までの階梯的把握」を行い，「行政過程の全体を通覧し，局面に応じて適度に，裁判所によるコントロールの可能性を組み込むべきである。行訴法に即して言えば，5条・6条にいう民衆訴訟および機関訴訟には，法律上の争訟，ないし法律の特別の根拠なしに認められる訴訟が含まれていると解するべきである」とする。
168)　公衆浴場許可に関するケースは，山本によれば，反対利害関係の垂直的複合として権利が認められるべきケースである (山本・前註12) 280-281頁)。最判平成26・1・28民集68巻1号49頁についても同様の構造を見出せるであろう。小早川が「部分的にこれに類する考え方を含むドイツの行政裁判所の判例」から見出した「制度上の地位」に基づく「純訴訟法上の取消訴

な思考枠組みとしても，この手法により認められる原告の法的地位の法的性質と保護規範説の適用により認められる法的地位の法的性質との異同が定かでないとの批判を向ける169)。確かに，行政規律規範（の少なくとも一部）を実体法に位置づけることが可能となる行政作用の法的仕組みを通した実体法理解からすれば，その適用を遵守させるための出訴資格を純訴訟法上の訴権と位置づけてもその基礎には実体法上の権利と同質のものがあるのではないかという疑問は生じて然るべきである。とはいえ，小早川の議論では，行政作用から見た時の実体法がすべて個人の請求権を基礎付けるとは言えず，このことが行政法における権利につき独自の問題を提起することは山本にも共有されている170)。この際に，山本のように，各種解釈操作を用いつつも実体法上の権利を一元的に読み取る立場から対応するか，小早川のように，実体法上の請求権規範として権利を読み取る場合と，そのようには読み取れないとしても，その客観的実体法規範の遵守を司法コントロールを通じて求めることのできる出訴資格――実体法上の請求権規範を読み取れない限りで純訴訟法上の訴権と理解される――を認める場合とからなる二元的な手法で対応するか，は，さらに選択を必要とする。小早川においては，保護規範説への理論的疑念，利益概念を用いて考えるだけでは紛争解決規範を考えたことにしかならないという立場が相俟って二元的な手法が採用されたと理解すべきことになろう。この限りで，小早川の実体法理解は，行政作用の法的仕組みから捉える場合と実体法上の権利（請求権）から捉える場合とで把握される範囲が異なるようになっているとも言える。したがって，山本の指摘する点については，小早川の実体法理解からすれば両者の性格は異なるものと考えられ，山本の実体法理解からは，結局同質の権利を認めていないかという疑いが残るという状況が生じていることになろう。さらに山本は，「そのような特別な利害関係を持つ者は，法的に見て，『公益』を主張する適格性をかえって欠くのではないか」という疑問も呈する171)。特定の私益との関連の下で主張される公益は，当該私益に引きつけられて主張されることで歪みを生じさせないかという疑問と解される。もっとも，小早川がここで考えている出訴資格を純訴訟法上の訴権と解してよい

権」としての出訴資格についても山本の分析からは実体法上の権利が認められることにつき，前註121) 122) 123) およびそれに対応する本文。
169) 山本・前註143) 探究455頁。
170) Ⅱ3(2)および前註126) 参照。
171) 山本・前註143) 探究455頁。

とすれば，その訴権を基礎付ける行政規律規範違反，つまり原告の個別的利益と密接な関連を持つにせよ，それと切り離された公益違反のみが審査され，その限りで私益による歪みはないというのが小早川の考え方ではないかと思われる[172]。ただし，こう解してよいとすれば，小早川にあっては，少なくとも法解釈上は，私益と公益とが一旦は切り離されて観念されていることになる点に注意する必要があろう。

(4) 団体訴訟，集合化された利益　(a) 他方で，小早川にあっては，「自己の利益を害されるとはいえない者，あるいは，少なくとも個別的利益を害されるとはいえない者が，公益に対する違法な侵害の排除を目的として訴訟を提起したという場合」，これは「主観訴訟の枠を越えるもの」として，抗告訴訟の原告適格は当然には認められず，ただし，法律により「抗告訴訟の法律上の利益」を有することとする可能性は存在するとされていた。この可能性の主たる対象は，「団体訴訟やその他のいわゆる集団的利益の擁護を目的とする訴訟」である[173]。小早川がこのような可能性を採用することについて消極的であったとは言えないが，解釈論として，抗告訴訟の原告適格を認めるところへは歩みを進めなかったとは言える[174]。注意すべきは，一旦は主観訴訟の枠を越えるとされている以上，ここで法律により付与される出訴資格は訴訟法上の訴権と観念されていると解されることであろう。集合利益に関して代表的性格を持つ団体に対して訴権を与える選択は存在したが，その利益が位置する実体法の平面を観念し，解釈論により集合利益を表象・体現する団体・組織に実体法上の権利を認め，その帰結として出訴資格を認める思考は採られていない。小早川においてはあくまでも，実体法的思考の外にそれを補完する方法としてこの種の立法論は提言されていることになる。

また，利益についても，憲法上当然に出訴資格を認められるべきものは私人

---

172) 小早川・前註151) 52-54頁によれば，この類型の原告適格が認められる場合，原告は，自らの利益と密接に関連する公益を主張するとされている。この類型の原告適格が認められる限りで当該公益の主張は，行訴法10条1項の「自己の法律上の利益に関係のない違法」ではないと理解されていることになろう。情報公開における文書不開示決定に対する取消訴訟を，自己の法律上の利益に関わらない資格で提起されている訴訟ではないかと一旦は悩んだこととの対比で（前註158) 参照），彼の利益理解の特色が窺われる。

173) 小早川・前註151) 54-55頁。

174) 小早川光郎「集団的訴訟――行政上の集団的紛争と訴訟理論」(1978年) 同・前註14) 243頁以下，同・前註22) 下Ⅲ251-252頁も参照。

(個人)の利益であり，行政主体としての地方公共団体が有する自治権については，法人格の承認が「その財産や事業について他からの侵害に対し法および司法による一定の保護を受ける」ことを意味する点は認められ[175]，また国と地方公共団体の関係を行政内部関係と捉えて帰結を導く思考方法も拒否されたものの，裁判所による保護は憲法自体では保障されておらず，そのあり方は立法に委ねられているとされた[176]。私益と公益を一旦は切り離す思考がここでも表れていると評価できよう。ただし，これは「通常の国自治体間争訟の場合」を念頭においた考察であり，「憲法上の自治権に対する何か特別の侵害について憲法上当然に自治体からの出訴を認めるべき場合があるか」については留保がなされる[177]。侵害されることとなる利益と侵害の態様を憲法秩序に照らして絶対的に評価する思考は，ここにも顔を出していると解釈できる。

(b) 山本にあっても，既に述べたように，集合利益の主張を訴訟においても可能にするという問題関心が重要な意味を持つ。このための第1の方法は，個人に集合利益を主張できる権利を認める方法であり，幾つかの類型が認められる。一つは，個人の権利をある種の代表的・観念的権利として認める場合であり[178]，今一つは個人が自己の権利を主張する際にその補充・強化として，当該利益と同種もしくは関連する不特定多数者の利益を当該個人が主張することを認める方法である[179]。後者は，小早川の提案する，処分根拠法令の保護する利益と原告の実際に有する利益が一定の密接な関係に立つ場合に原告適格を認める手法と類似するようにも思われるが，小早川の方法においては，先述のように，自己の利益と切り離されて観念された公益のみが当該訴訟で主張されるのに対して，山本の議論では，原告の利益と主張される不特定多数者の利益とは連続性を持つものと捉えられている。ここに示されるように，山本の議論においては，「個人ないし個別の主体に『帰属』する個別的利益」，「現在および将来の不特定多数の個人ないし個別主体に共通の利益」である「不特定多数者の利益」(集合利益と重なると

---

175) 小早川・前註22) 下Ⅲ 276頁。
176) 小早川光郎「司法型の政府間調整」松下圭一ほか編『岩波講座 自治体の構想2 制度』(2002年) 57頁以下 (65-68頁)。
177) 小早川・前註176) 70頁註 (21)。
178) 山本・前註12) 268-271頁。
179) 山本・前註12) 281-283頁，山本・前註165) 223-224頁，山本・前註143) 探究 457-458頁。

考えられる），こうした諸利益を衡量した結果として保護される利益としての公益は，同一スペクトル上に並び截然と切断される存在とは捉えられていない[180]。この点は，「主観法と客観法，私益と公益とを共に相対化し，両者を実質的に関係づけること，すなわち，主観法・私益を，他の主観法・私益との関係において規定し，客観法・公益を，主観法間・私益間の関係に分解すること，それにより主観法ないし私益，客観法ないし公益，そして両者の関係を，多様性・複合性の相で捉えることが，必要となる」[181]山本の実質的法治国理解に根拠付けられていると言える。

　第2の方法は，集合利益を主張するのに適した団体に権利を認めることである。この際，これらの利益も利益として実体法関係上に位置づけられるから，実体法上の集合利益を実現する団体に当該利益を主張・実現する実体法上の権利が認められる結果として訴権を認める構成となり，しかもこのような権利を解釈論により承認することも主張される[182]。本稿の関心からする小早川との比較では，解釈論により承認する立場がとられていることもさることながら，ここでの権利が明確に実体法上の権利として観念されていることを指摘すべきであろう[183]。利益はあくまでも実体法上の存在として機能し，それを主張するに相応しい主体が相応しい形態をとって存在するならば[184]，当該主体は実体法上の権利として当該利益を主張しうるべきなのである[185]。

　さらに個別的利益，不特定多数者の利益，公益が同一スペクトル上に並ぶ以上，公益を実現する団体についても，それが国とは別に法人格を認められることに照

---

180) 山本・前註165）217頁。
181) 山本・前註12）445頁。
182) 山本・前註165）223-228頁，山本・前註167）872-874頁，山本・前註143）探究458-459頁。山本隆司「団体訴訟に関するコメント——近時のドイツ法の動向に鑑みて」論ジュリ12号（2015年）156頁以下（158-163頁）。行政参加権を貫徹するための参加訴訟に係る訴権の承認につき山本・前註12）388-391頁，集合化された利益のアーティキュレーション（表出，発話）につき，同書373頁以下も参照。
183) 山本・前註165）222頁註（22）は，ハルフマイアーの議論につき「民事の団体訴訟の基礎に権利および請求権を認めず，団体訴訟を『民衆訴訟』の一種としての『アクチオ法上の権限』と説くが，公権，ないし公権と私権との共通の概念基盤を軽視していないであろうか」と批判する。
184) このような権利を認められる（べき）団体の満たすべき要件につき，山本・前註165）224-225頁，山本隆司「行政の主体」磯部力ほか編『行政法の新構想Ⅰ——行政法の基礎理論』（2011年）89頁以下（103頁），山本・前註89）41頁。
185) 権利を有する個人，行政との役割分担については山本・前註89）41頁，山本・前註165）228-232頁。

らして，訴権を認めることが通常となる。とりわけ憲法上，自治権の保障がある地方公共団体や国立大学については，原則として訴権が認められる[186]。また，以上の思考の結果，主観訴訟・客観訴訟の概念・区分は山本にとって「一義性をまったく欠く」[187]。

Ⅳ　結びに代えて

以上を以て本稿は，考察を一旦終了する。本稿は，以上に描き出した二つの実体法観念（請求権の体系として実体法を観念する際の補完方法も含む）のどちらが採用されるべきかについて沈黙を守らざるをえない。その理由を最後に確認する。

1　実体法の観念と他の法との関係――本稿の限界(1)

実体法の観念を探り評価する際には，実体法の観念だけを問題とするだけでは不十分であり，他の関連する観念との関係も視野に入れる必要がある。本稿も補完方法を論じることでこの点を示唆したが，すべてを論じたとは言えない。特に，手続法をいかに観念し，実体法との関係をどう理解するか，は大きな問題として残っている。問題の大まかな所在を示しておこう。

山本の議論において，手続法は，「行政作用の実体法上の関係者と行政庁との間の手続法関係」を規律する法とまずは捉えられている[188]。実体法が利益の調整・分配を規律する法である以上，その手続も利益の実際上の調整・実現・保護を巡る手続として捉えられることとなり，結局手続法は，利益を実現する手続に関する法と観念できよう。これは，利益を中心に据える手続法の捉え方とも言えよう。また，利益の実現・保護に関わる限りで，訴訟法との連続性も持つ。

これに対し，当初の小早川のように請求権の体系として実体法を捉えると，手続法の位置づけはやや複雑となる。この場合，訴訟法と区別され，それにより実現される点で，手続に関する法的規律あるいは行政手続上の地位は，一旦は実体法に属するものと観念されることになる。しかし例えば手続瑕疵についていえば，

---

186)　山本・前註12) 364-373頁，山本・前註184) 104-111頁，山本・前註167) 874-877頁，山本・前註89) 42頁。夙に，山本隆司「行政組織における法人」塩野宏先生古稀『行政法の発展と変革（上）』(2001年) 847頁以下（とりわけ859-865頁，869-881頁，890-898頁）。もちろん，これらの文献で指摘されているように，それに相応しい透明性と組織形態が求められる。

187)　山本・前註89) 42頁。

188)　前註69) および対応する本文を参照。

同時に，このような捉え方は，手続瑕疵が実体法上の請求権をなぜ侵害したことになるのか，手続瑕疵のある行政行為が手続瑕疵の故に取り消されるとすれば，それはむしろ訴訟法上にそう定められている（と解される）故ではないのかという問題を小早川に投げかけることとなった。また，裁量行使の過誤についても同様の問題を小早川は見出している[189]。

もっとも，現在，小早川は，案件処理にあたる行政機関およびその他の関係者がよるべき一連の手順が定められている場合に，それを行政手続と観念し，かつこの手続に関する法の総体を手続法と観念する[190]。案件処理という行政作用と連続する観点から捉えられていることに伴い，手続法は実体法の一部分となお捉えられているのかもしれないが，行政の作用の観点と（案件処理過程としての）行政の過程の観点とが分けられていることに鑑み[191]，この点の慎重な検討が求められよう。さらに行政手続は多様であり，したがって手続法自体も多様性を示す以上，この点への配慮も求められる。

加えて，請求権の体系として実体法を観念していた当初から，小早川は，手続瑕疵の取扱いを実体法的思考だけで解決するべき問題とは考えておらず，「行政手続と訴訟手続との機能的連関」の問題も視野に入れて解決されるべきだと理解していた[192]。つまり，ここでは，実体法的思考の限界を補完するといった単純な分析枠組みではなく，実体法的思考とその他の思考をいかに組み合わせるべきかというヨリ複雑な問題設定を前提に，実体法の観念の違いがそこに何らかの影響を与えているかを分析することが求められる。さらに行政手続と訴訟手続との機能的連関，両者の連携・役割分担という問題は，近時の議論が示すように，多岐にわたる論点において現れる。つまり，ここでは，多岐にわたる論点のそれぞれにつき実体法的思考とその他の思考をそれぞれどの程度機能させるかに関する論者の態度がヨリ大きな幅を持って現れ，それを前提に実体法の捉え方が何らかの差異をもたらしているか検討しなくてはならない。これは，具体的には，手続

---

189) 小早川・前註14) 167-178頁。問題を集約した叙述として同書178頁註 (484)。
190) 小早川・前註157) 5-6頁，小早川・前註133) 行政法（上）63頁。さらに手続法的仕組みも観念される。小早川・前註133) 行政法（上）187頁。
191) 小早川・前註157) 1頁。
192) 小早川・前註14) 173頁註 (470)。現在の彼の議論として，小早川・前註157) 63-67頁，小早川・前註23) 183-186頁，小早川光郎「手続瑕疵による取消し」法学教室156号（1993年）94頁以下。

瑕疵の取扱いのほかにも，義務付け訴訟・差止訴訟における訴訟要件の理解と位置づけ，（狭義の）訴えの利益，行政裁量の理解と司法審査のあり方，理由の差替え，違法判断の基準時，判決効（とりわけ拘束力および反復禁止効）の理解など至る所で問題となる。このため，この部分に関する問題は改めて検討することとしたい。

2　実体法の異なる観念の優劣を考える基準——本稿の限界(2)

　さらに，本稿は，二つの実体法観念を小早川と山本の議論に見出し，それがどのような前提の上に成立しており，またいかなる点で共通し異なるかを実体法自体の捉え方に関わる点について検討し，さらにその補完方法として小早川が示すものが山本においてはどのように捉えられるかを検討してきた。しかし，両者の異同を描き出す中から，どちらの実体法観念を選択すべきかに関する基準が得られたとは言えない。両者それぞれに一貫した観点から実体法を理解した上で行政法全体を構想しており，内的な矛盾は基本的にない。確かに，山本の実体法理解が，利益を基礎に実体法を観念し，それを基礎として他の法の観念と接続させながら行政法を把握する点で，多元的といっても実体法優位かつ一体的性格の強い構想を示すのに対し，小早川の理解によると，行政法は，実体法上の請求権により把握できる部分と行政規律規範——その一部はその遵守を裁判統制を通して確保するための訴権を伴う——とが組み合わされる混淆物として現れることになろう。しかし，現在の小早川は行政規律規範の少なくとも一部も行政作用の法的仕組みとして実体法に位置づけることを可能とする枠組みを持つし，この点を度外視するとしても，行政法を混淆物としてではなく一体的に捉えなければならない必然的要請があるとは言えない。どちらの捉え方が適切かは，行政に関して生じる法現象・法問題をどの構想が幅広く，整合的に，それぞれの現象・問題の示す違いを無造作に捨象することなくしかし一貫した形で，明晰な位置づけを与え捉えているかによって判定されることになろう。しかし，複数の思考を併用する場合の評価基準が本稿の考察から得られたとは言えない。

　確かに，現在の小早川が，行政作用に視点を移して実体法を構成し，それを統制するための特殊な機能を抗告訴訟に見出しているとしても，この実体法に対応する個人の実体法上の地位・権利が新たに構想されたとは言えない[193]。結局，実体法上の請求権を敢えて観念しつつ抗告訴訟を作動させる権利を考える場合，

それは，自由権に基づく請求権，原告の利益を個別的に保護する保護規範に基づく請求権，実体法上の請求権とは構成されないそれ以外の訴権からなることになろう[194]。すなわち，請求権の体系として実体法の観念とその限界を明らかにした当時から行政作用の法的仕組みに着目する現在まで，抗告訴訟を可能ならしめる原告の地位の構成は，結果として維持されており，この点で，行政作用に着目した実体法理解は，個人の地位から見た時の実体法の観念・理解それ自体について大きな変動をもたらさなかったとも言いえよう。もちろんこのため，先述のように，行政作用の法的仕組みの観点から捉えられる実体法の範囲と実体法上の権利の観点から捉えられる実体法の範囲が異なることになる。しかし，行政の負う法的義務（法拘束）のすべてが個人の権利を基礎付けるわけではないことが行政法の特質であり，それぞれの観点から捉えられる範囲の齟齬が，小早川の議論の内的矛盾を示すとは言えない。小早川は，この行政法の特質が示す問題に，実体法上の権利という観念だけを用いて立ち向かうことはしなかったというだけである。

他方で，小早川と山本それぞれの議論に関して，利益と実体法との関係に関する理解の差異が両者の議論の間にある大きな違いであることは，これまでの考察により示されている。山本においては，利益は，定義上，実体法上に位置づけられ，利益それ自体を調整・分配する客観法は当然に実体法となるのに対し[195]，小早川にあっては，それだけでは当該法は実体法とは理解されない。利益は個人の地位を分析しあるいは付与する際の重要な視点であるが，それにより基礎付けられる（または把握される）地位が実体法上の権利であることは保障されない。

しかし，この差異につき，どちらの選択が正当であるか判断できる論拠は導かれていない。一方で，利益を考えることが実体法を考えることになるという山本

---

193) 小早川・前註 133) 行政法（上）219-223 頁は，干渉の仕組みの相手方の有する自由権と第三者の権利を論ずるが，後者については，抗告訴訟の許容性の問題として原告適格の問題に先送りしている。また，同書 226-228 頁は，給付の仕組みにおける権利を論ずるが，筆者は，この分析が給付の仕組みにおける権利の分析として十分か，社会保障給付の仕組みを用いて疑問を述べたことがある。太田匡彦「権利・決定・対価(2)――社会保障給付の諸相と行政法ドグマーティク，基礎的考察」法協 116 巻 3 号（1999 年）341 頁以下（368-371 頁）。

194) 憲法上の生存権（あるいは社会権）の理解によっては，これが自由権に対応する位置を占める可能性もある。しかし，この点を小早川が主題として論じたことはなく，本稿では立ち入る必要はない。

195) Ⅲ2(2)の最初の段落を参照。

のような理解が客観的・必然的要請であると解すべき根拠を本稿は見出していない。他方で，小早川にあっては，行政規律規範とその司法統制のための訴権（アクチオ）を観念するか，紛争解決規範とそこでの（アクチオ〔訴権〕と区別されない）権利を観念するか，実体法としての紛争解決規範と実体法上の請求権を観念するかは，後者になればなるほど制度的前提も必要とはなるが，しかしその前提を満たす場合も論者の選択に委ねられている。このような中，訴訟法に先行する実体法を小早川の理解する実体法と異なって構想することが客観的に不当であることの論証があるとは言えない。

あるいは，両者において実体法上の権利と認められる範囲を異ならせる原因の探究が，両者の違いをさらに考察し評価するための手掛かりとなるかもしれない。小早川は，ある個人の地位（権利）を実体法上の請求権と捉えるか否かの判定に際して，特定の行態を求めていると言えるか，権利により実現される利益が排他的に権利者に帰属すると観念しうるかといった点を考慮しており[196]，そこに別の思考が伏在しているかもしれない。また，行為の自由それ自体を利益とは別の層に置き，実体法それ自体からは追放する山本の思考も，小早川の議論と異なる点であり，手掛かりとされるべきであろう。しかし，本稿は，共通点と差異を確認することに焦点を合わせ，その背後にある思考および前提の適切さの評価には至っていない。

3　抗告訴訟において実体法上の請求権が主張されていると理解することの意味

もっとも，山本の議論によっても，小早川の議論によっても，共通に導かれる立場がある。すなわち，抗告訴訟を，実体法上の請求権が主張される訴訟であると理解することは，行政法における実体法を観念するために，必須ではないし，適切とも言えない。山本の実体法観念に立つ場合，請求権を構成することは重要ではなく，権利を基礎付ける実体法上の利益が違法に侵害された場合に当該利益を実現するのに相応しい救済のなされるべきことだけが重要な意味を持つ[197]。あるいは，請求権の観念・構成の仕方によってはむしろ適切でないと批判される

---

196)　Ⅲ2(1)(2)を参照。
197)　山本・前註144) 76頁は，「一般論として，取消訴訟を被告の過去の行為の違法性を対象にした訴訟，義務付け訴訟を現在の原告の請求権を対象にした訴訟と形式的に対比するのは，正鵠を射ていない。いずれも原告私人が現在において自らの権利利益を防禦ないし実現するために，被告行政主体の違法行為の是正を求める趣旨の訴訟である」とする。

ことになる[198]。

　小早川においても，現在，彼がこの問題を重視していないことは，Ⅰ2(2)で確認したとおりであるし，小早川の当初の実体法理解の下でも，取消訴訟の背後に実体法上の排除請求権を観念できる場合も厳密にはそうとは言いがたい場合も観察され，小早川の理解としても，純訴訟法上の取消訴権によって取消訴訟，ひいては抗告訴訟の機能を拡張的に補完することは，決して否定的に評価されなかった。このような状況の下で，抗告訴訟は実体法上の請求権を主張する訴訟であると理解することは，第1に，典型しか示さない点で不正確であり，第2に，それを補うための思考を隠すか無視する点で不十分である。

　かくして，行政法において実体法の観念が何を意味するか，日本において真剣に問うた二人の行政法学者は――この二人しか取り上げなかったことについては読者の許しを請う以外ない――，抗告訴訟の背後に実体法上の請求権を観念するか否かについて，それぞれの立場から共に，当該問題自体にさしたる関心を示さず，示すとしても消極的な立場を示すことになる。しかし，それは行政法において実体法を観念できないことを意味するのではなく，抗告訴訟のあり方とは独立に，むしろその前提として，実体法を観念できること，しかしそれをいかに観念すべきかはなお問題であることを伝えていると解される。

198）　山本・前註144）76-77頁は，「行政主体は私人のような基本権的自由を有しておらず，法の形式を用いて公益を実現するように常に拘束されている。……被告行政主体の行為の自由が原告私人の請求権によって制限されるかのような実体法の観念は，正当でない」とし，このような実体法の観念に関する分析として，山本・前註12）175頁以下の参照を求めている。

実体的真実の解明をうける行政客体の手続上の権利

新 山 一 雄

は じ め に
　——筆者の問題意識と論述の視点
I　職権調査義務と実体的真実の解明をうけうる権利
II　行政客体の情報提供義務による実体的真実の解明をうける権利の限界
　——ドイツにおける職権探知原則と関係人の協力義務
III　行政客体の実体的真実の解明をうける権利の侵害とその救済

は じ め に
　——筆者の問題意識と論述の視点

（1）　この度めでたく古稀を迎えられる小早川光郎先生は，かつて恩師の故雄川一郎博士に献呈された論集で，「調査，処分，証明」という論文を発表された[1]。これは，行政処分を行うために行政庁がする事実関係解明の義務と範囲について，行政手続から行政訴訟にわたって論じられ，さらにそれにより，訴訟法のなかで最も難解な証明責任の問題にあたらしい光をあてられるものであった。筆者も，この論文に感銘をうけた者であり，この論文に示された立場に基本的に賛同する者である。そのうえで今度は，処分をうける行政客体のがわから，法律関係論的に，事実関係の解明もしくは実体的真実の探求をうける権利というものが行政客体にあるのか，あるとすればどの範囲のものなのか，それが侵害されるということはどういうことなのか，それに対する救済はどうあるべきか等々を，ここで論じさせていただきたい。

---

1)　小早川光郎「調査・処分・証明」雄川一郎先生献呈『行政法の諸問題中』（1990年）249頁以下。

このような立論が可能であれば、それにより先生の論理の正しさがさらに論証でき、また、その論証のなかで先生が論じられなかった細かい論点についていくつか補足できるのではないかと考える。

　(2)　行政庁が国民に対して行政処分を行うという、行政法の中核をなす権力関係の基本的な法律関係を考えた場合、行政庁は、とうぜんのことながら事案の基礎となる事実関係を調査し、認定した（要件）事実を適用されるべき法条にあてはめて、処分を行う。この一連の過程を、ここでは「行政手続」と観念する。この行政手続を、法律関係の当事者である行政庁（＝行政主体）と国民（＝行政客体）の関係でいうと、国民が処分をうけうる要件を行政庁が一方的に認定し判断し、国民はそれを全面的にうけ入れるにいたる手続ということになろう[2]。

　かように展開する行政手続において、実体的真実探求の原則あるいは要請というようなものがあるのか、という問題提起をここでさせていただきたい。このようなことについて、わが国の行政法理論のなかでとくに論じられたことはない。しかし、行政が行われる上で実体的真実が探求されなければならないということも、法律による行政の原理の命ずるところであろう。この論証は本論のなかで行うので、ここでは簡単に、《行政庁が処分という公権力の行使を行うときは、処分について法律の定める要件が充足されていることを行政庁が認定しなければならない、というのが法律による行政の原理の命ずるところであるが、この認定は、行政庁が実体的真実として探知したもの以外にもとづいて行われてはならない》と述べるにとどめる。

　それでもなお、行政庁が実体的真実と認定したところがのちに実体的真実に反しているとされることはありうる。そのときは、その処分は、違法なものとして取り消されることが、行政法の仕組みのなかでさまざまに保障されている[3]。これらのことを通じてみると、処分の基礎となる事実関係について実体的真実が探求されることこそ、「法律による行政」の要請にこたえることであるといえる。

　2）　これが、行政の特質、役割であるとしかいいようがない。手続構造的に第一次的に行政庁が判断を行い、しかるのちに、その判断に対して裁判所の審査が行われるというのが、「行政法の仕組み」であり、三権分立の原理の命ずるところである。歴史的には、行政にその権限、すなわち「第一次判断権」なるものがあることが行政法上強調されていたこともあったが、行政法が成立する以前から行政庁は、行政の役割として、一方的に判断・認定を行っていたのであって、行政法によってこの権限が与えられたわけではない。

　3）　行政処分の職権による取消し、裁決による取消し、取消判決による取消し。

(3) このことを、処分をうける行政客体のがわから見てみると、どうであろう。行政庁が実体的真実を探求しこれにもとづいて処分を行わなければならないということが、法律による行政の原理の命ずるところであれば、行政法上の法律関係において行政法理論により行政に対する権利の保障を強くうける国民は、この行政庁が行う実体的真実の探求についても、それを期待する地位にたつ、すなわち、それを期待しうる「手続上の」権利を有するといえないであろうか。これが、筆者の基本的な問題意識であるが、その論証は、行政法理論を仔細に検討することで行っていくしかない。

その場合にひとつ考えなければならないのは、行政客体に対して行われる処分の基礎となる事実関係の解明では、それは全面的に行政庁が義務をおい、行政客体は何らの義務もおわないのか、ということである。このことは、行政客体に、行政庁の実体的真実の探求を期待しうる権利が認められたとして、どの範囲でそのような権利が認められるのか、という問題に関連してくる。このあたりの問題については、わが国ではほとんど論じられていないが、一時期ドイツではさかんに論じられ、さらに立法化されている。この理論、法制が、ここでの議論の参考になると思われるが、筆者は、これらについていくつかの研究論文を発表している[4]ので、それらをふまえて検討してみたい。

(4) 行政法上の法律関係が民事上の法律関係と異なるのは、実体の関係にくわえて手続の関係が生じることである。そのため、行政法のいくつかの問題を論じるにあたって、実体の理論と手続の理論が錯綜することもあり、両者が対立するときは、手続上の権利保護と実体上の権利保護のどちらを重視するかの選択が迫られることもある。

ここでの問題についていうと、実体的真実に即して法律の定める要件をみたした正しい処分をうけうるという国民の権利は、実体的権利である。行政争訟手続により違法な公権力の行使によって毀損された国民の権利を救済するということが、伝統的に行政法理論の基本とされてきたが、その場合観念されていた権利というのは、実体的な権利であったと思われる[5]。ただ、筆者の考えとしては、そ

---

4) 新山「ドイツ行政手続法における職権探知原則(1)」自治研究68巻9号32頁、「同(2)」68巻12号16頁、「同(3)」69巻2号16頁、「同(4)」69巻3号20頁、「同(5)」69巻4号17頁、「同(6)」69巻5号46頁、「同(7)」69巻9号34頁、「同(8)」69巻12号62頁(1992-93年)、新山「ドイツ社会行政手続法における関係人の協力義務」成田頼明先生退官『国際化時代の行政と法』(1993年) 311頁。

れとはべつに，行政庁により実体的真実が追求されることを期待しうる手続上の権利も存在するのではないか，ということである。そして，これらの権利が衝突する場面というのは，手続的には行政庁の実体的真実探求義務が果たされずに処分が行われたが，実体的にその処分の内容は正しかったというケースである。このときには，手続を重視するか，実体を重視するかの決断を避けて通るわけにはいかないであろう。ただ，その場合の解決策として，軽視された他方の権利保護はまったく考えないというのではなく，処分の取消しと損害賠償をたくみに組み合わせる法理を構築することで，あるべき解決——国民の権利保護——が図られるのではないかと考えている。

もうひとつ民事上の法律関係との比較でいわせていただくと，行政法は，日々大量反復的に行われている行政に対処するものであるということである。本稿の対象である事実関係の解明についていえば，現実の行政では，行政庁は，つねに多くの事案をかかえ，ひとつの案件につき限られた時間のなかで事実関係の調査を行っている。このような現実を無視し，行政庁はつねに実体的真実を解明しなければ処分を行うことができないとするのは，あまりにも現実からかけ離れた空虚な立論である。むしろ，このような不十分な事実関係の解明により，結果として実体的真実とかけ離れた事実認定のもとで処分が行われることもあるということを前提として，そのことにより，行政客体である国民の権利がどの範囲で毀損され，それに対する法的救済がどのような形で図られるべきか，の法理を構築していくことが，現実的で持続可能な行政法理論の歩む途であろう。それが，前述の処分の取消しと損害賠償をたくみに組み合わせる法理の構築ということである。

I 職権調査義務と実体的真実の解明をうけうる権利

1 行政庁の実体的真実探求義務

(1) 「実体的真実の探求」という概念を，解釈原理として正面にすえることは，

---

5) 田中二郎『新版行政法上巻〔全訂第2版〕』(1974年) 293頁では，「行政事件訴訟法は，行政法規の正しい適用を確保するための訴訟，すなわち，行政法上の違法状態を除去し，行政法秩序を正すことを目的とする訴訟であ」り，「抗告訴訟の訴訟物は，『行政庁の第一次的判断を媒介として生じた違法状態の排除』であり，これによって，基本的人権その他一般に権利利益を確保し保障することを目的とする」とされていた。ここでいう「行政庁の第一次的判断」というのは，実体的判断であろうし，それによって「生じた違法状態」というのも，処分の実体的判断の誤りを観念されていたと思われる。

現代の行政法理論では，絶えてなくなった。しかし，伝統的行政法理論では，行政不服審査手続および行政訴訟で，理念的に，民事訴訟との対比において，行政訴訟の特質として強調されていた[6]。

いまでもなお，行政争訟において実体的真実探求の強い要請があることは，理念の問題としてというよりは，行政手続から行政争訟にいたる行政法の構造からとうぜんに導きだされると思われる。すなわち，行政争訟は，審査請求人・原告に関わる事案について処分という形で行政庁の公権的判断がいちおう行われたことについて，その判断の再審査として行われるという構造をとるが，その場合，処分の基礎として行われた事実認定が正しかったかどうかの判定は，より高度の──より真実に近い──事実認定によってのみ行われうるからである。これに若干の理念的考察をくわえると，審査請求人・原告に対する行政争訟による権利救済は，当該事案に正しく公権的判断が行われたかどうかの審査を通して図られるので，実体的真実の探求は行政争訟における国民の権利救済の要請にもとづくものであるともいえる。この根底に，法律による行政の原理があることはいうまでもない。

しかし，ここで考えなければならないのは，行政不服審査手続はともかく，当事者主義の支配する行政訴訟では，訴訟の審理は，基本的に原告の訴状に書かれた論点についてのみ行われ，事案の基礎にある事実関係全体にわたって行われるわけではないということである。また，そもそも，行政庁がいったん事実関係の調査をし終わっている行政事件についての行政訴訟では，事実認定が争われることは少なく，もっぱら法律解釈だけが争われることが多いということもある。そのように考えると，事実認定における行政庁の実体的真実探求が本来的に問題にされるべき場面というのは，行政手続においてということになろう。

(2) その行政手続において行政庁が実体的真実を探求する義務をおうものであることを，あきらかにされたのは，小早川教授である。すなわち，「事案処理の基礎とされるべき事実に疑いが存するときは，それについて調査検討し，その結果にもとづいて事実を認定することが必要となる。そして，とりわけ，立法の趣

---

[6] 伝統的理論のなかで，このことが最も論理的に説明されているのは，雄川一郎『行政争訟法』(1957年) 154頁で，「行政法の実現手続としての行政事件訴訟の目的もまた単に当事者の紛争の解決のみには存せず，紛争の解決を通して国民の権利の保護と行政の客観的適正の保障をはかることに存する。従って，少くとも相対的には，民事訴訟に比して実体的真実の探求により多くの重点が置かれるべきであろう」とされていた。

旨に反して関係人の利益が害なわれる結果となるのを回避するために十分な調査検討を行うべきことは、行政庁が、立法を誠実に執行すべき前述の任務の一環として当該関係人に対して負う義務であると解するのが妥当であろう」というものである[7]。教授は、これを「行政庁の調査義務」と称しておられる。

筆者もこの考えを全面的に支持するもので、筆者は、これを「実体的真実探求義務」と観念したい。教授がいわれる「行政庁が、立法を誠実に執行」するということは、理念的には、実体的真実があきらかにされて初めて果たされると思われるからである。

2 行政客体の実体的真実の解明をうける権利

(1) 行政処分に関わる事案について、処分が行われる端緒となる事実の発生から、あるいは行政客体の申請から、行政庁が行う調査、事実認定、法律の解釈あてはめから処分書の交付にいたる行政手続において、行政庁が実体的真実探求の義務をおい、その反面として、処分をうける国民は、行政庁がこれらの行為によって実体的真実の解明をすることを期待しうる権利を有すると筆者は考える。このことを、以下論証してみよう。

それについては、まず行政手続法の規定をつうじて検証してみよう。わが国の行政手続法は手続をうける行政客体に視点がおかれており[8]、その規定は行政客体の手続上の権利を保障するものである[9]ので、それらの規定を通して行政客体の「実体的真実の解明をうける権利」というものも、かなりの程度見えてくるように思われる。

行政客体からの申請に対して処分が行われる場合は、その申請については種々

---

7) 小早川・前出注1) 267頁。なお、近年、行政庁の徹底した調査義務を論ずるものとして、薄井一成「申請手続過程と法」磯部力＝小早川光郎＝芝池義一編『行政法の新構想Ⅱ』(2008年) 269頁以下があり、興味ぶかく拝読した。

8) 塩野宏『行政法Ⅰ〔第6版〕』(2015年) 311頁には、行政手続法の目的として1条に規定された「透明性」について、「何人にとって透明であるかの問題がある。……同法の仕組み全体からみると、もともとそれは、手続関係者に対するそれであると解される」とされている。たしかに、わが国の行政手続法の規定は、行政庁内部で行われる行政手続を、手続関係人からできるだけ可視的にして、その者の納得のいく形で進行されていくことを図ることで、その者の手続上の権利を保障していくという性格のものであるように思われる。

9) たとえば、行政裁判所法 (VwGO) を手本に行政手続の司法手続化が図られたドイツの行政手続法 (VwVfG) などに比べて、わが国の行政手続法では、ほとんどの規定が行政手続をうける国民との関わりに対するものであって、行政客体たる国民の手続上の権利がはるかに見えやすくなっているように思われる。

の法令に規定されており，行政客体は，法令に従って申請手続を行う。ある授益的行政処分が行われることが法律に規定されており，その申請についても法律に規定されているということであれば，その処分をうけようとする者は，等しく行政庁に処分の申請をする権利を有するといえる[10]。一方，行政庁のがわは，適法に申請がなされてくれば，申請を受理する義務をおう[11]。かように，申請をめぐって，まず大枠として，行政客体と行政庁のあいだに権利義務の関係があるといえよう。

　申請を受理した行政庁は，すみやかに事案の審理を開始しなければならない。このことについては，現在のわが国では行政手続法が規定するところとなり，同7条には，行政庁は「〔申請受理後〕遅滞なく当該申請の審査を開始しなければなら」ないとされている。これにより，申請をした者は，すみやかに審理を開始してもらえる地位にあることが確認されたことになり，事実関係の解明がされることも期待できよう[12]。

　また，同6条では，申請があってから処分が行われるまでの「通常要すべき標準的な期間」が，あらかじめ公示され，同9条では，「審査の進行状況」および「処分の時期の見通し」が，申請者の求めがあれば，行政庁は申請者に示すよう努めなければならないとされている[13]。これらは，行政庁の義務規定である。

---

10) たとえば，風俗営業適正化法では，3条1項で，「風俗営業を営もうとする者は，……営業所ごとに……都道府県公安委員会の許可を受けなければならない」とされたうえで，5条1項で，「第3条第1項の許可を得ようとする者は，公安委員会に，次の事項を記載した許可申請書を提出しなければならない」とされている。この許可は，行政法学上の典型的な「許可」的行政処分であるので，すべての国民にかぶる一般的禁止状態の解除であるから，逆にいえば，だれでも許可を求めうるわけである。そのための手続として，許可をうけようとする者からの「申請」が要求されているので，だれにも「申請権」という手続上の権利が法律により保障されている，といえるのである。

11) 風俗営業適正化法には，同法3条1項所定の記載要件をみたして提出された申請書を，公安委員会が受理しないことができる場合の規定がないので，形式要件をみたして提出された申請書を，公安委員会は受理する義務があるといえる。ただ，この点について，宇賀克也『行政手続法の解説〔第6次改訂版〕』(2013年) 84頁では，行政手続法制定前は，申請者の意思に反して申請書の受領が拒否される例も多々あったようであるが，そういうことが同法制定にあたって問題にされ，一般的に申請を義務づける規定がおかれたとされている。いずれにせよ，現在では，申請を受理すべき義務を，行政庁はおっているのである。

12) 塩野宏＝高木光『条解行政手続法』(2000年) 151頁は，「私人の申請に対して，行政庁は諾否の応答をすることとなる (2条3項)。その際，行政庁が法律の定める要件を充足しているかどうかを調査，審査することは，法律による行政の原理の当然の要請である」としている。

13) 「標準処理期間」の法定は，ある意味で「実体的真実の解明をうける権利」の保障と逆のベクトルをもつものである。行政庁は，ひとつの処分に限られた時間の調査しか割くことはできない。

また，行政手続法は，同1条所定のごとく，「国民の権利利益の保護に資する」ものであるので，これら行政庁の義務とされていることは，行政客体たる国民の期待しうるところであり，権利であるといえる。ただ，これは，行政庁にただちに迅速な審理をしてもらえるというかぎりの手続上の権利であって，そこから実体的真実を探求してもらえるという権利まで保障されるわけではない。そのことについて，もう少しべつの行政手続法の規定を探ってみよう。

　(2)　行政手続法には，行政調査の手続規制という名目の規定は，存在していない。しかし，調査手続に関わる規定は，上に見た6条，7条，9条以外にも存在し，それらが，行政庁の職権調査手続の進行，方向性を規定しているといってよい。すなわち，「申請に対する処分」についての5条（審査基準の設定），8条（理由の提示），「不利益処分」についての12条（処分の基準の設定），13条（聴聞・弁明の機会の付与），14条（理由の提示）である。これらの規定は，調査手続を行政庁が適正に行うべく定められたもので，基本は，「手続上の」規制である。ただ，5条の審査基準を定めるということと，8条，14条の処分理由を提示することは，かなり実体に踏み込んだ規制でもある。

　「申請を拒否する処分」および「不利益処分」に要求される処分理由の提示は，まさに処分の実体的根拠を処分の名あて人にあきらかにするということである[14]。もちろん，そこに提示された事実は，行政庁の認定した事実であり，実体的真実とかけ離れたものである可能性は，つねに存在する。理由の提示の義務づけじたいは，行政庁へ実体的真実探求を義務づけるものではない。しかし，行政庁が処分の根拠とした認定事実を提示することは，行政手続以降の手続においてさらに実体的真実が探求されることへの契機となりうる。

　なぜなら，これを処分をうけた国民のがわから見て，これが不十分なものであ

　　　そのことが，つねに，行政手続で不十分な事実関係の解明しかできなかったことの「いいわけ」にされる。たしかに，「標準処理期間」が法定される主旨は，処分の申請を行った者に迅速に処分が行われることを保障するものである。ただ，迅速にとはいっても，「標準」という文言がついている以上，その種の処分を行うには，通常どれだけの期間を費やして事実関係の調査がなされなければならないということの公言であるので，逆にいえば，それだけの時間をかけて行政庁は事実関係の調査を行うということが，行政庁から行政客体に示されていると考えることもできよう。

　14）　行政手続法で，処分に処分の理由を提示することが義務づけられた主旨については，一般に，行政庁の判断の慎重と公正妥当を担保することによる恣意の抑制ということと，不服申立てへの便宜の供与ということが，挙げられている。最判昭和60・1・22民集39巻1号1頁，塩野＝高木・前出注12）161頁および215頁，宇賀・前出注11）97頁など。

ったり，真実とかけ離れていると信ずるにたるときは，国民は行政争訟の途をとることを検討し，行政庁もそれに対応して，あらためて事案を再検討し，その過程でさらに実体的真実が追求されることになろう。かように，不明なあるいは納得のいかない理由が提示されているだけの処分に対しては行政争訟を提起しうることが，その者に保障されていることを勘案すると，その者からの申請を拒否する処分をしたり，その者に不利益処分をするときは，（それら処分の根拠となる）真実は何かを明確に示してもらえる権利を，その者は有していると考えられる。つまり，処分の根拠となった事実について納得のいくもの，つまり真実が（処分または判決の）「理由」として示されることを期待することができるのである。真実があきらかにされることによってのみ，その者は，自分の申請の根拠となった事実について誤解があったと悟り，かかる不利益処分をうけるべき落ち度が自分にあったことを覚知することができるのである。そこに，「真実が示され不利益な処分に納得できる権利」というような手続上の権利もあるのではなかろうか。処分理由の提示の制度の本来の役割も，かようなものでないかと考えている。

　「申請に対する処分」について「できる限り具体的な」審査基準を行政庁があらかじめ設定しておくということは，裁量処分について行政庁がいわば場当たり的な判断をそのつど行うことを，できるだけ避け，公平な処分が行われることを期すものである[15]が，行政庁がみずから基準を定めた以上，以後これに従って処分をするということを公言したことになる。それにより，行政庁は，それら基準をみたすかどうかという範囲の事実関係の確認を行わなくてはならない。つまり，定められた基準が，「探求されるべき実体的真実」の指標となるということであり，基準をみたす事実の存否を確認することが，「実体的真実の探求」ということになろう。「不利益処分」について処分基準を設定し公にしておくという12条の規制も，いわば処分が行われる「つぼ」をはっきりさせたうえで，そのことについて集中的に行われる実体的真実の追求が，義務づけられていると考えられる。

　「不利益処分」に対して特別に聴聞，弁明の機会が定められたのは，国民の権

---

[15] 審査基準の設定，処分の基準の設定もまた，行政手続の公正・透明の確保の手段である。塩野＝高木・前出注12) 133頁および184頁。また，宇賀・前出注11) 119頁以下では，「処分基準が公にされている場合には，不利益処分の根拠となる処分基準まで示さなければ，理由提示として十分とはいえないと思われる」とされている。

利利益を侵害するという処分の重大性によるものである。手続法的には，かような機会が与えられることじたいが重要なのであろうが，かかる手続の本来の目的が，それにより実体的真実が解明されることにあることは，あきらかである。そうでなければ，かかる手続がとられる意味がなくなるからである。行政庁がいったん事実認定し終わったことについて，処分の根拠となる法令の条項，事実をあらかじめ示したうえで，あらためて処分の名あて人の言い分を聴く機会をもうけるというのは，行政庁が気づかなかったべつの観点からも事案を見直すという主旨である。そういう機会をもうけることが法により義務づけられているのは，これらの処分を行うにさいして，行政庁にはより強い実体的真実探求の義務が課されているからであると思われる。一方，聴聞，弁明の機会が権利として保障された国民には，これらの機会を主宰する行政官による実体的真実の解明を期待しうる権利があるといえよう。主宰者の不誠実で怠惰な対応は，これらの機会が保障された者への重大な（手続上の）権利侵害，すなわち「実体的真実の解明をうける手続上の権利」の侵害である。

(3) ここで，行政手続法の目的からの考察もくわえておこう。「行政運営における公正の確保と透明性……の向上を図り，もって国民の権利利益の保護に資する」（同法1条1項）ということにあると宣言されている。この「行政運営における公正」のなかには，行政庁が事実認定を正しく行うということも，とうぜんに含まれると思われる。そして，「行政運営における公正の確保」というのは，それが図られるように手続的に規制していくということであって，それが「もって国民の権利利益の保護に資する」というのであるから，行政庁によって手続的に正しく事実認定が行われることを期待しうることを，処分の名あて人の手続上の権利保護として，行政手続法は保障しているといえる。

(4) つぎに，行政庁が行う事実認定の意義を，処分の実体的要件の充足という見地から，具体的な例を通して検討してみよう。

風俗営業の許可処分について見てみると，風俗営業適正化法4条1項および2項で，申請者の人的資格要件，申請に係る営業所の物的要件を綿密に定めており，これに該当する場合は，公安委員会は許可を与えてはならないとされている[16]。

---

16) たとえば，申請者の人的資格要件として，同4条1項の1号で「成年被後見人若しくは被保佐人又は破産者で復権を得ないもの」，2号で「1年以上の懲役若しくは禁錮の刑に処せられ，……その執行を終わり，又は執行を受けることがなくなった日から起算して5年を経過しない

これらの要件の一に該当するときは，申請者は営業許可をうけられないという深刻な不利益を被るわけである。しかし，一方で，本条で処分が与えられない場合という消極的要件が定められている主旨を，風俗営業の性格と考えあわせると，本条は，かような者には許可を与えてはならないという厳格な禁止規定であると考えられる。したがって，許可を得られるはずのない者が許可を得ることは，公共の福祉に重大な影響を与えることになるので，ここに定められている要件の事実認定については，強く実体的真実の解明が求められると思われる。

　また，風俗営業については風俗営業の取締りという行政目的のために法で一般的禁止状態におかれ，一定の要件をみたす者のみに許可が与えられるというのであるから，この許可は，裁量処分ではありえない。したがって，このことからも，上記多数の人的資格要件のそれぞれについて，行政庁は厳格な事実認定を行わなければならないという要請がでてこよう。それは，事実に反する処分を行ってはならないということであって，その限りで，「実体的真実探求の原則」なるものが成立すると思われる。

　しかし，現実に，処分が行われるときにつねに，客観的に存在する実体的真実が完全に解明されて処分が行われるわけではない。事実に反する処分もありうるのである。かような事態に行政手続の延長で対応するものとして，行政法理論では，「職権による取消し」がある。処分後に申請人に実は犯歴があったことなどが判明したときは，行政庁は，処分の時点で処分に誤り（瑕疵）があったとして，職権で処分を取り消し，さかのぼって（ありうべからざる）営業許可は最初からなかったものとすることができる，というものである。かように，行政庁自身が職権で処分を取り消すことができるということが，行政法理論のなかに担保されていることじたいが，行政庁には，処分が行われたのちも継続して，事案について一般的，抽象的に実体的真実の解明の義務があることを前提としていると考えられる。

　以上を要約すると，行政法規に処分が行われうる実体的要件が明確に定められている場合は，処分をうける行政客体たる国民は，みずからに下される処分の要件認定にあたっては，とうぜん行政庁によって実体的真実があきらかにされるものと期待しうる地位にあるといえる。もちろん，その実体的真実はかならずしも

　　者」，4号で「アルコール，麻薬，大麻，あへん又は覚醒剤の中毒者」，以下多数のものが挙げられている。

行政客体にとって有利なものばかりとはかぎらない。また，それも期待権のうちで，その者はその結果を甘受しなければならないのである。なぜなら，実体的真実において風俗営業許可の要件をみたさないとされた者が，かかる営業をなすことは法が許さないからである。

このように行政客体が行政庁に対して実体的真実の解明を期待することが不当であるとする論理は，行政法理論のなかには見当たらない。筆者の思うところ，まさにこのような期待と信頼があるからこそ，行政客体たる国民は，一般に行政庁が行う行政処分に従うのであろう。

II　行政客体の情報提供義務による実体的真実の解明をうける権利の限界
　　　——ドイツにおける職権探知原則と関係人の協力義務

（1）　これまでの考察により，行政手続においては，「基本的に」行政庁が事案について実体的真実探求の義務をおい，行政客体たる国民は，「一般的に」それを期待しうる権利を有するということが分かった。しかし，基本はそういうことであっても，どのような処分についても，行政庁がつねに全面的に実体的真実を解明する義務をおい，すこしでも解明されないことがあれば，それをもってただちに行政客体の権利侵害が主張されうるものであるかは，疑問が残る。

この問題は，わが国ではほとんど論じられたことはないが，ドイツでは一時期おおいに論じられ，理論的，立法的にすでに決着がついている。これが，この問題を考えるうえでひとつの方向性を示すものであると思われるので，ここで簡単に紹介させていただき，それを総括したうえで，わが国の議論への示唆となりうるものを抽出したい。

（2）　ドイツの理論を探る最初の手がかりは，行政裁判所法（VwGO）86条[17]である。これは裁判所の職権探知義務（原則）を定めたものである。この規定をうけて，行政訴訟では一般に職権探知原則が支配するとされていた[18]が，一方で，

---

[17] 行政裁判所法——Verwaltungsgerichtsordnung（VwGO）vom 21. 1. 1960, BGBl. I, S. 17——86条1項は，「裁判所は，職権により事実関係を調査し，その場合には，関係人を立ち会わせなければならない。裁判所は，関係人の主張および証拠の申出に拘束されない」と規定している。

[18] その内容は，裁判所は，行政庁の事実関係の解明が不十分であったという理由で処分を取り消すことはできないのであって，実体的真実を自ら解明したうえで処分を取り消さなければならない，というものである。Beschluss des BVerwG（Bundesverwalutungsgericht）vom 26. 5.

この裁判所の職権探知義務の限界について，学説・判例でさかんに論じられてきた。その限界を画する概念として持ちだされてきたのが，「関係人の協力義務（Mitwirkungspflicht）」である[19]。その内容は，訴訟において，関係人しか知らない事実が判決の最も重要な基礎事実となることはしばしばあるが，そのような事実については，原則として関係人があきらかにしなければならず，裁判所にはその解明義務はない，というものである[20]。

　ドイツの行政訴訟で発展したかような理論は，そのままドイツの行政手続法に持ち込まれた。行政手続法（VwVfG）は，職権探知原則を定めた行政裁判所法86条1項とほぼ同文の規定を，24条1項におき[21]，そのうえで，「関係人は，事実関係の調査に協力するものとする。とくに自らの知る事実，証拠について申し立てるものとする」という規定を，26条2項においた。そこにあるのは，行政手続においても，処分の基礎となる事実関係の解明では，関係人の協力なしには解明が不可能な領域があるという認識である[22]。

1955 E（Entscheidungen des BVerwG）2, S. 135.
19) これについての規定は，行政裁判所法（VwGO）には存在しないが，同法173条による民事訴訟法——Zivilprozessordnung（ZPO）idF. vom 12. 9. 1950 BGBl. S. 533——138条1項の準用が，「関係人の協力義務」が行政訴訟において裁判所の職権探知義務の限界を画することになる，実定法上の根拠であるというのが，ドイツの判例である。Beschluss des BVerwG vom 6. 12. 1963. NJW 1964 S. 786. その民事訴訟法（ZPO）138条1項には，「当事者は，事実関係についてすべてを（vollständig）陳述し，真実に従った陳述をしなければならない」と規定されている。
20) ドイツの行政訴訟理論におけるこれ以上の「関係人の協力義務」の理論展開については，新山「西ドイツにおける職権探知原則」雄川一郎先生献呈『行政法の諸問題下』（1990年）270頁以下を参照のこと。
21) 行政手続法——Verwaltungsverfahrensgesetz（VwVfG）vom 25. 5. 1976 BGBl. I, S. 1253——24条1項は，「行政庁は，職権により事実関係を調査する。行政庁は，調査の態様と範囲を決定し，関係人の主張および証拠の申出に拘束されない」と規定している。ドイツでは，行政手続の問題は，行政訴訟とパラレルに考えられているが，それは，処分に関わる同一事案について，行政庁と裁判所が重ねて事実関係を解明しそれに法令をあてはめるという作業を行うという認識があるからである。そうすると，ドイツでは，行政手続から行政訴訟まで，それぞれの手続の主体（行政庁，裁判所）が職権探知義務をおうということで，職権探知原則が一貫して支配しているといえる。
22) ドイツの行政手続における職権探知原則の意義，理論については，新山・前出注4）「ドイツ行政手続法における職権探知原則(1)」32頁以下を参照されたい。
　このような，関係人の協力義務が認められるところで行政庁の職権探知義務の限界が生じるとする，一般行政手続法の通説の立場に異を唱えるのが，ペスタロッツァである。いわく，職権探知原則の要請から，「行政庁の調査義務は，関係人の協力義務が始まるところで停止するものでは，けっしてない。関係人が，ひとつのものを他のものから区別する証拠を提示しないからといって，それが，それ以上の調査をしないことの，あるいは，それ以上の調査を制限することの根拠となるわけではない」というものであり，このことは，授益的処分についても同様であるとしている。

(3)　ドイツで関係人の協力義務がより強く要請されているのが，社会行政手続である。わが国でもひろく知られているが，ドイツの社会法では，社会給付主体と受給者の関係は双方向的に構成されている。受給者である国民は，給付主体である行政庁に対して，説明，助言，情報，法的聴聞の機会，個人の秘密の秘匿などを要求でき，他方，国民にも，給付主体に対してというよりも社会保険連帯としての国民全体に対して，社会的行動をとることが要求されているのである[23]。そのうち最も重要なものが，第1社会法典60条以下[24]と，第10社会法典21条2項[25]に規定されている，事実関係の解明における「社会給付受給申請者等の協力義務」である。

　社会行政手続上の関係人の協力義務も，職権探知原則と相関関係にあるものである[26]が，第1社会法典66条1項はさらに一歩進めて，関係人が協力義務を果たさないときの深刻な効果について規定している。すなわち，「社会給付の受給を申請する者または社会給付を受給している者が，60条ないし62条，65条に規定された協力義務を果たさず，そのため事実関係の解明が著しく困難となった場合は，給付行政庁はただちに調査を打ち切り，おって協力義務が果たされるまでのあいだ，給付の要件が証明されなかった範囲で，給付の全部または一部を拒否

　　　　Pestalozza, Christian, Der Untersuchungsgrundsatz, in Festschrift zum 50 jährigen Bestehen des Richard Boorberg Verlags, S. 192 f. なお，ペスタロッツァのかかる見解の分析については，新山・前出注4)「ドイツ行政手続法における職権探知原則(6)」46頁以下を参照されたい。
23)　Maydell, Bernd von = Ruland, Franz, "Sozialrechtshandbuch" S. 263 など。その他の文献については，新山・前出注4)「ドイツ社会行政手続法における関係人の協力義務」346頁注(1)を参照いただきたい。
24)　第1社会法典——Sozialgesetzbuch I «Allgemeiner Teil» (SGB I) vom 11. 12. 1975 BGBl. I, S. 3015——60条1項は，「(1)社会給付の受給を申請する者または社会給付を受給している者は，給付にとって重要なすべての事実を提出し，管轄の給付行政庁の要求にもとづいて第三者から情報を得ることに同意しなければならない，(2)社会給付の受給を申請する者または社会給付を受給している者は，給付にとって重要であるか，あるいは，給付との関係で釈明を行わなければならない事情の変更については遅滞なく報告しなければならない，(3)社会給付の受給を申請する者または社会給付を受給している者は，証拠を提示し，管轄給付行政庁の提案に同意しなければならない」と規定している。また，同法61条で出頭義務，62条で医師の診断をうける義務，63条で治療をうける義務，64条で職業訓練をうける義務が規定されている。
25)　第10社会法典——Sozialgesetzbuch X «Verwaltungsverfahren» (SGB X) vom 18. 8. 1980 BGBl. I, S. 1469——21条2項は，「関係人は，事実関係の調査に協力するものとする。とくに，関係人は事実や証拠を提供するものとする。事実関係の調査に協力するそれ以上の義務，とくに出頭し，証言する義務については，他の法律に規定がある場合にかぎり命じられる」と規定している。
26)　職権探知原則を定めた第10社会法典（SGB X）20条1項の文言は，行政手続法（VwVfG）24条1項の文言（注21）参照）とまったく同じである。

もしくは停止することができる。このことは，社会給付の受給を申請する者または社会給付を受給している者が，その他の方法により，事実関係の解明を著しく困難ならしめた場合にも準用する」というものである。

この規定の正当性について，ドイツの理論で疑問を呈する者は，だれもいない[27]。これは，受給者は給付決定によってはじめて社会給付をうけられるが，要件事実の多くのものが受給者の手もとにあり，受給者の協力なしには事実関係の解明ができないという事情にもとづくものである[28]。そのことを論理的にわかりやすく説明したのが，給付決定にとっては包括的な情報が不可欠であり，受給者がすべての事実を提供しなければ，給付行政庁はたいていの場合正しい決定を行うことができないとするマイデル＝ルーラントであり[29]，また，社会法関係は，「受給者の権利」対「給付行政庁の義務」という一方的関係のみによって成り立っているものではなく，事実関係の解明に協力する義務というのは，みずからの損害を少なくする，ないしは，避けるための義務であるとするリュフナーである[30]。

（4）かような関係人の協力義務があることを前提に，ドイツの行政手続における行政庁の調査義務，すなわち「職権探知原則」の理論を，以下の本稿の議論の参考にするために，総括しておこう。

まず，「行政庁の調査義務の範囲」であるが，きわめて理念的な職権探知原則の支配するドイツの行政手続では，関係人の協力義務が生じるところまで，包括的な調査義務があるというのが通説的説明である。しかし，これに対しては，ペスタロッツァの現実的で示唆にとむ指摘がある。すなわち，行政庁は，事案について「疑念」を抱くかぎりで調査を行う必要があり，逆に，解明されるべき事実

---

27) このことについての理論展開は，新山・前出注4)「ドイツ社会行政手続法における関係人の協力義務」342頁以下にくわしい。

28) 66条に対する連邦政府の立法主旨説明によると，「66条は，法治国や社会政策的観点から，社会給付申請者等が協力義務を果たさなかったことに対する，サンクションを規定したものである。この規定は，期待可能性，比例適合性，因果関係の原則において，協力義務が果たされないことと社会給付を結びつけている。同条1項は，それじたい可能な事実の解明が，社会給付受給申請者等の義務に反する行動によって，遅れたり妨げられたりする場合に関するものである。管轄給付行政庁は，そのような場合は，文書によって戒告したのち，調査を打ち切ることができる権限を有するのである」とされている。so: Gesetzentwurf der Bundesregierung für SGB—Allgemeiner Teil—, Bundestag Drucksache 7/868, S. 33 f.

29) Maydell = Ruland, a. a. O., S. 266.

30) Rüfner, Wolfgang, Einführung in das Sozialrecht, 2 Aufl. S. 58.

関係を示す誘因を行政庁が認めないかぎり，調査することができない，というものである[31]。

つぎに，「行政庁はどの程度まで調査する義務」をおうのか，つまり調査の密度，濃度の問題である。ドイツでは，この問題は，行政手続の「正式手続化」のなかで論じられた。マイヤー＝ボルクスは，正式手続による行政庁の労力の浪費は，とくに重要な手続で正しい決定が行われるチャンスを得るという目的において，国民の法的地位を本質的に高めることにおいて，（やむをえないということが）正当化されると説明している[32]。しかし，ドイツ行政手続法のなかの正式手続化が，ごく一部にとどまったことは周知のとおりである。一方で，非正式手続による処分，とりわけ大量処分について，ベルクの現実的で示唆にとむ見解がある。すなわち，大量処分では最小の調査のみが行われるという傾向があるが，それは，他の同時に行われる大量の処分と基本的事実関係がほぼ共通で，同一の形式で行われるからであって，一概に調査の密度がひくいとはいえない，というものである[33]。

つぎに，「証明責任の問題」であるが，職権探知原則の支配するドイツの行政訴訟では，証明責任の問題は存在しないとされ[34]，それをうけて，行政手続でもとくにこの問題が論じられることはない。そのなかで，ペスタロッツァが興味ぶかい分析を行っている[35]。

不完全な事実関係の解明がどのような効果を生むのか，これがここでの命題ということになるが，ペスタロッツァは，「解明されなかった事実関係」と「解明することができない事実関係」に分けて考えるべきだとする。前者は，実体の問題であり，職権探知原則の守備範囲外であるが，後者は，手続の問題であり，職

---

31) Pestalozza, a. a. O., S. 195. ベルクは，行政庁の調査の範囲は，基本的に実定法から定まるが，とりわけ，事実関係の不可解性から，あるいは，手続の関係人の重大な行動から範囲が定められる，としている。Berg, Wilfried, Zur Untersuchungsgrundsatz im Verwaltungsverfahren, Die Verwaltung 1976, S. 170. ペスタロッツァとベルクのかかる見解の分析については，新山・前出注4)「ドイツ行政手続法における職権探知原則(6)」49頁以下。

32) Meyer, Hans = Borgs-Maciejewski, Hermann, Verwaltungsverfahrensgesetz, 2 Aufl., Rdn. 3 zu Art. 63.

33) Berg, a. a. O., S. 180 f. ベルクのかかる見解の分析については，新山・前出注4)「ドイツ行政手続法における職権探知原則(8)」68頁。

34) このことについては，新山・前出注20) 247頁以下を参照されたい。

35) Pestalozza, a. a. O., S. 195 ff. ペスタロッツァのかかる見解の分析については，新山・前出注4)「ドイツ行政手続法における職権探知原則(8)」70頁以下を参照されたい。

権探知原則が支配する領域内にある。「解明することができない」ということには，3つの原因があるとする。ひとつは，関係人が協力義務を果たさないなど，関係人に帰責される事由によるものであるが，この場合の効果については，すでに見てきたとおりである。ひとつは，行政庁に帰責されるべき事由によって調査が行われなかったというものであり，ペスタロッツァは，行政庁が決定にとって重要な事実の存在を認識しつつ，怠慢によりあるいは故意にそれを無視して決定を下したときは，そのことじたいに手続上重大な瑕疵があるといえ，独立の違法原因となると，きわめて示唆にとむ指摘をしている。もうひとつは，行政庁にも関係人にも帰責されない不可抗力的な事由により調査が行われなかったというものであるが，これは，「解明されなかった事実関係」と同じで，職権探知原則が支配しない領域内にあり，実体的証明責任が問題となるとしている。

Ⅲ　行政客体の実体的真実の解明をうける権利の侵害とその救済

わが国では，行政処分の基礎となる事実関係の解明については，もっぱら行政庁の職権によって行われるという，いわばとうぜんの理解があり，伝統的行政法理論では，そのなかに踏みこんで行政調査一般の範囲，態様，程度などが分析されることはなかった[36]。今日の行政法一般理論でも，「行政調査」という項目はたてられているが，そこで論じられているのは，強制力を行使して行われる調査に対する国民の権利保障の問題がもっぱらである。

しかし，いくつかの解釈問題で，不完全な行政調査が行われた場合にこれにど

---

[36] 法律による行政の原理のもとでも，処分の基礎となる事実関係の調査については，法律の規制がなく，事実行為とするしかなかったということであろう（大橋洋一『行政法〔第2版〕』（2004年）124頁）。調査によって得られた事実は，そのまま処分の根拠として処分の内容に反映されるのであるから，けっきょくは，処分の適法性審査のなかで調査が妥当であったかどうかの審査も行われるという考えや，処分の内容が結果として適法であれば，調査が不十分であったり行われなかったとしても問題にならないという考えがあったからであろう。

　それが，すでに論じたように，行政手続法の進展により，手続（調査）の迅速化，審査基準の設定，審査の進行状況の提示，処分理由の提示，聴聞・弁明の機会の供与などが法定されたことにより，行政庁の行う行政調査がかなり法的に手続規制されることになった。ただ，これらは，現在の行政法理論では，「行政手続」の項目のなかで取り上げられていることであって，「行政調査」の内容として論じられているわけではない。行政調査をいかに行わしめるべきかという観点のもと，かような行政客体たる国民の手続上の権利保障と表裏の関係にある，行政庁の実体的真実の解明義務の内容を論ずるための項目を体系的にたてていくことが，行政法全体の理論にとって重要であると思われる。

う対応するかの,解釈上の対立が先鋭化している。ひとつは,関係人の協力が得られず行政庁の十分な事実関係の解明ができないときにこれにどう対処するかという問題,もうひとつは,行政手続において解明できなかった事実を,訴訟になった段階で,処分の適法性を維持する根拠として行政庁はさらに主張できるかという問題である。前者は「推計課税」の問題であり,後者は「理由の差替え」の問題である。これらについて検討をくわえることで,具体的に,どのような場合に行政客体の実体的真実の解明をうける権利が侵害されたといえ,その場合にどのような権利救済が図られるべきかを,論じたい。

それから,最後に,処分の要件認定の基礎になる情報の大半を行政客体が保有するという社会給付法律関係において,行政客体が決定の基礎となる事実関係の解明について協力を拒んだ場合,どのような(手続上の)不利益をうけることになるかを論じたい。

1 推計課税による権利侵害

(1) 推計課税は,納税義務者に対する更正・決定に必要な直接資料を税務署長が得られないときに,間接的な資料からその者の所得等を推計して行われるものであるが,かような場合にも課税されるのは,租税公平の原則からこの者に何の課税もされないということは許されない,ということを根拠とする[37]。われわれの考察からいうと,実体的真実が不明のまま,あるいは,解明されなかったまま行われる課税ということである。

推計課税の合理性については,さまざまな議論があったが,現在では限定的に認められている[38]。ひとつは,「納税義務者が帳簿書類等を備え付けておらず,収入・支出の状況を直接資料によって明らかにすることができない場合」,もうひとつは,「帳簿書類等を備え付けてはいるが,誤記脱漏が多いとか,同業者に比し所得率等が低率であるとか,二重帳簿が作成されているなど,その内容が不正確で信頼性に乏しい場合」,もうひとつは,「納税義務者またはその取引関係者が調査に協力しないため,直接資料が入手できない場合」である[39]。

---

37) 東京高判平成6・3・30行裁例集45巻3号857頁。
38) 認められるというのは,明文の根拠がなくても許される,という意味である。大阪高判昭和31・4・7行裁例集7巻4号904頁,東京高判昭和55・10・29行裁例集31巻10号2255頁など。
39) 金子宏『租税法〔第19版〕』(2014年) 805頁。水野忠恒『租税法〔第5版〕』(2011年) 57頁。

これら３つの場合を通してみると、いずれも納税義務者のがわに問題がある。
　(2)　「納税義務者に問題があって直接資料が入手できない」、これが推計課税が許容される根拠となるテーゼであるが、これについてもうすこし掘り下げて考えてみよう。課税対象となる事実を把握する場合、納税義務者の協力がなく直接資料が得られなくとも、取引相手からの情報入手など周辺事情の調査などによってその者の真実の所得等の解明は可能である。ただ、その場合、余分な人員の投入と過大な時間を費やすことになろう。そのときに考えなければならないのは、課税処分は大量処分であって、単年度方式で行われるものであるので、１人の納税義務者のために、多くの人員と時間をさくことができない、という租税行政の現実である。
　推計課税の問題については、筆者はつぎのように考える。基本は、他のあらゆる行政庁の調査と同じく、課税行政庁の調査にも等しく実体的真実探求の原則がはたらき、課税行政庁が推計課税することじたいに問題がある、と考える。ただ、課税処分が大量処分であって、単年度方式で行われるものであるということを考えると、手続的には、課税行政庁が推計課税を行ったことは違法ではないと考える。問題があるというのは、課税行政庁が実体的真実を解明しないままに処分を行ったので、真実の所得に対するのとはべつのものであろう課税が行われたという、実体的な処分の内容についてであり、訴訟において真実の所得が証明されれば、課税処分は取り消されることになるということについてである。
　このことを、行政客体のがわからみると、みずからの協力義務を果たさなかったことにより推計課税をうけた納税義務者は、推計課税によるものであるという手続上の瑕疵を理由に課税処分の取消しを求めることはできない、と筆者は考える。かりに、推計課税による課税額が、真実の所得に対する課税額より高額であったとしても、そのような納税義務者は甘受するしかない、と考える。これは、行政客体の実体的真実の解明をうける権利が手続上のものであって、みずからの事実関係の解明への協力という義務を果たさない行政客体は、その権利を制限され、不十分な解明を甘受しなければならないという、ドイツの「関係人の協力義務」に通ずる論理による。ドイツのような法制を欠くわが国でも、論理の問題として、共通の立論は可能であると思われる。すなわち、手続上の正義の論理である[40]。この場合、行政客体の「実体的真実の解明をうける権利」の侵害はない

---

　40)　基本は、すべての国民に課された憲法30条の「納税の義務」である。これは、もちろん各自の担税力に応じて納税する（税の応分負担）ということを意味する。そして、申告納税制度とい

と考えられる[41]。

しかし，推計された所得と真実の所得が異なるという実体的理由による訴えは許され，推計された所得と異なる真実の所得が証明されれば，課税処分は取り消される。これは，法律による行政の原理の要請である。つまり，実体的真実のまえでは，手続上の正義の問題は影が薄くなるということなのである。べつな言葉でいえば，国民の税の応分負担もしくは租税公平の原則という大原則のまえでは，実体の問題が手続の問題に優先するということである。

(3) 推計課税により行政客体の手続上の「実体的真実の解明をうける権利」が侵害される場合として考えられるのは，ひとつは，税務署長が納税義務者からの課税に関わる重要な事実の申告を無視し，その申告を考慮していれば行ったであろう処分とはべつの内容の処分を，間接資料にもとづく推計により行ったという場合である。この場合は，その納税義務者から申告された事実が一見して明白に誤りであると判断される場合はかくべつ，そうでなければ，行政庁に一般に課された実体的真実探求の義務により，その事実について，疑いがあれば調査をして，疑いがなければそのまま課税処分の根拠とすべきところを怠ったのであるから，実体的真実探求の義務に違反した違法があると考えられる。そして，これにより納税義務者に損害，たとえば，それにより訴訟を提起せざるをえなかった費用等が発生したときは，賠償責任をおうと考えられる[42]。

ただ，処分については，結果的に課税額に誤りがなければ，処分は取り消されない。課税の応分負担の原則に反しないからである。つまり，この場合は，推計

うわが国のシステムのもとでは，自分がどれだけの納税義務をおい，それ以上ではないということを，自分で直接資料をそろえ税務署長に示さなければならないというのが，手続上のルールである。それを納税者が怠り，不十分・不明確なままにしていたことが，推計課税が行われたことの契機となったわけであるから，推計課税の原因を作った納税者が，推計課税が行われたことを非難することはできないというのが，ここでいう「手続上の正義」の論理である。

41) 手続上推計課税の原因を作った納税者が，手続上推計課税が行われたことを非難することはできないのであれば，納税者の手続上の権利である「実体的真実の解明をうける権利」の推計課税による侵害はなかったといわざるをえない。

42) 筆者は，基本的に，処分の基礎となる事実関係の解明，実体的真実の探求は，訴訟ではなく，行政手続において尽くされるべきであると考えている。いちおう，筆者も，行政庁の調査義務，実体的真実の探求は訴訟終結時まで継続するという意見であるが，事案の解決という観点からすると，それは，処分をうける行政客体にとってできるだけ早期に，つまり処分時に行われることが望ましい。何が事案を解決するかというと，とりもなおさず実体的真実が解明されそれが行政客体に示されることである。それが満足に行われなかったことが，訴訟を提起せざるをえなかったことにつながるので，それについて行政客体に損害が生じたといえると思われる。

の手続の瑕疵は，課税処分の独立の取消事由にはならないということである。

　もうひとつは，その納税義務者につき直接資料による実体的真実の探求が十分に可能であったのに，怠惰により，もしくは見落としにより，そのような方策をとらず，安易に間接資料による推計課税を行った場合であるが，これも上の例に準じて考えればよいと思われる。

2　処分理由の差替えによる権利侵害

（1）行政庁の職権調査に関連して，むかしから訴訟上問題にされてきたものとして，取消訴訟における被告による処分理由の差替えがある。これを，われわれの視点から表現すると，行政手続における行政庁の調査では解明されなかった事実が，訴訟段階で処分の適法性を根拠づけるものとして持ちだされるというものである[43]。

　この問題を，実体的真実の解明をうける権利を有する原告国民のがわから，その者に対する権利保護ということを念頭に考えてみよう。これまで見てきたとおり，行政客体たる国民は，一般に処分の基礎となる事実関係について実体的真実を解明するという行政庁の義務に対応して，包括的な実体的真実の解明をうける権利を有する。ただ，これではあまりにも抽象的で包括的な説明である。ここでの問題に関連しては，ふたつのことが確かめられなければならない。

　ひとつは，この実体的真実の解明をうける権利の時間的な範囲であるが，行政手続までで認められる権利であるのか，行政訴訟が終結するまで認められる権利であるのかということである。実体的真実の解明をうける権利に対応する行政庁の実体的真実探求義務は，いちおう行政訴訟が終結するまで継続するという筆者の立場からは，後者が正しいというほかない。

　もうひとつは，行政庁により解明された実体的真実がかならずしも行政客体に

43）これに対する批判としては，処分一般について処分の根拠とされた事実を処分理由として提示しなくてはならないと理解されている，行政手続法の規制にてらして，提示理由と異なる理由を訴訟になって持ちだすのは正義に反するという手続法的批判（交告尚史『処分理由と取消訴訟』（2000年）230頁以下など），また，処分の理由とされた認定事実によって処分の範囲が画され，それとべつの事実を理由とすると，処分の同一性が失われることがあるという実体法的批判（大貫裕之「行政訴訟の審判の対象と判決の効力」磯部力＝小早川光郎＝芝池義一編『行政法の新構想Ⅲ』（2008年）152頁以下など）がある。一方で，実体的真実を探求するという行政庁の義務は，訴訟にまで継続するのであるから，訴訟段階で判明した事実は，訴訟において追完するのが，被告がわの義務であるとする説（小早川・前出注1）269頁），もある。

とって有利なことばかりとはかぎらないということである。しかし，行政客体は，解明されたすべてのことを甘受しなければならない。なぜならば，処分の実体的要件は実定法に規定されたところであり，解明された実体的真実がその要件を充足するものであれば，処分をうけなければならないからである。それもまた法律による行政の原理の要請である。

(2) 以上のことを，具体的な例を通して見てみよう。国家公務員に対して無断欠勤を理由とする懲戒処分が行われ，処分理由として「7月1日から同3日までの無断欠勤」が提示されていた，という場合を考えてみよう。この処分に対して取消訴訟が提起されたのち，じつは7月1日から同3日までの欠勤届が上司に提出されていたことが判明した，というときに，被告が原告に対する懲戒処分の適法性を維持する根拠として，処分後解明されたべつの事実を主張した。ひとつは，4月1日から同3日まで無断欠勤があったという事実であり，もうひとつは，その公務員には公費使込みがあったという事実である。同一の処分として理由の差替えが許されるかという問題の対象となるのは，前者の場合で，後者はべつの処分となる[44]。

「7月1日から同3日までの無断欠勤」を理由に懲戒処分をうけたこの公務員の，実体的真実の解明をうける権利について考えてみよう。問題は，7月1日から3日までの解明をうける権利を有するのか，処分をうけうるまでの過去にさかのぼってその事由に該当するかしないかの解明をうける権利を有するのか，である。これについては，その公務員には，懲戒事由に該当する「無断欠勤の事実があったかどうか」が問題にされているので，その調査が行われることを期待する権利があると考えるべきである[45]。したがって，公務員は，7月1日から3日までにかぎらず，過去にさかのぼって無断欠勤がなかったかどうか解明をうける権

---

44) 公務員に対する懲戒処分というのは，分限処分のように公務員としての全般的な適格性の審査の結果として行われるものではなく，特定の懲戒事由に該当する疑いのある場合に，その事由について懲戒を行うものであるから，「無断欠勤」から「使込み」のようにべつの名目の懲戒事由を根拠とするときは，べつの懲戒処分が行われたと考えるほかない。

45) 懲戒処分をうけた公務員からすると，「7月1日から3日まで」無断欠勤はなかったとあきらかにされるのと，訴訟終結までいつの日付けでも無断欠勤を探知し追及できるというオープンな状態でけっきょく（これまで）無断欠勤はなかったとあきらかにされるのとでは，この公務員のその後の立場が異なる。前者においては，それ以外の日付けについてなお無断欠勤はないかの調査が行われる可能性があるが，後者については，もはやその可能性はないのである。よって，むしろ，その公務員には過去にさかのぼって無断欠勤がなかったかどうかの解明をうける権利があると考えるべきである。

利を有する。これは、手続上の権利であるので、実体的にそれが当該公務員の利益になるか不利益になるかは問題にならない。理由の差替えが行われる時点まで行政庁の調査が行われたということで、実体的真実の解明をうけるという公務員の手続上の権利は完全にみたされたのである。したがって、4月1日から同3日まで無断欠勤があったという事実に処分理由を差し替えられても、何ら権利侵害にはならないのである。

(3) 上の例は、「無断欠勤」といういわば同じ理由であるが日付けが異なるということでべつの理由であるというものについて考えたが、今度は、もうすこしずれた、べつの理由ではあるが、それによってべつの処分が構成されるものではない理由に差し替えられる場合を考えてみよう。青色申告に対する更正決定には、行政手続法が制定されるずっとまえから、実定法により処分に理由が附記されることになっており、附記そのものには、厳格な判例理論も形成されてきた。ただ、訴訟においては、処分の課税総額を根拠づけるものであれば、処分に附記された理由と異なったものも、被告は主張しうるという、わりと「ゆるやか」な税務訴訟理論が一方で形成されてきた[46]。

この問題を行政客体の実体的真実の解明をうける権利から考えてみると、更正決定にいたる行政手続が終結した段階で、行政庁のいちおうの職権調査の結果、すなわちこれが実体的真実であるとするところが、処分理由を附記することで行政客体に示されるわけであり、理由が附記された処分が行われれば、その時点で行政客体の権利は、ひとまずみたされたといえよう。なぜなら、この権利は手続上の権利であるので、かりにそれが実体的真実とかけ離れたものであっても、そのことでこの権利の侵害はない。しかし、その附記された理由と異なる理由が訴訟において主張されるというのであれば、すこし話しが違ってくるように思われる。

---

46) これが、昭和40年代から租税法学ではなばなしく争われた「総額=争点主義」の論争である。福家俊朗「課税訴訟における訴訟物——更正の取消訴訟を中心に」北野弘久編『判例研究日本税法体系4』(1980年) 280頁以下、占部裕典「青色申告の理由附記と手続保障」松沢智先生古稀『租税行政と納税者の救済』(1997年) 53頁以下など多数の論述があるが、ここではこの論争には立ち入らない。

ただ、筆者は、基本的に、この議論については、実体の問題と手続の問題を区別して論じる必要があると考えている。実体的には、訴訟公平の原則もしくは租税応分負担の原則に立ち返って、訴訟終結にいたるまで処分に示された課税総額を根拠づける事実が判明すれば、訴訟において主張できるとすべきであるが、手続の問題にはこの原則は及ばない。附記された理由を信頼したなどの手続上の権利保護 (これについては、注48) 参照) は、別途に考えられるべきであると考えている。

行政法学・租税法学では，一般に処分理由の提示・附記にはさまざまな機能があるとされている。そのうちのひとつの「処分を争う争訟における争点をあきらかにする」という機能から考えると，この処分をうけた者が取消訴訟を提起してきたのは，附記された理由にある事実にあやまりがあるとの確信のもとでであろうと，推測できる。原告となった名あて人は，当然この争点を争う準備をして法廷にのぞむはずである[47]。それが，訴訟になると，附記された理由にはなかったべつの処分の課税金額が正しいとする根拠が提出され，つまり理由の差替えがあり，それが裁判所に採用されたことで原告の請求が棄却されたという場合，原告の実体的真実の探求をうける権利の侵害はあるといえるのか。

　筆者は，つぎのように考える。処分の実体的内容に対する行政庁の実体的真実探求の義務は，訴訟が終結するまで継続すると考えるので，処分に示された課税金額の根拠となる事実が判明すれば，処分後であっても法廷に提出できる，つまり理由の差替えは許されるということになる。ただ，行政手続終了時に処分をうけ処分に附記された理由により，行政庁が探求した実体的真実として示されたものに納得がいかなかったので，原告は訴訟を提起したのである。もし，訴訟中にべつに提出された理由が処分時に処分に附記されていれば，原告はそれに納得し訴訟を提起しなかった可能性は高い。この訴訟を提起し敗訴したことの損害が，原告の実体的真実の探求をうける権利の侵害であり，その賠償責任が認められるのではないか[48]と，筆者は考える。

　もちろん，損害賠償が認められるハードルは高い。現在の損害賠償法の理論によれば，原告の権利侵害は，被告の行為の違法性におき換えて考えるというのであるから，税務官庁の実体的真実探求行為に違法性があったことが証明されなければならない。それに，実体的真実として探求されたところが，訴訟において真実と異なっていたことが判明しても，それだけで税務官庁の調査が違法であった

---

47) 課税要件事実は，一般に複雑である。納税義務者じしんも把握できなかった事実も多々ありうるわけで，附記された理由に指摘された収入等が実際にあったことが納税義務者において確認できれば，そのまま処分に従い納税するであろうし，確認できなければそのことについて争うということである。

48) 筆者の基本的な考えは，行政庁の実体的真実探求の義務は，行政処分が行われるまでに尽くされるのが妥当である，というものである。とくに課税処分のように複雑な事実関係・計算を基礎にする場合は，すべての事項を把握することは困難で，納税義務者は，理由附記された事柄についてだけ，再検討し，根拠がないと判断すれば，そのことだけをターゲットに訴えを提起するであろう。したがって，この損害というのは，多分に信頼の法理によるものである。

とされるわけではない。原告の事案と他の者の事案をまちがえて調査が行われ処理されたような場合，1件につき限られる時間内であってもされるべき調査が行われず，一見してあきらかに課税されるべきでない事実を課税対象としたというような場合などに，違法性が認められるであろう。

(4) 最後に，いくつかの要件がすべてみたされないと行われない処分について，もうすこし考えてみよう。許可的行政処分が行われるためには，法律で定められた要件のすべてをみたさなければならないが，すべての要件がみたされれば，許可処分が行われるというのが，行政法の仕組みである。要件がひとつでもみたされていなければ，不許可処分が行われるが，そのときは行政手続法の一般原則により，みたされなかった要件が処分理由として提示される。しかし，訴訟になってその理由が維持できなくなったときに，被告が不許可処分の適法性根拠として，べつの要件の不備を主張できるであろうか。このときは，理由の差替えは許されると考える。なぜなら，許可というものの性格を考えると，一般的には禁止されているはずの行為が，特定の要件がみたされている場合にのみ禁止状態が解除されるのが許可というのであるから[49]，この特定の要件が複数あるときは，とうぜん，すべてみたされていなければならないはずである。逆にいうと，ひとつの要件でもみたされていないときは，許可は与えられてはならないのであるから，訴訟段階になってべつの要件がみたされていないことが判明すれば，そのまま不許可が維持されねばならないのである。

ただ，このときの原告の手続上の権利保護も考慮されるべきで，営業許可が与えられるかどうかは，申請人にとっては切実な問題で，不許可処分をうけたということじたい，その者には大打撃で，その時点で金銭的にも多大な損害を被ることになろう。そのときに，許可をうけるためのいくつかの要件のうちのひとつがみたされていないと理由に提示されていた場合に，それがまったく事実無根であるとその者が確信したときの，その者の怒りは如何ばかりであろうか。それが，訴訟を提起する動機になったのであろうから，その理由の提示が誤っていたこと

---

[49] ここでの問題を考えるにあたっても基本にかえるべきであると考えるが，この場合の基本は，一般的禁止状態である。たとえば，風俗営業適正化法で風俗営業が一般的禁止状態におかれている主旨は，本来一般社会では風俗営業は許されないということであるから，とくに厳格な資格要件のすべてをみたした者のみに特別に許可が与えられるということであって，この資格に疑いが生じ争われているときは，最後の最後まで，実体的に資格要件のすべてがみたされているか究明されなければならない。

が判明し、そのことじたいに違法があると判明した時点で、行政庁、国はそのことについての責任をおうべきである。その場合の損害賠償の法理は、前述の青色更正処分の違法な理由附記と同じに考えればよいと思われる。

3 社会給付処分と受給者の協力義務

(1) 最後に、社会給付法律関係について検討させていただきたい。おそらく、ここにおいてこそ行政客体の「実体的真実の解明をうける権利」の限界があきらかになるはずである。なぜなら、社会給付に関わる法律関係では、社会給付を発生させる要件を証明する事実・資料の大半は、行政客体たる受給者が保有するものであることから、これを検証することにより、行政庁が行う実体的真実の解明のためには受給者の協力が不可欠であり、それを行政客体が果たさないときにどのような不利益をおうことになるか、という法理をたてやすいからである。

(2) 社会給付が行われる「社会保険」の仕組みは、民間保険のそれとはまったく異なっている。行政客体である被保険者に関わる事案は、保険に係る事故の発生を端緒として、被保険者から、国もしくはその行政庁である保険者に、社会給付の支給の請求が行われる[50]。この請求をうけて、保険者は、保険事故の状況その他の給付要件に関する事実関係の調査を行い、支給、不支給の決定を行う。この決定は行政処分の性格を有し、「確認」的行政処分であると解され[51]、一般行政手続法の適用をうけ、行政不服審査法、行政事件訴訟法の対象となる。

ようするに、社会給付の決定も、一般の行政処分と同じく事案の基礎となる事実関係が解明されたうえで行われる。社会保険法律関係では、1人の被保険者に対する保険給付は、多くの被保険者から集められた保険料によってまかなわれ、また国民の税金から補てんされるものであるので、受給資格がない者に支給されてはならず、その調査においてはより強く実体的真実の探求が要求されると思われる。そのため、健康保険法60条2項では、厚生労働大臣は、「必要があると認

---

50) 岩村正彦『社会保障法Ⅰ』(2001年) 60頁。
51) たとえば、国民年金法16条は、「給付を受ける権利は、その権利を有する者……の請求に基いて、厚生労働大臣が裁定する」としている。これは、社会保険の法律関係の基本的な考え方を示すもので、社会給付を受給する権利じたいは、給付要件をみたした時点で法律上とうぜんに発生するものであるが、給付をうけるためには、行政庁の決定を得なければならないというものである。この決定は、したがって、講学上の「確認」的行政処分とされている。最判平成7・11・7民集49巻9号2829頁(いわゆる「本村訴訟」)。

めるときは、療養の給付……の支給を受けた被保険者又は被保険者であった者に対し、当該保険給付に係る診療、調剤……の内容に関し、報告を命じ、又は当該職員に質問させることができる」と規定されている[52]。これが、わが国で行政庁が行う事実関係の解明に行政客体が協力を求められる立法例であると思われるが、これに対する行政客体の違背については、ただ罰則があるだけで、同法210条は、被保険者または被保険者であった者が、60条2項による命令に従わず、職員の質問に応じず、また、虚偽の答弁をしたときは、30万円以下の罰金に処する、としている[53]。それ以外に、保険給付決定に関わる事実関係の調査手続に関する規定は、同法にはない。

（3） 以上のようなわが国の社会保障法の仕組みに対する筆者の問題意識は、つぎのとおりである。

まず、筆者の考えを、さきに述べる。

社会給付決定の基礎となる事案では、給付要件を証明する情報の多くが行政客体である受給者のがわにある。もちろん、これらは、給付をうけようとする者が、申請のときに行政庁に提示するものであるが、それに不備があったり、疑いがあるときに行政庁の調査が行われる。そのときに、給付をうけようとする者が、自分のがわにある情報について報告を求められ質問されたときに、それを拒むことは、あきらかに手続上の正義に反すると思われる。かような者には、手続的見地からの制裁、すなわち手続上の義務に反することによる手続上の不利益が課されるべきである。これを具体的にいうと、給付をうけようとする者が、給付要件をみたすことを証明する情報の提示を拒んだことによって、行政庁の調査が困難になり、給付要件がみたされていると判定することができなくなったときは、給付をうけようとする者が受給できなくなっても、そのことを甘受しなければならない、ということである。筆者がこれまで述べてきた行政客体の「実体的真実の解明をうける権利」に即していうと、その権利には、行政庁に対して情報提供など

52） 同じく、同法59条では、「保険者は、保険給付に関して必要があると認めるときは、保険給付を受ける者……に対し、文書その他の物件の提出若しくは提示を命じ、又は当該職員に質問若しくは診断をさせることができる」とされているが、これに応じない者に対する罰則はない。

53） 健康保険法60条2項が義務規定であることは、社会保障法学においても承認されているが、それは行政庁職員に対する「事務協力義務」と理解されており、同法210条の罰則も、行政事務が円滑かつ適正に行われるという行政目的達成のため課された義務の違反に対する行政罰で、それにより義務の実効性を確保しようとするものであると解されている。堀勝洋『社会保障法総論〔第2版〕』（2004年）296頁以下および298頁以下。

の手続上の協力を果たさないところで、限界が生じるということである。

　これに対する、わが国の社会保障法の仕組みからの問題点は、つぎのようなものであろう。

　わが国の社会保障法のなかに、筆者の述べるような手続的制裁を科すような規定は、存在しない。そのことから察するに、給付決定を行う行政庁には、給付をうけようとする者が情報提供などの協力を拒むときであっても、事実関係を全面的に解明する義務があるということを、とうぜんの原則としているようである。

　しかし、このような行政庁の義務というのはあまりにも理念的で、現実的ではない。じっさいには、給付をうけようとする者の協力を得られないことで、給付要件の充足の認定ができず給付決定がされないということもありうる。問題は、このあと給付決定をうけられなかった者が、不給付決定の取消しを求める訴えを提起し、行政手続の段階で提供できたはずの事実・情報を、訴訟の段階で不給付決定の適法性を攻撃する材料として主張することを許すべきかということである。筆者は、手続上の正義に反すると考える。さきほども述べたように、行政客体である社会給付をうけようとする者の「実体的真実の解明をうける手続上の権利」は、行政手続のなかで行われるよう、協力義務を果たさなかった時点で失われているので、みずからの訴訟行為においてその手続の権利の行使は制限される、すなわち、行政手続の段階で提供できたはずの事実・情報の主張は制限されるということである。

　筆者の考えの正当性を論証するには、ひとつには行政手続における証明責任の論理を解明しなければならないであろう。もうひとつには、わが国の社会保障法制の基本理念から出発して、その仕組みを多くの社会保障法の規定をつぶさに検討することで、解釈論的に、筆者の論理がそのなかで立論可能なものであるのかが解明されなければならないであろう[54]。それを、いまここで行うことは不可能であるので、別稿で論ずることにする。

---

54) しかし、筆者は、1人の被保険者に対する保険給付は、多くの被保険者から集められた保険料によってまかなわれ、また国民の税金から補てんされるものであるので、受給資格がない者に支給されてはならないという社会保険法律関係の基本的な考えなどから出発して論考を重ねていけば、十分に立論可能ではないかと考えている。

行政手続および行政訴訟手続における事実の調査・判断・説明

山 本 隆 司

I　問題の定式化
II　調査・説明義務と証明責任との関係
III　調査・説明義務の範囲
IV　調査・説明義務との関係から見た証明責任の分配
V　行政訴訟における証明責任に関係する諸概念

I　問題の定式化

1　内的手続

　行政機関は公益を実現するために，どのような事項を調査し，どのような内容の判断を経て，私人に対し決定を行うべきか。行政訴訟手続において，裁判所は，行政機関による調査の結果および判断の過程に対し，どのような内容の判断を経て判決・決定を行うべきか。さらに，行政機関は行政訴訟手続において，行政手続における調査および判断を補足または修正することができるか，そして裁判所は，こうした補足または修正を認め，あるいは自ら補足または修正をして審理をなし得るか。可能と解する場合，どのような条件ないし範囲において可能と解されるか。

　こうした行政手続および行政訴訟手続において国家機関（地方公共団体の行政機関も含む。以下同じ）が行う調査・判断の「内的」過程[1]，換言すれば論証・推論に係る法的問題は，小早川光郎教授が一貫して追究されてきたテーマの1つであ

---

[1]　2で述べる手続の「外的」側面と合わせて，小早川光郎『行政法講義　下I』（2002年）5頁。

る。そして近時では、行政法学の主要な論題として正面から扱われるようになっている[2]。このテーマに関して論じるべき具体的な問題としては、差し当たり次の3つが考えられる。

　第1は、行政機関が決定に至るまでの判断過程のあり方と、行政訴訟において裁判所が判決・決定に至るまでの判断過程のあり方との関係に係る問題である。これは、行政機関の権限と裁判所の権限との間の関係に関わり、特に、行政裁量の根拠と裁判統制の規準の問題として顕れる。こうした行政裁量の問題に関して、筆者は、学説史の分析に基づき基本的な考え方をすでに論じたことがあるが、さらに、近時の判例学説の展開を踏まえて考察を補足し整理する別稿を準備している[3]。

　第2に、行政手続における行政機関の調査・判断を、行政訴訟手続において行政機関または裁判所が補足または修正する可能性が問題になる。具体的には、行政訴訟手続における行政庁による処分理由の差替え・追加や、処分の違法判断の基準時に係る問題である。このテーマについても、試論を行ったところである[4]。

　第3に、行政手続における行政機関の調査・判断のあり方と、行政訴訟手続における行政機関および裁判所の調査・判断のあり方との共通性に係る問題が考えられる。この問題に関して小早川教授は、行政機関の調査義務と行政訴訟における証明責任とを結びつけて論じる重要な問題提起をされている。そこで本稿では、行政訴訟における証明責任論を手掛かりに、この第3の問題を考察することとする。なお、必要に応じて補完的に、行政訴訟のみならず国家賠償請求も取り上げる。

---

　2)　磯部力＝小早川光郎＝芝池義一編『行政法の新構想Ⅰ　行政法の基礎理論』(2011年) 269頁以下・291頁以下には、交告尚史「行政判断の構造」および桑原勇進「リスク管理・安全性に関する判断と統制の構造」が、また同編『行政法の新構想Ⅲ　行政救済法』(2008年) 85頁以下・103頁以下には、北村和生「行政訴訟における行政の説明責任」および三浦大介「行政判断と司法審査」が、それぞれ収められている。

　3)　山本隆司「日本における裁量論の変容」(2006年) 同『開かれた法治国──行政法総論の基礎概念の再構成』(近刊) 第1編第3章のⅡ2とⅡ3 (Ⅲの総括も参照)、山本隆司「行政裁量の判断過程審査──その意義、可能性と課題」行政法研究14号 (2016年) 1頁以下。後者を以下「別稿」として引用する。

　4)　山本隆司「取消訴訟の審理・判決の対象──違法判断の基準時を中心に (一) (二)」法曹時報66巻5号1頁以下・6号1頁以下 (2014年)。

2 外的手続との関係

　他方で本稿は，行政手続および行政訴訟手続の「外的」側面，すなわち，行政機関，裁判所および私人のそれぞれの役割分担を前提にした相互のコミュニケーションのあり方については，主題的には取り上げない。例えば，行政調査による情報収集の憲法上の限界，行政手続における告知・聴聞，弁明の機会の付与等の問題である。

　ただし，手続の「内的」側面と「外的」側面とは不可分である。両側面の不可分性が特に顕著な点を挙げると，行政機関の調査事項および判断の内容という手続の「内的」側面は，審査基準・処分基準を定めて公にすることや処分理由の提示等，行政機関が私人に対して行う「説明」という手続の「外的」側面において可視化される。その意味で「説明」は，手続の内的側面と外的側面との「蝶番」であり[5]，本稿でも主題的に取り上げることになる。

　さらにいうまでもなく，国家機関が判断の内容を形成し，論証を行う場合，特定の人（々）に特定の職務を割り当てて遂行させる国家組織が前提となっており，また，国家機関が他の国家機関や私人とコミュニケーションを行い，必要な情報を収集および創出する現実の行動としての「外的」手続が不可欠である。逆に，こうした職務の割当てや「外的」手続は，ただ闇雲に行われるのではなく，国家機関が調査・判断すべき事項という手続の「内的」側面を考慮し，少なくともこうした事項について見通しをつけながら行われる。したがって，行政手続および行政訴訟手続の「外的」側面は，手続の「内的」側面を合理的に形成するためにどのようにあるべきかという観点から論じることもできる。一般にいわれる国家機関の調査義務（別稿Ⅳ1参照）は，国家機関における手続の「内的」側面を合理的なものにするための手続の「外的」側面のあり方ということができ，やはり本稿の重要なテーマとなる。

Ⅱ　調査・説明義務と証明責任との関係

1　調査義務説

　行政手続および行政訴訟手続における調査・判断の内的過程に関する考察を，

---

[5]　こうした蝶番に焦点をあてた考察として，常岡孝好「裁量権行使に係る行政手続の意義――統合過程論的考察」磯部力＝小早川光郎＝芝池義一編『行政法の新構想Ⅱ　行政作用・行政手続・行政情報法』（2008年）235頁以下。

行政裁量の判断過程（Ⅰ1「第1」）以外のテーマに拡げた画期的な学説が，小早川教授が次のように説かれた取消訴訟における証明責任論であった。

「取消訴訟においては，行政庁の当該関係人に対する調査義務の範囲で，処分を適法ならしめる事実が合理的に認定可能であることが説明されなければならず，この説明がないかまたは不十分であるときは，その処分は適法とされてはならない」。「証明責任論の言いかたで置き換えるとすれば，被告行政庁側が，主要事実としての，処分を適法ならしめる事実に関し，その調査義務の範囲で証明責任を負担する」。そして，「証明責任に関してと同様，行政庁の調査義務の範囲で，処分を適法ならしめる事実についての主張責任が被告側に課せられる」。「行政庁の調査義務」とは，行政庁が，「事案処理の基礎とされるべき事実に疑いが存するときは，それについて調査検討し，その結果にもとづいて事実を認定すること」，「とりわけ，立法の趣旨に反して関係人の利益が害なわれる結果となるのを回避するために十分な調査検討を行うべきこと」である[6]。

この見解（以下「調査義務説」という）の第1の意義は，証明責任を行政機関の調査義務と関係づけた点にある。そして，行政の事前手続における行政機関の調査義務，不服審査手続における行政機関の調査義務，行政訴訟手続における行政機関の調査に基づく資料提出義務，さらには，「当事者主義による訴訟運営が行われているかぎりでは……後景に退く」ものの，裁判所が事実審理を尽くす任務を[7]，連続的に把握したことに，調査義務説の第2の意義がある。ただし，ここでいう証明責任と調査義務との関係（2～5），および各国家機関・各手続段階の調査義務の連続性の意味（6）については，なお検討を要する。

2　証明責任・調査義務と手続の内的側面・外的側面

事実認定に関する国家機関の調査義務は，国家機関が事実の存否について一定水準の確信を得ることを目指して調査を尽くす義務と考えられる。そして証明責任は，国家機関が調査（義務）を尽くしてもなお，行政訴訟における主要事実にあたる事実（以下単に「主要事実」という）の存否につき，一定水準の確信が得られない場合に，主要事実を存否いずれに認定すべきかの選択を意味し，こうした

---

6) 小早川光郎「調査・処分・証明——取消訴訟における証明責任問題の一考察」雄川一郎先生献呈『行政法の諸問題　中』（1990年）249頁以下（266頁・271頁以下）。現行行政事件訴訟法11条によれば，取消訴訟の被告は基本的に行政庁ではなく行政主体となるが，論旨には関わらない。この点は，以下で引用する文献のすべてに妥当する。

7) 小早川・前出注6）269頁。

選択により不利益を受ける側の関係者が責任を負うものとして表現した概念である8)。抽象的にいえば，証明責任は，国家機関が主要事実の存否不明という判断からいかなる事実認定を導出するべきかという，国家機関が判断を正当化する論理・論証のあり方，つまり手続の「内的」側面を示す。これに対し調査義務は，各国家機関が各手続において現実に執る具体的な行動としての調査・検討のあり方を意味し，いわば手続の「外的」側面を「内的」側面と関係づけて表現したものである（Ⅰ2参照）。

こうした調査義務と証明責任とを，調査義務説のように直接に相関させることはできない。調査義務説は，行政機関は事実の存否につき一定水準の確信が得られるまで調査すべきであり，調査検討が不十分であることの結果を私人に負担させてはならない旨を説く9)。しかし，行政機関が十分に調査を尽くしても事実の存否につき一定水準の確信が得られない事態は，排除できない。こうした事態に直面した国家機関が主要事実の存否をどのように判断すべきかを示すのが証明責任論であり，証明責任論はいわば「調査義務の範囲」を越えたところで働く。行政主体が「調査義務の範囲で」証明責任を負うと説いても，国家機関が調査を尽くした後になお存否不明な主要事実の認定をどうするかという，証明責任論が回答を求められる問いに答えたことにならない10)。そして，私人間の利害を調整する行政処分11)に関しては，国家機関は，調査を尽くしても主要事実の存否が不明であれば，いずれかの側の私人に不利益な判断をすることを避けられず，関係私人の「負担」をすべて回避することはできない。

---

8) ローゼンベルク（倉田卓次訳）『証明責任論〔全訂版〕』（1987年）75頁は，「自由心証の領土の尽きたところから証明責任の支配が始まる。前者の全領土を踏査しても判決を見出しえなかった裁判官に対し，後者は前者の拒んだものを与える」という。
9) 小早川・前出注6) 266頁・268頁。
10) 薄井一成「申請手続過程と法」磯部＝小早川＝芝池編・前出注5) 269頁以下（285頁）は，「『立証責任（＝客観的証明責任）』は，『調査や検討の結果』，事実の存否が不明の場合の責任を分配するための概念であり，『調査や検討の過程そのもの』を規律するルールではない」と明確に指摘して，調査義務説に疑問を呈する。説明責任との関係で，北村・前出注2) 93頁以下は，行政に説明責任があることから一般的に行政に証明責任を負わせることにはならない旨を指摘し，深澤龍一郎「行政訴訟の審理のあり方」ジュリスト1263号（2004年）61頁以下（63頁以下）も，行政の説明責任を根拠に原則として行政に証明責任を負わせるには，もう一段階の理論的説明を要すると評する。
11) 山本隆司『行政上の主観法と法関係』（2000年）261頁以下。

3 証明度と解明度

　それでも調査義務説は，調査義務と証明責任とが次のような連関をもつことを示唆する点で，意義がある。

　第1に，国家機関が行政処分に係る調査において得ることを目指すべき，主要事実の存否に関する確信の水準は，主要事実を認定してよいとされる証明度の水準である。つまり証明度の概念が，調査義務にも証明責任にも関わっている。民事訴訟における証明度の水準は，原則として「高度の蓋然性」（不法行為の要件としての因果関係の証明に係る最判昭和50・10・24民集29巻9号1417頁がしばしば引用される）であるが，実体法の趣旨目的および手続法上の証明困難等を考慮して，例外的に証拠の優越ないし優越的蓋然性で足りると解する説が一般的である[12]。さらに，優越的蓋然性を証明度の水準の原則とする学説も有力化している[13]。行政処分等の行政措置・行政手続の場合も，社会状況に機動的に対応して行う必要が高いため，概していえば，犯罪処罰・刑事訴訟の場合ほど証明度の水準は高く設定されない（詳しくは後述Ⅴ1）。そして，証明度を低く解すると，調査義務を果たしても真偽不明（ノンリケット）となって証明責任の分配により事実認定が行われる事態が減る[14]。

　しかしさらに，調査義務説が「調査の程度」と証明度とを直結させるとすれば[15]，留保を要する。行政機関は，行政措置の根拠となる主要事実を認定するために必要な証明度に達することを目指して，調査を行う義務がある，あるいは，国家機関は，当該事実を認定する場合には，必要な証明度に達するまで調査を行

---

[12]　細部の差異は捨象するが，加藤新太郎「証明度軽減の法理」（1994年）同『手続裁量論』（1996年）124頁以下（144頁以下），加藤新太郎「証明度論」同『民事事実認定論』（2014年）34頁以下（58頁以下），伊藤滋夫『事実認定の基礎――裁判官による事実判断の構造』（1996年）184頁以下。

[13]　太田勝造『裁判における証明論の基礎――事実認定と証明責任のベイズ論的再構成』（1982年）147頁以下の後，伊藤眞「証明度をめぐる諸問題――手続的正義と実体的真実の調和を求めて」判タ1098号（2002年）4頁以下，新堂幸司『新民事訴訟法〔第5版〕』（2011年）571頁以下，三木浩一「民事訴訟における証明度」（2010年）同『民事訴訟における手続運営の理論』（2013年）428頁以下がある。なお，石井良三「民事裁判における事実証明」同『民事法廷覚え書』（1962年）163頁以下は，民事訴訟について，「証拠の優越」説を説いていたが，刑事訴訟より証明度を低く解する点に主眼があり，それ以上に証明度を下げる主張を明確にしていたわけではない。

[14]　高橋宏志『重点講義民事訴訟法　上〔第2版補訂版〕』（2013年）584頁。

[15]　小早川・前出注6）268頁・270頁・274頁。薄井・前出注10）275頁以下・281頁以下も参照。

う義務があるとはいえても，国家機関が当該事実認定に必要な証明度に達するまで調査を行う「義務」は，観念されない。調査義務説が剔抉した「調査（義務）の程度」はむしろ，近時の民事訴訟法学の概念でいえば「解明度」として観念するべきである。解明度とは，それまでの証拠調べの結果が新たな証拠により覆されるおそれが少ないこと，つまり情報獲得の状況に応じた「審理結果の確実性」を意味する。行政機関に即して表現すれば，行政機関における情報獲得の状況に応じた審査・検討結果の確実性といえる。解明度は，現実には証明度と混然として意識されているが，理論上は証明度から区別されよう[16]。

4 行政訴訟手続における行政機関の説明義務と民事訴訟手続における私人の事案解明義務・具体的事実陳述＝証拠提出義務

調査義務説が示唆する調査義務と証明責任との間の連関として，第2に次の点が挙げられる。

調査義務説が指摘する通り[17]，行政訴訟手続においては，行政機関が行政手続および行政争訟手続でどのような内容の調査・検討を経て判断の結論に至ったかを，当事者私人に対して説明する義務が，行政機関の調査義務に連続する（Ⅰ2）。こうした行政訴訟における行政機関の説明義務は，行政事件訴訟法23条の2の立法が1つの契機となり，広く承認されるに至っている[18]。

行政裁量が認められる行政機関の判断については，こうした行政機関の説明義務が果たされることにより，裁判所が行政機関による裁量判断の適法性を審査することが可能となる。そして，裁判所が行政機関による説明の説得力を判断する方法で実体的な裁量統制を行うことになり，裁判官の自由心証主義を前提にした証明責任が問題となる局面は，少なくとも減少する（別稿Ⅱ2参照）。このように

---

16) 太田勝造・前出注13) 108頁以下，新堂・前出注13) 574頁以下，高橋宏志『重点講義民事訴訟法 下〔第2版補訂版〕』（2014年）35頁・44頁以下。太田勝造『「訴訟カ裁判ヲ為スニ熟スルトキ」について」新堂幸司編著『特別講義民事訴訟法』（1988年）429頁以下（437頁以下）は，解明度（裁判所による情報獲得の状態）を，審理結果の確実性（事実の存否についての心証の確実性）のみならず，法律構成の検討および争点形成（事実主張）の十分さを包括するものとし，裁判への成熟を判断する際には，裁判所の情報状態のみならず当事者の手続保障も考慮する必要があるとして，説を修正ないし補足している。また，伊藤滋夫・前出注12) 165頁以下は，証明度と「審理実施必要度」との区別を説く。
17) 小早川・前出注6) 271頁。
18) 北村・前出注2) を参照。

行政訴訟手続における行政機関の説明義務は，行政裁量が認められる判断を裁判統制する場合に必要性が高いが，行政裁量が認められることにより根拠づけられるわけではなく，裁量の認められない羈束された行政機関の判断にも妥当する。そして，行政裁量が認められない行政判断の場合も，行政訴訟において行政機関が説明義務を果たすことにより，原告私人が証明責任を負う主要事実について，私人の立証の負担が，やはり消滅はしないものの軽減される。総じていえば，行政機関の調査・説明義務によって，証明責任の分配如何により判決が行われる事態が減ることになる。実際に，行政訴訟において証明責任の分配により判決が下されることが稀といわれるのは[19]，裁判所による職権証拠調べの制度（行訴24条）の存在[20]（実際にはあまり活用されていないといわれる）にも増して，行政機関の調査・説明義務によるところが大きいと思われる[21]。「行政過程において事実上重要な意義を持つのは，『立証責任』よりも『調査検討それ自体の責任』の所在の方である」[22]。

民事訴訟法学説上も，証明責任を負わない当事者の事案解明義務および具体的事実陳述＝証拠提出義務が論じられている[23]。こうした法理は，訴訟手続における当事者の主張・立証過程における行為を直接に規律する点で，こうした行為を「証明の必要」[24]という形で間接的に制御する証明責任の法理と対照をなす。そして，証明責任の分配如何によって事実認定が行われることを減らす点で，行政訴訟における行政機関の説明義務の法理と共通する。民事訴訟におけるこうした当事者私人の義務については，法的根拠に関して議論があり[25]，また日本で

---

19) 渡部吉隆＝園部逸夫編『行政事件訴訟法体系』（1985年）345頁〔濱秀和〕，西川知一郎編『リーガル・プログレッシブ・シリーズ　行政関係訴訟』（2009年）121頁〔石田明彦〕。
20) 藤田宙靖『行政法総論』（2013年）480頁。
21) もっとも，実務公法学会編『実務行政訴訟法講義』（2007年）170頁以下〔滝口弘光〕は，審理過程における主観的立証責任（現実の立証の必要性）の重みは揺るがないとする。小早川・前出注6）252頁以下も同旨。
22) 薄井・前出注10）279頁・285頁。
23) 事案解明義務につき，山本隆司・前出注3）書の註（107）（108）掲記文献の他，春日偉知郎『民事証拠法論——民事裁判における事案解明』（2009年，初出2006年・1996年）9頁以下・27頁以下。春日・同書245頁以下・365頁以下（初出2006年・2008年）は，立証のレヴェルの事案解明から分けて，主張のレヴェルで「争点解明義務」ないし「第二次的主張責任」を説く。さらに，木川統一郎「第二次主張・立証責任について——医療過誤訴訟を中心として」判タ1270号（2008年）5頁以下。具体的事実陳述＝証拠提出義務につき，松本博之「民事訴訟における証明責任を負わない当事者の具体的事実陳述＝証拠提出義務について」法曹時報49巻7号（1997年）1611頁以下。
24) 高橋宏志・前出注14）526頁以下。

は一般には，当事者間で情報や知識が偏在する場合を主に想定し，特定の事案類型で認められるものとして論じられている[26]。行政訴訟における行政機関の説明義務は，行政訴訟の場面に限定されずに根拠づけられる行政機関の説明義務の一形態であり，訴訟当事者となる私人の場合と異なり，特定の事案類型に限らず，行政機関の行う判断全般に認められよう[27]。また，事案解明義務については，証明責任を負う当事者が自己の主張を裏付ける具体的な手掛かりを提示することが成立要件として説かれる。しかし，行政訴訟における行政機関の説明義務の成立要件としては，原告私人が原告適格等の訴訟要件を満たせば，原則として，それ以上に具体的な「手掛かり」を提示することは不要と解される（詳しくは後述Ⅲ）。その点では，具体的事実陳述＝証拠提出義務の考え方と同様になる[28]。

5 行政訴訟手続における行政機関の説明義務違反の効果

また，義務違反の効果に関しては，民事訴訟法学説上の事案解明義務違反の場合，証明責任を負う当事者の主張する事実につき，①完全に真実と擬制することまで認めるか，②真偽不明の場合に真実と擬制することまで認めるか，③事実上推定することまでにとどめるか，見解が分かれるようである[29]。具体的事実陳

---

25) 伊東俊明「主張過程における当事者の情報提供義務——『情報独占』の局面における規律について」横浜国際経済法学15巻3号（2007年）1頁以下，同「主張過程における当事者の情報提供義務についての一考察」民事訴訟雑誌56号（2010年）190頁以下は，当事者間の実体法関係を，松本・前出注23）1643頁以下は，信義則と当事者間の「特別の接触点」を，濱﨑録「提訴前手続における相手方の協力義務に関する一試論」香川法学27巻3・4号（2008年）279頁以下，武部知子「事案解明義務の法的根拠とその適用範囲」同志社法学58巻7号（2007年）505頁以下，同「審理過程における当事者の情報・証拠開示義務の正当化根拠——事案解明義務の根拠論を中心に」同志社法学62巻6号（2011年）309頁以下は，憲法32条による訴訟当事者に対する主張・立証の機会の保障と，憲法14条1項から導出される訴訟上の武器対等の原則等を，それぞれ挙げている。
26) ただし，越山和広「訴訟審理の充実・促進と当事者の行為義務」民事訴訟雑誌57号（2011年）111頁以下（117頁以下）は，「自らが主張立証責任を負う事実の具体的な陳述が困難である場合における一般的事案解明義務・協力義務を正面から認めつつ，解明のための手段と協力を拒否された場面それぞれに応じた制裁のあり方を整理する」ことを提唱する。これに対しては，畑瑞穂「『事案解明義務』について——事案解明のための諸制度のあり方について」伊藤滋夫編『要件事実の機能と事案の解明』（2012年）99頁以下（105頁）を参照。
27) この点につき，北村・前出注2）95頁以下。
28)「手掛かり」につき注23）掲記の文献を参照。
29) 見解の分岐は伊藤滋夫編・前出注26）の諸論攷に示されている。①説を山本和彦「研究会を終えて7」222頁以下（225頁以下），（効果を柔軟に考えることを指向するが）春日・前出注23）18頁以下・46頁・376頁，②説を（おそらく）山浦善樹「事案解明を効果的に行うための訴訟活動について——代理人の立場からの考察」110頁以下（119頁以下・128頁），高橋譲「事案解

述＝証拠提出義務違反の場合は，当該事実を真実と擬制することが説かれる30)。

行政訴訟手続における行政機関の説明義務違反の場合はどうか。行政手続における説明義務違反の一種である理由提示の瑕疵は，手続法上の違法事由・処分の取消事由とされる（最判平成23・6・7民集65巻4号2081頁。先例は田原裁判官の補足意見に挙げられている）。行政手続における調査義務違反の一種である権限の濫用も，処分の違法事由になる（児童遊園設置認可処分を違法とした最判昭和53・5・26民集32巻3号689頁。別稿Ⅳ1参照）。そうであるとすれば，行政訴訟手続において行政機関が説明義務を果たさない場合，違反の程度や訴訟参加人の主張立証の態様等にもよるが，行政機関が行政訴訟手続に至っても自らの判断の理由として説明できる事由がないものとみなして（擬制して），行政決定ないし行政措置を違法とし，行政処分を取り消すことも認められよう31)。

この点について最高裁は，原子炉設置許可処分取消訴訟において，「当該原子炉施設の安全審査に関する資料をすべて被告行政庁の側が保持していることなどの点を考慮すると，被告行政庁の側において，まず，その依拠した……具体的審査基準並びに調査審議及び判断の過程等，被告行政庁の判断に不合理な点のないことを相当の根拠，資料に基づき主張，立証する必要があり，被告行政庁が右主張，立証を尽くさない場合には，被告行政庁がした右判断に不合理な点があることが事実上推認される」としている（最判平成4・10・29民集46巻7号1174頁）。

この判決は，行政庁が行政訴訟手続で自らの判断を正当化する説明をしない場合，行政庁は自らの判断を正当化する根拠・資料を用意できなかったものと見て，行政庁の判断の不合理性を経験則により事実上推定する趣旨のようにも見える。しかし，民事訴訟法学においては，情報ないし資料を保有する訴訟当事者がそれを提出しない場合，その者に不利な事情がある蓋然性が高いと経験則32)としていえるか，疑問が呈されている。そして，こうした経験則が語られる場合，法規範としての情報・資料提示義務が前提とされているのであり，こうした法規範な

　　　明における裁判所の役割」134頁以下（146頁以下），③説を伊藤滋夫「研究会を終えて1」188頁以下（195頁以下）が，それぞれ採るようである。
30)　松本・前出注23）1649頁。
31)　こうした違法性が認定される可能性につき，藤山雅行「行政訴訟の審理のあり方と立証責任」藤山＝村田斉志編『新・裁判実務大系第25巻　行政争訟〔改訂版〕』（2012年）389頁以下（391頁）。
32)　山木戸克己「自由心証と挙証責任」（1976年）同『民事訴訟法論集』（1990年）25頁以下（32頁）が過渡的に，こうした経験則を示唆していた。

いし義務を直截に論じるべきであると説かれる[33]。こうしたことから，この最高裁判決は，事案解明義務ないし具体的事実陳述＝証拠提出義務を述べた判決と解釈されている[34]。理論的にいえば，行政機関の説明義務違反を理由に，裁量判断を不合理と擬制する可能性を（いずれにせよ傍論にはなるが）判示してもよかったと思われる。しかし，この判決は，資料の保持というヨリ一般的な要件と，事実上の推定というヨリ緩やかな効果を挙げることにより，行政訴訟のみならず民事訴訟にも適用できる要件を立て，また差し当たり受容されやすい効果を挙げた実践的な判示として，評価することもできよう。実際に，この判決の定式はその後，行政訴訟のみならず民事訴訟においても下級審で広く用いられている[35]。

6　国家機関の調査義務の段階性・差異と国家機関における証明責任の共通性

以上のように調査義務と証明責任との間の差異および関係を明確にすると，行政機関の調査義務と裁判所の調査義務との間の関係，および行政手続における調査義務と行政訴訟手続における調査義務との間の関係を明らかにでき，さらに，証明責任に関するこれらの関係も，対置して考えることができる。

(1)　行政機関の調査義務は，各手続の特性ないし段階に応じて，態様および程度が変化する。行政手続においては，行政機関が機動的に時宜を逃さず判断および措置を行う必要があるために，行政機関の調査義務の程度を高く設定できないことがある。行政庁が短期間に大量の決定を下す必要がある場合や，私人の重要な利益に対する重大な危険を除去するために迅速に措置をとる必要がある場合等である。特に前者の場合には制度上，再調査の請求（行審5条・54条以下）により処分庁が調査を補充することが予定されるケースがある。逆に，行政手続法上の聴聞手続を経るべき処分のように，権利侵害の度合いが高く慎重な判断を要する措置をとる場合には，行政機関の調査義務の程度は高くなる[36]。そしていずれ

---

33)　廣尾勝彰「訴訟資料の収集に関する当事者の役割（一）」九大法学52号（1986年）151頁以下（177頁以下），高田昌宏「主張・立証の方法」法学教室221号（1999年）31頁以下（32頁），松本・前出注23）13頁。
34)　子細にいえば様々な解釈が成り立つことも含め，垣内秀介「相手方の主張立証の必要――伊方原発事件」高橋宏志＝高田裕成＝畑瑞穂編『民事訴訟法判例百選〔第4版〕』（2010年）132頁以下が諸学説を総括している。
35)　春日・前出注23）14頁以下，交告尚史「伊方の定式の射程」加藤一郎先生追悼『変動する日本社会と法』（2011年）245頁以下（259頁以下）。
36)　一般論として，小早川・前出注6）268頁。証明度の観念と絡めた説明であるが，具体的には

にせよ，不服審査手続では，私人の不服に対応して，処分庁は調査・判断を補充する事項を選択し，審査庁は調査・判断を見直し，全体として行政庁の調査・判断を精緻化することが求められる。行政訴訟手続においては，争点が処分等の適法性に限定されるため，行政機関は原告私人の主張・立証に応じて法的観点から，調査・判断の補充と精緻化を行わなければならない。この行政訴訟手続の段階における行政機関の調査義務の程度には，もはや行政手続の段階のように，行政処分・行政措置の特性によって顕著な差は生じないと考えられる。また行政訴訟手続における裁判所の調査義務は，仮の救済の手続と本案訴訟手続とでは程度（解明度）に差があるが，いずれにせよ基本的に当事者主義がとられるため，行政機関の調査義務とは態様が異なることは言うまでもない。

（2）これに対し証明責任は，それぞれの手続の特性ないし段階に応じて，国家機関が果たすべき調査・説明義務を果たし，後述Ⅲのように関係する私人も説明義務を果たし，それでもなお事実が存否不明の場合に問題となる。したがって，行政訴訟手続であれ，不服審査手続，行政手続であれ，基本的に同様と考えられ，変化させる理由がない。もっとも，行政手続や不服審査手続で証明責任を想定することは，一見突飛である。しかし前述2のように，証明責任は，国家機関が主要事実の存否につき確信を得られない場合に，主要事実の存否をどのように認定すべきかという，国家機関が判断を正当化する論証のあり方を意味する。そうであるならば，行政機関による主要事実の認定についても，いずれの当事者ないし手続関係主体が責任を負うかという形で表現できないとしても，いずれの行政決定を支持する側が責任を負うかといった形で，証明責任を考えることができる[37]。

薄井・前出注10）276頁以下・281頁。短期間に大量に決定を下す必要のある行政手続の例として，「土地区画整理事業が緊急を要する場合，施行地区が広範囲である場合等において実測地積を基準とすることは，莫大な費用と労力を必要とし，また，計画の実施を著しく渋滞せしめるから，原則として公簿地積により基準地積を定める方法もやむを得ない措置であつて，特に希望する者に限り，実測地積により得る途が開いてあれば，かかる方法による換地処分も憲法29条に違反するものではない」とした最判昭和62・2・26判時1242号41頁（換地処分無効確認訴訟）が挙げられている。ドイツの学説につき，新山一雄「ドイツ行政手続法における職権探知原則（五）」自治研究69巻4号（1993年）17頁以下（22頁以下）。

[37] 訴えとパラレルに観念しやすい申請の手続につき，小早川・前出注6）265頁註（27），薄井・前出注10）279頁。一般的には，スウェーデン法を参照する萩原金美「行政訴訟における主張・証明責任論」同『訴訟における主張・証明の法理――スウェーデン法と日本法を中心にして』（2002年）193頁以下（207頁・218頁）。ドイツ法につき，新山一雄「ドイツ行政手続法における職権探知原則（四）」自治研究69巻3号（1993年）20頁以下（23頁以下）。

なお，実際の行政手続において証明責任が意識され運用されることは多くない。行政手続では，証明責任の分配より行政庁自身の職権調査義務と私人の調査・説明義務の方が，行政訴訟の場面以上に直接的な意味をもつ。また行政庁は，職権で多様な処分・措置を選択できることから，証明責任による判断を裁判所より容易に回避できる。こうした事情はあるが，理論上は行政手続でも行政訴訟手続と同様に，証明責任を分配すべきことになる[38]。

　(3) 調査義務説は前述1のように，行政訴訟に係る証明責任論と結びつけるために，行政機関の調査義務の内容も行政手続から行政訴訟手続まで一定と解しているように読める。しかし，こう解することには疑問がある[39]。例えば，行政争訟を契機に生じる行政機関の調査義務が考えられる（Ⅲ2・注96））。また，こう解すると調査義務説の展開可能性（例えばⅠ1「第2」の問題へのアプローチ）がむしろ減殺されてしまうようにも思われる。

Ⅲ　調査・説明義務の範囲

　そこで，行政機関の調査義務・説明義務の範囲（Ⅲ）および行政手続・行政訴訟手続における証明責任の分配（Ⅳ）について，分説して基礎的な考察を行う。実務上重要性をもつのは，個別の問題ないし個別の行政分野ごとの考察であるが，本稿では立ち入ることができない。

1　私人の調査・説明義務の範囲と行政機関の調査・説明義務との連関

　まず確認すると，行政機関は公益を実現するために私人に対し決定を行う場合，原則として，当該決定にあたり考慮すべき事項の全般につき調査・説明義務を負

---

38) *Wilfried Berg*, Die verwaltungsrechtliche Entscheidung bei ungewissem Sachverhalt (1980), S. 278 ff.; *Juliane Kokott*, Beweislastverteilung und Prognoseentscheidungen bei der Inanspruchnahme von Grund- und Menschenrechten (1993), S. 39. また *Bettina Spilker*, Behördliche Amtsermittlung (2015), S. 90 f., S. 135 は，行政手続における証明責任を観念した上で，それを職権調査義務から区別し，真偽不明の状況で「職権調査義務が終わる」場合「行政庁は原則として実体的証明責任に従って決定しなければならない」とする。

39) 藤山・前出注31) 398頁以下は，行政手続の段階における調査義務（解明度）を想定して，調査義務説に対し，「行政実務においては，あらゆる行政処分について客観的に処分要件があるか否かを厳密に究明しなければならないとすることは現実的ではなく，処分の性質等に照らして合理的と考えられる調査を遂げた段階で処分をするというのが通常であろうと思われるし，そのこと自体は何ら問題とされるべきものではないが，このことは……客観的にみて処分要件を満たしていない行政処分の効力を維持すべき理由にはなり得ない」と批判する。

うと解される。行政機関は、自らの特定の利益を追求するのではなく、社会における様々な利益を考慮・衡量して公益を実現する義務を負い、そのために包括的な調査を行う権限および組織を備え得るからである。しかしこのことは、行政機関だけが調査・説明義務を負う理由にはならない。以下のように、私人が行政機関に対し調査・説明を行う負担を負い、行政機関とともに調査・説明を行う役割を担う場合があることに注意を要する。両者の調査・説明義務は、証明責任と異なり、択一的な関係にはない[40]。

第1に、不利益処分を受ける可能性のある私人が自らの事情につき説明する負担を負う場合がある。例えば租税法の分野では、納税義務者が収入・支出の実額を正確に示す直接資料を備え、課税庁に提示すべきことを前提に、納税義務者がこうしたことを行わない場合に（推計の必要性）、課税庁が推計課税を行うことが認められている（明文規定として、所税156条、法税131条）[41]。実額課税における必要経費・損金についても、単に納税義務者に証明責任を負わせる見解は少数にとどまるが、納税義務者が経費に関し具体的に指摘し資料を提出すべきことを前提に（訴訟手続の場面につき税通116条を参照）、こうした指摘・資料の提出がなければ、経費の不存在が事実上推定され、または経費の不存在に係る証明責任が転換されるという見解が有力である（処分手続の場面につき、国家賠償請求に係る最判平成5・3・11民集47巻4号2863頁を参照）[42]。これを具体的事実陳述＝証拠提出義務（Ⅱ4）と説明することもできよう[43]。他の分野では、景表法7条2項・8条3項が、行政庁は同法5条1号が定める優良誤認表示の該当性判断のために必要な場合、「当該表示をした事業者に対し……当該表示の裏付けとなる合理的な根

---

40) *Spilker* (Fn. 38), S. 292 f., S. 298 ff. は、「協働の要請は職権調査原則を補足するが、それに取って代わらない」とする。ドイツの学説の分析として、新山一雄「ドイツ行政手続法における職権探知原則（三）（六）（七）」自治研究69巻2号16頁以下、5号46頁以下、9号34頁以下（41頁以下）（1993年）。

41) 金子宏『租税法〔第20版〕』（2015年）834頁以下。推計課税が行われた場合、納税義務者が訴訟手続の段階で収入・支出の直接資料を提出して実額の主張および証明をする「実額反証」を認めるのが一般的な見解である（同書983頁以下）。ただし、異論があるほか、細部には種々の問題がある。南博方原編著・高橋滋＝市村陽典＝山本隆司編『条解行政事件訴訟法〔第4版〕』（2014年）258頁以下〔岩﨑政明〕。

42) 裁判例・学説の分布につき、南原編著・高橋＝市村＝山本編・前出注41）253頁以下〔岩﨑〕。そもそも推計課税における主要事実は何かということ自体、さらに解明を要する。岡村忠生「税務訴訟における主張と立証──非正常取引を念頭に」芝池義一＝田中治＝岡村忠生編『租税行政と権利保護』（1995年）297頁以下。

43) 松本・前出注23）1616頁以下。

拠を示す資料の提出を求めることができ」,「当該事業者が当該資料を提出しないときは」, 措置命令との関係で「当該表示は同号に該当する表示とみな」され, 課徴金納付命令との関係では「当該表示は同号に該当する表示と推定」される旨を定めている。

　第2に, 私人が一定の調査または説明を行うことにより, 行政機関に対し事案に関する結論に至るまでさらに調査・説明を行うように求め得る, 換言すれば, 行政機関がこうした調査・説明を行う義務を負う, といった調査・説明の連関も考えられる。このように調査・説明を連関させる行政手続が, 申請の制度である (最判平成11・7・19判時1688号123頁は, 申請者が原価計算の算定根拠等を示す資料を提出しなかったために, 個別審査をせずにタクシー運賃変更申請却下処分を行うことは適法とした)[44]。もっとも, 一口に申請の制度といっても, 私人が適法な申請をした場合に, 行政庁がどの程度さらに自ら調査を行うべきかは, 実体法の制度趣旨により異なる[45]。例えば, 出入国管理及び難民認定法61条の2第1項は, 法務大臣は申請者が「提出した資料に基づき, その者が難民である旨の認定……を行うことができる」と定めるが, 法務大臣が難民認定を根拠づける資料を自ら調査・収集する必要がないという趣旨ではない。

2　行政訴訟の原告私人の説明義務

　以上に加えて第3に, 行政訴訟の原告私人は, 請求原因 (行訴7条・民訴133条2項2号) を説明する形で, 行政機関に対しさらに行政措置の適法性の説明を求める事項を特定する必要がある[46]。ただし, 原告私人は要件事実に当たる行政措置の違法事由を抽象的に示せば足り, 主要事実に当たる具体的な事実まで挙げる必要はない。行政措置の根拠となる具体的な事実はむしろ, 原告私人による違法事由の提示に応じて, 原則としては行政機関が説明すべき事項と考えられる (1に挙げた事項は別論)[47]。

---

44) 小早川・前出注6) 268頁, 薄井・前出注10) 277頁・279頁以下。
45) 野下智之「取消訴訟における違法性の内容」藤山=村田編・前出注31) 354頁以下 (368頁以下)。
46) 西川編・前出注19) 120頁以下〔石田〕。
47) 司法研修所編『改訂　行政事件訴訟の一般的問題に関する実務的研究』(2000年) 167頁以下は,「訴訟実務においては, 被告が主張立証責任を負う適法要件のうち, 主要かつ重要……でないものについては……原告がその適法性を争うことを明示しない限り, 裁判所は, 被告の具体的な主張, 立証がなくとも, 弁論の全趣旨により, その適法性を肯定するという運用が行われてい

もっとも，行訴法5条の民衆訴訟においては，原告私人が主張できる可能性のある行政措置の違法事由が，原告の法律上保護された利益との関連性の有無にかかわらず（行訴43条1項は10条1項を準用していない），多岐にわたることがあるため，原告私人が争点とする違法事由を特定することの重要性が大きくなる。それでも，原告が争点とした行政措置の適法性を根拠付ける具体的な事実は，原則として行政庁の側が説明する義務を負うと解されよう。また，行訴法3条4項・36条の行政処分無効確認訴訟の場合は，原告私人が，多くの場合法定されている処分要件ないし処分の違法事由をそのまま示すだけでは足りず，処分の無効事由（重大明白な瑕疵）を具体的に挙げて争点を特定する必要がある（最判昭和34・9・22民集13巻11号1426頁）。しかし，それに応じて行政庁の側も，処分の有効性を根拠付ける具体的な事実を説明する義務を負うと解されよう[48]。

　やや特殊なのは，行訴法3条6項1号の非申請型義務付け訴訟である。この類型の訴訟は，行政庁が必ずしも調査を行って事案に関する結論を下していない状態で，かつ，行政手続のレヴェルで申請の制度が定められていない場合に提起される。そのため，原告は訴訟手続においてまず，行政庁が事案に関して結論に至るまで調査・説明を行うことを義務付けるために，行政庁による権限不行使が適法であることを疑わせる程度の主張および資料の提出を行う必要があると考えられる[49]。行訴法37条の2第1項の「重大な損害」の要件は，こうした原告の調査・説明義務を，訴訟要件の形で示した規定と解することもできる[50]。

　　　る。このような運用によれば，原告には一定の範囲で現実に審理の対象とすべき適法要件を指摘する事実上の負担が負わせられる」とする。さらに同書169頁・178頁は，処分理由は行政庁が特定する責任があり，こうして特定された要件の存否については，原告が証明責任を負う場合もあるとしているが，この点も本稿の趣旨に適う。

[48]　藤山・前出注31）389頁以下は，処分無効確認訴訟も含めて抗告訴訟においては，原告が違法事由を簡略に主張すべきであり，行政庁は処分の法的根拠を具体的に主張すべきであるが，原告が争っていない部分については概括的な主張で足りるとする。そして，こうしたことは主張責任とは観点を異にする問題であるとする（この点につき後述Ⅴ3）。

[49]　室井力＝芝池義一＝浜川清編『コンメンタール行政法Ⅱ　行政事件訴訟法・国家賠償法〔第2版〕』（2006年）121頁〔曽和俊文〕が非申請型義務付け訴訟について，「原告が重大な法益侵害の発生事実と当該法益を保護するための規制権限発動の必要性について一応の主張・立証をなした場合には，行政庁の側で，権限不発動に至る判断の合理性について主張・立証すべきであり，右主張・立証が尽くされない場合には，権限不発動の違法性が推定される」と述べるのも，概ね同旨と解することができる。

[50]　山本隆司「改正行政事件訴訟法をめぐる理論上の諸問題」同・前出注3）書第2編第3章Ⅱ2。仲野武志「行政事件における訴訟要件の意義」行政法研究9号（2015年）81頁以下（87頁）のいうように「改正行訴法の文理から離れすぎているという憾み」はあるが，改正行訴法における

IV 調査・説明義務との関係から見た証明責任の分配

1 基本的な考え方

次に，証明責任の分配の問題に移る。行政訴訟，とりわけ取消訴訟における証明責任の分配については諸説が林立しているところ，各説の問題点はすでに適切に指摘されている[51]。そこで以下では，証明責任の分配について，主として調査義務説が示唆している調査・説明義務との関係という観点から考察するにとどめる。

前述Ⅱ6のように，証明責任の分配は，裁判所のみならず，調査義務を尽くしたにもかかわらず事実の存否不明の状況に直面する行政機関にとっても，行為規範としての性質をもつ。そして，前述Ⅱ2・Ⅲのように，調査義務が外的手続に位置づけられ，関係する各主体について関係する情報を収集，保有，説明する能力および権能を直截に評価して範囲を画されるとすれば，証明責任の分配は，基本的に実体法の規範構造および実体法上の諸権利・諸利益の評価から導くことが，内的手続に位置づけられるという証明責任の性質に適合し，また調査義務と合わせて考えた場合に，均衡のとれた結論を導く上でも妥当と考えられる。

2 要件事実としての違法性・裁量権行使の不合理性？

行政訴訟，特に取消訴訟における証明責任について説かれてきた諸見解のいくつかは，1で述べた証明責任の法的性格に適合しない（2・3）。

まず，行政行為は公定力をもつから，取消訴訟では行政行為を争う原告側が行政行為の違法性を基礎づける事実につき証明責任を負うという見解は[52]，行政行為の適法性を争う訴訟手続の限定（公定力）→行政行為の適法性の推定→行政行為の違法性を基礎づける事実の証明責任，という推論をたどる。しかしこの推論には飛躍があり，すでに論者自身が改説している[53]。

それでもこうした見解の残滓は，行政機関の裁量判断に関して，判断に「不合

「重大な損害」という文言は，25条2項・37条の2第1項・37条の4第1項の間で同義には解釈できず多義的であり，文言がもつ意味が限られていることにも注意を要する。
51) 小早川・前出注6）256頁以下，塩野宏『行政法Ⅱ 行政救済法〔第5版補訂版〕』（2013年）162頁以下等。以下における文献の引用も悉皆的なものではない。
52) 田中二郎『行政法総論』（1957年）278頁。
53) 田中二郎『新版行政法上巻〔全訂第2版〕』（1974年）345頁以下。

理な点があること」，つまり裁量権の踰越濫用を基礎づける事実につき，原告が証明責任を負うとの説（前掲最判平成4・10・29。詳しくは別稿Ⅱ1参照）に見られる。この説は，行政裁量→行政判断の「合理」性の推定→裁量判断の「不合理」性を基礎づける事実の証明責任，という推論をたどると考えられる[54]。しかし，現在の判例は，行政の裁量判断の「合理」性を推定するというほど粗い裁量統制手法をとらない上，仮にこのような推定を前提にしても，事実認定に係る証明責任を裁量判断を争う側に課すことには，結びつかない（別稿Ⅱ2参照）。前記の推論には，飛躍があると言わざるを得ない。こうした飛躍は，行政の裁量判断の「不合理」性という要件事実がやや強引に設定されていることにも現れている。行政の裁量判断の「不合理」性という要件事実は，行政実体法の規範構造および実体法上の諸権利・諸利益の評価に基づき設定された事実ではなく，行政機関が事実の存否不明の状況に直面した時に機能しない点で，要件事実としての通常の抽象的な規範的要件とは性格が異なることに，注意を要する。行訴法30条も同様に，通常の実体法規範とは性格が異なり，同条は，裁量判断を争う原告私人に証明責任を課す根拠にならないと解される[55]。行政機関の事実認定に裁量が認められる場合も，理論上は，行政機関が事実の存否不明の状況に直面した時に機能する証明責任が，行政実体法規を基準に，ある処分をするべきと主張する側，あるいは処分をするべきでないと主張する側のいずれかに分配され[56]，ただ，

---

54) 分かりやすい例として，瀧川叡一「行政訴訟の請求原因，立證責任及び判決の効力」民事訴訟法學會編『民事訴訟法講座　第5巻』(1956年) 1429頁以下 (1447頁) は，裁量処分は「根拠規定（権利発生規定）に対する関係では違法となることはあり得ない。この関係では行政庁を制約する法は存在しないから……根拠規定とそれによって認められた自由裁量の限界を劃する〔比例原則，平等原則等の〕諸原則又は〔各実定法規の〕目的とは，原則・例外の関係にあり，後者は一種の権利障碍規定」であると明確に述べる。さらに，瀧川叡一「行政訴訟における立証責任」岩松裁判官還暦『訴訟と裁判』(1956年) 471頁以下 (510頁)。原則・例外という説明を，高橋利文「最判平成4・10・29解説」最判解民事篇平成4年度399頁以下 (424頁) も採る。
55) 小早川・前出注6) 263頁，藤山雅行「行政事件と要件事実」伊藤滋夫編『民事要件事実講座　第2巻』(2005年) 320頁以下 (332頁)。これに対し，証明責任の分配にあたり行訴法30条の文言を考慮する見解はなお根強い（南原編著・高橋＝市村＝山本編・前出注41) 246頁〔鶴岡稔彦〕）。──もっとも，裁量処分取消訴訟において全面的に原告に証明責任を課すことまでは説いていない）。
56) 司法研修所編・前出注47) 181頁は，前掲最判平成4・10・29で争点となった原子炉設置許可要件につき，許可をした「被告行政庁に主張立証責任があるとすることもできないではない」と指摘する。証明度の問題を留保するが，小早川・前出注6) 278頁註 (47) も参照。また，行政機関情報公開法5条3号・4号の「相当の理由」につき，高橋滋＝斎藤誠＝藤井昭夫編『条解行政情報関連三法』(2011年) 486頁以下〔島村健〕を参照。

行政訴訟においては，裁判官の自由心証を前提とする証明責任が直接には意味をもたない，ということであろう（別稿Ⅱ 2「第 2」を参照）。

なお，裁量権の踰越濫用を基礎づける事実の証明責任は原告私人が負うとしつつ，裁量判断の基礎とされた事実の証明責任は被告行政側が負うとの見解は[57]，裁判所による裁量統制の進展を考慮したものと見られる。しかし，両事実を明確に分けられるかという疑問のほか（別稿Ⅲ 1 参照），被告が証明責任を負うとされる裁量判断の「合理」性という要件事実についても，「不合理」性という要件事実に対するのと同様の疑問が妥当する。ここで被告が負うといわれる証明責任は，むしろ説明義務のことかと思われる（Ⅱ 4）。

3　原告の権利利益の保護？

次に，取消訴訟では原告の権利利益を保護するために，処分の適法性を基礎づける事実につき被告行政側が証明責任を負うという見解によると[58]，実体法上保護される権利利益のうち原告の利益と対立するものが常に劣後される結果になるため，やはり疑問がある。加えて，実体法上保護される利益で相対立するものの主体が，いずれも抗告訴訟の原告適格を認められる場合，行政機関は両すくみの状態に陥ることになる。

例えば，取消訴訟において常に被告に証明責任を負わせる一般論をとらない立場からも，許認可に係る申請拒否処分（以下，建築確認を例にすると，建築確認拒否処分）に対し処分の名宛人（建築主）が提起する取消訴訟においても，申請認容処分（建築確認）に対し処分の第三者（近隣住民）が提起する取消訴訟においても，処分の適法性を基礎づける事実につき被告行政主体が証明責任を負うと説かれることがある[59]。この説によると，許認可の要件（建築計画の建築基準関係規定適合

---

[57]　司法研修所編・前出注47）180頁以下。被告に証明責任をより多く分配するが，同型の論理を示していた見解として，遠藤博也＝阿部泰隆編『講義　行政法Ⅱ（行政救済法）』（1982年）240頁〔浜川清〕は，「平等原則，比例原則および信義則に違反する事実の立証責任は原告にある……が，要考慮事項に関する判断の脱漏や法目的違反，および適正手続法理の不遵守の主張が原告からなされた場合においては……被告が要件事実の存在について立証責任を負う」とする。宮崎良夫「行政訴訟における主張・立証責任」同『行政訴訟の法理論』（1984年）263頁以下（291頁以下）もほぼ同旨。

[58]　関根栄郷「無効な行政行為における瑕疵の『重大かつ明白性』に関する二，三の問題」『司法研修所　創立十五周年記念論文集　下巻』（1963年）30頁以下（48頁以下）。

[59]　司法研修所編・前出注47）173頁以下，南原編著・髙橋＝市村＝山本編・前出注41）241頁以下〔鶴岡〕，藤山・前出注31）405頁以下，宮崎・前出注57）290頁。

性)に係る事実が存否不明の場合，前者の取消訴訟では請求が認容される結果として行政庁は申請を認容すべきことになり，後者の取消訴訟では請求が認容される結果として行政庁は申請を拒否すべきことになる。しかし，前者の取消訴訟に処分の第三者が，後者の取消訴訟に処分の名宛人が，それぞれ行訴法22条の訴訟参加をする場合を想定すると鮮明になるが，このように訴訟の帰結が異なるのは，不整合といわざるを得ない。また，申請に対する処分の手続の段階で事実の存否不明の事態に直面した行政庁は，取消訴訟が提起される可能性を想定すると，両すくみの状態に陥ってしまう。したがって，いずれの訴訟でも共通に，申請認容処分を主張する側，拒否処分を主張する側のいずれかに，証明責任があると考えるべきであろう[60]。

4 実体法の規範構造

取消訴訟における証明責任の分配について旧来有力に説かれてきたのは，2・

---

[60] 南原編著・髙橋＝市村＝山本編・前出注41) 241頁以下〔鶴岡〕は，「同じ要件に関する証明責任の分配が，訴訟の対象（どのような処分が取消しの対象になっているか）によって異なる」事態があり，「このような事態は，通常の民事訴訟では余り考えられない」として，4に述べる「法律要件分類説を，そのままの形で取消訴訟に導入することはできない」とする。そして，本文に挙げた例以外にもいくつかの例を挙げる。これは興味深く重要な指摘であるので，若干検討する。例えば同書は，①遺族厚生年金不支給決定処分取消訴訟では原告が支給要件の充足につき証明責任を負うが，②同支給決定取消処分取消訴訟では被告が支給要件の不充足につき証明責任を負い，③Aに対する同支給決定処分に対し，自らが受給権をもつと主張するBが提起する取消訴訟では，原告BがAの支給要件不充足につき証明責任を負う，とする。
　しかし①と②の対比に関していえば，申請拒否処分と申請認容処分取消処分とでは，処分要件が，部分的に重なるとはいえ，全体としては異なる。後者の処分に適用される規範は，前者の処分の根拠規範が信頼保護原則や比例原則によりモディファイされた規範であり，前者の処分に適用される規範と同一ではない（瀧川・前出注54) 岩松還暦502頁以下，瀧川・前出注54) 講座1446頁──具体的には，原処分の違法性も，取消しによる国民の既得の権利利益の侵害を正当化するだけの公益上の必要性も，被告行政側が証明責任を負うとする）。したがって，これは適切な例示とはいえないように思われる。
　③に関しては，同書も示唆するように，同じ状況でBが自らに対する不支給決定処分の取消訴訟において支給要件の充足につき証明責任を負うこと（①）と平仄を合わせた結果と解される。したがって③も，支給要件を充足する事実が存否不明の場合に充足を主張する側が証明責任を負うという基本的な考え方に拠っているといえる（瀧川・前出注54) 岩松還暦515頁以下，瀧川・前出注54) 講座1451頁は，Aに対する農地売渡処分に対し，自らへの売渡しを求めるBが提起する取消訴訟において，真実の資格者が何人か不明の場合，すなわち売渡処分の要件事実が存否不明の場合，Aに対する売渡処分は違法であるが，原告Bも訴えの利益を欠くから，訴えは却下を免れないと説明する）。
　結論としては，訴訟の対象により証明責任の分配が異なるという，通常の民事訴訟の法律要件分類説ではあまり考えられない事態は，行政訴訟でもあまり考えられないように思われる。

3に挙げたように原告または被告に一方的に証明責任を課す見解ではなく，民事訴訟に係る法律要件分類説を行政機関の権限の成否を定める行政法規に適用する説[61]，行政処分等の行政措置により侵害される原告の権利・利益を分類して基準にする説（以下「被侵害権利利益分類説」という）[62]，および「当事者の公平・事案の性質・事物に関する立証の難易等によって具体的な事案について」判断する説（以下「個別判断説」という）[63]であった。そして次第に，これらの説のいずれかを中心に据えるとしても，これらの説を相互補足的にすべて考慮する方向に議論が動いている[64]。こうした議論の動向は支持し得る。

まず，法律要件分類説は，行政実体法の規範構造の分析（民事訴訟においては権利根拠規定・権利障碍規定・権利滅却規定，行政訴訟については権限行使規定・権限不行使規定の区別が説かれる）により証明責任を分配する点で，適切である。民事訴訟における法律要件分類説を行政法規に適用することに反対する理由として，しばしば，行政法規が公益の実現を目的とする行政機関にとっての行為規範であり，私益間の調整を目的にしない点で，民事実体法規と異なることが指摘される。しかし，証明責任の分配は，調査義務を尽くしても真偽不明の状態に直面する行政機関にとっても行為規範になり（Ⅱ6），また行政法規は，私益に限らないとしても，関係する諸利益を衡量する性格をもつ[65]。そうであるとすれば，前記の違いは行政法規に法律要件分類説を適用することの障碍にならない。

---

61) 瀧川・前出注54) 岩松還暦485頁以下，遠藤＝阿部編・前出注57) 236頁以下〔浜川〕。
62) 高林克巳「行政訴訟における立証責任」田中二郎＝原龍之介＝柳瀬良幹編『行政法講座第3巻 行政救済』(1965年) 294頁以下 (299頁以下)，市原昌三郎「取消訴訟における立証責任」鈴木忠一＝三ケ月章監修『実務民事訴訟講座8 行政訴訟Ⅰ』(1970年) 236頁以下——義務付け訴訟でも同様の基準をとる (238頁)。
63) 雄川一郎『行政争訟法』(1957年) 214頁，萩原・前出注37) 221頁以下。
64) 法律要件分類説をベースに個別判断説も考慮する見解として，兼子仁『行政法総論』(1983年) 298頁以下，村上博巳『証明責任の研究〔新版〕』(1986年) 414頁以下。被侵害権利利益分類説をベースに法律要件分類説・個別判断説も考慮する見解として，司法研修所編・前出注47) 170頁以下，南原編著・高橋＝市村＝山本編・前出注41) 241頁以下〔鶴岡〕。被侵害権利利益分類説をベースに法律要件分類説を補充的に用いるのが実務であると評する見解として，時岡泰「審理手続」雄川一郎＝塩野宏＝園部逸夫編『現代行政法大系第5巻 行政争訟Ⅱ』(1984年) 139頁以下 (155頁)。個別判断説をベースに被侵害権利利益分類説を考慮する見解として，塩野・前出注51) 163頁以下，加えて法律要件分類説も考慮する見解として，西川編・前出注19) 115頁以下〔石田〕，(明言はしていないが) 渡部＝園部編・前出注19) 348頁以下〔濱〕。桑原勇進「環境行政訴訟における立証責任の配分」宮崎良夫先生古稀『現代行政訴訟の到達点と展望』(2014年) 135頁以下が分析する，ドイツにおける環境行政に係る証明責任論も，同様の方向を示しているように思われる。
65) 山本隆司・前出注11) 261頁以下参照。

ただし，実際の民事実体法規は必ずしも証明責任の分配に沿って定められているとは限らないところ，このことは実定行政法規に一層強く妥当するという，やはりよく行われている指摘は，その通りであろう。確かに，情報公開法制のように証明責任をある程度意識して定められている行政法規もあるから[66]，法律の文言は行政実体法の規範構造を分析するための1つの考慮要素にはなる。しかし，実定行政法規は，むしろ主としては行政機関や私人の調査義務を意識して定められているため，必ずしも証明責任の分配に対応しているとは限らない。例えば，行政法規が申請認容要件を定めている場合，それは申請を認容する処分の権限行使規定（権利根拠規定）であり，要件を満たす事実につき申請認容を求める側が証明責任を負う旨が，法律要件分類説からよく説かれる。しかし，申請認容要件の規定は，前述のように申請者に一定の調査・説明義務を課す事項を定める趣旨であり，申請者に証明責任まで負わせる趣旨とは限らない（Ⅲ1)[67]。さらに具体的に，出入国管理及び難民認定法46条は，入国審査官による審査において，一定の退去強制事由に該当することの容疑者は当該事由に「該当するものでないことを自ら立証しなければならない」と定めるが，これも，容疑者に旅券等の提示義務を課す趣旨であり，退去強制事由に該当しないことの証明責任を容疑者に課す趣旨ではないと解される[68]。

5 実体法の規範構造の解釈における考慮要素としての権利利益

したがって，法律要件分類説が想定する実体法の規範構造は，実定法の文言だけからではなく，実体法の解釈によって観念しなければならない[69]。この点は，

---

66) 藤山・前出注31）396頁。
67) 室井＝芝池＝浜川編・前出注49）120頁以下〔曽和〕が，行訴法3条6項2号の申請型義務付け訴訟について，「給付請求権を基礎づける事実に関してはまず第一次的には原告が主張・立証すべきであるが，原告が立証を尽くした後に行政庁がその独自の調査・判断に基づき給付要件該当性を否定した場合であって最終的に真偽不明に至った場合には，給付決定の義務付け訴訟において，給付要件の未充足を基礎づける事実について行政体（行政庁）が立証責任を負うことが考えられる」と述べるのは，同旨とも解釈できる。
68) 旧法につき，瀧川・前出注54）講座1443頁以下。宇賀克也『行政法概説Ⅱ　行政救済法〔第5版〕』（2015年）244頁が，本文に挙げた規定は入国審査官の審査における立証責任の規定であるから，訴訟における立証責任について裁判所を拘束するとまではいえないと説くのも，同旨と解する余地がある。
69) 注61)に挙げた法律要件分類説を（排他的に用いるのではなく）ベースにする論者（注64)）のほか，つとに近藤昭宣「取消訴訟の挙証責任」ジュリスト300号（1964年）100頁以下（101頁）は，「法律要件説は，法条の外観を重視しつつも，解釈によって通常の原則と異なる分配の

法律要件分類説を説く民事訴訟法学においても，近時明確に意識されている[70]。

そして，証明責任の分配を探るために行政実体法規を解釈する際には，行政措置により侵害される原告の権利・利益の性質が重要な考慮要素になると解される。ただし，行政措置によって私人の自由が制限されるか，私人の法的地位が拡張されるかにより，制限および拡張を主張する側がそれを根拠づける事実につき証明責任を負うという区別[71]，あるいは，行政措置によって憲法上保障された法的地位が侵害されるか否かを重視し，こうした憲法上の法的地位を侵害する側がそれを根拠づける事実につき証明責任を負うという区別[72]のいずれを採るにせよ，被侵害権利・被侵害利益の性質は，行政処分等の行政措置ごとに区別されることになる。実体法解釈において，確かにこうした区別は重要な手掛かりになるものの，最終的には，それぞれの要件事実ごとに，その要件事実に関係し相互に対立することもある権利利益の性質を考慮して，証明責任の分配を決定しなければならないであろう。

そこで，個別判断説が，各要件事実を解釈する際の考慮要素を示す意義をもつことになる。ただし，個別判断説が，個別の要件事実ではなく個別事案ごとに証明責任を分配する含意であるとすれば，それは行き過ぎであろう[73]。また，個

定めを引き出すことを妨げない」と指摘し，さらに遠藤博也『行政法スケッチ』(1987年) 333頁以下は，「行政実体法の構成の作業」が重要としていた。大江忠『ゼミナール要件事実』(2003年) 406頁以下は，行政法規の解釈により権限行使規定と権限不行使規定とを区分する法律要件分類説を基礎に，行政法規の解釈にあたり憲法を考慮すべきことを指摘して，被侵害権利利益分類説を大幅に取り入れている。そして，個別判断説も「その想定した分配基準の具体的内容は法律要件分類説とそう離れたところに位置しているわけではない」とする。

70) 行政訴訟における証明責任に係る諸説の接近と関連づけて，笠井正俊「行政事件訴訟における証明責任・要件事実」法学論叢164巻1〜6号 (2009年) 320頁以下，南原編著・高橋＝市村＝山本編・前出注41) 237頁〔鶴岡〕が明確に説いている。実体法の趣旨の目的論的解釈を補充的にでも考慮すべきことを説く，園部逸夫編『注解行政事件訴訟法』(1989年) 110頁以下〔春日偉知郎〕も参照。
71) 注62) 掲記の文献。
72) 藤山・前出注31) 400頁以下。同書は，憲法上保障された権利に，自由権のみならず生存権的基本権も含め，さらに，私人の生命身体を保護するために規制を求める法的地位も含めるようである (この点については3参照)。また，憲法上の権利の侵害に関わらない処分の取消訴訟では，処分の根拠法規自体が証明責任の分配を規定していればそれにより，こうした規定がなければ，処分前後の権利状態を比較し，処分によりその変動を図る者に証明責任を負わせる，との見解をとる。このような権利の分類は，宮崎・前出注57) 286頁以下・290頁以下に由来する。もっとも同書は，自由権を制限する処分に対する訴訟でも例外的に原告が証明責任を負う場合があるとする。
73) 近藤・前出注69) 101頁，南博方編『注釈行政事件訴訟法』(1972年) 83頁以下〔高林克巳〕。ただし反論として，萩原・前出注37) 204頁以下。

別判断説が挙げる「立証の難易」等は[74]，実体法（の要件事実）の解釈に摂取できる範囲では証明責任の分配にとって意味をもつが[75]，その範囲を超える場合は，むしろ調査義務の成否において考慮すべきであろう。

6　行政訴訟の訴訟類型による証明責任の分配の相違

　行政訴訟における証明責任の分配に関する従来の議論は，主に取消訴訟を念頭に置いてきたが，4・5に述べた見解は，基本的に行政訴訟のすべての訴訟類型に妥当しよう。行訴法4条後段の当事者訴訟における証明責任の分配基準は，基本的に民事訴訟と同様に解するのが一般的な見解であるが[76]，4・5の見解は民事訴訟における証明責任の分配と同じ考え方に基づいているので，当事者訴訟に関する一般的な見解と同旨といえる。その他，訴訟類型の差は，証明責任の分配よりはむしろ，私人の調査・説明義務の範囲に現れると解される。つまり前述Ⅲのように，私人の調査・説明義務が，申請型・非申請型の義務付け訴訟では強くなり，民衆訴訟[77]や無効確認訴訟では重要性を増す。

　ただし，無効確認訴訟では，他の抗告訴訟類型と異なり，審理の対象が単に行政処分の違法性ではなく，行政処分の瑕疵の重大明白性を含むため，証明責任についても別途の検討を要する。この点につき一般に，無効確認訴訟では行政処分の瑕疵の重大明白性を根拠付ける事実につき原告が証明責任を負うとする見

---

[74]　個別判断説をとる山村恒年「主張責任・証明責任」（1984年）同『行政過程と行政訴訟』（1995年）229頁以下（244頁以下）は，行政庁および申請者の調査・説明義務，証拠との距離，立証の難易を重視するようである。

[75]　前注[74]の見解は，民事訴訟法学上のいわゆる利益考量説とパラレルな見解であるが，高橋宏志・前出注14）546頁以下は，民事訴訟法学上の実体法説を基本的に妥当としつつ，利益考量説との連続性を指摘する。

[76]　南原編著・高橋＝市村＝山本編・前出注41）251頁〔鶴岡〕は，基本的に法律要件分類説に従うことになるとしつつ，被侵害権利利益分類説の発想を導入することの必要性および可能性を，今後の検討課題として挙げる。この点は5で述べたように，法律要件分類説の想定する実体法の規範構造を解釈により確定する際に，行政作用による被侵害権利利益の性質を考慮する形で，被侵害権利利益分類説の発想を導入することが可能であり必要であると思われる。

[77]　民衆訴訟における証明責任の分配について，従来一般論が明確に提示されているわけではないが，原告に証明責任を負わせる議論の傾向は見られた（南編・前出注73）86頁〔高林〕，園部編・前出注70）120頁以下〔春日〕）。ただし法律要件分類説に立つ論者は，同説を民衆訴訟にも適用しており，民衆訴訟であることは原告に証明責任を課す理由にならないとしていた（瀧川・前出注54）岩松還暦522頁以下，瀧川・前出注54）講座1450頁，村上・前出注64）434頁以下）。さらに，室井＝芝池＝浜川編・前出注49）122頁以下〔曽和〕は，原告が争点となる違法事由を特定すべきことに適切に言及しつつ，民衆訴訟であることから一律に証明責任を原告に負わせることに反対する。同様に，山村・前出注74）259頁以下。

解[78]と,取消訴訟と異なる特別な証明責任の分配を考える必要はないとする見解[79]とが,対立している。確かに,行政庁による法解釈ないし法的評価の重大明白な瑕疵が問題となる場合には,事実認定に関して特別な証明責任の分配を考える必要はない。しかし,行政庁による具体的な事実認定や手続の重大明白な瑕疵が問題となる場合,こうした違法の重大明白性を根拠づける事実の証明責任は,基本的な部分については原告が負うと解されよう(最判昭和42・4・7民集21巻3号572頁の一般論は,この範囲に限れば正当であろう。ただし当該事案では,原告が瑕疵の重大明白性を具体的に主張していなかったと認定されており,論点は前述Ⅲ2の原告私人の説明責任にあった)。例えば,本人不知の間に第三者が行った登記操作のために譲渡所得が認定され課税処分がなされた場合(最判昭和48・4・26民集27巻3号629頁の事案),本人不知の間に父名義でなされた国籍離脱の届出を前提として国籍回復申請および許可がなされた場合(最大判昭和32・7・20民集11巻7号1314頁)である。ただし,原告が証明責任を負う場合も,前提として前述Ⅲ2のように,被告行政側にも処分の有効性に関する説明義務が課されることに注意を要する。

7 国家賠償法上の違法性に係る証明責任

国家賠償請求訴訟についても付言する[80]。行政処分の違法を理由とする国家賠償請求訴訟において,公務員が処分の根拠規範または規制規範に違反したことを根拠づける事実(公権力発動要件欠如説によれば,違法性を根拠づける事実。いわゆる職務行為基準説による場合も,違法性を根拠づけるには,こうした事実を認定することが十分条件ではないが必要条件になる)[81]に係る証明責任の分配は,取消訴訟における主要事実に係るそれと一致すると解される。前提として,国家賠償請求において,国賠法1条の違法性は抽象的な規範的要件であるから,具体的な主要事実に

---

78) 南編・前出注73)85頁以下〔髙林〕,市原・前出注62)237頁等。山村・前出注74)254頁・256頁は,証拠の散逸の問題も挙げて,無効確認訴訟は取消訴訟と証明責任について同一には考えられないと指摘する。
79) 塩野・前出注51)221頁以下──さらに,「客観的明白説(調査義務違反説)においては,調査義務を果たしたことの立証責任は被告が負う」という。他に,兼子・前出注64)300頁,遠藤=阿部編・前出注57)240頁〔浜川〕,宮崎・前出注57)294頁以下等。
80) 以下につき関係文献も含め,山本隆司『判例から探究する行政法』(2012年)238頁以下。
81) 国賠法上の違法性に関する諸説について,本稿では立ち入らない。宇賀・前出注68)429頁以下を参照。

当たるのは，行政作用の根拠規範または規制規範が定める要件に該当する個々の事実と考えられる（後述Ⅴ2）。こうした事実のうち行政処分取消訴訟において行政側が証明責任を負うものについては，行政手続においても当該行政処分を行うことを主張する側が証明責任を負う（Ⅱ6）。つまり，当該事実が存否不明の場合，行政庁は当該処分を行うべきではなく，行えば当該処分は違法である。したがって，行政処分の違法を理由とする国家賠償請求において，「違法性」要件につき原告私人側が証明責任を負うとの見解（最判平成22・6・3民集64巻4号1010頁の金築裁判官の補足意見を参照）に従う場合も，行政処分取消訴訟および行政手続において当該処分を行うことを主張する側に証明責任が課される事実が存否不明であれば，当該処分の公権力発動要件の欠如（つまり，違法性またはその必要条件）が証明されたことになり，取消訴訟と同様に公権力発動要件の欠如が認定される。当該事実が存否不明のため，行政手続において行政庁は当該処分を行うべきでなかったにもかかわらず，国家賠償請求訴訟では証明責任が逆に分配されるために当該処分が適法と認定されるとすれば，背理といわざるを得ない。

より一般的にいえば，国家賠償請求において，公権力発動要件に係る証明責任の分配は，行政訴訟における主要事実に係るそれと一致することになる[82]。

---

[82]（補論）国家賠償法上の違法性と事実認定に関する規範　国賠法上の違法性に関する公権力発動要件欠如説および職務行為基準説について検討することは本稿のテーマではない。しかし小早川教授は，課税処分の違法を理由とする国家賠償請求，特に前掲最判平成5・3・11を素材に，国賠法上の違法性の問題を本稿のテーマと結びつける注目すべき見解を示しているので（小早川光郎「課税処分と国家賠償」藤田宙靖博士東北大学退職『行政法の思考様式』（2008年）421頁以下（425頁以下））、ここで取り上げる。この見解は，課税処分の根拠規範P（「所得qがないときは更正xはされてはならない」）と同内容の職務行為規範Q（「所得qがないときは公務員は更正xをしてはならない」）とは異なる職務行為規範R（「公務員は，一定の要件rが満たされるときは，一定の所得qの存否をそれ自体として直接に認定できなくても，所得qが存在するものとして更正xをしてよい」）を挙げ，公務員が規範Qに違反していても規範Rに従っていれば，国賠法上の違法が否定される可能性を説く。そしてこのことの説明として，課税に関する「現行制度は，いわば所得税の課税に関する決定の過程を分節化し，それぞれの局面で税務署長や国税審判官や裁判官等々にそれぞれ違った役割を割り当て」ており，「更正の職務を担当する公務員（税務署長）に関しては……規範Qに代えて前述の規範Rを適用する」ことが考えられると論じている。

　規範Rは，一般的にいえば，根拠規範・規制規範に定められた行政処分の主要事実（所得）を認定するための規範であり，平成5年最判の事案では特に，私人（納税義務者）の説明義務違反の法的効果を定める規範である（Ⅲ1）。つまりこの見解は，単純にいわゆる職務行為基準説を説くのではなく，このように根拠規範・規制規範と結合しつつもそれらから別に観念される法規範が，国賠法上の違法性に関してもつ意味を問うた点において，重要な意義をもつと考えられる。もっとも，規範Rの内容は，事実（所得）を認定するための規範として考えると，規範Qと「相互に両立しえない」ものではなく，また税務署長のみに妥当するものでもなく，行政手

V 行政訴訟における証明責任に関係する諸概念

以上の証明責任の分配に関する分析を補足するために，行政訴訟における証明度，要件事実・主要事実，および主張責任について概観する。大まかにいえば，いずれも，証明責任の分配がもつ意味を縮小させる因子になる。

1 行政訴訟における証明度

まず証明度について，一般的にいえば，行政法規は民事法による保護または実現が難しい法益を保護または実現することを目的とする場合が多いため，当該法益を保護または実現するための要件の証明度を民事法より下げるべきことが多くなると考えられる[83]。最高裁は，「行政処分の要件として因果関係の存在が必要とされる場合に，その拒否処分の取消訴訟において被処分者がすべき因果関係の立証の程度は，特別の定めがない限り，通常の民事訴訟における場合と異なるものではない。そして，訴訟上の因果関係の立証は……高度の蓋然性を証明することであり，その判定は，通常人が疑いを差し挟まない程度に真実性の確信を持ち得るものであることを必要とする……から，〔現行法でいえば原子爆弾被爆者に対する援護に関する法律11条〕1項の認定の要件とされている放射線起因性についても，〔原審のように〕要証事実につき『相当程度の蓋然性』さえ立証すれば足りるとす

続・行政訴訟手続のすべて，および裁判官を含むすべての公務員に妥当するように思われる。平成5年最判の事案の特徴はむしろ，行政手続の段階では満たされていた要件rが，行政訴訟の段階になって，納税義務者が資料を提出したために満たされない状態になったことにあろう。したがってここでの論点は，国家機関および手続に応じた調査義務の差異および段階性に関係する，手続の分節と国家機関の役割の相違（II 6）ではなく，次のような規範の国賠法上の私益保護性にあるように思われる。すなわち，行政機関の公務員が私人の権利利益を保護する規範である規範PないしQに違反していたと事後的に認められれば，当該公務員が処分時に規範Rに従っていたか否かにかかわらず，それだけで一応原則として国家賠償を認める根拠になり，国賠法上の違法性要件が充足されると考える（公権力発動要件欠如説）か否か，また，私人（納税義務者）が説明責任を果たさなかったために行政機関の公務員が規範P・Qに違反する結果になった場合，国賠法上の権利の要保護性および違法性が否定されるのではないか，という問題である（このテーマは国賠法プロパーの問題になるため，これ以上取り上げない。山本隆司・前出注80）534頁以下・542頁以下を参照）。

83) もっとも逆に，石井・前出注13）197頁以下は，抗告訴訟について，公益に関わり実体的真実を追求すべきことを理由に，処分の適法性に関して刑事訴訟に準ずる高い証明度が必要であるとし，村上博巳「民事裁判における証明度」（1962年）同『民事裁判における証明責任』（1980年）1頁以下（28頁）は，抗告訴訟における証明度は，刑事訴訟の場合ほど高度にはならないが，通常の民事訴訟の場合より高度になると解する。

ることはできない」と判示している（最判平成12・7・18判時1724号29頁）。しかし最高裁は，放射線起因性を認めた原審の判断を維持しており，実際にはかなり証明度を下げていると解釈する余地もある[84]。

もっとも，公務員懲戒等の行政制裁のように，むしろ処分要件に係る証明度を刑事犯罪の構成要件の場合に近づくように上げるべき行政作用もある。結局，証明度の引上げ・引下げは，多様な行政作用の性質に応じて，個別の行政実体法の解釈によることになる[85]。また，Ⅱ3で言及したように，優越的蓋然性を証明度の水準の原則として，証明責任の分配による判決を減少させる民事訴訟法学説によると，民事訴訟と行政訴訟の証明度を対比させる意味は小さくなろう。

2 行政訴訟における要件事実・主要事実

次に，要件事実・主要事実に関して第1に挙げるべき点として，民事法と同様に行政法上も，要件事実が抽象的な概念により構成されている場合に，実体法の解釈により，複数のより具体的な要件事実を設定し，抗弁，再抗弁……という形でいわば証明責任を再分配することがある。例えば，地方公共団体の長の交際費に係る公文書非公開決定取消訴訟において，最高裁は，文書の公開により交際の相手方が識別される可能性につき被告が，公表がもともと予定されているなど，相手方が識別されても交際事務に支障が生じるおそれがないことにつき原告が，それぞれ証明責任を負い（最判平成6・1・27民集48巻1号53頁および同事案の第2次上告審・最判平成13・3・27民集55巻2号530頁。これに対し府水道部の懇談会等の費用に関する公文書非公開決定に係る最判平成6・2・8民集48巻2号255頁は，事業施行に必要な関係者との内密の協議に係る文書であることの証明責任を，被告に課しているとも解釈できる），ただし被告は，相手方の識別による事務への支障のおそれを，交際費の類型を示すことにより説明する義務を負う（最判平成14・2・28民集56巻2号467頁および最判平成14・2・28判時1782号10頁）としているようにも解釈でき

---

[84] 太田匡彦「最判平成12・7・18解説」ジュリスト増刊・平成12年度重要判例解説34頁以下。
[85] 萩原・前出注37）222頁以下は，行政訴訟では通常の民事訴訟の場合以上に，証明度を通常より高く，あるいは低く設定すべき場合が多いとする。調査義務と絡めた説明であるが，小早川・前出注6）274頁。さらに，小早川・同278頁註（47）は，「一般に取消訴訟における証明責任分配の問題として論じられていることがらのうちのかなりの部分は……立証の必要ないし証明の程度に関する議論として理解すべき」とする。もっとも，伊藤滋夫・前出注12）181頁以下は，基本的な考え方は民事訴訟と同様になるとする。

る86)。もっとも最高裁は文書不開示決定取消訴訟において，行政機関による文書の保有に関しては，当該事案における関係省庁による文書の「保管の体制や状況等に関する調査の結果」を考慮するほかは，証明責任の再分配や行政機関の説明義務にはっきり言及せずに，文書開示を求める原告に主張立証責任を負わせている（最判平成 26・7・14 判時 2242 号 51 頁)87)88)。

　第 2 に，行政法規の適用にあたり，諸事情を総合考慮して充足の有無が判断される不確定法概念がしばしば問題となる。民事訴訟の実務上一般に，諸要素の総合考慮により充足の有無が判断される抽象的な規範的要件については，具体的な評価根拠事実と評価障碍事実を主要事実として，弁論主義を適用し証明責任の対象にしている89)。しかし，こうしたそれぞれの主要事実は，弁論主義が適用される対象にはなるとしても，実体法規範の構造上，特定の法的効果が対応しないために証明責任の対象にならないとし，規範的要件の充足の有無はむしろ，各主要事実の存否に関する心証を総合的に考慮して判断されるとする見解もある90)。弁論主義がコミュニケーション過程としての外的手続の問題であるのに対し，証明責任が内的手続の問題であるために，両者の適用領域が乖離する可能性があることが示されており，興味深い。そして，行政法規上の不確定法概念を認定する行政手続，および行政手続に接続する行政訴訟手続は，各評価根拠事実・障碍事

---

86)　詳しくは，行政訴訟実務研究会編『自治体法務サポート　行政訴訟の実務』（加除式）656 頁以下〔太田匡彦〕。ただし判文および調査官解説は，様々な解釈の余地を残している。千葉勝美「最判平成 6・1・27 解説」最判解民事篇平成 6 年度 54 頁以下（78 頁），西川知一郎「最判平成 13・3・27 解説」最判解民事篇平成 13 年度（上）325 頁以下（353 頁・377 頁)，福井章代「最判平成 14・2・28 解説」最判解民事篇平成 14 年度（上）259 頁以下（270 頁以下)。
87)　判決につき，藤原静雄「『密約』訴訟における主張立証責任の法理」法時 87 巻 5 号（2015 年）26 頁以下，諸評釈の引用も含め，井上禎男「判批」判評 680 号 6 頁（判時 2265 号 136 頁）以下。
88)　情報公開法制における証明責任について総括するものとして，髙橋＝斎藤＝藤井編・前出注 56）473 頁以下〔島村〕。近時の判例を詳細に分析する，宇賀克也『情報公開・個人情報保護──最新重要裁判例・審査会答申の紹介と分析』（2013 年）270 頁以下も参照。
89)　司法研修所編『民事訴訟における要件事実　第 1 巻』（1985 年）30 頁以下，難波孝一「規範的要件・評価的要件」伊藤滋夫総括編集『民事要件事実講座　第 1 巻』（2005 年）197 頁以下（217 頁以下)。
90)　山本和彦「総合判断型一般条項と要件事実──『準主要事実』概念の復権と再構成に向けて」伊藤滋夫先生喜寿『要件事実・事実認定論と基礎法学の新たな展開』（2009 年）65 頁以下──「準主要事実」の概念を用いている。髙橋宏志・前出注 14）は，「興味ある見解であり，従うべきであろう」と述べる。もっとも，小粥太郎「民法上の一般条項と要件事実論──裁判官の法的思考」大塚直＝後藤巻則＝山野目章夫著『要件事実論と民法学との対話』（2005 年）102 頁以下（115 頁以下）は，「要件事実論と別の理論が必要であるというのもやや早計」と評する。

実の有無を別個独立に判断する方法より，このような総合考慮による判断の方法に馴染むようにも思われる。

さらに，こうした規範的要件に係る民事訴訟においては，主要事実が予め明確ではないため，要件事実が審理手続を方向づける機能が限定的になるとし，むしろ，審理手続の中で主要事実を明確化していくために，当事者が関連すると考える事実を幅広に主張し，裁判所が当事者との間で議論（法的討論）を展開するプロセスが重要な意味をもつ旨が指摘されている[91]。こうした民事訴訟の審理手続のモデルは，行政裁量の裁判統制手続のモデル（別稿Ⅱ2参照）と共通性があり，これまた興味深い。

第3に，行政実体法の要件事実そのものが，一定の水準の蓋然性という要素を含む場合がある（例えば，国籍法2条3号の「父母がともに知れないとき」。最判平成7・1・27民集49巻1号56頁）[92]。中でも行政規制は，社会における法益侵害の事前予防を目的とするため，将来の予測を要件事実とすることがしばしばある（「災害防止上の支障」等）。蓋然性は，程度を伴う主観的評価として表現するしかないため，どの程度の蓋然性があれば要件事実が充足されるものと実体法を解釈するかという問題と，蓋然性という要件事実を認定するためにどの程度の証明度を要求するかという問題とは，必然的に重なり合う[93]。こうした場合に重要な問題は，この要件が法益侵害等のどの程度の蓋然性があれば充足されるかという実体法の解釈であり，この要件に係る証明責任の分配・所在は，大きな意味をもたない。つまり，法益侵害等の蓋然性が低くても行政規制等の実体要件が満たされるという解釈を採れば，規制等を主張する側がこの要件の充足につき証明責任を負うとしても，大きな負担にはならない[94]。

3 行政訴訟における主張責任

民事訴訟における主張責任の分配に関する規律は，当事者の主張義務を前提にしておらず，実際上は証明責任の分配に一致すると一般に解されている[95]。こ

---

91) 山本和彦・前出注90) 84頁以下，小粥・前出注90) 112頁以下。
92) 山本隆司「最判平成7・1・27解説」櫻田嘉章＝道垣内正人編『国際私法判例百選〔第2版〕』（2012年）248頁以下。
93) Kokott (Fn. 38), S. 31 ff.; *Katayun Zierke*, Die Steuerungswirkung der Darlegungs- und Beweislast im Verfahren vor dem Gerichtshof der Europäischen Union (2015), S. 33 f.
94) 山本隆司「リスク行政の手続法構造」同・前出注3) 書第1編第4章のⅠ1(2)(b)。

れに対し行政訴訟においては前述Ⅲのように，被告行政主体には広範な調査・説明義務が，また原告私人にも一定程度の調査・説明義務が，証明責任の所在から独立に課され，こうした義務の対象には（主要事実に限られないが）主要事実も含まれる。そのため行政訴訟では，主張責任の分配の規律よりも，こうした調査・説明義務が重要な意味をもつ。確かに，主要事実が調査・説明義務の範囲に必ずしも含まれないために，主張責任の分配に関する規律が行政訴訟において適用される場面も，完全には失われない。例えば，授益的行政処分を職権取消しする処分の取消訴訟において，職権取消しの制限を根拠づける事実につき原告が主張責任および証明責任を負うと解する余地がある[96]。しかし，このような主張責任の規律の適用場面は，著しく縮減される。行政訴訟では主張責任が広範に被告行政主体に課され，証明責任の所在と一致しないとする説[97]の趣旨は，以上のように解することができる。

　逆に，行政訴訟では基本的に原告私人が主張責任を負うと説かれることがあるが[98]，この説には疑問がある。私人が行うべき請求原因の特定は抽象的なもので足り（Ⅲ2），具体的な主要事実に係る主張責任とは平面を異にするからである[99]。

---

95) 高橋宏志・前出注14) 531頁以下。
96) 南原編著・高橋＝市村＝山本編・前出注41) 244頁〔鶴岡〕。また，小早川・前出注6) 277頁註 (45) は，行政庁の調査義務の範囲に当然には含まれないために，調査義務説とは別に主張責任・証明責任を考える必要がある事由として，権限濫用，平等原則違反，信義則違反を例示する。もっとも，行政訴訟の段階で原告がこれらの事由を争点とする場合，被告行政側には具体的事実の調査・説明義務が一定程度生じると解されるから（Ⅲ2），慎重な検討を要する。
97) 塩野・前出注51) 167頁以下，行政訴訟実務研究会編・前出注86) 617頁以下〔太田〕。南原編著・高橋＝市村＝山本編・前出注41) 238頁〔鶴岡〕は，行政訴訟でも証明責任と主張責任の所在は一致すると説くが，ここでいう主張責任の分配が意義をもつ領域は著しく限定されることに注意する必要がある。なお，調査義務説が主張責任と証明責任の所在が一致すると説くのは（Ⅱ1），調査義務の範囲と証明責任の範囲を一致させるからである。
98) 園部編・前出注70) 107頁・112頁〔春日〕は，取消訴訟においては，証明責任の所在にかかわらず，処分の取消しを求める原告が，処分の違法事由に係る具体的事実の主張責任を負うとする。さらに，雄川・前出注63) 185頁，遠藤＝阿部編・前出注57) 238頁〔浜川〕，宮崎・前出注57) 266頁以下，渡部・園部編・前出注19) 343頁〔濱〕。
99) 小早川・前出注6) 252頁・273頁，山村・前出注74) 230頁。時岡・前出注64) 152頁以下は，このように解しても訴訟の実際において支障はないとする。証明責任に関する議論であるが，瀧川・前出注54) 岩松還暦 485頁。山村・同書はこのことから，主張責任と証明責任の分配は一致するというが，萩原・前出注37) 223頁は，単なる違法事由の特定を超えてより詳細な事実主張の責任を原告に課すべき場合もある旨，注意を促す。

［追記］　調査義務説を深化させることを試みたが，表面的な考察に終始した感がある。在外研究中に大部分を執筆し脱稿したために文献の引用が不十分になったこととあわせて，小早川教授のご海容を乞う。

行政過程の正統性と民主主義
―― 参加・責任・利益

興 津 征 雄

はじめに
I　正統性の構造
II　参加の態様
おわりに

はじめに

(1)　問題の所在　　行政権は国民代表原理に基づく正統性をもっぱら議会から調達する。これは，日本を含めた議会制民主主義国の行政法が出発点とする基本原理である。ところが，それが必ずしも実態に即していないのではないかという指摘が，行政法学の外から寄せられるようになっている。例えば，大屋雄裕は次のように述べる。「近時，我々の市民生活に対して行政の作用が極めて大きな影響を持つ一方でその民主的統制が不十分であることを指摘する議論が――主として法学・政治学の枠外から――主張されて注目を集めている。……〔そのような〕議論の背景にあるのも，民主政による決定システムが不全性を抱えており，行政機関の独断的決定に外面的な正統性を付与する機能しか現実的には果たしていないという問題意識だといえよう」[1]。大屋も援用する國分功一郎は，約 1.4 km の都市計画道路の建設の可否に近隣住民の声が適確に反映されないという自らが経験した事例を踏まえ，「立法府こそが統治に関わるすべてを決定する最終的な決定機関である」という民主主義理論の前提を批判して，「実際に物事を決めてい

---

[1]　大屋雄裕「費用負担の正義――分配と矯正」法時 88 巻 2 号（2016 年）50-55 頁，55 頁。大屋はそのような議論の例として，國分・後出注 2）および坂井・後出注 33）を挙げる。

る行政の決定過程」にも「民衆がオフィシャルに関われる制度を整えていくこと」を主張する[2]。

　もとより行政法学においても，代表民主政の過程を通じた行政の正統化がなんらかの困難に逢着しているという問題意識は，決して目新しいものでも珍しいものでもない。いわゆる行政国家（司法国家との対比におけるそれではなく，行政権が肥大化・優越化した国家を指していうそれ）のもとで，議会があらゆる政策事項の細目について判断を下すことが不可能となり，委任立法と不確定概念が多用され，広汎な行政裁量が認められるばかりか，実体的事項について法律の規律が存在しない分野も稀ではなくなっている。それに加えて今日では，一つには規制緩和・民営化・公私協働などの文脈で，もう一つには分権化やグローバル化の影響下で，公的な任務や決定が国家の統治組織から離れた場において行われるケースが増えており，議会からの正統性の伝達はますます難しくなっているように見える。

　こうした状況認識に対する行政法学からの反応は，議会制民主主義の限界を補うために，行政過程における（市民・住民・利害関係者等の）参加の意義を説くものが多い（II1参照）。しかし，この参加が，そもそも，またいかなる意味で，民主主義を補完するものと考えられるかは，自明ではない[3]。二点指摘する。

　第一に，参加が本当に民主主義にかなうかという問題がある。伝統的に公法学が前提としてきた民主主義は，公権力の正統性が，均質で一元的な「単数形の国民」に由来することを要求し，個別的で特殊的な自己利益を主張する利害関係者が正統化の過程を簒奪することを峻拒する思考であった[4]。行政過程における参加によって決定の正統性を補完するという考え方は，国家の立法者による公益・公共性判断の独占に代えて，一部の関係者による利害調整によって公益・公共性を決定することを認めることになりかねず，かえって民主主義的な正統性を掘り

---

2) 國分功一郎『来るべき民主主義――小平市都道328号線と近代政治哲学の諸問題』（2013年）（引用は順に11頁・15頁・18頁）。國分は，具体的な制度提案として，住民の直接請求による実施必至型（常設型）住民投票制度の創設とその実効化，審議会の発展形態としてのファシリテーター（議論の舵取り役を担う専門家）付き住民・行政共同参加ワークショップの開催，パブリックコメントの有効活用を説いている（第4章）。

3)「一元的民主政モデル」と「多元的民主政モデル」という対抗軸を設定してこの問題を論じる野田崇「行政法における『民主的な意思』」芝池義一先生古稀『行政法理論の探究』（2016年）79-108頁は，重要な先行研究である。

4) 林知更「憲法原理としての民主政――ドイツにおける展開を手がかりに」〔2013年〕『現代憲法学の位相――国家論・デモクラシー・立憲主義』（2016年）215-242頁（引用は223頁）。

崩してしまうのではないか[5]。それにもかかわらず参加に民主主義的な意味があると主張するならば、それを基礎づける民主主義観が提示されるべきである。

　第二に、行政過程における参加の類型として、権利防御的参加と民主主義的参加とを区分することが一般に行われている[6]。これに基づき、行政と私人との二面関係において、行政決定により自己の権利または法律上保護される利益を害される者（名宛人ないしそれに準ずる者）に与えられる聴聞や弁明の機会等は、今日では狭義の行政手続（法）の問題として、参加論の射程から除かれるのが通例である[7]。しかし、この二分法がどこまで有効かは、疑問なしとしない[8]。例えば、行政－名宛人－第三者からなる三面関係において、利害関係を有する第三者の参加を認める場合を考えると、一口に利害関係といっても、「都市計画法上の開発許可対象地域の隣人のそれから都市交通機関の利用者一般の利害のようなものまで、その濃淡には非常に広範なものがあ」り、「その特に希薄な者の参加は、……民主主義的参加に吸収されてしまうことになろう」[9]と指摘されるとおり、いずれの参加類型に属するかは一義的ではない。また、地域住民が共通して享受する環境利益などを、公益と私益との中間に位置する利益として捉える発想が近時注目を集めているが[10]、参加によってそのような利益が主張される場合、それは環境を享受する自己の利益を防御していることになるのだろうか、それとも地域共同体の環境に関する決定に民主主義に基づいて参加していることになるのだろうか。

　これら二点の問題提起から、本稿が取り組むべき二つの問いが見えてくる。一

---

5) 参照、ハンス・ケルゼン／長尾龍一＝植田俊太郎訳『民主主義の本質と価値 他一篇』〔1929年〕（2015年）第7章。
6) 角松生史「手続過程の公開と参加」磯部力ほか編『行政法の新構想Ⅱ 行政作用・行政手続・行政情報法』（2008年）289-312頁、292頁。
7) 角松生史「決定・参加・協働——市民／住民参加の位置づけをめぐって」新世代法政策学研究4号（2009年）1-24頁、7頁。
8) 参照、大田直史「まちづくりと住民参加」芝池義一ほか編『まちづくり・環境行政の法的課題』（2007年）154-170頁、157頁。
9) 人見剛「都市住民の参加と自律」〔1997年〕『分権改革と自治体法理』（2005年）202-226頁、208頁。
10) 中間的利益論は、今のところ裁判的救済との関係で議論されることが多く、したがって中間的利益からの権利（原告適格）の導出に注目が集まっているが（参照、「《特集》公法と私法における集団的・集合的利益論の可能性」民商148巻6号（2013年））、つとに参加との関係も指摘されている（亘理格「公私機能分担の変容と行政法理論」公法65号（2003年）188-199頁、190頁）。参加との関係はⅡ2で敷衍し、裁判的救済との関係はⅡ3(2)で若干触れる。

つ目は，参加はいかなる意味で国家レベルでの"民主主義"と整合しうるか，利害関係者の参加による決定は"民主主義"の名に値するか。これについて，正統性の構造を責任ないしアカウンタビリティの観点から検討し，利害当事者原理による参加の基礎づけを図る（Ⅰ）。二つ目は，"民主主義的"と称される参加において俎上に載せられるのは，参加者の自己利益（私益）か，それとも共同体の公共的な事柄ないし公益か。これを，参加に関する日本の行政法学説に即して検討し，あわせて参加制度のあり方を構想する（Ⅱ）。

　(2)　考察対象　　本論に先立って，本稿の考察対象を明らかにしておく。本稿では，国家法のもとで行われる行政上の意思決定の過程に私人が参加する現象のうち，ある程度行政法上の制度化がされたものを念頭に置く。したがって，国家法のもとで権限や事務の委任・委託を受けていない主体による決定は，対象としない[11]。また，行政法上の制度化がされていない政党活動，ロビイング，住民運動等も，検討しない。

　(3)　語句の定義　　本稿で鍵となる若干の術語を定義しておく。いずれも，そこから具体的な帰結を演繹できるような厳密なものではないが，行論で迷子にならないための大まかな道標として示す。

　正統性という言葉は，英語の legitimacy に相当するものとして用いる。すなわち，国家その他の団体において，団体の構成員全体にかかわる決定（集合的決定）がなされる場合に，当該決定の内容が正当であるかどうかについて構成員間に意見の不一致がある（すなわち決定の内容に同意していない者がある）としても，決定の内容の正当性とは独立に，決定が正統（legitimate）であるとしてそれに従うべきとされるときの，その根拠が正統性である。行政（過程）の正統性といったときは，決定の主体または過程としての行政（過程）が，正統性を備えた決定を生み出す前提条件を備えていることを意味するものとする。

---

11)　これは，いわゆるガバナンスを考察の対象から除くということであるが，正統性の問題および民主主義との緊張関係は，国家（法）の規制力が相対的に弱まり公私の区分が流動化するガバナンス的状況（Ⅰ2(1)にいう主権の論理がそのままの形では妥当しない状況）でより顕著になるということは本稿も意識している（なお，注60）参照）。公法学では未開拓のこの問題について理論的見通しを与えるものとして，藤谷武史「ガバナンス（論）における正統性問題」東京大学社会科学研究所編『ガバナンスを問い直す』（近刊）を参照。グローバル・ガバナンスの正統性については，興津征雄「グローバル化社会と行政法――グローバル・ガバナンスへの日本の学説の対応」法時88巻2号（2016年）79-85頁，83-85頁でごく簡単に触れたが，さらに別稿を予定している。

参加は，決定に影響を与える意図をもって決定権者に対し自己の意思その他なんらかの情報を伝える行為を念頭に置く。決定そのものを構成する行為（投票など）を排除しないが，決定に影響を与える意図をもってしない「情報の収集・形成・提示」[12]は含めない。

民主主義は，団体の集合的決定の方法であって，なんらかの形での構成員の平等な参加が決定の基礎となるものをいうこととする[13]。特定の理論・制度を最初から前提としないように，また国家以外の団体を最初から排除しないように，最小限のエッセンスから出発する。

I 正統性の構造

1 民主的正統化論

民主主義に基づく国家権力の正統性について，一つのモデルを示すのが，日本の公法学にも強力な磁場を形成しているドイツの民主的正統化（demokratishe Legitimation）論である。これは，ドイツ基本法20条1項（「ドイツ連邦共和国は，民主的および社会的な連邦国家である。」）および2項（「あらゆる国家権力は，人民（Volk）に由来する。あらゆる国家権力は，人民が，選挙および投票において，ならびに，立法権，執行権および司法権の個別機関を通じて，行使する。」）の解釈論として，ドイツ連邦憲法裁判所の判例，およびその理論的支柱になったとされるE・W・ベッケンフェルデの学説で展開された理論であり，「Volk〔＝ドイツ国籍保有者〕と国家支配との間に帰責連関が要求され，国家の行為はVolkの意思に還元……されうるもの，Volkの意思に対し責任を負いうるものでなければならない」[14]ことを内容とする。本稿の関心から興味深いのは，この理論が，国民→議会→政府（首

---

12) 山本隆司「日本における公私協働」藤田宙靖博士東北大学退職『行政法の思考様式』（2008年）171-232頁，190頁。参加と単なる情報の提出との境界は微妙だが（角松生史「行政過程における参加と責任」法時87巻1号（2015年）14-21頁，16頁），本稿では，「主観情報」のみならず「客観情報」（両概念につき，角松・同頁註（18）は倉阪秀史「環境政策における政策過程論――市民参加と政策実現条件」新世代法政策学研究14号（2012年）1-24頁，13頁に依拠する）も，参加者が決定に影響を与える意図をもって（例えば自己の主張を裏付けるエビデンスとして）提出する場合は，参加と捉える。

13) Tom Christiano, "Democracy", *in* Edward N. Zalta (ed.), *The Stanford Encyclopedia of Philosophy* (Spring 2015 Edition), 〈http://plato.stanford.edu/archives/spr2015/entries/democracy/〉, §1.

14) 太田匡彦「ドイツ連邦憲法裁判所における民主政的正統化（demokratische Legitimation）思考の展開――BVerfGE 93, 37まで」樋口陽一先生古稀『憲法論集』（2004年）315-368頁，320頁。

相→大臣）→各行政機関とつながる選挙・選任の連鎖を通じた人的正統化を重視し[15]，その過程に利害関係者が介在することに対してきわめて否定的な態度をとることである[16]。

このようなリジッドな民主的正統化論に対しては，ドイツでも批判が強いようであり，日本の学説もドイツの批判説を肯定的に引用するものが多い。批判説は，行政組織のヒエラルキー構造を介した議会からの垂直的な正統性の伝達に拘る議論では，公私協働やグローバル化に伴う行政組織や公的任務遂行主体の多元化に対応できないという認識から，こうした事象を包摂しうる正統化の方法を探求しており[17]，本稿も，大きな方向性としてはこうした批判説と関心および志向を同じくする。しかし，本稿では，あえてドイツ法プロパーの文脈から離れて，日本の学説に受容された民主的正統化論を，実定法中立的な理論モデルと捉え，民主主義のあり方についての示唆を引き出すための材料として利用してみる[18]。そのためには，二つの異なる観点を区別することが有益と思われる。

2 主権と責任（アカウンタビリティ）

(1) 主権の論理　一つの観点は，国民主権原理のもとで，国家権力の正統性の契機を国民一般に求めるというものである。この観点からすれば，国家法秩序の内部における部分社会は，結社の自由（すなわち個人の具体的な合意）により設立されたもののほかは[19]，構成権力（constituent power; pouvoir constituant; 憲法制定権力）である国民により構成された権力（constituted power; pouvoir constitué）の

---

15) 太田・前出注14) 348頁。
16) 毛利透「民主主義と行政組織のヒエラルヒー」〔2003年〕『統治構造の憲法論』(2014年) 313-338頁，317-318頁・321-322頁，野田崇「市民参加の『民主化機能』について」関学60巻3号（2009年）505-567頁，553-554頁。
17) 毛利・前出注16) 325-334頁，板垣勝彦『保障行政の法理論』(2013年) 157-159頁・281-288頁，原田大樹『公共制度設計の基礎理論』(2014年) 75-80頁など。また，特に行政過程への参加に関連して，野田・前出注16) 505-510頁・561-566頁。
18) したがって，以下の議論は，同理論についてドイツの裁判所や学説が何を言っているかを論拠とするものではなく，ましてやドイツ基本法の解釈論を述べるものでもない。ahistorical（非歴史的）という言葉をもじっていえば，比較法研究の a-comparative（非比較法的）な利用ということになる。
19) とはいえ，理論的あるいは歴史的には，結社の自由が主権との関係で当然に承認されるわけではないということには注意を要する。革命後のフランスにおいて，中間団体が「〈共和国〉の論理」（本文にいう主権の論理にほかならない）のもとで禁圧されていた事実を想起せよ。参照，高村学人『アソシアシオンへの自由——〈共和国〉の論理』(2007年)。

みが許されるから，自治権は固有権としては否定され，憲法または法律による授権に基づいてのみ認められる（伝来説）[20]。この観点からすれば，例えば利害関係者による調整の結果が国家法と矛盾抵触する場合に，当事者自治の名のもとで前者が後者に優位することは[21]，代表民主制との抵触を云々するまでもなく，主権の論理からしてありえない[22]。

しかし，さらに進んで，国民に発する正統性を末端の行政機関にまで途切れなく伝達するために行政組織がヒエラルキー構造を保たなければならないとか，（法律が認めているにもかかわらず）ヒエラルキー構造に組み込まれていない利害関係者が（共同）決定権を持つことが正統性の伝達を阻害するとかいった帰結は，国民主権の論理だけでは出てこないように思われる[23]。それはむしろ，民主的正統化論が持つもう一つの観点である，責任の論理の帰結ではないかと思われる。

(2) 責任の論理　ここで，責任の論理とは，国民が自らの意思に基づいて国家権力が行使されるように，権力行使担当者をその選任・解任を通じてコントロールし，権力行使者は，国民の負託に応えることができなかった場合，解任を受け入れることで責任を負うという考え方である[24]。政治学や行政学で代表民主制の統治構造を説明するのに一般的な本人－代理人（principal-agent）モデル[25]を用いていえば，まず本人である国民——この文脈では有権者——が選挙により自らの代理人となる国会議員を選出し，国会議員は自らの代理人として首相を指名し，首相は自らの代理人として各大臣を任命し，各大臣は自らの代理人として行

---

20) 制度体保障はこれとはロジックが異なるが，憲法制定権力が受け容れた限りでのみ存続が許されるという点では主権の論理に服している。参照，石川健治『自由と特権の距離——カール・シュミット『制度体保障』論・再考［増補版］』(2007年)。
21) 野田・前出注3) 85頁は，遠藤博也の学説をそのように理解する可能性を示す。
22) ただし，野田・前出注3) が鋭く問題提起するように，利害関係者による調整の結果が当事者間の個別的な合意（契約）の形をとる場合，この論理とどのような関係に立つのかは，慎重な検討を要する。本稿では契約について論じることはできないので，野田論文の参照を請う。
23) ドイツでは，利害関係者の関与のほかに，外国人に選挙権を付与することが民主的正統化の要請に反しないかが争われている。しかし，選挙権の付与は，そもそも政治体の構成員たることを認めるかどうか（すなわち"国民"の範囲）の問題だから（参照，大西楠・テア「ドイツにおける外国人の地方参政権——基本法28条1項3文と外国人参政権違憲判決の法理」国家121巻5＝6号 (2008年) 587-646頁)，利害関係者の参加とは区別して考えるべきではないか。ただし，後述（Ⅰ3）の利害当事者原理は外国人の包摂の根拠としても援用しうる。
24) 小島慎司「国民主権の原理」南野森編『憲法学の世界』(2013年) 38-48頁（国民主権原理から帰結する政府の議会や国民に対する責任を，信託や専門家責任と対比しながら論じる）から示唆を得た。
25) 参照，曽我謙悟『行政学』(2013年) 第1章，川人貞史『議院内閣制』(2015年) 26-33頁。

政各部の公務員を任用し，という具合に，本人から代理人に対する委任の連鎖が続いていくことになる。代理人は，本人が通例有しない専門性や資源を用いて委任された仕事を遂行し，自らの直接の本人に対して責任を負う。責任の内容は，まず仕事の遂行状況について説明する責任であり，次にその説明に本人が納得しなかった場合の解任・交替（官僚や大臣なら罷免・更迭，首相・内閣なら不信任，議員なら選挙による落選）などの帰結を受け入れる責任である。こうした帰結と結びつけられた説明責任をアカウンタビリティという[26]。国家権力の究極の本人である有権者が，このような委任と責任の連鎖構造を通じて政治家と官僚の行動をコントロールするというのが，本人 – 代理人モデルの教えるところであり，これはまさに民主的正統化論のいう選挙・選任の連鎖を通じた人的正統化と一致するように思われる[27]。

民主的正統化論をこのように解釈できるとすれば，同理論が利害関係者の介在を嫌うのは，有権者を究極の本人としない代理人が決定に関与することによって，または有権者以外の本人が政策決定過程に影響力を行使することによって，責任の所在が曖昧になり，レントシーキング（利権追求）や腐敗を助長することを恐れるためではないかと思われる。政治・行政の過程が，国民全体の利益ではなく，一部の者の特殊利益の追求のために利用されることになれば，当然その正統性は低下する。

しかし，逆にいえば，利害関係者の介在を排除する理由がこのような責任の論理にあるとすると，利害関係者を決定に参加させる合理的な必要性があり，かつ，レントシーキングや腐敗のおそれを十分に防止することができるならば，参加を認めることが民主主義に反するとまではいえないのではないだろうか。そこで，まず項を改めて，民主主義内在的に利害関係者の参加を要請する正当な根拠があることを指摘し[28]，次いでⅡ3において，レントシーキングや腐敗を防止しうる

---

26) アカウンタビリティの概念についての筆者の理解，特にアカウンタビリティが問責者と答責者の関係を問うものであることにつき，興津征雄「グローバル行政法とアカウンタビリティ――国家なき行政法ははたして，またいかにして可能か」〔2014 年〕浅野有紀ほか編『グローバル化と公法・私法関係の再編』（2015 年）47-84 頁，60-72 頁，Yukio Okitsu, "Accountability as a Key Concept for Global Administrative Law: A Good Governance Mantra or a Globalized Legal Principle?", *Kobe University Law Review*, Vol. 49 (forthcoming).
27) 興津・前出注 26) 70 頁（「政治的・行政的アカウンタビリティはこの民主的正統化のプロセスを逆にたどるものであり，両者は一体となって機能する」）。
28) 利害関係者の参加を要請する根拠として，ドイツ法の影響を受けた学説は，法治国原理（山

参加の具体的な態様について検討する。

3 利害当事者原理による正統性の補完

(1) アカウンタビリティのズレ　利害関係者の参加が要請されるのは，決定による影響が究極の本人である全有権者に万遍なく及ぶのではなく，ある特定のカテゴリーの者にのみ・より強い程度で及ぶために，前者から伝達された正統性では後者にその影響を甘受させられないと感じられるときである。すなわち，有権者集団と利害関係者という集団とが，アカウンタビリティに基づく説明の受け手（問責者）として分裂している状態である。

このような事態は，国際社会においては間々生じる。国際機関のアカウンタビリティについて論じたR・グラントとR・コヘインは，この意味におけるアカウンタビリティの分裂を，「委任モデル（"delegation" model）」と「参加モデル（"participation" model）」との対抗[29]として定式化した。前者の典型は本人 – 代理人モデルであり，決定権者（代理人）は本人（例えば国際通貨基金〔IMF〕や世界銀行にとっては，出資者である先進国〔の納税者〕）に対してアカウンタビリティを負う。後者は，決定によって影響を被る者（援助行政の名宛人である途上国〔の国民〕）に対するアカウンタビリティである。先進国の納税者に対するアカウンタビリティが確保されていることは，途上国の国民に対する正統性を意味しない。つまり，アカウンタビリティの受け手がズレていることによる正統性の欠損が生じているということができる。

もっとも，国際関係においては，本人と利害関係者とが集団として分裂しているのが通例であるのに対し，国内政治においては，利害関係者は有権者集団に包含されるから[30]，委任モデルと参加モデルは究極的には選挙を通じた有権者に対するアカウンタビリティに一致する（から問題はない）という考え方もある[31]。

　本隆司「行政の主体」磯部力ほか編『行政法の新構想Ⅰ　行政法の基礎理論』（2011年）89-113頁，95頁）や権力分立原理（薄井一成「ドイツ商工会議所と自治行政——公共組合の法理論」〔2003年〕『分権時代の地方自治』（2006年）215-234頁，225頁）など民主主義以外の原理を挙げることが多いようであるが，以下では民主主義に基づく根拠づけを試みる。

[29] Ruth W. Grant / Robert O. Keohane, "Accountability and Abuses of Power in World Politics", *American Journal of Political Science*, Vol. 99 No. 1 (2005), pp. 29-43. 興津・前出注26）77頁註（161）では "delegation" model を「授権モデル」と訳していた。

[30] もちろん外国人や将来世代を考えれば，単純にこのようには言い切れないが，以下では議論の簡素化のために，利害関係者が有権者でもあることを前提とする。

しかし，決定主体の規模が大きくなればなるほど各有権者が決定に対して行使しうる関与・発言力は小さくなるから[32]，影響の範囲が一部の者のみに局限された決定を国民国家のような大きな単位で行うと，自己の利害にかかわる事柄が自己がほとんど関与・発言できないままに決定されてしまうという事態が生じかねない。例えば，本稿冒頭で触れた都市計画道路の計画見直しを問う住民投票は，事前に設定された一定の投票率を超えることができなかったために不成立として開票されなかったが，坂井豊貴は，当事者性の低い住民を大量に含む市全体で実施された住民投票について，このような成立要件を課すことの不当性を批判している[33]。

(2) 利害当事者原理　　そこで，このような意味における正統性＝アカウンタビリティのズレ・欠損を補うために，当事者性を有する利害関係者を決定過程に参加させることができる，と考えることができる。このような考え方は，「政府の決定により利益が害される（is affected）者はみな，当該政府に参加する権利を有すべきである」ことを内容とする利害当事者原理（Principle of Affected Interests）[34]によって基礎づけることができる。

もともとこの原理は，「代表なくして課税なし」の標語に象徴されるような，選挙権や代表される権利の拡大を正当化する主張から抽出されたものである[35]。もちろん，参政権を有しない者の包摂の問題と，参政権を有する者の中で一定案件に特に強い利害関係を有する者の参加の問題とは，同列には論じられない。しかし，前述のように一般の有権者と直接の利害関係者との利害関心が乖離し，前

---

31) Grant/Keohane, *supra* note 29, p. 33.
32) Robert A. Dahl, *After the Revolution?: Authority in a Good Society* [1970], Revised ed. (1990), pp. 116-135. また参照，ロバート・A・ダール＝エドワード・R・タフティ／内山秀夫訳『規模とデモクラシー』〔1973年〕（1979年）（市民有効性〔citizen effectiveness——決定に対する市民の参加・関与の度合い〕とシステム容力〔system capacity——統治システムの集合的課題に対する対応能力〕とのトレードオフを検証）。
33) 坂井豊貴『多数決を疑う——社会的選択理論とは何か』（2015年）151-153頁。
34) Dahl, *supra* note 32, p. 49. 利害当事者原理については，松尾隆佑「マルチレベル・ガバナンスにおける民主的正統性と公私再定義——ステークホルダー・デモクラシーのグローバルな実現へ向けて」東社65巻2号（2014年）185-206頁，186頁に教えられた。
35) 例えば，J・S・ミル／水田洋訳『代議制統治論』〔1861年〕（1997年）第8章「選挙権の拡大について」にも類似の考え方が見られる（「個人が他人と同じ利害関心をもっていることがらについて，それらを処理するのに自分の意見が顧慮されるというふつうの特権を，だれにたいしてであれ与えないことは，さらに大きな害悪を阻止するためでなければ，個人にたいする不正である」〔217頁〕）。利害当事者原理による選挙権の拡大については，さらに，Robert E. Goodin, *Innovating Democracy: Democratic Theory and Practice after the Deliberative Turn* (2008), Ch. 7.

者が当事者性をほとんど持たないような状況では、有権者を究極の本人とするアカウンタビリティだけでは、決定権者の責任が十分に問われなくなってしまう[36]。そこで、利害当事者原理に基づいて後者の参加を要請し、決定権者が利害関係者に対して直接アカウンタビリティを負う制度を仕組むことで、代表制に基づく正統性を補完することができるのではないかと思われる[37]。

(3) 補　足　　上記の検討について、三点補足する。

第一に、利害関係者の集団が有権者集団に包摂される国内政治の文脈では、あくまでも代表民主政の回路を通じた正統化が第一義的で、利害当事者原理に基づく正統化はそれを補うものである。後者が前者を代替したり超越したりするわけではない。

第二に、上記の検討で用いた「当事者性」という言葉は、坂井からの借用である[38]。坂井はこの言葉に定義を与えていないが、本稿では、ある決定案件について、当事者として参加しうるほどの利害関心を有することをいうものとする。訴訟に準えていえば当事者適格であるが、行政上の決定過程には適格を厳密に判断しうるほど手続規定が整備されていないものも少なくないので、事実としてそのような利害関心を有している状態を当事者性という言葉で表現する。

第三に、ここでいう利害関係者とは、ある決定案件について当事者性を有する者という意味であるが、同じ方向の利益を有しているとは限らない。例えば、地区計画の策定について、規制強化に賛成する者も反対する者も、規制対象地区に居住している限りでは、等しく当事者性を持つといえる。

---

[36] 参照、ルソー／桑原武夫＝前川貞次郎訳『社会契約論』〔1762年〕（1954年）第2篇第4章「主権の限界について」（「一般意志は、それが本当に一般的であるためには、その本質においてと同様、またその対象においても一般的でなければならぬ」「一般意志は、何らかの個人的な特定の対象に向うときには、その本来の正しさを失ってしまう。なぜなら、そうした場合にはわれわれは自分に関係のないものについて判断するので、われわれを導く公平についての真の原理を何らもっていないのだから」〔50頁〕）。

[37] Cf. Archon Fung, "The Principle of Affected Interests: An Interpretation and Defense", in Jack H. Nagel/Rogers M. Smith (eds.), *Representation: Elections and Beyond* (2013), pp. 236-268, pp. 239-240（利害当事者原理を人民〔国民〕主権原理（the principle of popular sovereignty）と相互補完的なものと捉えたうえで、「ガバメントからガバナンスへの転換」に伴い、公的活動の利害関係者の範囲が一つの政治体の構成員〔国民〕と一致しなくなった現在において、利害当事者原理が包摂（inclusion）の指導原理としての役割を果たすとする）。

[38] 坂井・前出注33）151頁。

II 参加の態様

1 多元主義と共和主義

　参加に関する日本の行政法学説は，一部を除き，自己の見解を特定の民主主義理論に基礎づけているわけではない。しかし，以下では議論の便宜のために，民主的政治過程に関するアメリカ政治学由来の次の二つの見方を座標軸とし，日本の学説を類型化してみる。「多様な利益集団が抗争し，自らを利する政策決定を獲得する過程として捉える多元主義（pluralism）と，有徳の市民が理性的討議を通じて公共善を実現する過程として捉える共和主義（republicanism）」[39]がそれである。

　(1) 多元主義モデル　行政過程を利害関係者による利益の表出とその調整と見る見解に，遠藤博也の行政過程論および計画行政論がある。遠藤は，議会における利害調整の結果として公益ないし公共性が生み出されるという考え方はもはや現実に即していないと批判して，行政活動が展開される過程において，関係社会集団や利害関係者の参加を経てそれらの利益が調整され，その結果として，行政活動によって実現されるべき公益ないし公共性が産出されるというモデルを提唱し[40]，その過程の統制を行政法学の対象とすべきことを説いた[41]。この見解は，多元主義的民主主義に親和的なものと見ることができるだろう[42]。

　このほか，利害調整的行政過程観を採る者に，兼子仁がいる。兼子は，フランスにおける諮問行政手続の研究から，利益代表者の参加が議会制民主主義の限界を補い行政上の民主主義の実現に資すると論じ[43]，日本の審議会制度をも利益

---

39) 長谷部恭男「政治過程としての違憲審査」ジュリ1037号（1994年）103-108頁，103頁。
40) 遠藤博也『行政法 II（各論）』（1977年）16頁。
41) 遠藤博也『計画行政法』（1976年）99-101頁・144-161頁。遠藤理論については，興津征雄「計画の合理性と事業の公共性――《計画による公共性》論から見た土地収用法と都市計画法」吉田克己＝角松生史編『都市空間のガバナンスと法』（近刊）も参照。
42) 遠藤は，ドイツの P・ヘーベルレの学説とともに（遠藤・前出注41）50-52頁），行政法の利益代表モデルを批判的に検討したアメリカの R・ステュワートの論文（Richard B. Stewart, "The Reformation of American Administrative Law", *Harvard Law Review*, Vol. 88 No. 8 (1975), pp. 1667-1813）に注目しており（遠藤博也「行政過程論の意義」〔1977年〕『行政過程論・計画行政法』（2011年）109-139頁，119頁。藤谷武史「『より良き立法』の制度論的基礎・序説――アメリカ法における『立法』の位置づけを手がかりに」新世代法政策学研究7号（2010年）149-213頁，161頁註（38）がつとに指摘していた），多元主義の影響を傍証するように思われる。
43) 兼子仁『現代フランス行政法』（1970年）214-217頁。利益代表制を議会に導入することが，国民主権下の政治的代表の原理に反すると考えられたため，諮問行政がその絶好の場を提供した

代表制に改革することを提案した[44]。そこでは、「公益は私益の総和」という多元主義的な公益観が示されるとともに、政策判断を利益集団間の自主的な利害調整に委ねる構想は「ネオ・コーポラティズム的」と評されている[45]。

(2) 共和主義モデル　それに対し、行政過程における理性的な意見表明の契機を重視する者に、大橋洋一がいる。大橋の行政過程論の最大の特徴は、「現代行政法関係における主人公」すなわち参加の主体として、従来の「私人」概念に代えて「市民」をノミネートすることである。この「市民」は、「行政に対峙して自己の既得権益の保護に専心する利己的主体・受け身の存在としてではなく、地域社会の構成員であるという自覚の下に、公共的利益の増大と実現、社会認識・社会参加に関心をもつ能動的な主体として位置づけられるべきである」[46]。そして、市民が参加する行政過程において調整・集約されるのは、利害ではなく意見であり[47]、「多様な主体が参加し、その過程で相互に議論が尽くされることを通じて、市民の理解も得られ、合意形成を図る」[48]ことができる。これは、共和主義に適合的な行政過程観といえよう。

これに連なるものとして、熟議（討議）民主主義を行政法の制度論に応用しようとする見解がある。榊原秀訓は、行政の民主的正統性確保の観点から代表民主制および利益団体政治の限界を指摘し、それを補完するものとしての参加制度を討議民主主義に基礎づけ、その実例としてイギリスの市民陪審の制度を紹介している[49]。また、松本充郎は、環境行政過程における審議会・パブリックコメン

 という認識も示されている（204-205 頁）。
44) 兼子仁「審議会諮問手続と国民参加」〔1979 年〕『行政法と特殊法の理論』（1989 年）74-89 頁、同『行政法総論』（1983 年）118-122 頁。
45) 石川健治「国家・国民主権と多元的社会」樋口陽一編『講座・憲法学(2) 主権と国際社会』（1994 年）71-108 頁、88 頁・106 頁註 (70)、角松・前出注 6) 293 頁。
46) 大橋洋一「新世紀の行政法理論——行政過程論を超えて」〔2001 年〕『都市空間制御の法理論』（2008 年）326-345 頁、328 頁。大橋の行政過程論については、興津征雄「書評 大橋洋一著『都市空間制御の法理論』」書斎の窓 586 号（2009 年）71-75 頁、73-75 頁で分析したことがある。同稿執筆当時は、大橋の民主主義観に対する筆者の理解が不十分であったため、「市民」概念について掘り下げた検討を行うことができなかったが、自己利益の享有主体である「私人」が、理想化された「市民」像の背後に覆い隠されてしまう危険性についての筆者の批判は、現在でも変わっていない。
47) 毛利透＝大橋洋一「行政立法」宇賀克也ほか編『対話で学ぶ行政法』（2003 年）37-52 頁、49 頁〔大橋〕（「既存の利益集団や業界団体についてのみ利益集約をするのでは、多元性は確保できない」とし、コーポラティズムを警戒する）。
48) 大橋洋一『行政法 I 現代行政過程論〔第 3 版〕』（2016 年）382 頁。
49) 榊原秀訓「討議民主主義と参加制度」室井力先生古稀『公共性の法構造』（2004 年）71-96 頁。

ト・公聴会や討論型世論調査の，熟議のための制度としての役割を高く評価する[50]。熟議民主主義への直接の言及はないが，行政手続における討論を，議会での討論を補うものとして位置づける野田崇の議論も，ここに位置づけることができるかもしれない[51]。

2 参加と利益

以上の類型化を踏まえると，行政過程における参加が"民主主義的"であるといえるためには，いずれのモデルを採るべきだろうか。

(1) 私益と公益　　一方で，共和主義モデルに従って，行政過程に参加する私人は常に公共の利益のみを考え，個人的な利害を超えた理性的な意見のみを表明しなければならない，または，単なる利益の主張は"民主主義的"参加においては許されず，せいぜい権利防御的参加の機会にのみ認められるとすることは，私人の行為規範としては強すぎるといわざるをえない。市井の人々が余暇を犠牲にして公的な決定過程に参加するインセンティブを持つのは，それが自分自身や自分の家族にかかわるからであり，公共的な意見を述べるのは，それが自己利益にかなう限りにおいてであるというのは，多くの場合現実といってよいだろうし，道徳的に非難されるべきこととも思われない[52]。これは，Ⅰ3で検討したように，利害当事者原理に基づいて利害関係者が当事者性を持つという前提とも整合する。その限りでは，行政過程における参加から利益の契機を放逐することは，適切ではないであろう。

他方で，しかし，多元主義の行政過程観が，行政上の意思決定は対立・相克する諸利益の交渉・妥協・集計の産物でしかなく，関係当事者の私的利害を超えた公益なるものは存在しないという前提に立っているとすれば，これもアイロニカルに過ぎると思われる。例えば，長谷川貴陽史の報告する地区計画の策定過程において，住民は，私的利害のほかに，それと密接にかかわりつつも相対的に独立した地域共同体全体の利益を観念し，両者の間で「視線を往復」させているとさ

---

50) 松本充郎「『現代の貧困』——批判的民主主義論の制度論」瀧川裕英ほか編『遅しきリベラリストとその批判者たち——井上達夫の法哲学』（2015年）59-76頁（井上達夫の批判的民主主義論を手がかりとしつつ，井上と異なり議論の「熟成」や合意形成の契機をも重視する）。
51) 野田・前出注16) 564頁。
52) 参照，角松生史「都市計画の構造転換と市民参加」新世代法政策学研究15号（2012年）1-29頁，6-7頁（「多様な負荷を有する主体としての『市民』」）。

れる[53]。また，参加者としては，自己の主張を決定に反映させたいと望むなら，決定権者である行政庁にせよ，合議における他の参加者にせよ，これら他者の理解を得るために，当該主張が公益・公共性の実現に（も）資すること（少なくとも決定に際しての考慮事項に含まれること）を論証しなくてはならないだろう。つまり，「自己の私益を公益すなわち地域の共同生活上の共通利益として規定し直した上で主張すべき」[54]ことになる[55]。

　(2)　中間的利益　　だが，ここで注意を喚起しておきたいのは，上記の検討で前提とされている公益が，国民一般の利益ではなく，地域共同体などの一定の区切られた範囲の人々が享受する利益だということである[56]。利益のグラデーションとして，一方の極に個人が排他的に享有する個別的な利益があり，他方の極に国民一般が平均的・拡散的に享受する一般的公益があるとすれば，区切られた利益は，その中間に位置づけられる集団的・集合的利益だということになる（地域共同体の利益のように地域的・領域的に区切られるもののほか，消費者の利益のように機能的・事項的に区切られるものも観念することができる）[57]。

　Ⅰ３の検討結果をここに援用すれば，こうした中間的利益は，有権者全員に同じようにかかわるものではないため，有権者集団の単位では当事者性を持ちにくい。そこで，利益の享受者であり十分な当事者性の認められる利害関係者の参加を要請するのが，利害当事者原理にかなうということになるのではないだろうか。こうした中間的利益は，個々人に排他的に帰属するわけではないという意味では確かに個別的利益とはいえないが，国民一般の利益からは区別され，また個々人

---

53)　長谷川貴陽史『都市コミュニティと法──建築協定・地区計画による公共空間の形成』（2005年）263頁（「たしかに，全体としての住宅地の環境の良否は，個々の宅地の資産価値にも一定程度反映されると考えられるから，私的な経済的利害を離れた議論がそこで展開されているというわけではない。しかし，およそ私的・経済的利害とは無関係に，住民が土地利用規制について語りあうことはありえないように思われる。むしろ，住民がかかる利害関心と，コミュニティ全体への関心との間で視線を往復させ，法的なルールに至るべく話しあいを重ねている点に，注目すべきであろう。」）。

54)　人見・前出注9）217頁。

55)　参照，倉阪・前出注12）12-14頁（「利害関係者としての立場」と「社会の構成員としての立場」の使い分け）。ただし，倉阪・同論文14頁が市民参加の理由として公共的意識の涵養を挙げることについては，副産物としてそういう効果が見込めることは否定しないものの，本稿は参加の理由としては利害当事者原理に基づく利益の主張を中心に考えており，倉阪が市民参加を自己目的化する趣旨だとしたら，本稿の立場とは異なる。

56)　参照，角松・前出注52）26頁（「市民参加によって形成される『公益』は，『普遍的市民』が頭の中で作り出す一般的，抽象的公益というものではない」）。

57)　注10）参照。

の利害に密接にかかわるものであるため，私的利益としての性質をも有する。このような利益の性質が，(1)に見たような参加者の主張のアンビバレンスを生み出す原因であろう。

(3) 権利防御的参加と民主主義的参加　このように見てくると，参加の類型として権利防御的参加と民主主義的参加とを区別することの妥当性に疑義が生じる。権利防御的参加の概念は，かつて事前行政手続が未整備であった時代に，最低限の手続保障として処分の名宛人に対する聴聞等の導入を促す意味はあったかもしれない。しかし，行政手続法施行後20年余を経過し，事前手続の保障が少なくとも理念としては定着してきたと見られる現在，この区別に固執することは，主観訴訟／客観訴訟の区別が抱え込んでいる概念上の不明確さ[58]を再現し，手続対象の拡充に対する桎梏ともなりかねない。権利防御的参加／民主主義的参加という大雑把な区別により参加手続を分類することはやめ，名宛人に対する聴聞等の手続とパブリックコメントのように参加資格を限定しない手続との両極の間に，住民や利害関係者が参加しうる手続を位置づけ，個々の手続において誰がどのような利益に基づいてどのような権能を持つかを，手続の類型ごとに探究していくのが生産的と思われる。次項では，その手がかりとなりうるいくつかの視点を提示する。

3　参加の制度構想

以上の検討を踏まえて，行政過程における参加制度のあり方を構想する。決定権限の所在に着目して，決定権限を利害関係者自身に委ねるもの，行政庁が保有するもの，および利害関係者と行政庁とが共同で保有するものに分けて，制度設計において留意すべき点を抽象的に指摘する。

(1) 利害関係者による決定　決定権限を利害関係者自身に委ねる形式としては，利害関係者相互の契約による場合[59]と，利害関係者全員が自治団体を組織しその団体に決定権限を委譲する場合とがありうる[60]。

前者の例としては，建築協定がある。建築協定は，法律および条例に根拠を有

---

[58]　山本隆司「客観法と主観的権利」長谷部恭男編『岩波講座現代法の動態1 法の生成／創設』(2014年) 25-46頁，42頁。

[59]　ここでは，契約による秩序形成を法律が認めている場合を念頭に置くので，注22)で指摘した問題とは状況が異なる。

[60]　本文に挙げる類型・事例は，もちろん網羅的なものではない。強制加入の専門職団体（弁護

し（建築基準法69条），地権者の全員一致により決定される（70条3項）。実務・裁判例の一般的な見解に従えば，建築協定の内容は建築確認や行政庁による違反是正命令の基準となるわけではないから，その限りでは私法上の契約と異ならないが，地域住環境の保全という共同の利益のために締結され，また行政庁の認可を受けることによって第三者効を得ること（75条）などから，「団体的・関係設定的側面をもつ」とされ，また実際にも，建築協定地区では加入住民が運営委員会という協定運営組織を作り，自主的な運営に当たっているとされる[61]。運営委員会は法定外の組織であるが，利害関係者によって構成される団体であることに着目すれば，決定手続は次に述べる自治団体に準じて考えることができる。

後者は，領域・地域を単位とする地方自治と，機能・作用・任務を単位とする機能自治（公共組合など）とに分けられる。市民参加が最終的に行き着く先の一つが自治であることはすでに指摘されているが[62]，利害関係者が自ら団体を結成し，自分たちにかかわる事柄について自律的に決定をするのは，利害当事者原理からしても究極の参加形態であるといえる[63]。ただし，その決定が公権力の行使に当たる（もしくは法として通用する）ものである以上は，主権の論理からして，憲法または法律に基づき，国家から権限の委譲を受けることが必要である（Ⅰ2(1)参照）。自治団体の決定は，地方公共団体のように代議制のこともあれば，土地区画整理組合のように直接制のこともあるが，民主主義すなわち構成員である利害関係者全員の平等な参加（均等な参加機会の確保および議決権の配分）に基づいて行われる必要がある[64]。それにより，責任の論理の観点から，構成員であ

士会など）のように比較的行政法学の関心を集めてきたものから（安本典夫「公共組合」雄川一郎ほか編『現代行政法大系(7) 行政組織』（1985年）287-323頁，294頁・320-323頁），マンション管理組合・建替組合（つとにこれらの行政法上の位置づけに注意を促すものとして，安本・同論文292頁，原田大樹『自主規制の公法学的研究』（2007年）48-49頁）のように私法上の法律関係に属すると目されてきたものまでが，利害関係者による決定という観点からは一列に位置づけられうる。前述のガバナンスにもかかわるが（注11）参照），これらを主権の論理と私的自治の両極の間にどう位置づけるべきかは，今後の課題となる。一つの整理として，中川丈久「行政による新たな法的空間の創出――三者関係としての『統治システム』の観点から」土井真一編『岩波講座憲法4 変容する統治システム』（2007年）195-231頁，特に200-202頁・206-208頁参照（自治的集団による部分的・私的秩序形成を，統治機構および社会〔市民・市場〕と並ぶ統治システムの構成要素とする）。

61) 長谷川・前出注53) 54-55頁（引用は54頁）。運営委員会につき詳しくは81-92頁，また自治会町内会との関係につき95-104頁参照。
62) 篠原一『市民参加』（1977年）117-119頁。
63) 山本・前出注28) 97頁（自治組織を利害関係者により構成される組織とする），原田・前出注17) 312頁（「参加権の観点から見れば……〔公共組合〕ほど強力なものは他にな」い）。

る利害関係者全員に対するアカウンタビリティ＝正統性が確保される（Ⅰ2⑵参照）。地方公共団体のようにその任務が特定の機能・作用に限定されていない場合には，一定の決定案件については決定主体の規模が大きすぎ，構成員相互の当事者性に濃淡が生じることがあるので（都市計画道路はこのケースであった），その場合には他の参加形態を併用する必要がある。

　なお，いずれの場合においても，決定権限が国家法により委譲されたものである以上，授権者である国家ないし国民一般に対するアカウンタビリティは免れない（地方公共団体に対する国の関与，公共組合に対する行政監督，さらには社会に対する情報公開など）。

　⑵　行政庁による決定　　決定権限を行政庁が保有する場合の利害関係者の関与は，通常われわれが参加という言葉でイメージするものである。例えば，公聴会，意見書提出手続，住民参加・利益代表を伴う審議会で意見が拘束力を持たないものなどがこれに当たる[65]。これらの制度を通じて，利害関係者は，行政庁に対して自己の主張その他の情報を提示し，行政庁から決定に関する説明を直接受けることにより（ただし現行の都市計画法17条2項による意見書提出のように，行政庁の応答義務が課されていないものもある），代表民主制を通じた正統性の欠損を補うことが期待される[66]。

　⑴とは異なり，行政庁が決定権限を保持し続ける理由は，一つには主権の論理との抵触を避けるためと，もう一つには責任の論理からするレントシーキングや腐敗の防止のためであると解される（Ⅰ2⑵参照）。すなわち，Ⅱ2⑵で指摘した参加における利益の要素に鑑みると，参加の場と決定の場があまりに近すぎる場合，決定権者が一部の利益と癒着する危険が大きくなる。決定権者の中立性ないし特殊利益からの「距離」[67]の確保が要請されるゆえんである[68]。

64）　仲野武志「行政過程による〈統合〉の瑕疵」藤田退職・前出注12）99-139頁，114頁（「公共組合法制にあっては，……〔行政決定手続が〕『政治過程モデル』に倣って整備されていることが重要」）。
65）　通例これらと並べて参加制度に位置づけられるパブリックコメントを，本文では挙げていない。行政手続法に基づく意見公募手続についていえば，その対象は「命令等」であって，少なくとも形式上は国民一般に万遍なく影響が及ぶものであり，利害当事者原理に基づくものとはいえないからである。意見提出が「広く一般」（39条1項）に認められるのはこのゆえである。
66）　参照，中川丈久「議会と行政──法の支配と民主制：権力の抑制から質の確保へ」磯部ほか編・前出注28）115-166頁，150-151頁（利害関係者のみを特に念頭に置くわけではないが，行政国家による代表民主制の後退を補い，行政機関にアカウンタビリティを尽くさせる制度として，情報公開および行政手続〔行政参加や審議会手続を含む〕を位置づける）。

なお，行政庁が決定権限を保持する場合，利害関係者に対するアカウンタビリティが真の意味で確保されるかという疑問が出てくる。なぜなら，利害関係者は参加制度を通じて行政決定に関する説明を受けることはできるが，それに納得しなかった場合に，決定権者を罷免したり，その他なんらかの帰結を決定権者に問うたりすることは，ここで見ている参加制度には組み込まれていないからである。

　しかし，決定権者には，別の形でアカウンタビリティに伴う帰結を引き受けさせることができる。その最も直截的かつ実効的な手段は，司法審査である。Ⅱ2で見たように，利害当事者原理に基づく参加が区切られた中間的利益を基礎とするものだとすれば，利害関係者に当該利益に基づく訴権を認め，司法過程において決定に関する説明を求め，利害関係者の主張・利益を適正に考慮したうえで決定が行われたかどうかについて裁判所が審査をし，必要に応じて決定を取り消して行政過程に「フィードバック」[69]を行うことで決定の「やり直し」[70]を促すプロセスは，委任と責任の連鎖構造に基づくアカウンタビリティとは異なる形ではあるが，これを補うアカウンタビリティ確保手段たりうると思われる。本稿は，原告適格をはじめとする訴訟要件の解釈や，さらには中間的利益を適正に代表できる団体[71]に訴権を与える団体訴訟の立法論には立ち入れないが，これらの構想を支持する学説の中には訴権と参政権との連続性を指摘するものがあり[72]，

---

67) 必ずしも論者自身が賛同しているわけではないが，日独の関連文献を検討する毛利透「行政法学における『距離』についての覚書」〔2001年〕同・前出注16）281-311頁のみを挙げておく。

68) 参照，角松・前出注6）301頁（「熟議の場」と「決定の場」の分節），柳瀬昇『熟慮と討議の民主主義理論——直接民主制は代議制を乗り越えられるか』（2015年）148頁（「公共的討議の場での議論を，公共政策の決定に直結させることには慎重であるべき」）。

69) 角松生史「地域空間形成における行政過程と司法過程の協働——司法過程のフィードバック機能をめぐって」宮崎良夫先生古稀『現代行政訴訟の到達点と展望』（2014年）3-24頁。同「都市空間の法的ガバナンスと司法の役割」同ほか編『現代国家と市民社会の構造転換と法——学際的アプローチ』（2016年）21-44頁も参照。

70) 興津征雄『違法是正と判決効——行政訴訟の機能と構造』（2010年）特に第3章。

71) この団体は，(1)の自治団体とは異なり，通常は利害関係者全員を構成員とするものではないだろうから，非構成員たる潜在的利害関係者の利益をも適正に代表できるための条件（とりわけ団体のメンバーシップが潜在的利害関係者に開かれていること）を備えていることが必要である（山本・前出注28）103頁，島村健「環境団体訴訟の正統性について」阿部泰隆先生古稀『行政法学の未来に向けて』（2012年）503-541頁，538-539頁）。

72) 山本隆司『判例から探究する行政法』（2012年）458頁（団体訴訟を「個人の参政権ないし手続参加権の問題として捉える」），島村・前出注71）532頁（「〔民主政の過程で〕過小代表される利益が，民主政の過程以外の場所で適切な顧慮を主張しうる機会が与えられなければならない」）・540頁註（89）（「当該集団的な利益に関する一種の自治の実現」）。アメリカにおいて，原告適格の拡大傾向を，行政庁による関係利益の考慮を司法的に担保するという観点から説明する

本稿の理解を裏付ける[73]。

(3) 利害関係者と行政庁との共同決定　(1)と(2)の中間に位置するものとして，行政庁と利害関係者とが決定権限を分有するケースがある。私人が原案提出権を有している場合（都市計画提案制度など）[74]や，利益代表による対立利害の調整を目的とする審議会（中央社会保険医療協議会ほか社会保障・労働分野の三者構成審議会など）[75]をここに挙げることができよう。この類型の参加は，利害関係者が決定に対して持つ影響力が比較的強い反面で，レントシーキングや腐敗の危険も高い。しかし，この場合は参加の場と決定の場との「距離」をあえて近づけ，利害関係者の声を決定に反映させやすくすることが制度の趣旨なので，無理に中立性や「距離」確保を要求することは，そうした制度趣旨に反するおそれがある。むしろ，(1)の自治・民主的決定手続を模して，す・べ・て・の・利益が平等に決定権者にアクセスしうる仕組みを整えることが重要である。例えば，原案作成段階で諸利益が均等に考慮されるような制度的工夫[76]や，審議会の構成が対立利益を均等に代表したものになること[77]が求められるだろう。

おわりに

民主主義は，自己決定や合意・同意に基づく統治だと言われることがある[78]。

　　古典的学説（Stewart, *supra* note 42, p. 1723）をも参照。
73)　興津・前出注26) 70-71頁では，政治的・行政的アカウンタビリティと区別されるものとして，裁判所における法的アカウンタビリティを論じたが，本文の記述は，行政過程と司法過程におけるアカウンタビリティを連続的に捉えるものになっている。
74)　野田・前出注3) 90-92頁。
75)　もちろん，審議会の意見（答申）が最終決定に対して持つ意味は，個別法の趣旨に応じて様々でありうる（(2)に該当するものもある）が，法律が利益代表審議会に相反する利害の調整を委ねている場合には，行政庁にその意見（答申）の尊重が強く求められると解釈しうる場合が多いであろう（完全な法的拘束力を認めれば(1)に近づく）。行政手続法39条4項4号が意見公募手続の対象からこの種の決定を除外しているのは，この観点から説明できる。
76)　私人に対してそのような義務を課す根拠となる「私手続法」につき，野田崇「都市計画における協議方式――事業者・所有者・住民」芝池ほか編・前出注8) 123-137頁，136-137頁参照。
77)　これは(2)のタイプの審議会にも当てはまることであろう。労働政策の決定に関する政労使三者協議体制を支持する観点から，純粋な代表民主制を批判してステークホルダー民主主義をも展望する，濱口桂一郎『新しい労働社会――雇用システムの再構築へ』(2009年) 第4章，特に201-210頁が興味深い。
78)　日本の行政法学説では，国会が制定した法律が国民の同意に「同視」（大橋・前出注48) 22頁）または「擬制」（宇賀克也『行政法概説 I 行政法総論〔第5版〕』(2013年) 27頁，原田大樹「法律による行政の原理」法教373号（2011年）4-10頁，4頁）されるという説明が見られる。

この言明は，なんらかの方法により決定された国民一般の団体としての意思に基づく統治を意味する限りにおいては，正しい。しかし，個々の国民の合意・同意に基づく統治を意味しているのだとしたら，間違っているといわざるをえない[79]。一定規模以上の団体において，構成員全員の意思が常に一致することなどありえないからである。しかし，団体が団体として活動を行い，構成員に共通の利益を実現していくためには，異論を有する構成員に対しても団体としての決定を貫徹し，これに服従させなくてはならない[80]。その根拠が正統性であり，「国家統治のための政治システムのなかで，その正統性と政治制度を政治的平等の観念から導き出す唯一のものがデモクラシーである」[81]。もっとも，民主主義の名のもとに，個人の意思が抑圧されることが許されるわけではない。民主主義の暴走を外側から抑止するために，立憲主義や法治主義に基づく人権・権利の保障が重要であることはいうまでもないが，民主主義の理論・制度の内側から，個人の意思と団体の決定とのギャップを少しでも埋めるべく努力を払うことは，民主主義それ自体の正統性を高めることにもつながるだろう。本稿は，行政法学の見地からそのささやかな寄与を志したものである。

　＊野田崇教授および藤谷武史准教授には，それぞれ注3）および注11）所掲論文の校正刷りないし原稿を公刊前に参照させていただいた。また，安藤馨准教授，木下昌彦准教授，小島慎司准教授，巽智彦准教授，野田崇教授，藤谷武史准教授，および神戸大学公法研究会（2016年4月25日開催）の参加者各位には，本稿の草稿について貴重なコメントを頂戴した。記して謝意を表する。本稿に残る誤りについての責任は，筆者にのみ帰属する。
　＊本稿は，JSPS科研費（課題番号：26380035，15H03304，15H01925，16H03543）および公益信託山田学術研究奨励基金奨励金による研究成果である。

---

[79] 遵法義務（本稿にいう正統性）の根拠を同意に求める理論の問題点につき，瀧川裕英ほか『法哲学』（2014年）331-335頁〔瀧川〕。
[80] 興津征雄「書評 原田大樹著『公共制度設計の基礎理論』」季刊行政管理研究147号（2014年）54-60頁，60頁註（14）および対応する本文。
[81] ロバート・A・ダール／飯田文雄ほか訳『政治的平等とは何か』〔2006年〕（2009年）9頁。

台湾の都市更新(再生)条例における都市再生事業計画の許可に関する正当な行政手続と多段階行政手続
—— 大法官第709号解釈(2014年)を中心に論じる

陳　春　生

I　はじめに
　　—— 大法官第709号解釈(2014年)の趣旨
II　大法官解釈における法の適正な手続の形成と発展
III　都市再生の手続と多段階行政手続
IV　都市更新条例と住宅管理条例における住宅再建と国家の保護義務
V　結　論

I　はじめに
　　—— 大法官第709号解釈(2014年)の趣旨

1　都市更新条例の立法目的

　都市更新条例[1](以下「条例」と称する)第1条を見れば,その立法の目的は,都市土地の計画的な再開発を促進し,都市の機能を生き返らせ,居住環境を改善し,公共利益を増進することにある。この制度は肯定的にとらえるべきである。しかし,この制度において,都市再生計画の執行に際して,この計画に参加したくない少数の住民の利益と参加者の利益および公共利益の間にバランスを維持しなければならないのである。都市更新条例の立法目的と立法理想があるが,実際には

---
1) 台湾では,条例という言葉は一般に法律のレベルの法規範であり,この根拠は中央法規標準法第2条である。他方,地方制度法第25条は地方自治団体が自治条例を制定することができるとする。都市更新条例は法律のレベルである。

その目的の理想および現実が完全に一致するのか，これは問題である。

2　司法院第709号解釈

(1)　事　実　　この憲法解釈については，2つの申請がなされた。第1の申請は，以下のような事案に関するものである。台湾新北市土城区の5階建ての建物である集合住宅の大慶信義福邸には，90世帯の住民が同一の敷地に住んでいる。住宅前列の40世帯は，1989年「921震災」によって損害を受けたので，都市更新条例の規定によって，建物の再建を行っている。その後，新北市政府は，上述40世帯に権利変換を行うという公告をした。40世帯の中で権利変換に不満を抱いている住民と40世帯以外の再建に参加したい住民と併せて52名の住民は，許可された都市再生事業計画（条例第19条）および権利変換計画（条例第29条以下）に関する行政処分の取消訴訟を提起した。この訴訟が却下されたので，憲法解釈を申請した。第2の申請は，以下のような事案に関するものである。台北市陽明段に土地と建物がある王ら3人と，萬隆段に土地と建物がある陳とは，都市再生地区の単元として画定された都市再生事業計画決定（条例第19条）と権利変換（条例第29条以下）を争い，永吉段に土地と建物がある彭は，都市再生事業計画決定の変更と権利変換計画に関する台北市政府の行政処分に対し，行政訴訟を提起し，結局，却下されたので，憲法解釈を申請した。大法官は2つの申請を合併し，審理した。

(2)　司法院第709号解釈　　旧都市更新条例第10条第1項の規定によると，「土地の所有者と合法建物の所有者は，主管機関によって画定された再生単元，あるいは機関が定めた再生単元の画定基準に従って，自ら再生単元を画定し，公聴会を行い，事業概要を作成し，そして事業概要を公聴会の記録とともに添付して，主管機関に許可を申請することができる。許可を得た後，土地の所有者と合法建物の所有者は，自ら組織した再生団体で，または都市再生事業機構に委託して，都市更新を実施することができる」。法律において，申請者または実施者は公聴会を行うべきと規定するものの，都市再生事業概要の許可の段階で都市更新事業概要を審査するために適切な組織が設置されておらず，利害関係者の情報を知らせないし，かつ意見を陳述する機会を保障していないのである。

同条例第19条第3項に明文で，申請者は審議のために，都市再生事業計画を都市再生審議委員会に提出する前に，都市再生事業計画を縦覧に供し，かつ縦覧

期間内に，人民あるいは団体が意見を提出することができるという規定がある。しかし，都市再生事業計画の許可を申請する段階で聴聞手続と理由付記などを規定しない。

同条例第10条第2項に都市再生事業概要の許可を申請する段階で住民の比率に関する規定，すなわち都市再生事業概要の許可の申請に必要な比率は所有者の人数と土地面積の10分の1で足りるという規定があるが，この比率が低過ぎるのであり，この規定は，憲法の要求する正当な行政手続に抵触し，憲法によって保障される財産権と住居の自由に違反しているという司法院大法官第709号解釈が示された。

3　司法院第709号解釈の内容と問題点

台湾の都市再生法制については，一方において，再生計画に参加したくない者が憲法で保障された財産権と住居の自由に干渉される可能性に留意する必要があり，他方において，都市再生の参加者の適切な住居の権利にも注意しなければならないのである。本解釈の内容と問題点について，以下のことが指摘できる。すなわち，第1に，本解釈で適用された違憲審査原則は法の適正手続に基づく正当な行政手続であるかが問題となる（本解釈前の第663号〔2009年〕がすでにこの概念を使用した）。すなわち，都市更新条例のような法律に，もし行政手続として聴聞，意見陳述などの手続がまったく規定されず，あるいは規定があるけれども，規範の密度が不足であるとすれば，どういう要件の下で，憲法違反になるのかが問われる。かつ，本解釈のように，争点になる規定はどういう基準を受けて審査され，そして違憲になったのかが論点となる。第2に，本解釈は，行政法上の多段階行政手続という概念の適用に関わるものである。多段階行政手続の概念の特徴は何であるのかが問われる。本稿は主として，大法官解釈における法の適正な手続の形成と行政上の適正な手続の発展，都市再生の手続と多段階行政手続について論ずる。その他，都市再生は，民営化あるいは行政法上の公私協働と参加とに関係する。都市再生と私人の基本権とが衝突する場合，バランスをどう保つのかが問われる。この問題について，立法の不作為と国家の保護義務の関係についても論ずることとする。

II 大法官解釈における法の適正な手続の形成と発展

1 法の適正な手続の意味

（1） 法の適正な手続に関する大法官の解釈は，憲法第8条人身自由に関する第384号解釈（1995年）をもって嚆矢とする。さらに訴訟権（第663号解釈）（2009年），財産権（第409号解釈）（1996年），財産権（第488号解釈）（1999年），工作（仕事）権（第462号解釈）（1998年），公職就任権（第491号解釈）（1999年），講学自由（第563号解釈）（2003年）と通信秘密の自由（第631号解釈）（2007年）などの領域で，法の適正な手続が適用された。大法官の以上の解釈からみると，大法官が法の適正な手続の適用の範囲を引き続き拡大しているけれども，その憲法上の根拠は必ずしも明確ではなく，例えばある解釈は理由を明白に示さなかったし，ある場合には憲法第8条の人身自由の保障を根拠とすることが暗示され，ある場合には憲法第22条に列挙されていない基本権保護規定を基礎として論じられているのである。それにもかかわらず，大法官はすでに法の適正な手続（due process of law）を憲法上の原則として，国の公権力の行使を拘束する根拠としているのである。英米法から伝来した法の適正な手続の原理は主として，法の適正な手続に拠らなければ，何人も生命，自由あるいは財産を奪われないということを意味する。学説によれば，これは国家の立法，司法と行政を含む公権力が，公平で合理的に行使されることを確保するためのものである。法の適正な手続は手続上の法の適正な手続と実体上の法の適正な手続に分けることができる[2]。

（2） 行政上の法の適正な手続（以下これを「行政上の適正な手続」と称する）と違憲審査の審査基準の根拠　2001年に施行された行政手続法における行政手続の法的な位置づけについて，行政手続法第174条と第108条第1項に照らすと，従属的地位を占めることが理解される。すなわち，行政手続法第174条は，「当事者または利害関係者が行政機関による行政手続過程における決定または処置に不服がある場合，実体の決定に対する不服とともに申し立てなければならない」と規定している。この条文はドイツの行政手続法第97条第2号[3]と行政裁判所

2） 陳春生，大法官第672号解釈，不同意見書参照。
3） 本条文は1998年8月6日行政手続法第2回改正の時に，削除されたが，同じ規定内容の行政裁判所法第44a条が存在しているので，行政手続法の位置づけ，すなわち実体の決定に従属する性質は変わらないのである。

法第44a条を参照して，制定されたものである。その立法の目的は行政の効率の向上を図り，当事者と利害関係者がみだりに行政手続の違法を主張し，行政手続の進行を阻害することを避けて，行政機関と裁判所との負担を軽減することにある[4]。

(3) 行政上の適正な手続を違憲審査の基準とする根拠　　行政手続法第108条1項によると，「行政機関が聴聞を経た行政処分を行うに当たり，第43条の規定によるほか，聴聞の全部の結果を斟酌しなければならない。ただし，法に明確に聴聞記録に従って処分を行うと定められている場合は，その規定による[5]」。この条文の内容に照らすと，もし「法に明確に聴聞記録に従って処分を行う」という規定がなければ，聴聞の結果を斟酌する義務があるのみで，結果として，行政機関が必ずしも，その聴聞の結果によらないこともありうるのである。結局，行政過程における行政手続が実体の決定に対し，従属的地位を占めるのであり，行政手続自体は目的ではないのである[6]。

(4) しかし，もし行政機関が聴聞の結果と一致しない決定をするならば，理由の付記が十分な説得力を有しなければ，行政訴訟の手続で，違法として，決定が取り消されるかもしれないのである。大法官第709号解釈が示すように，都市更新条例第19条第3項は都市再生事業計画の許可を申請する段階で聴聞手続と理由付記などを規定していないので，行政上の適正な手続に合致せず，したがって，憲法違反になる。同じように，第491号解釈によると，免職処分を受けた公務員に対し，免職処分の理由付記をしなければならないのである。したがって，台湾の実務，特に大法官の解釈によって，行政手続は，実際には行政の実体の決定に対し，従属的地位を占めるのではないのである。

---

4) 立法院第二届第五会期第十三回会議の関係文書参照。1995年4月1日147頁。
5) 本条前段はドイツ行政手続法第69条第1項を参照しており，その立法理由は行政機関が行政処分を行う前に聴聞の手続をしなければならない場合，行政処分を行うに当たり，すべての聴聞手続の結果を考量すべきであり，恣意的に聴聞の手続を実際に無意味にしてはならないのである。
6) Vgl. Eyermann, *Verwaltungsgerichtsordnung*, 11. Aufl., 2000, §44a, Rn. 1:〔Verfahren ist kein Selbstzweck, sondern hat nur dienende Funktion im Hinblick auf das Ergebnis des Verwaltungsverfahrens.〕（手続自身は目的ではなく，行政手続の結果を助成する機能を持つ。）

2 行政手続に違反する結果，違憲になる可能性がある司法院の過去の相関の解釈——行政上の適正な手続に反する結果，違憲になる状況

(1) 大法官第663号解釈の理由書には，「法治国家原理に基づいて，行政上の適正な手続が要求される。税務機関は行政処分をする前に，権限に基づいて，証拠を調査して，個別の事案の事実と相手方を明らかにしなければならないし，かつ行政処分の相手方に処分の内容を知らせ，または知ることのできる状態にして，それによって，相手方が行政訴訟を提起することができるようにしなければならないのである」とある。

当該事案では当事者のために，このような規定が置かれておらず，法の適正な手続の要求に抵触して，憲法第16条の訴訟権保障に違反するのである。

(2) 第491号解釈は「公務員に対する免職処分は人民が憲法に保障された公務員になる権利を制限するので，行政上の適正な手続に従わなければならず，例えば，その処分は機関の内部で組織された公正な委員会によって決定されなければならず，委員会の構成は機関の長官が任命する委員と投票によって選出された委員の比率が適切に定められ，処分をする前に，相手方に意見陳述と弁明の機会を与え，処分に理由を付記し，さらに，救済の方法，期間と受理の機関などに関する制度を設け，適切な保障をしなければならないのである」とする。第491号解釈は憲法により保障された基本権が法の適正な手続を要求し，もしこれに関する規範がなく，あるいは規範の密度が不足する場合，結局，適切な制度が保障されているとはいえず，憲法違反になるのである。

3 法の適正な手続から手続上の基本権へ

いわゆる手続上の基本権とは，各基本権がその中に手続の内容を含むので，手続保障を要求する機能があり，これが各個の基本権から導き出されるのであり，そして，公権力の行使に際して，法の適正な手続に従う義務が生ずるのである[7]。手続上の基本権の概念を創ることによって，手続の機能が実体的基本権に対し従属の地位を占めるのみという誤った考え方を正すことができる。

(1) 大法官第610号解釈（2006年）の理由書は，以下の趣旨を述べている。「憲法第16条で規定された人民の訴訟権の保護は人民の権利が侵害された場合，

---

[7] 李震山，多元，寛容と人権の保障，第6章，手続き基本権，2007年，263, 264頁。

裁判所へ保護を求めるという手続上の基本権であり，その内容は立法機関が法律を制定してはじめて，実現することができる。しかしながら，立法機関が制定した訴訟救済の法律が法の適正な手続および憲法第7条の平等原則に合致する場合にはじめて，人民の手続上の基本権を実現することができる」。

(2) 大法官第667号解釈（2009年）の理由書も以下の趣旨を述べた。「人民の訴願権と訴訟権が憲法第16条によって保護された。人民の権利が公権力から侵害されるとき，法律に定めた手続により適当な救済を得ることができる権利がある。このような手続上の基本権の内容は訴訟救済の審級，手続とその他の事項を含み，立法者が訴訟事件の種類，性質，訴訟の政策目的および訴訟の機能などを鑑み，法の適正手続に適合する法律を制定してはじめて，これを実現することができる」。

(3) 以上述べたように，大法官解釈が挙げた手続上の基本権という概念は主として，憲法第16条の訴訟権を指すが，法の適正な手続と連結して論じられるので，将来，法の適正な手続の適用範囲は憲法第16条の訴訟権の保障に限られるわけではないと思われる。

(4) 大法官第663号解釈の理由の中に示されたように，「法治国家原理に基づいて行政上の適正手続が要求されるのである。徴税機関が職権により証拠を調査し，案件の事実を究明し，処分の相手方を明らかにし，これによって，行政処分を行い，かつ送達あるいはほかの適切な方法で相手方に行政処分を知らせ，または知ることができる状況にして，もって，必要に応じ行政訴訟を提起することができるようにする」という趣旨が憲法上導かれることを示したことは，意義深いと思われる。

4 行政上の手続の瑕疵は基本権の侵害と見られる可能性がある

比較法的にみると，ドイツのFriedhelm Hufen教授は，行政上の適正な手続に違反する場合の法効果について，もし法の適正な手続に違反し，手続の瑕疵の結果が基本権の設定または終結と関係あるとき（Unmittelbare Folgen des Verfahrenfehlers beim grundrechtskonstituierenden oder -beendenden Verfahren)，憲法に違反する可能性があるとする。すなわち，ある行政手続の過程における当事者の手続上の権利の中核が基本権の保護内容に属する場合，行政機関の行政上の手続の瑕疵は基本権の侵害とみられるので，違憲になるのである[8]。

以上述べたように，本解釈が行政上の適正な手続を憲法解釈の原則として違憲審査の基準にすることは，憲法上の根拠があると思う。

5　行政機関は「聴聞から公聴へ逃避するおそれ」を避けるべき

実務上，行政機関は時々，聴聞から公聴へ逃避することがあるが，これは避けるべきである。

(1) 行政手続法第54条から第66条まで，および第102条から第109条までにおいて，聴聞と意見陳述の手続が規定されている。なお行政手続法第102条の規定は，「行政機関が人民の自由または権利を制限または剥奪する行政処分を行う前に，第39条の規定によって処分される者に意見陳述の機会を与えることを通知し，処分される者に意見陳述の機会を与えなければならない。ただし，法規に定めがあれば，その定めに従うこととなる」。その立法の目的は行政機関の恣意と専断を防止し，そして当事者の権利を保障することにある。

(2) 第102条の目的は行政機関による恣意的な判断を避け，処分される者の権利を保障する点にある。ただし行政効率および手続経済性の考慮に基づいて，行政手続法第103条は，一定の要件に該当する場合，行政機関は意見陳述の機会を与えなくてもよいとしている。行政手続法第54条ないし第66条の規定の性質がいったい最低基準の規定であるか，または参考規定であるかは学界において見解が分かれている。そして，具体的に当事者に意見陳述または聴聞の機会を与えるべきかどうかは，具体的な事例によって判断することになり，容易に判断できることではない[9]。

(3) 2001年以来，行政機関が行政手続法における聴聞の規定に従って，聴聞の手続を確実に実行することは稀である[10]。それに対して，「公聴」の概念につ

---

8) すなわち，当該介入の結果，保護された基本権の領域が侵害されるとき，これは違憲となる。Friedhelm Hufen, Fehler im Verwaltungsverfahren, 2. Aufl. 1991, Rn. 510 参照。
9) 「法務部90年2月22日第000093号函」行政手続法の解釈と諮問委員会の会議記録205，206頁参照。
10) 今まで，聴聞の手続を確実に実行するのは以下の数件のみであり，一つは経済部の貿易調査委員会の進口部品の救済に関する調査，紡織製品の輸入救済事件および反投売り商品の税に関する行政処分の聴聞の事案である。いま一つは国防部資源司が行政手続法第155条の規定によって，法規命令の制定に関する聴聞をした事案であるが，幾つかの問題点が明瞭にされなければならないのである。林秀蓮，行政手続における聴聞制度の検討，「聴聞制度の理論と実務の学術検討会」，2004年2月7日，9頁以下参照。

いて，法律上の定義がなく，その上，幾つかの法律，例えば環境影響評価法は従前の条文の「聴聞（聴証）」という言葉を「公聴」に改正した[11]。結局，改正の後，公聴に前述の行政手続法第102条が適用されるべきか否かという疑問が生ずるのである。これは，いわゆる「聴聞から公聴へ逃避するおそれ」である[12]。

(4) 以上に述べたことから考えると，台湾では聴聞と公聴の概念との関係については以下の考え方も成立しうると思われる。すなわち，行政手続法における聴聞概念は上位の概念であり，行政手続法第54条から第66条までおよび第102条から第109条までの聴聞が狭義の聴聞概念である。広義の聴聞概念は行政法の領域で，狭義の聴聞，公聴，説明会，意見陳述などを含むのである。このような考え方の意義は，以下のように考えられる。第1に，行政手続法における聴聞は行政法領域の総則の規定であり，もし行政法各論で行政上の適正手続が要求される場合に，条文が公聴，説明会，あるいは意見陳述などを規定しており，または規定しないとき，行政手続法における聴聞概念が適用されなければならず，特に行政手続法第102条の規定が適用されるべきである。というのは，この第102条の規定は，侵害留保原則の趣旨であるからである。第2に，公聴概念の解釈が一致しない現状を避けるためである。第3に，行政機関が行政法各論の領域でいわゆる「聴聞から公聴へ逃避するおそれ」を避けることができるのである[13]。

6　本解釈における正当な行政手続の意義

都市再生の手続においては，行政手続法に規定された聴聞の手続を適切に実行すべきである。

(1) 事実上，行政機関が行政手続法に規定された聴聞の手続を実行するのは必ずしも困難ではない。例えば，行政院原子力委員会が2006年11月7日放射性物

---

11) 黄光輝，環境影響評価法における聴聞制度，「聴聞制度の理論と実務の学術検討会」，2004年2月7日，4頁以下参照。
12) 詳しく言えば，台湾では1994年に制定した環境影響評価法第12条と環境影響評価法施行細則第25条から第27条までに，行政手続法のような聴聞手続が規定された。しかし，すべての規定が行政手続法と同一ではなく，環境影響評価法と行政手続法の規定が異なることを避けるために，2003年1月8日立法院が環境影響評価法を修正し，第12条の聴聞に代わって，公聴会になり，環境影響評価法施行細則第25条から第27条までも，聴聞に代わって，公聴会になるのである。
13) 陳春生，行政上の参与と協力──行政手続の反応と挑戦，行政法の学理と体系（二），2007年，77頁以下。

料管理法第8条3項および第17条第2項に基づいて「放射性物料施設の建設の申請に関する聴聞の手続要点」を公布した。その後，2007年と2012年に聴聞手続を行った。すなわち原子力委員会は2007年と2012年と2回にわたり，第一（核一），第二（核二）原子力発電所の「使用済み核燃料乾式貯蔵施設」の建設申請案について聴聞手続を行った[14]。結果から見れば，行政手続法の規定に従って，聴聞の手続を実施すれば，何の支障もないのであり，これはほかの行政機関にとって，よい模範であり，都市再生の許可手続も同じことと思われる。

(2) 第709号解釈による都市再生の聴聞手続の要求は，行政手続法の定めた規定よりも，かなり厳格である。したがって，行政法の各論の領域における聴聞のような行政上の適正な手続の要求を，行政手続法に定める規範と異なり，あるいはより厳しい内容とすることは，可能であると思われる。

Ⅲ 都市再生の手続と多段階行政手続

都市再生の手続規定は複雑な利益関係を規定するので，都市再生の制度はいわゆる多段階行政手続（Das mehrstufige Verwaltungsverfahren）となっている[15]。この概念と多段階行政処分との区別について述べると，多段階行政処分は多数の行政機関が共同で単一の行政処分を行うことを意味する。

都市再生の手続の実施は，一般的には4段階の行政機関の決定があり，かつ各個の決定に外部的効力があり，決定処分の相手方は処分に対し救済を求めることができるのである。例えば，都市再生地区の単元画定（条例第10条第1項），都市再生の事業概要の許可段階（条例第10条第2項），都市更新事業計画確定段階（条例第19条）と権利変換段階（条例第29条以下）などがある。したがって，都市再生の手続は多段階行政手続である。このように都市再生の手続を多段階に分けることには，複雑な行政決定に対し，積極的な機能を付与する効果がある。比較法的にみると，ドイツでは重大な汚染施設の建設について，このような多段階行政手続が適用されるのであり，その例は原子力発電所の施設の設置と運転の許可手

---

14) すなわち，2007年8月10日台北国際会議庁において，台湾電力公司は「第一原子力発電所の使用済み核燃料乾式貯蔵施設」の建設ライセンス申請についての聴聞会を行い，2012年7月17日台北国際会議庁において，台湾電力公司は「第二原子力発電所の使用済み核燃料乾式貯蔵施設」の建設ライセンス申請についての聴聞会を行ったのである。

15) 李建良，論多段階行政処分と多段階行政手続の区別——兼評最高裁判所96年度判字第1603号判決，中央研究院法学期刊，第9期，2011年，281頁以下。

続である[16]。

多段階行政手続の性質はどのようなものか？　当事者は行政機関の多段階行政手続における段階の決定に対し，行政救済訴訟を提起することができるのか？以下において，多段階行政処分と比較して多段階行政手続の概念を説明する。

1　多段階行政処分

多段階行政処分の概念については一義的見解がなく，一般的に多数段階の概念を確立しこれと１つの行政処分を比べて，多数段階において多数の行政機関が１つの行政処分に向けて協力するものととらえる。原則として，これには原処分機関，上級機関あるいは監督機関が関わるのである。ドイツの建築許可を例として挙げると，連邦建築法第36条第１項第３款および第35条第２項の建築の許可規定は多段階行政処分（mehrstufiger Verwaltungsakt）概念に属する[17]。

多段階行政処分において，上級機関の協同行為は人民の権利保護の負担を軽減するためのもので，その決定は内部の行為にとどまり，外部効力がないのである。

多段階行政処分概念の欠点は(1)公開，透明性に欠けること。(2)複雑な問題に対し，例えば利益衡量，分配について，精細に決定することができないこと。(3)救済の道が不足であることである。

2　多段階行政手続——実効的権利保護の実現

(1)　意　義　　ドイツ法を例とすると，原子力法領域における多段階行政手続の決定過程は，１つの決定を多数の，独立の部分的決定（行為）に分ける。すべての各個の部分行為は総体の決定の客体である[18]。総体の決定は漸進的に，もしくは段階的に進行し，または分配的・部分的に実現するのである。多段階行政手続における多段階は行政手続において，決定の客体，言い換えれば，決定の複雑さに関する分配であり[19]，これに対し，多段階行政処分における多段階は行政機関のレベルでの分配である。

(2)　多段階行政手続をとる理由　　複雑な行政決定を理解するためには，多段

---

16)　陳春生，原子力法領域の段階化行政手続，核能利用と法の規制，元照出版会社，1995年，97頁以下。
17)　Vgl. Hartmut Maurer, Allgemeines Verwaltungsrecht, 15. Aufl., 2004, S. 203.
18)　Hartmut Maurer, a. a. O., S. 480, 481.
19)　Vgl. Stelkens/Bonk/Sachs, VwVfG, Kommentar, 8. Aufl., 2014, §35, Rn. 251.

階行政手続を理解しなければならない。各個部分の手続は総体の計画の許可を得る前に，各個の問題を詳細に解明しなければならない。立法者が行政手続を多段階化する目的は客体の複雑さと不透明さを解決し，これによって，複雑な行政決定を理解可能とし，そして，行政機関の計画に対し審査の負担を軽減することにある。

(3) 多段階行政手続の特徴
　①前の部分許可の漸進的な効力は原則的に後の部分許可を拘束する。
　②計画決定の特徴は計画の１つの段階から次の段階へ発展し，漸進的に問題の排除，選択をし，そして問題の集中という過程で，最後に，計画の決定がなされるのである。
　③各個の部分許可は外部効力を持つ行政処分であり，それに対し救済を求めることができる。

(4) 多段階行政手続の重要性　　法治国原理に基づいて，法の安定性，明確性と予見可能性が要求される。その１つは，複雑な決定手続を段階化することである。複雑な決定手続を明確に細分することによって，行政機関と当事者とは法治国原理に基づく手続要求を理解し，手続がより明確化され，理解されるのである。そして，決定の基準が明確化され，かつ予測可能になるのである。

(5) 多段階行政手続の欠点　　しかし，学者 Schmidt-Assmann は多段階行政手続の欠点について警告した。すなわち，多段階行政手続は危険をも孕むのである。というのは法関係の安定のため，選択と異議が分離され，手続の変動が許されず，萎縮するのである。もし多段階行政手続の各段階の内容が明確に理解されなければ，多段階行政手続は「１つの不明確を克服した後，もう１つの不明確に直面する」ことになる[20]。

3　都市再生の手続で多段階行政手続の欠点を避けるべき

同じように，都市再生の多段階行政手続で，都市再生地区の単元画定，都市再生の事業概要の許可段階，都市再生事業計画決定段階と権利変換段階などの各段階の決定は，同じ問題を解決しなければならず，それを避けるべきである。

---

[20]　Vgl. Schmidt-Assmann, Institute gestufter Verwaltungsverfahren: Vorbescheid und Teilgenehmigung, in: Festgabe BVerwG, 1978, S. 572.

Ⅳ 都市更新条例と住宅管理条例における住宅再建と国家の保護義務

1 都市更新条例と住宅管理条例における住宅再建

現行法では，住宅再建の根拠について都市更新条例のほか，住宅管理条例がある。住宅管理条例で規定された住宅再建と都市更新条例における住宅再建の手続とを比較すると，都市再生手続の法律関係と公私協働の実現が明らかに緊密な関係にあることがわかる[21]。

（1） 住宅管理条例第13条に，都市更新条例のような住宅再建の規定がある。その規定は「住宅再建[22]は区分所有者と当該土地の所有者，地上権者あるいは典権者の全員の同意を得なければならない」のである。同条のただし書が例外を規定している。再建以外の事項は区分所有者の会議によって決議する。その手続について，同条例第31条によると，区分所有者の3分の2以上かつ区分所有権の比率の3分の2以上に当たる者が出席し，その上で出席人数の4分の3以上かつ区分所有権の比率の4分の3以上に当たる者が同意することである。簡単に言えば，ただし書の例外規定を除いて，住宅再建は所有者全員の同意を得なければならないのである。再建以外の事項の手続についても，区分所有者の3分の2以上かつ区分所有権の比率の3分の2以上の者が出席し，その上で出席人数の4分の3以上かつ区分所有権の比率の4分の3以上の者が同意をしなければならないので，都市更新条例と比べて，住宅管理条例の住宅再建のほうが，より厳しい要件が課されているのである。もっとも住宅管理条例の法的な位置づけは私法であり，私的自治の立場からみると，住宅管理条例第13条の内容は適切な規定と思われる。

（2） 住宅管理条例第13条のただし書は3つの状況において，所有者の全員同意の必要はないことを規定している。その第2款が建物を著しく毀損した場合など，第3款が住宅が天災などによって，公共の安全を害する事態になった場合である。しかし，第1款の要件は，都市再生計画に従って，再建を実施することと

---

21) 都市再生事業の実施について，都市更新条例によると，行政機関による実施（第9条）と私人による実施（第10条）があり，今日まで，私人による実施は約90％以上である。
22) 都市更新条例第4条によると，都市再生の処理の方式について，再建（重建），整建と維護がある。再建は，再生地区内の本来建物を破壊して，新建物を建てることをいう。

規定する。つまり,「都市再生計画に従って」という理由に基づいていれば,結局,住宅の再建は,住宅管理条例第13条により,「全員の同意」の要件が適用されなくなるのである。言い換えれば,たとえ所有権者の全員の同意を得なくても,都市更新条例の規定により,再建が可能である。

　(3)　都市更新条例第11条によれば,「いまだ都市再生の範囲を画定しない地区において,その土地と建物の所有者は土地の再開発利用を促進するためまたは居住環境を改善するために,主管機関が定めた再生単元画定基準に従って,自ら更新単元を画定することができる」。都市更新条例第1条の立法の目的は,都市土地の計画的な再開発を促進し,都市の機能を回復し,住環境を改善し,公共利益を増進することである。この条文の内容を第11条と合わせて考えると,住宅管理条例の規定によって再建できる所有者は,土地の再開発利用を促進するため,居住環境を改善することを目的として,主管機関が定めた再生単元画定基準に従って,自ら都市再生事業概要の再生単元の画定を行い,そして,再建を実施することができるのである。この場合,所有者ら全員の同意を得る必要はないのである。

　(4)　住宅管理条例で規定された住宅の再建と都市更新条例における再建の手続を比較すると,都市再生手続の法律関係と公私協働の実現が明らかに緊密な関係にあることが理解される。第1に,住宅管理条例による住宅再建の法律関係は私法的な性質のものであり,所有者の全員の同意が必要になる。これに対して,都市更新条例によって,再建を実施すれば,その手続が3段階に分けられるが,所有者の同意の比率は相対的に低く,全員の同意を必要としないのである。第2に,都市更新条例は,市場経済を前提として,民間経済を活発にするため,あるいは元来,計画高権に属する都市再生を公私協働で実施するので,国家の都市再生における監督は,官庁による都市再生の実施のみではなく,私人による都市再生の実施に対しても,国家が最終責任を負い,都市再生の実施の参加者と参加したくない者に対し,保護義務を負わなければならない。私人による都市再生手続が私的自治であるので,都市再生により生ずる問題は私法関係であるという理由で国家が監督を懈怠することは弁解の余地がなく許されないのである。都市更新条例第11条に規定された私人による都市再生制度は,ある程度は私的自治に基づき住宅管理条例の規定を制限し,再建手続の全員同意の制限を緩和するので,主管機関の監督は徹底しなければならないのである。

(5) 実際には都市再生制度は事実上の必要のため，民間の活力を導入するという政策的な考慮をし，民間による都市再生を許すかもしれない。人民は，住宅管理条例による再建をするか，あるいは都市更新条例による再建をするかについて選択の権利があるけれども，主管機関には監督の義務がある。ドイツの学者は，民営化の主要な目的は私人の専門的知識を利用し，吸収し，民間の創造力，民間企業の管理能力および私的資金などを活用することにあるとする。ドイツでは，長期にわたる論議の末，民営化は必ずしも国家が完全に退出するものではないという結論が出ているのである。民営化後も，国家の公共事務に係る責任がなお存在する。多くの領域で国家は，任務の履行について，少なくとも担保の義務がある。この義務は各領域により異なって，個別の法律によって，具体化されるのである[23]。この観点から見ると，都市再生事業概要の段階でさえ，行政機関は行政手続法の関係規定を適用し，これによって，人民に対する保護義務を尽くすのである。大法官第709号解釈の理由書でも，このような趣旨が強調されているのである。

2 立法不作為に対する審査

大法官第709号解釈によれば，都市更新条例第10条第1項は，都市再生事業概要を審査するために適切な組織を設置しておらず，利害関係者に情報を知らせないし，かつ意見を陳述する機会を保障していないのである。同条例第19条第3項は都市再生事業計画の許可を申請する段階で聴聞手続と理由付記などを規定しないということなどは，憲法の要請する正当な行政手続に抵触し，憲法によって保障される財産権と住居の自由を侵害する。この場合，立法者の不作為の判断標準は何であるのか？

(1) いわゆる立法裁量は，立法機関が法律を制定する場合，広い形成余地があることを意味し，司法機関が違憲審査をする場合，その形成余地を尊重すべきである[24]。立法裁量は実体法上の言葉であり，その意味は曖昧で，概念としてその内容は明確とはいえず，したがって，常に批判されるのである。その理由は主として，立法裁量の概念が不明確な言葉であり，厳密な法律の用語ではなく，か

---

23) Hartmut Bauer 著，李建良翻訳，民営化時代の行政法の新たな発展，2011 行政規制と行政訴訟，民営化時代の行政法の新たな発展，中央研究院法律学研究所，2012年，90, 97頁。
24) 李建良，論立法裁量の憲法基本理論，憲法の理論と実践（二），2000年，301頁参照。

つ裁量というのは一般に具体的な人，事，物に対する判断，措置あるいは決定の過程で問題になるのに対し，立法行為は，一般的，抽象的な人，事に対する法規範の形成であるので，両者は異なるのである[25]。しかし異なった見解によれば，立法裁量の概念の問題は，その内容と外延の問題であり，他方，行政の実務上，行政機関の裁量は，具体的な人，事，物に対する判断，措置のみに限定されるのではないのである。

台湾の大法官は，1986年第204号解釈ではじめて立法裁量の言葉を使用したが，この用語とともに，いわゆる立法形成自由，立法政策事項，立法政策に基づいての考量，立法権限などという言葉も用いて，今まで少なくとも40個以上の解釈を出している。また立法不作為について，以下のことを明確にしなければならない。

　①立法裁量は立法の不作為を含むのか？
　②立法者の不作為の判断基準には，一定期間の経過の要件がある。この一定期間の長さは如何であるのか？

（2）　大法官は，立法裁量，形成自由のほか，立法政策の用語を用いており，これは不作為を含むはずであるが，第490号解釈，第246号解釈の立法政策の用語からは，不作為を含む趣旨が不明確であった。大法官も学者もこの点について，明白に説明をしていないのである。

大法官第290号解釈は，民意を代表するための学歴の制限についての積極の立法行為について，別の観点からみると，聾唖者など社会での弱い人々に例外の規定を設け，これによって，実質的な平等を実現すべきにもかかわらず，それをしないことは，結局，立法不作為と同じであると述べている。

行政法の観点からみると，行政裁量は行政機関の積極行為のほか，消極的な不作為をも含むのである。例えば，警械使用条例第4条は警察人員が職務を執行するとき，一定の状況において警棒を使用することができるとする。解釈上，警棒を使用しない裁量を含むのである。行政手続法第10条では，裁量による執行が不作為を含むのかが不明確であるが，行政訴訟法第201条は，行政機関が裁量権に基づき行政処分をする場合，その作為または不作為が権限を越え，あるいは濫用にわたる場合，行政裁判所は取り消すことができると規定している。立法裁量

---

25)　参考，城仲模，公法学上の裁量用語，当代法学名家論文集，257頁以下。

は行政裁量と同じように，不作為を含むのか，検討の余地があるけれども，もし違憲審査機関が立法不作為を審査するのであれば，積極作為を審査する場合より，厳格な根拠を示さなければならないのである。

(3) 立法不作為と国家賠償

① 大法官第477号解釈は立法不作為の司法審査問題について論じている。同解釈の内容に照らすと，立法裁量は，積極作為と立法不作為とを含む。立法裁量の不作為を部分的立法不作為と全面的立法不作為に分類する考えがある。大法官第477号解釈は，戒厳時期における人民の権利損害回復条例は，外患罪，内乱罪の案件だけに適用され，ほかの案件には適用されないが，これは立法裁量に属するという解釈をとる。反対に同条例の適用対象が無罪判決の確定前に勾留された者または刑の執行を受けた者に限られ，そのほかの被告人に適用されないことは立法の怠慢であり，すなわち立法不作為であり，これに対し国家賠償を請求することができるとする。この両者の区別はかならずしも容易ではない。

② 立法不作為の作為義務違反について，その判断基準としての一定期間経過の要件について，この期間の長短の基準はいかにあるべきか？ 大法官第477号解釈文の第二段を参考とし，当該事案において立法義務の違反がなされた理由は何であるのかを検討する。本条例の制定は1995年1月28日である。大法官第477号解釈は1999年2月22日に宣告された。両者の時間差は約4年である。他方，国家賠償については1947年の憲法の第22条で，人民が法律によって，国家に賠償を請求することができると規定している。しかし国家賠償法は1981年まで制定されていないのであり，その時間差は34年である。かつ国家賠償法施行細則第2条は明文で国家賠償法の施行後の行為にのみ適用されるとしているが，これは立法義務の違反とはされていない。この例と比較して，大法官第477号解釈は厳しい違憲の宣告をした。

言い換えれば，同条例の適用対象が無罪判決の確定前に勾留された者または刑の執行を受けた者に限られ，その他の被告人に適用されない規定は違憲な立法不作為であり，これに対し他の被告人は，2年の期間内に国家賠償を請求することができるとする。いまひとつの考えは，この期間の起算点は戒厳時期における人民の権利損害回復条例の制定時点ではなく，公務員の違法行為が行われた時点（始めは1950年代）から計算しているのである。とにかく，不法行為の期間の長短の基準について，より深く議論する価値があると思われる。

V 結　論

1　第709号解釈における都市再生の聴聞手続の要求は，行政手続法の規定よりもかなり厳しい

　大法官第709号解釈によれば，都市更新条例第10条第1項は，都市再生事業概要の許可の段階で都市再生事業概要を審査するために適切な組織を設置しておらず，利害関係者に情報を知らせていないし，かつ意見を陳述する機会を保障していないのである。同条例第19条第3項は都市再生事業計画の許可を申請する段階で聴聞手続と理由付記などを規定していないし，同条例第10条第2項の都市再生事業概要の許可を申請する段階における住民の比率に関する規定などは，憲法の要請する正当な行政手続に抵触し，憲法によって保障される財産権と住居の自由を侵害した。本解釈が行政上の正当な手続を憲法解釈の原則として違憲審査の基準にすることには，憲法上の根拠があると思われる。第709号解釈が判示した都市再生の聴聞手続の要求は，行政手続法の規定よりも，かなり厳しいものである。したがって，行政法の各論の領域において，聴聞のような行政上の適正な手続の要求についても，行政手続法に定める規範と異なり，またはより厳しい規定とすることは可能であると思われる。

2　本解釈は都市再生の手続が多段階行政手続であることを認める

　都市再生の手続は多段階行政手続である。都市再生の手続の実施は，一般的に4段階の行政機関の決定による。すなわち，都市再生地区の単元画定，都市再生の事業概要の許可段階，都市再生事業計画決定段階と権利変換段階などがある。このように都市再生の手続を多段階に分けることは，複雑な行政決定に対し，積極的な意義と効果がある。すべての各個の部分行為は総体の決定の客体である。実効的権利保護という憲法の趣旨に基づいて，各個の決定には外部的効力があり，決定処分の相手方は処分に対し救済を求めることができるのである。言い換えれば，当事者は行政機関の多段階行政手続における各段階の決定に対し，行政訴訟を提起することができるのである。

3 私人による都市再生の実施に対し，主管機関は監督を徹底しなければならない

都市更新条例は市場経済を前提として，民間経済を活発にするため，あるいは元来計画高権に属する都市再生を公私協働で実施するので，国家の都市再生における監督は官庁による都市再生の実施のみではなく，私人による都市再生の実施に対しても，国家が最終責任を負い，都市再生の実施の参加者と参加したくない者に対し，保護義務を負わなければならない。私人による都市再生手続が私的自治であるので，都市再生により生ずる問題は私法関係であるという理由で国家監督を懈怠することは弁解の余地がなく許されないのである。都市更新条例第11条に規定された私人による都市再生制度は，ある程度は私的自治に基づき住宅管理条例の規定を制限し，再建手続の全員同意の制限を緩和するので，主管機関は監督を徹底しなければならないのである。

［後記］　1982年から1986年にかけて日本に留学して以来，私は小早川先生にいろいろお世話になりました。先生は私の恩師です。

　過去二十数年間，先生は数回にわたって，台湾にいらっしゃいまして，司法院や，台湾の大学，例えば台北大学のほか，台湾大学，政治大学，東呉大学そして中央研究院などで講演や座談会を行うことによって，優れた法学上の成果を台湾に残しました。わが国の公法法制の変革に関する議論に際して，例えば行政手続法，行政訴訟法の法制に関して，先生の考え方から示唆されるところが多かったと思います。ここに感謝の気持ちを表し，あわせて先生のお誕生日をお祝いしたく存じます。

「法適用行為」と「法関係形成力」の視点からのひとつの考察

加藤幸嗣

　はじめに
　Ⅰ　法適用行為と法関係形成力について
　Ⅱ　法関係形成力の視点からの行政行為の効力について
　Ⅲ　強制的事実行為と法適用行為，法関係形成力
　Ⅳ　法適用行為の視点からの抗告訴訟の意義，構造等について
　むすびにかえて

はじめに

　行政行為は，一般に一定の法律上の要件効果規定を適用することによりなされるものであり，そのことから行政行為を「法適用行為」ということは可能であろう。もとより一般論として法適用行為と呼ばれうる行政の行為形式は行政行為に限らず多種多様に存在するが，本稿では行政行為について特にこの点に主眼を置こうとする趣旨により，まずは行政行為に係るもののみを対象に法適用行為の語を用いて考察を始めることとし，「法適用行為としての行政行為」等々の表現を用いることとする。

　行政行為は，他方，私人の具体的な権利義務あるいは地位を規律するもの，すなわち私人の具体的法関係を形成するものであり，その意味で当該法関係（の存在）は当該行政行為によって基礎付けられているといいうるが，そうであれば逆に，当該行政行為は当該法関係との関係でこれを支える一種の法的効力を有していると考えることも可能と思われる。ここではそのような考え方をもとに，このような行政行為のすなわち法適用行為の有する法的効力[1]をさしあたり端的に「法関係形成力」ということとする。

本稿は，これらふたつの概念的道具立てを出発点とした議論の展開を試みようとするものであるが，その趣旨は，そのような作業を通じて行政法理論上の諸領域での各種の説明について合理的関連性，すなわちそのような意味での理論連関の純化を図る余地が仮にあるとすればそれは当然意味が認められるべきであろうということに存している。

本稿は以上のような問題の設定，趣旨により思考実験的色彩をも有するデッサン的小論であるが，以下目次に記した順序にしたがい考察を進めることとする。

I 法適用行為と法関係形成力について

1 法関係形成力の実体法的根拠（淵源）について

法関係形成力については，その淵源が問われうるが，それは，オ・マイヤーによる法律による行政の原理の整理に基づき法律の法規創造力に求められると考えられる[2]。すなわち，一般論として，個別行政法律には法律の法規創造力に基づき行政行為に係る私人の権利義務あるいは地位の形成のための要件効果規定が設けられており，行政行為すなわち法適用行為はこの一般的抽象的規定に個別具体の案件をあてはめることにより具体的法関係を形成するものであり，これをいわば法の効力論のレベルで観察した場合，当該要件効果規定が有する法律の法規創造力が当該法適用行為を媒介として当該具体的法関係に係る法関係形成力に転化すると把握しうると考えられる。ここで，次の3点を付記する。

第一に，法律の法規創造力は一般に議会による法規創造の独占をいうと解されているが，法の意義に照らせば，それが個別具体の場面にどのように働くか，すなわち，そのような意味での法の発生展開のメカニズム全体を視野に入れた観察が不可欠と考えられるところ，法律の法規創造力と法関係形成力という法の効力に関係するふたつの概念を一種のつなぎ手として組み合わせて用いることにより，行政行為に係る根拠法規の定立とこれに基づく法関係の形成をより連続的かつ全

---

1) 「効力」及び「効果」の語に関し，本稿では，法適用行為は法律上の要件効果規定の操作を通じて行われる作業であることから，当該「効果」として形成される法関係が各種の局面で働いていく際の働きそのものあるいは働き方を支持する「力」について「効力」の語を用いることとして，両者を一応使い分けることとする。

2) なお，阿部泰隆『行政法解釈学I』（2008年）315頁は行政行為の意義に関し法律の法規創造力を援用するものと解される。関連して参照，中川丈久「議会と行政」磯部力＝小早川光郎＝芝池義一編『行政法の新構想I』（2011年）130頁及び同「行政法の体系における行政行為・行政処分の位置付け」阿部泰隆先生古稀『行政法学の未来に向けて』（2012年）83頁。

体的に捉えうると解される。

　第二に，ここでは行政行為に係る法律の法規創造力の具体的所在場所を当該行政行為の根拠となる実体法的要件効果規定に求めているが，補助金交付決定等いわゆる「規制規範」[3]による行政行為に関してはこれを手続規範の一種とみる限りその点が問題となりえよう。しかしながら，さしあたり補助金適正化法6条の規定を題材とすると，その1項では法令・予算への適合性等の実体要件が形式的にせよ規定されており，その点でなおこの種規制規範にも実体法的要素を認める余地はあるものと解される[4]。

　第三に，関連するやや特殊な事柄として，行政行為の取消し及び撤回についての法適用行為及び法関係形成力の視点からの理解の仕方が問題となりえよう。法適用行為は，契約とは異なり，特定の行政目的のためにその都度制定される個別行政法律に組み込んで設けられる特別な法関係形成の仕組みであり，いわばその系として当然のごとくに法律による行政の原理あるいは法治主義及び当該行政目的への固有の適合要請が働いていると解される。したがって，既になされた法適用行為それ自体あるいはこれに基づく法関係がこれらの適合要請に合致しない場合には，当該法適用行為の取消しあるいは撤回により当該法適用行為に係る法関係形成力も消滅させ，結果当該法適用行為に係る法関係を消滅させうべきことは当該法適用行為の根拠規定において既に予定されているものと解され，よってまたこれら取消し等自体についての根拠規定は特に要求されないと解される[5]。

---

3) 塩野宏『行政法Ⅰ〔第6版〕』(2015年。以下「塩野Ⅰ」という)82頁の用語方による。
4) 同条の形式性は，行政法における財政と行政の分離に由来しよう。したがってそれは，法律の留保における法律の根拠としては不十分と評しえようが，法律の法規創造力の場ではそれと異なって評しうると考えられる。ちなみに，条例の場合にはむしろ詳細に過ぎるとも認められる規定もまま存する (一例として，横浜市企業立地等促進特定地域における支援措置に関する条例 (平成16年条例第2号) 8条1項)。なお，本文の「行政行為に係る法律の法規創造力の具体的所在場所」の問題は，実体法的規定自体についても，その態様により生じうるところであり，その一例として，最判平成15・9・4判時1841号89頁が挙げられる。ここで題材となる (現行) 労災法29条1項の規定については，素直に見る限り，所管事務事業に関する規定，すなわち一種の組織規範と評されるべきであろうが，同最判は，関係する法的諸事情，状況を考え合わせるなかで，同条に，本稿での立場からすれば，「法律の法規創造力の具体的所在場所」としての性格を認定しているものといえよう。どういった要件，事情のもとにそのような認定が是認されるべきかはもとよりなお検討されるべき事柄ではあるが，いずれにせよ，ここでいう「法律の法規創造力の具体的所在場所」の最終的認定権が三権分立上司法権に内在する法解釈権のうちにあるものであることには相違ないであろう。
5) 取消し等に関する明文規定には，むしろ裁量統制的意義が認められえよう。

2 法適用行為の手続法的性格と法関係形成力について

法適用行為はこれを委ねられた責任ある国家機関（行政庁）による関係事案の関係要件効果関連規定へのあてはめの作業を通じて行われるものであり，この点に手続法的営為としての性格が見出されよう。もとより，そのような性格は当該個別行政法システムの構築の仕方を基礎として多様かつ濃淡様々でありうるが，いずれにせよ，法関係形成力はそのような手続法的営為を通じて創出されるものと把握される。

3 法関係形成力の効力範囲について

法関係形成力を法的効力の一種として論じうるならば，その効力範囲もまた論じえよう。以下，関係判例[6]と目されるべきものなども題材として分説する。

(1) 事項的範囲について　法適用行為によって形成される法関係の法的意味内容は，往々にして当該根拠規定の事後的解釈を通して確定せざるをえない。東京地判昭和 39 年 6 月 23 日判時 380 号 22 頁は結局のところ，当該法適用行為の意味内容を効力という側面から論じるもののように解される。また，最判昭和 45 年 3 月 27 日判時 588 号 74 頁は，旧銀行法に基づく業務停止命令の効力について説示する。いずれも，法適用行為によって形成される法関係の意味内容あるいはその範囲を効力の観点から論ずるものとして，法関係形成力の事項的範囲の確定を行っているものと理解される。

ところで，法適用行為としての行政行為の根拠規定はこれを包含する個別行政法律の目的達成上置かれるものであるから，当該法適用行為に係る法関係形成力の事項的範囲についても当該個別行政法（システム）の枠組みに本来限定されるとまずは理解されよう。そのことからさしあたり一般論として，法関係形成力は民刑事法の領域には及ばず，逆にまた，いわば効力論のレベルでの一種の一般法特別法の関係として民刑事法の影響を受けないと解される。

処分に係る国家賠償に関連する最判昭和 36 年 4 月 21 日民集 15 巻 4 号 850 頁あるいは最判平成 22 年 6 月 3 日民集 64 巻 4 号 1010 頁は，そのような筋道で一応了解可能である[7]。無許可営業に係る売買の効力が問題となった最判昭和 35

---

[6] 以下では，さしあたり「公定力の限界」（塩野 I 163 頁以下）として考察される，あるいは，小早川光郎「先決問題と行政行為」田中二郎先生古稀『公法の理論（上）』（1976 年）371 頁以下で題材とされる諸判例を一つの目安に採り上げている。

年3月18日民集14巻4号483頁[8])，あるいは原子炉設置許可に関しこれに係る民事差止訴訟に並行して無効確認訴訟の提起を認める最判平成4年9月22日民集46巻6号1090頁も同様である。さらに，農地買収処分について民法177条の適用がないとした最大判昭和28年2月18日民集7巻2号157頁は，法の効力関係の問題としてみた場合，当該法適用行為に係る法関係形成力の発生に当該民事法規定が関係しないと論じているものと理解することができる。

　もっとも，当該法適用行為が民事法領域への何らかの介入を意図して法律上設けられている場合には，すなわちその典型例と目される形成的行為としての講学上の認可については[9]その限りで民事法領域への影響が論じられることとなる。また，法適用行為に基づく法関係がその後の事情により結果的に民事法の領域の問題として把握されることとなった場合には，当然民事法との関係性が問題とされることとなる。後述するところに関連するが，すなわち以上に述べる限りでの法適用行為の範疇からはずれるが，国税滞納処分について民法177条の規定の適用があることを前提とする最判昭和31年4月24日民集10巻4号417頁あるいはこれに基づき公売処分の無効を判示した最判昭和35年3月31日民集14巻4号663頁はそのような考え方によっても理解される[10][11]。

---

7) 本文に挙げる2判例はいずれも金銭賠償に関するものであるが，法関係形成力（そのもの）に触れる民事上の権利主張は本文に述べたところから認められないと解される。最大判昭和56・12・16民集35巻10号1369頁に関係する問題である。本文に述べたところについてはまた，国家賠償（不法行為）制度の趣旨そのものについて，本稿でいう法適用行為の，いわば法律による行政の原理の観点からの客観的違法が存在する場合の後始末の問題と捉えるか，あるいは，いわばより広い法的視野から「違法性」が認められうる法適用行為に起因して発生している一定の経済的不利益についての調整を問題とするものと捉えるかによって，その評価が異なることとなりえよう。本文は一応後者の立場からの論述であり，いずれにせよ，問題は，当然のことながら，「国賠違法」の捉え方，さらには，処分に係る国家賠償において当該処分の取消しを前提要件として要求するか否かの問題とも関わるところである。

8) 本判決の問題に関しその後民法学では民法90条の問題として民事法的な立場からのより柔軟かつ総合的見地からの考察が試みられている。さしあたり参照，内田貴『民法Ⅰ〔第4版〕』（2008年）279頁，282頁。基本的人権の私人間適用についての考察方が連想されるところでもある。

9) より一般的な問題の整理として，小早川光郎『行政法上』（1999年。以下「小早川上」という）205頁以下の「法律行為の効力の規制」。

10) この昭和35年最判は，結局のところ，租税債務が一旦強制執行により消滅したことにより法関係形成力もまたその役割を果たし一応消滅したことを前提に，事柄が民事法領域に属するものとしてそこでの考え方に平仄を合わせる趣旨で説示するものと，したがってまた，そこで用いられている「無効」の語の意義は行政法一般理論とは別の次元に定立するものと解される。参照，本判決に対する『最判解民事篇昭和35年度』105頁（白石健三解説）。なお，現行国税徴収法126条では民法568条が準用されることにより問題の解決が図られている。

また，刑事法領域については，個別行政法システムに組み込まれた行政刑法規定の関係で法関係形成力の波及を論じる余地が生じるであろう。最決昭和63年10月28日刑集42巻8号1239頁は，そのような視点からの整理も可能であるように思われる[12]。

(2) 時間的範囲及び人的範囲について　　一般論として，「行政行為と法律関係」[13]の文脈で言及される「行政行為の効力」とは法関係形成力を指すと解しうる。また，最後に議論の題材とする抗告訴訟の訴えの利益論に関連して，時の経過の中で発生する諸事情に係る（狭義の）訴えの利益の消滅の問題及び第三者に係る原告適格論はそれぞれ法関係形成力の時間的範囲及び人的範囲の問題として理解されうる。

なお，最判昭和49年3月8日民集28巻2号186頁は，課税処分の対象とされた金銭債権が後日回収不能となった場合の当該金銭債権に係る徴収税額についての不当利得返還請求を認めるが，この判決は，滞納処分により当該金銭債権の実現があったことにより当該課税処分の法関係形成力がその目的達成により消滅したと解されることから，問題として残るのはもはや当該課税処分の効力云々ではなくいわば民事法上固有の財産関係的な正義の貫徹のみであると把握するものと理解される[14]。

4　法適用行為の瑕疵に起因する法関係形成力の原始的不発生について

法関係形成力は，当該法適用行為にその内実が問われるべきような法的瑕疵が

---

11) 課税処分に基づいて発生する租税債権については，民事法上の関係債権との調整が必要となることから，現行法上，国税徴収法，破産法等において所要の規定整備が行われている。概観的説明として参照，金子宏『租税法〔第21版〕』(2016年) 907頁以下，947頁以下。

12) 本判決自体は公定力を根拠に立論しているように認められるが，本判決に対する『最判解刑事篇昭和63年度』435頁，443頁以下（原田國男解説）は，違法抗弁説を踏まえつつ「問題は構成要件の解釈に帰する」として類型論的考察を展開しており，その趣旨は法関係形成力の視点からも受容しうる。なお，あわせて参照，最判昭和53・6・16刑集32巻4号605頁。本判決は，「構成要件の解釈上」（前記原田解説）本来認められうべき「法関係形成力」の当該刑罰規定への波及を，「特段の事情」の認定のもとに例外的に排除しているものと評しうるように思われる。

13) 塩野 I 185頁。

14) すなわち本判決は，不当利得が「財産法が本来の原則通り機能しなくなったときに，その後始末をする制度」（内田貴『民法Ⅱ〔第3版〕』(2011年) 563頁）であることに基づいた一種の非常救済措置として理解されえよう。なお，本判決に対する『最判解民事篇昭和49年度』198頁以下（佐藤繁解説）は，本判決のロジックを信義則の観点から把握しつつ，徴収処分段階での解決策としては，「課税処分の無効確認訴訟に準じた徴収権不存在確認訴訟」にすなわち抗告訴訟によるべきとする。

存する場合には原始的に発生しないと考えられうるであろう。行政行為の無効の理論は，その点についての考察と位置付けられる。したがってその場において論究されるべきことであるが，一般に，法適用行為自体についての一般的な法律による行政の原理あるいは法治主義の要請のもとに何にせよ違法な法適用行為であれば法関係形成力の発生は本来承認されるべきではないとも考えられる一方，現行法制上取消訴訟等の一般的争訟制度が一応整備されていることを基礎に，問題が当該法適用行為によって形成された（はずの）法関係の帰趨に実際上関わることになることから，行政上の法律関係の早期安定化の要請，あるいは法適用行為によりいわば事実として存在する法関係に対する社会的信頼の保護の要請に基づき，その事後的認定上，法関係形成力の原始的不発生の要件を一定程度限定することは了解されえよう。

II　法関係形成力の視点からの行政行為の効力について

ここでは，Ⅰでの考察を基礎にこれとの関係性という視点から，従来から論じられている行政行為の効力の各々について簡単な観察を行うこととする[15]。

(1)　「規律力」は行政行為の「一方的法効果をもたらすという要素」に着目して比較的近時提唱されるに至っているものである[16]が，法適用行為の視点からみた場合，行政行為の一方性それ自体の意義はそれが法適用行為としてその根拠法律上規定されていることにより既に一応尽きているように解される[17]。

(2)　「公定力」は手続法的公定力観による理解が今日一般的である[18]が，法適用行為により形成される法関係がⅠ1及び2にみたような基礎を有する法関係形成力により支持されると解する場合，その手続法的帰結として，当該法適用行為により形成される法関係の排除を求める者は自らこれを主張して争訟を提起す

---

15)　以下では，表題の事項に関し標準的なカタログ的整理を行うものとして，塩野Ⅰ154頁以下の説明を踏まえつつ議論を進めることとする。
16)　塩野Ⅰ155頁。ちなみに，この概念は周知のとおり同書〔第3版〕122頁において新たに提示されるに至ったものである。なお関連して，塩野宏「行政事件訴訟の意義」同『法治主義の諸相』（2001年）321頁。
17)　阿部・前出注2) 78頁は，「実定法の制度的反映」と論じる。
18)　さしあたり，塩野Ⅰ160頁及び小早川上269頁。なお，この両見解の分析等として，山本隆司「行政訴訟に関する外国法制調査――ドイツ（上）」ジュリ1238号（2003年）96頁及び小早川光郎「行政訴訟の課題と展望」司法研修所論集111号（2004年）36頁以下。本稿では，後述するような見方を採る立場上この問題に立ち入らない。

ることが必要となると解されることとなり，公定力のいわば原義はここに存すると，そしてその結果，取消訴訟あるいは抗告訴訟の制度はⅣ2(2)で述べるように結局のところ法適用行為のあり方を統制するためのひとつの受け皿として構築整備されていると解されることとなる。この立場からすると，公定力の論拠として取消訴訟の排他的管轄を挙げることは，ややもすると，法適用行為により形成され法関係形成力によって支持される法関係の態様それ自体に関わる観察問題として本来把握されうるあるいは把握されるべき問題[19]が，第一次的には取消訴訟の排他的管轄に由来する公定力の限界の問題として，換言すれば訴訟方式の選択問題として論じられることとなり，結果，そのことが「法関係の態様それ自体に関わる観察問題」についてのより直截な考察の障害になりうるという点がひとつの問題であるように思われる。

(3) 「不可争力」は，「一定期間経過すると私人の側から行政行為の効力を裁判上争うことができないこと」と説明される[20]が，ここでいう「行政行為の効力」とは法関係形成力を指すものと解される。

なお，いわゆる違法性の承継とは，先行する行政行為について不可争力が発生した場合にあっても，これに係る違法事由をこれに後行する行政行為の違法事由としてなお主張することが許容され結果的に当該先行する行政行為もまた取り消されるのと同様の結果が得られる点において，不可争力の発生を実質的に排除するものと解されよう[21]。

(4) 「執行力」については，現憲法下に至っての理論的考え方の変遷あるいは新たな行政上の強制執行法制度の整備を踏まえつつ，「行政上の強制執行の前提となる義務賦課効果」と説明される[22]が，この「義務賦課効果」とは，行政上

---

19) なお，Ⅰ3及び注6)。
20) 塩野Ⅰ171頁。
21) 「違法性の承継」の判断基準に関するより一般理論的かつ分析的考察として，小早川光郎『行政法講義下Ⅱ』(2005年。以下「小早川下Ⅱ」という) 186頁以下。問題の核心は，先行行為の後行行為に対する関係での一種の従属的性格，すなわち，当該個別行政法システムで構築されている法関係形成システム全体に対する観察の結果，前者(により形成される実体的法関係)が後者(により形成される実体的法関係)のひとつの要素あるいはコンポーネントと位置付けられるか否かにあると解される。なお，塩野Ⅰ166頁では，この点に関し，「単位行政過程」の「総体的評価」の可否として説明されている。また，最判平成21・12・17民集63巻10号2631頁は，十分な手続的保障の必要性に言及するが，この点については，当該行政行為によって形成される法関係それ自体について関係者に生じうべき直接的利害の態様に関する客観的評価，そしてまた，この点を踏まえたうえでの当該私人に期待されるべき争訟提起のインセンティヴの客観的想定を踏まえつつ考察されるべきものと思われる。

の強制執行との関係でいわば執行適格性という意味での法関係形成力の一側面をいうものと理解される。

(5) 「不可変更力」及び「実質的確定力」は，いずれも行政行為の当該処分庁あるいは上級行政庁，裁判所による事後的変更の制約可能性について論じるものであるが，これらはⅠ2で述べたところを前提に，法適用行為がその根拠となる個別行政法制度のもとにおいて有しうべき手続法的に特別に強化された法関係形成力として把握されよう。

Ⅲ 強制的事実行為と法適用行為，法関係形成力

(1) 行政上の強制執行としての物理的事実行為，即時強制としての物の領置，人の収容等（これらを包括して以下便宜「強制的事実行為」という[23]）については，行政行為同様法律上の制度のもとでその執行として行われるものであり，またそこには関係私人の受忍義務というひとつの法関係の存在を認めうることから，これをも法適用行為の範疇で捉えさらにそこで法関係形成力の存在を語ることも可能であろう。その場合，Ⅰで述べたことはさしあたりそのままあてはまることとなろう。

(2) 実際上議論となりうるのは，Ⅱに関連して事実行為という事柄の性質上不可争力を働かせること及びその争訟手続を取消訴訟によらしめることであろうが，この両点については，「これらの事実行為については，意思表示の要素がなく」かつ「違法な事実行為が継続していることが前提となっているのであるが，このような場合は出訴期間の観念は働かないので，あえて排他性を備えた取消訴訟を用いさせる意味があるかどうか疑問のあるところである」との指摘[24]がされている。しかしながら，強制的事実行為についても法適用行為として後述する抗告訴訟の枠組みにおいて無効確認訴訟，差止訴訟，第三者による義務付け訴訟の提起も考えられその場合には仮救済もあわせ事理に適った柔軟な制度運用が期待さ

---

22) 塩野Ⅰ174頁。なお，この「義務賦課効果」という説明も「規律力」同様同書〔第3版〕の136頁で新たに付加されたものである。

23) 「強制的事実行為」の語については，小早川上304頁にいう「行政上の強制措置」が想起されるが，本稿は関係諸「行為」についての概念整理を目的とするものではないということもあり一応本文のように記すこととする。

24) 塩野宏『行政法Ⅱ〔第5版補訂版〕』（2013年。以下「塩野Ⅱ」という）114頁。なお，「事実行為の取消訴訟の出訴期間」に関する学説状況についてさしあたり参照，高橋滋＝市村陽典＝山本隆司編『条解行政事件訴訟法〔第4版〕』（2014年）389頁〔深山卓也執筆〕。

れえようし，また，要件効果的観点から本案審理を行いうることは法適用行為としての行政行為についてと同様に評されよう。さらに，強制的事実行為が物理的行為である以上それ自体についていわば現象的には精神的産物たる意思表示の要素が認められにくいのは当然として，強制的事実行為もまた意思に基づいて行われることには相違なく，これに関し通例設けられている通知制度等には当該意思の表示的意味合いが当該法制度上込められていると一般に理解される[25)][26)]。

IV 法適用行為の視点からの抗告訴訟の意義，構造等について

1 問題へのアプローチ

平成16年改正後の行訴法3条の抗告訴訟に関する規定全体を通覧した場合，義務付け訴訟等に関する諸規定の追加により，同条2項以下において抗告訴訟に含まれるべき取消訴訟等の個別訴訟類型に関する規定のいわばカタログ的整備充実が図られたと受け止めることができる。本稿ではここまで法適用行為の語を行政行為あるいは強制的事実行為に限定して用いてきたが，同条2項以下で規定される「処分」についてもその性質上法適用行為の範疇に含めることが了解されえよう[27)]。したがってここでは，本稿における法適用行為の概念を基礎に置き，同項から7項までに規定される各訴訟類型全般（以下単に「各訴訟類型」ということがある）についての共通的視点から若干の考察を行い，そのことをとおしていわば間接的に同条1項で包括的制度概念として規定される抗告訴訟そのものについてもあわせて少し考えてみることとする[28)]。

---

25) 代執行についていえば代執法3条2項の代執行令書による通知あるいは4条の証票提示義務の法的意味が問題となるが，前者に関し広岡隆『行政代執行法〔新版〕』（1981年）163頁は「代執行をなすべき時期，執行責任者及び費用の概算による見積額が通知されるから，行われるべき代執行の内容とそれに対する受忍義務が具体的に確定される」とする。また，入管法42条1項の収容令書提示義務について，坂中英徳＝齋藤利男『出入国管理及び難民認定法逐条解説〔改訂第4版〕』（2012年）649頁は「その収容が有効な収容令書に基づく適法なものであることを明らかにするとともに，容疑者に収容の理由（容疑事実の要旨）を知らせることで，入国審査官の審査以後の手続において容疑者の弁解，防御等に資する趣旨である」とする。

26) なお，「強制的事実行為」そのものに関するものではないが，参照，後出最判昭和54・12・25。ちなみに，本件事案の通知に係る事実状態は小早川上305頁にいう「行政上の一方的執行措置」の概念枠組みを用いて捉えうると解する。

27) 最判昭和39・10・29民集18巻8号1809頁，杉本・次注あるいは平成16年改正により行訴法に追加された9条2項などが想起されよう。

28) 行訴法3条の1項と2項以下のいわば対比的規定方を前提に両者の関係について考察する場

2 法適用行為の視点からの各訴訟類型の共通的性格として,さしあたり次の2点が挙げられよう。
(1) 訴訟要件として,「法律上の利益を有する者」に限り訴えの提起が認められる(行訴9条1項,36条,37条の2第3項,37条の4第3項)。不作為の違法確認訴訟及び申請型義務付け訴訟ではその規定上「法律上の利益」の文言自体は存しないが,それは当該訴訟類型の構造上の特殊性に由来している。いずれにせよ,この法律上の利益の要件は,これら各訴訟類型が,既になされたあるいは将来なされようとする違法な法適用行為により,そしてまた法的にはなされるべき法適用行為が未だなおなされていないことによりあるいは将来なされずがままにあることにより,自己の法律上の利益が既に侵害されあるいは将来侵害されることに対する防御制度として,すなわちいわゆる主観訴訟として設けられていることに由来している。
(2) 各訴訟類型では法適用行為に係る取消し,不作為の違法確認,無効確認,義務付け及び差止めの各訴えが規定されているが,それらは(1)に見たような既存のあるいは将来の法適用行為について法適合性の観点から積極的にこれをなすことをも含めそのあり方の法的統制を行おうとするものとして共通的に把握されえよう[29]。そしてこの法適用行為のあり方の法的統制は,法適用行為の性質上,

---

合,出発点を1項に置くいわば演繹的考察方と2項以下に置くいわば帰納的考察方の両者を考えうる。ここでは,1項の定義規定自体が文言上まさしく包括的かつ抽象的であること,にもかかわらず同項の『『行政庁の公権力の行使』とは,法が認めた優越的な地位に基づき,行政庁が法の執行としてする権力的意思活動を指す」(杉本良吉「行政事件訴訟法の解説(1)」曹時15巻3号(1963年)364頁)という行訴法制定時の説明は平成16年改正後もなお一般に通用していると判断されしかもこの説明は法適用行為の立場になじむこと,さらに,同条は同改正後も無名抗告訴訟の存在をなお排除するものではないと解されているが同改正により従来議論された具体的事例は同条に一応組み込まれたことから,さしあたり後者の帰納的考察方を採りつつ抗告訴訟概念についてもあわせて考えてみることとし,これそのものには立ち入らない。さしあたり次の諸文献を参照,小早川光郎「抗告訴訟の本質と体系」雄川一郎=塩野宏=園部逸夫編『現代行政法体系第4巻』(1983年)135頁,塩野宏「行政事件訴訟法改正と行政法学」民商130巻4=5号(2004年)606頁以下,612頁注14,小早川下Ⅱ135頁以下,さらに次注。

29) 前注で言及した抗告訴訟概念の問題に関し,塩野・前出注28)607頁以下は「抗告訴訟を一つの類型とする」ことについて「内容的に統一的に把握する要因が希薄化している」とする。他方で,高木光「義務付け訴訟・差止訴訟」磯部力=小早川光郎=芝池義一編『行政法の新構想Ⅲ』(2008年)47頁,62頁注以下は「救済法」あるいは「是正請求権に基づく是正請求訴訟」を主張する諸見解について紹介言及している。本文は,これらと方向を異にするが,現行行訴法上,杉本・前出注28)の行政庁の公権力の行使に関する定義説明はなお維持されると解されること及び各訴訟類型は同じく「処分」(及び「裁決」)を対象とする点で体裁上統一性を保持していることに立脚している。

不作為の違法確認訴訟は別として当該事案に係る事実関係と要件効果規定の突き合わせの作業を通じて行われ，そこでは審理対象が当該事実関係と要件効果規定によっていわば二次元的に自ずと枠付けられ，それはあたかも刑事訴訟の審理のようであることにも留意すべきように思われる。

3 抗告訴訟の訴えの性質等及び審理構造について

(1) 各訴訟類型については，一般に，その訴えの性質（給付，確認，形成の各訴訟のいずれに該当するか）及び訴訟物について多種多様な議論が展開されている。問題の基礎には，一般民訴理論を一応基礎的枠組みとするか否か，そしてまた，各訴訟類型ごとに考えるか，あるいは共通して考えるかという基本的な問題が存しておりここで論及しうる限りではないが，さしあたり2での考察からすると，(2)で述べるところにも関係するが，抗告訴訟を法適用行為統制訴訟として意義付ける場合，一般民訴理論を基本的枠組みとすることには少し筋の違うものが感じられ，また，各訴訟類型について共通した整理をすることにも意義が認められるように思われる。

(2) 2でみたように，抗告訴訟では，本案事項が法適用行為統制訴訟であることに由来する客観的法適合性に特化される[30]とともに，主観訴訟と説明されるにもかかわらずその主観的側面たる「法律上の利益」の問題が本案前事項化され，結局，事柄のいわば逆転現象が生じていることにはあらためて注目されるところでもある。このような制度構造については，取消訴訟を題材に，歴史的比較法的視点から[31]，またその「機能」[32]あるいは「公定力の目的」[33]として論じられるが，やや視点を変え，固有の民主主義的あるいは政治的基盤を基本的に有しないわが国現憲法下の（司法）裁判所・最高裁にとって，法適用行為という行政（権）

---

30) この点にはさしあたり取消訴訟に関し行訴法10条1項が関係するが，一般にそこで原告は自己の法的地位の帰趨を処分（によって形成された法関係）それ自体に依存するのであるから，その防御を全うするためにはその排除に寄与するあらゆる違法事由の主張が本来許容されるべきであると考えられる。しかしながら，その種主張には当該法的仕組みに照らしその趣旨を潜脱し矛盾をきたすと解されるべきものも存在しえ，それは否認されるべきであろう。同項及びこれに関し杉本・前出注28) 395頁で提示される2事例はさしあたりそのような考え方のもとに理解しうる。なお，議論状況も含めさしあたり参照，小早川下II 181頁以下，塩野II 173頁以下。
31) その代表的業績として，小早川光郎『行政訴訟の構造分析』（1983年）が挙げられる。
32) 塩野II 84頁以下。
33) 塩野I 161頁以下。

にとり法的にはその根幹に所在する権限に関する事件を概括主義のもとに大量的かつ組織的に扱うに当たって審理判断の対象を特化しその工程を単純化，標準化する点で意義を有しえたろうとも思われ，またその文脈で，原告の法益そのものの問題が本案前に位置している点もいわば制度構造の技術的側面の問題とむしろ割り切り，まさに行訴法9条2項が規定するような方向での作業が進められるべきであると思われる。

4 抗告訴訟の判決の拘束力に関連して

行訴法33条1項の（及びこれを準用する38条1項による）拘束力の規定については，既判力説の立場から，さしあたり反復禁止効について，「先の取消訴訟において確定したのは，形式的には当該行政行為の違法であるが，それは，当該法律関係において，行政行為をする要件が存在しなかったことが確定することを意味する。そうだとすると，確定判決後に，行政庁が同一理由に基づき処分を行い処分の適法性，つまり当該法律関係における処分要件の存在を主張することは許され」ないとされる[34]点は，まさしく法適用行為の特質に即した説明と理解される。

いずれにせよ，この点も含め拘束力については既判力説の立場から疑問の呈されているところである[35]が，法適用行為は通例行政準則に基づいてなされ，また，抗告訴訟においては行訴法上関連請求のひとつに挙げられる原状回復等の問題も発生しうることから，判決の効力論あるいは訴訟法の守備範囲を（民訴法的な意味においては）超えることとなろうが，これらの問題をも視野に置きつつその有しうべき意義をあらためて考え直してみることも有益であるように思われる。

むすびにかえて

(1) 本稿で法適用行為という概念設定を行おうとしたきっかけのひとつは，最判平成14年7月9日民集56巻6号1134頁が「国又は地方公共団体が専ら行政権の主体として国民に対して行政上の義務の履行を求める訴訟は，法規の適用の適正ないし一般公益の保護を目的とするもの」と判示し「法規の適用」という表

---

34) 塩野Ⅱ191頁。なお，小早川下Ⅱ221頁以下も同旨。
35) なお，「違法是正」，「行政過程への差戻し」の視点から既判力と拘束力の役割分担を論ずるものとして，興津征雄『違法是正と判決効』(2010年)。

現を用いることにある。本判決に対し行政法学説はおおむね批判的であり[36]，また，理解に齟齬をきたしている点もある[37]が，事案及び判決の論旨に徴すればさしあたり行政行為あるいは処分を念頭に置くと解され，その限りでここに引用の説示自体はむしろ比較的自然に受け止められ他方そうであるがゆえに逆に何かしら問題提起的意味合いを看取しうるが，この点理論上の問題としては，さしあたり諸家の行政行為の定義に関する説明上法律との関係への言及の仕方がまちまちと認められる[38]ことはいささか気になるところである。

（2）行政行為が法律に基づくものであること自体は，学説史的には，オ・マイヤーの学説のもとでの理解とは別に，法段階説的理解によっても一般に受容されているものと受け止められる[39]。しかしながら，この法段階説的理解は，とりわけ実定行政法解釈学にとり法律と行政行為の関係をややもすると外在的ないしは静態的にあるいは過度に抽象化したまま把握する危険性をはらんでいるようにも思われるところである[40]。Ⅰ1に付記第1点として述べた法律の法規創造力と法関係形成力の関係に関する記述を踏まえていえば，それは法律と行政行為の

---

36) 包括的言及としてさしあたり参照，塩野Ⅰ246頁注3及び塩野Ⅱ280頁以下。ただし，民事執行法学上は意見が分かれているように受け止められる。さしあたり参照，髙田裕成＝宇賀克也「行政法上の義務履行確保」宇賀克也＝大橋洋一＝高橋滋編『対話で学ぶ行政法』（2003年）71頁，83頁における高田氏の発言，中野貞一郎『民事執行法〔増補新訂6版〕』（2010年）123頁，上原敏夫＝長谷部由起子＝山本和彦『民事執行・保全法〔第4版〕』（2014年）7頁〔上原執筆〕。

37) 学説には行政契約にも本判決の射程が及ぶとする見解〔斎藤誠『現代地方自治の法的基層』（2012年）406頁〕が存するが，最判平成21・7・10判時2058号53頁は消極に解している。

38) 行政行為あるいは（行政）処分の定義に際しての法律との関係に関する教科書上の説明を瞥見すると，そもそも定義を置かないもの，法律との関係に特に触れないものも含めまちまちである。参照，小早川上265頁，芝池義一『行政法総論講義〔第4版補訂版〕』（2006年）122頁，阿部・前出注2）311頁，宇賀克也『行政法概説Ⅰ〔第5版〕』（2013年）309頁，大橋洋一『行政法①〔第2版〕』（2013年）175頁，藤田宙靖『行政法総論』（2013年）24頁及び塩野Ⅰ124頁。もっとも，「行政行為には法律の根拠が必要」等々と説明すれば済むという問題でもないと思われる。掲記した文献のうち，大橋著は「法令に基づく」というがさしあたり「法律による行政の原理」との関係に触れられていないことは釈然としない。阿部著が「法律に基づ」いての「行政行為」とする点も同様である。

39) 藤田・前出注38）21頁以下で提示される著名な「三段階構造モデル」は，法段階説の系譜として位置付けられうるように受け止められる。また，塩野Ⅰ158頁注2において「規律力」の関連で引用される宮田三郎『行政法総論』（1997年）216頁は，付された文献案内から法段階説の影響を看取しうる。なお，メルクル論文を近時紹介する文献として，アドルフ・ユリウス・メルクル（勝亦藤彦／小田桐忍訳）「翻訳 法段階構造の理論に関するプロレゴーナメ」山梨学院ロー・ジャーナル第6号（2011年）143頁以下（参照はウェブサイト版に拠る〔https://www.ygu.ac.jp/yggs/houka/lawjournal/pdf/lawjournal06/lawjournal06_06.pdf〕）。

40) この点は，オ・マイヤーの法律による行政の原理についても静態的な権限分配原則として理解される限りで同様に解されよう。

関係を内在的かつ動態的にそして当該行政行為に係る法的仕組みに即してより直截に観察しようとする趣旨に由来している。

(3) 本稿では法適用行為の範疇を行政行為に始まり行訴法上の処分にまで順次広げてきたが，行政行為とこの処分の関係等については議論が存している[41]。ここでは行政行為から処分へのいわばシームレスな考察の展開が法適用行為と法関係形成力の視点からも必要かつ有益であると，そしてまたそこではさしあたり行政行為論における種類論を手がかりとした処分性等についての比較的あるいは類型論的考察手法すなわちそのような意味での一種のカタログ的考察手法が重要となろうと考えることから，最後に若干の関係判例を題材にこれを試みつつ本稿での考察を閉じることとする。すなわち，まず処分性に関しては，最大判平成20年9月10日民集62巻8号2029頁は「〔前記のような〕規制を伴う土地区画整理事業の手続に従って換地処分を受けるべき地位」に言及するが，それは，当該処分に伴い事後原告に発生すると当該制度上認められるべき実体的な一定の経済的精神的負担を過程的側面から包括的に表現するように解される。また，いくつかの判例において各種の通知的行為の処分性が認められているが，結論的には，大別して，直接何らかの法効果が認められるべきものとそうではなく事後の（不利益）処分の事前予告（警告，注意喚起）と認められるべきものの二種類があるように認められ，さしあたり前者に関し最判昭和54年12月25日民集33巻7号753頁[42]，最判平成16年4月26日民集58巻4号989頁[43]，最判平成17年4月14日民集59巻3号491頁[44]が，後者に関し代執行の「戒告」[45]，最判平成17年7月15日民集59巻6号1661頁[46]が挙げられうる。また，第三者の原告適格に

---

41) 大橋・前出注38) 176頁以下は行訴法3条の処分について「法概念としての総合性及び純粋性を欠く」と断じるが，同『行政法Ⅱ〔第2版〕』(2015年) 55頁以下では本文で以下取り上げる事項についての整理的把握の工夫が看取される。また，小早川上265頁以下は行政行為に代え理論的な意味での行政処分概念を提唱するが，行政行為概念が有したであろう立法及び解釈上の指針的役割は結局のところその場合にも要求されよう。塩野Ⅰ 177頁，塩野Ⅱ 100頁以下及び次注以降に引用するこれら両文献の論及は，さしあたり処分性分析について行政行為論の成果をひとつの手がかりとしていると解される。いずれにせよ，処分性等に関するカタログ的整理自体は従来から行われており，その点で問題は今後それをどう展開していくかにあるといえよう。
42) 本判決について塩野Ⅰ 132頁は，「命令的行為と同様の取扱い」と評する。
43) 本判決について塩野Ⅱ 112頁は，「行政行為の分類における確定行為とこれに結びつけられた法効果に着目したもの」と評する。
44) 本判決について塩野Ⅱ 113頁は，当該拒否通知につき「当該特別の制度の利用拒否処分と構成できる」とする。
45) 参照，塩野Ⅰ 259頁。

ついての最判平成 14 年 1 月 22 日民集 56 巻 1 号 46 頁と最判平成 10 年 12 月 17 日民集 52 巻 9 号 1821 頁とを対比した場合，当該処分により形成される法関係の内容について，さしあたり個別具体状況関係的か社会一般の風俗文化関係的かといった観点からの相違を看取することができる。さらに，狭義の訴えの利益についての最判昭和 59 年 10 月 26 日民集 38 巻 10 号 1169 頁と最判平成 4 年 1 月 24 日民集 46 巻 1 号 54 頁とを対比した場合，人に係る行為規制関係的か物に係る物権変動関係的かといった観点からの相違を見出すことができるであろう。

---

46) 本判決は，行政指導に処分性を認める等の点で論争提起的であるが，いずれにせよ当該「勧告」について，事後の「指定」処分との間に存する一種の制度的関係性を基礎とし事後的不利益発生可能性の注意喚起的要素に着目するものと解される。なお，現行健保法 65 条 4 項 2 号では両者の関係性が明定されている。いずれにせよここでは，それ自体法関係形成を行うものではないという意味で法適用行為，法関係形成力を語りえない法律上規定された行政上の行為についての「処分性」承認の余地があることが留意されよう。

行政法における法の解釈と適用に関する覚え書き

角 松 生 史

Ⅰ 法の解釈と適用
Ⅱ 解釈命題とは何か
Ⅲ 解釈と適用の区別
Ⅳ むすびに代えて

Ⅰ 法の解釈と適用

　磯村哲は,「19世紀を支配した概念法学的法律実証主義」における法適用過程＝判決獲得過程に関する理解を次のように説明する。

> 「裁判官は具体的な生活事態 (Lebenssachverhalt) を一定の既存の制定法規の抽象的要件に論理的に包摂 (Subsumtion) し，当該法規に規定された法律効果を具体的事態に賦与する。いいかえれば，ここでは法の適用は，既存の抽象法規を大前提 (Obersatz) とし，具体的事態を小前提 (Untersatz) として前者に包摂する三段論法的論理推論 (Syllogismus) の構造をもつ。法適用に奉仕する使命を有する法解釈も，少なくともその論理構造上は，法適用のかような構造におうじて，具体的事態から切り離された抽象法規のすでにそれに内在する意味を独立に確定する作業の機能をもつにすぎない」[1]

いわゆる「法的三段論法」の古典的定式である。磯村が上記論文で詳述するように，上記定式に対する批判がさまざまな点についてなされてきた。

　第一に，裁判官が行う法解釈作業が，抽象法規に既に内在する意味の探求に止まるものではなく，創造的・評価的要素を含んでいるのではないかという指摘である。民法・法社会学における戦後の法解釈論争[2]では，裁判官のこのような作

---

[1] 磯村哲「法解釈方法論の諸問題」磯村編『現代法学講義』(有斐閣，1978年) 85-124頁 (87頁)。
[2] 論争史の整理として，瀬川信久「民法の解釈」星野英一編集代表『民法講座別巻1』(有斐閣，

業の意味とその正当性が激しく議論された。

第二に，法の適用過程としての「包摂」を実際に行うためには，抽象的法命題と具体的生活事態との「視線の往復」（Hin- und Herwandern des Blickes）[3]が必要である以上，そこには必然的に評価的・類推的な「帰属」の要素がある，それは論理学における包摂推論とは異なるのではないかという指摘である[4][5]。このような批判は，「法的三段論法」が現実の法の適用[6]過程を的確に表現していないのではないかという指摘，そして解釈と適用を区別する意義自体への疑問へとつながってくるだろう。

それでは法の「解釈」と「適用」の区別に本当に意味はないのだろうか。本稿はこの問いに関する不十分な考察を試みるものである。

Ⅱ 解釈命題とは何か

1 解釈命題の「最小限度」——一つの判決を素材に

ここでは一つの判決を素材に，「法的議論において解釈命題を必ず提示すべき場面」の存在について検討してみたい。検討対象とするのは，最判 2014 年 7 月 18 日[7]（貸金業法事件）である。

本判決の事案では，株式会社 X の監査役 A が自動車運転過失致死罪により禁錮 1 年 4 月，執行猶予 3 年の判決を受けたため，大阪府知事は，A が貸金業法 6 条 1 項 9 号（以下，「本件規定」という）に定める X の「役員」に該当することを前提として，X による登録の更新申請（貸金業法 3 条）を拒否し[8]，また，X の登

1990 年）1-99 頁，瀬川「民法解釈論の今日的位相」同編『私法学の再構築』（北海道大学図書刊行会，1999 年）3-33 頁。

3) Karl Engisch, Logische Studien zur Gesetzesanwendung (3. Aufl.), C. Winter, 1963, S. 15.

4) そのような作業をなお「包摂」と呼ぶかどうかについて，Engisch と Larenz/Canaris は見解を異にする。後者における「包摂」は，「判断対象たるべき事態のメルクマールを上位概念において述べられたメルクマールと同一視すること」に限定される（Larenz/Canaris, Methodenlehre der Rechtswissenschaft (3. Aufl.), Springer 1995, S. 95-96; K. ラーレンツ（米山隆訳）『法学方法論〔第 6 版〕』（青山社，1997 年）（原書 1991 年）425-427 頁）のに対して，前者における「包摂」は，「判断されるべき対象であるところの具体的事例を，法律の要件が疑いなく意味しているところの事例と同一視すること」（Engisch・前出注 3), S. 26）を含むからである。

5) 法的三段論法モデルが孕む論理的問題点の指摘として，高橋文彦『法的思考と論理』（成文堂，2013 年）63-82 頁。

6) 本稿は解釈と区別された狭義の「適用」に主に関心をもつが，ここでいう「法適用」は法解釈も含めた広義の法適用過程のことである。

7) 民集 68 巻 6 号 575 頁。同判決に対する評釈として，徳地淳・ジュリスト 1484 号（2015 年）103 頁，長秀之・NBL 1046 号（2015 年）69 頁がある。

録を取り消した[9]。Xはこれら処分に対して取消訴訟を提起した。

本判決におけるほぼ唯一の争点は，監査役Aが本件規定にいう「役員」に該当するかどうかである。本件規定における「役員」は，貸金業法4条1項2号（「業務を執行する社員，取締役，執行役，代表者，管理人又はこれらに準ずる者（以下略）」）によって定義される[10]から，この定義規定への該当性が問題になるわけである[11]。所管庁は，改正前の法における同様の規定に関する通達（1983年）の解釈を踏襲し，「監査役は『これらに準ずる者』に含まれ，従って本件規定に言う『役員』に含まれる」という解釈をとり（以下「解釈甲」という），府知事はそれに準拠して処分を行った。第一審[12]もこの解釈を支持した。

それに対して最高裁は，貸金業法の規定には，本件定義規定を含む監査役を明文で列記していないもの[13]と列記しているもの[14]があることに着目し，「同法中の各役員定義規定において監査役を明文で列記するかどうかはあえて区別して差異が設けられているものということができる」として，「本件規定に言う『役員』には監査役は含まれないものと解するのが相当である」という解釈（以下「解釈乙」という）を採用した。明言されているわけではないが，解釈甲，解釈乙は，いずれも，「すべての監査役は『役員』に該当する」（甲）あるいは「およそ監査役は『役員』に該当しない」（乙）という全称命題を提示したものと考えられるだろう。

控訴審[15]は，この点についての解釈を明確な形で提示してはいないが，「監査

---

8) 貸金業法6条1項4号（「禁錮以上の刑に処せられ，その刑の執行を終わり，又は刑の執行を受けることがなくなつた日から5年を経過しない者」）および9号（「法人でその役員又は政令で定める使用人のうちに第1号から第7号までのいずれかに該当する者のあるもの」）が定める登録拒否事由に該当するというのが拒否理由である。
9) 貸金業法24条の6の5第1項は，「内閣総理大臣又は都道府県知事は，その登録を受けた貸金業者が次の各号のいずれかに該当する場合においては，その登録を取り消さなければならない」として，「第6条第1項第1号若しくは第4号から第12号までのいずれかに該当するに至つたとき，又は登録の時点において同項各号のいずれかに該当していたことが判明したとき」（第1号）を義務的取消事由としてあげる。Aが「役員」であれば，6条1項9号（参照，前出注8））に該当するから，知事は登録を取り消さなければならない。
10) 貸金業法4条1項2号は，定義規定の射程から「第24条の6の4第2項及び次章から第3章の3まで」を除いているが，6条1項9号はこの除外規定には含まれない。
11) 貸金業法4条1項2号は，本文に示した定義には「法人に対し，これらの者と同等以上の支配力を有するものと認められる者として内閣府令で定めるものを含む」とするが，この規定を受けて定められた貸金業法施行規則2条には監査役は含められていない。
12) 大阪地判2011年12月22日判例地方自治372号102頁。
13) 貸金業法24条の27第1項3号，31条8号，24条の6の4第2項。
14) 貸金業法41条の13第1項4号，41条の39第1項4号。

役は原則として『役員』に含まれないが、当該監査役が『(当該会社)に対して取締役らと同程度に支配力を有している』場合であれば含まれる」(以下「解釈丙」という)と読む余地がある。

解釈甲〜解釈丙のいずれが妥当かについて、本稿は関心を有しない。述べたいのは以下の点である。「本件事案に対する法的判断における焦点である、『監査役Aが本件規定にいう「役員」にあたるか』という問いに答えを出すにあたっては、本件規定の『役員』に関する<u>いずれかの解釈(甲〜丙、又はその他の解釈)を一般命題として示すことが不可欠</u>なのではないか」。仮に筆者の感覚が異端ではないとすれば、おそらくほとんどの法律家は上の点に同意するのではないだろうか[16]。

ただし、上の解釈丙ないしはそれに類する立場をとろうとするときは問題が残る。解釈甲、解釈乙とは異なり、解釈丙は、全称命題ではない。この解釈をとっても、監査役Aが当該規定に言う「役員」に該当するかどうかは直ちには決まらず、Aが「取締役らと同程度に支配力を有している」かどうかについて、具体的事情に即した判断を行う必要がある。即ち解釈丙は、上の問いに答えを出すための十分条件ではない。

また、解釈丙においては、「監査役であって、かつ取締役らと同程度に支配力を有している者であれば役員にあたる」という形で、より細分化された一般命題が示されている。しかし、事案によっては、「具体的事情に鑑みると当該監査役が『役員』に該当すると解することは妥当でないが、『役員』についての一般命題を定立することは未だ困難である」という場合も考えられる。しかし、その場合であっても、「解釈甲も解釈乙も妥当ではない」という<u>一般性を有する否定命題を反論として示すことが求められる</u>のではないか[17]。

---

15) 大阪高判2012年9月14日判例地方自治388号84頁。

16) ちなみに神戸大学法科大学院における授業「対話型演習行政法Ⅰ」(中川丈久と共同開講)において、本判例を素材とした問題を出題したところ(2015年度)、解釈丙(問題文においてヒントを与えていた)をそれ自体として提示しないまま、しかしそれを暗黙の前提として、「Aが会社に対して支配力を有さない」という事実関係のみを指摘して結論を導こうとした答案が多かった。亀本洋「法を事実に当てはめるのか、事実を法に当てはめるのか」法哲学年報2013(2014年)13-31頁(18頁)にいう、④(小前提)を①(法規範=条文の解釈命題としての大前提)に「いきなり当てはめる」例だと言えよう。

17) 行政庁が現に解釈甲を主張し、また、Aが監査役に該当することが明らかである以上、「Aは役員に該当しない」と主張するのであれば、一般命題レベルで解釈甲に反論することが不可欠である。同様に、「Aは役員に該当する」と主張するためには、解釈乙(それが現にあるいは潜在的に主張されているとすれば)に対する反論が不可欠であろう。

つまり本件は,「なんらかの解釈命題を示すこと」を必然とするような事案だったと総括することができよう。このように,法的判断の場において,いわば「一般命題としての法解釈の最小限度」が求められる場合があると考えられる。

2 トゥールミン・モデルと「ミクロ正当化」

Ⅱ1で本稿は,一つの最高裁判決を素材に,法的判断において「一般命題としての法解釈の最小限度」が問題になる場合があることを示した。それではそこで「一般命題としての法解釈」はどのような役割を担うのか。

この点に示唆を与えるのが,これまで法学分野でもたびたび紹介されてきた[18]いわゆるトゥールミン・モデルである。Toulmin は,議論の一般的構造として「われわれが主張したいと考えるもの」=「主張」(C=claim),その「根拠となる事実」=「データ」(D=data),そしてこの両者を橋渡し(bridge)する「D という事実から C のような主張ないし結論を導き出す資格ありとされるような」命題=「論拠」(W=warrants)を区別する[19]。

W は,当然の前提とされる場合など,暗黙にしか引き合いに出されない場合も多い[20]。たとえば個人的知識に基づく「ハリーの髪が赤い」という D から「ハリーの髪は黒くない」という C を導き出そうとするとき,通常は W の提示は不要だと思われる。しかし,議論の相手方が納得しないのであれば,「もし何かが赤いなら,それは同時に黒ではない」という W が提示されることになるだろう[21]。

また批判者は,W が「そもそも受け入れ可能かどうかという,さらに一般的な問い」を提示することもできる。その場合,論拠の背後の「べつの保証」としての「裏づけ」(B=backing)が必要となる[22]。たとえば「ハリーは英国民である」という言明(C)を支持するために,「彼がバミューダで生まれた」(D)を提

---

18) 法学文献における Toulmin の議論の分析として,さしあたり平井宜雄『法律学基礎論の研究』(有斐閣,2010 年) 64-70 頁 (初出 1989 年),田中成明『法理学講義』(有斐閣,1994 年) 209-210 頁,374-375 頁,ウルフリット・ノイマン (亀本洋=山本顕治=服部高宏=平井亮輔訳)『法的議論の理論』(法律文化社,1997 年) 24-31 頁,亀本洋『法的思考』(有斐閣,2006 年) 226-270 頁,髙橋・前出注 5) 121-144 頁。
19) Stephen E. Toulmin, The Uses of Argument (updated edition), Cambridge University Press, 2003 (初版 1958 年), pp. 90-91 (戸田山和久=福澤一吉訳『議論の技法——トゥールミンモデルの原点』(東京図書, 2011 年) 143-145 頁。
20) Toulmin・前出注 19) p. 92 (邦訳 147 頁)。
21) Toulmin・前出注 19) p. 91 (邦訳 145 頁)。
22) Toulmin・前出注 19) pp. 95-97 (邦訳 151-153 頁)。

示し、Wとして「バミューダに生まれた人は英国民であるとみなされるだろう」という命題が示されたとする。このWがさらに批判された場合、「英国植民地に生まれた人の国籍を律する、議会法及びその他の法規定の制定の記録」[23]が裏づけ（B）として示されることになるのである。

このBは「可変性」ないし「場（分野）依存性（field-dependence）」を有している。たとえば「クジラは哺乳類であろう」「バミューダの人は英国民であろう」「サウジアラビア人はムスリムであろう[24]」というWについては、それぞれ分類学の体系、法律的観点、統計的記録をBとして持ち出せる[25]。また、W-Bの関係はさらに繰り返されることもあり、もはや批判がなされなくなった時点で停止する[26]。このように、DからCを導出しようとする際、Wが通常はそもそも必要とされないほど自明な場合もあるし、他方で繰り返し遡行してBが求められることもある。WやBの要否や求められる内容は、当該議論の場のあり方に依存しているのである。

トゥールミン・モデルの法的議論における応用については、平井宜雄「法律学基礎論覚書」[27]の公表を受けて開催されたシンポジウムにおいて瀬川信久が示した【図1】の整理が基本的に適切と思われる[28]。

認定事実（D）から事案の解決（C）を導くための「橋渡し」を可能にするような一般命題のみが、Wとして機能しうる。いかなる命題であればWとして認められるかは、法律家共同体によって形作られる「場」のあり方に依存するだろう。

バミューダ生まれのハリーの例に立ち返ってみよう。ここで「ハリーはバミュ

---

23) Toulmin・前出注19) p. 97（邦訳154頁〔筆者の判断で訳を変更した〕）。
24) 演繹的推論ではなく、「……であろう」という形の反駁を許す推論を扱うことができるのは、法的判断の分析にとってのトゥールミン・モデルの強みである。なお参照、安藤馨「最高ですか？」法学教室426号（2016年）69-79頁（72頁）。ただし、Toulminの議論に「様相」と「量化」の混同が見られるという指摘として、高橋・前出注5) 132頁。
25) Toulmin・前出注19) p. 96（邦訳153頁）。「場依存的」の概念について、Toulmin・前出注19) p. 14（邦訳22頁）。
26) 平井・前出注18) 67頁。「論拠」ではなく「理由づけ」一般についてであるが、Toulmin, An Examination of the Place of Reason in Ethics, The University of Chicago Press, 1986（初版1950年), p. 146.
27) ジュリスト916, 918, 919, 921-923, 926-928号（1988-1989年）。平井・前出注18) 41-173頁所収。
28) 「ミニ・シンポジウム：法解釈論と法学教育」ジュリスト940号（1989年）14-60頁（43頁）。参照、田中成明『現代法理学』（有斐閣、2011年）548頁、高橋文彦「発題 統一テーマ『民事裁判における「暗黙知」：「法的三段論法」再考』について」法哲学年報2013（2014年）1-11頁（4頁）。

ーダで生まれた」（＝D）と「ハリーは英国民である」（＝C）という二つの言明を橋渡しすべき論拠として，「バミューダに生まれた人は英国民であるだろう」（W_1）が提示されたとする。この場合，橋渡しが成功することはほぼ自明であり，問題は，「果たしてW_1

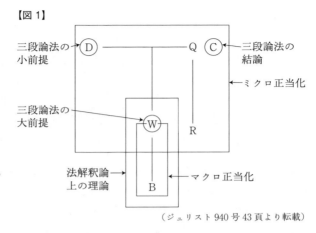

【図1】

（ジュリスト940号43頁より転載）

は正当なのか」という点に移行し，その裏づけ（B）が持ち出されることになる。

　それではそこで「英国の海外領土に生まれた人は英国民であるだろう」（W_2）という論拠が提示された場合はどうか。「バミューダは英国の海外領土である」という命題Pを前提知識として共有している議論の相手方との関係では，この命題は橋渡しとして機能した上で，問題はBに移行する。しかし，上記の命題Pを共有しない相手方に対しては，W_2は，DとCの「橋渡し」として直ちには機能しない。W_2とW_1とを橋渡しするものとして，改めて命題Pが提示される。D，W→Cの論証形式に類似した関係が，P，W_2→W_1の間に成り立つことになる[29]。W_1が論拠として提示された場合，PとW_2は，W_1にとってのBと類似した機能を果たすことになろう。

　上述のように，DからCへの橋渡しを可能にするWの要否・内容は議論の「場」に依存する。先の「ハリーの髪の色」の例のように，Wを明示することが通常不要な場合もある。また，前提Pを共有しているか否かで，W_1を提示するかW_2を提示するかも変わる。同じ命題が，Wとして機能することもBとして機能することもありうるのである[30]。具体的な条文の解釈・適用をめぐる法的

---

[29] Toulminは，CおよびDを単称命題に限っているので，「類似した」としておく。

[30] 上記シンポジウムにおいて，星野英一は平井宜雄に対して「条文はBなのですか」という問いを発し，平井は明確に答えなかった（前出注28）42-43頁）。本文に述べた点は，答えられない一つの理由だと考えられる。なお参照，高橋・前出注5）131頁注（19）。ただしToulminは，

【図2】

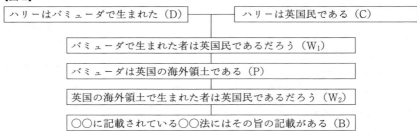

議論の場においては,「そうすると,条文があって,その条文を具体的な事案の解決に適応するような命題にしたものがWになるということなのでしょうか」[31]という田中成明の整理が的確だと思われる[32]。

わが国における「法解釈論争」は,主に「Wを正当化するためにはいかなるBの利用が許されるのか」という問いをめぐるものだった。これに対して,「発見のプロセス」と「正当化のプロセス」を区別した上で,後者における「ミクロ正当化」の重要性を説く平井の議論は「いかなるWであればD→Cの橋渡しの機能を持ちうるか」という新たな視角を提示したものだと理解できる[33]。

以上をまとめると,法の解釈とは,「事案の解決(D→C)に必要とされるWを一般命題として提示する作業および,当該Wについてのありうべき批判に対応

Wは橋渡しをする仮言命題であるのに対して,Bは事実に関する定言命題の形式で表現可能なものであり,このような機能の相違を命題が反映していれば,両者の混同の恐れはないとする。Toulmin・前出注19) pp. 97-98(邦訳154頁)。

31) シンポジウム・前出注28) 42頁。

32) 「裁判所が,特定の事件の裁判において,その結論についての不可欠の根拠,あるいは理由とされた法規則問題」(中村治朗「判例について」同『裁判の世界を生きて』(判例時報社,1989年(初出1976年))313-355頁(322頁))という判例理解(「解釈命題説」〔土屋文昭「判例に関する覚書——民事判例の主論を中心として」東京大学法科大学院ローレビュー Vol. 6(2011年)218-233頁(222-224頁)〔木下昌彦に教示を受けた〕)は,本文の理解と近いように思われる。

33) もっとも,「ミクロ正当化」の例として平井があげる「履行の着手」の例(平井・前出注18) 144頁)などはむしろ,Bとしての判例理論から具体的事案に利用可能なWを導出する過程に焦点を当てているように思える。平井はそれを判例の命題からの「論理的帰結」と呼ぶのだが,その作業は,命題に「要件を加えたり,修正したりする」(同上)ものだとされている以上,古典論理学で言うところの「論理的推論」にはあてはまらないだろう。参照,高橋・前出注5) 231-232頁,瀬川信久=小粥太郎=加藤新太郎「民法解釈方法論と実務」加藤新太郎編『民事司法展望』(判例タイムズ社,2002年)179頁(「弁護士がこのミクロ正当化でしていることは,新しいルールを作り出すことです」(瀬川発言))。さらに参照,瀬川・前出注2)(「民法の解釈」)20頁。

して，W→Bを繰り返していく作業」と考えられるのではないか。そして，その作業をどこまで行うのかは，上述のように議論の「場」に規定されている。

III 解釈と適用の区別

1 判断主体が異なる場合

 それではそのような法の「解釈」と法の「適用」はどのように区別されるのか。Iで述べたように，「法的三段論法」で前提とされていたこの区別に対して，「視線の往復」の指摘は疑問を差し挟むこととなった。しかし，その批判の多くは疑念を提示して区別の困難を指摘するに止まり，積極的な区別の揚棄論も，区別の意義を再構築する議論もあまり見られないように思われる。このように，両者の区別が正面から論じられることが少なかったのは，民法を主戦場とする法解釈論争において，同一の判断主体——通常は裁判所——が行う「正当化のプロセス」の記述の上で両者がどのように区別されるかという形で問題が捉えられてきたからではないか。

 しかし，「解釈」と「適用」が異なる判断主体によって行われる場合，問題はより深刻になる。たとえば裁判員法6条によれば，「法令の解釈に係る判断」が構成裁判官のみの合議によるものとされる一方で，「事実の認定」「法令の適用」「刑の量定」は構成裁判官と裁判員の合議によるものとされている。いかなる判断が「解釈」であり，いかなる判断が「適用」であるかが問題になるのである[34)35)]。また，1996年改正前の民事訴訟法における上告理由としての「法令の解釈」についても，類似する問題があった[36)37)]。

---

34) この点を考察するものとして，稗田雅洋「裁判員裁判と刑法理論——裁判官の視点から」刑法雑誌55巻2号（2016年）361-374頁（363-365頁）。

35) なお，アメリカにおいて，「法律問題・事実問題」の区別の枠組みが，裁判官とその他の機関の役割分担の基準を示す役割を持っていたことと，この枠組みの多義性について，中川丈久「司法裁判所の『思惟律』と行政裁量——1803年～1950年のアメリカ行政法について(2)」法学協会雑誌107巻5号（1990年）818-877頁（828-829頁），「法」と「事実」の間には存在論的・認識論的・分析的区別はなく，この問題は機能的にしか解きえないとするものとして，Ronald J. Allen/Michael S. Pardo, The Myth of the Law-Fact Distinction, 97 Nw. U.L. Rev. 1769, 1790 (2003).

36) 河野正憲「不確定概念（一般条項）の上告可能性」小室直人＝小山昇先生還暦『裁判と上訴（中）』（有斐閣，1980年）308-342頁，福永有利「不特定概念（不確定概念）の上告可能性」同書343-357頁，小室直人『上訴・再審（民事訴訟法論集中）』（信山社，1999年）101-106頁。

37) 最判2004年1月15日民集58巻1号226頁は，国家賠償法1条について「ある事項に関する法律解釈につき異なる見解が対立し，実務上の取扱いも分かれていて，そのいずれについても相

2 行政裁量論との接点

塩野宏は,「行政行為をするに当たっての行政庁の判断過程のどこに裁量があるかを探究するのが裁量論の意義である」として,その「判断過程」を「A 事実認定 B 事実認定の構成要件への当てはめ(要件の認定) C 手続の選択 D 行為の選択 E 時の選択」に分解する[38]。その際,法の解釈は「裁判所の専権に属する」[39]こと,「紛争解決における事実の認定はわが国の通説的理解によればまさに司法権に専属する」[40]ことが前提とされている。従って,少なくとも要件裁量については,裁量判断はB＝狭義の適用の問題として整理されるのである[41]。

上の塩野の理解は,ドイツ法における古典的議論の影響を受けていると思われる。彼地では,1950年代後半以来,効果裁量と要件裁量の厳格な二分法を前提とするドグマーティクが強い影響力を有してきた。「判断余地」(Beurteilungsspielraum)説を提唱した1955年のBachof論文は,要件が具わっている場合における行為の自由を法律が行政庁に認める「行為裁量」(Handlungsermessen)と,当該行為の要件に関する判断の余地を認める判断余地とを区別する。前者は「意思による決定」であるのに対して,後者は常に「認識行為」だというのである[42]。Pacheは,Bachofの議論が意思形成と認識行為の区別を根拠としていたことが,それがその後のドイツ行政法学・憲法学に長く影響を及ぼした理由だとする[43]。

その上で,Bachofによれば,不確定概念の「解釈」(Auslegung)＝「概念の意

当の根拠が認められる場合に,公務員がその一方の見解を正当と解しこれに立脚して公務を遂行したときは,後にその執行が違法と判断されたからといって,直ちに上記公務員に過失があったものとすることは相当ではない」とするが,この判例の射程をめぐっても類似の問題が生じうる。

38) 塩野宏『行政法Ⅰ〔第6版〕』(有斐閣,2015年)138-139頁。
39) 塩野宏『行政法Ⅱ〔第5版補訂版〕』(有斐閣,2013年)160頁。
40) 塩野・前出注38) 144頁。
41) 参照,角松「日本行政法における比例原則の機能に関する覚え書き——裁量統制との関係を中心に」政策科学21巻4号(2014年)191-200頁(193-194頁)。
42) Otto Bachof, Beurteilungsspielraum, Ermessen und unbestimmte Rechtsbegriff im Verwaltungsrecht, Juristenzeitung 1955, S. 97-102 (98). 前年に発表されたReuss論文(Hermann Reuss, Das Ermessen—Versuch einer Begriffsklärung, DVBl 1953, S. 649-655 (649)) も同様に,裁量は「様々な行為態様(Verhaltensweisen)の間の選択」であるのに対して,不確定法概念の適用は,「認識問題」だとし,Bachofはこれを支持している(Bachof, a.a.O., S. 98. ただし,引用されているのはReussの別論文〔Gegenäußerung, DÖV 1954, S. 557-559 (559)〕である)。Bachofの議論の紹介として,田村悦一『自由裁量とその限界』(有斐閣,1967年)102頁以下,高橋滋『現代型訴訟と行政裁量』(弘文堂,1990年)9頁以下,宮田三郎『行政裁量とその統制密度〔増補版〕』(信山社,2012年)61頁。
43) 参照,Eckhard Pache, Tatbestandliche Abwägung und Beurteilungsspielraum, Mohr Siebeck, 2001, S. 58.

味内容の探求」は，法律問題（Rechtsfrage）として全面的に裁判官による事後審査が可能であることに疑いの余地はない[44]。また，「事態（Sachverhalt）に関する判断の前提となる事実の確定」についても同様である[45]。これに対して「不確定概念の具体的事態に対する適用」＝「不確定概念を含む法律概念への包摂」については，価値概念であっても経験概念であっても判断余地が認められる場合がある，というのが論者の立場である[46]。このように Bachof は，要件判断に関する限り，裁量を包摂のレベルに限定したのである[47]。

近年のドイツの学説では，「抽象的一般的法規範およびその中に含まれる不確定法概念の解釈（Interpretation）は，裁判権の始原的機能であって，真正の行政機能ではない」[48]「抽象的一般的レベルに位置づけられる法解釈過程とその個別的具体的適用とは，なお理念的には区別される」[49]などとして，このような解釈と狭義の適用（＝包摂）の二分論および前者に関する全面的司法審査原則を維持する見解[50]と，「事態と規範の文言の相互的関係が規範の解釈に決定的に影響する時点，すなわち規範の具体化の時点で既に判断授権が始まる」[51]などとして二分論を相対化する見解が見られるようである[52]。

---

44) Bachof・前出注42) S. 98.
45) Bachof・前出注42) S. 99. Bachof によれば事実に関する司法審査は「自明のこと」であり，たとえば建設用地調達法5条Ⅰ文のように立法者が行政庁に，任意取得の努力に関する証明の「裁量」を認めることは，法治国原理，そして公権力の措置に対する包括的権利保護を定める基本法19条4文に違反するとする。
46) Bachof・前出注42) S. 99-100.
47) 「包摂の留保」と呼ばれることもある考え方である。高橋・前出注42) 14頁, Walter Schmidt, Gesetzesvollziehung durch Rechtsetzung, Gehlen 1969, S. 125.
48) Hans-Jürgen Papier, Rechtsschutzgarantie gegen die öffentliche Gewalt, in: Isensee-Kirchhof (Hrsg.), Handbuch des Staatsrechts, Bd. VI (C. F. Müller, 1989), Rn. 63.
49) Pache・前出注43) S. 44.
50) Friedrich Schoch, Gerichtliche Verwaltungskontrollen, in: Hoffmann-Riem/Schmidt-Aßmann/Voßkuhle, Grundlagen des Verwaltungsrechts Bd. III (2. Aufl.), Beck, 2013, Rn. 296 も同様の見解をとる。
51) Heinrich Amadeus Wolff, in: Sodan/Ziekow, Verwaltungsgerichtsordnung (3. Aufl., Nomos, 2010), § 114 Rn. 302.
52) Jan Oster, Normative Ermächtigungen im Regulierungsrechts (Nomos, 2009), S. 29 f. によれば，現時点では「判断余地」と「効果裁量」の区別に加えて，「目的的構造を有する法律プログラム」における「計画形成裁量」の3分論が支配的ドグマーティクであるとしてそれを維持すべきか，それとも「統一説」（Pache・前出注43) S. 108）をとるべきかが数十年間にわたり議論されているとされる（「計画裁量」概念についてさしあたり参照，芝池義一「計画裁量概念の一考察」杉村敏正先生還暦『現代行政と法の支配』（有斐閣，1978年）187-206頁，高橋・前出注42) 41頁以下，宮田・前出注42) 121頁以下）。

ただし、効果裁量については問題が残る。それはそもそも「法の適用」なのかそれとも「法から自由な領域」なのかが問われうるからである[53]。このこともあいまって、現在の裁判実務において、判断過程に着目した裁量統制手法としてとられている「考慮事項」の位置づけが問題になる[54]。根拠法の規定から裁量権行使にあたっての考慮義務事項、考慮禁止事項、考慮可能事項を導出する裁判所の作業は、解釈命題と言えるだろうか。この問いに対して確信をもって答えることはできないが、一般命題としてそれら考慮事項が抽出されている限り、法解釈命題であることを否定する理由はないように思われる[55]。

3　Chevron 法理と「解釈裁量」

アメリカ合衆国連邦最高裁判所の Chevron 判決（1984 年）は、行政機関による制定法の「解釈」についての裁量を認めたものと理解されている。

同判決においては、連邦大気浄化法を実施するために制定された立法規則が問題とされた。同法は、大気基準を達成していない州に対して、新しいあるいは変更された「固定排出源」(stationary sources) を規制する許可プログラムを策定することを求めていたが、環境保護庁（EPA）が 1981 年に策定した立法規則は、この「固定排出源」について、個別排出施設ではなく事業所全体で排出量を算定することを認めた。連邦最高裁は、この規則を「同一の産業的系列の中に属する全ての排出施設があたかも単一の『バブル』の中に包み込まれているかのように扱うことを州に認める」ものと理解した上で、それが「『固定排出源』という制定法上の用語の合理的解釈に基づくと言えるか」[56]と問題を設定する。

その上で、いわゆる Chevron 法理の「2 段階テスト」が提示される。

---

53)　小早川光郎「裁量問題と法律問題——わが国の古典的学説に関する覚え書き」『法学協会百周年記念論文集第二巻』（有斐閣、1983 年）331-360 頁は、裁量権の踰越と濫用の区別を前提とした上で、後者に「模範からの逸脱」という問いが存在することを指摘する（342 頁）。

54)　早い段階での考察として、芝池義一「行政決定における考慮事項」法学論叢 116 巻 1-6 号（1985 年）571-608 頁。

55)　ただし、たとえば、原級留置処分・退学処分を「考慮すべき事項を考慮しておらず、又は考慮された事実に対する評価が明白に合理性を欠」くとして違法としたエホバの証人判決（最判1996 年 3 月 8 日民集 50 巻 3 号 469 頁）においては、「考慮すべき事項」と裁判所がみなした要素のうちで、「考慮すべき」理由が、事案それ自体と切り離されていない場合があるように思われる（この点は、神戸大学法科大学院「対話型演習行政法 I」の共同開講（参照、前出注16)）における中川丈久との議論に負うところが大きい)。このような場合、法解釈命題として位置づけられるかどうか、議論の余地がある。参照、角松・前出注41) 195-196 頁。

56)　467 U. S. 837, 839 (1984).

「その所管する制定法についての行政機関の解釈（construction）を裁判所が審査する場合，裁判所は二つの問題に直面する。まず，まさに争点となっている当該問題について議会が直接述べているかどうかという問題である。議会意図が明らかであれば，問題はそこで終了する。なぜなら，行政機関と同様に裁判所も，一義的に（unambiguously）表明された議会意図に効力を与えねばならないからである。しかしながら，もし議会が当該問題について直接に取り上げていないと裁判所が判断すれば，裁判所は，当該制定法についての自らの解釈（construction）を単純に押しつけはしない。行政解釈（interpretation）が何ら存在しない場合にはそれが必要になるのだが。当該特定の争点につき法律が沈黙しているか曖昧である場合に裁判所が問題とすべきは，行政機関の答えが当該制定法の許容可能な解釈（permissible construction）に基づいているか否かという点である」[57]

筆者の能力不足から，Chevron法理をめぐる膨大な判例学説[58]をフォローすることは一切できないが，同法理において，「解釈」と「政策選択」とが明確に区別されていないこと[59]がまず本稿の関心を引く。同判決は，「我々は，自らにその施行を委ねられているところの制定法の仕組みに関する執行府の解釈（construction）には相応の重みが認められなければならないこと，そして行政解釈（administrative interpretation）への敬譲の原則を認めてきた」と述べた上で，法律が行政庁に認めた「対立する諸政策の合理的調整」を尊重すべきだとする判例[60]を引用する。その上で，法律の規定と立法史を参照した上で，「これらの場合（当該特定プログラムの文脈──引用者注）におけるバブル概念の適用可能性について，議会が特定の意図を有しなかったという点について，我々も連邦控訴裁判所に同意し，ここで環境保護庁がバブル概念を用いたことは，行政庁が行った合理的な政策選択である」と結論づけるのである[61][62]。

---

57) 467 U. S. 837, 842-843.
58) 邦語文献としてさしあたり，紙野健二「アメリカにおける謙譲的司法審査理論の構造」大阪経済法科大学法学研究所紀要15号（1992年）79-111頁（87-94頁），上野恵司「行政機関による制定法解釈──Chevron判決の理論的根拠」早稲田大学大学院法研論集66号（1993年）1-25頁，筑紫圭一「アメリカ合衆国における行政解釈に対する敬譲型司法審査（上）」上智法学論集48巻1号（2004年）218-192頁（210-203頁），黒川哲志『環境行政の法理と手法』（成文堂，2004年）241-251頁，今本啓介「アメリカ合衆国における行政機関による制定法解釈と司法審査(1)──法規命令・行政規則二分論の再検討をめざして」商学討究59巻4号（2009年）99-129頁（124-129頁）。なお，海道俊明「行政機関による制定法解釈とChevron法理」（神戸大学大学院法学研究科助教論文，2015年1月）（未公表）から文献の所在も含めて多くを教えられた。
59) 海道・前出注58)（著者の了解を得て引用）はChevron判決が「法（law）」と，「政策（policy）」を明確に区別していないと指摘する。
60) United States v. Shimer, 367 U. S. 374, 382, 383. (1961).

また，上述のように Chevron 判決自体は議会により授権された立法規則に関するものであったが，議会の授権を受けていない解釈規則[63]等の非立法規則についても Chevron 法理を適用する判決[64]が見られ，同法理の射程については議論が尽きない。

4 日本法との比較――委任命令の場合

議会により授権された立法規則についての Chevron 判決の議論を日本法にあてはめるならば，法律と委任命令の関係をめぐる議論になろう[65]。周知のように，最高裁はその場合，委任命令が「委任の範囲」ないし「委任の趣旨」を逸脱したものかどうかを問題にする[66]。もちろんその委任の範囲ないし趣旨がいかなるものであるかは根拠法の解釈問題だと考えられるが，制定された委任命令の内容は，意味の導出としての法令の「解釈」というよりは，むしろ，委任の範囲・趣旨を逸脱しないことを前提とした上での，行政機関による「政策選択」として理解される場合が多いのではないか[67][68]。

---

61) 467 U. S. 837, 845.
62) また，本文で原語を示したように，同判決では法律の「解釈」を示すものとして interpretation と construction がほぼ同義に使われる。Michael Herz, Chevron is Dead; Long Live Chevron 115 Colum. L. Rev. 1867 (2015) は，両者を区別しないのが通常の用法であることを前提とした上で，「interpretation は意味論的な語義を確定することであり，construction は具体的な状況へのその語義の適用である」という区別を示す。その上で Chevron 法理の第 1 段階は interpretation, 第 2 段階は construction として理解されうるのではないか，というのが論者の議論である (p. 1871, 1896)。またこの区別は，ambiguous (ある語に明確で理解可能な二つ以上の意味があり，どちらが作用しているのかについて読者が確信を持てない場合) と vague (ある語の範囲が不明確で，それがあてはまる場合とあてはまらない場合がある) の区別とも結びついているとも論じられる (p. 1898)。参照，Michael Herz, Deference Running Riot: Separating Interpretation and Lawmaking Under Chevron, 6 Admin. L. J. Am. U. 187, 199 (n. 68) (1992). Chevron の第 2 段階を明確に「政策問題」と理解した上で，"statutory construction" を「法律構築」と訳すものとして，正木宏長「委任命令の違法性審査――委任命令の内容に着目して」立命館法学 355 号 (2014 年) 786-833 頁 (818 頁, 831 頁注 (27))。
63) 常岡孝好「解釈規則 (interpretative rule) について」塩野宏先生古稀『行政法の発展と変革 (上)』(有斐閣, 2001 年) 511-552 頁。
64) United States v. Mead Corp., 533 U. S. 218 (2001), 参照，筑紫・前出注58) 197 頁。
65) Chevron 法理の 2 段階図式を借用して日本法における委任命令の違法審査を説明することを試みるものとして正木・前出注 62) 818 頁。
66) 参照，塩野・前出注38) 107-108 頁。
67) ただし，正木・前出注62) 818 頁のように Chevron 法理の第 2 段階が「政策問題の解決」だと割り切れば，日本法における理解とさほど差がないことになろう。
68) 最判 2012 年 2 月 28 日民集 66 巻 3 号 1240 頁 (老齢加算廃止) は，行政裁量論における判断過程統制論を委任立法と見られる生活保護基準改定に適用しているが (豊島明子「行政立法の裁

5 日本法との比較──行政処分の場合

　最判 2013 年 4 月 16 日民集 67 巻 4 号 1115 頁（大阪判決）[69]は，公健法等における「水俣病」について，行政解釈である昭和 52 年判断条件の事案への適用を否定する。その前提にあるのは「公健法等にいう水俣病とは，魚介類に蓄積されたメチル水銀を経口摂取することにより起こる神経系疾患をいうものと解するのが相当であり，このような現に生じた発症の機序を内在する客観的事象としての水俣病と異なる内容の疾病を公健法等において水俣病と定めたと解すべき事情はうかがわれない」という，水俣病の意義についての法令「解釈」である。

　このような法令解釈そのものの当否について，本稿は問題にしない。注目するのは本判決と同日に出された熊本判決[70]およびその原審[71]（福岡高裁）に対する原島良成の批判[72]である。論者は，Chevron 判決の法理を参照しつつ，「行政側による②の救済法解釈（引用者注：後記「解釈命題 B」）も救済法の文言や立法史と明確に対立するものではなく，その内容に一応の合理性が認められるとすれば，敢えて行政の解釈を排除して裁判所の解釈を通用させるべきではないように思われる。そうすることは，行政の専門的かつ大局的な観点からの法律実施の目論見

　　　量統制手法の展開」法律時報 85 巻 2 号（2013 年）29-34 頁（32 頁），村上裕章「生活保護老齢加算廃止訴訟」法政研究 80 巻 1 号（2013 年）205-218 頁（211 頁以下），塩野・前出注 38）109 頁，前田雅子「保護基準の設定に関する裁量と判断過程審査」芝池義一先生古稀『行政法理論の探究』（有斐閣，2016 年）311-338 頁（316 頁）），これは委任の範囲内での政策選択という理解になじみやすい。これに対して，最判 1990 年 2 月 1 日民集 44 巻 2 号 369 頁（銃刀法）の反対意見は，登録対象を日本刀に限る鑑定基準の設定について，「政策的判断に属するというべきであり，法は，このような判断を規則に委任していると解すべきではない」と批判する。しかし反対意見は，銃刀法の登録制度の趣旨についての「法の段階では，外国刀剣にも美術品として価値のあるものがあることを認めている」という理解，そして「登録の対象範囲というような登録制度の基本的事項については，本来，法で定めるべきもの」という理解を背景とするものであって，委任の趣旨・範囲の中に止まっている限り，行政機関による「政策選択」を排除する趣旨ではないと思われる（参照，正木・前出注 62）815 頁）。なお，本稿の立場からすれば，「専門技術的判断」（上記銃刀法判決の法廷意見は，鑑定基準をそのように理解する）「政策的判断」，それぞれの「適用」との関係が当然問題になるはずであるが，その点についての考察は他日を期したい。
69) 同判決の評釈として，山下竜一・法学セミナー 704 号（2013 年）111 頁，島村健・法学教室 396 号（2013 年）58 頁，397 号 43 頁，大塚直・Law & Technology 62 号（2014 年）52 頁，深澤龍一郎・法学教室 402 号（2014 年）5 頁，越智敏裕・平成 25 年度重要判例解説（2014 年）38 頁，畠山武道・環境法研究 1 号（2014 年）137 頁，林俊之・法曹時報 67 巻 11 号（2015 年）379 頁。
70) 判例時報 2188 号 42 頁。同判決の評釈として，原島良成・新・判例解説 Watch 14 号（2014 年）321 頁。
71) 福岡高判 2012 年 2 月 27 日訟務月報 59 巻 2 号 209 頁。評釈として大久保規子・法学セミナー 691 号（2012 年）153 頁，原島良成・新・判例解説 Watch 11 号（2012 年）301 頁。
72) 原島・前出注 70），原島・前出注 71）。

を崩しかねず，法律に組み込まれた行政府と立法府の政治的責任分担構造を台無しにするおそれがある」と述べる[73]。

　この批判についてどのように考えるべきだろうか。ここで問題になるのは，最高裁（熊本判決）がとる「救済法等にいう水俣病とは，魚介類に蓄積されたメチル水銀を経口摂取することにより起こる神経系疾患をいうものと解するのが相当であり，このような現に生じた発症の機序を内在する客観的事象としての水俣病と異なる内容の疾病を救済法等において水俣病と定めたと解すべき事情はうかがわれない」という解釈（解釈命題 A）と，被告がとる「救済法等にいう水俣病は，一般的定説的な医学的知見からしてメチル水銀がなければそれにかかることはないものとして他の疾病と鑑別診断することができるような病像を有する疾病をいい，救済法等は，ある者が水俣病にかかっているか否かの判断を一般的定説的な知見に基づく医学的の診断に委ねているのであって，このような一般的定説的な医学的知見に基づいて水俣病にかかっていると医学的に診断することの可否が専ら処分行政庁の審査の対象とな（る）」（解釈命題 B）との対立である。より単純化すれば，救済法が水俣湾周辺地域における「全てのメチル水銀由来の神経系疾患を対象とすべきことを命じている」のか（解釈命題 A'），救済の迅速性等に鑑み「医学的知見に基づく統一的判断条件による判断が可能なものに限定することを認めている」（解釈命題 B'）のかの対比である。

　最高裁も述べているように[74]，解釈命題 B' は，「全て」を命ずる解釈命題 A' を否定することを前提としてしか成り立たないものであり，従ってこれら両命題は互いに相容れない。しかしここで Chevron 法理をあてはめて裁判所の敬譲を命ずるということは，「互いに相容れない二つの解釈命題について，行政がその

---

73) 原島・前出注71) 304頁。
74) 「前記アのような客観的事象としての水俣病及びそのり患の有無という客観的事実よりも殊更に狭義に限定して解すべき的確な法的根拠は見当たら（ない）（下線は引用者）」（最判 2013 年 4 月 16 日判例時報 2188 号（前出注70)）46頁）。上述の銃刀法最判反対意見（前出注68)）も「全ての刀剣を登録の対象とする」という法解釈命題を定立したものとも理解できよう。これら最判においては法律が「全ての水俣病」「全ての刀剣」を対象としているかという問いが当然に生じることになる。それに対して Chevron 判決の事案では，少なくとも法制定当時の「議会意図」においては「バブルの適用可否」をめぐる問い自体が存在せず，委任命令がバブル政策を採用して初めてこの問いが生じたものと考える余地がある。いわば「命令から法律への視点」が必要になるのである（この点は内野美穂「法規命令制定権限と司法審査の日独比較研究──伝来型権限モデルから振分型権限モデルへ」（神戸大学大学院法学研究科博士課程後期課程演習単位修得論文，2016年，未公表）から教示を受けた）。趣旨はやや異なるかと思われるが参照，宮村教平「医薬品ネット販売の権利確認等請求事件」阪大法学 63 巻 5 号（2014年）1640頁。

一方を採用しているとき，一方の解釈が明らかに正しい場合を除いては裁判所は敬譲すべきだ」ということを意味する。

　確かに，迅速な救済を目的とする法の趣旨から裁判所が解釈命題Bを採用すべきだという立論は十分可能——筆者自身は否定的であるが——である。しかし，法の定める水俣病は必ず「全てのメチル水銀由来疾患」でなければならないのか，それとも法はそれを限定することを許容するのかという問題について，裁判所が判断を示すべきではなく行政解釈に敬譲すべきだという結論はなかなか受け入れがたい。これはまさに，裁判所が責任を持って判断を下しうる問いではないかと筆者には思われる[75)][76)]。

　立法者が迅速な救済を優先して，公健法・救済法による行政的救済対象を限定したいのであれば，法律上の「水俣病」について解釈命題Bを示すような規定を置くことに加えて，一応解釈命題Aを前提として立法した上で，委任規定を設けて行政がそのような限定をなすことを認めることもできるだろう。そのような明確な規定や委任がない以上，どちらの解釈をとるべきかは裁判所の責任で決することができる——「決すべき」とまで言えるかはひとまずおいて——問いであって，行政解釈への敬譲で問題を処理すべきだとは言えないと思われる。

　結局，事案を解決するのに必要な一般命題を裁判所が見出した場合，それは「適用」ではなく「解釈」の問題であり，裁判所の判断代置が可能だと筆者は考える。その場合，裁判所の過度の介入に対する縛りが必要となるが，それは，「解釈」とされる前提としての一般命題性を要求することに加えて，当該解釈が条文その他の法源から法的思考[77)]に従って適切なプロセスにより導かれていること——即ち，当該解釈自体の実質的・方法的妥当性——に求めるしかないのではないか。

---

75)　これに対して原島・前出注70) 324頁注 (4) は，「裁判所による第1段階の法令解釈は，誤った法令解釈をいわばネガティヴ・リストとして浮かび上がらせ，それに抵触しない複数の法令解釈が行政による選択を待っている」という想定を提示する。
76)　前記最判1990年2月1日（銃刀法）（前出注68)）も，法律の解釈自体が事案の結論をほぼ左右した事例と位置づけることができよう。
77)　もちろん何がここにいう「法的思考」たりうるかは，法解釈論争において激しく争われてきた点である。

Ⅳ　むすびに代えて

　本稿の不十分な考察を振り返ってみよう。法の解釈は，トゥールミン・モデルに基づけば，単称命題（の集積）である事実関係（D）から，当該事案に関する結論命題（C）を導くために「最小限度」必要な論拠（W）を，「橋渡し」のための一般命題として提示する作業である。また，その論拠（W）の裏づけ（B）を探求する作業も含まれるだろう。そしてどこまでの解釈が「最小限度」として必要とされるかは，議論の場に依存する[78]。

　それでは裁判所がなしうる解釈作業に「最大限度」はあるだろうか。Chevron 法理の「解釈裁量」論が提起しているのはこの問いだと思われるが，法令解釈を裁判所の専権とするこれまでの日本法の議論枠組みを捨てて[79]，この議論を直ちに採用すべき必要はないように筆者には思われる。裁判所の権力分立上の立場や行政の専門性の考慮も含めた上での自制はもちろんありうるが，それ以外には，上記の一般命題としての W を法源からどのように導いたかという論証の過程（「正当化のプロセス」）についての「法解釈としての説得力」，そしてそれが法律家共同体および公衆一般の批判に曝されることが縛りになるというだけでよいのではないか。

　　［追記］本稿執筆にあたり，大変多くの方々からの有益な教示を頂いた。神戸大学公法研究会における本稿草稿報告の際に頂いた助言に加え，研究会参加者以外の以下の方々（なお本文では，この謝辞を含めて一切の敬称を省略する）との私的会話における教示に感謝申しあげる。安藤馨，飯田浩隆，大内伸哉，嶋矢貴之，田中洋，根本尚徳，八田卓也，山本顕治，山本弘，米倉暢大。

---

[78]　どのような場合にどのような一般命題が必要とされるかを理論的に明確にしていくことが求められるだろうが，他日の課題としたい。

[79]　「解釈の裁量」を明示的に認めた珍しいと思われる判決として，保険医療機関の指定拒否に関する鹿児島地判 1999 年 6 月 14 日訟務月報 47 巻 7 号 1824 頁がある（興津征雄に教示を受けた）。また，大阪高判 2007 年 9 月 13 日賃社 1479 号 63 頁は，「行政の法令解釈に裁量の余地があることを十分考慮しても」と述べる。両判決につき参照，黒川哲志「行政機関による法解釈とその裁量統制」阿部泰隆先生古稀『行政法学の未来に向けて』（有斐閣，2012 年）673-689 頁（680 頁）。

行政裁量論に関する一考察

植 村 栄 治

I　はじめに
II　従来の行政裁量論について
III　司法試験の設問を契機として
IV　23年問題の検討
V　26年問題の検討
VI　23年問題と26年問題が示唆するもの
VII　裁量行為における「合理性のテスト」の導入

I　はじめに

　行政裁量は行政法総論の中でも重要なテーマの一つである。古くから学説においても判例においても行政裁量をめぐって種々の議論がなされてきた。行政裁量は，行政機関が立法機関からどの程度の決定権を付与されるのかという問題であると同時に，行政機関が裁判所からどの程度の決定権を容認されるのかという問題でもある。

　行政裁量をめぐる諸法理をどう組み上げるかは，司法審査の在り方とも密接な関係を持つ。それ故，或る行政処分が違法かどうかが行政裁量の法理の内容によって左右されることも珍しくない。

　行政裁量に関しては，行政法総論の教科書を開けば相当量の記述を見ることができるし[1]，各種の判例集や判例データベース等を参照すれば関連する多数の判例を確認できる。そして，それらを踏まえた上で，丹念に練り上げられた「行政

---

1) 例えば，塩野宏『行政法 I　行政法総論〔第6版〕』(2015年) 136-154頁，宇賀克也『行政法概説 I　行政法総論〔第5版〕』(2013年) 317-330頁，櫻井敬子＝橋本博之『行政法〔第5版〕』(2016年) 104-122頁等参照。

裁量に関する諸法理」が形成されており現実の事案にも適用されていると言うことができよう。

最近，筆者は，行政裁量が問題となる事案において従来の行政裁量論ではカバーし切れないケースがあるのではないかという感想を抱くようになった。それは，具体的には，「広範な裁量が認められる許認可等の処分について，通達・要綱・裁量基準その他の行政規則によって法令に規定のない要件を加重して定め，それを具備しない申請に対して拒否処分を行うことは許されるか」という問題である。

II 従来の行政裁量論について

従来の行政裁量論においては，行政行為における裁量の問題に関して，行政庁のどの判断過程に裁量が存するかを探求するため，「事実認定」，「事実認定の構成要件への当てはめ」（要件の認定），「手続の選択」，「行為の選択」（どの処分を選択するかあるいはその処分をするかしないか），「時の選択」というように分類して考察することがしばしば行われてきた[2][3]。

また，最高裁は，平成 18 年 11 月 2 日の判決において，都市計画決定の司法審査に関し，都市計画決定は「その基礎とされた重要な事実に誤認があること等により重要な事実の基礎を欠くこととなる場合，又は，事実に対する評価が明らかに合理性を欠くこと，判断の過程において考慮すべき事情を考慮しないこと等によりその内容が社会通念に照らし著しく妥当性を欠くものと認められる場合に限り，裁量権の範囲を逸脱し又はこれを濫用したものとして違法となるとすべきものと解するのが相当である」旨を判示した[4]。この最判（以下「平成 18 年 11 月最判」という）は，従来の裁量論における実体的審査と判断過程審査の両者を結合した審査方式を提示するものとして注目される。しかし，このような審査方式を適用しても，前述の「裁量行為たる許認可の要件を裁量基準等の行政規則で加重することは裁量の範囲内として認められるか」という問いに適切に答えることはできないように思われる。

---

[2] 例えば，塩野・前出注 1) 138-139 頁参照。
[3] かかる分類はそれなりに有用であり，行政裁量論の発展に貢献してきたと評してよいであろう。しかし，I で提示した裁量行為における要件加重のような問題を検討する場合，かかる分類のどの項目にも該当しにくいように思われる。
[4] 最判平成 18・11・2 民集 60 巻 9 号 3249 頁。類似の趣旨の最高裁判決として，学校施設の目的外使用不許可処分に関する最判平成 18・2・7 民集 60 巻 2 号 401 頁がある。

III 司法試験の設問を契機として

平成16年4月に発足した法科大学院においては，必修科目として行政法の授業が開講されており，また，平成18年から始まった新司法試験（以下単に「司法試験」という）[5]の論文式試験においては，必須科目として行政法の試験が実施されている[6]。司法試験の論文式試験の行政法科目においては，行政裁量に関する論点が出題される場合もあり，その検討は現在の行政裁量論にとっても有意義と思われる。その具体例として，平成23年及び平成26年の司法試験論文式試験の行政法の設問を取り上げ，そこに現れる行政裁量の論点について考察しよう。

IV 23年問題の検討

1 23年問題の事案文章と設問

平成23年の司法試験論文式試験の行政法の設問（以下「23年問題」という）は，事案を説明する次のような文章から始まる[7]。

> 社団法人Aは，モーターボート競走の勝舟投票券の場外発売場（以下「本件施設」という。）をP市Q地に設置する計画を立て，平成22年に，モーターボート競走法（以下「法」という。）第5条第1項により国土交通大臣の許可（以下「本件許可」という。）を受けた。Aは，本件許可の申請書を国土交通大臣に提出する際に，国土交通省の関係部局が発出した通達（「場外発売場の設置等の運用について」及び「場外発売場の設置等の許可の取扱いについて」）に従い，Q地の所在する地区の自治会Rの同意書（以下「本件同意書」という。）を添付していた。本件許可がなされた直後に，Q地の近隣に法科大学院Sを設置している学校法人X1，及び自治会Rの構成員でありQ地の近隣に居住しているX2

---

[5] 法科大学院修了（又は司法試験予備試験の合格）を受験資格とする現在の司法試験は，法科大学院修了を受験資格としない以前の司法試験（「旧司法試験」と呼ばれる。平成23年度まで存続した）と区別するため，「新司法試験」と呼ばれていたが，旧司法試験がなくなった平成24年からは単に「司法試験」と呼ばれている。本稿では「新司法試験」と平成24年以降の「司法試験」を合わせて単に「司法試験」と呼ぶことにする。

[6] 司法試験には短答式試験と論文式試験とがある。行政法は，当初，その両方の試験において必須科目であったが，平成27年から短答式試験の科目から除外された。本稿では，平成26年までの短答式試験において出題された行政法の設問は取り上げず，専ら論文式試験において出題された行政法の設問に限定して考察する。

[7] 司法試験の問題は，法務省のホームページに掲載されている。論文式の行政法の問題は，「法務省→資格・採用情報→司法試験→司法試験の実施について→平成〇〇年→試験問題→《論文式試験》公法系科目（の第2問）」とたどって，見ることができる。平成23年問題は，http://www.moj.go.jp/content/000073972.pdfで閲覧できる。

は，国に対し本件許可の取消しを求める訴え（以下「本件訴訟」という。）を提起した。本件訴訟が提起されたため，Aは，本件施設の工事にいまだ着手していない。

Aの計画によれば，本件施設は，敷地面積約3万平方メートル，建物の延べ床面積約1万平方メートルで，舟券投票所，映像設備，観覧スペース，食堂，売店等から構成され，700台を収容する駐車場が設置される。本件施設が場外発売場として営業を行うのは，1年間に350日であり，そのうち300日はナイターが開催される。本件施設の開場は午前10時であり，ナイターが開催されない場合は午後4時頃，開催される場合は午後9時頃に，退場者が集中することになる。

また，本件施設の設置を計画されているQ地，X2の住居，法科大学院S，及びこれらに共通の最寄り駅であるP駅の間の位置関係は，次のとおりである。Q地，X2の住居，法科大学院Sは，いずれも，P駅からまっすぐに南下する県道（以下「県道」という。）に面している。P駅の周辺には商店や飲食店が立ち並び，住民，通勤者，通学者などが利用している。P駅から県道を通って南下した場合，P駅から近い順に，法科大学院S，X2の住居，Q地が所在し，P駅からの距離は，法科大学院Sまでは約400メートル，X2の住居までは約600メートル，Q地までは約800メートルである。逆にQ地からの距離は，X2の住居までは約200メートル，法科大学院Sまでは約400メートルとなる。

平成23年になって，本件訴訟の過程で，本件同意書について次のような疑いが生じた。自治会Rでは，X2も含めて，本件施設の設置に反対する住民が相当な数に上る。それにもかかわらず，Aによる本件施設の設置に同意することを決議した自治会Rの総会において，同意に賛成する者が123名であったのに対し，反対する者は，10名しかいなかった。これは，自治会Rの役員が，本件施設の設置に反対する住民に総会の開催日時を通知しなかったために，大部分の反対派の住民が総会に出席できなかったためではないか，という疑いである。

国土交通大臣は，この疑いが事実であると判明した場合，次の措置を執ることを検討している。まず，Aに対し，自治会Rの構成員の意思を真に反映した再度の決議に基づく自治会Rの同意を改めて取得し，国土交通大臣に自治会Rの同意書を改めて提出するように求める（以下「要求措置」という。）。そして，Aが自治会Rの同意及び同意書を改めて取得することができない場合には，本件許可を取り消す（以下「取消措置」という。）。

以上の事案について，P市に隣接するT市の職員は，将来T市でも同様の事態が生じる可能性があることから，弁護士に調査検討を依頼することにした。【資料1　会議録】を読んだ上で，T市の職員から依頼を受けた弁護士の立場に立って，以下の設問に答えなさい。

事案の説明は以上であり，次に設問1から設問3が記載されている。そのうち，行政裁量と関係があると思われるのは設問2(2)であるが，その内容は次の通りである。

〔設問2〕
　国土交通大臣が検討している要求措置及び取消措置について，以下の小問に答えなさい。
　(1)　(略)
　(2)　Aが国土交通大臣に対し，要求措置に従う意思がないことを表明したため，国土交通大臣がAに対し取消措置を執った場合，当該取消措置は適法か。解答に当たっては，関係する法令の定め，自治会の同意を要求する通達，及び国土交通大臣がAに対し執り得る措置の範囲ないし限界を丁寧に検討しなさい。

2　23年問題の出題趣旨

司法試験委員会は，論文式試験のすべての試験科目について，その「出題趣旨」を事後に公表している。前記の設問2(2)については，次のような「出題趣旨」が明らかにされている[8]。

　設問2(2)は，行政実体法及び広義の行政手続に関わる問題を基礎から一つ一つ検討して解きほぐし，最終的に，本件許可を取り消す処分の適法性を判断するように求めるものである。まず，法令の文言や，刑法上の違法性を阻却するという許可の性質などを考慮して，国土交通大臣による許可・不許可の判断に裁量が認められるかを検討しなければならない。次に，本件の通達の法的効果は何か，行政手続法上は何に当たるかを示すことが求められる。こうして，通達に定められている地元同意を許可申請に際して求める裁量が，関係法令に照らして認められるか，またどの範囲で認められるかが論点であることを確認することになる。その上で，地元同意の意義と問題点を，コミュニケーションと手続参加の促進，手続の公正性・透明性・明確性などの観点から具体的に検討することが求められる。
　以上のような法令解釈及び地元同意に対する評価を踏まえて，地元同意を行政指導として求め得るにとどまるのか，地元との十分な協議を経なければ許可を拒否できるか，十分な協議を経ても同意がなければ許可を拒否できるか，協議の不十分さや同意の不存在が許可を拒否する一つの考慮要素になるか，といった点を，

---

8)　出題趣旨も，法務省のホームページに掲載されており，「法務省→資格・採用情報→司法試験→司法試験の結果について→平成○○年→論文式試験出題の趣旨→(公法系科目第2問)」とたどって，見ることができる。平成23年問題に関する出題趣旨は，http://www.moj.go.jp/content/001131107.pdfで閲覧できる。

どのように判断するか，示さなければならない。そして，本件における許可の取消しの公益性及びAの信頼の要保護性の程度を考慮した場合に，本件許可の取消しが適法か，各人の結論を示すことが要求される。

3　23年問題における行政裁量に関する論点

前記の出題趣旨を見ると，本件許可の要件として地元の自治会の同意を求めることが行政庁の裁量の範囲内と言えるかが一つの主要な論点であることが分かる。また，その前提として，モーターボート競走法は本件許可につき国土交通大臣に広範な裁量を認めていることの論証が必要とされている。すなわち，受験者としては，本件許可について行政庁が広範な裁量を有するか否かという点について適切な判断とその論証ができるとともに，地元自治会の同意を許可要件とすることがその裁量の範囲内と言えるかについて説得力のある議論を展開することができなければならない。

V　26年問題の検討

1　26年問題の事案文章と設問

平成26年の司法試験論文式試験の行政法の問題（以下「26年問題」という）における事案説明の文章は次の通りである[9]。

　　株式会社Aは，B県知事により採石法所定の登録を受けている採石業者である。Aは，B県の区域にある岩石採取場（以下「本件採取場」という。）で岩石を採取する計画を定め，採石法に基づき，B県知事に対し，採取計画の認可の申請（以下「本件申請」という。）をした。Aの採取計画には，跡地防災措置（岩石採取の跡地で岩石採取に起因する災害が発生することを防止するために必要な措置をいう。以下同じ。）として，掘削面の緑化等の措置を行うことが定められていた。

　　B県知事は，B県採石法事務取扱要綱（以下「本件要綱」という。）において，跡地防災措置が確実に行われるように，跡地防災措置に係る保証（以下「跡地防災保証」という。）について定めている。本件要綱によれば，採石法による採取計画の認可（以下「採石認可」という。）を申請する者は，跡地防災措置を，申請者自身が行わない場合に，C組合が行う旨の保証書を，認可申請書に添付しなければならないものとされる。C組合は，B県で営業している大部分の採石業者

---

[9]　平成26年問題は，http://www.moj.go.jp/content/000123136.pdfで閲覧できる。

を組合員とする，法人格を有する事業協同組合であり，AもC組合の組合員である。Aは，本件要綱に従って，C組合との間で保証契約（以下「本件保証契約」という。）を締結し，その旨を記載した保証書を添付して，本件申請をしていた。B県知事は，本件申請に対し，岩石採取の期間を5年として採石認可（以下「本件認可」という。）をした。Aは，本件認可を受け，直ちに本件採取場での岩石採取を開始した。

　しかし，Aは，小規模な事業者の多いB県下の採石業者の中では突出して資本金の額や事業規模が大きく，経営状況の良好な会社であり，採取計画に定められた跡地防災措置を実現できるように資金を確保しているので，保証を受ける必要はないのではないか，また，保証を受けるとしても，他の採石業者から保証を受ければ十分であり，保証料が割高なC組合に保証料を支払い続ける必要はないのではないか，との疑問をもっていた。加えて，Aは，C組合の運営に関してC組合の役員と事あるたびに対立していた。こうしたことから，Aは，本件認可を受けるために仕方なく本件保証契約を締結したものの，当初から契約を継続する意思はなく，本件認可を受けた1か月後には，本件保証契約を解除した。

　これに対し，B県の担当職員は，Aは採石業者の中では大規模な事業者の部類に入るとはいえ，大企業とまではいえないから，地元の事業者団体であるC組合の保証を受けることが必要であるとして，Aに対し，C組合による保証を受けるよう指導した。しかし，Aは，そもそもC組合による保証をAに対する採石認可の要件とすることは違法であり，Aは本件申請の際にC組合による保証を受ける必要はなかったと主張している。

　他方，本件採取場から下方に約10メートル離れた土地に，居住はしていないが森林を所有し，林業を営んでいるDは，Aによる跡地防災措置が確実に行われないおそれがあり，もし跡地防災措置が行われなければ，Dの所有する森林が土砂災害により被害を受けるおそれがあると考えた。そして，Dは，B県知事がAに対し岩石の採取をやめさせる処分を行うようにさせる何らかの行政訴訟を提起することを検討していると，B県の担当職員に伝えた。

　B県の担当職員Eは，AがC組合から跡地防災保証を受けるように，引き続き指導していく方針であり，現時点で直ちにAに対して岩石の採取をやめさせるために何らかの処分を行う必要はないと考えている。しかし，Dが行政訴訟を提起する構えを見せていることから，B県知事はDが求めるようにAに対して処分を行うことができるのか，Dは行政訴訟を適法に提起できるのか，また，Aが主張するように，そもそもC組合による保証をAに対する採石認可の要件とすることは違法なのか，検討しておく必要があると考えて，弁護士Fに助言を求めた。

以下に示された【資料1　会議録】を読んだ上で，職員Eから依頼を受けた弁護士Fの立場に立って，次の設問に答えなさい。

なお，採石法及び採石法施行規則の抜粋を【資料2　関係法令】に，本件要綱の抜粋を【資料3　B県採石法事務取扱要綱（抜粋）】に，それぞれ掲げてあるので，適宜参照しなさい。

事案の説明は以上であり，次に設問1から設問3が記載されている。そのうち，行政裁量と関係があると思われるのは設問1であるが，その内容は次の通りである。

〔設問1〕

Aは，採石認可申請の際にC組合による保証を受ける必要はなかったと主張している。仮にAが採石認可申請の際にC組合から保証を受けていなかった場合，B県知事がAに対し採石認可拒否処分をすることは適法か。採石法及び採石法施行規則の関係する規定の趣旨及び内容を検討し，本件要綱の関係する規定が法的にどのような性質及び効果をもつかを明らかにしながら答えなさい。

2　26年問題の出題趣旨

前記の26年問題について司法試験委員会が示した設問1に関する「出題趣旨」は次の通りである[10]。

　　設問1では，法及び法施行規則の関係規定，跡地防災保証を定める要綱，及び認可申請拒否処分の関係を的確に論じなければならない。まず，法第33条の4が採石認可に関して都道府県知事に裁量をどの範囲で認めているかについて，採石認可に係る法及び法施行規則の規定並びに採石認可の性質を踏まえて論じることが求められる。法第33条の2第4号・第33条の3第2項・法施行規則第8条の15第2項第10号は，跡地防災措置につき定めるものの，いずれも跡地防災保証については明示していないが，法第33条の4が「公共の福祉に反すると認めるとき」という抽象的な要件を規定していること，採石業及び跡地防災措置の実態に鑑みて跡地防災保証の必要性が認められ得るが，その必要性の有無や程度は地域の実情によって異なり得ることなどに着目して，跡地防災保証を考慮に入れて認可の許否を決する裁量が都道府県知事に認められないか，検討することが求められる。次に，本件要綱の法的性質及び効果について，上記の裁量を前提とした裁量基準（行政手続法上の審査基準）に当たると解することが可能であり，裁量基準としての合理性が認められれば，必要な書類の添付を求めることも適法と

---

[10] 平成26年問題に関する出題趣旨は，http://www.moj.go.jp/content/001127521.pdf で閲覧できる。

いえないか，検討することが求められる。ただし，法規命令と異なり，裁量基準としての要綱により申請者に一律に義務を課すことはできないことを踏まえて，岩石採取に当たり跡地防災保証を求め，さらにＣ組合という地元の特定の事業者団体を保証人とする要綱の定めがどの程度合理性を有し，逆にどの程度例外を認める趣旨か，検討しなければならない。以上を前提として，Ａの事業規模や経営状況等の事実関係に即して，Ｃ組合による跡地防災保証をＡに対する採石認可の要件とすることの適法性を論じることが求められる。

3 26年問題における行政裁量に関する論点

前記の出題趣旨を見ると，Ｃ組合による保証を得ていることを採石認可の要件とすることが都道府県知事の裁量の範囲内として許容されるかが主要な論点であることが分かる。また，その前提として，採石認可に際して都道府県知事に認められる裁量の範囲はどの程度のものかを検討する必要がある。なお，その際，設問自体は，仮にＡがＣ組合から保証を受けていなかった場合にはＢ県知事は採石認可拒否処分をすることは適法かというものであり，これを裁量の問題として扱うという基本的な方針は受験者自身が発見する必要があることに注意しておこう。

Ⅵ　23年問題と26年問題が示唆するもの

23年問題と26年問題を見比べると，或る共通点が認められる。すなわち，23年問題では勝舟投票券の場外発売場の設置許可申請に際して地元自治会の同意書の添付を求める通達の適法性が問われており，26年問題では岩石の採取計画の認可申請に際してＣ組合という特定の者の保証書の添付を求めるＢ県の事務取扱要綱の適法性ないし法的効果が問われている。

これらの通達や事務取扱要綱は学問的にはいわゆる行政規則に属するとされるものである。そして，いずれも法律や政省令に規定のない書類（自治会の同意書あるいは第三者の保証書）の提出を許認可の要件とするものであり，その適否を論ずることが出題の狙いの一つである。

このように法令に規定されていない許認可要件を行政機関が自己の判断で設けることは通常は許されないと考えられるが，当該処分について行政庁が広範な裁量を有する場合には，かかる要件の加重も適法と解される余地がある。そして，その場合には行政裁量論に立脚してしかるべき結論を出すことになろう。

しかし，従来の標準的な行政裁量論では，かかる裁量基準に相当するような行政規則の制定についての裁量ないし司法審査の議論は十分なされてこなかったように思われる。23年問題や26年問題の問題意識に応えるためには，例えば，「広範な裁量が認められる許認可等の場合，法令に規定がないのに，第三者の同意や保証を許認可等の要件とすることは許されるか」というような論点を行政裁量論のどこかで取り上げる必要がある。従来，かかる問題は通達・要綱・裁量基準といった行政規則の分野で扱われたり，あるいは審査基準の設定という行政手続の分野で扱われたりしていたかと思われる。しかしそれではかかる加重要件の設定が裁量の範囲内かという観点からの検討はしにくいと思われる。やはりかかる問題は行政裁量の分野で扱うのが適切であろう[11]。23年問題と26年問題はそのことを示しているように思われる。

Ⅶ 裁量行為における「合理性のテスト」の導入

平成18年11月最判の事案は特定の都市計画決定の適法性が争点となっているケースなので，同判決が提示した「重要な事実の基礎を欠くか」あるいは「その内容が社会通念に照らし著しく妥当性を欠くか」というテストは妥当と思われる。しかし，許認可要件を加重する通達・要綱・審査基準・裁量基準等（以下まとめて「裁量基準」と呼んでおく）の適法性を裁判所が判断する場合には，当該許認可が広範な裁量を認めるものかという「広範な裁量のテスト」プラス当該要件加重に合理性が認められるかという「合理性のテスト」がより適切なように思われる。換言すると，「その内容が社会通念に照らし著しく妥当性を欠くか」（傍点筆者）というテストは不要かつ不適切なように思われる。従来の行政裁量論によれば，裁量行為が違法となるには行政機関の判断や行為に相当な過誤がないと難しいように思われるが，（個別的な行政決定でなく）裁量基準の設定については，その内容に合理性が認められないときは積極的に当該裁量基準を違法と認定して差し支えないように思われる。憲法学の分野では，法令の合憲性を判断する場合に，一種の「合理性のテスト」が用いられることはあっても，「法令の内容が著しく妥

---

11) 例えば，行政裁量論の一環として「裁量基準等において許認可要件を加重することが許される場合」というような一項目を設け，裁量行為に関しては，法律に明文の規定がなくても，合理的な理由があれば，裁量基準等（通達や要綱を含む）において第三者の同意や保証を許認可の要件として要求できる場合がある，といった議論を展開することが考えられる。

当性を欠くか」というテストは余り用いられていないように見受けられる。それと似たような状況が, 裁量行為に関して許認可要件を加重する裁量基準の適法性の判断についても存するのではないかと思われる[12]。行政裁量論において合理性のテストをいかに導入すべきかについての更なる具体的な検討は他日の課題としたい[13]。

[12) 一般に, 裁量基準が設定されてそれに則り処分が決定された場合には裁判所はまずその裁量基準の合理性を審査すべきであるということ自体は, 既に判例でも認められている。最判平成4・10・29民集46巻7号1174頁, 最判平成11・7・19判時1688号123頁参照。但し, それらの裁量基準は法律の定める要件や基準を具体化するものであって, 法律に規定のない要件を加重するものではない。

13) 裁量論における「合理性のテスト」の位置付けについて述べておこう。「合理性のテスト」は, 従来の要件裁量, 効果裁量, 実体的審査, 判断過程審査等の諸法理を否定したり修正したりするものではない。むしろそれら既存の諸法理でカバーし切れないケースを補おうとするものである。具体的には, 平成6年の行政手続法施行以来, 次第に実務にも浸透してきたかと思われる審査基準ないしそれに準ずるような裁量基準の司法審査に際して適用が期待される。裁量基準の中には法令の規定を受けてその内容をいわば忠実に具体化・明確化するものも多いが, そのような場合には, 当該裁量基準が法令の趣旨に適合しているかあるいは授権の範囲を超えていないか等を審査すれば足りることが多いであろう。しかし, 法令の規定や文言に明示的に表れていないような許認可要件(例えば本稿でみたような周辺住民の同意や特定者との保証契約の締結)を裁量基準が定めている場合には, その適否を「著しく妥当性を欠くか」というようなテストで審査するのは適当でない。かかる場合, 当該裁量基準に合理性が認められなければ裁判所は積極的にその裁量基準を無効とすべきである。さらに言えば, 実体的審査の一種とされる「平等原則違反」の法理においては, 「異なる取り扱い」に合理的な理由があれば平等原則に違反しないと解されるが, このように「合理性のテスト」は現在の裁量論の中にもいわば「下位テスト」として既に組み込まれている。単純に図式化して言えば, 「裁量行為は『著しく妥当性を欠くとき』違法である」というのが古典的な裁量論の骨組みと思われるが, 今日では「裁量行為は『合理性を欠くとき』違法である」との意識を裁量論全体の基礎に据えるべきでないか。本稿の考察はそれを示しているように思われる。

行政処分の条件と法目的
―― 空間利用に係る許可制度の運用と自然環境への配慮

交 告 尚 史

　は じ め に
　Ⅰ　法目的と目的規定
　Ⅱ　岩石採取計画の認可と環境配慮
　Ⅲ　海砂利採取の抑制政策と許可条件
　Ⅳ　温泉掘削許可と自然環境への配慮
　Ⅴ　林地開発許可と生態系への配慮
　Ⅵ　若干の考察
　お わ り に

　　は じ め に

　行政庁が申請に対する拒否処分を根拠法律に反する目的で行えば，それは権限濫用に当たる。他方，一般に，根拠法律の目的（以下単に「法目的」という）に反する「条件」（学問上は一般に「附款」として整理される）を行政処分に付することはできないと説明されている。これをまとめると，申請型の行政処分の場合，法目的に反して拒否処分を行うことはできないし，法目的に反する条件を付けることもできないということになる。しかし，「Aという目的を達成するために拒否処分をすることまでは許されないが，目的Aの達成に資する条件を許可処分に付することはできる」と考えられる局面はあるのではないか。実際に，そのようなケースに当たるものと認識して条件が付けられていることもあるのではないか。
　以上の問題提起の意味するところは，環境影響評価法の横断条項（33条）を念頭に置くと理解し易いと思う。同法は，2条において，「○○法に規定する△△の事業」というように対象事業を特定している。そして，33条1項により，そ

れが行政庁の許可（同法では 4 条以降で「免許等」と表記される）を要する事業であるときは，当該許可の根拠法が環境保護を目的とする法律ではない場合であっても，その申請に対する審査項目の中に環境配慮の審査が埋め込まれることになっている。さらに興味深いのは同条 2 項[1]である。仮に，ある根拠法で，a，b，c という 3 つの要件を充たしたなら許可を与えなければならないという仕組みになっているとしよう（33 条 2 項 1 号の型に属する免許等）。このような条文構造の下で，行政庁が 3 つの要件の充足を確認した場合であっても，環境影響評価書の審査を行ったうえで，環境の保全に対する適正な配慮がなされていないと思量するときは，3 要件充足の審査と合わせた総合判断により，拒否処分を行うことができる。また，許可に条件を付けるという行為が同じ条文の中に拒否処分との選択という形で置かれていることにも留意したい。ともかく，このような運用ができるのは，環境影響評価法がそのように制度設計しているからである。そうでなければ，環境保護を目的としていない法律の運用として，環境に対する配慮がなされていないという理由で不許可にまでもっていくのは困難であろう。しかし，その場合でも，許可に条件を付けて環境に対する配慮を求めることは許されるのではないかと考えたいのである。

筆者は，環境法の研究を進める中で，畠山武道[2]に倣い，採石法，砂利採取法，温泉法，森林法など自然破壊行為に係る法律の執行に際しての自然保護の工夫に関心を寄せてきた。これらの法律は，自然に大きな影響を及ぼす行為を規制の対象としているが，自然保護を目指す法律ではない。だが，これらの法律を自然保護指向で運用しなければ，日本列島の貴重な自然環境が次々に破壊されてしまう。それゆえ筆者は，これらの法律の執行においても自然保護を目的として不許可処分ができるとする方向での理論構成に腐心してきた。しかし，そのような努力の報われる日の到来はまだ先であろうから，とりあえず自然環境への配慮を条件として許可処分に付することぐらいはできるようにしておきたい。識者の間ではそれが可能であることについてすでに了解があるのかもしれないが，明確にそのような認識に立った正当化が提示されているかどうかが重要である。そこは筆者にはまだ不充分と思われたので，これまで彼方此方に書き散らした私見を一文にまとめてみることにした。

---

1) 北村喜宣『環境法〔第 3 版〕』（弘文堂，2015 年）316-319 頁を参照。
2) 畠山武道『自然保護法講義〔第 2 版〕』（北海道大学出版会，2005 年）150 頁以下を参照。

I 法目的と目的規定

1 目的規定の意義

　日本の法律は，たいてい1条に目的の定め（以下「目的規定」という）を置いている。このことに着目してその意義を考究したのが塩野宏であった[3]。その結論は，以下の5点にまとめることができる。①目的規定が当該法律の理念を指し示したり，利益衡量の要素を提示しているときは，法の解釈あるいは運用に際しての指針となる。②行政作用法の分野では，単なる解釈指針ではなく，処分等の要件の判断基準として機能することがある。③処分要件の解釈そのものではなく，これを前提としたうえで，取消訴訟の原告適格の法的判断基準として機能することがある。④目的規定が法規として機能することになる場合，当該目的規定の内容が明らかでないと，さらに目的規定の文言をめぐっての解釈が問題となる。⑤目的規定は，法律の制定時（改正時点を含む）の立法者が定立した目的を示したものであるから，その文言に忠実に解釈を行うことは，立法者意思に忠実であることを示す。

　もっとも，法律の1条に目的が明示されていても，その法律の目的がそこに掲げられたものに限定されるということにはならない。裁判所が法律全体を解釈して1条に書かれていない事項を当該法律の目的として提示することはあり得る。とくに上記③との関係で，第三者の原告適格の有無を判定する際に，1条に明定されていない利益的な事項につき，その利益の保護を当該法律が目的としているかどうかという形で，法目的に関する議論が浮上することがある。たとえば，たばこ事業法1条は一般的公益の定めであるけれども，同法は小売販売業者の経済的利益等をも個別的利益として保護している（熊本地判平成23・12・14判タ1389号134頁），と解釈するが如きがその例である。また，日本にも目的規定を置かない法律が存在しないわけではなく，そのような法律の目的が訴訟事件で問題になれば，裁判所が立法の経緯等を参酌して解釈により導出することになる[4]。

　3）　塩野宏「制定法における目的規定に関する一考察」同『法治主義の諸相』（有斐閣，2001年）44頁以下（初出1998年）。
　4）　大麻取締法は「麻薬及び向精神薬取締法（同法1条参照）や，覚せい剤取締法（同法1条参照）と同様に，大麻の濫用による保健衛生上の危害の発生を防止することをその目的としているものというべきである」とした東京地判平成26・3・25判例自治393号52頁（控訴審判決である東京高判平成26・10・14が同47頁以下に，そしてその後に地裁判決が掲載されている）を参照。

しかし，本稿の関心は主として①にある。たとえば，現在の河川法1条には「河川環境の整備と保全」が目的として書き込まれているが，このことにより河川管理者は河川敷地の占用許可の運用に際して河川環境への配慮を求めることができる。もちろん，そのような定めがなくても行政機関は許可申請者に対して環境配慮を要請するべきだとの見解が諸方面から出てくるものと予想される。だが，行政の現場としては，やはり明文の根拠なくしてそのような要請を発することは困難であろう。その明文の根拠が，河川法をはじめ海岸法，港湾法などには入った。それに対して，先に引いた採石法等の法律は未だその段階に至っていないのであるが，環境配慮とくに自然保護の必要性が高いという事情は，河川法等の場合と何ら変わりがない。現に，砂防法の実施に関して砂防学会から，同法に明文の規定がないからといって生物多様性の保全を無視することはできないはずだとの意見が1990年代にすでに表明されているという[5]。

2　目的規定に関する比較法的知見

先述の考察で塩野が指摘していることであるが，法律に目的規定を置くという実務は普遍的なものではない。ドイツでは目的規定を置かないのが通例であり，法目的は国会に提出される理由書に詳細に記述される。筆者の調べでは，権限濫用（détournement de pouvoir）の法理を創出したフランスでも，法律に目的が定められるわけではなく，目的はやはり立法資料から判断されるようである[6]。権限濫用は行政処分の目的と法目的との齟齬に着目する統制法理であるが，法目的は必ずしも法律自体から明らかになるわけではないのである。

それに対して，デンマークには，目的規定をしっかりと法律に書き込むという立法実務がある。また，そのような立法実務を前提として権限濫用（magtfordrejning）の法理が形成されている。その詳細はまた別の機会に紹介するとして，ここでは目下筆者が関心を寄せている天然資源法（正式には「天然資源に関する法律」〔lov om råstoffer〕）の第1章を訳出しておく。

　　　　第1章　この法律の目的等
　第1条　この法律は，次に掲げる事項の実現を図ることを目的とする。
　1）　陸及び海で産出した自然資源の産出物の利用が，総合的な利益衡量に従い，

---

[5]　太田猛彦『森林飽和』（NHK出版，2012年）242頁。
[6]　K. Schober, Der Zweck im Verwaltungsrecht, 2007, Tübingen, S. 247.

かつ第3条に掲げる社会的考慮事項の総合的な評価に従って，持続可能な開発を旨として行われること
2) 採取及び事後措置の計画が，事後措置の執られた区域が周辺と一体となって他の利用に供せられ得るように構想されていること
3) 長期的な視点に立った自然資源の供給
4) 自然資源がその品質に応じて利用されること
5) 自然中に存する自然資源が，可能な限り広範囲に亘って，廃棄物によって代替されること
第2条　この法律は，石，砂利，砂，粘土，石灰，チョーク，泥炭，沃土及びこれに類する産出物を対象とする。この法律は，デンマークの地下の利用に関する法律の対象となっている自然資源には適用されない。
第3条　この法律の適用に際しては，一方において，自然資源の堆積の規模及び品質並びに自然資源の利用の確保が重視され，産業に係る事項が考慮されなければならない。他方において，環境保護及び水供給の利益，考古学及び地理学上の利益の保護，景観の価値及び学術的利益を含む自然保護，適度な都市開発，社会資本整備，土地・森林利用上の利益，漂砂対策及び海岸保全，漁業の利益，船舶の通航及び航空機の飛行に対する支障，並びに潮流及び海底の状況の変化が重視されなければならない。

天然資源法においてその目的（1条）と考慮事項（3条）がこのように詳しく書かれるに至ったのは，業界団体の側から，天然資源に関する案件において行政機関が考慮し得る事項を明示して，考慮事項をそれらに限定して欲しいとの要望が寄せられたのに対し，立法者がそれに応じたためといわれている[7]。つまり，行政機関が後で権限濫用の非難を受けることのないように，自然保護をも含めて，考慮を要すると思量される事項をすべて列挙したということであろう。

3　海底資源の開発と鉱業法改正——デンマークの天然資源法に注目した理由

デンマークの天然資源法を取り上げたことには，それなりの訳がある。筆者がこの法律に注目するきっかけとなったのは，先般の鉱業法改正[8]に先立って設けられた海底熱水鉱床の開発に関する勉強会に参加したことであった。日本は此の

---

[7] Karsten Revsbech og Alex Puggaard, Lærebog i miljøret, 4. utgave, 2008, København, s. 362 f.
[8] 交告尚史「改正鉱業法がもたらす産業界への影響——行政法の視点から」ジュリ1439号（2012年）76-78頁および三浦大介「鉱業法の一部改正について」自研88巻9号（2012年）27頁以下を参照。

度広大な排他的経済水域を有する国になったので，海底に眠る資源の開発に目が向けられたのは当然である。その勉強会での筆者の役目は，海底資源の開発に対応できるような鉱業法の仕組みを構想することであった[9]。鉱業法はもともと陸域での鉱物掘採を想定していたと思われるが，海域での適用を排斥する規定を置いていたわけでもない。しかし，この法律をこのまま海域での掘採に適用することには無理があった。鉱業法と鉱山保安法には鉱害防止の仕組みは具わっているものの，深海の生態系を保護するというような視点は望むべくもないからである。ところが，周知のごとく，公海での資源開発に関しては環境影響評価の必要性が高唱されている。それに相応する仕組みを日本でも作らなければならない。どこかに参考になる法制はないものかと探していて，当時すでに着手していたデンマーク計画法の研究[10]の流れで見つけたのが同国の天然資源法であった。

　筆者は，この法律に書き込まれた法目的と考慮事項に目を奪われた。もちろん，このような規定を目下の時点で日本の鉱業法に盛り込むことができると見込んだわけではないが，ともかくも海底の生態系の保全を図ることを法目的として明定し，許可の仕組みをその方向で運用できるようにする必要があると考えた。理屈としては，生態系保全を目的規定に謳わなくても，行政裁量の行使として生態系保全への配慮を事業者に求めることは許されると解することは可能だと思う。それは，この後に取り上げる採石法の岩石採取計画の認可の場合と同じことである。しかし，海域における鉱物掘採は極めて不確実性の高い（深海底の生態系に関するデータの蓄積は未だ期待できない）世界での事業活動であるから，状況に応じて様子見ができるように制度（事後的な許可条件の設定，条件の追加・変更，掘採の停止命令など）を仕組んでおく必要がある。そうした様子見は事業者に対して多額の出費を強いる結果となりかねないが，それも止むを得ないことと割り切ることができるのでなければならない。そのためには，行政機関が正当化の根拠として事業者に提示できるように，生態系の保全を目的規定に明記しておくことが望ましい。だが，現実の法改正では，そのような期待は実現しなかった。

---

9)　交告尚史「海底資源問題に対する国内法の対応」ジュリ1365号（2008年）85頁以下を参照。
10)　交告尚史「デンマークの計画法の構造」兼子仁先生古稀『分権時代と自治体法学』（勁草書房，2007年）347頁以下。

II　岩石採取計画の認可と環境配慮

1　問題の所在

いわゆる獅子島海岸法事件（最判平成19・12・7民集61巻9号3290頁）の第一審判決（鹿児島地判平成15・8・25判自258号77頁，前掲民集3308頁以下に収録）に，次のような一節がある。

　　「……認可に伴う条件の設定や認可後の監督に際し，採石事業続行中の自然環境破壊の防止措置を指導し，終了後の自然回復を命じることが可能なのであるから，本件桟橋設置の許可不許可の判断において採石事業の開始継続による自然環境破壊等の危険を考慮するのは筋違いである。」（前掲民集3325頁）

この一文において裁判所は，一般公共海岸の占用許可（海岸法37条の4）に係る判断の段階で採石事業の開始・継続による自然環境破壊等の危険を考慮することの非を説いているわけであるが，その前提として，岩石採取計画の認可（採石法33条）に自然環境破壊の防止措置を執るべしとの条件を付することは可能であるとの考え方を採っているものと見ざるを得ない。一般公共海岸の占用許可というのは，採取済み岩石の積出船が接岸できるようH型鋼を組む際に必要となる許可である。それを与えるか与えないかを判断する段になって岩石採取による自然環境破壊の防止を求めるのは理不尽であり，本来それは岩石採取計画の認可手続において判断すべき事項だというのが本判決の立場である。したがって，本件裁判所は，上記引用文中の「認可に伴う条件の設定」として，自然環境破壊の防止措置を執るよう行政が事業者に求めることは可能だと考えていることになるのである。

認可に条件を付すること自体については，採石法33条の7第1項にこれを認める規定がある。問題は，この規定の下で，本当に自然環境破壊の防止措置を執るべしとの条件を付することができるかどうかである。同条2項において，「前項の条件は，認可に係る事項の確実な実施を図るため必要な最小限度のものに限り，かつ，認可を受ける者に不当な義務を課することとなるものであつてはならない」とされていることがまずは気にかかる。このような規定もある中で，採石法の目的と条件の設定との関係をどのように考えればよいのであろうか。採石法1条を見ると，「この法律は，採石権の制度を創設し，岩石の採取の事業についてその事業を行なう者の登録，岩石の採取計画の認可その他の規制等を行ない，

岩石の採取に伴う災害を防止し，岩石の採取の事業の健全な発達を図ることによつて公共の福祉の増進に寄与することを目的とする」と書かれており，自然環境の保護も法目的に含まれることを明確に表示する文言は見られない。それでも岩石採取計画の認可に自然環境破壊の防止措置を執るべしとの条件を付することができるのであろうか。

2 自然環境破壊を理由とする不認可処分の可否

そもそも岩石の採取は自然環境を大きく改変する行為であるから，環境保護論者としては，優れた自然環境を誇る区域ではその自然的価値を守ることを理由として不認可とすることができると考えたいところである。そこで岩石採取計画の認可の根拠条文である採石法33条の4に目を遣ると，「岩石の採取が他人に危害を及ぼし，公共の用に供する施設を損傷し，又は農業，林業若しくはその他の産業の利益を損じ，公共の福祉に反すると認めるときは，同条の認可をしてはならない」という定めになっている。一見したところでは，自然環境の保護を本法の目的として把握するための手掛かりになるような文言は見当たらない。

しかし，それでもなお環境保護の実現を目指す解釈論の展開が見られる。たとえば，阿部泰隆は，環境保護が憲法上の要請であることと，環境影響評価法33条が他の法律に基づく許認可に際して「環境の保全についての適正な配慮がなされるものであるかどうかを審査」するよう求めていることを根拠として，採石法33条の4の「その他の産業の利益を損じ……」という不認可要件に環境の破壊を積極的に読み込むべしと説いている[11]。

このように環境配慮に係る理由で不認可にすることができるのであれば，環境配慮の措置を執るべしとの条件を付けることも当然に許されることになろう。筆者も環境配慮に係る理由での不認可処分は可能だと考えるので，条件を付けることの方も認めることになる。しかし，筆者はここでさらに問いたいのである。仮に環境配慮に係る理由で不認可にするのは無理だとしても，環境配慮に関する事項を条件として付すことなら可能だと考えるわけにはいかないか。筆者は，それは可能だと見る。環境配慮は採石法の法目的に包摂される考慮事項ではないとしても，行政庁による裁量行使に際して衡量に取り込み得る事項ではあると理解す

---

11) 阿部泰隆『行政法解釈学Ⅰ』（有斐閣，2008年）390-391頁。

るのである。

3　審査基準の条例化論の前提

　岩石採取計画の認可に係る事務を素材としてさらに一歩進めた議論を展開しているのが内藤悟である。内藤は，岩石採取計画の認可の審査基準に環境配慮を盛り込み，それを条例の形式で定めることを推奨している[12]。これは自治事務に関する法令の定めは規律の標準設定にすぎないという前提[13]に立脚した見解であり，環境配慮の取り込みは当該都道府県による状況適合化（各県が法令によって設定された標準に手を加えて，自県の状況に適合させること）だと捉えているようである。その前提として内藤は，採石法１条にいう「災害」は周辺地域環境への配慮と明確に区別できるものではないという論理を展開しているが，筆者の見るところ，内藤がそれ以上に主張したいのは，採石法が環境配慮を否定していないという条文構造上の事実であろう。ここで条文構造上の事実というのは，「採石法は環境配慮を明記して積極的に法目的として提示しているわけではないが，環境配慮を求めてはならないというようにこれを排斥しているわけでもない」という意味である。このように採石法が環境配慮に関して特段の関心を示していないがゆえに，環境配慮を積極的に（条例形式による）審査基準に格上げすることは許されるのだと考える余地が生まれる。さらに，環境基本法19条の一般的な環境配慮条項は，都道府県がそうした格上げ策を選択するよう後押しする。

　以上が筆者の理解した内藤説である。今ここでその当否を論ずることは控えるが，筆者は「採石法は環境配慮を否定していない」という強固な認識を内藤と共有していると思う。

III　海砂利採取の抑制政策と許可条件

1　問題の背景の説明

　砂利はコンクリート骨材として重要な資源である。したがって，砂利の採取は，目下のところ不可避的な資源利用であるが，同時に自然環境を改変する行為でもある。法律学を学ぶ多くの人々にこの二面性に気づいて欲しいとの願いを込めて，

---

12)　内藤悟「資源開発における環境配慮──岩石採取に係る自治体行政実務を例として」自研90巻2号（2014年）75頁以下，とくに90頁を参照。
13)　斎藤誠『現代地方自治の法的基層』（有斐閣，2012年）263頁を参照。

筆者はかつて或る法律雑誌の演習欄に海砂利採取を素材にした行政法の問題を寄せた[14]。

後で述べるように，西日本では砂利資源は海域に求めるのが通例であったけれども，瀬戸内海に面する諸県は，時期の先後はあれ，海砂利採取を抑制する（やがては禁止に至る）方向に政策を転換している。筆者が演習問題を作成した2005年当時は四国の諸県が抑制政策を採り始めた頃であったが，政策実現の手法に着目すると，砂利採取法に基づく砂利採取計画の認可に県外搬出禁止の条件（附款）を付ける県と，計画認可と合わせて必要となる国有財産法の許可の方に同趣旨の条件を付ける県とが見られた。各県はいかなる理由でそれぞれの途を選択したのか，そこを考えて欲しいというのが出題の狙いであった。

今日では代替骨材の研究が進められ，骨材リサイクルの推進も検討されているようであるから，骨材選択を巡る状況が当時と違っていることは考慮に入れなければならない。しかし，それでも未だこの問題を考える意味は失われていないと思う。仮に実践的な意味が薄らいでいるとしても，学理的には興味深い問題であり，他分野に応用が利くはずである。

さて，まず予備知識であるが，砂利採取法においては，砂，砂利，玉石などのうち粒径300 mm以内のものであれば同法の砂利として取り扱うことになっており[15]，それを超えるものは採石法の規制対象となる[16]。砂利は，その賦存場所によって，陸砂利，山砂利，河川砂利および海砂利に分類される（昭和43年10月2日付通産省化学工業局長・建設省河川局長通達「砂利採取計画認可準則について」）。このうちのどの砂利を採るかは地域の自然的条件に因るけれども，時代的な推移も見られる。東京オリンピック（1964年）の頃までは各地で河川砂利が採取されていたが，それが枯渇すると，首都圏では千葉県の山砂利が頼りとされ，山砂利に恵まれない西日本では海砂利に目が向けられた[17]。

瀬戸内海沿岸の諸県でもやはり海砂利の採取が中心であったが，徐々に撤退へと追い込まれて行った。それというのも，海砂利を採取する行為がイカナゴなどの漁獲資源に悪影響を及ぼすからである。そして，イカナゴの減少は，食物連鎖

---

14) 法教293号（2005年）134頁。
15) 通商産業省窯業室・建設省水政課監修『砂利採取法の解説』（ぎょうせい，1997年）28頁。
16) 資源エネルギー庁長官官房鉱業課編『逐条解説 採石法』（ぎょうせい，2002年再版）43頁。
17) 佐久間充『山が消えた——残土・産廃戦争』（岩波書店，2002年）209頁。

を通して海洋生態系の改変に繋がる。つまり、そこに漁獲資源の確保という課題と海洋生態系の保全という課題とが併存しているわけで、イカナゴは双方に関わる象徴的存在である。

2　砂利採取に関する許可制度

　砂利採取法は昭和31年に制定されたが、その時に採用された採取規制は事後届出制であり、砂利需要が増大する高度経済成長時代に対応できるものではなかった。規制強化を求める声は強く、山砂利採取関係のダンプ公害で苦しむ住民の陳情が功を奏して、昭和43年に現行の砂利採取法が成立した[18]。この新法では、砂利採取業が登録制（3条）となり、業者が採取を行うときは、採取場ごとに砂利採取計画を定めて都道府県知事の認可（16条）を受けるべきものとされた。認可の許否の判断は、他人に危害を及ぼすかどうか、公共用施設を損傷するかどうか、他の産業の利益を損じるかどうかという観点からなされる（19条）。

　なお、河川砂利と海砂利の採取に関しては、砂利の賦存する地盤が国有財産とされているために、砂利採取法に基づく砂利採取計画の認可とは別に、土石採取のための許可が必要となる。それは、河川砂利の場合は、河川法25条の土石等の採取許可である。海砂利については、それが海岸法の適用される区域で採取されるのであれば、同法に基づく許可（海岸保全区域につき8条、一般公共海岸区域につき37条の5）を受けることになる。しかし、今日では海岸からかなり離れた所に採取場が確保されるようになっており、本稿ではそのような海域での採取行為を念頭に置くことになるけれども、その際に求められるのは国有財産法18条6項（平成18年改正前は3項）に規定された行政財産の使用収益許可である[19]。

　かくして、本稿で想定する海砂利採取を行うには、砂利採取法に基づく砂利採取計画の認可のほかに、国有財産法上の許可が必要だということになる。

3　問題の所在

　先に県外搬出禁止の「条件」と表記したが、それは法律用語ないし実務上の用

---

18)　佐久間・前出注17) 181頁参照。
19)　実務では、海底の一時使用を認める使用許可と理解されている。建設大臣官房会計課監修・建設省財産管理研究会編著『[第2次改訂版] 公共用財産管理の手引――いわゆる法定外公共物』（ぎょうせい、1995年）194頁を参照。

語であり，行政法学上は行政行為の附款として扱われる。近時の行政法学界では，ドイツの研究に触発されて，従来漠然と附款と称されていたものの機能を精密に観察するようになっている[20]。その流れを踏まえて県外搬出禁止の条件を再度観察すると，行政行為に附随して特別の義務を課している（いわゆる「負担」）というよりは，行政行為の内容を制限する機能を果たしているように見える。この条件がなければ，全国どこへでも砂利を流通させられるのに，この条件によってその範囲が県内に限定されるからである。

しかし，県外搬出禁止の条件を負担と見るか，あるいは負担とは異なる附款と見るか，はたまたこれは附款ではないと考えるかというようなことは，実はそれほど重要ではない。いずれにせよ行政行為本体に何らかの形での変容をもたらすことは事実であるから，大切なのは，はたしてそのような変容をもたらすことが許されるかどうかである[21]。

砂利採取法には，採取計画の認可に条件を付することができる旨の規定（31条1項）がある。そして，その条件は，認可に係る事項の確実な実施を図るために必要な最小限度のものに限り，かつ認可を受ける者に不当な義務を課することとなるものであってはならないとされている（同条2項）。最小限度という語に比例性の観点を見てとることができるが，合わせて砂利採取法の目的との関係に留意する必要がある。行政行為は根拠法律の目的に適合したものでなければならないから，行政行為の附款も法律の目的に適合したものでなければならない[22]。

4 砂利採取法の目的と県外搬出禁止の意図

砂利採取法の目的は，砂利の採取に伴う災害の防止と砂利採取業の健全な発達である（1条）。他方，県外搬出禁止の条件を付す意図は，まずは水産資源の保護と生態系の保全である。骨材資源の節約的な利用という意図も一応読み取ることができる。これら3つの意図のうち，水産資源の保護は，同法1条の目的規定に明示されてはいないが，19条の認可基準において他の産業の利益を損じないこ

---

20) 藤原靜雄「行政行為の附款——西ドイツの学説・判例の最近の動向から」一橋研究8巻1号（1983年）32頁以下，および森稔樹「行政行為の附款の境界——『制限』の体系と行政行為の附款」早稲田大学大学院法研論集76号（1996年）201頁以下を参照。
21) 塩野宏「附款に関する一考察」同『行政過程とその統制』（有斐閣，1989年）178頁以下を参照。
22) 塩野宏『行政法Ⅰ〔第6版〕行政法総論』（有斐閣，2015年）204頁。

とが要求されているから，同法の趣旨から外れるものとは言えない。他の産業の利益を損じないことは，砂利採取業の健全な育成にとって必要な条件でもある。骨材資源の節約的利用も同法1条に明定されているわけではないが，やはり砂利採取業の健全な発達の前提であるように思われる。それに対して，生態系の保全という観点は砂利採取法には現れていないので，それが同法の目的に包摂されるとはいえない。けれども，それとは別に適法かつ真摯な意図が存するのであれば，それでもって県外搬出禁止の条件を客観的に正当化できるはずである。

5　国有財産法上の許可に依存する実務とその評価

とはいえ，生態系保全が県外搬出禁止の主要な動機になっているとすると，生態系保全の観点のない砂利採取法の許可にこの条件を付すことは，行政の現場としては躊躇されるのかもしれない。おそらく，行政財産の使用収益の許可の方に条件を付けるという案が浮上するのはそのためであろう。同許可の根拠法である国有財産法については，それは本来財産管理の規定であって，公物管理の一般法としての地位は与えられていないと説明されることがある[23]。しかし，この許可であれば，行政庁に広範な裁量が認められるので，その裁量の行使の中に生態系保全の観点を反映させることができる[24]。裁判例の中にも，国有財産法を受けた県条例の許可の基準として海砂採取要綱を定め，海砂利採取について水産資源の保護と自然環境の保全および骨材資源の確保との調和，ひいては砂利採取申請者と漁業従事者との利益の調整を図ることを裁量の範囲内の行為として認めたもの（福岡高判平成15・4・22判タ1141号154頁）がある。けれども，県外搬出禁止の意図は砂利採取量の抑制にあり，その実績を積み重ねたうえで最終的には採取の禁止にもっていくことを狙いとしているのであるから，やはり砂利採取計画の認可に条件を付けることで対応するのが本筋であろう。

---

23)　塩野宏『行政法Ⅲ〔第4版〕行政組織法』(有斐閣，2012年) 355-357頁。
24)　三浦大介「公物管理と財産管理――海の管理を素材として」高知論叢（社会科学）69号（2000年）84頁。もっとも，三浦は，国有財産法上の使用収益許可の制度は海（海底）を想定していないと見ている。そして，今後も国有財産法を海にも適用するのであれば，海洋基本法の目的規定を国有財産法の解釈に反映させることになると説く。ただし，三浦自身，そのような解釈作法が広く支持されるとは考えておらず，新たな立法を待望している。三浦大介『沿岸域管理法制度論』(勁草書房，2015年) 85-88頁を参照。

Ⅳ 温泉掘削許可と自然環境への配慮

1 目的拘束の法理

　温泉掘削の許可は，最高裁判所の判例において行政庁の専門技術的裁量が認められた行政処分の1つである。すなわち，温泉源を保護しその利用の適正化を図る見地から許可を拒む必要があるかどうかの判断は，主として，専門技術的な判断を基礎とする行政庁の裁量によって決定されるべき事柄とされている（最判昭和33・7・1民集12巻11号1612頁）。しかし，同時に，温泉法4条（当時の条文。平成13年に改正されている）にいう「その他公益を害する虞があると認めるとき」とは，結局，温泉源を保護しその利用の適正化を図るという見地からとくに必要がある場合を指すと解されていることに注意しなければならない。なぜなら，「この見地から」とくに必要と認められる場合以外は，行政庁は掘削の許可を拒むことはできないことになるからである。実際，温泉掘削に対する村長の反対，自然環境・住環境への悪影響，交通混雑対策の実施困難といった事情は法4条の「その他公益を害する虞」として考慮することはできないとして，不許可処分を取り消した裁判例（岐阜地判平成14・10・31判自241号58頁）がある。

　行政庁において考慮し得る公益が温泉源の保護に関わる事柄に限られるという見解は，「温泉のゆう出量，温度若しくは成分に影響を及ぼし」という文言が「公益」の内容を限定すると捉えるところから出てくる。つまり，とりあえず温泉法4条をそのように解釈しているということである。しかし，同法の全体を眺めるならば，1条に明定された法目的によって行政庁の裁量行使が拘束されていると説明することもできるであろう。そうした考え方は，経済外理由で貨物の輸出承認申請を拒否することは許されないとしたココム訴訟判決（東京地判昭和44・7・8行集20巻7号842頁）や，墓地埋葬法に基づく墓地経営許可の審査において自然環境の保護や災害防止を考慮することはできないとした裁判例（熊本地判昭和55・3・27行集31巻3号732頁）などに見て取ることができる。学説においては，目的拘束の法理という名称で論じられている[25]。

　25）　芝池義一「行政決定における考慮事項」法学論叢116巻1-6号（1985年）571頁（586頁以下），山村恒年『行政過程と行政訴訟』（信山社，1995年）73頁以下。

2 温泉掘削の許可と審査基準

　行政庁が温泉法の目的外の事柄を考慮することが実際にあるとすると，行政手続法5条に基づく審査基準との関係が気にかかる。もともと温泉掘削の許可に関しては，掘削地点の地質構造，泉脈の状態，温泉の開発状況，掘削工事の方法等の事情が案件によって著しく相違しているので，具体的な許可基準の設定は困難と説明されていた[26]。しかし，実際には許可制度の抑制的な運用が一定範囲の許可申請を機械的に篩い落とす効果をもつことがあり，その場合はその抑制策を明文化したものが許否の判別機能を果たす。

　昔からの有名な温泉地を抱える諸県では，温泉源の枯渇を回避するために，以前から一定の地域を掘削禁止にするとか，既存の温泉からの一定の距離を要求するという方策を採ってきた。たとえば神奈川県では，温泉保護対策要綱を策定し，温泉特別保護地域と温泉保護地域では新規掘削は原則不許可，温泉準保護地域では既存源泉から150mの距離を要求，それ以外の地域（一般地域）についてはとくに定めなしという取扱いをしてきた。そして，行政手続法の制定後は，この温泉保護対策要綱が温泉掘削の許可の審査基準として公表されている。なお，既存温泉からの一定距離を要求するという手法に関しては，裁量行使のひとつのあり方としてその合理性を認める裁判例（福岡地判平成3・7・25行集42巻6＝7号1230頁，控訴審・福岡高判平成4・10・26行集43巻10号1319頁，上告審・最判平成5・12・17判自129号106頁〔判決概要紹介〕）が行政手続法制定前にすでに見られたところである。

　他方，近年では掘削技術が進歩して，ずいぶん深くまで温泉を掘ることができるようになった。いわゆる大深度温泉の登場であるが，今後その数が増えれば温泉の劣悪化ないし枯渇が懸念されよう。また，今日まで温泉と縁のなかった地域でも掘削申請が出てくることがあるので，従来とは違った形での紛争を招来する可能性もある。

3 平成13年法改正の意義

　そうした状況の中，平成13年に至って温泉法が改正された。この改正により，旧法4条の「都道府県知事は，温泉のゆう出量，温度若しくは成分に影響を及ぼ

---

[26] 環境庁自然保護局施設整備課監修・温泉法研究会編『逐条解説 温泉法』（ぎょうせい，1986年）49頁。

し、その他公益を害する虞があると認めるときの外は、前条第1項の許可を与えなければならない。不許可の処分は、理由を附した書面をもつてこれを行わなければならない」という条文が、第2文の定めを第2項とする構成に改められた（現在は3項まである）が、本稿にとって重要なのは1項の方である。それは、「都道府県知事は、前条第1項の許可の申請があつたときは、当該申請が次の各号のいずれかに該当する場合を除き、同項の許可をしなければならない」という柱書と、不許可事由の各号列記（当時は1号から5号。現在は1号から6号）で構成されている。その不許可事由の1号に「当該申請に係る掘削が温泉のゆう出量、温度又は成分に影響を及ぼすと認めるとき」とあり、2号に「前号に掲げるもののほか、当該申請に係る掘削が公益を害するおそれがあると認めるとき」とある。したがって、新法4条1項は旧法4条の要件の部分を1号と2号（現在は3号であり、「前二号に掲げるもののほか」という書き出しになっている）に分かち書きしたことになる。

環境省自然環境局長の「温泉法の一部を改正する法律等の施行について」（平成14年3月29日）と題する文書によれば、この体裁の変更は従来の解釈に変更をもたらすものではない。しかし、論理的には、新法4条1項2号の「公益」はもはや温泉源保護に関わる事柄に限定されないように読める。1条の目的規定が公益の内容を限定するという目的拘束の余地は相変わらず残るが、目的規定が置かれているからといって、そこに明記されていない事柄は一切考慮できないということにはならない[27]であろう。

平成13年改正で4条が変更されたことにより、行政庁は目的規定に明記されていない公益に係る事項をも考慮できるのだという方向で解釈論を展開することが容易になった[28]。温泉法は今では環境省自然環境局の所管であるから、法律の所管の面からいっても、自然環境への影響を考慮するのがむしろ自然な態度だといえる。都道府県の組織を見ても、温泉法がかつて厚生省所管であった関係か

---

27) 三好規正「評釈」（平成25年3月11日公害等調整委員会裁定 判時2182号34頁）自研91巻9号（2015年）149頁は、自然環境や景観等に対する配慮を温泉法19条の「公共の福祉」に読み込んだうえで、条理上考慮されるべき事項（普遍的考慮事項）として扱うことを提案している。なお、三好はそこで芝池義一『行政法総論講義〔第4版補訂版〕』（有斐閣、2006年）233頁を引いている。

28) 周作彩「評釈」（名古屋高金沢支判平成21・8・19判タ1311号95頁）流経法学12巻2号（2013年）13頁もそのことを指摘している。

ら衛生関係の部局に担当させているところが多いように見受けられるものの，自然保護のための部局に所管替えしたところもある。

4　平成 19 年法改正の意義

　ところが，自然保護を重視して掘削許可の実務を行うことにはやはり限界があることを実感させる事件が発生した。ラムサール条約の登録湿地である伊豆沼の畔を予定地とする掘削申請があったのに対し，それが現実化すると温泉水の排出で伊豆沼の自然環境が破壊されるとの懸念が諸処から強く表明されたにもかかわらず，宮城県においては，これを不許可にすることは難しいと判断していたようである。行政訴訟が提起されてもおかしくはない局面があったと推測されるが，結局は，自然保護団体等の政治的な運動が功を奏して，温泉法が改正されることになった。そしてそれは平成 19 年に実現したのであるが，具体的な改正点は，同法 4 条に「温泉の保護，可燃性天然ガスによる災害の防止その他公益上必要な条件を付し，及びこれを変更することができる」とする条文が加わったことである（4 条 3 項）。

　しかし，温泉掘削許可の処分に関しては，行政庁の専門技術的裁量が認められている（最判昭和 33・7・1 民集 12 巻 11 号 1612 頁）ので，明文の根拠がなくても附款を付すことができると解する余地はある[29]。現に，平成 19 年 4 月 17 日に開催された第 166 回国会参議院環境委員会第 4 号の議事録を見ると，掘削許可の処分に条件を付けることは可能かとの某委員からの質問に対して，政府参考人（当時の環境省自然環境局長）は次のように答弁している[30]。

　　「温泉法は，温泉という業種に着目して規制を行う法律でございます。温泉利用に伴います環境影響の防止につきましては，一般的には水等の環境媒体に着目して業種横断的に規制を行う，他の環境法令に基づいて行うことが基本でございます。一方で，他の環境法令では防止できない環境影響が生ずるおそれがあり，その防止を図ることが公益上必要と認められる場合には温泉法に基づき条件を付すること，これが可能でございます。したがいまして，お尋ねのような多量の塩分を含んだ温泉水の処理に関する条件も，周辺の自然環境の保全が公益上必要であるならば，その公益への害を防止するために条件を付することができるものと考えます。」

---

29)　前出注 26）の『逐条解説 温泉法』47-48 頁は，そのように解している。
30)　http://kokkai.ndl.go.jp/SENTAKU/sangiin/166/0065/16604170065004a.html

それならばあえて法改正をしてまで明文の規定を置く必要はなかったのではないかと評価する向きもあろうが，行政庁にとって明文の規定があった方が権限を行使し易いということは言えるであろう。また，政府参考人はこの発言の後に都道府県の実務指針となり得るガイドラインの発出を示唆している[31]ので，環境省においては，都道府県においてガイドラインに沿った判断枠組みを作り，それを踏まえた案件審査の結果を個別行政決定に反映させるうえで，許可に条件を付けるという手法を活用してもらいたいと考えていたものと思われる。

それはともかく，この発言自体で重要なことは，温泉源の保護以外の公益についても，それを考慮して条件として付すことができるという理解が前提になっているように読める[32]ことである。ただし，この段階で，温泉水の流入で伊豆沼の生態系が変わり，渡り鳥の生息に影響が出るという因果の流れを想定して発言がなされているのかどうか定かではない。法改正の後に，環境省は，「条件の内容には，掘削等に直接起因する影響を防止するためのものにとどまらず，間接的な事柄であっても掘削等と密接不可分の関係にある影響を防止するためのものも含まれる[33]」と説明しているが，掘削等との密接不可分性の理解に関して幾分かの不安が残る。自然保護の分野では，動植物の生活様式や生物間の結び付き等について正確な知見がなくても，ある程度予防的に方策を講じなければならない局面が多いと推測されるが，そうした局面で行政がどこまでこの規定でもって対応できるかという問題が残るのである。

V　林地開発許可と生態系への配慮

1　林地開発許可の法制度

昭和49年の森林法改正で，国公有林のみならず民有林をも網羅した規制の仕組みが構築されることになった。その背景には，不動産業者等による大規模開発やゴルフ場等のレクリエーション施設の建設といった社会問題があった。この問

[31)]　実際，環境省は，平成21年3月に「温泉資源の保護に関するガイドライン」と題する文書を発出した。この文書の性質は，地方自治法245条の4第1項にいう技術的助言である。その中に，掘削禁止地域を設けたり，距離制限をしたりする場合に検討すべき事項が示されている。なお，このガイドラインは平成26年4月に改訂された。

[32)]　前出注26)の『逐条解説 温泉法』47頁は，不許可事由のレベルにおいてすら，温泉源に対する影響以外の「その他」の公益侵害も含まれると説いている。

[33)]　環境省自然環境局自然環境整備担当参事官室編『逐条解説 温泉法』（2015年）38頁。

題に対処するためには、民有林の開発であっても、一定の規模を超えるものは規制の下に置く必要があると考えられた。そこで構想されたのが森林法10条の2の林地開発許可であり、地域森林計画の対象となっている民有林において一定規模以上の開発行為を行う場合は、都道府県知事の許可を受けるべきものとされた。その「一定の規模」は、森林法施行令2条の3において1haと定められている。

許可の要件は、法10条の2（以下の条文はすべて現行のもの）第2項に、「都道府県知事は、……次の各号のいずれにも該当しないと認めるときは、これを許可しなければならない」という形で定められている。そこに掲げられている4つの要件のうち、まず前3つを簡略に記すと、①「災害を発生させるおそれがあること」（1号）、②「水害を発生させるおそれがあること」（1号の2）、および③「水の確保に著しい支障を及ぼすおそれがあること」（2号）である。次に、第3号として示された最後の要件は、まさに本稿の着眼点となる「環境要件」であるから、これはすべて書き写しておく。「当該開発行為をする森林の現に有する環境の保全の機能からみて、当該開発行為により当該森林の周辺の地域における環境を著しく悪化させるおそれがあること。」

条文の柱書の書き振りから推測できるように、林地開発許可の制度は、森林が災害防備、水害防備、水源涵養等の公益的機能を有することから、森林所有者はそれらの機能を著しく減退させてはならないという責務を負うけれども、たとえば災害防備施設を建設することによって「災害を発生させるおそれ」を消してやれば、基本的に許可を受けられるという仕組みになっている。そのため、許可の制度化から10年も経たないうちに、森林を他用途に転用することの規制や、開発量に上限を設ける総量規制の導入を求める声が出てきた[34]。しかし、今日に至るも制度の大きな改変は見られない。

2 残置森林率の概念と環境要件

本稿における筆者の最大の関心事は、環境要件にいう「環境」がいかなるものかというところにある。森林法は、1条において、森林の保続培養を目的の1つとして掲げているから、もしこの「保続培養」の対象となる森林が多様な生物の生息する生態系と観念されるのであれば[35]、林地開発許可の環境要件にいう環

---

34) 筒井迪夫編著『森林保全詳説』（農林出版株式会社、1983年）181-182頁。該当箇所の執筆者は、当時林野庁森林保全課課長補佐であった横山善治郎である。

境も生態学的に観念されることになろう。しかし，森林法は森林・林業基本法の下に位置付けられているので，全国森林計画について環境基本法15条1項に基づく環境基本計画との調和を求める規定（森林法4条4項）が置かれているとはいえ，生態系保全の観点まで読み込むことは難しいと思われる[36]。

そのことを窺わせるのが，林地開発許可の実務において残置森林率が根幹的な運用基準になっているという事実である。残置森林というのは，森林の公益的機能を維持するために必要であるとして残し置かれる森林のことである。したがって，残置森林率といえば，たとえば「自然林を30％以上残していること」（そのパーセンテージは開発行為の内容によって異なる）といった基準を意味する。それを定めているのは，農林水産省から発せられた「開発行為の許可制に関する事務の取扱いについて」（24林国管第164号）と題する文書であり，その別記事項において，「周辺の植生の保全」の必要がある場合には，必要な森林の残置または造成が行われることが明らかであるかどうか審査するものとされている。この文書は，今日では地方自治法245条の4の技術的助言として位置付けられるが，都道府県において林地開発許可処分の基準として受け容れた場合には，行政手続法5条の審査基準として公にされているはずである。それはあくまで行政の内部基準であり，国民に対して法的拘束力をもつ法令ではない。けれども，行政の担当者としては，このような基準がある以上これに従って判断することになろう。すなわち，事業者がこの基準に適合するように企画して申請書を出してきていれば，許可要件にいう「おそれ」はないことになり，許可を出す方向に一歩進むのである。つまり，林地開発許可の要件の判定に際しては，基準で要求されている以上の自然林が残されるかどうかという数量的な確認が決め手になるということである。そのことには，処分の相手方に予測可能性を与えるという意義が認められ，また，複数の申請者に対して行政庁が決定の根拠を明確に提示できるという利点もある。

35) 林地開発許可制度が導入された森林法改正の1年前の段階で，「林学から出発した森林生態学者」の四手井綱英が人間中心的な思考への反省を迫っていたことに注目したい。四手井『生態学講座10巻35-a 生態系の保護と管理Ⅰ』（共立出版，1973年）20-21頁。
36) 神山智美「森林法制の『環境法化』に関する一考察」九州国際大学法学会・法学論集20巻3号（2014年）58-59頁によれば，2001（平成13）年に制定された森林・林業基本法は，国民の視点に立った多様な機能の確保のために森林を保全していくという趣旨の下で制定されているので，それを手続上も担保するためには，個別作用法である森林法の開発許可基準が従来と同一であるのは好ましくなく，新たな要件付加や要件間の重み付けの検討が必要である。筆者は，法政策論としてこれを支持する。

しかし，環境要件が充足されているかどうかを残置森林率で判定するのでは，その「環境」概念は単なる「緑の塊」と捉えられることになり，そこに生物多様性に富んだ生態系を観念することはできない。それまで森林であった所の樹木を伐採すると，元々は森林内部の薄暗い空間であったものが，陽射しの入る明るい土地に変わり，開発地の周辺部は林縁と化す。したがって，森林内部の薄暗い空間を住処としていた生物は，もはやそこには生息できない。代わって，林縁を好む生物が現れ始める。そのような生物相の変化は，生態学的には見逃すことのできない事実であろうと思われる。そこで，先ほどの「開発行為の許可制に関する事務の取扱いについて」の別記事項に定められた運用基準の細則である「開発行為の許可基準の運用細則について」(24林整治第2658号)を参照すると，当該運用基準の「周辺の植生の保全」には「貴重な動植物の保護を含む」ものとすると記述されている[37]。したがって，都道府県の森林部局の担当者としては，貴重な動植物の保護の拠り所をここに見出すことはできるけれども，開発事業者に対して要求し得る事柄には自ずから限度があろう。

3　動植物の保護と許可処分の条件

　これまで述べてきたところから察することができるように，申請に係る森林に貴重な動植物が見られる場合でも，なかなか不許可にまでもっていくことはできない。それが現在の実務の実際だとすると，その訳は次のように説明することになると思う。「貴重な動植物の保護は，森林法においてそれを目指しているわけではないから，森林法の目的とみることはできないけれども，森林法が貴重な動植物について保護措置を執ることを禁じているわけでもないので，行政決定の考慮事項とすることは許される。」つまり，林地開発許可の申請を審査する際には，残置森林率の基準が充足されている以上，行政庁としては，環境要件について問題はないと判断せざるを得ないが，貴重な動植物の保護を考慮に入れることはできるということである。もちろん，その森林での開発を避けるように指導することは考えられるが，それで目的を達成できなければ，動植物保護のための措置を執ることを条件として許可を出すということで対処せざるを得ない。
　ここでは後者の対応を想定し，森林法における許可の条件に関する規定を確認

---

[37]　日本治山治水協会編『平成26年版　保安林林地開発許可業務必携（基本法令通知編）』（森林科学研究所，2014年）779頁および789頁を参照。

しておく。まずは，森林法10条の2第4項において，同条第1項の許可には条件を付することができるとされている。そして，続く第5項によれば，前項の条件は，森林の現に有する公益的機能を維持するために必要最小限度のものに限り，かつ，その許可を受けた者に不当な義務を課することとなるものであってはならない。

さて，許可の条件に関する森林法の条文を見たところで，神奈川県秦野市内の渋沢丘陵と呼ばれる地域で問題となった霊園開発に絡む事件[38]を検討してみよう。この地域は，「神奈川県西部地域（秦野市）」として，京都北部・福井地域（宮津市，越前市等），兵庫南部地域（三田市等）および熊本南部地域（氷川町）とともに，環境省の里地里山保全再生モデル事業の事業実施地区に指定されている。秦野市生物多様性地域連携保全活動計画[39]によれば，この地区の雑木林や各地区の谷戸田には，ムササビやホトケドジョウ，ホタルなどの多種多様な生き物が生息している。神奈川県ではもう僅かしか残っていない国蝶オオムラサキの産地でもある。ところが，その渋沢丘陵に霊園を建設しようと計画している事業者がいて，森林法10条の2第1項に基づき林地開発許可の申請をしたところ，神奈川県知事は，平成26年3月27日付けで許可を付与した[40]。その許可には16項目の条件が付いているが，ここではその最後のものに注目したい。

　　「環境保全対策の履行を確認するため，環境保全対策を実施したとき及び事後調査を行ったときは，その内容について報告して下さい。
　　　なお，報告内容と申請内容を精査し，必要に応じて申請内容の範囲において環境保全対策の強化をお願いすることがあります。」

神奈川県知事は，この許可を行うに先立ち，森林法10条の2第6項に基づいて同県森林審議会の意見を求めていたのであるが，平成25年度第1回の審議会の席上で，某委員から，今日では森林の多目的機能の見地から林地開発許可の「環境」には生物多様性も当然含めて考えるべきだとの発言があった。こうした

---

38) 筆者はすでにこの事件を一度紹介している。交告尚史「土地利用計画と環境管理計画」UEDレポート2014夏号27-28頁。

39) https://www.city.hadano.kanagawa.jp/shinrin/kanko-sangyo/satosanrin/documents/2.pdf

40) 渋沢丘陵問題に関しては，高桑正敏氏（農学博士，神奈川県立生命の星・地球博物館元学芸部長）からいろいろとご教示頂いた。資料も頂戴している。なお，環境法研究者の及川敬貴が最小影響利用原則の観点から新たな森林法解釈の可能性を探れるかもしれないとして引用している事案は，おそらくこの渋沢丘陵での林地開発許可事件であろう。及川「生物多様性と法制度」大沼あゆみ＝栗山浩一編『生物多様性を保全する』（岩波書店，2015年）27頁を参照。

発言をも踏まえて，結局，審議会として答申に付帯条項を付けることになった。その内容は下記のとおりである。

- 当該開発に当たり，貴重な動植物の生息地への影響を必要最小限にとどめるよう配慮すること。
- 開発後において，貴重な動植物の生育環境を保全するなど，生物多様性の復元に最大限配慮すること。

先に記した 16 番目の許可条件は，上記のような付帯条項が答申に付されたという事実に対応したものであろうが，語調が付帯条項のそれよりもかなり弱く，芝池義一がいうところの「努力義務を課する付款」[41]（行政指導の性格を有する）の範疇に入るのではないかと思われる。生物多様性保全の見地からはこれでは心許ないけれども，森林を生物多様性の観点から捉えようとした場合，その現状と予想される変化をどのように評価するか，またその評価に必要な専門知をどのように確保するかという問題が残る。森林法を執行する行政部局にどれほどのことが期待できるのか明瞭ではない。それにもかかわらず森林審議会が上記のような付帯条項を付けたという事実を改めて指摘しておきたい。

VI　若干の考察

1　小早川光郎の判断過程論における考慮事項

最後に，小早川光郎の判断過程論[42]を筆者なりに解釈し，それを踏まえてこれまで述べてきたところをまとめておく。小早川によれば，行政機関による案件処理のあり方は，法律の規律の仕方によって，2 つに区分される。1 つは，行政機関が個々の案件について特定の処置を執るべく立法により拘束されている場合である。この場合は，行政機関は法律に定められているとおりに行動すればよい。もう 1 つは，立法が行政機関を特定の方向に覊束していない場合である。これがまた 2 つに岐れる。第 1 に，要件効果規定の形での定めがなされていない場合である。「〇〇大臣は適当と認めるときには許可をすることができる」という規定を想定されたい。第 2 に，要件効果規定たる基準が定められてはいるが，個々の案件について，いかに処置すべきかの判断が当該基準の適用だけでは完結しない

---

41)　芝池義一『行政法読本〔第 4 版〕』（有斐閣，2016 年）105-106 頁。
42)　とくに参照しているのは，小早川光郎『行政法講義　下 I』（弘文堂，2002 年）18-29 頁である。

場合である。このように様態が岐れるとはいえ，立法が行政機関を特定の方向に羈束していない場合には，行政機関は，いかなる処置が適当であるかの判断の基準を案件ごとに補充し，かつ適用することによって，その判断を完結させなければならない。

ここに小早川の裁量観が現れている。すなわち，小早川においては，行政機関が案件の処置の判断に当たり，立法による基準が欠如している部分について案件ごとに必要な基準を補充しつつ，その判断を形成していくことが行政の裁量なのである。したがって，行政機関は，最も適切な基準はいかなるものであるかを案件ごとに誠実に探求する義務を負う。

行政機関の判断は，そのようにして誠実に探求された事実に支えられているのでなければならない。つまり，「基礎となる事実」があってはじめて行政機関の判断が存し得ることとなる。その場合，「基礎となる事実」としていかなる範囲の事項が考慮されるべきか。これが考慮事項の問題である。これを検討しなければならないのは，行政機関に裁量が認められる場合，すなわち適切な基準の誠実な探求を要する場合である。小早川によれば，その場合，行政機関は「立法上または解釈上で考慮禁止事項とされているもの以外の，当該案件に関連するあらゆる事項」に考慮を払いつつ，補充されるべき最適の基準の探求に努めなければならない[43]。すなわち，行政機関は，自らに課せられた裁量の行使に当たり，以上の意味で「考慮の対象たりうるすべての事項」について考慮すべき義務を負っているのである。

2 法目的と考慮事項

そこで検討を要するのが，法目的と考慮事項の関係である。法目的は規範枠組みの一部であり，考慮事項の範囲を画する働きをする。法目的が条文に明記されている場合，その目的の範疇に帰属する事実が考慮事項となり得ることは明らかである。しかし，ある事実が特定の法目的の範疇に帰属するのかどうか，実際にはその判別に紛れがないわけではない。デンマークにおいて，天然資源法の制定に際し業界団体が考慮事項の明記を求めたのは，そうした不明確性を嫌ってのことであろう。

---

43) ここで小早川は，それまでの説明に関わる特殊な立法例として環境影響評価法の横断条項を取り上げている。小早川・前出注42) 23頁。

前述のように，小早川によれば，行政機関は，「立法上または解釈上で考慮禁止事項とされているもの以外の，当該案件に関連するあらゆる事項[44]」を考慮しなければならない。このうちの「解釈上で考慮禁止事項とされている」というのは，はたしていかなる意味か。法目的との関わりでいえば，一般に，法目的に反する事項は考慮してはならない事項に該当するといえよう。しかし，法目的に「反する」とはどういうことかと問われると，解答は必ずしも容易ではない。たとえば，危険施設を警察目的で規制する法律により，施設の設置には市長の許可を要するとされているものとしよう。ある民間事業者から市長の下に許可申請がなされたが，市長は既存の市営工場の減益を憂えて不許可とした。はたして，この不許可処分は適法か。

これは，フランスの権限濫用の概念を説明するのに好都合な例である。すなわち，権限濫用の瑕疵は，行政機関が私益の実現を目的として行政処分をした場合のみならず，たしかに公益を考慮してはいるものの，その公益が法律の予定する公益とは異なる場合にも観念されるのである。上記の例の場合，立法者は，警察目的の規制であることを明確に認識できるように法律を構想することにより，申請が警察目的に係る許可要件を充たしていれば，あとは営業の自由の論理で対処すべしという前提を作り出しているといえよう。それゆえに，市の財政という公益を考慮することが禁じられるのである。

では，本稿で検討した採石法の岩石採取計画の認可の例で，行政機関が審査に際して自然環境の保全を考慮することについて，どのように説明すればよいか。たしかに，自然環境の保全は採石法の目的ではない。しかし，これを考慮してはならないと規定されているわけでもないし，自然環境の保全を考慮することは許されないとの解釈に至る必然性もないように思われる[45]。先にも述べたように，

---

44) この表現は，米国のシーニック・ハドソン事件判決（Scenic Hudson Preservation Conference v. FPC 354 F. 2d 608（1965））に登場する all relevant facts の概念を想起させる。綿貫芳源「行政行為に対する司法審査の範囲」柳瀬博士東北大学退職『行政行為と憲法』（有斐閣，1972年）262頁以下を参照。

45) 高橋信行は，自著『統合と国家——国家嚮導行為の諸相』（有斐閣，2012年）の373頁で，種々の行政指導や行政処分の附款は「法外」の公益を暫定的に確保するための権限として位置付けることができると説いている。行政各部において法外の公益を考慮し得るのは，新しい問題状況を敏感に察知し，国家意思の形成プロセスに可能な限り取り込むという責務を負っているからである。高橋の思索には学ぶところが多く，筆者は未だ消化しきれていない。本稿との関係では，高橋が公益確保の「暫定性」にどれほどの重みを与えているのかを探りたいと思っている。

筆者の理解では，内藤悟は採石法のそのような条文構造を活用して考慮可能論を説いている。

3　複数の目的とそれらの序列

現代の法律では，たいてい1条の目的規定に複数の目的が列記されている。したがって，それらの目的は同列なのか，それともそれらの間に序列があるのかという問題が生じる[46]。港湾法1条を眺めて，そのことを確かめておこう。

「この法律は，交通の発達及び国土の適正な利用と均衡ある発展に資するため，環境の保全に配慮しつつ，港湾の秩序ある整備と適正な運営を図るとともに，航路を開発し，及び保全することを目的とする。」

これを読むと，環境保全への配慮という目的は，「そこに向かって進んで行く」という意味での指向性を具えた目的ではなく，選択肢が幾つかある場合に，なるべく環境保全に資するものを選択しようという随伴的な（「環境保全との関係を断ち切らないように注意しながら」といった意味）目的として書き込まれているように見える。実際，港湾法に基づく市の行為の処分性と漁業者の原告適格が争われた事件（横浜地判平成20・2・27判自312号62頁）で，原告が平成12年の法改正で1条に「環境の保全に配慮しつつ」という文言が加わったことの意義を強調したのに対し，被告の方は，その文言や同条改正の沿革等によれば，環境の保全は交通の発達や国土の適正な利用等と並ぶ港湾法の目的であるとまではいえないと応じた。これでもって環境の保全はそもそも港湾法の目的ではないといおうとしているのかどうか判然としないが，ともかく環境の保全への配慮という新たな「目的」は交通の発達や国土の適正な利用という旧来の目的に劣後するという認識がそこに窺われる。そうした1条列記事項間の序列という問題については別途検討を要するけれども，環境保全への配慮も，1条に書き込まれた以上，案件の背後に広がる事実状況から環境保全に関係する事実を考慮事項として括り出す機能は果たし得ると考えるべきである。

おわりに

たしかに採石法や砂利採取法などは環境保護を目的とする法律ではないが，環

---

46)　自然公園法の目的に関連して，交告尚史「自然公園法及び自然環境保全法の一部を改正する法律」ジュリ1386号（2009年）72-74頁を参照。

境基本法が19条で環境配慮義務を規定しているので，この規定を梃子にして行政処分に際しての環境配慮を行政機関に求めることは考えられてよい[47]。土地利用の規制との関係では，国土利用計画法10条も記憶に留めるべき条文である。昭和49年12月24日の本法施行に際して各都道府県知事および各指定都市の長に宛てて発せられた国土事務次官通達（49国土利第60号「国土利用計画法の施行について」）に，次のように記されていた。

　「個別規制法には，それぞれ固有の立法目的が存在し，その目的に従って規制内容，その基準も自ら定められるものであるが，法第10条の規定により，個別規制法に明文の規定がない場合においても当然『公害の防止，自然環境及び農林地の保全，歴史的風土の保存，治山，治水等に配慮しつつ』運用することが要請せられるものである。」（「第3 土地利用基本計画等」の「2 土地利用規制の原則について」より抜粋）

このような条文を根拠にして採石法等の法律に自然環境の保全の観点を取り込む解釈作法に筆者も共感を覚える。しかし，筆者はさらに，土地の利用に関わる法律はすべて生態学的共同体（そこでは人間も他の生物と同様に一構成員でしかない）の観念の下に1つの体系を成しているべきだと主張したい[48]。それは，結局は，そのような体系の構成を目指す立法論ないしは制度設計論ということになろうが，解釈論としてもそれなりの工夫ができるはずである。たとえば，森林法上の森林を多種多様な生物の生息空間として捉えることを提唱し，そのような解釈の正当化を考案するわけである。その際，環境基本法の条文に支えを求めるとすれば，19条よりもむしろ14条に目を向けることになると思う。

　［追記］　本稿は，平成27年度科学研究費補助金・基盤（B）「森林および河川の管理における専門知と法制度の結合」（研究代表者：交告尚史，研究課題番号：15H03301）の成果の一部である。

---

47) もっとも，この方法では，環境配慮がまったくなされていない行政処分を違法とみることができるに止まる。大塚直『環境法〔第3版〕』（有斐閣，2010年）62-63頁を参照。
48) 筆者のこの考え方については，交告尚史「環境倫理と環境法」淡路剛久教授＝阿部泰隆教授還暦『環境法学の挑戦』（日本評論社，2002年）367-369頁，および交告尚史「環境倫理学」高橋信隆＝亘理格＝北村喜宣編著『環境保全の法と理論』（北海道大学出版会，2014年）440-443頁を参照。

裁量方針 (Policy Statement) について
―― 裁量基準に対する司法審査

常　岡　孝　好

　はじめに
　Ⅰ　裁量方針とは
　Ⅱ　立法規則, 解釈規則との相違
　Ⅲ　司法審査の手法
　結びに代えて

はじめに

　小早川光郎教授は, 裁量基準は, 「基準補充についての基準」であるという[1]。教授によると, 広義の裁量基準は, ①国の法律・命令, 地方公共団体の条例・規則という形式によって設定されるもの, 及び, ②通達や処理基準という行政内部規定の形式で設定されるものがある (以下, ②を「狭義の裁量基準」と呼ぶ)。本稿は, アメリカ法を参考にして, 狭義の裁量基準の法的性質, 及び, 狭義の裁量基準に対する司法審査のあり方について知見を得ようとするものである[2]。以下, 本稿では, 特に断らない限り, 裁量基準とは上記の狭義の裁量基準を指すことにする。

　アメリカ合衆国の連邦行政手続法 (Administrative Procedure Act：APA) は, 行政立法について定義規定を置いている。それによると, 行政機関が制定する「規

---

1) 小早川光郎『行政法講義　下Ⅰ』(弘文堂, 2002年) 24頁。
2) 筆者は, 行政立法に関する研究の一環として, 解釈規則をめぐる法的問題の一端について検討したことがある。常岡孝好「解釈規則 (interpretive rule) について」塩野宏先生古稀『行政法の発展と変革：上巻』(有斐閣, 2001年) 所収511頁以下。その際, 裁量方針に関する研究が不可欠であることを認識しつつも, 積み残しの課題としていた。本稿は, この課題に取り組むものである。

則（rule）」とは，法や政策を実施，解釈，規律しようとする一般適用性または個別適用性を持ちかつ将来効を有する行政機関の意思表示の全部又は一部を指す[3]。この「規則」は，立法規則（legislative rule），解釈規則（interpretive rule），及び裁量方針（policy statement, general statement of policy）[4]を含んでいる。立法規則は，法律の委任に基づき行政機関が制定する法的拘束力を有する規範で，日本行政法の用語では，法規命令にほぼ相当する。APA は，立法規則を制定するに際し，基本的に，公告 – 意見提出手続（notice and comment procedure）（日本の行政手続法が定める意見公募手続に酷似する手続であるので，以下，「パブリック・コメント手続」と呼ぶ）を履行することを要求している[5]。これに対して，解釈規則や裁量方針は，法的拘束力を持たない基準なり規範であり，日本行政法の用語では，これらは行政規則に当たるといえよう。APA によると，解釈規則，裁量方針の制定においてパブリック・コメント手続を履行する必要はない[6]。以下，裁量方針とは何か，

---

3) 5 U.S.C. § 551(4).
4) 佐伯祐二「アメリカ行政法における裁量基準・解釈基準」同志社法学 67 巻 2 号（2015 年）109 頁は，「方針表明」という訳語を当てている。中川丈久『行政手続と行政指導』（有斐閣，2000 年）308 頁，及び，越智敏裕『アメリカ行政訴訟の対象』（弘文堂，2008 年）106 頁は，「政策表明」という。本稿は，判例分析の結果を踏まえて「裁量方針」と呼ぶことにする。なお，常岡・前出注 2）511 頁以下では，「政策声明」と呼んでいた。
5) APA 553 条は，パブリック・コメント手続について適用除外を定めている。APA 553 条(a)項は，パブリック・コメント手続全体についての適用除外を定めており，外交・防衛機能，内部管理，人事，公有財産，貸付金，助成金，給付金，契約に関する規則についてはパブリック・コメント手続を行う必要はないとする。また，APA 553 条(b)項(B)は，「実行不能，不必要，または公益に反すると認められるとき」＝「『正当事由（good cause）』が存すると認められるとき」パブリック・コメント手続を行う必要はないと定めている。
6) 裁量方針及び解釈規則は，策定に当たりパブリック・コメント手続を行う必要がなく，本来，法的拘束力を有することはないので，非立法規則（nonlegislative rule）と呼ばれるが，近時，guidance document（指針書）と呼ばれることも多い。See, Gwendolyn McKee, *Judicial Review of Agency Guidance Documents: Rethinking the Finality Doctrine*, 60 ADMIN. L. REV. 371 (2008); Elizabeth Magill, *Agency Choice of Policymaking Form*, 71 U. CHI. L. REV. 1383, 1386 (2004); Michael Asimow, *Administrative Law Discussion Forum: Guidance Documents in the States: Toward a Safe Harbor*, 54 ADMIN. L. REV. 631 (2001); David L. Franklin, *Legislative Rules, Nonlegislative Rules, and the Perils of the Short Cut*, 120 YALE L. J. 276, 286 (2010); Mark Seidenfeld, *Substituting Substantive for Procedural Review of Guidance Documents*, 90 TEX. L. REV. 331, 334 (2011); Final Bulletin for Agency Good Guidance Practices, 72 Fed. Reg. 3432, 3432.

Connor N. Raso, *Strategic or Sincere? Analyzing Agency Use of Guidance Documents*, 119 YALE L. J. 782, 785-786 (2010) は，指針書の総数は立法規則より遥かに多いし，立法規則は法律の約 10 倍ほどの数であるという。Nina A. Mendelson, *Regulatory Beneficiaries and Informal Agency Policymaking*, 92 CORNELL L. REV. 397, 398 (2007) は，立法規則と比較して指針の総量は膨大であるという。

立法規則等と何が違うのか，裁量方針自体に対してどのような司法審査が行われるのかについて考察し，日本行政法への示唆を得たい。

I　裁量方針とは

1　意　義

　裁量方針とは何か。以下，APA の立法経過，関係行政機関や判例の見解を参考にして考察してみよう[7]。

　(1)　APA は，裁量方針とは何かについて定義規定を置いていない。この点は，解釈規則，立法規則についても同様である。APA の立法経過を見ても，これら三種類の規則の定義は必ずしも明らかではない。ただ，APA 制定の基礎になった 1941 年の「行政手続に関する司法長官委員会の最終報告書（「FINAL REPORT OF ATTORNEY GENERAL'S COMMITTEE ON ADMINISTRATIVE PROCEDURE」（以下，「最終報告書」という））は，裁量方針に簡単に言及している[8]。そこでは，大多数の行政機関は，行政活動を一般に決定付ける取り組み方針（approach）を策定しているという。また，行政庁の「方針（policy）」が具体の案件処理の際行政職員にとって指針（guide）として働くよう明確なものとなると，そうした事実が精確で規則的に公刊されるなら公衆の関心を引くことになろうという[9]。これらは，裁量方針の概況，機能，及びその公表について説明していると捉えることができよう。ここでは，「方針」は行政職員にとって指針となると述べている点に注目しておきたい。

　(2)　司法省は，1946 年の APA の制定に深く関わったが，司法長官は翌 1947 年，APA の注釈書ともいうべき ATTORNEY GENERAL'S MANUAL ON THE ADMINISTRATIVE PROCEDURE ACT（以下，「司法長官マニュアル」という）を公

---

[7] 学説では，たとえば，Robert A. Anthony 及び David A. Codevilla は，行政庁の実体的，非立法規則で，既存の法令を解釈するのではないものを指すとしている。Robert A. Anthony & David A. Codevilla, *Pro-Ossification: A Harder Look At Agency Policy Statements*, 31 WAKE FOREST L. REV. 667, 670 (1996). Seidenfeld は，行政庁が直接的な法的帰結を有する行為を行うときもつ裁量権を行使する際，どのようにこれを行使するのかについての行政庁の意向を示すものであるという。Seidenfeld, *supra* note 6, at 334.

[8] FINAL REPORT OF ATTORNEY GENERAL'S COMMITTEE ON ADMINISTRATIVE PROCEDURE 26-27 (1941).

[9] ALFRED C. AMAN, JR. & WILLIAM T. MAYTON, ADMINISTRATIVE LAW 63 n. 10 (3d ed. 2014) は，ここで最終報告書は，裁量方針の公表要件について述べているとしている。

表した[10]。司法長官マニュアルは，パブリック・コメント手続の要否の問題に関連して，裁量方針の定義について触れている。それによると，裁量方針とは，行政機関が発する意思表示で，裁量権を将来どのように行使するのかについて広く市民に知らせるものである[11]。この定義によると，裁量方針は，行政庁の裁量権行使，特に，裁量権行使の方法に関する意思表示であり，しかも，将来の裁量権行使のあり方に係るものである。

(3) 最高裁は，これまでに何度か，裁量方針とは何かについて説明してきた。ここでは，Lincoln v. Vigil, 508 U.S. 182（1993）判決を取り上げよう。事案は，原住民健康局（Indian Health Service）が行っていた南西部のインディアン障害児に対する予算措置に基づく医療サービスに関する要綱（program）を廃止する方針について，このサービスの受給資格者たる児童が，その違法宣言と差止めを求めたものである。判決は，Chrysler Corp. v. Brown 判決[12]を引用しながら，裁量方針とは，行政庁が，将来，裁量権をどのように行使しようとするかについて広く市民に知らせるための意思表示である，と述べている。そして，本件における予算に基づく基金からの裁量的配分を停止する意思表示は，紛れもなく裁量方針に該当するという。

(4) 裁判例でも，裁量方針の意義について説明しているものがある。Pacific Gas & Elec. Co. v. FPC 判決[13]は，裁量方針の意義や法的性質について的確な説明をした先例としてしばしば引用されている。事案は，連邦動力委員会（Federal Power Commission）が策定した天然ガス削減方針を電力会社が争ったものである[14]。判決は，裁量方針は，行政庁が将来の規則制定や裁決（adjudication）にお

---

10) ATTORNEY GENERAL'S MANUAL ON THE ADMINISTRATIVE PROCEDURE ACT (1947). 司法長官は，APA の制定過程に深く関わった。それゆえ，APA の注釈書ともいえる司法長官マニュアルの説明は APA の解釈にとって相当な重みを持つものと言えよう。Pacific Gas & Elec. Co. v. FPC, 506 F. 2d 33, 38 n. 16 (D.C. Cir. 1974).

11) ATTORNEY GENERAL'S MANUAL ON THE ADMINISTRATIVE PROCEDURE ACT 30 n. 3. なお，司法長官マニュアルは，立法規則は法的効果を持つとしているが，これと対比される裁量方針自体は法的効果を持たないと考えている。

12) Chrysler Corp. v. Brown, 441 U.S. 281, 301 (1979) 判決は，裁量方針の意義を解明しようとしているが，その際，APA の解釈について司法長官マニュアルに大きく依存している。

13) Pacific Gas & Elec. Co. v. FPC, 506 F. 2d 33 (D.C. Cir. 1974) 判決については，佐伯・前出注 4) 113-114 頁，越智・前出注 4) 129 頁も参照。

14) 当時，アメリカ合衆国では天然ガスの産出不足の問題が生じており，需要のピーク時に一定の消費者に対する供給を削減する必要に迫られていた。ところが，天然ガス輸送を担う多くのパイプライン会社は，ガスの不足時に既存の契約上の義務に基づいて削減するのか，それとも最も

いて実施したい政策を公衆に向けて表明したものに過ぎないという。また，裁量方針は，プレスリリースのように，今後の規則制定を先取りしたり，将来の裁決において行政庁が踏襲する方針を表明したりするものであるともいう[15]。さらに，裁量方針は，将来にとっての行政庁の暫定的な意思（agency's tentative intentions for the future）を表明するものであるともいう[16]。

　また，Syncor International Corporation v. Donna E. Shalala 判決[17]を見てみよう。事案は，製薬会社等が陽電子放射型断層撮影法（positron emission tomography：PET）に用いる放射性医薬品について食品医薬品化粧品法（Food, Drug, and Cosmetic Act）の規制を受けるべきであると定めた「公告（notice）」がパブリック・コメント手続を行っていないとして争ったものである。この「公告」は，「指針（guidance）」，「裁量方針（policy statement）」とも表現されていた。判決は，裁量方針は，根拠規範を取り扱ったり，特にこれを執行したりする方法について行政庁の見解を示すものに外ならないという[18]。判決は，また，裁量方針は，違反是正に対する行政庁の現在の取り組み方針を広く市民に知らせるものであるともいう。

（5）小　括　　以上に見たいくつかの文書や判例から，裁量方針とは以下のようなものであることが分かる。裁量方針とは，行政機関が将来の裁量権行使の方法について定めたものである。将来制定される立法規則において採用されまたは将来決定される裁決の中で採用・適用される裁量権行使に関わる方針である。裁量方針の存在形態は多様で，指示（directive），指針（guidance），見解書（opinion letters），プレスリリース（press releases），助言（advisory），警告（warning），マニュアル（manual），回状（circulars）など様々な形式で発簡される[19]。また，裁

　　効率的な最終使用量に基づいて削減するのか決めかねていた。そこで，連邦動力委員会は各パイプライン会社の削減を統一的に行わせるため，「裁量方針（Statement of Policy）」と題する方針を打ち出した。「裁量方針」は，連邦動力委員会が適切と考える削減順位を明らかにし，契約ではなく最終使用量に基づいて削減順位を決めるのが国全体の利益に資するという方針を表明した。この方針によると，原告である電力会社は，ガス供給の優先順位が低くなるおそれがあった。

15) Pacific Gas & Elec. Co. v. FPC, 506 F. 2d at 38.
16) Id.
17) Syncor International Corporation v. Donna E. Shalala, 127 F. 3d 90 (D.C. Cir. 1997).
18) Id. at 94. 本判決は，裁量方針は，私人も行政庁も拘束しないという。
19) Harry T. Edwards, Linda A. Elliott & Marin K. Levy, Federal Standards of Review: Review of District Court Decisions and Agency Actions, Part Two: Review of Agency Actions, Chapter XII: The Presumption of Reviewability and Its Exceptions, C: Reviewability of Agency Policy Statements and Guidance Documents, Interpretative Rules; Raso, supra note 6, at 790; Anthony

量方針は，行政組織の中の様々なランクの職員が発する。それは，中央官庁の幹部から，地方事務所の職員に至るまで様々である[20]。裁量方針は，行政組織内部において指令，指示，指導等するために用いられるし，行政組織外の私人に対して指導，助言，案内等するためにも用いられる[21]。

なお，裁量方針には，制定法や立法規則を「解釈する（interpret）」ものもある。こうした種類の裁量方針は特異なものであり，本稿の考察対象からは外すことにしたい[22]。

2 功　罪

(1)　裁量方針には，いくつかの望ましい効用ないしは機能がある[23]。第一に，裁量方針は行政職員の裁量を一定程度制約する[24]。裁量方針が発出されていれば，裁量方針に沿って裁量権行使が行われるので，不適切な裁量権行使から関係私人の権利利益が適切に保護されることが期待でき，あるいは裁量権行使が公平になされることが期待できる[25]。第二に，利害関係者に裁量制約の概要について周知することができる[26]。

前述した Pacific Gas 判決も，裁量方針には有用な機能があるという[27]。まず，行政の方針が個別案件で実際に適用される以前に当該方針が裁量方針によって開

　　& Codevilla, *supra* note 7, at 670.
20)　Anthony & Codevilla, *supra* note 7, at 671.
21)　Raso, *supra* note 6, at 788.
22)　こうした特異な類型については，参照，1 RICHARD J. PIERCE, JR., ADMINISTRATIVE LAW TREATISE 324（4th ed. 2002）.
23)　*Id.* at 323. Mada-Luna v. Fitzpatrick, 813 F. 2d, 1006, 1013（9th Cir. 1987）判決は，裁量方針には，2つの有用な機能があるとする。第一に，行政機関の裁量権行使に関する優先項目や予定について市民に情報提供するという機能がある。第二に，「教育効果」があるとする。つまり，実際に裁量権を行使して方針を実施する地方事務所の職員に指針を提供するという意味がある。
24)　この点は，行政職員にとっても都合がよい。Peter L. Strauss, *Publication Rules in the Rulemaking Spectrum: Assuring Proper Respect for an Essential Element*, 53 ADMIN. L. REV. 803, 808（2001）. 職員は，裁量に完全に任されるより裁量方針という指針に基づいて職務を行う方が判断に迷わない可能性がある。
25)　Seidenfeld, *supra* note 6, at 341 は，裁量方針も含め指針書によって行政活動の一貫性とアカウンタビリティーが高まるという。Mendelson, *supra* note 6, at 409-410 は，指針があると，下級公務員に一貫した決定を下させることができ，あるプログラムについて拘束力を持たせる前に実験することができるという。
26)　Mendelson, *supra* note 6, at 413 は，被規制者も指針により行政庁の法執行方針を事前に知ることができるという。
27)　Pacific Gas & Elec. Co. v. FPC, 506 F. 2d at 38.

示されることになる。これは，行政方針の事前公開という機能である[28]。裁量方針が発出されていれば，その内容に対応すべく被規制者は長期的視野に立って事業計画を練ることができる。さらに，裁量方針によって，全国的な関心事に対して統一性を持った対応が促進されよう。

　行政機関にとっても裁量方針は便利な道具といえる。裁量方針は，編年体行政命令集（Federal Register）に登載する必要があるが，パブリック・コメント手続を経ずに策定することができるので，時間がかからず，行政資源を浪費することもない。まさに，裁量方針の策定手続は迅速で柔軟なものである[29]。

　(2)　他方，裁量方針に対しては批判もある[30]。特に，行政機関が裁量方針を硬直的または事実上強制的に用いて私人に不利益を与えることに対しては批判が強い。裁量方針を事実上拘束的に用いることは，これを立法規則と同視することに近いが，こうした実務は，必要な行政手続を潜脱するものといえよう。立法規則は，パブリック・コメント手続を経て，すなわち公衆に参加の機会を与えた後に制定できるのであるが，事実上拘束的な裁量方針は立法規則と近い機能を果たすにもかかわらず，こうした公衆参加手続がないまま制定されるものである。さらに，立法規則なら直接司法審査の対象となり得るが，後に見るように，通例，裁量方針は成熟性（ripeness），最終性（finality），審査適性（reviewability）などの訴訟要件を満たすことができず直接の司法審査を免れる。

　このように，関係私人，特に被規制者は，裁量方針によって不利益を事実上強いられるおそれがあるにもかかわらず，公衆参加手続，司法審査手続を利用できないおそれがある。同様の問題は，規制受益者についても生じうる[31]。環境保護団体，消費者団体等の規制受益者は，裁量方針によって自らの利益に大きな影響を受けることがあるが，裁量方針はパブリック・コメント手続を経ずに策定さ

---

28)　Panhandle Eastern Pipe Line Company, v. Federal Energy Regulatory Commission, 198 F. 3d 266, 269 (D.C. Cir. 1999) は，事前通知機能（advance-notice function）という。

29)　Seidenfeld, *supra* note 6, at 340-341. 同論文は，また，裁量方針に立脚する方が裁決手続を行うことより被規制者の信頼利益を保護することになるという。

30)　Robert A. Anthony, *Interpretive Rules, Policy Statements, Guidances, Manuals and the Like-Should Federal Agencies Use Them to Bind the Public?*, 41 DUKE L. J. 1311, 1372 (1992). Anthony は，行政庁が裁量方針に事実上拘束効果を持たせて運用している例が多いことに警鐘を鳴らしている。

31)　MICHAEL ASIMOW & RONALD M. LEVIN, STATE AND FEDERAL ADMINISTRATIVE LAW 386 (4th ed. 2014). Mendelson, *supra* note 6, at 397 も参照。

れているので，これらの団体が裁量方針自体に対して反対意見を表明する機会が，行政手続段階においても，裁判段階においても，存在しないかもしれない[32]。

II 立法規則，解釈規則との相違

立法規則や解釈規則という他の規則と比較して，裁量方針の性質や特徴を描き出してみよう。その際，立法規則との対比を基軸にして考察することにする。

1 裁量方針と立法規則との相違

裁量方針は立法規則と以下の4点において相違するといわれている[33]。

(1) 第一に，手続面である。基本的に，立法規則は，APAが定めるパブリック・コメント手続を経て制定されなければならない。これに対し，APAは，パブリック・コメント手続について裁量方針を適用除外しているので，行政機関は，裁量方針を定めるためには，基本的に，パブリック・コメント手続を履行する必要はない[34]。

(2) 第二に，法的効力の点である。有効な立法規則は，有効な議会制定法と同等の法的拘束効果を有している[35]。立法規則は，法令が行政庁に授権した権限に基づき[36]，法的規範を修正したり，追加したりするものであり[37]，私人と行

---

32) 裁量方針違反に係る違法是正訴訟において当該裁量方針の是否について環境保護団体等が争うという事態が想定できるが，そこでは原告適格（standing）の障壁がある。

33) 1 PIERCE, JR., *supra* note 22, at 316.

34) ただし，裁量方針も編年体行政命令集（Federal Register）に登載して公表されなければならない。5 U.S.C. §552(a)(1)(D). ここから，Peter L. Strauss, *The Rulemaking Continuum*, 41 DUKE L. J. 1463, 1468 (1992) は，裁量方針等を公表規則（publication rule）と呼んでいる。なお，立法規則も編年体行政命令集に登載しなければならない。

35) Panhandle Producers & Royalty Owners Ass'n v. Economic Regulatory Administration, 847 F. 2d 1168, 1174 (5th Cir. 1988) は，適切に制定された立法規則は，法的効力（force of law）を有する基準（standard of conduct）を樹立すると述べている。また，具体の行政手続において立法規則が適用されるとき，そこでの争点は当該案件の争訟事実（adjudicated fact）が当該規則に適合するかどうか，及び，当該案件の個別状況において当該規則が適用されるかまたは適用免除されるかどうかである，という。すなわち，当該規則を適用して個別案件の処理を行う行政庁の面前においては，立法規則に内在する政策方針の是非について争うことは一般に許されない。言い換えれば，立法規則を適用して個別案件を処理する行政庁は当該立法規則に法的に拘束されるということである。

なお，Mendelson, *supra* note 6, at 406 は，裁量方針は，立法規則と同様，基本的に，将来に向けて適用されるという。

36) 従来，法律が具体的に規則制定権を授権している場合にしか立法規則は制定できないものと考えられていた。つまり，規則制定権の一般的な授権の下では，解釈規則や裁量方針しか制定で

政の双方を拘束する[38]。これに対し,裁量方針は,必ずしも法令の授権に基づいて制定されるものではなく,私人や裁判所を法的に拘束する効果はないとされている[39]。また,裁量方針に反する行政活動は必ずしも違法ではなく,一般に,裁判所は裁量方針に従うよう行政に対して義務付けることはできない[40]。

裁量方針の法的性質について詳述した有名な先例である Pacific Gas 判決は[41],法的効力の点に関連して,爾後の行政手続における取扱いないしは効果に差があると指摘している。Pacific Gas 判決によると,裁量方針と立法規則とでは,それぞれが制定された後に個別事案に適用される行政手続段階で取扱いに差が生ずるという[42]。立法規則が適正に制定された場合,それが個別に適用される行政

きなかった。しかし,現在では,法律が一般的に規則制定権を授権する場合でも,立法規則を制定できることが承認されている。しかも,この授権は明示的である必要はなく,黙示的授権でも足りるとされている。このように立法規則制定の授権がより緩やかに認められることになると,これまで非立法規則しか制定できなかった場合にも立法規則が制定できることになり,制定された規則が裁量方針なのか立法規則なのか不明であるという事態がより頻繁に生ずることになる。参照,常岡・前出注2) 544-545頁。

37) Syncor International Corporation v. Donna E. Shalala, 127 F. 3d at 95. 同判決は,立法規則は裁量方針の特徴及び解釈規則のそれの両方を持っていると述べている。

38) Ronald M. Levin, *Nonlegislative Rules and the Administrative Open Mind*, 41 DUKE L. J. 1497, 1498 (1992); Franklin, *supra* note 6, at 278. Seidenfeld, *supra* note 6, at 336 は,立法規則は,それが有効なものなら,私人だけではなく行政庁も拘束するという。

39) Panhandle Producers & Royalty Owners Ass'n v. Economic Regulatory Administration, 847 F. 2d at 1174-1175 は,裁量方針は拘束の規範 (binding norm) を打ち立てるものではないという。また,裁量方針は対象たる争点や権利について最終的に決定するものでもなく,行政庁は,裁量方針が法であるとしてこれに立脚することはできないとする。さらに,行政庁が個別の案件において裁量方針を適用するとき,行政庁は当該裁量方針があたかも制定されていなかったかのように当該裁量方針に体現された方針を根拠付けなければならない,ともいう。3 RICHARD J. PIERCE, JR., ADMINISTRATIVE LAW TREATISE 1239 (4th ed. 2002) は,立法規則でなくとも,規則には行政裁量を制限するある程度の効力があるという。特に,裁量方針は,行政職員の裁量を制限するという。*Id.* at 1240. また,同論者は,裁量方針には,事実上の拘束性があるともいう。行政庁は被規制者,受益者に対して裁量権を行使できるので,多くの者は,行政庁の「非拘束的 (nonbinding)」裁量方針に「自発的 (voluntarily)」に「従う (comply)」傾向が強いという。*Id.* at 319-320. Anthony, *supra* note 30, at 1328-29 は,行政機関の運用によっては裁量方針も事実上拘束的に作用することがあることを指摘している。Mendelson, *supra* note 6, at 406 は,裁量方針も含め指針は,被規制者を法的に拘束することはないし,通例,行政庁自身を拘束することもないという。ただ,同論者は,しばしば指針は私人に対して立法規則と同様の効果を及ぼすとしている。

40) United States, v. Alameda Gateway Ltd., 213 F. 3d 1161 (9th Cir. 2000) は,裁判所は,行政機関に対し拘束力を持たない行政の意思表示に違反しているとの主張について審査しないと判示している。

41) Pacific Gas 判決は裁量方針と立法規則の相違をうまく説明している判決であると評されている。1 PIERCE, JR., *supra* note 22, at 317.

42) Pacific Gas & Elec. Co. v. FPC, 506 F. 2d at 38. 佐伯・前出注4) 114頁は,裁量方針におけ

手続においては，当該事案の争訟事実（＝司法事実）(adjudicated fact) が当該立法規則に合致しているか，及び，当該立法規則が当該事案にそもそも適用されるべきかが問題となるだけで，当該立法規則に内在する政策自体の是非は一般に問題にはならないという。つまり，立法規則を適用する行政庁は，基本的に，当該立法規則の適法性を前提として当該立法規則を適用しなければならない。まさに，立法規則は行政庁を法的に拘束するわけである。これに対して，Pacific Gas 判決は，裁量方針に関して次のように述べている[43]。

「裁量方針は『拘束的規範（binding norm）』を打ち立てるものではない。それは，対象たる争点や権利について最終的に決定するものではない。行政庁は法として裁量方針を適用したりこれに立脚したりすることはできない。……裁量方針は，将来にとっての行政庁の暫定的な意思 (agency's tentative intentions for the future) を表明するものである。行政庁が裁量方針を個別状況において適用するとき，当該行政庁はあたかも当該裁量方針が発出されていなかったかのように当該方針を根拠付ける用意ができていなければならない。行政機関は，裁量方針の形式で拘束的先例を表明したとしても，そのことで立法規則の適用を根拠付ける証拠や論証を提出する責任を免れることはできない。」

この最後の論述は，制定法や立法規則のもとで下された行政決定について，裁量方針自体によって根拠付けたり正当化することはできないという趣旨であろう[44]。行政庁が裁量方針を適用して判断するとき，行政庁は当該裁量方針に内在する方針の正当性を改めて主張・立証・説得しなければならないのであり，当該裁量方針のみを直接の根拠にして最終判断を正当化することはできないのである[45]。

(3) 第三に，司法審査の直接の対象となるかどうかという点である[46]。多く

る「行政活動への拘束性の弱さ」と述べている。
43) Pacific Gas & Elec. Co. v. FPC, 506 F. 2d at 38-39.
44) RICHARD J. PIERCE, JR., SIDNEY A. SHAPIRO & PAUL R. VERKUIL, ADMINISTRATIVE LAW AND PROCESS 312 (3d ed. 1999) は，連邦動力委員会は，事後の手続において法的結論や事実認定を根拠付けるため，あるいは立証責任を転換するため，裁量方針に立脚することはできないとしている。同書は，裁量方針は事実上大きな影響を及ぼすものの，法的にはほとんど無意味な存在であるという。行政庁が個別の事案に裁量方針を適用して決定するとき，行政庁はあたかも裁量方針が発されていないかのように当該決定を根拠付けなければならない。
45) ただ，Levin, *supra* note 38, at 1501 は，行政庁は裁量方針の基礎にあるあらゆる争点について爾後の行政手続において再検討しなければならないことを Pacific Gas 判決は意味しているのではないと理解されてきたという。また，同論者によると，判例は原告の主張が具体性要件を満たさない場合などでは行政庁は原告の主張に応答する義務はないという。
46) 越智・前出注 4) は，この問題に関する日米の包括的な比較研究である。

の立法規則はそれ自体を司法審査の対象とすることができる[47]。これに対し，大多数の裁量方針はそれ自体を直接抽象的に司法審査することはできない[48]。既に述べたように，裁量方針は行政機関による暫定的（tentative）な方針に係る意思表示であるから，司法審査の要件たる最終性（finality）を欠くと考えられるからである。もっとも，以上の説明は原則論であり，例外がある。一方では，立法規則の中には，その適用段階でしか争えないものがある。他方，裁量方針の中にも成熟性（ripeness），最終性を有し，審査適性のある（reviewable）ものがある。

(4) 最後に，裁判所による尊重（deference）度[49]の点である。裁判所は，立法規則が合理的（reasonable）であれば，これを適法なものとして是認しなければならない。これに対し，裁判所は裁量方針が説得的（persuasive）でなければこれに法効果を与えることはできない。合理的であれば是認されるものと，説得的でなければ是認されないものとの相違は，どのように理解されるべきであろうか。一般に「説得性」の審査の方が「合理性」の審査よりも審査のハードルは高いとされている。したがって，裁量方針が裁判所の承認を得るためには，立法規則が裁判所の承認を得るためのハードルより高いハードルを越えなければならない。これは裁量方針に対する裁判所の審査の強度は立法規則に対するそれより厳格であるということである。このように裁判所が裁量方針に対してより厳格に審査するということは，それに対してより懐疑的・批判的に対応するということであり，言い換えれば，非尊重的に対応するということである。そこで，裁量方針に対する裁判所の尊重の程度は，立法規則に対するそれより低いということになる[50]。

---

47) もちろん立法規則が個別案件において適用され個別決定が下されるとき，この個別決定を争う中で当該立法規則の適法性を問題にすることも可能である。しかし，多くの立法規則は適用段階でしか争えないというわけではなく，プリ・エンフォースメント訴訟が可能である。この点については，小谷真理「行政立法の司法審査――プリ・エンフォースメント訴訟の課題と展望」法と政治55巻1号（2004年）45頁以下，早坂禧子「アメリカにおける排他的プリ・エンフォースメント訴訟」小島和司教授退職記念『憲法と行政法』（良書普及会，1987年）678頁以下，中川丈久「行政訴訟に関する外国法制調査――アメリカ（下）-1」ジュリスト1242号（2003年）101頁参照。

48) Seidenfeld, supra note 6, at 343 は，裁量方針等の指針はそれが制定された段階において審査適性（reviewability）はないと述べている。佐伯・前出注4) 122頁も，Center for Auto Safety v. NHTSA, 452 F. 3d 798 (D.C. Cir. 2006) を踏まえて，裁量方針を直接攻撃する訴訟は対象の最終性，成熟性を欠くとして不適法であるとしつつ，これらの訴訟要件が充足するのは，裁量方針と称される基準がほぼ画一的に運用されている場合であると指摘する。

49) 行政決定に対する裁判所による「尊重」概念の意義については，常岡孝好「司法審査基準の複合系」原田尚彦先生古稀『法治国家と行政訴訟』（有斐閣，2004年）387-389頁参照。

50) Anthony & Codevilla, supra note 7, at 686 によると，学説はほぼ一致して，裁量方針は立法

Pacific Gas 判決は，このような裁判所による尊重度の違いが生じる理由について詳しい説明をしている[51]。それによると，APA のパブリック・コメント手続は，関連争点について十分な情報・データ・意見を収集でき，加えて，行政庁自らの経験や専門知識を動員して決定できることから，パブリック・コメント手続を経て制定された立法規則は，一般に，決定の質が高いと推定されるのである。これに対して，裁量方針はパブリック・コメント手続を経ないで制定されるので，必ずしも十分な意見・情報等に基づかない決定であり[52]，その分，決定の質は，相対的に低いといえる。Pacific Gas 判決は，手続の相違が決定の質の相違をもたらし，ひいては裁判所による尊重度の違いに繋がるとする。立法規則は相対的に高い質を有するので裁判所は一般にこれを尊重的に審査することになり，他方，裁量方針は相対的に低い質しか持たないので裁判所は一般にこれを非尊重的に審査することになる。つまり，裁判所は立法規則に対して合理性の審査という相対的に甘い審査を施すが，裁量方針に対しては合理性の審査より相対的に強度の強い説得性の審査を行うことになるのである。このように，裁量方針と立法規則とでは裁判所による審査の密度が異なる。一般に，裁量方針に対する司法審査の密度は，立法規則に対するそれよりも濃いものである。この点について，前記 Pacific Gas 判決も，「裁量方針に対する司法審査の範囲（scope of review）は，立法規則に対するそれよりも広い」と述べている[53]。

2 解釈規則と立法規則との相違[54]

前述の論者によると，解釈規則は立法規則と以下の 4 点において相違する[55]。

規則よりも非尊重的な審査（less deferential review）を受けるとしている。
51) Pacific Gas & Elec. Co. v. FPC, 506 F. 2d at 39-40.
　R. Anthony 及び D. Codevilla は，いくつかの理由を挙げて，裁量方針に対してより密度の濃い司法審査を施すべきであるとしている。たとえば，裁量方針は授権された立法権に基づいて策定されるものではないこと，裁量方針の策定手続はインフォーマルなものであること，上級公務員による慎重な検討を経ていない場合があること，公衆参加の手続が践まれておらずかくては公衆の権利利益保護が十分ではないこと，実際上拘束的な効果を発揮しようとする場合があり警戒が必要なことなどである。Anthony & Codevilla, supra note 7, at 676-677.
52) Pacific Gas 判決は，裁量方針は争点に関する公衆の検討を受けていないものであり，当該政策について十分な批判を受けるのは司法審査の段階が初めてかもしれないという。Pacific Gas & Elec. Co. v. FPC, 506 F. 2d at 40.
53) Id. at 39.
54) 立法規則と解釈規則のそれぞれに対する司法審査のあり方の相違，及び両者の区別については，参照，常岡・前出注 2) 536 頁以下，546 頁以下。

(1) 第一に，手続の点である。立法規則を制定するためには，基本的に，パブリック・コメント手続を履行しなければならない。対照的に，APAは，パブリック・コメント手続について解釈規則を適用除外しているので，解釈規則を制定するためには，基本的に，パブリック・コメント手続を経る必要はない。

(2) 第二に，法的効力の点である。立法規則は，議会制定法と同等の法的拘束効果を有する。制定法の委任を受けて制定された有効なものである限り，立法規則は私人，行政機関，さらには裁判所を法的に拘束する。対照的に，解釈規則は，それ自体で裁判所や私人を拘束するものではない。また，解釈規則に反する行政活動は直ちに違法と評価されるわけではないので，一般に，裁判所は解釈規則に従うよう行政に対して義務付けることはできない[56]。

(3) 第三に，授権の要否の点である。行政機関が立法規則を制定するためには，立法規則を制定できることについて議会制定法が行政機関に授権していることが必要である。そして，行政機関は，当該授権の下において授権された権限を実際に行使して立法規則を制定するのである。対照的に，解釈規則を制定するためには，議会制定法による授権は不要である。総じて行政機関は解釈規則を制定する固有の権限を有している[57]。

(4) 最後に，義務創設の点である。立法規則は，根拠法が明示的に課している義務とは別個の新たな義務を私人に課すことができる。もちろんこれには条件があり，根拠法が行政機関に授権した規則制定権の範囲内に当該立法規則が収まっている限りにおいてである。一方，解釈規則は根拠法とは別個の新たな義務を課すことはできない。解釈規則に違反する私人に対して当該解釈規則が義務を課すことはできない。

(5) なお，前記の論者は，別途，立法規則と解釈規則のそれぞれに対する司法審査密度，司法審査基準についても論じている[58]。それによると，立法規則の

---

55) 1 PIERCE, JR., *supra* note 22, at 324-326.
56) もっとも，PIERCE, JR. によると，解釈規則でとられた立場や見解に対して，裁判所が拘束効果を付与することができるとしている。これは，解釈規則自体が本来的に拘束効果を保持しているということではなく，裁判所が固有の法解釈権限を行使して解釈規則に事後的に拘束効果を付与したということである。それゆえ，ここでの解釈規則の拘束効果は本来的なものではなく伝来的なものといえる。
57) なお，議会制定法が行政機関に立法規則制定権限を授権していても，当該行政機関がこの権限を行使しないで制定した規則は立法規則ではなく解釈規則または裁量方針などである。
58) 1 PIERCE, JR., *supra* note 22, at 326-330. 3 CHARLES H. KOCH, JR., ADMINISTRATIVE LAW

司法審査においては，Chevron 判決[59]の法理が適用され，解釈規則の審査においては，Skidmore 判決[60]の法理が適用されるという。ここで，Chevron 判決の法理とは，2段階の審査を打ち出すものである。すなわち，第一に，問題の制定法に係る立法意図が明瞭である場合，裁判所は当該意図に即して行政による法解釈の適否を決すべきである。第二に，具体の争点について議会制定法が沈黙しているか不明瞭である場合，裁判所は行政による法解釈が許容できる（permissible）かどうか審査すべきである。この第二の点から，行政による法解釈が「許容できる」ないしは合理的なものであるとき，裁判所を拘束することになる。

他方，Skidmore 判決の法理とは，以下のような「説得性」（persuasiveness）の有無を審査する方式である。Skidmore 判決は次のように言う。

> 「ある特定の事件で［解釈規則］がどのような重みを持つかは以下のような諸要素にかかっている。すなわち，検討が徹底的になされているか，理由付けが有効か，前後の見解と一貫しているか，拘束力がないとしても，その他の説得力を与える諸要素があるかどうかである。」

つまり，Skidmore 判決の法理によると，裁判所は行政機関の判断について「説得性」があるかどうかを審査する。

それでは，「許容できる」かどうかの審査と，「説得性」があるかどうかの審査は何が違うのか。これについては，裁判所による尊重度の強弱であると理解されている。すなわち，「許容できる」かどうかの審査すなわち合理性の審査の方が，「説得性」があるかどうかの審査に比べて，より甘い審査であり，その分，行政機関の判断や見解をより尊重している。それゆえ，立法規則に対する司法審査は行政決定に対する尊重度が相対的に高く，解釈規則に対する司法審査は尊重度が相対的に低いということになる。この点は，司法審査密度の観点から言い換えることができる。立法規則に対する合理性の審査は相対的に審査密度が薄く，解釈規則に対する説得性の審査は相対的に審査密度が濃いものである[61]。

AND PRACTICE 438-441（3d ed. 2010）も参照。
59) Chevron v. Natural Resources Defense Council, Inc., 467 U.S. 837（1984）. 本判決については，多数の研究があるが，常岡孝好「行政機関の解釈への敬譲（連邦最高裁判所判決，Chevron U.S.A., Inc. v. Natural Resources Defense Council, Inc., 467 U.S. 837, 104 S. Ct. 2778, 81 L. Ed. 2d 694（1984））」『アメリカ法判例百選』（2012 年）20 頁，常岡・前出注 2）539 頁以下参照。
60) Skidmore v. Swift & Co., 323 U.S. 134（1944）. 本判決については，常岡・前出注 2）536 頁以下参照。
61) 園部逸夫『行政手続の法理』（有斐閣，1969 年）90 頁は，審査範囲の広狭の問題と捉えている。なお，注意を要するのは，行政庁自らが制定した立法規則について解釈した解釈規則につい

3 裁量方針と解釈規則

以上の立法規則を基軸にした比較を踏まえて、以下では、裁量方針と解釈規則の異同について整理しておこう。判例は、立法規則と裁量方針を区別し、かつまた、立法規則と解釈規則を区別してきた。しかし、多くの判例は、裁量方針と解釈規則をひとまとめにして区別しない傾向があった[62]。その理由の1つは、立法規則とは異なり、裁量方針も解釈規則もパブリック・コメント手続を要しない点で共通しているからである[63]。しかし、両者は、いくつかの点で違っている[64]。

(1) 共通点　両者には、以下のような一致点・共通点がある。

第一に、両者とも、APAのパブリック・コメント手続が適用除外されており、制定の際に公衆参加の手続を履行する必要はない。この点は、立法規則と決定的に異なる点である。裁量方針も解釈規則も、行政内部的な調査、協議、検討等を経るだけで制定することができる。このように両者とも手続的な負担（時間、マンパワー、コストなど）が少ない方式であるため、行政にとって簡便で使いやすい道具と言える[65]。しかし、この点は、関係する私人の側からすると、問題がないわけではない。パブリック・コメント手続が行われないので、関係者は意見や情報を行政庁に伝達するチャネルが欠けている。かくては、裁量方針や解釈規則の内容が、関係者の意向によく配慮されたものとなっていない可能性がある[66]。

第二に、両者とも私人や裁判所を法的に拘束する効果を基本的に持たないとい

ては、司法審査の密度は極端に薄くてよいとされていることである。Bowles v. Seminole Rock & Sand Co., 325 U.S. 410 (1945).
62) Syncor International Corporation v. Donna E. Shalala, 127 F. 3d at 94.
63) なお、日本法における裁量基準・解釈基準の策定手続は、アメリカ法における裁量方針、解釈規則の制定手続と異なっている。日本法においては、アメリカ法とは異なり、裁量基準、解釈基準の設定について、基本的に、パブリック・コメント手続が必要である。このように手続の要否について決定的な違いはあるものの、「裁量基準・解釈基準」、「裁量方針・解釈規則」をひとまとめにして扱うことでは共通している。そして、日本でも、行政手続法5条に基づいて制定された具体の審査基準が裁量基準、解釈基準のどちらに分類されるのか、その判断は必ずしも容易ではないと指摘されている。塩野宏「審査基準について」同『法治主義の諸相』（有斐閣、2001年（初出1999年））所収265頁。
64) Syncor International Corporation v. Donna E. Shalala, 127 F. 3d at 94 は、両者はまったく異なるという。裁量方針は、法的規範を解釈しようとするものではないという。
65) Mendelson, supra note 6, at 408 は、安価で柔軟な点、議会、裁判所、執行府から監督を受ける可能性が低いことを挙げる。
66) Id. at 414-420 は、行政庁が立法規則の代わりに指針を用いる場合の欠点について論じている。同論文は、規制受益者に指針の改廃申請権を認めようとする。

う点で同じである。この点も立法規則と対照的である。裁判所は，行政活動が裁量方針に反するから直ちに違法であると判断していないし，同様に，解釈規則に反するから直ちに違法であるとも判断していない。

第三に，審査密度について。立法規則に対する司法審査の密度と，裁量方針に対するそれとは異なる。前者の方がより緩やかであり，後者の方がより厳格である。また，立法規則に対する司法審査の密度と解釈規則に対するそれとはやはり異なる。前者の方がより緩やかであり，後者の方がより厳格である。それでは，裁量方針に対する司法審査の密度と，解釈規則に対する司法審査の密度は異なるのであろうか。これについては，大差はないものと解される。いずれにしても，説得性ないしは説得力の有無が審査され，合理性の有無を審査する方式と比べてより厳格な審査が行われるといえよう。

(2) 相違点　次に，両者には，以下のような相違点がある。

第一に，両者は機能が違っている。解釈規則は，法的規範——制定法や立法規則など——を解釈して出されたもので法的規範を定立することを意図している。場合によっては法的権利を設定したり，法的義務を課したりすることを意図している。これに対して，裁量方針は法的規範を定立したり法的権利，法的義務を設定したりすることを意図しているものではなく，単に，根拠法を適用する際の行政機関の方針，根拠法上認められた裁量を行使する際の行政機関の方針，あるいは根拠法違反に対して是正措置を行う際の行政機関の方針について表明するだけのものである[67]。裁量方針を発するのは，行政機関が裁量権行使方法や違反是正措置等の今後の方針を公衆に周知させるためである[68]。

第二に，外部的拘束効果について両者には若干の相違がある[69]。裁判所が，解釈規則について内容審査を施し，これを是認したとき，裁判所は，解釈規則に事後的に外部的拘束効果を付与することができる。そうすると，根拠法の明示し

---

67) WILLIAM F. FUNK, SIDNEY A. SHAPIRO & RUSSELL L. WEAVER, ADMINISTRATIVE PROCEDURE AND PRACTICE 346 (5th ed. 2014) は，裁量方針は既存の法令上の義務を解釈しようとするものではないという。

68) Molycorp, Inc. v. EPA, 197 F. 3d 543, 545, 546 (D.C. Cir. 1999). なお，立法規則を解釈する解釈規則の内容を変更するには，パブリック・コメント手続が必要であるとされることがある。Paralyzed Veterans of Am. v. D.C. Arena L. P., 117 F. 3d 579, 586 (D.C. Cir. 1997). この見解によると，立法規則を解釈する解釈規則を制定する手続は，議会制定法を解釈する解釈規則を制定する手続とは異なることになる。

69) 3 KOCH, JR., *supra* note 58, at 441 も参照。

ていない義務を行政機関が法解釈作業を通して解釈規則の形式で定めたとき，本来，こうした義務は何ら法的な裏付けのないものであるが，裁判所が当該解釈規則の司法審査の過程でこの義務が根拠法の解釈として妥当であると判断した場合には，根拠法が必ずしも明示していない義務ではあるものの，結果的に根拠法上の義務であると認められることになる。これは，外見上，根拠法により明示されていない新たな義務が解釈規則によって結果的に生み出されたと映ることになる。他方，裁量方針については，裁判所の判断によって事後的・結果的に新たな義務が生じることは考えられない。そもそも，裁量方針は行政機関の裁量権行使に関わる基準であり，必ずしも私人の側に直接義務を賦課することを意図したものではないことが通例だからである。それはともかく，裁量方針は行政に個別事情の考慮の余地を認めているので，行政にはなお裁量の余地が残っており，裁量方針によって行政が特定の行為をとるよう自動的に義務付けられるわけではない。

　第三に，直接の司法審査の対象性について。裁量方針は最終性，審査適性を欠くなどとして司法審査の対象から排除されることがある。すなわち，裁量方針は，違反是正裁量をどのように行使するのかについての行政側の計画や方針を表明するものなので，性質上，暫定的なものである。個別の事案においては，当該裁量方針どおりの決定が下されるとは限らず，個別的な方針変更の余地がある。ここから，典型的な裁量方針は，最終性または審査適性がないといわれている[70]。これに対して，解釈規則は私人の権利義務に実質的影響を及ぼす場合，解釈規則の制定は司法審査にとって最終的行為となるといわれている[71]。

　最後に，司法審査の手法について。後に，Ⅲで詳しく見るように，裁量方針に対する司法審査の手法と解釈規則に対するそれとでは，相当異なっている。特に，裁量方針にあっては，根拠法との対比という審査，ないしは根拠法の定めとの整合性という審査を行うことができないことが多い。

Ⅲ　司法審査の手法

　Ⅱ1で述べたように，裁量方針に対する司法審査のあり方は立法規則に対す

---

[70] Mendelson, *supra* note 6, at 411-412 は，指針が司法審査を受けることはしばしば困難であるという。Animal Legal Def. Fund v. Veneman, 469 F. 3d 826, 839 (9th Cir. 2006).

[71] Am. Postal Workers Union v. U.S. Postal Serv., 707 F. 2d 548, 560 (D.C. Cir. 1983); Nat'l Ass'n of Home Builders v. Norton, 415 F. 3d 8, 15 (D.C. Cir. 2005); U.S. West Communications, Inc. v. Hamilton, 224 F. 3d 1049, 1055 (9th Cir. 2000).

るそれとは異なっている。特に、審査密度の点で違っている。裁量方針に対する司法審査の密度と、解釈規則に対するそれとではどうであろうか[72]。Ⅱ3(1)で見たように、この点について、両者は異ならないのではないか。すなわち、裁量方針も解釈規則も実体的審査として説得性の審査が行われ、審査密度の点では同様の扱いがなされるといえよう。

それでは、裁量方針に対する司法審査のあり方または手法と、解釈規則に対するそれはまったく異ならないのであろうか[73]。以下に見るように、裁量方針に対する司法審査の手法は、裁量方針の特質に対応して、かなり特異な様相を見せている[74]。裁量方針の司法審査のあり方について取り組んだ著名な判決をいくつか取り上げ、その特徴点を整理してみよう。

1 Alice Amanda 判決[75]

〈事実の概要〉 事案は、大西洋ホタテ漁規則 (Atlantic Sea Scallops Fishery Regulation) におけるホタテ貝の漁獲サイズ要件に抵触したとしてマグヌスン漁業保全管理法 (Magnuson Fishery Conservation and Management Act)[76] (以下、「漁業管理法」という) に基づき合衆国によってホタテ漁船の没収の訴訟を提起された漁業会社が当該規則の適用の妥当性を争ったものである。

商務省 (Department of Commerce) の全国海洋漁業局 (National Marine Fisheries

---

72) Anthony & Codevilla, *supra* note 7, at 686 によると、ほとんどの専門書は、裁量方針と解釈規則とをひとまとめにして扱い、これら2つについて単一の審査基準を打ち出しているという。
73) *Id.* at 687 は、裁量方針に対する審査手法と解釈規則に対するそれとを区別する学説もあるという。
74) *Id.* at 688-689 は、裁量方針に対する司法審査の手法と解釈規則に対するそれは、相当異なると述べている。その理由は、裁量方針には解釈規則とは異なる次のような特色があるからである。裁量方針にあっては、その違法性を判定するための外部的評価基準が存在しないことが普通であるが、解釈規則にあっては、その違法性を判定するための外部的評価基準が法令という形で存在していること、裁量方針が取り扱う事柄については、裁判所よりもむしろ行政庁に専門性が認められること、行政庁は裁量方針を変更する裁量権を保有していることなどである。解釈規則を司法審査する際、裁判所は解釈規則が示した解釈が法令の正しい解釈であるかどうかを審査するのであり、当該解釈が専断的恣意的かどうかを審査するのではない。これに対して、裁量方針を審査する際、裁判所は、通例、当該裁量方針が示した政策方針が法令の正しい解釈かどうかを審査することは困難である。それは、通例、裁量方針の違法性を判定するための外部的評価基準が法令に定められていないからである。*Id.* at 689 は、裁量方針を統制する基準は法令から導き出すことは困難なので、行政庁自身から導き出すほかないとしている。
75) United States v. F/V Alice Amanda, 987 F. 2d 1078 (4th Cir. 1993).
76) 16 U.S.C. § 1801 *et seq.*

Service)(以下,「行政庁」という)は漁業管理法を所管しているが[77],同法は,合衆国の排他的経済水域を8つの地域に分割し,それぞれについて地域漁業管理評議会(Regional Fishery Management Council)を設置している。本件で問題となったのは,大西洋の排他的経済水域内のホタテ貝であり,これについては,ニューイングランド地域漁業管理評議会(以下,「評議会」という)が管理計画を策定する責任を負っていた。本件で問題となった大西洋産ホタテの漁獲規制に係る規則(以下,「本件規則」という)は,評議会が策定した管理計画に従って同評議会が規則案を策定し,この規則案の提出を受けて行政庁によってパブリック・コメント手続を経て制定され[78],主題別行政命令集に登載されている。本件規則は,漁船の許可制度,水揚げ規制,漁獲サイズ要件など様々な規制を盛り込んでいる。このうち本件では漁獲サイズ要件が問題となった。それは,一定サイズ以上のホタテのみを採取することにして漁業資源を守ることを目的としていた。この要件は,ホタテの形状——貝殻付かどうか——によって2種類の基準を定めている[79]。このうち本件に関係するのは,貝殻を取り除いたホタテについての基準であり,当初,1ポンド当たりのホタテの「許容最大個数(maximum allowable meat count)」を33個と定めていた。この数値が大きいほど,ホタテ1個当たりの重量は軽いのでそれだけサイズの小さいホタテであることになる。本件規則は,許容最大個数の測定方法についても定めていた[80]。それによると,貝殻が取り除かれたホタテについては,合衆国における最初の取引以前の段階で,漁獲ホタテの全体からランダムに1ポンドをサンプルとして取り出して検査するというものである。そして,もし,サンプル調査で許容最大個数の基準違反があった場合,漁獲ホタテの全体が基準違反であると推定されると定めていた。

本件規則が最初に制定されたのは,1982年であった[81]。当時,大西洋産ホタ

---

[77] 16 U.S.C. § 1852.
[78] 漁業管理に関する漁業管理法に基づく規則制定には,大別して3つの方法があった。第一に,地域漁業管理評議会が策定した計画を実施するために必要な規則案を同評議会が策定し,これを行政庁に提出し,行政庁がこれに法的効果を付与したいと考えたとき,同庁がパブリック・コメント手続を行うという方式である。第二に,地域漁業管理評議会からの提案を受けずに,行政庁自体が独自に漁業管理計画を策定しこれを実施するために必要な規則を制定するパブリック・コメント手続を行う方式がある。第三に,漁業管理計画の策定を経ずに商務長官が緊急に規則を制定する方式がある。この場合,当該規則は編年体行政命令集に登載されることになっている。
[79] 50 C.F.R. § 650. 20 (a).
[80] 50 C.F.R. § 650. 21.
[81] 47 Fed. Reg. 20, 776 (May 14, 1982).

テは貝殻付か氷詰めで陸揚げされていた。ところが，1988年頃，ホタテ漁において冷凍船の使用が始まり，長期間に及ぶホタテ漁の実施が可能となり，1回の出港でより多くの漁獲が得られるようになった。

貝殻を取り除かれ氷詰めにされたホタテ（以下，「氷詰めホタテ」という）に関する従来の研究において，氷詰めホタテは，陸揚げされるまでの航海中に水分を吸収して何らかの程度重量が増すという結果が出されていた。他方，別の研究において，漁船上で貝殻が取られ，急速冷凍され，袋詰めにして数週間保管されたホタテ（以下，「冷凍ホタテ」という）は，空気中で解凍されたとき，重量が減少するということが分かっていた。これらのことから，冷凍ホタテの1ポンド当たりの個数は，捕獲時よりも解凍後の方が多いし，氷詰めホタテの1ポンド当たりの個数よりも多いといえたのである。

1989年4月20日，行政庁の法務担当局長及び首席法執行官は共同で検査官や法執行官に向けて「法執行方針通知（Enforcement Memorandum）」（以下，「方針通知」という）を発した。方針通知は，冷凍ホタテについても氷詰めホタテに係る通常のサイズ要件を遵守しなければならないと定め，また，冷凍ホタテが許容最大個数を遵守しているかどうかを判定するためのサンプル調査の方法として，無作為に多様な箇所から1ポンドのサンプルを少なくとも10個抽出して検査するものとすると定めた。

検査官は，Alice Amanda号から水揚げされ解凍された冷凍ホタテについて方針通知に従ってサンプル調査を行った。その結果，10のサンプルの1ポンド当たりの平均の個数は40.6個というものであった。これは，当時の許容最大個数である36.3個を上回るものであった。その後，1989年11月16日，行政庁はAlice Amanda号を没収するための訴訟手続に着手した。これに対し，Alice Amanda号を所有するAlice Amanda社は，冷凍ホタテと氷詰めホタテには相違があることを行政庁は十分に認識しているのに，この相違を無視して検査し，違反を認定し，違反是正訴訟を提起したのは，専断的恣意的であるなどと主張して争った。より具体的には，ホタテ漁技術は進歩しているので，サンプル調査は本件規則が制定された1982年とは異なる方法で行われるべきであるのに，現状では不適切な1982年の調査方法が実施されたと主張した。

〈判決の要旨〉 第4巡回区控訴裁判所のワイドナー裁判官は，方針通知は専断的恣意的であると結論した。判決は，方針通知の法的性質ないしは法的効果につ

いて論じている。そして，方針通知にはせいぜい説得力（persuasive authority）しかないが，裁判所は説得されなかったと結論している[82]。その理由は，方針通知はパブリック・コメント手続を経て策定されたわけでもなく，編年体行政命令集に登載されたわけでもなく，緊急規則にも該当しないからである[83]。

その上で，判決は，方針通知の下で行われた諸行為は行政手続法706条(2)項の「行政決定（agency action）」に該当するという。そして，この行政決定の違法判定基準ないしは取消基準の内容について定めた同項(A)号[84]に言及しつつ，専断的恣意的基準に関連して次のように述べる[85]。

　「行政庁が，議会が考慮してはならないとした要素に立脚した場合，問題の重要側面をまったく無視した場合，証拠に反する説明をした場合，または，見解の相違とはいえないほど信じがたい結論に達した場合には，行政決定は専断的及び恣意的である[86]。」

判決は，方針通知を正当化する実質的証拠は存在しないという。かえって，冷凍船ホタテ漁と1982年本件規則制定時に考慮された従来型ホタテ漁との間には相当な違いがあると行政庁が認識していた証拠があるとする。また，判決は，行政庁は冷凍ホタテと氷詰めホタテを区別する重要要素を考慮していないので，行政庁の行為を裏付ける実質的証拠が欠けている，と判示する[87]。

本判決は，方針通知には重要事項の考慮不尽があったという[88]。それは，海上で冷凍されたホタテを解凍後に調査した場合の1ポンド当たりの個数と，冷凍前のホタテの1ポンド当たりの個数とは異なるという重要点について検討がなされていないということである。また，解凍前後の1ポンド当たりの個数は異ならないという証拠は存在しないという。逆に，海上で冷凍され室温で解凍されたホタテの1ポンド当たりの個数は，氷詰めされた後に測定された個数よりも相当多

---

82) United States v. F/V Alice Amanda, 987 F. 2d at 1084.
83) この判断は，前出注78）で見た立法規則制定の3つの方式のどれにも該当しないことを指摘したものである。
84) 専断的，恣意的，裁量濫用，その他法に適合しない（arbitrary, capricious, an abuse of discretion, or otherwise not in accordance with law）行政決定，事実認定，法的結論は，違法と判断されまたは取り消されるものとする，と定めている。
85) United States v. F/V Alice Amanda, 987 F. 2d at 1085.
86) ここで判決は，有名なMotor Vehicle Mfrs. Ass'n v. State Farm Mut. Aut. Ins. Co., 463 U.S. 29, 43 (1983) 判決などを引用している。
87) United States v. F/V Alice Amanda, 987 F. 2d at 1087.
88) Id. なお，本件において，Alice Amanda側から，他事考慮の主張はなされていない。

いという実質的証拠が存在しているとする。かくして，本件の方針通知の内容は，単なる見解の相違とはいえないほど信じがたいものであると結論した。

〈検討〉（1） 本判決では，方針通知の是非が争われた。方針通知は，本件規則が定めるサイズ要件の適用のあり方やサイズ要件の遵守に係る測定方法ないしは検査方法を定めたものである。方針通知に盛り込まれた検査方法で検査され，本件規則が定めるサイズ要件に違反する事実が推定されると違反是正訴訟が提起される。それゆえ，方針通知は，違反是正訴訟という法実現の前提に位置する基準であるといえよう。ところで，法実現の場面では，一般に，行政庁には広い裁量があるといわれている。ここから，方針通知は，行政庁に裁量のある場面について策定された基準，すなわち，裁量基準であると捉えることができよう。

また，方針通知は，立法規則たる本件規則の適用範囲に係る見解を表明したものである。本件規則は，主に氷詰めホタテを念頭においてサイズ要件を定めていた。その後，技術進歩があり，冷凍ホタテが出現した。そして，この技術革新の結果生じた新たな事物に従来の規則を適用してよいのか問題となった。方針通知は，新規の事物に従来の規則をそのまま適用してよいとする方針を示したのであった。そこで，方針通知は，従来の規則の適用範囲について行政庁の見解を示す基準と捉えることができる。つまり，日本法でいう適用基準といえよう[89]。

他方，別の観点からすると，方針通知は，本件規則の適用対象範囲を「解釈」したものと捉えることもできよう。つまり，本件規則は主に氷詰めホタテを念頭においてサイズ要件を定めたという経緯があるものの，方針通知は，本件規則が氷詰めか冷凍かにかかわらずホタテ一般についてサイズ要件を定めたものと「解釈」した基準であると捉えるのである。このように捉えると，方針通知は，日本法における解釈基準の一種と位置付けることができる。

（2） 適用基準，解釈基準のいずれであるにしても，方針通知は，立法規則である本件規則との関連で策定されたものである。ここから，方針通知の是非の問題を検討するには，立法規則である本件規則，あるいはその基礎にある漁業管理法との適合性について検討することが不可欠と思われる。しかし，本判決は，こうした関連法令または根拠法令と比較して方針通知の是非を判断したわけではなか

---

[89] 塩野・前出注63) 273頁は，適用基準とは申請が法令上の許認可等の審査の対象となるかどうかに係る基準であるという。ただ，適用基準は，通常，許認可を定める根拠法規についての当該行政庁の解釈として提示されるともいう。

った。むしろ，方針通知について，専断的・恣意的かどうか，すなわち裁量濫用の有無を審査した。このように，専断的・恣意的審査に止まった理由の1つとして，根拠法たる漁業管理法がサイズ要件などについて具体的な基準や要件を定めた上で委任したわけではなかったという事情を挙げることができる。

それはともかく，本判決は，最高裁のState Farm判決を参照しながら，専断的・恣意的審査の方式の中でも，相対的に密度の濃い審査方式を採用している。State Farm判決は，立法規則の撤回決定について，専断的恣意的審査基準の下での司法審査の範囲は狭いとしながらも，相対的に厳格な審査方式を打ち出した判決である。同判決は，行政庁が要考慮要素を考慮したかどうか審査できるという[90]。そして，立法規則が専断的・恣意的となる統制基準を提示している。それによると，①議会が考慮してはならないとした要素に立脚した場合，②問題の重要側面をまったく考慮しなかった場合，③行政庁が収集した証拠に反した決定理由を提示した場合，④見解の相違や行政庁の専門性の所産とはいえないほどの信じがたい決定である場合である。本判決は，こうしたState Farm判決の法理をほぼそのまま採用している。ただ，本判決は専断的恣意的審査基準よりも審査密度の濃い実質的証拠基準を持ち出しており，その分，本判決の審査密度はState Farm判決のそれよりも濃いものと言えよう[91]。

注目すべきは，本判決が，立法規則の司法審査において採用された相対的に密度の濃い審査方式を裁量方針の司法審査において活用したことである。ここから，審査対象の法的性質の相違は審査基準の相違をもたらさない可能性があると言える。すなわち，審査対象たる行政活動が法的拘束力を持つ場合でも持たない場合でも，専断的恣意的審査基準は，同様に利用することができるのである[92]。

(3) 最後に，本判決による，①～④の基準の具体的な当てはめ作業の中身について検討しておこう。

(ア) ①は，いわば他事考慮の禁止であるが，これについてはAlice Amanda側は主張していなかったので問題にならない。

---

90) 最高裁は，認定事実と行政庁による選択との間に合理的な連関があることを説明することも含めて行政決定について満足のいく説明がなされていることも必要であるという。これは，満足のいく内容の理由提示がなされているかどうかを審査する方式であると捉えることができよう。
91) Anthony & Codevilla, *supra* note 7, at 683.
92) ただ，この司法審査基準がどの程度の強度で用いられるべきかについて，立法規則の場合とそれ以外の場合とでは違いがあるのではないか。

(イ) ②は，重要考慮要素考慮義務であるが，本判決は，要するに，冷凍－解凍ホタテの許容最大個数と，氷詰めホタテのそれとは相当異なるという重要点について行政庁は検討が不十分であったという。これは，本件規則の本来的な適用対象物と新規の対象物とでは性状が異なるので，新規の対象物に本件規則を同様に適用してよいとする方針通知は専断的恣意的であるとするものである。

こうした結論は，本件規則の解釈からしても正当化されるかもしれない。それは，本件規則は本来氷詰めホタテを念頭において策定されたものであるから，性状の相当異なる冷凍ホタテについて本件規則を安易に拡大適用することは問題があるからである。しかし，漁業管理法の下で，本来の適用対象でないものについて一切規制は許されないという趣旨で本件規則が制定されたのか，必ずしも明らかではない。仮に，本件規則の本来の適用対象ではないものについても漁業管理法の規制対象となる余地があるという趣旨であるなら，本件規則だけに着目してその適用範囲の問題を考え，方針通知の是非を決しようとするのは必ずしも妥当ではない。むしろ，本判決のように，本件規則なりサイズ要件の適用範囲の問題について行政庁に裁量を認める手法の方が望ましい対応といえよう。

(ウ) 次に，③の証拠に反する説明について。この点についての本判決の判断は，要するに，氷詰めホタテと冷凍ホタテはかなり異なるという証拠があるのに，これについて十分説明することなく，行政庁は両者を同列に扱ってよいとする方針通知を発したということである。ここでも，冷凍ホタテと氷詰めホタテの相違が問題となっている。したがって，②と③の具体的な判断内容はかなり重複している。②では，この相違が重要事項であるにもかかわらず十分検討されていないことが問題視され，③では，この相違について十分な説明がなされていないことが問題視されている。このような本件での②，③の実際の適用のあり方からすると，②，③で実際に問題となる事項に大きな相違はなく，むしろ問題を取り扱う側面や次元の違いと説明することができよう。すなわち，②においては重要事項・重要証拠の考慮義務の有無が問題になり，③では重要事項，重要証拠の説明義務が問題になるのである。それゆえ，どちらかというと，②は実体的な違法審査基準であり，③は手続的な基準である。ここで，本判決が実質的証拠という用語を用いていることに注意したい。これは，司法審査の基準としての実質的証拠基準を踏まえたものであろう。一般に，実質的証拠基準は専断的恣意的基準より審査密度の濃い基準であった[93]。そうすると，本判決は，実質的証拠の有無を審査す

ることでより密度の濃い審査を施そうとしたことがうかがえる。

2 Bechtel 判決[94]

〈事実の概要〉 本件は，FM ラジオ放送局免許に関し所有と経営の統合（integration of ownership and management）方針（policy）（以下，「統合方針」（integration policy）と呼ぶ）を採用する連邦通信委員会（Federal Communications Commission：FCC）によって免許申請を拒否された者が，所有・経営の統合方針の是非を争ったものである。1965 年の FCC の裁量方針は，放送局所有者が当該放送局の日々の経営に参画すること自体が重要であるという統合方針を採択した[95]。

デラウェア州セルビィビルの民間 FM ラジオ放送局をめぐって 4 つの団体・個人が免許申請を行った。FCC は，このうち A 社に免許を付与し，原告 X も含めて他の申請者には免許拒否処分を行った。FCC は，X の申請についてほとんど重要視しなかった。それは，4 者のうち X のみが所有と経営の統合をまったく約束しなかったからである。FCC は，統合方針について，3 つの利点を強調していた。すなわち，第一に，インセンティブ，第二に，関心，第三に，情報である。まず，所有者兼経営者は，放送局の運営に直接的な法的・財産的関係を持つので，コミュニティーのニーズに応えるより強いインセンティブを持つという。次に，所有者兼経営者は放送局の事業により積極的な関心を持つという。さらに，所有者兼経営者は，放送局がコミュニティーのニーズを十分満たしているかどうかについて関係情報をより収集しやすいという。

〈判決の要旨〉 コロンビア地区連邦控訴裁判所のウィリアムズ裁判官による判決は，❶インセンティブ，❷関心，❸情報という 3 点に共通する問題点を，第一に永続性の欠如，第二に証拠の欠如，第三に他の考慮要素の排除という点に絞って詳しく検討する。同時に，これら 3 点のそれぞれについても詳細に検討を加える。そして結論として，統合方針は専断的恣意的であると判示する。各論点について判決は大要以下のように述べている。

①統合の永続性について[96]。統合方針が❶〜❸の 3 つの便益をもたらすとし

---

93) 常岡・前出注 49）362-365 頁参照。
94) Bechtel v. Federal Communications Commission, 10 F. 3d 875 (D.C. Cir. 1993).
95) Policy Statement on Comparative Broadcast Hearings, 1 F.C.C. 2d 393, 394 (1965).
96) Bechtel v. Federal Communications Commission, 10 F. 3d at 879-880.

ても，そうした便益は，FCC が，放送局に所有者兼経営者の地位を維持するよう主張したり，被免許者が自由意思で統合構造を採用したりする場合にはじめて生じるものといえる。しかし，本件はいずれの場合にも該当しないようである。統合方針の下で，統合構造が必ずしも継続するものではない。申請者が統合を約束して免許を取得するや，その後統合が継続されるよう FCC が手を尽くすことはほとんどなかった[97]。確かに，FCC の取扱いによると，統合の約束をしつつ 1 年後に放送局を売却する意向を示している申請者は統合性を満たさない。しかし，このように短期間での売却意思を示している者について統合性を否定することは，統合を永続させることと同じではない[98]。

②証拠の欠如について[99]。統合方針から生ずるとされる便益が実際に生じたことを示す証拠を FCC はこれまでまったく収集してこなかった。裁判所が行政庁の「予測判断（predictive judgment）」を尊重する結果，統合方針は正当化されることになる。FCC は，専門性に由来する予測判断に基づいて政策決定を行う広範な裁量の余地を持っている。しかし，こうした裁量の余地は，当初予測された便益が現実に生み出されているかどうかを確認するため政策を評価する義務をも含んでいる。さらに，所有と経営の統合により便益が生ずるという予測判断はかなり信じがたいものである。企業国家アメリカでは一般に所有と経営の統合を強調しない事実があるが，ここからすると，統合が便益をもたらすという FCC のバラ色の推測には疑問が生じる。最後に，統合方針の根本にある予測判断は，FCC 自身が専門外と考えた領域に関係している。すなわち，財務または事業経営の専門性である。FCC は，こうした領域の特別な専門性を有していないと公言している。

③他の考慮要素の排除について[100]。FCC は，一般に，申請者の過去の放送実績，提案された番組サービス，周波数利用の効率性よりも，申請者の統合提案の

---

97) たとえば，第1回番組審査開始日，被免許者は統合提案からの変更点を通告しなければならないが，免許申請者が申請に際して統合提案内容について不実表示をしていない限り，被免許者が後に当該提案を破棄しても FCC は何ら不利な措置を講ずるわけではない。また，2回目以降の番組審査では，変更点の通告はまったく要求されていない。

98) また，FCC は，放送局保有義務に係る1年の期間を事業開始から3年に引き上げる規則制定手続を開始した。しかし，必要な保有期間がこのように3年に引き上げられたとしても，それで統合が永続的に守られると考えることはできない。

99) Bechtel v. Federal Communications Commission, 10 F. 3d at 880-881.

100) Id. at 881-882.

方が重要であるとみなしている。FCC は，サービス地域内での居住，市民活動への参加，放送経験，マイノリティーグループへの帰属の有無など，質的要素を考慮に入れている。しかし，統合方針の量的要素が質的要素を駆逐する傾向にある。FCC は次のような定式を用いて統合性を判定している。すなわち，所有者兼経営者の統合得点＝ $10000 \times (所有割合) \times (1 週間の勤務時間/40)^2$ である。これによると，所有割合はさておき，経営者としての勤務時間が長ければ長いほど，統合性は増し，免許を獲得できる可能性が高くなる。逆に，勤務時間が少しでも短いと，それだけで急に得点が低くなる。たとえば，週 40 時間フルに勤務できる所有者兼経営者（10000 点）は，たとえ放送やサービス地域について無知でも，週 36 時間勤務できるベテランの放送経験者でサービス地域の事情に詳しい所有者兼経営者（8100 点）より，免許を受ける可能性が高いのである。また，質的要素は量的要素に打ち勝つことはできない。両者の差は少なくとも 1250 点と定義されているからである。以上のように，統合性を判断する定式は勤務時間の要素をかなり重視しており，地域内居住，市民活動参画，文化的多様性などの観点がほとんど軽視される傾向にある。

　本判決は，以上の共通問題の他，前記❶〜❸についてより深く検討する。

　❶インセンティブについて[101]。判決は，財務上のインセンティブ，法的責任（legal accountability）の 2 点に分けて検討する。

　（i）財務上のインセンティブについて。財務上のインセンティブとは，所有者兼経営者は，放送事業に最も直接的な財務上の利益を有しているので，コミュニティーのニーズに十分に応えるインセンティブを持っているということである。しかし，本判決は，統合方針によって放送事業向上のインセンティブが高まるとはいえないと断じる。その理由は，「所有」を判定する FCC の尺度が，利益配当，資産割合ではなく，議決権に焦点を絞っているからである[102]。そうすると，無限責任社員や議決権株主が企業総資産のごく一部しか所有しない場合でも，統合性を十分に満たすことができる。

---

[101] Id. at 882-884.
[102] FCC は，統合性を判定するに際して，原則として，合資会社の有限責任社員の所有利益を考慮に入れない。同様に，株式会社の無議決権株主の利益も考慮に入れない。また，FCC の見解によると，非営利団体の役員でも統合性を十分に満たすことができる。それは，当該役員は当該団体の株式を保有していないけれども，FCC が当該役員を「所有者」として取り扱っているからである。

(ii) 法的責任について。法的責任のインセンティブとは，所有者兼経営者は，放送事業に最も直接的な法的関心を有しているので，放送事業が法令を遵守するようにさせるインセンティブを持っているということである。FCC は，放送事業に法的責任を負う者が日々の経営判断を行うのが望ましいという。しかし，放送局の職員は，当該放送局を所有していないとしても，自身の行為に法的責任を負わなければならない。たとえば，放送を通して猥褻・卑猥な言葉を発するのは犯罪であり，刑事責任を負わなければならないし，連邦通信法に違反する行為を故意に行った者は，懲役刑・罰金刑を受けることがある。また，免許の取消しや更新拒否を考慮すると，日々の経営にタッチしない放送局所有者も，免許取消しまたは更新拒否によって多大な不利益を受けるので，そうした事態に至らぬよう放送局が法令遵守することに強いインセンティブを持っている。

❷関心について[103]。所有者兼経営者は経営にタッチしない所有者と比較して放送事業に積極的な関心を持っているといわれる。まず，放送局所有者の技量や経験よりも放送局所有者の関心を強調することに疑問がある。実際には放送事業改善に関心の低い者でも，所有者兼経営者でありさえすれば，経験の豊富な者に打ち勝って免許を得やすいのであるが，その理由を理解することは難しい。統合性判定ないしは統合得点の計算式は，所有者の関心を示す1つの形式を測定するに過ぎない。放送局で日々仕事をする所有者は高い統合得点を得られるが，放送局から離れて経営判断を行う所有者は高い統合得点を得られない。また，所有者が毎朝放送局で熱心かつ積極的に仕事をしていても，それが週20時間以下なら統合得点はほとんど得られず，免許を得られない可能性が強いのである[104]。

❸最後に，情報という価値について[105]。FCC は，所有者兼経営者の方が，経営にタッチしない不在所有者と比べて放送事業が地域のニーズに合致しているかについてより的確な情報を入手できるという。たとえば，所有者兼経営者は，不在所有者と比べて，局への手紙や訪問者の意見に耳を傾けたりすることが多いと

---

103) Bechtel v. Federal Communications Commission, 10 F. 3d at 884.
104) 判決は，さらに，統合性判定の計算式自体が統合と実際の関心との相互関係を弱めることになっているともいう。Id. すなわち，FCC が統合提案に基づいて免許を発する以前においては，放送事業に関心のある所有者のみが放送局で働こうとしていた。しかし，統合方針があるため，今や免許申請者は，経営に参画する意図を表明するインセンティブを持つので，関心のある者のみが経営に参画するという経験的推論は成り立ちにくくなっている。
105) Id. at 884-885.

いう。しかし，FCC は，放送局訪問者が当該局にとっての主要な情報源であるということを示す証拠を提示していない。放送局訪問者よりも聴取者からの手紙の方がコミュニティーのニーズについてのより適切な情報源であろう。しかし，FCC は，局への手紙が適切な情報源であるとの自身の見解をあまりまともに受け取っていない。それは，手紙を取捨選択し，内容を理解するのにそれほど時間はかからないにもかかわらず，FCC は，統合得点を獲得するため，少なくとも週 20 時間以上放送局で勤務しなければならないとしているからである。

〈検討〉（1）本判決は，統合方針という放送局免許の免許基準を定める裁量方針の是非を取り扱った。連邦通信法によると，放送局免許の基準は，「公衆の利益，便益，必要性（the public interest, convenience, and necessity）」（以下，「公益要件」という）に資するものであること等である[106]。このように根拠規定が漠然とした不確定概念を用いているため，FCC は，かなり早い段階から，免許基準の適用に関する裁量方針を発してきた。本件で問題となった統合方針もその1つである。統合方針は，パブリック・コメント手続を経て制定されておらず，したがって立法規則ではなかった。また，統合方針は，連邦通信法の条文の意味や内容を明らかにした解釈規則ともいえない。むしろ，統合方針は，漠然とした公益要件の下で生じる具体の案件を処理するための基準で，それは裁量が認められる場面について策定された基準であり，裁量基準と捉えることができる。

（2）本判決は，多様な角度から，統合方針の問題性を指摘している。それらのそれぞれについて，どのような観点に着目して問題性を指摘しているのか，また，どのような審査を施しているのか解明してみよう。

（ア）前記〈判決の要旨〉①の判断に着目しよう。本判決は，統合方針が必ずしも徹底されていないことを指摘している。もし，統合方針が様々な便益をもたらすものなら，そうした便益は放送局が事業を行う限り継続的に確保されることが必要であろう。所有と経営の統合状態は，免許の申請許否を決定する時点やその1年後だけではなく，継続的に確保されていることが必要であろう。したがって，統合状態が免許許否決定時や1年後に備わっていればそれでよいという統合方針は，方針として不徹底である。継続的な便益の確保という目的からすると，本件の統合方針は不十分な方針なのである。とにかく，本判決は，便益の確保という

---

[106] 47 U.S.C. § 309 (a).

裁量方針の目的に照らして不徹底または不十分な点がないかどうかを審査したものと理解することができよう。ここから，裁量方針の司法審査に当たって，裁判所は当該裁量方針の内的な不徹底性，不十分性を審査できるといえよう。

(イ) 次に，②についてみてみよう。本判決は，裁量方針から生ずることが当初予測された便益が実際に生じているか確認する義務が行政庁に課せられているので，行政庁は予測された便益が実際に生じていることを示す証拠を収集することが必要であるのに，これがなされていないという。ここで，本判決は，想定された便益や目的を裁量方針が実際に実現していることを示す証拠を行政庁が収集しているか審査しようとした。このことは，想定された便益や目的を裁量方針が実際に実現しているのか司法審査できるという見解を本判決が採っていると理解することができるであろう[107]。それはともかく，本判決の②の判断を参考にして，裁量方針の司法審査において，意図された便益や目的を裁量方針が実際に達成しているかどうか証拠に基づいて審査することができると考えられる。

(ウ) さらに，③の論点について。本判決は，統合方針が他の考慮要素を排除することの問題性を指摘した。これは，行政庁は要考慮要素のすべてを適切に考慮する必要があるのに，一部の要素だけを重要視して他の要素を軽視ないし無視するのは許されないという趣旨であろう。単純化すると，要考慮要素考慮義務，あるいは要考慮要素適正考慮義務であろう。これは，重要事項の考慮義務に言及していた 1 の Alice Amanda 判決の考え方に近いものといえる。

(3) それでは，統合方針がもたらすとされる便益との関係においてはどうであろうか。

(ア) ❶の財務上のインセンティブについて。本判決は，統合方針によって放送事業向上のインセンティブが高まるとはいえないと断じる。これは，統合方針の鍵概念である「所有」について不適切な定義がされているため，企業総資産のごく一部しか所有しない者でも高い統合性が認められる場合があるので，そうした者が放送事業品質向上の高いインセンティブを持つとは限らないからである。ここでは統合方針が高いインセンティブという便益をもたらすかどうかが審査され

---

107) もっとも，本判決は，裁量方針が策定されて間もない時期においては，裁量方針の効用を基礎付ける証拠が収集できない事態があり得ることを認識している。そもそも，本判決は，行政庁の専門的知見による予測判断（predictive judgment）に基づいて裁量方針を正当に策定する余地を認めている。Bechtel v. Federal Communications Commission, 10 F. 3d at 880.

ている。ここから，裁判所は裁量方針が便益または政策目的を達成しうるかどうかを審査することができよう。これは，前記②に関連して述べた点と類似している。

　同じく，❶の法的責任のインセンティブについてはどうか。本判決は，一方で，単なる放送局職員でも放送事業に関連して法的責任を負うことがあるので，所有者兼経営者のみが法的責任を負うわけではないと指摘する。他方で，放送事業に関連して法的責任を負わない非経営者たる放送局所有者でも，免許取消等の場合には経済的に大打撃を受けるので，放送事業の法令遵守に強い関心を持つと指摘する。放送事業における法的責任の問題は究極的には放送事業の質の維持向上に関係しているが，放送事業の質の確保という目的からは，必ずしも被免許者が所有者兼経営者である必要はない。このように，本判決は，裁量方針の目的にとって統合方針という手段が必要不可欠な前提なのかを審査したと捉えることができる。そうすると，裁量方針の司法審査の手法の1つとして，目的と手段の適合性，あるいは目的達成にとっての手段の必要不可欠性の審査があるといえる。

　(イ)　❷の関心について。本判決は，放送局所有者の技量や経験よりも放送局所有者の関心を強調することに疑問があるという。これは，想定される便益に正当性があるかを問うものと捉えることができよう。そうすると，裁量方針の司法審査に当たって裁判所は裁量方針がもたらしうる便益や目的の正当性を審査できるといえよう。また，本判決は，放送事業改善に関する積極的関心と所有者兼経営者要件の関係性を疑問視している。所有者兼経営者なら必ず放送事業の適切な遂行に強い関心を持つのか，逆に，所有者兼経営者でなくても放送事業に経験豊富な者なら放送事業の適切な遂行に強い関心を持つのではないかと問題提起している。これは，統合方針と，この方針がもたらすとする放送事業への強い関心との関係性が薄いことを指摘したものと捉えることができる。つまり，所有者兼経営者であることは放送事業適正遂行の関心についての必要条件でも十分条件でもないことを言わんとしたものであろう。ここから，裁量方針の司法審査において，裁判所は，意図された目的や便益と裁量方針との関係，すなわち，裁量方針が想定目的の必要条件か十分条件かを審査できることがうかがえる。

　(ウ)　最後に，❸の情報について。本判決は，所有者兼経営者の方が経営にタッチしない所有者と比べて聴取者の手紙という情報源に接する機会が格段に多いというFCC側の主張を吟味する。そして，FCCがこの主張を本気で取り扱ってい

ないことを指摘する。つまり，所有者兼経営者でなくても，コミュニティーのニーズに関する情報を十分に取得することができるということである。これは，必要情報を得るという目的を達成するために必ずしも統合方針どおりでなくてよいということを意味する。ここでも，裁量方針の司法審査に当たっては，想定される目的にとって当該裁量方針が不可欠の前提条件となるかどうかが審査されるべきことがうかがえる。

3 小　括

Alice Amanda 判決と，Bechtel 判決を基礎にして，裁量方針に関する実体的司法審査のあり方について整理しておこう[108]。

(1) 係争の裁量方針の内容について，裁判所は，要考慮要素に関連した審査を行うことができる。これには，まず，裁量方針の策定において他事考慮がないかという審査がある。次に，行政庁が要考慮要素を考慮しているか，重要考慮要素を考慮しているか，要考慮要素を適正に考慮しているかという審査もある[109]。

(2) 要考慮要素審査とは別に，裁判所は裁量方針が達成しようとする便益や目的との関係からいくつかの審査ができる。まず，裁量方針が達成しようとする便益や目的自体の正当性の審査ができる。次に，裁判所は，想定した便益や目的を達成するため裁量方針が必要条件か十分条件かを審査することができる[110]。これは，第一に，想定された便益や目的を達成するため，必ず，裁量方針どおりの行為がとられる必要があるのか，あるいは裁量方針どおりの要請が遵守される必要があるのかを問うものである。この第一の審査手法は，便益ないしは目的の達

---

[108] Anthony & Codevilla, *supra* note 7, at 690 は，Alice Amanda 判決，Bechtel 判決などを基礎にして，裁判所は，実現しようとする目標に照らして裁量方針が合理的であることを行政庁が立証したかどうかを審査すべきであると述べている。そして，より具体的には，以下のような審査を行うべきであるとしている。(1)問題の裁量方針の前提，目的，及び目標達成のための手段について行政庁が明確かつ具体的に説明しているか，(2)裁量方針の前提が合理的か，(3)関係する法的・事実的状況に照らして目標が合理的か，(4)裁量方針が合理的に目標に資するものかどうかについて，裁判所は吟味すべきであるという。

[109] Alice Amanda 判決では，要考慮要素に着目した審査と実質的証拠基準による審査が交錯していたが，これは，より強化された要考慮要素の審査と捉えることができるのではなかろうか。

[110] Anthony & Codevilla, *supra* note 7, at 682 は，行政庁が設定した目的や当該目的の係争裁量方針による実現について裁判所が探索することは，立法規則に適用される審査手法に類似しているが，より密度の濃いものであるという。また，こうした探索は裁量方針の有効性の推定を伴うものではなく，行政庁がこれを正当化する責任を積極的に負わなければならず，もしその正当化が不十分，不合理，又は誤ったものである場合，裁判所はこれを排斥するという。

成にとっての裁量方針という手段の必要不可欠性を審査するものである。第二に，裁量方針どおりの行為がとられれば，あるいは裁量方針どおりの要請が遵守されれば，想定どおりの便益や目的が達成されるかを問うものである。この第二の審査の一形態として，想定された便益や目的を裁量方針が実際に達成しているかどうか証拠に基づいて審査する方式も含まれよう。また，裁量方針自体に内在する不徹底性故に，想定された便益や目的が十分に達成できないかどうか審査するのも，第二の審査の一形態と位置付けることができよう。以下では，裁量方針の目的及び手段に着目した審査のことを「目的手段審査」と呼ぶことにする。

(3) 以上のような裁量方針の司法審査の手法は，解釈規則に対する司法審査と比較すると，際だった特色がある。通常，解釈規則の司法審査においては，解釈対象たる法令との対比において審査がなされる。言い換えれば，解釈規則が解釈対象法令に適合しているかどうかが審査される。解釈規則の司法審査においては，要考慮要素に着目した審査や目的手段審査がなされることは稀であろう。

これに対して，裁量方針の司法審査においては，関連法令・対象法令との適合性審査のウェイトは必ずしも大きくない。確かに，裁量方針に対する要考慮要素審査においては，そこでの要素が「要」考慮要素，「重要」考慮要素であるか判定することが前提になるので，この前提作業を行うときに根拠法令や関連法令の解釈を行わなければならないであろう。それはさておき，裁量方針に対する目的手段審査においては，必ずしも根拠法令や関連法令との適合性審査がなされるわけではない。ただし，裁量方針が追求しようとしている便益や目的は根拠法令の定めと無縁なものではないはずであり，したがってこれら便益や目的の正当性を審査する場面では，関連法令との適合性が問われることはある。

(4) 学説においては，裁量方針に対するあるべき司法審査の手法として，理由提示に着目するものがある[111]。この見解によると，専断的恣意的審査基準から発展した精査審査（hard look review）方式の一種として，特殊な理由提示の審査を提唱する。それは，裁量方針発出の際に一般に認識されていた情報に限定した記録に基づいて司法審査するというものである。具体的には，裁量方針発出時に行政が利用できた知識を踏まえて妥当といえる代替案，及び要考慮要素の観点から，行政庁に当該裁量方針の理由を説明させるという審査方式である。

---

111) Seidenfeld, *supra* note 6, at 386-387, 393-394. Magill, *supra* note 6, at 1386 は，裁量方針，解釈規則，立法規則のどの手続を選択したのかに関する理由提示を要求する。

結びに代えて

　日本において，裁量基準は外部的効果を有さず，内部的効果しか有さないといわれる。それでは，裁量基準は行政内部的拘束力を有するのか。本稿の検討では，裁量方針は，行政組織内部において指令，指示，指導等するために用いられるし，行政組織外の私人に対して指導，助言，案内等するためにも用いられる。同様に，裁量基準の中には，裁量権行使の際の指針でしかなく，下級行政機関を一義的に拘束しないものがある。このことは，既に，小早川教授も含め多くの論者が指摘しているところである[112]。小早川教授は，裁量基準の類型として，①補充されるべき基準に相当するものをあらかじめ具体的な形で提示するもの[113]，②基準補充において考慮の対象となりうる諸事項のうちで何が重要であるかをあらかじめ指摘するものなどがあるとし，これらのいずれであるにしても，裁量基準は，案件処理において行政機関を特定の方向に羈束するものではないという[114]。

　以下，裁量基準自体に対する司法審査の手法や密度について簡単に触れて結びとしたい[115]。伊方原発訴訟最高裁判決は，裁量基準についての司法審査のあり方を提示した。同判決は，「原子炉設置許可処分の取消訴訟における裁判所の審理，判断は……調査審議において用いられた具体的審査基準に不合理な点があり……被告行政庁の判断がこれに依拠してされたと認められる場合には，被告行政庁の右判断に不合理な点があるものとして，右判断に基づく原子炉設置許可処分は違法と解すべきである」と判示している[116]。この判示では，具体的審査基準

---

[112]　たとえば，佐藤達夫『行政法』（学陽書房，1960年）23頁は，上級機関が下級機関に対して発した行政内部的な命令について拘束力の有無によって訓令と通達を区別している。ここには，行政内部的にせよ，拘束力に相違がある命令が意識されている。原田尚彦『行政法要論〔全訂第七版補訂二版〕』（学陽書房，2012年）37頁，同「訓令・通達」法学教室第2期3号（1973年）130頁等を参照。

[113]　小早川・前出注1）24頁。一定の要件に該当する場合一定の効果を付与することが「概ね妥当である」とする定めのことであるが，この定めによると，上記の「一定の要件」が満たされたとき常に上記「一定の効果」が帰結することにはならない。

[114]　小早川・前出注1）25頁。

[115]　なお，本稿の検討から，裁量方針であると同時に解釈規則であるものが存在することが分かる。これを参考にすると，日本法においても，裁量基準であると同時に解釈基準であるものがあることになろう。裁量基準と解釈基準は，定義上明確に区別されているが，実際には，両方の性質を帯びる基準も存在しうることを認識すべきであろう。こうした基準はどのような性質を持つのであろうか。今後の検討課題である。

[116]　最判平成4・10・29民集46巻7号1174頁。裁量基準の合理性審査を施す最高裁判決として，他に，最判平成10・7・3集民189号11頁，最判平成10・7・16集民189号155頁，最判平成

の不合理性の有無が審査されることになっている。言い換えれば，裁量基準の合理性が審査される。それでは，この合理性の審査とは具体的にはどのような手法・密度の審査であろうか。従来，裁量基準自体の合理性に関する審査のあり方について，必ずしも十分に論じられてこなかったきらいがある[117]。

　裁量基準自体に対する司法審査の手法として，アメリカ法を参考にすると，裁量基準制定の要考慮要素に着目した審査，裁量基準の目的との関係性に着目した審査＝目的手段審査，理由提示を要求する審査があり得よう。実際，最高裁判所の判例において，要考慮要素審査，目的手段審査の両方を取り入れていると見られるものがある。木屋平村指名競争入札指名回避事件最高裁判決[118]がそれである。そこでは，「村内業者では対応できない工事についてのみ村外業者を指名し，それ以外は村内業者のみを指名する」という運用基準（以下，「村内企業優先指名基準」という）の是非が問題となった。法廷意見は，「地方公共団体が，指名競争入札に参加させようとする者を指名するに当たり，①……契約の確実な履行が期待できることや，②地元の経済の活性化にも寄与することなどを考慮し，地元企業を優先する指名を行うことについては，その合理性を肯定することができるものの，①又は②の観点からは村内業者と同様の条件を満たす村外業者もあり得るのであり，価格の有利性確保（競争性の低下防止）の観点を考慮すれば，考慮すべ

11・7・19 集民 193 号 571 頁，最判平成 18・10・26 集民 221 号 627 頁などがある。

117）　常岡孝好「行政裁量の手続的審査の実体（下）──裁量基準の本来的拘束性」判例時報 2139 号（2012 年）148-149 頁は，裁量基準自体に対する司法審査の手法をいくつか打ち出している。それによると，根拠法令の目的への違反，比例原則違反，平等原則違反，理由提示義務違反，要考慮要素考慮不尽，他事考慮等である。

　阿部泰隆『行政法再入門上』（信山社，2015 年）255 頁は，行政裁量の司法審査の一手法として，裁量基準の例外となる事項の適切な考慮などとともに，裁量基準の合理性の審査があるとする。曽和俊文『行政法総論を学ぶ』（有斐閣，2014 年）129 頁は，裁量基準自体の不合理性の審査の基準として，他事考慮，平等原則違反を指摘する。稲葉馨＝人見剛＝村上裕章＝前田雅子『行政法〔第3版〕』（有斐閣，2015 年）62 頁（人見剛執筆）は，行政規則の実体法的統制の問題に正面から取り組んでいる。そして，裁量基準の個別事案に応じた適正な適用の要請を裁量基準に対する実体的な統制と見る。同書は，また，行政規則の実体法的統制を求める必要性に乏しいともいう。本稿は，裁量基準に従った個別決定が，単に同基準の機械的・形式的適用で不合理な結果を生む場合というのではなく，むしろ，裁量基準自体に不都合がありその結果不都合な個別決定が産み出されたという場合があるのではないかと思われ，その限りで，裁量基準自体の実体法的統制を求める必要性はあると考えている。

118）　最判平成 18・10・26 集民 221 号 627 頁。本判決については，木村琢麿「指名競争入札における指名回避措置の違法性」民商法雑誌 136 巻 3 号（2007 年）388 頁，野田崇「地元企業優先指名の許容性」法と政治 58 巻 3＝4 号（2008 年）217 頁，山本隆司「行政裁量(4)：行政契約に係る裁量〈判例から探究する行政法〉」法学教室 362 号（2010 年）106 頁等参照。

き他の諸事情にかかわらず,およそ村内業者では対応できない工事以外の工事は村内業者のみを指名するという運用について,常に合理性があり裁量権の範囲内であるということはできない」という。この判示の前半部分は,村内企業優先指名基準が,①や②の便益や目的[119],すなわち,契約履行の確実性,地元経済の活性化を達成できるかどうかを問うものと捉えることができる。また,後半部分は,①,②の目的を達成するために,村内企業優先指名基準という手段を必ず遵守する必要があるかを問うものと捉えることができる[120]。

裁量基準自体に対する要考慮要素審査,目的手段審査という手法による審査密度は,法規命令に対する同様の審査手法における審査密度よりも濃いものであるべきである。それは,裁量基準が法規命令のように法令から具体的授権を受けずに制定されたものであるから,法規命令と比較してより正統性の低い存在だからである[121]。今後,特に,目的手段審査のより具体的なあり方,想定目的が合理的か,手段が目的を合理的に達成するか,目的達成のために既定の手段を執ることが合理的に要求されるかという審査の強度について,検討を深めたい。

---

119) ①,②の目的の背後には,究極の契約目的である地方公共団体の利益の確保という目的があることは言うまでもない。この点については,泉徳治裁判官の補足意見参照。
120) 本判決の横尾和子裁判官の反対意見,及び,泉徳治裁判官の反対意見のいずれにも同様の目的手段審査の手法が見られる。
121) アメリカ法においては,立法規則より裁量方針に対して相対的に密度の濃い司法審査が施されることとなっていたが,その主たる理由は,以下の2点であった。①議会からの正式な授権を受けて制定されたものかどうか,②パブリック・コメント手続が行われたかどうか。日本では,法規命令も裁量基準も,基本的にパブリック・コメント手続が行われることになっているので,前記②の点は,あるべき審査密度を決定する際に問題とはならない。

第4編　行政争訟の制度と法理

審査請求における違法性・不当性判断の基準時考察のための一視点
—— 包括的検討に向けた予備的考察

大 江 裕 幸

Ⅰ　はじめに
Ⅱ　ドイツの異議審査請求手続における違法性・不当性判断の基準時
Ⅲ　日本における応用可能性
Ⅳ　むすびにかえて

Ⅰ　はじめに

1　処分時説と裁決時説

(1)　取消訴訟の場合　　小早川光郎教授は，取消訴訟における違法判断の基準時について，「もともと取消訴訟の制度は，処分によって規律をなす権限が行政庁に与えられていることを前提としつつ，基本的には，行政庁による処分が適法になされたかどうかについて事後審査を行うものであり，したがって，処分がいかになされたかの問題と切り離して，その処分による規律の内容が現時点で適切か――現在の法・事実状態にてらしてみた場合に適法か――ということを問題とするのは，取消訴訟制度の趣旨に合致しない」[1]との理由から，処分時説が妥当であるとしている。

(2)　審査請求の場合　　それでは，審査請求における違法性・不当性判断の基準時についてはどうか。

この問題については，小早川教授を含め，多くの論者が明確に態度を表明して

---

1)　小早川光郎『行政法講義下Ⅱ』（弘文堂，2005年）202頁。

おらず，学説，裁判例ともに十分に議論が蓄積されているとは言えない状況にあるように思われるが，一般的には処分時と解されていると指摘されている[2]。処分時説に立つ見解は，その理由を以下のように述べる。「行政権による事後審査の作用である審査請求と裁判所による事後審査である取消訴訟との間には，若干の質的差異があることは認めなければならない。しかし，審査請求においても，審査請求人は当該処分が違法または不当に行われたかどうかの点を審理，判断した結果，認容の裁決によって処分が違法であることを確認して，処分時にさかのぼって失効させるものと解すべきである（……）。違法判断の基準時が処分時となるのは，審査請求が処分に対する事後審査制度の一環として位置付けられることに由来するものと考えられる」[3]。裁判例においても，建築確認処分取消請求事件に係る京都地判平成7年11月24日判自149号80頁は，「審査請求が，処分に対する事後審査制度の一環として位置付けられることからすると，裁決の違法判断の基準時は，処分時と解するのが相当である」と，この見解と同様の理由付けで処分時説を採用している。

　もっとも，裁決時説に立つ見解も皆無ではない。その代表的な論者が宮田三郎教授である。宮田教授は，その理由付けとして以下のように述べる[4]。「審査請求手続の場合には，事実および法状態の判断の基準時は，常に審査請求裁決の時である。行政処分と審査請求裁決の間に生じた行政処分の事実上または法律上の基礎の変動は，原則として，審査庁により考慮される。これは行政処分が審査請求裁決をもって始〔ママ〕めて行政手続の最終的な形態が与えられるということによる。……審査請求手続は，審査庁が包括的な審査権をもってする行政手続であるから，審査請求の裁決時を基準時とすべきである」。また，近時，「審査庁が処分庁の上級行政庁である場合は，裁決時点において何が行政目的に適合するか考慮すべきであり，裁決時の法令ないし事実に基づいて原処分を取り消したり，変更したりすることが可能と考えられる」とする見解[5]も示されているところである。

　一方で，審査請求が「処分に対する事後審査制度の一環」であることから違法

[2) 宇賀克也『解説行政不服審査法関連三法』（弘文堂，2015年）109頁。
3) 南博方＝小高剛『全訂注釈行政不服審査法〔全訂版〕』（第一法規出版，1988年）272頁。
4) 宮田三郎『行政手続法』（信山社，1999年）187頁以下。
5) 行政不服審査制度研究会編『ポイント解説 新行政不服審査制度』（ぎょうせい，2014年）179頁。

性・不当性判断の基準時を一義的に導出できるか疑問を差し挟む余地があるし，行政争訟概念の有用性についての常岡孝好教授による問題提起[6]を想起すると，そもそも「審査請求が処分に対する事後審査制度の一環として位置付けられる」と即断してよいものか疑念が残る。他方で，それ以上に，宮田教授の示す理由付けについては，審査請求と取消訴訟の関係につき自由選択主義を，取消訴訟の対象につき原処分主義を採用するわが国では「行政処分が審査請求裁決をもって始〔ママ〕めて行政手続の最終的な形態が与えられる」という論拠が成立する基盤が存しないように思われるし，「審査庁が包括的な審査権をもってする行政手続」であることがこの問題の解決に決定的な影響を与えるものか判然としない。しかし，宮田教授の示す理由付けは，この問題についてのドイツにおける議論を念頭に置けば，それ自体としてはさほど不自然なものではないと考えられる。

2 考察の手掛かりとしてのドイツ法

すでに交告尚史教授の研究により示されているように[7]，ドイツでは，伝統的に，わが国の審査請求に相当する異議審査請求（Widerspruchs）における違法性・不当性判断の基準時は異議審査決定時とされているところである[8]。交告教授の研究によると，「行政の構造と，行政内部で解決されるべき権利救済手段の改新的機能（reformatorische Wirkung）[9]の原則に由来する」というのがこの問題について「典拠としてナンバーワンの地位を占めている」1955 年の連邦行政裁

---

6) 常岡教授は，行政手続と行政不服審査手続の「統一的」把握の意義につき，「整合的」アプローチと「総合的」アプローチを区別した上で，「総合的」アプローチの重要性を指摘し，「総合的」アプローチを採ろうとする場合，行政不服審査と行政事件訴訟の密接な関係を前提とする行政争訟概念は有害であり，忌避されるべきであると指摘する（常岡孝好「行政手続法改正法案の検討」ジュリスト 1371 号（2009 年）36 頁以下，特に 39 頁参照。この指摘を受け，塩野宏教授は，わが国における事前の行政手続，事後の行政手続，行政訴訟の法整備および充実を受けて「手続三カテゴリーの相互関連の総合的検討の必要性」が強く認識されるようになったとの理解を示した上で，「この三つの手続をどのように関係させるか，とりわけ事後の行政手続をどのように位置づけるかは理論的に定まるものではなく，立法政策的判断の余地が広く残されている」ことを指摘している（塩野宏『行政法 II 〔第 5 版補訂版〕』（有斐閣，2013 年）7 頁）。
7) 交告尚史『処分理由と取消訴訟』（勁草書房，2000 年）81 頁以下。
8) 現在でもこのこと自体には異論はないようである。Vgl., Hufen, Verwltungsprozessrecht, 9. Aufl. (2013), §7, Rn. 3, Geis, in: Sodan/Ziekow (Hrsg.), Verwaltungsgerichtsordnung Großkommentar, 4. Aufl. (2014), §68, Rn. 196 ff., Kopp/Schenke, Verwaltungsgerichtsordnung Kommentar, 21. Aufl. (2015), §68, Rn. 15.
9) 訴訟法の用語法として，reformatorisch は kasatorisch と対になって用いられていることを念頭に，以下では「自判的」という訳語を用いる。

判所の判決の示した論拠である。もっとも，この判決の示した法理は必ずしも貫徹されているわけではないという。また，その根拠付けが十分なものであるとは言えないということが，ピエンドゥルによるモノグラフ[10]の検討を通じて示されているところである。たしかに，この根拠付けをもってして，わが国において裁決時説を取りうる基盤があることを示す，いわんや取るべきことを積極的に論証することは困難である。

しかしその後の学説を見ると，この1955年の連邦行政裁判所の示した見解を批判する形で，新たな根拠付けの模索，基準時としての異議審査決定時に考慮されるべき事項についての理解の深化が行われているようである。ドイツにおける議論の進展それ自体はともかく，そこで示されている考え方のどこかに，わが国にも妥当しうる視座を見出すことはできないか。その視座をもとに日本法を検討した場合，いかなる帰結が導かれることになるのか。

ところで，ドイツの異議審査請求手続について，州のレベルで撤廃の動きがあることが山田洋教授により紹介されている[11]。このことからすると，異議審査請求手続についてドイツ法を参照することの有用性に疑問が投げかけられるかもしれない。しかし，異議審査請求手続は連邦においては依然として存置されているし，州においても，その相当数では存置されているか，撤廃されているとしても部分的な領域にとどまっている[12]。そのため，ドイツの異議審査請求手続の参照の価値は依然として失われていないと考えられる。

このような観点から，本稿は，わが国において十分に議論が蓄積されているとは言えない，審査請求における違法性・不当性判断の基準時の問題について，まずはわが国で現在示されている見解を念頭に，ドイツ法を手掛かりとした思考実験を行うことで，今後の議論に向けた一つの手掛かりを獲得することを目的とするものである。

---

10) Piendl, Eine Studie zur maßgebenden Sach- und Rechtslage beim Rechtsschutz gegen Verwaltungsakte（1992）.
11) 山田洋「行政不服審査制度の実効性？」阿部泰隆先生古稀『行政法学の未来に向けて』（有斐閣，2012年）573頁以下。
12) 2013年時点の状況ではあるが，異議審査請求についての各州における撤廃の有無と州法による特則について，Hufen, a. a. O., §5, Rn. 5に掲げられた一覧表が参考になる。

II ドイツの異議審査請求手続における違法性・不当性判断の基準時

1 異議審査請求手続の概要

まず,以下の検討に必要な限りでドイツにおける異議審査請求手続について概説する[13]。

異議審査請求手続は,基本的には行政裁判所法68条以下に訴訟の「前置手続(Vorverfahren)」として規定されている。具体的には,最上級庁によるもの等を除き,行政行為の取消訴訟の提起に先立ち,前置手続において行政行為の適法性,合目的性についての事後審査を受けなければならない (68条1項) というものである。申請拒否決定を受けて義務付け訴訟を提起する場合も同様である (同条2項)。申請に対する不作為に対しての異議審査請求は存在せず,この場合には前置手続を経ずに訴訟を提起することができる (75条)。

異議審査請求の提起先は原行政庁であり (70条1項),異議審査請求の提起に伴い原行政行為の執行停止効が生じる (80条1項)。ここで,提起先が異議審査庁ではなく原行政庁とされているのは,原行政庁に再考の機会を与えるためであり,異議審査請求手続が目指す行政庁の自己統制の現れとされている[14]。すなわち,原行政庁は,異議審査請求に理由があると認めた場合には,これに救済を与え,費用についての決定を行うものとされている (72条)。具体的な救済として,原行政行為を取り消しもしくは変更し,または求められている行政行為を発布する。ここでは,不利益変更は禁じられる。異議審査請求に理由がないと認めた場合には,原行政庁は事案を異議審査庁に移送する[15]。

異議審査庁は直近上級行政庁が原則とされている (73条1項1号)。事案の異議審査庁への移送により,決定権限が直近上級行政庁に移るという意味での移審効 (Devolutiveffekt) が生じる[16]。この移審効により,異議審査庁は基本的に原行政

---

13) 異議審査請求制度については,交告・前出注7) 78頁以下のほか,木佐茂男『人間の尊厳と司法権』(日本評論社,1990年) 334頁以下,高木光『技術基準と行政手続』(弘文堂,1995年) 154頁以下,大久保規子「ドイツの異議審査制度」南博方先生古稀『行政法と法の支配』(有斐閣,1999年) 117頁以下で紹介されている。異議審査請求制度の機能については,山田・前出注11) 578頁以下参照。行政裁判所法の条文につき,山本隆司「行政訴訟に関する外国法制調査――ドイツ (上)」ジュリスト1238号 (2003年) 89頁も参照。

14) Hufen, a. a. O., §8, Rn. 6.

15) 以上につき,Hufen, a. a. O., §8, Geis, a. a. O., §72.

庁と同一の権能を持つことになる[17]。

　異議審査請求手続は，異議審査庁による異議審査決定（73条1項）により終結する。その基本的な態様は，異議審査請求が不適法である場合の却下，適法であるが理由がない場合の棄却，適法でかつ理由がある場合の認容である。認容決定の態様は，通常の行政行為においては原行政行為の全部または一部の取消しであり，申請拒否決定については，申請により求められている行政行為を発布するか，申請拒否決定を取り消した上での原行政庁への差戻しである[18]。学説による批判もあるが，ここでは，不利益変更も認められる[19]。

　以上の前置手続としての異議審査請求手続を経て，取消訴訟の対象となるのは，「異議審査決定において見出された形態としての原行政行為」（79条1項）である。

2　判例の準則とその動揺

　(1)　判例の準則と根拠付け　　行政裁判所法制定前，すなわち現在の異議審査請求制度の成立前の事案ながら，この問題についての確立した先例とされているのが，連邦行政裁判所1955年4月6日の判決[20]である。一般論を述べた部分を訳出すると，次のようになる。

　　「一般的な法治国的な見地の下では，事案が――行政の作用範囲にとどまっており――なお最終的な規律を待つ限りは，自らが未だ終局的に規律していない事案を統制の下に置くことが行政庁に義務付けられているのである。それゆえ，権利救済手段に従事している場合には，この義務は〔現行制度の下での――以下同様〕異議審査庁に妥当するのである。思うに，このことは行政行為が当初より違法であったならば，――行政裁判所とは異なり――異議審査庁は，この審査に限定してよいわけではなく，発布された行政行為を自らの決定の時点でもなお――新法の妥当の下で――発布することができるか否かを明らかにしなければならないのである。かくして，行政行為をあらゆる観点の下で審査する，つまりは決して法的問題だけではなく，事実問題および裁量問題にも独自の権限において解答を与え，その際には事実状態および法的状態の変動を考慮するという異議審査庁のこの義務は，行政の構造および行政の過程において処理されるべき権利救済手

---

16)　Hufen, a. a. O., §8, Rn. 4, Geis, a. a. O., §69, Rn. 14 ff., §72, Rn. 9.
17)　Hufen, a. a. O., §8, Rn. 7.
18)　Geis, a. a. O., §73, Rn. 38, Kopp/Schenke, a. a. O., §73, Rn. 7.
19)　Hufen, a. a. O., §9 Rn. 15 ff.
20)　BVerwGE 2, 55.

続の自判的機能（reformatorische Wirkung）の原則から生じるのである。」

　その後の連邦行政裁判所判決は，この判決を先例として引用しつつ，その理由付けを膨らませる。例えば，近時の2006年11月3日の判決[21]は次のように述べる。

　　「行政裁判所法68条1項によれば，異議審査庁は原決定を事実的および法的観点においてその適法性および合目的性に照らして完全な範囲で審査しなければならない。連邦行政裁判所の判例は，異議審査庁は原則としてその異議審査決定を発布する際の法的状況を基準とするものであることを明らかにしている。すなわち，実体法の観点からこれから逸脱すべき事情が生じない限り，異議審査庁は前置手続の間に生じた事実および法状態の変化を基本的には尊重しなければならないのである（……）。原処分手続は異議審査手続とともに手続としての統一体を構成し，異議審査決定をもってはじめて終結するということがその根拠である（……）。異議審査決定が原決定に初めて行政訴訟の規準となる形態を付与するのである（行政裁判所法79条1項）。これは，学説における一般的な見解と合致する（……）。」

　このように，連邦行政裁判所の判例は，原則として異議審査決定時点が基準時となるとしており，その論拠を整理すれば，①原処分手続は異議審査手続とともに手続としての統一体を構成し，異議審査決定をもってはじめて終結するという行政の構造，②行政の過程において処理されるべき権利救済手続の自判的機能の原則，③異議審査決定が原決定に初めて行政訴訟の規準となる形態を付与する，という点である。

　(2)　準則の妥当性——実体法による限定　　もっとも，連邦行政裁判所は常に異議審査決定時を基準時としているわけではない。例えば，2006年11月3日の連邦行政裁判所判決は，先の引用部分に続けて次のように述べる。

　　「むろん，この原則は——既述のとおり——実体法により限定が生じうるのである。例えば，連邦行政裁判所は建築許可に対する第三者異議審査請求の事案において，前置手続の間に建築主に不利となる形で生じた法的変化は，建築許可により建築主に認められた法的地位の観点から，考慮されるべきではないのである（……）。」

---

21)　DöV 2007, 302.

3 学説による批判と再構成

(1) 根拠付けとしての監督庁の権限　違法性・不当性の判断基準時の根拠付けについて，判例が示す上記の理由付けが不適切であるとして，異なる根拠付けを模索した論者がマーガー[22]である。マーガーによれば，原則として直近上級庁が審査庁となることを規定する行政裁判所法73条1項1号も，取消訴訟の対象を定める79条1項1号も，違法性・不当性判断の基準時について考察する場合の手掛かりとはならないという。手掛かりとなるのは，「事後的に審査する（nachzuprüfen）」と規定する68条1項の文言であり，ここから，異議審査庁には原行政行為が違法または非合目的的か否かを確認することが求められており，この審査は専ら実体法上の基準時により行われうるものであるという[23]。

その上で，マーガーは，この実体法上の基準時において原行政行為が違法または非合目的的であった場合と適法かつ合目的的であった場合を区分し，以下のように述べる。前者の場合，基本的に権力分立上の問題がないため，行政の統一性の原則ゆえに，異議審査庁が現在の事実・法状態に基づいて新たな独自の実体判断を行うこととなる。しかし，後者の場合，その後事実・法状態に変化があったとしても，判例が根拠として挙げる，新たな事実・法状態の下ではもはや適法な行政行為を発布することができないということのみをもって，異議審査庁が当該行政行為の取消しという新たな独自の決定を行う権限を肯定することはできない。この場合には，原行政庁による撤回（Widerruf）を通じてのみ当該行政行為を取り消しうるのである。そして，異議審査庁が同時に原行政庁の監督庁（Aufsichtsbehörde）である限りにおいて，異議審査庁は，異議審査請求を機会として，事実・法状態の変化ゆえに行政行為を撤回することができるか否か判断することができるのである[24]。

このように，マーガーは，元来適法な行政行為が事実・法状態の変動ゆえに異議審査決定時には違法と解される場合に，行政行為の撤回という構成を交えることにより，異議審査庁が原行政庁の監督庁であることをもって，異議審査庁が異

---

22) Mager, Der maßgebliche Zeitpunkt für die Beurteilung der Rechtswidrigkeit von Verwaltungsakten, 1994. もっとも，マーガーは常に異議審査決定時点を基準時とすべきとするのではなく，例えば，第三者異議審査請求であって原決定時には適法であった場合には，基準時となるのは原行政行為時であるとする（S. 175）。

23) Mager, a. a. O., S. 152.

24) 以上につき，Mager, a. a. O., S. 153 f.

議審査決定時を基準時として判断を行うことを正当化する。

　(2)　基準時としての異議審査決定時に考慮されるべき事項　　シェンケは，「異議審査庁の決定の際に基準となる事実・法状態」と題する論文で，違法性・不当性判断の基準時としての異議審査決定時に判断すべき事項について判例の見解を批判する[25]。

　シェンケは，上述の 1955 年の連邦裁判所判決が，「発布された行政行為が自らの決定の時点でもなお――新法の妥当の下で――発布することができるか否かを明らかにしなければならない」としており，異議審査決定時の事実・法状態に照らして，異議審査庁が係争行政行為をなお発布することができるか否か，換言すれば，異議審査決定時の係争行政行為発布要件の存否を判断すべきであるという理解に立脚している点に着目する[26]。この見解に立脚すると，たしかに，しばしば異議審査決定時説をそのまま貫徹することができない例として問題とされる建築許可に係る第三者異議審査請求事案では，異議審査請求を認容せざるをえないことになる。すなわち，当時の事実・法状態を基準とすれば適法に発布された建築許可につき，周辺住民より異議審査請求があり，異議審査決定前に地区詳細計画が変更された――法状態に変動があった――場合，この見解によれば，異議審査庁は変更された地区詳細計画に即して係争行政行為を発布できるか否かを判断し，これが否であれば，異議審査請求を認容して建築許可を取り消さざるをえないことになる[27]。しかし，これが不適切な帰結であると判断するがゆえに，連邦行政裁判所は前述のような例外の余地を認めてきたのだという。

　これに対してシェンケは，原行政庁が発布した行政行為が異議審査決定の時点でなお適法・合目的なものであるか否かという点，換言すれば，異議審査庁が異議審査決定時に原行政行為を取り消すことが義務付けられるか否かという点に着目すべきとする。この見解からすると，建築許可が適法になされたものであれば，その効力は将来にわたって適法なものであり，地区詳細計画の変更があったとしても原行政庁は原処分を取り消すことを義務付けられるわけではないため，異議審査請求を認容すべき理由はないということになる[28]。

---

25)　Schenke, Die maßgebliche Sach- und Rechtslage bei einer Entscheidung der Widerspruchsbehörde, FS Würtenberger (2013), S. 1185 ff.
26)　Schenke, a. a. O., S. 1188.
27)　Schenke, a. a. O., S. 1189.
28)　Schenke, a. a. O., S. 1188 ff.

シェンケは，判例の立場に対し，行政裁判所法68条1項の文言と相容れないこと，判例の採る理解によればいくつかの局面で不適切な帰結に至ること，判例の挙げる理由付けでは根拠とならないこと，建築許可の事例に見られるように例外を必要とすること等々と，次々に批判を並べ立てるが[29]，マーガーとは異なり自説の積極的な根拠付けを明確にしようとしない。

この論文の刊行翌年に改訂された教科書において，シェンケは自説の基本部分を次のように整理する。「〔行政行為の〕取消しに係る異議審査請求（Anfechtungswiderspruch）において，法的に完全に羈束された行政行為については，異議審査決定の発布の時点でそれが違法か否か，そして異議審査請求人の権利が毀損されているかについて審査しなければならない。裁量的行政行為の場合には，それに加えて，異議審査請求人に課せられた負担が合目的的か否かについても審査しなければならない（〔行政裁判所法〕68条1項第1文……）。当該行為が違法に発布され，または，事実および／または法状態の変化により当該行為の職権取消し（Rücknahme）が義務付けられることにより，事後的に違法となった場合には，行政行為は違法であり，異議審査請求人の権利を毀損している[30]」。その上で，「その後生じた事実・法状態の変化により当該行政行為を発布しなければならない，あるいはその発布が行政の裁量に委ねられているという事情は，係争行政行為が違法（または，裁量的行政行為の場合は非合目的的）であり，それゆえ通常は取り消されなければならない場合にのみ意義を有する」という。ここで挙げられているのが，やはり建築許可の事例である。すなわち，地区詳細計画に反して出された建築許可については，建築許可が違法であるにもかかわらず，その後発布された地区詳細計画の下では当該建築許可を行うことが可能であり，さらにはこれを行わなければならないという事情があれば，係争行政行為を取り消したとしても再度手続を行って同一の建築許可をすることになるのであるから，信頼保護，行政の効率性，過剰規制の禁止の観点から，周辺住民により提起された異議審査請求を棄却することができるという。そしてシェンケは，このロジックを，「73条1項1文に規定された移審効果」，すなわち，異議審査庁が原行政庁と同一の権能を持つに至るということ，により正当化するのである[31]。

---

29) Schenke, a. a. O., S. 1191 ff.
30) Schenke, Verwaltungsprozessrecht, 14. Aufl. (2014), Rn. 684.
31) Schenke, a. a. O., Rn. 684. Schenke, a. a. O., S. 1196 ff. は，以上の基本的な立場から様々な場

やや冗長となったが，シェンケの議論を整理すると以下のようになるであろう。①行政行為が違法・非合目的的に発布されていれば，異議審査請求は認容される。②適法・合目的的に発布された行政行為については，その後の事実・法状態の変化によりその職権取消しが義務付けられる場合に限って異議審査請求は認容される。③行政行為が違法・非合目的的に不当に発布された場合であっても，その後の事実・法状態の変化により，異議審査請求を認容してこれを一度取り消したとしても，再度同一の行政行為が適法・妥当に発布されうる場合には，諸事情を考慮して異議審査請求を棄却することができる。この帰結は，移審効果により正当化される。

結局のところシェンケの立場は，異議審査庁は，係争行政行為がその発布時点および自らの異議審査決定時点で違法・非合目的的でないかを審査し，いずれかの時点で違法・非合目的的であると認められれば，異議審査請求を認容して係争行政行為を取り消さなければならないという原則に，移審効果ゆえの例外を一部認めるものと整理することができる。

(3) 小括　以上，判例に対する二つの観点からの学説の批判を簡単に紹介したが，その趣旨が判然としないところがあり，これらの批判がドイツにおいてどれほど真剣に受け止められているのか測りかねる部分もある。そうした留保を付した上でなお，以上の議論からは，次のような思考様式を抽出することが可能ではないか。

第一に，違法性・不当性判断の基準時について，審査庁とされた機関の有する権限からアプローチするという思考様式である。これは，マーガーの見解の中に示されていたところである。また，シェンケの議論の中でも，原処分庁と同一の立場で判断する権限が帰属するという意味での移審効により例外を認める場合が正当化されていた。このように，審査庁とされた機関の権限からアプローチした場合，日本法ではどのような帰結がもたらされるのであろうか。

第二に，異議審査請求決定時の事実・法状態を違法性・不当性判断の基準時とするという場合に，原行政行為発布時点の事実・法状態に照らした判断が排斥されるわけではないという思考様式である。これは，シェンケの見解の中に示されていたところである。

　　面に詳細に検討を加えている。

Ⅲ　日本における応用可能性

1　ドイツにおける判例の論拠の妥当性

まず，確認の意味を込めて，ドイツの判例が示す論拠がわが国にそのまま妥当するものであるか否か検討する。

ドイツの判例において異議審査決定時点が基準時であるとする論拠のうち，第一点，すなわち，原処分手続は異議審査手続とともに手続としての統一体を構成し，異議審査決定をもってはじめて終結するという行政の構造および第三点，すなわち，異議審査決定が原決定に初めて行政訴訟の規準となる形態を付与するという点は，現在の日本の法制度で妥当する余地はない。第一点については，審査請求と行政訴訟の関係について自由選択主義が採用されている（行訴8条）ことにより，第三点については，原処分主義が採用されている（行訴10条1項）ことにより，それぞれ実定法上明確に否定される。第二点の行政の過程において処理されるべき権利救済手続の自判的原則については，審査庁が新たな処分をするわけではなく，処分を取り消すにとどめているわが国において妥当するということは困難であろう。したがって，ドイツにおける判例の論拠をもって，わが国においても裁決時説が妥当すべきだと積極的に主張することはできない。なお，宮田教授が根拠として挙げる「審査庁が包括的な審査権をもってする行政手続」という点についても，審査権限の包括性と基準時の必然的な結合関係があると断ずることはできないという疑問が妥当する。

2　審査庁となる機関の固有の権限

それでは，審査庁となる機関の固有の権限に着目し，審査庁がその権限を審査請求手続において行使する結果，処分時以降の事実・法状態の変化に基づいて裁決を行うことができるという形で裁決時説を根拠付けることはできないか。

まず，わが国における一般的な理解によれば，処分の成立の際に存した瑕疵を理由としてその処分がなかったことにするという取消し[32]と，いったん成立した処分に関し，成立後に生じた事由に基づき，行政庁の新たな処分によってその法律効果を終了させるという撤回[33]とは明確に区別される。そして，前者の権

---

32) 小早川光郎『行政法上』（弘文堂，1999年）286頁，塩野宏『行政法Ⅰ〔第6版〕』（有斐閣，2015年）188頁，宇賀克也『行政法概説Ⅰ〔第5版〕』（有斐閣，2013年）358頁。

限を有するのは，処分庁自身と，争いはあるが上級庁もこれに含まれると解される[34]一方，後者の権限を有するのは，処分庁のみである[35]というのが一般的な理解である。この理解によれば，処分後の事実・法状態の変化を考慮して処分の効力を消滅させることは，取消しではなく撤回の概念に含まれることになる。そうすると，審査庁となる機関の固有の権限として撤回を裁決として行う余地が認められるのは，審査庁が処分庁である場合のみと解さざるをえない。処分庁以外の行政庁が処分後の事実・法状態の変化を考慮して処分の効力を消滅させることは，その旨の新たな処分を行うということであり，これは代執行ないし代行の概念で把握されるべきことになろうが，代執行については，上級庁であっても，法律の根拠がなければなしえないというのが，これまた一般的な理解である[36]。

このように，審査庁となる機関の固有の権限に着目した場合，処分後の事実・法状態の変化を考慮して処分の効力を消滅させる権限を有するのは，処分庁だけということになる。わが国で近時示された，上級庁が審査庁である場合に裁決時説を採る可能性を認める見解は[37]，むしろ逆であり，たとえ上級庁であっても，裁決時の事実・法状態に基づいて裁決を行うことは，その有する権限からして認められないという帰結に至るのではないか。

3 処分庁である審査庁の審査義務

このように，処分庁が審査庁である場合には，自己の権限の行使として，自らの行った処分が，その時点で適法かつ妥当であるかに加えて，現時点においても適法かつ妥当なものであるかについて判断を行うことが可能であると考えられる。さらに，審査請求が，処分がその時点で違法または不当であり，または，現時点で違法または不当であることを理由に当該処分の効力を消滅させることを求める趣旨を含むものだと理解すれば，審査請求という法定の仕組みに基づく申立てである以上，自らが行った行為につき違法・不当状態を解消すべきことが一般的に

---

33) 小早川・前出注32) 283頁，塩野・前出注32) 191頁，宇賀・前出注32) 361頁以下。
34) 小早川・前出注32) 286頁，塩野・前出注32) 188頁，反対説が有力化しつつあることにつき，宇賀・前出注32) 358頁。
35) 小早川・前出注32) 284頁，塩野・前出注32) 195頁，宇賀・前出注32) 364頁。
36) 佐藤功『行政組織法〔新版・増補〕』（有斐閣，1985年）238頁，塩野宏『行政法下Ⅲ〔第4版〕』（有斐閣，2012年）40頁，宇賀克也『行政法概説Ⅲ〔第4版〕』（有斐閣，2015年）63頁。
37) 行政不服審査制度研究会編・前出注5) 179頁。

要請される処分庁としては，原則としてこれに応答することが義務付けられるのではないか。ただし，処分に利害関係を有する第三者がいる場合には，処分の撤回の法理で示されるように，事後的な事実・法状態の変化を理由として処分の効力を消滅させることが実体的に制限される場合がある。また，手続的にも，当該第三者を審理手続に参加させ，事後的な事実・法状態の変化につき意見表明の機会を与えることが要請されよう。

Ⅳ　むすびにかえて

　本稿は，審査請求における違法性・不当性の判断基準時という問題について，議論の契機となる素材を提供することを目的に，ドイツでの議論を参考に検討を加えてきた。これにより得られた成果は，審査機関の権限に着目するアプローチによれば，処分庁が審査庁である場合に限って，第三者の実体的，手続的利益に配慮した上で，処分後に生じた事実・法状態の変化を考慮して裁決を行う，すなわち裁決時説を採用する余地がありうるのではないかというものである。

　このような帰結を導くことには，そもそも「審査請求の制度趣旨に合致しない」という理由で成立基盤が存しないという批判があるかもしれない。そうすると，「審査請求の制度趣旨」とは何か，問い直す必要性が生じる。また，「審査請求の制度趣旨」からして裁決時説を採用することが排斥されないとしても，審査機関の権限だけではなくより複合的な観点からのアプローチを行い[38]，帰結の妥当性につき問題状況を類型化して個別に検証を加えること[39]が必要であろう。審査請求における違法性・不当性判断の基準時についての議論が学説においても裁判例においても少ない現状に鑑みると，本稿がこの問題についての議論を誘発する呼び水となり，検討の際の一素材になれば幸いである。

　　［付記］　本稿は，科学研究費補助金〔課題番号25780010〕の助成に基づく研究成果の一部である。

---

38) 取消訴訟における違法性判断の基準時についてのこの作業の一つの到達点として，山本隆司「取消訴訟の審理・判決の対象——違法判断の基準時を中心に(1)(2・完)」法曹時報60巻（2014年）5号1頁以下，6号1頁以下がある。
39) 取消訴訟における違法性判断の基準時について，小早川光郎「判決時説か処分時説か」法学教室160号（1994年）120頁以下。

機関訴訟と自己訴訟
―― ドイツにおける両概念の関係

門 脇 雄 貴

I　はじめに
II　自己訴訟の例とその位置づけ
III　機関訴訟との関係
IV　おわりに

I　はじめに

筆者は別稿において，ドイツの機関訴訟の現状について分析をおこなった[1]。ただ，そこでは，機関訴訟と類似する自己訴訟[2]ないしは自己内部訴訟[3]（Insichprozeß）についての検討が十分になされていなかったところであり，本稿はその欠落を埋めるための補遺となるものである。

ドイツにおいて自己訴訟とは，一般に，ある公法上の人格が自らとの間で争う訴訟のことを意味するとされる[4]。しかし，この定義だけでは，同じく公法上の人格内部の機関間における訴訟を意味する機関訴訟との異同が明らかではない[5]。

---

1) 門脇雄貴「機関の権利と機関訴訟 ―― ドイツにおける機関訴訟論の現状（一）～（三）」首都大学東京法学会雑誌55巻1号（2014年）127頁以下，55巻2号（2015年）169頁以下，56巻1号（2015年）507頁以下。以下では，単に「別稿」として引用する。
2) 雄川一郎「機関訴訟の法理」（1974年）同『行政争訟の理論』（有斐閣，1986年）437頁。
3) 山本隆司『行政上の主観法と法関係』（有斐閣，2000年）369頁，西上治「機関争訟の『法律上の争訟』性（四）」国家学会雑誌128巻7＝8号（2015年）718頁。
4) 多くの論者がほぼこのような定義をとる（*Turegg*, Kurt Egon Frhr. von: Insichprozess, DöV 1953, S. 681; *Geßler*, Heinz: Die Länder als Anfechtungskläger im verwaltungsgerichtlichen Verfahren nach dem Landbeschaffungsgesetz, DöV 1961, S. 891; *Lorenz*, Dieter: Zur Problematik des verwaltungsgerichtlichen Insichprozess, AöR 93 (1968), S. 309; *Schunck*, Egon/*De Clerck*, Hans: Verwaltungsgerichtsordnung, 3. Aufl. 1977, S. 385）。

この点については，わが国においても両者の区別に拘泥しない立場もあるが[6]，ドイツにおいて機関訴訟とは別に自己訴訟という概念が用いられる以上は，その概念の内実と意義を明らかにする必要があろう。そして，そうすることで，逆に機関訴訟の議論にも一定の寄与が得られると思われる。

本稿は以上のような問題関心のもとで，機関訴訟と自己訴訟との異同を明らかにすること（Ⅲ）を目的とするが，その前提として，判例や学説の上でどのような訴訟が自己訴訟として扱われ，また，その適法性についていかなる議論がされてきたのかを検討する（Ⅱ）。

Ⅱ　自己訴訟の例とその位置づけ

1　自己訴訟はⅠで示したように，公共団体たる主体が自らとの間で争う訴訟を意味するが，それは実際には，当該主体のある部署と別の部署との間の訴訟となって現れることが多い。自己訴訟はこのような特殊な性格をもつため，その適法性が常に争われてきた。

自己訴訟の適法性を否定する見解のうち，もっとも単純なものは，訴訟とはそもそも異なった主体が当事者となることを前提にしているとする立場である[7]。しかし，このような二当事者システム（Zweiparteiensystem）は，民事訴訟においては妥当するとしても，組織の分化が前提となる行政組織に関しては当然には当てはまらないという指摘がなされてきたし[8]，連邦行政裁判所も結論としては同旨の判示をしている[9]。そのため，自己訴訟の適法性については，少なくともそれを一律に不適法とするのではなく，むしろ自己訴訟が問題となる場面を分けて判断する手法がとられている。

2　自己訴訟が問題となる典型的なケースは，私人Ｚに対して行政庁Ｙが利益を付与する処分をおこない，これに対して当該処分の違法を主張して別の行政機

---

5) *Bethge*, Herbert: Grundfragen innerorganisationsrechtlichen Rechtsschutzes, DVBl 1980, S. 314. 機関訴訟の定義については，別稿（一）129頁。
6) 雄川・前出註2) 438頁。
7) *Rasch*, Ernst: Die Behörde, VerwArch 50 (1959), S. 29; *Klinger*, Hans: Verwaltungsgerichtsordnung, 1960, S. 257 f.; *Koehler*, Alexander: Verwaltungsgerichtsordnung, 1960, S. 241 f.
8) *Lorenz*, a. a. O. (Anm. 4), S. 310. *Haueisen*, Fritz: Anmerkung zu: OVG Münster, Urteil v. 28. 11. 1952, DöV 1953, S. 571 も同様の結論をとるが，そこではむしろ行政訴訟が行政へのコントロールとなっている点が重視されている。
9) Ⅱ5で後述する BVerwG, Urteil v. 21. 6. 1974, BVerwGE 45, 207 [209]。

関Xが取消訴訟を提起するようなケースである。戦後初期における各州の上級行政裁判所にあってはこのような訴訟に対して否定的な判例が主流であった[10]。そこでは，単に同一の法主体の機関間での訴訟は認められないとだけ述べるものもあったが[11]，原告たる官庁が権利主体とはなりえないこと[12]，行政の単一性（Einheit der Verwaltung）に反すること[13]などが理由として挙げられていた。そして，論者にあっても，例えば官庁が権利も当事者能力も有しないことを理由に，明文の規定がない限りは，自己訴訟を否定する見解のほうが多数であった[14]。加えて，私人Zに対する授益処分について行政庁による取消訴訟の提起を認めると，当該処分の受益者Zにとっては法的安定性が害され，不測の不利益を被るという問題も指摘されていた[15]。

以上のような理由づけのうち，以下の検討の契機となるのは行政の単一性である。もっとも，そもそも行政の単一性という考え方自体が一義的ではなく，それが持ち出される場面も様々である[16]。そしてその点を措くとしても，一般に行政の単一性とは市民や議会との関係における単一性であって[17]，行政内部の意思形成プロセスにおける単一性を含意しないという指摘がなされている[18]。ま

---

10) 例えば，OVG Berlin Urteil v. 6. 5. 1963, OVGE Bln 7, 128＝DVBl 1964, 82＝DöV 1963, 587＝NJW 1963, 1939 は，行政裁判所法の制定過程において，自己訴訟を排除する意図があったとしている。ただし，BVerwG, Urteil v. 21. 6. 1974, BVerwGE 45, 207［208］は，このような理解を批判する。
11) OVG Lüneburg, Urteil v. 15. 1. 1952, OVGE 5, 418＝MDR 1952, 250.
12) OVG Hamburg, Urteil v. 4. 7 1950, DVBl 1951, 479.
13) LVG Hannover, Beschl. v. 28. 1. 1949, DV 1949, 412; LVG Düsseldorf, Urteil v. 15. 2. 1951, DVBl 1951, 480. さらに参照，*Bethge*, Herbert: Zur Problematik von Grundrechtskollisionen, 1977, S. 113.
14) *Naumann*, Richard: Korreferat, in: Die Verwaltungsgerichtsbarkeit (Verhandlungen des acht-unddreissigsten Deutschen Juristentages), 1951, S. D29-32; *Turegg*, a. a. O.（Anm. 4), S. 681 f. u. S. 685; *Oertzen*, Joachim von: Zur Zulässigkeit der Aufsichtsklage nach der Verwaltungsgerichtsordnung, DVBl 1961, S. 651 f.
15) *Turegg*, a. a. O.（Anm. 4), S. 686; *ders.*: Anmerkung zu: OVG Münster, Urteil v. 28. 11. 1952, NJW 1953, S. 1648; *Lorenz*, a. a. O.（Anm. 4), S. 335 u. S. 339; *Rasch*, a. a. O.（Anm. 7), S. 29 f. 逆に，この点を問題視する必要はないとする判決として，OVG Lüneburg, Urteil v. 21. 2. 1951, MDR 1951, 508.
16) *Oldiges*, Martin: Einheit der Verwaltung als Rechtsproblem, NVwZ 1987, S. 737; *Schuppert*, Gunnar Folke: Die Einheit der Verwaltung als Rechtsproblem, DöV 1987, S. 757.
17) *Oldiges*, a. a. O.（Anm. 16), S. 739 f. 特に，a. a. O., S. 743 は，自己訴訟の文脈で言及される行政の単一性とは，実質的には，市民との関係における法人としての国家の単一性を意味しているとと指摘する。
18) *Lorenz*, a. a. O.（Anm. 4), S. 333. さらに参照，*Schuppert*, a. a. O.（Anm. 16), S. 759 f;

た，仮に行政の単一性を，行政組織編成のための一定の法理と考えることができるとしても，実定法に定められた以上にどこまでの要請がそこから導かれるのかは明確ではない[19]。かくして，行政の単一性とは，仮にそれが法治国原理や民主主義原理のような憲法上の原理と一定の連関を有するとしても，決して行政内部における多元化を否定するものではなく[20]，多元化した組織間での争訟の問題は，行政の単一性の原理からは一応切り離して考えられなくてはならないことになる[21]。ただ，自己訴訟に係る文脈で用いられる行政の単一性とは，関係行政庁に対する監督（の有無）という意味合いで用いられることが多い[22]。そこで以下では，上級庁による監督という観点から，判例上実際に問題となったケースを見る。

3　まず，少なくとも紛争当事者たる機関の一方が他方に対して指示の権限（Weisungsbefugnis）を有している場合つまり当事者間に上下関係がある場合の自己訴訟は不適法であるという点は争いがない[23]。特に連邦行政裁判所は，市町村の処理する事務に対する州からの監督（Aufsicht）について，当該事務が自治事務（Selbstverwaltungsangelegenheit）である場合には自治権侵害を理由とした市町村からの訴えを適法とするのに対して[24]，当該事務が州からの指図事務

Schmidt-Aßmann, Eberhard: Das allgemeine Verwaltungsrecht als Ordnungsidee, 2. Aufl., 2004, S. 257 (Rn. 35) （エバーハルト・シュミット-アスマン（太田匡彦＝大橋洋一＝山本隆司（訳））『行政法理論の基礎と課題』（東京大学出版会，2006 年）259 頁）。

19) Vgl., *Oebbecke*, Janbernd: Die Einheit der Verwaltung als Rechtsproblem, DVBl 1987, S. 866-872; *Sachs*, Michael: Die Einheit der Verwaltung als Rechtsproblem, NJW 1987, S. 2339-2344.

20) *Unruh*, Georg-Christoph von: »Einheit der Verwaltung«, DVBl 1979, S. 761 u. S. 767; *Mögele*, Rudolf: Die Einheit der Verwaltung als Rechtsproblem, BayVBl 1987, S. 547 f.

21) *Schuppert*, a. a. O. (Anm. 16), S. 767 f.; *Bryde*, Brun-Otto: Die Einheit der Verwaltung als Rechtsproblem, VVDStRL 46 (1988), S. 195 f.

22) Vgl., *Haas*, Diether: Verwaltungsstreit zwischen Behörden des gleichen Rechtsträgers, DöV 1952, S. 171; *Hoffmann*, Horst: Die Beiladung des Staates — ein Problem des Insichprozess, BayVBl 1959, S. 326; *Bleutge*, Rolf: Der Kommunalverfassungsstreit, 1969, S. 89.

23) *Bethge*, a. a. O. (Anm. 5), S. 313 f.; *Herbert*, Alexander: Die Klagebefugnis von Gremien, DöV 1994, S. 111; *Wahl*, Rainer/*Schütz*: Kommentierung von §42 Abs. 2, in: *Schoch*, Friedrich/*Schmidt-Aßmann*, Eberhard/*Pietzner*, Rainer (Hrsg.): Verwaltungsgerichtsordnung, Loseblatt, Stand: September 2011, S. 49 (Rn102); *Groß*, Thomas: Das Kollegialprinzip in der Verwaltungsorganisation, 1999, S. 317.

24) 一般論としてのリーディングケースとして，BVerwG, Urteil v. 22. 11. 1957, BVerwGE 6, 19 [23]; BVerwG, Urteil v. 9. 7. 1964, BVerwGE 19, 121 [122 f.]．また，市町村の計画高権に対する侵害に係る，当該市町村からの訴訟を適法としたケースとして，BVerwG, Urteil v. 14. 2. 1969, BVerwGE 31, 263.

（Auftragsangelegenheit）である場合には，行政の単一性を根拠に，原則としては市町村からの訴訟を認めない立場をとっているが25)，このことは，市町村からの訴えではなく，市町村の機関が州の機関を訴えるという自己訴訟の場合であっても当てはまると考えられる。もちろん，Ⅰで示した自己訴訟の定義は「ある公法上の人格が自らとの間で争う訴訟」とされているから，市町村の機関と州の機関との間の訴訟は別主体間の争いであって形式的には自己訴訟には当たらないようにも思われるが，一般にはこのような訴訟も自己訴訟に含めて理解されている26)。

この点に関連して，ある処分について不服申立てがなされた場合の審査庁と原処分庁との間の関係が問題とされたケースが，居住空間割当ての決定に関する一連の裁判例である。戦後の住宅不足下において，当時の法律は，居住空間に余裕のある住宅の所有者に対して，余剰居住空間を住宅困窮者に使用させることを住宅局（Wohnungsamt）が命ずる仕組みを定めた上で，住宅局によるこの原処分に不服のある利害関係人（Betroffenen）は調停署（Schlichtungsstelle）に対して異議申立てができるとされ，さらにその異議申立てに係る調停署の決定に対しても，不服のある利害関係人は裁決署（Spruchsstelle）に対して審査請求ができると規定されていた。このような仕組みのもとで，例えば原処分を取り消す調停署の決定に対して住宅局が審査請求をすることができるか，あるいは，調停署の決定を取り消す裁決署の裁決に対して調停署が取消訴訟を提起することができるか，といった点がしばしば争点となったのである。この論点については見解が分かれており，例えばノルトライン＝ヴェストファーレン州の上級行政裁判所は，調停署の審理手続が裁判類似のものであることから，調停署の個別の判断に対しては監督庁の監督が及ばないと指摘し27)，当該手続の一方当事者である住宅局は，判決に対する上訴と同様に，裁決署への審査請求ができるとしている28)。これに

---

25) BVerwG, Beschl. v. 28. 12. 1957, BVerwGE 6, 101 [102 f.]. なお，BVerwG, Urteil v. 11. 3. 1970, DöV 1970, 605 は，その例外を挙げる。また，このような判例を批判するのは，山本・前出註3）367頁。
26) 例えば，*Rasch*, a. a. O. (Anm. 7), S. 29 f. は，同一主体間の自己訴訟を狭義の自己訴訟と呼び，別主体の機関間でのそれを広義の自己訴訟と呼んで区別する。他方，*Hoffmann*, a. a. O. (Anm. 22), S. 326 は，原告と被告とがそれぞれ別の行政主体に属している場合には，形式的に自己訴訟には当たらないとしてその適法性を認める。
27) OVG Münster, Bescheid v. 13. 10. 1949, DV 1950, 114; OVG Münster, Bescheid v. 31. 10. 1949, DöV 1950, 154.

対して，住宅局の事務が州からの指図事務であるため住宅局・調停署・裁決署がヒエラルキーの関係にあり一体（Einheit）をなすものであること[29]や権利侵害が認められないことなどから，審査請求や訴訟を否定する裁判例もある[30]。連邦行政裁判所も，居住空間割当てに関する事件についてではないが，審査庁は原処分庁との関係では「機能的に上位にある（funktionell übergeordnet）」として，原則的にはそのような関係にある両者の間での訴訟を認めていない[31]。

 4 次に，当事者間に上下関係があるのではなく，両当事者に共通する上級行政機関が存在し，当該上級行政機関の指示（Weisung）により行政内部において当事者間の紛争解決がなされうるという場合がある。このような場合も，権利ないしは権利侵害がないとして[32]，あるいは権利保護の利益に欠けるとして[33]，機関訴訟を認めないとする見解が多数説である[34]。

 そして，連邦行政裁判所も，初めて自己訴訟に言及した1955年の判決において以上のような考え方に近い立場を示す。本件は，私人Zが負担調整法（Lastenausgleichsgesetz）に基づいておこなった戦時損害の補償申請に対して，州の調整局（Landesausgleichsamt）が拒否処分をし，Zからの不服申立ても容れられなかったため，補償財源である連邦の特定財産として同法が定めていた負担調整

---

28) ただし，可能とされたのは審査請求だけであり，訴訟の提起は認められない（OVG Münster, Bescheid v. 9. 10. 1950, MDR 1951, 444＝OVGE 4, 2）。なお，訴訟も認める立場として，*Haas*, a. a. O. (Anm. 22), S. 171.
29) 住宅局と調停署との関係については，BGH, Urteil v. 6. 10. 1955, MDR 1956, 410 も参照。
30) LVG Aurich, Urteil v. 17. 12. 1948, DV 1949, 164＝MDR 1949, 190＝VerwRspr 1, 232; LVG Hannover, Beschl. v. 28. 1. 1949, DV 1949, 412; LVG Hannover, Urteil v. 14. 9. 1949, DV 1950, 94 ＝DöV 1950, 59; OVG Lüneburg, Urteil v. 29. 9. 1949, DV 1949, 112＝VerwRspr 3, 37. また，同様の立場を示すものとして，*Sieveking*, Friedrich B.: Die Verwaltungsgerichtsbarkeit auf Grund der Verordnung Nr. 141 und 165 der Britischen Militärregierung, MDR 1948, S. 317; *Voigt*: Aus der Praxis der Verwaltungsgerichte im Lande Niedersachsen, DV 1949, S. 202 f.; *Bergbohm*: Tätigkeitsberichte einer Schlichtungsstelle für Wohnungsangelegenheiten, DVBl 1950, S. 779 f.
31) II 5 で後述する BVerwG, Urteil v. 21. 6. 1974, BVerwGE 45, 207 [211].
32) *Kisker*, Gunter: Insichprozeß und Einheit der Verwaltung, 1968, S. 42; *Bleutge*, a. a. O. (Anm. 22), S. 89; *Herbert*, a. a. O. (Anm. 23), S. 111; *Wahl/Schütz*, a. a. O. (Anm. 23), S. 49 (Rn. 102).
33) *Lorenz*, Dieter: Verwaltungsprozeßrecht, 2000, S. 419 f. (Rn. 34). もっとも，このような見解に対しては，訴訟による紛争解決と上級行政機関による紛争解決とを同視することはできないとする批判があり（*Kisker*, a. a. O. (Anm. 32), S. 41 f. さらに参照，*Groß*, a. a. O. (Anm. 23), S. 317)，本註の冒頭に挙げたロレンツも，かつてはこの批判説に与していた（*Lorenz*, a. a. O. (Anm. 4), S. 336-338)。
34) *Bethge*, a. a. O. (Anm. 5), S. 314 も基本的には同旨だが，上級行政機関が紛争解決を義務付けられている場合に限定する。

基金の管理者たる負担調整基金利益代表（der Vertreter der Interessen des Ausgleichsfonds）が，州調整局を被告として当該拒否処分を争った事案である。この判決の中で連邦行政裁判所は次のように述べている。

「負担調整法は，それ自体としては行政裁判にふさわしくない（nicht gemäß）『自己訴訟』すなわち同一の監督審級に服する二当事者間の行政法上の争訟が生じることを受け入れている。もっとも，裁判所の任務に適しないこの仕組みはできる限り用いられないことが望ましいのではあるが。」[35]

このように連邦行政裁判所は，自己訴訟を「同一の監督審級に服する二当事者間の行政法上の争訟」と定義する[36]。本件では，補償給付の決定の事務は負担調整法において連邦から州へ委任された指図事務とされていたため，被告たる州調整局は連邦調整局長の指示に拘束され（基本法85条3項および120a条1項参照），また，原告たる負担調整基金利益代表に対しても連邦の監督が及ぶものであったため，まさに原告と被告とが「同一の監督審級に服する」構造になっていた[37]。判決は，このような自己訴訟が裁判所にとって一般的には「ふさわしくない」あるいは「適しない」ものであることは認めつつ，本件では，当時の負担調整法322条において，「法的手段を申し立てる（Rechtsmittel einzulegen）」権限が負担調整基金利益代表に認められていたことから，法律上，自己訴訟が許容されているものと解している。したがってこの判決は，自己訴訟について連邦行政裁判所なりの定義を示してはいるが，本件における自己訴訟の適法性を個別法の規定を手がかりにして導いたものと解される。

とはいえこの判決からも，少なくとも，当事者が共通の上級行政機関に服する場合には自己訴訟を不適法なものとする連邦行政裁判所の姿勢はうかがうことができる。そして，この基本的な姿勢はその後も変わっておらず，例えば確認の訴えとして自己訴訟が提起された事案においては，原告と被告とに共通する上級の決定機関が存在する場合には確認の利益がないと判断されている[38]。

---

35) BVerwG, Urteil v. 13. 6. 1955, BVerwGE 2, 147 [149].
36) Koehler, a. a. O. (Anm. 7), S. 462 にいう広義の自己訴訟がこれに当たる。また，Rottenwallner, Thomas: Der verwaltungsrechtliche Organstreit, VerwArch 105 (2014), S. 217 u. S. 227 もおそらくは同様に考えている。このような狭い定義を批判するものとして，Kisker, a. a. O. (Anm. 32), S. 41 Fn. 106.
37) BVerwG, Urteil v. 13. 6. 1955, BVerwGE 2, 147 [148 f.].
38) BVerwG, Beschl. v. 6. 11. 1991, NJW 1992, 927 = DöV 1992, 265.

5 ここまでは，自己訴訟の可否について概ね争いはない。しかし，次に問題になるのは，原告と被告とが同一の上級行政庁に服していない場合である。とりわけ実際に争われたのは，公共団体の機関でありながら，当該公共団体の長の指揮監督を受けない独立型の委員会の決定に対して，それを違法だと考える公共団体ないしはその長が訴訟を提起するケースである。このような場合，原告と被告とがいずれも同一の公共団体（の機関）でありながら，共通の上級行政機関を欠いているため，行政内部における紛争解決が期待できない。それゆえ，自己訴訟を認めて裁判所における紛争解決を図る必要性が高いのである。このような必要性を重視して，例えばハースは，ヒエラルキー型官庁構造が採用されていない独立型の委員会に係る紛争については行政の単一性が妥当しないことを理由に[39]，自己訴訟を認めるべきことを強く主張していた[40]。そして，1950 年頃からは各州の裁判所においても，指示に拘束されない独立委員会の決定については，当該委員会の属する行政主体やその主体に属する別の機関からの自己訴訟については，権利保護の利益を認めて適法とする判断が登場するようになったが[41]，なお評価は分かれていた[42]。ちなみに，独立委員会については，当時違憲説が有力に主張される中で[43]，自己訴訟を認めることによって初めて独立委員会が違憲性

---

39) 行政の単一性という表現は使わないものの，*Haueisen*, Fritz: Zur rechtlichen Qualifizierung des Rentenbescheids, NJW 1958, S. 443 f. も同旨である。

40) *Haas*, a. a. O. (Anm. 22), S. 136 u. S. 170 f.; *ders.*: Ausschüsse in der Verwaltung, VerwArch 49 (1958), S. 28 f. 独立委員会に係る自己訴訟に消極的な論者であっても，このような対応の必要性自体は認める (*Bleutge*, a. a. O. (Anm. 22), S. 89)。自己訴訟一般には否定的なルップですら，このような場合の自己訴訟には好意的な口吻を示している (*Rupp*, Hans Heinrich: Anmerkung zu: OVG Münster, Urteil v. 18. 12. 1957, NJW 1958, S. 756 f.)。

41) OVG Münster, Urteil v. 28. 11. 1952, DöV 1953, 570 = OVGE 6, 224 = NJW 1953, 1158 = MDR 1953, 378; LSG Schleswig, Urteil v. 15. 7. 1954, DöV 1955, 59. また，連邦の上級審レベルの判決として，BSG, Urteil v. 10. 12. 1957, BSGE 6, 180 [183 f.]。

42) 例えば，前註の 1952 年の判決につき，賛成するものとして，*Haueisen*, a. a. O. (Anm. 8), S. 571，反対するものとして，*Loppuch*: Anmerkung zu: OVG Münster, Urteil v. 28. 11. 1952, NJW 1953, S. 1158; *Turegg*, a. a. O. (Anm. 15), S. 1647. そのほか，独立委員会に係る自己訴訟を認める見解として，*Menger*, Christian-Friedrich: Höchstrichterliche Rechtsprechung zum Verwaltungsrecht, VerwArch 49 (1958), S. 184 f.; *ders.*: Höchstrichterliche Rechtsprechung zum Verwaltungsrecht, VerwArch 55 (1964), S. 287. おそらくは，*Redeker*, Konrad/*Oertzen*, Hans-Joachim von: Verwaltungsgerichtsordnung, 2. Aufl., 1965, S. 238 もその趣旨か。また，部分的に認める見解として，*Klein*, Eckart: Die verfassungsrechtliche Problematik des ministerialfreien Raumes, 1974, S. 54 f. 逆に，このような自己訴訟を認めない見解として，*Rasch*, a. a. O. (Anm. 7), S. 29 f.; *ders.*: Die staatliche Verwaltungsorganisation, 1967, S. 38. ベッターマンに至っては，独立委員会に係る自己訴訟を認めるようなことは「行政裁判所の倒錯 (Perversion)」であると批判する (*Bettermann*, Karl August: Das Verwaltungsverfahren, VVDStRL 17 (1959), S. 171 f.)。

を免れるとする見解もあったが44)，これに対しては批判もあり，また，いずれにせよ今日では，大臣の指示に服さない組織すべてが当然に違憲であるとは考えられていない45)。

そして独立委員会に係る自己訴訟については，連邦行政裁判所が1974年に判断を示す。先に見たように，連邦行政裁判所は，1955年において自己訴訟への否定的姿勢を示唆し，また，1969年に傍論ながら，自己訴訟は原則として禁じられる（grundsätzlichen Verbot des Insichprozesses）と判示していた46)。しかし，以下に見る1974年の判決においては，自己訴訟への謙抑的態度は維持しつつも，自己訴訟が一律に許されないわけではないとする。本件は，市の建築局（Bauamt）がおこなった拒否処分に対する名宛人からの不服申立てを，同じく市の機関であるものの市長からの監督を受けない市法務委員会（Stadtrechtsausschuß）が認容したため，市がその取消訴訟を提起した事案である47)。そのため，市の機関である法務委員会と市（を代表する市長）との間での自己訴訟の可否が争われた。判決において連邦行政裁判所は次のように述べる。

「たしかに，民事訴訟においては，法主体内での単一の意思形成という考え方から生ずる，『二当事者システム』という原則が妥当する。しかしこの原則は，行

---

43) ここで詳論する余裕はないが，本文で論じる独立型委員会のような，ヒエラルキー構造に組み込まれていない行政機関については，いわゆる「大臣から自由な空間（ministerialfreier Raum）」の問題の1つとして扱われ，議会に対して責任を負う大臣を頂点とする行政組織システム（Ministerialsystem）から逸脱した組織は，民主的正統性の観点から違憲であるという指摘がされていた（Loening, Hellmuth: Der ministerialfreie Raum in der Staatsverwaltung, DVBl 1954, S. 175 f.)。

44) *Loening*, a. a. O. (Anm. 43), S. 179; *Groeben*, von der: Mitwirkung von Ausschüssen in der staatlichen Verwaltung, VerwArch 49 (1958), S. 238; *Kisker*, a. a. O. (Anm. 32), S. 33; *Seebode*, Manfred: Anmerkung zu: BVerfG, Beschl. v. 20. 6. 1967, DVBl 1968, S. 178. また，*Löwer*, Wolfgang: Der Insichprozeß in der Verwaltungsgerichtsbarkeit, VerwArch, 68 (1977), S. 355 もそのような立場だが，彼は独立委員会自体がそもそも違憲ではないとする。

45) *Schmidt-Aßmann*, a. a. O. (Anm. 18), S. 241 (Rn. 5), S. 254 (Rn. 27) u. S. 257 (Rn. 35)（シュミット-アスマン・前出註18）243-244頁，256頁，259-260頁); *Loschelder*, Wolfgang: Weisungshierarchie und persönliche Verantwortung in der Exekutive, in: *Isensee*, Josef/*Kirchhof*, Paul (Hrsg.), Handbuch des Staatsrechts der Bundesrepublik Deutschland, Bd. 5, 3. Aufl., 2007, S. 418 (Rn. 22); *Burgi*, Martin: Verwaltungsorganisationsrecht, in: *Erichsen*, Hans-Uwe/*Ehlers*, Dirk (Hrsg.): Allgemeines Verwaltungsrecht, 14. Aufl., 2010, S. 295 f. (Rn. 47 f.). この論点に関する連邦憲法裁判所の判決を分析するものとして，太田匡彦「ドイツ連邦憲法裁判所における民主政的正統化（demokratische Legitimation）思考の展開」樋口陽一先生古稀『憲法論集』（創文社，2004年）335-346頁。

46) BVerwG, Urteil v. 14. 2. 1969, BVerwGE 31, 263 [267].

47) 本件については，別稿において触れたことがある（別稿（三）511-512頁）。

政訴訟に当然に転用されうるものではない。というのも，公法上の社団はたしかに法概念的には単一（Einheit）であるが，それが様々な機関に分化していることや官庁構造が水平的・垂直的であることに鑑みれば，また，公行政にある指示権能や指示からの自由の結果，そのような社団における意思形成の単一性には限界があるからである……。ここからしてすでに，一定の状況にあっては自己訴訟を許容する必要性が生じうる。もっとも，例えば，その決定が争われることとなる行政部署（Verwaltungsstelle）が指示から自由であることに鑑みて，そのような必要性から直接に『自己訴訟』の許容性を導くことはできない。立法者がその必要性を考慮して自己訴訟を明示的に規定するか，あるいは，官庁が争っている決定によって法の担い手（あるいは場合によっては当該官庁）の権利侵害がありえるということがそれぞれに関係する諸規定の解釈によって確かめられる場合に，初めてそれが許容されるのである。」[48]

このように連邦行政裁判所は，一般論としては自己訴訟を適法に提起する余地を認めるのであるが，しかし，委員会の独立性のみでは自己訴訟を適法とするには足りず，訴訟要件を満たさなければならないとした上で，取消訴訟であれば，特別に訴訟を認める規定がない限り，行政裁判所法42条2項の権利侵害の要件が問題となる[49]。そして，本件について判決は，以下のような3つの観点から権利侵害の可能性を検討し，結論としては原告たる市の権利侵害は生じえないとして訴えを却下している。第1に，原告たる市の自治権侵害が認められる余地はあるか。もし本件の建築許可に係る事務が市の自治事務で，裁決庁が例えば州の機関であれば，州の裁決庁の決定による市の自治権侵害を肯定することができる。しかし，本件では裁決庁が市自身の機関である上に，そもそも本件の建築許可に係る事務は州から委任された事務であるから，自治権侵害は生じえない[50]。第2に，建築法典によれば建築許可処分の際には市の同意が必要とされる場合があり，このような市の協働権（Mitwirkungsrecht）が侵害されるのであれば，それは原告適格を根拠づける。しかし，その建築法典の規定は，建築許可を出す処分庁が市自身の機関である場合には適用されないと解されるため，本件では市には協働権が認められない[51]。最後に，市が有する計画高権（Planungshoheit）の侵害を考え

---

48) BVerwG, Urteil v. 21. 6. 1974, BVerwGE 45, 207 [209 f.].
49) BVerwG, Urteil v. 21. 6. 1974, BVerwGE 45, 207 [210].
50) BVerwG, Urteil v. 21. 6. 1974, BVerwGE 45, 207 [210-212].
51) BVerwG, Urteil v. 21. 6. 1974, BVerwGE 45, 207 [212-214].

ることはできないか。しかし，この点も，連邦行政裁判所は，「原告〔市〕は，自らの機関が法律の権限内でおこなった決定を，自らの決定として自らに帰属させなくてはならないのであるから，自らの機関によって自らの権利を侵害されることはありえない」と述べ，権利侵害の可能性を否定した[52]。

　以上の判示から分かるように，連邦行政裁判所は，行政裁判所法42条2項の権利侵害の可能性[53]については極めて消極的である。すなわち，以上の判示からすれば，処分庁が独立性のある委員会であるため同一の主体に属する他の機関の指揮監督が及ばない場合であっても，市とは別の主体による関与があって初めて権利侵害の可能性が出てくるにとどまり，結局のところ同一主体内での機関間では権利侵害は想定できないとしているに等しいからである。そして，この判決を踏まえて，学説も，独立委員会の決定について，権利ないしは権利侵害がないことを理由に自己訴訟を否定する見解が通説となっていく[54]。

　6　しかし，いかなる場合に権利侵害が認められるのかという点についてはなお不透明である[55]。そのことを示すのが，青少年有害図書連邦審査会（Bundesprüfstelle für jugendgefährdende Schriften）の決定に係る訴訟である。当時の青少年有害図書の頒布に関する法律は，一定の図書を青少年有害図書リストに登録する権限を青少年有害図書連邦審査会に委ね，その登録を申し立てる権限を連邦内務大臣と各州の青少年保護庁に認めていた。この仕組みのもとで，青少年保護庁に当たる州の内務大臣が，登録を申し立てたにもかかわらず同審査会に拒否されたことに対して登録の義務付けを請求した事案がある。連邦行政裁判所は，州内

52）　BVerwG, Urteil v. 21. 6. 1974, BVerwGE 45, 207 [214 f.].
53）　権利侵害の要件を必要とする判示に賛成するものとして，*Wahl/Schütz*, a. a. O.（Anm. 23），S. 49（Rn. 102）。また，権利の導出方法は独特であるが（別稿（二）192-195頁），*Hoppe*, Werner: Organstreitigkeiten vor den Verwaltungs- und Sozialgerichten, 1970, S. 234 f. も基本的に同様の発想である。
54）　例えば，*Kisker*, Gunter: Organe als Inhaber subjektiver Rechte – BverwGE 45, 207, JuS 1975, S. 709 f.（別稿（三）510-512頁参照）；*Schunck/De Clerck*, a. a. O.（Anm. 4），S. 386；*Bethge*, a. a. O.（Anm. 5），S. 313 f.（別稿（三）518頁参照）；*Schmitt Glaeser*, Walter: Verwaltungsprozeßrecht, 15. Aufl., 2000, S. 117（Rn. 169a）；*Redeker*, Konrad／*Oertzen*, Hans-Joachim von: Verwaltungsgerichtsordnung, 15. Aufl., 2010, S. 421（Rn. 8a）。さらに，このような場面について，同判決以前においてすでに利益の問題から権利を否定していた論者として，*Kisker*, a. a. O.（Anm. 32），S. 25 Fn. 64；*Bleutge*, a. a. O.（Anm. 22），S. 87 u. S. 90 f.（別稿（三）516-519頁参照）。
55）　1974年判決以前においても，自己訴訟を根拠づける権利を委員会の独立性のみから導くことに否定的であった論者もいたが，ではいかなる場合に権利が認められるかという点については十分な説明をしていない（*Bleutge*, a. a. O.（Anm. 22），S. 90 f.）。

務大臣に登録の申立権が与えられているとしても，同大臣が訴訟において主張する利益は個人的利益とはいえず，行政裁判所法42条2項の権利侵害の要件を満たさないとして訴えを却下した[56]。加えて，このような訴えを認めてしまうと，青少年有害図書連邦審査会が大臣の指示に拘束されない独立委員会として設置された趣旨に反することになるとしている[57]。ただし，この判決に対しては学説からの批判が強く，排他的申立権が原告適格の根拠とされるべきであること，また，上級庁の指示に拘束されることと裁判所の判決で処分が取り消されうることとは別の問題であることなどが指摘されている[58]。さらに，この判決は，審査会の決定の実体的違法性を争う場合には以上のように原告適格を認めないが，手続的違法性を主張して争う場合には原告適格が認められるとしており[59]，実際そのような訴訟を認めた判決も存在する[60]。このように，判例においても，自己訴訟に係る原告適格を根拠づける権利の根拠は明確ではなく，どのような場面で権利が認められるのかが明らかではない。

7　ただ，自己訴訟を認める根拠となる権利が比較的認められやすい場合がある。それは，いわゆる国庫（Fiskus）が当事者（または参加人）となる訴訟である。典型的には，財産権の主体である国庫としての公共団体に対して高権的主体としての公共団体が処分をおこない，これに対して国庫としての公共団体が取消訴訟を提起するような場合である。

このような国庫型の自己訴訟については，国庫としての公共団体を高権主体としての公共団体から独立したものと考え，それを私人に準えて扱うことが容易であるため[61]，ほぼ一貫してその適法性が認められており[62]，今日ではほとんど

---

56) BVerwG, Urteil v. 6. 10. 1964, BVerwGE 19, 269 [270-273].
57) BVerwG, Urteil v. 6. 10. 1964, BVerwGE 19, 269 [273 f.]. 同判決の結論も含め，以上のような見解に賛成するものとして，*Borck*, Jürgen: Anmerkung zu: BVerwG, Urteil v. 6. 10. 1964, NJW 1965, S. 600 f.; *Löwer*, a. a. O.（Anm. 44），S. 356. また，同判決以前の見解であるが，*Maetzel*, Wolf Bogumil: Jugendschutz und Geistesfreiheit, MDR 1955, S. 264.
58) *Ule*, Carl Hermann: Anmerkung zu: BVerwG, Urteil v. 6. 10. 1964, DVBl 1965, S. 580; *Menger*, Christian-Friedrich/*Erichsen*, Hans-Uwe: Höchstrichterliche Rechtsprechung zum Verwaltungsrecht, VerwArch 57（1966），S. 76-78. また，同判決以前には，そのような義務付け訴訟を認めた裁判例もあった（OVG Münster, Bescheid v. 18. 11. 1958, OVGE 14, 185）。逆に，この連邦行政裁判所の判決以前に，青少年有害図書連邦審査会に関して自己訴訟を否定していた見解として，*Bleutge*, a. a. O.（Anm. 22），S. 91.
59) BVerwG, Urteil v. 6. 10. 1964, BVerwGE 19, 269 [275].
60) BVerwG, Urteil v. 11. 10. 1967, BVerwGE 28, 63 [64 f.].
61) 例えば，*Leonhard*, Oskar: Der bayerische Fiskalprozeß, JZ 1951, S. 40; *Maetzel*, a. a. O.

問題とはされない。
　ただし，国庫が提起する自己訴訟であっても，当事者が指示に服する関係にある場合には，4 で述べたことが当てはまるとされている[63]。すなわち，連邦行政裁判所は，1996 年の判決において，次のような判断をしている。本件は，もともと Z が所有していた土地を法律に基づいて市が所有することとなったが，それに伴う補償を Z が市に対して請求し，市の機関である未解決財産問題規律局が Z の補償請求権を確定する決定をしたため，補償の支払義務を負うこととなった同市の法務局がこの決定の取消しを求めた事案である。連邦行政裁判所は，本件における市の財産権が（基本法 14 条の保護の対象にはならないものの）行政裁判所法 42 条 2 項にいう権利として原告適格を根拠づけるとしたが，処分庁と法務局とがいずれも市長のもとにあって独立性を有しないことから権利保護の利益がないと判示している[64]。

　　(Anm. 57), S. 264; *Daumann*, Hans: Zur Frage der Beiladung des Staates in Anfechtungssachen, BayVBl 1957, S. 350; *Kilian*, Peter: Anmerkung zu: OVG Berlin Urteil v. 6. 5. 1963, DVBl 1964, S. 85; *Geßler*, a. a. O. (Anm. 4), S. 891 f.; *Wahl/Schütz*, a. a. O. (Anm. 23), S. 49 (Rn. 102). また，*Hoffmann*, a. a. O. (Anm. 22), S. 327-329 はこのことから国庫の権利侵害を明言する。さらに VGH München, Urteil v. 15. 9. 1965, BayVBl 1966, 137 は，ボン基本法 19 条 4 項の適用さえ認めるが（*Kilian*, a. a. O., S. 85 も同旨），この点については反対する立場もある（OVG Koblenz, Urteil v. 20. 11. 1969, AS 11, 245 = VerwRspr 21, 632; *Lorenz*, a. a. O. (Anm. 4), S. 326-328; *Löwer*, a. a. O. (Anm. 44), S. 346 f.)。

　62)　VGH München, Beschl. v. 22. 1. 1960, BayVBl 1960, S. 388; OVG Berlin, Beschl. v. 3. 2. 1961, OVGE Bln 7, 15; VGH München, Urteil v. 20. 3. 1963, DöV 1963, 585 = NJW 1964, 218 = BayVBl 1964, 218 = VerwRspr 16, 60 = BayOVGE n. F. 16, 21; OVG Koblenz, Urteil v. 20. 11. 1969, AS 11, 245 = VerwRspr 21, 632; *Leonhard*, a. a. O. (Anm. 61), S. 40 f.; *Haas*, Diether: Nochmals: Verwaltungsstreit zwischen Behörden des gleichen Rechtsträgers (Insichprozess), DöV 1954, S. 113; *Hoffmann*, a. a. O. (Anm. 22), S. 326-329; *Keilpflug*, Wolfgang: Die richtige Vertretungsbehörde im Insichprozeß, BayVBl 1964, S. 148 f.; *Lorenz*, a. a. O. (Anm. 4), S. 323. また，「法律の定める裁判官」について規定するボン基本法 101 条 1 項違反を，国庫が憲法訴願において主張できるとした憲法裁判所の判決もある（BVerfG, Urteil v. 16. 1. 1957, BVerfGE 6, 45 [49 f.]）。

　63)　*Hoffmann*, a. a. O. (Anm. 22), S. 327 f.; *Kisker*, a. a. O. (Anm. 32), S. 51-55. この観点から国庫型の自己訴訟を不適法とするものとして，*Bauer*, Wilhelm: Die Beiladung nach dem Gesetz über die Verwaltungsgerichtsbarkeit der amerikanisch besetzten Zone Deutschlands, DöV 1949, S. 192; *Löwer*, a. a. O. (Anm. 44), S. 347-351. しかし，山本・前出註 3) 369 頁はこのような考え方を批判し，以下で見る連邦行政裁判所の判決についても，おそらくは国庫からの訴えではないものとして整理する（同 373 頁註 38）。同様に，国庫型の自己訴訟について共通上級機関があっても訴訟を認める少数説として，*Geßler*, a. a. O. (Anm. 4), S. 893.

　64)　BVerwG, Urteil v. 28. 3. 1996, BVerwGE 101, 47 [48-50].

III 機関訴訟との関係

さて,以上見てきたような自己訴訟は,機関訴訟とどう異なるのか。Iで指摘したように,機関訴訟も自己訴訟も原則としては同一の公共団体の内部での紛争である点に違いはない。そのため,機関訴訟は自己訴訟に含まれるとする見解も多い[65]。しかし両者の間に,傾向としての違いがないわけではない。

まず,争われている対象を見れば,自己訴訟の対象となるのは通常いわゆる処分であり,その違法性が典型的には取消訴訟で争われる[66]。これに対して,別稿ですでに論じたように,機関訴訟において争われるのは主として議会の意思決定——それが処分であることはありうるが——過程における内部的な行為であり,そのため通常は,取消訴訟以外の訴訟形態で争われる[67]。この点は,機関訴訟と自己訴訟との異同を検討し,両者は排他的な概念であるとしたレヴァーにおいて明確にされている[68]。すなわち彼によれば,地方公共団体組織訴訟を含む機関訴訟は,権力分立を典型とするチェック・アンド・バランスの仕組みを背景に,利害関係者の多様な利害関係を単一の意思にまとめあげていく手続すなわち機能遂行(Funktionsablauf)の遵守を確保するための訴訟であるのに対して[69],自己訴訟とは,行政機関の決定の実体について行政自身が訴訟を提起するという

---

65) *Koehler*, a. a. O. (Anm. 7), S. 463; *Kisker*, a. a. O. (Anm. 32), S. 17-22; *Stern*, Klaus/*Bethge*, Herbert: Die Rechtsstellung des Intendanten der öffentlich-rechtlichen Rundfunkanstalten, 1972, S. 93 f.; *Bethge*, a. a. O. (Anm. 5), S. 314; *Krebs*, Walter: Grundfragen des verwaltungsrechtlichen Organstreits, Jura 1981, S. 580 insb. Fn. 124; *Herbert*, a. a. O. (Anm. 23), S. 109; *Schwarplys*, Judith: Die allgemeine Gestaltungsklage als Rechtsschutzform gegen verwaltungsinterne Regelungen, 1996, S. 19 Fn. 17; *Roth*, Wolfgang: Verwaltungsrechtliche Organstreitigkeiten, 2001, S. 91 f. 明示はしないが,結論的に同旨のものとして,*Bleutge*, a. a. O. (Anm. 22), S. 141 f.; *Hoppe*, a. a. O. (Anm. 53), S. 27 u. S. 233-235; *Klein*, a. a. O. (Anm. 42), S. 53 f.; *Heinrich*, Manfred: Verwaltungsgerichtliche Streitigkeiten im Hoschulinnenbereich, 1975, S. 25; *Schunck/De Clerck*, a. a. O. (Anm. 4), S. 385 f.; *Ule*, Carl Hermann: Verwaltungsprozessrecht, 9. Aufl., 1987, S. 209; *Oldiges*, a. a. O. (Anm. 16), S. 743.

66) ただし,*Lorenz*, a. a. O. (Anm. 4), S. 334-336 は,自己訴訟の当事者間には服従関係がないので,その限りでは係争行為は行政行為たりえないから,訴訟形式としては給付または確認の訴えによるべきであり,そうすることで利益処分の名宛人も保護されるとする。

67) 別稿(一)132-133頁。ただし,地方公共団体組織訴訟において行政行為の取消訴訟が適法とされたケースについて,*Greim*, Jeanine/*Michl*, Fabian: Kommunalverfassungsrechtliche Drittanfechtung?, NVwZ 2013, S. 775 f.

68) *Löwer*, a. a. O. (Anm. 44), S. 332 f.

69) 地方公共団体組織訴訟について同様の指摘をするものとして,*Fehrmann*, Wilderich: Kommunalverwaltung und Verwaltungsgerichtsbarkeit, DöV 1983, S. 316.

形で行政による行政コントロールを意図する仕組みであるとされる。したがって，機関訴訟で争われるのは手続であり，それは手続に関する機関の権利という形で表れるのに対して，自己訴訟で争われるのは原則として行政機関の処分そのものの実体的違法性であるということになる[70]。

　加えて，自己訴訟と機関訴訟とを区別する論者においては，異なった概念を用いることにより，特に訴訟の適法性についての判断をいわば先取りすることが意図されているように思われる。すなわち，機関訴訟については，機関の権利を認めることでその適法性が容易に承認される一方，自己訴訟は，Ⅱで見たように，原則としてはむしろ不適法であることが前提とされ[71]，たとえ適法な自己訴訟なるものがありうるとしてもそれは例外的で限定された場合だけである，という形で論じられてきたのである。そこで，機関訴訟と自己訴訟とを区別することにより，前者は適法な訴訟であり，後者は不適法な訴訟であるという類型化に結びつけられていると考えられる[72]。例えば，ウレが，地方公共団体組織訴訟だけでなく国庫からの訴訟（Ⅱ7参照）も自己訴訟から除外しているのは[73]，自己訴訟を不適法な訴訟に限定しようとする意図をうかがわせる。また，ロレンツは，

---

70) *Löwer*, a. a. O. (Anm. 44), S. 334 f. ここまで丁寧な検討はしていなくとも，両者を区別して考える見解は多い。例えば，*Lorenz*, a. a. O. (Anm. 4), S. 309; *Tsatsos*, Dimitris Th: Der Verwaltungsrechtliche Organstreit, 1969, S. 16 f. u. S. 31; *Ewald*, Klaus: Zur Beteiligungsfähigkeit im Kommunalverfassungsstreitverfahren, DVBl 1970, S. 243 insb. Fn. 63; *Stettner*, Joachim; Die Beteiligten im Verwaltungsprozeß, JA 1982 S. 395 Anm. 6 u. Anm. 19; *Stettner*, Rupert: Grundfragen einer Kompetenzlehre, 1983, S. 69 u. S. 71; *Dolde*, Klaus-Peter: Die Beteiligungsfähigkeit im Verwaltungsprozeß (§ 61 VwGO), in: *Erichsen*, Hans-Uwe/*Hoppe*, Werner/*Mutius*, Albert von (Hrsg.): System des Verwaltungsgerichtlichen Rechtsschutzes (Festschrift für Christian-Friedrich Menger zum 70. Geburtstag), 1985, S. 435 Fn. 58; *Schmitt Glaeser*, a. a. O. (Anm. 54), S. 117 (Rn. 169a); *Wahl/Schütz*, a. a. O. (Anm. 23), S. 49 (Rn. 102); *Rottenwallner*, a. a. O. (Anm. 36), S. 217. おそらく，*Bleutge*, a. a. O. (Anm. 22), S. 85 f. も同旨か。

71) 例えば，前註35) および46) の2つの連邦行政裁判所の判決はそのように理解できる。同様に，*Ewald*, a. a. O. (Anm. 70), S. 243 insb. Fn. 63. これに対して，自己訴訟の概念の中に適法な自己訴訟を含めるものとして，*Lorenz*, a. a. O. (Anm. 4), S. 309; *Heinrich*, a. a. O. (Anm. 65), S. 24 Fn. 1 u. S. 26; *Bethge*, a. a. O. (Anm. 5), S. 314; *Püttner*, Günter: Organstreitverfahren, in: Bund Deutscher Verwaltungsrichter (Hrsg.): Dokumentation zum Sechsten Deutschen Verwaltungsrichtertag 1980, 1981, S. 132; *Stettner*, Rupert, a. a. O. (Anm. 70), S. 71; *Stern/Bethge*, a. a. O. (Anm. 65), S. 94; *Herbert*, a. a. O. (Anm. 23), S. 109; *Roth*, a. a. O. (Anm. 65), S. 92. *Tsatsos*, a. a. O. (Anm. 70), S. 31 もその趣旨か。

72) Vgl., *Heinrich*, a. a. O. (Anm. 65), S. 25 Fn. 8. 逆に言えば，適法な自己訴訟と不適法な自己訴訟とをいずれも自己訴訟の概念に含めてしまうと，概念自体の意義が失われることになる (*Bethge*, a. a. O. (Anm. 5), S. 313)。

73) *Ule*, a. a. O. (Anm. 65), S. 209.

Ⅰで定義を示したような自己訴訟をおそらくは広義の自己訴訟と理解してそこに機関訴訟を含める一方で[74]，Ⅱで検討したような，同一行政主体の官庁が当事者となる自己訴訟を，特に狭義の自己訴訟と呼んで区別しているが[75]，これも，狭義の自己訴訟の適法性が認められにくいことを考慮しての区別であるように思われる[76]。

Ⅳ おわりに

本稿を通じて検討してきたように，自己訴訟と機関訴訟とを比較した場合，少なくとも一般的には，それぞれが用いられる場面が異なり，かつ，訴訟が適法とされる可能性についても広狭の差異があるといえる（Ⅲ参照）。しかし，連邦行政裁判所が示しているように，訴訟の適法性の判断は，自己訴訟であってもやはり行政裁判所法42条2項にいう「権利」の存在が前提とされるのであり（Ⅱ5参照），この点は，機関訴訟の場合であっても変わらない。ただ，連邦行政裁判所の判決によって，権利の有無が論点とされた後も，いかなる場合であれば権利が認められるのかという点については必ずしも明確にはされていない（Ⅱ6参照）。

これに対して，機関訴訟の場面で問題となる機関の権利については，それが認められることを前提に，ではどのような理論的説明によってそれを根拠づけるのか，という点が一貫した学説の関心事であった[77]。したがって，機関訴訟における権利と自己訴訟における権利とを共通にとらえるのであれば，これまで展開されてきた機関の権利論を自己訴訟の場面にも適用することも考えられる[78]。ただし，その場合には，機関の権利の根拠づけも機関の利益の有無との関連で議論はなお途上にあることに留意しなくてはならないであろう[79]。

---

74) *Lorenz*, a. a. O. (Anm. 33), S. 409 f. (Rn. 1-3) u. S. 417-419 (Rn. 26-31).
75) *Lorenz*, a. a. O. (Anm. 33), S. 419 (Rn. 32). なお，以前のロレンツは，機関訴訟を自己訴訟から除くような説明をする一方で（*Lorenz*, a. a. O. (Anm. 4), S. 309），憲法上の機関訴訟についてはそれを「自己訴訟」と呼ぶことを許容している（S. 312）など，両者の異同が明瞭ではなかった（*Hoppe*, a. a. O. (Anm. 53), S. 27 Fn. 8 の指摘も参照）。
76) Vgl., *Lorenz*, a. a. O. (Anm. 33), S. 411 (Rn. 6) u. S. 415 (Rn. 20). 以上については，さらに西上・前出註3) 720頁も参照。
77) 総括的に，別稿（三）522頁。
78) 前註65) に掲げた論者は，機関訴訟を自己訴訟に含めるため，必然的に機関訴訟における権利と自己訴訟における権利とを共通の形で判断することになる。
79) 別稿（三）522-524頁。

行訴法4条前段の訴訟（いわゆる形式的当事者訴訟）について
―― 土地収用法における損失補償訴訟の分析

中 川 丈 久

- I　はじめに
- II　関係規定の整理
- III　収用委員会裁決の処分性
- IV　損失補償訴訟の構造
- V　諸種の見解
- VI　類似の立法例
- VII　おわりに

I　はじめに

　行政事件訴訟法4条は当事者訴訟を定義するにあたり，その前段と後段で，ふたつのカテゴリーを区別している。後段の「公法上の法律関係に関する確認の訴えその他の公法上の法律関係に関する訴訟」は，平成16年の行訴法改正を契機として，広く活用されるようになったものである。前段の訴えと区別するために，しばしば「実質的当事者訴訟」とも呼ばれている。

　その陰に隠れたかのように，平成16年改正前と変わらずひっそりとした佇まいを見せているのが，行訴法4条前段の当事者訴訟である。「当事者間の法律関係を確認し又は形成する処分又は裁決に関する訴訟で法令の規定によりその法律関係の当事者の一方を被告とするもの」と定義されているこの訴えをどのように理解するかについては，とくに土地収用法133条2項および3項が規定する訴訟（以下，「133条損失補償訴訟」と呼ぶ）を素材として，実務および学説で議論が交わ

されてきたところである。

すなわちその性質を「形式的当事者訴訟」である――「実質的」には抗告訴訟である――と考える立場（その結果，請求認容にあたっては裁決取消しや裁決変更の判決主文が必要であるとするいわゆる形成訴訟説に結びつきやすい）と，ごく普通の当事者訴訟である――「実質的」に当事者訴訟である――とする立場（その結果，請求認容判決は単に給付や確認の判決主文だけあればよいとするいわゆる給付確認訴訟説に結びつきやすい）の両方が主張されてきた。なお，「形式的当事者訴訟」という語を，単に行訴法4条前段の訴訟の通称という程度の意味で使うことも多く，その場合は，形式的当事者訴訟といいつつ給付確認訴訟説をとることに何等矛盾はないことになる（本稿のタイトルもそうした通称的使用例である）。

最高裁はどちらのタイプの請求の趣旨であっても訴えを受け付けており[1]，かつ，そのような実務上の取扱いは極めて適切であると考えられる[2]。そのためか，近時は上記のどちらの立場が正しい理解であるかについての関心そのものが薄れている感がある。

しかし，行訴法4条前段の立法例とされるものが少なくないことは，昭和37年の行訴法制定当時から指摘されており[3]，現在でも増え続けている（電気事業法33条など）。133条損失補償訴訟のような規定は，旧憲法下の土地収用法制からすでに存在しており，これは経済規制に止まらない財産権制約――所有権調整[4]――に踏み込む立法をするにあたり，非常に重要な訴訟方法である。また私法の世界では，家事審判や労働審判が活発に使われているが，これは私人間の紛争について，当事者間で協議等が調わないときに審判を申し立てることとし，当事者がその審判に不服であるならば，当該当事者間の裁判に移行するという制度

---

1) 司法研修所編『改訂 行政事件訴訟の一般的問題に関する実務的研究』（法曹会，2000年）326-328頁。
2) 阿部泰隆「訴訟形式訴訟対象判定困難事例の解決策」同『行政救済の実効性』（弘文堂，1985年〔初出1976年〕）1頁，15-17頁，司法研修所編・前出注1) 328頁など。
3) 昭和37年の行訴法制定時に，「最近の立法例を見るに，公定力のある処分のうち損失補償金額等に関する訴えを，特に取消訴訟の形態を避けて，その処分の効果の法律関係の実質上の当事者を訴訟当事者として，その法律関係を争う訴訟形態によらしめるものが次第に多くなりつつある」と指摘されている。杉本良吉「行政事件訴訟法の解説（一）」自治研究15巻3号（1963年）356頁，377頁。
4) 規制（経済的規制・社会的規制）と所有権調整の違いについて，中川丈久「行政法における法の実現」佐伯仁志編『岩波講座・現代法の動態第2巻――法の実現手法』（岩波書店，2014年）111頁，128-131頁を参照。

である。行訴法4条前段の立法例と類似するところがあり，両者間の異同に関心が持たれるところである。類似の制度としては，さらに，公害紛争処理法による公害等調整委員会の責任裁定について，「裁定書の正本が当事者に送達された日から30日以内に当該責任裁定に係る損害賠償に関する訴えが提起されないとき，又はその訴えが取り下げられたときは，その損害賠償に関し，当事者間に当該責任裁定と同一の内容の合意が成立したものとみなす」（公害紛争処理法42条の20）と規定されていることも想起されよう。

それゆえ，行訴法4条前段の当事者訴訟がいかなる構造の訴えであるのか——判決主文（請求の趣旨）はどのようなものであり，訴訟物はなにで本案審理はどのように進められるべきか——，なぜそのような構造の訴えが採用されたのかを明確にしておくことが，今なお重要な課題であると考えられる。本稿ではその課題にアプローチする方法として，行訴法4条前段規定それ自体の解釈論をするのではなく，その立法例とされる個別法の訴訟規定の分析を通じて，いわば帰納的に行訴法4条前段の訴訟構造を描き出すことにする。立法例は数多いので，手始めとして，最も著名な土地収用法133条2項および3項の訴えだけを取り上げる。

本稿で得られた結論のひとつは，従来の多くの学説が指摘してきたとおり，133条損失補償訴訟は給付確認の訴えと解されるべきであるということである。すなわち，収用委員会裁決の前置主義と出訴期間という2つの手続的規律がかかる点を除けば，補償金の支払や返還を命じたり現物補償を命じたりする給付判決や，債務不存在の確認判決を求める訴えである。判決主文において，収用委員会の裁決の取消しや変更をする必要はない。上記の手続的規律がかかる点を除けば，名取川砂利採取事件の最大判昭和43年11月27日刑集22巻12号1402頁がいう「その損失を具体的に主張立証して，別途，直接憲法29条3項を根拠にして，補償請求をする」訴えや，下水道法11条4項が定める「前項の規定により他人の土地を使用した者は，当該使用により他人に損失を与えた場合においては，その者に対し，通常生ずべき損失を補償しなければならない」という基準に基づいて提起される当事者訴訟（いずれも行訴法4条後段の当事者訴訟と解される）と，訴えの構造は同じである。

本稿のもうひとつの結論は，土地収用委員会の裁決に行政処分性を認めることと，133条損失補償訴訟が上記のように給付確認訴訟であると結論することは矛盾しないということである。ポイントとなるのは，"行政処分の当否を判決で決

することによって紛争を解決する"という抗告訴訟型の紛争解決モデルから頭を解放し，"行政処分と判決が相俟って紛争を解決する"という行政処分と当事者訴訟がいわば連携プレーをするモデルによって，収用委員会の裁決処分と133条損失補償訴訟の関係を捉えることである。

いうまでもなく通例的には，行政処分をめぐる紛争では処分庁自身が紛争の利害関係者であり（許認可や排除命令，課徴金納付命令など，行政処分の多くがそうである），紛争処理にあたって処分庁（その帰属する国・地方公共団体等）も当事者として関わる必要がある。そこでは抗告訴訟型の紛争処理モデルが有効である。しかしその一方で，処分庁が中立的裁定者であって，紛争に利害関係を有しない場合には，連携プレー型の紛争処理モデルこそが適切である。後者のモデルは，家事審判と抗告裁判所決定の関係，労働審判と訴訟判決の関係と，ある程度相似しており，私法の世界にも導入可能な仕組みであるように思われる。

こうした本稿の2つの結論から得られるインプリケーションは，133条損失補償訴訟がまさに行訴法4条後段（「公法上の法律関係に関する訴訟」）そのものであり，それから峻別されるべきいかなる特徴もないのに，果たして行訴法4条前段という独自のカテゴリーを設ける必要があるのかという疑念が生じることである（むろん本稿ではまだ133条損失補償訴訟しか検討していないという留保は付けられる）。

わたしは昭和37年制定の行訴法が規定した当事者訴訟と抗告訴訟の区別——その背景には抗告訴訟と当事者訴訟を異質な訴えとして峻別する立場（田中二郎＝雄川一郎の見解）がある——に対して，極めて批判的である。立法論のみならず解釈論としても，抗告訴訟は当事者訴訟の一部（典型的場面の括り出し）であるという関係で理解し直されるべきだと考えている[5]。その立場からすると，133条損失補償訴訟のような紛争処理モデルを素直に「公法上の法律関係に関する訴訟」（行訴法4条後段）に位置付けることができず，「処分又は裁決に関する訴訟」であるとして行訴法4条前段という特別のカテゴリーを設けたこと自体が，峻別論が内包する「抗告訴訟の排他的管轄」論の顕著な現れであり，不必要な概念作りであったと思われるのである[6]。

---

[5] 中川丈久「行政訴訟の基本構造(1)(2完)」民商法雑誌150巻1号（2015年）1頁，2号（2015年）171頁，中川丈久「行政訴訟の諸類型と相互関係」岡田正則ほか編『行政手続と行政救済（現代行政法講座2)』（日本評論社，2015年）71頁，中川丈久「抗告訴訟と当事者訴訟の概念小史——学説史の素描」行政法研究9号（2015年）1頁。これらの論稿で保留した部分の検討を行うのが本稿である。

以下，土地収用法の関係規定の整理をしたうえで，収用委員会の裁決の分析（収用裁決と補償裁決の区別，それぞれの処分性の説明），133条損失補償訴訟の分析（収用裁決や補償裁決との関係），これまでの諸見解や類似の立法例という順番で検討し，上記のふたつの結論を述べることとする。

II　関係規定の整理

1　収用委員会の裁決から133条損失補償訴訟への流れ

133条損失補償訴訟は，次のような手順を経て提起されるものである（以下，条数はとくに断らない限り，土地収用法のものを指す）。

土地収用法39条に基づき，起業者は収用委員会に対し，事業認定の告示日から1年以内に限り，同法47条の2が規定する「収用又は使用の裁決」を申請することができる。これは権利取得裁決と明渡裁決に分かれる（以下，単に「収用裁決」と呼ぶ）。

権利取得裁決は，収用または使用する「土地の区域」（使用する場合はその方法と期間も），土地等に対する「損失の補償」，「権利を取得し，又は消滅させる時期（以下「権利取得の時期」という。）」等を決定する裁決である（48条1項）。ただ，この権利取得裁決により「失つた権利に基づき当該土地を占有している者及びその承継人は，明渡裁決において定められる明渡しの期限までは，従前の用法に従い，その占有を継続することができる」（101条の2）とされているため，起業者が地権者等に立ち退きを求めるには，別途，明渡裁決を申し立てる必要がある。その申立てがあったとき，収用委員会は，権利取得裁決で裁決したものを除く「その他の損失の補償」，「土地若しくは物件の引渡し又は物件の移転の期限（以下「明渡しの期限」という。）」等について裁決する。これが明渡裁決である（49条1項）。

---

6)　行訴法4条前段訴訟について，田中二郎『新版行政法上巻〔全訂第2版〕』（弘文堂，1974年）358頁は，「その実質は処分又は裁決の効力を争う一種の取消訴訟ともいうべきもの」とし，雄川一郎『行政争訟法』（有斐閣，1957年）108頁は，「実質的には行政行為に対する不服の意味をもつ訴訟を形式上権利主体間の当事者訴訟たらしめる」ものと説明する。しかし本稿で述べるように，133条損失補償訴訟は，収用委員会の裁決を取り消したり変更したりする必要のないものである。にもかかわらず，この訴えを実質的に取消訴訟（抗告訴訟）だと性格付けるのは，行政処分への不服が関わるとすべてを「抗告訴訟の排他的管轄」に結び付けようとする思考ゆえではないかと考えられる。なお，「抗告訴訟の排他的管轄」と「取消訴訟の排他性」はまったく異なる概念として区別されるべきである。後出注14）を参照。

なお，収用裁決の代替として，起業者と地権者等の間の協議についての規定がある（116条〜121条）。また，地権者等は事業認定の告示後であれば権利取得裁決がなされる前であっても，起業者に土地等に対する「補償金」の支払を直接請求することができ（46条の2第1項），これを受けた起業者は，「2月以内に自己の見積りによる補償金を支払わなければならない」とされている（46条の4第1項）。

収用裁決（権利取得裁決と明渡裁決）で決定されるべき「損失の補償」の判断基準を定めているのが，土地収用法第6章第1節「収用又は使用に因る損失の補償」である。たとえば，「損失の補償は，金銭をもつてする」こと（補償金支払）が原則であるが，例外的に替地の提供その他の方法が認められる（70条）。また，収用する土地等に対する「補償金の額は，近傍類地の取引価格等を考慮して算定した事業の認定の告示の時における相当な価格に，権利取得裁決の時までの物価の変動に応ずる修正率を乗じて得た額とする」（71条），「収用し，又は使用する土地に物件があるときは，その物件の移転料を補償して，これを移転させなければならない」（77条），「権利取得裁決において替地による損失の補償の裁決をすることができる」（82条2項），「明渡裁決において工事の内容及び工事を完了すべき時期を定めて，工事の代行による損失の補償の裁決をすることができる」（84条2項）などといった規定が並んでいる。これらの条文の解釈適用によって収用委員会は，「損失の補償」を決定するのである。

「収用委員会の裁決」（133条1項）には，こうした収用裁決のほかにもうひとつ別の種類がある。測量調査，事業の廃止変更，いわゆるみぞかき工事という3つの場面についての「損失の補償及び補償をすべき時期」を決定する「補償の裁決」（94条）である（以下，単に「補償裁決」と呼ぶ）。起業者と，損失を受けた者との間に補償について協議が成立しないときに，いずれかの者から収用委員会に補償裁決をするよう申請することができるとされている（94条1項・2項）。

補償裁決で決定されるべき「損失の補償」の判断基準を定めているのが，土地収用法第6章第2節「測量，事業の廃止等に因る損失の補償」である。起業者は，土地の測量，調査等によって生じた損失（91条），起業者が事業廃止や変更をしたり，事業認定が失効したりする等によって土地所有者等に生じた損失（92条），土地の収用・使用によって隣接地等について必要となった通路，溝，垣等の新築等の工事費用という損失（93条）について補償しなければならない（補償金の支払

が主であるが，工事代行等も含まれる）。

133条損失補償訴訟は，収用裁決と補償裁決の双方に共通するものである。「収用委員会の裁決のうち損失の補償に関する訴えは，裁決書の正本の送達を受けた日から6月以内に提起しなければならない」（133条2項。これは収用裁決についての出訴期間であり，補償裁決については出訴期間が60日に短縮されている。94条9項），「前項の規定による訴えは，これを提起した者が起業者であるときは土地所有者又は関係人を，土地所有者又は関係人であるときは起業者を，それぞれ被告としなければならない」（同条3項）と定められている。

土地収用法133条2項が「損失の補償に関する訴え」と規定し，他の法律で見られるような補償金の増額や減額を求める訴えという規定振り（自然公園法65条，自衛隊法105条9項，農地法55条など）になっていないのは，土地収用法第6章が定める「損失の補償」が，補償金の支払や供託のみならず，替地の提供や工事代行など様々な方法を含むためである。

そして，収用裁決における「損失の補償」以外の項目について不服な者が提起するのが，133条1項の取消訴訟（被告は土地収用委員会の所属する都道府県）であり，これは行訴法3条2項の取消訴訟である。なお，133条損失補償訴訟との使い分けが曖昧な限界事例がある[7]。

2 収用裁決と補償裁決の違い

なぜ収用裁決と補償裁決が区別されているのかという観点から，関係規定をさらに検討しておこう。

収用裁決と補償裁決は，事前補償と事後補償という大きな違いがある[8]。

収用裁決では，権利取得裁決であれ明渡裁決であれ，いわゆる事前補償をすること（補償金であれば前払い，替地提供であれば事前提供）が求められている。すなわち，「起業者は，権利取得裁決において定められた権利取得の時期までに，権利取得裁決に係る補償金，加算金及び過怠金（以下「補償金等」という。）の払渡，替地の譲渡及び引渡又は第86条第2項の規定に基く宅地の造成をしなけれ

---

[7] 小澤道一『逐条解説 土地収用法（下）〔第三次改訂版〕』（ぎょうせい，2012年）692-697頁，712-717頁など参照。

[8] 高田賢造『新訂土地収用法』（日本評論社，1968年）275頁，393頁，小澤・前出注7) 414-415頁，478頁，宇賀克也『国家補償法』（有斐閣，1997年）473-476頁などを参照。

ばならない」(95条1項) と明記され，補償金等を受けるべき者がその受領を拒否したとき等において「起業者は，……権利取得の時期までに補償金等を供託することができる」(同条2項柱書)，替地を受けるべき者がその受領を拒否したとき等において，「起業者は，……権利取得の時期までに替地を供託することができる」(同条5項柱書) などと定められている。同様に，「起業者は，明渡裁決で定められた明渡しの期限までに，明渡裁決に係る補償金の払渡し，第85条第2項の規定に基づく物件の移転の代行又は第86条第2項の規定に基づく宅地の造成をしなければならない」(97条1項) と定められている。そして起業者がこうした「損失の補償」を行わないと，権利取得裁決や明渡裁決は「その効力を失う」(100条1項および2項)。

このようにして，起業者が事業意欲を失わない限りは，事前補償がなされるよう確保されているのである。

これに対して，補償裁決は，測量や事業廃止変更によって生じた損失，隣地等に必要となったみぞかき工事の費用について補償するものであるという性格上，原則として事後補償 (補償金であれば後払い) にならざるを得ない。それゆえ，補償裁決がされているにもかかわらず，起業者が補償を行わないという事態が生じうる。そこで土地収用法は，133条損失補償訴訟が提起されないときは，当該補償裁決をもって債務名義とみなす規定を置いて (94条10項)，実効性を確保している。

なお，このみなし規定の反対解釈として，補償裁決について133条損失補償訴訟が提起されるときは，補償裁決が債務名義とみなされないことになるであろう。その結果，133条損失補償訴訟が提起されたものの請求棄却判決となり，しかし起業者が補償裁決所定の補償金の支払をしないときどうするのかという問題がおきる。これは，補償裁決に処分性が認められるかどうかにかかっている (Ⅲで取り上げる)。

3 旧法との異同

以上の記述は，土地収用法 (昭和26年6月9日法律第219号) の昭和42年改正後の現行法に基づくものである。昭和26年に制定された土地収用法が昭和42年に改正される前は，権利取得裁決と明渡裁決の区別こそなかったものの，収用裁決の失効，補償裁決の債務名義性，収用裁決と協議，補償裁決と協議，133条損

失補償訴訟といった大枠は，現行法と同じように存在していた。

この大枠はさらに遡って，明治33年の土地収用法（昭和26年に廃止。以下，「明治33年法」ともいう）から引き継がれたものである。

明治33年法では，「収用審査会ノ裁決」（明治33年法23条）が現行法の収用裁決に，「地方長官ノ決定」（明治33年法59条）が現行法の補償裁決にあたる。そして，現行法101条（収用裁決の付随的効果として私権変動を定める規定。Ⅲ3を参照）に対応する条文があり（明治33年法63条），「収用審査会ノ裁決」と協議の関係も規定されている（明治33年法22条）。また，「収用審査会ノ裁決」の失効規定（明治33年法62条）が置かれていて事前補償が確保されている。「地方長官ノ決定」についても，事前協議が求められているが（明治33年法59条），債務名義とみなす旨の規定だけは置かれていない。

訴訟に関しては，「収用審査会ノ裁決」（現在の収用裁決に相当）につき，「収用審査会ノ違法裁決ニ由リ権利ヲ傷害セラレタリトスル者ハ行政裁判所ニ出訴スルコトヲ得」（明治33年法81条2項）と定める一方で，「収用審査会ノ裁決中補償金額ノ決定ニ対シテ不服アル者ハ通常裁判所ニ出訴スルコトヲ得」（明治33年法82条1項本文），「前項ノ訴訟ハ収用審査会ニ対シテ之ヲ提起スルコトヲ得ス」（明治33年法82条2項）とある。後者は現在の133条損失補償訴訟の前身とみられる。

そして，「地方長官ノ決定」（現在の補償裁決に相当）について，この通常裁判所（司法裁判所）への出訴規定と収用審査会を被告とすることができない旨の規定のふたつが準用されている（明治33年法82条3項）。行政裁判所への出訴規定を準用する旨の規定はない。

このように，本稿で取り上げる収用裁決・補償裁決と133条損失補償訴訟の関係は，明治33年法以来維持されてきた仕組みである。

Ⅲ 収用委員会裁決の処分性

1 行政処分の定義

ここで現行法に視線を戻して，収用裁決や補償裁決が，「損失の補償」の部分も含めて行政処分であることを確認しておこう。

処分性の定義として，現在でも判例準則としての地位を失っていないと考えられる最判昭和39年10月29日民集18巻8号1809頁によれば，行政処分とは，「行政庁の法令に基づく行為のすべてを意味するものではなく，公権力の主体た

る国または公共団体が行う行為のうち、その行為によつて、直接国民の権利義務を形成しまたはその範囲を確定することが法律上認められているもの」である。

最高裁判例が示すこの定義を、意味のかたまりに分解してみると、行政処分とは、(ア)私人に個別具体的に権利・義務・地位を生じさせる行為であって（法効果性＝直接的効果）、(イ)特定の組織が法令上与えられた判断権限の行使によってその法効果が生じること（権力性＝法令上の権限）、というふたつのパーツに分けて理解することができる[9]。そしてこの定義における(ア)の要素（法効果性）はいわゆる直接的効果を意味しているところ、それとは別に、行政処分の付随的効果——有効な行政処分の存在を法律要件（のひとつ）として法律上生じる法律効果——も観念することができる[10]。以上を踏まえて、収用裁決と補償裁決それぞれについて、その法効果（直接的効果）と付随的効果をみておこう。

2　補償裁決の処分性

まず、補償裁決のほうを先にみておく。これは「損失の補償及び補償をすべき時期」（94条8項）を定める裁決であるから、名宛人の一方（起業者）に、もう一方の名宛人（権利者）に対する同裁決所定の「損失の補償」（補償金の支払・工事代行等）をする義務を生じさせ、かつまた、その逆の権利を生じさせる行為である。補償裁決は、名宛人である起業者と権利者の間に債権債務関係——公法上の法律関係とされる損失補償の請求権と履行義務——を発生させるという法効果（直接的効果）を有するのである。

また、すでに述べたように、133条損失補償訴訟が提起されなかったときには、補償裁決は債務名義とみなされる（94条10項）。この条文は、補償裁決の付随的効果として、同裁決を債務名義として強制執行を求めることができるという地位を、同裁決の名宛人である権利者に生じさせているという整理になる。

他方、133条損失補償訴訟が提起されたものの請求棄却されたあと、起業者が

---

9) 行政処分の概念をどう理解するかについて、詳細は、中川丈久「行政法の体系における行政行為・行政処分の位置付け」阿部泰隆先生古稀『行政法学の未来に向けて』（有斐閣、2012年）59頁、79-87頁を参照。

10) 行政処分の法効果（直接的効果）と付随的効果について、中川丈久「行政処分の法効果とは何を指すのか」石川正先生古稀『経済社会と法の役割』（商事法務、2013年）201頁、中川丈久「続・行政処分の法効果とは何を指すのか」宮崎良夫先生古稀『現代行政訴訟の到達点と展望』（日本評論社、2014年）195頁を参照。

補償裁決所定の補償金支払等を怠るときは，補償を受けるべき権利者は，補償裁決の法効果（直接的効果）として起業者に生じた補償債務の不履行を理由として，起業者を被告として給付の訴えを提起することになろう。そのような訴えは，いわゆる在外被爆者訴訟の例があるとおり[11]，給付の当事者訴訟の使用例として確立している。そしてこの給付判決を債務名義として，強制執行を申し立てればよいのである。133条損失補償訴訟が提起されないと，補償裁決を債務名義として民事執行の手続を用いることができるのに，その訴訟が提起されると，まずは債務名義を得るために，補償裁決の履行を求める当事者訴訟の給付判決を得るところから始めなければならないというのは，バランスを欠く感は否めないが，現行法の（形式的な）解釈としてはそうならざるを得ないだろう。

3　収用裁決の処分性

次に収用裁決であるが，その名宛人は，起業者Aと地権者Bの双方である。そして，「土地の区域」「損失の補償」「権利取得の時期」等を裁決すること，および収用裁決の「失効」規定に鑑みると，その法効果（直接的効果）は次のとおりである。

権利取得裁決は，「起業者Aが地権者BにC円を支払えば，Dという土地の所有権を得るべき地位」を起業者Aに生じさせ，同時に，「起業者Aが地権者BにC円の支払をすればDという土地の所有権等を失うべき地位」を地権者Bに生じさせる。明渡裁決も，「起業者Aが地権者BにE円を支払えば，Dという土地の占有を得ることができる地位」を起業者Aに，「起業者Aが地権者BにE円を支払えば，Dという土地の占有を失うべき地位」を地権者Bにそれぞれ生じさせる。このような法効果が生じているがゆえに，起業者Aによる損失の補償（補償金の支払等）という行為が法的な意味をもつのである。

ここで注意すべきは，補償裁決と異なり収用裁決は，起業者Aと地権者Bの間の相対の法律関係（お互いの間で強制執行できるような権利義務関係）を生じさせているとは言いがたいことである。あくまで収用委員会の属する都道府県と，それぞれの名宛人の間の権利関係（公法上の法律関係）というべきである。実際，明渡裁決の強制執行は，起業者Aが知事による代執行を求めるという形で規定さ

---

[11] 最判平成18年6月13日民集60巻5号1910頁，最判平成19年2月6日民集61巻1号122頁．

れているのである（102条の2第2項）。

では、収用裁決によって、所有権の移転等の私法上の法律関係の変動が生じる根拠はどこにあるのだろうか。それは、収用裁決という行政処分の直接的効果（法効果）ではなく、その付随的効果として、土地収用法上生じていると整理するのが適切である。

すなわち、土地収用法101条の定めにより、収用裁決がされたという事実を法律要件として、私法上の権利関係の発生・変更・消滅という法律効果が生じるのである。同条は、「土地を収用するときは、権利取得裁決において定められた権利取得の時期において、起業者は、当該土地の所有権を取得し、当該土地に関するその他の権利並びに当該土地又は当該土地に関する所有権以外の権利に係る仮登記上の権利及び買戻権は消滅し、当該土地又は当該土地に関する所有権以外の権利に係る差押え、仮差押えの執行及び仮処分の執行はその効力を失う」（101条1項本文）、「土地を使用するときは、起業者は、権利取得裁決において定められた権利取得の時期において、裁決で定められたところにより、当該土地を使用する権利を取得し、当該土地に関するその他の権利は、使用の期間中は、行使することができない」（101条2項本文）と定めている。

同様の規定は、明渡裁決についても存在しており、「明渡裁決があつたときは、当該土地又は当該土地にある物件を占有している者は、明渡裁決において定められた明渡しの期限までに、起業者に土地若しくは物件を引き渡し、又は物件を移転しなければならない」（102条）と定められている。

Ⅳ 損失補償訴訟の構造

1 補償裁決を中心とする説明

さて、以上をふまえて、収用裁決・補償裁決と133条損失補償訴訟の関係はどのように理解されるかの検討に移ろう。これは、133条損失補償訴訟において裁判所が請求を認容するときに、判決主文において、収用裁決や補償裁決という行政処分を取り消したり変更したりする必要はあるかという問題にほかならない。

これをまずは、補償裁決——起業者と権利者の間に相対の権利義務関係を生じさせる法効果をもつ行政処分——と133条損失補償訴訟の関係に限定して考えてみる。

補償裁決がたとえば補償金500万円を決定したとすると、この額に不服な権利

者側が，起業者に対し「あと100万円支払え」との訴えを提起したり，逆に，起業者側が補償は不要なはずだと主張して「債務不存在」確認の訴えを提起したり，あるいはまた補償金は200万円に止まるはずだと主張して「補償裁決所定の補償金額のうち200万円を超える部分の債務は存在しないことを確認する」との訴えを提起したりするのが133条損失補償訴訟である。この帰すうはどうなるだろうか。

まずは，もし133条1項かっこ書，2項，および3項が存在しなかったならばどうなるかを考えてみる。この場合，補償裁決に不服な者はその取消訴訟を提起することができるはずであり（申請型義務付け訴訟の併合提起もありうる），その一方で，上記のような給付や確認の訴えはいずれも請求棄却されるはずである（却下ではない）。これはちょうど，国の行政庁に保険給付金の申請をして拒否決定の処分をされた者が，国を被告として保険給付金を支払えという訴えを起こしても，保険給付の決定処分がされていない以上保険給付金を求める権利は存在しないとして，請求棄却されるのと同じである（最判昭和29年11月26日民集8巻11号2075頁）[12]。生活保護費等が生活保護決定処分でしか受給権が与えられないのと同様に，社会保険給付金も，申請に対する給付決定処分でしか受給権が決まらないから，請求棄却されるよりほかないのである。

では，ここに土地収用法が，133条1項かっこ書，2項および3項という一連の規定を設けた結果どうなるのかを考えると，次のような2つの大きな影響が生じる。いずれも行政法においてよくある取扱いとは，大きく違っている。

第1の影響は，「損失の補償」（起業者が権利者に対して義務付けられる補償金の支払，工事の代行等）が，収用委員会の補償裁決という行政処分だけでなく，133条損失補償訴訟を審理する裁判所の判決によっても決まることである。補償裁決に争いがなければそれだけで決まるが，争いがある場合は，補償裁決プラス判決という2段階で最終的な「損失の補償」が決まるという仕組みである[13]。

このような2段階の仕組みは異例である。ふつうは，行政処分権限があるとそ

---

[12] 中川・前出注5）「行政訴訟の諸類型と相互関係」77-79頁を参照。
[13] 遠藤博也『実定行政法』（有斐閣，1989年）349頁は，「簡易・迅速な手続によって対価等を得ることができるようにする目的で行政処分を介在させたものであるため，訴訟において，最終的に適正な対価等の額を，行政庁の判断の適否とは別個に，裁判所が下して一向にさしつかえない」と指摘する。なお，この記述は収用裁決を念頭に置くもののようであるが，補償裁決を排除する趣旨ではないであろう。また，論者は給付確認説の立場をとっている。

れが唯一排他的な権利義務または地位の発生源であるが（上述した生活保護や社会保険給付が典型である），それが133条の一連の条文によって大きく変更されたのである。

その結果，補償裁決について次のようなことが起きる。権利者側が，補償裁決の定める「損失の補償」が過小であると主張してその増加——補償金の増額，工事代行の追加など——を求め，起業者を被告として133条損失補償訴訟を提起し，請求認容の判決を得たとしよう。この請求認容判決は，補償裁決に効力があることを前提としているので，当然ながら，その取消しや変更を判決主文に掲げる必要などない。原告である権利者は，補償裁決による「損失の補償」に，133条損失補償訴訟の給付判決による「損失の補償」（増加分）を足した総和を受け取る権利を手にすることとなる。

第2の影響は，補償裁決という行政処分についての「取消訴訟の排他性」が完全に排除されることである（第1の影響と混同しやすいが，区別が必要である）。

補償裁決は行政処分であるから，原則として「取消訴訟の排他性」が要求されるはずである。すなわち，補償裁決の違法を理由にその法効果を否定する判断を裁判所がすることができるのは，補償裁決の取消訴訟においてのみであること，この取消訴訟を除く一切の訴訟においては，補償裁決処分の法効果を否定するべく処分の違法を主張しても裁判所は取り上げないという本案主張制限が生じるはずである。もっとも「取消訴訟の排他性」は絶対的なルールではない。あくまでそれが合理的な権利利益救済に適う限りにおいて要求されるものであり，排他性が合理的な権利利益救済の支障になるようであれば，「取消訴訟の排他性」は外されてしまうのである（最高裁もそのように運用している）[14]。

しかるに，土地収用法133条1項かっこ書は，「損失の補償」に関する限り，補償裁決についての取消訴訟を明文で否定している。そうすると，取消訴訟の提起が不可能な行為について，取消訴訟でしか効力を否定できないなどという取扱いを認めるのは背理であるから，「取消訴訟の排他性」は明文で外されていると解するほかない[15]。それゆえ，133条損失補償訴訟の本案審理において裁判所は，

---

14) 「取消訴訟の排他性」の意味，および「抗告訴訟の排他的管轄」との区別について，中川・前出注5)「行政訴訟の基本構造（2完）」185-193頁を参照。

15) 鈴木庸夫「当事者訴訟」雄川一郎ほか編『行政法大系5（行政争訟II）』（有斐閣，1984年）77頁，100頁は，「この裁決等には公定力はないと考えられる。このことは公定力＝取消訴訟の排他的管轄の構造から明らかである」と指摘し，阿部泰隆「形式的当事者訴訟制度の検討」同

補償裁決の「損失の補償」の部分が土地収用法に違反して違法であると判断すれば，ただちにその効力はないものと取り扱ってよいこととなるのである。違憲な法律が無効であり，違法な委任条例が無効であり，違法な契約が無効であるのと同じ取扱いである。

その結果，次のようなことが起きる。補償裁決の定める「損失の補償」が過大であるという不服をもつ起業者が，その削減——補償金の減額，工事代行の削減など——を求めて権利者を被告として133条損失補償訴訟を提起し，請求認容の判決として，たとえば補償裁決による「損失の補償」の法効果（補償金500万円の支払義務）をもとに，債務不存在確認判決（補償金200万円を超える部分の債務不存在確認）が確定すると，結局のところ200万円の補償金支払義務だけを負うこととなる。その判決理由中では，補償裁決の損失補償部分の全部または一部が違法であり効力が認められない旨の判示があるはずであるが，そのことを判決主文に掲げる必要はないのである。

以上をまとめると，第1の影響と第2の影響のもと，補償裁決に不服な者が提起した133条損失補償訴訟において裁判所は，次のように審理を進めることになる。土地収用法第6章第2節に規定された補償基準に照らして正しい「損失の補償」の内容——たとえば補償裁決が定める額よりも補償金を増加させるべきか，減少させるべきか——を見いだしたうえで（この請求権の存否が訴訟物である），補償裁決が定める損失補償との差分についてのみ，原告が必要とする給付判決か確認判決をすればよい。そして請求認容判決をするにあたり，裁判所は判決主文で補償裁決の取消しや変更をする必要は一切ないのである。

このような補償裁決についての説明は，基本的には，収用裁決にも妥当する（ただしⅣ3で述べるところを参照）。かくして133条損失補償訴訟は，収用裁決や補償裁決の前置主義，および出訴期間という手続規律がかかるという一点におい

『行政訴訟要論』（弘文堂，2003年〔初出1987年〕）316頁，336頁も，「抗告訴訟の対象とされる範囲でしか公定力は働かない。ところが，補償金額はそもそも収用裁決の取消訴訟では争点とならず，損失補償を直接争えという立法をした点で，補償の金額については，いわゆる抗告訴訟の排他性は排除したのであるから，公定力は働かないのである」と指摘する（収用裁決を念頭に置いた記述である）。さらに，宇賀克也『行政法概説Ⅱ行政救済法〔第5版〕』（有斐閣，2015年）376頁は，「補償裁決に不服がある者が提起する訴訟は，行政処分を争う訴訟ではあるが，例外的に取消訴訟の排他的管轄を外す立法政策が採られたとみることができ〔る〕」と指摘する（宇賀・前出注8）488頁も同旨）。後二者は，いずれも給付確認説からの記述である。鈴木説については，後出Ⅴ2を参照。

て特殊性をもつだけの給付ないし確認の当事者訴訟であると理解される（手続規律がかかるゆえに排他的な訴訟方法である）。133条損失補償訴訟の性質についての形成訴訟説・対・給付確認訴訟説という対立については，後者をもって妥当とすることになる。

ここで想起されるのは，「収用裁決のうちの損失補償部分及び補償裁決については，抗告訴訟の対象とせず，当事者訴訟とした（……）のであるから，これについて公定力を認めるべきでない。そうであれば公定力を排除するために形成訴訟説をとる必要はない」（大場民男）[16]と指摘されていたことである。また，行訴法4条前段訴訟とは「『当事者間の法律関係を確認し又は形成する処分又は裁決により確認され，又は形成された当事者間の法律関係に関する訴訟』と読むべきであると考える。結局，この訴訟は，当事者間の法律関係を確認しまたは形成する公定力ある処分または裁決が介在しているが，法律が，右のようにして確認され形成された法律関係の当事者の一方を被告として訴えを提起できると規定している（……）以上，処分または裁決の公定力の存在にもかかわらず，裁判所が，それとは別個に，全く自由に（処分または裁決を取り消すことなく），当事者間の法律関係を形成し，または確認することができるような訴訟であるとみるべきである」（高林克己）[17]ともされていた。

これらを分析的に説明し直すと，本稿が試みる第1，第2の影響に分けた整理をすることになると考えられる。

2 133条損失補償訴訟の存在理由

ではなぜこのような立法がされたのか。

一般に，133条損失補償訴訟の存在理由については，「その処分についての訴訟における紛争の実体がその法律関係の当事者間の財産上のものであって，行政権からみて，処分行政庁が被告として関与しなければならない程の利害関係がなく（……），むしろ，直接に利害関係を有する当該法律関係の当事者を訴訟当事

---

[16] 大場民男「損失補償請求訴訟の諸問題」西村宏一ほか編『国家補償法体系4（損失補償法の課題）』（日本評論社，1987年）193頁，200頁。ただ，大場論文は，収用裁決の一部や補償裁決には執行力があるので，それを阻止するために形成訴訟になるという指摘をしているが（同論稿201頁），これは本稿で試みた説明とは異なる。

[17] 高林克己「当事者訴訟」金子芳雄ほか編『法学演習講座13 行政法（下巻）』（法学書院，1975年）513頁，516頁。

者とする方が適当である」（豊水道祐）[18]，「土地収用法が，損失補償の訴えを右のように規定していることの理由としては，収用委員会の裁決のうちの損失の補償のみに関する部分は，帰するところ補償の当事者（起業者と土地所有者その他関係者）間における財産上のものに過ぎず，これにつき裁決庁たる収用委員会を被告として関与させるほどの公益上の必要性もなく，むしろこれを補償当事者の訴訟により解決させる方が妥当である」（下出義明）[19]，「収用委員会の裁決のなかで，損失補償に関する訴だけを独立の訴として提起するものとしたことに重要な意義がある。収用委員会の収用または使用の裁決のうち，損失補償に関する部分は，その実質は公益的事項というよりは，当事者間の財産権の評価ということが中心をなすものである」（高田賢造）[20]というように説明されている。

いずれの説明も「当事者間の財産上の紛争」に過ぎないことを強調しているが，これを言い換えるならば，「損失の補償」が起業者と権利者との間の協議で解決されてよい性質の問題だということである（土地収用法はとりわけこのことを重視しており，116条以下で収用裁決と協議について，94条で補償裁決と協議についてそれぞれ規定を置いている）。

起業者と地権者等の権利者との間の協議で解決されるべき性質の問題である――「当事者間の財産上の紛争」に過ぎない――以上，その紛争に収用委員会が固有の利害関係をもつわけではない。公益保持の観点から一定の方向性を示さなければならない行政庁としての関わりを，収用委員会は損失補償に関しては持たないのである。収用委員会は，協議が調わない当事者に対して，裁判所のごとく第三者として裁定機能を果たすだけである。それゆえ，収用委員会の裁決も，裁判所の判決も，中立的裁定であり，収用裁決・補償裁決と133条損失補償訴訟判決は，あたかも第一審判決と第二審判決のような関係にある程度似てくるのである[21]。そしてこうした説明は，明治33年の土地収用法82条1項本文および2項が，「収用審査会ノ裁決中補償金額ノ決定ニ対シテ不服アル者」は，起業者ま

---

18) 豊水道祐「当事者訴訟」田中二郎ほか編『行政法講座第3巻』（有斐閣，1965年）170頁，174頁。
19) 下出義明「損失補償に関する訴における訴訟上の諸問題」鈴木忠一ほか監修『実務民事訴訟講座9（行政訴訟Ⅱ・労働訴訟）』（日本評論社，1970年）25頁，28頁。
20) 髙田・前出注8) 493頁。
21) 小早川光郎「行政法4条前段の訴訟」法学教室149号（1993年）57頁，59頁は，「4条前段訴訟が何に最も近いかといえば，それはおそらく民事訴訟の控訴審なのではなかろうか」と指摘する。小早川光郎『行政法講義（下Ⅲ）』（弘文堂，2007年）328頁も同旨。

たは権利者を被告として司法裁判所に提訴せよと定めていたところにも，等しく妥当するものと思われる。

3 収用裁決に特有の説明

ところで，収用裁決についての133条損失補償訴訟においては，上述した133条の2つの影響のうち，第2の影響（「取消訴訟の排他性」の排除）を持ち出すまでもなく，第1の影響のみで同じ結論が導かれる。むしろ第1の影響のみで説明するほうが正確であると考えられるので付言しておく。

収用裁決の最大の特徴は，事前補償原則である。同裁決が指定する権利取得時期や明渡期日までに，起業者が同裁決所定の「損失の補償」（補償金であればそれを支払うか供託するか）を済ませていないと，裁決自体が失効する。

それゆえ，地権者が，収用裁決所定の補償金の額に不服であり，その増額を求めようとする事態（紛争）が生じるのは，すでに起業者が収用裁決所定の補償金を支払った（ないし供託した）場合に限られる。起業者が収用裁決所定の補償金に不服であり，減額を求めようとする事態（紛争）が生じるのもまた，すでに自らがその補償金を支払った（供託した）場合に限られる。収用裁決に関する限り，133条損失補償訴訟が提起されるときはすでに，同裁決所定の「損失の補償」が済んでいるのである。

そうすると収用裁決に関して133条損失補償訴訟を通して裁判所に持ち込まれる紛争は，すでに履行された「損失の補償」の後始末だけである。土地収用法第6章第1節の補償基準に照らして裁判所が認定した正しい「損失の補償」（支払うべき補償金の額等）と，収用裁決が決定した「損失の補償」（すでに支払われたり供託されたりした補償金の額等）との間の差を埋めるのが裁判所の役割である。

ここで，収用裁決の法効果が何であったかを想起すると（Ⅲ3），収用裁決所定の補償金が支払われたり供託されたりした時点で，同裁決の「損失の補償」部分の法効果——権利を取得させ明渡義務を発生させる法的根拠という役割——は終了するものと解される[22]。収用裁決の「損失の補償」は，権利取得や明渡義務の発生というステップに進むために起業者に事前補償させることが眼目であり，「損失の補償」部分の法効果はそれに止まる。このことに鑑みると，裁判所が認

---

22) 収用裁決の補償金支払がなされると，同裁決の「損失補償部分は目的を達して，不当利得にならないという残滓的効力のみを残して消滅する」との指摘がある。大場・前出注16) 201頁。

定したあるべき「損失の補償」と，収用裁決所定の「損失の補償」の間の差分についての給付ないし確認の訴えにおいては，裁判所が請求認容の判決をするにあたり，収用裁決（損失補償部分）を取り消したり変更したりする必要がおよそ生じないということがわかる。それゆえ，「取消訴訟の排他性」云々の議論は不要である。

そもそも収用裁決は，補償金の争いを理由に取り消されてはならないものである[23]。たとえ133条損失補償訴訟のなかで，収用裁決所定の補償金の不足や過剰が判明しても，そのことによって遡及的に，権利取得や明渡義務がなかったことになるわけではないからである。所定の補償金の支払（供託）等がされている限り，それが法的にみて客観的に正しい額であったかどうかにかかわらず，権利取得・明渡義務は正しく生じているのである（事業認定が告示された以上，権利取得や明渡義務はいずれにせよ生じる運命であることを想起されたい。そのような密接な関係ゆえ，収用裁決の取消訴訟においては，事業認定と収用裁決の間に違法性の承継が認められるのである）。

以上から，収用裁決の「損失の補償」部分と133条損失補償訴訟の請求認容判決の関係は，補償裁決の場合に比べてより一層はっきりと収用裁決と裁判判決が役割分担をする2段階方式であることがわかる。すなわち，正しい「損失の補償」のあり方（たとえば補償金の額）が，まずは権利取得や明渡義務を生じさせるために，収用裁決という行政処分で一次的に決まり，争いがあれば二次的に，裁判所の給付・確認判決による差分の調整が行われ，こうして最終的に正しい「損失の補償」が実現されるという仕組みである。

補償裁決の場面でも述べたように，これは行政法全体の中では，少数派の制度作りである。行政法で通例として見られる仕組みは，行政処分によってしか生活保護や保険給付金の受給権は決まらないとする1段階方式であり，そこでは裁判所はあくまでもこの処分が適法か違法かを審査する役割である。これに対して，収用裁決による権利取得や明渡義務発生から，「損失の補償」（補償金等）の紛争を切り離し，補償金等の争いがあるならばその差分だけを裁判所で判定するとい

---

23) 遠藤博也「行政法上の請求権に関する一考察」同『行政救済法』（信山社，2011年〔初出1988年〕）21頁，49頁は，133条損失補償訴訟の「請求の趣旨においては，むしろ，収用裁決の変更を求めてはならない。収用裁決の取消を求めたのでは，損失補償の基礎となるべき収用そのものが消滅することになることは明らかであるが，その変更を求めるものにあっても，やはり困ったことになるからである」と指摘する。遠藤・前出注13) 350頁も同旨。

うように，役割分担するのである[24]。

最判昭和58年9月8日判時1096号62頁は，このことを次のように指摘している。すなわち，「土地収用法133条が収用裁決そのものに対する不服の訴えとは別個に損失補償に関する訴えを規定したのは，収用に伴う損失補償に関する争いは，収用そのものの適否とは別に起業者と被収用者との間で解決させることができるし，また，それが適当であるとの見地」にたって，「収用に伴う損失補償に関する紛争については，収用そのものの適否ないし効力の有無又はこれに関する争訟の帰すうとは切り離して，起業者と被収用者との間で早期に確定，解決させようとする趣旨に出たもの」と判示している。

V 諸種の見解

1 最高裁の立場

133条損失補償訴訟の性質について，形成訴訟なのか給付確認訴訟なのか——請求の趣旨ないし判決主文において，裁決の取消しや変更を掲げる必要があるのかないのか——は，一時盛んに争われた[25]。そして最高裁は自らの立場を明示していないとされることが多い。

しかしながら，行政事件訴訟特例法の時代ではあるものの，つとに最判昭和27年8月22日民集6巻8号712頁が，自作農創設特別措置法14条に規定する訴えについて次のように明確に判示していたことには留意する必要がある。

すなわち，「自作農創設特別措置法14条の訴は……農地の買収対価の増額を求める訴であるが，買収対価は買収令書にも記載してあるから，判決で対価を増額

---

24) 切り離しはよく指摘されるところである。たとえば，「収用や買収自体が有効であることを前提としてその補償金額の多寡を争うという法的構造をとることから，法は，当該法律関係（補償金額の多寡）を行政行為（収用や買収）の効力から一応切り離し，これにつき，当該法律関係の当事者を訴訟法上の当事者として争わせることにしたのである」（渡辺吉隆「行政訴訟における被告適格，被告の変更」鈴木忠一ほか編『実務民事訴訟講座8（行政訴訟I）』（日本評論社，1970年）45頁，56頁）と説明されている。

25) その対立と下級審判決の交錯した状況については，村上敬一「損失補償関係訴訟の諸問題」鈴木忠一ほか編『新・実務民事訴訟講座10（行政訴訟II）』（日本評論社，1982年）135頁，145-152頁，下出・前出注19) 28-30頁，大場・前出注16) 199-202頁，白井皓喜「公用負担(1)」園部逸夫ほか編『裁判実務体系1（行政争訟法）』（青林書院，1984年）385頁，386-396頁，金子順一「損失補償に関する訴公」中野哲弘ほか編『裁判実務大系29（公用負担・建築基準関係訴訟法）』（青林書院，2000年）340頁，南博方編『条解行政事件訴訟法』（弘文堂，1987年）149頁〔碓井光明執筆〕，南博方＝高橋滋編『条解行政事件訴訟法〔第3版補正版〕』（弘文堂，2009年）119頁〔山田洋執筆〕，小澤・前出注7) 704-712頁などがある。

することは実質において買収処分の内容を変更することに帰し，この点は論旨のいうとおりである。しかし，法律は対価増額の訴と行政処分の取消又は変更を求める訴とを区別し両者を全く異る形式の訴訟としている。法律がこのように区別していることは，行政事件訴訟特例法 3 条では行政処分の取消変更を求める訴について原則として処分をした行政庁を被告としているにかかわらず右 14 条では被告を国とすべきことを規定していることによつても明かである。すなわち，<u>右 14 条の訴は買収処分そのものの効力を争うものではなく，買収処分の有効に行われたことを前提としながら，その対価について不服のある者の訴である</u>に対し，買収処分の取消変更を求める訴は対価の点を除きその他の違法を理由に買収処分の取消又は変更を求める訴である。……このように二つの訴を区別することは憲法施行後の法律においても採られているところであつて，<u>例えば土地収用法 132 条，133 条も裁決の取消を求める訴と損失補償に関する訴とを明白に区別しているのである。以上説明のとおりであるから前記 14 条の訴を行政処分の変更を求める訴と解することはできない</u>のであつて，論旨は到底これを採用することができない」と判示していたのである（下線は筆者）。

　また，133 条損失補償訴訟の最高裁判決に関する調査官解説において，収用裁決時に当然存在すべき損失補償請求権の数額を裁判所が単に確認するものに過ぎず，裁決の変更を請求の趣旨として掲げる必要はないと指摘した例がある[26]。

　なお，給付判決をするにあたり，利息計算をする必要があるから，その意味では，収用裁決がなされた時点での正しい補償金額がいくらであったかという議論は必要である。たとえば，最判平成 9 年 1 月 28 日民集 51 巻 1 号 147 頁が，裁判所において「証拠に基づき裁決時点における正当な補償額を客観的に認定し，裁決に定められた補償額が右認定額と異なるときは，<u>裁決に定められた補償額を違法とし，正当な補償額を確定すべきもの</u>」と述べ，「<u>判決によって，裁決に定める権利取得の時期までに支払われるべきであった正当な補償額が確定されるものである</u>」（下線は筆者）と述べるのは，そういう趣旨であると解される。この判旨は，これまで本稿で示した 133 条損失補償訴訟の構造理解と完全に整合しており，決して，収用裁決を取り消したり変更したりする必要があるという趣旨ではない。

---

26) 最判昭和 48 年 10 月 18 日民集 27 巻 9 号 1210 頁についての柴田保幸・最判解民事篇昭和 48 年度 156 頁。あわせて，矢代利則『公法上の債権と仮処分に関する研究』司法研究報告書 17 輯 7 号（1971 年）86-91 頁も参照。

2 論稿で示された立場

この問題を取り上げる論稿においても，給付確認訴訟説が有力とされることが多い。しかしなぜ給付確認訴訟説なのかの理由付けは必ずしもはっきりとしない。

まず，憲法29条3項に基づきすでに客観的に補償請求権は成立しているから，収用委員会の裁決の補償部分は，その確認に過ぎない（藤井勲）[27]とか，収用委員会による見積もりに過ぎない（下山瑛二）[28]などとされることがある。しかし，収用委員会の裁決に処分性を否定することになるこの見解は，土地収用法の解釈として採用しえないというほかない。また，133条損失補償訴訟において裁判所が用いる実体基準は，土地収用法第6章第1節（収用裁決の場合）または第2節（補償裁決の場合）の諸規定であり，決して憲法29条3項を直接に用いるわけではないことにも留意しておく必要がある。

次に，「出訴期間のある排他的当事者訴訟であるとみれば足りる」とし，「損失補償法関係の権利・義務の主体が当事者として，客観的に存在する補償額をめぐって主張・立証をし，裁判所がその額を判断するのである。……裁決の効果としては，当事者が争わない限りでの形成効を認めたもの」（塩野宏）[29]とする見解がある。「当事者が争わない限りでの形成効を認めたもの」という箇所が，もしも133条損失補償訴訟の提起により収用委員会の裁決の「損失の補償」部分が行政処分としての法効果を生じないという趣旨なのであれば，本稿がこれまで試みた説明とは異なる法の仕組みの理解である。行政処分の法効果（の一部）が，訴えの提起によって生じないという仕組みなのであれば，端的にそのように規定するのが自然ではないかという疑問のほか，133条損失補償が提起されたあとの補償裁決の履行はどう確保されるのか，収用裁決の場合は，訴え提起により権利取得や明渡義務さえ生じなかったことになり現行法の仕組みと矛盾するのではないかという疑問がある。

「補償裁決等は公定力はないが形成力を有するものであり，これを争う訴訟は形成力の排除を目的とするものでなければならず，結局，形成訴訟ということになると思われる」（鈴木庸夫）[30]という見解もある。ここでも補償裁決等の「形成

---

27) 藤井勲「損失補償の訴えに関する若干の問題」判例タイムズ243号（1970年）40頁，42頁。
28) 下山瑛二『国家補償法』（筑摩書房，1973年）313頁。荒秀「収用訴訟」成田頼明編『不動産法大系7 土地収用・税金〔改訂版〕』（青林書院新社，1976年）306頁も参照。
29) 塩野宏『行政法Ⅱ〔第5版補訂版〕』（有斐閣，2013年）256頁。
30) 鈴木・前出注15) 100頁。

力」の語が行政処分の法効果という意味で用いられているようである。しかし行為の法効果を否定する判決を求める訴えがすべからく形成訴訟というわけではないのではないかという疑問がある。

このほか，起業者が提起する訴え（裁決所定の補償金の額が多すぎるなどと主張する訴え）の場合は，裁決中の補償金額を全部または一部取り消すという判決主文を要するので，行訴法4条前段の形式的当事者訴訟であるが，地権者等が提起する訴え（補償金の額が少なすぎるなどと主張する訴え）は，裁決の「法効果をそのまま維持するという見地の上にたって組みたてられた訴訟であることからも推察されるように」，「行訴法4条後段のいわゆる実質的当事者訴訟（……）の性格を有する」（森田寛二）[31]という見解がある。後半部分はまさに，本稿の分析と同じである。他方，前半部分について，本稿では133条損失補償訴訟の規定が「取消訴訟の排他性」を明文で排除しているから，裁決の取消し等の判決主文は不要であり，「形式的当事者訴訟」などと呼ぶべき要素はないのではないかと述べたところである。

VI 類似の立法例

以上を要するに，土地収用法の「損失の補償」は，収用裁決や補償裁決という行政処分と，133条損失補償訴訟における給付確認判決という2段階で実現されるという仕組みである（そのあり方は，収用裁決と補償裁決とで，多少異なっている）。これと同じ仕組みと解される立法例をいくつか挙げておく。

第1に，収用裁決に係る133条損失補償訴訟と同類の立法例がいくつかある。

たとえば，農地法7条から9条に基づく農地買収令書（面積等，買収期日，対価，対価の支払方法等）とその対価についての訴訟がある。買収令書に記載された買収の期日までに対価の支払または供託がなされないときは，「その買収令書は，効力を失う」（農地法11条3項）のであり，その「対価……に不服がある者は，訴えをもつて，その増減を請求することができる」（農地法55条1項1号）。その被告は国である（同条2項）。

また，水道法42条が定める地方公共団体による水道事業の買収規定がある。同条は，地方公共団体が，「自ら水道事業を経営することが公益の増進のために

---

31) 森田寛二「土地収用法133条の『損失の補償に関する訴』を法行為論の見地からみると」自治研究68巻9号（1992年）20頁，29-30頁。

適正かつ合理的であると認めるときは，厚生労働大臣の認可を受けて，当該水道事業者から当該水道の水道施設……並びに水道事業を経営するために必要な権利を買収することができる」（同条1項）と定め，地方公共団体と水道事業者の協議が成立しないときは，「厚生労働大臣が裁定する。この場合において，買収価額については，時価を基準とするものとする」（同条2項・3項）と定める。そして，「裁定の効果については，土地収用法（……）に定める収用の効果の例による」とし（同条4項），その「裁定のうち買収価額に不服がある者は，その裁定を受けた日から6箇月以内に，訴えをもつてその増減を請求することができる」（同条5項），「前項の訴においては，買収の他の当事者をもつて被告とする」（同条6項），その「裁定についての審査請求においては，買収価額についての不服をその裁定についての不服の理由とすることができない」（同条7項）と定めるのである。

　第2に，補償裁決に係る133条損失補償訴訟と同類と思われる立法例は多い。とくに，不許可がなされたり，修繕を命じられたりしたときに生じる損失の補償について，土地収用法に基づく補償裁決を収用委員会に申請することができるという規定を置く立法が散見される[32]。

　道路法69条（土地の立入り等による損失の補償）および70条（みぞかき補償）は，その著名な例である（道路法70条について最判昭和58年2月18日民集37巻1号59頁がある）。同法69条3項，70条4項は，道路管理者と損失を受けた者の間の協議が成立しない場合は，いずれかが，「収用委員会に土地収用法第94条の規定による裁決を申請することができる」と定めている。

　そして，協議が調わない場合にはただちに収用委員会に補償裁決を申請するという規定振りもあれば，いったん，補償する側が見積額を支払うこととしたうえで，その差額について収用委員会に補償裁決を申請することができるという規定振りのこともある。この見積額は，土地収用法46条の4第1項にも規定されているものと似ており，文字どおり，行政側の提案額に過ぎないと解される（処分性はない）。見積額支払の規定は，道路法69条，都市公園法28条，海岸法12条の2などにある。

---

32) なおこれらの条文は単に，土地収用法94条の補償裁決の申請をすることができるとするのみであるが，土地収用法が補償裁決について定める一連の仕組み（債務名義性，133条損失補償訴訟等）もあわせて適用されると解するのが合理的であるとの指摘がなされている。村上・前出注25) 139-140頁，小澤・前出注7) 404-405頁を参照。

収用委員会の補償裁決を利用するのではなく，大臣や長官が補償決定をし，その額に不服があれば，国を被告として増額の訴えを提起せよというタイプの立法もある（ちょうど明治33年土地収用法における「地方長官ノ決定」に似ている）。このタイプの立法では，当該決定を債務名義とみなすという規定はあまり見られないようである。

たとえば文化財保護法41条1項は，同法38条1項に基づく修理や措置命令により「損失を受けた者に対しては，国は，その通常生ずべき損失を補償する」と規定する。また，同条2項で「前項の補償の額は，文化庁長官が決定する」と定め，さらに同条3項で，「前項の規定による補償額に不服のある者は，訴えをもつてその増額を請求することができる」（ただし6ヵ月の出訴期間がかかる）としたうえ，同条4項で「前項の訴えにおいては，国を被告とする」と定める。

文化庁長官決定は，国に補償金の支払義務を発生させ，損失を受けた者にその支払を受ける権利を発生させるという法効果をもつ行政処分であり，その法効果として，国と当該者の間に補償金支払の債権債務関係を成立させるものと解される。それゆえ，もし補償する旨の文化庁長官決定にもかかわらず，国が支払を怠ると，名宛人である私人は，債務の不履行であるとして，国を被告として支払を求める給付の訴えを提起することとなり，この給付判決を債務名義として強制執行を申し立てることができる（長官決定を債務名義とみなす旨の規定はない）。

なお，平成16年の行訴法改正により，取消訴訟の被告は処分庁の所属する国等とされたから（行訴法11条），文化庁長官決定の取消訴訟を提起してもやはり被告は国である。文化財保護法41条4項が「前項の訴えにおいては，国を被告とする」と定めていることと重なっているように見えるが，しかし同条3項が「増額を請求する」訴えと定める以上，これらの規定にいう訴えが取消訴訟を意味しないことは明らかである。同条3項は，取消訴訟を明文で否定しているのである。

同様の規定としてほかに，自然公園法64条，65条（国立公園や国定公園について同法所定の許可を得ることができない等のために損失を受けた者に対する補償），漁業法39条（公益上の必要により漁業権の変更，取消し等によって生じた損失に対する補償），港湾法41条（港湾管理者が命じた改築，移転等により生じた損失についての補償），自衛隊法105条（自衛隊訓練等のための漁船の操業制限や禁止による損失の補償）などがある。

Ⅶ　お わ り に

　行訴法4条前段については，その「立法論的な再検討」として，「この種の訴訟を，行政訴訟の一形態とするのではなく，性質上は通常の民事訴訟であって，しかし出訴期間とか行政庁の訴訟参加等々の特則，および，取消訴訟以外のそのような訴訟によって行政処分の帰結の変更を求めうるという意味での，取消訴訟の排他性の原則に対する修正を伴うものとして構成することは，十分考えられるところであろう」(小早川光郎)と提案されている[33](この記述は，平成16年の行訴法改正以前のものである)。

　本稿は，この提案(のエッセンス)を立法論としてではなく，現行法の解釈論として展開するものである。あわせて，補償裁決と違って収用裁決の場合はそもそも「取消訴訟の排他性」の問題が登場さえしないのではないか，また，行政処分が授権されているときは，その行政処分による権利関係の変動をもって排他的とするという行政法の通例的な仕組みが，収用裁決や補償裁決については土地収用法133条によって否定されているのではないかという2点を，とくに指摘しようとするものである。

---

33)　小早川・前出注21)「行訴法4条前段の訴訟」59頁。

中国における行政裁判所論議
—— 司法権の独立をめぐる論争の一断面として

王　　天　華

はじめに
I　行政裁判所提案
II　司法権の独立をめぐる論争
III　司法制度の現状
IV　行政裁判所提案の意義
おわりに

はじめに

　2014年に中国行政訴訟法が改正された（以下では，「今次改正」と略称）。1989年に制定されて以来初めての改正であるが，待望された列記主義から概括主義への転換は実現されなかった[1]。のみならず，「行政機関が法律法規から授与された自由裁量権を行使する事案について，裁判所[2]は調解できる」（第60条）旨のドグマティッシュな観点から疑問が残る規定も盛り込まれた。期待はずれな感を禁じえない[3]。

　包括的な権利救済の観点から中国行政訴訟法を眺めることも有意義であろうが，

---

1) もっとも，今次改正で学者から多くの試案が出されたが，その中で概括主義の採用を主張するものはそれほど多くなかった。多くの試案はむしろ適宜に列記の範囲（いわゆる「受案範囲」）を拡大するにとどまっていた（たとえば，胡建淼『行政訴訟法修改研究：中華人民共和国行政訴訟法法条建議及理由』（浙江大学出版社，2007年）；何海波「理想的行政訴訟法：中華人民共和国行政訴訟法学者建議稿」行政法学研究2014年第2期）。
2) 中国では裁判所を「人民法院」と呼び，裁判官を「人民法官」と呼ぶが，以下では固有名詞や引用文などの場合を除き，原則として「裁判所」と「裁判官」を使う。
3) 今次改正を「屈辱に現実を記録した」ものと評している学者も，決して少なくない。何海波「行政訴訟法修改的理想与現実」中国法律評論第4期（2014年）を参照。

筆者は歴史的所与など諸種の事情から、それは時期尚早ではないかと判断している。そこで、本稿は、今次改正で盛んに議論されたが、失敗に終わった行政裁判所提案に焦点を当てて、それを司法権の独立をめぐる論争の一断面として捉え、中国における行政訴訟制度ひいては法治それ自体の基盤を瞥見することにしたい。

I　行政裁判所提案

1　学者からの提案

今次改正において、行政裁判所の設立を唱えた学者は多数にのぼるが、その中でもっとも力を入れたのは、中国政法大学の馬懐徳教授である[4]。馬氏は、同学の副校長を務めるなど、政治的にも重要な地位を占めている。彼が考えている行政裁判所制度の骨子は、次のようなものである。①最高人民法院の下に「相対的に独立」した高等行政裁判所を置く。②省・自治区・直轄市ごとに一個の上訴行政裁判所と数個の行政裁判所を置く。③高等行政裁判所、上訴行政裁判所及び行政裁判所は、所轄地域の人口・交通事情・経済事情などを考慮して、巡回法廷（Circuit Court）を置く。④巡回行政法廷の裁判官は、所属の行政裁判所の裁判官がこれを担当し、かつ定期異動する。⑤高等行政裁判所の裁判官は最高人民法院院長の指名に基づいて、全国人民代表大会常務委員会（以下では、「全人代常委会」と略称）がこれを任命する。⑥上訴行政裁判所、行政裁判所の裁判官は高等行政裁判所の長の指名に基づいて、全人代常委会がこれを任命する。⑦行政裁判所の経費は、すべて中央財政で賄い、その予算と決算は全人代がこれを決定する[5]。

北京大学の姜明安教授も馬氏の提案に賛意を示した。その理由として、①行政裁判所が地方当局のコントロールを脱出することができること、②行政裁判所が専門裁判所（いわゆる「専門法院」）と位置づけられ、現行憲法や組織法に抵触しないこと[6]、③行政裁判所のオフィスや設備は、「鉄路法院」[7]などの専門裁判所

---

4) 彼は行政裁判所の設立について一連の論稿を発表した。たとえば、馬懐徳「設立行政法院時機已成熟」民主与法制時報 2014 年 1 月 20 日；同「行政審判体制改革勢在必行」北京日報 2013 年 8 月 19 日；葉俊（記者）「馬懐徳：設立行政法院刻不容緩」民主与法制時報 2014 年 10 月 27 日など。

5) 申欣旺（記者）「行政法院呼声漸起」中国新聞週刊 2013 年 7 月 15 日、57 頁。

6) 中華人民共和国憲法第 124 条第 2 項は、「中華人民共和国は、最高人民法院・地方各級人民法院及び軍事法院等の専門人民法院を設置する」と規定している。

7) 鉄路法院改革で、2012 年 6 月 30 日に全国で 17 個の中級鉄路法院、58 個の基層鉄路法院が鉄路企業と分離して、包括的に国家の司法体制に編入されている。

のそれを利用すればよく，経済的にコストが低いこと，④司法体制全体の改革試験にもなることが挙げられた[8]。

2 実務者からの提案

最高人民法院副院長を務める江必新氏は，中南大学と中国政法大学の兼任教授として行政裁判所の設立を詳しく論じたことがある[9]。彼は，これまで裁判所内部で行われた諸改革，とりわけ被告より位階の高い裁判所に行政事件を審理させる改革（「提級管轄」），被告とは行政区画を異にする裁判所に行政事件を審理させる改革（「異地管轄」）を回顧し，これらの改革はいずれも行政訴訟の機能不全を解消できず，明らかに限界があると指摘する。その上で，江氏は，裁判所内部の改革では，裁判所体制そのものによる審判権の独立性欠如の問題を解決できないとして，行政裁判所の設立を提言する[10]。

行政裁判所の構想について，江氏はドイツとフランスの行政裁判所制度を概観した後，ロシアに範を取ろうとする。すなわち，ロシアでは最高裁判所の下に行政裁判所を置いており，これはあらゆる法律上の争訟を司法権に属せしめる中国憲法に合致する。また，行政裁判所の数と審級については，いろいろな案があるが，肝要なのは行政区画と司法管轄とを分離させるという原則を貫徹しなければならないことであるとする。なぜならば，司法の公正さを確保するためには，裁判所と行政機関の利益連関を遮断し，裁判所を地方政府のコントロールから脱出させなければならないからである[11]。

そのほか，学術雑誌で行政裁判所について論じた裁判官[12]や人民代表として全人代で行政裁判所を提案した裁判官[13]も多数にのぼるが，論調は江氏に類似している。

---

8) 姜明安「設置脱離地方行政区域的行政法院」法制日報 2013 年 9 月 4 日。
9) 江必新「中国行政審判体制改革研究――兼論我国行政法院体系構建的基礎，根拠及構想」行政法学研究 2013 年第 4 期。
10) 江必新・前出注 9) 5-7 頁。
11) 江必新・前出注 9) 7 頁以下。
12) たとえば，梁鳳雲（最高人民法院行政審判庭）「行政訴訟法修改八論」華東政法大学学報 2012 年第 2 期；陳雪梅（広州鉄路運輸中級法院）「追問，回応与路径――鉄路法院置換為行政法院的思考」全国法院第 25 期学術討論会獲奨論文集（下巻）（人民法院出版社，2014 年）など。
13) 周斌「内蒙古自治区高級人民法院院長胡毅峰代表：建議設立行政法院」法制資訊 2014 年第 3 期を参照。

II　司法権の独立をめぐる論争

　以上のような行政裁判所提案は，中国共産党中央政法委員会（以下では，「中共中央政法委」と略称）に認可されたという伝聞もあり，また，全人代常委会に提出・討議されたが[14]，結局，今次改正では見送られた。その政治過程を検証することも有意義であるが，立法資料とりわけ党中央における討議資料が公開されていないので，容易に完成できるものではない。以下では，行政裁判所提案の要となるテーゼ，すなわち「裁判所を地方政府のコントロールから脱出させる」を中国において展開された司法権の独立をめぐる数次の法学論争という文脈の中に位置づけて，その意義を検討してみる。

1　前　史

　法律思想の変遷を理解するためには，その政治的基盤をひとまず理解することが有益であると言えよう。このことは，中国のことを理解するにあたって，とりわけ重要である。というのは，中華人民共和国は中共が政権を握っており，そして，中共はマルクス主義を指導思想としているからである。

　司法権の独立については，政権樹立直前の1949年1月に，中華ソビエト共和国（江西瑞金）時代から中共政権の内務部長・司法部長・高等法院院長などを歴任した謝覚哉氏（1884-1971年）が，次のように権力分立を評した。

> 「三権分立は，本当にあったことがなく，本来はありえないことでもある。資産階級国家において，資産階級が政権を握っており，いわゆる分立はその統治を維持するための偽装にすぎない。」[15]

そして，1951年9月に可決された「中華人民共和国人民法院暫行組織条例」第10条は，次のように規定した。

> 「下級人民法院の審判は，上級人民法院の指導と監督を受ける；……
> 各級人民法院（最高人民法院分院，分庭も含めて）は，同級人民政府の構成部分であり，同級人民政府委員会の指導と監督を受ける。省人民法院分院，分庭は，所在区の専員の指導を受ける。
> 各級人民法院院長は，全院の活動を指導・監督する。庭長は，庭の活動を指

---

14)　「全国人大常委会分組審議行政訴訟法修正案草案：部分与会人員建議設立行政法院」人民法院報 2014年8月30日。

15)　「謝覚哉同志在司法訓練班的講話（摘要）（1949年1月）」人民司法 1978年第3期，6頁。

導・監督する。……」

このような政治思想と司法体制の下では、司法権の独立はそもそも観念されえないといえよう[16]。

この時期に、司法権の独立について、もう一つ重要な歴史的事実、すなわち「旧司法人員」（中華民国の裁判官など）を批判対象とする司法改革運動が見逃されてはならない。

建国当初においては、人民法院は、旧司法人員を一部留用していた[17]。しかし、中共中央から見れば、「彼らは依然として反動の立場をとっており、濃厚に旧法観点を温存している。その他の司法幹部は、知らないうちに資産階級の『司法独立』の影響を受けている。これらの人々は、審判を『超政治』的で『単純な技術活動』と見ている。」[18]「人民法院の改革を完成するためには、激烈な改革運動を行う必要がある。」[19]

司法改革運動実施後に、1953年第2回全国司法工作会議報告が次のような指示を出した。

「各地共産党委員会（以下では、「党委」と略称）は、継続的に人民司法活動に対して思想上及び政策上の指導を強化すること。各級人民法院は、党委及び政府に報告し、指示を求めることを強化し、経常的主動的にかつ的を絞って党政指導機関に事情を報告し、計画を提示し、関連部門と協力して、その支持を得なければならない。」[20]

2 第一次論争

以上のような前史を経て、1954年に中華人民共和国憲法（以下では、「五四憲法」と略称）が制定された。五四憲法第78条は、「人民法院は独立して審判権を行使し、法律にのみ従う」と規定する。第一次論争は、この規定の解釈運用をめぐって展開された。

---

16) 張憼＝蔣恵嶺『人民法院独立審判問題研究』（人民法院出版社、1998年）、137頁を参照。
17) 政務院第148回政務会議における司法部長史良氏の報告（1952年8月13日）によれば、全国人民法院職員総数に占める「旧司法人員」の割合は22％となっていた（史良「関於徹底改造和整頓各級人民法院的報告」人民日報1952年8月23日）。「旧司法人員」に対する改造については、張小軍「1949年至1953年司法改革演変及若干反思――以『新法学研究院』対旧法人員的改造和1952年司法改革為例」政治与法律2010年第12期、77頁以下を参照。
18) 李光燦＝李剣飛「粛清反人民的旧法観点」人民日報1952年8月22日。
19) 「社論：必須徹底改革司法工作」人民日報1952年8月17日。
20) 史良「関於加強人民司法工作建設的報告」（1953年4月11日、第2回全国司法工作会議）人民日報1953年5月14日。

この論争については，木間正道氏による緻密な先行研究[21]があるので，その内容を要約しておく。

　　第一次法学論争開始の具体的な契機は，1956年4月，中共による「百花斉放」，「百家争鳴」政策（文化芸術・学術領域での一種の言論自由化政策で，「鳴放」政策とも呼ばれる）の提起である。司法権の独立をめぐって，論者たちの主要な争点は次の二つに集約できる。一つは，人民法院に対する中共の指導はいかにあるべきかについてである。より具体的には，人民法院の扱う係争事件に党委が直接関与できるか否かの問題である。二つは，人民法院内部における合議庭の評議・評決に対する院長・庭長の審査承認の是非をめぐる問題である。前者については，賈潜氏（最高人民法院刑事庭庭長，中共党員）[22]と馮若泉氏[23]の間で，後者については，朱雲氏[24]と魏換華氏[25]の間で激しいやり取りが展開されたが，党の指導からの法院の独立を唱えた賈潜氏と合議庭の裁判組織としての第一次性を強調した朱雲氏が，いずれも「右派分子」と批判されたことで，論争は収束する[26]。

重要なのは，論者の観点の「法学理論としての合理性や実定法上の根拠及び解釈の妥当性が冷静に検討されることなく」[27]，司法権の独立とその論者が政治的に断罪されたことである。爾後，司法権の独立を論じること自体が政治的に不正確であり，法学上のタブーとなったのである。この点は，次のような結論づけに端的に示されている。

　　「①資産階級の審判独立原則は，裁判所の『超階級性』ないし『超政治性』を標榜するが，我国の審判は，無産階級の専政に仕える。両者は性質を異にする。②資産階級の審判独立原則が標榜している『超党派性』は，絶対に党の指導に従うという我国の審判活動の性質とは相容れない。③資産階級の審判独立原則は，審判と行政の分立を標榜するが，それは，我国の人民代表大会制度及び人民法院と同級人民委員会との関係とは根本的に対立する。④資産階級の審判独立原則は，裁判官が独立して審判を行い，捜査や起訴機関の影響を受けないと標榜するが，それは，我国の人民法院と人民公安機関・人民検察院が党委の統一的指導を受け，共同で敵にあたるという前提の下で，相互協力・相互連携・相互制約するとの正

---

21) 木間正道「中国の裁判制度と『裁判の独立』原則――法学論争からみたその特徴と問題点」法律論叢72巻1号（1997年）。
22) 賈潜の言説はほとんど公開されていないが，何兵「最高法院的右派們：賈潜――紅旗下的法官」（騰訊・大家，http://dajia.qq.com/blog/247709016460188）を参照。
23) 馮若泉「駁賈潜的『審判独立』的反動謬論」政法研究1958年第1期，18頁以下――原文注。
24) 朱雲「貫徹集体領導原則，加強審判工作的合議制」政法研究1958年第2期所収――原文注。
25) 魏換華「反対削弱院，庭長対合議庭的領導職能」法学1958年第1期，31頁以下――原文注。
26) 木間・前出注21) 11頁以下。
27) 木間・前出注21) 20頁。

確な関係とは水火の仲である。⑤資産階級の審判独立原則は，裁判官が独立して審判を行い，社会から影響を受けないと標榜するが，それは，我国の審判活動が群衆路線を貫徹しなければならないのと根本的に対立する。」[28]

「鳴放」政策から始まったこの論争は，なぜこのような形で収束したのか，確かに難解である。ただ，近年では，回顧録も含めて，「反右派闘争」（以下では「反右」と略称）[29]前後の一連の政治運動を一体として把握しようとする研究が現れた。これらの研究は，少なくとも次の二点において示唆的である。第一に，「鳴放」政策は，実は毛沢東が知識分子を改造するために実施した「引蛇出洞」（蛇を穴からおびきだす）策であったという説がある[30]。この説は，毛沢東が自ら執筆した人民日報の社説[31]及び党会議における氏の講話[32]を引き合いに出しており，それなりの信憑性がある。第二に，「反右」は，実はその直後の「向党交心」（党に胸中を打ち明ける）運動と相呼応するものであるという説がある。この説は，多くの回顧録に見られる[33]。「中央政法幹部学校」が1958年に施した「社会主義教育」の記録は，その一端を示している。

　「チーム支部ごとに自我反省・相互批判を通して，人々は，自己と党の関係について全面的で歴史的な検査を行った。……組織上は入党しているが，思想上はまだ入党していないと反省する同志もいれば，泣き崩れて党に内心を打ち明け，今後は断固党の指導を受けると告白する同志もいる。」[34]

以上のような政治運動は，結局，〈司法を党の従順な道具にする〉という命題に落着する。当時の浙江省高級法院副院長は，第5回全国司法工作会議において，次のように述べた。

　「司法部門は，思想戦線上の社会主義革命を徹底的に進めて，初めて党の従順な道具となりうる。総路線・大躍進・人民公社三面紅旗の思想を，無産階級専政

---

28) 斎文「必須徹底粛清資産階級『審判独立』的思想影響」政法研究1960年第2期。
29) 「反右」とは，毛沢東が1957年に「鳴放」の撤回とともに発動した反体制狩りを指す。和田英男「現代中国政治史における『公民』──反右派闘争とその名誉回復を中心に」OUFCブックレット3巻（2014年）131頁以下を参照。
30) 李慎之「毛主席是什麼時候決定『引蛇出洞』的？」炎黄春秋1999年第1期，5頁以下。朱正「我対反右起因的解釈」炎黄春秋2011年第6期，87頁以下を参照。
31) 「社論：文彙報的資産階級方向応当批判」人民日報1957年7月1日。
32) 毛沢東「在省市委自治区党委書記会議上的講話」（1957年1月）毛沢東選集第5巻（人民出版社，1977年）355頁。
33) たとえば，張刃「『向党交心』的前因後果」炎黄春秋2010年第12期，58頁以下。
34) 『中央政法幹部学校社会主義教育課程工作総結選輯（第二集）』（中央政法幹部学校社会主義教育弁公室，1958年）28頁。

を堅持し，党の従順な道具となるという思想を，広大な司法幹部の頭脳に根付かせよ。」35)

3 第二次論争

　第二次論争は，争点が第一次論争と重なっているが，その本格的展開は，中共十一回三中全会（1978年12月18〜22日）以降となる。中共の路線を「階級闘争」から「経済建設」へと転換させ，「改革開放」の起点と目されるこの会議は，司法権の独立について，次のような表現を公報に載せた。後日，この表現は熟語のような言い回しとなる。

　　「拠るべき法を整備し（有法可依），法があれば必ずそれに依拠し（有法必依），法を執行すれば必ず厳格に執行し（執法必厳），違法があればそれを追究しなければならない（違法必究）。……司法機関は，しかるべき独立性を保持しなければならない」。

　上記会議の直前に，最高検察院の王桂五氏が，人民日報でタブーの突破を呼びかけた。いわく，

　　「『独立して審判し，法律にのみ従う』ことの本来の意味は，審判の独立性を守るために，外部からの非法的影響と干渉を排除することにある。しかし，字面だけでそれを理解する人は，党の指導を受けず，党からの独立を獲得しようとするものと断言してしまう。我国の法律は，党の指導の下で制定されたものであり，どうして法律にのみ従うと，党に反対することになるのか」36)。

　その後，弁護士徐五林氏と裁判官劉広明氏などが，相次いで論稿を発表した。

　　徐氏の論旨は，「人民法院は法律に従わなければならないが，法律はまさに党の指導の下で制定されたもので，……独立して審判してこそ，党の路線・方針・政策を堅持し，党の正確な指導を堅持することになるのである」37)に集約する。これに対し，劉氏の論旨は政治的には比較的穏当である。いわく，「法院に対する党の指導は，主に路線・方針・政策の指導であり，具体的な審判事務の処理に取って代わるものではない。人民法院が党の指導に服するというのは，党の指導の下で制定された法律に厳格に従い，重要で困難な問題があれば，適時に党委に報告することを意味するだけで，いかなる些細なことでも党委に決定を仰ぎ，責任を押し付けるものではない。」38)

---

　35)　張生華（浙江省高級法院副院長）「深入開展両条道路，両種法律観点的闘争　促進司法工作更好更全面地持続大躍進」人民司法1960年第3期。
　36)　王桂五「政法戦線也要突破禁区」人民日報1978年11月7日。
　37)　徐五林「独立審判与党的領導」光明日報1979年4月21日。

1979年9月9日に，それまでの世論に答える形で，中共中央が「刑法，刑事訴訟法の実施を断固として保障することについての指示」（いわゆる「六四号文」）を出した。

「党委と司法機関はそれぞれ固有の責任を有しており，互いに代位することができず，両者を混同してはならない。それゆえ，党中央は各級党委による事件審査承認制度を廃止することを決定した。県級以上の幹部及び知名人などの違法犯罪事件については，特殊で重大な事情から上級に請訓しなければならないごく一部のものを除き，いずれも所在地の司法機関が独立して法に従って審理する。……司法に対する党の指導は，主に方針・政策についての指導である。」[39]

この文書は，当代中国法制史において極めて重要な意義を持つ[40]。確かに，客観的に見て，県級以上の幹部や知名人を特別扱いにするという発想は，「特権の享有者を公認するものであって，五四年憲法（第85条）に明定された『法の前の平等』に違背することは明白である」[41]。しかし，歴史的には，この文書が当時の中国法制を大きく後押ししたことに異論はなかろう。この点について，当時の最高人民法院院長江華氏の談話が示唆的である。

「中央のこの決定に対して，賛成している同志が大多数を占めているが，少数の同志は不賛成である。公開の場で人民法院が独立して審判することを党の指導から離脱しようとするものと批判したり，自分の職権で人民法院に認定罪名や量刑を強要したり，個人の意見で人民法院の正確な判決を否定したり，法に従って事案を処理した司法幹部に報復したりする。司法幹部が原則を堅持するだけで，異動処置を受けた例は，しばしば見られる。……他方，中央が党委の事件審査承認制を廃止した後でも，事案を党委に送って，その承認を仰ぐ人がいる。党委が承認しなければ，彼は判決を言い渡さない。これは，本当の『党委の指導を聴取すること』なのか。」[42]

このような「少数派」の存在は，当時の中国の政治風土がいかに非法治的であったかを物語っているが，この点に着目して，六四号文は，当時の中国法治の歴

---

38) 劉広明「人民法院独立審判，只服従法律」法学研究1979年第3期。
39) 「中共中央関於堅決保証刑法，刑事訴訟法切実実施的指示」（1979年9月9日），『中華人民共和国刑事訴訟法学習参考資料』（中国人民大学法律系，1981年）所収，52頁。訳文は，木間・前出注21) 27頁を参照した。
40) 劉政「一個具有里程碑意義的法制文件──中共中央1979年9月9日『指示』」中国人大2005年6月25日を参照。
41) 木間・前出注21) 27頁。
42) 江華「談談人民法院依法独立進行審判的問題」（1980年8月4日），『江華司法文集』（人民法院出版社，1989年）所収，147-149頁。

史的到達点あるいは政治的妥協点と評してよかろう。事実，六四号文の誕生に貢献した彭真氏（当時は監禁から釈放され，全人代常委会法制委員会主任に任命されたばかり）は，説得の意味合いを込めて，次のように指摘していた。

「かつては，多くの党委が個別具体的に事件を審査承認していた。その中で，間違って承認した事案も少なくない。……普通の事件は関与しないが，特殊事件であれば，迅速に関与する。こうして，党委が受動から主動に転じて，重要な事柄の処理に力を集中させることができるのである。」[43]

六四号文を境に，争点が院長・庭長の審査承認制をめぐる問題へと移っていく[44]。口火を切ったのは，当時，北京市中級人民法院裁判官である劉春茂氏が「法学雑誌」（北京市法学会機関紙）で発表した論文である[45]。

劉氏は，この論文で「法的根拠を欠いている」など七つの理由を挙げて，院長・庭長の審査承認制の取消を主張するが，その四つ目の理由すなわち「審査承認制は民主集中制の原則に悖ること」にとくに注目したい。これを説明する際に，劉氏は，「院長・庭長は，合議庭に参加して事案を審理することなく，又は，審判委員会を招集して事案を討議することなく，合議庭の決定を否定することができるというのは，明らかに民主集中制に悖る」としている。「民主集中制」という中国らしい言葉を使っているが，〈審理しない人が判決するのは，理性に適わない〉という思考が潜んでいるといえよう。

劉氏の論文は反響を呼んだ。熊先覚氏[46]のほか，各地の裁判官からも共鳴を得た[47]。対立意見を発したのは，同じく北京市中級人民法院に勤める孫常立氏であった[48]。

孫氏の論旨は，院長・庭長による審査承認制が完全に合法であるということであるが，その論証は論理的一貫性を欠くことが指摘されている[49]。ここでは，

---

43) 彭真「関於社会主義法制的幾個問題」，『中華人民共和国刑事訴訟法学習参考資料』（中国人民大学法律系，1981年）112頁。
44) 木間・前出注21) 28頁を参照。
45) 劉春茂「対法院院長，庭長審批案件制度的探討」法学雑誌1980年第2期。
46) 熊先覚「論審判独立与監督審判」法学研究1981年第1期。熊氏は，当時は，司法部の幹部であった。その後，中国政法大学教授，国家法官学院教授などを歴任する。
47) 劉春茂・前出注45) を登載した法学雑誌は，「問題討論」の形で劉論文について3人の「基層人民法院」裁判官（四川省永川県人民法院の馮建民，西安市灞橋区人民法院の向誠権氏，福建省徳化県人民法院の凌雲志氏）の意見を掲載した。3人は，いずれも劉論文に賛意を表した（「［問題討論］関於院，庭長審批案件制度的探討」法学雑誌1981年第1期，26-28頁）。そのほか，羅徳銀（雲南省高級人民法院）「院長批案不可続」法学雑誌1981年第2期；賀倫麟（湖北省高級人民法院）「対院，庭長審批案件制度的看法与意見」法学雑誌1981年第3期を参照。
48) 孫常立「法院院，庭長審批案件是完全合法的」法学雑誌1981年第3期。

肝要な二点だけを取り上げることにしよう。すなわち、第一に、孫氏は、刑事訴訟法第 105 条[50]を引き合いに出して、「院長又は庭長は、審判長を指定する権限を持つから、当然に合議庭の審判を監督・指導することができる」というが、これは明らかに論理的な飛躍を抱えている。第二に、劉氏は、前述のごとく、「民主集中制」という言葉を使って、〈審理しない人が判決するのは、理性に適わない〉という思考を提示したが、これに対し、孫氏は、「合議庭は法院という一つの有機的全体の一部分にすぎないのであって、……合議庭の『独立』性を強調し、その評議に対する院長・庭長の審査と監督に反対し、院長・庭長の指導を排斥しようとするならば、民主集中制原則に悖る」と批判している。両者の議論が噛み合っていない。

劉春茂氏の批判に反論し、院長・庭長による審査承認制を擁護した孫常立氏の立論は、十分な説得力を持たないが、最高人民法院院長江華氏の支持を得た。江氏は、天津市法院の座談会において次のように院長・庭長による審査承認制に言及した。

「合議庭と審判員が独立して審判を行い、庭長・院長が容喙する余地はないというのは、我国の法律が規定する人民法院独立審判の原則に悖る。」なぜならば、「第一に、人民法院組織法と刑事訴訟法は、人民法院が独立して審判を行うと規定するが、これは、憲法が、審判権を人民法院に授与したことを意味する。審判権を審判員に授与したわけではない。人民法院は、院長・副院長・庭長・副庭長と審判員から構成され、審判員だけではない。どうして、合議庭に参加した審判員は独立して審判を行うことができ、院長・庭長が構ってはいけないというのか。第二に、人民法院の審判は、民主集中制原則（少数は多数に服従し、下級は上級に服従し、個人は組織に服従し、全党は中央に服従すること）を実行している。少数は多数に服従するという一条文だけを取り上げて、他の条文を否定してはならない。第三に、合議庭は、人民法院内部で事案を審理する一時的組織形態であり、機関ではなく、常設の機構でもない。合議庭は、人民法院を代表して審判権を行使する権限を持たない。判決書や裁定書及び布告は、合議庭の名義だけで法律上の効力を生ずるのか。人民法院の印章を押して、初めて人民法院の名義で発効するのである。」

「実情から見て、院長・庭長の審査承認を排除して、数人の審判員だけで決定するならば、事件処理の質の向上にとってプラスにはならない。」[51]

---

49) 木間・前出注 21) 35 頁を参照。
50) 同条は、「合議庭は、院長又は庭長が指定する一人の審判員を審判長とする。院長又は庭長が審理に参加するときは、自らが審判長を担任する」と規定している。
51) 「江華院長談人民法院独立審判問題」法学雑誌 1981 年第 4 期、12 頁。

江華氏の上述の発言は，理論的には「何ら見るべきものはなく」[52]，逆にそこで看取されうる裁判観と劉春茂氏の所説に潜んでいるそれとの相違が，人を考え込ませるものであるが，第二次論争はこれで幕が引かれた。最高人民法院機関誌である「人民司法」は，そのために社説を発表した。興味深い箇所だけを訳しておく。

> 「法律は政治から逸脱してはならないことを冷静に認識すべきである。法院は，党の指導を離脱してはならず，党委は，法院に対する指導を強化しなければならない。『法律至上』とか『裁判官の独立』とかのスローガンは，資産階級専政の国家でも真正に実現されていない。」[53]

4　第三次論争

第二次論争が収束してから今日に至るまで，司法権の独立についての議論は，断続的に続けられてきた。だが，政治体制改革の実質的な停滞と相俟って，中国の司法体制もこの30年間で実質的な変化が見られない。したがって，中国における司法権の独立の問題性は，基本的には変わっていない。

変わっているのは，文献の数である。筆者が大手学術検索エンジン「中国知網」を使って「司法独立」を検索した結果，関連文献の数は21万8,612個にも上る。これは，情報技術の進化や大学教育の回復とその規模の拡大（とくに法学教育の規模拡大[54]）及び言論統制の緩和の相乗効果によるものと考えられるが，以下では，重要な争点に絞って代表的な文献だけを整理してみる。

(1)　司法権の独立の許容性　　上述したように，司法権の独立の観念それ自体は，第一次論争において政治的に断罪された。第二次論争において，争点が院長・庭長の審査承認制に集中しており，司法権の独立それ自体の許容性は深く議論されなかった。第三次論争は，この点でそれ以前を超越している。

まず，国家構造の平面で，「議行合一」が疑問視された。発端は，1992年に公表された二つの文献である。一つは，呉家麟氏（寧夏大学教授）が「中国法学」

---

52)　木間・前出注21) 36頁。
53)　「［社論］関於院，庭長審批案件問題的探討」人民司法1981年第61期，6頁。
54)　「中国法治発展報告No.7 (2009)」(2009年中国法治ブルーブック) によれば，2008年11月の時点で，中国全土の法学院（系）は634個，法学教員の人数は5万5000人，在学者の人数（大学院生を含めて）は60万人弱となっている。「文革」時の中断に鑑みると，興味深い数字といわざるをえない。

（中国法学会機関誌）で発表した，「議」と「行」を合一にすべきではない旨の論文である55)。もう一つは，蔡定剣氏（1955-2010年）が「憲政学者」として書いた代表作『中国人民代表大会制度』である56)。両者のうち，前者が体系的に「議行合一」を論破しようとしたので，その骨子を要約しておく。

　①パリコミューンが「議行合一」を採用していたのは確かであるが，それは戦時状態でパリ市20区に限って実行された統治機構であり，かつ，短い存立期間（72日間）で変更され，終始一貫しなかったのである。②マルクスは，確かにパリコミューンの「議行合一」を肯定的に評価した（馬克思恩格斯選集第2巻，375頁——原文注）ことがあるが，それは，パリコミューンが人民代表機構の権威を樹立したことに着目したもので，「議行合一」を社会主義国の普遍的国家形式とみなしているわけではない。③「議行合一」は，中国だけでなく，その他の社会主義国家にも適用されるべきではない。なぜならば，それは，封建制国家的な機構集権制であり，資本主義国家が三権分立をもってそれを否定したのが，歴史的進歩である。④われわれは，資本主義国家の三権分立を否定しても，国家機関間の合理的な役割分担を放棄すべきではない57)。

呉家麟氏の論考は，多くの学説に賛同され，2000年以降になると，「議行合一」反対論がほぼ通説となる58)。一部の教科書に依然として「議行合一」を人民代表大会制度の原則と解する叙述があるが59)，それは一つ前の世代の学者が書いたもので，理論の変遷に注意を払うことなく過去の表現を踏襲したものと評されている60)。

次に，イデオロギーの平面では，党の指導と司法権の独立との関係にも正面から反省が加えられた。ただ，これは，政治的には，はなはだ敏感な問題であり，論者は態度表明に躊躇せざるをえない。

　司法に対する党の指導を明確に擁護したのは，憲法学者肖蔚雲氏（1924-2005年）である。いわく，「憲法は，社会団体からの干渉を受けないと書いてあるが，政党からの干渉を受けないとは書いていない。これは，人民法院が職権を行使す

---

55) 呉家麟「『議行』不宜『合一』」中国法学1992年第5期。
56) 蔡定剣『中国人民代表大会制度』（法律出版社，1992年）。
57) 呉家麟・前出注55) 27頁以下。
58) たとえば，胡玉鴻「馬克思恩格斯論司法独立」法学研究2002年第3期；童之偉「『議行合一』説不宜継続沿用」法学研究2006年第6期；周永坤「議行合一原則応当徹底拠棄」法律科学（西北政法学院学報）2006年第1期等々。
59) 許崇徳主編『中国憲法』（人民大学出版社，1989年）51頁；肖蔚雲ほか著『憲法学概論』（北京大学出版社，2002年）226頁；董和平ほか『憲法学』（法律出版社，2000年）215頁など。
60) 童之偉ほか「法学界対『議行合一』的反思与再評価」江海学刊2003年第5期，117頁を参照。

る際に，党の指導を排除してはならないことを意味する。八二憲法は五四憲法に比べて，文言がより厳密になっただけでなく，内容もより明晰になった。」[61]

　これに対し，当時の若手研究者李林氏（中国社会科学院）は，次のように述べて，司法に対する党の指導を明確に排斥した。「社会の正義と公平の味方として司法機関は，超然たる地位に立つべきであり，法律によらなければ，いかなる政党・団体・国家機関や個人も司法に干渉（容喙，指導，指示，暗示，命令及びその他の作為又は不作為を含めて）してはならない。『司法独立』は，さらに裁判官の独立と検察官の独立に帰結すべきであり，法院や検察院の各級組織と指導者も裁判官と検察官の独立な司法活動に干渉してはならない。……予見できる将来には，法律の公正な実施が必ず完全に独立で超然たる司法体制によって保障されるようになると信ずる。」[62]

　李林氏の鮮明な態度表明は相当の勇気を必要とするものと考えられるが[63]，多くの論者は党の意思と法の意思とを同視した上で，司法権の独立を語るという巧みな論法を取っている。この論法は，六四号文以前に遡ることができる。廖俊常氏（西南政法大学）がつとに次のように指摘していた。

　「司法独立」を資本主義と結びつける観点があるが，それは，字面から意味をこじつける論法の所産である。我国の法律は，無産階級の意思であり，法律にのみ従うことは，厳格に無産階級の意思を貫徹することにほかならない。……独立審判と党の指導とが矛盾するということの唯一の理由は，「書記批案」（党の書記による審査承認制——筆者注）にある。しかし，「書記批案」の適否は，つまるところ，人治か法治かという問題に帰結する[64]。

　廖俊常氏が批判しているのは，六四号文によって廃止されたはずの「書記批案」であるが，今日に至っても「政法委批案」が日常茶飯事である。その意味で，寥氏の指摘の意義は今日まで失われていない。2014年に陳衛東氏（中国人民大学）が次のように指摘している。

　「憲法と法律は，党が人民を指導して制定したものであり，党と人民の意思と

---

61) 肖蔚雲『我国現行憲法的誕生』（北京大学出版社，1986年）80頁。
62) 李林『法制的理念与行為』（社会科学文献出版社，1993年）115頁。
63) 王欣新「司法独立是政治体制改革的組成部分」世界経済導報1989年1月9日は，次のように司法に対する党の指導を批判した。「それ（政法委又は政法書記——筆者注）は，名目上，国家の司法機関に対する党の指導を実行するものであるが，実質的には公・検・法（公安，検察，裁判のこと——筆者注）機関が法に基づいて独立して職権を行使することに干渉している。……これは，司法権の独立に対する干渉であるだけでなく，法定訴訟手続に対する破壊でもある。」同稿を掲載した「世界経済導報」は，「天安門事件」直後に強制廃刊された。
64) 廖俊常「独立審判与書記批案」現代法学1979年第1期，6頁以下。

利益を体現している。司法機関が法律に従って独立して権力を行使することさえ保障すれば，党の指導は実現される。……党の指導を否定することにはなりえない。」[65]

(2) 司法権の独立のあり方　　司法権の独立の許容性についての議論，とりわけ「議行合一」反対論は，立法論と解釈論との区別を曖昧にしている傾きがあるが，中国における司法権の独立の問題性及び中国憲法それ自体が比較法的に見て頻繁に改正されているという事実に着目すれば，その傾きは，納得できなくもない。

いずれにせよ，司法権の独立の許容性は，今日の中国学界において解決済みの問題に数えられる。多くの文献は，むしろ司法権の独立のあり方に着目して論説している。

司法権の独立のあり方についての論争は，第二次論争において主として院長・庭長による審査承認制をめぐって展開されたが，その後，ついに裁判官の独立に辿りつく。代表的な叙述は，次のごとくである。

　　①司法権の独立は，「司法独立」の論理的前提となる。「識者の中には，社会主義国では司法権の独立こそ認められないけれども裁判官は独立して審判できるのだ，という観方がある。しかし，それでは，権力それ自体が独立していないのに，その行使は独立しているというに等しく，辻褄が合わない」。②裁判所の独立は，司法権の独立行使に組織と物的基盤を提供するとともに，裁判官の独立に職務上の保障を提供する。③「司法独立」は，究極的には裁判官の独立に帰結する。換言すれば，裁判官の独立は，「司法独立」の中核要素となる[66]。

注意すべきことに，上述（注66))の「一定範囲の共通認識」は，第二次論争においてすでにその端緒を見せている，〈審理しない人が判決するのは，理性に適わない〉という思考に立脚している。「手続による正当化」，「司法過程の親歴性」（自ら法廷に臨むこと──筆者注)[67]，「裁判所それ自体は組織であり，理性的な

---

65) 陳衛東「司法機関独立行使職権研究」中国法学 2014 年第 2 期，34 頁。張晋清＝謝邦宇「審判独立与党的領導」（法学研究 1980 年第 2 期，27 頁）及び郭道暉「法院独立審判応只服従法律──対憲法第 126 条規定的質疑与建議」（法学 2013 年第 4 期，6 頁）など同旨多数。
66) 章武生＝呉澤勇「司法独立与法院組織機構的調整（上）」中国法学 2000 年第 2 期，60 頁以下。なお，同稿は，「『司法独立』は，裁判所全体の独立（だけ）でなく，裁判官の独立である。これは，西側諸国において疑う余地のない通説であり，我国の学者の中でも，一定範囲の共通認識となりつつある」として，次のような文献を掲げている。すなわち，譚世貴「論司法独立」政法論壇 1997 年第 1 期；王利明＝姚輝「人民法院機構設置及審判方式改革問題研究」（上）中国法学 1998 年第 2 期；寥永安「独立審判」江偉＝楊栄新編「民事訴訟機制的変革」（法律出版社，1998 年）所収；蔡彦敏「独立審判探源及其現実分析」法学評論 1999 年第 2 期等々。

思考能力を持たない」[68]等々が，それである。

　他方，「国情」などを考慮して，裁判官の独立まで主張しないが，「司法権国家化」などを理由に，裁判所の予算体制などの改革を唱える論者もいる。劉作翔氏（中国社会科学院）と陳光中氏（中国政法大学）がその典型である。

　劉作翔氏は，次のように述べて，「司法権国家化」観念を提示し，立法論を展開した。

　　「立法権，行政権と司法権は，いずれも国家権力であるが，立法権及び行政権は地方又は国家以外の主体に一部譲渡又は授与（たとえば，地方立法や授権行政）することができるのに対して，司法権は地方又は国家以外の主体に譲渡又は授与することができない（地方司法や授権司法が許容されないごとく）。これは，司法権特殊な国家専属性である」。したがって，我国の司法改革は，司法権の国家化を要とするアプローチをとるべきである。そのために憲法を改正する必要があるが，「個人的には，①憲法において明確に『中華人民共和国の司法権は国家に属する』と規定し，②五四憲法第78条の『人民法院は独立して審判を行い，法律にのみ従う』規定を復活させ，③現行憲法における地方司法機関が同級人代によって任命される旨の規定を改正すべきであると考える」[69]。

　陳光中氏は，中国における「司法独立」の特色は，①裁判官の独立ではなく，裁判所全体の独立であること，②上下審級の裁判所は，相対的独立の関係にあり，下級裁判所は，上級裁判所の指導監督を受けること，③司法は党の指導を受け，人代の監督も受けることにあるとして，次のように提言する。

　　「党の十六回全国代表大会報告は，司法機関の『人，財，物』管理体制を改革し，順次に司法審判及び検察と司法行政事務との分離を実現していくと強調していたが，今は，それを具体化させるべきなのである。とりわけ，法院と検察院の予算は，中央と省級によって賄われるべきである。それと同時に，地方法院と検察院の人事管理権限を同級地方党委と政府から上級党委と政府に移すべきである。」[70]

　興味深いことに，劉作翔氏は，「司法権国家化」観念を提示し，立法論を展開した後，「これは『三権分立』理論とは同一平面にある問題ではない」と特筆し

---

67)　章武生＝呉澤勇・前出注66) 62頁以下。
68)　陳衛東＝韓紅興「推動我国法官制度的現代化――以法官独立為核心」人民司法2002年第2期，33頁。
69)　劉作翔「中国司法地方保護主義之批判――兼論『司法権国家化』的司法改革思路」法学研究2003年第1期，96頁及び97頁以下。
70)　陳光中「比較法視野下的中国特色司法独立原則」比較法研究2013年第2期，7頁及び9頁。

ている[71]。また，陳光中氏は，上述の提言を行う前に，「司法に対する党の指導には疑いの余地がない」と述べている。同じような論法は，裁判官の独立を唱える学者にも見られる。たとえば，胡玉鴻氏（蘇州大学）が裁判官の独立を論証した際に，司法は「国民の直接の所有物」である（エンゲルス），「裁判官は，法律以外に上司がいない」（マルクス）などの「革命導師」の言葉を引用している[72]。いうまでもなく，これは中国に特殊な政治事情を考慮した上での論法である。

Ⅲ　司法制度の現状

　学説がいろいろな政治事情を考慮しながら，司法権の独立を論証し，又は実行可能な司法改革を提言してきたが，実務の方は，一向に動かない。たとえば，最高人民法院研究室主任の胡雲騰氏は，2014年の文章において，次のように言明している。

　　法に基づいて独立で公正に審判権を行使するという原則を正確に理解するためには，①この原則は，西側諸国の多党制及び「司法独立」とは異なること，②この原則は，我国の政治体制の性質と特徴を体現していること，③この原則は，人民代表大会制度を貫徹するための要請であること，④この原則は，党と国家が司法活動の規律を尊重することを体現していることが重要である。

　　右原則の内容は，次の四点に集約される。すなわち，①審判権を行使する主体は，人民法院であって，裁判官個人ではない。②人民法院がその審判組織を通じて，独立して審判権を行使する。③各級人民法院は，相独立して審判権を行使する。人民法院は，各審級において，法律の適用問題を除けば，証拠や事実等の問題について上級人民法院に請訓してはならない。④司法機関は，各種の非法的干渉を排除して，剛直無私で司法権力を行使しなければならない[73]。

胡雲騰氏が同稿において人民法院に対する党の指導を論証する際に，歴史的には，人民法院を含めて中華人民共和国は中共の創建であり，中共の執政は，選挙によるものではなく，唯一執政・法定執政・長期執政・一元執政・全面執政という五つの特質を持っているなどの理由を述べているが，その論法は，当為と存在を混同するなど法的思考としては取るに値しない。それはともかくとして，引用文に表れた，法に基づいて独立で公正に審判権を行使するという原則の内容は，

---

71)　劉作翔・前出注69) 98頁。
72)　胡玉鴻「マルクス，エンゲルス論司法独立」法学研究2002年第3期，6頁及び16頁。
73)　胡雲騰（最高人民法院研究室主任）「堅持党的領導和独立審判的関係」中国法律評論第1期（2014年），30頁以下。

如実に制度の現状を記述している。

　蛇足ながら，ここでは，司法権の独立についての制度の現状を要約しておく。

　　①（地方）政法委が公・検・法を統括し，「協調弁案」などで個別事件の審理に関与できる[74]。②各級人民法院の予算・人事は，各級地方政府に掌握されている[75]。③上級法院は，下級法院を監督指導する立場にある（人民法院組織法第16条第2項）。④一つの人民法院の内部では，独任審判員・合議庭・審判委員会という審判組織を設けているが，そのうち，審判委員会が上位にあり[76]，院長・庭長が審判委員会などを通して，事実上，合議庭の評議を審査承認する権限を持っている[77]。⑤院長の資格要件は，実質的に法官とは異なり，司法試験を受けることなく院長に任命され，かつ，院長に任命されることによって法官に任命されることになっている[78]。⑥法官（審判員）の人事管理（任免，給与，人事評価などを含めて）は，公務員に近い[79]。

　一言で言えば，裁判所も行政組織に近い原理で構成され，一種のヒエラルヒーとなっているというのが，中国の司法制度の現状である[80]。このような体制の下では，「裁判官は，法に基づいて事件を審判し，行政機関や社会団体及び個人の干渉を受けない」という法官法（2001年改正）の規定は，実効性を伴わない一種の訓示規定にすぎないといわざるをえない。

---

74) 政法委による「協調弁案」については，陳光中・前出注70) 8頁を参照。政法委それ自体の変遷については，周永坤「政法委的歴史与演変」炎黄春秋2012年第9期を参照。2010年に，中共中央組織部が省級の政法委書記は公安局長を兼ねてはならない旨の通知を出したそうで，いわゆる兼任体制は順次解消されていくと期待されているが，筆者の所見では，多くの地方政法委の書記は，依然として公安局長を兼ねている。

75) 人民法院組織法第34条に，「地方各級人民法院院長は，地方各級人民代表大会により選挙され，副院長・庭長・副庭長及び審判員は，地方各級人民代表大会常務委員会により任免される」という規定がある。

76) 刑事訴訟法第180条の規定によると，審判委員会は合議庭の評議を否定できる。

77) 江必新（最高人民法院副院長）「論合議庭職能的強化」人民法院報2002年9月18日を参照。

78) 法官法第9条第6項，第12条第2項を参照。院長の資格要件については，立法資料が公開されていないが，中共中央組織部が党の指導を実施するために，院長と裁判官とを別格扱いにする案を固持していたため，法官法がこのように規定することになったといわれる。その結果，「素人がプロを指導する」あるいは「法官というが，官ではなく，法院院長というが，法のことはわからない」ということわざのような現象が起きた。今次改正においても問題視された。「両会声音　要提高院長，検察長任職門檻，改変『外行領導内行』」上海法治報2015年3月9日。

79) 公務員法第3条第2項は，「法律に公務員の中の指導メンバーの任免，監督及び裁判官，検察官等の義務や権利及び管理について，別段の規定がある場合，その規定に従う」と規定している。

80) 陳瑞華「司法裁判的行政決策模式――対中国法院『司法行政化』現象的重新考察」吉林大学社会科学学報第48巻第4期（2008年）を参照。

Ⅳ　行政裁判所提案の意義

1　行政裁判所提案の位置づけ

　以上において，中国において展開されてきた司法権の独立をめぐる論議を概観した。本稿の問題関心から改めて司法権の独立論議を眺めた場合，次のような認識が重要である。すなわち，改革開放以来，司法権の独立論議の特徴は，学説において共通認識が形成されてきたにもかかわらず，司法体制は実質的には変わっていないということに集約している。いいかえれば，第三次論争は，学説と現体制との緊張関係として捉えることができる。

　学説と現体制とが緊張関係にあるということは，現体制の変革を望んでいる学説が現体制の担い手を説得しなければならないことを意味する。この説得の任務は，しかし容易に完成できるものではない。「反右」や「文革」の歴史を持つ中国においてはなおさらである。そこで，多くの学説は，体制非難に安住することなく，いろいろ苦心して，現状打破のための提案を行ってきたのである。行政裁判所論議は，その中の一つに数えられる。

　内容的には，「裁判所を地方政府のコントロールから脱出させる」という命題を要とする行政裁判所提案は，劉作翔氏が提示した「司法国家化」の思考を根底に，陳光中氏が提出した「中国の特色ある司法権の独立」案に近似したものとなっている。これは，政治的には穏当であるが，共通認識の到達点すなわち裁判官の独立とは程遠いといわざるをえない。そのため，行政裁判所提案が学界から予想通りの支持を得なかったことも，むしろ自然な成り行きであったといってよい[81]。また，行政裁判のみが改善されるだけで，多大なコストが想定されることも，立法政策的には検討の余地があるものと考えられる。

2　始動した司法改革

　ところで，本稿を締めくくる直前に，最高人民法院の「人民法院の改革を全面的に深化する意見」（以下では，「意見」と略称）が公表された[82]。これは，2012年

---

81)　筆者は，2013年度中国法学会行政法研究会年会（ハルピン）に出席した際に，行政裁判所提案をめぐる論争の激しさを目のあたりにした。
82)　「最高人民法院関於全面深化人民法院改革的意見 ── 人民法院第四個五年改革綱要（2014〜2018）」（法発〔2015〕3号），2015年2月26日発布。

に登場した新しい指導部が推進している司法改革の中身を理解する重要な手がかりとなる。以下では，本稿の主題からその要点を押さえておく。

　目標：2018 年に中国の特色ある社会主義審判権力運行体系を初歩的に築き上げる。
　原則：党の指導を堅持し，正確な政治方向を確保すること；司法活動の法則を尊重し，司法権力の特質を体現すること；等々。
　主要任務：
　4　行政事件の管轄制度を改革する。「提級管轄」と「指定管轄」を通して，逐次に地方的要素から影響されがちな行政事件を中級以上の人民法院に管轄せしめる。
　21　事案評価制度を健全化する。司法活動の法則に悖る評価指標と措置を廃止し，あらゆる形式の順位付けを廃止する。
　30　院長・庭長が重大，疑難，複雑な事件を監督する制度を規範化し，その監督活動の中で形成されたあらゆる文書を一件記録に整理保管する。
　32　審判委員会制度を改革する。法律に定めのある場合，あるいは国家の外交・安全及び社会の安定にかかわる重大で複雑な事件を除くほか，審判委員会は主に事件の法律適用問題を討議する。
　48　人民法院職員の分類管理制度を推進する。職業の性質に適う裁判官固有の職務序列を確立する。
　50　国家と省級に裁判官代表と社会関係者が構成員に含まれる裁判官選任委員会を設置する。
　54　関係中央部門と連携し，省級以下地方人民法院職員の定員を統一管理する制度，及び，省級以下地方人民法院の裁判官が省級において指名・管理・任免される制度の確立を推進する。
　55　関係中央部門と連携し，指導的地位にある幹部が審判執行活動に関与し，具体的な事件の処理に介入することについての記録・通報及び責任追及制度の確立を推進する。
　56　裁判官の法定職責履行保護制度を健全化する。法定事由，法定手続によらなければ，裁判官は異動・辞退又は分限・降級等の処分を受けない。
　63　人民法院財物管理制度の改革を推進する。関係中央部門と連携し，省級以下の地方法院の経費を統一管理する制度の改革を推進する。

　上記の要点とりわけ 54 と 63 から見ると，「意見」が目指している司法体制は，陳光中氏の提言にもっとも近い。すなわち，地方法院の予算や人事管理権限を省級まで持ち上げて，地方政府等からの関与を防止しようというのが，「意見」の

要となる。しかし，下級地方政府の重要な行政官や企業家が省級人代の人民代表を兼ねている現状の下では，そうすることの意義が乏しいといわざるをえない。これは，改革前に試行された「提級管轄」で証明済みの問題である。また，「分税制」[83]や「党管幹部原則」[84]などの制度的与件をあわせて考えると，「意見」の法的思考は（仮にあるとすれば）混乱しているといわざるをえない。さらに，裁判官の保障が多少厚くなったとはいえ，院長・庭長による審査承認制や審判委員会制度それ自体は温存されており，裁判官の独立の観点から見ると，「意見」は実質的な前進がほとんど見られない。これを「漸進的改革」[85]と評価する向きもあるが，実質的に前に進んでいないのであるから，「漸進」という語を用いることには躊躇いを覚える。

このように，行政裁判所提案それ自体は失敗したが，その構想――裁判所を地方政府のコントロールから脱出させること――が「意見」の中に生かされているとしても，それは中途半端なものとなっているといわざるをえない。

おわりに

本稿は，中国における行政裁判所論議を，司法権の独立をめぐる論争の一断面として考察した。材料の取捨などにより断片的な考察となっているが，司法権の独立をめぐって学説と現体制との間に存在する深刻な対立を描き出せたと思う。

問題は，いうまでもなく現体制の担い手である中共の体質にある。本稿の考察からも明らかなように，司法権の独立が意味する統治秩序は，もともと中共にとって打倒の対象であった。司法権の独立の思想に対する1950年代の撲滅（第一次論争）から70年代末の認知（第二次論争）まで，熾烈な政治闘争が繰り広げられたのである。その意味で，90年代以来いろいろな紆余曲折を経ながら，司法権の独立を唱える学説が容認されるようになった（第三次論争）こと自体，歴史的な進歩であるといえよう。現在では，中共が「法治国家」の目標を憲法（第5

---

83) 「分税制」とは，1994年から施行されてきた中央政府と地方政府の収入区分の制度である。地方自治の観点からみたその問題点などについては，陳雲＝森田憲「中国における分税制下の中央地方関係――立憲的地方自治制度のすすめ」広島大学経済論叢33巻1号（2009年）を参照。
84) 「党管幹部原則」とは，立法・行政・司法を問わず，あらゆる国家機関の人事管理とりわけ重要幹部の任免は党の指導に従わなければならないということを指す。公務員法第4条は，これを明記している。
85) 「漸進的改革」という言い方について，万春（最高人民検察院検察日報副総編，人民検察主編）「論構建中国特色的司法独立制度」法学家2002年第3号，76頁を参照。

条）に掲げ，それを全面的に推進しようとしているが[86]，中共それ自体が「超国家団体」であるという事実はなんら変わっていない。したがって，司法権の独立に真摯に取り組むことは中共にとって自己革命に等しく，容易に実現できることではない。学説と現体制との対立が解消し，行政訴訟制度や司法体制の前近代的な性格が克服されることも容易ではあるまい。

---

[86] 2014年10月23日，中共第十八回中央委員会第四次全体会議は，「全面的に法による治国を推進する若干の重大問題についての決定」（中共中央関於全面推進依法治国若干重大問題的決定）を可決した。

台湾における不服申立前置主義について

張　　惠　　東

　まえがき
Ⅰ　訴願前置主義と訴願制度の溯源
Ⅱ　全体行政救済手続の訴願前置主義
　結　　論

まえがき

　台湾の行政訴訟法では，取消訴訟と義務付け訴訟を提起する際は，訴願前置主義が適用される[1]。この訴願前置の仕組みは，法制史から見ると，いくつかの外国の立法にも置かれていたものである。大清行政裁判院官制草案第10条，日本明治23年行政裁判法第17条，日本昭和23年行政事件訴訟特例法第2条，日本昭和37年行政事件訴訟法第8条，ドイツ行政裁判所法第68条以下，オーストリア連邦憲法第131条第1号第1款，スイスの間接訴訟がその例である。訴願前置主義の存在理由は，行政権の尊重，行政の観点の統一性の確保，裁判所の負担の軽減，人々の疑問の解消の手助け，救済手続の加速，救済の機会の拡大などであるが，その妥当性にはまだ考える余地が残っている可能性がある[2]。

　比較法の観点から，本稿は清末以来我が国の法制度へ多大な影響を与えた日本法および行政法の母国であるフランスの法制度を参考にする。我が国と比較すると，日本法とフランス法にはそれぞれ同じ点と異なる点がある。我が国および日

---

1) 台湾の行政訴訟法第4条，第5条参照。ただし，訴願を提起せず，行政訴訟を直接提起し得る場合もある。例えば交通裁決事件（行政訴訟法第237条の3），あるいは聴聞手続を行った行政処分に対して取消訴訟を提起する場合（行政程序法第109条）。李震山，行政法導論，修訂9版，三民書局，2011年，586頁以下；陳清秀，行政訴訟法，5版，元照出版，2012年，33頁以下。
2) 蔡志方，行政救濟法新論，3版，元照出版，2007年，24頁。

本では，法律により，訴願制度を設けているが，フランスには訴願制度を律する法律はなく，行政内部の規則を規範としている。さらに，我が国の行政争訟制度では，原則上「訴願前置制度」を採っているが，日本およびフランスの現行法では，行政訴訟の提起と訴願の関係は，原則上，訴願を提起するか否かは選択的・任意的であり，強制的・義務的ではない。フランス法では，行政監督の一環としての訴願[3]は，行政の相手方は自由に選択し得る——まず訴願を提起した後に再度行政訴訟を提起することもできるし，また訴願を提起せず直接行政訴訟を提起することもできる。いくつかの領域における法律の規定では，行政の相手方はまず訴願を提起しなければ，行政訴訟を提起できないと定められているが，この種の規定は，フランス法の場合，明らかに例外[4]と言えよう。日本法制度およびフランス法制度は，訴願が強制訴願前置を採用するか否かの問題において，我が国の法制度と全く相反する。その原因は何か。

　日本の行政不服審査制度の見直し方針を見ると，公正性の向上および手続の簡素化を考慮し，柔軟で実効性のある権利救済の実現を目指すこととされている。訴願前置制度に関しては，全面的な見直しが提言されており，権利救済手続の選択の幅がさらに広がるものと見込まれる[5]。また，日本で行政訴訟法が制定された際には既に，三つの強制訴願前置の規準——大量処分，専門的技術，第三者機関の関与——が確認されている。2002年から2004年まで，司法制度改革の一環として，日本政府は行政訴訟検討会において，「行政訴訟検討会における主な検討事項」の「不服審査前置による制約の緩和」について全面的な検討を行い，現下の日本の各種特別法で施行されている訴願前置の実際の状況を調査し，比較的厳格な視点から，公聴会を開催各機関へのアンケートを実施したうえで，現状を新たに見直した[6]。一方で，民主党政権下では，2011年8月から9月まで，「内

---

3) フランスの現行実定法によれば，行政機関の行為の行政合法審査（contrôle de la légalité administrative）は，二種類に類別される。ひとつは行政監督，ひとつは裁判監督である。この二種類の監督方式は，それぞれの性質があり，かつ互いに排斥しあわない。いわゆる裁判監督は，人々が訴訟（recours contentieux）を提起し，行政裁判所の司法官行政裁判中によってコントロールされることを指す。いわゆる行政監督は，行政訴願を指す。行政の相手方は訴訟手続において，一定の法定条件に符合する場合，行政機関の原処分およびその権利救済に不満がある訴願決定に対して，同時に行政訴訟を提起することができる。DE LAUBADERE (A.), GAUDEMET (A.), Traité de droit administratif, t. 1, 16ᵉ éd., LGDJ, 2001, p. 576 を参照のこと。
4) 張惠東，「司法裁判，行政裁判抑或是純粹行政？——法國行政法學的基礎課題」，臺北大學法學論叢，2011年3月，4頁。
5) 佐伯道子「行政不服審査制度改革の動向」立法と調査324号（2012年）19頁。

閣府行政救済制度検討チーム」が現下の日本の特別法で訴願前置を定めている規範を逐一検分し，集計の結果計99本の法律があったが，結局，そのうちの71本が廃止された[7]。例を挙げると，労働者災害補償保険法第40条では，労働者は訴え提起の前提として労働者災害補償保険審査官に審査請求を，労働保険審査会に再審査請求を提出しなければならないとされていて，いわゆる「二重前置」の法制度であったが，検討の結果，労働保険審査会に対する再審査請求は強制されないこととなり，「二重前置」の状況は解消した。日本政府が特別法の訴願前置規範を逐一検討した後，どのような結果に至ったのかは，我が国にとって実に有意義な参考例である。

一方，フランスでは，行政法制史上，訴願制度と行政裁判制度の間に緊密な関係がある。よって，大臣裁判制度[8](théorie du ministre-juge)の廃止以降ようやく，フランスの訴願制度と行政訴訟の越権訴訟(recours pour excès de pouvoir)は袂を分かち，それぞれがさらなる発展を遂げた。性質の面から言えば，前者は行政権内部の「活動行政」(administration active)であり，後者は行政裁判の範疇に属する。フランスの訴願制度の軌跡[9]はいかなるものであろうか——その性質は，司法権から行政裁判権に，さらに行政裁判権から行政権になり，現下は行政権内部に位置する。もし我々がこの制度の由来を徹底的に理解することができれば，訴願制度において強制訴願の仕組みを採用すべきか否かの理解に役立つであろう。

---

6) 橋本博之「個別法による不服申立前置について」慶應法学27号（2013年）119-138頁；佐伯・前出注5) 20頁。
7) 日本総務省の資料「不服申立前置の見直しについて」を参照のこと。http://www.soumu.go.jp/main_content/000281290.pdf（2014年5月20日訪問）。
8) 後出の「大臣裁判制度の創設」で詳述する。
9) フランス行政裁判制度史に関するフランス語文献専門書については，以下を参照のこと。BIGOT (G.), Introduction historique au droit administratif depuis 1789, PUF, 2002; BURDEAU (F.), Histoire du droit administratif, PUF, Thémis, 1995; CHEVALLIER (J.), L'élaboration historique du principe de séparation de la juridiction administrative et de l'administration active, LGDJ, 1970; IMBERT (L.), L'évolution du recours en excès de pouvoir (1872-1900), thèse, Paris, 1952; LAMPUE (P.), Le développement historique du recours en excès de pouvoir depuis les origines jusqu'au début du XXe siècle, Rev. int. sc. adm., 1954, n° 2.359; LANDON (P.), Le recours pour excès de pouvoir sous le régime de la justice retenue, Sirey, 1942; LANDON (P.), Histoire abrégée du recours en excès de pouvoir des origines à 1954, LGDJ, 1962. 日本語の文献については，神谷昭『フランス行政法の研究』（有斐閣，1965年）；阿部泰隆『フランス行政訴訟論——越権訴訟の形成と行政行為の統制』（有斐閣，1971年）；伊藤洋一『フランス行政訴訟の研究——取消判決の対世効』（東京大学出版会，1993年）；村上順『近代行政裁判制度の研究——フランス行政法の形成時代1789-1849』（成文堂，1985年）；兼子仁＝磯部力＝村上順著『フランス行政法学史』（岩波書店，1990年）。

I 訴願前置主義と訴願制度の溯源

　大革命期に，フランスの訴願制度は司法権から行政裁判権の領域になり，大臣裁判制の終結後，また行政裁判権から純粋行政の範疇へ回帰した。これは一つの疑問を解決した――なぜフランスの訴願制度は「司法」あるいは「準司法」の方向へさらに発展しないのか？　それはフランスの訴願制度が紆余曲折の歴史を辿ったからである。フランスの訴願は完全に行政内部に属するため，訴願を審理する組織は当然元の行政機関もしくは元の処分の上級機関内部の公務員であり，我が国の法律のようにまず訴願審議委員会を組織した後に訴願委員会が審議するわけではない。無論，委員の半数以上は外部の専門者が担わなくてはならないという規定もない。これは「行政活動と行政裁判の厳格な分立」の原則上，当然の結果である。また，純粋行政と行政裁判ははっきりと区別しなければならないためでもある。よって，フランスの訴願制度は司法化もしくは準司法化の方向へ移り変わらないのである。

1 訴願前置制度の性質――任意性

　すべてのフランス現行法において，訴願制度を形作る専門の法律の規範はなく，訴願制度を規律するのは，フランスの首相が1995年に各部会の首長に発布した通達「行政に提起された請求の処理に関して」[10]のみである。その通達では，「訴願」(recours administratifs) は二種類に分けられている。ひとつは，元の行政機構に提出し，元の処分の変更もしくは取消しを請求するものであり，「異議申立て[11]」(recours gracieux) という。もうひとつは，元の処分機関の上級機関へ提起し，上級機関に元の処分の審査の請求をするものであり，「階層的申立て[12]」(recours hiérarchiques) という。

---

10) Circulaire du 9 février 1995 relative au traitement des réclamations adressées à l'administration（1995年2月9日行政に提起された請求の処理に関する通達），JORF n°39 du 15 février 1995, p. 2522.

11) 条文の原文は «Les recours gracieux sont les réclamations portées devant l'autorité même qui a pris la décision dont le requérant veut obtenir la réformation ou l'annulation. Ils sont ouverts de plein droit, même en l'absence de texte.»

12) 条文の原文は «Les recours hiérarchiques sont les réclamations portées devant une autorité supérieure à celle qui a pris l'acte incriminé. Ils sont également ouverts de plein droit à condition que l'autorité saisie dispose bien d'un pouvoir hiérarchique sur l'auteur de l'acte et

国務院の判例によると，法律で明文化された規定がないにもかかわらず，フランスでは，行政の相手方は，裁量訴願を提起する権利が必ずある。すなわち，行政機関の決定に対して，行政の相手方は，直接行政訴訟の提起を選択すること，あるいは先に訴願を提起することができる。もし先に訴願を提起することを選択すれば，裁量訴願[13]もしくは階層監督訴願[14]であっても，行政訴訟提起の時効は停止する[15]。

（1）任意性と強制性のシーソーゲーム　フランス国務院（Conseil d'État）の行政判例は，「訴願前置の非強制性の原則」（le principe jurisprudentiel du caractère facultatif des recours administratifs préalables）を打ち建てた。「訴願前置の非強制性の原則」とは，行政訴訟を提起する前に，当事者が訴願を提起するかどうかは，原則的に任意的（facultatif）であり，強制的（obligatoire）ではないというものである。つまり，当事者は訴願を提起するかどうか自由に選択でき，行政訴訟の提起には全く影響しない[16]。

国務院が2008年9月に発表した報告書の見解によると，ある特別な救済手続が強制的な行政訴訟提起の前置手続であるかどうかは，個別の法律の立法意図によって決められるもの[17]であり，一概に言えない。「強制的な訴願手続前置」（recours administratif préalable obligatoire, RAPO）を普遍化あるいは大幅に拡大させる見方について，国務院は消極的な態度をとっている[18]。すなわち，国務院

　　qu'aucune disposition n'ait expressément écarté cette possibilité. L'autorité saisie d'un recours hiérarchique dispose des mêmes pouvoirs que celle qui a pris l'acte contesté. Elle peut donc fonder sa décision sur des motifs aussi bien de droit que d'équité. Elle peut aussi, par exemple, confirmer l'acte contesté en substituant aux motifs non pertinents retenus par son auteur initial des motifs nouveaux et pertinents.»

13）CE 13 avril 1881, Bansais, D 1882, 3, 49, concl. Le Vavasseur de Précourt, S. 1882. 3. 29. cité par CHAPUS (R.), Droit du contentieux administratif, 13ᵉ éd., Montchrestien, 2008, p. 652.

14）CE 12 janvier 1917, Marchelli, p. 12, cité par CHAPUS (R.), Droit du contentieux administratif, 13ᵉ éd., Montchrestien, 2008, p. 652.

15）CE sect. 10 juillet 1964, Centre medico-pédagogique de Beaulieu, cité par CHAPUS (R.), Droit du contentieux administratif, 13ᵉ éd., Montchrestien, 2008, p. 195 を参照のこと。

16）CE sect. 15 février 1935, Bladanet, Rec., p. 201; sect., 3 mars 1944, Sté pour la fabrication d'aliments composés pour le bétail, Rec., p. 75; ass., 16 juin 1944, Debroise, Rec., p. 172.

17）Braibant, concl. sur CE sect. 13 juin 1958, Esnault, Rec., p. 343; Latournerie, concl. sur CE sect. 5 décembre 1980, Serrat, Rec., p. 463.

18）«[...] le Conseil d'État, qui n'a pas trouvé, à l'occasion de la présente étude, de proposition precise à formuler en ce domaine, apporte donc une réponse négative à la question d'une généralisation ou d'une extension importante d'un recours préalable obligatoire». V. CONSEIL D'ÉTAT, Étude sur la prévention du contentieux administratif, EDCE, n°32, 1980-1981, p. 299

は，フランスの法律制度が訴願前置の原則を一般化する必要はないと考えている。同じく，「法律の条文にある特別な行政手続の規定が創設され，かつその規定が他の訴願あるいは行政訴訟を排除している場合[19]」，あるいは「特別な手続の存在が，その他の行政争訟の形成の可能性を排除している場合[20]」のみ，この特別な救済手続が選択的ではなく強制的であることを表していると考える。

　フランスでは強制的訴願前置の規定は「例外」ではあるけれども，訴願前置の仕組みが置かれた領域では，紛争解決の効率が大いに向上している。前述した国務院の2008年の報告書では，統計によると，1928年以来，毎年の税法上で起こった争議事件の平均はおよそ300万件にのぼり，うち95％が訴訟前の紛争処理の仕組みによって即座の解決を得られた。残りの15万件は非訴訟の方式で処理され，最終的に地方行政裁判所にまで進んだのは1万5千件のみである。税務案件以外では，農地再区画（remembrement rural）事件およびビザ発給拒絶事件も，同様である[21]。そのため，近年のフランスでは，個別の法律で強制訴願前置を規定する動きが盛んになっている。例えば，政府の買い付け契約の入札書類の規定が引き起こす訴訟や国家賠償訴訟，公共工事領域などにも，このような規定がある。

　しかし，「訴願は任意である」の大原則に基づき，法律で定められた強制的（caractère obligatoire）訴願手続の適用に関するものは，厳格な解釈（interprétation stricte）を行うべきであり，類似の事件あるいは概念を類推適用してはならない。なおかつ，法の安定性に基づき，この種の訴願強制の義務は法律で明文列挙（expressément énumérées）されたもののみに限るべきである[22]。例えば，会計士組合の会計士名簿登録決定への訴願事件に関して，まず委員会に訴願を行うべきであると法律で規定されている[23]が，この規定を直接他の事件に類推することは

---

　　　et s., spéc. p. 301.
19) 判決の原文は «Ces textes instituent une procédure administrative particulière dont l'existence exclut tout autre recours administratif ou contentieux», v. CE 3 avril 1968, Min. Intérieur c/Dame Vve Beaufils, Rec., p. 242.
20) 原文は «L'existence de cette procédure particulière exclut la possibilité de former tout autre recours administratif ou contentieux», v. CE 29 mai 1963, Min. Santé publique et population et Maurel, Rec., p. 334; sect. 23 février 1964, Daligault, AJDA, 1964, p. 640, note B. Paulin; 20 janvier 1971, Pigot, Rec., p. 60.
21) MORAND-DEVILLER (J.), Cours droit administratif, 11e éd., Montchrestien, 2009, p. 62.
22) CHAPUS (R.), Droit du contentieux administratif, 13e éd., Montchrestien, 2008, p. 403.
23) Ordonnance no 45-2138 du 19 septembre 1945, article 42, JORF 21 septembre rect. JORF 30

できないため，他の事件は直接行政裁判所へ訴訟を提起することができる[24]。また，国務院の判例によれば，財産法典第R.161条で定められている通り[25]，国有財産管理部局（services des domains）を相手取って訴え（action）を提起する際は，まず当該県局長（directeur départemental compétent）に救済の申立てをすべきだが，行政訴訟を起こす際は，そのような明文規定はないため，前置救済手続を行う必要はない[26]。

（2）強制的訴願前置手続がよく見られる領域　我が国の行政訴願法における訴願手続および関連の規定は，ひとつの単一法律によって定められている。しかし，フランスは異なる。フランスでは，ある種の性質の行政事件に必ず訴願を行わせたり，もしくは訴願を不必要とさせたり，あるいは訴願を審理する組織を規制するための，訴願事項に関する通則的な法律は存在しない。我が国の行政訴願法のような規定はないが，もしフランスの個別の法律規定を分析すれば，いくつかの法則を帰納することができるであろう。

これらのよく見られる強制訴願前置の規定の多くは，経済的・社会的行政領域（administration économique et sociale），あるいは職業団体（organisation professionnelle）が訴訟の提起を決定する範疇に属している。これらの範疇では，強制訴願前置の条款が常に定められている。国務院の報告書でも，四つの領域——運転免許証減点事件（フランスでは毎年1万件を超える），公務員争訟事件，刑務所受刑者争訟事件，外国人人権争訟事件——が有限かつ適切に強制訴願前置の制度を発展させられると指摘している[27]。

個別の法で強制訴願前置手続を規定するもの，例えば直接税の確定あるいは徴収決定は，フランス租税手続法典（Livre des procédures fiscales）第R.190-1条で定められている通り，もし税務当局の決定に異議があれば，まず地方の各局に訴願を行うべきである。また，1978年の行政と公衆との関係を改善する法（Loi n° 78-753 du 17 juillet 1978 portant diverses mesures d'amélioration des relations entre

---

septembre et 31 décembre.
24) CE sect. 25 avril 1975, Bierge, Rec., p. 266.
25) 原文は «Il ne peut être exercé aucune action contre le service des domaines, en sa dite qualité, par qui que ce soit, sans qu'au préalable on ne se soit pourvu par simple mémoire, déposé entre les mains du directeur départemental compétent.»
26) CE 11 avril 1986, Min. Budget c/Sté Le Domaine des Embiez, Rec., p. 86.
27) MORAND-DEVILLER (J.), Cours droit administratif, 11ᵉ éd., Montchrestien, 2009, p. 62.

l'administration et le public et diverses dispositions d'ordre administratif, social et fiscal) の第 20 条で定められている通り，行政文書開示拒絶の決定について，もし訴訟を起こすならば，まず行政書類閲覧委員会（Commission d'accès aux documents administratifs, CADA）に対して前置救済手続を行うべきであり，行政機関が行政文書を開示し閲覧可能にするか否かを行政書類閲覧委員会が決めてから，ようやく訴訟を起こすことができる。また 1987 年 12 月 31 日の行政訴訟改革法（Loi n° 87-1127 du 31 décembre 1987 portant réforme du contentieux administratif）第 13 条で定められている通り[28]，国家・地方公共団体あるいは公共施設法人の契約責任または契約外責任が引き起こした紛争は，訴訟の前にまず前置の行政訴願あるいは調停手続を経るべきである。すなわち，行政契約および行政賠償責任の訴訟手続について，訴願手続あるいは調停手続の前置が広く規定されており，立法者が行政訴訟案件の過多を案じて，この制度で「フィルター」（filtre）を設置することによって訴願前置あるいは調停前置手続を一般化させようとする意図が窺える[29]。

近年のフランスの行政訴訟改革では，行政紛争解決の和解（transaction），調停（conciliation），仲裁（arbitrage）の制度について討論している部分もあり，裁判ではない方法での紛争解決を試みている[30]。制度の構造において，いずれも裁判所に進む前の前置救済手続であるため，訴願と共に議論されることが多い。これらの非裁判性の紛争解決方法は，上述の訴訟フィルター（filtre du contentieux）として，行政裁判所の負担を軽減するためによく利用される。

---

28) «Des décrets en Conseil d'État déterminent dans quelles conditions les litiges contractuels concernant l'État, les collectivités territoriales et leurs établissements publics, ainsi que les actions mettant en jeu leur responsabilité extracontractuelle sont soumis, avant toute instance arbitrale ou contentieuse, à une procédure préalable soit de recours administratif, soit de conciliation.»

29) CHAPUS (R.), Droit du contentieux administratif, 13ᵉ éd., Montchrestien, 2008, p. 400. 本書で，Chapus 教授はフランス法における前置の調停手続（préliminaire de conciliation）の関連規範（法律規定や豊富な判例を含む）に対して，かなりの紙幅を費やしている。また，日本語の文献の紹介は，橋本博之『行政訴訟改革』（弘文堂，2001 年）34 頁以下を参照のこと。

30) CONSEIL D'ÉTAT, Régler autrement les conflits: conciliation, transaction, arbitrage en matière administrative, La Documentation française, 1993; JOUGUELET (J.-P.), Conciliation, transaction et arbitrage, JCA fasc. 1005. フランスの著名な行政法学雑誌 Actualité juridique du droit administratif（AJDA）の 1997 年の 1 月号は，「紛争解決の代替方法」（Les modes alternatifs de règlement des litiges）をテーマにした企画を掲載しており，参考に値する。日本語の文献の紹介は，橋本・前出注 29) 56-59 頁を参照のこと。

法制度上，これらの非裁判性の紛争解決制度を，訴訟を起こす前の強制的前置手続として，裁判所の負担を軽減する方法が，権利が侵害された人々の権益を救済する本来の目的に符合しているか否かは，まだ討論の余地があるが，確かにこのような議論は行われている。さらに，フランスにおいては，行政契約の領域に関するこの種の強制的前置手続を置く法規範は，益々増加の勢いを見せている[31]。

反対に，これらの前置手続の強制は，行政対私人の場合，私人が（自己に）有利な決定を得られなくとも，有益な点があると賛成するフランスの学者もいる。行政の相手方はまず自分の論点を整理することや，行政側の見解を理解することもでき，正式な訴訟の前に十分な準備を整えることができる。また，行政と行政の相手方間の対話を増やすことができ，行政の民主（démocratie administrative）化を促進する[32]。

2 行政不訴願制度の性質の確定──非裁判性の行政内部監督のメカニズム

フランス法の行政訴願制度は，創設の時期から見れば，世界各国に先んじたと言えよう。「大臣裁判制度」廃止以降，フランスの行政訴願制度と行政訴訟の越権訴訟はそれぞれ別々に発展していった。制度の性質から見れば，訴願は行政権に属し，越権訴訟は行政裁判に属する。行政訴願制度の性質を徹底的に模索するためには，フランス行政法学史から行政訴願制度の源を見つけなければならない。

(1) 司法と行政の戦争──行政裁判の確立　　フランスの行政裁判の歴史は，フランス大革命前の旧法時代（l'Ancien Régime）にまで遡ることができる[33]。中

---

31) LICHERE (F.), MARTOR (B.), PEDINI (G.), THOUVENOT (S.), Pratique des partenariats public-privé, Litec, 2007, p. 163.
　さらに，1995年2月6日に首相が発布した行政規則において，国家機関の調停手続の利用についての関連規定が定められている。Circulaire du 6 février 1995 relative au développement du recours à la transaction pour régler amiablement les conflits, JORF n°39 du 15 février 1995, p. 2518.
32) TRUCHET (D.), Recours administratifs, Encyclopédie Dalloz, contentieux administratif, II, 2000, n°50-52.
33) いわゆる旧法時代とは，フランス大革命以前の，Valois王朝およびBourbon王朝時代を指す。旧法時代の法制度に関する文献は，DE TOCQUEVILLE (A.), L'ancien régime et la Révolution, Gallimard, 1952; MESTRE (J.-L.), Un droit administratif à la fin de l'Ancien Régime: le contentieux des communauté de Provence, Paris, LGDJ, 1976; MESTRE (J.-L.), Introduction historique au droit administratif français, Paris, PUF, 1985; CASTALDO (A.), Introduction historique au droit, Dalloz, 3ᵉ éd., 2006を参照のこと。

世のフランス国王は，キュリア・レジス（Curia Regis）によって国政を総覧した。ルイ13世の時代になると，フランス朝廷の主な政治機構は国王顧問会議（Conseil du Roi），会計院（Chambre des comptes）およびもうひとつの司法機関である高等法院[34]（Parlements）であり，行政に関する争議事件は国王顧問会議が審理していた。宰相リシュリュー（Richelieu）の時代から，高等法院は幾度も行政権と権限を争い，政治活動に介入していた[35]。リシュリュー主導の下，国王が1641年2月21日にサン・ジェルマン勅令（Édit de Saint-Germain）を発布，また1661年に高等法院が国家事務に干渉することを禁ずる命令[36]を出したにもかかわらず，18世紀に至るまで，高等法院が行政権に干渉する行いは少しも止まらなかった[37]。

フランス大革命時期，1789年の憲法制定議会（Assemblée Constituante）において，人々は高等法院に対して極めて不信感を覚えたため，法院の政治的権限を禁止するべきだと主張した。1789年11月3日に高等法院の無期限休会を命じた以外に，さらに1790年8月16日-24日法の第13条で「司法の作用と行政の作用は異なるため，区別しなければならない。司法官は，いかなる方法であっても，行政団体の活動を邪魔してはならず，かつその職務を理由に，行政官を召喚してはならない。本規定に違反した者は，瀆職罪に当たる」と規定した。1791年9月3日憲法の第3編第5章第3条は「立法権の行使について，法院は法律の執行を停止してはならず，また行政の作用を侵害してはならず，その職務を理由に行

---

[34] 高等法院の法服貴族（noblesse de robe）は，国王の名の下で司法権（当時は司法裁判と行政裁判を区別していなかった）を掌握していた。時に法規性判決（arrêt de règlement）の名の下，時には法令登録権（prerogative d'enregistrement）によって，国王の立法権の行使を拒絶した。当時のフランス国王が立法権を行使し発布する法令は，高等法院の登録簿に登録することではじめて該当高等法院の管轄区域で適用された。CASTALDO (A.), Introduction historique au droit, Dalloz, 3e éd., 2006, p. 330 et 369 et s. を参照のこと。フランス旧法時代の高等法院は，当初多くの朝廷の高官で構成され，重要な政治問題について裁判を行っていたが，後に次第に法律専門家で構成されるようになった。13世紀，フランス国王ルイ9世（Louis IX, 1226-1270年在位）時に，Parlementと命名される。元はパリのみに設置されていたが，ルイ11世（Louis XI, 1461-1483年在位）治下，1467年に同司法官らの終身の身分保障（inamovibilité）を授け，その後次第に独立性を有する裁判機関へと発展していった。山口俊夫『概説 フランス法（上）』（東京大学出版会，1998年）34頁を参照のこと。

[35] LAFERRIERE (E.), Traité de la juridiction administrative et des recours contentieux, t. 1, 2e éd., 1896, p. 154 et s. を参照のこと。

[36] ISAMBERT (F.-A.), Anciennes lois françaises, t. XVI, p. 529; cité par LAFERRIERE (E.), Traité de la juridiction administrative et des recours contentieux, t. 1, 2e éd., p. 158.

[37] FRIER (P.-L.), PETIT (J.), Précis de droit administratif, 4e éd., Montchrestien, 2006, p. 15.

政官員を召喚してはならない」と規定した。共和暦3年果実月（Fructidor）16日法では，法院は行政の各種の行為を審理してはならず，違反した者は法に則って処罰すると規定している。以上の通り，大革命期の関連する立法が，既に行政機構と司法機構の分離の原則[38]（principe de séparation des autorité administratives et judiciaires）を形作っていた。この時期の後，行政裁判制度が確立されたのみならず，フランスの行政裁判が広義の行政権に属することも確立された[39]。共和暦8年（l'An VIII，西暦1799年）霜月（Frimaire）22日憲法52条の規定は国務院[40]（Conseil d'État）を創設し，裁判の職権（attributions juridictionnelles）を有する一面と，諮問の職権（attributions consultatives）を有する一面もあり，行政内部を行政活動と行政裁判とで分離させる初歩的な構造を形成した[41]。1806年6月11日法により，国務院内に争訟委員会（commission du contentieux）を設け，次第に行政権内の訴訟機能の専業化を発達させた。

（2）訴願制度の嚆矢――大臣裁判制度　（i）大臣裁判制度の創設　いわゆる大臣裁判制度[42]（théorie du ministre-juge）とは，行政事件の争訟について，行政

---

38) DE LAUBADERE (A.), GAUDEMET (A.), Traité de droit administratif, t. 1, 16ᵉ éd., LGDJ, 2001, p. 328; Voir aussi FRIER (P.-L.), PETIT (J.), Précis de droit administratif, 4ᵉ éd., Montchrestien, 2006, p. 16.

39) 張惠東，「司法裁判，行政裁判抑或是純粹行政？――法國行政法學的基礎課題」，臺北大學法學論叢，100年3月，9頁以下を参照のこと。

40) 字義から見れば，Conseilはフランス語で「会議」という意味で，Étatは「国家」という意味になる。法制史の変遷から言えば，Conseil d'Étatの前身は，13世紀末に設立された「国王顧問会議」（Conseil du Roi）である。その機能は，国王に意見を提供し，国王が国務に関する行政訴訟の裁判権を行使するのを助けることであった。共和暦8年霜月22日憲法第52条の規定により創設されたConseil d'Étatは，行政諮問と争訟という二重の使命を背負っていた。その法定職権から見れば，1945年以降，フランスのすべての法律の草案は，立法の前に必ずConseil d'Étatに届け諮問を受けなければならない。1958年第五共和国憲法第37条，第38条および第39条はさらに，すべての法律草案，条例草案および行政立法草案はまずConseil d'Étatに届け諮問を受けなければならないと規定した。そのため，フランスのConseil d'Étatは諮問部門と訴訟部門に分けることができ，その訴訟部門が我が国の最高行政法院に相当する。理解を容易にするため，我が国の法学文献の訳となるべく統一し，ここでは「国務院」の訳を採用する。しかし，注意すべきは，フランスのConseil d'Étatはフランスの最上級の行政「法院」であるが，それだけの存在にとどまらないという点である。

41) 活動行政と行政裁判の徹底した分離は，カド判決以降にようやく達成される。後出の「大臣裁判制度の衰退」の部分を参照のこと。

42) 「大臣裁判」（ministre-juge）制度は，「部長法官理論」とも訳されるが，この二者は同じ意味である。考えるに，大臣裁判制度の発端およびその確立は，フランス第一帝国時代にあり，当時の政治制度が専制王権体制であったため，ここではフランス語の「ministre」を「大臣」と訳し，「部長」とは訳さない。「juge」については，「司法官」という意味であるが，その制度の内容に鑑みるに，大臣が係争事件の行政裁判の管轄権を有するという意味であるので，本稿では「裁

の相手方が国務院へ訴訟を起こそうとする前に，まず該当の権限を持つ大臣に当該争訟の審理を請求しなければならず，大臣が決定 (décision ministérielle) を下した後に，行政の相手方が当該大臣の決定に不服がある場合，漸く国務院に訴訟を起こすことができる制度である。すなわち，大臣は行政事件の一般管轄権限を持つ裁判官 (juge de droit commun en matière administrative) となった。言い換えれば，ある行政訴訟事件に関して特別の管轄規範が法律で規定されていない場合，大臣が当該事件の第一審の司法官となる。国務院に対して起こした訴訟に至っては，大臣が決定を下した後に，大臣の決定に対して起こす上訴審とみなされた。大臣裁判制度は，行政訴願制度および行政訴訟の越権訴訟 (recours pour excès de pouvoir) の濫觴であった。大臣裁判制度が廃止されてからようやく，二者はそれぞれ発達し始めた[43]。

共和暦12年熱月 (Thermidor, 西暦1804年7月20日-8月19日) 16日法は，執行命令を出す権利がある行政官が真の裁判官 (véritables juges) であると定めた。1813年のシュナンテ判決 (l'arrêt Chenantais) および1814年Rey判決 (l'arrêt Rey) という二つの重要な判決[44]の後，大臣の決定が第一審裁判に属するという性質をさらに確立した。しかし，国務院は当時，大臣が一般権限を持ち，第一審の裁判官の資格を有することを黙認していた。当時のフランスの学説も賛同している。その後，行政職務の行使と関わりのある争訟は，大臣が裁判官のように先行審理を行った[45]。このような国務院の黙認，学界の承認という背景の下で，大臣裁判制度はさらに確立されていった。

また，国家債務人理論[46] (théorie de l'État-débiteur) の下に，フランス大革命以

判」と訳し，「司法官」とは訳さない。
43) DE LAUBADERE (A.), GAUDEMET (A.), Traité de droit administratif, t. 1, 16ᵉ éd., Paris, LGDJ, 2001, p. 576.
44) L'arrêt Chenantais, CE 22 mai 1813; L'arrêt Rey, CE 26 mars 1814. PREVEDOUROU (E.), Les recours administratifs obligatoires - Etudes comparée des droits allemand et français, LGDJ, 1996, p. 45 を参照のこと。
45) PREVEDOUROU (E.), Les recours administratifs obligatoires - Etudes comparée des droits allemand et français, LGDJ, 1996, p. 45.
46) 大革命時，前王朝が残した未決の国家債務について，司法権ではなく，行政権の管理下であると認められていた。例えば，1790年7月17日-8月8日法 (loi des 17 juillet-8 août 1790)，および1793年9月26日令 (décret du 26 septembre 1793) がある。この規範は，大革命期の権力分立の原則となり，国務院も遵守した。この国家債務人理論は，1873年2月8日，権限衝突法院 (Tribunal des conflits) が作成した著名なフランス行政判例ブランコ (Blanco) 判決が，国家賠償責任を創設するまで続いた。CHAPUS (R.), Droit administratif général t. 1, 15ᵉ éd.,

前の国家が残したすべての債務のその性質は,「行政的」であり,「司法的」ではないとされ,よって行政権が処理するべきである。一方で,行政官僚性の原則,および現実的な考慮に基づき,大臣裁判制度はさらに正当化された。理由は以下の通りである。大臣の介入の方がより迅速であり,無料である。また,当時の大臣がこの官僚体制の地位をもって紛争を解決した結果として,人々は公平な保障を得ることができた。共和暦8年雪月（Nivôse）5日の行政命令はさらに,国務院の職権を「大臣が既に決定した訴訟事件を処理する」と明文化し,この時既に大臣と国務院の関係を,行政訴訟の第一審と上訴審の関係に区分している[47]。

1889年,国務院がカド判決[48]（l'arrêt Cadot）を下した後,大臣裁判制度はようやく終わりを告げた。カド判決以前に既に,1872年5月24日法および国務院の二つの判決（後述するブガール判決およびカンヌ市判決）が大臣裁判制度を廃除しようと試み,国務院が,法律の明文規定がなくとも,行政の相手方は直接国務院に行政訴訟を提起することができると,明らかにしていたにもかかわらずである。しかし,実際は大臣裁判制度は真に終結はしなかった。真に大臣裁判制度に終止符を打ったのが,カド判決である。

　(ii)　大臣裁判制度の衰退　　大臣の決定は,過去では裁判の一部とみなされていた。しかし大臣裁判制度には多くの問題が存在する[49]。最も重要な問題は,「プレイヤー兼レフェリー」という欠点である。大臣は行政官でありながら,行政の決定を守る裁判官でもある。そのため,国務院は後に連続して数個の判決を出し,この制度を終結させようと試みた。1881年のブガール判決（l'arrêt Bougard）およびカンヌ市判決（l'arrêt Ville de Cannes）,この二つの重大な判決の後,カド判決の出現が,ようやく大臣裁判制度を正式に過去のものにした。

　(a)　ブガール判決[50]（L'Arrêt Bougard）　　ブガール（Bougard）氏は某市の雇員

　　　Montchrestien, 2008, p. 829 を参照のこと。
47)　原文は «... il faut entendre la décision définitive, car les ministres rendent des décisions en premier ressort sur les affaires de leur compétence et sauf recours au Conseil d'État». Cité par PREVEDOUROU (E.), Les recours administratifs obligatoires - Etudes comparée des droits allemand et français, LGDJ, 1996, p. 45.
48)　L'arrêt Cadot, CE 13 déc. 1889, Rec., p. 1148.
49)　大臣裁判制度の問題については,PREVEDOUROU (E.), Les recours administratifs obligatoires - Etudes comparée des droits allemand et français, LGDJ, 1996, p. 49-50 を参照のこと。
50)　CE 24 juin 1881, Sirey, 1882. III. 48. 日本語文献の紹介については,神谷・前出注9) 70頁以下を参照のこと。

であったが，年金支払精算請求（demandes en liquidation）事件の県知事の決定に不服があり，直接国務院へ訴訟を起こした。県知事は，「……国務院へ提訴する前に，県知事の決定は部長[51]の審理に引き渡されていない。行政の階層制および（審理権を有する）訴訟司法官の部長に属する権能についての原則により，県知事の決定の効力について争うのは，国務院へ提訴する前に，まず部長が決めるべきである……」を理由に，答弁を提出し，国務院に不受理却下を請求した。

これに対して，本案を審理する論告官[52]（Commissaire du gouvernement）Gomel は以下のように意見を表している。本案の県知事の決定の根拠は，現在まで，国家の首長あるいは内政部長の決定が必要とされる県市（レベル）のすべての事件で，1852年3月5日法第1条の規定により，「本条文は当事者の規範に能力（自由性）（faculté）を授けるものであり，本事項に関しては，当事者が部長に提訴することを許可する」とされている。しかし，国務院の判決は「……県知事の上述の決定は，各市町村の雇員あるいは職員が提起した年金支払請求を判断する権力を県知事に授ける1872年3月25日法によるものであり，当該法律の第6条は，係争決定に係る訴えは内政部長に提起しなければならないと規定している。しかし，そうであるとしても，係争決定の性質上，その訴訟方式は依然として直接国務院に提訴してもよい。……」であった。本判決は，大臣裁判が排他的，義務的な制度ではなく，選択的な制度になったことを明示している。

(b) カンヌ市判決[53]（L'Arrêt Ville de Cannes） 国務院が1882年に下したカンヌ市判決は，大臣裁判の強制性を再度否定した。事件の経過は以下の通りである。カンヌ市と初等教育宗教評議会（Congregation religieuse relativement à l'instruction

---

51) 当時はフランス第三共和国であったため，「ministre」を部長と訳し，大臣とは訳さない。カンヌ市判決およびカド判決も同様とする。注42）を参照。

52) 日本の学者には commissaire du gouvernement を「政府委員」と訳す者もいる。例えば滝沢正教授などがそうである。滝沢正『フランス法』（三省堂，2001年）229頁を参照のこと。フランス国務院の論告官は政府の意見を代表するわけではなく，中立の立場から，個別の案件に論告書（conclusions）を提出する。その論告書はフランスの行政裁判実務において非常に重要であり，法令集では常に判決書と共に掲載されている。CHAPUS (R.), Droit administratif général, t. 1, 15e éd., Montchrestien, 2008, p. 813 を参照のこと。

さらに，フランス2009年1月7日2009-14号行政裁判公共論告官（rapporteur public）に関する命令（Décret nº 2009-14 du 7 janvier 2009 relatif au rapporteur public des juridictions administratives et au déroulement de l'audience devant ces juridictions）第1条第1款で，Commissaire du gouvernement を rapporteur public（公共論告官）に改めると規定した。

53) CE 28 avril 1882, Sirey, 1884. III. 27. 日本語文献の紹介については，神谷・前出注9）71頁以下を参照のこと。

primaire）との間で締結された契約の請求履行事件は，まず司法裁判所へ提訴され，当該契約が既に有効か否かの認可を決定するために，司法裁判所（普通裁判所）は本案を行政機構へ移送し，行政機構が決定を下すまで，裁判の審理を一時停止した。カンヌ市は，当該契約の認可は県長官（secrétaire générale）の権限の範囲内ではなく，このような手順は違法だとし，直接国務院に提訴した。国務院は，この請求に関して，県知事もしくは部長が決定を下した後に国務院へ移送して審理する必要はないとした。国務院は以前の判例を変更し[54]，大臣裁判制度を否定した。

　(c) カド判決[55]（L'Arrêt Cadot）　カド（Cadot）氏は元はマルセイユ市の道路や水道の技師長であったが，マルセイユ市がこの職務を廃止したため，マルセイユ市が職務を廃止したことにより生じた損害の賠償を請求した。民事裁判所は，マルセイユ市とカド氏との間で結ばれた契約は，民事上の雇用契約ではないため，管轄権がないと裁定した。カド氏は県参事会に改めて提訴したが，本案は公共事業執行の契約の廃止に関するものではないとして却下された。その後，カド氏は内政部長に救済請求を行った。しかし，内政部長はただ「マルセイユ市は賠償に応じない」との意思を簡単に回答したのみであったため，国務院に提訴した。国務院はこの判決において，「部長は係争案件に対して裁判権限を有するか否か」について重要な判断を下した。国務院論告官 Jagerschmidt は以下のように意見を表している。

　市長による市政府の職員の不正免職を理由に提出された損害賠償請求の審理権は部長に属さない。また，「原告は直接国務院に提訴しなければならない」の意図を補充説明する。市長が職員に対して行った行政行為を理由に，市政府に対して損害賠償請求を提起する場合は，部長であれ，県参事会であれ，司法裁判所（tribunaux judiciaires）であろうとも，審理の資格を持たず，また，この争訟が直接国務院へと繋がる理由を見出すことはできない[56]。……現在の状況では，司

---

54) CE 1877. 1. 26. Compass; CE 1877. 2. 2. Soubry, Sirey, 1977. II. 309. 神谷・前出注 9) 75 頁を参照のこと。

55) LONG (M.), WEIL (P.), BRAIBANT (G.), DELVOLVE (P.) et GENEVOIS (B.), Les grands arrêts de la jurisprudence administrative, 16ᵉ éd., Dalloz, 2007, p. 37 および神谷・前出注 9) 72 頁以下を参照のこと。

56) 原文は «... lorsqu'un maire s'est prononcé sur une demande en indemnité formée contre une commune à raison d'actes administratifs émanés de ses agents, nous ne voyons pas pourquoi cette décision ne serait pas déférée directement au Conseil d'État, puisque ni le ministre, ni le conseil de préfecture, ni les tribunaux judiciaires n'ont qualité pour en connaître.»

法裁判所は市長の行政行為を審理すべきではなく，私人が市政府に対して国家賠償訴訟を提起しようとする場合は，市政府の合法な代表者が決定を下せば充分であり[57]，この市政府代表者の決定を再度，国務院で審理すべきである。

　国務院の判決内容は，論告官 Jagerschmidt の観点を採用している。判決は，委任裁判制度の当然の結果として，大臣裁判制度を廃止すべきとした。すなわち，市長による免職処分については，直接国務院に訴えを提起しなければならない。この判決の後，従来支配的地位にあった大臣裁判制度を打ち破った。大臣の決定は，性質上は行政官の行為に属し，訴訟の判断や司法官の裁判ではなく，行政の判断に属する。すなわち，行政と裁判の厳格な区分により，行政の手続と訴訟の手続，行政行為と司法官の行為が区別された。実質的に行政内部の活動行政（administration active）と行政裁判（juridiction administrative）の分離の構造が徹底的に達成された。

　フランス大革命期間に，司法権が行政権に干渉することが禁じられ，行政裁判が行政権に属するという大原則が確立されて以降，行政権内部に行政裁判（juridiction administrative）と活動行政（administration active）を区分せねばならなかった。前者は訴訟的性質の行為であり，後者は純粋に行政的性質の行為である。フランスの訴願制度も行政裁判に続き，「司法から行政へ」の過程を経た。大臣裁判制度が終結すると，訴願制度はまた行政裁判の範疇から，純粋行政の領域に回帰していった。

II　全体行政救済手続の訴願前置主義

　初め，我が国の法制度は訴願前置主義を採っており，継受法の影響を受けた可能性があったが，日本では 1962 年以降既に制度を変更している[58]。行政法の母国であるフランスの法制度は，訴願制度創設後，一般性を有する強制訴願前置の規定はかつてなかった。よって，訴願前置主義の存在理由について，新たに見直すべきである。また，行政救済手続において，訴願手続と行政訴訟には密接な関連があり，強制訴願前置手続を採用するか否かを考慮する際は，訴願手続のみな

---

57)　これはすなわち「決定前置原則」（la règle de la décision préalable）である。つまり，行政訴訟を提起する前に，行政機関の決定があるべきであり，この行政決定を攻撃するためにようやく行政訴訟を提起することが可能になる。CHAPUS (R.), Droit administratif général, t. 1, 15ᵉ éd., Montchrestien, 2008, p. 797 を参照のこと。

58)　塩野宏『行政法 II 行政救済法〔第 2 版〕』（有斐閣，1994 年）58 頁。

らず，行政訴訟手続をも視野に入れ，共に考慮したほうがよい。

1 訴願前置主義の存在理由の新たな見直し

一般的に，訴願前置の機能は，以下の六つに他ならない。①人々の権益を守り，公の権力に侵害されることを避ける。②行政の合法的な行使を確保する。③行政の妥当性を確保する。④行政の歩調や作法，措置を統一する。⑤行政裁判所の負担を軽減する。⑥司法権が行政権を尊重する[59]。よって，行政訴訟手続が取消訴訟または義務付け訴訟の提起を課す場合，強制的な訴願前置が要求される。比較法的に見るに，日本では，戦前の行政裁判法第17条で訴願前置が定められ，戦後の行政事件訴訟特例法も，第2条で，処分の取消訴訟について，「その処分に対し法令の規定により訴願，審査の請求，異議の申立その他行政庁に対する不服の申立のできる場合には，これに対する裁決を経た後でなければ，これを提起することができない」と規定していた。これが日本法のいわゆる「訴願前置主義」（または裁決前置主義と呼ぶ）である。しかし国民の権利救済の点から見れば，訴願前置主義に対する存廃については当時既に検討すべきとの声が上がっており，全く反対されず直接受け入れられたわけではない[60]。日本の現行法では，強制訴願前置の規定は廃除され，不服申立てと行政訴訟の二者の自由選択主義が採られている[61]。フランス法では，本稿のIで紹介した通り，訴願を提起するか否かは，早々に自由選択の原則を採っている。訴願前置が法律で明文化され，その遵守を強制されているのでない限り，訴願を提起するか否かは，当事者が自由に選択すべきである。本来は憲法が保障する「権利」である訴願権が，もし「強制訴願」を採れば，その性質が却って「義務」に転化してしまう可能性があるのではないか。

日本では，法制度の設計上，一般の普遍的な不服申立前置の規定を採らないが，個別の法律で規定することは可能である。昭和37（1962）年，立法者が行政事件

---

[59] 蔡志方，行政救濟法新論，3版，元照出版，2007年，27頁；陳清秀，行政訴訟法，5版，元照出版，2012年，47頁以下；吳庚，行政爭訟法論，第5版，2011年，365頁以下；李震山，行政法導論，修訂9版，三民書局，2011年，586頁以下；平田和一「行政不服審査法の『目的』」福家俊朗＝本多滝夫編『行政不服審査制度の改革』（日本評論社，2008年）52頁以下。

[60] 小早川光郎『行政法講義 下（Ⅱ）』（弘文堂，2005年）163頁。

[61] 三神正昭「不服申立前置を巡る従来の議論の整理とその存置の意義等に関する若干の考察」政策科学21巻4号（2014年）133頁。

訴訟法を制定する際，以下の三つの理由に基づいて，制度上の不服申立前置を可能とした。①大量作成の行政処分で，行政の統一が必要なもの。②専門技術の性質を持つ処分。③審査請求に関する裁決が第三者機関によるもの。当時はおよそ50個の実定法に不服申立前置の規定が置かれた。その後，不服申立前置の規定を置く個別法は次第に増加していったが，それらは必要であったのであろうか。日本政府はかつて満遍なく実際的な検討を行ったことがある。

平成23（2011）年，民主党政権下において，8月から9月まで，「内閣府行政救済制度検討チーム」が不服申立前置の規定がある日本の特別法を逐一検分した結果，99本存在することが明らかになり，検討により，うち71本の法律から不服申立前置の規定を廃除することに決めた。当時の日本の不服申立制度の改革に対する法制度作業は主に三つの重点があった。①原処分庁は同案の不服申立を再処理してはならず，比較的中立的な第三者機関において不服申立を処理せねばならないなど，公正性の向上。②訴願提起の期間を60日から3ヵ月へ延長し，不服申立制度手続を簡略化・一元化し（「異議」制度の統合），不服申立前置を改革する（直接裁判所へ提訴する選択を拡大する）など，制度の利用しやすさの向上。③行政処分によって不利益を被る者は，審査請求を行うことが可能な他，行政手続法で定めているように，人々が法令違反の事実を発見した際，行政機関が正当な権限を行使する手続を促すべく，是正を求めることができる。また，法律の規定の条件に符合せず行政指導を受ける者は，行政機関に中止および再度考慮する法律上の手続を要求することができるなど，国民救済手段の充実・拡大。しかし2012年12月以降，政権党が変わり，民主党政権下で進められてきた法制化作業はすべて終わりを告げた[62]。

それでも我々は，人々が裁判所に直接起訴する選択肢を得た目的や，訴願前置に関する規定の更なる改革など，当時の日本法制が考慮した点に気付くことができる。立法後，日本政府は以前の通り該当法の施行効果がいかなるものか定期的に逐一検査しており，学者や専門家，市民以外にも，政府機関に協力を仰ぎ意見を聴くことによって，次の段階の法改正の参考にしている。

---

62) 橋本・前出注6) 122頁。

2 訴願前置主義と行政訴訟制度の体系的な考察

　広義の行政手続の一環として，訴願手続と行政手続は密接な繋がりがある。同じように，行政救済手続において，訴願手続を考察する際は，行政訴訟手続も共に考察しなければならない。なぜならば，この二つもまた密接な関連があるためである。目下の我が国の法制設計は，訴願制度の目的を達成するため，強制訴願前置制度を採用してから，訴願制度を強化している。あるいは，元は行政手続の性質の一環に属する訴願手続を，手続あるいは組織の改造により，その「準司法」の性質を強めた。抜本的な問題解決の点から言えば，裁判所の各行政領域を専門に審理する法廷を直接拡充し，下級審に各専業裁判所をさらに設置した方がなおよいであろう[63]。

　却って，もし訴願手続が比較的独立性を有する機関の主導により進行し，かつ訴願手続が準司法手続を採る際に，後続の行政訴訟手続において，適度に訴訟の審級を減らす，あるいは訴訟の段階で新しい証拠を提出することを禁ずるなどをすべきかは，合わせて考えた方がよいであろう[64]。日本の実定法で不服申立前置制度を定めている個別法を検討した後，日本の内閣府行政救済制度検討チームは13本の法律を取り上げ，これらの個別法の訴願手続は行政訴訟第一審に取って代わる機能があるため，人々は訴訟前に訴願手続を経ることにより，行政訴訟の第一審の手続を省略し，直接第二審へ提訴することができるとした。

　また，一般的に訴願と行政訴訟の差異について，訴願審議機構は原処分の妥当性・合目的性について審理を行えるが，行政裁判所は合法か否かについてのみ審査できるという点にあると考えられている。しかし，日本やドイツの実証調査および学者の研究によれば，実際は訴願審議機構の合目的性審査はその機能を発揮していない[65]。我が国の学者も，「政府の重大政策の決定に関わる訴願案件や中

---

63) 山本隆司，（劉宗德譯），「試論日本行政不服審査法之修正」，法學新論，第25期，元照出版，19頁以下。
64) 山本隆司「行政審判と実質的証拠法則」平成18年度特許庁産業財産権制度問題調査研究報告書「審判制度に関する今後の諸課題の調査研究報告書」（2007年）186頁以下；山本隆司，（劉宗德譯），「試論日本行政不服審査法之修正」，法學新論，第25期，元照出版，20頁に再引用。
65) 久保茂樹「行政不服審査」磯部力＝小早川光郎＝芝池義一編『行政法の新構想Ⅲ行政救済法』（有斐閣，2008年）161頁以下；Sydow/Stephan Neidhardt, Verwaltungsinterner Rechtsschutz: Möglichkeit und Grenzen in rechtsvergleichender Perspektive, 2007, S. 15 f., S. 154に再引用。山本隆司，（劉宗德譯），「試論日本行政不服審査法之修正」，法學新論，第25期，元照出版，7頁。

央主管機関が既に法解釈済みの訴願案件は，行政機関が自己監督や自己反省する可能性が相対的に低く，訴願を受理する機関も常に該当政策の決定や法解釈に制約され，人々に有効な救済を与えることができない。そのため，この種の行政救済案件が，もし強制的訴願前置主義を採れば，ただ人々の権利救済を請求する時間を遅延させるだけである」と指摘している[66]。

さらに，訴願制度と行政訴訟制度の間にも，双方向的な関係が生じる。例えば，訴願者が取消訴訟を提起する場合の，原処分と訴願決定の関係[67]。また，原処分および訴願決定の取消訴訟において，当事者が訴願審理時にはまだ審理されていなかった新しい証拠もしくは新しい主張を提出した場合，裁判所は後続をどのように処理するべきか（杉本良吉の「事件の差戻」構想）[68]などの問題は，すべて単純に直接裁判所へ行政訴訟を提起する状況よりもさらに複雑である。そのため，法制度を設計する際に，もし強制訴願前置を原則とすれば，多くの行政争訟において，法律関係が比較的複雑な結果を生じてしまうであろう。また，日本法でも，事実行為あるいは行政指導行為の形式に対し，訴願前置の規定を通して，その処分性の規定を授けており，この時の訴願前置は行政行為の性質をマーキングするツールであり，同時に後続の行政訴訟と連結し，訴訟の類型を明確化することができる[69]。

結　　論

多くの公法上の制度について，我々はフランスの法制にその最も原始的な様相を見出すことができる。多くの行政法上の論点について，我々は参考に値する資料をフランス法制の中から発見することができる。フランスの法制では，訴願と行政裁判制度の間には密接な繋がりがある。この二者は，大臣裁判制度が廃止されて漸く，それぞれに更なる発展を辿ることになった。フランス行政法学史は，訴願制度の問題点を観察する際には行政訴訟の範囲まで視野を拡大すべきであると我々に教えている。また，フランスの法制度は我々が思考を展開するうえでの対比関係を与えてくれてもいる――なぜ訴願制度は原則上，選択的であるべきな

---

66) 陳清秀，行政訴訟法，5版，元照出版，2012年，49頁。
67) 張文郁，「行政訴訟中撤銷訴訟之訴訟標的之研究」，權利與救濟（二）實體與程序之關聯，元照出版，2009年，179頁以下。
68) 興津征雄『違法是正と判決効――行政訴訟の機能と構造』（弘文堂，2010年）234頁以下。
69) 橋本・前出注6) 127頁。

のか。なぜ訴願制度は行政の属性であるべきなのか。なぜフランスの訴願制度は「準司法化」の道を辿らなかったのか。就中，強制訴願前置主義が人々の訴願権を「義務」に変えてしまう可能性があるという問題について。

　訴願前置制度に対し，本稿はフランスと日本の二つの国家の比較法から出発し，それぞれ歴史上の本質，実際の側面の検証の二つの方面から，この制度の存在が合理的であるか否かの討論を試みた。この問題を検討するにあたって，本稿は一つの考え方の提示のみにとどまるため，後進の学者らの今後の研究に期待したい。

　　［付言］日本の行政不服審査法の平成26年の改正そのものを取り込むことはでき
　　　なかった。

韓国行政法に見る 'Paternalism'
―― 行政不服制度を素材にして

兪　珍　式

I　はじめに
II　行政不服制度の原型としての訴願法
III　行政不服制度における新紀元
IV　行政手続法と行政審判法の制定・整備の意味すること
V　迂回制度の例
VI　結びに代えて
　　――'Paternalism'，近代，近代法

I　はじめに

　行政法をどのように捉えるかについては論者によって様々であるが，議論の便宜上，'行政上の個々の案件処理を規律する法'[1]と考えることも許されよう。そしてその案件処理の流れ，即ち手続の側面から見るとその主な法律は行政手続法，行政審判法[2]，それから行政訴訟法（以下ではこれらの三つの手続を便宜上'正式手続'と呼ぶことにする）の順になる。それから韓国では，行政訴訟法と現行の行政審判法に当たる訴願法はほぼ同じ時期に制定されたが，行政手続法はその45年後である1996年12月31日に制定され1998年1月1日に施行された[3]。この三つの手続は，後述するように，その組合わせによって各々の制度の中身は多様に変わりうる。

---
1)　小早川光郎『行政法　上』（弘文堂，1999年）63頁参照。
2)　日本の行政不服審査法に相当する法律であるがその中身はかなり異なる。
3)　行政訴訟法は1951年8月24日に制定され同年9月14日に施行された。一方訴願法は後述の通り行政訴訟法と同年制定され施行される予定であったが，施行令の未制定で13年後に施行されることになった。

ところが，行政手続法の制定・施行が時間的に両者（行政審判法と行政訴訟法）とあまりにも離れていたので，正式手続は相関関係に基づいた展開にはならなかった。長い間行政法学が行政行為論中心の方法論を採用してきたことも，その原因の一つであるといえよう。その中で特に行政不服制度の混乱が著しい。つまり行政審判法以外の法的性質の不明な不服制度が乱立しているのである。このような現象をどのように見るかという問題はこれからの大きな研究テーマであるが，とりあえず目につくのは，行政審判制度の利用条件を緩和した制度が重なって存在していることである。筆者はこの現象を，一応，国家による'Paternalism'と呼んでいるが，後述するように，これで全てについて説明がつくわけではない。正式手続からはみ出した制度で従来の行政法学の理論では説明し難いところを一括りにして，そのように呼んでいるだけである。

以下では訴願法が廃止され行政審判法が制定・施行されるまでの沿革，正式手続整備の意味，正式手続を迂回する行政不服制度の例，それから最後に結びに代えて簡単なコメントをする。

II 行政不服制度の原型としての訴願法

1 訴願法の沿革

解放後韓国において最初の行政不服制度である訴願法は，1951年8月3日に制定され1951年9月4日から施行される予定であった。しかし下位法令の未制定でその施行が遅れ，13年余り立った1964年9月10日，訴願審議規程（大統領令）が制定され，ようやく国民の権利救済制度として役割を果たし始めたのである[4]。同法は行政審判法の制定で1985年10月1日に廃止されるまで1回の改正もなかった。

2 監督・自己統制中心の訴願法

訴願法は「行政庁の違法または不当な処分によって権利または利益を侵害された者は他の法律に特別の定めのある場合を除き，本法により訴願を提起してその取消または変更を請求」（同法1条）することを目的として制定された，僅か14ヶ条の極めて簡潔な法律であった。即ち，訴願人の資格も'権利または利益を侵

---

[4] 国務総理行政審判委員会，法制処，行政審判10年史（1995年），12頁。

害された者'に限られていたし、また訴願の種類も'取消または変更'を求めることのみであった。このことについて裁決庁（＝判断機関）と審理手続を中心に述べる。

(1) 裁決庁　訴願は処分行政庁を経て直接上級行政庁へ申し込むようになっていた。即ち、上級行政庁が裁決庁であったのである。ただし国務総理、各部長官（＝大臣）または大統領直属機関の処分については当該機関へ申し込むことになっていた（同法2条1項但書）。それから国務総理、各部長官（＝大臣）または大統領直属機関に申し込まれた訴願を審査し意見を述べるために、当該機関に各々訴願審議会が置かれた。国務総理訴願審議会は委員長1人に委員6人で構成されたが、その内訳は、委員長は総務処長官、委員は経済企画次官・総務処次官・法制処次長・援護処次長・企画調整室長及び国務総理の任命する公務員1人であった。国務総理訴願審議会の役割は、主に国務総理所属の中央行政機関及びソウル特別市長の処分に対する事件を審査してその裁決案を国務総理へ答申することであった。それから各部訴願審議会は委員長1人に委員4人で構成されたが、委員長はその部の次官が担い、委員はその機関の法務官と3級以上の公務員の中から当該部の長官が任命することになっていた。

(2) 審理手続　訴願審議会での審理は書面審査を原則にしていたが、訴願人または利害関係人の申請があるときには、口頭で意見を述べる機会が与えられることもあった。それに裁決行政庁は必要であると認められるときには口頭審問を行うこともできたし、職権または訴願人の申請により証人審問、検証、意見の陳述または報告を求めることができた。

訴願審議会の会議の招集は委員長によって行われ、委員過半数（委員長を含む）の出席で開会され、出席過半数で議決された。会議は非公開であった。

3　小　結

上で述べたように韓国の訴願制度は訴願の対象も処分に限られ（不作為は対象から除かれていた）、認容裁決の種類も'取消と変更'に限られていた。また裁決庁も上級行政庁になっていて、訴願審議会の委員全てが公務員であり、審理手続においても書面審理を中心にした簡単な手続になっていた。特に国務総理訴願審議会の委員の構成を見ると'威容'という表現をしても差し支えないような高位公務員が委員になっていた。このようなことからしてその当時の韓国の訴願制度

は，どちらかというと国民の権利救済よりは監督と自己統制を中心に置いていたことがよく分かる。

Ⅲ　行政不服制度における新紀元

上記の監督と自己統制中心の訴願制度を中心にしていた韓国の行政不服審査制度は，行政審判法の制定（1984年）・改正（主な改正は2008年と2010年）と行政手続法の制定（1996年12月31日制定，1998年1月1日施行）それに憲法107条3項が関連づけられ，新しい段階へ入ることになった。即ち行政審判法と行政手続法の制定により処分段階から当事者の参加が認められることになり，処分に対する公正性と透明性が高められ，それに不服がある場合には憲法107条3項に示されている準司法手続を受け入れた行政審判法によって違法・不当な行政処分から国民の権益を保護するシステムが作られることになったのである。このことについて以下で詳しく述べる。

1　行政審判法の制定と改正

行政審判法は1984年訴願法が廃止された後数回の改正を経て今日に至っているが，改正を重ねる中で見られる特徴の一つは同法の機能的な側面において，自己統制の機能から権利救済の方へその重点が移動し続けてきたという点である。

行政審判法の権利救済機能の重視という側面は既に制定当時から現れていた。従来の訴願法に比べ制定当時の行政審判法は，行政審判対象の拡大（同法3条），審判機関における裁決庁と審議・議決機関の分離（同法5条，6条），審判手続への準司法手続の準用など（同法第2章以下）が定められていることから，同法が権利救済の機能を大幅に強化していることがよく分かる。

しかしながら，制定当時の行政審判法は，なお自己統制機能も重視していた。行政審判法において自己統制機能と結び付いた内容は多様であるが，その中でもっとも典型的なことは，行政組織法上の指揮・監督体系に基づいた審判制度であったことである。この点については，裁決庁に関する定めを考察すればすぐ分かる。制定当時の行政審判法では，行政庁の処分または不作為に対する行政審判の裁決は，原則的に当該行政庁の直近上級行政機関が担うことになっていた。この定めはその後の数回の改正でもそのまま維持されたが，2008年2月29日，同法改正により決定的な変化がみられる。即ち，同法は従来の審理・議決機関にとど

まっていた行政審判委員会を審理・裁決機関へ転換させたのである。さらに国務総理所属下にあった国務総理行政審判委員会は「腐敗防止及び国民権益委員会の設置と運営に関する法律」の制定により国民権益委員会へ所属が変わり，独立性が一層強化されることになった（国務総理行政審判委員会は 2010 年 1 月 25 日法改正により，その名称が中央行政審判委員会へ変わることによって，名実の伴う行政審判委員会へ生まれ変わったのである）。このように独立した行政審判委員会が裁決庁の役割を果たしているということは，現行行政審判法が二つの機能の中で権利救済の方へ重点を置いているということをよく示している。

2 行政手続法の制定と施行

1996 年に制定された行政手続法は「行政の公正性・透明性を確保して国民の権益を保護することを目的」にしている。当時規律の対象になっていたのは処分，申告，行政上立法予告，行政予告それから行政指導の五つであるが，その中心は処分である。そして処分については処分基準と処理期間を予め定めて公表することとし，不利益処分の際には事前通知を経て聴聞，公聴会それから意見提出の中で必ずいずれか一つの意見聴取の機会を与えるように定めている（同法 22 条）。また，拒否処分をするか不利益処分をする場合には理由を示すよう定めている（同法 23 条）。

行政手続法と行政不服制度の間には相関関係がみられる。つまり行政手続法と行政不服制度の内容を各々どのように定めるかによって運用の内容とその結果は大きく変わる。そのため両者の充実した運用は勿論のこと，制度それ自体についても両者を念頭に置いて設計されなければならない。この点について以下でもう少し詳しく述べる。

まず，当然のことであるが，適切に整備された行政手続法を保有し運用しなければならない。分かりやすくて客観的な内容になっている処分基準の設定，事前通知，聴聞を中心とした意見聴取制度それから理由付記制度などが正確かつ的確に運用されるべきである。この過程を通じて行政庁は事案について客観的な資料を収集し意見を聴取することによって適正な処分をなしうるし，相手方もこの過程を通じて立証・主張の機会を持つことによって，処分に対する満足度が高められる。このように行政手続が充実すると，実質的にその分処分に対する信頼度が高められ，行政不服制度を利用する頻度が低くなるであろう。それから形式的な

側面で行政手続法と行政不服制度とは連携が可能である。例えば聴聞手続を経た不利益処分に対しては異議申立ての利用を制限するとか（日本の平成26年法律第69号による改正前の行政手続法27条2項参照），申請に対する処分の中で拒否処分をする場合には予め意見陳述の機会を与えることによって異議申立ての機能を果たすようにするなどが，それである。いずれにせよ，行政手続は行政不服手続に先行して進められるので，両者に関する解釈と立法は，両者の存在理由と内容などを考慮して行われるべきである。

3 韓国憲法107条3項

韓国憲法107条3項は「裁判の前審手続として行政審判を行いうる。行政審判の手続は法律で定めるとともに司法手続が準用されなければならない」と定めている。この定めは元々1980年第5共和国憲法108条3項を受け継いだもので，当時の訴願制度に対し違憲ではないかという論争を静めるために，実定法上の制度に対する充分な議論なしに導入された節がある。この条項が行政不服制度において有する意義は小さくないが，問題はこの準司法手続が実質的にどのような内容であるかということである。この点については多様な議論がありうるが，①判断機関の独立性・公正性と②対審的審理手続が核心的要素であるといえよう。まず判断機関の独立性・公正性を判断する基準としては，判断機関の構成員の任命の方法，任期それから所属機関または任命権者の監督権限及び判断機関の報告義務などがあげられる。

続いて対審的審理手続の場合，もっとも大事なことは審判機関の審理・裁決の基礎になる資料を当事者が手に入れる権利を保障することであろう。このような権利を保障することは制度的にそれほど難しいことではないため，もしこの権利が保障されていない場合には，特別な理由のない限り憲法107条3項の準司法手続の定めに反するというべきである。即ち，憲法107条3項で定めている'準司法手続'が有意義のものになるためには最小限この権利は保障されなければならない。この点と関連して韓国の現行行政審判法を考察してみると，ほとんどの資料を当事者が入手しうる仕組みになっているが，行政審判委員会の求めに応じて行政機関の提出する資料などと同委員会が証拠調べによって入手した資料へ請求人がアクセスする方法が保障されていない。このことは，処分の相手方に行政庁への文書閲覧請求権を保障している行政手続法上の聴聞手続にも劣る。至急検討

されるべき事項である。

Ⅳ　行政手続法と行政審判法の制定・整備の意味すること

　前述のように，1984年と1996年に各々制定された行政審判法と行政手続法は，その後も数回の改正を経ながら整備されてきた。そこでこの行政審判法と行政手続法の制定・整備はどのような意味を有しているか考えてみよう。

　まず行政手続法と，憲法107条3項を前提にした権利救済中心の行政審判法それから行政訴訟法の整備によって，行政法学の誕生の前提であり[5]もっとも重要な原理である法治主義を実現しうる基本的な要件が備えられることになったといえよう。したがって，行政作用法に関する解釈と立法はこれらを体系的に考慮した上で行われるべきである。勿論この点について韓国行政法学界でも既に議論が始まりその糸口は用意されているが，まだ充分とはいえない状況である。何故ならば，この問題は単に行政法（学）にだけではなく韓国法の世界全体にまで視野を広げて考察しなければならないからである。特に次の項（Ⅴ）で考察するように，韓国において現在の行政不服制度と関連した立法は混乱を極めた状況にある。しかしもっと大きな問題は，混乱している立法を当然と考え正式手続の制定・整備の有する意味を引き下げることによってその定着が妨げられ，さらに国民の法意識にまで否定的な影響が及ぼされていることに気づいていないことである。このような認識がどこに由来しそれをどのように評価するかという問題は大きなテーマであるが，筆者は韓国国民の法意識や国家権力に対する態度と深く結び付いていると考えている。

　以下では上記のような点を念頭に置き，行政手続法と行政審判法の制定・整備において何が重要かについて考察する。

1　迂回制度を作らない

　行政手続法と行政審判法の制定・整備においてもっとも大事な点は，行政手続法と行政審判法それから行政訴訟へ繋がるシステムを「迂回する制度を作らない」ということである。即ち，'行政庁の行政作用に伴う法問題' は特別な理由のない限りこのシステムを使うべきであるということである。この点と関連して，

---

5)　小早川・前出注1）15-18頁。

このシステムの中間位置を占めている韓国行政審判法は次のように定めている。まず同法3条1項は「行政庁の処分または不作為については，他の法律に特別な定めのある場合を除き，この法律により行政審判を請求することができる」と定めている。これは'行政庁の処分または不作為'に当たる法律問題は特別な定めのない限り全て同法を適用するという意味である。さらにこの'特別な定め'も「事案の専門性と特殊性を活かすために特に必要な場合」（同法4条1項）に限って設けられるとして，厳しく制限されている。それから「関係行政機関の長が特別行政審判またはこの法による行政審判手続に対する特例を新設するか変更する法令を制定・改正する際には，予め中央行政審判委員会と協議」（同法4条2項）するようにして監視の目を光らせている。

しかし韓国の現行法制には上記のシステムを迂回する制度が依然として存在している。その代表的な例が次の項（V）で言及する「国民権益委員会による苦情事務処理制度」，「『民願事務処理に関する法律』上の異議申立制度」それから「『監査院法』上の審査請求制度」である。一方では，これらの制度の存在意義について，"既存の権利救済制度が本来の機能を発揮できない場合に備えた補充的な救済制度であって，伝統的な行政救済制度である行政争訟制度の欠点を補いその負担を軽減させる役割"[6]を果たすところに求める見解もある。即ち，"行政審判では従来その対象と請求人適格が行政訴訟に関する大法院判例に従い狭く判断されてきたから"，別途これらの制度を認める実益が充分あるという。しかし上記のような迂回制度には次のような問題点が指摘されよう。

第1に，迂回制度を作るということは，国家が自分で作った正式手続を信頼していないということになる。行政手続を経て行われた処分に対して正式手続で争訟期間と争える資格について定めておいて第2，第3の制度を作り要件を緩和して救済を図ることは論理的に説明のつけられない話である。もし正式手続に問題があればそれを改正して補い運用すべきである。例えば，国民権益委員会による国民苦情処理制度の場合，同委員会が当該行政庁に行う是正勧告と意見表明は法的拘束力がないが，行政庁がそれを受け入れる場合がなんと95%に達するという報告がある[7]。救済率が高いので当該制度が必要という見解もありうるが，是

---

[6] 金容燮，行政訴訟前段階の権利救済方法及び手続，JUSTICE，通巻105号（2008年），207頁。
[7] 金光洙・朴正勲，行政審判・行政訴訟・行政手続制度の調和方案の研究（国民権益委員会報告書）（2012年），79頁。

正勧告が受け入れられる事案がなぜ外部の介入によって解決されねばならないのか疑問を抱かざるを得ない。これは結局正式手続に多くの問題点があるという反証でもある。もしそうであるとしたら，この正式手続の改善を模索すべきであって，そうではなく第2，第3の制度を作って解決を図るということは，国家が自ら正式手続に対する信頼を貶めることになりかねない。

　第2に考えられる点は，第1で言及したことと密接に関連するが，迂回制度は，結局国民の法意識に否定的な影響を及ぼすということである。迂回制度の存在は市民をして正式手続の利用機会を失わしめるのみならず，'負けて元々'という姿勢で異議申立てをすることにつながる。韓国社会で度々'だだを捏ねる法'という正体不明の言葉で市民の秩序意識の不在を叱ることがあるが，これは上記のような迂回制度によって煽られた疑いがある。

　第3に，迂回制度で利用する手続の公正性の担保が難しいという点である。元々迂回制度で処理する事案それ自体が対象と期間それから利用資格について厳格な制限を置いていないため，事案を公正に処理するための客観的な基準を設けることが難しいという本来の限界がある。それゆえ迂回制度を運用する行政機関の長の政治的パワーや外部からの圧力により事案処理の結果が異なりうる。

　最後に，迂回制度を司る機関によって当該行政庁の自律性が損なわれかねない。このことは行政審判法の制定・改正の趣旨の一つである上級行政庁による当該行政庁に対する干渉を排除して後者の自律性を確保しようという意図に反する。

2　正式手続の中に納める

　最初に言及したように，韓国において現行行政不服制度と関連しているもっとも大きな問題は，行政審判制度以外に異議申立て，審査請求，再審査請求等の名称で呼ばれる救済手続が乱立していることである。そしてこれらの制度の法的性格が不明確であるため，行政審判との関係それからこれらの手続を経た後の訴え提起期間の起算点などをめぐって混乱が続いている。しかしこれらの制度を詳しく見ると，異議申立て等の不服手続を廃止するか異議申立てなどの名称による救済手続の代わりに訂正申請または再申請などの手続を用いて，それ以外には行政手続法と行政審判法を適用する方法をとると，現在乱立している行政不服制度が整理できると思われる。この点について述べる。

　まず，異議申立てなどの不服制度が不要な場合である。その代表的な事例が

「独占規制及び公正取引に関する法律」（以下「公正取引法」と呼ぶ）53条で定められている異議申立制度である。公正取引法53条1項は「この法により公正取引委員会の処分に対して不服のある者は，その処分の通知を受けた日から30日以内にその事由を備え公正取引委員会へ異議申立てをすることができる」と定め，公正取引委員会の処分に対する異議申立てを認めている。しかし同法は，異議申立てがあってから60日以内に裁決すべきであるという内容以外に，当該異議申立てがどのような手続に従い進められるかについては何も言及していない。これはナンセンスと言うしかない。公正取引委員会の処分，即ち是正命令，課徴金や過怠料の納付命令などは審査手続と審議手続それから議決手続（公正取引法第10章，同施行令第10章，「公正取引委員会の会議運営及び事件手続等に関する規則」）という準司法手続に従い行われている。このような手続を経て行われた処分に対して何の中身もない異議申立手続に従い再び審査するということは，どのような論理でも説明不能である。この制度は自らの正式手続を否定するものであって1日も早く廃止されなければならない。即ち，公正取引委員会の処分は準司法手続を経て行われたものであるため，これに不服のある場合には直ちに行政訴訟を提起するようにすべきである。

　第2に，不利益処分の中で聴聞を経た場合と申請に対する拒否処分の場合についてである。聴聞を経た不利益処分の場合，事前通知（行政手続法21条）に基づき聴聞手続（同法28条-37条）を通じて処分庁と処分事由をめぐってある程度攻防がなされたので，これについては異議申立制度を設けるとか利用することを禁じるという方法が考えられる（平成26年法律第69号による改正前の日本行政手続法27条2項参照）。それから申請に対する拒否処分の場合，現行行政手続法では意見聴取の手続をとらなくてもいいというのが大法院判例の立場であるが（行政手続法22条も参照），拒否処分の予定されている場合に限って意見聴取手続を経て処分をし，その代わりに異議申立制度は置かない方法も考えられよう。

　第3に，異議申立制度になっているものについて訂正申請などにその仕組みを構成し直す方法である。例えば，「農業所得の保全に関する法律」31条1項，同施行規則12条1項1号で定めている「直接支払制度関連情報の公開」と関連した異議申立制度（同施行規則13条）の場合があげられる。同法上の異議申立制度と関連した農林畜産食品部の告示をみると，"米所得等保全直接支払金を登録申請した農地で水田農業を営む者と申請者の異なる場合"などについて，"これを

確認しうる書類を添付"して異議申立てをするよう定めている。この場合，用語は異議申立てになっているが，異議申立てに対する審理手続などについては定めがなく，実際には申請者の提出した確認書類を見て登録された情報を訂正する制度であることが分かる。したがってこの場合には，異議申立てというよりは訂正申請という用語を使うほうが実務上起こる混乱を避けられよう。

　第4に，実際には異議申立制度に当たらないのに，同制度の外形だけを採用することによって混乱を引き起こす場合である。次の項（V）で考察する「民願事務処理に関する法律」に定められている異議申立制度である。この制度が法的に異議申立制度に当たらないということは，大法院判例が確認している。この制度もやはり正式手続を迂回する代表的な例の一つであるため廃止するのが望ましい。

　以上に言及した方法によってもなお残るものについては正式手続，即ち行政手続に従い処分をし，それに不服のある場合には行政審判（勿論，租税や特許などのような特別行政審判制度を含む）を利用するようにすべきである。正式手続を利用する場合，処分庁は行政手続を経る過程である程度処分に対する情報を取得しているし，行政審判手続で行政審判請求書に対する答弁書等を作成する過程で，自分の行った処分の違法・不当の可否を認識して是正する機会が充分与えられているので（行政審判法24条1項，25条，29条等参照），粗雑な異議申立制度よりもっと実質的な効果があげられるからである。

V　迂回制度の例

　前述したように韓国の行政不服制度は行政手続法と行政審判法の制定・整備を通して行政法（学）の世界に新しい場を提供しているが，その空間は充分活用されていない。その主な理由は，異議申立てのような正式手続以外の不服制度の乱立と正式手続を迂回する制度の存在である。特に後者の存在は，行政不服制度の発展それ自体だけではなく韓国人の法意識に否定的な影響を与えているという点で重大な問題であるといわざるを得ない。これらに当たる代表的な制度としては(1)「国民権益委員会による苦情事務処理制度」，(2)「『民願事務処理に関する法律』上の異議申立制度」それから(3)「『監査院法』上の審査請求制度」があげられる。これらについて順次みてみよう。

1　国民権益委員会による苦情事務処理制度

「腐敗防止及び国民権益委員会の設置と運営に関する法律」により設けられた国民権益委員会は「苦情民願の処理とそれに関連した不合理な行政制度を改善し，腐敗の発生を予防して，腐敗行為を効率的に規制するために国務総理所属下」に設けられた委員会である（同法11条）。ここで委員会の処理する苦情民願というのは，「行政機関等の違法・不当または消極的な処分（事実行為及び不作為を含む）及び不合理な行政制度によって国民の権利を侵害し，もしくは国民に不便または負担を与える事項に関する民願（現役将兵及び軍関連義務服務者の苦情民願を含む）」（同法2条5号）をいう。苦情民願の申込対象は「高度の政治的判断を要するか国家機密または公務上秘密に関する事項等」に当たらない限り制限がない（同法43条1項）。それから苦情民願を申し込むことができる資格にも制限がない。即ち，「誰でも（国内に住む外国人を含む）委員会または市民苦情処理委員会に苦情民願を申し込むことができる」（同法39条1項）。それだけではなく苦情民願の申込期間にも制限がない。

続いて苦情民願の処理手続について述べる。委員会は苦情民願を受け付けた場合，調査を行うことができるし（同法41条，42条），当事者に合意を勧めるか（同法44条），調停を行うことができる（同法45条）。それから「権益委員会は苦情民願に対する調査の結果，処分等が違法・不当であると認められる相当の理由のある場合には，関係行政機関等の長に適切な是正を勧告」でき（同法46条1項），単に「申請人の主張に相当の理由のあると認められる事案については関係行政機関等の長に意見を表明することができる」（同法47条）。前述の勧告または意見を示された関係行政機関等の長はそれを尊重しなければならないし，その勧告または意見の示された日から30日以内にその処理結果を権益委員会に通知するようになっている（同法50条1項・2項）。

これ以外にも権益委員会は苦情民願処理の実質を担保するためにいくつかの制度を有している。まず監査依頼制度で「苦情民願の調査・処理過程で関係行政機関等の職員の故意または重大な過失で違法・不当に事務を処理した事実を発見した場合，委員会は監査院に，市民苦情処理委員会は当該地方自治団体に監査を依頼することができる」（同法5条）。また「勧告等履行実態の確認・点検」を行うことができる。即ち，「権益委員会は第46条及び第47条に基づく勧告または意見の履行実態を確認・点検することができる」（同法52条）。最後に公表制度であ

る。即ち，権益委員会は「勧告または意見表明の内容」，「勧告内容の不履行事由等」について公表することができる（同法53条）。

このように権益委員会の処理する苦情事務は行政審判業務と重なっており，委員会の決定を当該行政庁に貫徹させる方法として是正勧告のような方法以外に監査依頼や履行実態点検それから公表のような他律的な手段を採用していることが分かる。因みに国民権益委員会は2008年から年平均20,000件以上の事件を接受・処理していて，行政庁の受入れ率は平均95％以上であるということは既に言及した通りである。

このような状況を正式手続，特に行政審判との関係でどのように評価すればよいであろうか。勿論もう少し具体的な現場調査と議論が必要であろうが，苦情民願処理制度は行政審判を補完・補充しているのではなく，むしろそれを越える機能を果たしているといっても差し支えないであろう。このことは既に考察した行政手続法と行政審判法の制定・整備のメッセージに正面から反することであるといわざるを得ない。したがって現行権益委員会の苦情処理制度は行政審判制度に吸収・統合されなければならない。

2 「民願事務処理に関する法律」上の異議申立制度

「民願事務処理に関する法律」は「民願事務処理に関する基本的な事項を定めて民願事務の公正な処理と民願行政制度の合理的改善を図ることによって，国民の権益を保護することを目的」（同法1条）として制定された法律である。同法は18条で「民願事項に対する行政機関の長の拒否処分に不服のある民願人はその拒否処分のあった日から90日以内に，その行政機関の長に文書で異議申立てをすることができる」と定めている。ところがこの制度も行政審判とは異なり，これを利用できる資格と対象について非常に包括的な（＝不明確な）定め方をしている。まず，申立資格を有する者である'民願人'は「行政機関に対して処分等の特定の行為を求める個人・法人または団体」（同法2条1号）と定め，行政審判法の請求人適格として求めている「法律上の利益」（行政審判法13条）という制限を置いていない。異議申立ての対象についても同様である。即ち対象たる'民願事務'というのは「民願人が行政機関に対して処分等特定の行為をする事項に関する事務」であると定め，行政審判法上の「処分」（行政審判法3条，2条1号）という条件を掲げていない。

それから同法の異議申立制度は，民願事項に対する処理と関連しては処理期間（10日以内に文書で通知。10日延長可）について規定しているだけで，それ以外については施行令に委ねている（同法18条2項）。しかし同法施行令は申請書類の内容の補正等に関する形式的な事項について定めているだけで，誰がどのような手続で審理・決定するかについては何ら言及していない（施行令12条-29条参照）。

それからこの異議申立ての法的性質も問題になっている。即ち，もし民願人が異議申立ての棄却決定に不服がある場合，この決定に対して抗告訴訟で争うことができるか，また，訴え提起期間について行政審判と同様に扱い，処理結果の通知された次の日から起算するのか等がそれである。これについて大法院判例[8]は上記の二つの可能性をともに否定している。まず抗告訴訟の対象になるかについては次のように述べている。

　「第18条第1項で定めた拒否処分に対する異議申立て（以下「民願異議申立て」という）は，行政庁の違法または不当な処分や不作為によって侵害された国民の権利または利益を救済することを目的にして，行政庁と別途の行政審判機関に不服申立てができるようにした手続である行政審判とは異なり，民願事務処理法に従い，民願事務処理を拒否した処分庁が民願人の申請事項を再度審査して誤りがある場合自ら是正しようとする手続である。したがって，民願異議申立てを認容する場合には異議申立ての対象である拒否処分を取り消して直ちに最初の申請を認容する新しい処分をすべきであるが，異議申立てを退ける場合には改めて拒否処分を取り消さずその結果を通知するにとどまる。したがって異議申立てを認容しないという趣旨の棄却決定ないしその趣旨の通知は元の拒否処分を維持することを前提にしているにすぎず，また拒否処分に対する行政審判や行政訴訟の提起にも影響を及ぼさないので，結局民願異議申立人の権利・義務に新しい変動をもたらす公権力の行使や，これに準ずる行政作用であるとはいえないので，独自的な抗告訴訟の対象ではないとみるのが妥当である。」

それから続いて訴え提起期間と関連した論旨は次の通りである。

　「行政訴訟法第18条ないし第20条，行政審判法第3条第1項，第4条第1項，民願事務処理に関する法律（以下「民願事務処理法」という）第18条，同法施行令第29条等の定めとその趣旨を総合してみると，民願事務処理法で定める民願異議申立ての対象である拒否処分に対しては，民願異議申立てと関係なく行政審判または行政訴訟を提起しうるし，また民願異議申立ては民願事務処理について認められた基本事項の一つであって，処分庁をして再度拒否処分に対して審査

---

[8]　大法院 2012.11.15 宣告 2010두8676 判決〔住宅建設事業承認不許可処分取消等〕。

させる手続であり，行政審判法で定めている行政審判とは性質を異にしているし，また，事案の専門性と特殊性を活かすために特別に設けられた行政審判に対する特別または特例手続であるともいえず，行政訴訟法で定めている行政審判を経た場合の提訴期間の特例が適用されるともいえないので，民願異議申立てに対する結果を通知された日から取消訴訟の提訴期間が起算されるともいえない。また，このような民願異議申立手続とは別途その対象になる拒否処分について行政審判または行政訴訟を提起しうるように保障している以上，民願異議申立手続によって国民の権益保護が疎かになるとか憲法第27条で定めている裁判請求権が侵害されるともいえない。」

上記の判例によると民願異議申立制度は現行行政救済制度の外に存在するため，単に行政庁の恩恵を期待する以外の何の法的拘束力も認められていないことが分かる。

それでは上記の制度をどのように評価すべきであろうか。大法院の判示するように「民願異議申立てと関係なしに行政審判または行政訴訟を提起しうる」し法的効力もないので，単に行政機関へ自分の不服の意思を伝える手段程度であると気楽に考えてよいであろうか。決してそうではないと思われる。この異議申立制度こそ公権力が自ら正式手続に対する信頼の不在と不安感を表す典型的な例の一つであるといえよう。結局，この制度もやはり市民の正式手続に対する信頼度を下げて混乱へ導きかねない。1日も早く廃止されるべき制度である。

3　監査院法上の審査請求制度

韓国の監査院は国家の歳入・歳出に対する会計監査だけではなく，公務員の職務を監察して行政運営改善と向上を図る事務も兼ねている（監査院法20条）。ここで監察の対象になる公務員の職務には①「政府組織法」及びその他の法律に従い設けられた行政機関の事務とそれに含まれる公務員の職務，②地方自治団体の事務とそれに含まれる公務員の職務，③法令により国家または地方自治団体が委託するか代行させた事務とその他の法令に従い公務員の身分を有する公務員に準ずる者の職務がある（同法24条1項）。これらの監察事項について見てみると，その中には行政機関の行政事務が含まれていることが分かる。しかしこの条項だけでは行政事務に対してどのような内容の監察を行うのか分からない。

ところが興味深いのは，監査院法43条から48条までの定めを見ると，監査院は自らの監査を受けている者の職務に関する処分に対して利害関係のある者の審

査請求を受けこれを審理して決定する制度(=審査請求制度)を有していることが分かる。この審査請求制度もやはり正式手続である行政審判制度に比べて,利用条件の中で二つの条件を大幅に緩和している。まず,いわゆる制度を利用しうる資格につき行政審判法が「法律上利益を有する者」という条件を定めているのに対して,監査院法は単に「利害関係を有する者」と定めているだけである(同法43条1項)。またいわゆる処分性についても「処分その他の行為」と定め審査請求をしうる対象の幅を広げている(同法43条1項)。ただ,審査を請求しうる期間については行政審判法と類似しており,90日を180日にしている(同法44条1項)。

監査院は審査請求について決定で「請求に理由があると認められる場合には,関係機関の長に対して是正その他必要な措置を要求」(同法46条2項)する。続いて是正その他必要な措置を要求された関係機関の長は,その決定に伴う措置をとらなければならない(同法47条)。即ち監査院の決定には法的な拘束力がある。それから行政訴訟との関係で同法は「請求人は第43条及び第46条による審査請求及び決定を経た行政機関の長の処分に対しては,当該通知を受け取った日から90日以内に,当該処分庁に対して行政訴訟を提起することができる」(同法46条の2)と定めている。言い換えれば,行政審判法4条で定めている'特例'に当たると見ているのである。ソウル高等法院判例[9]もこの審査請求制度は,行政処分に対する行政訴訟の前審手続に当たるとはいえないが,次のような論理で 行政審判法上の特例に当たると述べている。

「監査院法第43条第1項の定めによる審査請求は,監査院の監査を受ける者による行政行為に利害関係のある者をして,監査院に対して行政行為の適法またはその妥当性の審査を認めることにより監査院の職務遂行に寄与し,行政運営の改善を図ろうとする趣旨にすぎないものであって,審査請求に関する手続は一般行政処分に対する行政訴訟の前審手続に当たるとはいえない。しかし,租税の賦課徴収処分に対して監査院法第43条第1項の定める審査請求手続を経た場合には,国税基本法の定める不服手続を経た場合と同じようにその処分の取消訴訟の提起の前置要件としての当該処分に対する行政審判を経たものとみるべきであるので,結局監査院への審査請求は,国税基本法の定める審査請求及び審判請求のように,行政審判法の定めている一般的な行政審判に対する特例に当たる。」

9) ソウル高法 2002. 11. 29 宣告 2001누14794 判決 [綜合所得税賦課処分取消]。

しかし監査院の任務，即ち「公務員の職務監察」（同法20条）の概念に，果たして行政庁の行った処分に対して処分の相手方から請求を受けて自らこれを審査して決定する権限も含まれているか，疑問である。さらに形式上も同法上の審査請求制度は第43条から第48条までのたった6ヶ条で構成されているとても簡単な手続である。このことは憲法107条3項が行政審判制度に求める基準に及ぶとはとてもいえない。したがって上記の高等法院判例も再検討されるべきである。

監査院法上の審査請求制度は正式手続を迂回する典型的な制度の中の一つであって，正式手続に対する信頼度を大幅に引き下げるだけではなく，行政庁の自律性を大きく侵害しているといえよう。この制度もやはり廃止されるべきである。

VI 結びに代えて
―― 'Paternalism'，近代，近代法

以上で考察したように，韓国には正式手続を迂回する多様な行政不服制度が存在していることが分かる。これらの制度は正式手続が果たせない機能を補う側面がないわけではないが，多くの場合，正式手続の中で対応できるということは既に考察した通りである。これらの迂回制度は行政不服制度の展開を妨げるだけではなく，国民の法意識にも否定的な影響を与えるといわざるを得ない。

それでは，上記のような迂回制度の存在する理由と背景をどこに求めればよいであろうか。このことについては多様な見解があると思われるが，筆者は国家の正式手続に対する信頼不足と国民に対する 'Paternalism（＝温情主義）' であると考えている。前者については本文で言及しているので，ここでは後者について簡単に述べ結びに代えることにしたい。

「呪術世界から脱出」（マックス・ヴェーバー）した近代，近代法の世界は「自ら判断して行動しその結果に責任を負う存在（＝近代人）」を前提にする[10]。即ち，近代人は「自由」と「責任」の主体として自らを認識し，自らの思考と行為が社会秩序を形成するという意識を当然の前提として受け入れる。ところがこのような近代人が誕生するためには，次のような権利意識と法文化の存在が必須である。

「社会における対立・抗争がノーマルな事態と考えられ，これを法／不法のコードに乗せて処理してゆくことによってはじめて社会秩序が保たれる西洋（とく

---

10) 拙稿，韓国の近代法（＝仮想現実）受容の断面，法史学研究（韓国法史学会），第32号（2005年）74頁。

にその近代)においては、各自の規範的主張も、法／不法のコードに乗る限りでのみ『権利』と考えられるのであり、逆に、その『権利』の主張によって法／不法のコードの内容が満たされてゆくことになる。専門の法律家(法学者ないし法実務家)によって制定法ないし判例法の体系が整備されると同時に、それをマスターした専門の法律家が裁判を担当する(裁判の拒否は許されない)。西洋の近代的な『権利意識』は、まさにこうした構造の上に生まれたのである。」[11]

　このような前提はいわゆる近代、近代性の問題で、これは社会形成の方式と国家の統治方式にも密接にかかわる。即ち、程度の差はあると思われるが、近代性の問題を長い間穿鑿してきたヨーロッパやアメリカの場合、社会は市民自身が主体になり形成すると考え、またそのような観点から政策を施していくのであるが、19世紀後半から本格的にとても複雑な国際経済秩序の中で圧縮的にヨーロッパ文明を受け入れた韓国では、社会は国家が作り国家が主導的に導くべきであると考える(＝Paternalism)のが普通である。

　このような観点からすると、韓国社会は近代、近代法を理性的決断によって受け入れたが、これが十分に作動される条件が充分備えられていないといえよう。本稿で考察した迂回制度は、このような背景で生まれたのである。

　　[追記] 本稿は(韓国)『法制』誌(2015年6月)に掲載された「行政不服制度に見る韓国法の断面」を修正・加筆したものである。

---

11) 村上淳一『〈法〉の歴史』(東京大学出版会、1998年) 11-12頁。

環境行政訴訟における証明責任

桑原勇進

I 序
II 環境訴訟であること
III 行政訴訟であること
結 び
——伊方判決の意味

I 序

 本稿は，環境行政訴訟における証明責任の配分のあり方について基礎的な考察を加えようとするものである。基礎的な考察にとどまり，特定の法律について一定の結論を示すことを目的とするものではないし，環境行政訴訟すべてにおいて妥当する原則を示そうとするものでもない。本稿では，あくまで，基本的な方向性を示せればよい，と考えている。
 本稿が考察対象とする証明責任は，いわゆる客観的証明責任である。すなわち，事実の存否が不明であって，当該事実が存在するものとしてまたは存在しないものとして判決をする場合に，当該事実の存否の仮定により当事者のどちらか一方が受ける不利益のことである。環境法においては，証明責任の転換ということがしばしば言われるが，そこでは許認可や不利益処分等の規制にかかる行政過程において，被規制者であるところの，リスクを惹起する事業者の側で損害が発生しないことに関する調査や証拠資料の提出等の行為をなすべしといった意味で証明責任の転換という語が使われていることが多い[1]。本稿が扱うのは訴訟における

---

1) 行政過程における調査義務と行政訴訟における証明責任の区別については，大塚直「未然防止原則，予防原則・予防的アプローチ(3)」法学教室286号（2004年）65頁参照。山本隆司「リスク行政の手続法構造」城山英明＝山本隆司編『環境と生命』（東京大学出版会，2005年）47頁以

証明責任であり，行政過程におけるそれではない（但し，行政過程において各主体の果たすべき役割は，訴訟における証明責任に何らかの影響を与える可能性はありうる）。

　本稿は「環境行政訴訟」における証明責任を考察のテーマとするが，本稿にいう環境行政訴訟の意味についても言及しておく必要があろう。本稿は，この語を，環境法の解釈・適用が問題となる行政訴訟の意味で用いることとする。まず，環境法の解釈・適用が問題となる訴訟であって，環境保全を目的として提起される訴訟（のすべて）ではない。環境法の定義は難しいが，本稿では環境保護を目的（の一部）とする法律[2]としておく。そのような法律は，その解釈・適用に当たって，環境基本法の定める原則や理念を指針とすることが求められよう。行政訴訟としては，行政主体が一方当事者となる訴訟と広く捉えるが，主要には行政事件訴訟法の定める行政事件訴訟，とりわけ抗告訴訟を主に念頭に置く。以下では，環境行政訴訟における証明責任の配分について考察するに当たり，環境訴訟であること，行政訴訟であることの二面からアプローチを試みることとする。

　ところで，環境行政訴訟における証明責任に関連すると思われる重要な最高裁判決として，伊方原子力発電所の設置許可にかかる判決（最判平成4年10月29日民集46巻7号1174頁。以下「伊方判決」と呼ぶ）がある。伊方判決のうち証明責任に関連しそうな判示箇所は，「①右処分が前記のような性質を有することにかんがみると，被告行政庁がした右判断に不合理な点があることの主張，立証責任は，本来，原告が負うべきものと解されるが，②当該原子炉施設の安全審査に関する資料をすべて被告行政庁の側が保持していることなどの点を考慮すると，被告行政庁の側において，まず，その依拠した前記の具体的審査基準並びに調査審議及び判断の過程等，被告行政庁の判断に不合理な点のないことを相当の根拠，資料に基づき主張，立証する必要があり，被告行政庁が右主張，立証を尽くさない場合には，被告行政庁がした右判断に不合理な点があることが事実上推認されるも

　　下は，行政過程における証明責任の転換は事業者の情報提供責任，反論・説明責任であるとする。小島恵「欧州REACH規則にみる予防原則の発現形態(1)――科学的不確実性と証明責任の転換に関する一考察」早稲田法学会雑誌59巻1号（2008年）158頁は，行政過程における（制度上の）証明責任をより精緻に分析し，たんなる情報提出責任や不確実な状況下において何らかの措置をとることができることとは区別して，予め設定された「安全とみなされる基準」を満たす情報を被規制者が提出すべきことと解する。行政過程における証明責任と行政訴訟ないし環境訴訟における証明責任をともに論ずるものとして，久末弥生「『証明責任の転換』と環境法」同『現代型訴訟の諸相』（成文堂，2014年）65頁以下がある。

2)　大塚直『環境法〔第3版〕』（有斐閣，2010年）42頁，44頁以下参照。

のというべきである。」という部分である。伊方判決は，行政訴訟だけでなく民事訴訟においても無批判にこれに従う例が少なくなく[3]，（特に証明責任が本来的に原告側にあるとするという負の部分も含めて）大きな影響を生じさせており，批判的に検討する必要があると思われる。

II　環境訴訟であること

証明責任の配分は立法の趣旨の解釈によるとされる。本稿は，どのように証明責任を配分することが法律の趣旨に適合的か，という問題であるとの理解を前提とする[4]。

これを環境行政訴訟に当てはめると，その解釈・適用が問題となっているところの環境法規の解釈による，ということになる。どのように証明責任を配分することが環境法規の趣旨に適うか，という問題だということであるが，その際，憲法の趣旨はもちろんのこと，環境基本法の理念や趣旨を参照することも要請されよう。

1　三極関係における憲法の参酌

証明責任の配分に当たって憲法の趣旨を参酌することは，これまでも一般的に認められていたといえよう[5]。しかし，その際，憲法の趣旨として語られるのは，自由権の尊重ということである場合が多かった。例えば，憲法秩序帰納説あるいは自由制限・権利拡張区分説と呼ばれる見解は，国民の自由を制限し，国民に義務を課する行政行為の取消訴訟においては，常に行政庁がその適法なることの証明責任を負う，とするものであった[6]。「疑わしきは自由に」の行政訴訟版と言いうる[7]。

---

[3]　同判決の下級審判決への影響については，交告尚史「伊方の定式の射程」加藤一郎先生追悼『変動する日本社会と法』（有斐閣，2011年）に詳しい。
[4]　桑原「環境行政訴訟における立証責任の配分」宮崎良夫先生古稀『現代行政訴訟の到達点と展望』（日本評論社，2014年）で得られた一応の結論である。
[5]　藤山雅行「行政訴訟の審理のあり方と立証責任」同編『新・裁判実務大系25　行政訴訟〔改訂版〕』（青林書院，2012年）400頁は，取消訴訟において，法律に証明責任の配分に関する解決が示されていない場合に，法律より上位の規範である憲法に解決の基準を求めようとすることは法律家として当然採るべき態度である，と述べている。
[6]　高林克己「行政訴訟における立証責任」田中二郎他編『行政法講座3』（有斐閣，1965年）300頁。
[7]　小早川光郎「調査・処分・証明」雄川一郎先生献呈『行政法の諸問題中』（有斐閣，1990年）

しかし，課税処分のような場合はともかく，環境保護が問題となっている局面においては，「疑わしきは自由に」という定式は成り立たない。侵害処分の相手方だけでなく，第三者の利益も考慮する必要があるからである。二極関係ではなく，三極（多極）関係であることが環境訴訟の常態なのである。三極関係の場合，「疑わしきは自由に」の定式は，「疑わしきは第三者の不利益に」という定式と同義になってしまう。憲法秩序はたんに自由権を保障するだけではなく，私人による侵害から基本権的利益を保護することを国家に要請する基本権保護義務をも含んでいる[8]。基本権保護義務の観点からは，むしろ，「疑わしきは不自由に」（＝「疑わしきは環境のために」，「疑わしきは安全のために」）の定式が求められるとさえ言いうる。もっとも，自由権を無視してよいわけではないので，「疑わしきは不自由に」の定式が無条件で妥当するわけではなく，比較衡量が必要となる。国家により侵害される自由権の性質・内容と，侵害処分により保護されるべき基本権的利益の性質・内容とを比較して，どちらにより高い価値が憲法的に認められるかを見定めた上で，どのような証明責任配分が法律の趣旨に適うかを判断しなければならない[9]。

2 予防原則の考慮

基本権保護義務を考慮すべきことに加えて，環境法においては，予防原則とか予防的アプローチとかと呼ばれる基本的な考え方が妥当することも，考慮しなければならない。環境基本法4条は，「環境の保全は，……科学的知見の充実の下に環境の保全上の支障が未然に防がれることを旨として，行われなければならない。」と定めている。環境にかかる人間の知識は限定されており，分からないことが多い。したがって「科学的知見の充実」が必要なのであるが，分からないことが多いということを前提に「環境保全上の支障が未然に防がれることを旨として」環境保全の措置がとられなければならない。予防原則とは，科学的に不確実

257頁は「自由推定説」と呼ぶ。

[8] これは本稿筆者の立場である。基本権保護義務が日本においても憲法秩序の一部をなすことについての本稿筆者の考えは，桑原『環境法の基礎理論』（有斐閣，2013年）13頁以下に記されている。

[9] 小早川・前出注7）266頁は，自由推定説の考え方は証明責任の問題を考察する際の重要な手掛かりを提供しうるものであるとするが，同時に，258頁では，比較衡量の観点から，行政処分により課せられた制限が，その必要のないことの積極的証明がない限り維持されるものとすることにも理由がある，としている。

な状況下においても損害発生防止のための措置がとられるべきであるという考え方であるが，環境基本法 4 条は，予防原則の考え方を表明したものと解されるのである[10]。生物多様性に関しては，生物多様性基本法 3 条 3 項が，明示的に予防原則の考え方を示しているところである。環境基本法 4 条が予防原則の考え方に立つものであるかどうかについては否定に解する立場もないではないが，環境基本法の基本理念に基づいて定められている生物多様性基本法が予防原則の立場を表明しているのに，環境基本法が予防原則の立場に立っていないとは解し難い。

環境基本法，そして予防原則を基礎に据えて考えるなら，環境保全上の支障がないかどうかに関する証明責任が問題となる場合，真偽不明のときには「疑わしきは環境のために」という定式が妥当する，すなわち，環境保全上の支障がないことについて環境リスクを惹起する側に証明責任があると考えることは，自然である（但し，念のために付け加えておけば，予防原則からすると傾向的にこのように言うことができるということであって，営業の自由等の対抗利益たる自由権等との比較衡量如何によっては，逆の判断になることが否定されるわけではない）。実際，予防原則を根拠として，リスクを伴う活動をする側がリスクの不存在の証明責任を負うとする考え方が既に示されている[11]。予防原則の適用要件として，予期される損害の深刻さや不可逆性を挙げる見解がある[12]。本稿は対抗利益との比較衡量や損害発生の蓋然性の程度如何によっては，深刻性や不可逆性は必ずしも必要ではないと考えるが，深刻なまたは不可逆的損害が発生することが予期される場合には，リスク不存在の証明責任をリスク惹起者側に課すことが，強く要請されるとは言えるであろう。

なお，二重効果的行政処分にあっても，憲法上の権利の侵害が問題となってい

---

10) 環境基本法 4 条が，科学的に確実な状況の下での損害発生防止という意味での「未然防止原則」ではなく，本文で述べたような予防の考え方に立つものであることにつき，環境庁企画調整局企画調整課編著『環境基本法の解説』（ぎょうせい，1994 年）147 頁参照。北村喜宣『環境法〔第 3 版〕』（弘文堂，2015 年）75 頁は，環境基本法 4 条が予防の考え方に立つことをより説得的に示している。

11) 河村浩「環境訴訟と予測的因果関係の要件事実」伊藤滋夫編『環境法の要件事実』（日本評論社，2009 年）167 頁以下。さらに，同 169 頁の注 29 は，予防原則を環境実体法に取り込んで証明責任の分配を判断するという志向を表明しており，本稿の基本的な方向性と同一である。ドイツにおいても，「疑わしきは安全に」との定式が主張されることがあるが，これについては，文献紹介も含めて，Calliess, Vorsorgeprinzip und Beweislastverteilung im Verwaltungsrecht, DVBl 2001, 1730 頁以下参照。

12) 藤岡典夫『環境リスク管理の法原則――予防原則と比例原則を中心に』（早稲田大学出版部，2015 年）120 頁以下。

る場合には行政庁の側に証明責任があるという結論を維持し，例えば，法律が一定の営業を許可制の下に置き，個々の住民の生命身体の安全を考慮した許可要件を定めている場合に，不許可処分の取消訴訟においては原告たる処分の相手方の営業の自由が侵害され，許可処分の取消訴訟においては原告たる周辺住民の生命身体の侵害が問題となるから，いずれにおいても許可要件の存否につき行政庁の側に証明責任がある，という見解がある[13]。この見解によれば，許可要件の存否が不明の場合，行政庁が最初に許可をするか不許可をするかで逆の結論の判決が出ることになる（しかも対世効がある）。この見解に立つ論者は，そのような事実関係が生ずること自体が稀有な事態であること，いずれの取消訴訟においても当初の処分の維持を望む者は訴訟参加により自己の権利を守る機会を与えられ，ほとんどの場合結論の合理性が確保できること，を根拠として自己の見解を維持しようとする。論者の挙げるような根拠が正しいのか否か，確信をもって評することはできないが，仮に正しいとしても，以下のことを指摘することは可能である。

　第一に，前記のようなケースの場合，許可処分によって周辺住民の生命身体が害されるとしても，それは国家（行政）による侵害ではない。仮に当該許可処分を定める法律が存しないとすれば，許可を受けることなく自由に当該許可にかかる行為をすることができ，したがって，周辺住民の生命身体を害することも自由にできるのであって（民事上の責任は別論である），当該行為が法律により要許可となったことにより国家による侵害に転換するわけではない。要許可とする法律により国家は周辺住民を私人による侵害から保護しようとするのであり，違法に許可がされることにより，法律上求められる保護を適正にしなかったということになるにすぎない。この点は，本稿のように基本権保護義務を観念することにより，憲法上必要な保護がされなかったと考えれば，同じことではある。しかし，基本権保護義務を肯定しないとすれば，許可処分を周辺住民が争う場合に，処分庁の側に許可要件にかかる事実の証明責任があるとの結論を導くことはできないはずである。このような結論は，当然のことながら是認できない。第二に指摘すべきことは，不許可処分の取消訴訟において，訴訟参加しうる者が存しない場合があるということである。まず，人の生命身体が法律の許可要件により保護されてい

13）藤山・前出注5）406頁。

るとしても，必ずしも個別的利益として保護されていると認められるとは限らない（後述の第一種特定化学物質の指定の適法・違法が前提問題となるような行政訴訟はその一例である）。また，生態系等は誰の権利の対象にもならないため，このような利益を守るために訴訟参加ができる者は存しない（後述の特定外来生物に関する行政訴訟のような場合）。生物多様性のような人類の存続にとっての不可欠の基盤となる利益が問題となっているときに，それが憲法上の権利として保護されていないからといって，営業の自由のごとき（憲法上の権利ではあるが）目先の利益よりも劣後し，不許可要件が存否不明だからといって不許可処分取消し＝生物多様性侵害の可能性の甘受，という結論になることは，容認することができない。したがって，不許可処分の取消訴訟において処分庁側に証明責任があるとする議論には，無条件には賛成することができない。憲法だけではなく，環境基本法や生物多様性基本法といった，体系的に一般環境法律の上位にある法律の原則・理念も参酌すべきなのである[14]。

3 「現　状」

この見解を主張する論者は，憲法上の権利が問題となっていない場合には，訴訟法上の条理により，処分の前後での権利状態を比較して処分によってその変動を図る者に証明責任があるとも述べている[15]。現状を変更しようとする側に証明責任があるという趣旨と推察される。確かに，現状維持は証明責任配分の基準として一般的には考慮すべき事柄であろう。しかし，どちらが現状を変更するのか，判断が困難な場合がある。環境に悪影響を与える事業活動をする者に対して，そのような悪影響の発生を防止するための措置命令が出された場合を想定してみよう。おそらく，論者は，措置命令という処分によりそれまで自由だった事業活動が制約を受ける，つまり，処分により権利状態を変更しようとするのは行政庁

---

14) 本稿筆者は，従来，環境保護規定を憲法に導入しても，法的にはさしたる意味はないと考えてきたが，生物多様性のように人権では対応できない（したがって，基本権保護義務でも対応できない）環境利益に関しては，憲法に保護規定を置き，憲法的価値を有するものとしての位置づけを与えることにより，リスク惹起者に証明責任を負わせるといった法的に意味のある議論ができるようになるのではないかと考えを改めるに至っている。もっとも，本稿筆者のような議論が受け入れられれば，ということが前提であり，そうでない場合には，憲法に環境保護規定を導入してもやはり法的には無意味なままであろう。また，そのためだけに憲法を改正することにどれほどの意味があるか，という問題もあろう。

15) 藤山・前出注5) 401頁。

である，と考えるのであろう（この論者の議論によれば，そもそも営業の自由という権利が問題となっているので，権利状態の変動を云々するまでもなく証明責任は行政庁側にあるということになるであろうが，この点は措いておく）。しかし，環境に悪影響を与える事業を行うことは，環境に改変を加えることにほかならず，措置命令は環境の現状を維持しようとするものであると見ることもできる。事業実施前の環境状態を現状と見るのか，事業活動は自由であることを現状と捉えるのかで，現状を変更しようとするのがどちらなのか，結論が変わってくるのである[16]。論者は，権利状態に変更を加える側に証明責任ありとするので，営業の自由という権利に制約を加えることが権利状態の変更だと見るのであろうと思われるが，環境悪化によって生命や健康，財産等に被害を受ける者が存する場合には，その者の立場からすれば，事業活動が自己の権利状態に変更を加えるものであって，措置命令は権利状態の維持を図るものであると見ることもできよう。このように，何をもって維持すべき現状たる権利状態と見るのか，少なからぬ場合に不明であり，権利状態に変更を加える側に証明責任ありという基準では，解決がつかない。他の行政分野についてはいざ知らず，やはり環境法の分野においては，憲法や環境基本法の趣旨に照らした法律解釈により，どちらに証明責任を負わせることが法律の趣旨に適合的かということを基準として証明責任の配分を考えるべきであろう。

4 小括と留意点

ここまで，証明責任の配分は法律の趣旨に適合的なものであるべきこと，環境行政訴訟の分野においては，（営業の自由等の自由権だけでなく）基本権保護義務や環境基本法の理念である予防原則を踏まえて法律の趣旨を解釈すべきことから，環境を改変しようとする側（リスクを惹起する側）に証明責任があると解することが傾向的に要請されること，を述べてきた。上記のような考え方は，あくまで解釈の方向性を示すものにすぎないので，具体の法令の解釈によっては，予防原則を基礎に据えてもリスクを惹起する側に証明責任があるとの結論にはならないことも，当然のことながら，ありうる。例えば，化学物質の審査及び製造等の規制に関する法律（以下「化審法」という）2条2項は，第一種特定化学物質の指定の

---

[16] 何をもって「現状」と捉えるべきか判断が困難なことにつき，桑原・前出注4）142頁参照。

要件を定めているが，それによれば，難分解性，高蓄積性のほか，人または高次捕食動物に対する長期毒性を有するものとされている。他方，化審法2条4項は，難分解性及び高蓄積性があること，長期毒性があることが明らかでないことを監視化学物質の指定の要件としている。さて，第一種特定化学物質は政令で指定され，その輸入・製造等は許可制となっているが，そこで，指定の適法性が先決問題となる行政訴訟が提起され，長期毒性の存否に関する証明責任の問題が生じたとしよう[17]。審理の結果，難分解性及び高蓄積性があることは判明したが，長期毒性の有無が不明のまま残ったとすれば，それは長期毒性のあることが明らかでないことという監視化学物質の指定要件に該当することにほかならない。したがって，長期毒性という第一種特定化学物質の指定要件該当性を根拠づける事実は判明していなければならず，審理が尽くされても真偽不明であれば当該指定要件が存しないこととなるものと解され，その証明責任は指定要件を満たすことを主張する側にあることとなる[18]。特定外来生物法の，「生態系等に係る被害を及ぼすおそれがある」という特定外来生物の指定要件に関しても，「生態系等に係る被害を及ぼすおそれがあるものである疑い」を指定要件とする未判定外来生物の規定との関係からして，同様のことが言えるであろう。

　ただ，第一種特定化学物質の輸入や製造は許可制となっており，許可要件は比較的厳しいものとなっているのに対し，監視化学物質については，製造・輸入が届出制となっていること，必要に応じて事業者に対し環境中への放出を抑制する措置をとるよう指導・助言がされること，一定の場合に長期毒性に関して調査をするよう指示する等の対応がとられているのみで，強い規制はされておらず，予防原則の考え方の反映の程度は弱い。したがって，予防原則の理念をより強く反映させるには，第一種特定化学物質指定の要件たる長期毒性に関する証明度の低

---

17) 大塚・前出注1) 65頁注3がこのような局面において証明責任の問題が生じうることを述べている。
18) ドイツにおいても，危険の証明は行政庁側にあるとされることがある（例えば，OVG Lüneburg, NVwZ 1995, 917等。他の判例及び文献等を含めて，Calliess, DVBl 2001, 729頁を参照）。危険は，認識されている事実に，知られている経験則を当てはめて，その存否が判断されるので，事実ないし経験則に関する認識が存することが前提となっているため，審理の結果どちらかが真偽不明となれば，それは危険かもしれないだけであって，危険ではない，ということになるからである。もっとも，予見される損害の重大さ等によっては，事実の真偽が証明されていなくとも真であるとの蓋然性が多少なりともあれば，危険であるとされることがあり，この場合は，真でないことの証明責任を行政の相手方が負うことになる。

減等によるほかない[19]。どの程度の蓋然性が長期毒性の存することにつき要請されるかという化審法の解釈問題となる。特定外来生物の指定に関しても同様である（特定外来生物に関しては強い規制がされるが、未判定外来生物に関しては届出制となっていて弱い措置しか法律上用意されていない）。

　第一種特定化学物質の指定要件については以上のようだとしても、しかし、第一種特定化学物質の使用等許可の要件の証明責任の配分の問題はまた別である。前述のように、第一種特定化学物質の製造・輸入は許可制となっており（化審法17条、22条）、製造の許可要件、輸入の許可要件はそれぞれ化審法20条、23条に定めが置かれ（20条だけ紹介すると、同条は、製造能力が需要に照らして過大にならないことのほか、製造設備の一定の技術的基準への適合、事業者の経理的基礎・技術的能力の具有を要件としている）、要件を充足しているときでなければ「許可をしてはならない」とされている。また、同法25条1号によれば、他の物質による代替が困難な場合でなければ第一種特定化学物質の使用を何人も禁じられる。これらの規定は、同法が、第一種特定化学物質の製造・輸入を原則として禁止し、なるべくこれを認めない、という趣旨を含んでいることを窺わせるものである。前記の許可要件は、基本的に、第一種特定化学物質の環境中への漏出の防止という観点から設けられており、人の健康等を損なうおそれのある化学物質による環境汚染の防止という、まさに予防原則の観点[20]からの解釈・適用が要請されるべきことを法律目的としていること、前記のような（製造・輸入の原則禁止という）同法の趣旨からすると、許可要件を充足しているかどうかの証明責任は、第一種特定化学物質の製造・輸入をしようとする事業者側にある、と解されるのである。

　なお、環境法においては原因者責任原則（原因者負担原則という呼び方もされる）が一般原則として通常挙げられる。そして、原因者責任原則[21]が妥当するということから証明責任論に何らかの影響が生ずること[22]も考えられなくはない。

---

19) 基本権保護義務の観点から、危険の存在に関する完全な科学的証明を求めることが許されないことにつき、桑原・前出注4) 151頁参照。

20) 予防原則は、通常、科学的不確実性をその適用場面とするものと理解されているが、本稿筆者の予防原則理解はこれと若干異なり、現在の事実が不明確である場合も含めて考えている。桑原「基本権保護義務・予防原則・原子炉の安全」環境法研究3号（2015年）32頁参照。

21) 環境基本法には、原因者責任原則を包括的に定めた規定は見当たらないが、8条1項や37条にその精神が示されているといってよいであろう。

22) 例えば、ドイツでは、土壌保護法24条2項に基づき、土地の浄化等をした土地所有者が汚染行為者（かもしれない者）に対して求償する訴えに関して、被告が汚染行為者であることについ

本稿ではこの点については言及のみしておき，──時間的・紙幅的限界により──考察から除外する。

Ⅲ　行政訴訟であること

1　公定力・法治国原理

　行政訴訟における証明責任の配分については，従来，それが行政処分が問題となっている行政訴訟であることから，民事訴訟とは異なるという意味で特殊な考慮がされることがあった。行政処分の公定力を根拠として処分の違法性を争う側に証明責任があるとする適法性推定説は，その最たるものであろう。行政庁側が処分の適法要件に関しすべて証明責任を負うとする法治国説[23]もまた，適法性推定説と結論は正反対であるものの，行政訴訟であることから特殊な考慮をするという点では共通性がある。これら両説が，本稿のような立場からは，環境行政訴訟においては妥当でないと評価されるべきことは，これまでの記述から明らかであろう。

2　法律誠実執行義務・調査義務・説明義務

　行政訴訟であることに由来する特殊な考慮に関し，注目される見解がある。すなわち，誠実な法執行という観点から，行政の調査義務を措定し，その調査義務の範囲において行政側に証明責任がある，という見解である[24]。これは調査義務説と呼ばれることがある。調査義務説は，誠実に法律を執行すべき内閣の義務（憲法73条1号）を基底に据え，法律の適正な執行のために法律により求められる調査の義務を行政は負っているとし，当該調査義務を尽くせば判明しえたはず

　　ての原告の証明責任を緩和し，あるいは，汚染行為者でないことの証明責任を被告に負わせようとする学説や判例がある。これは，過去複数の事業所の営業がされていた土地では，その土地を汚染した事業者が誰であるのか不明なことが多く，厳格な証明責任を原告に課すと求償が事実上不可能になるところ，汚染行為をしておらず状態責任を負うにすぎない土地所有者よりも汚染行為者が優先的に浄化等の費用を負担すべきであるという原則に反する結果となってしまう，という認識があることがその一つの理由となっている。以上につき，Heßler, Die Beweislastverteilung bei der Geltendmachung von Störerausgleichsansprüchen nach §24 Abs. 2 Bundes-Bodenschutzgesetz, NuR 2004, 719頁等参照。

23)　阿部泰隆『行政法解釈学Ⅱ』（有斐閣，2009年）221頁以下が，現在でもこの見解を採るようである。同書は，行政の調査義務，説明責任から同説を導いており，本文で後述する調査義務説を先鋭化した立場のように見受けられる。

24)　小早川・前出注7)の見解である。

の事実が訴訟において判明しなかった場合，それは調査が不十分であったか判明した事実を行政庁が開示しなかったかのどちらかであって，いずれにせよ，［調査義務の範囲で，処分を適法ならしめる事実が行政庁によって合理的に説明されていない場合に，処分は適法とされてはならない］というテーゼにより，処分は違法とされる，つまり証明責任は行政庁側が負う，というものである。この見解において，行政訴訟であるがゆえに一つポイントになるのは，行政庁は訴訟においてたんに訴訟の一方当事者として立ち現れるのではなく，「当該処分に関する立法の趣旨の実現に努めるべき行政庁の本来の任務が……失われるわけではなく，……立法の趣旨に適った裁判がされるために必要な資料を，その調査検討にもとづいて提出すべき任務を負っている」とするところである[25]。

　行政訴訟においては，行政側は，通常の訴訟当事者としての地位にとどまらない，公務の適正な遂行をなすべき立場にあり，単純に勝訴判決を得ることを目標として訴訟活動をすればよいという立場にあるのではない。行政訴訟においては，行政側は，勝訴することを目的とするのではなく，法律の趣旨が実現されることを目的として訴訟活動をすべきなのだということになる。したがって，行政側は，自己に不利な証拠も真実である限り収集し提出しなければならない。通常の民事訴訟にあっても，当事者には誠実な訴訟追行が要請される（民訴2条）のであるから，行政訴訟における行政側にあってはなおさらである。このような観点からすれば，調査義務説の基本的な志向は，行政側の訴訟活動のあり方として見る限りは，賛成すべきものである，と評価できる。しかしながら，証明責任に関する議論として見る限りでは，以下のような疑問がないではない。

　調査義務説自体が認めるように，調査義務の範囲は法律により異なる。したがって，要件事実につき通常人が疑いを差し挟まない程度に真実性が確保できるような調査が常に法律により求められるとは限らない。法律により求められる調査義務を尽くしてもなお存否が判明しない事実がある場合にどう考えるべきか，ということが当然問題になる。訴訟において証明責任の所在が問題となるのはこのような局面である[26]。調査義務を尽くしても事実の存否が不明である場合については，この説は，証明責任の配分に関して語っていないのではないか，結局こ

---

25) 小早川・前出注7) 269頁．
26) 薄井一成「申請手続過程と法」磯部力他編『行政法の新構想Ⅱ』（有斐閣，2008年）285頁参照．

の説は，調査義務を尽くせば判明しえたことについて，調査義務の及ぶ限りで証明すべきであるということに帰するのであって，真正の証明責任に関する学説ではないのではないか，という疑問が生ずるのである。調査義務説に対して，証明責任が問題となる場合の証明命題について，通常の理解とは異なる，との指摘[27]があるが，そのような指摘がされることには理由がないわけではないであろう。

　この点はさて措いて客観的証明責任の配分との関係で調査義務説の説くところの妥当性について考えるに，事業者に対する許認可が拒否された，あるいは，事業者に対する不利益処分がなされたとして，これを事業者が行政訴訟で争うという場面を想定してみよう。そして，仮に当該事業者に対して許認可がなされあるいは不利益処分がなされないことにより第三者の利益が侵害される可能性があるとしてみよう――既に述べたように，環境行政訴訟ではこのような場合は少なくない。このような場合において，もし調査義務説が，行政側が要件事実の証明責任を負い，真偽不明のときには原告たる事業者に有利な判断が裁判所によってなされるべきだとするのであれば[28]，このような考え方は妥当ではないのではないだろうか。行政庁の調査の不足が，反対利害関係を有する第三者の不利益に直結することになるからである[29]。事業者の行為により生ずるかもしれない不利益が，人ではなく生物多様性といった環境それ自体に関するものである場合にも，同様であろう。

　さらに，調査義務説が，行政庁側の調査義務のみを見ているとすれば，この点でも疑問が生じうる。周知のように，EUのREACH規則では，化学物質のリスクについて当該化学物質を製造等しようとする事業者の側に，一定の範囲で証拠提出責任が課せられている。化学物質の製造等をしようとする場合には一定範囲での調査義務が私人の側に課せられ，当該義務を十分に履行しない場合には，当

---

27) 藤山・前出注5) 398頁。笠井正俊「行政事件訴訟における証明責任・要件事実」法学論叢164巻1-6号（2009年）337頁注37 も，この批判に同意している。
28) 但し，小早川・前出注7) 267頁は，処分の相手方以外の関係人の利益についても立法の趣旨に反して害されることのないように必要な調査をすべき義務があるとする。
29) 取消判決が，たんに調査義務違反を理由とするもので，再度の調査を命ずるという差し戻し的なものであれば，緊急性のある場合等を除き，実害は少ないかもしれない。しかし，調査義務説による場合の行政側に不利な判断が，証明責任の問題としての帰結であるとすれば，処分要件にかかる事実は，裁判上は存否いずれかに決せられているのであって，再度の調査が云々されることはないはずである。

該化学物質の製造等ができなくなる，ということができる。これは国外の例であるが，環境法の分野では，リスクを生じさせる事業者に一定の調査義務・証拠提出義務を負わせるべきであるという議論が強く，日本の法令においても，環境影響評価法や廃棄物処理法などでは事業の事前の調査（環境影響評価，生活環境影響調査）が事業者に義務づけられており，しかも，これらの調査の結果が許認可等の処分要件の充足性の有無に直結している，といった仕組みが設けられていることがある。このような明文による仕組みが存しない場合であっても，私人の側に調査義務が課せられると解される場合もあろう。私人の側に調査義務があり，私人が当該調査義務を十分に履行しなかった結果，要件事実の存否が不明のままであるという場合に，調査義務説はどのように考えるのであろうか[30]。同説は，行政庁の調査義務の程度が軽減されると解し，証明度が低減される，という解決方法を提示するもののようである[31]。しかし，このような場合には，行政庁の調査義務ではなく私人の側の調査義務を出発点として議論を展開すべきではないだろうか。だとすると，調査義務の範囲内で私人の側に証明責任がある，とする議論が十分に成り立つ。もっとも，調査義務説が真の意味で証明責任に関する議論であるのかどうか自体が問題なので，このように述べたからといって客観的証明責任の配分に関して結論が変わってくるのかどうかも問題ではある。

3 裁　量

行政訴訟に特有の議論として，行政裁量が認められる処分に限定されたものではあるが，裁量権の逸脱・濫用を主張する側に証明責任があるというものがある。もっとも，この議論は，現在ではもはや説得力を失っている。適法性推定説は，処分の適法性が推定されるということと処分の適法性を支える事実の存在が推定されることとは別の事柄であるということが支持できない理由の一つ[32]なのであるが，裁量権の逸脱・濫用であるか否かがある特定の事実が存在するか否かにかかっている場合（事実の基礎を欠く場合には裁量権の逸脱・濫用となるとするのが判例である）に，当該事実の存在が推定されるというわけではないので，裁量処分

---

30) 塩野宏『行政法Ⅱ〔第5版補訂版〕』（有斐閣，2013年）165頁は，調査義務説によると「行政過程における私人の行為について立証のレベルでは考慮が払われない」ことになるとして，行政過程論の見地から問題視している。
31) 小早川・前出注7) 268頁，274頁。
32) この点については桑原・前出注4) 139頁を参照。

の場合にも証明責任が処分の違法性を争う側＝裁量の逸脱・濫用を主張する側にあるということには，論理的にはならない[33]。

　裁量判断は事実の有無の確定ではなく法的価値判断であるから，真偽不明という事態が生ずる余地はなく，証明責任を云々する必要はない，という見解がある。この見解によれば，事実の真偽不明であることを前提としたままで裁量判断の適否を決することが可能であり，かつ，そうせざるをえないのであって，証明責任が問題となることはない，とされる[34]。裁量判断の基礎となる事実に関して証明責任が問題となることがないのかどうか，本稿は結論を持たないが，確かに，少なくとも不確実な状況下において決断を要求されることの多い環境法の領域では，事実の存否の（不）確実性の程度を考慮しつつ，総合的な判断としての行政の裁量的判断の合理性が問われる場面が少なくないであろう。事実の存否は不明のままとし，存否の蓋然性の程度を，裁量判断の合理性・不合理性の判断の中に解消する，ということである。もっとも，以上のような見解が仮に正しいとしても，民事訴訟において，法律要件の充足の有無が規範的評価による場合（「過失」，「正当の理由」等）と同様であり，行政訴訟であることに特殊な問題というわけではない。

4　小　括

　以上，行政訴訟であることから証明責任の配分に関する特別な帰結が導かれるかどうか，関連の学説を見ながら簡単な考察をしてきたが，何らかの意味のある結論は──証明活動を含む訴訟活動に関して行政側には自己に不利な情報も含めて誠実に提示すべきであるという点はともかく──証明責任に関しては見出すことができない。

結　び
──伊方判決の意味

　最後に，伊方判決に若干の検討を加えて，稿を閉じることとする。

　さて，「Ⅰ　序」の末尾に示した伊方判決の①の部分は，証明責任を本来的には原告が負うものとしている。「前記のような性質」とは，文脈上，裁量判断と

---

33) 小早川・前出注7) 272頁。
34) 藤山・前出注5) 412-413頁。

いう性質のことを指すと思われる。とすると，行政裁量が認められる処分においては，裁量権の逸脱・濫用にかかる証明責任は処分の違法性を争う側に存するということを本判決は述べているということになる。しかし，このような議論が成り立たないことは，既に述べた通りであり（Ⅲ3），伊方判決のこの判示部分は，論理的に正しくない[35]。したがって，裁判所はこれを無条件に踏襲すべきでない。

次に，②の部分が何を意味するのかについては，証明責任の転換ないし軽減，事案解明義務，議論の前提を構築すべき行政庁の義務等々さまざまな議論があるところである[36]。仮に，証明責任を行政側が負うのだということを言っているのだとすれば，その結論には賛成できるが，理由づけには賛成できない。②部分は行政庁側が資料を保持していることを理由としているが，端的に，法律の趣旨に照らして行政庁側に証明責任があるというべきである。すなわち，以下のように考えるべきである。原子力の利用に当たっては，事業者の利益やエネルギーの安定供給といった利益が一方にあり，もう一方に事故により害される国民の生命・健康，生活基盤といった利益がある。真偽不明の場合に，法の趣旨に照らしてどちらを優先すべきか，ということがここでの問題となる。原子力基本法は原子力の利用は安全の確保を旨として行うべきことを定め（2条1項），原子炉等規制法も「国民の生命，健康及び財産の保護，環境の保全並びに我が国の安全保障に資することを目的」として掲げている（1条）。まずは安全確保に優先的な位置づけが与えられていると言える。さらに，原子炉等規制法の許可の要件は，「次の各号のいずれにも適合していると認めるときでなければ，同項の許可をしてはならない。」という定め方がされており（現行の43条の3の6），要件充足性が確保されていなければ許可がされないような文言になっている。上記のような法令の趣旨や文言，問題となっている対立利益の比較衡量を踏まえれば，安全側に立った証明責任配分がなされるべきであろう。原子炉の設置許可を周辺住民等が争う訴訟においては行政庁側に証明責任がある，ということである（不許可を事業者が争う場合には事業者側）。

---

[35] 藤山・前出注5）409頁は，「この判決が反対説の採否についての十分な検討を経たものか否かも明らかでない」とするが，まさにその通りの評価をすべきである。

[36] これらのさまざまな議論については，交告・前出注3）254頁以下，垣内秀介『民事訴訟法判例百選〔第5版〕』（有斐閣，2015年）133頁等を参照。

以上は，伊方判決の②部分が証明責任のことを言っていると仮定した場合の，伊方判決に対する論評である。では，証明責任のことを言っているのではないとすれば，どう評価すべきか。事案解明義務や前提構築義務といった捉え方は，おそらく最高裁の考え方の真実に近いのであろうとは思われる。しかし，最高裁の実際の考え方如何という事実認識ではなく，規範的な観点から捉え直そうとする場合には，次のように考えることもできる。すなわち，調査義務説が説くように，行政庁には，法律を誠実に執行すべき義務があり，要件に対応する事実の存否につき十分な調査検討を行うべきである。そして，処分の適法性を支える事実について，行政庁は訴訟においても説明すべきであり，調査義務に適った調査が行われなかったか，そのような調査は行われたけれども行政庁がその結果を訴訟において開示しないために，前記のような説明がされなかった場合には，処分は裁判所によって擁護されるべきでない。原子炉の設置許可についても同様であり，「災害の防止上支障がない」等の要件を支える事実について，行政庁は当然に調査し訴訟において説明しなければならない（既述のように，これは証明責任の問題ではない）。伊方判決②部分は，以上のような（ある意味で当然の）ことを述べている，このように考えることができる[37]）。

　この説明義務は，事案解明義務のように，証明責任が原告である私人側にあることを前提としないし，証明責任を負う側が具体的な手掛かりを示していることも要件としない。また，前提構築義務説が，原告や裁判所にとって理解が困難なケースに限定する趣旨なのかどうかはよく分からないが，調査義務説による説明義務はこのような場合に限定されない。さらに，伊方判決は資料が行政庁側に存することに言及しているが，説明義務は資料が行政側に偏在する場合に限らず妥当する。

　以上のように，伊方判決の①部分は賛成できないが，②部分は，行政庁側において適正に処分を行ったことを説明すべき義務を述べたものと理解することができ，規範的な観点からはそのような読み方が推奨される（調査義務説は，これまで，本稿の主題である行政訴訟における証明責任にかかる学説として紹介・検討されてきたが，

---

37) 実際，説明責任という観点から伊方判決を理解しようとする見解が現に示されている。すなわち，北村和生「行政訴訟における行政の説明責任」磯部力他編『行政法の新構想Ⅲ』（有斐閣，2008年）は，行政訴訟における説明責任を，行政決定過程の正当性や適法性を行政自らが論証する責務，と解した上で（88頁），伊方判決の②判示部分がこのような説明責任の考え方との親近性を有する旨述べている（95頁）。

その理論的功績は，むしろ，行政が法律を誠実に執行すべき義務を負うこと，そして法の要求するところに従って要件にかかる事実を調査すべき義務を負うこと，訴訟においても自らの決定が法の要求に適い適正に行われたことを説明すべき義務を負うこと，以上を明らかにした点にあろう）。

第5編　行政活動の担い手と手段

条例による事務処理の特例と都道府県の
是正要求権限

板 垣 勝 彦

I 問題意識
II 広島地判平成 24・9・26
III 本判決の分析
IV 展　望

I 問題意識

　地方自治法は，市町村を，地域における事務などを一般的に処理する「基礎的な地方公共団体」として（同法2条2項・3項），都道府県を，市町村が処理するのに適しない事務を補完的に処理する「広域の地方公共団体」として位置付けている（同条5項）[1]。市町村が処理するのに適しない事務とは，①広域的土地利用計画の策定など広域にわたるもの（広域事務），②国・市町村間および市町村相互間の連絡調整に関するもの（連絡調整事務），そして，③その規模・性質において一般の市町村が処理することが適当ではないもの（補完事務）を指す。都道府県と市町村は，その事務を処理するに当たっては，相互に競合しないようにしなければならない（同条6項）。

　個別法においては，こうした市町村と都道府県の役割分担を意識して，権限が配分されている。しかし，③の補完事務などは，その性質上，いずれに権限を配分すべきかについての境界が流動的な場合がある。一般の市町村ならば都道府県が補完的に処理すべき事務であっても，人口・財政ともに余裕のある市町村なら

---

[1] 小早川光郎「基礎的自治体・広域的自治体」法教165号（1994年）24頁。

ば十分に処理することが可能であろう。地方自治法自身が，補完事務については，市町村が，「当該市町村の規模及び能力に応じて，これを処理することができる」と定めていることからも（同条4項），法律が市町村ではなく都道府県に権限を付与したことに拘泥すべきではない。

　こうした考慮から，地方自治法は，指定都市（同法252条の19以下）や中核市（同法252条の22以下）といった大都市の特例において，都道府県からの大幅な権限の委譲を認めている。個別法でも，建築確認事務のように，さしあたり都道府県の事務とされてはいるが，政令で指定する人口25万人以上の市および都道府県知事と協議してその同意を得た市町村については，建築主事を置くことで権限の移転が認められている例がある（建築基準法4条）。

　条例による事務処理の特例の場合，これらとは異なり，法律を介さず，市町村と都道府県との協議およびそれに基づく都道府県条例の制定だけで法律による事務配分を変更できることが特徴である。市町村が処理することとされた事務は，当該市町村の長によって管理・執行がなされる（自治252条の17の2第1項）。条例による事務処理の特例は，分権改革の際，都道府県から市町村へ地域の実情に応じた事務の委譲を推進し，住民に身近な行政はできる限り住民に身近な地方公共団体である市町村において行われることが望ましい（自治1条の2）という考慮から設けられた。本来ならば法令の規定により市町村の担任する事務とすることが望ましいのだが，現実の市町村の規模には大きな差があることなどから，一律に定めるもの以外に，市町村の規模能力に応じた事務配分のしくみが併せて認められたものである[2]。都道府県知事が事務処理の特例条例を制定・改廃する場合には，あらかじめ当該市町村の長に協議しなければならない（自治252条の17の2第2項）。市町村の長の側から，その議会の議決を経て，都道府県知事に対し，その権限に属する事務の一部を当該市町村が処理することとするよう要請することもできる（同条3項）。

　このしくみに基づく都道府県から市町村への事務処理権限の委譲は，行政実務では日常的に行われているにもかかわらず，研究が十分とはいえない[3]。本稿で

---

[2] 松本英昭『新版逐条地方自治法〔第8次改訂版〕』（2015年）1308頁。

[3] 亘理格「条例による事務処理の特例」小早川光郎＝小幡純子編『あたらしい地方自治・地方分権』（2000年）87頁。さいたま地判平成21・12・16判自343号33頁は，事務処理特例による権限委譲（墓埋法上の墓地経営許可事務）の可否が問題となった数少ない事例である。小早川光郎「墓埋法と同法施行条例──事務権限移譲と独自基準」地方自治判例百選〔第4版〕（2013年）

は，広島県知事と東広島市長による規制権限不行使の国家賠償責任が問われた広島地判平成24・9・26判時2170号76頁（以下，本稿では「本判決」とよぶ）の分析を通じて，条例による事務処理の特例の課題について考察する。

II 広島地判平成24・9・26

1 事　案

平成21年7月25日未明，元々産業廃棄物最終処分場の予定地であった土地（本件土砂崩壊地）に搬入された土砂が前日からの大雨によって崩壊・流出し，下流の民家が全壊して住人が死傷した。被害を受けた住人から広島県と東広島市（以下，それぞれ「県」「市」とする）に対して，土砂の搬入に対する広島県知事と東広島市長（以下，それぞれ「県知事」「市長」とする）の権限不行使について，国家賠償法1条に基づく損害賠償請求がなされた。本稿で着目するのは，県の国家賠償責任についてである。

本件土砂崩壊地を含む一帯の地域は，平成4年に県知事から宅地造成工事規制区域に指定されていた[4]。その後，平成16年になって建設業者Aが本件土砂崩壊地を購入し，平成20年までの4年間，土砂の搬入を行っていた。Aは国土利用計画法23条に基づく届出を行っており，届出書の利用目的欄には，「畑に転用予定」と記載していた。

宅地造成等規制法（以下，「宅地造成法」とする）8条に基づく許可権限，同法14条に基づく監督処分の権限，同法17条に基づく改善命令を発する権限は，本来，県知事に帰属している[5]。ところが，平成18年4月以降，県知事は，市長に対して，条例による事務処理の特例（自治252条の17の2以下）に基づき，「広島県

62頁。

[4] 土石流，急傾斜地の崩壊，地すべりといった土砂災害の被害を受けるおそれのある区域には，土砂災害防止法（平成12年法律第57号）に基づく土砂災害警戒区域の指定，危険の周知，警戒避難体制の整備，開発行為の許可制などが予定されている。ただし，土砂災害防止法はあくまでも「被害を受けるおそれのある区域」に着目するもので，「災害を惹起しそうな区域」の規制は，急傾斜地法，砂防法，地すべり等防止法，さらには宅地造成法などの役割である（なお，本件の被害区域が土砂災害警戒区域に指定されていた事実は確認できない）。大量に搬入された建設残土が崩壊したという本件の特殊事情にかんがみると，通常の土石流や地すべりなどと同視することはできないが，土砂災害警戒区域の指定の遅れはそれ自体大きな課題である。山越伸浩「広島市の土砂災害を受けた土砂災害防止法の改正」立法と調査359号（2014年）20頁。

[5] 宅地造成法は平成18年法律第30号により改正されているが，本稿の表記は改正後の条文に統一した。

の事務を市町が処理する特例を定める条例」（平成11年条例第34号）2条16号の2によって，これらの宅地造成に関する規制権限を委譲していた。したがって，もはや県知事には宅地造成法の規制権限が帰属していないはずだが，原告は，県知事にも，是正要求（自治252条の17の4）の権限不行使について違法があると主張した。すなわち，県知事には，条例により市長に対して宅地造成法の規制権限を委譲した後も，市長に対して是正要求を行う権限があり，この権限が的確に行使されていれば土砂災害が起きることはなかったというのである。

2　争点①——本件土砂の搬入は宅地造成法の規制対象に当たるか

まず問題となったのは，本件土砂の搬入が宅地造成法の規制対象に当たるかである。被告である県・市は，本件土砂崩壊地にAが建設残土を搬入していたのは，農地造成目的のためであり，宅地造成法の規制対象には当たらないと主張した。本判決は，次のような理由で，この主張を退けた。

「宅地造成法の適用を受けることになる『宅地造成』とは，宅地以外の土地を宅地にするため又は宅地において行う土地の形質の変更で政令で定めるもの（宅地を宅地以外の土地にするために行うものを除く。）をいい（同法2条2号），『宅地』とは，農地，採草放牧地及び森林並びに道路，公園，河川その他政令で定める公共の用に供する施設の用に供されている土地以外の土地をいうとされている（同条1号）。」

「本件土砂崩壊地は，元は山林であったが，平成4年に産業廃棄物処分場として開発が開始され，同年から平成6年までの間，下部（下流部）の掘り下げ，両岸の切土，上部（上流部）の谷地形の一部に場内道路のための盛土，堰堤及び枡の設置，堰堤上流の法切り，ゴムシート（遮水シート）の敷設などが行われ，平成7年に産業廃棄物処分場の開発が中止された後も，上記堰堤等は残置され，以後，平成16年5月にAが本件土砂崩壊地を買い受けるまでの間，本件土砂崩壊地の地形状況に大きな変化はなかった……。」

ただし，そうであるとしても，Aが行っていた本件土砂の搬入が「宅地を宅地以外の土地にするため」の形質変更であれば（同条2号かっこ書），宅地造成法の規制対象にはならない。実際にAは，届出書に「畑に転用予定」と記載していた。しかし，本判決は，形質変更の目的に関する判断は，土砂搬入がされている土地の置かれた立地条件や，その施工の実態などの客観的事実関係に基づいて

されるべきであるとして，形質変更は農地造成目的であるという県・市の主張を退けた。

3　争点②——県と市は規制権限不行使による国家賠償責任を負うか

本判決は，規制権限不行使の国家賠償事件に関するリーディングケースである宅建業法判決（最判平成元・11・24民集43巻10号1169頁）とクロロキン判決（最判平成7・6・23民集49巻6号1600頁）を参照しながら，一般的な枠組みを提示する。

「公共団体の公務員による規制権限の不行使は，その権限を定めた法令の趣旨，目的や，その権限の性質等に照らし，具体的事情の下において，その不行使が許容される限度を逸脱して著しく合理性を欠くと認められるときは，その不行使により被害を受けた者との関係において，国家賠償法1条1項の適用上違法となる……。」

その上で，本判決は，宅地造成法の目的が宅地造成に関する工事における崖崩れや土砂の流出といった災害を防止するため必要な規制を行うことにより，国民の生命，財産の保護を図り，もって公共の福祉に寄与することにあること（同法1条），宅地造成区域内における宅地造成に関する工事は都道府県知事の許可にかからしめられていること（同法8条1項），許可には必要な条件を付することができること（同条3項），無許可で工事がなされているときには，都道府県知事は工事の施工停止あるいは擁壁等の設置その他災害防止のため必要な措置をとることを命ずることができること（同法14条2項），無許可工事が明らかな場合には，工事停止命令に際して弁明の機会を付与する必要はなく，場合によっては，作業従事者に対して工事の停止を命じることもできること（同条4項），災害防止のため必要な措置をとることを命ずべき者を過失なく確知することができず，かつ，これを放置することが著しく公益に反すると認められるときには，都道府県知事は，代執行を行うことができること（同条5項）など，宅地造成法の目的および都道府県知事に付与された監督処分の権限を詳細に列挙する。

「このような同法〔宅地造成法〕の目的，上記監督処分の権限を都道府県知事に与えた規定の趣旨にかんがみると，同法14条に基づく各種の監督処分を命じることができる権限は，違法な宅地造成工事がされている場合には，近接する住民の生命，身体に対する危害を防止することを目的として，できる限り速やかに，適時にかつ適切に行使されるべきものである……。」

続いて，本判決は次の事実を認定する。(ア)本件土砂崩壊地は産業廃棄物処理場としての工事途中で放置されていたところ，自然の状態でも上流部から流出した土砂などが堆積した状態にあり，何ら崩壊対策をとらずに大量の土砂を斜面地の上部に搬入し続ければ，大量の降雨があった場合に土砂が崩壊する危険性があった。(イ)Aが提出した本件届出書には，当初から大量の土砂を搬入する計画が明らかにされており，県の東広島農林事業所林務課職員は，平成18年11月1日，本件土砂崩壊地の現地調査を行って，埋立面積が約1000 m^2 に及んでいることを確認しており，県としても，同月11日の時点において，無許可で宅地造成がなされていると判断するに足りる情報を得ていた。現地調査を続けた同課職員は，平成20年3月2日，市から委嘱を受けた環境保全監視員から，土砂滑落のおそれがあることなどの情報を得ていた。(ウ)市において規制を検討した様子はなく，県においても，「広島県土砂の適正処理に関する条例」（平成16年条例第1号。この条例は，宅地の造成を目的としない盛土等が宅地造成等規制法の対象とならず，森林内での1ヘクタール以下の盛土等も森林法の規制の対象とならないため，これら規制の対象とならないものについても，2000 m^2 以上の盛土等については，広島県が独自に規制できるように制定された。以下，「県条例」とする）による規制を検討していたが，同条例での規制対象は2000 m^2 以上であることから，それに至らない本件土砂の搬入について具体的な規制に着手しなかった。(エ)土砂崩壊事故は，大量の降雨に加えて，本件土砂の搬入によって盛土規模が拡大し，斜面が急峻になったことが主な原因の1つである。

これらの事情に基づいて，本判決は，市長の権限不行使については，「遅くとも平成20年3月2日以降，宅地造成法に基づく上記の規制権限を直ちに行使しなかったことは，その趣旨，目的に照らし，著しく合理性を欠くものであって，国家賠償法1条1項の適用上違法というべきである」と結論付けた。ただし，県知事の権限不行使については，話はそう単純ではない。

「他方，被告県は，平成18年4月以降，宅地造成法に基づく規制権限を被告市に委譲していたため，平成20年3月2日当時，県知事はこれを行使できなかったものである。しかしながら，県知事は，……地方自治法252条の17の4第1項，同法245条の5第3項の規定により，自治事務の処理が法令の規定に違反していると認めるときは，被告市に対して是正又は改善のため必要な措置を講ずべきことを求める権限を行使できたから，これによって市長による宅地造成法に基

づく規制権限の不行使を解消する手段を有していたといえる。そして、……県知事は、本件届出書の提出を受けた時点で、Ａの造成計画が宅地造成法8条の許可を要する宅地造成であると判断できたはずであり、被告市に宅地造成法の規制権限を委譲した平成18年4月前頃には、現に無許可宅地造成に該当する工事がされている現状を認識していたものである。その上、自らが宅地造成法上の規制権限を有しなくなった後も、本件土砂の搬入の状況を定期的に監視し、広島県土砂の適正処理に関する条例によって何らかの規制が及ぼせないかを検討するばかりか、どんなに遅くとも平成20年3月2日までには、本件土砂崩壊地に無許可でなされた宅地造成は、その盛土に崩壊の危険性がある状態に至っているとの認識するに足りる情報を得ていたのであるから、本件土砂の搬入を継続することによる盛土の崩壊の危険性を、むしろ被告市より明確に認識するとともに、上記のような状況下であっても、被告市が宅地造成法上の何らの規制権限の行使を検討する様子がない事実も認識していたものと認められる。」

「……市長の宅地造成法に基づく規制権限の不行使が国家賠償法1条1項の適用上違法であり、その結果、近接する住民の生命、身体に対して直接的な危害が及びかねない事態に立ち至っている以上、県知事は、地方自治法の上記規定に基づき、被告市に対して、宅地造成法に基づく規制権限をできる限り速やかに、適時にかつ適切に行使すべきよう是正を求めるべきものであったということができる。そして、……遅くとも平成20年3月2日の時点までに、県知事からの是正要求に基づいて、市長の宅地造成法に基づく上記規制権限が適切に行使され、本件土砂の搬入が停止され、適切な土砂崩れ防止の措置が講じられてさえいれば、本件土砂崩壊事故の発生は防ぐことができたということができる。」

「この場合における県知事の上記権限の不行使は、宅地造成法に基づく規制権限の不行使そのものではないが、その不行使は、国家賠償法1条1項の適用上違法とされる市長の宅地造成法上の不行使を放置し、ひいては近隣住民の生命、身体に危害を生じさせる結果をもたらすものであるから、宅地造成法の趣旨、目的に加え、同法に基づく規制権限を被告市に委譲することを許容する一方、その行使の在り方について是正を求めるなどの手段で介入する余地を残した地方自治法の趣旨、目的に照らし、この場合の県知事の権限の不行使も国家賠償法1条1項の適用上違法となるものと解するのが相当である。」

Ⅲ 本判決の分析

1 県の規制権限不行使

(1) 宅地造成法の規制権限不行使　　宅地造成法の規制権限不行使が問題となった事案を確認しておくと、大阪地判昭和49・4・19判時740号3頁では、擁壁が崩れたことで流出した土砂が住宅を倒壊させた事案において、宅地造成工事終了後に県知事が改善命令を発して危険を除去すべきであったとして、国家賠償責任が認められている。これに対して、宮城県沖地震における地すべり被害についての仙台地判平成4・4・8判時1446号98頁や、違法な宅地造成地から生じた土砂により発生した交通事故についての奈良地判平成5・2・9判自112号80頁では、改善命令等を発するほどの客観的な危険性はなかったとして、国家賠償責任が否定されている（当時の農地法の規制権限不行使が問われた事案として、農地からの転用地に積み上げられた建設残土の崩落についての横浜地判平成12・10・27判時1753号84頁も参照）。

(2) 本判決の特徴——是正要求の不行使　　土砂災害の事案としてみれば、本判決に事例判断以上の意味はない。本判決の特徴は、元々県知事の権限であった宅地造成法の規制権限が、条例による事務処理の特例（自治252条の17の2）に基づき、途中から市長に委譲されていた点にある。これは分権改革以前の都道府県知事から市町村長への事務委任のしくみ（自治旧153条2項）とは異なり[6]、都道府県の事務について、その帰属自体を変更し市町村の事務とするものである[7]。そうだとすると、本件で責任を追及すべきは市であり、県はそのままの形では国家賠償責任を負わない。そこで本判決は、県知事が市長に対して有する地方自治法上の関与権限の不行使を違法であるとみて、その国家賠償責任を認めた。すなわち、県知事には是正要求（自治252条の17の4）を行うことができたのにこれをしなかった責任があるということである。

---

[6] 都道府県知事から市町村長への事務委任は、行政法における権限の委任であり、その権限は受任した機関（市町村長）へと移転して、受任者は自らの名前と責任でその権限を行使することになるが、機関委任の性格上、委任した機関（都道府県知事）には包括的な指揮監督権（自治旧150条）、取消権、停止権（自治旧151条1項）が帰属していた。松本・前出注2）1310頁。なお、機関委任事務の実施における国家賠償の問題については、小早川光郎「機関委任事務と国家賠償法1条」南博方先生古稀『行政法と法の支配』（1999年）1頁。

[7] 小早川・前出注3）63頁。塩野宏『行政法Ⅲ〔第4版〕』（2012年）255頁は、条例による事務処理の特例による権限委譲は、法的には行政法上の委任とみるのが素直であるとする。

(3) 反射的利益？　　規制権限不行使に基づく国家賠償責任は，行政が私人に対して有する規制権限について，宅建業法判決で枠組みが示された後，薬害，公害，消費者被害などの事案で実績が重ねられ，認容判決もいくつかみられる。本判決では，地方自治法に基づく県から市に対する関与権限の不行使について，2つの最高裁判決を引用して，同様の論理構成が採用された。

　注目すべきは，本判決が，「〔宅地造成〕法に基づく規制権限を被告市に委譲することを許容する一方，その行使の在り方について是正を求めるなどの手段で介入する余地を残した地方自治法の趣旨，目的に照らし」，県知事の是正要求権限の不行使を違法としたことである。このことは，是正要求の保護法益の理解に関わる。

　この点，市立小学校で起きたいじめ自殺について，遺族が市と国を相手に国家賠償請求を行った事案において，東京地判平成24・7・9訟月59巻9号2341頁は，地方自治法245条の4ないし7は「国の地方公共団体に対する関与の根拠を明確に定めたものにすぎず，同各条によって個別の国民の権利利益が直接保護されていると解することはできない」とした[8]。学説でも，国・都道府県からの違法確認の訴え（自治251条の7・252条）の目的について，一般的・抽象的な適法性の確保に過ぎないとする見解がある[9]。これらの思考からは，是正要求の目的も公益の保護にあり，それによって結果的に保護される国民（住民）の利益は，国家賠償請求でも「反射的利益」に過ぎないことになろう。

　しかし，この考え方は妥当ではない。関与はその対象となる個別法と結び付いて存在している以上，是正要求も広い意味では個別法が認める規制権限の一環として捉えるべきであって，是正要求によって終局的に確保されるのは，個別法が保護する権利・利益のはずだからである[10]。したがって，本件において，宅地

---

[8] 東京高判平成20・10・1訟月55巻9号2904頁は，是正勧告や是正要求について，「法令解釈又は国の公益の観点から，自治事務との間の公益の調整を図るものであり，処分に係る個別的な私権の保護を目的とするものではない」としているが，この部分は傍論に過ぎない。

[9] 白藤博行「国からの訴訟による自治体行政の適法性の確保」法時84巻3号（2012年）18頁。

[10] 若生直志「本判決判例解説」自治研究91巻10号（2015年）127頁。小早川・前出注6）10頁も，「法定受託事務に関して……国の規制や関与の程度が強いことからは，実際上，それらの規制ないし関与に係る国の公務員の行為が損害発生の原因であったとして〔国家賠償法〕1条による国の責任が問われるケースが，ある程度多くなることは予想されうる」としており，関与権限の不行使によって国家賠償責任が生じる可能性を一般論として認めた上で，具体的な責任の有無は規制・関与の強度によって変わり得るとする。

造成法の保護法益である住民の生命，身体，財産は，是正要求権限の行使を通じても，保護されているとみなければならない。もちろん，保護法益性が認められたとしても，是正要求権限の不行使が具体的な損害賠償責任に結び付くには，まだ多くのハードルが残されている。

2 権限が委譲されることの意味

(1) 2つの読み方　本判決が県の責任を認定したことには，2つの読み方があり得る。㈱権限が委譲される前，宅地造成法の規制権限は元々県の事務だったのであり，是正要求の不行使だけではなく，委譲後も潜在的に宅地造成法の規制権限は残っていることも含めて，県の責任が認められたのだという読み方と，㈲あくまで問題となっているのは権限委譲後の市に対する是正要求の不行使に限られており，それに限ってみても，本件における県の是正要求権限の不行使は違法であるという読み方である11)。このことは，条例による事務処理の特例に基づく権限委譲の理解に関わる。㈱においては，権限委譲後も元々の行政機関（本件ならば県知事）に潜在的な権限が多少にせよ存在することになるのに対し，㈲においては，権限委譲により元々の行政機関から委譲先の行政機関（本件ならば市長）に完全に権限が移転して，元々の行政機関が責めを負うのは法律で定められた是正要求など関与権限の不行使の局面に限られることになるからである。

(2) 権限委譲の趣旨・目的　ここでは，権限委譲がなされる趣旨・目的に立ち返った検討が不可欠であろう。県から市に権限委譲を行えば，通例，当該領域において県は人員を削減し，その分の人的資源を他に配分して組織管理の効率性を高めることが可能となる。もしそれが許されず，権限委譲する前と同程度の人員配分を行わなければならないとしたら，県としては権限委譲するメリットが見出せない。㈲のアプローチが妥当である。

これに対しては，あまりに行政の都合を重視しすぎではないかという批判があり得よう。しかし，市であれ県であれ，行政がどこかで責任を全うするしくみになってさえいれば，市と県が重層的に責任を負う必要はない。むしろ，それは二重行政であり，行政の不効率と事業者の負担増を招くものとして，忌避されてきたのではなかったか12)。

---

11) 若生・前出注10) 125頁。
12) たとえば，阿南市水道水源保護条例判決（徳島地判平成14・9・13判自240号64頁）や紀伊

権限委譲が認められているのは，一般の市町村の手に余り都道府県が補完的に行使すべき事務についても，人口・財政ともに余裕のある市町村ならば十分に処理することが可能なのだから，可能な限りそうした市町村に事務を処理してもらうためである[13]。「都道府県と市町村は，その事務を処理するに当つては，相互に競合しないようにしなければならない」（自治2条6項）というのは，住民のためだけではなく，行政のための立法指針でもあると考えるべきである。

　(3) 権限委譲による責任の遮断　　本判決は，事実認定の中で，県が本件土砂の搬入について調査を実施し情報も入手していたという事情を掲げており，この点を重視すれば，(あ)に親和的とも思える。しかし，権限委譲前の原因作出がほぼそのまま被害発生に繋がったような場合（薬事法における医薬品の規制権限が委譲されたとして，権限委譲前に流通した医薬品が原因で薬害が発生したケースや，本件の事案の下で権限委譲後まもなく土砂崩れが発生するケースなど，原因作出に関する行政責任がもっぱら権限委譲前の行政機関に帰せられる場合）ならばともかく，本件のように災害の原因となる土砂が文字通り「積み上げられて」いくような場合には，権限委譲時点で県が宅地造成法の規制権限不行使の責めを問われるべき根拠は遮断され，それ以降は市の責任のみが問題とされるべきである。(あ)のアプローチは妥当でない。

　むろん，土砂の搬入が危険な水準に達していることなど，引き継ぎの際に県から市の担当者に的確な情報の伝達がなされる必要はあるだろう。引き継ぎの不備

　　長島町水道水源保護条例判決（最判平成16・12・24民集58巻9号2536頁）における廃棄物処理法と水道水源保護条例の多重規制など。
13)　条例による県から市への権限委譲を，行政から民間事業者への民間委託と比較すると興味深い。民間委託の場合，事務を受託した民間事業者が不法行為によってサービスの受け手に損害を与えたようなとき，保障責任の一環として行政が国家賠償責任を負うことはあり得るが，その解釈を採る実践的な意図は，民間事業者の無資力リスクを被害者だけに負担させないことにある。板垣勝彦「保障国家における私法理論」行政法研究4号（2013年）113頁。
　　これに対して，県から市への権限委譲の場合には，事情が異なる。県が国家賠償責任を負うときは，余程の例外的事案を除いて，市と共同不法行為の責任を負う。しかし，市が国家賠償の費用を負担できないことは考えがたく，県にまで国家賠償責任を負わせることの実益は乏しい。理論的には県と市の費用負担割合（国賠3条）の問題があり得るが，権限が移っている以上，当然，内部的にも市が100％の負担を負う。
　　可能性としては，本件のように，もっぱら県が土砂崩れについて調査を行っており，市には情報が入っていないことも起こり得る。この場合，市には予見可能性が認められず，県のみが過失の責めを問われるのであろうか。しかし，そのように考えてしまうと，調査を尽くしていたがゆえに県が責任を負うという帰結になり，極めて不当である。むしろ，市については，当然行うべき調査を行っていなかったこと自体を過失とみるべきであろう。

は，それ自体として，県の責任を構成し得る。しかし，引き継ぎによって宅地造成法の規制権限は県から市に移転するのであり，上記例外的場合を除いて，それ以降，県は宅地造成法の規制権限の不行使の責めを問われるべきではない。権限委譲後にも潜在的な権限が残り続けると考えることはできず，(い)のアプローチに従い，県に対しては，是正要求など，自治事務への関与権限不行使の責任を追及し得るにとどまる。

ただし，これについても，慎重な考慮が必要である。この論理を突き詰めれば，およそ規制法律の所管官庁――いじめ自殺であれば文部科学大臣（前出東京地判平成24・7・9），食品衛生に関することであれば厚生労働大臣，建築確認に関することであれば国土交通大臣――について，関与権限不行使の責任が認められることになりかねないからである。

3 是正要求の法的性質と結果回避可能性

そこで，是正要求の法的性質を検討する。是正要求は，関与の基本類型として他に定められている助言・勧告（自治245条1号イ・245条の4），是正指示（自治245条1号ヘ・245条の7），代執行（自治245条1号ト・245条の8）と比較してみると，助言・勧告と代執行の中間的な性質を有しており，法的評価が難しい。以下，県が市に対して関与を行う場合を例に考察する。

助言・勧告の場合，行政指導のようなものであって，それに従う法的義務はない[14]。したがって，助言・勧告の不行使を理由に県の国家賠償責任が認められることは想定しがたい。これに対して，法定受託事務に限って認められる代執行の場合には，県が市の事務を代わりに執行することが可能なのだから，その要件が――かなり厳重な要件ではあるが――備わっている限り，関与権限を行使していれば結果は回避できたであろうという関係は認められると思われる。

是正要求の場合，法的拘束力が認められるから，相手方はそれに従う義務がある。そうだとしても，「是正要求さえ行っていれば，土砂崩れは起こらなかったであろう」という不作為の因果関係（結果回避可能性）は，直ちには認められないと思われる。①「県知事から市長に是正要求がなされる」→②「それに従って市長が業者に宅地造成法の規制権限を行使する」→③「それに従って業者が土砂の

---

14) なお，国が私人に対して行う行政指導とは異なり，助言・勧告には（概括的授権の下とはいえ）法律の根拠が必要である。塩野・前出注7) 243頁以下。

搬入を停止し適切な土砂崩れ防止の措置を講じる」→④「土砂崩れが回避される」というのは，さすがに結果の回避に至るまでの段階が多すぎるからである。さらに，是正指示（自治245条の7第1項）の場合には，事務処理違反の是正・改善のために講ずべき措置の具体的内容まで示されるのに対して[15]，是正要求の場合，「必要な措置を講ずべきことを求めることができる」（自治245条の5第1項。252条の17の4の特則についても同じ）にとどまり，具体的にいかなる措置をとるかという選択権は，あくまで相手方に委ねられる。このようなことを考慮すると，本判決が結果回避可能性を直ちに認めたことには疑問がある[16]。

②→③の（行政が私人に働きかける）プロセスにおける規制権限不行使の国家賠償責任の問題では，予見可能性の有無に主眼が置かれることが多く，予見可能性が肯定されたのに，結果回避可能性の欠如を理由に責任が否定されることは僅少である[17]。たしかに，行政が右と言えば民間事業者も直ちに右を向く傾向にあるわが国では――水俣病東京訴訟第1審判決（東京地判平成4・2・7判時臨増平成4年4月25日号3頁）が認めたように，行政指導であっても効果は抜群である――，たとえ規制権限を行使しても結果は防げなかったであろうなどということは考えづらい。薬害であれば，厚生労働大臣が製造承認を取り消せば，問題のある医薬品は直ちに市場から消えるから，「行政が規制権限を適時・適切に行使さえしていれば被害拡大は防げたであろう」という意味の結果回避可能性は，難なく認定できよう。しかし，一筋縄ではいかない――行政処分ですら効果が疑問視される――産業廃棄物処理業者などを相手にする場合には，結果回避可能性をそう容易に認定してよいものだろうか。とりわけ地方公共団体において行政の実効性確保が大きな課題となっている昨今では，尚更である[18]。

---

15) 塩野・前出注7）241頁以下，松本・前出注2）1123頁。
16) 山田健吾「本判決解説」新・判例解説Watch（法学セミナー増刊）vol. 13（2013年）34頁。ただし，状況によっては，是正要求の相手方の執り得る措置が一義的かつ明確に定まる可能性はあり得る。
17) むろん，予見可能性が認定された事案自体少ないことには，留意する必要がある。筑豊じん肺判決（最判平成16・4・27民集58巻4号1032頁）では，「〔昭和35年3月31日〕の時点までに，……保安規制の権限（省令改正権限等）が適切に行使されていれば，それ以降の炭坑労働者のじん肺の被害拡大を相当程度防ぐことができたものということができる」（傍点筆者）として，やや含みを持たせた表現になっている。
18) 北村喜宣『行政法の実効性確保』（2008年）。ただし，宅地造成法の改善命令は代替的作為義務なので，行政代執行の要件さえ満たせば，市が自ら危険を除去することで，結果回避可能性の認定についてのハードルは格段に低くなる（代執行の実際上の困難についてはひとまず措く）。前出大阪地判昭和49・4・19は，代執行の可能性に言及する。

さらに，本判決を特徴付ける①→②のプロセスについても，近年では，国立市や福島県矢祭町の住基ネット接続をめぐる一件や沖縄県竹富町教育委員会の教科書採択をめぐる一件のように，是正要求に従わない地方公共団体が現れており[19]，直ちに是正要求の内容が実現されるとは言いがたい状況となっている[20]。

4 本件土砂の搬入は「宅地造成」に該当するか？

市が何の措置も講じていなかったのは，本件埋立地が「宅地」に，本件土砂の搬入が「宅地造成」に該当するとは考えていなかったからであろう。実際，控訴審である広島高判平成25・12・19判例集未登載は，本件埋立地は山林であり，建設残土の搬入，埋立てについても，Aの意図や客観的状況に照らすと，山林である土地の形質変更としかいえないとして，宅地造成法の適用を否定している。

控訴審のように認定すると，それでは本件で土砂災害を防ぐために行政はいかなる権限を行使し得たのかという疑問が浮かぶ。本件埋立地が山林であったとしても「地域森林計画の対象となつている民有林」（森林法10条の2第1項）でなければ森林法の開発許可制度の対象とはならないところ，事実認定の中では，地域森林計画云々について言及はない。農地にするための造成工事であれば，農地法関係法令の適用もあり得ようが，農地法は違反転用（同法4条1項）などを取り締まる法律であって，土地の形質変更による土砂災害防止を目的とした規定は置かれていない[21]。

となると，土砂による埋立てには，県条例のみが適用される。だからこそ，県が現地調査を行っていたのである。しかし，埋立区域の面積が県条例の適用のある2000 m^2 未満であったことから，県が——その適用を模索しつつも——規制に

---

19) 宇賀克也『地方自治法概説〔第6版〕』(2015年) 377頁以下。
20) 実効性確保手段の欠如は法の不備ともいえるため，国・都道府県からの違法性確認の訴え（自治251条の7・252条）が法定された。宇賀・前出注19) 407頁以下。しかし，請求認容判決が得られても，地方公共団体に無視されてしまえばそれ以上の手段はとり得ないため，判決の実効性を確保する手段が議論される状況である。
21) 川崎市が「農地造成工事指導要綱」を策定しているように，農地造成に伴う土砂災害の防止を目的とした行政指導を行っている地方公共団体もあるが，裏を返せば，農地造成について法規制が敷かれていないということである。なお，横浜地判平成12・10・27はこの論点に触れることなく，県知事には違反転用がなされた場合の原状回復命令等の規制権限を行使しなかったことにつき違法があったか否かについて判断しており，法の目的が違反転用の取締りであっても，結果として建設残土の崩落を防ぐという機能があるならば，状況に応じて土砂災害防止のために原状回復命令等の規制権限を発動すべき局面を想定しているようにみえる。

踏み切ることはなかった（そして，県条例の適用範囲に満たない以上，その規制権限を行使しなくとも，違法の問題は生じ得ない）。県の担当職員は，埋立区域が2000 m²を超えるか否かについて定期的な調査を行うにとどまったのであり，結果を知る者としては，歯がゆさを禁じ得ない。

本件土砂崩壊地を巡っては，県は権限発動について様子見になり，市は自身の権限とは考えていなかったというのが真相であろう。こうした領域については，権限を委譲する際に，協議の中で詰めておかなければならない。そして，権限を委譲した後にも，県と市の間では，十分な情報の交換および対応の協議が行われる必要がある。

もしも，県が条例の2000 m²という制約にこだわらず，本件の傾斜地に条例上の規制権限を行使するなどして緊急的に予防措置を講じた場合，事後的にいかなる問題となっただろうか。生命，身体，財産といった重要な保護法益が害される緊急性の高い事案であるため，浦安町ヨット杭撤去事件（最判平成3・3・8民集45巻3号164頁）のように，緊急避難（民法720条）の法意に照らして，住民訴訟における予算支出の違法性は阻却された可能性がある。むろん，無権限での実力行使を慫慂するつもりはなく，権限行使の空白をつくらないような事前の法整備こそが重要であることは言うまでもない[22]。

立法論としては，宅地造成にかかわる規制権限について市の事務としつつ，それと重なり合う一定の事項を別個独自の県の事務——いわゆる並行権限（自治250条の6）——として設定することが考えられる[23]。一般に，同一事項の処理権限を複数の行政庁に与えることは混乱を生じ望ましくないとされるが[24]，国民の生命，身体，財産を守るという理由にかんがみると，そのような権限設定の仕方が適切な場合もあり得よう。

---

[22] 山田・前出注16) 34頁は，規制区域未満であったとしても，県条例の適用について検討される程度には土砂災害の危険性を認識していたのであれば，本件土砂の搬入の停止を求めたり，排水設備等の設置を求める行政指導を行うことは十分可能であり，Aがそれに従う可能性が全くなかったとは言い切れないとする。

[23] 並行権限については，参照，小早川光郎「並行権限と改正地方自治法」金子宏先生古稀『公法学の法と政策 下』（2000年）289頁，本田滝夫「並行権限の法的統制の課題」室井力先生古稀『公共性の法構造』（2004年）451頁。

[24] 小早川・前出注23) 295頁は，これを「行政組織における一物一権主義」と名付ける。

Ⅳ 展　　望

　条例による事務処理の特例について，本稿から得られた知見を以下にまとめる。

　第1に，是正要求権限に過剰な期待を寄せてはならない。本判決のように考えると，むしろ是正要求の権限に藉口して都道府県の関与が強まる可能性があるし，都道府県の側からみても，予算や人員配置の問題など，良いことはない。事務処理権限は，都道府県から市町村に完全に移転するのであり，都道府県に潜在的な権限が残るわけではない。

　第2に，是正要求によって終局的に確保されるのは，個別法が保護する権利・利益である以上，個別法が保護する生命，身体，財産なども，是正要求の保護法益に含まれる。しかし，是正要求権限の不行使が具体的な損害賠償責任にまで結び付くケースは稀である。

　第3に，条例による権限委譲を行う際には，都道府県と市町村との間に十分な協議が必要である。そこでは，委譲する権限だけでなく，関連する権限についても目配りする必要がある。本件のように様子見の状況になってはいけない。

　本件は，県と市が権限行使の隘路に迷い込んでしまったような事案である。行政には，住民の安全を守るためには何が最善かという基本に立ち戻って行動することを望みたい。

流域治水と建築制限
―― 滋賀県流域治水条例を素材にして

山 下　　淳

はじめに
I　条例の概要と特徴
II　「地先の安全度」あるいは「想定浸水深」
III　地先の安全度と土地利用計画
IV　浸水警戒区域と建築等の制限

はじめに

　水害に対し河川管理者による河川整備では限界があることはかなり以前から指摘されてきたところであり、最近では気候変動等により想定を超える水害が多発していることもあって、被害回避のための避難行動とともに、土地利用規制などの予防的な対策をも含めた総合的な取組みの必要が指摘されている[1]。「最悪の事態」(「最大クラスの外力(大雨)」)を想定して、生命を守ることを目標としていることが、とりわけ特徴的だろう。滋賀県が推進している流域治水政策もそのような試みのひとつであり、とりわけ条例化にあたって建築基準法の災害危険区域を活用した建築制限に踏み込んだことで注目を集めた。
　そこで、本稿では、滋賀県の流域治水政策を素材にして、政策の法制度化の見地から、若干の検討を行ってみたい。

---

1)　例えば、国土交通省「新たなステージに対応した防災・減災のあり方」2015年、社会資本整備審議会河川分科会気候変動に適応した治水対策検討小委員会「水災害分野における気候変動適応策のあり方について(提言)」2015年、社会資本整備審議会「大規模氾濫に対する減災のための治水対策のあり方について」2015年など。

I 条例の概要と特徴

1 条例制定に至る簡単な経緯

滋賀県の流域治水政策[2]は嘉田由紀子氏が滋賀県知事に就任してからすすめられ，平成18年9月に流域治水政策室が設置され，さらに3つの部会から構成される流域治水検討委員会（行政部会，住民部会，学識者部会）で検討された後，平成24年3月に県議会議決を経て「滋賀県流域治水基本方針——水害から命を守る総合的な治水を目指して」として結実している。

そして，基本方針を実効的ならしめるために，「滋賀県流域治水の推進に関する条例」（流域治水条例）が，平成25年9月議会に提案され継続審議となった後，26年2月議会でいったん撤回され，あわせて修正した条例案を提案するというかたちで，成立している。条例は一部を除き26年3月31日から施行，27年3月30日から完全施行されている。

2 流域治水基本方針

基本方針は，

1) 「どのような洪水にあっても，①人命が失われることを避け（最優先），②生活再建が困難となる被害を避けることを目的として，自助・共助・公助が一体となって，川の中の対策に加えて川の外の対策を，総合的に進めていく治水」という滋賀県が推進する流域治水の考え方（定義）を明らかにし，

2) 「ながす」（「川の中の対策」：河道内で洪水を安全に流下させる対策）に加えて，「川の外の対策」を「ためる」（河川への流入量を減らす流域貯留対策），「とどめ

---

2) 滋賀県流域治水条例の制定に至る経緯および条例施行後の取組み状況については，関係資料も含め，流域治水政策室のHP（http://www.pref.shiga.lg.jp/h/ryuiki/）に詳細にとりまとめられている。また，提中富和「滋賀県流域治水の推進に関する条例」自治実務セミナー2015年1月号44-52頁が制定経過も含めてていねいにフォローしている。また，杉本裕明「全国初の流域治水条例を制定へ」ガバナンス2014年4月号102-104頁。条例制定前の段階だが，滋賀県関係者によるものとして，嘉田由紀子『知事は何ができるのか』（2012年）139-146頁，嘉田由紀子＝中谷惠剛＝西嶌照毅＝瀧健太郎＝中西宣敬＝前田晴美「生活環境主義を基調とした治水政策論」環境社会学第16号（2010年）33-47頁，西嶌照毅＝西山康弘＝瀧健太郎「水害に強い地域づくり——流域治水対策の取組」新都市2010年10月号61-64頁。なお，脱稿後，多々納裕一「災害リスク評価と都市づくり施策への反映」都市計画318号（2015年）28-31頁，阿部泰隆「政策策定・法制度の設計・運用における費用対効果分析，リスク・マネジメントの必要性（2・完）」自治研究91巻12号（2015年）3-29頁（「五　河川洪水対策，滋賀県流域治水条例」で取りあげられている）に接した。

る」(氾濫原を制御・誘導する氾濫原減災対策),「そなえる」(地域防災力向上対策)に分類し,

3) 「『川の中の対策』に関する諸計画(河川管理者が定める河川整備に関する計画)に基づき着実に実施すべき治水施設の整備に関する事項に加えて,『川の外の対策』として実施すべき事項について,基本的方向を示す」

ものである(第1章 流域治水の概念と基本方針の位置付け)。

基本方針は,治水の現状と課題を整理し(第2章 治水上の課題),「地先の安全度」を基礎情報として活用して(第3章 これからの治水の基本的方向──流域治水の推進),「ながす」「ためる」「とどめる」「そなえる」対策のそれぞれについて,その進め方が,国・県,市町,住民,企業等の役割分担とともに,とりまとめられ(第4章 流域治水の進め方),最後にこれらの対策を円滑に進める方策(第5章)を述べるという構成になっている。

3 条例の構成

条例には,「前文」がおかれ,目的,定義,基本理念,県・県民・事業者の責務を規定する「第1章 総則」と,「第2章 想定浸水深の設定等」,「第3章 河川における氾濫防止対策」,「第4章 集水地域における雨水貯留浸透対策」,「第5章 氾濫原における建築物の建築の制限等」,「第6章 浸水に備えるための対策」,「第7章 滋賀県流域治水推進審議会」,「第8章 雑則」,「第9章 罰則」という構成になっている。第2章で「想定浸水深」を根拠づけ,第3章から第6章はそのまま「ながす」「ためる」「とどめる」「そなえる」対策に対応している。

4 流域治水の政策と条例

(1) 「流域治水条例は,新たに明らかになった『地先の安全度』に対応するため,〔河川法,水防法,都市計画法,建築基準法などの〕それぞれの法令で定められている施策を,住民目線でわかりやすく,運用しやすいように総合政策の仕組みとして一つの条例の中で関連づけ,施策を総合的に推進するもの」で,法律に横串をさすかたちの総合条例だが,「土台となる既存の法令のうち,『地先の安全度』……を基礎資料とすることにより,よりよく運用できる部分,より強調すべき部分を切り出し,流域治水条例にまとめた」ものでもある(条例解説3頁[3])。すな

わち，第一に，条例はもっぱら既存の法的な仕組みを地先の安全度に基づいてうまく運用しようと試みることを意図したものである。第二に，法令に規定があるもの，法令で適切に対応していることは条例には盛り込まない（例えば，開発行為の許可の際の調整池の設置など。あるいは水防法に基づく活動を前提としてそれを補完する県の支援を盛り込むなど），法律に規定がなく法律を補完すべき部分を条例で明確にしようとしている。基本方針に盛り込まれた4つの対策の内容すべてが条例で言及されているわけではない。

法制上の方針らしいが，そのために，流域治水政策（対策）の全体像が条例からは見通しにくく，とりわけ浸水警戒区域とそこでの建築規制（条例第12条〜第23条）が――量的にみて――際立ってしまって，それに特化しているとの印象を与えていることも否めない。条例の立ち位置が誤解されやすいのである。

(2) 流域治水条例は，「基本方針」を忠実に条例化したものではないし，政策の体系からすると，最上位に位置するわけでもない。「政策」としての滋賀県の推進する流域治水は，むしろ基本方針で明らかにされており，条例化は，政策の実施のためのツールにすぎないという位置づけにあるとみるべきだろう。流域治水条例は，流域治水政策を実効性あるものとするために，その限られた一部を実装するものにとどまっているのである。

II 「地先の安全度」あるいは「想定浸水深」

1 地先の安全度と想定浸水深

(1) 滋賀県の流域治水政策の特徴のひとつは，「地先の安全度／想定浸水深」を流域治水対策の基礎情報においたことにある。

「地先の安全度」は，水防法の浸水想定区域[4]と同じく水害リスク情報だが，対比して次のような特徴をもつ（条例解説10-13頁）。

1) 水防法の浸水想定区域の対象となる河川だけでなく，身近な水路（普通河川，

---

3) 滋賀県土木交通部流域政策局流域治水政策室「滋賀県流域治水の推進に関する条例（平成26年条例第55号）の解説」（平成26年10月）。以下，「条例解説」として引用する。

4) 水防法は，洪水予報河川および水位情報周知河川について計画降雨により氾濫した場合に浸水が想定される区域を浸水想定区域として指定し公表することとし（第14条），市町村に浸水想定区域とあわせて洪水予報等の伝達方法，避難場所等を記載した印刷物（洪水ハザードマップ）の住民等への配布等を義務づけている（第15条）。水防法研究会編『逐条解説水防法〔改訂版〕』（2012年）82頁以下。生田長人『防災法』（2013年）92頁以下。なお，浸水想定区域については，平成27年改正も含め，後出注23）も参照。

農業用排水路，下水道など）からの内水氾濫も考慮した統合的なものであること
2) 2年〜1000年確率降雨での洪水氾濫シミュレーションを行い，幅広く水害リスクを想定していること
3) その解析結果に基づき，「想定浸水深」（前提となる確率降雨が生じた場合に，洪水等により浸水したときに想定される水深）と「流体力」（水の流れが引き起こす力）から，被害の種類（①〔流体力による〕家屋流失，②家屋水没〔浸水深3m以上〕，③床上浸水〔浸水深0.5m以上〕，④床下浸水）を判定している。

そして，地先の安全度を地図に落としたものを「地先の安全度マップ」と呼んでおり，県内の各地点での浸水リスクを把握することができる[5]。

なお，「地先の安全度」は「浸水深」と「流体力」を基礎に「被害の程度」を判定するが，条例で利用されているのは「浸水深」だけであり（流体力は，建築物に対する作用や破堤点の特定などについて科学的知見が十分ではないため，浸水警戒区域の指定の基準として用いることは見送られた），そのため，「想定浸水深」の用語のみが定義され用いられている（条例第2条第3項）。「地先の安全度」の用語は条例には登場しない。

(2) 地先の安全度マップは，平成24年9月から平成25年8月にかけて県内各市町ごとに公表された。しかし，条例第8条に基づく「想定浸水深」は，関係市町の長の意見を聴き設定・公表することとされているが，平成26年9月1日に県内17市町については設定されたものの，近江八幡市，長浜市についてはまだ設定できていない（平成27年10月現在）。

条例施行規則第3条で公表が義務づけられるのは，10年確率降雨，100年確率降雨，200年確率降雨における最大浸水深だけだが，併せて参考資料として，床上浸水の年発生確率，家屋水没の年発生確率，家屋流失の年発生確率，200年降雨における最大流体力も公表されている。

---

[5] 住民の安全対策を促進しあるいは行為規制等に対する理解を得るために災害リスク情報を公表する必要は既に明らかだが，いたずらに不安をあおる，地価が下落するといった反発は依然としてある。災害の発生頻度等についての正確で即地的な情報の提供の必要性と住民が危険であることを知らなかった／知らされていなかったことがもたらす問題状況は，生田長人「土地利用と防災」論究ジュリスト2015年秋号45-52頁，51頁。

2 地先の安全度／想定浸水深の意義と機能

(1) 地先の安全度は，第一に，より広射程，より精緻でより正確さをもった水害リスク情報であることが指摘できるが，第二に，個々の河川からの浸水の危険だけでなく身近な水路の氾濫も想定して流域内の各地点の安全度に着目する，つまり，河川（治水施設）の安全度（治水安全度）ではなく「自分たちの家や土地の安全性」に視点をおいたリスク情報である。そして第三に，流域治水の政策目的が人的被害および甚大な資産被害の回避であることからその要因となる家屋被害に着目して分類し，対応策（土地利用や建築の制限）につないでいることである。

(2) 地先の安全度は，条例が用意する直接的な活用の仕組みとしては，都市計画法に基づく区域区分の設定にあたって 10 年確率降雨でのそれが，浸水警戒区域の指定にあたって 200 年確率降雨でのそれが用いられるにとどまるが，住民・地域，国・県・市町等の関係行政機関等のあいだで水害リスクの共有化を図り，それぞれが自発的に対策をとるべきことを促しあるいは対策を検討する際に基礎とすべきことが期待されているといえる。

ア）個人等が住宅建築のための土地の購入や既存住宅を購入等するにあたっては，条例第 29 条で宅建業者に対する努力義務[6]として地先の安全度に関する情報が相手方に提供されることになっており，転居，建替え，不動産取引時において地先の安全度に配慮した行動をとることが期待されている[7]。

イ）地域では，地先の安全度マップをもとに，日常の住まい方を考慮しながら避難行動を検討し習熟することが期待され，条例は，水害に強い地域づくり協議会による水害に強い地域づくり計画で避難計画などを検討する仕組み（条例第 33 条）を用意する。

---

[6] 宅地建物取引業法 35 条は宅地建物取引業者に宅地・建物の売買等において取引の判断に重要な影響を及ぼす事項（重要事項）の説明を義務づけるが，地先の安全度は重要事項には含まれていない（浸水警戒区域は，建築基準法に基づく災害危険区域であり，重要事項に含まれる）。同法第 35 条は条例による重要事項の追加を許さないと解釈されるため努力義務にとどめざるを得なかったが，条例第 29 条で宅地建物取引業者に対し売買等の取引にあたって「想定浸水深」および水防法の浸水想定区域に関する情報を提供する努力義務を盛り込んでいる。県担当者によれば，条例施行後，関係事業者団体等への説明と協力依頼等を行っているが，反対等はなかったという。逆に，地先の安全度マップ（を考慮した造成地など）は土地の安全性を担保する安心情報として用いられているという。

[7] なお，滋賀県では直近 5 年間の河川整備の見通しを明らかにする「滋賀県河川整備 5 ヶ年計画」（2014 年）がつくられており，河川整備を推進する見地からのものではあるが，住民が河川整備の見通しも含めて水害リスクを考慮できるよう補助的な情報を提供することにもなっている。

ウ）条例は都市計画法に基づく開発許可制度や土地区画整理事業などの面的な土地の改変を行うことに言及するところがない。既存法令の運用で既に対応できており，条例であらためて規定する必要はないと判断されたようだ[8]が，今後，県や市において技術基準に盛り込まれることが予定されている。

エ）道路・鉄道等の連続盛土工作物の設置も氾濫流に大きな影響を及ぼす。滋賀県内では東海道新幹線や北陸自動車道で多くの避溢橋が確認されるが，ほとんどが地元の住民・市町からの請願によるものだったという[9]。事業者は水害リスクに無頓着なのであり，その経験を踏まえて，条例第25条が道路・鉄道等の事業者に対して周辺地域へ及ぼす水害リスクの変化に配慮するよう求めている。

Ⅲ　地先の安全度と土地利用計画

1　地先の安全度と都市計画法に基づく区域区分

条例第24条は，都市計画法第7条に基づく市街化区域と市街化調整区域の区域区分の設定にあたって，10年確率降雨時の浸水想定深に基づいて想定浸水深が0.5m以上となる土地を原則として新たに市街化区域に含めないとする規定をおく。

2　法的な意味

(1)　都市計画法施行令第8条第1項第2号ロは，区域区分に関する技術的基準のひとつであるが，「おおむね10年以内に優先的かつ計画的に市街化を図るべき

---

[8]　「基本方針」（25頁）には，「被害回避に係る技術基準を設けることなどにより，都市計画法の開発許可制度等を連動させ，水害に対して最低限の安全性を確保した開発を促進します」とある。滋賀県の「開発行為に関する技術基準」（平成22年4月改正）や彦根市の「都市計画法に基づく開発行為に関する技術基準」（平成26年3月改定）では，(1)「開発事業計画に必要となる基礎的調査項目及び開発事業区域選定時の留意点」として地先の安全度を挙げ，(2)また彦根市の技術基準は，宅地の計画高について「水害リスクに十分留意して設計すること。なお，その情報については下記を参考にすること」として，浸水想定区域図とともに地先の安全度マップを挙げる。滋賀県の技術基準には，宅地の計画高さについて，「開発区域周辺の地形などの土地条件を十分に把握し設定すること。なお，開発区域が，浸水履歴を有する場所である場合や浸水想定区域図・浸水マップ等の浸水区域に含まれている場合は，浸水深さも考慮して宅地の計画高さを設定することが望ましい」とあり，運用によって地先の安全度／想定浸水深に基づく浸水想定深に配慮した地盤高の造成を求めることが可能であろう。既に指導に基づいて地盤を嵩上げした宅地造成の開発行為の事例も現れている。おそらく今後，滋賀県や県内の市において技術基準の改定作業に伴って地先の安全度への言及が盛り込まれていくのだろうと予想される。

[9]　嘉田ほか・前出注2) 36頁。

区域として市街化区域に定める土地の区域は，原則として」「溢水，湛水，津波，高潮等による災害の発生のおそれのある土地の区域」を含まないものとするとしている。

そして，「都市計画法による市街化区域および市街化調整区域の区域区分と治水事業との調整措置等に関する方針について」（昭和45年1月8日，建設省都計発第1号，建設省河都発第1号，建設省都市局長，建設省河川局長から各知事あて）が出されており，

> 概ね10年以内に優先的かつ計画的に市街化を図るべき区域の設定にあたっては，昭和55年の治水施設等の整備状況「を想定し，おおむね60分雨量強度50mm程度の降雨を対象として河道が整備されないものと認められる河川のはんらん区域及び0.5m以上の湛水が予想される区域」は，都市計画法施行令第8条第2号ロに該当するとみなし，原則として市街化区域に含めないものとする，

とされている。60分雨量強度50mmは地先の安全度／想定浸水深では10年確率降雨に該当する。

(2) 条例解説66頁は，地先の安全度／想定浸水深の情報により60分雨量強度50mmの降雨で0.5m以上浸水すると想定される区域が明らかになったことから，その基準を条例に明記したのだとする。つまり，条例第24条は都市計画法第8条の技術基準の解釈を，建設省通達（現行では技術的助言）を踏まえて，条例であらためて明示したにすぎない。

3 流域治水政策からみた意味

条例第24条の区域区分に関する規律は，流域治水政策からみれば，「どのような洪水であっても生活再建が困難となる被害を避ける」という政策目的を「床上浸水が頻繁に発生すると深刻な資産被害となり生活再建が困難になる」と翻訳し，さらに「床上浸水の頻発」を10年確率降雨による想定浸水深が0.5m以上という性能基準として設定したといえる。そして，そのような土地での開発等の土地利用を規制し市街化を抑制するために都市計画法の区域区分を活用したわけである。

4 流域治水政策と土地利用計画[10]

(1) 周知のように，これまで水害リスクへの配慮が置き去りにされたまま市街

化区域が広く設定されてきた。市街化区域の設定等にあたっては都市計画部局と河川部局のあいだで協議が行われているはずであるが，有名無実化していたことに鑑みれば，条例というかたちであらためて，それも操作可能なかたちで，明記することには大きな意義がある。

　しかし，既に市街地を形成している区域は条例の規律対象ではない（条例第24条かっこ書き）（し，そもそも都市計画法の規定に照らして，できない？）。また，市街化区域でありながら，水害リスクが高く，かつ，まだ市街化していない区域についても，あらためて市街化調整区域に編入し直すことまではいまのところ想定されていない。

　(2)　流域治水政策からすれば，土地利用計画を策定する主体に「配慮」を求める以外に手立てがないが，現状は，都市計画法のように治水への配慮を法令上明記する土地利用計画はほとんどなく，配慮を求める手がかりすら欠いている。条例でもって土地利用計画に水害リスク（地先の安全度／想定浸水深）を考慮するよう求める一般的な規定をおくことも考えられるが，その実効性は定かではない[11]。県内部あるいは市町など関係行政機関のあいだの情報共有と連携を通じ

　　10）　流域対応としては，土地利用計画との関係には２つの場面，すなわち，(1)流出抑制の見地から流出増を伴う土地利用への変更の抑制と，(2)浸水被害を増大させる土地利用への変更の抑制がある。

　　　　なお，流出抑制（「ためる」対策）については，条例でもっぱら開発に伴う雨水流出抑制施設（調整池等）の設置を義務づける例がみられる（例えば，埼玉県雨水流出抑制施設の設置等に関する条例〔2011年改正〕，兵庫県総合治水条例〔2014年〕）。滋賀県でも開発行為に伴う調整池の設置の指導が行われており，「基本方針」でも言及されているが，都市計画法に基づき技術基準により運用されていることを理由に，条例には盛り込まれていない。条例では，「ためる」政策は，「既存の制度によるものから更に」（条例解説30頁）(1)雨水貯留機能を確保するための森林・農地の適正な保全・整備（第10条）と，(2)公園等の雨水貯留浸透機能の確保（第11条）の努力義務を設けるものとなっている。

　　11）　例えば，兵庫県総合治水条例が一般的なかたちで土地利用計画での水害リスクの配慮を定めている。

　　　　「第52条　都市計画法……第４条第１項に規定する都市計画その他法令の規定による土地の利用に関する計画を定める者は，総合治水を推進する県と連携して，当該土地の利用に関する計画を定めるものとする。

　　　　　第２項　知事は，前項の者に対し，同項の土地の利用に関する計画を定めるに当たっては，当該土地の河川の整備の状況，災害の発生のおそれの有無，水源の涵養の必要性等を考慮するよう求めるものとする。」

　　　　「総合治水条例解説」（兵庫県県土整備部総合治水課，平成24年４月，平成25年11月改訂）49頁によれば，「法令の規定による土地の利用に関する計画」には，「法令に基づき土地の利用を行う区域及びその方法等を定めまたは土地の利用を規制するあらゆる計画」が含まれる。制度論的には，滋賀県流域治水条例でも兵庫県総合治水条例第52条に類似する規定がおかれてもよ

た政策の展開が期待されるにとどまるともいえ[12)13)]，流域治水政策サイドからすれば，いかにして配慮させるよう仕掛けていくかが課題だといえよう。

また，土地利用計画・空間計画サイドに対しては，水害リスクに配慮しつつしかしそれだけではない総合的・包括的な土地利用・空間像を提示することが要請されているといえる。後述する浸水警戒区域も，治水の視点からのしかもスポット的な区域指定にならざるを得ず，地域のまちづくり・土地利用計画とは制度的に連動していない。そのあたりに浸水警戒区域への反発の一因もあるのではないかとも考える。

Ⅳ　浸水警戒区域と建築等の制限

1　浸水警戒区域の概要

条例第13条以下が，建築基準法の災害危険区域を活用した浸水警戒区域制度[14)]を規定する。

(1)　浸水警戒区域は，200年確率降雨での想定浸水深に基づいて，「浸水が発生した場合には建築物が浸水し，県民の生命または身体に著しい被害を生ずるお

かったのではないかと考える。もっとも，兵庫県条例においても，第52条は「第6章　県民相互及び他の行政機関との連携」に「土地利用計画策定者との連携」というかたちでおかれている。滋賀県でも，土地利用計画権者との連携が意識されていないわけではなく，「基本方針」（25頁）には県・市町での国土利用計画や土地利用基本計画等への反映等の言及がみられる。また，条例解説66頁には用途地域など市町の定める都市計画について知事協議のなかで地先の安全度／想定浸水深への配慮を求めていくことが言及されている。

12)　ハザード情報が積極的に公表されるようになってきても，これらの情報が避難といった発災後の緊急対応対策についてのみ強調され，防災部局と土地利用部局のあいだで情報の活用が図られておらず，都市計画の領域でも防災関係情報が線引きや色塗り等の都市計画で活用されることがなかったことについて，増田聡＝村山良之「地方自治体における防災対策と都市計画」地学雑誌110号（2001年）980-990頁。

13)　いまのところ，地先の安全度を地区計画で配慮した例（南彦根駅南東部地区地区計画が「建築物等の整備方針」のなかで，地先の安全度マップの情報により水害リスクを軽減できるよう配慮した建築物等の整備を図る。とくに10年確率の浸水被害については，建築物等への浸水が回避できるよう努めることが記載されている）が流域治水政策室のHPで紹介されているが，個別的な対応がみられるにとどまる。

14)　当初は「浸水危険区域」の名称だったが，地域の絆や誇りが傷つく，風評被害が生じるといった意見に応えて，修正された条例案から「浸水警戒区域」へと名称変更されている。
　　また，建築制限に関する罰則（条例第41条-第43条）も「当分の間，適用しない」（付則第2項）こととなった。既存の建築基準条例は罰則規定を設けており，バランスを欠くともいえるし，建築基準法の罰則は適用がある（条例審議の過程では話題にならなかったが）。罰則をもって強制されることへの強い反発があったということだろうが，「許可制度と一体不可分」（条例解説93頁）であり，制度に対する誤解も大きかったのではないかと思われる。

それがあると認められる土地の区域」（条例第13条第1項）で，住居の用に供する建築物や社会福祉施設，学校，病院等の公的施設の建築が制限される。

具体的には，浸水警戒区域は，200年確率降雨で想定浸水深がおおむね3mを超える土地の区域が前提条件となっている。地先の安全度マップが浸水警戒区域の潜在的な候補地を明らかにする。

実際の指定にあたっては，シミュレーション結果にダイレクトに依拠するわけではなく，あらためて現地調査や測量が行われることになっているし，当然，地区・集落の自然的・社会的な諸事情を反映せざるを得ないだろう。また，後述するように，水害に強い地域づくり計画の策定が先行することになっており，水害に強い地域づくり協議会での議論を経て指定する区域の範囲が確定する。

(2) 条例による建築制限の対象となる行為および建築物の用途は，①住居の用に供する建築物と，②高齢者，障害者，乳幼児その他の特に防災上の配慮を要する者が利用する社会福祉施設，学校，医療施設（規則第7条），の「建築」である（条例第14条第1項）。

小規模な増改築や居室を有しない増改築，仮設建築物などは適用が除外されている（第14条第1項第1号-第4号，第2項）。区域指定の際に現存する建築物には適用がない。

住宅については，次のような許可基準[15]が定められている（第15条第1項）。
- (1) 1以上の居室の床面または避難上有効な屋上の高さが想定水位以上であること（ただし，当該建築物の地盤面と想定水位との高低差が3m以上の場合は，想定水位以下の主要構造部が鉄筋コンクリート造または鉄骨造であること）（第1号）
- (2) 同一の敷地内に前号に該当する建築物があること（第2号）
- (3) 付近に確実に避難できる一定水準の避難場所があること（第3号）
- (4) (1)から(3)と同等以上の安全性を確保することができると知事が認めるもの（第4号）

社会福祉施設等についてもほぼ同様だが，災害弱者が利用するものであり施設利用者が水平避難することが困難な場合も予想されることから，第1項第3号に該当する許可基準は含められていない（第15条第2項）。

(3) 浸水警戒区域は，建築基準法に基づく災害危険区域だから，条例に基づく

---

[15] 許可基準については，審査基準（「滋賀県流域治水の推進に関する条例に基づく浸水警戒区域での建築制限の審査基準」と，一般的な木造建築物の耐水化の方法を示す「耐水化建築ガイドライン」が出されている（ともに平成27年4月1日）。

建築制限に関する規定は建築基準法令の規定（建基法第6条）に該当し，建築確認の対象になる。条例上は，建築確認に先行して知事の許可を得ることとしている。建築確認が不要の場合でも，知事の許可は必要になる。

2 建築基準法の災害危険区域としての浸水警戒区域

浸水警戒区域は建築基準法第39条の災害危険区域である（条例第13条第9項を参照）。

滋賀県では既に昭和47年に水害（出水）も対象とした災害危険区域を定める建築基準条例[16]が制定されており，既存の建築基準条例に基づいて浸水危険区域を指定することも法的に可能であった。浸水警戒区域は，ひとつは，治水に関する取組みを束ねようという趣旨から建築基準条例にある災害危険区域制度のうち出水に関するものを抜き出して流域治水条例に移すという法制度上の操作を行い，ふたつに，災害危険区域という建築基準法・建築基準条例の既存の仕組みを，地先の安全度／想定浸水深でもって水害リスクの評価が可能になったために，活用しようというだけなのである。

3 流域治水政策からみた意味

(1) 浸水警戒区域は，流域治水の政策目的である「どのような洪水にあっても，人命が失われることを避ける」ための仕組みである。

第一に，200年確率降雨による洪水は最大クラスの洪水として設定されている。解析評価によれば，200年確率降雨は500年確率降雨，1000年確率降雨と比べて最大浸水深の分布に大きな差がない。そこで「どのような洪水にあっても」を200年確率降雨による洪水と置き換えたわけである。第二に，想定浸水深が3m

---

16) 滋賀県建築基準条例第34条（改正前）では「災害危険区域は，地すべり，出水（土石流を含む。）または急傾斜地……の崩壊により既存の建築物または将来建築される建築物に係る災害の発生する危険の著しい区域」について，関係市町長の意見を聴いて，知事が指定する。区域内では，住居の用に供する建築が禁止されるが，建築物の構造，敷地の状況，急傾斜地崩壊防止工事の施行によりがけ崩れ等による被害を受けるおそれがないものとして知事が許可したときは，この限りでない（第35条）。

流域治水条例付則第3項で建築基準条例の改正（第34条から「出水」を削除して「土石流」とする）が行われているが，流域治水条例第13条-第23条が許可制の仕組みをしっかりと条例に反映させたものであるのに対し，建築基準条例第34条以下は対応する最低限の修正が施されたにとどまっており，対照的である。

を超えると、一般的な平屋建ての住宅等においては、天井の高さまで水没し（家屋水没）、人命被害が発生するおそれがある。そこで、「生命または身体に著しい被害を生ずるおそれ」を想定浸水深が3m以上のことだと翻訳したわけである。

そのうえで、200年確率降雨による洪水で3m以上の浸水に見舞われることが想定される土地については、居住者等の生命の安全を確保するために必要な対策を講じ（させ）て、安全に住まわせる。

そのひとつが、当該建築物あるいは同一敷地内の建築物の内部に安全な避難空間が確保できていることであり（条例第15条第1項の定める第1号、第2号基準）、住宅内に避難空間を確保することができるのであれば、最低限、人命被害は回避できる。建築物のハード面に着目して、住宅内に避難空間を確保できる耐水化建築を求める（新築等にあたっては義務づけ、既存住宅には助成でもって建替え等を促す）。

ふたつが、例えば近隣の避難タワーや一時避難場所などの緊急避難場所（災害対策基本法第49条の4）に避難するなどである（条例第15条第1項の定める第3号基準）。条例は、避難場所と避難行動の確実さというソフト的な対応であっても、それにより確実に人命への被害が回避できると考えている。

居住者等が、想定される3m以上の浸水に見舞われても、生命の安全を確保できる状態になっていることを担保するために、独自規制でもよいが、建築基準法の災害危険区域制度とそれに基づく建築許可制が活用できる、と発想したわけである。

(2) 緊急避難場所への避難の確実さというソフト的な対応まで認めるべきだったかどうかには議論がありえよう[17]。

第一に、許可基準の設計にあたっては、地先の安全度マップから想定される浸水警戒区域に指定される可能性のある各地域の現状を踏まえて検討がなされている。既成市街地など既に住宅等が立て込んでおり、しかも第1号基準に適合する建替え等をすすめていくことも難しく、また地区全体としてもなかなか建替え等がすすまないだろうことが予想される地区もある。また、個々の敷地の地盤の嵩上げが周辺に悪影響を及ぼすことも懸念される。第3号基準は、机上の理屈では

---

17) なお、「風水害による建築物の災害の防止について」（昭和34年10月27日建設事務次官通達）では、災害危険区域での建築物の制限内容について、「予想浸水面まで地揚げをするか、又は床面（避難上必要な部分の床面）を予想浸水面以上の高さとすること」を挙げるが、併せて「附近に有効な避難施設があるもの……については制限を緩和するものとする」ことも言及されており、避難場所への避難を考慮することが目新しい発想というわけではない。

なく，地域の実情を踏まえての実装なのである。

 しかし第二に，第3号基準の基底にある考え方をいたずらに拡張するならば，それは浸水警戒区域の趣旨そのものを否定することになる。区域を指定して建築等の制限を行う必要などなく，もっぱら水害時の避難行動という「そなえる」対策を充実させれば足りるのではないかという主張につながる。

 審査基準では，距離，経路，管理の状況等の判断に客観性を保たせ，厳格に限定的なものにしようとしているが，曖昧さは残る。

 第三に，地域の実情に拠るとしても必要な緊急避難場所を県等が公的経費で整備し，それにより条例が想定しない建築物が第3号基準によって許容されるとすれば（住民・地域から第3号許可に準拠しようと緊急避難所の設置が行政に強く求められる事態も予想できる），費用負担の面で他の指定区域と比較して不公平が生じよう。

 実際の運用では，水害に強い地域づくり計画の策定にあたって，あらかじめ緊急避難場所の整備も含めた選択肢を提示して，地域住民の選択に委ねることにしているという。

4　規制の合理性

 土地利用・建築制限を行うにあたっては，危険性にみあった規制の必要性という比例原則が鍵になる[18]。災害の態様，災害の発生確率，危険性の程度等と土地利用等の種類や態様とのバランスが要請される。

 浸水警戒区域についてみれば，ひとつは危険・リスクの程度であり，200年確率降雨という相対的に低頻度の水害リスクについて規制することが許容されるかであり，ふたつは，過去の水害被害状況ではなく，地先の安全度というシミュレーションを根拠に規制するという危険・リスクの根拠への信頼性であり，みっつは建築物の耐水化という建築制限の内容・強度の評価にある。

 制限の内容は，建築を全面禁止するものではなく，建築物の耐水化（あるいは，緊急避難の確実性）であり，さほどの負担ではなかろう。対象とする水害リスクは確かに低頻度（？）のものであり，現に条例制定過程においても，200年確率降雨による洪水を想定することは非現実的であり，「規制」ではなく「誘導（指導）」型の仕組みにすべきことも主張されていた。県（流域治水政策室）は，地先

---

18) 生田・前出注4) 83頁。

の安全度が信頼できるものであること，200年確率降雨がけっして非現実的なことではないこと，また，区域内の住民にとってさほどの負担ではないこと，を強調している[19]。

一方で，次にみるような状況も考慮すべきであろう。

5 「ながす」対策と「とどめる」対策・「そなえる」対策

(1) 流域治水の設計論　滋賀県流域治水政策の制度設計を，瀧らは次のように説明している[20]。

「現行の治水体系は，……わが国の社会経済に深く適合している。劇的な改変に曝されれば，社会的な摩擦・混乱が生じることは自明である。したがって，惜しなく継続されている河川整備に係る諸計画……は当面変更せずに所与の条件とし，これを補完する別系統の治水体系（氾濫原管理）を追加することが適当と考えられる。氾濫原管理には，河川整備の段階の如何に関わらず整備水準を超える外力により想定される被害の最小化を明示的な目的として与える。そして，治水に係る既存の行政事務とは別に，行政システム（法制度・組織・予算措置）を追加する。……結果として，段階的に治水対策の総合化が図られると期待される。」

すなわち，流域治水政策は，河川法に基づく河川整備（「ながす」対策）をなんら変更するものではなく[21][22]，「とどめる」（氾濫原）対策の「追加」をし，「た

---

19) 滋賀県流域治水政策室のHPにおかれたQ＆A。また，提中・前出注2) 50-51頁。
20) 瀧健太郎＝松田哲裕＝鵜飼絵美＝小笠原豊＝西嶌照毅＝中谷惠剛「中小河川群の氾濫域における減災型治水システムの設計」河川技術論文集 16（2010年）477-482頁，嘉田ほか・前出注2) 43頁。また，嘉田・前出注2) 142頁，145頁。
21) 河川整備との関係で，次のことを補足しておく。
　第一に，「ながす」対策（河川整備）が「基幹的な対策」であり，計画的かつ効率的に実施しなければならないことが基本理念（条例第3条第2項）と前文に追加されたが，河川整備の必要を強調する政治的意味あいはともかくとして，河川法の枠組みを変更するものではない。
　第二に，「ながす」対策に関する第9条も，例えば，想定浸水深に基づき浸水被害が著しいと想定される地域において河川整備を早期に実施すること（第9条本文），洪水調節施設（ダム等を含む）の設置等も組み合わせること（第1号）といった政治性の強いものもあるが，その内容は河川法の枠のなかで河川整備を実施するにあたっての配慮事項にとどまっているということができる。
22) 現行の河川整備は，一定の確率降雨を想定して発生する流量（基本高水流量）をすべて河川整備によって対処することで組み立てられている。しかし，基本高水はそのすべてを河川管理者が河川整備でもって処理しなければならないという制約があるわけではない。流域での貯留・浸透等による対応やあるいは一定の範囲で浸水すること許容しつつ土地利用・建築規制といった対策で水害リスクを分担すれば，河川管理者による河川整備が担うべき流量は減少する。
　例えば，武庫川水系河川整備計画（平成23年6月26日決定）は，目標流量（戦後最大洪水，3,510 m^3/s）を，河川対策で3,480 m^3/s と流域対応で30 m^3/s で配分，処理することとしている。

める」「そなえる」対策も包括して強化するもの，あるいは，河川管理と氾濫原管理とを「二者択一」ではなく「重層的に」推進しようとするものである。

しかし，基本方針の策定と条例化は，「河川整備を放置して住民に責任を押しつけるものだ」「河川整備をしっかり実施すれば建築制限は不要だ」といった意見に代表される厳しい反対に出会う。流域治水というかたちでそれまで別個だった領域を政策的に統合しようとする試みは，従来の河川整備による治水と土地利用・建築制限等による治水のあいだで——意識的・無意識的な誤解も含めて——あらためて「相互の関係」を際立たせてしまう。

(2) 浸水警戒区域と河川整備　　浸水警戒区域の政策目的は「あらゆる洪水から人命を守る」ことにあるが，河川整備による安全確保には限界がある。計画規模まで河川整備をすすめるとしても，そしてその際，浸水警戒区域に相当する区域を優先する（条例第9条）としても，あるいは河川整備が完了しても，あえて単純化すれば，河川整備による安全はそのときどきの治水施設の整備水準が提供する安全でしかない[23]。

問題は，現にその土地がもっている水害リスクだろう。浸水警戒区域とそこで

　　　ごくわずかな流量であるが，流域での貯留（ためる対策）でもって処理することを前提としている（武庫川水系流域委員会と武庫川水系河川整備計画については，松本誠「分権型流域管理の試金石——武庫川流域委員会7年の意義と課題」市政研究170号〔大阪市政調査会，2011年〕92頁が要領のよい概観を提供してくれる）。滋賀県の流域治水政策は，そこまで踏み込むわけではない。

　　　もっとも関連して，武庫川の事例は，河川管理者が自ら責任を負えない領域での対策を自らの計画にビルトインすることの難しさも提供している。定量的に治水効果を把握できないものを治水計画に組み込むことへの批判は，福岡捷二「治水の計画とは，河川の管理とは」世界2005年12月号286-290頁，287頁。

23）　河川整備は計画降雨までの安全を確保するものだが，それを代替・補完するものとして土地利用・建築規制手法や避難体制の整備の充実が用いられることがある。

　　　平成27年改正までの水防法の浸水想定区域は，計画降雨を前提として「河川整備の現状が当該河川整備計画の整備水準に達していないために生じる氾濫により浸水する区域について，水防法上の避難措置を特に重点的に講じる政策的区域であり，いわば河川整備を水災防止措置によって補完するという考え方に拠」っていた（水防法研究会編・前出注4）80頁。なお，平成27年改正により，気候変動等によってこれまでの計画規模を上回る外力の発生頻度の増大が予測され被害が頻発，激化することが想定されるため，「計画降雨」から「想定最大規模降雨（想定し得る最大規模の降雨）」を前提とするよう変更されている。

　　　また，土地利用一体型水防災事業などとセットで設定される災害危険区域も，築堤等の河川整備に代替する事業であって規制もその事業効果を担保するものであるため，制限の水準も河川整備計画の定める計画高水位までの地盤の嵩上げ等を誘導するものとなっている（姥浦道生＝石坂公一＝佐藤健「水害リスクを考慮した土地利用コントロールの実態とその可能性」住総研研究論文集39号〔2013年〕61-72頁，67頁）。

の建築制限は，その土地が「おこりえる洪水から人命に危険がある」（翻訳すると，200年確率降雨で想定浸水深が3mを超える）水害リスクをその土地が「現に」もっているかどうかに着目する。河川整備が行われることによってその土地の浸水リスクが軽減されることがあるとしても，それにあわせて浸水警戒区域からの除外や建築制限も変更されるにすぎない，と考えるべきだろう。河川整備が実施されても水害リスクが残るところもありうる。河川整備は土地利用や建築の規制手法と役割分担・代替するものではない。

（3）浸水警戒区域と避難行動　浸水警戒区域の制限は既存建築物には及ばない。浸水警戒区域に指定されても既存住宅の安全性が担保されるわけではなく，建替え等を促すべく県・市町による支援措置が検討されているとしても，浸水警戒区域でもって区域全体の安全を確保するには，河川整備と同じく，長い時間がかかる。浸水警戒区域は，同時に，そこが人命に危険性のある区域なのだからこそ他の地域よりいっそう「そなえる」対策を必要とするはずである。

その意味では，水害に強い地域づくり計画で「そなえる」対策と「とどめる」対策の2つをボトムアップで構築していこうとする滋賀県のいまの方向性も正当化されるのかもしれない。

他方で，避難行動の確実を図るとしても，逃げ遅れるとか避難が困難になる場合も想定される。最悪の場合に，最低限，人命被害を回避するためには，住宅内に避難場所を確保するなど住宅等の耐水化が要請される。

避難行動の充実は建築規制手法に代替するものではなく，相互補完的である。

6　浸水警戒区域の指定プロセス

（1）執行の難しさ　建築基準法の災害危険区域制度を活用するからといって，具体の区域指定と建築制限の実施が容易になるわけではない。

建築基準法第39条の災害危険区域制度それ自体が，本来，災害の未然防止のための規制を可能にする制度であるが，水害リスクに対してこれまでほとんど用いられてこなかった[24]。現在でも，土地利用一体型水防災事業や防災集団移転

24）災害危険区域制度の当初の理念とその後の変容については，児玉千絵＝窪田亜矢「建築基準法第39条災害危険区域に着目した土地利用規制制度の理念に関する研究」都市計画論文集 Vol. 48, No. 3（2013年）201-206頁。洪水・出水に対応した災害危険区域の運用実態について，姥浦＝石坂＝佐藤・前出注23）61-72頁。また，斎藤晋佑＝姥浦道生「水害リスクコントロールの実態と土地利用規制を通じた課題に関する研究――建築基準法第39条による規制に着目して」

促進事業など被災後の災害復旧・復興のための公的事業とセットで(国庫補助事業としての採択条件となっている等),その事業効果を担保するために導入されたものがほとんどを占める。災害危険区域には,土地所有者等の安全を確保するために行われる規制だからその不利益は当然受忍すべきものだとの考え方から,補償措置はない。土地所有者等が事業によるメリットが土地利用や建築制限によるデメリットを上回ると感じられなければ,とてもではないが適用できないのだと受けとめられてきた[25]。

(2) 条例上の手続　　条例第13条の定める浸水警戒区域の指定の手続は,①知事による公告,②2週間の縦覧,③利害関係人による意見書の提出,④提出された意見書の写しを添えて,関係市町の長および流域治水推進審議会の意見聴取,⑤知事による告示,である(条例第13条)。

しかし,直ちにはわかりにくいが,条例第33条は水害に強い地域づくり協議会[26]が浸水警戒区域の指定に関する事項を協議することを明記しており,水害に強い地域づくり計画が先行することが前提となっている。

自治会等が水害に強い地域づくり協議会のなかの水害に強い地域づくり住民WGとして,集落について,①地区の具体的な避難計画を記載する「そなえる」対策と,②氾濫が生じた場合でも人命を守る対策を検討し地区の住まい方のルールとする「とどめる」対策,の2つから構成される「水害に強い地域づくり計画」を作成し,それを前提に県が原案を作成してはじめて条例第13条の手続が開始されることになっている(条例解説80頁)。

現在,2つのモデル地区で取組みがはじめられており,県は,当面,50地区を重点地区として設定し,毎年度10地区で順次取組みを開始していくこととしている。

　　都市計画論文集 Vol. 47, No. 3(2012年)445-450頁。
　25)　姥浦ほか・前出注23)70頁。一般的に権利制限を課す手法が採用されないことについて,生田・前出注4)81頁,98頁,生田・前出注5)47頁。
　26)　水害に強い地域づくり協議会は,地域住民,県,国,市町,学識経験者等が協働・連携して,流域治水政策を推進するための組織であり,県域を6圏域に分けてつくられている。圏域によっては,既に条例制定以前から組織され活動しているところもある。
　　協議会は,(1)副市町長,学識経験者,行政委員から構成され,全体計画を議論する圏域協議会,(2)関係機関担当者により構成される「担当者会議」,(3)関係機関担当者から構成される「防災情報WG」,住民と行政担当者による「水害に強い地域づくり住民WG」や「土砂災害に強い地域づくり住民WG」からなるワーキンググループがある。

(3) 速やかな区域指定の要請　もともと浸水警戒区域の指定にあたって地域の合意を前提とすることは想定されていなかった。県としては，条例案に対する，とりわけ罰則付きの建築制限を伴う浸水警戒区域の対象となる地域の住民や一部市町あるいは県議会からの強い反発に直面して，地域の合意形成に基づく浸水警戒区域制度の導入へと政策転換せざるを得なかったのである[27]。

しかし，検討当初の議論では，まずもって人命に危険な区域なのだから速やかに浸水警戒区域として指定して対処すべきであり，「その後」地域のなかで水害に強い地域づくり計画の策定等を通じて検討がすすめられて，地域の合意のもとで水害リスクに対する対応策ができたのであれば，それを受けて区域指定を解除あるいは制限の緩和もありえる，と考えられていた[28]。浸水警戒区域と水害に強い地域づくりは切り離して理解されていたのである。

浸水警戒区域は，地先の安全度／想定浸水深からみて人命にかかわる水害リスクが高いことが明らかな地域について，予防的に規制的な仕組みでもってその安全を確保しようとするものであり，もちろん規制を受ける地元の理解と納得を求めることがあっても，「合意」を前提とした仕組みではない。地域の合意を前提とすると，そもそも区域指定などできるのかとの懸念がある。浸水警戒区域のような権利制限を伴う区域指定が地権者や住民の反対でなかなか実施できないことは経験的な事実でもある。地元が強く反発しているところでは，浸水警戒区域の導入が合意されることなど予想できない。また，時間的な遅れに対する懸念が指摘される。ひとつの地区で水害に強い地域づくり計画の策定と浸水警戒区域の指定まで，県は2年ほどはかかるだろうとしているが，地域で議論が紛糾すればもっと時間がかかるだろう。そんな悠長なことをして区域指定が遅れるあいだに人命被害が発生するという最悪の事態も予想され，調査等に基づき迅速に指定すべきことを強く求める意見がある。

(4) 地域のルール？　他方で，条例解説90頁は，罰則（第9章）の適用に関連してだが，次のように言う。

---

27) 浸水計画区域の指定手続については，平成26年2月の修正された条例案では，(1)水害に強い地域づくり協議会による水害に強い地域づくり計画での検討（第33条に「第13条第1項に規定する浸水警戒区域の指定に関する事項」を追加する修正），(2)第三者機関である流域治水推進審議会の設置（第35条以下の新設）と浸水警戒区域の指定にあたっての審議会への意見聴取に関する規定の追加（第13条の修正）が行われている。

28) 例えば，第1回滋賀県流域治水推進審議会の議事録を参照。

「浸水警戒区域の指定は，地域で話しあい，合意した上で『水害に強い地域づくり計画』をつくることを前提としています。……区域の指定は，『水害に強い地域づくり計画』という地域のルールがあってのことであり，地域のルールが守られている限り，罰則が適用されることは基本的にはないと考えたことから，付則第2項の規定により，当分の間，適用しないこととしています。」

ここでは，浸水警戒区域と建築制限は「地域のルール」であり「協定に準ずるもの」として理解しようとしているようでもある[29]。

確かに，これまでも水害に苦しんできた地域では敷地の盛土など工夫を凝らして水害に備えた安全な住まい方が地域の知恵として継承されてきている（が，近年は失われつつあり遵守しない住宅建築等も出てきている）[30]。浸水警戒区域と建築制限に，これまで継承されてきた伝統的な地域の安全な住まい方をあらためて制度化し直し堅固にするという意味あいをみることも可能であろう。

浸水警戒区域の指定に向けた作業は現在進行中であり，どのように区域指定が行われ，どのように建築制限が受け入れられていくのか，とりあえずは今後の展開を見守るということであろうか。

　　[注記]　滋賀県流域治水政策室には，現地見学も含め，様々な情報提供や教示等をいただいた。あつくお礼申し上げます。

　　　本稿は，公益財団法人 河川財団の平成27年度河川整備基金助成事業（助成番号27-1218-001）による研究成果をもとにしたものである。

---

29)　提中・前出注2) 52頁が「浸水警戒区域の指定はそれ自体が重要でも問題でもない。その指定予定地域が，地先の安全度に照らして人命に危険を及ぼすようなところであるとの認識が重要なのである。そうした認識の上に立って，地域住民は，……自らの生命を守るため，様々に『そなえる』対策を構築し，そのなかで建築規制に対応する方策を練り上げていくということが求められる」とするのも同趣旨といえよう。

30)　嘉田ほか・前出注2) 26-38頁。

公害防止協定と比例原則
―― 摂津市対 JR 東海事件を素材として

髙 木　光

I　はじめに
II　事案の概要
III　公害防止協定の許容性及び法的拘束力の範囲
IV　おわりに

I　はじめに

　本稿は，摂津市対 JR 東海事件[1]を素材として，公害防止協定の法的拘束力が認められるための条件として指摘されている比例原則の意義について再考することを目的とする。

　公害防止協定の法的性質については「法的拘束力肯定説」が通説であるとされているが，法的拘束力が認められるための条件として指摘されている「比例原則」の位置づけは論者によって異なるように見受けられる。また，公害防止協定の法的拘束力を認めた最初の最高裁判決である最判平成 21 年 7 月 10 日判時 2058 号 53 頁（以下，平成 21 年最判と呼ぶ）の射程についても，論者の見解は様々である。摂津市対 JR 東海事件は，これらの違いのうち最も重要である「比例原則」の位置づけという難問の解答の手掛かりを与えるものと思われる。そこで，本稿では，以下，事案の概要について簡単に紹介（II）したのち，学説の状況について分析を加える（III）ことにしたい。

---

1)　筆者は，大阪地方裁判所平成 26 年（ワ）第 11023 号（地位確認等請求事件）に関して，被告である東海旅客鉄道株式会社（以下，JR 東海という）から依頼されて鑑定意見書を執筆した。

II 事案の概要

1 事実経過

　JR東海は，東海道新幹線の車両基地として，鳥飼基地を有しており，その事業面積約30万平方メートルのうち，95％が摂津市域に，5％が茨木市域に存する。

　JR東海は，茨木市内に井戸2本を掘り，1日750トンの地下水を汲み上げて，災害時には断水のおそれのある上水道から切り替える計画を立て，平成26年9月10日，大阪府に「井戸使用許可事前協議書」を提出した。

　これに対して，摂津市は，JR東海と摂津市が平成11年4月6日付けで締結した「環境保全協定」（以下，平成11年協定という）の第8条（「事業者は，地下水の保全及び地域環境の変化を防止するため，地下水の汲み上げを行わないものとする。」）に反するものとして，平成26年9月29日に，大阪地方裁判所に工事差止めの仮処分を申請し，後にこれを取り下げて，平成26年11月14日に，大阪地方裁判所に本訴を提起した。平成11年協定に至る経緯は以下のとおりである。

　当該地域では，昭和39年ころから地盤沈下が社会問題化したことに鑑み，昭和52年に，旧国鉄を含めた地元企業と摂津市との間に「環境保全協定」が締結された。昭和52年9月20日付けで旧国鉄と摂津市の間で締結された「環境保全協定」（以下，昭和52年協定という）の第8条は，「事業者は，地下水の保全及び地域環境の変化を防止するため原則として地下水の汲み上げを行わないものとし，現に地下水の汲み上げを行っている場合は，工業用水等に切り替えるため，地下水汲み上げ抑制計画を策定し，その達成に努めるものとする。」というものであった。

　ただ，実際には，旧国鉄は，昭和39年に鳥飼基地の操業を開始し，同年から摂津市内に井戸を掘って地下水を汲み上げて利用していたが，昭和50年3月に用水の一部を大阪府工業用水道に，その後昭和51年9月に残りを摂津市上水道へ，順次切り替え，昭和52年協定の時点では，既に地下水の汲上げを完全に中止していた。

　摂津市は，昭和63年9月1日付けで旧国鉄から鳥飼基地の操業等を承継したJR東海と，昭和52年協定とほぼ同じ内容の「環境保全協定」（以下，昭和63年協定という）を締結した。平成11年協定は，昭和63年協定を改定したものであり，

第8条の文言が前記のとおりとなったほかは、ほぼ同じ内容である。

地下水の汲上げについては、昭和31（1956）年に工業用水法が制定され、同法に基づいて指定された「制限地域」においては、工業用の地下水の汲上げのための井戸の掘削は、都道府県知事の許可が必要となった。摂津市及び茨木市を含む大阪府北摂地域は「制限地域」に指定されたが、昭和39年当時の鳥飼基地は「工業」に該当する業務を行っていなかったため、法の適用はなかったようである。

また、摂津市は、昭和52年に摂津市生活環境条例（条例9号）を制定したが、同条例には地下水の汲上げ規制に関する条項は含まれていなかった。昭和52年協定は、同条例を踏まえたものと位置づけられている。さらに、摂津市は、平成11年に「摂津市環境の保全及び創造に関する条例」を制定し、地下水の汲上げを原則禁止とした。例外を認める市長の許可の要件は厳格なものとなっている。平成11年協定も、昭和52年条例を踏まえたものと位置づけられており、平成11年条例の施行は、平成11年協定よりも後である。

2 争　点

本訴における争点は、平成11年協定の第8条によって、JR東海は鳥飼基地のうち茨木市内において地下水の汲上げを行ってはならないという不作為義務を負っているのか、また摂津市はその履行を裁判によって強制できるのかであり、細かく分けると、いくつかの論点が設定できる[2]。しかし、両当事者は、平成11年協定の第8条が法的拘束力を有するための条件として「比例原則」が問題となることを認めた上で、その適用について見解を異にしていたため、最も重要なのは、原告の「JR東海に対し、地盤沈下の具体的危険性の有無にかかわらず、一切の地下水の汲上げを禁止する効力を認めても、比例原則には反しない」という

---

2) JR東海から依頼された鑑定事項は以下の5つであった。（第1）本件協定8条の地理的適用範囲についてどう考えるか。（第2）本件協定8条の効力（法的拘束力）について、当事者の意思解釈の見地からどうみるべきか。（第3）本件協定8条の効力（法的拘束力）について、公害防止協定の法的性質論の見地からどうみるべきか。（第4）本件協定8条は、地下水の汲上げを一律に禁止していると解すべきか（文言解釈として）。（第5）本件協定8条の効力（法的拘束力）が認められる余地があるとしても、本件において、本件協定8条を根拠として裁判所に地下水汲上げの差止請求をすることができるか。

なお、事実経過について、本稿は主としてJR東海側の資料に依拠している。摂津市のウェブサイトにはやや異なる認識が示されている部分がある。

見解と，被告の，そのような義務を課することは「比例原則」に反するから，そのような法的拘束力は認められない，という見解のどちらが妥当かである。

そこで，このような比例原則の意義について考察するためには，一般論として，公害防止協定の許容性及び法的拘束力の範囲についてどのように考えるべきかを整理することが必要となる。以下では，この一般論についての検討結果を，小早川教科書の記述を分析軸として紹介することにしたい。

III 公害防止協定の許容性及び法的拘束力の範囲

1 学説の分布状況

まず，一般論としての，公害防止協定の許容性及び法的拘束力についての学説の分布状況をみると以下のとおりである。

小早川光郎は，平成11（1999）年の教科書[3]で，公害防止協定の許容性及び法的拘束力の範囲について，「契約としての拘束力」を有し，相手方の義務不履行に対して，民事訴訟・民事執行など，一般の民事法の仕組みによる強制履行が可能となるためには，①当該行政機関の職務の範囲内で行われるものであること，②行政機関と相手方との任意の合意によるものであること，③相手方の負うべき義務の内容が十分に特定されていること，④その義務を負担させることが当該規制の目的との関係で比例原則を逸脱せず，また平等原則にも違背しないこと，等々の条件が満たされることが必要であり，〈以上の，またはそれに近いところが，ほぼ今日の多数説の立場でもある〉と説明していた。

上記のような小早川説は，行政機関が，規制行政の領域において，私人に法的義務を課すために「契約」としての公害防止協定という手法を用いることを許容しつつ，そのための条件を厳しく設定する立場である。これを，以下では「行政契約の限界論」[4]と呼ぶことにしたい。なお，小早川光郎のいう「今日の多数説の立場」を1970年代から提唱してきた先駆者は，周知のごとく，原田尚彦である[5]。

---

[3] 小早川光郎『行政法上』（弘文堂，1999年）262頁。

[4] およそそのようなものは認められないという議論を克服するために，一概に否定すべきではなく，これらの条件が満たされる場合には認めるべきである，という説が提示された例としては，条例制定権に関するものが周知のところである。

[5] 初期からの学説の推移については，中山充「公害防止協定と契約責任」磯村保他編『契約責任の現代的諸相（上）』（東京布井出版，1996年）321頁以下が詳細である。

さて，小早川光郎は，〈"合意は拘束する"の原則は，近代市民社会において一般に妥当すべきもの〉と説明し，〈一般に行政機関が普通法の仕組みに従って――その限りでは他の社会構成員と同様の立場に立って――その職務を遂行することは，特別の制約は種々ありうるにせよ，それを原則的に認められないものとまで考えるべきではない。〉と述べている。

これは，「行政契約論」のなかでは，「憲法間接適用説」的思考を示すものであると，筆者には感じられる。そして，この思考によれば，行政主体と私人の間で締結される「行政契約」にも，私人相互間で締結される「私法上の契約」を想定している民法の諸規定が，原則として適用（ないし準用）されるという発想が自然にとられることになると思われる。そこで「行政契約」が無効となる原因は，「私法上の契約」が無効になる原因とほぼ同一の枠組みで捉えられることになり，「法の一般原則」が問題とされる際には，まず民法1条，90条及び91条が援用されることになるのではないかと推測される。

なお，平成21年最判の匿名解説[6]は，〈契約説を前提とすれば，公害防止協定中の条項の法的拘束力の有無については，通常の契約解釈と同様に……判断すべきことになる〉とし，「法律による行政の原理」などを実質的に潜脱するものでないかは，「適法性」ないし「社会的妥当性」の判断の中で考慮されることになろうと指摘している。この立場と小早川説は親和的なものと思われる。

さて，近時の文献には，公害防止協定について「法的拘束力肯定説」が通説であるというような記述が多くみられることは確かである。しかし，その意味は，公害防止協定の条項のなかには，それについて「法的拘束力」を生じさせるという両当事者の合意がある場合には，法的拘束力が認められるものがある，という意味にとどまるのであり，「紳士協定」として締結された公害防止協定の存在を完全に否定するものではない。そして，両当事者の合意があれば無条件に「法的拘束力」が認められるわけではないこともまた当然であるとともに，「法的拘束力」が認められるための条件については，（残念ながら）学説上一致した見解があるわけではないことにも留意が必要である。

この点，注目すべきは，学説のなかには「憲法直接適用説」的思考ともいうべきものを強調するものがあることであろう。すなわち，藤田宙靖は，原田説に対

---

6) 判例時報2058号54-55頁。

しては批判的な立場であり，教科書において，昭和60（1985）年の第2版228-229頁では，〈また，もし右のような考え方をすることが一般的に可能であるということになると，……，行政指導の結果行われた合意の多くに，紳士協定としてではなく行政契約としての法的効果を認める，という法解釈論の方向が開けてくることにもなりそうであるが，もとより，このような方向については未だ検討しなければならない数多くの問題があり，学説・判例共に必ずしも，……このような方向への展開を始めているというわけではない。〉と説明し，平成5（1993）年の第3版289頁においても，〈……，ただ，このような考え方は，現在では未だ問題提起の段階に止まっている，と言わざるを得ない。〉と評価していたところである。

そして，藤田は，平成25（2013）年に公刊した新教科書[7]でも，平成5（1993）年の旧教科書第3版以来の説明[8]を維持して，次のように述べている。

〈行政行為を始めとする公権力行使には，公権力行使であるが故に課せられる法的制約が，法律の留保の原則以外にも多々存在する。例えば実体法的に見ても，憲法上の諸原則（平等原則・比例原則等をも含む）による拘束があり，また，手続的・形式的にも，法律上様々の法的制約が課せられている……。そこで，例えば行政行為を行う権限が行政庁に与えられているときに，行政行為に代えて契約の締結により同様の目的を達することを広く認めるならば，これらの法的制約を免れるための脱法手段として契約方式が利用される道を開くことにもなりかねない……。そこで，このような見地から，契約の可能性に対する制限が考えられなければならない。〉

〈この点例えばドイツの行政手続法典は，一方で行政行為に代えて契約を締結すること（公法契約）を認めながら（同法54条），他方で，右に見たような事態に対処するため，それが認められるための前提要件として，様々の事柄を定めている（同法55条以下）。わが国においては，これまでのところ，この問題についての判例・学説として確立したものは無いが，しかし，この種の契約については，仮に原則的には民法上の原則が妥当するにしても，右に見た基本的人権等の憲法上の原則，とりわけ平等原則・比例原則等は，行政行為の場合と同様に妥当するものと考えるべきである，とする考え方が，学説においては有力であると言ってよい。〉

さらに，藤田は，平成21年最判について，必ずしも原田説を採用したもので

---

7) 藤田宙靖『行政法総論』（青林書院，2013年）315頁。
8) 藤田宙靖『行政法Ⅰ（総論）〔第3版〕』（青林書院，1993年）290-291頁。

はないと指摘を付加している9)。

　〈……，ただ，このような考え方は，現在では未だ問題提起の段階に止まっている，と言わざるを得ない（前出の最判平成21年7月10日判時2058号53頁も，必ずしもこのような論理に基づくものではない）。〉

以上のような藤田説に筆者は共感する。そして，理論的な観点からも，このような発想10)をとることによって，原田説以来の「行政契約の限界論」の重要な要素である「比例原則」の位置づけがより明確なものとなると思われる11)。

すなわち，どのような行為形式で活動するにせよ，国や公共団体は「憲法」をはじめとする「公法的拘束」から逃避することは許されない（＝行為形式濫用禁止の原則）と考えるべきである。そうすると，法律や条例で定めた場合に許容されないような基本的人権の「制限」12)や，法律や条例の執行として行政処分を行った場合に許容されないような基本的人権の「制限」13)を，公害防止協定という形式を用いて行うことは認められないことになる。

言葉を換えていうと，法律や条例の根拠がなくても公害防止協定は締結できる，という考え方を採用することによって，「合意」ないし「同意」によって，「法律の留保」というハードルを越えたとしても，ほかに「法律の優位」というハードルがあり，さらに「憲法の優位」というハードルもクリアする必要があるのである。そして，公害防止協定の限界として多くの学説によって指摘されてきた「比例原則」は，上記の「憲法の優位」の原則の内容をなすものである。すなわち，基本的人権の「制限」は，正当な目的によるものであっても，①目的を達成する手段として適合的か，②より制限的でない手段が存在しないか，③制限される利

---

9)　藤田・前出注7) 313頁。
10)　藤田・前出注7) は，316頁注5で，ドイツにおける「行政私法論」と同様の発想であることを示唆している。「行政私法論」は，行政主体は，たとえ，「私法形式」で活動する場合にも，「基本権の拘束」＝「憲法の拘束」ないし「公法的拘束」を免れることはできない，とするものである。塩野宏『行政法Ⅰ（行政法総論）〔第6版〕』（有斐閣，2015年）45頁参照。
11)　石井昇「行政契約」磯部力＝小早川光郎＝芝池義一編『行政法の新構想Ⅱ』（有斐閣，2008年）93頁以下は，小早川説に従った整理を示していると思われるが，比例原則には触れるところがない。
12)　Winfried Brohm, Rechtsgrundsätze für normersetzende Absprachen, DÖV 1992, 1025は，協定は，過剰禁止原則及び比例原則に反してはならず，したがって，協定の内容は制定を見送られる法規命令の授権の範囲を超えてはならない，と述べている。岸本大樹「契約と行政立法」北大法学論集65巻3号（2014年）548頁注69参照。
13)　Michael Kloepfer, Umweltrecht, 3. Aufl. (C. H. Beck, 2004) §5 Rn 485は，〈行政主体は契約の自由を有しない。行政行為でなし得ないことを公法契約でなすことは許されない〉と説明している。

益が達成される目的との関係で均衡を失していないか、という3段階のテストをクリアしたときにのみ許容される。

以上のように整理すると、「行政契約」の有効要件としての「適法性」（民法91条）は、個別行政法規との抵触が問題とされる局面で意味を持つが、「社会的妥当性」（民法90条）は、「比例原則」によってより厳格に検討されるため、意味を持つことはあまりなくなると思われる[14]。

2　行政契約の類型とそれらの許容条件

以上のような一般論において、行政契約の類型とそれらの許容条件の違いについて意識することが重要であると思われる。

わが国における「行政契約論」は、残念ながらなお発展途上であり、定説というものを得るには至っていない。このことは、もともと「行政契約」の概念が様々な類型の「契約」を包括するものであることにもよる。そこで、公害防止協定の法的拘束力について検討する際には、「行政契約の類型論」[15]を踏まえる必要があり、とりわけ、それぞれの類型によって、前記の「憲法間接適用説」的思考で差し支えないものと、「憲法直接適用説」的思考が相応しいものがあるのではないか、という観点が不可欠であると筆者は考えている。

このような観点は、先にみた藤田説に明確にみることができると思われる。すなわち、藤田説は、規制行政の領域における行政契約を想定したものであり、ドイツの行政契約論を参考にしたものであるとみることができる。というのは、ドイツでは「私法上の契約」と区別される「公法上の契約」としての「行政契約」をさらに、行政主体と私人が対等関係にある局面での「対等法契約」と、行政主体が私人に対して優越的な地位にある局面での「従属法契約」に区別して、法的

---

14)　ただし、山本隆司『判例から探究する行政法』（有斐閣、2012年）214頁は、「法律、あるいは憲法ないし法の一般原則に違反」した場合は、民法90条又は91条により契約条項が無効となる、としている。山本説は、「公法優位思考」を示すものではあるが、法律構成としては、「民事法優位思考」と同様の立場となっている。

15)　塩野・前出注10）は、8-11頁で「規制行政」「給付行政」「私経済的行政」「税務行政」「調達行政」などの類型を説明し、行政契約については、209-216頁で、「準備行政」「給付行政」「規制行政」の類型に分けて次のように説明している。〈規制行政においては給付行政と異なり、行政行為の方式がなじむ。また、法律による行政の原理が強く支配する分野、たとえば税務行政の領域などでは、当事者の自由意思に基づく合意による契約という行為形式は原則として用いることをえないといえよう。しかし、規制行政において契約方式が理論上全く不可能であるわけではなく、それぞれの領域において検討されねばならない。〉

拘束力が認められるための諸条件について規定が整備されている[16]からである。

そして，このような類型的思考は，芝池義一も教科書[17]において示唆しているところである。すなわち，行政主体と私人の間で締結される「行政契約」には，①行政サービス提供に関わる契約，②行政の手段調達のための契約，③財産管理のための契約，④規制行政の手段としての契約，⑤その他の契約，という類型がある，とされる。そして，これらのうち，②と③は，「私法上の契約」と解されるので，「行政契約」としての特有の許容条件を検討する必要性が高いのは，①と④の類型ということになる。

このうち，①は，「給付行政のためにする契約」ないし「給付行政における契約」とも呼ばれるが，原則として民商法の適用があるほか，〈法律・条例等で特則が設けられている場合があるし，さらに憲法の諸原則による拘束を受ける。このことは，とくに行政サービス提供に関わる契約について妥当する。〉と説明されている[18]。

以上からは，芝池説は，いわゆる「私経済的行政」ないし「準備行政」においては，「民事法優位思考」ないし「憲法間接適用説」的思考が妥当するが，「給付行政」においては，「公法優位思考」ないし「憲法直接適用説」的思考が加味されるべきであるという立場であるとみることができよう。

また，④については，公害防止協定について，比例原則等の「公法的拘束」が及ぶということが（なぜか）明示されていない点が気にはなるが，〈協定方式に安易に依存することは，法治主義の見地からは好ましいことではない。〉という記述[19]があることから，規制行政の領域において「憲法直接適用説」的思考が相応しいことは当然の前提とされていると思われる。

以上をまとめると，筆者は，規制行政の分野での公害防止協定の許容性及び法

---

16) 簡単には，大橋洋一『現代行政の行為形式論』（有斐閣，1993年）164-167頁参照。
17) 芝池義一『行政法総論講義〔第4版補訂版〕』（有斐閣，2006年）240-241頁。
18) 芝池・前出注17) 240頁, 244頁。
19) 芝池・前出注17) 244頁。芝池義一「行政法における要綱および協定」芦部信喜他編『岩波講座基本法学4——契約』（岩波書店，1983年）296頁では，次のように「公害防止協定の限界論」の発想を示していた。〈ただ，協定方式または契約方式が法律による行政の原理を掘り崩すという批判も全くの杞憂とはいいきれないように思われる。とくに，事業者の同意が形式的なものであったり，協定の内容が合理性を欠く場合がそうである。したがって，事業者の同意が形式的なものではないことや，協定の内容が不合理でないことを，協定の法的拘束力承認の前提要件とすることも考えられる。〉

的拘束力は,「法治主義」の要請による「公法的拘束」に十分留意して慎重に検討されるべきであり,とりわけ,「行為形式の濫用」ではないか,比例原則を満たしているか,という審査が不可欠であると考える。

それでは,上記の「憲法間接適用説」的思考と「憲法直接適用説」的思考がどのように分布しているかを,平成21年最判についての評釈・解説について検証してみよう。

3 平成21年最判の読み方

平成21年最判については数多くの解説ないし評釈がある[20]が,産業廃棄物最終処分場をめぐる紛争という「事案の性質」に即した評価と,「公害防止協定の法的拘束力」という「一般理論」に即した評価のいずれに重点を置くかは,論者によって異なる。以下では,筆者が注目するいくつかの論者の立場を紹介する。

第1に,産業廃棄物最終処分場をめぐる紛争という「事案の性質」に即した評価に重点を置く論者によるものとして,北村[21],島村[22]両評釈がある。廃棄物処理法という個別行政法規[23]について深く研究をしている2人の論者の,このような立場からは,平成21年最判の「射程」は狭く捉えられ,公害防止協定の許容性及び法的拘束力を一般的に認める「判例理論」が確立されたとは理解されないことになろう。

北村評釈は,平成21年最判の結論を支持しているが,その理由づけのなかで注目すべきは,以下のような説明である。

---

20) 前出注14)及び後出注21)22)25)26)のほか,『平成21年度重要判例解説』(ジュリスト1398号)52頁(石井昇)などがある。
21) 北村喜宣「環境法 No.3」『速報判例解説 vol.5』(2009年)333頁。
22) 島村健「行政判例研究569」自治研究87巻5号(2011年)106頁。
23) 北村喜宣『環境法〔第3版〕』(弘文堂,2015年)510頁は,安定型最終処分場の建設・使用・操業を差し止めた全隈町産業廃棄物処分場事件高裁判決(東京高判平成19・11・29)などを紹介するとともに,〈現行廃棄物処理法がタテマエ通りには機能しないことを前提としつつ,それでも安全性が確保されるような規制システムが整備されない限りは,生命・身体・健康侵害のおそれがあることを事実上推認している。現行法のもとでの安定型処分場制度に対する「死刑判決」ともいえる。〉〈これらの裁判例は,廃棄物処理法に対して,極めて深刻な問題を提起している。〉と指摘している。このように,規制行政の領域で,民事訴訟が「最後の砦」と意識されるとき,当該個別行政法規が不備であるか,「執行不全」の状態にあることが暗黙の前提となっていると筆者は考えてきた。高木光「日本の廃棄物処理の手法」ドイツ憲法判例研究会編『先端科学技術と人権』(信山社,2005年)121頁以下参照。山本・前出注14)215頁は,平成21年最判の事例で,一審の認定によると,処分場及び周辺の地下水から法令や公害防止協定の定める値を超える水銀が検出されている,という背景事情を指摘している。

〈許可容量に達するまでは，諸基準を遵守して埋立てができるのであって，知事が許可条件のなかで使用期限を決定できるわけではない。〉

　〈処理施設については許可期間の制限はない。「太く短く生きる」のか「細く長く生きる」のかは，諸般の事情を総合考慮した処理業者の経営裁量に委ねられている。〉

　〈埋立て状況のいかんを問わずに絶対的期限を附款で規定するとすれば，比例原則に反して違法である。たとえ，処理業者と地元市町村との間に，使用期限についての合意がされていたとしても，行政法的拘束力を有する附款に含めることはできない。〉

　〈本件協定は，X〔福津市〕が締結したものであって，法的には県とは何の関係もない。廃棄物処理法や紛争調整条例とは別世界なのである。〉

　以上のように，北村評釈は，知事が廃棄物処理法14条の（業の）許可及び15条の（施設の）許可などの権限を行使して行う「規制行政」と，市が事業者との間で行う交渉及びその結果である協定を「切り離して」評価するものである。そこで，差戻後控訴審において，期限条項が公序良俗に反するかなどが審査される際には，〈設定された期限が本件処分場を用いての処理業者の営業活動を無意味にするほどに短期のものであったかどうか〉などが問題になるに過ぎないとしている。

　他方，島村評釈は，平成21年最判の結論に反対はしていないが，その理由づけないし判断の仕方，とりわけ，原判決の読み方についてはかなり批判的である。そのなかで注目すべきは，以下のような説明である。

　〈本件使用期限条項が廃掃法の趣旨に反するなどとは，控訴審は少なくとも明示的には一言も言っていない。〉

　〈原判決の趣旨は，"条例15条にいう協定は，生活環境保全のために必要な事項を規定することを予定するものであるのに，それと直ちに結びつかない事項（期限条項）が協定に定められており，それは「協定の内容としては相応しくないものであり，同協定の本来的効力としてはこれを認めることはできない」"ということではなかったか。〉

　〈ただし，原判決には，論理の混乱あるいは誤解を招く表現があり，このことが，肩すかしをくらわせるかのような上告審判決を招く結果につながったのではないかと思われる。〉

　〈本件使用期限条項は，控訴審判決の判旨とは反対に，産廃条例15条にいう生活環境の保全に関する事項にあたり，産廃〔条例〕15条が予定する協定の基本的

〈な性格・目的から逸脱するものとはいえないと考える余地がある。〉

〈最高裁判決においては，廃掃法及びその限界に直面して制定された本件産廃条例の仕組み全体の中で同条例15条の趣旨及び本件協定の意義を理解するという姿勢を欠いていた……のではないか。控訴審判決の結論については異論もあるところであろうが，本件協定を前記のような法的仕組みの中に位置づけて解釈しようとする態度という点では，評価される面もあろう。〉

以上のように，島村評釈は，北村評釈と比較すると，期限条項の法的拘束力を否定した控訴審判決により好意的である。ただ，島村評釈は，公害防止協定のうち，「規制代替的契約」に該当するものと，そうではないものを区別する立場をとり，かつ，本件協定を「規制代替的契約」とは見難い面があるとしているため，手段の相当性を厳格には審査しなかった差戻後控訴審の判断を是認している。

第2に，「公害防止協定の法的拘束力」という「一般理論」に即した評価に重点を置くようにみえる論者によるものとして，山本評釈[24]及び仲野解説[25]がある。このような立場からは，平成21年最判の「射程」が比較的広く捉えられる可能性がある。しかし，山本評釈については，結論として，公害防止協定の許容性及び法的拘束力を一般的に認める「判例理論」が確立されたとは理解していない点に注目すべきであろう。

山本隆司は，公害防止協定の許容性に関し，懐疑的な立場を明確に表明している。そして，その背景には，「法治国原理」から導かれる行政活動についての「公法的拘束」を重視するドイツ理論の影響があるとみられる。この意味で，山本説は，さきにみた藤田説と同様の「憲法直接適用説」的思考を示すものということができよう。

他方，仲野解説は，コンパクトなものであるが，公害防止協定の類型化において，山本隆司とは異なる視点を示している点で注目すべきものといえる。すなわち，山本説を含む多くの学説は，「地方公共団体と事業者を当事者とする公害防止協定」と「住民と事業者を当事者とする公害防止協定」の2類型に分けて，その許容性及び法的拘束力を論じている。しかし，仲野解説は，次のように説明して，「規制主体と規制客体を当事者とする第1類型」「規制客体と第三者を当事者とする第2類型」「第三者と規制主体を当事者とする第3類型」に分類されなけ

---

24) 山本・前出注14)。
25) 磯部力他編『地方自治判例百選〔第4版〕』（有斐閣，2013年）76-77頁（仲野武志）。

ればならない，とする。

　〈しかしながら，本判決がこのような分類を前提としているかは疑問といわざるをえない。地方公共団体が潜在的にも事業者に対する規制権限を有しない場合には，その立場は一般私人と異ならないため，事業者（規制客体）に相対する当事者が地方公共団体か私人かでなく，（行政処分等行政法固有の権限を有する）規制主体か（規制主体でも規制客体でもない）第三者かという差異こそが本質的と考えられるからである。〉

以上のような立場から，仲野解説は，廃棄物処理法は〈産業廃棄物の処分業に関する地方公共団体の規制権限を余さず都道府県に配分しており，市町村の条例に基づく規制権限の創設も予定していない〉という理解のもとで，島村評釈を引用しつつ，本件協定は第2類型に属するとし，次のようにコメントしている。

　〈Xの地位が一般私人と異ならない以上，本判決が（Xの主張にそのまま応える形で）契約の一般的な有効要件という，純然たる民事法上の判断枠組みを用いたことは，きわめて自然であった。〉

　〈要するに本判決は，規制客体が行政処分等により課された義務に違反する行為を第三者との間で約する合意を，強行法規（民91条参照）違反として無効とするものにすぎず，何ら行政法固有の論点を含むものでない。〉

この仲野解説の類型論は，市町村と私人の立場を類似したものとみる点で，筆者には疑問がある。水道水源条例などの例があるように，市町村は「抽象的」ないしは「潜在的」には「規制主体」としての立場を有しているとみるべきであると思われるからである。

また，仲野解説は，平成21年最判の判断枠組みは，第1類型及び第3類型にも及ぶという見解を表明している。この点からは，仲野武志は，さきにみた「憲法間接適用説」的思考に属する論者であるともいえよう。

以上のような状況を前提とすると，平成21年最判は，事例判決として理解されるべき[26]であると筆者は考える。また，山本隆司が指摘しているように，〈法律ないし条例の留保および民主政原理の迂回ではないかとの疑念は払拭できない〉[27]ことから，公害防止協定の許容性は単純には認められるべきではなく，法

---

26)　宇賀克也他編『行政判例百選Ⅰ〔第6版〕』（有斐閣，2012年）199頁の福士明解説は，現在では「法的拘束力肯定説」が通説とされているとしつつ，平成21年判決の趣旨にはなお不明確なところが残ることを指摘している。
27)　山本・前出注14) 210-211頁。

的拘束力の範囲も限定的に解されるべきであろう。

Ⅳ　おわりに

　本稿の考察の結果は，行政契約における比例原則の意義について，問題の所在を明らかにしたに過ぎない。ドイツの行政手続法における公法契約に関する規律と民法の契約の無効原因を定める規定の適用関係についての複雑な議論を分析し，どの部分が参考にできるかなどを考察することは，なお今後の課題として残されている。熟慮を重ねたものだけを活字にされてきた小早川先生の古稀にこのような未熟な論稿を献呈することは心苦しい限りであるが，法科大学院時代の「理論と実務の架橋」というキャッチフレーズに免じて，お許しをいただければ幸いである。

公物における競争法の適用について
―― フランスにみる公物法の変容とその理論的意義

木 村 琢 麿

I 公物における競争法の適用の諸前提
II 公物の占用に対する競争法の規律
III 公物の一般的利用に関する競争法の規律
IV 日本法への示唆

近時のわが国では,公物ないし行政財産の効率的利用ないし経済的利用を高めることが求められており,そのために公物の不可譲渡性の原則を緩和し,行政財産の貸付けを可能にするなどの法改正がなされている[1]。この点は,公物法の母国のひとつであるフランスでも同様であり,公物の資産価値の向上（valorisation du domaine public）を図るために,1990年代以降,相次いで法改正がなされている[2]。

こうした例にみられるように,今日では公物の基本原理が立法によって大幅に修正されており,一見すると,公物に関する問題がもっぱら立法政策に帰着するように思われなくもない。しかし,フランス法の動向をみると,伝統的な公物法理以外にも,公物に対する法的な制約が存在することが認識される。

すなわち,第1に,公物に対する憲法的規律がある。たとえば,フランスの憲法院は,公役務（service public）の継続性を確保するために,不可譲渡性の緩和について一定の制約があると判示しており,この考え方は,日本法にも応用できると考えられる[3]。

---

1) たとえば,平成18年法律35号による国有財産法18条の改正,平成18年法律53号による地方自治法238条の4の改正。
2) 日本法の概観を含めて,木村琢麿『ガバナンスの法理論』（勁草書房,2008年）78頁以下。

第 2 に，公物に対する競争法の規律がある。すなわち，フランスでは，本稿で紹介するコンセイユ・デタの判例において《経済活動の場としての公物》という考え方が示されたことを契機として，公物法と競争法の関係に関する諸問題が多面的に論じられている。

同国において，公物は，「公衆に直接供用され，または公役務の任務の執行に不可欠な整備の対象となったうえで当該公役務に供用される，公法人の財産」と定義され[4]，公物概念は公役務概念に立脚している。それゆえ，公物が競争法によって規律されることは，伝統的な公役務の法理と現代的な競争法の調和が求められる現象，さらに分野によっては，公役務の規律が競争法の規律に置き換わる現象として捉えられることになる[5]。また，公物法という，伝統的に行政の特権が強く認められてきた領域においても，その基本原理が競争法によって変容される可能性があることは，行政法理論への全般的な影響を示唆している。

そこで，本稿では，以上のような問題意識をもとに，公物に対する第 2 の規律，すなわち公物の競争法上の規律に関する諸問題を，フランス法を素材にして考察することにしたい。

今日のフランスにおける講学上の体系との関係でいえば，本稿で取り上げる問題は，主として，行政法ないし公法の一分野として独立しつつある財産行政法 (droit administratif des biens) と経済公法 (droit public de l'économie) という，2 つの法分野に関係しており，本稿は，これらの研究動向の一端を紹介する意義をも有する[6]。また，公物法と競争法の関係については，港湾や空港を素材とした判

---

3) 木村琢麿「財政の現代的課題と憲法」長谷部恭男ほか編『岩波講座憲法 4』(岩波書店，2007年) 182 頁以下。

4) これは公法人財産一般法典 L2111-1 条の定義であり，今日の学説もこの条文上の定義をもとに公物概念を論じている。ex. J.-M. Auby et al., *Droit administratif des biens*, 7ᵉ éd., Dalloz, 2016, p. 39 et s.; N. Foulquier, *Droit administratif des biens*, 3ᵉ éd., LexisNexis, 2015, p. 31 et s.; Y. Gaudemet, *Droit administratif des biens*, 15ᵉ éd., LGDJ, p. 63 et s.

5) 議論の概況につき，たとえば，J. Caillose, *La constitution imaginaire de l'administration*, PUF, 2008, p. 66 et s. また，公役務による規律から競争法の規律に移行している典型的な法分野として，港湾法がある（木村琢麿「公共施設の管理者の意義に関する若干の整理(1)」自治研究 90 巻 3 号 (2014 年) 69 頁)。なお，この文脈からの公的財産制度に関する分析として，Ch. Roux, *Propriété publique et droit de l'Union européenne*, LGDJ, 2015, p. 394 et s.

6) フランスの公物法に関する研究は多いが，紙幅の関係から，小幡純子「フランスにおける公物法」公法研究 51 号 (1989 年) 238 頁および木村・前出注 2) 31 頁以下に引用された文献のほか，最近の論考として，福重さと子「20 世紀中葉における公産の管理概念」北九州大学法制論集 41 巻 3・4 号 (2014 年) 77 頁をあげるにとどめる。同じく，EU 競争法については，青柳由香『EU 競争法の公共サービスに対する適用とその限界』（日本評論社，2013 年)，およびその参考

例が多く,これらの個別法における研究動向にも関連している7)。

以下では,いわば序論として,公物に競争法を適用する際の前提となるフランスの制度や判例について簡単に述べたうえで（I),公物法と競争法に関する諸問題を概観し(II・III),最後に日本法への示唆を述べることにしたい(IV)。

I 公物における競争法の適用の諸前提

公物に関係する競争法にはさまざまな要素があり,それぞれについて詳細な検討が求められるところであるが,以下では,本論の分析に不可欠な最小限の説明をするにとどめる。

1 行政活動に関連する競争法の構成要素

はじめに,行政活動全般に関係するフランスの競争法の構成要素について概観するが,競争法に関する統制機関についても言及することにしたい。なお,公物に関係する競争法理である,不可欠資源の法理については,項目を改めて述べる。

(1) 競争法を定めたEU法としては,EU機能条約において,競争阻害的な共同行為（101条)や優越的地位の濫用（102条)などの違反要件が定められている。同条約は,公共的な企業（entreprises publiques)にも競争法理が適用されるという原則を掲げたうえで（106条1項),一般経済利益上の役務（service d'intérêt économique général)については,その固有な任務の遂行に関する範囲で競争法理の例外が認められると規定している（同条2項)。欧州司法裁判所の判例によると,同条にいう企業は,その主体の法的地位や財政的基礎とは無関係に,経済活動を行うすべての主体である8)。具体的には,港湾や空港の運営は,当然には一般経済利益上の役務とはいえないとされ,これらの料金の徴収にも優越的地位の濫用

文献を参照。

フランスの経済公法に相当する概説書等の名称は著書によって異なるが,本稿執筆に当たって示唆を受けた代表的な文献として,P. Delvolvé, *Droit public de l'économie*, Dalloz, 1998 ; D. Linotte et R. Romi, *Droit public économique*, 7ᵉ éd., LexisNexis, 2012 ; S. Nicinski, *Droit public des affaires*, 4ᵉ éd., Montchrestien, 2014 ; S. Braconnier, *Droit public de l'économie*, PUF, 2015 ; B. Delaunay, *Droit public de la concurrence*, LGDJ, 2015.

7) 本稿で取り上げる問題の一部は,フランスの港湾法研究者によって早くから取り上げられてきたことが注目される (ex. R. Rézenthel et al., *Droits maritimes*, tome 2, Juris-service, 1995, p. 181 et s.)。また,本文に述べた意味で,本稿は筆者の港湾法研究（木村琢麿『港湾の法理論と実際』（成山堂,2008年)など)の延長線上にも位置付けられる。

8) CJCE, 17 février 1993, *Poucet et Pistre*, affaire C-159/91 et C160/91, Rec. I-637, point 17.

禁止原則が適用される[9]。

フランスの国内法としては，EU機能条約の前身たるローマ条約（85条・86条）の影響を受けながら，競争阻害的な共同行為や優越的地位の濫用などについて定められている。これらは，1986年12月1日オルドナンス（86-1243号）において明文化され（7条・8条），現行法上は商法典に組み入れられている（L420-1条・L420-2条）。以下では，主としてこれらの規定を念頭において，競争法の問題を論ずることにする。

(2) 競争法の解釈・適用について重要な役割をもつフランスの国内機関として，競争委員会（Autorité de la concurrence）がある。同委員会は，わが国の公正取引委員会にほぼ相当する独立行政機関であり，2008年8月4日法律（2008-776号）によって従来の競争評議会（Conseil de la concurrence）が改編されたものである。

競争委員会は，競争阻害的な行為に対する制裁として課徴金を課すことができる。かかる競争委員会の決定等については，原則として司法裁判所で争われることになるが，公権力の特権の行使を含む限りにおいて，競争委員会は公物に関する決定を審査することができないとされている[10]。また，競争委員会は，それ以外に，裁判機関などからの広範な諮問を受ける権限，自発的に意見を述べる権限などを有している（商法典L462-1条以下）。

2 行政活動における競争法の適用に関する行政判例

行政上の適法性原理と競争法の関係についての重要な先例として，ミリオン・マレ事件とL&P広告社事件がある。行政契約に関する判例とともに概観することにしよう。

(1) 行政活動への競争法理の適用可能性が広く認められる転機となったのは，

---

9) CJCE, 17 juin 1997, *GT Link*, affaire C-242/95, Rec. I-4449, point 52. *Cf.* CJCE, 24 octobre 2002, *Aéroport de Paris c/ Alpha Flight services SAS*, affaire C-82/01P, Rec. p. I-9297, point 74 et s.

注意を要するのは，これらは公物管理と区別された意味での公物運営に関する判例であることである（木村・前出注5）66-67頁参照）。これに対して，本稿で取り上げるのは，主として狭義の公物管理の問題である。なお，公物管理（狭義・広義）と公物運営の概念につき，参照，木村琢麿「法理論の観点からみた改正港湾法」港湾88巻6号（2011年）38頁，宇賀克也『行政法概説Ⅲ〔第4版〕』（有斐閣，2015年）552-553頁。

10) TC, 18 octobre 1999, *Aéroports de Paris*, Rec. p. 469. De même, TC, 4 mai 2009, *Société Ed. Jean-Paul Gisserot*, Rec. p. 582.

1997年のミリオン・マレ事件である[11]。この事件において，コンセイユ・デタは，1986年12月1日オルドナンスの競争阻害行為に関する諸規定の適用について，明確な判断を示している。

ミリオン・マレ事件は，フルリ・レ・オブレ市と事業者Aの間で葬儀役務の特許契約が締結されたことに対して不満な競業者B（＝ミリオン・マレ社）が，同契約が競争法に違反していることを主張して，その取消しを求めた事件である。コンセイユ・デタは，事業者Aとの間での6年間の契約期間と1回の明示的更新は，1986年12月1日オルドナンス8条との関係で，事業者Aをして優越的地位を濫用する地位に置くものではないこと，またEU法との関係でも，かかる契約期間の設定は優越的地位の濫用に当たらず，ローマ条約86条に違反しないことを理由として，原告の請求を退けた。

(2) ミリオン・マレ判決によって，行政契約において，同オルドナンスの定める競争法理が行政の適法性原理を構成することが示されたが，その後，警察に関しても，競争法の適用を認める行政判例が出現している。

すなわち，2000年のL&P広告社事件において，コンセイユ・デタは，警察権限を有する機関においても，商工業の自由の原則と競争規範を考慮しなければならない義務は免れないが，広告に関する警察規制の結果として，特定の事業者に対して優越的地位が創設されることが，競争規範と両立し得ないのは，かかる警察規制が必然的に優越的地位の濫用的行使につながる場合に限られる，という判断を示した[12]。

(3) いずれの事件においても，具体的な判断として，コンセイユ・デタは競争法に違反するという判断を示すことはなかったが，後述するように，公物に関する競争法の適用に関する重要判例は少なくなく，それらが競争法に関する行政判例の展開を促していることが注目される[13]。

(4) 他方，公法人の契約締結手続に関しては，EU法の影響のもとで1993年1

---

11) CE, sect., 3 novembre 1997, *Société Million et Marais*, Rec. p. 406.
12) CE, avis, sect., 22 novembre 2000, *Société L et P Publicité SARL*, Rec. p. 526. 1987年12月31日法律（87-1127号）12条（現行の行政裁判法典L113-1条）に基づく，ポー地方行政裁判所の意見照会に対する判断である。
13) コンセイユ・デタの論告においても，EDA事件（後出注24）は，ミリオン・マレ事件とL&P広告社事件の橋渡し的な位置付けが与えられている。Concl. Austry sur l'avis du CE, sect., 22 novembre 2000, *Société L et P Publicité SARL*, RFDA 2001, p. 872.

月29日法律（93-122号）[14]が制定されるなど，公役務委託（délégation de service public）をはじめとした契約において公開性と競争性が確保されており，判例も蓄積されているが[15]，とりわけ先例的価値が高いのは，欧州司法裁判所のテロストリア判決における一般論である。同判決によると，入札に際して求められる差別的取扱いの禁止原則は透明性確保の義務を含んでおり，これによって入札実施機関に一定の公表義務が課される[16]。そこで，この判例法理が公物法にどこまで妥当するかが問題になる[17]。

3 不可欠資源の法理

フランスにおける競争法理のうち，判例・実務において採用されている法理であって，公物法との接点が多いものとして，不可欠資源（ressources essentielles）の法理がある。これは，重要な資源については，客観的な理由がなければ利用者のアクセスが禁じられず，なおかつ利用者に対する差別的条件や過剰な料金の設定は認められないという法理である[18]。フランスでも，その意義や射程については議論があるが，判例等においては不可欠資源ないし不可欠施設の概念を明示的ないし黙示的に取り入れているものが多いことから，フランス法を分析するうえでは必須の要素であると思われる。

(1) 競争委員会の先例は，不可欠施設の所有者の契約締結の自由が制限される

---

14) 1993年1月29日法律（いわゆるサパン法）の概要につき，木村・前出注7) 57頁を参照。
15) 海岸占用について公役務委託契約の性質が認められる場合につき，CE, 21 juin 2000, *SARL Plage «Chez Joseph»*, Rec. p. 282.
16) CJCE, 7 décembre 2000, *Telaustria*, AJDA 2001, p. 106.
17) 議論の状況につき，S. Comellas, *Les titres d'occupation du domaine public à des fins commerciales*, L'Harmattan, 2014, p. 22 et s.
18) フランスでは，不可欠資源に相当する概念として，英語圏の語感に近いエセンシャル・ファシリティ（facilités essentielles）のほか，不可欠インフラないし不可欠施設（infrastructures essentielles）といった概念も用いられ，判決等の表現も統一されていない。わが国では不可欠施設と称されることが多いが，インフラなどの施設に限られないという意味で，本稿では，基本的に不可欠資源の概念を用いる。ただし，判決等の用語法に応じて表記を修正する場合がある。なお，不可欠資源の法理に関する基本文献として，L. Richer, «Le droit à la paresse?: *Essential Facilities* version française», *D. affaires*, 1999, p. 523.
　わが国では不可欠施設の概念を明示的に採用した先例はないとされるが，その考え方が実質的に取り入れられた例を含めて，根岸哲編『注釈独占禁止法』（有斐閣，2009年）363-364頁〔根岸哲執筆〕，松下満雄『経済法概説〔第5版〕』（東京大学出版会，2011年）66頁，白石忠志『独占禁止法〔第2版〕』（有斐閣，2009年）77-78頁などを参照。類似の指摘として，友岡史仁『要説経済行政法』（弘文堂，2015年）189頁。

場面として,次の定式を掲げている。すなわち,まず第1に,当該施設が独占的な企業または優越的地位を有する事業者によって保有されていること,第2に,当該施設のアクセスが,当該事業者が関連する市場において競争的な活動をするために,厳格な意味で必要であり,または不可欠であること,第3に,当該施設が当該事業者の競業者によっては経済的に合理的な条件のもとで再生することができないこと,第4に,当該施設へのアクセスが拒否され,または不公正な制限的条件のもとで認められていること,第5に,当該施設へのアクセスが可能であること,である[19]。この法理は,次の例に示されるように,インフラ施設などに限らず,公共のデータベースにも適用されている。

(2) 不可欠資源の法理を適用した重要な判例として,2002年のCegedim社判決がある。この事件は,医療データの処理等を行っているCegedim社が,国立統計経済研究所(INSEE)の料金を定めた財務大臣決定の取消しを求めた事件であり,コンセイユ・デタは,「当該データが他の経済事業者にとって不可欠な資源である場合において,その利用に関する料金が過度な水準であることが,当該経済事業者の競争的活動に対する障害となってはならない」として,かかる料金徴収が優越的地位の濫用に当たるという判断を示している。本件においては,下流市場において十分な利幅を確保することを妨げたと判示し,結論的に当該大臣決定を取り消している[20]。

一般に行政上の料金については,その統制法理として,役務と料金の均衡が求められるが[21],この判決は,かかる均衡性原則の適用に当たって,実際的な費用との均衡ではなく,市場価格ないし市場への影響を考慮した判決である。これは,1996年に同じ行政機関の料金が問題になった事件において,コンセイユ・デタが,伝統的な均衡性原則をもとに,役務の費用との均衡を欠くことを審査していたのと対照的である[22]。この問題は,市場における行政の特殊性(ないし公共性)をいかに考慮するかという基本的な論点に関わっている。

---

19) Conseil de la concurrence, avis n° 02-A-08 du 22 mai 2002. 同意見において競争評議会は,不可欠施設(infrastructures essentielles)の語を用いている。
20) CE, 29 juillet 2002, *Société Cegedim*, AJDA 2002, p. 1072.
21) 木村琢麿「行政作用の利用者による費用負担」法律時報88巻2号(2016年)11頁以下。
22) CE, ass., 10 juillet 1996, *Société Direct Mail Promotion*, Rec. p. 277. この枠組みを維持するようにみえる判決として,CE, 23 août 2005, *AFORS Télécom*, req. n° 283266.

II 公物の占用に対する競争法の規律

　公物における競争法の適用が問題になる状況について，公物の利用関係に即して分類すると，まず第1に，公物の占用に関する場面があり，占用申請に対する不許可や更新拒絶，または占用協定の締結拒否が競争法に照らして許容されるか，占用期間をはじめとした許可等の内容が競争法に適合するか，などが問題になる[23]。第2に，公物管理者が公物の占用を認めることなく利用させる場面があり，とりわけ公役務事業者とその他の事業者の競合が問題になる。もとより他の類型化も可能であるが，このような分類はフランスの判例等を整理するうえでも適当であると思われる。そこで，はじめに公物占用に関する主要な先例を紹介することにしよう。

1 EDA事件（1999年コンセイユ・デタ）

　コンセイユ・デタが《経済活動の場としての公物》という考え方を初めて示したのは，1999年のEDA事件においてである[24]。この事件では，パリ空港公団（当時）が，レンタカー事業者に対し，パリ空港を構成するオルリー空港とロワシー空港の双方における業務を強制し，その結果として，EDA社の公物占用協定の申込みを退けたうえで，他の会社と協定を締結した。そこで，同社は，当該協定を締結する決定の取消しを求めたが，競争法上の論点として，かかるパリ空港公団の措置が優越的地位の濫用に当たるかが問題になった。その解決に当たって，コンセイユ・デタは次のように述べている[25]。

　すなわち，「公物供用機関は，当該公物およびその供用の利益のみならず，公益に照らして，当該公物を管理する権限を有するが，当該公物が，その供用に適合しながら，生産，分配および役務に関する活動の場となっている場合には，当該活動がなされる範囲内で，商工業の自由の原則または1986年12月1日オルド

---

[23] 公物占用の細分類として，複数の事業者に占用が認められる場合と，単一の事業者に排他的占用が認められる場合とがある。前者の例としてSETIL事件，後者の例として無料新聞配布台事件がある。

[24] CE, sect., 26 mars 1999, *Société EDA*, Rec. p. 96.

[25] コンセイユ・デタは，この事件がパリ空港公団の供用する公物に関する訴訟であることから，行政裁判所の管轄に属することを認めたが，1986年12月1日オルドナンス26条に基づき，同オルドナンス8条の違反の有無について競争評議会に意見照会を求めるという判断を示した。

ナンスなどの規範をも考慮しなければならない。したがって，越権訴訟の裁判官は，公物の管理に関する法行為の適法性を審査すること，および，かかる法行為がこれらの原則および規範を考慮してなされ，それらを組み合わせた正確な適用がなされていることを，確認しなければならない」という。

この事件に関するコンセイユ・デタの判断が示されることはなかったが，公物供用機関は，商工業の自由の原則や競争法をも考慮する必要があり，また，越権訴訟の裁判官は，これらの規範を踏まえて，公物管理に関する行政の行為の適法性を審査するという基本的な枠組みが示された。その一方で，この事件におけるスタール論告は，「競争法に由来する規範を援用することを認めるにしても，競争法の絶対的な優越性を認めることにはならないであろう。自由な競争の要請があることが考慮されたとしても，そのことによって，公物制度の本質的な性質，および公物の良好な管理・維持の要請の優越性は，消滅しないと思われる」と述べている[26]。

2　SETIL 事件（2003 年パリ行政控訴院）

EDA 事件の枠組みを拡張的に踏襲したのが，2003 年の SETIL 判決である[27]。この事件では，タヒチ空港構内において事業者 A が両替業を営んでいたところ，事業者 B は，営業時間の延長を提案する業務内容を含む占用を申請した。タヒチ諸島施設会社（SETIL）が事業者 B の申請を拒否したので，事業者 B は SETIL に対する損害賠償を求めて出訴した。

パリ行政控訴院は，EDA 判決の定式を踏襲し，本件空港施設が生産，分配および役務に関する活動の場であるという認定を前提としたうえで，SETIL は，既存事業者である A の利益になるように，商工業の自由の原則と競争規範を誤って適用したと判断し，事業者 B の損害賠償請求を認容した。その理由付けについては批判がありうるところであるが[28]，競争法をも適用して原告の請求を認容した点で，大きな存在意義が認められる。

なお，SETIL は空港施設の特許事業者であり，公法人ではないが，本判決は，

---

26)　Concl. Stahl sur CE, sect., 26 mars 1999, *Société EDA*, AJDA 1999, p. 433.
27)　CAA Paris, 4 décembre 2003, *SETIL*, AJDA 2005, p. 200.
28)　この判決にいう競争規範のなかには，事業者間の差別的取扱いのほか，公役務の良好な運営の確保という要素（本件では，事業者 B が営業時間の延長などを提案していた）も含められていると考えられ，競争法に固有の要素に限られないことに留意する必要がある。

SETIL を指すのに行政機関（autorité administrative）という文言を用いていることが注目され，主体の性質を問わない考え方を示唆している。

3 無料新聞配布台事件（2004 年競争評議会）

公物占用の相手方を選択する場合の論点を考察するうえで有益な素材を提供しているのは，公共交通の駅における無料新聞の配布台に関する一連の事件である。このうち，最初に取り上げられるべきは，2004 年の競争評議会の意見である[29]。この事件の申立人が，ボルドー都市共同体に対し，ボルドー都市交通の駅において新聞台を設置する措置を求めたところ，同共同体は，競争評議会に対し，同共同体の所有する公物の占用に関する競争上の問題について意見照会をした。競争評議会は，EDA 事件，ミリオン・マレ事件，テロストリア事件などに関する判例を引用しながら，大要，以下のような意見を示した。

第1に，競争法の適用について，公物における新聞配布活動については，留保なく競争法規範が適用される。公共団体には競争法の遵守義務があり，委託事業者に公物の管理を委ねていることによって当然にその義務は免除されない。第2に，事前手続については，特に法令の規定がない限り，公共団体が事業者に対して公物の占用許可を与える場合には，適切な手続を整備しなければならない。したがって，関心をもつ事業者に情報提供するために，事前の公示をすることが望ましい。第3に，占用期間を短く設定することは，自由な競争を助長する。本件で設置される財の性質に鑑みると，公物上に設置された財産の償却期間をもとにして許可期間を更新するという通常の手法は不適切である。第4に，公共交通の駅は，無料新聞の配布をする企業にとって稀少な資源を構成するとしたうえで，かかる資源に対するアクセスを制限するには，客観的な理由によって正当化される必要がある。排他的占用を認める場合には，技術的または財政的な理由によって十分に正当化される必要があり，かかる占用とその期間に関する事前公示の措置を講ずることが求められる。

4 パリ交通局事件（2012 年コンセイユ・デタ）

その後，同種の問題状況においてコンセイユ・デタが判断を下したものとして，

---

[29] Conseil de la concurrence, avis n° 04-A-19 du 21 octobre 2004. 本文に掲げた項目は，筆者が要約の便宜のために採用したものであり，競争評議会の意見の構成とは一致しない。

2012年のパリ交通局（RATP）事件がある[30]。この事件は，パリ交通局が事業者Aに対して，地下鉄の駅における無料新聞配布台の設置を許可する決定をしたことについて，他の事業者Bが不満であり，その取消しを求めた事件である。

第1審であるパリ地方行政裁判所は，パリ交通局が商工業の自由に過剰な侵害をもたらしたと判断し，パリ交通局の決定を取り消す判決を下したので，同交通局が判決の執行を停止する申立てをしたところ，コンセイユ・デタは，次のように述べて申立てを認容した（行政裁判法典R811-5条参照）。

すなわち，「公物管理機関は，当該公物の供用および保全と両立するという条件で，経済活動を行うために当該公物の構成物の占用の許可を与えることができる。行政は，かかる許可をするかしないかの決定について，一切の拘束を受けないが，決定それ自体によって商工業の自由を侵害してはならない。かかる商工業の自由を尊重することは，一方では，公法人が，第三者の行う生産，分配または役務の活動に対し，公益によって正当化され，かつ，その目的との関係での均衡性を有しない制限を課すことができないことを含意し，他方では，公益によって正当化されない経済活動を，公法人が自ら担うことはできないことを意味する。しかしながら，公法人は，当該決定が競争法に反する効果をもつ場合，とりわけ，商法典L420-2条に反して，占用許可を受けた事業者をして優越的地位を濫用する地位に自動的に置くような場合には，かかる許可を与えることはできない」という。

本件については，当該決定の取消しは，パリ交通局の商工業の自由の観点から，重大なものとして認めることができ，また，原告の主張する理由はいずれも，当該決定の取消しを認めるに足りるものではないとして，第1審判決の執行停止を認めた。

この決定は，あくまで仮の救済に対する判断であり，パリ交通局の決定が競争法違反になるか否かについて直接答えているわけではない。しかし，コンセイユ・デタが自由競争の原則と商工業の自由を峻別しながら，当該決定の競争法違反について消極的な判断を示した意義は大きい。つまり，第1審判決が両者を混同しているのに対して，コンセイユ・デタは，占用許可ないし不許可の決定自体が商工業の自由を害してはならないとする一方で，公物管理者に競争法上の制約が生ずるのは，当該決定が必然的に優越的地位の濫用をもたらす場合などに限ら

---

30) CE, 23 mai 2012, *RATP*, Rec. p. 231.

れるとしている[31]。

5 パリ市事件（2010年コンセイユ・デタ）

公物の占用に関しては，占用許可や占用協定の手続に関する論点もある。競争評議会は，2004年の無料新聞配布台事件において，欧州司法裁判所のテロストリア判決を引用しながら，事前の公示義務などを導いているが，コンセイユ・デタは，2010年のパリ市対パリ・ジャン・ブーアン協会判決において，これらの義務が当然に認められるわけではないとする判断を示した[32]。

すなわち，単一の事業者による公物の占用が予定されている場合について，「特段の法令の定めがない場合には，公物管理機関は，競争的な応募を促すために，公募の手続をとり，場合によっては競争の手続をとることができるが，事前手続を義務付ける法令の規定がない限り，かかる手続をしなかったことによって公物の占用の許可または協定の違法性がもたらされるわけではない」という。しかし，この判決に対しては，不可欠資源に対するアクセスが制限される結果になることから，学説上の批判が強いところである[33]。

III 公物の一般的利用に関する競争法の規律

特定の利用者に公物占用を認めるわけではない場合において，特定の公益的な事業を行っている利用者を優遇することが競争法に反するか否かが問題になる場面がある。この点で注目される行政判例が，ヴァンデ県事件におけるコンセイユ・デタ判決である。あわせて，公共施設の料金に関する競争評議会の決定にも

---

31) 判旨のいう，商工業の自由の制約原理としての公益には，EDA事件における用語との共通性に照らしても，公物へのアクセスに対する制限が含まれると解されるが，不可欠資源に相当する公物である場合には，例外的にすべての事業者の収益的活動が法的に保障される，と考えられている。S. Braconnier, «Domaine public : la liberté du commerce et de l'industrie réhabilitée, mais bridée...», AJDA 2012, p. 1129. De même, E. Glaser, note sur CE, 23 mai 2012, *RATP*, AJDA 2012, p. 1151.

32) CE, sect., 3 décembre 2010, *Ville de Paris c/ Association Paris Jean Bouin*, Rec. p. 472. その前年の判決において，コンセイユ・デタは，港湾施設に関して同旨の判断を示している。CE, 10 juin 2009, *Port autonome de Marseille*, Rec Tables, p. 890. 法令の解釈が問題となる例として，埠頭運営協定に関する木村・前出注7) 57頁をも参照。なお，コンセイユ・デタは，2002年の報告書において，競争性確保に積極的な考え方を示していた (*Collectivités publiques et concurrence*, EDCE 2002, n° 53, p. 380)。

33) Gaudemet, *op. cit.*, p. 285-286. De même, Roux, *op. cit.*, p. 512 et s. この判決を例示しながら，フランスの競争法判例の保守的性格を指摘するものとして，Linotte et Romi, *op. cit.*, p. 276.

触れることにしよう。

1 ヴァンデ県事件（2004年コンセイユ・デタ）

2004年ヴァンデ県事件は，公役務を担う公的事業者（県公社）に対し，フロマンティーヌ港の桟橋の優先利用を認める県議会議長決定がなされたところ，同港の桟橋を利用する民間事業者が同決定の取消しを求めた事件である[34]。

同判決は，一般論として，「港湾施設が供用され，またはその特許を受けた公共団体および公法人は，海運業者に対し，できる限り多く当該施設のアクセスを認めるべきであるが，その一方で，これらの法人は，関係する港湾の配置に適合する規制によって，利用者の安全と海洋公物の保全に適した利用条件を定める義務を負う。また，いかなる法令においても，公共団体および公法人は，海上輸送の公役務を担う企業に対して，港湾施設の独占的利用をさせることは認められておらず，それゆえ，当該事業者に対して港湾施設へのアクセスの排他性を認めるべき例外的状況にないときには，競争法規範および商工業の自由の原則の範囲内で，公役務を担う事業者に対し，当該役務の運営に必要な支援を与えること，場合によっては，公物の利用について当該事業者に特定の施設を提供することは，行政の権限に属する」と述べている。そのうえで，本件においては，県公社がユー島との連絡という公役務の任務を担っており，その任務に照らすと，県公社船の発着前後に民間の船舶の接岸を禁止した条項は，競争規範，商工業の自由等に反するものではない，という判断を示した。

この判決は，EDA判決の論告の考え方に基づき，競争法を考慮しながらも，公益的配慮に基づく公物管理の優越性を認め，その結果として，公益的な事業者に対する港湾施設の優先的利用を肯定したものといえる。また，公物の一般的利用に際して，特定の事業者の独占的利用を排除しなければならないという限界は設定されているが，それも例外的状況によって緩和される余地があることが示されている。

2 ルアーヴル自治港公団事件（2007年競争評議会）

Cegedim社判決に前後して，公物に関して不可欠資源の法理を用いたと考え

---

34) CE, 30 juin 2004, *Département de la Vendée*, Rec. p. 277.

られる判例が出現している。学説は一般に,「稀少な資源」の表現を用いた無料新聞配布台事件の競争評議会意見をはじめとして, EDA 事件, SETIL 事件, ヴァンデ県事件などについても, 不可欠資源の概念を用いて説明することが多いが[35], ここで取り上げるのは, 港湾施設の料金に関する競争評議会の決定である。

問題となったのは, 大規模港湾を運営するルアーヴル自治港公団が, 埠頭運営の特許事業者を優遇するために, 当該特許事業者以外の利用者に対して, 港湾施設の利用料として高額な料金を課したことである。競争評議会は, 同公団の措置が, 当該特許事業者の措置とともに, 優越的地位の濫用に当たるとして違法性を認めた。その際, 問題となっている差別的措置は, 公役務の任務を担う公的事業者によってなされたものであり, かかる事業者が管理する施設の一部が船舶の荷役を行ううえで不可欠であると述べられている[36]。

その一方で, 代替手段の存在等に照らして, 港湾施設が不可欠資源に当たらないとした例もある[37]。また, パリ交通局事件において, コンセイユ・デタの決定を受けた控訴審判決は, 無料新聞は, 地下鉄の駅の入り口を含めて, 地下鉄の駅以外でも広く配布されていることを理由として, 不可欠資源の該当性を否定している[38]。このように, 不可欠資源の法理の適用に当たっては, 個別的な判断が求められている。

Ⅳ　日本法への示唆

以上にみたフランス法の状況をもとに, 日本法の考察に向けての若干の指摘をすることにしたい。ただし, 以下においては, 公物に適用される競争法に関する実定法の解釈論を展開するわけではなく, 公物法の観点から理論的な方向性を示すにとどまる。

その前提として, フランス法の状況を総括すると, 公物法において競争法が適

---

35) ex. Nicinski, *op. cit.*, p. 499 et s.; Gaudemet, *op. cit.*, p. 254.
36) Conseil de la concurrence, décision n° 07-D-28 du 13 septembre 2007. 同港の埠頭運営会社による競争排除が問題になった事例として, Conseil de la concurrence, décision n° 10-D-13 du 15 avril 2010.
37) ポール・ラ・ヌーヴェル港につき, Conseil de la concurrence, décision n° 03-D-41 du 4 août 2003, point 77.
38) CAA Paris, 7 février 2013, *RATP*, req. n° 10PA05686 et 11PA02805. 同旨の立場として, Gaudemet, *op. cit.*, p. 254.

用される可能性は認められているものの，実際に競争法によって公物法理（特に狭義の公物管理に関するもの）が修正される場面は必ずしも多くない。そもそも，行政法と競争法の関係について，判例の立場は明確にされていないという評価も可能である。すなわち，実効的な競争が存在している場合には，役務と料金の均衡を求める行政法の一般法理が適用されないという立場をとるようにみえる判例が存在する一方で[39]，コンセイユ・デタの論告のなかには，競争法の規範は行政法の基本原理との関係では補充的性格をもつにすぎないという立場も示されており[40]，総じて公物管理者の伝統的な権限が維持されている[41]。しかし，理論的にみると，以下に示すように，公物に競争法が適用されることは，さまざまな意味で公物法を変容させる可能性を含意しており，日本法の分析に当たっても少なからぬ意義をもつと考えられる。

（1）わが国において，行政活動の競争法違反が論じられるのは，主として私経済的作用に属する領域であるといえるが[42]，これまで公物における競争法の規律が顕在化してこなかった理由としては，法令および判例によって公物管理者の裁量が広く認められ[43]，かつ，公物における経済活動が大幅に制限されてきたことがあげられる。したがって，今後，公物の規律緩和によって公物上の経済活動が活性化されると，公物における競争法の規律がいっそう重視されるようになると思われる[44]。

（2）類型的にいえば，まず公物の占用許可（行政財産の貸付けを含む）については，

---

39) CE, 23 mai 2003, *Communauté de communes Artois-Lys*, RFDA 2004, p. 299.
40) Concl. Austry sur CE, avis, sect., 22 novembre 2000, *Société L et P Publicité SARL, op. cit.*, RFDA 2001, p. 872.
41) EDA 事件のスタール論告（前出注26））をも参照。
42) たとえば，最判平成元・12・14民集43巻12号2078頁，最判平成10・12・18審決集45巻467頁。地方公共団体の損失補償契約に関して優越的地位の濫用の問題に触れるものとして，大分地判平成22・3・25判タ1341号45頁。
43) たとえば，道路法32条の占用許可につき，道路法令研究会編『道路法解説〔改訂4版〕』（大成出版社，2007年）226頁。学説上は，公物の占用許可が特許と許可の区分をもとに論じられてきたが，少なくとも占用権ないし排他的占用を認める許可については，広範な行政裁量が認められてきたといえる（美濃部達吉『日本行政法下巻』（有斐閣，1940年）830頁以下，原龍之介『公物営造物法〔新版〕』（有斐閣，1982年）270頁以下など）。
44) PFI における契約締結手続の議論（碓井光明『公共契約法精義』（信山社，2005年）306頁以下など）も，行政財産の規律緩和に連動している面がある（民活公共施設11条の2などを参照）。また，長期の占用許可に際しての手続に配慮した例として，平成26年法律53号による改正後の道路法39条の2以下，および平成28年法律45号による改正後の港湾法37条の3以下があげられる。

公物管理者の裁量が認められる場合を含めて，理論的には競争法による制限が課される可能性がある。わが国の公物に関する判例において，競争法との関係に直接言及したものは見当たらないが，競争法を取り入れる余地を残していると考えられる例がある。すなわち，一般公共海岸区域の占用許可に関する最判平成19・12・7民集61巻9号3290頁は，占用許可を拒否する処分について裁量権逸脱・濫用がある場合の裁判的統制を認めているが，同判決にいう「社会通念に照らし著しく妥当性を欠」くか否かの判断においては，類似の占用者との関係を含めた競争法違反も考慮されうると解される。実際，この事件において，最高裁は，占用許可がなされなければ申請者の事業が「相当に困難になる」こと，行政庁が求める代替措置が申請者にとって「実現の困難な手段」であることなどを考慮している[45]。

(3) 公物の占用許可等をするに当たって競争性を高めるための方途としては，まず，公開性や透明性の確保が求められるが[46]，フランスの判例に示されるように，一定の限界もありうる。また，占用許可等の期間設定についても，占用者の投資の償却期間などの観点から，公益に対置される占用者の利益を保護する必要がある一方で，競争法の観点から占用期間を短縮する配慮も求められる[47]。

(4) 他方，公物における独占的な占用の可否，あるいは占用以外の一般的利用において特定の利用者を優遇することができるか否かについては，フランスでも緩やかに解されており，わが国でも基本的に同様の考え方が採用できると考えられるが[48]，無料新聞配布台事件における競争評議会の先例にならっていえば，その措置について一定の合理性が求められると解される。

(5) 公物に適用される競争法の具体的な要素については，個別に検討すべき問

---

45) このほか，学校施設の目的外使用の不許可処分の違法性が争われた最判平成18・2・7民集60巻2号401頁は，「社会通念に照らして著しく妥当性を欠」くか否かの判断に当たって，「代替施設確保の困難性など許可をしないことによる申請者側の不都合又は影響の内容及び程度等」を考慮すべきであるとしているが，かかる申請者側の不都合等には競争法において考慮されるべき不利益も含まれると解される。

46) こうした規範の根拠については，競争法の一般法理に基づくという立場のほか，平等原則などの公法規範に基づくという立場もある。Cf. Delaunay, *op. cit.*, p. 397.

47) 占用期間につき，横浜地判昭和53・9・27判時920号95頁など。さらに，損失補償との関係につき，最判昭和49・2・5民集28巻1号1頁をも参照。
　なお，行政手続法上の審査基準だけでは競争性が確保されないことを示唆するものとして，塩野宏「審査基準について」同『法治主義の諸相』（有斐閣，2001年，初出1999年）269頁，274-275頁。

48) 類似の問題状況として，木村・前出注7) 162頁以下，最判平成13・12・13判時1773号19頁。

題が多いが，フランスの事例にみるように，公物においては，とりわけ優越的地位濫用（独禁2条9項5号参照）と不可欠資源の2つの法理の適用が考えられる。実際，公共的なインフラには不可欠性が強く，フランスでは，不可欠資源の法理をもとに優越的地位の濫用の認定がなされることが少なくない[49]。また，ルアーヴル自治港公団事件において競争評議会は，公的主体が関与する資源であることを不可欠性の考慮要素にしているようにみえ，この考え方からすると，公物が不可欠資源に該当する蓋然性は高まることになる。

　不可欠資源の法理は，競争評議会の定式に示されるように，本来は当該資源の所有者に対して課される原理であるが，フランスの判例においては，公物管理の権限を有する行政機関やその委託を受けた民間事業者を含めて，広く適用されている。いわば行為の主体を問わずに，実質に着目した法理として確立しつつあるといえる[50]。規範の性質からしても，この方向性は首肯できると思われる。

　(6)　一般に，公物に関する行政作用は公物管理と公物運営に区別できるが[51]，こうしたフランス法の動向からすれば，公物運営のみならず公物管理においても，競争法理の適用があることになり，その意味で両者の区分が相対化される。しかし，公物運営については，EU法のもとで競争法の適用が原則として求められているのに対して，公物管理については，コンセイユ・デタの判例において基本的に公物の特殊性が維持されていることから，公物運営よりも競争法の規律は弱い。総じて，フランスの判例は，公物管理における競争法の優先的適用の可否を慎重に判断していると評価することができ，その方向性は是認すべきであると思われる。

　さらに，警察作用についても競争法の適用可能性を認めるフランスの判例からすると，公物警察についても競争法の適用の余地があることになる。

---

49)　もっとも，競争法による規律の対象は，違反行為の客体を含めて，基本的に事業者（独禁2条1項参照）であるが，たとえば港湾の利用者としては，実際上事業者が想定されており，それ以外の場合を含めて，競争法理を取り入れながら公物の規律を図るべき場面は少なくないと思われる。関連した試論として，木村・前出注5)論文「(2・完)」自治研究90巻4号（2014年）48-49頁。

50)　学説上，無料新聞配布台事件などの先例は，「不可欠施設の市場的使用の条件」に関する行政的決定について，不可欠資源の法理を当てはめた例であるといわれる（Nicinski, op. cit., p. 290）。また，この点ではSETIL判決の「行政機関」の用語法が示唆的である。ちなみに，白石・前出注18)78頁が不可欠施設の法理の適用例とする，岡山地判平成16・4・13判例集未登載も，地方公共団体以外の主体が管理する財産について公共用性を認めている。

51)　フランスの判例等において，公物管理の語が厳格な意味で用いられているとは言いがたいが，本稿で引用した判例等は，基本的には狭義の公物管理に関する事件である。

(7) 公物に競争法が適用されることによって，すべての公物に共通の法理を妥当させる統一的公物概念（unité du domaine public），とりわけ公物と私物の峻別論に対する疑問も生じてくる。つまり，公物においても私物と同様に競争法が適用されるとすれば，公物における行政の特権排除（banalisation）の傾向が生じ，公物が私物に近似することになるし[52]，不可欠資源の法理が適用される公物について固有の法理を採用する方途もありうることになる[53]。

　(8) 不可欠資源の法理をはじめとした競争法理が公物に適用される可能性があるとすれば，従来は公物に固有の法理として考えられてきたことが，他の分野における法理と融合するという帰結をもたらしうる。あくまで例示的に述べれば，公物の利用関係は，行政情報を含めた行政資源の利用関係[54]，さらには行政契約における契約締結強制（水道法15条1項など）などの問題と接点をもつことになり，共通した問題意識をもとにした解決が求められる場面があると思われる[55]。

＊　　　＊　　　＊

　本稿は，フランス法の判例を整理しながら，競争法に基づく公物法の変容の姿と，その理論的な可能性の一端を示したにとどまる。もとより，公物法と競争法の関係については，フランスでも判例が展開している途上にあり，それに関する学説の分析とあわせて，さらなる検討が求められるところである。これらをもとに，公物の憲法的規律を含めて，伝統的な公物法理を全般的に検討することは，筆者の継続的な課題としなければならない[56]。

---

52) G. Gonzalez, «Domaine public et droit de la concurrence», AJDA 1999, p. 400. De même, Foulquier, *op. cit.*, p. 176.
53) フランスにおいては，公物の範囲を縮減させる法改正がなされる。とりわけ興味ぶかいのは，わが国では公用財産の典型例とされる庁舎が，フランスでは公物の対象から外されていることである（公法人財産一般法典L2211-1条，木村・前出注2）80-81頁）。また，公物占用の規律においても公物の種類に応じた制度が採用されている。たとえば，公物占用における物権設定については，自然公物が明示的に除外されており（同法典L2122-5条），憲法判例上，この特殊性が重視されているという指摘がある（E. Fantôme, «A propos des bases constitutionnelles du droit du domaine public», AJDA 2003, p. 1200-1201）。これらの現象をも勘案すると，統一的公物概念の有用性がいっそう後退することになる。
54) 行政資源ないし行政手段の考え方として，宇賀克也『行政法概説Ⅰ〔第5版〕』（有斐閣，2013年）121頁，木村琢磨「福祉国家における行財政法」行政法研究1号（2012年）122-123頁。
55) このほか，公物の占用料についても，競争法の適用可能性をも考慮しながら，行政サービスの料金との異同に留意した考察が求められることにつき，木村・前出注21）14-15頁。
56) 本稿は，科学研究費補助金・基盤研究C・課題番号25380025の成果の一部である。

契約と行政行為の並存・交錯状況
—— フランスの場合

田 尾 亮 介

はじめに
Ⅰ　選択と併用
Ⅱ　区別と融解
おわりに

はじめに

　小早川光郎先生は，1983年に発表された「契約と行政行為」と題する論文（以下，「小早川論文」という）において，行政法学における行政行為概念の獲得が，私法学における契約概念および諸要素の《拒絶》と《摂取》の過程であることを素描された上で，契約と行政行為の関係に関して，次の認識を披瀝された[1]。

　　「実定法は，法律関係の規律を目的とする行政庁のいかなる行為についても，争訟手続上の通用力を認めることによってこれに行政行為たる性質を与えることができるはずである。このような選択可能性のもとでいずれを選択するかは，したがって，その行為が実体において統治権の発動であるかどうかというような，事物の本性によってではなく，その行為を行政行為とすることの利害得失を考慮しつつ立法または解釈によって人為的に決定されるべき問題である」
　　「ひとつの法律関係につき，契約による規律と行政行為による規律とが交錯するという状況が生じうる」

---

1) 小早川光郎「契約と行政行為」芦部信喜ほか編『岩波講座　基本法学4　契約』（岩波書店，1983年）125頁，127頁。

従前の学説においては，給付行政の領域について，「契約と処分との複合的な法律関係」[2]が成立しうることは既に学説が知るところであったが，小早川論文は，本来的行政行為と形式的行政行為の区別を排して，一つの法律関係につき，契約関係と行政行為との並存・交錯を肯定する考え方を提示され，ここに，「契約と行政行為とを，法律関係の設定・変更についての二つの方式として同一の平面で対置するという，従来の考え方の枠組み」[3]は放逐されることとなった[4]。

この問題提起がその後の学説に与えた影響は大きく[5]，上記論文が発表されて30年以上の歳月を閲した現在においても数多くの論攷[6]において言及されている。その影響は，大別すると以下の二つの方向に及んでいる。

一つは，契約関係と行政行為の並存関係を前提にした議論が著しい展開を見せていることである。交告尚史教授は，保育所利用関係を例にとり，保育所入所決定という点としての法行為と，保育所の利用という時間的広がりをもった法関係が区別されるとし，関係主体の組合せに対応した複合的な法関係が成立することを例証している[7]。また，亘理格教授は，「契約と行政行為の並存・交錯の場面を指摘することは，契約としても把握可能な法律関係の局面と，かかる契約的法律関係の形成・変動を規律する場面で特に争訟手続上の配慮から行政行為として構成された行為の局面とを，別次元の問題として把握する視点を提供する」と述べている[8]。事前手続から事後手続に至るまでの法制度が一通り整備された現在

---

2) 山田幸男「給付行政法の理論」雄川一郎＝高柳信一編『岩波講座 現代法4 現代の行政』（岩波書店，1966年）51頁。
3) 小早川・前出注1）129頁。
4) なお，小早川光郎「帰化不許可決定に対する取消訴訟の適否」判評169号（1973年）13頁も参照。
5) 交告尚史教授と亘理格教授が，上記小早川論文がその後の学説の理論的基礎を提供したことを，具体例を挙げつつ紹介している。交告尚史「演習 行政法」法学教室289号（2004年）160頁，亘理格「保育所利用関係における合意の拘束力」小林武＝見上崇洋＝安本典夫編『「民」による行政』（法律文化社，2005年）208頁。
6) 管見の限りであるが，比較的最近発表された論攷および判例評釈のみを挙げても以下のものがある。下井康史「期限付任用公務員の更新拒否をめぐる行政法上の理論的問題点」日本労働法学会誌110号（2007年）132頁，土田伸也「指定管理者制度における指定行為の処分性について」愛知県立大学外国語学部紀要40号（2008年）25頁，櫻井敬子「労働判例にみる公法論に関する一考察」日本労働研究雑誌637号（2013年）68頁，橋爪幸代「判批（山崎訴訟第一審判決）」季刊社会保障研究37巻1号（2001年）100頁，衣笠葉子「公立保育所の民営化」近畿大学法学55巻7号（2007年）141頁，今本啓介「判批（大山崎町府営水道料金訴訟）」会計と監査62巻2号（2011年）35頁等。
7) 交告・前出注5）161頁。
8) 亘理・前出注5）209-210頁。

においては，手続のあり方が行政の個々の行為形式を特色づける面があり[9]，事物（行為）の本質が結論を演繹する論理には与しないとする小早川先生の考え方はなお一層重要な意味を帯びつつある。

　もう一つは，契約と行政行為をカテゴリカルに区別すべきではないとする小早川論文において含意されていたことであるが，契約と行政行為の区別自体を問い，その相対化を志向する学説の展開が見られることである。碓井光明教授は，その著書の中で，申請に基づく行政行為の場面を例に挙げ，「外観上契約が登場していない場合であっても，一定の紛争場面においては，実体上の契約的側面に着目した処理が可能とされること」があり，事案によっては「行政行為か契約かを一刀両断で論ずること」が自明ではないという重要な問題提起を行っている[10]。申込に対して承諾がある（承諾されない）契約と，申請に対して許可・決定が行われる（行われない）行政行為（行政処分）の違いは，行政機関に判断を求める手続上の権利が法令上付与されているか否かという重要なメルクマールはあるものの，紙一重であるという場面は決して少なくない[11]。一見，相反する関係にある二つの概念は，対置されることによりその違いを際立たせることができる一方，時間の経過や文脈の相違は，各々の観察者の視座の変転を通じて，既存の概念間の相互浸透や区別の相対化をもたらすことがあることは否定できない[12]。小早川論文以降，連綿と続く学説の展開はそうした時代の所産である。

　このように，小早川論文は，契約と行政行為の関係をめぐる新旧学説の期を画するものであり，補助金交付関係，国公有財産の利用関係，公務員任用関係という古くから扱われてきた主題のみならず，保育所利用関係，指定管理者制度等の比較的新しい問題領域においても有用な分析道具を提供している。

　しかしながら，一般論として，学説がその置かれた環境に依存するとすれば，

---

[9]　大橋洋一「新世紀の行政法理論」同『都市空間制御の法理論』（有斐閣，2008年）340頁〔初出2001年〕。

[10]　碓井光明『行政契約精義』（信山社，2011年）511頁。同書において紹介されている東京地判平成21・5・27判タ1304号206頁のほか，契約関係の成立を前提に指定確認検査機関の損害賠償責任を認めた大阪高判平成26・4・22判例集未登載も参照。後者の判決の意義も含めて，参照，高橋滋『行政法』（弘文堂，2016年）136頁。

[11]　濱西隆男「『行政契約』私論（上）」自治研究77巻1号（2001年）79頁は，「行政契約でも，権力性のある場合は，行政事件訴訟法3条の『その他公権力の行使に当たる行為』として位置づけられるのではないか」という問題提起を行う。

[12]　現代行政法概念の特色の一つとしての，概念の相対化・浸透化現象については，塩野宏『行政法概念の諸相』（有斐閣，2011年）8頁，100頁〔初出2011年・2009年〕。

たとえ影響力のあるものといえども，時代的制約を免れない[13]。とりわけ，この間，法律先進国の多くは多かれ少なかれ，契約化の影響を被っている。市民・企業と行政の協調的行動がなお一層要請される時代にあって，今日の契約化は，契約が行政行為にとってかわることのみならず，両者が相互補完的な関係に立ち，契約が行政行為のみではなしえない，細部の条件を緻密化する手段として用いられることをも含んでいる。そうした実態に即して，契約と行政行為の並存・交錯状況を再考に付す作業には依然として重要な意義が残されていると思われる。

　本稿は，上記小早川論文に触発される形で，契約と行政行為の関係という古くて新しい問題の基層[14]を探るべく，「私法から解放された行政作用の領域への契約概念の浸透を比較的ひろく許容するかに見える」[15]フランスの行政契約法を素材として，その動向を素描し，翻って，日本法の議論に資する論点を明らかにする試みの一端である。そのアプローチは，行政契約の側から，契約と行政行為の関係を考察し，それにより行政行為（行政処分）の新たな像を浮かび上がらせることはできないかというものである。数ある視点のうちの一つとして，行政契約に関して豊富な理論的蓄積を有するフランス法を瞥見することにより，処分性概念（その拡張または純化の得失）やその判断基準をめぐって，学説・判例ともに錯綜した議論状況[16][17]にある日本法に対して多少なりとも有益な示唆が得られれば幸いである。

　本稿においては，まず，フランス法において両者が区別されうる概念であることを前提に置いて，両者の選択的関係（競合関係）と併用的関係（補完関係）という局面を扱い（Ⅰ），次に，両者が截然と区別されうる概念であるかについて懐疑的な立場から，両者の区別の意義を問うとともに，そうした区別が融解しつつ

---

[13]　もちろん，小早川先生が，時代を超えて通用する普遍的な議論を幾多も鏤めながらも，それと同時に，時代の変化に即応した動態的な議論をも展開されてきたことは今更言うまでもない。

[14]　契約と行政行為の関係について論じうるテーマや観点はさまざまであるが，例えば，外国法どうしの比較研究として，塩野宏「紹介　マルティン・ブリンガー『契約と行政行為』」同『行政過程とその統制』（有斐閣，1989 年）262 頁〔初出 1963 年〕，また，民法学からみた行政行為の特色として，河上正二＝大橋洋一「行政行為」宇賀克也＝大橋洋一＝高橋滋編『対話で学ぶ行政法』（有斐閣，2003 年）53 頁。

[15]　小早川・前出注1）117 頁。

[16]　念頭にあるのは，処分性を鷹揚な判断枠組みで肯定する最判平成 15・9・4 判時 1841 号 89 頁（労災就学援護費不支給決定事件）と，行政過程を分析的に考察し契約準備過程の行為の処分性を否定する最判平成 23・6・14 集民 237 号 21 頁（受託業者不選定通知処分事件）である。

[17]　処分性概念をめぐる諸学説の中における小早川説の位置づけについては，橋本博之『行政判例と仕組み解釈』（弘文堂，2009 年）80 頁において詳細な分析がなされている。

あることの証左と見られる現象を取り上げることにする（Ⅱ）。最後に，日本法の現況も視野に入れながら，こうした現象に対してどのような態度で応接すべきかについて若干の試論を提示する。

Ⅰ　選択と併用

　フランス行政法学の理論体系においては，行政の行為形式（actes de l'administration）として，議会の議決に由来する行政の意思が表現された一方的行為（acte unilatéral）と，二者ないし複数の意思の合致に基づく双方向的行為である契約（通常の契約と，特別の法制度に服する行政契約〔contrats administratifs〕を総称して行政の契約と呼ばれる）が区別されるのが通例である[18]。この二つの行為形式が，現在に至るまで，フランス行政法学における行政の行為形式の双璧をなしてきたことに大きな異論はないといえる。

　このうち，行政契約に関しては，19世紀半ば以降，まず，行政と私人の間で契約が用いられ（公土木契約，公役務の特許等），その後，20世紀初頭から前半にかけて判例法の蓄積を通じて行政契約理論，すなわち，行政契約に固有の法理が形成，確立されてきたことはよく知られている[19]。

　行政契約をめぐる論点は種々存在するが，本稿においては，（公法制度に服するところの）行政契約と一方的行為の関係に絞って考察する。契約と一方的行為の関係は，両者が相互排他的に用いられる場合と，相互補完的に用いられる場合がある。

　他方，本稿の対象は，行政と私人の間で締結される契約にとどまるものではない。フランス法においては，公法人間の契約も公法人・私人間の契約と同等の重みづ

---

[18]　Jean Waline, Droit administratif, 25ᵉ éd., Dalloz, 2014, p. 413; R. Chapus, Droit administratif general, T. 1, 15ᵉ éd., Montchrestien, 2001, p. 491; Pierre-Laurent Frier, Jacques Petit, Précis de droit administratif, 6ᵉ éd., Montchrestien, 2010, p. 277.

[19]　フランス行政契約法の先行研究として以下のものがある。山田幸男『行政法の展開と市民法』（有斐閣，1961年）187頁，神谷昭『フランス行政法の研究』（有斐閣，1970年）170頁，浜川清「行政契約」雄川＝高柳編・前出注2）149頁，阿部泰隆「行政契約」野田良之編『フランス判例百選』（有斐閣，1969年）55頁，浜川清「フランスにおける行政契約一般理論の成立(1)(2・完)」民商法雑誌69巻6号（1973年）982頁，70巻1号（1974年）43頁，滝沢正「フランス法における行政契約(1)～(5・完)」法学協会雑誌95巻4号（1978年）613頁，5号881頁，6号957頁，7号1152頁，9号1413頁，ジャン・マリィ・オービィ（近藤昭三訳）「フランス法における行政契約」日仏法学会編『日本とフランスの契約観』（有斐閣，1982年）91頁，三好充『フランス行政契約論』（成文堂，1995年）。上記以外の重要先行業績，とりわけ，比較的最近の研究成果については，本稿の主題と関連するもののみ該当箇所において言及する。

けをもって扱われており，近年では，国・地方間において両主体の権限調整手法として，一方的行為にかわって契約手法が多用されていることは注目に値する[20]。比較法的にみて早期に行政契約の一般理論の確立をみたフランスにとっての新たな契約化（contractualisation）の時代の到来は，1970年代以降の国・地方間の契約化と，1990年代以降の官公庁契約法制の整備と公私協働契約法典の制定に見られる契約化という二つのモメントによってもたらされているといえよう[21]。

以下では，フランス行政契約法に関して近年刊行された標準的概説書[22]とそれらの文献に挙げられている判例・立法から見えてきた契約と一方的行為の関係を，両者の間の《選択》と両者の《併用》という観点から整理する。

1 選　択

(1) 選択の基準　　契約と一方的行為がひとまず互いに排他的な関係にあることを前提に置くと，行政の側からすれば，どちらの手段を選択すべきかという問

---

20) より詳しくは，飯島淳子「フランスにおける地方自治の法理論(4)」国家学会雑誌119巻1＝2号（2006年）2頁を参照。

21) 2008年に公表されたコンセイユ・デタ報告書が各法分野において進展する契約をめぐる議論状況や法的環境変化を整理している。Conseil d'Etat, Rapport public 2008: jurisprudence et avis de 2007-Le contrat, mode d'action publique et de production de normes. この報告書を素材の一つにしながら，フランスにおける近時の契約化を官公庁契約（marchés publics），公役務委託契約（délégation de service public），公私協働契約（contrat de partenariat public-privé）を中心に包括的に論じるものとして，飯島淳子「契約化の公法学的考察(1)〜(3・完)」法学73巻6号（2009年）753頁，74巻4号（2010年）353頁，74巻5号527頁。官公庁契約については，國井義郎「フランスにおける官公庁契約の行政化」阪大法学53巻5号（2004年）1141頁，公役務委託契約については，亘理格「フランスのPFI的手法」会計検査研究25号（2002年）119頁，公私協働契約については，木村琢磨「フランスにおけるPFI型行政の動向」季刊行政管理研究110号（2005年）56頁が参考になる。

22) Laurent Richer, Droit des contrats administratifs, LGDJ, 9e éd., 2014; F. Lichère, Droit des contrats publics, Memento Dalloz, 2e éd., 2014; P. Yolka, Droit des contrats administratifs, LGDJ, Systèmes, 2013; C. Guettier, Droit des contrats administratifs, PUF, 3e éd., 2011; Les contrats administratifs, in Traité de droit administratifs, sous la direction de Pascale Gonod, Fabrice Melleray, Philippe Yolka. また，A. de Laubadère, P. Delvolvé, F. Moderne, Traité des contrats administratifs, T. 1, T. 2, LGDJ, 1983-1984 は，行政契約の理論体系を提示したローバデール（A. de Laubadère, Traité théorique et pratique de contrats administratifs, tomes T. 1, T. 2, T. 3, LGDJ, 1956. それ以前のジェズ，ルピェール，ペキニョ等がそれまでの膨大な判例を整理して体系立てられた行政契約論を提示した事績も看過されるべきではない）の亡き後，デルヴォルヴェとモデルヌによる改訂を経て出版されたものであり，現在でも通用する。また，行政契約を主題にした記念論文集の刊行も相次いでいる（Contrats publics: Mélanges en l'honneur du professeur Michel Guibal, T. 1, T. 2, LGDJ, 2006; À propos des contrats des personnes publiques: Mélanges en l'honneur du Professeur Laurent Richer, LGDJ, 2013）。

題に直面する。契約によることができる場合とはどのような場合か，逆に，一方的行為によらなければならない場合とはどのような場合か。いわば，両者の振り分けの基準が問題となる[23]。

この点について，行政機関は，一方的行為と契約のどちらかを自由に選択できるわけではなく，行政活動を規定した個々の法令に従うことになるのが原則である。

しかし，例外的に，契約によることが，行政権の行使を規定する基本原則のもとで除外される，つまり，法令より高次のレベルで契約によることが許されない場合がある。これまでの判例法を通じて確立された古典的命題として挙げられるのは，以下の三つである[24]。

第一に，行政機関以外の第三者に決定権限を委譲するための契約の締結は禁止される（規制権限の第三者への委譲など）。第二に，将来の決定に関する約束をすることは禁止される（公務員の任命，建築許可の付与，役務編成の変更など）。第三に，本来的に一方的行為によらなければならない場面において契約を用いることは禁止される[25]。

これらの命題について，かつての通説（1960年代頃の学説）は肯定的に受けとめていたと思われる。この時期を代表する学説として，ジャック・モーリウは，権限の公序としての性格と，契約の仕組みと警察介入に付与された目的（公序を維持すること）との間の不調和にかんがみて警察権限に関して契約の法技術を用いることは許されないとの立論を展開していた[26]。

しかし，これらの命題は，現在では契約化を一つの契機として大きく揺らいでいる。リシェールは，公序を目的としているとはいえども，そのことにより直ちに警察分野における契約の利用禁止が導かれるとは限らないとし，実際には，公序の目的は，この目的に向かって関係主体が協力する協定の禁止を導くことにはならないと論じている[27]。その上で，当該契約が無効になるのは，契約締結者

---

23) 例えば，不動産・動産の取得，公務員の任用，公物の占有許可，補助金交付等の場面でこの問題が認識される。補助金交付契約について，Quentin Epron, Les contrats de subvention, RDP, n. 1-2010, p. 63. 公務員任用契約の可能性について，Jean-Louis Autin, La contractualisation de l'acces à la function publique, Mélanges Guibal, T. 2, p. 129.

24) Richer, op. cit., p. 55.

25) CE 8 mars 1985, Association les Amis de la Terre, RFDA, 1985, p. 363; CE Sect. 23 juin 1995, Ministre de la culture et de la francophonie c. Association Défense Tuileries, CJEG, 1995, p. 376.

26) Jacques Moreau, l'interdiction faite à l'autorité de police d'utiliser une technique d'ordre contractuel, AJDA, 1965, p. 8.

が正当かつ適法な契約締結権限を有していないからであって，法令が契約を許容していればそれは可能となる余地があることを示している[28]。

そうすると，問題は，立法者が選択されるべき手段を予め定めていない場合である。立法者が沈黙している場合に，契約を締結する権限は排除されないと考えるか（換言すると，契約は法律にとってかわる〔donner lieu de loi〕ことができるか），それとも，行政が契約による場合には法律による具体的な授権を要すると考えるのか。これは一つの重要な論点として残される。

以下では，立法者が行政機関に対して契約締結権限を付与する具体的な授権法を見ていくことにする。

(2) 契約への授権　契約を締結することへの授権に関して，法分野によっては，法原則・法規範が一方的決定によることを要請しているかに見えるにもかかわらず，法律自体が契約によることを認めている例がある[29]。

一つ目の例は，租税契約（contrat fiscal）または租税協約（agrément fiscal）である。課税権限が本来的に契約に馴染まない性質の権限を含んでいるにもかかわらず，フランスにおいては，1948年以来，経済計画を実現するために租税減免措置を約束する国と，計画に定められた方向で投資活動を行う企業との間で「契約」が取り交わされる実務が見られる[30]。例えば，第5次経済計画（Le V Plan: 1966-1970）はこれを「契約」であるとしている一方[31]，こうした税制上の優遇措置に関する合意をどのような性格のものとして位置づけるかについて学説・判例は一致をみていない[32]。

二つ目の例は，警察分野における契約・協定である。従来，警察分野ないし公

---

27) Richer, op. cit., p. 55 は，これらの選択基準では，行政から交渉の道具を奪うことになることを危惧する。
28) Richer, op. cit., p. 56. 現在の学説状況につき，J. Petit, Nouvelles d'une antinomie: contrat et police, Mélanges en l'honneur de Jacques Moreau, Economica, 2003, p. 345; Luc Moreau, La contractualisation de l'exercice de la police administrative, Mélanges Guibal, T. 2, p. 171.
29) Richer, op. cit., pp. 56-58.
30) 租税契約と公法原理の緊張関係について，ポール・マリ・ゴドメ（小早川光郎訳）「経済計画実現のための税制上の誘導措置」自治研究58巻2号（1982年）7頁。租税契約とその背景にある交換的租税観について，木村琢麿『財政法理論の展開とその環境』（有斐閣，2004年）353頁参照。
31) Richer, op. cit., p. 56.
32) H. Jacquot, Le statut juridique des plans français, LGDJ, 1973, p. 191; M. Fleuriet, Les techniques de l'economie concertée, Sirey, 1974, p. 52; M. de Saint-Pulgent, Le droit français des agrément fiscaux, EDCE, 1989, n. 41, p. 185.

権力的作用においては契約の利用は認められないとするのが行政判例であった。しかし，警察分野でも，そのこと自体から，すべての契約が排除されることにはならない。すなわち，契約が警察権限の剝奪に至らない程度であれば，契約は許容されないわけではないとされている[33]。「山岳の発展と保護に関する1985年1月9日法律の適用に関する1987年9月22日の内務省通達」は，救助役務の費用負担を定めた同法律97条について，市町村が山岳での救助編成の義務を有している場合であっても，スキー事故者の移送を受任者に委ねること（民間委託）を禁ずるものではないとしている[34]。

　三つ目の例は，権限配分と調整にかかわる契約・協定である。近年の動向として注目されるのは，国と地方公共団体のそれぞれの権限行使が法律が要請する限りにおいて協定の対象となりうることである。憲法院は，そのような種類の協定締結の合憲性を承認している。憲法院1983年7月19日判決[35]は，「憲法的価値を有するいかなる原則・規範も，一方で国の，他方で地方公共団体の行政活動について，憲法と法律に従って割り当てられた権限の行使に関する協定がそれぞれの行政活動の調整を対象とすることに反対するものではない」と判示して，それが権限の調整を目的とする限りにおいて，国と地方公共団体の間の協定締結の合憲性を認めている[36]。そして，このような公法人間において両者の権限を調整するために締結される契約・協定の例はとみに増加傾向にある[37]。

---

33) Richer, op. cit., p. 57. この点に関連して，モーリス・オーリウが，20世紀初頭のコンセイユ・デタ判決の評釈において一定の任務を私人に委ねる可能性を示唆していたことはつとに指摘される。オーリウの指摘の先見性および現代に通じる議論の広がりについては，木村琢麿『ガバナンスの法理論』（勁草書房，2008年）225頁を参照。しかし，その後の行政契約論の著しい進展を現在から振り返ると，オーリウにはその考究を深めるだけの十分な時間は残されていなかった（参照，橋本博之『行政判例と行政法学』〔有斐閣，1998年〕122頁）。
34) その他の例として，Richer, op. cit., p. 57 では，航空法L 213-3条が挙げられているほか，公法人間の協定として，自治体警察に関する1999年4月15日法律を受けた地方公共団体一般法典L 2212-6条と国内治安法典L 512-4条がある。
35) CC 19 juill. 1983, Convention fiscal avec la Nouvelle-Calédonie, AJDA, 1984, p. 28.
36) ただし，法律は権限の定め方自体を協定に委ねることはできないとするのが裁判例である。CC 26 janv. 1995, loi d'orientation pour l'aménagement du territoire, Rec., p. 183. 憲法院1983年判決と同1995年判決の事案の概要とその意義については，飯島・前出注20）19頁以下が詳しく論じている。
37) 地方公共団体の自由と責任に関する2004年8月13日法律，グラン・パリに関する2010年6月3日法律，大都市の地域公共活動の現代化に関する2014年1月27日法律。とりわけ，2010年法律は，公共交通網の建設を目的とした国と地方公共団体および広域行政組織との間で締結される地域開発契約（contrats de development territorial: CDT）を定めているが，これが将来の決定に関する協約（pactes sur decisions futures）の締結を承認していることから，前掲の命題

以上，概観してきた範囲においては，前掲の諸命題は，立法とそれを承認する判例の両方向から相当程度浸食を受けており，大きな修正を余儀なくされていることが窺える。その結果，その性質上当然に契約が禁止される領域は限定的であるというのがフランス法の現況である。

2 併　用

契約と一方的行為は，相互補完的に用いられる場合がある。契約と一方的行為が《併用》される場合として，次の二つの場合がある。一つは，同一の執行作用（opération）[38]の中において契約と一方的行為が併用される場合であり，もう一つは，同一の行為（acte）の中で契約と一方的行為が併用される場合である[39]。

(1) 同一の執行作用の中における契約と一方的行為の並存　　法令が，行政における一つの活動の中での契約と一方的決定の結合を規定する場合がある。

まず，行政機関がある一定の条件のもとで一方的決定を行うことを約する契約の締結は認められないが[40]，他方で，承認・許可決定が協定の締結に依存する，すなわち，協定の締結を条件とする許可システムを法律により設定することは排除されない[41]。そうした仕組みの利点は，個別具体的な状況に即して被許可権者の義務内容を詳細化していくことにある。

例えば，地方分権化に関する1982年3月2日法律[42]とその適用に関するデクレは，財政支援の決定を，地方公共団体と企業の間の協定の締結と結びつけている。支援の決定自体は一方的決定によりなされ，支援の条件は協定において定められる。協定が締結されなければ，当該支援は違法となり，協定が遵守されなけ

との関係では疑義が生じる。E. Fatôme, Droit de l'urbanisme et contrat, Mélanges Richer, p. 97 は，将来の決定に関する協約とは，将来の適法な権限行使を契約によって確約することであり，本来法的拘束力は認められないが，公法人間で締結される限りにおいてそれは可能であるとしてその射程を限定している。

38) 執行作用について，J. リヴェロ（兼子仁＝磯部力＝小早川光郎編訳）『フランス行政法』（東京大学出版会，1982年）95頁は，決定（décision）の方法と並んで，作業（opération 事実作用）の方法と呼んでいる。同概念の多義性について，橋本博之『行政訴訟改革』（弘文堂，2001年）119頁参照。

39) この二区分および以下の記述は，Richer, op. cit., p. 58 以下を参考にしている。

40) ここから，例えば，建築許可や区画分割の承認を予定する協定は準備的手段にすぎないと解される。Richer, op. cit., p. 58.

41) 前出の租税契約がその例である。

42) Le loi du 2 mars 1982 relative aux droits et libertés des communes, des départements et de regions.

れば，当該支援は廃止される。財政措置が協定締結の誘因になっている例である。
　また，1986年9月30日法律に基づいて，ラジオ・テレビ放送の周波数割当ての承認を，国（視聴覚情報通信評議会〔le Conseil supérieur de l'audiovisuel: CSA〕が代表者となる）と権利者の間の協定の締結にかからしめている例が存在した。この協定は，役務に適用される原則・規準を定め，視聴覚情報通信評議会に対して法律によって既に付与されている権限に加えて，新たに制裁権限を付与することを目的とするものである。
　同一の執行作用の中における契約と一方的行為の並存について，リシェールは，契約と一方的決定の結合がもたらす帰結が，その契約的性格を失わせるものかどうかについては判断を留保しつつ，この二つの行為の結合はさほど問題を生じさせることなく，むしろ行政活動の観点からは有用であるとの評価を下している[43]。
　(2)　同一の行為の中における契約と一方的行為の並存　　上で見てきたのは，同一の執行作用の中における契約と一方的行為の並存である。これに対して，同一の行為の中における契約と一方的行為の並存がある。これには，（やや抽象的な表現になるが）一方的行為が契約に対して外在的にかかわっている場合と，一方的行為が契約の中に内在している場合がある。
　前者について，一方的行為を行う権限は，契約の締結から執行に至る過程に及んでいる。まず，契約の締結段階においては，契約を締結する有効な権限と，最終的に契約に同意・承認を与える権限に由来する一方的行為が介在する。他方，契約の執行段階においては，行政は一方的行為を発する権限を有する（制裁〔sanctions〕，変更〔modifications〕，財政決定〔décisions finarcières〕など）。これらの権限行使は，訴訟の観点に即していうと，一方的行政行為が服する制度とは異なる制度に服することになる。
　後者について，一方的行為は，契約の条項と効果に及んでいる。例えば，契約の中には，命令的条項を含んでいるものや，命令的効果を含んでいるものがある[44]。その代表例が，公役務の特許（la concession de service public）である。フ

---

43) Richer, op. cit., p. 59.
44)　法秩序を変更する要因の一つである行政の法行為を，規範定立行為（acte-règle），条件行為（acte-condition），主観的行為（acte-subjectif）の三つに区分していたデュギーにとって，規範定立行為と条件行為は客観的法状態（situation objective）を作出するものであり，主観的行為，すなわち契約のみが主観的法状態（situation subjective）を作出する行為である。これに従えば，契約は本来，命令的条項・効果を含むものではない。デュギーの法の基礎理論の裁判行為への投

ランス行政法学上，公役務の特許（現在では公役務委託と呼ばれるものの一つである）の法的性格をめぐる議論の変遷が，行政契約に関する豊穣な議論を提供してきたといっても過言ではない[45]。

公役務に関しては，その利用者との関係における法的性格と特許自体の法的性格とを区別して論じる必要がある。

公役務の利用者に関しては，多くの場合，契約的状況に置かれている[46]。行政的公役務と商工業的公役務という伝統的区分に従うと，行政的公役務の利用者の場合と商工業的公役務の利用者の場合とでは異なる取扱いを受ける。行政的公役務の利用者は，適法かつ命令的状況にある[47]。公役務の利益は，公権力に服することを意味することから，公権力の存在により，役務の作動条件の変更や役務の廃止の可能性が認められる。換言すると，契約を締結することによって利用者の置かれている状況に変更が生じることはない[48]。他方，商工業的公役務の利用者は契約の名宛人である[49]。したがって，多くの利用者の置かれている状況が「契約的」であるのはもちろんのこと，それにとどまらず，それは私法に属する事柄である[50]。

影については，村上裕章『行政訴訟の基礎理論』（有斐閣，2007年）119頁〔初出1989年〕，仲野武志『公権力の行使概念の研究』（有斐閣，2007年）157頁，山本隆司「客観法と主観的権利」『岩波講座　現代法の動態1　法の生成／創設』（岩波書店，2014年）32頁。

45) 公役務の特許については，これまでにも多くの先行研究において紹介されており，本稿において新たに付け加えるべき点は乏しい。参考文献として，注19) に挙げた文献の各関連箇所参照のほか，原田尚彦「国の企業規制と特許企業(1)」立教法学7号（1965年）71頁，三好充「フランス法における公役務の特許の法的性格(1)(2)(3・完)」国士舘法学28号（1996年）223頁，29号（1997年）139頁，30号（1998年）99頁。また，公役務の特許理論に権威的手法と契約的手法の近接を見出す，亘理格「行政上の命令・強制・指導」岩村正彦ほか編『岩波講座　現代の法4　政策と法』（岩波書店，1998年）268頁以下の指摘が示唆に富む。

46) これに対して，デュギーは，公役務の利用者は契約的状況には置かれていないとの立場をとっていた。彼は，オーリウの記念論文集に収められた論攷において，「役務の官吏と同様に，公役務の利用者は契約的ではない状況に置かれている。それは純粋かつ排他的に適法であり，私はそれを客観的と呼ぶ」と述べている。L. Duguit, De la situation juridique du particulier faisant usage d'un service public, Mélanges Maurice Hauriou, Sirey, 1929, p. 258.

47) 例えば，公教育の学生，病院の患者，大学学生寮の利用者，公道の利用者である。Richer, op. cti., p. 61.

48) CE Sect. Avis 28 juill. 1995, Kilou, Dr. adm., 1995, n. 613; CE 20 mars 2000 Mayer et Richer, AJDA, 2000, p. 756.

49) 例えば，水道・ガス・電気の利用加入者，市町村における交通の利用者である。なお，行政的公役務の中でも，判例法上，例外的に「契約的」と判断される場合がある（低家賃住宅の賃借人，自治体信用金庫の顧客）。Richer, op. cit..

50) Richer, op. cit. によると，デュギーの所説の今日的意義は，利用者の締結する「契約」が

他方，公役務の特許に関しては，それは公役務の管理を私法人に委託することを目的とするものであることから⁵¹⁾，私法人によって管理されても，その活動はやはり公役務のままであり，公共団体は，たとえ公役務の編成の原則・規範が契約によって定められるとしても，この役務を編成する権限を放棄することは許されない。特許における役務の編成に関する規定は合意により定められた，いわば命令的性格を有するものである⁵²⁾。命令的条項に関するこの考え方は，比較的早い時期から判例法の承認するところとなっていた。それゆえに，特許に限らず，公役務の実施を委託するすべての契約は命令的条項を含むことができるとされている⁵³⁾。現在では，契約と規範定立行為の中間的存在ともいえる「混合行為」（acte mixte）の理論が広く受け入れられており⁵⁴⁾，それに従えば，その効果は命令的性格を有しているものの，当該行為の性格は依然として「契約的」であるとされる（この問題について，コンセイユ・デタの判例がどのような態度で応接しているかについては，両者の区別の「融解」の問題として後で取り扱うことにする）。しかし，混合行為の理論は，必ずしもフランス実定法の採用するところとはなっていない⁵⁵⁾。

なお，法律が明確な形で契約的性格または命令的性格といった法的性格を規定している場合を除くと，裁判官が当該行為の性質決定を行うに際して主導的役割を担っていることを指摘しておく必要がある⁵⁶⁾。一例として，チュイルリー公

少々特殊なものであるとの反論を提出するところにあり，具体的には，一つは，私法の契約でありながら，その中身は大部分役務の規則・命令に依存していること，もう一つは，当該契約が行政契約である場合において，それが適法かつ命令的性格の実質を有した契約として性質決定されてきたということの二点を挙げている。

51) Richer, op. cit., p. 465 et s..
52) そこで，デュギーが提出したのが，契約的条項と命令的条項の双方を含む「複合的行為」（acte complexe）の理論である。Traité de droit constitutionnel, 3e éd., 1927, p. 420 et s. これが後に混合行為の理論となり今日広く通用する考え方である。デュギーの複合的性格への着目に立脚した議論が受容されていく過程については，三好・前出注45）(2)152頁以下が詳しい。
53) CE 14 janv. 1998, Syndicat départemental Interco 35 C. F. D. T., AJDA, 1999, p. 164.
54) 代表的著作として，Y. Madiot, Aux frontièrs du contrats et de l'acte administrative unilatéral: recherches sur la notion d'acte mixte en droit public français, LGDJ, 1971. 混合行為とは「一ないし複数の私法人と行政との間で承認される行為であり，融合や並置により，契約的要素と命令的（規範定立的）要素とを結びつける行為」(p. 243) と定義され，公役務の特許等がこれに該当するとしている。
55) その帰結として，例えば，公役務の利用者が，特許権者の監督機関の行為に対して越権訴訟を提起する場合において，役務の編成と作動に関する特許契約の条件，とりわけ条件明細書の命令的性格を主張しても，それのみをもって越権訴訟の対象たらしめることはできないことになる。
56) Richer, op. cit., p. 63 et s..

698

園の占有許可の条件を定めるために国とグラン・ルーヴル公施設法人の間で締結された「条件明細書」（Cahier des charges）が命令的行為であるとした有名な裁判例がある[57]。公役務の特許においては「合意」と「条件明細書」という二つの文書が一体不可分のものとして存在するが，裁判官による性質決定は，義務を設定する際の一方的意思の存在を重視している。コンセイユ・デタが，私立病院と州病院庁（Agence régionale d'hospitalisation: ARH）の間で締結された契約に関して，「それらの効果とそれが決定される条件を考慮して」当該契約は州病院庁の「決定」であると表現している点は，こうした契約が裁判官によって命令的性格を帯びると判断されうることを示している[58]。

また，価格（prix）に関する立法においては，大臣アレテ（arrêtés ministériels）が，職能団体やその加入者との取引価格に関する合意と引き換えに価格規制を解除することがある。こうした合意は，企業に価格決定上の便宜を与えるにもかかわらず，これまで契約であると性質決定されたことはなく，当該仕組みは，判例によって行政機関による認可（agrément ministériel）であると判断されてきた[59]。さらに，社会保障分野においては，行政機関と分析実験室の代表機関との間で締結される協定に対する越権訴訟の受理可能性を認めた裁判例[60]や，国が全国雇用基金の特別割当ての再評価の条件を一方的に変更することができるとした裁判例[61]があるが，これらは，この種類の協定の命令的性格が承認されたことを意味している。

II 区別と融解

前節においては，契約と一方的行為の概念が区別できることを前提に置いて，

---

57) CE Sect. 23 juin 1995, Ministre de la culture et de la francophonie c. Association Défense Tuileries, CJEG, 1995, p. 376.
58) CE 21 déc. 2007, Clinique Saint-Roch, AJDA, 2008, p. 1893.
59) 価格に関する合意はアレテによって承認され，命令的性格を有すると判断された事例として，CE 2 mars 1973, Syndicat national de commerce en gros des équipments, pieces pour véhicules et outillages, AJDA, 1973, p. 323; CE 4 juill. 1975, Syndicat national du commerce de la chaussure, Rec., p. 404; CE 4 mars 1991, District de l'agglomération Belfortaise, Rec., p. 651. 文献として，J. Dutheil de la Rochère, Le régime conventionnel des prix, AJDA, 1967, p. 579; D. Linotte, L'évolution récente du régime administrative des prix, RDP, 1979, p. 1425.
60) CE 10 juin 1994, Confédération française des syndicats de biologists, RFDA, 1995, p. 645.
61) CE 1er mars 1991, Pabion, RDSS, 1992-201. 同判例は，国と雇用者との間の連帯契約によって決定される退職の条件について，労働法典の規定を根拠に，最終的には命令的手法により決定されるものであると判示している。

両者の選択的関係と並存的関係を中心に議論を進めてきた。

本節においては，そもそもこの区別が妥当なものかという前提を問うべく，まず，両者の区別の意義と限界について論じ，次に，両者の区別が相対化しつつある（あるいはその境界が融解しつつある）ことを，両者の近接化と新たな行為類型の可能性という観点から考察する。

1 区　　別

(1) **区別をすることの意義**　契約と一方的行為の区別は，一面において，きわめて単純である。法的効果に着目すると，契約は，当事者相互の合意（mutuus consensus）に基づいて当事者のみの相互関係を規定するという意味で《相対的効果》（effet relatif）を有し，他方，（規範定立行為を含む）一方的行為は，その発出により第三者に権利を与え義務を課すことを通じてすべての主体に効果が及びうるという意味において《絶対的効果》（effet erga omnes）を有する[62]。

しかし，他面において，両者の区別はより複雑な様相を呈している[63]。実際，契約に類似するすべての行為が必然的に契約になることはなく，他方，一方的行為に類似するすべての行為が必然的に一方的行為になることも確たるものとはいえない。それにもかかわらず，両者を区別する意義を整理すると，次の三点に集約される[64]。

第一に，行政が選択すべき手段として，立法者がどちらかを選択しなければならないと定めている場合にはやはり両者を区別する実益がある。前述のとおり，行政機関に与えられた権限として，一方的行為と契約の間の選択は常に自由ではなく，法的環境によって方向づけられる。契約自由の原則は行政機関も享受しうるが[65]，行政は常にその活動に自らが望む法形式を採用する自由を有しているわけではない。例えば，一定の領域において立法者が規則・命令の発出の義務を課しており，契約手続によることが禁止されている場合においては[66]，行政機

[62) 一方的行為の特質をめぐる古典的諸学説については，C. Eisenmann, Cours de droit administrative, LGDJ, T. 2, 1983, p. 389 et s..
63) この問題に関しては，S. Flogaïtis, Contract et acte administrative unilatéral, Mélanges Braibant, Dalloz, 1996, p. 229.
64) Guettier, op. cit., p. 65 et s..
65) Guettier, op. cit., p. 142.
66) 前出注25）のCE 8 mars 1985, Association Les Amis de la Terre, RFDA, 1985, p. 363 は，特定危険施設に対して課された汚染物質の扱いに関する条件に関して，環境保護を目的とした特

関は，種々の活動を実現するために，命令的性格を有する一方的行為という手段によってのみ行動する[67]。他方，立法者が行政に対して契約の締結を課している場合には契約手続によることが要請される[68]。

第二に，法的効果の観点からみた場合にそれぞれの効果が異なるときには，一方的行為と契約を区別することには理論的意義が認められる。契約は当事者を結びつけ，彼らの間の法のかわりとなる（民法典1134条参照）。その結果，裁判官は契約の内容に拘束され当事者の共通の意思にしたがってそれを解釈しなければならない。また，契約はそれを締結した当事者の間においてのみ有効であり，特別の場合を除いて第三者とかかわりを有することはない。さらに，契約は，契約の当事者の一方が一方的にそれを変更することを原則的に許容しないという意味において不可侵性を有する[69]。

第三に，それぞれに適用される訴訟制度が異なるとすれば，一方的行為と契約を区別することは必要であるとさえいえる。その結果，例えば，契約を直接の攻撃対象とする越権訴訟は受理されない[70]。また，裁判官は契約内容の執行や実現に関する決定を取り消す権限を有しておらず，裁判官に与えられているのは損害や利益を認定する権限のみである。

しかし，実際には，訴訟の場面において，契約の法形式をとる行為が行政の一方的行為と同視される例が少なくない[71]。

一つの例は，国と医療保険組織との間で締結される「協定」である。これは，一般利益の集合形式のもとに州病院庁を設立することを目的とした協定である。いわゆる「ジュペ改革」により1996年の病院改革に関するオルドナンスによって新設された州病院庁はそれぞれの地域において医療政策を定め実施することをその任務とするものである（公衆衛生法典L 6115-2条）。これは，公役務編成の命

定危険施設の警察目的を充足するための協定を無効であると判示している。
[67] 警察分野における契約手法の利用の可否については，Guettier, op. cit., p. 203 および本稿 I 1 (1)を参照。
[68] 例は多くないと思われるが，公衆衛生法典L1142-2条が定める保険契約（contrats d'assurance）がある。
[69] 行政上の契約では，一般利益のための一方的変更権の行使が認められるが，それは個々の状況に即して行使される。Guettier, op. cit., p. 542 et s..
[70] J. Gourdou et Ph. Terneyre, Pour une clarification du contentieux de la légalité en matière contractuelle, CJEG, 1999, p. 249.
[71] Guettier, op. cit., p. 62 et s..

令的条項のみを含んでいる72)。しかし,この協定は一方的行為としての性格ではなく,公役務の編成に関する協定の性格を有するものとされ,法律自体もこの「協定」という用語によってその性格を指し示している。それにもかかわらず,この「協定」は越権訴訟の対象になるとされている。コンセイユ・デタ1998年1月14日判決73)は,当該協定があたかも命令的性格を有するかのごとく,この協定中の条項を対象とする越権訴訟を受理可能であると判示している。ここでは,「協定」であることは意味をなさないのであり,協議ないしは合意に基づく一方的行為が取り上げられているにすぎない。その結果,当該協定は命令的権限の行使に由来するであろう一方的行為の効果を有することになる74)。

もう一つの例は,行政の契約職員(agents contractuels de l'administration)の場合である。行政の契約職員の地位は多くの場合,法令に基づくものであり,裁判官は一方的行為に見られる解決法を採用契約にも拡張している。実際,契約職員は,命令的かつ行政によって変更可能な一方的手段が規定された法令によって規律されている。契約的性格は,法令の規定を補足する特別の取決めを行う場合にあらわれてくるにすぎない。これについても,越権訴訟の途が開かれている。コンセイユ・デタ1998年10月30日判決75)(リズュ判決)は,市による契約職員採用の有効性が争われた事案において,市が締結した職員採用契約について,市議会議員による取消の訴えを受理してこれを取り消したものである。すなわち,コンセイユ・デタは,市町村が締結する職員任用契約について,訴えの利益を持つ者が直接その取消を求める余地を認めたということができるであろう。

以上の例のように,たとえ,区別をすることの種々の実益が,二つの行為のカ

---

72) この分野は伝統的に判例法により一方的行為に留保されてきた領域である。CE 11 janv. 1961, Barbaro et de La Marnière, Leb., p. 25; CE Sect. 23 févr. 1968, Picard, AJDA, 1968, p. 457; CE Sect. 18 mars 1977, Chambre de commerce de La Rochelle, Leb., p. 153.

73) 前出注53)のCE 14 janv. 1998, Syndicat départemental Interco 35 C. F. D. T., AJDA, 1999, p. 164.

74) 2003年オルドナンスを踏まえた近年の状況変化については,Benoît Apollis, L'evolution récente des contrats publics dans le domaine hospitalier: A propos de l'ordonnance n. 2003-850 du 4 septembre 2003, Mélanges Guibal, T. 2, p. 11; Rémi Pellet, Les convention médicales, contrats de droit public paradoxaux, Mélanges Guibal, T. 2, p. 87.

75) CE Sect. 30 oct. 1998, Ville de Lisieux, RFDA, 1999, p. 128. このリズュ判決の概要と意義については,橋本・前出注38)101頁以下が詳しい。橋本教授は,同判決を含めた1990年代後半に入ってからの行政判例法の動向を,地方分権改革法による適法性統制訴訟の創設と併せて,契約訴訟をめぐる全面審判訴訟と越権訴訟の並存のあり方そのものの変容というより広い視野のもとでこの問題を論じる。

テゴリーを区別することの意義を正当化するとしても，少なくとも，判例は問題となっている契約・協定，ひいてはその背後にある行政活動の性格を具体的状況に即して判断していることが見て取れる。

(2) 区別をすることの限界　繰り返しになるが，契約と一方的行為の区別の原則はその法的効果に照らせば単純なものである[76]。例えば，当該行為が，第三者を含むことを規定することを目的とする場合，それは一方的である。他方，当該行為が，その関係者の間の関係を規定することを目的としている場合，それは契約的である。しかしながら，この原則はその具体的適用場面において，より複雑な問題を含んでいる[77]。

一つ目の例は，いわゆる不真正契約の場合である。契約的手段の範囲の拡張は法的効力の毀損とその規律密度の低下と裏腹の関係にある。かつての計画契約（現在はEUの政策と連動したプロジェクト契約と呼ばれている）は真に契約的性格を有することが認められている。コンセイユ・デタ1988年1月8日判決（計画国土整備担当大臣対ストラスブール広域都市圏事件判決）[78]は，国と地方公共団体の間で締結される契約の代表例たる計画契約について，真の契約たる性格（法的義務を生じさせる意思の合致であること）を認めている。その一方で，コンセイユ・デタは，一方的行為の中に，その策定手続は契約に近似するもののその実質は契約的ではない行為を新たに性格づけようとする試みをも提示している[79]。典型的契約（les contrats-types），交渉行為（les actes négociés. 公務員の給与に関する協定書〔protocoles d'accord〕，医療関係の職能団体との価格に関する協定書），視聴覚情報通信評議会と各部門の担当者との間の協定も同様である。そのような行為は理論上は一方的行為として扱われる[80]。

---

76)　Yolka, op. cit., p. 42.
77)　Yolka, op. cit., p. 42 et s..
78)　CE Ass. 8 janv. 1988, Ministre chargé du plan et de l'aménagement du territoire c/Communauté urbaine de Strasbourg, RFDA, 1988, p. 25. 本判決の事案の詳細については，飯島・前出注20) 22頁，木原佳奈子「計画契約と越権訴訟」九州大学法政研究57巻1号（1990年）99頁参照。
79)　CE 3 mai 2004, Société Les Laboratoires Servier の判例評釈である P. Brunet, Le conflit des qualifications: le cas des actes réglementaires «en forme de conventions», RDC, 2005, p. 434 を参照。
80)　Yolka, op. cit., p. 43. 例えば，最近の例では，農村法典 R 311-1 以下の旧規定の適用によって締結される「持続的農業契約」（contrats d'agriculture durable. 2003年7月22日デクレ675号。現在は廃止され替わりに持続的発展プログラム〔programmation du development durable〕が実施されている）について，コンセイユ・デタは，権利を創設する一方的行為と同視している。

次に，契約と一方的行為の区別を困難にしていると考えられる状況は，前出の講学上の概念である混合行為の存在である[81]。もっともよく知られている例は，前出の公役務の特許である。これは役務の編成と作用に関する命令的規定を含んでいる。条件明細書に認められる一方的性格は訴訟の対象として取り上げられ，第三者はそれを援用して越権訴訟を提起することが可能である[82]。

ところで，一方的行為と契約の区別が重要であるとしても，その法的効果の差異は誇張されるべきではないという考え方も一方において存在する[83]。例えば，行政の行為をどのように扱うかは実は多くの点でその法形式とは無関係であり，むしろ重視されるのはそれにかかわる人的関係である，という見方も成り立ちうるはずである。契約が人的関係を考慮して（intuitu personae）締結されるなら，一方的承認は請求者の人的要素を考慮して与えられる。権利譲渡の条件に関しては，契約方式をとっても一方的承認の方式をとっても行政の承認を要することに変わりはないのであり，両者の間に大きな相違点を見出すことはできない。それらに加えて，制度の統一化・標準化による影響も指摘されるところである。すなわち，フランス法は，現在，二つの方向から影響を受けている。一つは，EU法との関係であり，もう一つは，国内法の問題である。まず，EU法は行為の形式とは無関係である。フランス法における一方的行為がEU法においてはコンセッションを構成すると解される場合がある[84]。その点において，両法の間で解釈の齟齬が生じている。他方，国内法における制度の統一化としては，公物の占有権（titres d'occupation du domaine public）に関するものがある[85]。公有財産法典（Code général de la propriété des personnes publiques: CGPPP）R 2125-5 条は，公物の占有許可を与えられた権利者は，その権利が，その法形式・行為形式を問うことなく，公益を理由に廃止されたり解除される場合には補償を要求できることを規

CE 26 juill. 2011, EARL Le Pâtis Maillet, BJCP, 2012, p. 41. 持続的農業契約について，M. Degoffe, Le contrats d'agriculture durable, Mélanges Richer, p. 67.
81) Yolka, op. cit., p. 43 は，これを「法的両性具有性」(hermaphrodites juridiques) と呼んでいる。
82) Guettier, op. cit., p. 572 et s.. また，命令的内容・効果を有する契約・協定については，本稿Ⅰ2(2)およびⅡ1(1)を参照。
83) Yolka, op. cit., p. 44.
84) Yolka, op. cit. CJCE 13 oct. 2005, Parking Brixen GmbH c. Gemeinde Brixen, Stadtwerke Brixen AG, Rec. CJCE, 205, 1, p. 8585.
85) C. Mamontoff, Le rapprochement des régimes de l'autorisation et du contrat d'occupation du domaine public, Mélanges Guibal, T. 1, p. 517.

定している。これは、行政的権利の資産化（patrimonialisation）という現代的事象の帰結であるとされている[86]。このことも契約と一方的行為という二つのカテゴリーに大きな影響を与える要因となる可能性がある。

2 融　解

　行政の契約手続に関しては、それが真の契約の締結であるのか否かということが問題になることが多い。契約と一方的行為の区別の不確実性は、その近接性に起因することもあれば、契約でも一方的行為でもない新たな行為類型の出現に由来する場合もある。以下、検討を加える。

　(1) 契約と一方的行為の近接　　契約と一方的行為の近接は、次の三つの場面で見られる[87]。

　第一に、一方的行為が契約の周囲をとり囲んでいる場合である。契約の締結段階においては、契約を締結する権限を有する機関、あるいは、契約締結を承認する責任を負う機関がかかわる「分離しうる行為」（actes détachables）がある。いわゆる「分離しうる行為の理論」[88]は、入札関係や議会による議決関係において、契約締結過程上の諸行為の中から、越権訴訟の対象となる行為を「分離」し、同訴訟の対象となる領域を拡大すべく、20世紀初頭の行政判例法の中から紡ぎ出されてきた法理である。また、これとは別に、契約の執行段階においては、行政は一方的行為を発する権限を有する（制裁、一方的変更権等）。

　第二に、一方的行為が契約の条項にかかわっている場合である。公役務の特許と、それと一体をなす条件明細書においては、条項しだいでは命令的性格を有していると判断される場合がある。条件明細書は、特許権者（concessionnaire）がその任務を遂行する際の条件、使用料の価額、利用者との関係の態様を定める。そのような状況において、一方では、命令的性格を有する条項は、利用者の利益を考慮して権限を有する機関によって変更されることがあり、他方で、この命令的

---

[86] 行政法研究雑誌に掲載された最近の特集記事として、Dossier, La patrimonialité des actes administratifs, RFDA, n. 1, 2009.

[87] Guettier, op. cit., p. 64 et s..

[88] 分離しうる行為の理論の史的展開については、亘理格「行政による契約と行政決定(1)(2)(3・完)」法学47巻2号（1983年）205頁、3号353頁、48巻2号（1984年）249頁が詳しい。現在の学説状況については、Laetitia Janicot, Réflexions sur la théorie de l'acte detachable dans le contentieux contractuel, RDP, n. 2-2011, p. 347; Gilles Darcy, Variations sur l'acte détachable du contrat, Mélanges Guibal, T. 1, 2006, p. 503.

条項は，一方的行為の訴訟制度に服する。とりわけ，コンセイユ・デタの判決を契機として，私人による越権訴訟提起の途が開かれているという事実は一層重要な重みをもって受けとめられている。コンセイユ・デタ 1996 年 7 月 10 日判決（カイジル判決）[89]は，ごみ除去の役務の特許契約の命令的条項に向けられた越権訴訟の受理可能性を認めている[90]。これは，当該条項の契約的性格の変容を意味するものではないと理解されているが，この問題は，むしろ，行為や条項の性質論ではなく，訴訟手続（越権訴訟と完全審判訴訟）の変容という文脈の中で理解される必要がある[91]。

第三に，一方的行為が契約の効果に及んでいる場合にも目が向けられる。契約文書しだいでは，特許契約における条件明細書と同様に，命令的効果を生じさせることがある。公役務の利用者は，特許権者に対する監督権限の行使に対する越権訴訟の根拠として[92]，あるいは，特許権者に対する契約訴訟の際に契約文書中の命令的効果を援用することができる。この場合，条件明細書は契約的性格を保持しており，それ自体は越権訴訟の対象にならない[93]。

要約すると，次のとおりである。行政契約は当事者にのみ効力を有するのが原則である。しかし，ある種の行政契約は第三者に対して効力を有する。このこと

---

89) CE Ass., 10 juill. 1996, Cayzeele, AJDA, 1996, p.732. カイジル判決については，橋本・前出注 38）103 頁，亘理格「フランス法における公私協働」岡村周一＝人見剛編『世界の公私協働』（日本評論社，2012 年）237-238 頁。橋本・前掲書 103 頁によると，伝統的判例法は，行政立法条項に違反した措置について，契約外の第三者または役務の利用者が越権訴訟を提起して違法性を争うことを認めてきたが，カイジル判決に至って，行政立法的条項を直接越権訴訟の対象とする判例法を展開したことになるとしている。

90) カイジル判決の今日的意義について，Jean-Louis Mestre, Une justification historique de l'arrêt Cayzeele, Mélanges Guibal, T. 1, p. 545.

91) 越権訴訟の変容については，興津征雄『違法是正と判決効』（弘文堂，2010 年）188 頁が参考になる。なお，1995 年法律による行政訴訟改革について，小早川光郎「フランス行政訴訟における"指令"について」北村一郎編『現代ヨーロッパ法の展望』（東京大学出版会，1998 年）445 頁。

92) CE 21 déc. 1906, Syndicat des propriétaires et contribuables du quartier Croix-de-Seguey-Tivoli, GAJA, Dalloz, 16ᵉ éd., 2007, n.17 は，特許権者に対して条件明細書に従い，ボルドーの町の交通手段である路面電車の役務を命ずる権限を有する機関を相手に提起された越権訴訟であり，コンセイユ・デタがはじめて越権訴訟の途を開いた事案としてよく知られている。最近の例として，CE 14 janv. 1998, Commune de Toulon et Compagnie des eaux et de l'Ozone, Leb., p. 8.

93) なお，前出注 57）の CE Sect. 23 juin 1995, Ministre de la culture et de la francophonie c. Association Défense Tuileries, CJEG, oct. 1995, p. 376 は，パリのチュイルリー公園の露天商の一時的な占有許可の付与の条件を定めるために，国とグラン・ルーヴル公施設法人によって交わされた「特別条件明細書」に関する事案であるが，当該明細書が命令的行為の特徴を有することを必ずしも否定していないと思われる。

は，その効果の観点からみれば，行政契約が命令的行為に近接することを意味する。かつて，両者の近接化は，第三者の利益によって作動する公役務編成の対象を考慮に入れた規制としての条項の性質決定に由来すると考えられていた。しかし，その後，命令的効果は，行政裁判官によって，必ずしも公役務編成の対象とならないが，第三者に対して効果を有することの承認の対象となる契約に対しても認められるようになってきたのである[94]。

(2) 新たな行為形式の胚胎による揺らぎ　これまで，契約と一方的行為を対置させることにより，その近接化が両者の区別の融解をもたらしうるということを見てきた。これは，契約と一方的行為の性格に起因する内在的要因である。

しかし，それとは別に，外在的要因によって両者の関係が大きな変容を受けているのではないかということも一考に値すると考えられる。ここでは，他の行為形式の可能性を視野の外に置くわけではないが[95]，とりわけ「協議」[96]を中心にその相貌を見ていく。

フランスにおいては，従来，経済規制・職能団体規制の分野，行政の公務員の地位・労働条件・給与に関して，「協議に基づく一方的行為」（acte unilatéral négocié）という実務が存在している[97]。それは，一方的行為（なかでも規則・命令）の内容が，権利を与えられる主体，あるいは，義務を課される主体との間で交渉されるというものである。「契約政策」（politique contractuelle）または私人・公務員と行政との間の「関係の契約化」（contractualisation des rapports）は主としてこのことを指している。しかし，この場合においても，交渉された一方的行為（デクレ，大臣アレテ）のみが存在していることに留意が必要である。対象となっている行為は，一方的行為の性質を有しているからである[98]。協定書（protocole

---

94) 例として，国民医療協定（conventions nationales médicales）がある。Richer, op. cit., p. 121.
95) Yolka, op. cit., pp. 44-46 は，行政契約に準ずるカテゴリーとして，「準行政契約」（quasi-contrats administratifs），「事前の行政契約」（avant-contrats administratifs），「公共契約」（contrats publics）を挙げているが，本稿では立ち入らない。
96) Guettier, op. cit., pp. 71-75 は，協議について，①公法人の間での協議に基づく行為，②同一公法人間における協議に基づく行為，③公法人と私法人の間の協議に基づく行為の三つに分類し，契約との異同を論じている。
97) F. Moderne, Autour de la nature juridique des accords conclus entre l'administration et les organisations professionnelles en matière de prix, Dr. soc., 1975, p. 505; R. Romi, La requalification par le juge des actes négociés en actes unilatéraux, AJDA, 1989, p. 9; X. Prétot, L'evolution du régime juridique des conventions médicales: du contrat doué d'effets réglementaires au règlement à elaboration concertée: dr. soc., 1997, p. 845.
98) 例えば，国と職能団体の間の価格に関する協議に基づく決定に関して，CE. Sect. 17 mars

d'accord）として示された交渉の結果が契約訴訟において援用されることはないが[99]，他方で，命令的行為の問題として越権訴訟への途が開かれている[100]。

1970年代に，行政契約でもない，あるいは，一方的行政行為でもない，新たな行為形式である「協議」（concertation）に目を向けていたローバデール[101]は，協議が，諮問委員会における諮問手続や公開意見聴取手続とは区別されて，正式の法制度（régime juridique）としての協議であるための与件として，関係主体間で継続的かつ組織的に行われる対話手続であることが要請されると論じていた。しかしながら，当時の行政実務においてこのような手続は，経済規制分野の一部に限定され，他の領域において実定法上十分整備されている状況にあるとは言い難かった[102]。ローバデールは，協議と契約化の間に見られる「ある種の混乱」（une certaine confusion）を指摘する中において，協議と契約化が同じ方向を目指しているとしても，協議が，必要に応じてしかるべき手続を踏んだ正式の契約の締結に至らない現状においては，やはり，協議と契約化の二つの概念は明確に区別されるのであり，この点においては，協議は，単純な諮問手続（consultation）以上のものであることは認められるものの，契約化と呼ぶには値しないと論じている[103]。ローバデールの所説は，その当時の協議の出現が契約の概念に及ぼす影響という問題意識に基づいており，協議の概念がいまだ不明確である以上，それにより契約の概念が揺らぐことはないと結論づけたものと思われる。

しかしながら，現在においては，協議を取り巻く環境は大きく変容しており，再考を余儀なくされるものと言わざるを得ない。一例を挙げれば，都市計画決定

1997, Syndicat des médecins d'Aix et Région, Dr. soc., 1997, p. 845 においては，契約は存在しないが，職能団体との「合意に基づいてなされた命令的性格を有する一方的決定」があるとされた。視聴覚評議会とラジオ協会との間の協定に関して，CE 25 nov. 1998, Compagnie luxembourgeoise de télédiffusion, AJDA, 1999, p. 54 は，問題となった協定は個別的一方的決定の付随物にすぎず，視聴覚評議会と原告との間の交渉・協議の結果生じた条件を伴った一方的承認であるとしている。

99) CE 15 oct. 1971, Syndicat national indépendant des CRS, Leb., p. 610; CE Ass. 23 mars 1973, Fédération des personnels de la defense nationale C. F. D. T., AJDA, 1973, p. 503.

100) CE 10 juin 1994, Confédération française des syndicats de biologists, Dr. adm., 1994, n. 424 は，国と職能団体の間で交わされる協定書について，命令的性格を肯定している。

101) A. de Laubadère, La administration concertée, in Mélanges en l'honneur du Professeur Michel Stassinopoulos, LGDJ, 1974, p. 407. ローバデールの指摘の先見性については，亘理格「フランスのまちづくり法における市民参加制度」原田純孝＝大村謙二郎編『現代都市法の新展開』（東京大学社会科学研究所，2004年）164頁。

102) A. de Laubadère, op. cit., p. 408 et s..

103) A. de Laubadère, op. cit., p. 411; Guettier, op. cit., p. 72.

の原案作成段階において行われる住民・地域団体を交えた事前協議手続は[104]，従来行われてきた諮問手続や公開意見聴取手続と一線を画し，一個の法制度として確固たる地位を占め，行政決定の準備過程への利害関係者の「より深化された参加」[105]を可能にしている。また，1995年2月2日法律である「バルニエ法」(Loi Barnier) により導入された公開討論手続 (débat public)[106] も行政決定の前に行われる事前協議手続の一つとして重要な位置を占めている。

こうした現象は，一方では，一方的行為の変質・変容と見る向きもあろうが，他方で，一方的行為か契約かという従来の二元的区別のもとでは把握困難な性格のものが胚胎していることを示すものである。協議に基づく行為も行政決定過程への制度化された参加制度も，一方的行為か契約かという二元的区別の有用性をその基礎から掘り崩している。契約と一方的行為は，「契約化」と並ぶ，ポスト・モダンのもう一つの潮流である「手続化」[107][108]をも媒介にしながら，その性格を変容させている。このことも，契約と一方的行為がもはや，当然のごとく対置されるべき概念ではないことを物語っている。

おわりに

トルシェは，1987年に発表した論文において，一方的行為が契約手法に次第に置き換えられていく事象を念頭に置いて，「『鉄の手に柔らかい手袋をはめる』行政の意思は，一方的なものと契約的なものとの見分けをより困難なものにする」と述べている[109]。

---

104) 代表的な事前協議制度の一つとして，都市計画法典L300-2条。参照，亘理・前出注101) 164頁，飯島淳子「フランスにおける地方自治の法理論(1)」国家学会雑誌118巻3＝4号（2005年）21頁。

105) D. M. Desgrées du Loû, Droit des relations de l'administration avec ses usagers, PUF, 2000, p. 80 et s..

106) 公開討議については，久保茂樹「大規模公共事業と早期の公衆参加手続」青山法学論集51巻1号（2009年）69頁参照。

107) 1990年頃までのフランスの行政手続統制については，例えば，皆川治廣＝小早川光郎「フランスにおける行政の手続的統制」フランス行政法研究会編『現代行政の統制』（成文堂，1990年）273頁を参照。

108) フランス法全般における契約化と手続化について，Les évolutions du droit: contractualisation et procéduralisation, textes réunis par Christian Pigache. 法学におけるポスト・モダンと契約化の関係について，J. Chevallier, L'État poste-moderne, LGDJ, 2003, pp. 125-127.

109) D. Truchet, Le contrat administratif, qualification juridique d'un accord de volonté, in Le droit contemporain des contrats, (sous la direction de L. Cadiet), Economica, 1987, p. 185.

本稿は，契約と行政行為の関係が今日もなお鋭く問われ続けているフランス法を素材として，①フランスにおいても（それぞれの概念が指し示す対象について日仏で若干の相違があるものの）契約と行政行為の並存・交錯状況が見られ，それに対応した取組みが判例と学説の双方において行われていること，②両者は近年，判例法を通じて近接化を見せており，それに新たな「協議」という行為形式が加わることによりその二元的区別は以前にも増して揺らいでいることの二点を素描したものである。このことは，逆に言えば，行政がとりうる手段に関して，両者の組み合わせ等，あらゆる可能性が開かれていることを意味する。フランスにおいてそれを可能ならしめているのは，各々の行為に対して法的コントロールを及ぼす上で欠くことのできない，判例法の蓄積を通じて学説において形成されてきた行政契約法理である。

他方，日本法においては，法理論的観点においては，行政が締結する契約・協定の一般法理の確立は進展を見せているものの[110]，立法的対応は，訴訟の段階においては民事訴訟または当事者訴訟の活用が期待される一方，事前手続の段階において契約締結手続に対して一般的規律が及ぶには至っていない[111]。また，平成26年全部改正による新行政不服審査法のもとにおいても契約手続に関する不服申立手続は未整備の段階にとどまる。行政行為中心主義から訣別し，それと不即不離の関係にあった抗告訴訟中心主義の桎梏から脱却しつつある現在において，事後手続のみならず事前手続も含めて行政契約というカテゴリーを実定法において明確に規定することが要請されるとすれば，いかなる場合に契約的手法によることが許されるか，事情変更等により契約内容を行政機関が一方的に変更することはいかなる条件のもとで許容されるか，契約の相手方が履行しない場合にその履行を確保する手段としてどのような方途があるか等，契約の締結からその執行に至るまでの過程を体系的に整理することが日本法の課題として残されている。この点において，フランス行政契約法の研究が日本法に裨益するところは大

---

110) 多くの重要な先行研究があるが，その一つの到達点を示すものとして，碓井・前出注10)。
111) 契約締結手続にも手続的コントロールを及ぼすとする議論の嚆矢は多くの文献で紹介されているように，南博方「行政手続法草案作成の意義と問題点」大阪市立大学法学雑誌11巻3＝4号（1965年）155頁であると思われる。より具体的な制度提案として，大橋洋一「制度変革期における行政法の理論と体系」同・前出注9) 362頁〔初出2003年〕。政府契約締結過程にかかる争訟手続の整備の必要性については，米丸恒治「ドイツ公共調達争訟制度の展開」高木光ほか編『行政法学の未来に向けて』（有斐閣，2012年）589頁。

しかし，本稿が提起しようと試みたのは，その先に立ち現われてくるかもしれないもう一つの問題群である。すなわち，本稿の基底にある問題意識は，たとえ，行政契約の一般法理と手続を確立したとしても，契約と行政行為の関係をめぐるより複雑な関係と対峙しなければならない場面が早晩生じてくるのではないかということである。当事者の権利義務関係の画一的決定に長じる行政行為とは異なり，契約は状況の多様性に応じた対応が可能であるという利点があり，このことは，行政の側から見れば，多様な手段を組み合わせて政策を遂行できることを意味し，私人の側から見れば，行為の形式如何にかかわらず，行政との関係は対話や協議を通じて継続的に続いていく過程が存在することを意味する。その過程において，契約と一方的行為という本来対置される関係にあった二つの概念はやがて相互滲透をおこし，両者の性格をも変質させる可能性をもともと内在させていたとしても不思議なことではない[112]。また，契約手続について事前手続から事後手続に至るまでの手続が行政行為（行政処分）と同程度の水準にまで高められると，行政行為の公権力性と行政契約の双務性を行政手続や行政争訟との関連で手続的に説明する理論構造はその前提を大きく失うことが予想される。

こうした問題群に対してどのような態度で対応するかということを検討するのが，本稿の最後に突き付けられた課題である。

一つは，《分節的思考》を徹底させるという方向である。すなわち，一つ一つの行為をつぶさに見ていきそのプロセスの中に処分性の契機を見出し，あるいは，契約締結拒否の段階を探し当て，それを訴訟法が用意している具体的な訴訟類型に当てはめていくのが分節的思考である。フランス法においては，各々の行為につき命令的性格を有するか，それとも，契約的性格を有するかについて性質決定を行い，命令的性格を有するのであれば，越権訴訟のルートにのせるというように，行為形式と訴訟類型（ないしは適切な救済方法）を対応させている（公役務の特許理論，分離しうる行為の理論等）。日本法においても，敢えて分類すれば，処分性が認められるか否かの判断に際して，分節的思考がとられているといえる。すな

---

[112] この点に関連して，磯部教授はフランスの公役務の特許契約を例にとり，次のように述べる。「このことは『契約』とか『行政処分』というようなカテゴリーの相違が，本質的には『現実に一つのまとまりとして存在している法的事実に対する説明の仕方の相違』にすぎず，したがって，それをあまり実体化して考察することの危険性を示唆していると思われる。」磯部力「Ⅱ　フランス」『地域整備における契約的手法に関する研究』（河中自治振興財団，1990年）46頁。

わち，訴訟法上，処分性を肯定することの利害得失を考慮して当該行為の性質が人為的に決定されていくのである。物事の流れを分節的に捉えて，どこに権利義務関係の変動があるかを把握することは，訴訟制度をはじめとして処分性概念を中心に構成されている現行の法制度に即してみた場合に，法律家にとって馴染みやすい考え方であり，こうした思考法に間然するところはない113)。

　しかしながら，その一方で，上記の分節的思考に加えて，《統合的思考》の意義も看過されてはならないと思われる。行政の活動内容は，法律の定める手続に従って法律の定める内容どおりに画一的かつ一方的に決定される面もあれば，対話や協議・交渉を通じて個別的かつ双方向的に形成される面もある。この両面を視野におさめたときに，契約と行政行為それぞれの概念を純化させ截然と区別していくことが，日々生起する事象に対応する上で果たして有用であるかについて，訴訟制度の運用のあり方も含めた手続との関連で問われる必要がある。私人と行政の法律関係が複層的・多元的な法構造のもとで多段階のプロセスを経て決定されていき，契約と行政行為がその中で用いられる手段にすぎないことが想起されるなら，そこで問題とされるべきことの多くは，処分の有無というよりも，当事者の現在の法律関係がどのような状態にある（べき）かということに関心が向けられるはずである。統合的思考は，これまで精緻な分析を積み重ねてきた学問的営為に比すれば鷹揚にすぎるとの批判を免れないであろうが，ともすれば《点》に拘り《線》を等閑視してきた分節的思考に反省を迫る契機となりうるものである。

　現在の日本法の学説は，広く通用している「行為形式論」ないしは「行政過程論」114)の土俵の上で，分析的手法の精緻さを高めつつも，個々の行為に分解するか，それとも，連続的にブロックとして捉えるかという，分節的思考と統合的思考の間をつねに往還しているように見えなくもないのである115) 116)。

---

113) 例えば，碓井光明『公共契約法精義』（信山社，2005年）473頁は，「私法上の契約であること（したがって，その契約の履行等における公共部門の行為が行政処分性を有しないこと）と，その準備過程でなされる諸行為を分離して考えられないであろうか」との問題意識に基づいて，「契約準備過程のうちで事業者等に向けられた重要な行為は，事業者等の『法律上の利益』に係わる行為であるとみて，行政処分性を認める基盤が十分にある」と解する。

114) とりわけ，塩野宏『行政法Ⅰ〔第6版〕』（有斐閣，2015年）55頁の記述を参照。

115) 論者により表現は異なるが，《行為分離型》と《関係一括型》（小早川光郎『行政法講義 下Ⅱ』（弘文堂，2005年）143頁），《分析的考察・分解的構成》と《総合的考察・一体的構成》（高木光『事実行為と行政訴訟』（有斐閣，1988年）48頁，230頁），《分析的判断手法》と《総合的

「法的仕組み論」[117]を提唱されてきた小早川先生は，その体系書において，行政作用の法的仕組みにおける契約手法の重要性が増していることにかんがみて，次のように述べている[118]。

　「従来の行政行為論は，行政作用に固有な各種の法的仕組みをもっと広く取り扱うことのできる理論体系へと構成しなおすことが必要であろう」

筆者は，ここに蒔かれた問いにこれからも向き合っていく予定である。

　判断手法》（橋本・前出注38）111頁）。なお，多くの概説書が分析的考察に拠ったとしている昭和39年最判について，「本判決は一連の行為の連鎖によって結果的に国民の権利利益に影響を及ぼすことになる，いわゆる複合的行為ないし行政過程全体の行政処分性という観点から議論しているのではない」との指摘がある。園部逸夫「抗告訴訟の対象」同『裁判行政法講話』（日本評論社，1988年）132頁。
116)　なお，本稿が扱ったのは契約と行政行為の結合の場面であるが，近時，複数の行政行為が連なる「複合的行政作用」の研究が，違法性の承継論との関係で進んでいる。フランスの複合的行政作用概念についての近時の研究として，亘理格「フランス都市計画・国土整備法における『違法性の抗弁』論」行政法研究8号（2015年）1頁。また，行政決定が複合する場面への着目として，交告尚史「行政庁の処分と行政過程」『現代行政法講座Ⅱ　行政手続と行政救済』（日本評論社，2015年）11頁。
117)　小早川光郎「行政の過程と仕組み」兼子仁＝宮崎良夫編『行政法学の現状分析』（勁草書房，1991年）151頁。
118)　小早川光郎『行政法　上』（弘文堂，1999年）281頁。

大学の規律維持に関する法的仕組み

徳 本 広 孝

I　はじめに
II　大学に対する監督
III　大学の内部統制及び制御
IV　結　語
　　——裁判所の役割と限界

I　はじめに

　大学の規律維持に関する法的仕組みとは，大学が法令や学則等の規範に則して運営される状態を確保するための法的仕組みを指している[1]。以下では，規律維持の仕組みを外的規律維持の仕組みと内的規律維持の仕組みにわけたうえで[2]，それぞれの意義と限界を学問の自由及び大学自治の観点から検討する。

　外的規律維持の仕組みとして，大学に対する監督制度及び各種評価制度がある。関係法令では，大学に対する監督として，行政指導や行政処分などの行為形式を用いた多様な監督の仕組みが設けられているほか，大学に対する評価として，学校教育法が定める認証評価機関による認証評価及び国立大学法人法が定める国立大学法人評価委員会・大学評価学位授与機構による評価の仕組みが設けられている。これら外的規律維持の作用が，大学に対して過剰な干渉となる場合には，学

---

1) これらの法的仕組みは，小早川光郎『行政法 上』（弘文堂，1999年）71頁以下の「行政統制の仕組み」や，187頁以下の「行政作用の法的仕組み」にあたる。
2) 外的規律維持と内的規律維持の区分をふまえて地方公共団体の規律維持の水準を検討した論考として，拙稿「地方公共団体の規律維持と債権放棄議決の意義——行政法総論からみた債権放棄議決」公法研究77号（2015年）118頁以下を参照。なお，外的規律維持と内的規律維持の分析枠組みを提示した論考として，中川丈久「行政による新たな法的空間の創出——三者関係としての『統治システム』の視点から」『岩波講座 憲法4 変容する統治システム』（岩波書店，2007年）195頁以下を参照。

問の自由及び大学自治との関係で問題が生じることになる。

　一方，内的規律維持の仕組みとしては，大学の運営管理に携わる諸機関による内部統制又は制御の仕組みがある。大学の内部統制は，大学の統率部門が大学の機関の活動を評価・審査し，必要な処理を施すことにより規律を維持する作用のことであり，大学の制御は，大学の特定の機関に統率部門の活動の適正さを評価・審査させることにより，統率部門に対する牽制機能を作動させて規律維持をはかる作用のことである[3]。これらの内的規律維持の作用もまた，大学内部で伝統的に自律性が認められてきた教員組織や個々の教員の権限・権利利益に対する過剰な干渉とならないかどうかについて注意を要する。

　以下では，現行法に即して，大学に対する監督制度及び大学に対する評価（Ⅱ），大学内部の統制及び制御（Ⅲ）の法的仕組みについて検討し，結語（Ⅳ）において，大学の規律維持にとって裁判所が果たすべき役割と限界を確認するとともに，大学の規律維持に関する基本設計の在り方を確認したい。

Ⅱ　大学に対する監督

1　総　説

　大学は法令を遵守しなければならず，法令に違反する状態を放置することは許されない。他の法主体と同様に，大学についても合法性を確保する制度は必要であり，大学を監督する機関には，法律により違法状態を解消するための権限が与えられている。中央教育審議会大学分科会が公表した「大学のガバナンス改革の推進について」（以下「審議まとめ」という）（平成26年2月）を受けて，「独立行政法人通則法の一部を改正する法律の施行に伴う関係法律の整備に関する法律」（平成26年法律67号）により，国立大学法人法（以下では「国大法人法」という）に主務大臣による違法行為等の是正要求制度が導入された（国大法人法34条の2）。私立大学には従来から法人解散命令の定めが私立学校法（以下「私学法」という）に置かれていたが（私学法62条），「私立学校法の一部を改正する法律」（平成26年法律15号）により，設置主体としての学校法人に対する措置命令（私学法60条）の制度が設けられた。このほか公立大学及び私立大学に対する監督制度として，学校教育法（以下「学校法」という）の改善勧告及び変更・廃止命令（学校法15条）

---

[3]　地方公共団体の制御の仕組みについては，拙稿・前出注2）119頁参照。

などがある。

　大学の規律維持の仕組みは必要であるが，学問の自由・大学自治の保障の趣旨をふまえるならば，大学自らが違法状態の解消に取り組む仕組みは，より重要であると考える。監督権限の行使に関する要件が充足しているとしても，効果裁量が認められるのが一般的であり，比例原則との適合性を考慮しながら慎重な判断が求められよう。監督権限の発動要件として，法令違反，法人の約款，大学の学則又は学内外の倫理規範等の各種規範に対する違反の事実が定められている（合規性の監督）。また，法令で定められた要件の中には指針的なものがあり，この場合，大学が法令で設定された目的に沿って運営されているかどうかが処分要件となる（以下では「合目的性の監督」という）。後者の場合，結果として大学の運営の在り方の当不当についてまで監督権限が及ぶ可能性があることに注意が必要である。合目的性の監督を通して深く大学運営の在り方に監督が及ぶとなると，大学が自律的に経営することを求める法制度の趣旨を逸脱することになりかねない[4]。合目的性の監督を意味する権限行使は，よりいっそう抑制的でなければならないだろう。

2　国立大学法人に対する違法行為等の是正要求及び学長の解任

　平成26年改正前の国大法人法35条は，違法行為等の是正について定めた独立行政法人通則法（以下「通則法」という）65条を準用していた。通則法65条では，文部科学大臣は，法人・役員・職員の行為が「法令に違反し」又は「違反するおそれがあると認めるとき」に当該行為の是正のため必要な措置を講ずることを求めることができるとされている。これに対し，改正国大法人法34条の2第1項では，文部科学大臣は，国立大学法人・その役員・職員が「不正の行為」若しくは「この法律若しくは他の法令に違反する行為をし，又は当該行為をするおそれがあると認めるとき」に当該行為の是正のため必要な措置を講ずることを求めることができるとされた。

　改正国大法人法では権限発動要件として不正の行為と法令違反とを区別して定めていることから，法令違反にあたらないが「不正の行為」にあたる場合が想定されていることになろう。例えば，教育研究等に関する倫理規範や資金管理に係

---

4)　拙著『学問・試験と行政法学』（弘文堂，2011年）14頁を参照。

る学則等に違反する行為などは，是正命令の適用対象となりうると読める。この場合，権限の類型やその運用の在り方は，学問の自由及び大学自治の趣旨，教育基本法7条2項で謳われている大学の自律性をふまえなければならない。是正の要求は，具体的な措置を指示するわけではなく，具体的な施策の選択は大学の判断に委ねられるという意味で，大学の自治に配慮した干渉の形式といえるだろう。

文部科学大臣の求めがあったときは，国立大学法人は，速やかに当該行為の是正その他の必要と認める措置を講ずるとともに，当該措置の内容を文部科学大臣に報告しなければならない（国大法人法34条の2第2項）。当該報告をせず又は虚偽の報告をしたときには，その違反行為をした国立大学法人の役員は，20万円以下の過料に処せられる（同法40条）。国大法人法で予定されている罰則の適用は，あくまで報告義務の不履行と虚偽報告に対するものである。つまり，是正の要求を受けて大学が自らとるべき措置を検討したうえで，大学が熟慮のうえ，あえて現状を維持するという選択をしても，そのことを報告さえすれば罰則の適用はないと解されよう。もっとも，是正の要求は，罰則で実効性を担保された報告義務を課すことになるので，具体的な法的変動を権力的に生じさせることは確かであるから，行政処分にあたるというべきである。

また，文部科学大臣は，学長に職務上の義務違反があるとき（同法17条2項2号）のほか，学長の職務の執行が適当でないため業務の実績が悪化した場合であって，引き続き当該職務を行わせることが適当でないと認めるときは，学長を解任することができる（同条3項）[5]。学長の解任は文部科学大臣の権限とされているが，当該国立大学法人の学長選考会議の申出により行うこととされている（同条4項）。学長選考会議の申出を前提としていることから，外的規律維持の仕組みの中に自己制御が仕組まれているといえる。

3 私立学校法に基づく監督権限

(1) 私立学校法に基づく違反停止命令，運営改善命令等　　学校法人の所轄庁として，文部科学大臣（私学法4条1号，学校法98条）は，学校法人が，「法令の

---

[5] 学長の職務に起因して学内の混乱が生じたため，正常な教育研究活動が行われない状況が長期にわたり継続し，学長が交代しない限り改善の見込みのない場合などが想定されている。国立大学法人法制研究会『国立大学法人法コンメンタール』（ジアース教育新社，2012年）149頁を参照。

規定，法令の規定に基づく所轄庁の処分若しくは寄附行為に違反し，又はその運営が著しく適正を欠くと認めるときは，当該学校法人に対し，期限を定めて，違反の停止，運営の改善その他必要な措置をとるべきことを命ずることができる」（私学法 60 条 1 項）。法令違反，処分違反及び寄附行為違反に際して行う措置命令等は合規性の確保を目的とした監督であるが，「その運営が著しく適正を欠くと認めるとき」との要件の意義は不確定である。何が適正を欠くかの評価を通して，措置命令等の権限行使が運営の当不当にまで及ぶ可能性があろう。あくまで「著しく適正を欠く」場合に限定するとともに，合目的性の監督としての措置命令等については，よりいっそう慎重な運用に意を用いるべきである。

　学校法人が措置命令等に従わないときは，文部科学大臣は当該学校法人に対し役員の解任を勧告することができる（同条 9 項）。措置命令等が行政処分であることは明らかであるが，役員の解任の勧告については一考を要しよう。私学法の解説書では，役員の解任の勧告が強制力のない行政指導にあたると説明しつつ，学校法人が解任勧告に従わなかった場合には「所轄庁の処分に違反した場合」にあたるとして，後述する解散命令（私学法 62 条 1 項）の根拠になることはありうるとも説明されている[6]。また，文部科学大臣は，当該勧告をしようとする場合には，予め当該学校法人の理事又は解任しようとする役員に対して弁明の機会を付与するとともに，私立学校審議会等の意見を聴かなければならず（同法 60 条 10 項），当該勧告に関する弁明については，不利益処分に係る行政手続法第 3 章第 3 節の規定及び措置命令に関する弁明手続の規定（同条 3 項～6 項）が準用されている（同条 11 項）。勧告に従わないことが解散命令の要件となることや，不利益処分に準じた慎重な手続をふむ仕組みからみて，当該勧告は，高度の自律性を備えるべき大学に対して強い圧力を及ぼすことは明らかである。しかし，勧告に処分性を認めなくとも，勧告を実質的当事者訴訟で争うことはできるので，実効的救済に欠けるとはいえないだろう。私学法が本件勧告について審議会への答申等の慎重な手続を用意したのは，大学の高度の自律性に配慮してのことだと考えられる。

　(2)　私立学校法に基づく法人解散命令　　文部科学大臣は，「学校法人が法令の規定に違反し，又は法令の規定に基く所轄庁〔文部科学大臣〕の処分に違反し

---

[6]　俵正市『解説　私立学校法〔新訂 3 版〕』（法友社，2015 年）475 頁。

た場合においては，他の方法により監督の目的を達することができない場合に限り」，当該学校法人に対して解散を命ずることができる（私学法62条1項）。文部科学大臣は，あくまで法令違反や処分違反等に際して合法性を確保するためにのみ解散を命ずることができる。また「他の方法により監督の目的を達することができない場合に限り」権限行使が認められるとされており，処分の重大性をふまえて比例原則の適用が確認されている。また，解散命令については，私立学校審議会での聴聞手続が予定されている（同条2項～7項）。解散命令の権限については，比例原則を厳格に適用して抑制的な運用が求められることは言うまでもない[7]。

(3) 私立学校振興助成法に基づく是正命令　文部科学大臣は，同法の規定により助成を受ける学校法人に対して，学則に定めた収容定員を著しく超えて入学させた場合には是正命令を，予算が助成の目的に照らして不適当であると認める場合には，その予算について必要な変更をすべき旨の勧告を，当該学校法人の役員が法令の規定や所轄庁の処分又は寄附行為に違反した場合には，当該役員の解職をすべき旨の勧告をすることができる（私学助成法12条）。定員超過の是正命令（同条2号）及び法令・処分・寄附行為違反に対する勧告（同条4号）は，合規性の確保を目的とした監督であるが，予算を助成目的に適合させるための変更勧告（同条3号）は，合目的性を確保するための監督として，大学の運営の在り方の内容にまで踏みこんだ干渉となりうる。助成金の適正な使用又は公益性を確保するため合目的性の監督の必要性は否定できないかもしれないが，行政庁は，当該権限行使の合理性を十分に説明する責任があろう[8]。

---

7) もっとも，やむを得ない場合には解散命令の権限行使はありうる。平成16年7月に必要な財産の欠如及び法定の機関である評議員会の未設置を理由として学校法人瑞穂学園に解散命令がなされたほか，同年10月に学生の募集停止により学生が在籍しない状態が継続し，運営に必要な財産が不足していることなどを理由に学校法人北九州学院に対して解散命令が出されている。松坂浩史『逐条解説 私立学校法』（学校経理研究会，2010年）416頁参照。

8) 是正命令の権限を行使する場合，文部科学大臣は，予め私立学校審議会又は大学設置・学校法人審議会（以下「私立学校審議会等」という）の意見を聴かなければならず（私学助成法12条の2第1項），また，私立学校審議会等は，当該学校法人が弁明の機会の付与を求めたときは，文部科学大臣に代わって弁明の機会を付与しなければならない（同条3項）。一方，予算の変更勧告及び役員の解職勧告の場合，文部科学大臣は予め当該学校法人の理事又は解職しようとする役員に対して弁明の機会を付与するとともに，私立学校審議会等の意見を聴かなければならない（同法13条1項）。

4 公立大学・私立大学に対する改善勧告及び変更・廃止命令

　文部科学大臣は，公立大学又は私立大学が，法令の規定に故意に違反したとき，法令の規定により文部科学大臣がした命令に違反したとき，6か月以上授業を行わなかったときに，当該学校の閉鎖を命ずることができる（学校法13条1項1号～3号）。また，文部科学大臣は，公立又は私立の大学が，「設備，授業その他の事項について，法令の規定に違反していると認めるときは，当該学校に対し，必要な措置をとるべきことを勧告することができる」（同法15条1項）。文部科学大臣は，勧告によってもなお当該勧告に係る事項（勧告事項）が改善されない場合には，当該学校に対し，その変更を命ずることができる（同条2項）。さらに文部科学大臣は，当該命令によってもなお勧告事項が改善されない場合には，当該学校に対し当該勧告事項に係る組織の廃止を命ずることができる（同条3項）。以上の干渉の仕組みは，教育にあたる学部等の設備・授業等が法令に違反している場合の監督の仕組みであって，合法性の確保のために行使される。変更命令（同条2項）及び組織廃止命令（同条3項）の不履行に罰則は予定されていないが，学校の閉鎖命令（同法13条1項）の不履行があった場合，違反した者は，「6月以下の懲役若しくは禁錮又は20万円以下の罰金」（同法143条）に処せられる。以上の仕組みも，違法状態の解消を目的とした合法性の確保のためのものである。

　勧告（学校法15条1項），変更命令（同条2項），組織廃止命令（同条3項）と段階をふむ仕組みは，比例原則に配慮された仕組みとなっている。なお，これらの命令に従わない場合には学校の閉鎖命令の要件を充たすことになるが（同法13条1項2号），だからといって直ちに学校の閉鎖命令を行使することは適切ではない。学校閉鎖命令については，権限発動の要件を形式的に充たす場合であっても，大学，教員，学生の権利に対する強度の干渉であることをふまえ，やむを得ない場合に限定してその行使が許されるというべきである[9]。

　罰則で実効性を担保する閉鎖命令が，行政処分にあたることは明らかである。変更命令，組織廃止命令もまた，閉鎖命令の要件として位置づけられており，間接強制類似の効果が大学や関係者に及ぶことから行政処分にあたると解することができる。これに対して，勧告は，それに従わないことが変更命令の発動要件とされていることから，全く法律関係の変動をもたらさないとはいえないものの，

---

[9] 抑制的な運用の必要性については，兼子仁『教育法〔新版〕』（有斐閣，1978年）361頁以下を参照。

直接的な法的効果を生じさせるとまではいえないだろう。したがって，本件勧告（学校法15条1項）は，行政処分にあたらないと解されよう。

Ⅲ 大学の内部統制及び制御

1 総　説

以下では，内部統制の例として，教員人事の手続における学長等の統率部門の権限をとりあげ，当該権限の法的限界を検討する[10]。続けて，大学の制御の仕組みとして，自己点検及び評価，認証評価，監事の監査，大学の決定に対する合議制機関の関与の仕組みをとりあげ，それらの法的限界の検討を試みる。なお，制御の仕組みには，外的規律維持としての制御の仕組みもあるが，内的規律維持としての制御の仕組みもあり，後者を指して自己制御[11]の仕組みと呼ぶことにする。

2 学長の権限

学校法92条3項では，「学長は，校務をつかさどり，所属職員を統督する」と定められている。この規定の「つかさどる」とは，学長が包括的な最終責任者としての職務と権限を有することを意味している[12]。「統督」は，包括的・大局的立場が重視される場合に用いられ，大学の場合，学問研究の自由及び大学教員の職務の特殊性にかんがみて，細部にわたる監督を意味しないと解されている[13]。国大法人法11条1項では，学長は，学校法92条3項に規定する職務を行うとともに，国立大学法人を代表し，その業務を総理することとされている。「総理」とは，法人の長が法人の所掌事務をつかさどり，総合し，おさめることを意味する[14]。この規定により，学長が学校法上の学長としての職務を行うとともに，

---

10) 大学関係の法令では，会社法のように内部統制の整備を要請する規定が置かれているわけではないが（会社法348条4項・362条5項），理事長又は学長を含む役員会には内部統制に関する体制の整備につき責任があると解されよう。あずさ監査法人パブリックセクター本部〔編著〕・国立大学法人東京大学監査室〔監修〕『国立大学法人の内部監査』（第一法規，2006年）57頁以下。

11) 自己制御の一般的な説明として，大橋洋一「行政の自己制御と法」磯部力＝小早川光郎＝芝池義一〔編〕『行政法の新構想Ⅰ』（有斐閣，2011年）167頁以下を参照。

12) 鈴木勲『逐条 学校教育法〔第8次改訂版〕』（学陽書房，2016年）824頁以下。

13) 有倉遼吉＝天城勲『教育関係法〔Ⅰ〕』（日本評論新社，1958年）212頁。

14) 国立大学法人法コンメンタール（前出注5））121頁。

法人の長としての職務を行うことが明らかにされている（教育と経営の一体的運用）。学校法人の場合，理事長が学校法人を代表し，その業務を総理することとされている（私学法37条）。学校法人が設置する大学の長は理事となるが（同法38条1項1号），理事長は他の理事の中から寄附行為の定めるところにより就任する（同法35条2項）。したがって，理事長が学長を兼ねることがあり，この場合には理事長が学校法上の学長の職を担うとともに法人運営に関する最高責任者となる。

「学校教育法及び国立大学法人法の一部を改正する法律」（平成26年法律88号）により，「大学には，重要な事項を審議するため，教授会を置かなければならない」と定めていた学校法93条は次の通り改められ，学部の権限を制限することを通して学長の権限の強化がはかられた[15]。

第93条　大学に，教授会を置く。
2　教授会は，学長が次に掲げる事項について決定を行うに当たり意見を述べるものとする。
　一　学生の入学，卒業及び課程の修了
　二　学位の授与
　三　前二号に掲げるもののほか，教育研究に関する重要な事項で，教授会の意見を聴くことが必要なものとして学長が定めるもの
3　教授会は，前項に規定するもののほか，学長及び学部長その他の教授会が置かれる組織の長（以下この項において「学長等」という。）がつかさどる教育研究に関する事項について審議し，及び学長等の求めに応じ，意見を述べることができる。
4　略

---

[15]　本改正により学部等の人事に関する自律的判断権が縮減される点について，多くの論者が批判している。市川須美子（インタビュー）「地方教育行政法，学校教育法，国立大学法人法改正の問題点と今後の課題」季刊教育法182号（2014年）60-67頁，大河内泰樹「大学の社会的役割を破壊する学校教育法・国立大学法人法改正」世界859号（2014年）33-36頁，中川律「大学の自治　改正学校教育法・国立大学法人法を考える」時の法令1966号（2014年）52-57頁，中富公一「学校教育法および国立大学法人法の一部改正——政府の大学政策と大学の自治」『改憲を問う——民主主義法学からの視座（法律時報増刊）』（日本評論社，2014年）197-202頁，中西又三「学校教育法・国立大学法人法一部改正法（平成26年法律88号）の問題点」法学新報121巻9＝10号（2015年）381-440頁，松田浩「大学の『自治』と『決定』——学校教育法及び国立大学法人法の一部を改正する法律」法学教室413号（2015年）49-54頁，荒牧重人＝小川正人＝窪田眞二＝西原博史〔編〕『新基本法コンメンタール　教育関係法』（日本評論社，2015年）154-156頁〔石川多加子〕などを参照。

学校法93条2項では，教授会は，「学生の入学，卒業及び課程の修了」(1号)，「学位の授与」(2号)，教育研究に関する重要な事項で学長が定めるもの(3号)について，学長が決定するにあたり意見を述べるものと定め，同条3項では，教授会がそのつかさどる教育研究に関する事項について審議し，学長の求めに応じ意見を述べることができると定められている。以下では，「教育研究に関する重要な事項」と「教育研究に関する事項」の区別の意義や，教授会の「意見」の学長に対する拘束力の程度等を検討する。

学校法93条2項は，「学生の入学，卒業及び課程の修了」(1号)，「学位の授与」(2号)を重要な事項として列挙するのみで，それ以外の重要な事項の判断を大学の裁量に委ねている(学校法93条2項3号)。「審議まとめ」では，①学位の授与，②学生の身分に関する審査，③教育課程の編成，④教員の教育研究業績等の審査が「重要な事項」にあたるとされているものの(28頁)，学校法93条2項では③④が列挙されていない。大学によっては，③④に関して「重要な事項」に指定されない可能性はあるが，③④が同条3項の「教育研究に関する事項」にあたることは明らかなので，教授会の審議の対象となる。なお，④については，国大法人法により「教員の人事」は教育研究評議会の審議事項とされている(同法21条)。「審議まとめ」は「教員の人事」を「重要な事項」の例として挙げることなく，「教員の研究業績等の審査」(④)を「重要な事項」としている。

「審議まとめ」は，学長の人事権について，(A)どの部署やポストに教員を配置するかという「配置」の問題と，(B)当該部署・ポストに，どのような教員を選ぶかという「選考」の問題とを区別したうえで，「配置」は学長が判断すべき事項であるのに対し，「選考」については，原則として高い専門性を有する教員組織が合議制の機関において客観的な判断を行い，そうした「教員組織の意見を十分考慮した上で」学長が最終決定を行う必要があるとしている(20頁以下)。ポストの「配置」は大学間競争や社会の動向をふまえて経営的な判断が求められる事柄であるから，大学の一部を構成するにすぎない教授会が最終的な責任を負うべき事柄とは言いがたい。ただし，教授会が「配置」の問題に一切かかわることができないと考えるべきではないだろう。教授会の意見が「配置」の決定権を有する諸機関に送達され，決定に際して教授会の意見が考慮要素となる体制が必要である。決定権者によって構想された教育研究組織が適切に機能するかどうか，機能させるためにはどのような教員を必要とし，組織を編成するべきかといった問

題は，直接教育及び研究に携わる教員集団でなければ十分に検討できないはずである。

「審議まとめ」によれば，前述の通り，原則として高い専門性を有する教員組織が合議制の機関において客観的な判断を行い，「教員組織の意見を十分考慮した上で」学長が最終決定を行う必要があると説明されている。「審議まとめ」は，「選考」について，学長が(a)大学方針との適合性，(b)利害関係者の関与の有無，(c)教育研究業績が十分であることを確認しているか，といった手続や判断の適正さの確保に努めるべきであるとし，「適正でない場合には，教授会に審査を差し戻すことがあってよい」としている。上記のうち(a)の判断は大学から配置されたポストとの適合性の判断であり，大学の経営判断にかかわるため「配置」の問題と密接に関連する。(b)(c)は人事の公平性，教授会が教育研究業績の十分さを確認しているか，という手続に関する合規性の判断である。そして(a)〜(c)の判断に問題がある場合には，学長による「差戻し」があってよいとされている。以上によれば，学長が候補者の教育研究業績の十分さについて自ら判断することはなく，したがって教授会の判断に対する学長の干渉としては「差戻し」が限度であって，学長が教授会の判断に代えて自らの判断を置き換えることまでは想定されていない。

注意すべきは，(a)の大学の方針との適合性を理由とした干渉であろう。(b)(c)は，教授会の手続について合規性の観点から干渉するものであるが，(a)は合目的性の観点からの干渉である。経営判断に基づくポストの配置を受けて教授会が選考するのであるから，教授会は当該経営判断の趣旨をふまえるべきである。しかし，「配置」に関する経営判断をふまえながらも，教授会がより適合的な人材を選考するという前提のもとで，教授会が学長に対して意見を述べる制度が設けられている。学長が「教員組織の意見を十分考慮した上で」最終的な判断を行うべきであるならば，学長は合理的な理由がないにもかかわらず教授会等の教員組織の意見から逸脱するべきではない。

学校法93条3項により教授会は学長のつかさどる「教育研究に関する事項」を審議し，その求めに応じて意見を述べることができるとされている。当該事項について最終的な判断が学長にあるとしても，大学内部のルールとして当該事項を教授会の自律的な処理に委ねる仕組みを設けることも可能であろう。また，学長が教員人事を「重要な事項」に指定しなかったとしても，それが「教育研究に

関する事項」にあたることは否定できない。大学は,「教育研究に関する事項」としての人事を教授会の自律的な処理に委ねる仕組みを設けることも可能であろう[16]。なお、いずれにせよ学長は，人事案件の手続について，合規性の観点から当該手続を停止し，又は差し戻す等の措置をとることができる。

3　自己点検及び評価，認証評価

国などの公権力の主体が大学の教育研究やその体制に関する評価活動を行うことは，学問の自由・大学の自治の観点から許されるべきではない。研究及びそれに基づく教育は，真理の探究のための自由な情報交換から成り立っているため，当該情報交換の過程が公権力によりゆがめられるならば，学問自体が成立しないからである。国の役割は，学問の性質に即した自己点検及び評価の仕組みや認証評価の仕組みを構築することである[17]。関係規範に則った大学運営を実現するために上述した大学に対する監督制度は必要であろうが，これら自己点検及び評価，認証評価の仕組みもまた大学関係の法令に則した運営を確保する役割を果たしている。学問の自由・大学の自治・教育基本法7条が監督制度の運用において指針となるのと同様，これらの規範の趣旨に則った点検項目及び評価基準が設けられるべきであり，それらに照らして実施される点検・評価活動は，いわば法の趣旨の貫徹を目指した制度としてとらえることができよう。また，大学に関しては，訴訟を通して運営が適正化されることはありうるが，そのような場合は決して多いとはいえず，大学の日常的な運営に伏在する問題の是正ルートを別途構想する必要がある。大学運営の適正化や学問に適合した組織の実現にとって，自己

---

16) 中西・前出注15) 422頁では，大学の判断次第で，従来の教授会が権限事項としていた事項を93条2項3号に盛り込むことが可能であると指摘されている。

17) 大学は，その教育研究水準の向上に資するため，文部科学大臣の定めるところにより，当該大学の教育及び研究，組織及び運営並びに施設及び設備の状況について自ら点検及び評価を行い，その結果を公表するものとされている（学校法109条1項）。大学及び専門職大学院は，当該大学の教育研究等の総合的な状況について，政令で定める期間ごとに，文部科学大臣の認証を受けた認証評価機関（同法110条）による認証評価を原則として受けるものとされている（同法109条2項・3項）。認証評価は，大学からの求めにより，認証評価機関がその定める大学評価基準に照らして行う（同条4項）。また認証評価機関は，国の監督制度のもとで活動する（同法111条以下）。認証制度の法的枠組みに関する先駆的な研究として，北島周作「基準認証制度――その構造と改革」本郷法政紀要10号（2001年）155頁以下を参照。なお，認証評価が大学や関係者に及ぼす影響の大きさを考慮し，その枠組みに民主的正統性の水準をどの程度で確保するかも課題となる。各種の認証制度に関する民主的正統性の検討については，原田大樹『公共制度設計の基礎理論』（弘文堂，2014年）49-94頁を参照。

点検及び評価，認証評価の仕組みは重要な役割を果たす可能性もあるが，評価結果に他の仕組みを連動させることにより，国による大学の統制のツールにもなりうることに注意が必要である[18]。

評価結果において改善事項が指摘されたとしても，行政機関の監督のように罰則により実効性が担保されるわけではないので，監督作用に比べてソフトな性格を有するようにみえる。しかし，厳しい競争にさらされている大学にとって，とりわけ認証評価の結果の公表は大学の軌道修正を余儀なくさせる力を備えており，評価における改善事項の指摘は，実効性という点で法令に基づく監督に匹敵する効果を発揮しよう。また，認証評価の結果は文部科学大臣に報告され（学校法110条4項），法令違反等の監督発動要件を充たす場合には監督権限の発動もありうる。

国立大学法人の場合，国大法人法に基づき，国立大学法人評価委員会（国大評価委員会）による評価も行われることになる。国大評価委員会は，各事業年度に係る業務の実績に関する評価（国大法人法31条の2）や中期目標に係る業務の実績に関する評価（同法31条の4）を実施するが，これらには教育研究に関する事柄も含まれている。もっとも，教育研究に関する事柄の評価については，ピアレビューに基づいた評価が必要となるため，独立行政法人大学評価・学位授与機構に教育研究に関する事柄について評価の実施を要請し，国大評価委員会は，その結果を尊重することとされている（同法31条の3第1項）。これら評価の仕組みにおいて，一定の範囲で大学の教育研究への配慮がなされている。しかし，中期目標の終了時の評価では「業務を継続させる必要性，組織の在り方その他その組織及び業務の全般にわたる検討」が行われることや，当該評価結果が運営交付金に反映されること等をとらえて評するならば，国大法人法の評価の仕組みは，決して「ソフト」な仕組みではない。その運用の在り方次第では，違憲の評価もありうるだろう[19]。

---

18) 金子元久「大学評価のポリティカル・エコノミー」高等教育研究第3集（2000年）21-41頁，羽田貴史＝米澤彰純＝杉本和弘〔編著〕『高等教育質保証の国際比較』（東信堂，2009年）3-19頁〔羽田貴史〕を参照。

19) 制度の違憲性を説く近時の論考として，中島茂樹「新自由主義大学構造改革と大学の自治（一）」立命館法学355号（2014年）1頁（33頁以下）を参照。

4 監査

　私学法では監事の職務として、学校法人の業務及び会計の監査、不正の行為や各種規定に違反する重大な事実に関する所轄庁への報告又は理事会及び評議員会への報告、理事長に対する評議員会の招集請求、学校法人の業務又は財産の状況に関する理事会での意見陳述が挙げられている（私学法37条3項1号～6号）。一方、改正前の国立大学法人法では、監事の職務として、業務の監査、学長又は文部科学大臣に対する意見提出のみが定められていたが（旧法11条4項・5項）、平成26年改正により、上記に加えて監査報告の作成（国大法人法11条4項後段）、役員及び職員に対する事務・事業の報告要求、法人の業務及び財産の状況調査（同条5項）、文部科学大臣に提出する許認可等に係る書類や報告書等の調査（同条6項）、子法人に対する事業の報告要求及び子法人の業務及び財産の状況調査（同条7項・8項）が追加された。また同改正により、学長又は文部科学大臣に対する意見提出（同条9項）のほかにも、監事は役員が不正の行為をし、若しくは当該行為をするおそれがあると認めるとき、又は国大法人法若しくは他の法令に違反する事実若しくは著しく不当な事実があると認めるときは、遅滞なくその旨を学長に報告するとともに、文部科学大臣に報告しなければならないとされた（同法11条の2）。

　国や地方からの財政的支援・税制上の優遇措置等を受ける大学は、その高い公共性をふまえて運営の適正さが確保されるように制度枠組みを構築する必要がある。もっとも、監督のようにハードな外的規律維持の仕組みは、大学自治との緊張が生じることは明らかであるから、大学の自己制御の仕組みとして、監査の仕組みを整えることは重要である。ただし、監査は、個々の研究教育の評価にまで踏み込んで実施するべきではなく、教育研究の質の確保に関する取組みといった体制の整備などに対象は限定されるべきであろう[20]。

　大学を運営する執行部門に対する牽制機能の担い手として、監事には重要な役割を果たすことが期待されている。そのためには、監事の立ち位置を執行部門から独立させなければならない。学校法人の場合、監事は評議員会の同意を得て、理事長が選任し（私学法38条4項）、その選任の際、現に当該学校法人の役員又は

---

20) このほか大学は、会計監査人による外部監査の実施が義務付けられている（国大法人法35条により準用される独立行政法人通則法39条、私学助成法14条3項）。大学に対する会計監査の法的限界の検討については、拙著・前出注4) 29頁以下を参照。

職員（当該学校法人の設置する私立学校の校長，教員その他の職員を含む）でない者が含まれるようにしなければならず（同条5項），また，監事は，理事，評議員又は学校法人の職員と兼ねてはならないとされている（同法39条）。国立大学法人の場合も，監事は，文部科学大臣が任命することとされており（国大法人法12条9項），いずれの場合においても，ある程度で大学の統率部門から一定の距離が保たれているが，その程度が十分かどうかについては点検を継続するべきである。

5　合議制機関の役割

大学内の各種の合議制機関は，統率部門の運営に関して審査・評価する機能を備えているといえるだろう。とりわけ評議員会（私学法41条）や教育研究評議会（国大法人法21条）といった，教員が成員となる合議制機関の役割が重要である。学長の権限を強化するとしても，学長の判断に合議制機関の判断がある程度で影響を与える仕組みを設けることによって，自己制御が作動することを期待できる。大学をトップダウン型の組織に組み替え，状況に即応した大学運営を可能にすることにある程度の合理性はあるとしても，大学の活動は経済性・効率性の基準に完全に依拠することはできないであろうし，学長等の統率部門が教員の活動に干渉することにも法的な限界がともなう。こうした大学の特性をふまえることなく大学を過度に階層化させ，大学の特性への配慮が欠如する場合，その組織構造は憲法に適合しない可能性があろう[21]。

IV　結　語
―― 裁判所の役割と限界

裁判所もまた，大学の運営の適正さを確保する役割の担い手である。しかし，大学に対する監督法制の運用をめぐり，訴訟が提起された例は確認されていない[22]。また，大学に対する監督は限定的な運用が望ましく，行政処分に至る前

---

21) 学問に適した組織の必要性については，山本隆司「学問と法」城山英明＝西川洋一〔編〕『法の再構築III　科学技術の発展と法』（東京大学出版会，2007年）140頁以下を参照。ドイツの連邦憲法裁判所が，ハンブルク大学法について，その組織構造を総合的に検討した結果，学問の自由の構造的危険が排除されるような組織的予防措置が不足しているとして違憲判断を下したことについては，栗島智明「ドイツにおける近年の大学改革と学問の自由――『学問マネジメント』の憲法適合性をめぐって」法学政治学論究103号（2014年）233頁以下（249-253頁）を参照。
22) 私立学校の設置認可申請に関して訴訟事例がみあたらないのは，行政指導の多用という行政

に何等かの改善措置がとられるべきであろう。このほか情報関係法令に基づく情報の開示・不開示の決定をめぐる紛争，入退学の措置をめぐり生ずる紛争，アカデミックハラスメント等に起因する紛争等に際して，その解決のために裁判所は利用されている。これらの紛争について裁判所が裁断することにより，大学の規律が維持されることになる。しかし，裁判の本来の目的は権利義務をめぐる紛争の裁断なのであって，大学の規律維持又は運営の適正さを確保すること自体が直接の目的ではない。さらに，団体内部の紛争は，部分社会の法理により，そもそも一定の範囲で裁判による審判の対象とはならない。

　立法論として，大学の運営の適正化を主要な目的とした訴訟類型を設けることも考えられなくはない。地方公共団体の場合，地方自治法により，住民参政の性格を有する住民訴訟が地方公共団体の運営の適正化を目的として用意されている。その利用頻度からみて，裁判所は地方公共団体の運営の適正化にとって重要な役割を果たしているということができる。また，株式会社については株主代表訴訟（会社法847条），一般社団法人については社員代表訴訟（一般社団法人及び一般財団法人に関する法律278条）において，やはり裁判所が法人の運営の適正化に貢献する。大学についても類似の制度を取り入れることは不可能ではないであろうが，誰に訴えの提起を認めるかという問題があるほか，裁判所の裁断を運営の適正化のための主要なルートとすることが，大学自治の理念に適合的かどうかも問われよう。

　立法者は大学の規律維持をはかるために権力的な仕組みを設けることもできるが，権力的な作用の仕組みの在り方やその運用は，自由な学問空間の維持促進に配慮されたものでなければならない。学問の自由の担い手のネットワークとしての性格を有する大学組織では，権力的・統制的な仕組みによって組織の一体性を確保するコンセプトには限界がある。大学の規律維持に関しては，国の監督や裁判所による裁断といったハードな外的規律維持の仕組みではなく，学界の自己制御としての評価等の仕組みや，大学の自己制御の仕組みに重要な位置づけが与えられるべきであろう。

　　過程の特色にその一因があると指摘されている。塩野宏「日本の行政過程の特色──大学設置認可過程（平成24年）を素材として」日本学士院紀要68巻2号（2014年）113-131頁を参照。

即時強制・仮の行政処分・事実行為の実施
—— 参照領域としての子ども法

横 田 光 平

Ⅰ 即時強制
　—— 問題設定
Ⅱ 児童福祉法 33 条
　—— 考察の素材
Ⅲ 仮の行政処分
Ⅳ 事実行為の実施
Ⅴ 小　　括
Ⅵ 追　　記
　—— 再び行政強制

Ⅰ　即 時 強 制
　　　—— 問題設定

　いわゆる「即時強制」は，もともと行政法各論としての警察法において用いられていた「警察強制」概念がそう古くない時期に行政法総論へと取り込まれたものであり[1]，用語[2]や定義[3]の不統一に象徴されるように，行政法総論における考察の視点は必ずしも定まっているとはいえない。本稿は，行政法総論において

---

[1] 詳しくは，参照，須藤陽子『行政強制と行政調査』(2014 年) 43-61 頁。
[2] 「即時強制」に代えて「即時執行」とする見解として，参照，塩野宏『行政法Ⅰ　行政法総論〔第 6 版〕』(2015 年) 277 頁以下，大橋洋一『行政法①現代行政過程論〔第 2 版〕』(2013 年) 299 頁以下。この用語に対する批判として，参照，芝池義一『行政法総論講義〔第 4 版補訂版〕』(2006 年) 209 頁。
[3] 「即時強制」ないし「即時執行」の「即時」を時間的切迫性よりも「相手方の義務を介在させない」という意味に理解すべきであるとする塩野・前出注 2) 278 頁に対し，「義務を命じる暇のない場合」という即時強制の許容要件を緩めるおそれがあると批判する見解として，参照，須藤・前出注 1) 56 頁。なおおもに塩野説を批判する上記芝池説と須藤説は対極的な立場に立つ。

即時強制をどのような視点から捉えうるか，従来とはやや異なる素材を用いて考察を試みるものである。

伝統的学説において行政法総論に取り込まれた際，即時強制は，事実行為としての強制的性格に焦点を当て，「行政強制」の名の下，強制行為とされる行政上の強制執行，とりわけ直接強制との対比において論じられ[4]，その後多くの見解がこれに続いた[5]。その場合の問題意識は，即時強制は「先行する義務の有無」において行政上の強制執行，とりわけ直接強制と区別され，私人に義務を課すことなく行政により実力行使がなされる即時強制は，その濫用により人権侵害の可能性が高いことから，できる限り避けるべきであり，可及的に義務を課した上で強制行為を行う法的仕組みによるべきであるというものであったといえる[6]。即時強制が許容されるのは義務を命ずる暇のない場合，義務を命ずることによっては目的を達しがたい場合に限定されることが強調される[7]。

一方，即時強制をむしろ下命・禁止や許可・認可・特許といった法的仕組みと並ぶ干渉の仕組みの一形態として説明する立場[8]がある。この立場においても行政上の強制執行につき「義務の有無」において即時強制と区別されることは指摘されるが[9]，基本的には，先行する義務の有無というよりも当該仕組みの定める行為自体が法行為か否かに着目し，行政行為[10]と即時強制を並列的に捉える見方といえよう。しかし，先の立場の問題意識が明確であるのに対し，このような見方にはどのような積極的意義が見出されるであろうか。この問いに対し，近時

---

4) 参照，田中二郎①『行政法総論』(1957年) 378頁以下，同②『新版行政法上巻〔全訂第2版〕』(1974年) 168頁以下。他方で即時強制を依然として警察の領域に限定し，これを明示的に除外して行政強制を語る見解も有力であり，田中説をもって，即時強制概念が行政法総論に定着したとみるのは早計だろう。参照，柳瀬良幹「行政強制」田中二郎＝原龍之助＝柳瀬良幹編『行政法講座第2巻 行政法の基礎理論』(1964年) 189-212頁 (189頁)。
5) 代表的学説として，参照，広岡隆『行政強制と仮の救済』(1977年) 1-180頁。ほかに参照，原田尚彦『行政法要論〔全訂第7版補訂2版〕』(2012年) 223頁以下，芝池義一『行政法読本〔第3版〕』(2013年) 135頁以下など。
6) 参照，原田・前出注5) 224頁。
7) 参照，田中①・前出注4) 379頁，田中②・前出注4) 180頁，広岡隆『行政法総論〔3版〕』(1995年) 167頁。
8) 小早川光郎『行政法上』(1999年) 192頁以下，宇賀克也『行政法概説Ⅰ行政法総論〔第5版〕』(2013年) 104頁以下。
9) 小早川・前出注8) 237頁。
10) 論者においては「行政行為」に代えて「行政処分」概念が用いられているが，本稿では事実行為との対比を際立たせるため，従来から法行為に限定して用いられてきた「行政行為」概念を用いる。参照，小早川・前出注8) 265頁以下。

の具体的な法律問題を素材として，答えの一つを提供しようとするのが本稿の目的である。

II 児童福祉法33条
——考察の素材

まず考察の素材について簡単な概観を行う。

児童虐待，少年非行等からの保護を要する児童（要保護児童）への行政的対応は，当該児童の発見，調査ののち，児童福祉法27条1項の措置によることとされているが，とりわけ当該児童を保護者から引き離すべき場合は，同措置のうち里親等への委託，または児童養護施設，児童自立支援施設等への入所といった措置（3号。以下「27条1項3号措置」という）が児童に対してなされる。同措置は，親権者，未成年後見人（以下「親権者等」という）の意に反して行うことができないが（児福27条4項），虐待の場合には同法28条1項により家庭裁判所の承認（以下「28条審判」という）を得て同措置をとることができ，また，少年法上の少年審判によって下される保護処分（少24条1項2号）等の場合も例外が認められている（児福27条の2）。これに対し，27条1項3号措置がとられるまでの間，児童に対して行われるのが児童福祉法33条の一時保護（以下単に「一時保護」という）[11]である。「即時強制」を問う本稿が考察対象とするのは，この一時保護であり，その法的性質につき27条1項3号措置とも対比しつつ考察することによって[12]，本稿の問いに答えることとしたい。

児童福祉法の目的の多様性とも関連して，「必要があると認めるとき」という抽象的な要件の下，一時保護は様々な態様で行われるが，虐待など緊急に子どもの保護が必要となる場合に保護者の意に反しても実施されることがあることから，少なくともそのような場合については，保護者との関係において義務を課すことなく強制的に実力行使を行っているとみることができよう[13]。その意味で一時

---

11) 正確に言えば，児童福祉法上の一時保護としては，33条1項に基づき児童相談所長が行うものと，同条2項に基づき都道府県知事が児童相談所長に行わせるものがあるが，本稿では特に区別しない。
12) 以上，児童虐待，及び少年非行に関する法制度の簡単な概観として，参照，大村敦志ほか『子ども法』(2015年) 第3, 第4, 第7章〔横田光平執筆〕。なお本稿再校時に児童福祉法が大幅に改正され，同法27条1項3号，33条をはじめ本稿で引用する条文についても文言の変更が少なからずあるが，本稿の記述に変更を迫るものではない。
13) あらかじめ法令によって義務を課されているとみることも難しいだろう。例えば親権者とし

保護が法的性質において即時強制と重なる場合があることは否定しえない。

ところが、この点に関して近時注目すべき下級審裁判例がいくつか登場している。以下に掲げる裁判例であり、本稿ではこれらの裁判例に焦点を当てて考察を行う。

① 東京高判平成25・9・26判時2204号19頁。

本件は、両親がその児童に対して適切に栄養を与えておらず、必要な治療等を受けさせていないとして、児童の入院先の病院から通告を受けた市の児童相談所の長が児童福祉法33条に基づき同児童を一時保護する決定をした後、同市の別の児童相談所で一時保護中の当該児童に対して職員がアレルギー源を含む食べ物を誤って食べさせたために児童が死亡したことから、児童の両親が損害賠償を請求した事案[14]である。

請求のうち一時保護決定等が違法であるとの主張につき、本判決は、児童福祉法33条1項が「必要があると認めるとき」一時保護を行うことを認めていると指摘し、緊急性（他の手段等を経ていたのでは間に合わないような場合であること）を要件とするものと解すべき根拠はないとした。

② 大阪地判平成23・8・25判自362号101頁。

本件は、頸部及び頭部を刃物で切られて傷害を負い総合医療センターに救急搬送された児童につき、意識回復後も意識障害があったことから尿中薬物検査を実施したところ睡眠薬の成分が検出され、母親から薬を飲まされたとの同児童の発言を聞いたとの看護師からの報告をうけて、総合医療センターから児童相談所に通報がなされ、児童相談所長によって一時保護が決定されたことに対し、児童及び母親が一時保護決定の取消しを請求した事案[15]である。

原告は事実関係を争ったほか、処分行政庁が十分な裏付けをとることなく、もっぱら傷害の捜査への協力のために一時保護決定をしたとして手続の違法性を主張した。

ての義務を考えるとしても、その義務違反は一時保護の要件ではない。

14) いわゆる「医療ネグレクト」とみうる事案である。「医療ネグレクト」については、参照、保条成宏「子どもの医療ネグレクトと一時保護による対応——刑法・民法・児童福祉法の協働による『総合的民事法』の観点に立脚して」中京法学49巻3=4号（2015年）223-310頁（230頁以下）。なお同論文は、児童福祉法33条の2の文言（「一時保護を加えた児童」）に鑑み、一時保護前の医療ネグレクトに対する医療実施目的の一時保護に批判的な見解を示すが、本稿では一時保護の下での具体的な権限の限界の問題には立ち入らない。

15) いわゆる「代理によるミュンヒハウゼン症候群」と考えられる事案である。

本判決は，一時保護決定が必要であるとした処分行政庁の判断に裁量の逸脱があるとはいえないとした上で，手続の違法性についても，一時保護決定の暫定的性質，緊急性を理由に，一時保護決定前に看護師から直接聴取りを行っていないことをもって，十分な裏付けを欠いているとはいえないとした。また，一時保護決定が児童福祉法26条や27条の後続手続を予定するものであることから，一時保護決定後に調査をするなどして後続手続に必要な資料を収集し，関係者への事情聴取をしたとしても違法とはいえず，捜査への協力目的とはいえないとし，児童に対する警察官の取調べを容認したこともやむを得ないとして，処分行政庁が裁量権を濫用したとは認められないとし，原告の請求を棄却した。

　③　大阪地決平成23・12・27判自367号69頁。

　本件は，平成23年1月21日，生後2か月に満たない乳児を寝室に運ぼうとした際，1メートル程度の高さから誤って右側頭部を下にして落としたとして救急外来に来院した事例につき，乳児を診察した医師が当該乳児を入院させ虐待通告をした後，児童相談所が別の鑑定医の鑑定をもとに一時保護を行おうとしたところ，通告をした医師が診断を変更して乳児を退院させたことから，一時保護を行わず見守りを継続することとしたが，同年11月10日に当該乳児が左大腿骨骨折という重傷を負ったことから，通告を受けた児童相談所長が虐待の存在を疑って一時保護決定をしたのに対し，執行停止が申し立てられた事案である。

　本決定は，申立てを却下するにあたり，一時保護が暫定的な処分であることに加え，緊急を要する場合が多いことを確認した上で，裁量の逸脱ないし濫用があるとはいえないとした。さらに，(1)児童福祉法33条1項の規定する一時保護は，要保護児童等に対する行政処分であるとした上で，処分の通知は両親が親権者である場合であってもいずれかに通知すれば足りるとし，また，(2)一時保護決定は要保護児童等に対する不利益処分といえるから，当該処分を行うに際しては名宛人に対してその理由を示す必要があるとした上で，一時保護の暫定的かつ緊急的な処分としての性質に加え，一時保護を行う際に要保護児童等の生育状況及び環境等について必ずしも詳細な情報を入手しているとは限らないことを指摘して，ある程度抽象的な理由の提示であっても許容されるとの解釈を示し，通知書に法33条に基づき一時保護をした旨及び一時保護が必要と判断したためとの理由が記載されているに過ぎないとしても手続的瑕疵があるとは認められないとした。

Ⅲ　仮の行政処分

以上，考察の素材を確認したところで，以下，具体的な考察に入る。

まず①判決は，一時保護につき児童福祉法33条の文言に照らして緊急性を要件とするものではないとの判断を示している。即時強制につき必ずしも時間的切迫性を要素としない立場[16]からは，この判断を前提としても一時保護を即時強制と理解できないわけではない。しかし，①判決はそもそも一時保護を即時強制とは解していないようにもみえる。

一方，②判決は，一時保護決定の取消しが求められた事案において，一時保護決定が狭義の行政処分であることを前提とした上で手続の違法性につき判断しているようにみえ，さらに③決定は，より明確に一時保護決定が行政処分であるとし，行政手続法上の不利益処分であることを前提として手続の違法性を判断している。

一時保護につき狭義の行政処分であると解すると，児童福祉法33条に定める一時保護には即時強制と重なる場合と狭義の行政処分と解される場合が混在することになるが，同一の法律文言に基づく行為の性質決定が事案に応じて異なりうるか，とりわけ狭義の行政処分と解した場合には行政手続法による手続的規律の対象となりうる点に鑑み問題となる。加えて一時保護の場合には，狭義の行政処分と解される27条1項3号措置につき，親権者等の意に反する場合に家庭裁判所の承認を要する点との関係についても検討が必要となろう。

もっともここで特に注目すべきは，ときに即時強制と重なりうるような行為を仮に狭義の行政処分と解するとして，行政手続法等における行政処分への手続的規律に応えられるかという問題である[17]。

この点につき，②判決は，一時保護決定の暫定的性質，緊急性を指摘して不十分な調査とはいえない旨の判断を示し，また，一時保護決定が児童福祉法26条や27条の後続手続を予定するものであるとして，一時保護決定後の調査，事情聴取も違法ではないとした。さらに，③決定も一時保護の暫定的かつ緊急的な処分としての性質を指摘した上で，ある程度抽象的な理由の提示であっても許容さ

---

16) 参照，塩野・前出注2) 278頁。
17) 後述のように即時強制か否かが問われる出入国管理及び難民認定法上の退去強制手続については行政手続法の適用除外であるため，このような問題は生じない。

れるとし，法33条に基づき一時保護をした旨及び一時保護が必要と判断したためとの理由が記載されているに過ぎないとしても手続的瑕疵があるとは認められないとの判断を示している。

　これらは，一時保護をいわゆる「仮の行政処分」[18]と理解した上で，その理解をもとに狭義の行政処分に対する手続的要請を緩和したものと考えられる。もっとも，「仮の行政処分」概念は，行政手続法における緊急の場合の適用除外規定（13条2項1号，14条1項）に対し，事後の意見聴取などの手続保障に向けた制度整備の主張として学説上語られているものである。②判決の事案が行政手続法13条2項1号により説明しうるとしても，「仮の行政処分」として求められる手続保障の水準に達していたかは検討を要し，また，③決定については，行政手続法14条2項により，原則として処分後相当の期間内に理由を示すことが求められており，その理由については「処分の時点での行政庁の判断の過程を説明するものである」と理解された上で，「処分の時点で，やや慎重さを犠牲にした判断を行ったにもかかわらず，事後的に改めて慎重に事案を検討し，そのような理由づけを行うということは許されない」[19]とされることからして，「仮の行政処分」概念によっても正当化は困難である。

　とはいえ，事案次第では別の評価もありえたかもしれないとすると，ここには「仮の行政処分」概念を媒介として即時強制と狭義の行政処分とが理論的に近接する契機が示されているようにも思われる。この点に着目するなら，一時保護については，その法的性質が何であれ，法的仕組みの特性を踏まえつつ事後の意見聴取や理由付記など行政処分に準じた手続的規律が求められるべきであるし，他の即時強制の仕組みについても，行政処分に準じて手続的規律のあり方を個別法ごとに検討すべきとの考え方がより説得力を持ってこよう。例えば強制入院等に係る感染症法16条の3第5項・6項，23条においては行政手続法14条と同様の定めが置かれているが，即時強制一般について事後を含めた理由付記は喫緊の検討課題と思われる。

　「仮の行政処分」概念を媒介とした行政処分との対比は，即時強制もしくは即時強制と重なる行為に関する手続的規律のあり方をより深く考察する手掛かりとなりうるのではないか。

---

18) 塩野・前出注2) 333頁，宇賀・前出注8) 432頁。
19) 参照，塩野宏＝高木光『条解行政手続法』(2000年) 14条〔15〕。

なお児童福祉法33条の一時保護については，暫定的性格を強調することによって27条1項3号措置と区別され，28条審判の対象から外れることになるが，この観点からは同法33条3項以下の一時保護期間の規律は厳格に遵守されなければならないし，他方で一時保護についても行政手続というよりむしろ27条1項3号措置に準じ，その特質を考慮して事後を含めた家庭裁判所の審判手続が検討されてよいだろう[20]。

Ⅳ 事実行為の実施

もっとも上記のように「仮の行政処分」概念を媒介として即時強制と行政処分とが理論的に近接するようにみえるとしても，両者の間にはもう一つ理論的な壁がある。すなわち仮に一時保護を「仮の行政処分」と解したとして，一時保護決定は法行為として理解されることになるが，この法行為に続いて行われる事実行為をどのように解すべきであろうか。

即時強制と行政上の強制執行を対比し，できる限り後者を指向する立場からは，事実行為が即時強制でないとすれば，次に検討されるべきは強制執行としての理解の可能性であり，法行為たる行政処分と事実行為たる強制執行の組み合わせとして理解しうるかが問われることとなる。

例えば出入国管理及び難民認定法（以下「入管法」という）に基づく退去強制手続については，これを即時強制と理解する立場[21]に対し，義務の賦課の段階があるとみて直接強制と解する可能性を指摘する立場[22]がある。この立場は義務の賦課の段階があるとみることによって私人の人権保障につながりうるとの考え方を前提とするものと推測されるが，義務の賦課と人権保障の関係につきもう少し具体的に考えてみよう。一般に行政行為による義務の賦課には，手続保障などによる慎重な行政決定という意義もあるかもしれないが，その点については上述

---

20) 早くからの主張として，参照，佐藤進＝桑原洋子監修／桑原洋子＝田村和之編『実務注釈児童福祉法』(1998年) 210-211頁〔吉田恒雄執筆〕，吉田恒雄「児童福祉法における一時保護の法的諸問題」白鷗法学8号 (1997年) 279-294頁 (286頁)，同「日本における児童虐待の法的対応と課題」家族〈社会と法〉17号 (2001年) 22-40頁 (33頁)，石川稔「児童虐待をめぐる法政策と課題」ジュリ1188号 (2000年) 2-10頁 (8頁) など。なお司法機関の関与を問う場合には，上記の理由付記の検討とあわせて考えるべきであろう。

21) 参照，塩野・前出注2) 278, 280頁。

22) 参照，芝池・前出注2) 210頁。これに対し，直接強制説に対する批判として，参照，広岡・前出注7) 168頁。

のように即時強制と解したとしても可能な限り手続保障を求めるべきであり，実際に退去強制手続については行政手続法の適用除外（行手3条1項10号）の一方で，入管法において口頭審理を含む詳細な手続が用意されている。これに対し，むしろ義務の賦課の段階が私人の行動選択の余地を認めるものである点が重要であるとすれば[23]，上記の直接強制説は，私人の行動選択の余地が認められるように実際の退去強制手続がなされるべきことを含意した主張と理解すべきであろうか[24]。入管法52条4項に定める自主的な退去の許可制，及び仮放免の制度を含めた検討が必要となろう。

一方，児童福祉法33条の一時保護については，一時保護決定に対し，親権者等に行動選択の余地を認めるものと解することは難しいように思われる。まさに子どもの保護のため親権者等の判断に委ねないことに一時保護の意義があるとすれば，一時保護決定に続く事実行為を義務不履行に対する強制執行とみることは無理があろう。

そこでこの事実行為の法的性質が問題となるが，もちろん一時保護については即時強制と解する選択肢もある。これに対し一時保護に続く27条1項3号措置についてはどうであろうか。同措置については狭義の行政処分であるとの前提[25]の下，親権者等の意に反するとして28条審判を経てなされる同措置における事実行為につき法的性質が問題となろう。一連の制度である27条1項3号措置＝行政処分との対比に手掛かりを求めてみよう。

上述のように27条1項3号措置は本来親権者等の意に反して行うことができ

---

[23] この点を伝統的「三段階構造モデル」に基づく法治国家論の意義として強調する見解として，参照，藤田宙靖『行政法総論』（2013年）322頁。
[24] 論者においては，一般論として可能な限り強制執行に近づける形での運用が望ましいとしつつ，具体例として，感染症法上の診断，入院に勧告が前置される点が積極的に評価されている。参照，芝池・前出注2) 211-212頁。一方，即時強制か直接強制かを重視しない立場も，いずれかによって業務遂行上，行政争訟上の違いが出てくるわけではない点を強調する一方で，私人の自発的履行の契機に着目し，上記感染症法上の勧告を評価する。参照，黒川哲志「行政強制・実力行使」磯部力＝小早川光郎＝芝池義一編『行政法の新構想Ⅱ』（2008年）113-129頁（126-127頁），塩野・前出注2) 279-280頁。これに対し，義務の賦課により争訟，とりわけ行政不服申立ての契機を介在させる意義を強調し，対照的な立場をとる見解として，参照，須藤・前出注1) 172頁。
[25] もっとも厳密にいえばこの点は自明ではないが，児童福祉法33条の5において同措置の解除につき行政手続法第3章の適用除外が定められ，同措置の解除が不利益処分であることが前提とされていることからすれば，同措置につき少なくとも法行為であることは確かであるし，さらに行政処分といいうるかについても，本文の以下の考察からむしろ確認されるところであろう。

ないものであり，実際上も多くの場合は親権者等の同意を得てなされている。その場合の措置は，親権者等の任意による干渉というよりも，むしろ親子再統合等を目的として[26]親権者等への「子どもの保護」の給付による支援と見うる面もあるように思われる（子どもと親の関係の両義性）。本措置の解除につき児童福祉法33条の5が行政手続法第3章の一部の適用除外を定め，児童福祉法33条の4が親権者等への説明と意見聴取を定める点からは，本措置自体については利益処分と位置づけられているようにさえみえる。そうすると，この場合の事実行為は，例えば情報公開制度における開示決定に基づく開示の実施や生活保護法上の保護決定に基づく保護の実施に近く，「行政行為に基づく事実行為の実施」と理解されるべきものではないだろうか。とりわけ27条1項3号措置につき申請を観念することが難しいとすれば，職権による生活保護（生保25条1項）の実施と対比されるべき事実行為であると考えられる。

一方，28条審判を経てなされる27条1項3号措置については，措置決定に先立ち申請手続とは異なる形で判断の余地を親権者等に認めた上で，反対の意思を示した場合につき28条審判を経る手続といえよう。そうであるなら，親権者等の意に反する措置決定につき，義務付けとみてあらためて行動選択の余地を認めるのではなく，28条審判を経た以上，決定により直ちにその執行として事実行為を実施することを認めてもよいように思われる。

要するに，親権者等の意思の如何にかかわらず，27条1項3号措置は，職権による行政行為とそれに基づく事実行為の実施として理解されるのではないか。これを逆からいえば，行政行為とその執行・実施である事実行為が親権者等の意思次第で親権者等に対して干渉的な作用または給付的な作用を有すると説明されることになるが，これを同一の法令の定めの下で親権者等の意思に応じて干渉的な法的仕組みと給付的な法的仕組みの二つがあると観念[27]するよりも，むしろ子どもと親の関係の両義性を直截に捉え，いずれにも単純に分類されえない法的仕組みの存在を認めるべきではないだろうか。そもそも27条1項3号措置は，親権者ほかの保護者がいない場合をも念頭に置くものであり，親権者等の同意に

---

26) 児童虐待対応としては，国及び地方公共団体の責務につき定める児童虐待防止法4条1項に明文で「親子の再統合」の目的が定められている。

27) 従来は「同意入所」と「強制入所」といった二分法的な用語法による説明がままみられた。本文で以下に述べるところからは，少なくとも「同意入所」という表現は再考の余地があるだろう。

基づいてのみ初めて行いうるものではない。むしろ私人間においては事務管理として親権者等に代わって行う子どもの保護と対比されるべき行為と考えられる[28]。もっぱら要保護児童の保護に焦点を当てる行為として，民法上の事務管理と同様に，親権者等の明示の同意がなくとも，その意に反することが明らかでない限り措置をとることができるとするのが児童福祉法27条4項の趣旨であり[29]，親権者等の意に反する場合の例外を定めるのが同法28条であると考えられる。28条審判において親権者等に期日における審問が保障されず，当事者としての手続的地位が認められていない点[30]にも留意する必要があろう。

このような固有の法的仕組みに対して不利益か否かの二分法を前提とする行政手続法第3章の適用が問題となりうるが，27条1項3号措置につき類型的には不利益処分には該当しないとしつつ，親権者等の意に反するとして実質的に不利益処分に相当する場合には，行政手続法に代えて28条審判の手続が用意されていると理解すべきであろう[31]。親権者等の意思を確認できない場合は措置を実施した後，反対の意思が明らかになった時点で28条審判を求めることとなろう[32]。

もっとも，28条審判の存在を背景として，同意による措置も実際には自由意思とは言いがたい場合が多く，実務上も争いが多く生じており，他方において28条審判による場合も，措置の目的は親子再統合を目指した子ども，親権者等の支援であり，支援を目的とした介入であると解するなら，あるべき手続としては，こうした法的仕組みの固有性を踏まえ，親権者等の意思の如何を問わず何ら

---

28) 行政上の事務管理については近時議論があるが，本稿は行政法分野における民法上の事務管理法の適用を直接論じるものではない。参照，塩野・前出注2) 47頁注3。
29) これに対し，精神保健福祉法における任意入院と，強制入院たる措置入院，医療保護入院等の区別に関しては，あくまでも本人の自己決定を出発点として，任意入院は本人の明示の意思に基づかなければならず，その点で強制入院と峻別され，両者で異なる仕組みが用意されている。
30) 参照，横田光平「行政過程における司法と行政訴訟——家事審判・臨検捜索・一時保護」宮崎良夫先生古稀『現代行政訴訟の到達点と展望』(2014年) 95-113頁 (102頁以下)。
31) ただし，上記のような28条審判の手続が行政手続法に代替しうるか，聴聞手続と比較した場合に手続保障の観点から問題がないかは慎重に検討する必要がある。
32) 具体的に親権者の意思確認が容易でない場合に，確認のためにどの程度の職務上の義務を負うかが問題となろう。例えば民法817条の6によれば特別養子縁組の成立に父母の同意が必要であるとされるとともに，但書において父母がその意思を表示することができない場合が除外されるが，縁組手続に求められる慎重さ，及び縁組成立後に反対の意思が明らかになる場合の問題の大きさからすると，同手続に求められるのと同程度の意思確認義務までは求められないのではないか。

かの形で司法機関の関与を考えるべきであるように思われる[33]。

なお，以上は親権者等の法的地位の観点からの考察であるが，子ども本人の法的地位の観点からも，虐待からの保護の一方で，親によって養育される子どもの権利の視点[34]（親との関係の両義性），そしてとりわけ触法少年の保護としての同措置による自由制限（保護自体の両義性）を念頭に置けば，子どもにとって干渉とも給付とも単純に分類されえない。他方で犯罪少年の少年審判手続との比較からしても，子ども本人，そして親権者等の同意の有無にかかわらず司法機関の関与を考えるべきであろう[35]。

ひるがえって一時保護に戻ると，行政行為を観念するにしても事実行為のみであるにしても，いずれにせよ親権者等の判断によることなく職権によりなされうるのであれば，実際上は27条1項3号措置と比べて干渉的な場合が多いことが推測されるとしても，干渉か給付かの区別はより困難であるように思われる[36]。27条1項3号措置に関する上記考察に鑑みれば，親権者等の判断によらないことから当然に干渉であるともいえないだろう。また，子ども本人の法的地位の観点からしても，虐待からの保護の側面だけでなく，親によって養育される権利の視点，触法少年の一時保護等を念頭に置けば，干渉とも給付とも単純に分類することはできないだろう。

したがって，行政行為を観念する場合には，27条1項3号措置と同様，一時保護における事実行為を当然に強制行為とみることはできない。そうすると，問題となるのは行政手続法との関係である。すなわち，一時保護については27条1項3号措置とは異なり，親権者等の意に反する場合も家庭裁判所の承認手続はないが，そのような場合につき③決定は行政手続法の適用を前提としている。しかし，上述の行政処分か否かの論点とは別に，干渉か給付かという点からも，不利益か否かの二分法を前提とする行政手続法第3章がいかなる場合に適用されるのか困難な問題を生ぜしめるように思われる[37]。結局，一時保護については行

---

[33] 参照，岩佐嘉彦「児童福祉法と法の実現方法 ―― 児童虐待の問題を中心に」長谷部恭男ほか編『岩波講座 現代法の動態2 法の実現方法』（2014年）201-231頁（222-223頁）。

[34] 横田光平「『関係』としての児童虐待と『親によって養育される子どもの権利』」ジュリ1407号（2010年）87-94頁。

[35] 岩佐・前出注33) 222-223頁。

[36] 行政調査を例として，事実行為に関しては権利自由の一方的制限か任意的措置か必ずしも判然としない場合が少なくないと指摘する見解として，小早川・前出注8) 306頁。一時保護については，事実行為が干渉か給付かも判然としないのではないか。

政行為を観念するのはやはり難しいのかもしれない。

一方，行政行為を観念せず事実行為のみと理解するにしても，即時強制が干渉を前提とする概念であるなら，一時保護を即時強制と理解するには留保が必要となろう。この点，警職法3条1項2号の迷い子等の保護については本人がこれを拒んだ場合を除くことから即時強制とは区別されるべきであり，生活保護法19条6項，25条3項の応急的措置としての職権保護についても基本的に保護の給付と考えられるが[38]，一時保護についても親権者等との関係でこれらに準じて保護の給付と捉えられるべき場合があると思われる。他方で一時保護について即時強制と重なる場合があることも否定できないだろう。即時強制と重なりつつ同概念によっては捉えきれない事実行為の存在を認めるべきではないか。

このように考えると，一時保護を義務の強制執行との対比において捉えるべきではなく，義務の強制執行によることができないような緊急の場合にのみ一時保護が認められるとする理由もないことになる。一時保護は，27条1項3号措置，28条審判など児童福祉法の仕組み全体を踏まえた上で，そのような措置による保護では適切に対応できないため，児童相談所長等が「必要があると認めるとき」に行うことができるのである。①判決は，このような立場に立つようにもみえる。

手続保障を考える上でも，一時保護については行政行為であれ事実行為であれ干渉と給付に峻別することは難しく，態様の如何にかかわらず，事後の意見聴取や理由付記など基本的には同一の手続が求められると考えられる。上述のように一時保護につき家庭裁判所の審判手続を求めるのであれば，親権者等の判断を問わない点からしても，一見して強制的な場合に限らず常に何らかの司法機関の関与を求めるべきではないだろうか。

即時強制もしくは即時強制と重なる行為を行政処分と対比することは，強制執行との対比における「先行する義務の有無」の枠組み，すなわち干渉の枠組みの視点からの解放により，事実行為の直截的な把握へと視界を広げるように思われる。

---

37) 行政手続法第3章は給付の法的仕組みに基づき付与された地位の剥奪等をも対象とするので，干渉か給付かの分類と不利益か否かの二分法は必ずしも対応関係にはないが，ここではこの点は捨象しうる。

38) 警職法3条1項1号の泥酔者等の保護が他人への危害のおそれをも視野に入れるのとは異なるのではないか。生活保護法25条1項の「急迫した状況」も含め，実務運用につき，参照，小山進次郎『改訂増補生活保護法の解釈と運用』（復刻版，1975年）309頁。

Ⅴ　小　　括

　以上，本稿で考察した一時保護は例外的な制度ではない[39]。例えば即時強制と重なるものではないが，27条1項3号措置と並ぶ児童福祉法27条1項2号の指導措置についても，それ自体直接の法効果を有しない事実行為にみえて，保護者が指導に従わない場合には28条審判の更新（児福28条2項）や一時保護，28条審判といった不利益につながる面（児童虐待11条）があると同時に，他方で児童福祉法33条の4，33条の5において指導措置の解除につき27条1項3号措置と同様の定めが置かれ，指導措置自体が「利益処分」であることが前提とされているようにもみえる。確かにこの場合も子どもと親の関係の両義性を背景とするものと考えられるが，より一般的に，即時強制に限らず事実行為につき法令の定めがある場合については，行政行為か単なる事実行為か，干渉か給付か見極めが容易でないことがあるといってもよいのではないか。

　とりわけ「子ども法」と呼ばれる法領域[40]においては，子どもと親の関係の両義性に関わる場合に限らず，例えば学校教育における教育活動と事実上の懲戒の差異が微妙であるなど[41]，事実行為を中心に[42]，干渉とも給付とも単純に分類できない一群の行為の存在がある[43]。しかし，行政手続法は不利益処分の定義から事実行為を除外するとともに，学校教育及び少年法の領域を適用除外としたため，児童福祉法上の一時保護に焦点が当てられるまで問題が顕在化しなかった。事実行為に対する行政訴訟は2004年行訴法改正まで継続的事実行為の取消

---

39)　行政法学にフリンジの視点を導入し，周辺領域処理にあたり概念の中核部分との距離をはかる必要性を指摘する見解として，参照，塩野宏『行政法概念の諸相』（2011年）3-22頁。

40)　横田光平『子ども法の基本構造』（2010年）。

41)　規律・訓練制度としての学校の権力性というフーコー的な教育観を持ち出すまでもないだろう。日本語文献として，参照，S. J. ボール編著（稲垣恭子＝喜名信之＝山本雄二監訳）『フーコーと教育——〈知＝権力〉の解読』（1999年）。いわば広義の「教育の二義性」を考える上で，参照，内田良『教育という病——子どもと先生を苦しめる「教育リスク」』（2015年）。

42)　法行為についても，例えば義務教育における就学先決定・通知は学校教育法施行令5条1項，14条1項等の定めるところであるが，学校教育法138条，学校教育法施行令22条の2により行政手続法第3章の適用除外が定められており，不利益処分であることが前提とされている。これは就学義務の具体化という面に着目するものと理解されるが，他方で公立高校入学許可が給付の法的仕組みである点に鑑みれば，ともに教育を受ける権利の実現に向けた法的仕組みとして干渉と給付の両面を否定できないのではないか。

43)　横田光平「児童福祉における介入と援助の間」岩村正彦＝大村敦志編『融ける境　超える法①個を支えるもの』（2005年）115-139頁。

訴訟に限られていたし[44]，国家賠償法1条についても「公権力の行使」の広義説の下では干渉か給付かを明らかにする必要がなく，①判決及び27条1項3号措置に係る最判平成19・1・25民集61巻1号1頁[45]についてもそうであった。

　以上のような法理論状況に鑑みれば，参照領域としての子ども法は，行政法学のさらなる発展に向けて寄与するところ少なくないと思われる。

　この点については本稿ではこれ以上立ち入らないが[46]，話を戻すと，児童福祉法33条の一時保護を素材にみてきたように，即時強制か行政行為（とその実施）か，干渉か給付か，いずれも相対的な面があり，即時強制概念の外延は二つの方向で必ずしも明確ではない。子ども法に限らず事実行為は多様であり，広く法的仕組みの観点から即時強制をみることは，その枠組みに制約されることなく事実行為の多様性を明らかにし，その多様性に応じた法的規律の可能性を開く意味を持つと考えられる。

VI 追　記
── 再び行政強制

　もっともこのような本稿の立場は，即時強制に係る従来の議論枠組みと二者択一の関係に立つものではない。本稿の最後にこの点を確認しておきたい。

　行政強制に関する近時の学問的成果として，行政代執行と直接強制の差異が本来，費用徴収の可否，及びそのことと関連した執行方法の態様の違いにあった点が明らかにされている[47]。行政代執行とは，「義務者の履行すると同じ方法を以って義務の内容を実現するもの」とされ[48]，この点が行政代執行を直接強制よりも優先する行政代執行法の前提であるとすれば，強制執行と即時強制の対比において人権保障の観点から義務の賦課の段階を求める意味についても，義務を履行するか否かの選択だけでなく，義務者自身が義務の履行方法を選択しうる点が重要であるように思われる。そうであるなら，即時強制の場合も緊急対応にあっ

---

44) しかも継続的事実行為に対する取消訴訟の意義に対しては疑問が呈されていた。参照，塩野宏『行政法Ⅱ　行政救済法〔第5版補訂版〕』(2013年) 114頁。
45) 同判決が行政訴訟において如何なる意味を持つかは検討に値する問題である。
46) 本稿と同様の基本的立場から，子どもと親の関係の両義性を前提とする「子ども法」と警察活動の相克を論じる小稿として，参照，横田光平「子ども法と警察」角松生史編『現代国家と市民社会の構造転換と法──学際的アプローチ』(2016年) 137-156頁。
47) 須藤・前出注1) 30-42頁。
48) 柳瀬・前出注4) 207頁。

て義務者自身が義務の履行方法を選択しえないとしても,できる限り本人自身が行為するのと同じようになされるべきであるといえるのではないか。

　この点を踏まえて,あらためて本稿の素材に戻ると,一時保護に際しては,できる限り(虐待の加害者であったとしても)親権者自身が子どもに接するのと同じように一時保護を行うべきであり[49],①判決においては親権者と同じように子どものアレルギーに配慮し,適切に情報伝達を図るべきであったといえよう。そして,それは即時強制であれ一時保護決定であれ,干渉であれ給付であれ同様に求められるべき配慮義務であったと思われる[50]。

　このように行政強制か法的仕組みか二つの見方が別々に存在するのではなく,両者の視点を合わせて問題を捉えることによって,さらなる理論展開がみえてくると思われる。

---

[49]　なお27条1項3号措置と異なり,一時保護に要する費用については費用徴収の定めから除外されているが(児童福祉法56条),このことは直接強制のような扱いを導くものではないだろう。

[50]　もっともこの点は,児童福祉法の定める一時保護の趣旨から導かれるものとも考えられるほか,事務管理に係る民法697条も参考となろう。

中国における行政執法の改革の行方について

肖　　　　軍

Ⅰ　権力責任リストを作成し，行政主体を整理統合し，権力トラブルを解消する仕組みを作る
Ⅱ　階級を圧縮し，基礎職務を強化し，リーダー数と昇進制度を改革する
Ⅲ　行政裁量権を統制し，行政介入請求権制度を改善する
Ⅳ　許可後の監督をより重視し，動態的な検査を強化する
Ⅴ　迅速かつ正確な情報を収集公開し，副リーダー（以上）が記者会見に臨む制度を強化する
Ⅵ　奉仕意識を養成し，奉仕型行政を督促する仕組みを作る
Ⅶ　結　　び

　35年前に鄧小平政権が誕生して以降，「改革」が一貫して中国のキーワードとなっている。国を挙げて改革を進めた結果，社会状況と国民生活は大きく改善された。「行政執法[1]」の改革も，行政改革の重要な一環として慎重に行われてきた。その中で15年前に「相対的かつ集中的に処罰権を行使する」[2]という改革が注目され，今日でもしばしば話題となるほど，着実に進んでいる。現在の習近平政権が中国の第三次改革[3]を開始させたと言われ，とりわけ，中国共産党第18

---

[1]　「行政執法」は中国の行政法学界で，特に行政実務でよく使われる概念であり，行政庁が法律を執行するという意味である。行政権が発動してから終了までの間の全過程のことを指し，「行政処分」，「行政行為」，「行政」等の概念と異なる意味を持っている。「行政処分」或いは「行政行為」は行政執法の最も重要な段階であるので，具体的な事例の中で行政執法というとき，実質的には行政処分を意味する場合がある。「行政」は「行政執法」より広い意味を持つ概念である。日本行政法において，「行政執法」に完全に一致する概念が存在しないために，中国のことを正しく伝えるため，あえてこの概念をそのまま使うことにした。

[2]　「行政処罰法」の実施に伴い，全国に「城市管理」（「城管」ともいう）という行政組織が作られた。「城管」は元々，衛生，建築，工商，環境保護等の管理機関に属する処罰権を集中的に手に入れ，都市街区にある様々な違法行為を監督する。都市の外観に悪い影響を与える違法行為をすばやく一掃することを目的とする。

[3]　35年前の改革が第一次改革だと言われ，1992年鄧小平の「南巡講話」は第二次改革だと言われる。「南巡講話」後，従来の「計画経済」に代わって，「市場経済」が導入され，中国経済をよ

期第3回，第4回の中央委員会大会以降は，「改革」の旗をより一層高く掲げて，「改革」をさらに進める流れとなった。この改革の気運の中において，行政執法をどのように改革するべきか，若干の私見を述べたいと思う。

I 権力責任リストを作成し，行政主体を整理統合し，権力トラブルを解消する仕組みを作る

　行政分野において，権力は同時に責任を伴う。行政は連続するプロセスであり，行政の権力はこのプロセスの起点である。権力があるか否か，権限を行使して行政を行うか否かが最初の問題になる。現に権限があるにもかかわらず，権限によらずに行政を行う例がよく見られる。例えば，「城管」の行政執法による死亡事件の発生，高速道路警察の過度な過料の徴収，土地収用における地権者の自殺等が挙げられる。しかしながら，最近では，権限がありながら行使しないという不法が目立っており，国民の強い不満を惹起している。例えば，環境保護の不足，食品薬品管理の不備，多数の命に関わる事故の予防と処置の怠慢，有名人（張芸謀）の一人っ子政策違反行為に対する曖昧な処置などである。

　これらの問題を解決するには，権力と責任の関係を整理することがその第一歩であり，権力責任リストを作成することは，その重要な手がかりとなる。権力責任リストの作成にあたっては，根拠となる法律によらなければならない。上海市の城管機関は「上海市城市管理行政執法条例」を根拠として，権力責任リストを作成して行政執法すべきである。リストを作成する場合には，先ず法律にある抽象的，統括的な権力を「権力束」に解体する。この権力束は「権性要素」（権力に対する伝統的な分類に基づくもので，権力の性質を表す）と「時空要素」（分野，事項，場所，時間等）からなる。例えば，上海市の城管機関は処罰権と関連検査権，強制権を持つが，これらは権性要素である。この権性は建築，都市容貌，緑化，環境保護，商工という分野に限られるが，これらの分野は時空要素である。権性要素と時空要素とを組み合わせて一つ一つの権力束ができる。一般論として，権性において行政主体は規則の制定権，計画権，調査権，検査権，許可権，確認権，処罰権，収容権，強制権，裁決権，調停権，仲裁権，建議権等を持つ。権力責任リストにおいて，権力と責任が平等に扱われ，各権力責任に点数が付けられれば，

　　　り活発化させた。

行政主体とその公務員を評価する指数になる。権力責任リストがあれば，公務のガイドラインはより明確にでき，したがって行政主体とその公務員は一層仕事がしやすくなると同時に，行政の相手方或いは住民にとっては行政機関の仕事がより分かりやすくなり，自己の権利利益の保護と行政機関とその公務員に対する監視にも資する。

　行政機関が多く設置されれば行政の効率に影響が生ずるが，少なく設置されれば行政の公平さに影響する。この点は，大問題を解決するという意識に基づいて，行政機関を整理統合し，行政の効率と公平の間のバランスを取るべきである。ここ数年，食品薬品の管理に多くの問題が生じて，国民の不満が高まった。このため，中央政府は決断して，関係省庁を整理統合した。その結果，食品薬品の管理効果を著しく高めることができた。目下，行政機関の整理統合は行政執法の改革の帰趨を決するものであり，全体的にかつ迅速に，社会における焦点となる問題を解決するルートである。論理的には，権力（束）は行政機関の整理統合の始まりである。権性要素或いは時空要素に基づいて関連権力（束）を一つの行政機関に集中させるのである。今後は，環境保護，交通管理，都市計画等において，行政執法の改革をさらに深めなければならない。例えば，汚染物を排出した車に対する処罰権を警察に持たせること等が考えられる。

　権力交錯或いは権力空白，それによる行政機関間の権力トラブルがよく見られる。行政機関の整理統合，連合行政[4]等によって，大体の問題は解決できるが，トラブルを完全に解消することはできない。そのため，地方政府内に権力トラブルを処理する組織を作る必要がある。この組織はすでに運営している「行政複議委員会」の委員を兼務させ，審議会の形式で運営し，具体的な事件について結論を出すだけではなく，関連のルールを作ることもできることとすべきである。

II　階級を圧縮し，基礎職務を強化し，リーダー数と昇進制度を改革する

　中国は世界で最も大きな行政組織と公務員数を持っている[5]。これまで何度も

---

4)　一つの事件或いは問題について，関連行政機関が共同して解決或いは処置することを意味する。
5)　国家公務員局によると，2012年末時点で，公務員数が708.9万人に達し，その上，独立行政法人のような機構等に勤め，給料が税金で賄われる人が3153万人に達し，合わせて，3900万人近くの財政負担となっている。

簡素化運動を行ったが，なかなか思うようにならなかった。「階級が多くて基礎職務[6]が軽視される」のは中国行政組織の一つの特徴である。これにより，行政機関には人も多く「官」も多く，行政効率が低下し，国民の権利利益への侵害が多く発生した。改革のメスをここに入れるのは当然であろう。

かつては交通や情報伝達等が不便であったために，行政階級が多いことで命令が伝えやすかったということは一応筋の通る話ではあるが，今日では交通，情報伝達等が便利になっているのであるから，階級を圧縮する必要がある。地方の市を例にすると，市街地における「区」に属する行政部門を撤廃し，これらの部門にいる公務員を行政の最前線の基礎職務に充てるのである。こうすることで，第一線の公務員が多くなり，行政の実効性も高まる。

基礎職務を強化すると同時に，リーダー数と昇進制度も改めなければならない。従来，基礎行政といえば，リーダー数が少なくポジションの低いリーダーであることを意味する。これは公務員が基礎職務に行きたがらない理由でもあるし，基礎職務にあたる臨時職員が多かった原因でもある[7]。基礎職務のリーダー数を増やす方法は二つある。一つは従来のルールに基づいて，基礎職務の行政機関のポジションを高め，リーダー数を増やすことである。もう一つは基礎職務の行政機関はそのままにして，この行政機関にいる公務員のポジションを高めるとともに，良い待遇を与えることである。次に基礎職務に従事する公務員の昇進制度を改革すべきである。基礎職務に従事する公務員の内在的階級，仕事の実績，経験等に基づいて，直接，彼らをリーダーに抜擢する事例を増やし，または，それを通常の昇進ルートにすることが考えられる。そうすることで，公務員が安心して基礎職務を全うして，より多くの国民から好評を得られるであろう。

Ⅲ 行政裁量権を統制し，行政介入請求権制度を改善する

行政において，行政主体は常に裁量権を持つ。しかし，裁量権にかかる違法もしばしば生じて，社会的問題になることがある。裁量権の統制は法治国家として必要であり，行政の実態を改善する方法でもある。そのため，地方政府はこの面

---

 6) 本稿にいう「基礎職務」とは警察の交番等のような直接に行政の相手方と接触する最前線の職務を指す。

 7) これまで，行政機関が責任を取るべき多くの事件では，責任を取ったのは公務員ではなく，臨時職員であった。これはしばしば国民の不信感を惹起した。

において，有益な模索を行っている。2009 年の湖南省行政裁量権の統制令，2011 年の遼寧省行政裁量権の統制令，山東省行政処罰裁量権の統制令等はその例である。それらの中で，裁量権行使のルール制度[8]，基準制度，前例指導制度等は主要な制度として，実際に運用され，効果が出ている。地方が積んだこれらの経験を生かして，裁量権の統制制度を全国に広げることができる。

　しかしながら，行政の相手方或いは普通の国民から見れば，裁量権に関わる行政介入請求権制度を改善することが必要である。環境汚染，悪質な食品薬品の生産等の違法行為があった場合に，被害者或いはその違法行為に直接の利害関係がない国民が行政機関に行政介入と処理を求めたとき，行政機関が時には裁量権により不介入を決めたり，或いは処理を怠ったりした。この場合の行政介入請求権をどのように解するか，この場合の不作為をどのように解するかが問題である。この場合に法律は通常「A 機関は……できる」と規定している[9]。即ち，行政機関に裁量権を与えている。これについて，先進国の理論と実務に従い，一定の条件を満たしたときは，裁量権がゼロに収縮し，行政機関が請求者の請求に応じて，違法行為を処理しなければならないと解すべきである。ここでいう一定の条件とは，侵害された法益が重大であること（例えば，人の生命，健康等），損害が予測できること，結果が回避できること，行政介入が期待されることである。一般に，これらの条件は同時に備えなければならない。即ち，これらの条件を満たしたときは，行政機関が事件に介入して処理すべきであり，とりわけ，国民或いは法人が行政機関に行政介入を請求した場合には，そうである。行政介入請求権制度は国民或いは法人の権利利益を守るのみならず，国民或いは法人の視角から行政機関が積極的に行動することを促す制度でもある。今の社会はリスク社会といわれるが，このような社会においては，行政介入請求権の意義は大きい。しかし，中

---

8) 湖南省行政裁量権の統制令 9 条は「裁量権行使のルール制度を実施する。行政機関が裁量権を行使するときに，以下の一般ルールを遵守すべきである。（一）法律の目的に合う，（二）公民，法人その他組織を平等に取り扱い，私情に偏らない，差別しない，（三）関連する事実的な要素と法的要素に配慮し，関係しない要素を考慮しない，（四）とった措置と手段が必要でなければならず，かつ多様な方法で行政の目的を実現できる場合には，当事者に最小限の損害を与える方法を選ぶべきであり，当事者に与えた損害と保護された利益とが均衡を失してはならない」と規定している。

9) 例えば，「食品安全法」53 条 4 項は「食品生産販売者が本条の規定により食品安全基準に合わない食品をリコール或いは販売停止しない場合には，県以上の品質監督，商工行政管理，食品薬品監督管理部門がリコール及び販売停止を命じることができる」と規定する。

国の行政介入請求権制度はまだ十分に認められていない。例えば，上に述べた行政機関の不作為の場合における，法律に明記すべき行政介入請求権はまだ明記されていないし[10]，法律は国民或いは法人の義務を規定しながらも行政機関の義務を（直接に）規定していないのである[11]。行政介入請求権制度は立法面と司法面から改善することができる。行政介入請求権制度が明白に必要な分野においては，法律は明白に行政介入請求権の内容を規定すべきであり，請求人の権利と義務を定めるべきである。義務付け訴訟と賠償訴訟において，裁判所は判例を通じて「裁量権がゼロに収縮する」司法実践を蓄積することで，行政の実務を指導するべきである。

Ⅳ　許可後の監督をより重視し，動態的な検査を強化する

行政許可は中国の「官本位思想」[12]を蓄積してきた温床でもある。行政許可制度改革の展開と2004年の「行政許可法」の実施に加えて，特に習近平政権がこの分野により一層力を入れることによって[13]，行政許可の状況はさらに改善されるであろう。この面では「事前審査を重視し，事中事後の監督を軽視する」という従来のやり方を変えて，「審査基準を緩和し，許可後の監督を重視する」方向に向かうべきである。行政機関は法律に基づき審査基準を公開し，基準に適合した申請人に許可を与えるが，許可基準，許可手続等において裁量事項があった場合には，原則として許可を与えるように裁量権を行使すべきである。それと同時に，行政機関は監督に力を注ぎ，被許可人が法律のとおりに行動するか否かを動態的に厳しく監督すべきである。

行政機関は，動態的な検査の仕組みを強化すべきである。その前提は有能な検査チームの存在であり，したがって，前述のように，基礎職務に従事する公務員を増やしたり，検査のハードソフトを補強したり，検査員の能力を高めたりする

---

10) 例えば，治安管理処罰法，環境保護法，薬品管理法，薬品流通監督管理令，流通中の食品安全監督管理令等。
11) 例えば，突発事件対応法38条3項は「突発事件を知った公民，法人その他の組織は直ちに所在地の政府，所轄部署或いは指定の専門機構に通報すべきである」と規定しているが，通報を受けた機関或いは公務員がどのように通報を処理するかについては規定していない。
12) 「官本位思想」とは，官僚（一定のポジションにいる政治家と公務員）が最高位にあって権力と利益を象徴し，一般の国民もこのような官僚に憧れるという考え方である。
13) 「国務院が再び規制緩和，許認可にネガティブリスト制を導入」中国ネット http://www.china.com.cn（2014年1月19日）。

必要がある。また，積極的に恒例検査，定時検査，臨時検査，特別検査等を行うべきである。国民生活に関する大事件が多発する今日においては，検査員が不良経営者と「戦う」という気概で動態検査を有効に実施すべきである。中国都市の中心街区がますます綺麗になったが，それは勤勉な清掃員がいるからである。動態検査員は行政分野の勤勉な清掃員であり，違法行為を取り締まりながら，人々にルールを守る習慣を植え付けるのである。

V 迅速かつ正確な情報を収集公開し，副リーダー(以上)が記者会見に臨む制度を強化する

　ビッグデータ時代が到来した。迅速かつ正確に情報を取得するものが主導権を握ることとなる。有効に社会を管理すると宣言した政府にとって，迅速かつ正確に情報を収集することは重要な任務である。特に，環境が酷く汚染されたり，偽の食品と薬品が多く販売されたり，鳥インフルエンザが襲来したり，地震と土砂崩れが多発したりするようなリスク社会においては，情報は行政執法の前提であり，支柱である。実際，政府或いは行政機関は巨大な財力と人力を抱え，誰よりも容易に情報を得られる立場にある。現段階では，情報収集の迅速さと正確さの面で国民から政府への要望は次第に高まっている。そのため，政府はもっと広汎で迅速な内部のネットワークとデータベースを整備するべきである。また，上に述べたように，もっと多くの公務員を最前線に充てて，迅速かつ正確に最前線の生の情報をより多く把握するようにしなければならない。

　情報を得た後には，国民生活に影響が出る情報や，個人或いは組織と利害関係のある情報等は政府によって公開されるべきである。これは「政府情報公開条例」が定めた義務であり，かつ時代の流れである。近年，中国政府は情報公開面で大きく前進した。例えば，四川地震を24時間生放送したり，国家統計局が統計データを全面公開したり，捜査本部が重大な事件の調査について記者会見をしたりしている。しかし，鉄道部の「7・23甬温線特別重大鉄道交通事故」の記者会見のような重大なミスもあった[14]。政府の情報公開は時代に応じて改善しな

---

14) 2011年7月23日，甬温線を走る二つの列車が追突し，40人が死亡，192人が負傷した。事故の後に幾度か開かれた記者会見におけるスポークスマンの不謹慎な発言や，地面に穴を掘って1台の事故車両を埋めたこと等により，親族と国民の反感が煽られた。結局，温家宝首相自身のお詫びによって事態はようやく収拾された。

ければならない。

　2003年のSARSの処理をきっかけとして，中国政府は正式にスポークスマン制度を作った。ここ10年で，各部署のスポークスマンが国民に知られ，国民もスポークスマンから正確な情報を得ることに慣れた。これまでスポークスマン1人が記者会見に臨み，多方面からの質疑に答えるのがほとんどであり，スポークスマンの感じるプレッシャーは相当に重い。また，スポークスマンは決して高いポジションではなく，大きな事件の記者会見では，スポークスマン1人だけでは対応しきれないこともあり，しかも1人だけでの対応では政府がこの事件を重視していないように感じ取られ，場合によっては記者或いは国民の反感を惹起することもある。したがって，スポークスマンのポジションよりも高い副リーダー（以上）が記者会見に臨む制度を作るべきである。副リーダー（以上）は通常幾つかの部署を管轄し，多方面の情報にも熟知し，記者に対応する能力も高いはずであり，更に副リーダー（以上）が記者会見に臨むこと自体で，記者会見と事件を重視する意思を示すことができる。「7・23甬温線特別重大鉄道交通事故」の記者会見が失敗に終わった原因の一つは，これほどの大惨事であるにもかかわらず，鉄道部部長も副部長も，記者会見や他のメディアを通じて一切お詫びしなかったことにある。本来であれば，部長は副部長らを連れて記者会見に臨み，叱責される心構えで質問に答えるべきである。今後は，政府の記者会見体制においては，副リーダー（以上）自らが，或いはスポークスマンとの2人で臨む二重構造とし，しかも，副リーダー（以上）の臨席は常態になるべきである。

VI　奉仕意識を養成し，奉仕型行政を督促する仕組みを作る

　政府は本来，国民に奉仕するためのものである。国民が政治家に国家を管理させ，膨大な公務員層を養うのはこれらの政治家や公務員からなる政府に災害，困難等から保護してもらうことを期待しているからである。20世紀以降，とりわけ第二次世界大戦以降は，奉仕型行政が世界的な潮流となった。先進国では，国民は商業サービスにおける顧客のように行政機関から待遇されている。21世紀に入って中国も奉仕型政府という目標を立てている。行政機関及びその公務員が行政において本当に奉仕意識を持ってはじめて，奉仕型行政の目標は実現できる。しかし，現実は楽観できない。公務員が不作為に逃避するという現象や，一般の国民の権利利益を侵害する現象がよく見られる。何千年もの歴史がある「官本位

思想」は奉仕意識の養成において最大の障害となる。現在，習近平政権は腐敗撲滅運動を盛大に広げて，公共資金を厳しく管理し，「官本位思想」の払拭の速度を速めようとしている。

奉仕意識を持っているかどうかは政府が評価するものではなく，国民が感じるものである。国民が行政機関とその公務員に接触するときに平等，尊重，ある時には温情を感知したら，行政機関とその公務員が奉仕意識を持っていると言える。奉仕意識を養成するには時間がかかり，その過程において，具体的な制度構築と適切な運用が必要である。第一に，申請型の行政行為においては，行政機関が審査基準，処理期間等をできるだけ明白に公開し，申請人に最大の便宜を与え（例えば，品質のいい紙とペンを用意すること，専門的な誘導員を設置して，問い合わせに応じたり，行列の秩序を管理したりすることなど），公務員の姿態が正式で言葉が丁寧であり（特に上海のようなオープンな大都市では，接客のときには，最初は標準語を使い，状況により上海語を使うべきである），穏やかに申請人に接して指導し，法律に基づいて公正に行政行為を行うべきである。第二に，不利益行政行為においては，行政機関が処分基準を公開し，理由を付して，聴聞等の手続的権利と救済を受ける権利を行政の相手方に告知し保障するべきである。第三に，事実行為においては，行政機関が善意を持って勧告，警戒，情報公開を行い，国民の細かい要望に応え，行政サービスの効果を検証すべきである。例えば，プリペイドカードでの過剰な消費[15]や，環境汚染の深刻さなどについて，行政機関が具体的な事件等から情報を得た場合には，関連する企業或いは関連する分野について公衆或いは関係者に警告情報を出すべきである。第四に，行政機関は重大な自然災害と公共の安全に関する事件の処理にあたっては，生命に対する尊重の姿勢を全身全霊で示すべきである。

奉仕意識を早期に養成するためには，奉仕型行政を督促する仕組みを作ることが必要である。この仕組みを通じて行政機関とその公務員がより自覚的に仕事の中で奉仕精神を貫くよう促すことができる。奉仕意識の有無或いは強弱は，行政機関と公務員の評価指数になるべきである。実際，奉仕意識が強いか奉仕意識が弱いかは，比較的容易に認識することができる。ある公務員が行政の相手方とよく喧嘩したり，クレームが多くあったりしたら，彼の奉仕意識は弱い可能性が高

---

15) 女性向けのジムを経営する「瑪花繊体」が突然倒産した事件。「瑪花繊体会員：プリペイドカードの罠はいつ終わるか」中国新浪ウェブ http://news.sina.com.cn（2014年1月23日）。

い。所轄のコミュニティにおいて，ある警察官が多くの住民に愛されていたら，彼の奉仕意識は強い可能性が高い。督促の仕組みによって，このような公務員を批判或いは奨励するのである。

Ⅶ　結　び

　行政執法の改革を成功させるためには，行政執法だけに目を向けていてはだめである。行政執法を取り囲むさまざまな要素が行政執法の改革に大きな影響を与えている。実に，行政執法の改革は政治システムの改革や司法の改革と密接に関係しているのであり，これらの改革と相まって進めなければならない。例えば，前述のように「官本位思想」は行政執法の改革に大きく影響している。この思想を「根治」することは，政治システムの改革である。行政執法の改革において，人は核心的な要素ではあるが，財と物的な要素も欠かすことはできず，三者が同時に調えられるべきである。公務員が適切な給料を貰うことなく，奉仕意識をもって仕事することは到底あり得ない。また，この改革を成功させるためには，改革の目的を忘れてはいけない。簡潔に言えば，三つの目的である。すなわち，人を本位として，国民の権利利益を最大限に保護すること，やるべきことをやり，やるべきでないことはやらない，という原則を堅持して行政執法の権威と効率を高めること，法律による行政を貫いて，行政執法の規範化と制度化を強めること，である。これらの目的を銘記しながら改革を進めることが必要である。強い決意を持って，粘り強く取り組めば，行政執法の改革の実績は間違いなく出るものと思う。

第6編　隣接分野との触れ合い

環境法上の原因者負担原則に関する一考察

島 村　　健

I　原因者負担原則
II　原因者負担の様々な形態
III　原因者負担原則の規範的意味と検討すべき課題
IV　間接原因者への帰責
V　能力に基づく責任
VI　規範的な根拠づけ？
VII　別のアプローチ
　　　——法制度の相互参照
VIII　結びに代えて

I　原因者負担原則

　環境汚染の防止や原状回復等に要する費用をいかなる者に負担させるべきか。この問題について、環境法学説は、いわゆる原因者負担原則ないし汚染者負担原則を環境法の基本理念ないし基本原則の一つとして掲げることが多い[1]。原因者負担原則というか汚染者負担原則というかによって、ニュアンスに違いがあるが、以下では、さしあたりこれらを区別せずに原因者負担原則とよぶこととし、その意味内容としては、大雑把に、対処すべき事態との関係で因果連鎖の中にある者から成る社会のサブシステムが、環境汚染の防止、原状回復、環境汚染の被害者の救済にかかる責任を引き受けなければならない[2]、という考え方を指すものと

---

1) 大塚直『環境法BASIC』(有斐閣、2013年) 49頁以下、北村喜宣『環境法〔第3版〕』(弘文堂、2015年) 57頁以下、松村弓彦ほか『ロースクール環境法〔第2版〕』(成文堂、2010年) 58頁以下〔松村弓彦執筆〕、倉阪秀史『環境政策論〔第3版〕』(信山社、2014年) 124頁以下等を参照。
2) *Michael Kloepfer*, Umweltrecht, 3. Aufl., C. H. Beck, 2004, S. 189 ff.; *Eckard Rehbinder*, Politische und rechtliche Probleme des Verursacherprinzips, Schmidt, 1973, S. 33 の定義を一部修正したもの。

捉えておくこととする。

II　原因者負担の様々な形態

　環境法のある代表的な教科書は，原因者負担原則に基づく環境法上の制度の性格は，(a)行政規制の結果として生ずる費用負担，(b)公共事業にあたっての原因者負担，(c)損害賠償それ自体，又はその前払いないし立替払い，(d)事業者の社会的責任に基づく負担，(e)原状回復命令，(f)経済的手法を採用した結果として生ずる費用負担などに分けられる，とする[3]。

　一定の事業等に要する費用の負担を原因者に求めるという法制度は，環境法の分野に固有のものではない。(c)の中核を占めるのは，私法上の損害賠償制度である[4]。また，わが国の公用負担法には，人的公用負担としての原因者負担金の制度があり[5]，(b)の諸制度（環境基本法 37 条，公害防止事業費事業者負担法 2 条の 2，自然環境保全法 37 条，自然公園法 59 条，特定外来生物による生態系等に係る被害の防止に関する法律 16 条，海洋汚染等及び海上災害の防止に関する法律 41 条・42 条の 16）はこれに相当する[6]。(a)は，警察規制等の名宛人が規制を遵守するために負担する費用であり，(e)の諸制度の一部（廃棄物の処理及び清掃に関する法律〔廃掃法〕19 条の 4 以下，土壌汚染対策法 7 条 1 項但書，水質汚濁防止法 14 条の 3 等）は警察法上の行為責任を具体化した制度と理解できるものであるから，(a)(e)の相当部分は，警察法上の責任を基礎とするものといってよいであろう。

　次に，環境政策における経済的手法（(f)）とは，大きな環境負荷を伴う経済活動にはより大きな費用がかかるように法制度を設計し，自己利益の最大化を目指して行動する経済主体が，環境負荷を縮減する方向へと行動を変化させるよう誘導する仕組みのことをいう[7]。経済的手法の典型例である環境税は，最適汚染水

---

3)　大塚・前出注 1) 52 頁。同「環境対策の費用負担」高橋信隆ほか編『環境保全の法と理論』畠山武道先生古稀記念（北海道大学出版会，2014 年）41 頁以下をも参照。
4)　原因者の責任を強化する民事損害賠償法の特則として，大気汚染防止法 25 条，水質汚濁防止法 19 条，土壌汚染対策法 8 条 1 項 1 文等がある。また，公害健康被害の補償等に関する法律（公健法）に基づいて，原因企業の民事責任を踏まえた公害被害者のための救済制度が設けられている。
5)　田中二郎『新版行政法下巻〔全訂第 2 版〕』（弘文堂，1983 年）154 頁以下。
6)　(c)に近い公害健康被害補償制度も，立法当初，人的公用負担の延長線上に位置づけられていたことについて，参照，島村健「国家作用と原因者負担」法律時報 88 巻 2 号（2015 年）16 頁（20 頁）。また，(e)の制度には，原因者負担金と代替的・互換的な関係にある作為命令も含まれている（自然公園法 34 条等）。

準ないし政策的に措定された目標となる汚染水準を達成するための規制よりも効率的な手段として，経済学者により提唱され，先進諸国に導入されてきた[8]。環境税の具体例としては，欧州諸国の炭素税や，日本において 2012 年に導入された地球温暖化対策のための石油石炭税の税率の特例（二酸化炭素の排出量に応じた課税）がある。これらは，地球温暖化の原因物質である二酸化炭素の排出に課税することにより，原因者の経済活動を，二酸化炭素の排出を削減する方向に誘導しようとするものである。

また，外部不経済の経済学を理論的な背景として，OECD は，1970 年代以降，汚染者負担原則（Polluter Pays Principle：汚染者支払原則とも訳される）の実施を促す勧告を行ってきた。当初，OECD の汚染者負担原則は，外部費用の内部化と国際貿易の歪みの是正を目的として，汚染防止費用を，その生産と消費の過程において汚染を引き起こす財及びサービスのコストに反映させることを求めるものであった[9]。このような OECD の汚染者負担原則は，1970 年代以降の日本の環境政策に大きな影響を及ぼすこととなった。

このようにみると，日本の環境法における原因者負担原則は，公用負担法，警察法，損害賠償法，環境経済学の理論ないし OECD の汚染者負担原則にその起源を有するものと理解される。

III 原因者負担原則の規範的意味と検討すべき課題

ドイツなどの欧州諸国や日本において，原因者負担原則は，環境法上の基本原則の一つとされる。たとえば，前記の教科書は，「原則」とは，必ずしも法文に表れていない法的な提案であり，実体法が従うべき一般的な志向や方向性を示すものであって，法的拘束力はないが，裁判所に特定の解決を支持する理由を与え，また，「ルール」の形成に影響を与えるものである，とする[10]。原因者負担原則

---

7) 藤谷武史「経済的手法」高橋ほか編・前出注 3) 146 頁以下。
8) いわゆるピグー税，ボーモール＝オーツ税。参照，柴田弘文『環境経済学』（東洋経済新報社，2002 年）153 頁以下。
9) その後，OECD は，事前の汚染防止費用のみならず事故時の汚染に対応するための費用についても，汚染者費用負担原則の内容に含めるようになった。詳しくは，倉阪・前出注 1) 124 頁以下，大塚直「環境法における費用負担」新美育文ほか編『環境法大系』（商事法務，2012 年）207 頁以下等を参照。
10) 大塚・前出注 1) 30 頁以下。環境法の基本原則のような中間水準の法ドグマーティクが，行政法総論，行政法の体系において果たす役割について，勢一智子「ドイツ環境法原則の発展経緯

については，環境政策の評価にあたって用いられる指標である，効率性，公平性，環境保全の実効性のうち，前二者に関し最も適切であり，最後の要素についても有力なものであり，「相当に重要な原則である」とされる[11]。原因者負担が環境法上の責任の分配に関する「原則」であるということの意味は，立法の際や，法令（たとえば土壌汚染対策法7条1項）の解釈・適用の際に，環境保全・原状回復・被害者救済等の費用を基本的には原因者に負担させることを要求する，ということにあると考えられる。

　帰責原理としての原因者負担原則は，原因者に環境保全の費用負担等の責任を割り当て，それ以外の者には割り当てない，ということを意味する。それが立法や解釈の指針となるためには，原因者とは誰か，割り当てられる責任の範囲はどのようなものか，原因者以外に例外的に責任が割り当てられるのはどのような場合か，ということがそれなりに明らかになっていなければならない。原因者負担原則が，責任を根拠づけ，同時に限界づける機能を十分に果たしうるかについては，その適用場面ごとに検討する必要がある。特に検討を要すると思われるのは，次の場面である。

　①　間接原因者　　原因者負担原則は，因果連鎖の外にいる者に負担させないという消極的な意味をもつものの，因果連鎖はいわば無限の広がりをもっており，この「原則」は，責任を根拠づけあるいはそれを限定する理由として役に立たないことがある[12]。立法者や（選択裁量がある場合には）行政機関は，環境汚染等，対処しなければならない事態と因果関係のある無数の主体の中から，誰かを責任者として選び出さなければならない。その際，どのような基準によるべきであろうか。

　②　経済的手法（前記(f)）　　公用負担・警察責任・損害賠償責任としての原因者負担は，公用負担法・警察法・損害賠償法上の責任の根拠づけ・限界づけの理論を参照・援用することが一応はできよう[13]。これに対し，経済的手法として

　　　分析」西南学院大学法学論集32巻2＝3号（2000年）147頁（191頁以下）及び山本隆司「行政法総論の改革」成田頼明ほか編『行政の変容と公法の展望』（行政の変容と公法の展望刊行会，1999年）446頁以下を参照。
　11）　大塚・前出注1）51頁。
　12）　Michael Adams, Das „Verursacherprinzip" als Leerformel, JZ 1989, S. 787 ff. 及び桑原・後出注13）自治研究91巻7号53頁以下を参照。
　13）　もっとも，これらのバリエーションの原因者負担原則に関して，帰責原理としての問題がないとはいえない。筆者の前稿（前出注6））は，古典的な人的公用負担としての原因者負担金の

の原因者負担は，原因行為と責任の連関が異質であり，独自の検討を要する。この手法は，一定の事業に要する費用の負担を原因者に求めるというものではなく，環境負荷の原因者の行動変化を促すこと自体を目的として経済的負担を課すという点で，公用負担としての原因者負担とは異なる。また，環境負荷の潜在的原因者に対して，環境被害を予防するために一定の作為義務ないし不作為義務を課し，義務に違反した者に制裁を科すというものでもなく，そのようなものとしての警察法上の原因者負担とも異なる。経済的手法としての原因者負担は，「直接には一定の干渉……の作用を予定しつつ，そのことを通じて結局のところはそれと別の，人々に対する一定の誘導の効果を期待」する「誘導の仕組み」[14]の典型例である。

経済的手法としての原因者負担は，それ自体が有している誘導作用（私人の活動を制御する作用）の点から正当化されなければならない[15]。また，経済的手法は，政策目的の達成のための副次的効果として，被誘導主体の側からすると金銭負担，行政主体の側からすると収入が発生するという点に規制や他の誘導手法（たとえば情報的手法）にない特徴がある[16]。排出源への規制ではなく，環境税の賦課により汚染物質等の排出削減を目指す場合，目標水準まで削減が進んだとしても，（制度設計によっては）排出量がゼロにならない限り排出量に応じた環境税が賦課されることになる。環境税などの経済的手法は，排出基準を超えて汚染物質を排出することを禁止する規制的手法と比べてマイルドな手法であるといわれ

制度においても，因果連鎖の中にある主体のうち何れの者を選び出し，どの範囲の責任を負わせるか簡単に決まらない場合があること，環境法の分野への同制度の導入に際し，二つの点で原因者の概念が変質していることを論じた（個別的責任から集団的責任へ，原因者負担から汚染者負担へ）。また，桑原勇進「ドイツ警察法における『原因者 Störer』の意義(1)～(5・完)」自治研究 91 巻 7 号 53 頁，8 号 50 頁，9 号 23 頁，10 号 83 頁，11 号 76 頁（2015 年）は，ドイツ警察法の一般条項の適用に際し，「原因者」が誰かは，義務違反の有無，リスクの公正な配分，負わせる責任の軽重を考慮し，憲法的価値を踏まえた利益衡量を経て決められている，と分析した。「原因者」とは，前記のような視点から見て「責任を負うべき理由のある者であ」り，原因者負担原則は「責任を負うべき理由のある者が責任を負うべきである」という「空虚な定式」である，とされる。

14) 小早川光郎『行政法（上）』（弘文堂，1999 年）188 頁以下及び 231 頁以下参照。

15) この点に関する法的統制の枠組みは，規制と共通する点とそうでない点がある。中原茂樹「金銭賦課を手段とする誘導の法的構造および統制」本郷法政紀要 3 号（1994 年）181 頁（192 頁以下）は，命令・強制に対する統制と賦課金に対する統制の基準を比較・分析する。以下の記述につき，中原茂樹「誘導手法と行政法体系」小早川光郎＝宇賀克也編『行政法の発展と変革（上）』塩野宏先生古稀記念（有斐閣，2001 年）553 頁（563 頁以下）をも参照。

16) 藤谷・前出注 7) 155 頁以下は，この点を的確に指摘する。

ることがあるが，金銭的負担が追加的に発生するという点に鑑みると，必ずしもそうとはいえない。被誘導主体に発生する金銭的負担の正当性について，あるいはそれに伴って生ずる収入の使途のあり方について，租税原則との調和という観点からの検討が必要となる[17]。

③ 集団的原因者負担　環境汚染にかかる危険や損害を典型的・潜在的に引き起こす主体の集合体に，損害の回復や被害者救済等に要する費用の負担を課すという考え方を，集合的／集団的原因者負担（原則）とよぶことがある[18]。汚染の原因者が無資力，不存在（法人が解散した場合等）あるいは不明である場合には，汚染の浄化や，被害者への救済等にかかる費用をどのような主体に負担させるべきかが問題となる。集合的／集団的原因者負担（原則）という考え方は，そのような場合，被害者や納税者に費用負担を求めるのではなく，原因者と同種の事業を行っている者等，典型的ないし潜在的な原因者に負担をさせるべきである，というものである。このような考え方によると，結果との間の因果連鎖の外にいる主体に負担を課すことになる場合もでてくるので，因果性とは別の責任の根拠づけが必要になる。

日本における集団的原因者負担の例としては，公健法上の第一種指定地域の仕組みや，公害防止事業費事業者負担法の仕組みの一部等がある[19]。

---

17)　正当化の一つの方向性として，収入が納付者集団の利益のために用いられるような制度とすることが考えられるが（ドイツの特別賦課金の例），それがいつも可能であるわけではない。さらに検討を要するが，もう一つの方向性として，汚染規制を警察規制と捉えるのではなく，公物管理行政（環境管理行政を公物管理行政になぞらえる，磯部力「公物管理から環境管理へ」松田保彦ほか編『国際化時代の行政と法』成田頼明先生退官記念（良書普及会，1993年）25頁以下を参照）ないし資源分配行政と捉えなおし，汚染者は公共的な財の利用にかかる持分権を分与されているものと考えれば（Vgl. Dietrich Murswiek, Die Ressourcennutzungsgebühr, NuR 1994, S. 170 ff.（島村健（訳）「資源利用料」ディートリッヒ・ムルスビーク『基本権・環境法・国際法（仮題）』（中央大学日本比較法研究所，近刊）所収）），環境税収を一般財源に充当することも十分正当化されるのではないかと思われる。この点につき，藤谷・前出注7) 162頁参照。

18)　Reinhard Sparwasser/Rüdiger Engel/Andreas Voßkuhle, Umweltrecht, 5. Aufl., C. F. Müller, 2003, S. 78. さらに，松村弓彦『環境法の基礎』（成文堂，2010年）119頁以下，松村ほか・前出注1) 63頁以下〔松村弓彦執筆〕，諸富徹「環境保全と費用負担原理」寺西俊一＝石弘光編『環境保全と公共政策』（岩波書店，2002年）127頁（141頁以下）を参照。

19)　外国法としては，米国のいわゆるスーパーファンド法に基づく有害物質信託基金の仕組みがよく知られている例である。See, James F. Vernon & Patrick W. Dennis, Hazardous-Substance Generator, Transporter and Disposer Liability under the Federal and California Superfunds, 2 UCLA J. ENVTL. L. & POL'Y 67 1981-1982. 石油業界等から徴収された税等によって前記基金が造成され，汚染土壌の浄化のために支出される。なお，1995年末に関係業界からの税の徴収は打ち切られた。また，ドイツ法における，環境汚染の潜在的原因者等から徴収する特別賦課金

④　事業者の社会的責任に基づく負担（前記(d)）　具体例としては，水俣病被害者の救済及び水俣病問題の解決に関する特別措置法に基づく救済給付，石綿による健康被害の救済に関する法律に基づく救済給付，公害健康被害予防事業（公健法68条），緩衝緑地設置事業（公害防止事業費事業者負担法2条2項1号）等の費用負担，産業廃棄物不法投棄等原状回復基金（廃掃法13条の15），土壌汚染対策基金（土壌汚染対策法46条），ポリ塩化ビフェニル廃棄物処理基金（ポリ塩化ビフェニル廃棄物の適正な処理の推進に関する特別措置法4条，独立行政法人環境再生保全機構法16条）への出捐の制度などがある。以上のうちには，前記③の集団的な原因者負担の性格をもつものも含まれている。

これらについては，法律上の明確な根拠や負担基準がない。それにもかかわらず事実上強制的に出捐を求めるような運用になっているものがあるとしたら，法治主義の観点から問題がある。これらの制度の性格は様々であり，また，それぞれの制度が創設された経緯にも固有の事情があるため，負担制度の正当性については個別に検討する必要がある。なお，前記の諸制度は法律上一応の位置づけがあるものであるが，法律上の位置づけがないままに環境保全ないし環境回復のために事業者や事業者団体が費用を負担する例も多くあり，事業者の社会的責任に基づく負担というカテゴリの外縁を画することは実際には難しい。

以上の①～④の問題の分析については，それぞれ紙幅を要する。本稿では，以上のうちの①の問題について検討を加える。その余の問題については，別に検討する機会を設ける。

Ⅳ　間接原因者への帰責

環境汚染の間接的な原因者に，環境保全のための措置に要する費用の負担を課す制度としては，次のような例がある。

1　事後的な措置（原状回復等）

廃掃法は，産業廃棄物の不法投棄等がなされた場合，直接の不法投棄者のみならず，管理票にかかる義務を怠った者，不法投棄を助けた者，あるいは，不法投

（Sonderabgabe）の制度も，集団的原因者負担の例とされる。Vgl. *Sparwasser/ Engel/ Voßkuhle,* a.a.O. (Anm. 18), S. 78 und S. 117 f.; 島村健「環境賦課金の法ドグマーティク」環境法政策学会誌12号（2009年）183頁以下。

棄者が無資力でありかつ排出事業者等が当該産業廃棄物の処理に関し適正な対価を負担していないなどの帰責事由がある場合には排出事業者に対しても原状回復等を命ずることができるとしている（同法19条の5・19条の6）。

Ⅲ④に掲げたもののうち，ポリ塩化ビフェニル廃棄物処理基金（PCB製造業者の出捐分）等も，間接原因者に対し事後的措置の費用負担を求めるものである。

2　事前の措置（環境負荷の低減）

　製品やサービスの消費によって環境汚染等が発生する場合，その直接の原因者（時系列で最後の原因者）は，当該製品やサービスの最終消費者（あるいは製品を廃棄物として処理する者）である。しかし，環境負荷を低減させるために消費者ができることは，製品やサービスの購入を止めたり，減らしたりすることくらいしかない。環境負荷を低減させるためには，製品製造者やエネルギーの供給企業などに，環境負荷のより小さい製品の製造やエネルギーの供給を促すことが有効な手段となる。そのための規制の例として，以下のようなものがある。

　(1)　有害物質の含有規制　　自動車による大気汚染の直接の原因者は個々の自動車運転者であるが，自動車排出ガスによる大気汚染の防止を図るため，法は，揮発油規格に適合しない揮発油の生産・販売を禁止している（揮発油等の品質の確保等に関する法律13条・17条の3）。

　また，EUにおいては，電気電子機器について，鉛や水銀など六つの化学物質の含有を原則的に禁止する，いわゆるRoHS指令が2002年に制定されている[20]。日本においては，2006年から，資源の有効な利用の促進に関する法律（資源有効利用促進法）21条1項に基づく省令において，パソコン及び六つの家電製品の製造者等（指定再利用促進事業者）に求められる取組みとして，EU指令の対象物質と同じ六つの化学物質について製品含有物質に関する情報提供等の措置が定められている。日本法の仕組みは，EUのように化学物質を含有する製品の販売を禁止するものではなく，製品の使用後にそれを「再生資源又は再生部品として利用することを促進する」（同法2条10項）ための仕組みとして設けられたものであ

---

[20]　電気電子機器に含まれる特定有害物質の使用制限に関する欧州議会及び理事会指令（Directive 2002/95/EC of the European Parliament and of the Council of 27 January 2003 on the restriction of the use of certain hazardous substances in electrical and electronic equipment, OJ L 37, 13. 2. 2003, p. 19）。2011年にこの指令は改正されている。

るが，単なる有害物質管理の仕組みというよりは，少なくともその事実上の効果として，化学物質の使用の中止・削減を含む製品の環境配慮設計を促進する手法と捉えられる。

(2) 省エネルギー性能　エネルギーの使用の合理化等に関する法律（省エネ法）は，現在では，わが国の気候変動防止政策において重要な位置づけを与えられている法律の一つである[21]。同法の1998年の改正により導入されたいわゆるトップランナー規制は，政令で指定された自動車や機械器具について，それぞれの機器のエネルギー効率を，一定期間の間に現在商品化されている製品のうちで最も優れている機器の性能以上のものに向上させることを製造業者に求めるものである。主務大臣は，エネルギー消費効率の向上に関する判断基準（トップランナー基準）と比較して，エネルギー消費効率の向上を相当程度行う必要があると認められる製造業者に対して勧告をすることができ，勧告に従わない場合にはその旨を公表することができる。製造業者が正当な理由なく勧告に従わない場合には，勧告に従うよう命令することができる（同法78条以下）。

また，同法の2008年改正により，住宅事業建築主（一戸建て住宅の建築事業者）が新築・販売する建売戸建住宅について一定期間後に達成すべき省エネルギー性能を定める基準が設定された。この性能の水準は，その時点でのすべての建売戸建住宅のうち，省エネ性能が最も優れているものの性能と将来の技術開発の見通しとを考慮して設定される（住宅版トップランナー基準）。事業者は，法律が施行された2009年度から5年後の2013年度以降に新たに建築して販売する建売戸建住宅の平均の省エネルギー性能について，前記の基準を満たすようにすることが求められる。基準の履行確保の仕組みは，機器に関するトップランナー基準と同様である（同法76条の5以下）。

(3) 省資源化——拡大生産者責任　使用済製品のリサイクル率の向上は，省資源，省エネルギー，最終処分量の削減に貢献する。わが国においても，1990

---

21) *See*, Takeshi Shimamura, *Japan's Approach to Energy Conservation*, in GOVERNING LOW-CARBON DEVELOPMENT AND THE ECONOMY, 269 (Niizawa & Morotomi ed., United Nations University Press, 2014). 日本のトップランナー制度等を参考にしつつ，さらに強力な製品規制を導入したものとして，EUのエコデザイン指令（Directive 2009/125/EC of the European Parliament and of the Council of 21 October 2009 establishing a framework for the setting of ecodesign requirements for energy-related products, OJ L 191, 22. 7. 2005, p. 29）がある。参照，島村健「気候変動防止政策としての製品規制」季刊環境研究176号（2014年）120頁以下。

年代以降，使用済製品のリサイクル率の向上を図るため，製品の製造者等に対し使用済製品のリサイクル等に関する物理的ないし金銭的責任を課す「拡大生産者責任」の考え方を具体化するリサイクル法令が制定されてきた。容器包装に係る分別収集及び再商品化の促進等に関する法律（容器包装リサイクル法），特定家庭用機器再商品化法（家電リサイクル法），使用済自動車の再資源化等に関する法律（自動車リサイクル法）等がこれにあたる。拡大生産者責任という考え方[22]は，製品のライフサイクルの中から，省資源，省エネルギー，最終処分量の削減に関して決定的な役割を果たす主体を選び出し，リサイクル等に関する物理的・金銭的な責任を課すことにより，外部費用の内部化を図り（静学的効率性の改善），また，リサイクル費用の負担を削減するための製品の設計の改善や技術革新を促すこと（動学的効率性の改善）をねらいとしている。

V 能力に基づく責任

以上の例から看取できるのは，環境負荷の低減のために責任を課される「原因者」が，因果連鎖の中で最も能力（技術，情報，市場支配力等）のある者を選び出すことによって決定されるという傾向である。

前記の拡大生産者責任という考え方は，製品の設計に環境上の配慮を組み込むことを目的とするが，製品の設計について決定的な影響力をもっているのは，製品の生産者であるとは限らない。たとえば，容器包装リサイクル法は，容器包装の削減・軽量化のインセンティヴを設定するために，容器の製造事業者だけでなく，小売業者など容器を利用する事業者にも再商品化義務を課している。環境法学説[23]は，拡大生産者責任とは，汚染や環境負荷の削減を最も安価になしうる者に責任を課すという，カラブレイジの最安価損害回避者の考え方にほかならない，とする。また，前述のOECDの汚染者負担原則も，字義通りの「汚染者」ではなく，「汚染の発生に決定的な役割を担う経済主体」に汚染防止等の責任を

---

[22] OECD, EXTENDED PRODUCER RESPONSIBILITY — A GUIDANCE MANUAL FOR GOVERNMENTS（2001）（大塚直ほか（訳）・季刊環境研究121号155頁以下，122号104頁以下（2001年），124号127頁以下（2002年）参照。

[23] 大塚直「政策実現の法的手段」岩波講座『現代の法4 政策と法』（岩波書店，1998年）177頁（206頁），同「環境法における費用負担論・責任論」法学教室269号（2003年）7頁（12頁），同「環境法における費用負担論・責任論」城山英明＝山本隆司編『環境と生命』（東京大学出版会，2005年）113頁（133頁以下），同・前出注9）223頁以下。北村・前出注1）62頁以下も参照。

課す原則と捉えなおすことにより，拡大生産者責任の考え方と統一的に理解できる，とする[24]。

最安価損害回避者（the cheapest cost avoider）[25]に費用を負担させるよう法制度を設計すべきであるという考え方は，法を効率性の道具としようとするものである。最安価損害回避者の考え方は，素朴な意味での汚染者負担原則とも合致しない。たとえば，夜間の睡眠を妨害する鉄道騒音が問題となっている場合，沿線住民の数が少なければ，鉄道車両や線路の改良よりも沿線の住居を二重窓にするほうが安上がりかもしれず，また，取引費用が高い場合には，二重窓化の費用負担を沿線住民に求める法制度（鉄道会社に騒音権を認める制度）が効率的な制度となる[26]。

実際には，「効率性基準のみに基づいて法制度が設計されることはほとんどの場合ありえない」[27]。しかし，「正義性の観点からは，誰に費用を負担させることが公平かを……一義的に決定することは難しく，むしろ，このような場合には，──その結果が極端に正義性に反しない限り──暫定的基準として，効率性の観点から法制度設計をする」[28]というような考え方が広く受け容れられているように思われる。責任の根拠は因果性というよりむしろ能力に求められ，能力がある者に効率性を改善する義務が課せられる。しかし，「極端に正義性に反する」場合には義務が免除される，といっても，それはどのような場合だろうか？

立法者が，能力のある者に効率性の改善を義務づける──環境負荷の回避・低減のための措置ないしその費用負担を義務づける──場合，それを制約する正義性の基準としては，たとえば平等原則や基本権が思い浮かぶ。もっとも，これらと具体的立法措置の妥当性の判断とを結び付ける論証のための媒介項がないと，それらを貫徹することは難しい[29]。法理論ないし法的論証は，効率的な制度が

---

24) OECD, THE POLLUTER-PAYS PRINCIPLE— OECD ANALYSES AND RECOMMENDATIONS 8 (1992) は，文字通りの汚染者ではなく，汚染の発生に決定的な役割を担う主体──自動車メーカーや，農薬の製造者──を汚染者とみるべきであるとしている。この点を含め，参照，倉阪・前出注 1) 124 頁以下。
25) See, Guido Calabresi & A. Douglas Melamed, Property Rules, Liability Rules and Inalienability, 85 HARV. L. REV. 1089 (1972).
26) 参照，平井宜雄『法政策学〔第 2 版〕』（有斐閣，1995 年）88 頁以下（「コースの定理」とその適用例）。
27) 平井・前出注 26) 93 頁。
28) 大塚・前出注 23)「政策実現の法的手段」206 頁。
29) 島村・前出注 19) 189 頁以下参照。

更地から構想された後に，それが基本権侵害や平等原則違反を導くか否かを消極的にチェックするネガティヴ・チェック機能にとどまらない役割を果たすことができるだろうか。

VI　規範的な根拠づけ？

　拡大生産者責任は，道具主義的な責任論の典型例ということができようが，そのような責任の規範的根拠について検討しようとする文献は，管見の限りではあまり見当たらない。オリバー・レプシウス教授の教授資格論文[30]は，その例外をなすものであり，その一節をこの問題の分析に充てている。

　同書は，公法上の責任の根拠づけとして行為に基づく責任と支配に基づく責任を対置させ，とりわけ警察法や環境法の領域においてみられる行為に基づく責任（原因行為を行った者への帰責）のみを強調する傾向を批判する。行為に基づく責任は，誰が結果を惹起したか（誰に結果を帰責するか）ということについて，しばしば難しい規範的判断を必要とする（法律要件は書きやすいが，効果の帰責が難しい）。これに対し，警察法上の状態責任のような支配に基づく責任は，法律要件の造り方は難しいが，効果の帰責は容易である[31]。また，特に環境法の分野では，無数の主体の行為とそれらによって引き起こされた結果との間の因果関係が複雑であり，環境汚染の個々の行為への帰責が困難あるいは不可能な場面も多い[32]。特にそのような法分野においては，もう一つの規律戦略である，支配に基づく責任という法律構成のポテンシャルを再評価すべきである，とされる。拡大生産者責任（同書ではドイツの循環型経済・廃棄物法23条以下の用語方に従い，「製品責任（Produktverantwortung）」とよぶ）というコンセプトについては，次のように論じられる[33]。

　製品責任は，支配の要素を含むが，支配の概念だけでは説明しきれない。それは，その時点で製品を支配していなくとも，開発・上市の時点で製品を支配していることに着目して責任を課すという点に特徴がある。支配は，製品のライフサイクルの中で断絶し，様々な主体が製品を支配する。他方，製品責任を行為に基

---

30)　*Oliver Lepsius*, Besitz und Sachherrschaft im öffentlichen Recht, Mohr Siebeck, 2002.
31)　*Lepsius*, a.a.O.（Anm. 30), S. 361 ff.
32)　*Lepsius*, a.a.O.（Anm. 30), S. 449 ff.
33)　*Lepsius*, a.a.O.（Anm. 30), S. 352 ff.

づく責任と捉えることも難しい。行為責任の根拠となる危険の存在が欠けているからである。レプシウス教授は，支配に基づく責任については支配に伴う権利と義務の相関性に責任の根拠づけ・限界づけ機能を求め，行為に基づく責任については危険の惹起にそれを求めるが，製品責任はこれらの不完全な混淆であるとする。ドイツの循環型経済・廃棄物法 23 条 4 項は，責任者の範囲の画定を法規命令に委ねているが，レプシウス教授は，製品責任というコンセプトによっては責任者の範囲が明確に決まらない（したがって，許容される委任の限界を超えている）と批判し[34]，製品責任というコンセプトは，製品のライフサイクルの場面ごとに，原因行為ないし支配に基づく責任へと解体されるべきである，と主張する。そうすることによって責任者の範囲が明確になるからである。

わが国の前記のリサイクル法は，拡大生産者責任を負う主体の画定を法規命令に全面的に委ねることはしていないため，この点に関するレプシウス教授の議論はあてはまらない[35]。また，少なくとも日本においては，公法上の責任は，原因行為あるいは物に対する支配の何れかから根拠づけられる，という考え方が一般的に採られているともいえない。レプシウス教授の議論からの示唆があるとすれば，次のような点であろう――たとえば，拡大生産者責任の考え方を具体化する立法をする場合，責任の根拠を効率性の改善能力に求めるのでは十分ではなく，主観法的な根拠づけが必要ではないか。もし物に対する支配に責任の根拠を求め

---

34) 以下の規定を参照。循環型経済・廃棄物法 23 条 1 項「製品を開発し，生産し，加工し，処理し，又は，販売する者は，循環型経済という目標を達成するために，製品責任を負う。製品は，可能な限り，その生産及び使用に際し廃棄物の発生が削減されるように，あるいは，使用後に発生する廃棄物が環境に配慮したやり方で再利用され，又は，処分されるように形作られなければならない」，2 項「製品責任は，特に，次のものを含む。①何度も使用することができ，技術的に長持ちし，使用後に適切に，害のない形で，高価値の再利用ができ，環境に配慮した方法で処分できるような製品の開発，生産，上市。②生産後に再利用可能な廃棄物や二次的原材料を優先的に利用すること。③使用後に処理される廃棄物を環境に配慮した方法で再利用しあるいは処分することを確保するために行われる有害物質を含む製品の表示。④製品を返却・再使用・再利用できること若しくはそうする義務があること，又は，デポジットに関するルールを製品表示によって示すこと。⑤製品ないし製品の使用後に残った廃棄物の引取り，その後の環境に配慮した方法での再利用ないし処分」，4 項「連邦政府は，……法規命令により，1 項及び 2 項に基づく製品責任を，いかなる義務者が引き受けなければならないかについて定める。連邦政府は，同時に，いかなる製品についていかなる方法で製品責任を引き受けなければならないかについても定める」。
35) 他方，資源有効利用促進法は，廃棄物の発生抑制や製品の再利用等の取組みを行うべき事業者の範囲や取組みの内容の画定を，政省令に委ねている。実質的に行政指導ベースの法律であることから，このような方式が許されると理解されているのであろう。

るのであれば，製品の形状等が使用後も維持され，あるいは，他の素材からなる使用済製品と分別されうるようなものについてのみ，製造者に回収・リサイクル責任を課すことが許される，という具合に。

　実際，拡大生産者責任は，当該製品の生産者のドメインを拡大するものである，といわれることがある[36]。製品が消費者に譲渡されたとしても，当該製品の使用後の処理にかかる生産者の義務は，生産者の，製品に対する（権利と義務を含むものとしての）"所有"の内容として残存している，と捉えられる。このような考え方をさらに進めて，拡大生産者責任は，リース概念のメタファー，あるいは，リースの強制である，と性格づけられることもある[37]。それは，たとえば，消費者は，使用後に生産者が回収・リサイクル等の義務を果たすことができるような形でその製品を使用し，生産者に引き渡さなければならないということを含意する。生産者の側からみれば，貸した形で返ってこないようなものについては，引取りやリサイクルの義務を課すべきではない，ということになるであろう。

Ⅶ　別のアプローチ
——法制度の相互参照

　国民経済上の効率性の改善，あるいは，少なくとも効率的な環境保全のため，最安価損害回避者に責任を課すべきであるという議論は，単純化すれば，能力がある者が社会のために負担を負うべし，というものである。このような類の能力に基づく責任は，回避すべき結果との間の特別の関係（因果性や支配）がない場合には，全体のために個人を手段として利用するようなものである。本稿の文脈は，回避すべき結果との間に因果性という特別の関係がある無数の主体のうち何れの者にどのような責任を課すかというものであるから，問題状況はやや異なる。しかし，能力を帰責基準の決め手とするという意味では，共通の問題を含んでいる。

---

36) 以下の記述につき，参照，佐野敦彦＝七田佳代子『拡大する企業の環境責任』（環境新聞社，2000年）123頁以下。
37) ビジネスの一部はそのような方向に向かっている。パナソニック株式会社が2002年に始めた「あかり安心サービス」は，ランプの所有権を同社に残し，「あかり」という機能のみを顧客に売り，使用済ランプは同社が回収し，環境上適正な処理を行うことを保証する，というものである。これは，servicizing（それまでモノとして売っていたものをサービスとして売ること）の一例である。

もっとも，能力を根拠として責任を課すという考え方は，既存の法秩序において
も馴染みのないものではない[38]。たとえば，悪しきサマリア人の法とよばれ
る法制度がある。重大な危険にさらされている者を救助せずに放置すれば生命の
危険があるという状況において，その者と特別の関係を有していない者に救助や
通報等の義務を課す法を「悪しきサマリア人の法」とよぶ[39]。もっとも，その
ような義務が発生するのは，義務者に不合理なリスクや費用がかからないかたち
で救助や通報が可能である場合に限られる。また，ドイツの警察法上，警察命令
の名宛人となるのは，原則として，危険の原因者（行為責任者）及び危険な物を
支配する者（状態責任者）に限られるが，それ以外の者であって危険を実効的に
除去しうる立場にある者が，より厳しい要件の下で，警察命令の名宛人となる場
合がありうる（警察上の緊急事態における非責任者への警察命令）。そのような場合，
命令を受けそれを遵守することに伴って命令の名宛人に生じた損害については，
補償がなされる[40]。

---

38) 納税者の負担能力に基づいて課税すべしという担税力原則（金子宏『租税法〔第21版〕』（弘文堂，2016年）83頁以下）も，一種の，能力に基づく責任である。それは，租税を通じた再分配を可能にするものであり，現代国家においては，そのような機能が応能負担原則に基づく課税の正当化根拠の一つとされる（神野直彦『財政学〔改訂版〕』（有斐閣，2007年）156頁。支払能力に応じた負担という考え方がもつそれ以外の含意につき，LIAM MURPHY & THOMAS NAGEL, THE MYTH OF OWNERSHIP: TAXES AND JUSTICE, Oxford University Press, 2002, pp. 20-30（伊藤恭彦（訳）『税と正義』（名古屋大学出版会，2006年）20-33頁）参照）。本文のような能力原則にも，能力の再分配という正当化の根拠を見出しうるかもしれない。仮にそう考えたとしても，能力に基づく責任の考え方は，行為義務を基礎づけることはできても，義務の履行に伴う金銭的な負担まで根拠づけることは一般的にはできないであろう。

39) 竹内和也「救助義務と悪しきサマリア人の法」同志社法学51巻3号（1999年）52頁以下参照。これに対し，救助した者の意図に反して症状を悪化させた等の場合の責任を免ずることにより自発的な救助を促進するというアプローチを「よきサマリア人の法」とよぶ（樋口範雄「よきサマリア人と法――救助義務の日米比較」石井紫郎＝樋口範雄編『外から見た日本法』（東京大学出版会，1995年）243頁以下，同「よきサマリア人法（日本版）の検討」ジュリスト1158号（1999年）69頁以下等を参照）。

　なお，悪しきサマリア人の法によって課される義務は，対処能力の存在を前提としてはいるものの，義務者が最安価損害回避者であるとは限らない（もっとも，本来，法によって強制されない「善行の義務」であるはずの「サマリア人の義務」を負う諸主体の中で，効率性を理由に特に最安価損害回避者に法的義務が課されるということはありうるであろう）。また，悪しきサマリア人の法によって義務が課されるのは，それが義務者にとって過度の負担とならない場合に限られるのであり，むしろ「サマリア人の義務」論の関心は，「善行の義務」の強制をそのように限定することにあった。以上からすると，悪しきサマリア人の法を，能力に基づく責任の例として挙げるのは，やや牽強付会ではある。

40) たとえば，*Volkmar Götz*, Allgemeines Polizei- und Ordnungsrecht, 15. Aufl., C. H. Beck, 2013, S. 97 ff.; *Wolf-Rüdiger Schenke*, Polizei- und Ordnungsrecht, 8. Aufl. 2013, S. 202 ff. を参照。

以上のような二つの法制度は，趣旨も性格も全く異なるものではあるが，対処しなければならない事態があり，当該事態が発生したことについて何ら帰責事由はないがそれに対処する能力は有している主体に当該事態への対処を命じ，他方で，当該主体に課せられる負担（注意義務や費用負担等）については，帰責事由がある者に事態への対処を命じる場合よりも軽減する，という点では共通するものを含んでいる。

　こうしてみると，間接原因者等を，その対処能力に基づいて責任者とするということは，私たちの法秩序において受け容れ難い異物とはいえない。しかし，対処能力を決め手とする以上，責任の内容としては行為義務を割り当てれば十分である場合もあり，先に参照した他の法制度の考え方を参照するならば，たとえば，義務の履行に伴う費用の負担義務を減免するということも考えられるであろう。拡大生産者責任の例に引き付けていえば，使用済製品を引き取り，リサイクルする義務を生産者に課すことは能力に基づく責任の考え方から一般的に正当化されるが，その義務を履行するために要する費用の負担義務については（一般的には）正当化されない，ということになろう[41]。

Ⅷ　結びに代えて

　原因者負担原則は，少なくともいくつかの場面で，責任を根拠づけ，また，限界を設定する「原則」としての役割を果たすことができていないように思われる。本稿が検討対象としたのは，対処すべき事態に連なる因果連鎖の中にある無数の主体のうち，どのような主体にどのような理由で責任を負わせるべきか，という問題であった。環境法の分野においても，最も効率的に事態に対処しうる能力を

---

[41]　使用済自動車を引き取り，リサイクルするような場合には，当該自動車の製造者に引取り・リサイクル義務のみを課し，費用負担義務を課さなかったとしても，製造者に環境配慮設計を促すという拡大生産者責任の目的の達成は，必ずしも阻害されない（これに対し，費用負担義務を製造者等に課すこと（使用済製品の無償引取りを命じること）の重要性を説くものとして，参照，大塚・前出注23）『環境と生命』235頁）。他方，多数の事業者が多種・大量の製品を製造しあるいは利用している容器包装廃棄物の場合には，容器包装の製造者等が自社の製品等を物理的に引き取り，リサイクルすることは事実上不可能である。実際，容器包装リサイクル法の下で，容器の製造者等が果たしているのは，リサイクルを受託した日本容器包装リサイクル協会が集合的に行っているリサイクルの費用を負担するという役割にほぼ尽きている。このような場合には，行為義務を課すことは（法律上はともかく）実際上できないので，本文のような議論はあてはまらない。

　なお，本稿でいう費用負担は，法律により費用負担義務を課すことを意味しており，経済的な負担の最終的な帰着を指すものではない。

有する者に責任を課すべきであるという発想がますます強くなっている。効率性のみを根拠とする責任論（あるいは，効率性を基準として責任主体を選び出し，然る後に，極端に正義に反する制度を除外するような責任論）は，個人を効率性改善の手段とみるものであり，責任の根拠づけ・限界づけのための別の視点，別の論証のパターンが必要であると思われる。

　本稿の関心は，環境法上の責任を割り当てている具体的な法制度設計の妥当性ではなく，法制度設計の妥当性を論証する議論の方法に向けられている。Ⅵにおいてみたドイツの学説は，権利と義務とが相関的に結び付けられる「物に対する支配」に基づく責任というコンセプトのもつ意義を強調する。この学説そのものへの賛否は別として，そこには道具主義に対抗するための責任の主観法的な根拠づけを目指そうとする正当な動機を見出すことができるように思われる。他方，Ⅶにおいては，能力に基づいて責任を課す既存の他の法制度を参照し，能力に基づく帰責がなされる場合の条件（責任の限界づけ）を抽出しようとした。ある法分野の特定の法制度設計の妥当性は，それとは異なる法分野における類似の（あるいは部分的な共通点を有する）法制度との比較を通じて明らかになる場合も多い。様々な法分野の様々な法制度から，共通の仕組みや帰責基準を摑み出すことにより，認識能力に限界のある私たちが法制度の妥当性について議論するための枠組みを設けることや，法制度を相互に比較し，齟齬を見出し，合理性があればそれを擁護し，なければそれを除去するといった作業を繰り返すことは，法制度を私たちにとって見通しのよいものにすること，あるいは，特定の法分野において私人が場当たり的に過度の負担を押し付けられることを防ぐことに資するであろう[42]。立法論が優位な時代における法学の役割（の一つ）を，そこに見出すことができるように思われる。

　　＊本稿執筆の過程で，特にⅤ及びⅦの部分に関し，同僚の安藤馨准教授から貴重なコメントを頂戴した。ここに，謝意を表する。

---

42)　そのような作業の意義につき，山本・前出注 10) 446 頁以下，*Eberhard Schmidt-Aßmann*, Das allgemeine Verwaltungsrecht als Ordnungsidee, 2. Aufl., Springer, 2004, S. 2 ff.（太田匡彦＝大橋洋一＝山本隆司（訳）『行政法理論の基礎と課題』（東京大学出版会，2006 年）3 頁以下），島村・前出注 19) 189 頁以下を参照。

憲法学から見た裁量型課徴金制度

宍 戸 常 寿

 I　はじめに
 II　憲法上の論点の再構成
 III　二重処罰の禁止
 IV　法律の留保
 V　比例原則
 VI　法の下の平等，適正手続及び司法的統制
 VII　むすびに代えて

I　はじめに

　行政法学においては，行政上の義務の実効を確保するための行政上の制裁の法的仕組み[1]，すなわち行政制裁をめぐる議論が近時活発化している[2]。その際，伝統的に議論されてきた行政刑罰に加えて，課徴金（行政制裁金，違反金）のあり方が焦点となっているように見受けられる[3]。

　課徴金は広義には財政法3条にいうもの，すなわち「国が司法権，行政権に基づいて国民に賦課し，徴収する金銭の負担で租税以外のもの」であって「罰金，科料，負担金，手数料，使用料等」を指す[4]。行政制裁との関わりで問題となる狭義の課徴金の代表は独占禁止法上のそれ（7条の2，8条の3）であり，さらに金融商品取引法の定めるもの（172条以下），公認会計士法の定めるもの（31条の2）

---

[1]　小早川光郎『行政法　上』（弘文堂，1999年）235頁，244頁以下。
[2]　まず山本隆司「行政制裁の基礎的考察」高橋和之先生古稀記念『現代立憲主義の諸相（上）』（有斐閣，2013年）253頁以下。
[3]　山本隆司「行政制裁に対する権利保護の基礎的考察」宮﨑良夫先生古稀記念『現代行政訴訟の到達点と展望』（日本評論社，2014年）260頁以下。
[4]　法令用語研究会編『有斐閣法律用語事典〔第3版〕』（有斐閣，2006年）153頁以下。

がある（以下，単に課徴金という場合は，独占禁止法上のものを指す）[5]。

　当初の課徴金制度は，先行する国民生活安定緊急措置法11条1項の課徴金制度をモデルとした沿革から[6]，事業者が違反行為によって得た不当利得を剥奪するものであるとの性格づけを基本として組み立てられてきた。しかしこの「不当利得剥奪論」は判例が早くから避けてきたものであり（後述Ⅲ），また課徴金算定率を引き上げ，課徴金の対象範囲を拡大するとともに課徴金減免制度を導入した平成17（2005）年独占禁止法改正の段階で，競争法の学界・実務においても放棄された[7]。すなわち現在の課徴金は「違法行為を防止するという行政目的を達成するために行政庁が違反事業者等に対して金銭的不利益を課す行政上の措置」であるというのが公式の説明とされており[8]，これは当初と比較すれば「制裁としての色彩をより濃厚にした」ものと評価されている[9]。

　しかし，平成21（2009）年改正において課徴金の適用範囲の拡大及び課徴金減免制度の拡充がなされたものの，制度の骨格においてはなお「課徴金に関する独占禁止法改正問題懇談会報告書」（1990年）の立場が維持されている。すなわち「課徴金を課すか否か，又は課徴金の具体的な額についての決定に当たっては，違反行為の悪質性の強弱，行為者の支払能力等を勘案した行政上の裁量判断に委ねるという考え方があり得る」ところ，「公正かつ自由な競争秩序を維持するための行政上の措置としての課徴金制度の性質上，その要件は客観的な基準によるべきであり，主観的な事情は考慮されるべきではなく，また，カルテルによる経済的利得の徴収という趣旨からみても，悪質性の強弱というような基準で課徴金の額を斟酌する必要性は乏しい」，「裁量を認める場合には行政制度として透明性を欠くおそれがあること，また，運用が複雑となることにより措置の迅速性といったメリットが損なわれることなどからみて，懇談会としては，裁量性を導入することに，積極的な理由を見いだし難い」という思想が，不当利得剥奪論という

---

5)　塩野宏『行政法Ⅰ〔第6版〕』（有斐閣，2015年）268頁以下，宇賀克也『行政法概説Ⅰ〔第5版〕』（有斐閣，2013年）257頁以下。
6)　林秀弥「裁量型課徴金制度のあり方について」名古屋法政論集248号（2013年）185頁。
7)　白石忠志『独占禁止法〔第2版〕』（有斐閣，2009年）496頁以下。もっとも，平成17年改正では「不当利得と比例する課徴金額とするよう目指すのを基本とする，という観点から，売上額に算定率を乗ずるという改正前の構造は維持された」（同書499頁）。
8)　菅久修一編著・品川武＝伊永大輔＝原田郁著『独占禁止法』（商事法務，2013年）197頁〔品川〕。
9)　宇賀・前出注5)258頁。

前提が失われた現在でも，しぶとく生き延びてきたものといえよう。

　このような非裁量性及び明確性・簡易性は，「所定の違反類型に該当する行為がおこなわれた場合，公取委は，裁量によって課徴金を課したり課さなかったりすることはできない」という事態をもたらし，「特に課徴金額の計算や調査協力者に対する減免制度について，非裁量的で硬直的な制度設計となっており，複雑な事例が登場すると直ちに紛争しやすい」という弊害を生んできた[10]。非裁量型から裁量型への課徴金制度の転換が求められてきたのは当然の趨勢であり[11]，公正取引委員会が 2016 年 2 月に設置した「独占禁止法研究会」は，「経済・社会環境の不断の変化にも対応し得る課徴金制度の在り方」，とりわけ「独占禁止法違反行為に対して，事業者の調査への協力・非協力の程度等を勘案して，当局の裁量により課徴金額を決定する仕組み」を検討しているところである。本稿は，憲法学の観点から裁量型課徴金制度に関する論点を概観整理するものである[12]。

II　憲法上の論点の再構成

　憲法学はこれまで課徴金制度に十分な関心を寄せてきたとはいえ，取り上げるとしてもそれは主として二重処罰の禁止（憲法 39 条前段後半・後段）との関係に限られていた。それは独占禁止法が私的独占，不当な取引制限，事業者団体による競争の実質的制限を処罰する（89 条。両罰規定〔95 条〕も置かれている）ことに加えて，昭和 52（1977）年改正によって課徴金制度が導入され漸次その強化が図られてきたという経緯からして，刑罰に加えて課徴金を賦課することが「重ねて刑事上の責任を問」うことに当たるのではないかが，問題とされざるを得なかったからである。

　しかし刑罰と行政上の措置の併科を原則的に問題としない判例の傾向に加えて，1990 年代半ば以降の理論動向を踏まえれば[13]，もっぱら憲法 39 条との関係で課

---

10)　白石・前出注 7) 499 頁。
11)　まず岸井大太郎「独占禁止法における課徴金（違反金）制度のあり方」法政法科大学院紀要 3 号（2007 年）79 頁以下。
12)　筆者は本文で触れた独占禁止法研究会の第 5 回会合（2016 年 5 月 27 日）において有識者として意見を述べる機会を与えられ，その内容が本稿の基礎となっている。研究会会員及び事務局にこの場を借りて謝意を表したい。
13)　かかる学説の転回が佐伯仁志『制裁論』（有斐閣，2009 年）に収められた諸論文，とりわけ「二重処罰の禁止について」（同書 73 頁以下（初出 1994 年））によってもたらされたものであることは，周知のとおりである。

徴金制度のあり方を論じれば済む状況ではもはやないことを，憲法学も出発点に置く必要がある。すなわち同一の行為に対して刑罰と行政制裁を併科することは，直ちに憲法 39 条に違反するものではないが，それは同時に罪刑均衡原則（憲 36 条）ないし比例原則に反しないものでなければならない，というのが憲法学からの検討の基本線とされるべきである[14]。そしてこの理は，非裁量型から裁量型への転換についても妥当すべきもののように思われる。裁量型課徴金制度が，従来の非裁量型課徴金制度とは異なる論点を含むことは確かである。しかしそれを「非裁量型課徴金は二重処罰ではないが，裁量型課徴金は二重処罰に当たる」といったように，憲法 39 条に引きつけるのではなく，むしろより事物に即した検討を行うべきものと思われる。

憲法 39 条論の強烈な磁場から身を引き離して，改めて課徴金制度との関係で問題となり得る憲法条文としては，13 条，14 条 1 項，22 条ないし 29 条，31 条をはじめとする手続的諸権利及び 84 条を，ひとまず挙げることができる[15]。このうち憲法 13 条については，立法政策として責任主義を採用するとしても，課徴金が「事業者」に向けられておりかつ営業の自由による特別法の保障を前提とする限りで，憲法の根本原理である個人の尊重にまで遡及する必然性は弱いのではないか，と考えておきたい[16]。他方，憲法 13 条によって確認ないし保障される法治国原理は，法律の留保，比例原則，適正手続及び実効的な司法的統制を要請するが，特に前二者は営業の自由の保障と重なる。さらに罪刑法定主義及び租税法律主義は，法律の留保をそれぞれの分野の特性に応じて厳格化したものであると，現在では考えられている。

これに加えて非裁量型から裁量型への転換という観点からは，権力分立原理の観点に立ち戻ることも求められるように思われる。行政裁量の根拠については，それを立法の授権に求め，法律の留保の文脈で考慮する必要がある。他方，行政裁量の限界は裁判を受ける権利と重なって実効的な司法的統制と結びつくが，これは裁量行使の実体的適法性（平等・比例原則），手続的適法性（適正手続・透明性）の確保とも関連する。

---

14) 佐伯・前出注 13) 20 頁以下。
15) 佐伯・前出注 13) 17 頁以下，金井貴嗣「独占禁止法違反に対する課徴金・刑事罰の制度設計」日本経済法学会年報 22 号（2002 年）24 頁参照。
16) 法廷等の秩序維持に関する法律の定める監置処分のように，個人に対する行政制裁について個人の尊重との関係が問題となりうることは，当然である。

このように論点間の相互関係を整理した上で，以下では①二重処罰の禁止（Ⅲ），②法律の留保（Ⅳ），③比例原則（Ⅴ），④法の下の平等，適正手続及び司法的統制（Ⅵ）に分説して，裁量型課徴金制度について憲法上の論点を概観することとしたい。

Ⅲ 二重処罰の禁止

(1) 憲法 39 条は「何人も，実行の時に適法であつた行為又は既に無罪とされた行為については，刑事上の責任を問はれない。又，同一の犯罪について，重ねて刑事上の責任を問はれない」と定める。同条前段前半が事後法ないし遡及処罰の禁止を定めていることは明らかである。他方，同条前段後半及び後段については，大陸法における一事不再理の原則と英米法における二重の危険（double jeopardy）の禁止の原則が混在しているように見えることから，その性格が争われてきた。この点，現在では，一事不再理原則は裁判制度に内在する要請であって，憲法上の権利としては二重の危険を受けないという手続的保障（二重起訴の禁止）と解するのが妥当であろう[17]。判例は「元来一事不再理の原則は，何人も同じ犯行について，二度以上罪の有無に関する裁判を受ける危険に曝さるべきものではないという，根本思想に基く」と述べて一事不再理を被告人の権利の側から捉えた上で，無罪判決に対して検察官が上訴すること（刑訴 351 条 1 項参照）も本条に違反しないとするにとどめている（最大判昭和 25・9・27 刑集 4 巻 9 号 1805 頁）[18]。

(2) 刑罰と行政制裁の併科の合憲性については，脱税者に対して，逋脱犯として刑罰を科すとともに追徴税を課すことの合憲性が争われた事例が，リーディング・ケースとして知られている（最大判昭和 33・4・30 民集 12 巻 6 号 938 頁。以下，昭和 33 年判決という）[19]。最高裁は「追徴税は，申告納税の実を挙げるために，本来の租税に附加して租税の形式により賦課せられるものであつて，これを課することが申告納税を怠つたものに対し制裁的意義を有することは否定し得ない」としつつも「罰金とは，その性質を異にする」として，憲法 39 条に反しないと判

---

[17] 佐伯・前出注 13）95 頁，野中俊彦＝中村睦男＝高橋和之＝高見勝利『憲法Ⅰ〔第 5 版〕』（有斐閣，2012 年）449 頁以下〔高橋〕。
[18] 芦部信喜・高橋和之補訂『憲法〔第 6 版〕』（岩波書店，2015 年）254 頁，佐藤幸治『日本国憲法論』（成文堂，2011 年）351 頁も同旨。
[19] 憲法判例研究会編『判例プラクティス〔増補版〕』（信山社，2014 年）269 頁〔宍戸常寿〕参照。

示した。その理由は，逋脱犯に対する刑罰は「脱税者の不正行為の反社会性ないし反道徳性に着目し，これに対する制裁として科せられるものである」反面，追徴税は「〔①〕単に過少申告・不申告による納税義務違反の事実があれば，〔②〕同条所定の已むを得ない事由のない限り，その違反の法人に対し課せられるものであり，これによつて，〔③〕過少申告・不申告による納税義務違反の発生を防止し，以つて納税の実を挙げんとする趣旨に出でた行政上の措置」であり，「〔④〕法が追徴税を行政機関の行政手続により租税の形式により課すべきものとしたことは追徴税を課せらるべき納税義務違反者の行為を犯罪とし，これに対する刑罰として，これを課する趣旨でないこと明らかである」，というにある。

　昭和 33 年判決は，制裁的意義を有する行政上の措置も直ちに「刑罰」に当たるものではないという前提の下[20]，当該行政上の措置が刑罰に当たらない具体的事情として①対象，②非裁量性，③目的，④主体・手続・形式を挙げた。昭和 33 年判決が下された事件の後，追徴税のうち重加算税については義務違反だけでなく事実の隠ぺい・仮装が要件とされており，①の理由は既に当てはまらなくなっていたが，判例は昭和 33 年判決を引用して刑罰と重加算税の併科も憲法 39 条後段に反しない，としている（最判昭和 45・9・11 刑集 24 巻 10 号 1333 頁）。公務執行妨害罪による処罰と法廷等の秩序維持のための監置決定の併科（最判昭和 34・4・9 刑集 13 巻 4 号 442 頁）も，過料と罰金・勾留の併科（最判昭和 39・6・5 刑集 18 巻 5 号 189 頁）もともに昭和 33 年判決が引用された上で，合憲と判断されている[21]。結局のところ「従来の判例から，何が二重処罰にあたるかについて一義的な基準を導き出すことは困難であり」，「判例が示す判断基準の本質的部分は，当該処分の趣旨・目的が刑罰と異なるか否かという点」，すなわち③にあると解さざるをえないものの，これが「二重処罰を否定する説得的な基準たりえているかには疑問が残る」と批判されている[22]。

　(3)　刑罰と課徴金の併科が許されるかについて，社会保険庁シール談合事件判決（最判平成 10・10・13 判時 1662 号 83 頁）は，「本件カルテル行為について，私的独占の禁止及び公正取引の確保に関する法律違反被告事件において上告人に対す

---

20)　佐伯・前出注 13) 121 頁。
21)　判例の概観として戸松秀典＝今井功編『論点体系　判例憲法 2』（第一法規，2013 年）442 頁以下〔喜多村洋一〕。
22)　川出敏裕「判批」『行政判例百選Ⅰ〔第 6 版〕』（有斐閣，2012 年）241 頁。佐伯・前出注 13) 127 頁も参照。

る罰金刑が確定し，かつ，国から上告人に対し不当利得の返還を求める民事訴訟が提起されている場合において，本件カルテル行為を理由に上告人に対し同法7条の2第1項の規定に基づき課徴金の納付を命ずることが，憲法39条，29条，31条に違反しない」ことは昭和33年判決に徴して明らかだと判示した。「課徴金は，制裁だけではなく，不当な利益のはく奪とカルテル禁止の実効性確保も目的としており，かつ，反社会性ないし反道義性を非難するというよりは，行政法規の実効性を図るためのものである」という，刑罰との「実質的な性質の差異に着目して」合憲判断をしたものと理解される[23]。他方，この判決は刑罰に加えて民事法上の不当利得返還請求が顕在化している場合にも課徴金を命ずること（三重併科）が違憲ではないとしており，課徴金の性格に関する不当利得剥奪論の問題点を露呈させることにもなった[24]。

さらに機械保険カルテル課徴金事件判決（最判平成17・9・13民集59巻7号1950頁）は，平成17年独占禁止法改正前の課徴金制度の性格について「カルテルの摘発に伴う不利益を増大させてその経済的誘因を小さくし，カルテルの予防効果を強化することを目的として，既存の刑事罰の定め（独禁89条）やカルテルによる損害を回復するための損害賠償制度（独禁25条）に加えて設けられたものであり，カルテル禁止の実効性確保のための行政上の措置として機動的に発動できるようにしたもの」と述べ[25]，さらに課徴金の算定方式について「課徴金制度が行政上の措置であるため，算定基準も明確なものであることが望ましく，また，制度の積極的かつ効率的な運営により抑止効果を確保するためには算定が容易であることが必要であるからであって，個々の事案ごとに経済的利益を算定することは適切ではないとして，そのような算定方式が採用され，維持されている」から，「課徴金の額はカルテルによって実際に得られた不当な利得の額と一致しなければならないものではない」と判示した。同判決により不当利得剥奪論は「駄目押し的に否定された」とされる[26]。

(4) 憲法学では，早くから「刑事上の責任」とは「刑罰の責任を意味する」から，「過料などの行政罰は，刑罰と重複して科しても差し支えない」[27]として，

---

23) 判例時報1662号84頁の匿名コメント。
24) 岩橋健定「判批」『行政判例百選I〔第6版〕』243頁。
25) 最判平成24・2・20民集66巻2号796頁も同旨。
26) 白石・前出注7）499頁。もっとも杉原則彦「判批」最判解民事篇平成17年度（下）592頁は課徴金を「カルテルによる不当な利得を徴収する制度」として説明する。

刑罰と行政制裁の併科は憲法39条に反しないという立場が採られ，そのような趣旨で昭和33年判決も理解された。その意味では「制裁的機能は刑法が専管的に担うものであるという思い込み」[28]からは，憲法学説はひとまず自由であったように思われる。もっとも子細に見ると，「不利益処分が懲罰または懲罰的なものであっても」併科を留保なく問題なしとする立場[29]と，「名目は行政罰であるが，実質的に見ると，刑罰的色彩が強い」法廷等の秩序維持に関する法律上の監置処分について憲法上の疑義を留保するものとに分かれている[30]。重加算税について「処罰ないし制裁の要素は少ない」ことを理由に，刑罰との併科を憲法39条に反しないとする租税法学の説明も，後者と同じものと捉えることができる[31]。しかし裏返していえば，重加算税に「刑罰による非難に類似する要素が含まれている」ことは否定できないことも確かである[32]。憲法39条で禁止される二重処罰とは何かについて，明確な線引きを憲法学が示していたとは言いがたい。

このように判例・学説いずれにおいても，刑罰と行政制裁が連続的であり，両者を質的に区別することが困難であることが意識される中で，(1)で触れたとおり憲法39条前段後半・後段を二重訴追の禁止として手続的に理解し，「立法者の刑罰権の実体面での制約原理は，二重処罰の禁止ではなく，罪刑均衡の原則に求めるべきであろう」と説く佐伯仁志の見解が，注目されるようになった[33]。この立場はより厳密にいえば，判例と同じく「一定の性質を持った行政制裁は『刑事責任』に当たる」ことを完全に排斥しないものの，判例自身が重視する制裁の趣旨・目的（昭和33年判決の③）について「不正行為の反社会性ないし反道徳性に着目してこれに対する制裁として科せられる」という基準が，行為の性質ではなく立法者意思を測るものである以上，現実的には課徴金が刑事責任と判断される

---

27) 法学協会編『註解日本国憲法　上』（有斐閣，1953年）683頁。
28) 高木光「独占禁止法上の課徴金の根拠づけ」NBL774号（2003年）24頁。
29) 小嶋和司『憲法概説』（良書普及会，1987年）251頁。佐藤功『憲法　上〔新版〕』（有斐閣，1983年）612頁も参照。同種の説明は近時の憲法教科書では，例えば大石眞『憲法講義II〔第2版〕』（有斐閣，2012年），渋谷秀樹『憲法〔第2版〕』（有斐閣，2013年）270頁，市川正人『基本講義憲法』（新世社，2014年）208頁に見られる。
30) 法学協会編・前出注27）683頁。樋口陽一＝佐藤幸治＝中村睦男＝浦部法穂『注解憲法II』（青林書院，1997年）385頁も参照。
31) 金子宏『租税法〔第21版〕』（弘文堂，2016年）784頁。
32) 小早川・前出注1）252頁。
33) 佐伯・前出注13）95頁。

ことはあり得ず，そうであれば「憲法39条を手続保障の規定と解した方がすっきりしている」，と説くものである[34]。

佐伯説は，刑罰と行政制裁の併科の限界を罪刑均衡ではなく比例原則として位置づけるべきだという修正を施した上で，高木光の支持を受け[35]，経済法の学説・実務に大きな影響を与えた（Ⅱ）。高橋和之が，佐伯説を明示的に引用して，二重処罰の問題点は「裁判手続き上の負担を別にすれば，その行為に対する刑罰が全体として重くなりすぎる危険が大きいということにあるが，それは罪刑均衡原則の問題であり，36条あるいは31条で対処すべきであろう」と説いた後には，憲法学においても支持が広がっている[36]。判例法理との整合性に加えて，憲法39条前段が行政制裁を遡及的に科すことも直ちに排除しないという立場とより整合的であることからも，行政制裁を科すことが原則として「刑事上の責任」に当たらないという最近の学説が支持されるべきものと思われる[37]。

(5) もっとも，行政制裁が「刑事上の責任」に該当する例外的な場合とはどのようなものかについては，判例の基準を離れて，より具体化が必要であろう。この点について高橋和之は，「行政的制裁かどうかは実質に即して判断すべきであり，形式的には行政制裁の形をとっていても，実質は刑罰と同性質であるとか，あるいは，刑事手続と同程度の負担を強いるものであるような場合は，実質は刑罰の併科と評価すべきであろう」と指摘している[38]。さらに山本隆司は近時，フランス・ドイツの行政制裁の分析を踏まえて，「違法行為者を，全体としての国法秩序，国法秩序一般に違反した者として非難する意味の制裁であり，一般的なスティグマ効果をもつ」刑罰に対して，「行政制裁は違反行為者を，国法秩序のうちの特定の法制度に違反した者として非難する意味の制裁であり，その意味

---

34) 佐伯・前出注13) 123頁以下。
35) 高木・前出注28) 24頁。塩野・前出注5) 270頁，大橋洋一『行政法Ⅰ〔第3版〕』（有斐閣，2016年）327頁も参照。
36) 野中ほか・前出注17) 452頁以下〔高橋〕。近時の憲法研究者の解説等で本文の立場を支持ないし好意的に言及するものとして大石眞「憲法的刑事手続」石川健治＝大石編『憲法の争点』（有斐閣，2008年）160頁，芹沢斉＝市川正人＝阪口正二郎編『新基本法コンメンタール憲法』（日本評論社，2011年）289頁〔青井未帆〕，毛利透＝小泉良幸＝淺野博宣＝松本哲治『憲法Ⅱ』（有斐閣，2013年）308頁〔淺野〕，安西文雄＝巻美矢紀＝宍戸常寿『憲法学読本〔第2版〕』（有斐閣，2014年）204頁〔宍戸〕，木下智史＝只野雅人編著『新・コンメンタール憲法』（日本評論社，2015年）405頁〔倉田原志〕，渡辺康行＝宍戸常寿＝松本和彦＝工藤達朗『憲法Ⅰ』（日本評論社，2016年）312頁〔松本〕等。
37) 行政制裁ではなく租税の文脈であるが最判平成24・2・28民集66巻3号1240頁参照。
38) 野中ほか・前出注17) 453頁〔高橋〕。

でスティグマ効果が限定される」というように,「制裁の意味・効果のレヴェル」で両者を質的に区別する見解を示した[39]。

こうした見解を踏まえて本稿では,①制裁の趣旨・目的が刑罰と同一である,②制裁の意味・効果が刑罰と同一である,③制裁を科すことが刑事裁判権の機能を著しく阻害するものである[40],のいずれかに当たることが明白である場合に限り,当該行政制裁は「刑事上の責任」に該当するという解釈を,試論として示しておきたい。いずれにしても,行政制裁の仕組みが刑罰の存在を意識しつつ,当該行政上の義務の実効を確保するために合理的なものとして設計される限り(V),それが憲法39条に違反して無効となることは現実には考えがたいように思われる[41]。

（6）いずれにしても,課徴金が憲法39条にいう「刑事上の責任」に該当せず,それは不当利得剝奪を超えるものであっても同じであるという結論それ自体は,近時の判例を踏まえれば既に当然といえよう。ポイントは,それが単なる「行政上の措置」だからではなく行政制裁としての性格を有しており,かつ課徴金の賦課が事業者に対する非難の側面をもつとしても,それは社会経済秩序の回復を目的として違法行為の経済的誘因を除去するものである点で,「刑事上の責任」を問うものではない,ということである[42]。そしてこの理は,課徴金制度が非裁量型から裁量型に転換しても変わらない[43]。課徴金により実効が確保されるべき行政上の義務ないしその背後にある行政目的も,課徴金の賦課による意味・効果も変化がなく,さらに課徴金を賦課するか否か及び課徴金額の算定について行政に一定の裁量を認めたところで,刑事司法の機能が損なわれるわけでもないからである。「日本の体系では金銭的制裁で裁量を伴うものは裁判所でないと課すことができない（行政庁では課すことができない）とのドグマ」は,憲法39条との関係で根拠がないものと思われる[44]。

39) 山本・前出注2）287頁。
40) 例えば,刑事司法に関する憲法上の各種保障（最大判平成23・11・16刑集65巻8号1285頁）が無になるような極端な脱刑罰化や,被告人の刑事裁判への対応を不可能または困難にするような場合が考えられるのではないか。
41) このように解する限り,当該制度が適用上憲法39条に反することもないものと解される。See, Hudson v. U.S., 521 U.S. 93, Seling v. Young, 531 U.S. 250.
42) 山本・前出注2）291頁,山本・前出注3）262頁参照。
43) 村上政博「課徴金額の算定実務と裁量型課徴金の創設」判例タイムズ1350号（2011年）45頁参照。

IV 法律の留保

(1) 行政制裁が二重訴追の禁止の意味での憲法39条に反しないとなれば，従来「二重処罰」として議論されてきた問題は比例原則にその場を移すことになる。これは営業の自由の制約の実体的正当化の問題と重なるので，その前に形式的正当化，すなわち法律の留保に関する問題を検討しておきたい[45]。

財政法3条は広義の課徴金すなわち「国が国権に基いて収納する課徴金」は「すべて法律又は国会の議決に基いて定めなければならない」としており，この規定が租税法律主義を定める憲法84条を受けたものか，それとも財政国会中心主義を定める憲法83条の要請によるものか争いがあった。しかしこの対立は，旭川市国民健康保険条例事件判決（最大判平成18・3・1民集60巻2号587頁）が，憲法84条が「直接的には，租税について法律による規律の在り方を定めるものである」ものの，それは「国民に対して義務を課し又は権利を制限するには法律の根拠を要するという法原則を租税について厳格化した形で明文化したもの」であり，租税以外の公課でも「賦課徴収の強制の度合い等の点において租税に類似する性質を有するものについては，憲法84条の趣旨が及ぶ」との立場を採ったことで，現在では相対化されている。この判例法理を踏まえれば，狭義の課徴金についても，法律の留保が妥当し，憲法84条の趣旨を踏まえて課徴金の性質や目的等との関係で，賦課要件が明確に定められなければならないが，租税ほどの厳格な水準は要求されない，ということになる。

このことは，行政制裁が憲法39条にいう「刑事上の責任」でないとしても，「罪刑法定主義の原則からは，その制裁の要件および効果が法令に明確に定められていなければならない」が，「明確性の程度については，刑罰規定よりは，緩やかなもので足りる」と説かれていることとも[46]，整合するものである。

(2) 非裁量型から裁量型への課徴金制度の転換が憲法上問題となるとすれば，

---

44) 越知保見「経済事件についてのサンクションのあり方（上）」国際商事法務40巻5号（2012年）671頁。
45) そもそもカルテル等の違法行為の禁止それ自体，憲法上の権利の制約ではなくむしろ権利内容の形成と見る余地もあるが，課徴金の賦課が事業者の既存の経済活動に対する侵害としての側面をもつことは否定しがたいので，ここでは憲法上の権利論の標準的手順に従い，権利制約の正当化の問題として考えることにする。以上を含め渡辺ほか・前出注36）322頁以下，339頁以下〔宍戸〕参照。
46) 佐伯・前出注13) 19頁。

まさにこの法律の留保の局面であろう。そしてこの点については，法律の留保原則は，ひとまず実体的権利保障の問題を省いていえば，行政の恣意を国民代表の決定ないし統制によって防ぐとともに，国民の予測可能性を確保するものである。しかし当然ながら，国民に対する侵害的行政作用について法律により画一的処理を定めることは，法律の留保原則の必然的要請ではない。規制対象分野，規制の実効性等から見て，国民代表が行政機関に対して，①権限を行使するかしないかの裁量を認めたり，②不確定概念を行政権発動の要件として与えたり，③効果について一定の裁量を認めたりすることを，法律の留保原則は否定していないはずである[47]。

課徴金制度についていえば，独占禁止法の領域において専門的技術的判断が必要であり，それ故に公正取引委員会という独立行政委員会を設置している以上，立法と行政の機能的役割分担として，同委員会に一定の裁量を認めることが，直ちに憲法に違反するとは思われない。課徴金が「行政上の措置」だから裁量が許されないと論ずるのは，法律の留保原則から見れば明らかに異質の議論であり，憲法39条論の過剰な磁場によるものと思われる[48]。課徴金額の算定に裁量を認めることが「課徴金制度運用の透明性を損なうことになる」との指摘もあるが[49]，そのような行政の恣意が実体要件と手続により排除されるように制度設計されれば足りるであろう。課徴金がそもそも租税ではないことに加えて，独占禁止法違反行為の多様性・複雑性，規制の実効性，事業者自身の能力等から見て，規則・ガイドライン等により事業者の予測可能性が相当程度に確保されるのであれば[50]，裁量型課徴金制度は法律の留保ないし明確性の要請に反しないと解される。

V 比例原則

(1) 既に繰り返し触れたとおり，近時の学説では，従来二重処罰として論じられてきた点の多くが，罪刑の均衡または比例原則の観点から検討されるべきもの

---

47) 宍戸常寿「裁量論と人権論」公法研究71号（2009年）102頁参照。
48) 今村成和『独占禁止法〔新版〕』（有斐閣，1978年）350頁参照。
49) 平成17年改正前の課徴金制度の解釈として杉原・前出注26) 598頁。
50) 未決勾留者の新聞閲読の自由の制限に関するよど号ハイジャック記事抹消事件判決（最大判昭和58・6・22民集37巻5号793頁）は，かかる法律の留保に関する判例としても参照されるべきである。

とされている。周知のとおり，比例原則は警察比例原則を出発点としてそれが権利自由に対するあらゆる制限について妥当すると考えられるようになったもので[51]，現在では法治国原理の一内容として立法をも統制する憲法上の原則または公法上の一般原則とされている[52]。憲法上の権利の制約の実質的正当化も，規制目的の正当性を前提にして，規制手段と目的の「合理的関連性」，規制手段の「必要性」，規制により得られる利益と失われる利益の均衡（「狭義の比例性」）の観点から判断することが，多くなっている[53]。もっとも，しばしば近時の憲法学で見失われがちであるが，比例原則は本来柔軟な形を取りうるものでもある。

(2) これまで刑罰と行政制裁の併科を比例原則の観点から検討した判例は存在しないが，市場の公平・公正を維持するための財産権の制限の合憲性を比例原則に照らして検討した点で，証券取引法事件判決（最大判平成14・2・13民集56巻2号331頁）が，課徴金制度を考える上で一定の参考になるものと思われる。同事件では，上場会社の役員等が特定有価証券の短期売買等によって利益を得た場合に，当該会社が当該利益の提供を請求できる旨の証券取引法164条1項（当時。現在は金商164条1項）の合憲性が争われたものである。同判決は，財産権の制限の合憲性は「規制の目的，必要性，内容，その規制によって制限される財産権の種類，性質及び制限の程度等を比較考量して判断すべきものである」との判断枠組みを示した上で，当該規定が「証券取引市場の公平性，公正性を維持するとともにこれに対する一般投資家の信頼を確保するという目的による規制を定めるものであるところ，その規制目的は正当であり，規制手段が必要性又は合理性に欠けることが明らかであるとはいえないのであるから，同項は，公共の福祉に適合する制限を定めたもの」であるとして，その合憲性を認めている。目的の正当性，目的達成手段の合理的関連性及び必要性を検討している点で，広い意味で比例原則を適用した判例として理解することができる。

(3) 本稿で問題としている裁量型課徴金制度を比例原則の観点から検討する場合，①課徴金制度一般の比例性，②刑罰に加えて課徴金を併科することの比例性，③非裁量型課徴金に代えて裁量型課徴金を採用することの比例性，④裁量権行使

---

51) 小早川・前出注1) 144頁。
52) 髙木光「比例原則の実定化」芦部信喜先生古稀祝賀『現代立憲主義の展開 下巻』（有斐閣，1993年）228頁。
53) 渡辺ほか・前出注36) 76頁以下〔松本〕参照。

の結果としての個別の課徴金の賦課の比例性，といった相互に関連する様々な比例性が問題となりうる。二重処罰との関係で議論された比例原則は②を問題とするものであるが，仮に一定の算定方式によって得られた額以下の額の「課徴金を国庫に納付することを命じることができる」というようにして独占禁止法7条の2を改正して裁量型課徴金制度が導入され，その下での個別の課徴金の賦課が裁判上争われるという場面を考えると，①規定全体の合憲性及び④その適用の適法性が争われる中で，②③も争われるという形をとるものと推測される。他方，④については後述するところ（Ⅵ）と重なるので，以下では①について証券取引法事件判決の枠組みを踏まえて論じながら，②③に関する論点に触れることにする。

①については，既に社会保険庁シール談合事件判決が課徴金制度の適用が憲法29条に違反しないとの判断を示しており，カルテル禁止等の実効性を確保し社会的公正を維持するという目的を達成するために合理的関連性があることはもちろん，カルテル等に対して事後的な制裁を科すものにすぎず，営業停止処分等の手段と比べて過剰な規制とも言えないからその必要性も肯定すべきであり[54]，「憲法的価値を実現するための立法裁量によって与えられる独自の」営業の自由を制限する手段として，その合憲性は認められることを前提にしてよいであろう[55]。

(4) ②については，法定刑について「加重の程度が極端であつて，前示のごとき立法目的達成の手段として甚だしく均衡を失し，これを正当化しうべき根拠を見出しえないとき」は違憲となるとする尊属殺重罰規定違憲判決（最大判昭和48・4・4刑集27巻3号265頁）の趣旨からして，刑罰に加えて課徴金を賦課することが著しく均衡を失し比例性を欠く場合には違憲となりうることを出発点とすべきであろう。なお上記説示は法の下の平等の要請として述べられたものであるが，この論点は憲法36条の問題として本来扱われるべきだと説いた田中二郎裁判官の意見がよく知られている。

---

[54] 証券取引法事件判決は，目的達成手段の必要性を肯定する際に，役員等について短期売買によって得た「利益の提供請求を認めることによって当該利益の保持を制限するにすぎず，それ以上の財産上の不利益を課するものではない」ことに言及している。この箇所だけを切り離して扱えば，課徴金についてあたかも不当利得剥奪を限度としなければならないとも論じ得るようにも見えるが，そのように理解すべきではないであろうし，現に不当利得を超える課徴金額を命じることが許されることは，機械保険カルテル課徴金事件判決が述べるとおりである。

[55] 髙木・前出注28) 26頁。

刑罰に加えて課徴金を課すことがこの意味での比例原則に反しない，あるいは「憲法上の要請としての比例原則」を踏まえて罰金の半額を課徴金額から控除する旨の調整規定（独禁7条の2第19項，63条）が置かれている，という説明が既に一般化しているところである[56]。しかしこれは現実には，罰金額の半額程度の調整をすれば憲法上の問題が生じないだろうという程度の擬制にすぎず，調整を行わなければ現実に違憲となる，というところまで詰めた議論がなされたわけでもない[57]。実際に半額調整規定には，抑止効果の点から廃止が望ましいとの意見[58]と，「憲法上，行政制裁を必要な限度に抑える意味をもつ」はずの調整を半額にとどめた点に憲法上の疑義を提起する見解[59]との，いわば挟み撃ちに遭っている状態であり，さらに民事法上の不当利得返還請求が認容された場合には相当する課徴金額を返還しないと違憲になるとの指摘も見られるところである[60]。

　罰金に課徴金を併科すること自体は比例原則に反しないとして，その際の調整の要否及び程度は，課徴金額が対象となる違法行為の抑止にとって合理的なものかどうかにもよるところも大きいと考えられる。直感的な議論にならざるを得ないが，課徴金額の上限が抑止効果として著しく低いのであれば，比例原則の観点から見て調整は不要なのではないか。そうであれば，諸外国の例等も参照しつつ，刑罰に加えて課徴金を賦課することが，抑止効果の観点から見て著しく均衡を失し比例性を欠くかという観点からの検討も排除できないのではないだろうか[61]。

---

[56] 菅久編著・前出注8）198頁以下〔品川〕。宇賀・前出注5）259頁，白石・前出注7）500頁，北村喜宣「行政罰・強制金」磯部力＝小早川光郎＝芝池義一編『行政法の新構想Ⅱ』（有斐閣，2008年）151頁等。佐伯・前出注13）135頁も課徴金も刑罰も「制裁として共通の性格を持っているのであるから，課徴金が課されていること（あるいは，量刑が先であれば課されるであろうこと）は，量刑で考慮されるべきである」とする。

[57] 林・前出注6）188頁以下。

[58] 岸井大太郎「審判制度のあり方，違反金と刑事罰の関係」公正取引683号（2007年）20頁。

[59] 山本・前出注3）269頁。なお山本のように，憲法39条を一般的な比例原則と連続的に捉える立場（同論文251頁）でも，例えば猿払事件判決（最大判昭和49・11・6刑集28巻9号393頁）における懲戒処分が刑罰にとってより制限的でない他に選びうる手段（LRA）たり得るかという問題設定は，「『立法者の意図した制度目的』の共通性と差異」というかたちで，比例原則審査に取り込みうるもののように思われる。

[60] 阿部泰隆『行政法解釈学Ⅰ』（有斐閣，2008年）630頁。

[61] 山本・前出注2）290頁（山本・前出注3）251頁も参照）の否定する「両制裁を足し合わせて比例原則を適用する」ということも必要だと考えることになる。なお裁量型課徴金制度の導入の背景として，日本以外の規制当局による制裁との調整も問題になっているが，仮にこの点の当否を検討するとなれば，結局は営業の自由の制約としての合理性と必要性の総体に立ち戻らざるを得ないのではないか。

(5) ③は，カルテル禁止等の実効性を確保し社会的公正を維持するという目的を達成するための手段として，非裁量型課徴金よりも裁量型課徴金の方がより強力な規制手段であることを前提として，その比例性（必要性）を問題とするものである。この前提自体それほど自明ではないようにも思われるが，さしあたりは繰り返し述べたように非裁量型課徴金制度の合憲性から出発し，それを裁量型に転換することの合理性すなわち立法事実の存在が説明できれば，憲法的論証としては十分であろう。この点については，既に現行課徴金制度の硬直性，執行の歪み，画一性等により，違反行為抑止の実効性が損なわれているとの問題点が縷々指摘されているところである[62]。この点で裁量型課徴金制度は，目的達成手段としての必要性を肯定しうるとともに，規制の実効性をより高める点で当然に合理的関連性も肯定しうるであろう。このように考えてみると，現行課徴金制度は比例原則に反するものではなく，また裁量型課徴金制度の導入は，課徴金額の上限及び罰金との調整を考慮すれば，比例原則に反しないように設計することが可能であると解される。

Ⅵ 法の下の平等，適正手続及び司法的統制

(1) 以下では，裁量型課徴金の具体的な賦課の場面における憲法上の論点を挙げ，そこから制度設計において検討されるべき課題について，簡単に触れることにする。

まず平等原則（憲法14条）は法適用の平等を要請する[63]。この点について判例（最大判昭和39・5・27民集18巻4号676頁）は，憲法14条が「差別すべき合理的な理由なくして差別することを禁止している趣旨と解すべきであるから，事柄の性質に即応して合理的と認められる差別的取扱をすることは，なんら右各法条の否定するところではない」としている。現実には，平等の要請は合理性ないし首尾一貫性の要求につながるもので，適用段階における比例原則と相当に重なり合うことになる。規則・ガイドライン等が合理的なものとして定められ，それに従って裁量権が合理的に行使される限り，個別の課徴金の賦課が平等原則に反する

[62) 村上・前出注43) 44頁以下，越知・前出注44) 671頁以下，林・前出注6) 208頁以下。先に触れた独占禁止法研究会の第1回会合（2016年2月23日）に提出された事務局資料は，11の具体的事例を挙げて一律かつ画一的な現行制度の問題点を挙げ，さらに調査協力インセンティヴが働かないことを指摘している。

63) 小早川・前出注1) 145頁。

ものではない[64]。翻って，裁量型課徴金制度の設計においては，適用段階での平等違反を生まないよう，とりわけ適用者の恣意を排除する制度設計が求められるが，それは同時に次の適正手続の保障とも連動する課題である。

(2) 成田新法事件判決（最大判平成4・7・1民集46巻5号437頁）によれば，憲法31条の適正手続の保障は，「行政手続については，それが刑事手続ではないとの理由のみで，そのすべてが当然に同条による保障の枠外にあると判断することは相当ではない」。課徴金賦課手続においては事前通知・証拠説明の手続及び審判手続において意見申述・証拠提出の機会が保障されていたが[65]，平成25 (2013) 年の独占禁止法改正により，意見聴取手続の整備（49条以下）及び委員会の認定した事実を立証する証拠の閲覧・謄写（52条）が定められ（64条4項），手続保障はより充実することになった。

非裁量型から裁量型への転換の目的の一つは調査協力インセンティヴの向上にあるとされるが，国際的に整合性ある規制を目指すこととの関連で，自己負罪拒否や弁護士依頼人間秘匿をはじめとして，欧米における競争当局による行政調査手続に相応した手続保障の構築が課題となっている[66]。憲法学の観点からあえて指摘すれば，次で述べる司法的統制にも関わるが，委員会が裁量権行使に当たって考慮すべき事項及びその評価の基礎となる事実について，事業者の任意かつ実効的な弁明（場合によってはその撤回）の機会が，問題となるのではなかろうか。

(3) 司法的統制　立法が行政に裁量を与えた場合，司法が裁量権行使を実効的に統制しうることは，法治国原理及び実体的基本権だけでなく，裁判を受ける権利（憲32条）の要請でもある。この点で，平成25年の独占禁止法改正により，審判制度が廃止され実質的証拠法則が削除されたことは，憲法76条2項の解釈論にも影響を与える。

もっとも機能法的に考察すれば，経済・社会政策に関する裁判所の判断・審査能力は十分ではなく，機関適性を備えた公正取引委員会の判断を原則的に尊重すべき立場にある。それ故，個別の課徴金賦課決定の違法性が裁判所で争われる際に，裁判所は委員会の判断過程を統制する手法に頼ることになるのではないかと

---

64) EU法で同様の考えが採用されていることについて庄司克宏編『EU法　実務篇』（岩波書店，2008年）326頁〔市川芳治〕。
65) 菅久編著・前出注8）182頁以下，226頁以下〔品川〕。
66) 行政調査手続一般への波及の可能性を含め，笹倉宏紀「調査手続の見直しについて」ジュリスト1467号（2014年）39頁以下参照。

考えられる。そこで裁量型課徴金制度の制度設計においても，委員会が考慮すべき事項を考慮し，考慮すべきでない事項を考慮せず，また考慮事項を適切に評価したことが明らかであるような手続が，紛争の防止のためにも有効であろう。

Ⅶ　むすびに代えて

　以上，行政法も経済法もともに不案内ながら，憲法学の観点から裁量型課徴金制度を検討する際の論点を挙げてきた。最後に二点だけ述べておきたい。

　第一に，既に租税法律主義及び罪刑法定主義のいずれについても，その本来的な守備範囲を画定すると同時に，その外側にある周辺領域に原則の趣旨をいかに弾力的に適用するかが判例上問題になっていたが（Ⅳ），課徴金制度をめぐる動向は，これらの論点に加えて憲法39条においても同様の問題状況が生じている事実を，突きつけるものでもある。そうであるにもかかわらず，憲法学の対応が隣接諸法分野に比べて遥かに遅れていることを改めて痛感したことを，自戒の念を込めて告白しておきたい。

　第二に，裁量型課徴金制度は，ひとまずはもっぱら独占禁止法におけるエンフォースメントの強化といういわば文脈依存的な検討が進められているが[67]，より鳥瞰的に見れば，許可取消等の事業法的規制が及ばない領域での行政上の義務の実効ないし誘導の仕組みとしての活用も期待されるところである。例えば個人情報保護法において個人情報取扱事業者等の義務を履行させたり，あるいは消費者に友好的な自主規制を促したりする手段として，個人情報保護委員会に裁量型課徴金という手段を与えることも，十分検討に値するように思われる[68]。その意味でも，裁量型課徴金制度や行政制裁について，法分野横断的な議論の一層の高まりが期待される。本稿が，その種の議論への参加・貢献の乏しい憲法学からの一石となったのであれば，幸いである。

---

[67]　塩野・前出注5) 271頁参照。
[68]　平成27（2015）年の個人情報保護法改正の基礎となったIT総合戦略本部「パーソナルデータの利活用に関する制度改正大綱」（2014年6月）15頁参照。

景品表示法上の課徴金について

中 原 茂 樹

　は じ め に
　Ⅰ　導入の経緯
　Ⅱ　課徴金の賦課要件・手続と法的論点
　Ⅲ　被害回復促進の仕組みと法的論点
　お わ り に

は じ め に

　近時，行政上の義務履行確保手段として課徴金制度を導入する個別法が，少しずつ増えてきている。1977年に独占禁止法，2004年に証券取引法（現：金融商品取引法），2007年に公認会計士法に，それぞれ課徴金制度が導入されたのに続き，2014年に不当景品類及び不当表示防止法（以下「景表法」または「法」という）に課徴金制度が導入された（2016年4月1日施行）。それぞれの課徴金制度は，導入時点における先行制度の法的仕組みや運用状況を参考にして設計されたものと考えられ，かなりの点において共通しているが，他方で，導入に至った経緯等の違いを反映して，独自性を有する点も少なくない。今後も，それぞれの導入事例を相互参照しつつ，既存制度の改正や新たな個別法への導入が進む可能性があり，導入事例やそれをめぐる議論の蓄積が進めば，将来的には課徴金（あるいは行政制裁金）に関する一般法の整備に結び付く可能性もあるように思われる。
　本稿では，上記のような問題意識から，直近の導入事例である景表法上の課徴金制度について，若干の法的分析を行うこととしたい。景表法上の課徴金制度は，わが国の課徴金制度としては初めて被害回復の視点を取り入れた点で，新たな一歩を踏み出すものであり，これに関する法的考察は，課徴金制度をめぐる今後の議論にも資するところがあると思われる。

I　導入の経緯

　景表法は，もともと独占禁止法の特別法として制定され，公正取引委員会の所管とされていたが，2009 年の消費者庁の創設に伴い，消費者法体系に属するものとしてその目的が改正され[1]，消費者庁に移管された。

　景表法への課徴金制度の導入[2]は，同法が公正取引委員会の所管であった時期にも検討されており，2008 年にはそのための改正法案（平成 20 年法案）が第 169 回国会に提出された。しかし，同法案は審議されないまま継続審議となった。他方，消費者庁設置に向けた議論が活発化する中で，政府は，景表法上の不当表示に対する課徴金制度の導入については，同法の消費者庁への移管後，被害者救済制度の総合的な検討を実施する際にあわせて違反行為の抑止力強化策を検討することが適切であるとの立場をとり，平成 20 年法案は，第 170 回国会でも審議されないまま廃案となった。もっとも，景表法への課徴金導入に関する議論が後退したわけではなく，第 171 回国会で成立した消費者庁及び消費者委員会設置法には，附則 6 項として，「政府は，消費者庁関連三法の施行後 3 年を目途として，加害者の財産の隠匿又は散逸の防止に関する制度を含め多数の消費者に被害を生じさせた者の不当な収益をはく奪し，被害者を救済するための制度について検討を加え，必要な措置を講ずるものとする。」との規定が国会による修正で盛り込まれ，同法を含む消費者庁関連三法について国会で附された附帯決議には，「課徴金制度等の活用を含めた幅広い検討を行うこと」との文言が盛り込まれた。

　上記のような経緯を踏まえ，2009 年 11 月から，消費者庁長官の下で，「集団的消費者被害救済制度研究会」[3]が開催され，2010 年 9 月に報告書[4]が取りまとめられた。同報告書は，行政による経済的不利益賦課について，違法行為により得た収益とは一応切り離された形で，抑止のため一定の金銭（賦課金）の納付を行政処分で命じる方法が適切と考えられるとしつつ，被害者への配分の問題を含

---

[1]　このことと，取消訴訟における消費者団体や消費者個人の原告適格との関係について，中川丈久「消費者――消費者法は行政法理論の参照領域たりうるか」公法研究 75 号（2013 年）188 頁以下（198 頁以下）参照。

[2]　以下に述べる導入の経緯の詳細については，黒田岳士＝加納克利＝松本博明編著『逐条解説平成 26 年 11 月改正景品表示法――課徴金制度の解説』（商事法務，2015 年）2-17 頁参照。

[3]　座長は三木浩一慶應義塾大学大学院法務研究科教授。

[4]　消費者庁ウェブサイトに掲載。

め,制度の詳細を引き続き検討すべきであるとしている。これを受けて消費者庁の検討チームによる検討が行われた後,2011年10月から,消費者庁長官の下で,「消費者の財産被害に係る行政手法研究会」[5]が開催され,2013年6月に報告書[6]が取りまとめられた。同報告書は,景表法が消費者法体系に位置付けられたことを前提として,消費者庁の任務の1つである消費者の自主的かつ合理的な選択の確保のために,それを阻害するおそれのある不当表示を実効的に抑止するための措置として賦課金制度を位置付けることができるとした。また,被害者への配分の問題に関しては,事業者が消費者に対して,違法行為を行ったことに対する一定の金銭(見舞金,解決金等)を支払った場合,かかる金銭の額を賦課金の額から控除するという制度設計が考えられるとして,その場合の制度運用上の課題を踏まえた検討が必要であると指摘している。

上記のような検討が進められている中で,2013年10月に,ホテル等におけるメニュー表示問題が発生し,不当表示への社会的関心が急速に高まった。同年12月に開催された第2回食品表示等問題関係府省庁等会議において,今後の対策をパッケージとして取りまとめた「食品表示等の適正化について」が決定され,その中に,課徴金等の新たな措置について検討を行うことが盛り込まれ,緊急に対応すべき事項については次期通常国会に所要の法案を提出する方向で検討するとされた。これを受けて,内閣総理大臣は,消費者委員会に対し,景表法上の不当表示規制の実効性を確保するための課徴金制度等のあり方について諮問を行った。消費者委員会は,「景品表示法における不当表示に係る課徴金制度等に関する専門調査会」(以下「専門調査会」という)[7]を設置し,2014年6月に答申を取りまとめた(以下「消費者委員会答申」という)[8]。答申で示された制度設計の方向性を基本に,消費者庁において景表法改正法案の作成作業が進められ,同法案は同年10月に第187回国会に提出されて,同年11月19日に成立し,2016年4月1日から施行された。なお,この改正により,内容が改正されていない条文についても条の移動が生じているが,以下では,すべて改正後の条を表示する。

---

5) 座長は小早川光郎成蹊大学法科大学院教授。
6) 消費者庁ウェブサイトに掲載。
7) 座長は小早川光郎成蹊大学法科大学院教授。
8) 議事録や配布資料を含め,消費者委員会ウェブサイトに掲載されており,答申の全文は黒田ほか・前出注2)142頁以下にも掲載されている。

II 課徴金の賦課要件・手続と法的論点

1 対象行為——特に不実証広告規制について

　課徴金納付命令の対象となる行為は，法 8 条 1 項に規定されており，法 5 条の不当表示規制の対象行為のうち指定告示該当表示（5 条 3 号）を除いたもの，すなわち，優良誤認表示（5 条 1 号）および有利誤認表示（5 条 2 号）を行う行為である。指定告示該当表示については，過去の措置命令事案における案件数が比較的少ないことなどから，現状において課徴金賦課の対象にする必要はないとされた[9]。

　不実証広告規制（法 7 条 2 項）に関する表示を課徴金賦課の対象とするか，また，どのような形で対象とするかについては，以下のとおり，専門調査会でかなりの議論が行われた。

　法 7 条 2 項は，「内閣総理大臣は，前項の規定による命令〔措置命令〕に関し，事業者がした表示が第 5 条第 1 号〔優良誤認表示〕に該当するか否かを判断するため必要があると認めるときは，当該表示をした事業者に対し，期間を定めて，当該表示の裏付けとなる合理的な根拠を示す資料の提出を求めることができる。この場合において，当該事業者が当該資料を提出しないときは，同項の規定の適用については，当該表示は同号に該当する表示とみなす。」と規定している。ダイエット食品や健康機器に関する広告表示など商品または役務の効果・性能に関する表示については，表示どおりの効果・性能があるか否かを行政庁が立証するのに鑑定等が必要となって多大な時間がかかる場合があり，その間に消費者被害が拡大するおそれがあるため，2003 年の法改正により，この不実証広告規制の規定が導入された[10]。この規定は，行政処分の要件の一部について，処分の相手方が一定の期間内に資料を提出しない限り，後の訴訟等において争うことを否定するものであるため，手続保障との関係が問題となり得る。しかし，措置命令により禁止される表示行為は，合理的な根拠を示す資料をあらかじめ有することなく表示する行為であり[11]，事後的に当該資料が備わった場合に当該資料に基

---

[9] 消費者委員会答申 4 頁。
[10] 真渕博編著『景品表示法〔第 4 版〕』（商事法務，2015 年）75 頁以下，黒田ほか・前出注 2) 50 頁。
[11] 実務上も，不実証広告規制を適用した上での措置命令においては，「今後，表示の裏付けとなる合理的な根拠をあらかじめ有することなく，同様の表示をしてはならない」等と示されている。

づき表示することは許容されるため[12],手続保障上,問題がないと解される。

　これに対し,課徴金納付命令は,過去の行為に対して経済的不利益を賦課するものであるから,合理的な根拠を示す資料が事後的に備わった場合に,賦課処分について争うことを認めないのは,手続保障上,問題があると解される。この点につき,専門調査会では,「表示の裏付けとなる合理的根拠資料を有しないで行う表示」を新たに不当表示類型として追加した上で,課徴金賦課の対象とする案も検討されたが,違法行為による「やり得」を計算の基礎にした課徴金とはかなり性格が異なったものになるのではないか等,直ちに考え方を整理することが困難であるとして,採用されなかった[13]。結局,改正法では,8条3項で,課徴金納付命令との関係における不実証広告規制については,「みなす」のではなく「推定する」と規定することによって,事後的に合理的な根拠を示す新たな資料を提出して当該表示の優良誤認表示該当性を争うことができる旨を示している。

　一般に,取消訴訟における行政処分の適法性の立証責任について,一般法の定めはなく,学説上も通説が形成されているとはいえず[14],個別法に規定が置かれることも稀である。また,行政処分における行政庁の調査義務や,処分の相手方が調査に応じる義務(これらの義務が履行されなかった場合の法的効果を含む)等の具体的内容について,法令の規定の整備は不十分であり[15],明確でない場合が多い。その意味で,景表法の不実証広告規制および課徴金納付命令に関する推定規定は,不当表示規制という特定の分野を直接の射程としたものではあるが,上記の諸問題について具体的な検討が行われた上で規定が整備された例として,行政法の一般理論の見地からも注目されるものである。

2　主観的要素

　行為者の故意・過失等の主観的要素を課徴金賦課の要件とすべきか否かについ

　　なお,事業者は,効果・性能に関する表示を行うに当たっては,当該表示を裏付ける合理的な根拠を示す資料をあらかじめ有すべきであるとする裁判例がある。東京高判平成22・11・26公正取引委員会審決集57巻第二分冊181頁。評釈として,和久井理子「不実証広告規制と表示の裏付けとなる資料を有すべき義務」NBL956号(2011年)58頁。
12)　黒田ほか・前出注2) 52頁。
13)　第9回専門調査会(2014年4月22日)資料2の6頁,消費者委員会答申5頁注6。
14)　塩野宏『行政法Ⅱ〔第5版補訂版〕』(有斐閣,2013年)163頁。
15)　中川丈久「独禁法審査手続(行政調査)の論点」ジュリスト1478号(2015年)21頁以下,23頁参照。

ては，従来の導入事例において，それぞれ異なる立場が採られており，学説上も議論のあるところである。

　独占禁止法および金融商品取引法の課徴金については，主観的要素は要件とされていない。これに対し，公認会計士法の課徴金については，相当の注意を怠ったことによる虚偽証明の場合に，認定された虚偽証明期間に係る監査報酬相当額が課され，故意による虚偽証明の場合には，認定された虚偽証明期間に係る監査報酬相当額の1.5倍が課される（31条の2第1項，34条の21の2第1項）。故意の場合に，相当の注意を怠った場合よりも課徴金の額が加重されるのは，抑止がより困難であるからと説明されている[16]。

　学説上は，刑罰のみならず行政制裁についても，責任主義の原則が妥当すべきとする見解がある[17]。他方で，刑事罰との差別化の観点から，課徴金については基本的には主観的要素を不要とすべきであるとの実務家の見解もある[18]。

　景表法の課徴金について，消費者委員会答申は，事業者が十分な注意を尽くしたにもかかわらず客観的には不当表示であったような場合には，課徴金を賦課しても事前の抑止力は働かず，制度目的の達成につながらないと指摘しつつ，主観的要素の認定等のために執行の負担が生じることも考慮する必要があるとして，「不当表示がなされた場合においては原則として課徴金を賦課することとし，違反行為者から，不当表示を意図的に行ったものではなく，かつ，一定の注意義務を尽くしたことについて合理的な反証がなされた場合を，例外的に対象外とすれば足りる」とされた[19]。しかし，パブリックコメント等を経て，法案の段階では，「課徴金納付命令は事業者に経済的不利益を課す処分であり，そのような不利益処分をする上では原則として行政庁がその要件について立証責任を負うべきとの考えが妥当であると解されることに基づき，事業者が相当の注意を怠った者

16）　池田唯一＝三井秀範監修『新しい公認会計士・監査法人監査制度』（第一法規，2009年）156頁。
17）　佐伯仁志『制裁論』（有斐閣，2009年）19頁（初出1998年）。金融商品取引法の課徴金につき，山本隆司「行政制裁に対する権利保護の基礎的考察」宮崎良夫先生古稀『現代行政訴訟の到達点と展望』（日本評論社，2014年）236頁以下，263頁。
18）　岩原紳作ほか『金融商品取引法セミナー　開示制度・不公正取引・業規制編』（有斐閣，2011年）448頁〔藤本拓資発言〕。白石忠志『独禁法講義〔第7版〕』（有斐閣，2014年）105頁は，従来の制裁論の「常識」として，主観的要件の置かれている制度が制裁的であるとされてきたとし，二重処罰禁止論のあおりで，重い制裁的制度が主観的要件なく課されるという矛盾が現行独禁法には存在すると指摘する。
19）　消費者委員会答申6頁。

でないと認められるときは課徴金を賦課しないこととし，立証責任は行政の側が負うことに改められた」[20]とされている。ただし，条文上は，景表法8条1項ただし書きで，優良誤認表示または有利誤認表示に該当することを当該事業者が「知らず，かつ，知らないことにつき相当の注意を怠つた者でないと認められるとき」は，課徴金の納付を命ずることができないと規定されているのみで，立証責任については明示されていない。この規定から，何故行政側が立証責任を負うといえるのか，必ずしも明確ではないが，上記の立案関係者の説明は，経済的不利益を課す処分であるから行政側が立証責任を負うのが原則であり，違反行為者側に立証責任を負わせる規定が置かれていない以上，原則どおり行政側が立証責任を負うという趣旨かと思われる。

事業者が「相当の注意を怠つた者でないと認められる」か否かは個別具体的に判断されるが，一般的には，取引先から提供される書類等で当該表示の根拠を確認するなど，表示をする際に必要とされる通常の商慣行に則った注意を行っていれば足りるものと考えられる[21]。消費者庁が2016年1月29日に公表したガイドライン「不当景品類及び不当表示防止法第8条（課徴金納付命令の基本的要件）に関する考え方」の第5の3では，5つの想定例が示されている[22]。

また，主観的要素の立証責任が行政側に課されることによって執行の負担にならないかという問題について，相当の注意を怠っていないことを示す資料を有しているのは事業者の側であるから，実際には，まず事業者の側が相当の注意を怠っていないことを示す必要があり，実務上問題はないという立案関係者の見解が示されている[23]。

3　課徴金額の算定

課徴金額は，「課徴金対象期間」における「課徴金対象行為に係る商品又は役務の政令で定める方法により算定した売上額」に3％を乗じて算定する（法8条1項本文）。

---

20)　黒田ほか・前出注2）40-41頁。
21)　黒田ほか・前出注2）41頁。
22)　古川昌平＝染谷隆明「景品表示法の課徴金制度（本年4月運用開始）の概説（下）——政令・内閣府令・ガイドラインの解説とともに」NBL 1069号（2016年）48頁以下，50頁以下。
23)　黒田岳士＝河上正二「改正景品表示法の狙い——課徴金制度導入を中心に」NBL 1043号（2015年）4頁以下，11-12頁〔黒田発言〕。

課徴金額の算定の基本的な考え方について、消費者委員会答申は、「故意による違反行為に対しては違反行為者が得た不当な利得以上の金額とすべきとも考えられるが、違反行為が故意によるものかそうでないかの立証が困難であることに鑑みれば、違反行為者の主観を問わず、事業者の得た不当な利得相当額を基準とすべきである。」「また、ここでいう『不当な利得相当額』は、事案ごとに個別の方法により算定するのではなく、一定の算定式により一律に算定すべきである。……個々の事案に応じて賦課金額を算定することとすれば、執行のために必要な調査に時間がかかり迅速な処分ができなくなるおそれがあるからである。」[24]としている。

　これを受け、改正法案における算定率については、消費者庁設置後の措置命令事案における事業者の売上高営業利益率のデータを検討し、概ねその中央値である3％としたと説明されている[25]。

　確かに、迅速・円滑な執行という観点[26]から、算定率が一律とされたのはやむを得ない面があると考えられる（この点は、次項で検討する裁量性の採否とも関係する）。しかし、算定率が対象商品・役務の売上額の3％というのは低すぎるのではないかが問題となる。

　第1に、上記の消費者庁のデータを前提とすると、約半数の措置命令事案においては、「不当な利得相当額」よりも低い額しか徴収できないことになる。違反行為の抑止という観点からは、より営業利益率が高く、それゆえ「不当な利得相当額」の大きい事業者の利益率を基準にすべきではないかが問題となる。

　第2に、Ⅲで見るように、事業者が所定の手続に沿って返金措置を実施した場合にその金額を課徴金額から差し引く（返金額が課徴金額を超える場合は課徴金を課さない）こととして、自主的な返金を促進する仕組みとされているが、不当表示により誤認して商品・役務を購入した消費者の救済として、購入額の3％の返金で足りる場合は稀であると考えられ、全額の返金か、現存利益を考慮しても数十％の返金をすべき場合が多いと考えられる[27]。確かに、景表法上の課徴金は、違反行為を抑止するための行政上の措置であって、被害者による民事上の損害賠

---

24)　消費者委員会答申 7-8 頁。
25)　黒田ほか・前出注 2) 39 頁。
26)　黒田＝河上・前出注 23) 14-15 頁〔黒田発言〕は、「新しい仕組みを入れることによって執行のスピード感が落ちてはいけない、件数も落ちてはいけない」ことを強調している。
27)　黒田＝河上・前出注 23) 15 頁〔河上発言〕。

償請求や不当利得返還請求を行政庁が代行するような仕組みではないから，当然に課徴金額を違反行為者が被害者に返金すべき金額と一致させなければならないわけではない。しかし，自主的な返金を促進するための仕組みとしても課徴金を位置づけるのであれば，被害者救済にとって必要な金額の返金が行われない限り課徴金の賦課を免れない仕組みとすることが望ましいと考えられる。改正法には5年後検討条項（附則4条）が附されており，これに従って，将来的には算定率が見直されることを期待したい。

　法8条1項にいう「政令で定める方法により算定した売上額」については，法施行令の改正により，総売上額の算定方法および控除項目が定められている[28]。

　法8条1項にいう「課徴金対象期間」について，同条2項は，「課徴金対象行為をした期間」を原則としつつ，課徴金対象行為をやめた後に「一般消費者による自主的かつ合理的な選択を阻害するおそれを解消するための措置」をとらなかった場合の算定方法を定めた上で[29]，上限を3年間としている。3年間という期間は，独占禁止法における違反行為に対する課徴金に係る対象期間の上限に倣ったものであり，また，消費者庁設置後に措置命令を受けた事業者が行った表示期間の平均値も参考にしたものとされている[30]。

4　裁量性の採否，規模基準，加算・減算措置

　法定の課徴金賦課要件を満たす場合に，行政庁が課徴金を課さない裁量を認めたり，課徴金額の算定について行政庁の裁量を認めたりする仕組みは，独占禁止法上の課徴金を始め，現行のわが国の課徴金制度では採用されていない。これについては，法理論上の問題と，執行の容易さ等の実務上の問題とがある。

　法理論上の問題としては，裁量を認めると行政上の措置ではなくて刑事制裁の性質に近いものとなり[31]，行政機関にそのような権限を与えることは問題ではないか，また，罰金等の刑罰と併科される場合には憲法の禁止する二重処罰に当

---

[28]　古川昌平＝染谷隆明「景品表示法の課徴金制度（本年4月運用開始）の概説（上）――政令・内閣府令・ガイドラインの解説とともに」NBL 1068号（2016年）4頁以下，10頁以下。
[29]　内閣府令およびガイドラインの解説を含め，古川＝染谷・前出注28）6頁以下参照。
[30]　黒田ほか・前出注2）48頁。
[31]　金融商品取引法上の課徴金につき，岩原ほか・前出注18）429頁〔藤本発言〕は，「課徴金はいわば機械的にかけるということが1つのポイントになっていて，そこが刑罰と異なっている」ことを指摘する。

たるのではないか，という議論がある。しかし，行政処分に裁量が認められるのは通常のことであって，裁量を認めると行政上の措置でなくなるとは一般的にはいえない[32]から，上記の議論は，この問題に特有の以下のような考え方を前提とするものと解される。すなわち，「制裁」は刑法が専管的に担うべきものであるという考え方，および，そのような「制裁」に当たらない「行政上の措置」と言えるためには，「違法な利益の剥奪」の性質を有する（少なくとも，「違法な利益の剥奪」という考え方を基本とする）必要があるという，「利益剥奪と制裁の二者択一論」である[33]。そのような考え方を前提とすると，違反行為の抑止の観点から賦課機関の裁量により課される課徴金は，「違法な利益の剥奪」という考え方になじみにくいために，刑事手続によってしか科され得ない「制裁」に当たり，行政機関が賦課することができないとか，刑罰との併科が認められないという結論につながりやすい。したがって，上記の前提を改め，行政機関が違反行為の抑止のために制裁的機能を果たすことを正面から認める場合には，裁量を認めることも可能である。その場合には，行政裁量が適切に行使されるために，法令および行政庁が設定・公表する処分基準によって，要件や考慮要素を明確に定める必要がある。他方，上記の前提を基本的に維持し，「違法な利益の剥奪」という考え方を基本とする場合にも，違法行為の抑止という観点から行政庁にある程度の裁量を認める仕組みとすることは可能であると考えられるが，そもそも「違法な利益」を観念し得ないような違反類型には賦課し得ないなど，自ずと限界があると考えられる[34]。

　景表法上の課徴金について，消費者委員会答申は，金銭賦課処分の特性および公平性・透明性の確保という行政処分の一般原則を踏まえるべきであるとした上で，法執行の負担増大によりかえって現行の措置命令の執行に差し支える事態は避けなければならないとし，軽微な事案等を対象から除外することについては法令の要件設定によっても対応可能であるとして，「現時点において」裁量を認め

---

[32] 夙に，阿部泰隆「課徴金制度の法的設計」同『政策法学の基本指針』（弘文堂，1996年）251頁（初出1993年）で指摘されている。

[33] この点を明晰に指摘する見解として，高木光「独占禁止法上の課徴金の根拠づけ」NBL 774号（2003年）20頁以下，21頁。

[34] 金融商品取引法上の課徴金につき，岩原ほか・前出注18）429頁〔藤本発言〕は，「利得をベースとするものでなくて，何かこれが必要かつ合理的なものであるということが言えるものがどこかにあるのであれば，考えないでもない」が，「現実にはやはり利得が何らかの出発点にはなるのではないか」と指摘する。

る制度設計とはすべきでないとしている[35]。この答申を受け，法8条1項本文では，「課徴金を国庫に納付することを命じなければならない」という義務的な規定とされる一方で，同項ただし書きにおいて，課徴金額が150万円未満であるときは，納付を命ずることができないという裾切りの規定が置かれている。なお，上記の消費者委員会答申は，裁量を認めると刑事制裁に近づくといった議論には触れておらず，むしろ行政処分の一般原則を踏まえるべきであるとしていることから，法理論的には裁量を認める制度があり得ることを否定していないものと解される[36]。

加算・減算措置についても，行政の裁量に委ねるのではなく，法律に要件・効果を規定し，その限りで認めるべきであるというのが消費者委員会答申の立場であると解される。加算措置については，反復違反者に対する加算等が考えられるとしつつ，過去の措置命令事案において反復違反者がさほど多くみられないこと等を踏まえて検討すべきとしており，結局，改正法では加算措置は規定されていない。減算措置については，不当表示の早期発見および自主的なコンプライアンス体制構築の促進のため，自主申告について減算・減免を検討する価値があるとしており[37]，法9条に2分の1の減額が規定された。

5 賦課手続

行政手続法13条2項4号は，金銭の納付を命じる処分（および金銭の給付を制限する処分）について意見陳述手続の適用除外としており，その趣旨として，事後的な清算が可能であることや，多数の者に対して大量に行われる性質のものが多いこと等が挙げられている[38]。もっとも，これは，金銭に係る処分一般について一律に意見陳述手続の対象とするのは適切でないという趣旨であって，処分の性質に応じた手続を個別法で整備する必要性を否定するものではないと解される。

---

35) 消費者委員会答申8-9頁。
36) 白石忠志「景品表示法の構造と要点 第4回 課徴金納付命令（上）」NBL 1049号（2015年）40頁以下，41頁注5は，「私個人の理解では，課徴金導入に当たっての議論において，裁量的課徴金につき，現時点では内閣法制局の審査を通りそうにないという方面からの消極論だけでなく，当局に裁量を与えると課徴金額を減額するなどの弱腰のエンフォースメントをするのではないかとの観点による規制強化論者からの反対論も，強かったように思う」と指摘する。
37) 消費者委員会答申8頁。
38) 行政管理研究センター編『逐条解説行政手続法 27年改定版』（ぎょうせい，2015年）185頁。

課徴金納付命令は，必ずしも多数の者に対して大量に行われる性質のものとはいえないし，課徴金の額によっては事業者に重大な不利益を与える可能性がある。また，違反行為に対する制裁としての側面を有することから事前手続が必要であるという考え方もあり得るように思われる。

独占禁止法の課徴金については，意見聴取手続が置かれており（独占禁止法62条4項，49条～60条），金融商品取引法および公認会計士法の課徴金については，審判手続が置かれている（金融商品取引法178条～185条の17，公認会計士法34条の40～34条の66）。これに対し，景表法上の課徴金については，弁明の機会の付与が規定されている（景表法13条～16条）。これは，措置命令における意見陳述手続が弁明の機会の付与である（行政手続法13条1項2号）ため，それと同時または近接した時期に行われることが想定される課徴金納付命令についても手続保障のレベルを揃えたものとされている[39]。また，独占禁止法の課徴金の手続保障レベルとの差については，景表法の不当表示については，表示自体は一般公衆に対して晒されており，表示の対象となっている商品・役務の実際の内容等は事業者が把握している上，当該商品・役務の売上額および主観的要件に関する証拠も事業者側に存在するため，弁明の機会の付与によって事業者側は十分に防御することが可能であると説明されている[40]。

III 被害回復促進の仕組みと法的論点

1 被害回復の仕組みをめぐる議論

Iで見たように，景表法への課徴金制度の導入については，同法の消費者庁への移管後，被害者救済制度の総合的な検討を実施する際にあわせて検討することが適切であるとされ，平成20年法案が廃案となった経緯から，一貫して被害回復の仕組みとセットで議論され，わが国の課徴金制度としては初めて被害回復促進の仕組みを取り入れるに至った。

その手法として，犯罪被害財産等による被害回復給付金制度等を参考に，国が課徴金の納付を受けてから対象となる消費者に分配する仕組みも検討された。しかし，対象消費者の確定，分配額の算定，分配の作業等，分配における事務負担

---

[39] 黒田ほか・前出注2）92頁。なお，独占禁止法においては，排除措置命令の事前手続も意見聴取であり（49条～60条），課徴金納付命令と手続保障のレベルが揃えられている。

[40] 黒田ほか・前出注2）93頁。

が過大なものとなることや，違反行為者が返金等の自主的対応を行う場合，二重払いが生じるため，自主的対応を妨げるおそれがあること等[41]から，制度設計上の問題があるとされた。

　検討の結果，消費者委員会答申では，違反行為者がとった消費者への返金等の自主的対応を勘案して，課徴金額から一定額を控除する制度を採用すべきであるとされた[42]。その際，控除を認めるべき「自主的対応」として，消費者への返金に加えて，寄附の仕組みを設けることについて，実際上消費者への返金が困難である場合も少なくないと考えられることや事業者間の公平の観点から，違反行為者の得た不当利得の消費者に対する還元の一形態として，これを認めるべきであるとされた。消費者庁が2014年8月に公表したパブリックコメント案にも寄附制度が盛り込まれていたが，その際には，内閣法制局との関係で，課徴金を段階的に返金額に応じて減額するという仕組みはまだ認められておらず，課徴金額を超える返金が行われた場合に限って納付をゼロにするという仕組みにしていたため，返金できた金額が課徴金額に満たない場合に，その隙間を埋めるものとして，寄附制度が考えられていたとされる[43]。しかし，寄附では被害回復にならない，課徴金は国庫に入れるべきである等の反対意見も強く，寄附制度の導入は見送られた一方で，返金額に応じて課徴金を減額する仕組みが導入された。

　この仕組みでは，返金額が課徴金額を上回る場合には，課徴金納付命令自体がされないこととされている（法11条3項）ため，事業者としては，課徴金納付命令の要件の認定等に不服がある場合にも，課徴金納付命令の回避および返金措置の実施による企業イメージ向上等を狙って，返金措置を実施する可能性がある。このことは，被害の迅速な回復につながり得る半面で，被疑違反行為者が要件の成否を争うことのないようにさせる制度として機能するのではないかという見方[44]もある。

　控除の対象とすべき返金の範囲について，消費者委員会答申は，被害回復を促進する観点から，自主的になされたものであることを要し，民事訴訟の判決等に基づくものは原則として対象外とすべきであるとし，また，適正かつ平等に行わ

---

41) 第8回専門調査会（2014年4月16日）資料3の5頁。
42) 消費者委員会答申9-11頁。
43) 黒田＝河上・前出注23）13頁〔黒田発言〕。
44) 白石忠志「景品表示法の構造と要点 第6回 課徴金納付命令（下）」NBL 1053号（2015年）60頁以下，62頁。

れた返金に限定するような制度設計を求めている。これを受け，改正法は，実施予定返金措置計画の認定という仕組みを設けている（10条）。これは，控除の対象となる返金が適正かつ平等に行われることを担保するために，よく考えられた仕組みであるが，争訟方法等について明確でないところもあるように思われるので，以下で検討する。

2 実施予定返金措置計画認定の要件

法10条5項2号は，「特定の者について不当に差別的でないものであること」を実施予定返金措置計画認定の要件としている。同号にいう「不当に差別的」に当たる典型例として，国会審議における政府答弁では，事業者が自らの従業員等にのみ高額な返金措置を実施する場合や，返金合計額が課徴金額に達した時点で，返金対象となるべき一般消費者から申出があるにもかかわらず返金措置の実施を一切やめてしまうといった場合が挙げられている[45]。他方で，1個の課徴金対象行為の対象となった商品・役務に係る最終需要者の購入額が，販売者，販売時期，地域等によって異なる事案において，事業者が，当該「商品・役務の購入額×課徴金算定率」以上となる一律の金額を定めることにより，各最終需要者の購入額に占める返金額の割合が異なるという場合はあり得るとされている[46]。

それでは，購入者ごとに当該商品・役務の購入量が異なるために購入額が（例えば1万円から15万円まで）異なるにもかかわらず，事業者がすべての購入者に一律の金額（例えば5,000円）を「お詫び」として支払った場合はどうであろうか。この場合，各購入者の購入額に占める返金額の割合が（例えば50％から3.3％まで）大きく異なるため，「特定の者について不当に差別的」とも考えられる。もっとも，一律に一定の金額を支払うという方法も，金額の点ではすべての購入者を平等に扱っているともいえること，また，返金措置は，一定の期間内に迅速かつ確実に行わなければならないから，返金額を一律にすることにも合理性があり，「特定の者について不当に差別的」とはいえないという主張もあり得るように思われる。

この点に関連して，「消費者の財産被害に係る行政手法研究会」報告書では，

---

[45] 第187回国会衆議院消費者問題に関する特別委員会（平成26年11月6日）における重徳和彦議員の質問に対する菅久修一消費者庁審議官の答弁（会議録第5号10頁）。
[46] 黒田ほか・前出注2) 73頁。

課徴金額からの控除の対象となる，事業者から消費者への一定の金銭の支払について，違法行為を行ったことに対する「見舞金，解決金等」とされていたのに対し，法10条では，「返金措置」とされていることも注目される。「見舞金，解決金等」であれば，購入額にかかわらず一律の金額としたり，購入額を上回る金額とすることもあり得るように思われる。これに対し，「返金」の方が，商品・役務の購入額と関連させるべき要請がより強いとも考えられる。法11条2項の委任を受けた内閣府令16条1項は，返金額が購入額を上回るときは，購入額相当額を課徴金減額の対象とする旨を規定している。

3　実施予定返金措置計画の不認定の争訟方法

　実施予定返金措置計画の不認定に対する争訟方法については，不認定を前提とする課徴金納付命令との関係等をめぐって，明確でない点があるように思われるので，以下で検討する。

(1)　実施予定返金措置計画の不認定の処分性　　消費者庁長官は，実施予定返金措置計画の認定（法10条1項）をしたときは，実施予定返金措置の実施期間経過後1週間が過ぎるまで，課徴金の納付を命ずることができず（法10条10項本文・11条1項），認定された実施予定返金措置計画に適合して返金措置が実施されたときは，返金額を課徴金の額から減額する（返金額が課徴金の額を上回る場合は，課徴金を課さない）とされている（法11条2項）。したがって，実施予定返金措置計画の認定は，認定を申請した事業者の課徴金納付義務の有無および課徴金の額に直接影響を与えるから，処分に当たると解される。法10条9項が，認定および認定取消しを指して「これらの処分」と称した上で，対象者に対して文書をもって通知すべき旨を規定していることも手掛かりとなる。

　それでは，実施予定返金措置計画の認定のみならず，不認定も処分に当たるであろうか。上記の法10条9項は，不認定については明示的には規定していない。また，同条10項本文は，消費者庁長官は認定をしたときは一定期間課徴金納付命令ができないと規定しているが，不認定の決定をした上でなければ課徴金納付命令ができないとは規定していない。しかし，同条4項および5項は，「第1項の認定の申請」と規定しており，法は実施予定返金措置計画の認定の申請権を事業者に保障していると解されるから，認定の申請があった場合には，消費者庁長官は同条5項の要件該当性を審査した上で，認定をする場合のみならず，認定を

しない場合にも，その旨を申請者に対して通知しなければならないと解される。また，課徴金の減免により自主的な返金を促すという実施予定返金措置計画の認定の制度趣旨に照らすと，認定の申請があったにもかかわらず，消費者庁長官が不認定の決定をしないまま課徴金納付命令をすることは制度上予定されていないと解される。すなわち，同条10項本文は明文では規定していないものの，実施予定返金措置計画の認定の申請があった場合に消費者庁長官が課徴金納付命令をするには，前提として不認定の決定をしなければならないと解される。そうすると，本件不認定は，申請者が課徴金の減免を受けられなくなるという法的効果を及ぼすものであるから，処分に当たると解される。

(2) 実施予定返金措置計画不認定処分取消訴訟における狭義の訴えの利益

事業者が，法5条1号または2号に違反する行為をしたときは，消費者庁長官は，実施予定返金措置計画の認定（法10条1項）をしない限り，課徴金の納付を命じなければならないとされている（法8条1項，33条1項）から，実施予定返金措置計画不認定処分がされる場合は，直ちに課徴金納付命令がされることになると考えられる。

そうすると，実施予定返金措置計画不認定処分について取消訴訟で争う際には，すでに課徴金納付命令が行われているから，当該取消訴訟で不認定処分が取り消されても，課徴金減免の効果は生じないとも考えられる。

しかし，実施予定返金措置計画の認定の申請があった場合には，不認定が適法に行われたことが課徴金納付命令の要件となるという(1)で述べた解釈を前提とすると，不認定処分が取消訴訟で取り消された場合，取消判決の拘束力（行訴法33条）により，消費者庁長官は，当該不認定処分を前提とする課徴金納付命令を取り消す義務を負うと考えられる。したがって，すでに課徴金納付命令が行われているからといって，実施予定返金措置計画不認定処分取消訴訟の訴えの利益は失われないと解される。

もっとも，実施予定返金措置計画不認定処分の違法性を争う目的が，当該不認定を前提とする課徴金納付命令を取り消すことにあり，しかも，不認定がされる場合には直ちに課徴金納付命令がなされることからすると，課徴金納付命令の取消訴訟を提起して，その中で実施予定返金措置計画不認定処分の違法性を争う方が，権利救済の手段として直截的であると思われる。この場合には，次に述べるとおり，違法性の承継が問題となる。

(3) 違法性の承継　　課徴金納付命令の取消訴訟において，その前提とされている実施予定返金措置計画不認定処分の違法事由を原告が主張することが許されるかについては，いわゆる違法性の承継，すなわち，行政過程が複数の処分によって構成され，先行処分を前提として後行処分が行われる場合に，後行処分の取消訴訟において，「先行処分が違法であるから，それを前提とする後行処分も違法である」という主張ができるかが問題となる。この問題につき，最判平成21年12月17日民集63巻10号2631頁は，①先行処分と後行処分とが結合して1つの目的・効果の実現を目指しているかという実体法的観点，および，②先行処分を争うための手続的保障が十分か，また，後行処分の段階まで争訟を提起しないという判断が合理的か，という手続法的観点の両面から判断している。①につき，実施予定返金措置計画の認定と課徴金納付命令とは，いずれも課徴金納付義務の確定という同一の目的・効果の実現を目指している。また，②につき，上掲(2)において実施予定返金措置計画不認定処分の取消しの利益が否定されると解する場合には，先行処分を争うための手続的保障が不十分であるといえる[47]。これに対し，実施予定返金措置計画不認定処分の取消しの利益が肯定されると解する場合には，先行処分を争うための手続的保障が不十分であるとは必ずしも言えない。ただ，(2)で述べたとおり，課徴金納付命令の取消訴訟の方が権利救済の手段として直截的であるとすると，実施予定返金措置計画不認定処分の取消訴訟を提起せずに課徴金納付命令の取消訴訟で争うことは合理的であり，違法性の承継を認めるべきとも考えられる。

　翻って考えると，そもそも違法性の承継は，主として，行政処分をめぐる法律関係の早期安定を図る出訴期間制度の趣旨との関係で問題となるものであるが，(2)で述べたとおり，実施予定返金措置計画不認定処分と課徴金納付命令は，同時または近接した時期に行われることが制度上予定されており，両者の取消訴訟の出訴期間は，ほぼ重なることになると考えられるから，違法性の承継を認めることに問題はないと解される。

おわりに

　景表法上の課徴金は，被害回復の視点を取り入れた点で，わが国の課徴金制度

---

[47]　黒田ほか・前出注2) 67頁。

に新たな可能性を拓くものであり，今後，他の課徴金制度にも影響を与える可能性がある。他方で，課徴金額の算定について行政庁の裁量を認めていない点では，従来のわが国の課徴金制度の枠内にとどまっているともいえる。この点については，現在，独占禁止法上の課徴金を裁量型とすることが検討されている。このように，それぞれの課徴金制度は，他の課徴金制度を参照しつつも，分野の特性に応じて新たな一歩を踏み出し，それがさらに他の課徴金制度に影響を与えるという相互作用によって，発展しつつある。今後もその動向を注視し，引き続き検討していくこととしたい。

金融行政法におけるファイアウォールの改正と課題
—— 証券会社と銀行の顧客情報の共有

進 藤 功

I　はじめに
II　21年改正の意義と課題
III　26年改正の意義と課題
IV　おわりに

I　はじめに

　金融商品取引法（昭和23年法律第25号）（以下「金商法」という）44条の3第1項は，金融商品取引業者がその親法人等又は子法人等との間で一定の取引又は行為を行うことを禁止している。広義の弊害防止措置（ファイアウォール）と呼ばれる規制であるが，同項4号は更に「親法人等又は子法人等が関与する行為であつて投資者の保護に欠け，若しくは取引の公正を害し，又は金融商品取引業の信用を失墜させるおそれのあるものとして内閣府令で定める行為」を禁止し，同項を受けて，金融商品取引業等に関する内閣府令（平成19年内閣府令第52号）（以下「業府令」という）153条が主として証券会社[1]とその親法人等又は子法人等との間の一定の類型の取引及び行為を規制している。これらの弊害防止措置のうち，業府令153条1項7号が規定する顧客に係る非公開情報[2]の共有の禁止（以下

---

[1]　本稿においては，「証券会社」とは第一種金融商品取引業のうち有価証券関連業を行う者（金融商品取引法に承継される前の証券取引法における証券会社に相当する）を指す。金商法44条の3第1項は，広く金融商品取引業者に適用がある弊害防止措置を規定するものであるが，本稿では特に実務上関心が高い証券会社とその関連会社である銀行（外国銀行を含む）間の情報の共有を規制する弊害防止措置について考察する。

「情報共有制限」という）は，銀行による子会社方式による証券業参入を解禁した平成5年の金融制度改革に付随して導入された制度であり，今日に至るまで銀証分離という日本の金融法制度の基本的な枠組みを補強する役割を担ってきたと考えられる[3]。情報共有制限の導入時においては，同制度の目的は子会社方式による証券業と銀行業の相互参入に伴い，親子関係を利用した弊害を防止するための措置として位置付けられたようであるが[4]，現在ではその政策目的は，利益相反による弊害防止及び銀行等の優越的地位の濫用の防止等にあったと整理されているようである[5]。

　筆者は，過去に別の論稿で，平成12年の事務ガイドライン及び内閣府令により情報共有制限が内部管理に関する業務（以下「内部管理業務」という）について緩和されたことが国際的に金融サービスを提供する金融機関のリスク管理を中心とした組織に与える影響と課題について論述したところであるが[6]，その後平成21年[7]と平成26年[8]に業府令とこれに関連する金融庁の監督指針の改正（以下それぞれ「21年改正」及び「26年改正」という）により情報共有制限に変更が加えられた。これらの改正により金融機関のリスク管理の体制に係る規制が一定限度で緩和され，かつ平成21年の銀行法改正と相俟って，銀行業務と証券業務を日本国内で同時に別法人を通じて営む金融グループの運営形態に選択肢が増えることとなった。しかし，これらの改正は金融グループが円滑な業務の運営のために求める制度の枠組みを十分に提供するものではなく，今後引き続き投資家と顧客保

---

2) 顧客に係る「非公開情報」とは，「自己若しくはその親法人等若しくは子法人等の役員（役員が法人であるときは，その職務を行うべき社員を含む。）若しくは使用人が職務上知り得た顧客の有価証券の売買その他の取引等に係る注文の動向その他の特別の情報」をいう（業府令1条4項12号）。本稿が対象とする業府令の改正においては，非公開情報の範囲については変更がなかった。実務上は，非公開情報の範囲は広く解されており，取引の種類も特定されない顧客リストも非公開情報に該当するという取扱いがなされてきた。
3) 現行法の下では，証券会社に適用される弊害防止措置に近似する措置が登録金融機関にも適用されることとなっており，銀証分離の政策との関係性は小さくなっているが，投資金融商品の販売の主たる担い手が銀行と証券会社であり，弊害防止措置がこの両者の協働に制約を加えている点で，引き続き銀証分離政策を支える重要な法制度である点に変わりはないと考えられる。
4) 森信茂樹「証券取引制度関係政省令の概要」商事法務1317号（1993年）8頁。
5) 平成19年12月18日金融審議会金融分科会第一部会報告12頁（URLは後出注10））。
6) 拙著「金融行政法における弊害防止措置の発展と課題」塩野宏先生古稀『行政法の発展と変革 下巻』（2001年）129頁。
7) 平成21年1月23日公布の「金融商品取引法等の一部を改正する法律の施行に伴う金融庁関係内閣府令の整備に関する内閣府令」。
8) 平成26年3月28日公布の「金融商品取引業等に関する内閣府令の一部を改正する内閣府令」。

護の観点[9]からの規制強化・維持の要請とのバランスを考慮しつつ，改正の要請が続くものと予想できる。本稿では，21年改正及び26年改正の趣旨と実務に及ぼした影響を整理するとともに，解釈・運用上不明確な状況として残された点と今後の情報共有制限の改正に当たり考慮されることが想定される課題を，主として規制の対象となる銀行とその関係会社である証券会社の視点から考察したい。

II　21年改正の意義と課題

1　改正の背景

　平成19年12月18日公表の金融審議会金融分科会第一部会報告[10]（以下「部会報告」という）は，利益相反管理及び銀行等による優越的地位の濫用に対する規制の整備を条件に，情報共有制限の緩和を提言している。具体的には，部会報告は，弊害防止措置が過大な規制となっているという指摘があることを認識した上で，当時の情報共有制限が，①金融グループの総合的なサービスの提供の障害となり，かえって利用者の利便性が損なわれていること，②金融グループとしての統合的なリスク管理やコンプライアンスの障害となっていること，及び③欧米の金融グループとの競争条件を不利なものとしていることを考慮し，法人顧客の情報に係る情報共有制限についてはオプトアウト制度を導入することが適当であると述べている[11]。「オプトアウト」とは，予め情報を共有することを顧客に知らせた上で，顧客に不同意の機会を与える制度であり，これに対し「オプトイン」とは，情報共有に対する顧客の同意を積極的に取得することを指す。

　部会報告で述べられている当時の規制状況の認識のうち，②のリスク管理とコンプライアンスの障害になっているという点は平成12年の監督指針と内閣府令の改正時に最も強い要請として認識されたものであり，引き続いて規制緩和の必要性に言及したものと言える。これに対して，①の利用者の利便性が損なわれているという点と③の欧米の金融グループとの競争条件上不利となっているという点は，内部管理体制の統合の必要性を超えて，営業部門・決済部門等における情報共有のニーズを示唆しているものと考えられる。また，③の欧米金融グループ

---

9)　特に，利益相反管理体制の整備の要請は，情報共有制限の緩和に対して歯止めとしての影響を及ぼすことが考えられる。
10)　http://www.fsa.go.jp/singi/singi_kinyu/tosin/20071218-1/01.pdf
11)　部会報告12頁。

との競争上の障害の点は，国際的にサービスを提供する欧米の金融機関の視点からは，日本での事業展開において追加の規制に対応しなくてはならないことを意味するであろう。情報の管理に関する規制は，各金融グループのデータ管理システムがその規制に適合するように設計されることを求めるものであり，日本の規制が主要な他国の金融市場における規制と異質又はこれを加重する場合には，日本向けの特別なシステムの構築とグループ内の情報管理体制に例外的な取扱いを導入することを意味し，日本でのサービス展開を躊躇させる一要素となりうるであろう。

2　改正の内容

部会報告を受けて，金融庁は以下の措置を講じた。

第一に，21年改正前には，情報が内部管理目的で使用される場合には，金商法44条の3第1項但書により弊害防止措置の適用除外の承認を金融庁から取得することにより情報共有制限が不適用となるものと取り扱われ，承認を得るための要件の骨子が業府令に規定されるとともに，金融商品取引業者等向けの総合的な監督指針（平成19年7月）（以下「監督指針」という）において，承認の範囲と承認を得るための詳細な条件が規定されていた。21年改正では，内部管理業務の目的のための非公開情報の共有を情報共有制限の例外として業府令で明記するとともに，適用免除の承認が不要となったことから，監督指針の該当条文が削除された。

情報共有のために金融庁の承認を要しないこととなったから，制度としては規制が緩和されたと言える。特に，21年改正前の監督指針では，内部管理業務を行う部門（以下「内部管理部門」という）をグループ会社が職員の兼職により統合する場合にも，各社の経営の独立性の観点からそれぞれの会社が専属の（兼職しない）内部管理部門の責任者を置くことが必要とされていたが，改正によりこの要件は削除された。金融グループにとっては，実務上重要な制約と見られていた要件が消えたことで，内部管理部門の統合が従前に比較して容易になったと思われる。但し，その例外措置を利用して非公開情報を共有するためには，証券会社は業務方法書に共有の相手方，共有する情報の内容等を規定しなくてはならず，また銀行サイドでは金融庁の監督面での裁量が広く，情報共有を前提とした内部管理部門の証券会社との統合には金融庁の事実上の承認を必要としていた。

また，弊害防止措置の適用免除に関する監督指針の規定には，情報共有制限自体に関わる事項の他に，金融グループの組織に関し指針となる幾つかの規定が含まれていた。例えば，法人の枠を超えたレポーティングライン（指揮命令関係）が一定の制約の下とはいえ監督指針で認められていたが，21年改正によりこの規定は削除された。

　第二に，法人顧客の非公開情報を証券会社と親法人等又は子法人等である銀行が共有するためには，従来の顧客の書面による同意を必要とする規制（オプトイン）に替えて，オプトインがない場合でも，非公開情報を親法人等又は子法人等に提供する法人（例えば，銀行がその顧客情報を子会社である証券会社に提供する場合には，銀行が該当する）がその顧客にグループ会社間で非公開情報を共有することを通知した上で，一定期間顧客から不同意の意思が表明されない限り情報共有を行うことができるオプトアウトの制度が導入された。21年改正前は，内部管理目的での非公開情報の共有について弊害防止措置の適用免除の承認を受けた場合を除き，各顧客から書面による情報共有の同意を取得しなければ共有は許されなかった。この顧客による同意は，部長クラス以上の職責を有する者からの同意でなくてはならないと取り扱われていたことに加え，顧客の部門毎に対象となる非公開情報の範囲を画して同意を取得することはその後の処理の負担が重くなるため現実的なアプローチではなかったこと，及び顧客にとって同意により得られる利益が明確でなかったことから[12]，日本企業から同意を取得することは容易とは言えなかったようである。

　オプトアウト制度の導入と同時に，利益相反管理体制の整備について規制が具体化された。もっとも私見では，導入された利益相反管理体制の整備の義務は，証券会社や銀行が顧客に対して負っている誠実義務と忠実義務から導かれるものが多く，実質的に規制が強化されたとは言えない。

　第三に，21年改正に付随する監督指針の改正[13]及びこれに係るパブリックコメントに対する回答[14]において，オプトアウト及びオプトインにより非公開情

---

[12] 部会報告で述べられている顧客の利便性という点については，顧客がオプトインを行えば解消されたはずであるが，オプトインが不十分と考えられたのは日本企業の風土からオプトインが促進されなかったことが考慮されている可能性がある。

[13] 平成21年1月30日付金融商品取引業者等向けの総合的な監督指針の一部改正。

[14] 平成21年1月30日「『金融商品取引業者等向けの総合的な監督指針の一部改正（案）』に対するパブリックコメントの結果等について」で公表された「提出されたコメントの概要とコメン

報の共有が認められる金融機関側の部署が営業部門に及ぶことを確認するとともに，銀行とそのグループ会社である証券会社が営業部門の職員を兼職させる方式により同一の職員が銀証双方が提供する商品を同時に販売することが可能とされた[15]。かつては証券取引法65条（現行の金融商品取引法33条）の趣旨から同一職員による銀証双方の商品の販売は認められていなかったことに比較すると大幅な規制緩和であり，21年改正における最も顕著な改正点であったと述べても過言ではなかろう[16]。21年改正以前は，同一の者が銀行と関連会社である証券会社の営業を兼務することは実務上行われていなかったと思われる。法律上兼職を禁止する規定はなかったが，弊害防止措置である情報共有制限は，同一の個人が二つの法人の役職員を兼職し，いずれかの資格で顧客の非公開情報を取得した場合には当該二つの法人間で情報共有があったものと取り扱うものと解されていたときには，その効果として銀証間の営業部門での兼職は禁止されていたと解釈できる[17]。21年改正に伴う監督指針の改正において，金融庁は同一人が二つの法人の業務を兼務しても，そのことから当然に情報共有が生じることにはならないと明示したことから[18]，情報共有制限規制が順守される限り，兼職により銀証双方の商品を同一人又は同一部署が販売することが可能と解されることとなった。銀証分離という原則的な政策が一つの転機を迎えたと言えよう。

第四に，弊害防止措置の改正の一環として，銀行法（昭和56年法律第59号）が改正され，銀行の常務に従事する取締役（外国銀行の場合には日本の代表者）が同時に証券会社の役職員を兼ねる道が開かれた[19]。部会報告において，利益相反

トに対する金融庁の考え方」（以下「21年監督指針パブコメ回答」という）57頁8項及び58頁9項等。
15) 金融商品取引業者等向けの総合的な監督指針Ⅳ-3-1-4(4)。
16) 外国銀行が日本に銀行支店を開設するために銀行法に基づく免許を申請するためには，その役職員を証券業に従事させない旨の誓約書を提出しなくてはならなかった。
17) 拙著・前出注6) 733頁。もっとも，兼職している個人が一つの法人の役職員の立場で情報を取得しても他方の法人の職務のために利用しなければ情報の共有がないという解釈も不可能ではなかろう。しかし，情報共有制限は，情報の「提供」と「授受」を規制している。1人の個人が情報を知った時点で「提供」又は「授受」が存在すると考えることが自然であり，その個人が当該情報を別の法人の職務に関連して使用した時に「提供」又は「授受」があると解することは困難であると考える。特に「提供」を行う側からは，受領した者の使用をコントロールすることはできず，自らの行為の後に受領者が意図した目的以外で使用した時に違反となると解することには同意できない。
18) 21年監督指針パブコメ回答57頁8項及び58頁9項。
19) 部会報告では，利益相反管理体制の整備が行われることが兼職制限の撤廃の理由とされている。

管理体制の整備を求めることに伴い[20]，証券会社や銀行等の役職員の兼職規制を撤廃することが適当であるとされたことを受けた改正であった。この改正により，証券会社の代表取締役が銀行の代表取締役（外国銀行の場合には支店長等日本における代表者）を兼務することも認められることとなり，特に国際的にサービスを提供する外国金融グループにとっては，日本の業務の責任と権限を同一の者に集中できることから，組織構成上大きなメリットをもたらすものとして歓迎された。一つの金融グループが銀行業務と証券業務の拠点を日本に有する場合，従前の規制の下では，各拠点のトップは別の者である必要があった。外国金融グループとしては，日本の業務を統括する個人を指名することが営業上も組織構成上も便宜であると考えられていたようであり，銀行法の改正により常務に従事する役員が銀行と証券会社を兼務することが可能となり，1人の者をカントリーマネージャーとして任命し，その者に日本の業務を統括させることが可能となった。もっとも，特に銀行の監督において，金融庁は広範な裁量に基づいた監督権限を有し，銀行の経営が適切に遂行されることを確認できる組織体制を各銀行に求めることから，銀行としては，銀証間で経営トップの兼職を行わせる場合には兼職により銀行の経営・管理に支障が生じないことを確保する必要があると考えられる。その意味では，兼職規制が撤廃されたとまでは言えないであろう。

　第五に，従前は内部管理部門が銀行と証券会社の双方の職務を兼職するためには金融庁による弊害防止措置の適用免除の承認を取得する必要があったが，承認は不要とされた。繰り返しになるが，兼職のためには弊害防止措置の適用除外の承認が必要とされていたのは，同一職員が二つの法人を兼職することにより，その者が一方の顧客に係る非公開情報を取得したときには他方の会社がその情報を授受したとみられることにより情報共有制限に抵触すると考えられたためである。21年改正は内部管理業務については，金融庁の承認を受けることなく，かつオプトイン又はオプトアウトの手続きにより顧客の同意を得ることなく顧客の非公開情報を共有できることとした。しかし，この改正により業府令が定める範囲で例外として情報共有が許されることとなった半面，包括的な情報共有制限の適用の対象となっているため，業府令の範囲内でのみ情報共有制限が解除されることになり，情報共有が許される範囲は個々の弊害防止措置適用除外の承認により画

20）　部会報告15頁。

されることなく，専ら業府令の解釈により決定されることになった。

　第六として，オプトアウト又はオプトインの手続きをとることなく非公開情報を共有できる内部管理業務の範囲が監督指針で詳細に規定された。特に，「レピュテーション・リスク及び企業倫理の観点からの業務の検証」が「法令遵守管理に関する業務」に含まれることが明記された点は，広報部門を内部管理業務として扱いグループ全体のリスク管理を一つの部署・役職員に統合することを可能とした[21]。

3　改正の課題

　21年改正が情報共有制限を緩和することを目的としていたことは明らかである。その結果，国際的にサービスを提供する金融グループに組織・システム構築の選択肢を広げたと言える。他方で，実務上金融グループの負担が大幅に軽減されたと言えるかについては疑問があり，今後の弊害防止措置の改正に当たり検討を要すると考えられる課題がある。21年改正について生じる疑問と課題について以下に整理する。

　(1)　オプトアウトの選択　　部会報告は，欧米諸国においては法人顧客に関する情報の共有については特段の制限がないとの認識を示しながら，法人の中にも，自己の情報についての共有を拒みたいとするケースもありうることを考え，情報共有制限の廃止ではなく，オプトアウト制度の導入が適当であるとの提言を行った[22]。前述のように，顧客情報の管理に対する規制は，コンピュータ・システムの設計・運営により対応することを求め，日本に固有の規制は，各金融グループにとって，日本国内のみならず諸外国におけるシステム対応を必要とすることにつながる。オプトアウト制度を選択できることとされた点は規制緩和であったが，オプトアウトを採用するに当たっては，実務的にはシステムの変更・構築・運営について相当な費用を必要とするものと思われる。オプトアウト制度を含む情報共有制限は現行法の下でも維持されており，国際的に活動する金融グループにとっては日本における業務展開の上で一つの障害となっている。

　(2)　オプトアウトの通知　　21年改正が銀行と証券会社の職務の兼職を認め，

---

　21)　もっとも，21年改正前においても，内部管理業務を広くとらえ，弊害防止措置の適用免除の承認申請において広報（パブリック・レレーションズ）を含めることは行われていたようである。
　22)　部会報告14頁。

その対象が営業部門に及ぶことは前述のとおりである。したがって，情報共有制限をクリアーできれば，銀行と証券会社が営業部門を統合できる可能性がある。しかし，金融庁が採用した改正では，個人顧客についてはオプトアウトは採用されず，個々の顧客から情報共有同意書を取得しなくてはならない。また，法人顧客についてもオプトアウトの手続きをとることは可能であるが，顧客がオプトアウトの権利を行使した時には情報共有制限が復活することとなる。

　改正された業府令と監督指針では，オプトアウトの手続きにより情報共有を継続するためには，共有の開始時に顧客に通知することに加えて，長期の取引関係にある顧客については定期的にオプトアウトの権利があることを個々の顧客毎に通知しなくてはならないものとされた。監督指針では，期間については柔軟性があるものの，1年というサイクルが例示され[23]，これが実務上のガイドラインとなった。オプトインの場合には一旦情報共有承諾書を顧客から取得すれば，その後顧客からの申出がない限り銀行・証券会社から顧客に特段の通知を行うことなく非公開情報を提供・授受することが可能であるのに対し，オプトアウトでは各顧客毎に定期的な通知が義務付けられることとなり，金融グループにとってオペレーション上の負担が増えた。この定期的な通知を怠れば法令違反となるから，金融グループはオプトインでは生じない規制リスクを引き受けることとなる。規制リスクとは，金融庁，監視委員会又は管轄財務局から法令違反を指摘され業務改善命令等の行政処分を受ける危険の他に，何らかの行政処分が行われた場合に金融庁によりその事実が公表されることにより被るレピュテーション・リスクを含む。金融グループとしては，このような規制リスクは削減したいと考えることが自然であり，その結果オプトアウト手続きの採用を控えるインセンティブが生じたと考えられる。前述のとおり，部会報告においては，欧米では法人顧客の非公開情報のグループ会社間での共有について特段の規制はないと述べられており，国際的な金融グループにとって，オプトアウト手続きの採用は新たな規制リスクの引受けを意味するものであった。現実に，規制緩和を提唱した部会報告にかかわらず，オプトアウトの採用は大きな広がりを見せなかったようである。

---

[23]　21年改正後の金融商品取引業者等向けの総合的な監督指針Ⅳ-3-1-4(1)④。なお，個別の通知を必要とした理由について21年監督指針パブコメ回答は，部会報告において「法人情報の取扱いについて，顧客に明確にオプトアウトの機会を付与することが適当」と提言されたことを挙げている（21年監督指針パブコメ回答26頁2項）。しかし，部会報告では，個別の通知及び1年毎の通知には言及していない。

なお，証券会社や登録金融機関は，勧誘員，販売員，外交員その他の名称を問わず，その会社のために有価証券取引又はデリバティブ取引について勧誘その他のマーケティングに係る行為を行う者を外務員として登録しなくてはならない[24]。ところが，同一の個人が複数の証券会社又は登録金融機関の外務員として登録することはできない[25]。この制約は法律によるものであり，業府令又は監督指針の変更により影響を受けない。したがって，銀行と証券会社の営業部門を統合する場合でも，統合できるサービスは制約される。例えば，証券会社の外務員として登録されている職員は，証券会社のために有価証券を顧客に販売できるが，関連会社である銀行のために国債，投資信託，デリバティブ等その販売に外務員登録を要する商品の販売を行うことができない。他方で，銀行のために販売を行うことについて外務員登録を要しないサービス（例えば，事業性ローンや預金）は，証券会社が取り扱う有価証券と同時に同一の顧客に対して販売することが可能となる。

(3) オプトアウトを行った顧客の情報の管理　当初のオプトアウト通知に対して不同意の権利を行使しなかった顧客については非公開情報を銀行と関連会社である証券会社の間で共有できる。コンピュータを使用するシステムにおいて，双方の役職員がその情報にアクセスできることを意味する。しかし，顧客がオプトアウトの権利を行使した場合には，内部管理業務等，業府令で除外されている場合を除き，証券会社は関連会社である銀行との間でその顧客の非公開情報の提供・授受を速やかに停止しなくてはならない。顧客がオプトアウトの権利を行使するまでに提供された情報は，受領した会社において引き続き使用することができるが，オプアウトの権利行使の前に提供された情報があっても，その情報を新たに提供元から提供先に伝達することは禁止することとされた[26]。このことは，

---

24) 金商法64条1項。
25) 他の金融商品取引業者等に所属する外務員として登録されている者は，登録拒否事由とされている（金商64条の2第1項3号）。
26) 平成21年金融庁の「平成20年金融商品取引法等の一部改正のうち，ファイアーウォール規制の見直し及び利益相反管理体制の構築等に係る政令案・内閣府令案等に対するパブリックコメントの結果等について」で公表された「パブリックコメントの概要及びコメントに対する金融庁の考え方」（以下「21年業府令パブコメ回答」という）13頁及び21年監督指針パブコメ回答34頁3項。21年監督指針パブコメ回答34頁4項は，顧客によりオプトアウトされる前に証券会社が親法人等から取得した当該顧客に関する非公開情報を，オプトアウトされた後に，親子法人等に提供すること等は，改めて当該顧客の書面による同意を得ない限り認められないと述べている。

提供先が既に自社のシステム上に保存している情報を削除する必要はないが，提供先が提供元のシステムにある情報にアクセスすることを遮断する措置を講じることを求めていると解される。したがって，証券会社と関連会社である銀行は，それぞれ，その顧客からオプトアウトの権利行使があった場合には，他方の役職員によるアクセスを遮断するようにシステムを構築し，運用しなくてはならないものと考えられる。かかる義務に対応するためには，タイムリーに対応できるシステムの構築と人員を含めた運営体制が必要となり，オプトアウト手続きの採用・運用には相当なコストが発生することとなる。オプトインの場合であっても，顧客から情報共有停止の申出があった場合には情報共有を遮断する必要があるとされたが，定期的に通知を行う必要があるオプトアウトと比較し，また既に多くの金融グループで採用されていたオプトインの経験に照らすと，オプトアウト方式の採用を決定するには事前に規制に対応できるシステムと組織を構築しておく必要がある。

（4）ホームベース　21年改正における監督指針の改正において，「ホームベース」として知られる規制の仕組みが採用された[27]。オプトアウト又はオプトインにより情報共有が許されるときは，証券会社と関連会社である銀行は当該顧客の非公開情報を共有でき，共有を行う部署には営業部門が含まれることは前述のとおりであり，銀行と証券会社が兼職方式により営業部門を共有できることとなったことは金融規制法において画期的な出来事と言えよう。

しかし，オプトアウトした顧客又はオプトアウトの対象となっておらずオプトインをしていないかオプトインを解約した顧客がある場合，銀行と証券会社が保有する非公開情報に係る顧客は三つに分類できる。①銀行の顧客，②証券会社の顧客，及び③銀行と証券会社の双方の顧客である。

例えば，証券会社と銀行を兼職する職員から構成される営業部があり，営業部に属する職員は①，②，③に属する顧客から日々非公開情報を入手しうるところ，その顧客がオプトアウトの権利を行使したと仮定する。この場合，営業部の各職員がアクセスできる情報の範囲は，予め定めた職員の帰属先に応じて決定されるとするのが監督指針が採用したいわゆる「ホームベース」の考え方である。すなわち，各職員については本来帰属すべき会社は銀行か証券会社のいずれかに定め

---

[27]　21年改正後の金融商品取引業者等向けの総合的な監督指針Ⅳ-3-1-4(2)⑥。

られていなくてはならず，共有が許されない情報（以下「非共有情報」という）にアクセスできるのは，その情報に係る会社が帰属すべき会社として定められている職員に限定されるという規制である。この規制によれば，オプトアウトの権利を行使した顧客が①の顧客であるときは銀行を帰属会社とする職員，②であるときは証券会社を帰属会社とする職員がアクセスでき，③の顧客であるときは，個々の情報がいずれの会社の顧客として入手された情報であるかによりアクセスできる職員が決まるということになる（なお，内部管理業務を行う職員は営業部門に属する場合であっても，オプトアウトによりアクセスできる情報の制限はかからない）。

このホームベース論理によると，営業部の職員（内部管理業務に従事する職員を除く）は，銀行をホームベースとする職員と証券会社をホームベースとする職員に分かれる。ある顧客がオプトアウトした場合には，前者の職員は(a)その特定の顧客に係る非公開情報であって銀行の顧客として入手された情報と(b)情報共有が認められた顧客の情報にアクセスできるが，後者の職員は(c)その特定の顧客に係る非公開情報であって証券会社の顧客として入手された情報と(d)情報共有が認められた顧客の情報にのみアクセスできることになる。したがって，同じ営業部門に属する職員であっても，アクセスできる情報に違いがあり，かつアクセス可能な情報は顧客によるオプトアウトの権利の行使又はオプトインの撤回により変わることになる。加えて，監督指針ではこのようなホームベース論理による情報アクセス権の管理をコンピュータ・システム上実施することを求めている[28]。更に，情報共有が許されない顧客の非公開情報について不正なアクセスを防止するための物理的措置を求めている監督指針の規定を適用すると，上記の2種類の職員はオフィス内においても何らかの方法で座席の区分がなされる必要があると考えられる[29]。

しかし，このようなホームベース論理に基づく規制は同一の個人が複数の法人の役職員を兼職しても，一つの法人の役職員として取得した情報について他の法人又は役職員にその情報を提供することにはならないという金融庁の同じ監督指

---

[28] 21年改正後の金融商品取引業者等向けの総合的な監督指針Ⅳ-3-1-4(2)⑥イ，同Ⅳ-3-1-4(2)②，③，及び21年監督指針パブコメ回答46頁1項参照。

[29] 監督指針では，隔壁は不要としているが，相互に非共有情報に接することがないよう管理されることが重要と述べられている（21年監督指針パブコメ回答55頁3項）ことから，少なくとも電話での会話，机上の書類，コンピュータのディスプレイを聞き又は見ることが可能な座席配置は認められないと考える。

針で示された考え方と整合しないと思われる。なぜなら，この考え方によれば，兼職者が一方の法人の顧客の非公開情報を入手しても他方の法人又はその役職員に情報を提供したことにはならないのであるから，アクセスを制限する必要はないからである。アクセスを制限することにより，意図的な情報の授受に限られず，意図しないアクセスも防げることになるが，このようなアクセスの制限は業府令上の情報共有制限の条文とこれに関する金融庁の公表された解釈により要請されるものとは言えないであろう。むしろ，ホームベース論理は，顧客情報の利用の制限として，非公開情報の情報共有制限とは別の段階で適用がある規制の中に位置付けられるべきものであったと思われる。

(5) 内部管理業務の範囲　21年改正の業府令ではオプトイン又はオプトアウトの手続きを経ることなく非公開情報を共有できる内部管理業務の定義，範囲に重要な変更は加えられなかった[30]。他方で，従前弊害防止措置の適用除外の承認がありうる対象として金融機関グループ内に設置される各社のマネジメントの代表者により構成される合議体の設置に関する条項[31]が監督指針から削除された。この合議機関は内部管理業務を補完するものと位置付けられていた。したがって，内部管理業務のためにグループ会社間で非公開情報を共有する場合には，金融庁の承認を不要とした21年改正に伴ってこの合議機関の条項が監督指針から削除されたことは当然とも見える。

ところで，この合議機関が従前担っていた役割は「レピュテーション・リスクの管理，法令等順守又は企業倫理の確保」であり，内部管理業務の定義と必ずしも重なるものではなかった。そこで，前述のように21年改正後の監督指針では「レピュテーション・リスク及び企業倫理の観点からの業務の検証」が内部管理業務の一部として明記された。しかし，合議機関への言及が削除されたことは，営業部門の長を含めた金融グループ内の各社のマネジメントがグループとしての関心事について協議する場を設けることを妨げ又は議題を制限する方向に働くことが予想された。

合議機関の協議の対象を内部管理業務として性格付けることが容易な事項に限

---

[30] 21年改正前においては，弊害防止措置の適用除外の承認は部署を単位として行われていた。同改正に係る21年監督指針パブコメ回答では，営業部門に所属する職員であっても，その業務内容によっては内部管理業務に従事している者として扱われることが明記された。
[31] 21年改正前の監督指針Ⅳ-4-2-2-2⑧ハ。

れば，21年改正後においても金融庁の承認を得ることなく協議機関を設置することができることとなる余地がある。また，協議の際に具体的な顧客を特定できる情報を交換しないことが確保されれば，そもそも非公開情報の提供又は受領は生じないため，情報共有制限の適用の有無が問題となる余地はない。しかし，実務上利用されてきた合議機関の構成員は，内部管理業務を専門に行う役職員に限られなかった。

　他方で，21年改正に係る監督指針では内部管理部門と営業部門その他の非公開情報を利用して業務を行う部門の職員との間で兼職が認められないことが規定された[32]。21年改正前の監督指針で想定されていた合議機関は，例えば法務コンプライアンス部のような内部管理業務を専門とする部署ではなく，より広くグループ全体の経営についてそれぞれの会社の経営陣が協議を行うための機関として利用されていたものであった。したがって，内部管理業務の範囲を拡張しても，従前の合議機関の利用は認められない可能性があった。

　(6)　経営目的　　合議機関の制度が撤廃されたことから，一つの金融グループに属する証券会社と銀行等の経営陣が相互に各社又はグループ全体の経営について意見交換，協議を行うことが情報共有制限に抵触する可能性が生じた。営業部門を含めて銀行の役職員と証券会社の役職員の兼職が認められ，かつ前述のように同一の者が兼職を行い，一つの会社のために顧客の非公開情報を取得しても，そのことにより直ちに情報の提供・授受があったことにはならないとの解釈が示されたことから，兼職者がそれぞれ各社が保有する非公開情報を知った上でその会社の役職員として職務を行うことに問題はないこととなった。しかし，グループ内で経営について協議を行う必要性を満たす目的のためにのみ兼職者として指定することは不自然である。例えばその職務の殆どを株式等証券会社のみが取り扱える商品を販売する営業部門の長が，自己の職責に照らして具体的な関係がない銀行の役職員としての肩書を与えられたことのみをもって証券会社と銀行のそれぞれが保有する顧客の非公開情報を入手できるとすることには十分な合理性がないという懸念もあった。

　このような懸念に対して金融庁が提示した対処法は，監督指針に以下のような規定を置くことであったようである。

---

[32]　21年改正後の金融商品取引業者等向けの総合的な監督指針Ⅳ-3-1-4(3)③イ。

「役員等(役員又は法令遵守管理に関する十分な知識・経験を有し,他の職員の指導・監督を行う立場にある職員をいう。以下④において同じ。)が,経営管理又は内部管理に関する業務を行うために,その従事する一の法人等が管理する非共有情報以外の非共有情報の提供を受けることは,非共有情報の漏えいには該当しないと考えられる」[33]。

この規定によれば,例えば証券会社の社長等の役員が経営管理又は内部管理に関する業務を行うために銀行から非公開情報の提供を受けても弊害防止措置違反としては扱われないこととなる。この規定に関して特に注目すべき点は,「経営管理」という文言が「内部管理」という文言と並列して記載されているところ,「経営管理」の意味については監督指針において敷衍されていないことであった。「内部管理」については監督指針で詳細に説明されており,かつ 21 年改正後の業府令では内部管理の業務のためその他特定された目的と使用のためにのみ,オプトイン又はオプトアウトの手続きによることなく非公開情報の共有が認められたところであるが,業府令では「経営管理」についての言及はなく,また経営管理が内部管理に包摂されると解釈できる根拠は見当たらなかった[34]。しかし,監督指針で明記されていることから,内部管理の定義には厳密には該当しない場合であっても,グループ内の経営陣がグループの方針等について協議することが弊害防止措置違反と扱われるリスクは小さいと考えられた。他方で,法律上の根拠を有しない監督指針の一文に依拠することには実務において不安が残ったと言える。なお,「役員等」の意味については,監督指針では「例えば,金融機関における経営委員会など業務執行に関する決定権を委譲された委員会の議決権を持つ委員として,社内の経営管理に携わる職員などが考えられます」と述べられていた[35]。

(7) 内部管理業務の範囲——オペレーション　21 年改正では,内部管理業務の範囲について大幅な変更がなされなかったことは前述のとおりである。これ

---

[33] 21 年改正後の金融商品取引業者等向けの総合的な監督指針IV-3-1-4(3)④。
[34] 21 年業府令パブコメ回答 19 頁では,「経営管理に関する業務は内部管理業務に含まれるか。含まれないのであれば,経営管理のための顧客情報の共有を認めてほしい」というコメントに対して,金融庁は「経営管理に関する業務であることをもってただちに『内部管理に関する業務』に該当するものではなく,『内部管理に関する業務』に含まれないものもありうるものと考えられます」と述べるとともに,「法令遵守管理等に必要な情報の共有は認められており,利益相反防止等の観点から,これ以上に顧客の非公開情報の共有を認めることとはしていません」と回答している。
[35] 21 年監督指針パブコメ回答 57 頁 8 項。

に対して，外国の金融機関を中心とした実務界からは，情報共有の範囲を決済業務等のオペレーションにも拡張することを望む声があった。部会報告では，オプトアウト制度の導入と情報共有制限については承認を不要とすることが提言されたが，非公開情報の共有を可能とする業務の範囲の拡大については言及されておらず，21年改正もオペレーション業務を内部管理業務に加えて情報共有制限措置の例外とすることはしなかった。

(8) 外国の顧客　　従前から外国の法人顧客に係る非公開情報に対しても情報共有制限が適用されるか否かについて実務界では議論があった。部会報告では，欧米では法人顧客の情報について特段の規制はないと述べられており，情報共有制限が外国の法人顧客に適用されることを前提とすると，当該顧客が金融グループと取引を行っている主たる法域においては情報共有が制限されないにもかかわらず，日本の規制が事実上及ぶことになりうる。特に，情報共有制限が証券会社と法人としての親法人等又は子法人等との間の情報共有に適用されることが重要である。例えば，外国の銀行が日本に銀行支店を設置するとともに，日本に子会社を設立して証券業を行っている典型的なケースを想定すると，情報共有制限が適用される顧客にはその外国銀行の海外本支店の顧客も含まれるから，その顧客が外国の銀行との取引に付随して日本の証券会社と取引を行う場合には，日本の証券会社はオプトアウト又はオプトインの手続きをとらなければ外国の銀行が保有する当該顧客に関する非公開情報にアクセスできないこととなる。更に，監督指針では，アクセスの制限がシステム上も確保されていることが求められていると解される。外国の顧客としては，主たる取引先である外国の銀行の海外本支店との間の取引に適用される規制の対象となることは認識しているものの，日本の法令により外国の銀行の海外本支店が日本の子会社に情報を提供することが規制されていると予測することは困難であろう。このような顧客に対して，オプトアウト又はオプトインに関する書類を送付して理解を得ることは煩瑣である。

また，国際的な金融機関としては，日本にあるグループ内の証券会社も含めて，一つの統合されたデータベースとシステムを使用できることがコスト面でも業務の円滑な運営のためにも有益である。日本のファイアウォール規制により，日本の証券会社がアクセスが認められない顧客がある場合には，その顧客に係る情報についてシステム上の手当てをしなくてはならないはずである。この点，従来金融庁は情報共有制限が海外にある顧客にまで及ぶか否かについて明確な回答を避

けてきたように見える[36]。

III　26年改正の意義と課題

1　改正の背景

ファイアウォール規制（特に情報共有制限）に対しては 21 年改正の施行後も規制緩和の要望が実務界から出された。金融庁もファイアウォールの全面的な見直しは困難であるとしつつ，実務上の支障については明確化等の措置をとることとした[37]。

2　改正の内容

第一に，顧客が外国法人であって，かつ，顧客が所在する国の法令上情報共有制限の対象となる行為に相当する行為を制限する規定がない場合において，当該顧客等が電磁的記録により同意の意思表示をしたとき又は非公開情報の提供に関し当該顧客が締結している契約の内容及び当該国の商慣習に照らして当該顧客の同意があると合理的に認められるときは，当該顧客の書面による同意を得たものとみなされることとされた[38]。これにより一定の条件があるが，外国法人である顧客に関する非公開情報については，オプトイン又はオプトアウトの手続きをとることなく情報の共有が可能となった。また，オプトインが電子メールにより行えることになった。

第二に，オペレーション業務について，有価証券取引等の決済関連業務が内部管理業務として加えられた[39]。これにより，オプトイン又はオプトアウトの手続きをとることなく，証券会社と銀行が決済関連業務を行う部門を統合することが可能となり，業務運営の効率化・合理化を一定程度進めることができる。

第三に，業府令において「内部の管理に関する業務」が「内部の管理及び運営に関する業務」に書き換えられるとともに，「子法人等の経営管理に関する業務」

---

36) 21 年業府令パブコメ回答 16 頁では，「日本国内で取引を行わない国外のグループ金融機関の顧客」が情報共有制限の対象となる顧客に含まれるかという質問に対して，「国外の顧客への我が国金商法の具体的な適用範囲や『発行者等』に該当するか否かは，個別事例ごとに実態に即して判断されるべきものと考えられます」と回答している。
37) 平成 25 年 4 月 12 日の都銀懇話会から内閣府規制改革ホットラインに提出された要望と金融庁の検討結果を参照。http://www8.cao.go.jp/kisei-kaikaku/kaigi/hotline/siryou2/item1.pdf
38) 業府令 153 条 1 項 7 号イ。
39) 業府令 153 条 3 項 8 号。

が「内部の管理及び運営に関する業務」の一つとして加えられた[40]。「経営管理」が内部管理業務に包摂されることとなり，その限度で21年改正において生じていた業府令と監督指針の矛盾は解消されたかに見えたが，情報共有制限の適用除外の範囲に限定が付された。経営管理のために証券会社が非公開情報を提供できるのは親法人等に対する場合に，また証券会社が非公開情報を受領できるのは子法人等から受領する場合にそれぞれ限定された。このような限定が付されたのは，「経営管理」を規制の名宛人である「証券会社」の「経営の管理」として位置付けたからであろうと思われる。すなわち，子会社が親会社に情報を提供することは親会社を通じて子会社の経営が管理されるために有益と考えられ，親会社が子会社から情報を受領することは親会社自身の経営の管理に有益である。しかし，経営を支配されるはずの子会社が親会社により保有されている非公開情報を親会社から入手することは，子会社の経営の管理に必要ではないという理解があったものであろう。このように「経営管理」が内部管理業務と同列に扱われることとなったものの，その範囲に制約が付されたことで，前記Ⅱ3(6)の問題は業府令上残されたままとなった。

　第四に，21年改正では，オプトアウトを利用した場合に，1年を目処に顧客に対して個別にオプトアウトの権利を有することを通知することが必要であるとされていたが，監督指針の改正により，この個別の定期的な通知の義務が撤廃された。

3　改正の課題

　(1)　オプトアウト制度　　26年改正は，21年改正により導入されたオプトアウト制度とオプトイン制度の枠組みを維持しながら，オプトアウト制度を利用するに当たり障害となっていた顧客に対する定期的な通知を不要とすることにより，オプトアウト制度を使い易くするものであった。しかし，オプトアウト前に共有された非公開情報の提供・受領を遮断する措置を講じること，及びホームベース論理に基づいた情報管理のシステムの構築の必要性を維持している点では，引き続きオプトアウト制度の採用に障害が残ることとなり，部会報告の提言の趣旨に沿うものと言えるか疑問がある。

---

40)　業府令153条3項7号。

(2) 外国法人顧客　　外国法人顧客に関する非公開情報の共有が情報共有制限の規制対象となるか否かについては，26年改正で明確に肯定された。その上で，「当該顧客が電磁的記録により同意の意思表示をしたとき又は非公開情報の提供に関し当該顧客が締結している契約の内容及び当該国の商慣習に照らして当該顧客の同意があると合理的に認められるとき」という条件を付して，外国法人顧客の書面による同意を得ることなく情報共有を可能とする制度とされた[41]。しかし，この制度を利用するに当たっては（電磁的記録による同意を得る場合を除く），その顧客との間で何らかの「契約」が存在することが必要とされた。この要件を満たすためには個々の顧客毎に「契約」が存在することとその趣旨を確認しなくてはならない。確認を怠った場合には，内部管理体制に不備があるとの指摘を受けるリスクに止まらず，法定帳簿の作成・保存の義務[42]に違反していることになりかねない。しかし，個々の顧客毎にそのような確認を行うことは現実的とは言えないであろう。その結果，外国法人顧客に関する26年改正は，顧客が署名した文書による情報共有同意書を受領することまでは求められず，電子メールによる同意で足りるとされた点が実務上最も重要な改正点であったと思われる。但し，電子メールによる場合でも，顧客側のメールの送信者がその法人内で代表権限を有すると考えられる地位を有することが必要である点は，文書による情報共有同意書の取得の場合と異なるものではないと考えられる。

(3) 経営管理　　21年改正において業府令と監督指針の間で矛盾が生じていた「経営管理」について，26年改正では一定の回答が示された。しかし，この改正では，子会社の役員が親会社の顧客に係る非公開情報を共有できることにはならない。したがって，21年改正前に認められていた合議機関では可能であった双方向の情報共有は否定されることになりかねない。例えば，外国銀行が銀行支店を設置するとともに日本において子会社を設立して証券業を営む場合，26年改正後の業府令の条文によれば，子会社である証券会社の役員は証券会社の顧客の非公開情報を銀行支店の役員に提供できるが，銀行支店の顧客の非公開情報は証券会社の役員に提供できないことになる。しかし，いかなる組織形態で日本におけるビジネスに進出するかという問題は各金融グループの経営判断によるところが大きいが，各国の規制により選択肢が制限される面もある。日本において

---

41) 業府令157条1項7号イ。
42) 業府令157条1項2号。

は，外国の銀行が支店形式で銀行業と証券業を同時に営むことは許されていない。そこで，通常は外国の銀行は，銀行業については支店形式で業務を行い，証券業については子会社形式で進出している。しかしながら，このような法律上の組織形態に関する選択が，金融グループとしての指揮命令系統の決定と同一となる根拠は薄い。例えば，金融グループの日本における主たる事業が証券業であるならば，証券子会社の経営陣のトップが日本におけるビジネスの責任者としてグループ全体の業務展開について監督することが期待されることもありえるであろう。このような面で，業府令の26年改正は国際的な業務を展開する金融グループの組織に親和性があるとは言えない。

この点については，監督指針が26年改正後の業府令において子会社の経営管理を含む概念として拡張された「内部の管理及び運営に関する業務」とは別に，再度「経営管理」による情報共有を認める趣旨の規定を置いたことが注目される。監督指針Ⅳ-3-1-4(3)④は以下のように規定する。

「役員等（役員又は法令遵守管理に関する十分な知識・経験を有し，他の職員の指導・監督を行う立場にある職員をいう。以下④において同じ。）が，経営管理又は内部管理及び運営に関する業務を行うために，その従事する一の法人等が管理する非共有情報以外の非共有情報の提供を受けることは，非共有情報の漏えいには該当しないと考えられる」。

この規定によれば，子法人等の経営管理に関する業務とは異なる「経営管理」が存在し，その目的のための非公開情報の共有が認められることになり，26年改正によっても十分な整理がなされなかったことを窺わせる。

Ⅳ　おわりに

金融グループに適用がある弊害防止措置のうち，情報共有制限は引き続き国際的に業務を展開する金融機関にとって重要な問題であり，しばしば金融機関が最適と考える組織，システムの構築の障害となる。このような障害もその必要性を裏付ける論拠があるならば意味を有するであろう。しかし，部会報告で認識が示されたように，情報共有制限の根拠を利益相反の予防と優越的地位の濫用に求めるならば，そのような弊害を防止する措置を講じた上での情報共有がなお制限されるべき理由が不明であるとの指摘は引き続き提示されるものと思われる。情報共有制限が弊害防止措置の一環として導入された平成5年から20年以上が経過

し，金融グループを取り巻く環境の変化，特にコンピュータ・システムの発展はファイアウォールの抜本的な見直しが行われることを予想させるものと思われる。21年改正と26年改正においても未解決とされた「経営管理」の概念は，そのような見直しの必要性を示唆するものであろう。

1962年憲法改正とルネ・カピタン
—— 国民主権の発露としての国民投票

高 橋 信 行

 I はじめに
 II 幾つかの前提知識
 III 1962年10月28日の国民投票による憲法改正
 IV 1962年改正とカピタン
    —— 理論的正当化の試み
 V 樋口＝カピタン論争再び
 VI おわりに

I　はじめに

　周知のように，日本国憲法96条の定める憲法改正手続は，比較法的に見ても殊の外厳格なものであり，憲法の硬性さと安定性を確保することに大きく寄与している反面，時宜に応じた改正を極めて困難にしているという側面も有している。

　これは，憲法改正の発議権が国会に独占されている上に，特別多数決が要求されるために，衆参いずれかの院で3分の1を占める議員団に憲法改正を阻止する「拒否権」が認められるに等しい結果となっているからである。敢えてprovocantな表現を使えば，憲法改正について国民が直接に意思を表明する機会が過剰なまでに奪われているのであり，保守的な政治勢力から96条改正案が主張され続けることも故なきことではないと考えられる。

　他方で，現行憲法の墨守をその使命としてきたわが国の憲法学では，この問題を論じること自体が敬遠されてきたように思われる。しかし，憲法改正にコミットするか否かは別として，ある種の思考実験として，あるべき憲法改正手続について論じることは決して無価値な試みではないだろう。

このような観点から，本稿では，半世紀ほど前にフランスで採られた憲法実践——大統領直接公選制（souffrage universel）の導入に係る1962年10月28日の憲法改正（以下「1962年改正」と略する）——を再訪することで，憲法改正手続には複数の正解があり得ることを論じることにする[1]。

　もちろん，後に詳しく論じるように，この1962年改正には憲法上の疑義が多分に付きまとっており，当時のフランス公法学では厳しい批判が巻き起こっていた。しかし，唯一に近い例外として，生粋のド・ゴール左派で「異端（outsider）」の公法学者として知られるルネ・カピタンは，この企てを驚くべき確信と熱意をもって支持していた。

　興味深いことに，政治的現実としては，大統領の直接公選制は今日のフランス社会に強く根付いており，フランス第五共和制の成功体験として承認されている。それゆえに，いち早くこの改正をその実質（fond）と形式（forme）の両面において理論的に正当化したカピタンの先見性には感嘆の念を抱かざるを得ない。

　そこで以下では，1962年改正に関するカピタンの所論を，その好敵手達と比較しつつ紹介することで，従来の憲法学に囚われることなく憲法改正手続にアプローチすることにしたい。

II　幾つかの前提知識

　本稿の主題は多分にフランス憲法固有の問題に関わることから，初めに，1962年改正を理解する上で不可欠となる幾つかの前提知識について解説しておこう。

1　第五共和制憲法の定める憲法改正手続

　第五共和制憲法の下では，憲法改正に関する手続は第14章「改正について（De la révision）」の89条において定められている。まず，憲法改正の発議は，政府（gouvernement）の提案に基づき大統領が行う場合と，議員が行う場合の二つがある（89条1項）。改正案が同一の文言で上下両院において過半数をもって議決されると，次の段階として，①国民投票（référendum）の承認による手続と，

---

[1]　本稿のテーマに関する重要な先行研究として，オリヴィエ・ボー（山元一訳）「ルネ・カピタンと1962年の憲法危機」日仏法学28号（2015年）111-134頁がある。本稿の分析はボーに多くを負っているが，ボーが1962年改正に否定的であるのに対して，筆者はより肯定的な立場からアプローチしているという違いがある。

②上下両院の合同会議（Congrès）の承認による手続の二種類が用意されており，いずれの手続を選択するかは大統領に委ねられている（89条2項・3項）。国民投票が選ばれた場合，投票総数の過半数の賛同が得られると改正案は成立する。他方で，合同会議においては，投票総数の5分の3の特別多数決が必要とされている。

　ここで特に注意を要するのは，上院たる元老院（Sénat）にも国民議会と同等の権限が認められていることである。本来，間接公選で選任される上院には限定的な権限しか認められておらず，国民議会の強い優越が確立されているが[2]，こと憲法改正については上院に完全な拒否権が認められており，実際に上院の強固な反対により憲法改正が頓挫した例も見受けられる。そのため，民主的正統性に比して強すぎる特権が上院に与えられていることの是非が問われることがある[3]。

　さて，この89条による憲法改正が正規の手続と評価できるのに対して，言わば「裏から」の手続として憲法11条による改正手続が存在する。

　憲法11条は国民投票による法律制定に係る規定であり，憲法3条の定める直接民主制の理念を具体化する手段として位置付けられている。1958年当時の文言によれば，大統領は政府の提案に基づき「公権力の組織に関するあらゆる法律案（tout projet de loi portant sur l'organisation des pouvoirs publics）[4]」（傍点引用者）を国民投票にかけることができ，国民投票で承認された法律案は大統領による公布を経て有効なものとして成立する。この手続に際しては議会の議決は一切要求されていないことから，大統領＝政府と国民とが直接に結びつくことで議会の抵抗を排除することも可能である。

　問題を複雑にしているのは，同条にいう「あらゆる法律案」に憲法改正案も含まれていると解される余地があることである。第三共和制以来のフランスの伝統であるが，「憲法的法律（loi constitutionnelle）」という名称が示すように，憲法的効力を有する法規範も法律の一種に当たるとされているために[5]，憲法の条項を

---

[2]　法律制定について言えば，元老院は一定期間その成立を遅らせることができるが，最終的には国民議会単独の議決によって法律が成立すると定められている（憲法45条）。

[3]　1962年改正に際してド・ゴールの企てを厳しく攻撃していたデュヴェルジェも，四半世紀経った後にこの元老院に認められた「特権」を問題視するに至っている。Maurice Duverger, *Le système politique français*, 20e éd., 1990, p. 234, pp. 335-336.

[4]　同条にいう「公権力の組織化」の意味は必ずしも明確ではないが，少なくとも基本的人権に係る事項は国民投票の対象から除外されていると解される。後にミッテラン大統領は国民投票の対象事項を拡大することを提案するが，その顚末については，Duverger, *Ibid.* を参照。

改定する法規範を11条によって定め得るとも解されるのである。

もちろん，かく考えるならば，89条と11条との関係をどう理解するか，という憲法体系の整合性をめぐる問題が生じるが，この点については後に検討しよう。

2 大統領選出に係る選挙制度

今日では，大統領の直接公選制はフランス社会に強く根付いており，制度そのものの改廃が政治課題となることはおよそ考えられない。しかし，1958年の憲法制定当時には，大統領は8万人近い選挙人団から選出されるという間接公選制が採られていた[6]。この選挙人団は上院のそれとほぼ同質であり，「国会・県議会・海外領土議会の構成員，コミューン議会から選出される代表者」から構成されており，特にコミューンについては，その人口に応じて代表者が割り当てられていた[7]（6条1項・2項）。

問題となるのは，この選挙人団の構成が著しく均衡を欠いており，国民の政治的傾向を忠実に再現していなかったことである。すなわち，その割当てはコミューン議会に極めて有利であり，人口にして3分の1を占めるに過ぎない小規模コミューンの代表団が選挙人団の過半数を占めていた。逆に言えば，国会議員であっても一人一票の原則が貫かれていたことから，その影響力は微々たるものにとどまっていたのである[8]。

当時においても，小規模コミューンの多くは農村地域に位置しており，かつ議員達の多くは地域の名士（notable）であったことから，農村の保守的な階層が大

---

5) 著名な例のみを挙げれば，いわゆる第三共和制憲法を構成する法規範の一つは，「公権力の関係に関する1875年7月16日の憲法的法律（Loi constitutionnelle du 16 juillet 1875 sur les rapports des pouvoirs publics）」と名付けられている。

6) ビュルドーは，民主的権力（pouvoir démocratique）と国家的権力（pouvoir étatique）とを区別するという彼独特の権力理解に立った上で，国家的権力を担う大統領は私的利益を超越したcitoyenによって選出されるべきであるとして，この間接公選制の正当化を試みていた。しかし，その後の政治的現実はビュルドーの憲法理解からは大きく乖離したのである。Georges Burdeau, *La conception du pouvoir selon la Constitution du 4 octobre 1958*, Revue française de science politique, 9e année, n° 1, 1959, pp. 96-97.

7) 例えば，人口1000人未満のコミューンにおいてはその首長が，人口1000人以上2000人未満のコミューンではその首長と首席助役が，それぞれ代表者としての資格を有するというように，概ね人口1000人当たり1名の割合で代表者が割り当てられていた。

8) 第三・第四共和制期の大統領が上下両院の議員によって選出されていたのと比べると，国会議員の影響力は約100分の1に低下したが，これこそがド・ゴールの望んでいたことであった。Stéphane Pinon, *Les réformistes constitutionnels des années trente. Aux origines de la Ve République*, 2003, pp. 484-485.

統領の選出に決定的な影響力を行使することが予想されていた。しかし，農業従事者の既得権益の保護よりも産業構造の改革を優先させたド・ゴール派は彼らの支持を取り付けることに失敗し，このことが1965年に予定されていたド・ゴールの再選に微妙な影を落としていたのである9)。

さて，今日から見ると，第五共和制憲法の立案関係者が1958年の時点で直接公選制を採用しなかったことは若干奇異に思える。しかし，当時の政治・社会情勢の下では，直接公選制は時期尚早であり，かつド・ゴールが救国の英雄としての歴史的正統性を有している以上，その必要性もなかったと考えられる10)。とはいえ，第五共和制憲法の基本原理である「強い執行府」を実現し続けるためには，いずれかのタイミングで直接公選制を導入し，大統領の民主的正統性を確立する必要があったことは否めない。残る問題は，いつ，誰が，どのような手段で，という点だけであった。

3 アルジェリア危機

1954年のFLN（アルジェリア民族解放戦線）の武装蜂起を契機として，アルジェリア植民地の独立をめぐる長期の紛争は当時のフランス社会に暗い影を落としていた。独立に反対する軍部のクーデタをきっかけに第四共和制は崩壊し，ド・ゴールが12年ぶりに政治の表舞台へと復帰したものの，第五共和制成立後も軍部の抵抗は続いていた。加えて，議会におけるド・ゴールの政治的基盤は必ずしも強固ではなかった上に11)，与党内部にも「フランスのアルジェリア」の死守を主張する勢力が少なくなかったのである12)。

しかし，紛争が激化し，独立派によるテロがフランス本土でもアルジェリアで

---

9) ド・ゴールとモネヴィル率いる上院との対立については，Jean-Paul Brunet, *Gaston Monnerville, Un destin d'exception*, 2013, pp. 159-163 に詳しい。ブリュネは，選挙制度が改正されなかった場合には，保守政党CNIPの重鎮アントワーヌ・ピネー元財務大臣の選出が確実であったと分析する。*Ibid.*, p. 168.

10) Jacques Chaspal, *La vie politique sous la Ve République*, Tome 1 (1958-1974), 5e éd., 1993, pp. 85-87.

11) アルジェリア問題をめぐる当時の諸政党の立場については，Chaspal, *Ibid.*, pp. 135-137. シャパルは，当時の国民議会は「アルジェリア問題が解決されるまでは政府を支持する」多数派によって占められており，その内実は必ずしも一枚岩ではなかったと評している。

12) 良く知られているように，第五共和制の初代首相M.ドブレはアルジェリア独立に強く反対していたが，最後にはド・ゴールへの忠誠を優先させて独立に賛同した。二人の関係を物語るエピソードとして，参照，Chaspal, *Ibid.*, p. 146, Silvano Aromatario, *La pensée politique et constitutionnelle de Michel Debré*, 2006, pp. 377-380.

も多発するに連れて,「民族自決 (autodétermination)」の理念に基づく独立承認こそが唯一の現実的解決策であると認識されるようになった。1960年1月のアルジェにおける「バリケード反乱」を受けて,独立反対を強固に主張する軍幹部や閣僚たちは政権から排除され,ド・ゴールは自らの政治的優位を確立するために,独立承認を問う国民投票を1961年1月に実施した。この国民投票は投票総数の75%を超える圧倒的多数の賛成によって承認され,独立は動かし難い政治的現実となった。そして,FLNとの困難な交渉を経て合意されたエヴィアン協定は再び国民投票にかけられ,1962年4月8日にフランス国民は圧倒的多数——投票総数の90%——をもってこれを承認した[13]。

しかしながら,この国民投票の影の部分も忘れてはならないだろう。100万人近いヨーロッパ系植民者——いわゆるpieds-noirs——はアルジェリアを追われ,軍部も多数の犠牲を払いながら事実上の敗戦を受け入れざるを得なかった。この屈辱を晴らすために,軍部の強硬派は秘密組織OASを組織し,ド・ゴールを初めとする独立容認派に対するテロを執拗に繰り返したのである。

III 1962年10月28日の国民投票による憲法改正

憲法89条による通常の手続を援用できなかったことからも明らかなように,この1962年改正はフランス史上類を見ない特殊な政治的状況——アルジェリア危機を契機とする新旧両勢力の対決——の総決算として生じたものである。それゆえ,改正のenjeuをより良く理解するためには,この特殊性を踏まえておく必要があるだろう。

1 プティ・クラマール事件と憲法改正

II3で述べたように,アルジェリア危機の解決を見た1962年はフランス社会にとって重要な転換点であった。長きに亘ったテロと戦争が終わり,久方ぶりの平和が訪れたが,それは新たな政治的危機の始まりであった。皮肉なことに,アルジェリア危機の解決はド・ゴールの存在意義を失わせることとなり,ド・ゴール派とそれ以外の勢力との対立が再燃し始めたからである。

元々,第五共和制の成立はある種の「妥協 (compromis)」——議会の優位を旨

---

13) 以上の経緯については,Chaspal, *Ibid.*, pp. 150-181 を参照。

とする共和主義的伝統と「合理化された議会主義」と呼ばれる改革思想との混合——によるものであった。第四共和制の下で不安定ながらも多数派を形成していた共和派（républicains）＝中道勢力は，アルジェリア危機の解決のための暫定的なリーダーとしてド・ゴールを招聘したが，統治機構の本質的な改革までを容認したわけではなかった。他方で，党派主義を忌み嫌い，執行府の優位をその政治理念とするド・ゴールにとって，共和派は国家の弱体化と分裂を招いた内なる敵でしかなかった。そして，一旦危機が去れば，このような体制内の矛盾が表面化するのは自然の流れでもあった。

このような流動的な状況の中，1962年8月22日にプティ・クラマールでド・ゴールは再び命の危機に曝された。アルジェリア独立に反対する軍事秘密結社OASが起こしたこのテロ事件は，フランス社会を震撼させるにとどまらず，「ド・ゴール以後（l'après-gaullisme）」をめぐる路線対立を加速化させた。

実際，暗殺が失敗に終わったとはいえ，齢70を超えた老大統領がやがては引退することは必然であった。その際，現行の選挙制度を続ける限りは，大統領の選挙人団と上院のそれとがほぼ同質である以上，ド・ゴール派の候補が選出される望みは無に等しかった[14]。結局は，議会に従順で政治的存在感に乏しい人物が大統領の座に就くことは確実であり，それは第四共和制の再現に他ならなかった。

このように，パリ郊外の凄惨なテロを契機として，再び共和派が盛り返して伝統的な議会制に回帰するのか，それとも1958年に着手された改革がド・ゴールの手で完遂されるのか，二つの思惑が交錯し始めたのである[15]。

2　大統領直接公選制をめぐる論点

プティ・クラマール事件から3週後の9月12日，ド・ゴールは第五共和制の運命を決定付ける一手を打つ——大統領の選出方法を定める憲法6条・7条を改正して，直接公選制を導入することである。同時に，反ド・ゴール派の牙城たる上院の抵抗が予想されたことから，ド・ゴールは憲法11条による国民投票を用いることを提案した。

---

14) 1959年10月に実施された上院選挙では，ド・ゴール派のUNRは僅か44議席（総議席数の7分の1）しか獲得できなかった。10年余に及ぶド・ゴールの治世の間，上院は常に権力に対する抵抗の砦であり続けたが，このことが1969年にド・ゴールをして上院の廃止を決意させることになる。Chaspal, *Ibid.*, pp. 141-142.

15) Chaspal, *Ibid.*, p. 237.

憲法89条の規定を無視する形での提案は当時のフランス社会に激震を引き起こした。とはいえ，それまでもド・ゴールは国民投票を多用することで自らの権力の源泉を維持してきたことから，11条改正が選択されたことは想定内のことでもあった。1962年11月に至るまでド・ゴール派は国民議会においても安定的な多数を獲得できていなかった上に，ド・ゴール自身が多数派形成に無関心であったために，大統領と国民とが直結することで各種の改革を成し遂げるという光景が常態化していたのである。

　しかし，容易に理解できるように，この提案は実質面と形式面の両方において重要な問題を孕んでいた。

　まず実質面について言えば，ルイ・ナポレオンの悪しき先例以来，大統領の直接公選制に対する警戒心は共和派を中心に根強く残っていた。直接公選制の導入は必然的に権力の人格化を招き，圧政に対する防波堤としての議会を無力化してしまうとの懸念が表明されていたのである。

　もっとも，執行府の直接公選のアイデアは必ずしも唐突なものではなく，その意味でフランス国民に受け入れられる土壌が既に存在していた[16]。第三共和制末期の1930年代には，少数説にとどまっていたものの，アメリカ合衆国やヴァイマール・ドイツの大統領制に倣って直接公選制の導入が提唱されていたからである。特に，カピタンの師であるカレ・ド・マルベールの最晩年の論稿では，大統領の直接公選制に対して強い共感が表明されていたことが知られている[17]。また，第四共和制末期においても，直接公選制の導入を念頭に置いて，ヴデルやデュヴェルジェの手による執行府の改革案が提唱されるに至っていた[18]。それゆえ，

---

16) Pinon, *op. cit.*, p. 478, pp. 492-509.
17) René Capitant, *Carré de Malberg et le régime parlementaire*, in *Écrits Constitutionnels*, 1982, p. 268, p. 270, Pinon, *op. cit.*, pp. 504-507, Raymond Carré de Malberg, *La loi, expression de la volonté générale*, 1931, pp. 202-204, pp. 212-213. カレ・ド・マルベールは「フランスの代表制を根底から覆すであろう改革案〔＝大統領の直接公選制の導入や国民投票・議会解散の拡充〕の妥当性について評価するのは法学者の役割から外れてしまう」と述べて，直接的な態度表明を慎重にも避けている。しかし，直接公選制の導入といった民主的手法の拡充に強い期待が込められていることを読み取ることができる。
18) その概要については，樋口陽一「現代の『代表民主制』における直接民主制的諸傾向」同『議会制の構造と動態』（木鐸社，1973年）94-94頁を参照。もっとも，ヴデルの唱えた改革ではアメリカ型の大統領制が想定されていたのに対して，デュヴェルジェは議院内閣制の枠内で首相の公選制を主張していた。また，1956年の時点でゴゲルは，これらの提案は直ちには成功を収めなかったが，深刻な内的・外的危機が発生して現行制度が崩壊すれば，改革が実現する余地はあるとの予言を残していた。François Goguel, *Vers une nouvelle orientation de la révision con-*

1962年の時点では，大統領の直接公選制は統治機構に関する一つの現実的解決策としての地位を獲得していたと評価できるだろう[19]。

　また別の見方をすれば，直接公選制導入の是非は，ド・ゴールの政治的実践を追認するか，それとも，第五共和制憲法の originel な理念に立ち戻るか，という選択にも深く関係していた。

　実際，ド・ゴール政権の実態を見ると，憲法起草に重要な役割を果たしたドブレの当初の構想とは異なり，大統領が実質的に政治的決定の全てを掌握しており，首相はその忠実な執行者としての地位にとどまっていた[20]。ド・ゴールが自らの役割は「調停者（arbitre）」から「指導者（guide）」へと変質したと理解していたように，アルジェリア危機の解決の過程で，政府内の重心は大統領へと移っていたのである。

　しかしながら，政治的リーダーシップの発揮には正統性が不可欠である以上，ド・ゴールの後継者達にも相応の正統性を付与しなければ，大統領が名目上の存在へと戻っていくことは必然であった。直接公選制の導入は，このような正統性の欠如問題に対する究極の処方箋として構想されたのである。

　次に，形式面の問題について言えば，至極当然のことであるが，憲法11条のréférendum を用いることに対して学会・政界の両方から激しい反発が起きた。

　法学的な観点からは，憲法11条による改正を正当化することは困難であり，実際にもランピュエとカピタンを除くほとんど全ての公法学者は反対の立場を取っていた。確かに，憲法がわざわざ「改正について」と題する第14章を設けて改正規定を置いている上に，慎重な改正を担保するために上下両院の関与を要求していることに鑑みると，89条以外の改正手段を憲法が許容しているとは考え難いところである[21]。

---

　　stitutionnelle?, Revue française de science politique, 6e année, n° 3, 1956, p. 504.
19)　1956年当時のアンケート結果が Maurice Duverger, *La VIe République et le Régime présidentiel*, 1961, pp. 135-137 で紹介されている。
20)　ドブレの憲法理解によれば，首相や大臣は単に大統領に従属する存在ではなく，大統領とは異なる独自の権威や責任を有していると解されていた。このようなド・ゴールとドブレの憲法理解の齟齬が1962年春のドブレの首相辞任の一因になったと推測される。Aromatario, *op. cit.*, pp. 416-417, Chaspal, *op. cit.*, pp. 226-227.
21)　法学的な観点からの反対論は，Georges Berlia, *Le problème de la constitutionnalité de référendum du 28 octobre 1962*, Revue du droit public, 1962, pp. 936-949 でほぼ論じつくされている。しかし，特に憲法の文言と起草過程に依拠したベルリアの主張には説得力を欠くものも見受けられる。

もっとも，ランピュエは例外と原則を逆転させることで11条改正の合憲性を導き出そうとしていた。すなわち，11条に基づき通常法律や組織法律を制定することは疑いなく認められているが，前者は34条以下の手続で，後者は46条の手続で，それぞれ定めるのが原則であると解されている。そうすると，11条は両者に対する例外に当たると解する他ないが，そうであるならば，11条と89条の関係についても，89条が本来の憲法改正手続であるのに対して，11条はその例外に当たると解するのが憲法の体系に整合的であると主張されたのである[22]。

11条改正の合憲性をめぐる論争は議会においても繰り広げられた。ドブレに替わって新たに首相に就任したポンピドゥーは，共和派の激しい非難に反論する形で，国民主権と権力の「均衡 (équilibre)」という二つの観点からその正当化を試みた[23]。

前者については，主権者たる国民と普通選挙によって選出された国民議会が改正を望んでいる場合でも，民主的正統性に劣り，解散権の及ばない上院の反対によってあらゆる改正が頓挫させられるとすれば，それは国民主権の理念を没却するものであると批判された。

後者については，憲法89条の定めによれば，議会の議決と国民投票の承認があれば改正が成立することから，立法府は執行府の意思に反してでも憲法改正を実現できるのに対して，執行府が立法府の意思に反して改正を成し遂げることは許されていない。それゆえに，このような不均衡を解消するために，議会の議決を要しない11条による憲法改正が必要になると主張されたのである[24]。

ポンピドゥーの主張に十分な説得力があるか否かはここでは問題にしないでおこう。確実に言えるのは，この演説が共和派に対する宣戦布告として受け止められたことである。憲法改正に関する拒否権を奪われた形となった議員達は «Cartel des Non» と呼ばれる連合を結成し，激しい反対キャンペーンを展開した。憲

---

22) Pierre Lampué, *Le mode d'élection du Président de la République et la procédure de l'article 11*, Revue du droit public, 1962, pp. 933-934, Duverger, *Le système politique français, op. cit.*, pp. 274-275.
23) J. O., Débats parlementaires de l'Assemblée Nationale, 1962, pp. 3221-3223. 井口秀作「フランス第五共和制憲法11条による憲法改正について——1962年10月28日の人民投票の合憲性論争を素材として」一橋研究18巻2号 (1993年) 4-6頁。
24) カピタンも，国民の憲法制定権力が議会の抵抗によって無効化されるべきではないという立場から，この11条改正の正当性を導き出している。René Capitant, *L'aménagement du pouvoir exécutif et la question du chef de l'État*, 1964, in *Écrits Constitutionnels*, pp. 384-385.

法上，大統領は無答責な存在であったために，その矛先は国民投票の提案権者である首相に向けられ，国民議会は圧倒的な多数で首相の不信任を決議した[25]。これを受けて，ド・ゴールは下院の解散を決定し，憲法改正の国民投票と国民議会選挙の二つの政治決戦の火蓋が切られたのである。

3　ド・ゴール派の圧勝

«Cartel des Non» の中枢は，第三・第四共和制以来の共和派の大物政治家によって占められていた。彼らにとって，国民意思は議会における代表者の討論を通じて表明されるものであり，国民投票による直接的意思表明はあくまで例外的な手段に過ぎないと理解されていた。ポール・レノーのあまりに有名な演説──我々共和派にとって，フランスはここ〔議会の内〕に存在するのであり，他の場所にではない──はまさにこの代表制の理念を象徴的に表現していた[26]。

同様に，憲法院への提訴者として知られる上院議長のガストン・モネヴィルも，国民投票の企ては「〔憲法に対する〕背信行為（forfaiture）」であるとの声明を発表した。このアンティル諸島の奴隷の末裔である老議長は，上院の議場で共和派を代表して32分に亘る大演説を行い，ド・ゴールの政治方針が共和国の理念と相容れないと痛烈な批判を繰り返した──憲法が犯され，国民が欺かれていると[27]。

他方でド・ゴールは，テレビやラジオを通じて頻繁に国民に訴えかけることで，憲法改正こそが1958年に始まった改革を成就させる手段であり，国民の支持が得られないときは自ら退陣するとの決意を表明した。アルジェリア危機の余韻冷めやらぬ中でのド・ゴールの退陣がもたらす混乱を想起すれば，この宣言はある種の「脅し」に近いものであったが，このような巧みな選挙戦術が功を奏したのか，選挙戦では，改正手続や改正内容の是非ではなく，ド・ゴールか否か，あるいは，第五共和制の継続か第四共和制への後戻りか，という体制選択が論争の中心となった。

そして1962年10月28日の国民投票で示された verdict は，賛成票が有効投

---

[25] Chaspal, *op. cit.*, pp. 241-244. ド・ゴール派のUNR以外のほぼ全ての政党が不信任への賛成票を投じた。
[26] ボー・前出注1）116-117頁。
[27] Brunet, *op. cit.*, pp. 171-173.

票の 62% を占めて，ド・ゴールに勝利をもたらした。もっとも，棄権が比較的多かったことから，登録者数を基準とすると賛成票はその 47% を占めるに過ぎず，«Cartel des Non» は 1 ヵ月後の国民議会選挙に僅かな期待をかけることができた。しかし，結果は UNR の「津波のような圧勝（raz de marée）」に終わり，伝統的な政党勢力は一敗地にまみれた[28]。

既存の全政党が結集してもド・ゴールの後塵を拝したことは，社会の変革に既存の政党が置き去りにされていたことを意味するのだろう。実際，県単位の投票数を分析すると，高い経済成長率を誇っていた地域——北部・西部・東部・都市圏——では UNR が多くの支持を集めていた[29]。共和派の抵抗や多くの法学者の違憲論にもかかわらず，新興の中産階級はド・ゴールを再び信任し，第五共和制は名実共にフランス社会に確たる根を下ろしたのである。

4　法廷闘争と憲法院

もっとも，1962 年改正の余波はなおも続き，上院議長モネヴィルは，自らに与えられた憲法院への提訴権を行使して法廷闘争に及んだ[30]。先に述べたように，国民投票にかけられた憲法改正案はあくまで「法律（loi）」の形式を取っていたことから，形式上は憲法院はその審査権限を有していた。しかし，生粋の gaulliste である憲法院長のレオン・ノエルがモネヴィルの主張を容れるはずがなかった。

憲法院は，フランス憲法判例史上，最も有名な判決の一つである 1962 年 11 月 6 日の判決で，国民投票によって承認された法律につき違憲判断を行う権限を有しないとして，その内容に立ち入ることなく訴えを退けた。憲法の条文からは，国民投票によって承認された法律にも憲法院の違憲審査権が及ぶか否かは判然と

---

28) Chaspal, *op. cit.*, pp. 247-248, pp. 252-254.
29) Goguel François, *Le référendum du 28 octobre et les élections des 18-25 novembre 1962*, RFSP, 1963, pp. 291-293. 1958 年に始まるドブレ内閣は経済政策に関しては驚くべき成果をもたらしており，このことが都市部の中産階級の支持獲得につながったと考えられる。もっとも，経済格差の拡大により，農村部における不満が高まっていたことも事実である。Chaspal, *op. cit.*, pp. 199-201.
30) 当時の憲法の規定によれば，法律の違憲審査に関する憲法院（Conseil constitutionnel）への提訴権は大統領，首相，上下両院の議長の 4 名にしか認められていなかった。この判決については，井口秀作「レフェレンダムによって承認された法律に対する違憲審査」フランス憲法判例研究会編『フランスの憲法判例』（信山社，2002 年）383-386 頁，樋口陽一「人民投票によって採択された法案の違憲審査」同・前出注 18）192-202 頁を参照。

しないが,「憲法の精神（esprit）」によれば，憲法院は公権力の諸活動の調整機関に過ぎないことから，国民投票によって承認された法律が「国民主権の直接の表明」である以上，当該法律の違憲性を審査することはできない，というのがその理由であった。

　本判決の論点は多岐に亘るが，本稿の主題に関係する点を幾つか補足しておこう。①まず，国民投票を経て制定された法律に本判決が述べるような特殊性を承認できるか，という点である。実際，国民投票において意思を表明する有権者団も，他の国家機関と同様に，憲法上の機関に過ぎないと考えることもできる。そうであるならば，本法律を「国民主権の直接の表明」と捉えるべきではなく，単に憲法によって有権者団に認められた権限が行使された帰結に過ぎず，憲法院の違憲審査権の対象から除外されるべきではないとの結論に至るだろう[31]。

　②次に，本件が憲法改正法律を対象としていたことから，憲法改正についてはそもそも憲法院の違憲審査が及ばないのではないか，という点である[32]。違憲審査に限らず，司法権による審査は，審査の基準となる法規範と審査の対象となる法規範の階層性を前提にしていることから，憲法改正法律に対する違憲審査が可能となるためには，通常の憲法よりも上位の階層に位置する超憲法規範（norme supraconstitutionnelle）を措定しなければならないが，フランスの憲法院は今日までこのような考え方を採用していない。すなわち，既存の憲法規定と抵触するような規定を憲法改正により挿入することも可能であり，このような憲法規範同士の抵触は「後法は先法を排する」といった法格言に即して解決されるべきであるとされるのである[33]。

　③三つ目は，当時の憲法院が違憲立法審査機関としての権威を十分に有していたか，という点である。創設当時の憲法院には法律の素養に乏しい政権寄りの素人が多数任命されていたことから，憲法院は「執行府の番犬」と揶揄されており，権力に対する中立的で客観的な監視を到底果たし得ない状況にあった。また，その意思決定に際しては院長のノエルが決定的な影響力を行使しており，合議制が実際には機能していなかったとも評されている[34]。そして，1962年改正をめぐ

---

31) 樋口陽一「人民投票をめぐる二つの憲法院判決」同・前出注18) 198頁。
32) 同上199-200頁。
33) 山元一「欧州連合条約（マーストリヒト条約）のための憲法改正と憲法院――マーストリヒト第2判決・第3判決」フランス憲法判例研究会編・前出注30) 32-34頁。
34) Dominique Schnapper, *Une sociologue au Conseil constitutionnel*, 2010, pp. 54-59.

っても，ノエルを含む多数の委員がその違憲性を主張していたにもかかわらず，「良心の呵責（cas de conscience）」に苛まれつつも，最終的には政治的な圧力に屈せざるを得なかった[35]。

では，このような異常な状況で下された本判決にどれだけの先例的価値を見出すことができるのだろうか？　若干誇張して言えば，当時の憲法院にとって，憲法改正法律を無効にしない，という結論は動かせなかった以上，いかなる理由付けを採るべきかは瑣末な問題でしかなかったと言える。それゆえ，本判決のいう「国民主権の直接の表明」という枠組みで1962年改正を捉えることに拘泥すべきではないと考えられるのである。

IV　1962年改正とカピタン
　　　── 理論的正当化の試み

1　直接民主制の précurseur

「はじめに」でも述べたように，多くの法学者が1962年改正の違憲性を指摘する中，カピタンは盟友たるド・ゴールに全面的な賛同を表明していた。カピタンの心情を察するならば，第三共和制末期からアルジェリア危機に至るフランスの惨状をもたらしたのは，改革を否定してimmobilismeを招いた共和派の議員達であり，彼らに再び政権を委ねることはあってはならなかったのである。

もっとも，当時のカピタンが寄稿していたのは一般向けの媒体であったため[36]，学界では彼の主張が顧みられることはほとんどなかった。また，その政治的影響力についても，ド・ゴールの憲法構想に決定的な影響を及ぼしたとする考え方もある一方，1962年改正の直接の発案者ではなかったとする説もある[37]。

とはいえ，元々カピタンは第二次世界大戦中にレジスタンスに身を投じ，北アフリカのアルジェでド・ゴールと共にフランス解放に尽力していたことから，両

---

35)　*Ibid.*, pp. 62-67. 政治的混乱が収まっていない1962年の段階では，憲法院が法の論理よりも政治の論理を優先させたのも必然であったと考えるしかない。もっとも，時代が下り，政治的な安定が回復されると，憲法院は徐々に権力から距離を置き始める。

36)　1962年改正に関するカピタンの所説は，ド・ゴール左派政党UDTの機関紙 «Notre République» やカトリック系の新聞 «La Croix» に掲載されていたが，いずれも読者層が限られていたために，広範に流布することはなかったようである。カピタン理論が再発見されるのは，彼の死後，散逸していた論稿をまとめた論文集 *Écrits Constitutionnels* や *Écrits Politiques, 1960-1970* が公刊された以降のことである。

37)　ボー・前出注1) 131-132頁。

者の関係は極めて密であった。それゆえ，数十年に亘る交流の過程で，ド・ゴールがあるべき憲法構想につきカピタンから様々な示唆を得ており，その一つには大統領の直接公選制も含まれていたと考えることが許されるだろう[38]。

また，このような政治的な思惑を抜きにしても，1962年改正はカピタンにとって一つの理想の実現でもあったと考えられる。既に別稿で検討したように[39]，カピタンの理論を貫く指導理念は，国民が直接に政策を選択することを可能とする直接民主制の実現にあり，国民投票や議会解散等がその手段として位置付けられていた。若干時間を遡れば，第三共和制期の政治の実態は，「議会主権（souveraineté parlementaire)」と評されていたように，国民の代表者たる議員達が国民や執行府を差し置いて統治を担うというものであったが，J. J. ルソーの熱心な信奉者であるカピタンは，このような状況を厳しく批判して，主権を国民に取り戻すことを提唱し続けていた。そのカピタンにとって，大統領の直接公選制の導入を拒絶する謂れは全くなかったのである。

もっとも，より仔細に見ると，大統領制に関するカピタンの評価は揺らいでいたことも分かる。とりわけ，1933年のドイツ・ヴァイマール共和制の崩壊以降は，ヴァイマール型の二元代表制——直接公選で選ばれた大統領と議会とが並び立つ体制——に対する批判が随所に見られるようになる。そして，戦後においても，デュヴェルジェらが早くから執行府の直接公選制を唱えていたのに比して，カピタンはなお態度を決めかねていたようである[40]。

ターニングポイントとなったのは，1961年5月のストラスブール大学での講演であると考えられる[41]。この講演でカピタンは，大統領の直接公選制は既にカ

---

38) 興味深いことにテュルパンは，1958年にカピタンがパリにいて憲法の起草に携わっていたならば，直接民主制をより強く指向した憲法となっていただろうと評している。カピタンの政治的影響力が極めて強かったことを示唆する評価であろう。Dominique Turpin, *Droit constitutionnel*, 2e éd., 2007, p. 469.

39) カピタンの生涯に亘る理論変遷については，拙稿「ルネ・カピタン——共和国の崩壊と再生」日仏法学27号（2013年）1-26頁で不十分ながらも検討したので，ここではその概略を述べるにとどめる。

40) Jean-Claude Gruffat, *Les écrits de doctrine de René Capitant*, Politique. Nouvelle série: Revue internationale des idées, des institutions et des événements politiques, No. 49-52, 1970, p. 102. グリュファは，1959年にカピタンが東京大学にて行った講演を根拠に，当時，大統領の直接公選制に対してカピタンが réticent であったと評している。なお，この講演原稿の邦訳については，参照「フランス憲法上の体験の教訓」比較法雑誌5巻1号（1959年）11-38頁〔野田良之訳〕。同誌の冒頭に掲載された杉山直治郎による祝辞はカピタンの前半生を知る上で極めて有益である。

41) René Capitant, *Carré de Malberg et le régime parlementaire*, 1966, in *Écrits Constitutionnels*,

レ・ド・マルベールの主張するところであったとした上で，やがては彼の示した改革が実現されるだろうとの見通しを立てていた。

「……新しい政治体制〔＝第五共和制のこと〕は，一度確立されて根を下ろした後には，その依拠する諸原則の独創性をより強く意識することになるだろう。そうして，1958年に始まった計画を完成させるための諸改革が実行に移されるだろう。そして，カレ・ド・マルベールが再びそれらの諸改革の発案者（inspirateur）となることが予想される。」

カピタンの理解によれば，1958年に着手された改革は未だ道半ばであり，第五共和制の依拠する基本理念——直接民主制——の論理的帰結（logique）として，大統領の直接公選制と国民投票の拡充，違憲審査制の導入の三つが当然に実現されなければならない。それゆえ，直接公選制の導入は1958年憲法の破壊には当たらず，むしろその発展形態として捉えられなければならない。

このように，ストラスブールでの講演を境にして，カピタンは1933年以前の旧説に立ち戻ることになる。カピタン自身はこの改説の理由を明らかにしていないが，1961年当時の政治情勢を踏まえるならば，大統領の首相に対する優位が確立された帰結として，大統領と首相が並び立つ二元主義のリスク——両者の対立が激化して国家の unité が破壊されること——がほぼ消滅したとの確信を彼が抱いたからではないだろうか。ド・ゴール政権の3年間に亘る実践は，カピタンに大統領制のメリットを改めて認識させるのに十二分であったと考えられるのである。

2　憲法上の疑義に対するカピタンの反論

1962年の9月から10月にかけて，カピタンは四つの論説を立て続けに発表してド・ゴールの改革を強力に後押ししている。以下，その骨子を紹介しよう[42]。

まず，実質面については，1でも述べたように，カピタンが全面的に賛同していたことは言を俟たないところであろう。大統領の選出が一部の「政治的エリート」に委ねられていた時代は終わりを告げ，今や「国民（people）は成熟し，直

---

pp. 273-275. 同論文の初出は1966年であるが，その基となった講演会は1961年5月に行われたため，1962年改正を反映していないことに注意する必要がある。

42) それらの中でも比較的入手が容易なのは，UDT の機関紙 «Notre République» に掲載され，後に論文集 *Écrits Politiques* に収められた二つの論説（*Réfutation du «Non»* と *Révision démocratique de la Constitution*）であることから，以下では主としてこれらを参照しつつ検討を進める。

接民主制の時代が到来した」。それゆえ，国民が真の主権者としての地位を取り戻すべく，直接公選制が導入されなければならないのである[43]。

次に，形式面については，Ⅲ2で述べたように，憲法の諸規定から一義的な結論を導き出すことは困難であるように思われた[44]。そこでカピタンは，憲法に整合性が欠けていることを認めた上で，憲法の「精神（esprit）」に依拠することを提案する。すなわち89条が議会主権を旨とする第四共和制憲法に発するのに対して，11条は直接民主制をその指導原理とする第五共和制憲法に由来する。そして，後者の精神を探求すれば，主権の行使は「代表者と国民投票」を通じて為されると定められているように（憲法3条），国民投票による直接的な主権行使が排斥されているわけではない。そして，憲法改正が主権の行使の最たる例である以上，11条改正が89条によって排斥される所以はないと結論付けるのである[45]。

もっとも，実はこの11条改正についても，カピタンの改説の跡を見て取ることができる。実は，新憲法承認に係る1958年の国民投票の2週間前に執筆されたpréfaceでは，カピタンは89条以外の改正はあり得ないとの立場をとっていた。すなわち，新憲法が議会に認められた諸特権を剥奪するのではないか，という批判に反論する形で，「憲法の立案者は，国民の承認という条件のみを付した上で，憲法制定権力（pouvoir constituant）を完全に議会（Parlement）に委ねた」と述べていたのである[46]。

1958年当時のカピタンの意図は，独裁者としてのイメージが付きまとうド・ゴールを擁護するために，新憲法のlibéralな性格を強調することにあったと考えられることから[47]，当然，大統領と政府が議会の意思に反する改正を国民投票により実現させる可能性については言及さえされていない。

しかし，カピタンの真意が単純な11条改正否定論にあったとは即断できないところである。先の主張も共和派を説得するための方便に過ぎず，憲法制定権力を国民に取り戻すという隠れた理想が当時のカピタンに芽生えていたと考えるこ

---

43) René Capitant, *Réfutation du «Non»*, in *Écrits Politiques*, pp. 152-153.
44) ランピュエは，11条改正と89条改正が競合していることは異常な事態であるとした上で，これは，1958年憲法が歴史的な経緯から二つの理念——代表制と直接民主制——を共に取り入れたことに起因すると分析する。Lampué, *op. cit.*, p. 935.
45) Capitant, *Réfutation du «Non»*, *op. cit.*, pp. 158-160.
46) René Capitant, *Préface à l'ouvrage de Léo Hamon, De Gaulle dans la République*, 1958, in *Écrits Constitutionnels*, p. 371.
47) *Ibid*, pp. 368-370.

とも十分に可能だからである。

　この点はさておき，改説後の11条解釈に立ち戻れば，憲法に限らず，条文間に抵触が生じる場合に，一段上の原理・原則から演繹的に解釈を導き出すことは極めて通常の手法であり，その意味で，カピタンが展開する論旨には一応の合理性を認めることができるだろう。

　もっとも，カピタン自身が認めるように，彼の解釈論は政治的な思惑とは無縁ではない。そもそも，Ⅲ2でも述べたように，1962年改正に関する実質面の争点と形式面の争点は表裏一体であった[48]。当時の政治情勢を見る限り，11条改正を認めない限りは上院の拒否権にあって憲法改正は頓挫し，逆に認める場合には国民的人気を誇るド・ゴールの企てが成功することが確実であったからである。それゆえ，カピタンから見れば，11条改正の違憲性を唱える勢力は第五共和制の成果を否定する反動勢力に他ならなかった。

　「〔ド・ゴールが11条改正を合憲と捉えるのに対して〕議会主義者達は全く異なる理屈を述べている。国民が憲法の源であることが真理であるとしても（もっとも，彼らはそのことを本心から認めてはいないが），彼らは今や憲法を国民から切り離して，自分達だけが憲法を改正し得ると主張している[49]。」

3　国民投票の絶対的な validité について

　さて，これまで見てきた限りでは，カピタンの唱える解釈論は比較的穏健なものにとどまっているようにも思える。しかし，続いてカピタンは，立憲主義に対する辛辣な挑戦とも言える主張を展開している。それは，国民投票の validité について言及する件である。

　「実際には，このような論争においてはただ一人の裁判官しかいない。それは国民である。……〔1945年の憲法制定の国民投票と同様に〕国民の下した答えが法律（loi）となる。そして，誰もその validité を争うことはできないだろう。……
　1958年以降，反対派の主張にもかかわらず，主権は国民へと移った。その結果，国民投票によって承認された法律については，通常裁判所であれ，（この事

---

[48]　René Capitant, *Oui ou Non?*, La Croix du 24 oct. 1962.
[49]　ボー・前出注1）123頁。René Capitant, *Une mauvaise querelle: l'inconstitutionnalité du référendum*, Bull. de presse n° 92 du 2 octobre 1962 de l'Association nationale pour le soutien à l'action du général de Gaulle. この論説と前述の «La Croix» 紙の論説は *Écrits Politiques* 等の論文集にも収められていないが，幸いにもボー教授から入手することができた。この場を借りて御礼申し上げたい。

項については無権限である)憲法院であれ,議会であれ,違憲審査の対象とすることはできない。唯一考えられる有効な訴えは国民に諮ることである50)。」

　混同され易いところであるが,ある政治的実践が憲法の規定に反するか否か,という評価の問題と,誰がその法的評価を有権的に下すのか,という権限の問題は明確に区別され得る。ここでカピタンのいう validité の問題が後者に関わると考えるならば,仮に違憲な手続による憲法改正であっても,最終審級としての国民が一度それを承認すれば,いわば瑕疵が治癒された状態となり,改正内容の validité は否定できなくなるだろう。その意味では,1962年改正に際しての国民投票で問われたのは,改正内容の是非だけでなく,違憲性の疑われる手続に関する評価も含まれていたことになる51)。

　これまでの検討でも若干触れたように,カピタン理論の第一の特徴は主権者としての国民に格別の地位を認めていることである。実際,同時期に執筆された論稿では,議会と政府が共に「憲法によって創設された権力 (pouvoirs constitués)」・「国民の委託による権力 (pouvoirs délégués)」であるのに対して,国民は「主権的調停 (arbitrage souverain)」・「直接的主権 (souveraineté directe)」の担い手であると主張されている。国民はあくまで別格の存在であり,全ての国家機関の上に君臨すると考えられているのである52)。

　もっとも,このようなカピタンの国民理解に対しては,国民投票や議会選挙で意思を表明する有権者団もあくまで「制度化された権力 (pouvoir institué)」の一つに過ぎず,それゆえに他の国家機関と同様に法の規律に服する,という批判が提起され得るだろう53)。

　確かに,立憲主義にとってカピタンの言説が極めて危険であることは認めざるを得ない54)。突き詰めれば,国民投票を契機とした直接的な主権行使に一切の歯止めがなくなってしまい,憲法の存在意義が失われてしまうからである。そのため,カピタン理論がわが国で受容されることはなく,かえって厳しい批判の対象

---

50) Capitant, *Réfutation du «Non»*, op. cit., p. 160.
51) René Capitant, *Oui*, in *Écrits Politiques*, p. 162. ボー・前出注1) 126頁。
52) René Capitant, *Révision démocratique de la Constitution*, in *Écrits Politiques*, pp. 171-172.
53) Georges Burdeau, *Droit constitutionnel et institutions politiques*, 12 éd., 1964, p. 94, p. 111.
54) 　ここで問題となるのは憲法制定権力と立憲主義との対立・緊張関係であることは言うまでもない。紙幅の都合上,詳細に検討する余裕がないが,フランスにおける近時の議論については,山元一『現代フランス憲法理論』(信山社,2014年) の第Ⅱ部に収められた論稿がまずもって参照されるべきである。

となったのであるが，この点については次のVで検討することにしよう。

　一点だけ補足しておけば，確かにカピタンの主張は極めてradicalであるように思われるが，その真意は必ずしも明確であるとは言えないことである。そもそも，機関紙《Notre République》が法学的素養のない一般党員を対象とする媒体である以上，ここでのカピタンの主眼は，厳密な法的考察を展開することよりも，論争のenjeuを分かり易く伝えることにあったと考えられなくもない。それゆえ，国民投票の絶対的validitéが主張される件についても，それは単に反対勢力——モネヴィルを長とする共和派——が政治的に屈服せざるを得ない，という見通しを示すにとどまっていたとも言える[55]。

　また，国民の主権的調停について語られるときも，それが法の支配に服さない無制約なものであると断定されているわけではない。カピタンの発言には不用意さは否めないが，カピタンの真意を捉える際には，断片的な論稿に依拠するよりも，彼の思想体系の全体を視野に入れることが望ましいであろう[56]。

V　樋口＝カピタン論争再び

1　憲法慣習論批判

　容易に理解できるように，1962年の憲法実践はわが国の憲法学では極めて評判の悪いものであり，管見の限りでは肯定的な評価を与えている者は皆無である。同様に，1962年改正を強力に支持したカピタン理論についても，その直接民主制理解が立憲主義を過度に犠牲にしているとして，その危険性が指摘されるに至っている[57]。

---

[55] カピタンは，この論説を「しかし，国民投票でそのverdictが表明された後には，政府と同様に彼ら〔＝反対派〕も，その判断に従わざるを得ないことになるだろう」と締め括っている。国民の判断が絶対的な政治的力を有するという政治力学上の主張として捉えることもあながち間違いとは言えないだろう。Capitant, *Réfutation du «Non», op. cit.*, p. 160.

[56] 本格的な検討は他日を期したいが，一点だけ補足しておけば，第四共和制期に執筆された講義録では，民主制が「自律（autonomie）」や「平等（égalité）」といった幾つかの原則に服することが強調されている。カピタンが正統性の源泉は多数者の意思だけでは不十分であると考えていた証左であろう。René Capitant, *Les principes fondamentaux de la démocratie*, 1953, in *Écrits Constitutionnels*, pp. 191-204.

[57] 長谷部は，1962年改正を素材としつつ，仮にこの改正が「原理的に無限定な始原的権力を保有し続けている」人民による憲法制定権力の行使であると捉えるならば，立憲主義の否定につながると批判している。至極正当な批判であるが，1962年改正をこのような無限定な憲法制定権力の行使とは捉えない見方も十分に成立し得るだろう。長谷部恭男「われわれ日本国民は，国会における代表者を通じて行動し，この憲法を確定する」同『憲法の境界』（羽鳥書店，2009年）

とりわけ，彼に直接に師事した樋口は，その業績に理論的関心を刺激されつつも[58]，カピタンの唱える実定法概念や憲法慣習論が「民衆の同意」の名において権力の濫用さえも正当化してしまい，究極的には，近代立憲主義の唱える「憲法」の観念からその存在理由を奪いかねないことを危惧していた[59]。

若干敷衍すれば，樋口においては，ある憲法実践に関する国民の合意が国民投票という形で明示的に示されているとしても，それを制憲者の適式な行為とみなすことにはあくまで慎重でなければならないとの立場がとられている。けだし，憲法慣習の成立要件としてカピタンが挙げる民衆の「承認」や「コンセンサス」とは，「受動的・消極的・追認的性格」を有するに過ぎず，国家権力の暴走を抑止するのに不十分であると評価されるからである[60]。

もちろん，カピタン自身がそのような権力の濫用を容認するはずもないが，樋口がいみじくも指摘するように，それは彼の根底に強力な「リベラリズムと社会正義への情熱」が流れているからであり，そのような「強烈な歯どめ」の存在を踏まえずにカピタン理論を受容してはならないであろう[61]。

そして，本稿の主題たる 1962 年改正についても，樋口は，11 条による憲法改正を「憲法慣習（coutume constitutionnelle）」の観点から正当化しようとするヴデルらの試みに対して，それが第三共和制期にカピタンが唱えた憲法慣習論の系譜を引くものであると捉えた上で，公権力による現状変更が無制約に進んでしまうとの批判を投げかけていた[62]。11 条改正の合憲性を承認することは，本来の改正手続を潜脱する無定形な「裏からの憲法改正」の途を開くことであり，その危険性を看過すべきではないと考えられていたのである。

2 若干の考察

アルジェリア危機の只中にフランス留学を経験した樋口にとって，1962 年改正の必要性は十分に理解可能であったと推測される。しかし，保守政党の強い改

18-20 頁。
58) 樋口陽一「ルネ・カピタン先生の憲法論」同『現代民主主義の憲法思想』（創文社，1977 年）249 頁。
59) 樋口陽一「『憲法慣習』の観念」同・前出注 58) 145-146 頁。
60) 樋口・前出注 58) 254-255 頁。
61) 同上 274 頁。
62) 樋口・前出注 59) 123-132 頁。

憲圧力に曝されていた当時の日本の現状を踏まえれば，樋口がカピタン理論との決別を選んだことも至極当然のことであった。もっとも，半世紀の時を経て改めて 1962 年改正の意義を考えると，なお正当化の余地がないわけではない。以下，一つの思考実験として 11 条改正の可能性について検討しよう。

まず，確かに，第二次世界大戦前のカピタンは憲法慣習論を熱心に擁護していたことから[63]，1962 年改正と後の 1969 年改正にカピタン理論の影響を読み取ることは十分に可能である。とはいえ，カピタンが唱えた憲法慣習論は，第三共和制憲法の持つ保守的性質を克服し，議会制民主主義の発展を正当化するという限定的な目的に仕えるものに過ぎず，他の局面に適用される余地はなかったとも考えられる。

次に，リベラシオン以降のカピタンが自らの唱えたラディカルな憲法慣習論に最早立ち戻らなかったことにも留意する必要がある。そもそも，戦後，カピタンは様々な学術的論稿を残してはいるものの，戦前の自らの論稿を引用することは驚くほど稀であり，憲法慣習論についても状況は同様であった[64]。それゆえ，カピタンが「憲法の精神」に依拠しつつ第五共和制憲法の枠内にとどまる姿勢を見せていたことも踏まえると，1962 年改正を憲法慣習論から正当化することは，少なくとも当時のカピタンの真意からは外れていたのではないだろうか。

もう一つ興味深いのは，国民投票を通じた国民の直接的意思表明について，カピタンと樋口が全く正反対の評価を下していることである。一方で樋口においては，「〔発議権を独占する機関が〕適当な問題を適当な時期に提出すれば国民は常にウイをもって答える」とのヴデルの言を引用しつつ，国民投票に対する根源的な疑念が吐露されていた[65]。他方で，カピタンにとっての国民とは，まさに正しき政治をもたらす存在であった。このことは，1958 年以降の国民投票のプラクティスに対する彼の評価を読めば容易に理解できるだろう。

「一部の人々が主張するのとは異なり，経験上，国民投票は平和をもたらす性質

---

63) René Capitant, *La coutume constitutionnelle*, in *Écrits d'entre-deux-guerres*（1928-1940），2004, pp. 283-295. カピタンの憲法慣習論については，南野森「憲法慣習論から――ルネ・カピタン再読」樋口陽一先生古稀『憲法論集』（創文社，2004 年）664-686 頁も参照。

64) 1962 年以降に執筆された一連の論稿においても，カピタンは「憲法慣習」に言及することを慎重にも避けている。

65) 樋口・前出注 31) 198 頁，同・前出注 18) 130-132 頁。関連して，憲法慣習成立の要件としての「民衆の同意ないし承認」の性質をめぐる小林直樹と樋口との論争が注目に値するであろう。樋口・前出注 59) 144-145 頁。

を有することが明らかとなった。国民投票の助けを借りなければ，世論の力でエヴィアン協定を受諾させることは不可能だっただろう。なぜなら，諸政党が火に油を注いで火事を悪化させ続けたのに対して，国民投票は平和的解決の勝利をもたらしたのだから[66]。」

確かに，一般論としては，国民が権力に盲目的に追随し易い存在であることは否めないし，私的利益を犠牲にする公共精神に富んでいるとも限らないだろう。それゆえ，国民投票があたかも万能な特効薬として機能すると考えるのは楽観的に過ぎるかもしれない。しかし，カピタンにとってのフランス国民とは，共にレジスタンスを闘い抜き，民族自決を掲げてアルジェリア危機を解決へと導いた盟友であり，議会に巣食う共和派よりも遥かに信頼に値する特別な存在であったと考えられる。カピタンの説く直接民主制理論は，このような当時のフランス国民に対する絶対的な信頼の上に成り立っており，その意味で普遍的に妥当するものではないことに留意する必要があるだろう。

3　11条改正の歴史的・政治的必然性

さて，これまで見てきたように，憲法慣習や憲法制定権力といった抽象的で原理的な概念を用いて正当化を試みることは，事案の特殊性に応じた論証を著しく犠牲にするという意味で必ずしも好ましいものではない。代わりに筆者が試みたいのは，より具体的で個別事情を踏まえた論証である。すなわち，憲法が明示的に認める憲法改正手続からどれだけ逸脱することが許されるか，とりわけ，当該手続に看過し難い制度上の欠陥が存在する場合に，この逸脱が正当化される余地があるのではないか，といった点の検討である。

そしてこれは，既存の憲法枠組みを堅持しながらも，その部分的修正によって憲法改正の新たな可能性の途を探ることを意味し，始原的な憲法制定権力があらゆる法的拘束から逃れて一から憲法を創設する，という言説とは一線を画していることを付言しておこう。

このような視点からアプローチを試みると，やはり，憲法改正に関して上院に認められた拒否権の特異性から目を背けてはならないだろう。Ⅱ2で述べたように，社会の保守的な層を過剰に代表していたという意味で，上院は当時の社会の急速な変化から置き去りにされていた。そして，直接公選制の導入が上院の政治

---

66) Capitant, *Oui ou Non?, op. cit.*.

的影響力を大幅に削ぐ効果を有していたことに鑑みると[67]，89条を援用する限りは上院の拒否権により改革が頓挫することは自明の理でもあった。

しかしながら，危機から立ち直ったばかりの当時のフランスにとって，間接公選制の継続は必ずしも最適解ではなかったはずであるし，上院に付随する欠陥を除去するための改革について上院に拒否権を委ねることが妥当か，という改正手続の客観性・公正性に関わる問題も付きまとう。

問題状況をより一般化すれば，憲法改正につき拒否権を有する機関にとって不利となる改正——当該機関の権限や地位を弱体化させる改正等——が提案された場合に，改正手続の原則をなお維持すべきか否か，という問題が想起される。日本国憲法の下では，衆議院の優越の強化や参議院議員の選出方法に関する改正がその例として考えられるが，この場合，仮に①改正の是非を終局的に判定すべきは国民であるとの立場を取った上で，②国民の大多数が当該改正を望むという状況があるのであれば，当該機関の拒否権を無効化するための何らかの解釈論上の手立てが必要になってくる。

このように考えていくと，11条改正の合憲性を承認した上で，11条改正と89条改正の併存を認めることは，一つの国家機関が拒否権を振りかざして改正手続を麻痺させることを防ぐための最良の手段であると結論付けられる。そして，カピタンの言う「憲法の精神」を援用することで，始原的で無限定な憲法制定権力といった超越的な原則に拠ることなく，あくまで第五共和制憲法の枠内にとどまった解釈論であり続けることは十分可能であろう。

もちろん，上述の①について，国民に改正の是非の判断が委ねられるのは，あくまで上下両院の議決を経た場合に限られる，という厳格な解釈を取ることも不可能ではない。しかし，当時のフランスの社会情勢の下では，それは，上院に集う notables らの旧勢力と下院を拠点とするド・ゴール派の新勢力との先鋭的な対決をもたらしかねない解釈であった。そして，幾度か繰り返されたクーデタの歴史が示すように，1958年憲法の革命的な破棄へと行き着き，「凍結」された憲法制定権力に再びの出番を与えた可能性も零とは言えないだろう。

---

[67] 分かり難いところであるが，1962年改正前の選挙制度の下では，上院議員と大統領が実質的に同質の選挙人団によって選出されていたことから，直接公選制の導入は，上院議員の選出母体である選挙人団の政治的影響力の減少をもたらし，ひいては上院それ自体の政治的影響力を削ぐことにつながると考えられるのである。

確かに，立憲主義を標榜する憲法学にとっては，国民の始原的な憲法制定権力の存在は厄介なものであり，それを「凍結」されたものとみなして憲法学の対象から駆逐することは戦略としては正しいのだろう。しかし，そのような憲法制定権力に再度の出番を与えないためには，適切な時期に適切な内容の憲法改正を可能とする仕組みが整っていなければならず，その仕組みを憲法解釈論として構築することも憲法学の使命であるはずである。その一つの素材として，1962年改正をめぐる論争は今日でもなお参照される価値があるのではないだろうか。

VI おわりに

1962年改正から四半世紀経った後，政権の座に就いたミッテランは11条改正の有効性について再考する機会を与えられた[68]。そして，この «Pouvoirs» 誌に掲載されたインタビューでは，ド・ゴールの政治手法に対する辛辣な抗議文である «Le Coup d'État permanent» の著者とは思えない見解が表明されている。

「国民によって承認され，確立された〔11条の〕援用は，今や89条と並ぶ憲法改正の一つになったと考えることができる。但し，この11条改正は，それほど多くない単純な内容の条文を対象として，慎重に用いられなければならない。そうでない場合は，議会における広範な審議で問題状況を明らかにした後にフランス国民の判断を仰ぐ方が望ましいだろう[69]。」

当時のミッテランは，国民投票の対象事項の拡大を内容とする憲法改正を試みたものの，改革が上院の反対にあって失敗に終わったことから，この改説は上院に対する警告とも捉えることができる。もちろん，ミッテランが実際に11条改正に訴えることはなかったが，大統領として国事を司って初めてド・ゴールへの共感を抱くことができたのだろう。

そして，先に紹介したように，カピタンの好敵手であったデュヴェルジェも11条改正を必要悪として承認するに至る[70]。さらに時代が下り，1993年にヴデル委員会が憲法改正案を公表した際には，11条による憲法改正を明示的に禁止することも盛り込まれたが，その代償として，憲法改正に関する上下両院の拒否権を制限することも提案されていたことに注意しなければならない。

---

68) Turpin, *op. cit.*, pp. 125-127, p. 393, Duverger, *Le système politique français, op. cit.*, pp. 335-336, p. 384-385.
69) François Mitterrand, *Sur les institutions*, Pouvoirs, No. 45, 1988, pp. 137-138.
70) Duverger, *Le système politique français, op. cit.*, pp. 275-277.

かくして，カピタンの死後半世紀近く経った今日でも，11条改正はなお「伝家の宝刀」として存続し続けている。これこそ，カピタンの言説が驚くべき先見性と説得力に満ちていた証左ではないのだろうか。

主権免責の「民間化」
―― アメリカ不法行為法の一側面

玉 井 克 哉

　は じ め に
　Ⅰ　主権免責原則の修正
　　　　――タッカー法と連邦不法行為責任法
　Ⅱ　政府調達における特許権侵害
　　　　――タッカー法改正（1918年）とその後
　Ⅲ　公共事業免責
　　　　――イヤースリー判決（1940年）とその後
　Ⅳ　政府契約免責
　　　　――ボイル判決（1988年）とその後
　む す び

　は じ め に

　米国において，中世以来の主権免責（sovereign immunity）法理により，合衆国政府が，その同意がない限り訴訟の被告とならないものとされていることは，広く知られている。合衆国最高裁の1882年の判決によれば，「合衆国に対する訴えは，その同意がない限り，いかなる場合でも不適法である」。その根拠は，エドワード1世に遡る，古き英国の法である。しかし，英国におけるのとは異なり，国王ではなく，ただ立法者のみが主権免責を放棄することができる[1]。
　もっとも，1887年のタッカー法（Tucker Act）と1946年の連邦不法行為責任法（Federal Tort Claims Act; FTCA）によって，議会は，公務員の不法行為について合衆国政府が被告とされることに，一般的な同意を与えた。しかし，つとに指

---

1) United States v. Lee, 106 U.S. 196, 204, 205 (1882).

摘されているように,「合衆国の一般的国家責任はいまだ成立していない」[2]。主権免責原則は依然として生きているのであり, 放棄されたわけではない。それどころか, ただ単に政府の不法行為を免責するだけではなく, 政府に一定の関わりを持った民間事業者にも免責を与える方向で, 近年, ますます重要性を増している。本稿は, そのような, 主権免責法理の「民間化」の諸現象を, 紹介するものである。以下では, 主権免責原則に例外を設けたタッカー法と連邦不法行為責任法の内容を後の行論に必要な限りで簡単に確認したあと, 更にその例外として成長した, 主権免責を民間に拡張する3つの法理について, 順を追って紹介する。

I 主権免責原則の修正
──タッカー法と連邦不法行為責任法

1 タッカー法

1887年の通称「タッカー法」[3]は,「合衆国憲法, 議会制定法, 執行部の規則あるいは契約に基礎を置く」金銭上の請求について, 政府との契約に基づく請求を可能としたものである。直接憲法に基づく請求をも可能としたので, 公用収用 (taking) に対する補償請求権を, 修正第5条に基づいて行使することができることとなった。同法に基づく訴えは連邦請求裁判所 (Court of Federal Claims)[4]の専属管轄であり[5], 他の裁判所に訴えを提起する余地はない[6]。またその控訴審は連邦巡回区控訴裁判所が専属的に管轄し[7], 他の巡回区控訴裁判所に行った控訴は不適法である[8]。したがって, 同控訴裁判所が下した先例拘束力のある判決は, 直ちに合衆国全体を通じる判例となる。

1910年の法改正により, タッカー法は, 特許権または著作権を合衆国政府が

---

2) 宇賀克也「アメリカ国家責任法の分析」同『国家責任法の分析』(1988年) 309頁。
3) Act to provide for the bringing of suits against the Government of the United States, March 3, 1887, Ch. 359, 24 Stats. 505, codified as 28 U.S.C. Pt. IV Ch. 91; §§ 1491-1509.
4) この呼称は1987年以降のものであり, それ以前は単に請求裁判所 (Court of Claims) と称していた。
5) 28 U.S.C. § 1491(a)(1). ただし, 1万ドル以下の請求については, 各地区裁判所と連邦請求裁判所の競合管轄となる。28 U.S.C. § 1346(a)(2). これを「小タッカー法 (Little Tucker Act)」と通称する。
6) Bowen v. Massachusetts, 487 U.S. 879, 910, n. 48 (1988).
7) 小タッカー法に基づく請求について地区裁判所が行った判決に対する控訴も, 租税に関する請求以外は連邦巡回区控訴裁判所が管轄する。28 U.S.C. §§ 1295(a)(2), (3).
8) United States v. Hohri, 482 U.S. 64, 72-75 (1987).

侵害した場合にも,「合理的かつ全面的な補償（reasonable and entire compensation）」が与えられると定めた9)。およそ不法行為（torts）に基づく請求は対象外であったのを10)，特許権と著作権の侵害に限っては，政府に対する請求が可能だとしたわけである。それまでは，ライセンス契約を自発的に合衆国政府が締結すれば権利者はライセンス料を訴求できるのに，単なる権利侵害については何の訴えもできないとのアンバランスがあったが11)，それが解消されたのである。

著作権に関する最近の例では，朝鮮戦争休戦50周年を記念する切手を郵政公社が発行する際，ワシントンDC所在の朝鮮戦争記念彫刻の雪景色を撮った写真を彫刻家の許諾なく使用した，というものがある。それにつき，まず，記念切手への使用がフェアユースだとの抗弁が否定され12)，次いで，(i)実際に郵便に使用された切手への掲載分については補償額がゼロだが，(ii)記念切手の広告などに使われた分については一定料率を課して計算すべきだとされ，さらに(iii)収集家が退蔵するなどして未使用のままで終わると見込まれる分は「ほとんど純粋に利益」だとして，売上高の10%が合理的な補償額だとされた13)。

2 連邦不法行為責任法

政府の不法行為に関して主権免責を放棄する最も一般的な枠組みは，1946年の連邦不法行為責任法である14)。

同法は，合衆国政府の職員が違法な行為によって加えた損害に対して「同様の状況で私人が負うのと同程度の」責任を負うと定める（28 U.S.C. §2674）。反面，職務上の行為に関する限りは（acting within the scope of their employment）政府職

---

9) Act to provide additional protection for owners of patents of the United States, and for other purposes, June 25, 1910, 61 P.L. 305, 36 Stat. 851. Codified as 28 U.S.C. §1498.
10) 本来は不法行為を対象とする構想だったが，上院審議の過程で方針が変わり，明文で除外した。1-2 Jayson & Longstreth, Handling Federal Tort Claims §2.04 (2015).
11) Belknap v. Schild, 161 U.S. 10, 17 (1896).
12) Gaylord v. United States, 595 F. 3d 1364, 1373, 1376 (Fed. Cir. 2010). 2つの作品はともに朝鮮戦争に従軍した兵士を顕彰するとの共通の目的を有するから，フェアユースとして最も重要な性質の変形（transform）の要素を欠くとして，抗弁を容れた連邦請求裁判所の第一審判決を破棄した。
13) Gaylord v. United States, 112 Fed. Cl. 539, 542-43 (2013), aff'd, 777 F. 3d 1363, 1370 (Fed. Cir. 2015). 朝鮮戦争の国立記念碑はほかに存在せず，当該彫刻がほぼ唯一の選択肢だったことから，1割という料率が過大とはいえないとする。(ii)と(iii)に利息分を加え，合計$684,844.94が補償額となった。
14) Federal Tort Claims Act, 28 U.S.C.

員個人は，損害賠償の責めを負わない（28 U.S.C. §2679(b)(1)）。また，請求権を基礎づける不法行為法は州のコモンローであり，請求権の内容は，当該不法行為が行われた地の州法によって定まる[15]。そのためもあって，タッカー法と異なり，同法による請求は各地区裁判所（U.S. district courts）が管轄する（28 U.S.C. §1346(b)(1)）。その上訴審は各地域別の巡回区控訴裁判所であるから，合衆国最高裁が判決を下すまでは，巡回区ごとに判例が異なることがありうる（なお，本稿では，地域別巡回区の控訴裁判所やその判例を「○○巡回区」というように略称することがある）。

このように一般的な性格を有するとはいえ，連邦不法行為責任法も，主権免責原則に例外を設けたものに過ぎない。いくつかの類型について，同法は，例外の例外を設け，主権免責原則に回帰している。その中で重要なのは，裁量的（discretionary）任務の遂行による損害が救済対象から除外されていることである（28 U.S.C. §2680(a)）[16]。その理由を，合衆国最高裁は，社会的，経済的あるいは政治的な考慮に基づく政策判断（policy）に基づいて政治部門が行った決定については，裁判所による後付けの判断代置（second-guessing）が適切でないからだ，と説明する。またその趣旨から，裁量免責に当たるか否かは，任務を遂行する公務員の地位（status）ではなく，遂行される任務の性質と内容によって決まる，とされる[17]。

以上が，主権免責の「民間化」を論ずる前提である。これらの条項がどのように運用されてきたのかが，以下の本稿の課題である。

II 政府調達における特許権侵害
―― タッカー法改正（1918年）とその後

前述の通り，1910年以降，合衆国政府による（by the United States）特許発明と著作物の無許諾での実施・使用については補償が与えられる。しかし，特許権については，1918年の改正により，「合衆国のため（for the United States）」の実

---

15) Miree v. De Kalb County, 433 U.S. 25, 29 (1977), fn. 4. United States v. Muniz, 374 U.S. 150, 153 (1963). 後者は，受刑者が合衆国を訴えるときも州法が適用されるとしたものである。

16) これについて，一般的には，若狭愛子「裁量免責（discretionary function exception）についての一考察――アメリカ連邦不法行為請求権法（Federal Tort Claims Act）の判例より」法学論集（関西大学）51巻6号（2002年）54頁参照。

17) United States v. Varig Airlines, 467 U.S. 797, 813-14 (1984); United States v. Gaubert, 499 U.S. 315, 322-23 (1991).

施もまた，その対象となった[18]（28 U.S.C. § 1498 (a). 著作権については，このような定めは設けられなかった）。そして，当該条文は，さらに次のように定める。

> 本項の目的上，合衆国特許権が対象とし又は記述する発明の実施又は製造であって，契約先（contractor），下請又はいかなる個人，企業，会社がなすとを問わず，合衆国政府のために，その許諾又は同意（authorization or consent）を得て行われるものは，合衆国のための実施又は製造と解するものとする。

この改正は，前年に参戦した第1次大戦に対応したものだった。即ち，対潜哨戒艦の製造を請け負った事業者を相手取ってエンジンに関する特許発明の特許権者が訴えた事件において，合衆国最高裁は，1918年3月，タッカー法の規定は政府自身の特許発明の実施について補償請求を可能としたものに過ぎず，民間の契約先は他人の特許権を侵害することなく契約を履行する義務を負うのであるから，特許権侵害の責めを負うとした[19]。だが，特許権に基づく差止請求や損害賠償請求を私人が自由になしうるとすれば，軍の必要とする艦船が調達できないことがありうる。そうした「深刻な事態」の改善を求める海軍省の意見が議会を動かし，直ちになされた立法によって挿入されたのが「政府のために」との文言だった。したがって，その目的は，補償請求の範囲を拡げることではなく，私企業に対する侵害訴訟を妨げることだった。法改正の趣旨は「政府のために製造する物品については，それが何であれ，特許権侵害によって生ずるいかなる種類の責任からも契約相手を完全に解放する」ことにあり，それによって「戦争遂行に必要とされるものを心置きなく契約先に供給させる」ことだったのである。最高裁は，1928年の判決で，それを認めた[20]。

連邦巡回区控訴裁判所の今日の確定判例は，この規定の趣旨を，次のように整理する。

> 「この条文は，特許権者に，特許発明の無許諾での実施や特許製品の生産に対する損害賠償を合衆国に請求する根拠を（主権免責を放棄して）与えたものである。

---

[18] July 1, 1918, 65 P.L. 182; 40 Stat. 704, 705. 今日の該当条文は，「合衆国特許権が対象とし又は記述する発明が，合衆国によって又は合衆国のために実施され又は製造されているときであって，その保有者の許諾を得ておらず，あるいは実施や製造についての適法な権利（lawful right）を得ていないときは，保有者の救済は，連邦請求裁判所における合衆国に対する訴えによって，当該実施又は製造に対する合理的で全面的な補償を求めることにより，なされるものとする」というものである。

[19] Cramp & Sons v. International Curtis Marine Turbine Company, 246 U.S. 28, 43 (1918).

[20] Richmond Screw Anchor Co. v. United States, 275 U.S. 331, 342-43 (1928).

だがそれと同時に，タッカー法は，同条が適用される場合に，〔特許権〕侵害の
責を問われることから，政府の契約先を擁護するものでもある」（文中の先例引
用省略。強調は筆者）21)。

　即ち，侵害者による特許発明の実施が合衆国政府の「ために」行われている場
合には，特許権者は専ら政府に対して補償金請求を行うべきであり，直接の侵害
を行っている私人や私企業に対する請求権は有しないわけである22)。

　しかも，こうした取扱いの範囲は，連邦巡回区控訴裁判所が2012年に下した
ゾルテック事件での全員法廷判決で，不自然なまでに拡張された。そこでの特許
権者は材料メーカーであり，F-22型ステルス戦闘機の機体に使用された材料が
侵害製品だと主張した。特許発明は2段階に分かれた物の製造方法であり，製造
者であるロッキード・マーチン社は，第1段階を外国（日本）で実施し，第2段
階を米国内で実施していた。そうした事情の下で，同裁判所は，タッカー法の対
象となる特許発明の実施の範囲は，直接侵害に関する特許法の規定（35 U.S.C. §
271(a)）とは別個独立に定まるとし，方法の特許の構成要件の一部を外国で実施
している場合も特許法の解釈とは無関係にタッカー法が適用され，特許権者は合
衆国政府に補償を請求することができるのであるから，合衆国政府「のために」
実施している私企業を別途に訴えることは許されない，とした。そして，政府を
被告とする事件については連邦請求裁判所が専属的に管轄する以上，ロッキー
ド・マーチン社を被告とする訴訟は許されない，としたのである23)。

　この事件で裁判所の解釈は二転三転し，1996年3月の訴え提起から事件の解
決まで，20年近くを要した24)。その途上では，方法の発明について特許請求

---

21)　Astornet Techs., Inc. v. Bae Sys., Inc., 802 F. 3d 1271, 1277 (Fed. Cir. 2015). See also, Crater Corp. v. Lucent Techs., 255 F. 3d 1361, 1364 (Fed. Cir. 2001); Madey v. Duke Univ., 307 F. 3d 1351, 1359 (Fed. Cir. 2002); Advanced Software Design Corp. v. FRB of St. Louis, 583 F. 3d 1371, 1378 (Fed. Cir. 2009).

22)　なお，その効果は管轄欠如による訴え却下（dismissal）をもたらす妨訴抗弁ではなく，請求棄却をもたらす抗弁（affirmative defense）だとされる。Sperry Gyroscope Co. v. Arma Eng'g Co., 271 U.S. 232, 235-36 (1926); Manville Sales Corp. v. Paramount Sys., Inc., 917 F. 2d 544, 554-55 (Fed. Cir. 1990); Toxgon Corp. v. BNFL, Inc., 312 F. 3d 1379, 1381-82 (Fed. Cir. 2002).

23)　Zoltek v. United States, 672 F. 3d 1309 (Fed. Cir. 2012) (en banc in relevant part).

24)　2012年の第2次控訴審判決の後，差戻しを受けた連邦請求裁判所は，2014年3月31日，非自明性欠如などによる特許無効を理由に請求を棄却している。Zoltek v. United States, 2014 U.S. Claims LEXIS 126, *66 (Fed. Cl. Mar. 31, 2014). その後の経緯は不明であるが，その直前，日本企業（東レ）による同社の買収が完了している。Toray, Indus. Inc., *Toray Completes Purchase of Zoltek Shares*, http://www.toray.com/news/manage/nr140303.html (last visited Feb. 23 2016).

(クレーム)の一部が外国で実施されている場合にはタッカー法が適用されず、通常の特許権侵害と同様、特許法の規定に従って私人間の訴訟で事件を解決すべきだ、との解釈が採用されたこともあった[25]。タッカー法には「外国において生じたいかなる請求（any claim arising in a foreign country）にも適用されない」とした規定があるので（28 U.S.C. § 1498(c)）、そうした解釈の方が、むしろ素直だったともいえる[26]。だが、結局、裁判所は、タッカー法の規定の対象を拡張し、その対象が特許法の規定とは別個に定まるとの解釈を採用した上で[27]、政府の調達先である私企業が特許権侵害訴訟の被告とならないようにする解釈を選択したのである[28]。そうした一見無理な解釈も、1928 年の最高裁判決が述べたような、政府の調達を請け負う私企業を特許権侵害訴訟の脅威から護るという 1918 年法改正の趣旨を、貫徹させるものであった。

また、米国の判例は、政府の「許諾又は同意」という要件も、非常に拡張的に解している。まず、許諾や同意は形式を問わず広く認めるべきだとされ[29]、政府との契約によって明らかに許容されている場合に限らず[30]、政府との契約成立前に入札（bidding）のために実施することも含むとされる[31]。

最近の判決では、〈特許発明の実施が合衆国政府にとって必要な場合には、私人に対する特許権侵害訴訟が障害となってはならない〉との考え方が、いっそう

---

[25] 2006 年の第 1 次控訴審判決は、タッカー法の当該条項の対象は特許法上の直接侵害（35 U.S.C. § 271(a)）に限られる、としていた。Zoltek v. United States, 442 F. 3d 1345, 1349-50 (Fed. Cir. 2006).

[26] 特許法の解釈に関しては、NTP, Inc. v. Research in Motion, Ltd., 418 F. 3d 1282, 1316 (Fed. Cir. 2005).

[27] タッカー法の適用される場合に特許法が適用されないという点に関しては、数多くの先例がある。See, Motorola, Inc. v. United States, 729 F. 2d 765, 768 (Fed. Cir. 1984), fn. 3.

[28] 第 1 次控訴審判決による差戻しを受けた連邦請求裁判所は、同判決に拘束されていたためタッカー法に基づく請求が成立する余地がないと判断し、そうである以上は同裁判所に管轄がなく、ロッキード・マーチン社のみを被告とする訴訟を追行すべきだとして、事件をジョージア北部地区連邦地裁に移送すべきだとしていた。Zoltek v. United States, 85 Fed. Cl. 409, 413, 418, 421 (2009). 再度の控訴を受けた連邦巡回区控訴裁判所は、第 1 次控訴審判決についての先例変更の手続を執った上、この第 2 次第一審判決を覆して 2 度目の差戻しを行い、連邦請求裁判所で本案審理を遂げるよう、改めて命じた。

[29] Hughes Aircraft Co. v. United States, 534 F. 2d 889, 901 (Ct. Cl. 1976).

[30] Sevenson Envtl. Servs. v. Shaw Envtl., Inc., 477 F. 3d 1361, 1366-67 (Fed. Cir. 2007), distinguishing, Carrier Corp. v. United States, 534 F. 2d 244, 247-49 (Ct. Cl. 1976)（空軍基地の塵芥処理業者が特許権を侵害する塵芥圧縮機を使用したとして政府を訴えた事例。塵芥処理契約で侵害品の使用を明示的に禁止していたから「許諾又は同意」を欠くとする）。

[31] TVI Energy Corp. v. Blane, 806 F. 2d 1057, 1060 (Fed. Cir. 1986).

明瞭である。それがよく表れているのが，コンピュータ・チップを埋め込んだIDカードに関する特許発明の権利者が外国航空会社（日本航空）を訴えたケースである。チップを埋め込んだパスポートを用いて乗客のチェックを行うことは，航空会社にとって，法律上要求された義務である。したがって政府の「許諾又は同意」があることは明らかだとしつつ，判決はまず，それだけでは足りない，という。政府「のために」なされたというためには，政府が「偶然的な便益」を得ているだけでは足りず，その政策を推進するのでなければならない。だが，「本件のように，政府が私人に対して準政府的な機能を果たすよう求めているときは，そうした行為が『政府のために』なされたものであることは，疑いを容れない」。航空会社は，私企業ではあるが，出入国を管理するという政府の任務を補助しているのだからである[32]。公共目的で政府に協力する企業は，特許権者による訴訟の脅威を受けることなく，事業に専念できるというわけである。

同様の考え方は，小切手の真偽をチェックするためのシステムについて，財務省が直接の契約当事者となっていなくとも，規格の策定に関与し試験研究に参加していれば，許諾と同意があるとした判決にも表れている[33]。また，合衆国運輸安全局（Transportation Security Agency; TSA）が空港で使用する搭乗券のスキャニング・システムを納入した事業者に対して特許権者が訴えを提起した事例では，裁判所は，政府が（by the government）実施している場合には「許諾又は同意」の有無を審理するまでもなく訴えが不適法だとした[34]。

このように，米国においては，合衆国政府の委託を受けた事業者は，他者の特許権に拘泥することなく発明を実施することができる。たとえその際に特許権を侵害したとしても，その成否は専ら特許権者と合衆国政府の間で争われ，納入企業そのものは免責を受けることとなる。逆に，特許権者の側から見れば，権利主張は専ら合衆国政府に対する金銭補償請求に限られ，たとえ私企業相互間の特許権侵害であっても，本来ならば当然であるような，差止めや逸失利益の賠償を求めることはできない[35]。しかも，ゾルテック判決の下では，タッカー法が適用

---

32) IRIS Corp. v. Japan Airlines Corp., 769 F. 3d 1359, 1363 (Fed. Cir. 2014).
33) Advanced Software Design Co. v. Fed. Reserve Bank of St. Louis, 583 F. 3d at 1376-77. 当事者が連邦準備銀行と民間事業者のみであり，特許権侵害については事業者が責任を負う旨の保証条項がついていたとしても，「許諾又は同意」があったとしてよい，とする。
34) Astornet Techs., Inc. v. BAE Sys., Inc., 802 F. 3d 1271, 1278 (Fed. Cir. 2015).
35) 侵害製品の一部が合衆国政府に納入されているときは，それを控除した分について逸失利益

される場合には，特許法に基づく救済が全面的に封じられることになる。

Ⅲ　公共事業免責
――イヤースリー判決（1940年）とその後

　合衆国政府の推進する公共政策が特許権によって妨げられてはならないとして主権免責原則を活用したのが1918年のタッカー法改正であったとすれば，1940年のイヤースリー事件最高裁判決は，同様の趣旨を，合衆国政府の推進する公共事業に推し及ぼしたものであった。

　事案は，ミズーリ川岸での堤防建設と河道付替えに関わる。工事そのもののほかそれに伴う汽船の運航による波浪によって土地が浸食され，草地が壊滅するなどしたとして，川沿いの地主が，工事担当事業者に損害賠償を請求した。これに対し，合衆国最高裁は，その事業は合衆国議会が法律によって許容し推進しているのであるから，事業を実施した民間事業者は，責任を負わないとした。損害賠償責任を生ずるのは，「その委任の範囲を超えるか，有効な授権がなされていないかの，いずれかの場合に限られる」。そうした場合，私人たる事業者に対する訴訟によって救済を求めることはできず，公用収用に準じて「正当な補償」を合衆国政府に対して求めるほかはない，というのである[36]。

　その理由を，最高裁は，「このような原則は，特許権者の許諾なく合衆国政府が特許発明を実施する場合に補償を与える条文として〔1910年に〕結実した」と説き起こしている。そして，最高裁の判決がその適用範囲を限定し，政府自身が特許発明を実施する場合のみだとしたために，「議会は立法を行い，政府が完全な補償を与えることとして，『いかなるものであるかを問わず，政府のために生産を行う場合には，特許権侵害の責から』契約先を解放することとしたのである」。

　かくして，特許権についてタッカー法修正という議会制定法の形で採られた方針は，公共工事についても同様に，しかし判例法という形で採られることになったのであった。そして，イヤースリー判決は連邦不法行為責任法制定以前のもの

　　等を計算することになる。Finjan, Inc. v. Secure Computing Corp., 626 F. 3d 1197, 1208-09 (Fed. Cir. 2010).

　36)　Yearsley v. W. A. Ross Constr. Co., 309 U.S. 18, 21-22 (1940), mentioning Tucker Act of June 25, 1910, c. 423, 36 Stat. 851. そのような請求は請求裁判所の専属管轄に属するとする。

であったが，同法制定後も，合衆国の主権免責を民間事業者に拡張する法理として生き残った。たとえば，第9巡回区控訴裁判所は，1963年という比較的早い段階で，道路建設工事に関して請負事業者を被告とする訴訟が不適法だとした[37]。また1985年の第5巡回区控訴裁判所判決は，訓練中の州兵が乗務していた軍用トラックが橋梁から転落した事故に関して製造者を訴えた事件で，イヤースリー判決により「主権免責拡張 (derivative sovereign immunity)」の法理が認められるとした[38]。最近の判決でも，運河の浚渫工事がハリケーン「カトリーナ」による被害を拡大させる原因となったなどとして住民が事業者を訴えた事件で，イヤースリー事件を先例として繰り返し引用した上，事案が極めて類似するとして，第5巡回区は，訴えを却下している[39]。大規模な公共事業については，同判決の法理が，契約先を免責する法理として今日でも通用している。

　イヤースリー判決は古い事件で事実関係に不明瞭なところがあり，説示も不充分であるため，適用範囲に疑問の余地がある。たとえば，第9巡回区はコモンロー上の代理 (agency) 関係のあることが主権免責拡張法理の適用される前提だといい[40]，第5巡回区は，それは不要だとする[41]。またとりわけ，第11巡回区は，今日まで，その適用に消極的である[42]。しかし，政府の手足となって公共事業を推進する者を訴訟の脅威から免除する主権免責拡張法理を，根本的に否定する先例はない[43]。この法理それ自体は，既にアメリカ不法行為法に定着したとい

---

37) Myers v. United States, 323 F. 2d 580, 583 (9th Cir. 1963). 政府に対する訴えは管轄違いであるから連邦請求裁判所に移送すべきだとする。

38) Bynum v. FMC Corp., 770 F. 2d 556, 564 (5th Cir. 1985). ただし，派生的主権免責理論ではなく，連邦政府固有の利益 (uniquely federal interests) に基づく政府契約免責法理を適用して，具体的事案を解決した。Id. at 574-77.

39) Ackerson v. Bean Dredging LLC, 589 F. 3d 196, 206-207 (5th Cir. 2009). 32の事業者を被告とするクラス・アクションである。当初は合衆国政府も被告とされていたが，法律上要求された不服申立前置を履践していないとの理由で第一審が訴えを却下し，控訴の対象となっていない。Id. at 203.

40) それだけでなく，事業者に一切の裁量がなく，専ら政府の設計に従った場合に限るという。Cabalce v. Thomas E. Blanchard & Assocs., 797 F. 3d 720 (9th Cir. 2015) See also, Metzgar v. KBR, Inc. (In re KBR, Inc.), 744 F. 3d 326, 345 (4th Cir. 2014), cert. den'd, 135 S. Ct. 1153 (Jan. 20, 2015), fn. 8.

41) Ackerson v. Bean Dredging, 589 F. 3d at 205-06.

42) McMahon v. Presidential Airways, Inc., 502 F. 3d 1331, 1343-46 (11th Cir. 2007). See also, Gomez v. Campbell-Ewald Co., 768 F. 3d 871, 879-80 (9th Cir. 2014), cert. granted, 135 S. Ct. 2311 (May 18, 2015). 〔脱稿後，この上告審に係るCampbell-Ewald Co. v. Gomez, 136 S. Ct. 663 (Jan. 20, 2016) に接した。幸い，本稿の記述を基本的に変更する必要はない。See, id. fn. 7.〕

43) 最近の第6巡回区控訴裁判所判決は，従前の取扱いに疑問を呈しつつも，先例として通用す

える。

　他方で，拡張の動きもある。第4巡回区は，イヤースリー判決を指して「合衆国との雇用関係の枠内で行動する契約事業者やエージェントが拡張された主権免責を有することは，確立した判例法である」としてきた[44]。これを踏まえ，2014年の判決は，「合衆国がアフガニスタンで2001年に，そしてイラクで2003年に軍事活動を開始してから，その任務を私的な契約先に託す度合いは，『前例なき水準』に達した。戦地で軍人に随行する契約先の従業員の数が軍人の数を上回ることも，珍しくない。当裁判所を含む裁判所にとって，そうした契約相手をどう取り扱うかは，1つの課題である。従前の法的枠組みは，政府の職員を訴訟から保護するものではあっても，私的な契約先は時としてそうでなかったからである」と説き起こしている[45]。そして，同裁判所にとって，イヤースリー判決以降の主権免責拡張法理こそ，それに応える道具立てであった。

　そこでの対象は，政府に代わって戦闘行為を行う，いわゆる傭兵ではない。傭兵を送り込む事業者であれば，イヤースリー事件における護岸事業者と同様な立場にあることが，誰の目にも明らかだっただろう。そこで問題となったのは，兵站業務であった。基地における廃棄物処理などを請け負った事業者に主権免責拡張法理が適用されるべきだとして，第4巡回区はいう[46]。「政府に雇われた者が任務遂行の結果として訴訟を恐れねばならないとすれば，『保証がないための〔行動の〕萎縮』が起こりかねない」。事件で問題となったのは，派兵先での大量の塵芥を分類せず，しかも防護措置抜きに焼却したため起こった健康障害であり，原告たる元従業員の主張によれば，「トラック，タイヤ，ゴム，バッテリー，発泡スチロール，金属，石油，化学物質，医療廃棄物，生体有害物質（biohazard materials），遺体，アスベスト，大量の飲料水用プラスチック・ボトル」を無差別に焼却したため有毒物質を含む煙が発生し，癌を含む各種の急性・慢性障害を

　　　　ることは認めている。Adkisson v. Jacobs Eng'g Grp., Inc., 790 F. 3d 641, 646 (6th Cir. 2015).
44)　Butters v. Vance Int'l, Inc., 225 F. 3d 462, 466 (4th Cir. 2000). サウジアラビアの王族の警護を請け負った企業による昇進拒否が男女の差別的取扱いを禁じたカリフォルニア州法に反するとして女性の元従業員が訴えた事件。イヤースリー事件で認められた主権免責の拡張が外国主権者についても認められるとする。被告は，昇進拒否がサウジアラビア当局の要求に基づくものだったと主張していた。
45)　Metzgar, 744 F. 3d at 331.
46)　Id. at 343. 軍との契約条件に違反していなかったかどうかを審理する必要があるとして，訴えを却下した第一審判決を破棄差戻し。

惹起したのであった。契約先に対する訴えが不適法だとして却下した第一審判決を，第4巡回区は破棄した。だがその理由は，契約先が授権の範囲内で行動していたか否かが，明確でないということであった。「契約先が政府から有効に授権されていれば免責されるとすることで，イヤースリー準則は，『保証がないための〔行動の〕萎縮』を防止する」[47]ために，適用されるのである。即ち，たとえその種の健康被害が現実に惹起されたとしても，それが軍当局の指示や授権によるものだったとすれば，事業者の行為は免責される。その場合，主権免責を享受する政府の立場が，事業者に拡張される。政府が必要とするサービスを，その委託の趣旨に沿って提供していれば，事業者は，後日訴えられる虞がない。たとえそれが重篤な健康障害をもたらすものであっても，そうである。政府による保証があるので，「萎縮」する必要がない。それが，主権免責拡張法理の今日的意味である。護岸工事のような公共事業のみならず，戦争活動における民間委託において，この古い法理は，新たな活動の舞台を得たわけである。

Ⅳ 政府契約免責
―― ボイル判決（1988年）とその後

1 軍需契約にかかる民間企業の免責

1988年の合衆国最高裁のボイル判決は，1940年のイヤースリー判決に依拠しつつ，連邦不法行為責任法との関係で，さらに新たな法理を開拓した。

事案は，海兵隊のヘリコプター墜落事故に関わる。1983年4月，ヴァジニア沖でシコルスキー社製シースタリオン型（CH-53D）ヘリコプターが墜落した。副操縦士は墜落そのものに際しては生き残ったが，脱出することができず，溺死した。その父である相続人は，①事故そのものが自動操縦システムの不具合によるものであり，②また溺死の結果は脱出ハッチのデザインの誤りまたは補修の不備によるものであって，そのいずれであっても，ヴァジニア州法に基づき製造者は損害賠償の責めを負う，と主張した。陪審評決に基づき，第一審は72万ドル余りの支払いを被告に命じた。しかし控訴審は，当時一般化しつつあった政府契

---

47) *Id.* at 332, 344, quoting Filarsky v. Delia, 132 S. Ct. 1657, 1665 (2012). Filarsky は，一時的に政府に雇用された弁護士について常勤雇用の公務員と同様の免責（42 U.S.C. § 1983）が認められるとしたものであり，「保証がないための萎縮」というのは，もともと Richardson v. McKnight, 521 U.S. 399, 408, 409 (1997) からの引用である。

約免責法理によりこれを破棄した。①については政府契約免責法理の適用があり，また②についても海軍の指示に基づく補修がなされたのであれば，ヴァジニア州法によってやはり製造者は免責される，とする。上告を受けた最高裁は，軍用品調達契約が担う「連邦固有の（uniquely federal）」利害を強調して控訴審判決を破棄し，改めて，次のような準則に基づいて審理を遂げるよう，事件を差し戻した。

　「軍需用品の設計の欠陥（design defect）について，(1) 一定の詳細な製品仕様（reasonably precise specifications）を合衆国政府が是認し，(2) 製品がその仕様を遵守して製造され，かつ(3) それを使用する際の危険性について，政府が知らず製造者が知るものについて製造者が政府に警告していたときは，製造者は，州法に基づく〔不法行為法上の〕責任を負わない」[48]。

　かくして，合衆国最高裁の判例によれば，多くの軍用調達品について納入事業者が責任を負うのは，製品仕様を満たさなかった場合や，当局者の知らない危険性について知っており，かつそれを黙っていた場合に限られる。前記(1)‐(3)が成り立つ場合には，製造物責任も過失責任も負わない。

　この判決以前も，控訴審判決のように，イヤースリー判決とは別個独立に「政府契約者の抗弁（government contractor defense）」[49]や「軍需契約者の抗弁（military contractor defense）」[50]を認める判決はあった。そこでも，製造者は，一般不法行為責任（negligence）を負わないだけでなく，製造物などについての厳格責任（strict liability）も負わない，とされていた。だが，製造物責任に関しては製造地法によるとするなど，いずれかの州法を適用するというのが，一般的であった[51]。また，その根拠も，抗弁の成立する範囲も，巡回区ごとにまちまちだった[52]。たとえば第3巡回区控訴裁判所は，「(a)政府が製品の仕様を決定した場合

---

48) Boyle v. United Techs. Corp., 487 U.S. 500, 512 (1988). このような判断は米軍の運用に限らず，たとえば連邦準備銀行が発動した個別企業の救済措置についても適用される。See, Starr International Co. v. Federal Reserve Bank of N.Y., 742 F. 3d 37, 41-42 (2d Cir. 2014).
49) E.g., Tozer v. LTV Corp., 792 F. 2d 403, 407-08 (4th Cir. 1986).
50) Shaw v. Grumman Aerospace Corp., 778 F. 2d 736, 743 (11th Cir. 1985).
51) *In re* Air Crash Disaster at Mannheim, 769 F. 2d 115, 120, fn. 7, 8, 121 (3rd Cir. 1985). チヌークC型（CH-47C）ヘリコプターのマンハイム（ドイツ）での墜落事件に関し，製造地たるペンシルヴェニアの法が適用されるとする。その上で，たとえ製造者が仕様の策定に関与している場合でも，政府が一定の審査をした上で仕様を決定した場合には政府契約免責法理が適用されるとして，製造者であるボーイング社は責任を負わないとした。
52) たとえばShaw判決は，権力分立原則の下で司法権が軍事的判断に関して自己抑制せねばならないことを根拠とし，仕様の策定にほとんど参加しなかったことを要件としていた。Shaw, 778 F. 2d at 743, 746.

であって，(b)製造者がその仕様を遵守しており，かつ(c)契約先〔である製造者〕と同程度あるいはそれ以上に政府が当該製品の危険性を認識しているとき」というのを，一般的な準則としていた[53]。合衆国最高裁のボイル判決は，「連邦の政策方針や利害関心と州法の運用の間で『看過できない摩擦 (significant conflict)』が生ずるような特別な場合」には州法を適用せず「連邦コモンロー」を適用すべきだとしたこと[54]，またその上で法理の根拠を明らかにし，かつ判断基準を統一したところに，大きな意義があった。

ボイル判決の根拠は，連邦不法行為責任法における，裁量免責条項である。政府調達の場面で州法を適用すると，連邦の利害との間で「重大な齟齬」が起こりかねないことがある。最高裁は，裁量免責条項が，それを避けるための規定であるとする。即ち，軍用調達品を適切にデザインし仕様を定めることは紛れもなく当局の裁量に属する。そしてそれは，技術的・軍事的・社会的な要因の比較衡量を要するのであり，その中には，安全性と軍事的な効率性の二律背反関係も含まれる。それゆえ，軍用品の仕様について政府は責任を負わないとされている。そして，そのようにして決まった仕様通りに製作した民間事業者の責任を問うことは，間接的に政府の責任を問うことと等しい。最高裁は，次のようにいう。

「州の不法行為法を契約先〔の行為〕に適用することで〔裁判所が〕『判断代置 (second-guessing)』を行うことは，まさに当該条項が避けようとした当のそのことを，もたらすことになる。判決によって契約先が〔損害賠償債務等を負うこととなり，その結果〕経済的負担を負うこととなれば，たとえその全部ではなくとも本質的な部分が，究極的には合衆国自身の負担に帰せられることとなるであろう。なぜなら，防衛契約先は，政府に命じられた仕様通りに製作することで負担させられる潜在的な責任をカバーするため，あるいはそのリスクを回避するため，その価格を上げるに違いないからである」（文中引用略）[55]。

要するに，調達品の仕様が裁量免責の対象となっている以上，その免責を契約先の民間事業者に拡張しないと立法目的を達しないのであり，それを避けるためには，州法の適用を排除し，事業者に絶対的な免責を与える統一的な準則を設け

---

53) *In re* Air Crash Disaster at Mannheim, 769 F. 2d at 122-23. 納入先の陸軍が仕様の充足性を審査しているだけでなく，仕様の策定に当たって過去の事故事例に照らしたボーイング社の提案を一蹴するなど，危険性についての認識が優に「同程度以上」だったことも認定している。*Id.* at 124-25.

54) Boyle v. United Techs. Corp., 487 U.S. at 504, 507.

55) *Id.* at 511-12.

る必要がある,というわけである。一般に,これを「政府契約免責（government contractor defense)」と呼ぶ[56]。

ボイル判決の政府契約免責法理は,F-16戦闘機の墜落事故に関して死亡した操縦士の遺族が提起していた係属中の訴訟に,直ちに適用された。即ち,第一審は製造者の責任を認めた陪審評決に従って損害賠償を認めていたが,第11巡回区控訴裁判所はその後に下されたボイル判決に従ってそれを破棄し,請求棄却の判決を下した[57]。その後,戦闘機,輸送機,練習機やヘリコプターの墜落による搭乗員の死亡事故のほか[58],装備品に不具合があったと主張された事例[59],墜落事故では一命を取り留めたが事故4日後の二輪車運転中に意識を失って事故を起こしたことが後遺症によると元空軍パイロットが主張した事例[60],練習機の墜落で教官たる操縦士が死亡した事例[61],迫撃砲弾の暴発により兵員が死傷した事例[62]等々,その後の適用例は極めて多い。またその射程は,物品のデザインの瑕疵のみならず,補修やメンテナンス・サービスの瑕疵にも及ぶ[63]。脱

---

56) 公共事業免責法理との異同については, Chesney v. Tenn. Valley Authority, 782 F. Supp. 2d 570, 577-82 (E. D. Tenn. 2011) が詳しい。
57) Harduvel v. General Dynamics Corp., 878 F. 2d 1311, 1322 (11th Cir. 1989) (Lewis F. Powell, Jr., Associate J., U.S. Sup. Ct., retired, sitting by designation). 他方, Smith v. Xerox Corp., 866 F. 2d 135, 136-37 (5th Cir. 1989) は,対戦車砲シミュレーターの暴発事故につき,従前の第5巡回区の判例の下でなされた原告敗訴の判決がボイル判決の下でも維持できるとして控訴を棄却した。
58) Harduvel, 878 F. 2d at 1320 は F-16 戦闘機, Kerstetter v. Pacific Sci. Co., 210 F. 3d 431, 439 (5th Cir. 2000) は T-34C 海軍練習機, In re Air Disaster v. Lockeed Corp., 81 F. 3d 570, 574-76 (5th Cir. 1996) は C-5A ギャラクシー空軍輸送機, また Landgraf v. McDonnell Douglas Helicopter Co., 993 F. 2d 558, 564 (6th Cir. 1993); Getz v. Boeing Co., 654 F. 3d 852 (9th Cir. 2011) はヘリコプターの墜落事故に関わる。
59) Kleemann v. McDonnell Douglas Corp., 890 F. 2d 698, 700-03 (4th Cir. 1989). 空母艦載機 F/A-18 の墜落事故に着艦ギアに不具合があったとの主張。Tate v. Boeing Helicopters, 55 F. 3d 1150, 1154-55 (6th Cir. 1995). チヌーク C 型（CH-47D) ヘリの墜落事故に際して固定用フックに不具合があったとの主張。Oliver v. Oshkosh Truck Corp., 96 F. 3d 992, 998-99 (7th Cir. 1996). 軍用トラックの爆発事故に際して燃料タンク等に不具合があったとの主張。いずれも,軍と事業者が緊密な意見交換の上で仕様を決定していればボイル判決の第1要件を満たすとする。
60) Maguire v. Hughes Aircraft Corp., 912 F. 2d 67, 72-73 (3rd Cir. 1990). 軍の関与がゴム印 (rubber stamp) だった場合にはボイル事件の射程外になるとする。Id. at 71-72, citing In re Air Crash Disaster at Mannheim, 769 F. 2d at 122.
61) Brinson v. Raytheon Co., 571 F. 3d 1348, 1356-58 (11th Cir. 2009). 設計を事業者側が主導していても差し支えないとする。
62) Rodriguez v. Lockheed Martin Corp., 627 F. 3d 1259, 1266 (9th Cir. 2010). 政府契約法理は主権免責ではなく抗弁であるから,ボイル判決の要件を満たすかどうかは事実審理の上で決める必要があるとした。
63) Snell v. Bell Helicopter Textron, 107 F. 3d 744, 749 (9th Cir. 1997). ヘリコプター墜落事故。脱

874

出装置の不具合⁶⁴⁾やヘリコプターの整備不良⁶⁵⁾についても，政府との契約に従った補修や検査を行った事業者は，免責の対象となる。そして，これに対し，ボイル判決の3要件を満たさないとされた例は，わずかである⁶⁶⁾。

2 非戦闘員への適用

対象は，戦闘員だけではない。公共事業免責と異なり，この法理は，政府の契約先を一般的に免責する。即ち，政府が指示して決めた契約条件を遵守した事業者に，そのことによって第三者から責任を問われるリスクを免除するのである。その第三者には，従業員も含む。即ち，軍にサービスを提供した事業者が従業員に対して一般的に負う義務についても，政府との間で締結された契約を遵守したのであれば，免責の対象となる。たとえば，海軍艦船のタービンの補修を請け負った事業者の元従業員がアスベストへの曝露により中皮腫に罹患したと主張した事件では，裁判所は，アスベストの使用が海軍の指示によるものだったと認定し，請求を棄却した⁶⁷⁾。もちろん，ボイル判決の要件を満たさない場合は，単なる私人間の訴訟であるから，通常の州法が適用される⁶⁸⁾。海軍艦船の補修を請け負った事業者の下で永年勤務した溶接工が，マンガンを含有する溶接ガスに常時

デザインのみならず製造工程についてもボイル事件の射程に入るとしつつ，事実審理の必要があるとして第一審の陪審抜き判決を破棄。

64) Lewis v. Babcock Indus., Inc., 985 F. 2d 83, 89-90 (2d Cir. 1993). 不具合による重傷。脱出時にケーブルが絡まる事故の可能性を軍が認識しながら同じ仕様のケーブルを発注した事案。

65) Hudgens v. Bell Helicopters/Textron, 328 F. 3d 1329 (11th Cir. 2003). 尾部回転翼の亀裂により回転翼が離脱し，ヘリコプターが墜落して死亡を惹起した事故。

66) Trevino v. General Dynamics Corp., 865 F. 2d 1474, 1486-87 (5th Cir. 1989) は，潜水艦のダイビング房室につき，設計が事業者に任されており政府は「ゴム印」を捺したに過ぎないから第1要件を満たさないとし，Densberger v. United Techs. Corp., 297 F. 3d 66 (2nd Cir. 2002) は，一定の天候条件下でのヘリコプター墜落の危険性を告げなかったことが第3要件を充足しないとして，いずれも製造者が責任を負うとした。

67) Ruppel v. CBS Corp., 701 F. 3d 1176, 1181 (7th Cir. 2012).

68) In re Joint E. & S. Dist. N.Y. Asbestos Litig., 897 F. 2d 626, 631-32 (2nd Cir. 1990) は，第2次大戦中に海軍艦船の補修を請け負った業者がアスベスト作業の危険性を従業員に警告しなかったことを理由に訴えられた事件で，そのような警告を行わないよう海軍から指示されていたのであれば格別，そうでなければ州の一般不法行為法上の警告義務から事業者は免責されないとした。政府が自ら警告しないのは裁量免責の対象だが，事業者が免責されるには警告しないことが政府との契約上の義務になっていることを要する，とした。また，Wilde v. Huntington Ingalls, Inc., 616 Fed. Appx. 710, 715-17 (5th Cir. 2015) も，連邦海事委員会の委託で製作された船舶につき，アスベスト使用についての政府の指示を事業者が証明しないからボイル判決の第1要件を満たさないとした。

曝され，マンガン起因性パーキンソン病に罹患したとして事業者を訴えた事件では，危険性についての警告（の欠如）が政府の指示によるとの立証がないとして，第5巡回区は，州法による請求を認めた[69]。

最も大きな話題となったのは，ベトナム戦争における枯葉剤「エージェント・オレンジ（Agent Orange）」散布作戦による健康被害に関わる訴訟である。周知の通り，枯葉剤は有毒物質であるダイオキシンを濃厚に含有し，それに曝露することは，肝臓癌，リンパ腫，骨髄腫等々の癌の原因となる。それに関して，まず，枯葉剤作戦に従事した退役軍人が提起した訴訟においては，第2巡回区が，極めて長期にわたる訴訟の末に，大量のダイオキシンを含有させることは政府の決定であり，政府は安全だと認識していたから他の成分に切り替えることは考えられず，また事業者は健康への影響を懸念はしていたが，調達仕様の決定当時には政府の決定に影響するような知識は有していなかったとして，請求を棄却した[70]。また，民間人が製造事業者たる化学品メーカー7社を訴えた事件で，第5巡回区は，枯葉剤にダイオキシンを含有させることは政府の明確な指示だったとして，請求を棄却した。調査すればダイオキシンの危険性が判明したはずだとの主張に対しても，ボイル判決の第3要件は民間事業者が現に知っていた危険性を警告することを要求しているが，単に知るべきだったことを警告することまでは要求していないとして，一蹴した[71]。軍人も民間人も，法的には無補償とされたのである。

アスベストにせよダイオキシンにせよ，危険物質を軍が使用する場合，従軍する軍人や政府職員のみならず，協力する事業者の従業員も，危険にさらされることになる。だがそうした危険が政府の裁量免責に属する限り，その要求を遵守した契約先たる民間事業者にも免責が拡張され，その従業員も，一切の賠償請求の途を絶たれるわけである。

さらに，政府の活動がもたらす危険が政府職員や民間従事者だけでなく一般市

---

69) Jowers v. Lincoln Elec. Co., 617 F. 3d 346, 352-55 (5th Cir. 2010). 損害賠償の数額に関する認定については原判決を破棄したが，政府契約法理の不適用については維持した。なお，Katrina Canal Breaches Litig. Steering Comm. v. Wash. Group Int'l, Inc., 620 F. 3d 455, 461-65 (5th Cir. 2010) は，事業者の工事がハリケーン「カトリーナ」の被害を増大させたとの主張につき，軍の委託の内容が十分に詳細でなかったとして，第1要件を充足しないとした。
70) *In re* "Agent Orange" Prod. Liab. Litig., 517 F. 3d 76, 91-92, 94-95, 99-102 (2d Cir. 2008), cert. den'd, Stephenson v. Dow Chem. Co., 555 U.S. 1218 (2009).
71) Miller v. Diamond Shamrock Co., 275 F. 3d 414, 419-22 (5th Cir. 2001).

民に及ぶ場合も，政府契約免責法理は適用される。たとえば，軍用機の墜落事故に地上で巻き込まれた私人にも，この法理は適用される。現に，整備不良によりF/A-18戦闘機が墜落した事故に関わる訴訟でも適用された[72]。整備不良の民間機が墜落すれば過失責任や製造物責任を問うのが通常であるが，軍用機の場合，整備方針が軍の裁量で定まっていれば裁量免責が適用されて政府の責任は問えず，その方針に従った整備を行った民間事業者の責任も政府契約免責の対象となるわけであって，死亡した者とその遺族は，純粋に「死に損」となってしまうわけである[73]。

3　民生契約への適用

政府契約免責法理の射程は，軍事に限られるかどうか。第9巡回区は，一貫してそれを肯定する[74]。たしかに，「技術を極限まで進歩させることで国防という最重要の任務を果たすよう政府は努めるべきなのであるから，通常の消費者向け製品での限界線を超えてリスクを取ることになる」というのがボイル判決の趣旨なのだとすると[75]，そうした限定にも，一理あるといえよう。

しかしながら，ボイル判決の理由づけは，軍用製品に限らず，連邦不法行為責任法における裁量免責が適用されるような政府調達品一般に通用するものである。ミサイルの冷却ユニットにはその法理が適用されるのに[76]大型の郵便仕分機には適用されないというのは，背理である[77]。第3巡回区はこれを認め，政府契約免責法理は非軍事の契約にも適用されるとし，救急車の製造物責任に関して，

---

72) Emory v. McDonnell Douglas Corp., 148 F. 3d 347 (4th Cir. 1998). ただし，合衆国政府が和解金80万ドルを支払っている。

73) 特別法があれば別である。Hanford Nuclear Reservation Litig. v. E. I. DuPont de Nemours & Co., 534 F. 3d 986, 1000-02 (9th Cir. 2008) は，核廃棄物を処理する事業者の住民などへの責任を特別法が定めているのは，ボイル法理を適用しない趣旨であるとした。

74) Nielsen v. George Diamond Vogel Paint Co., 892 F. 2d 1450, 1452-55 (9th Cir. 1990); In re Hawaii Federal Asbestos Cases, 960 F. 2d 806, 810-12 (9th Cir. 1992); Cabalce v. Thomas E. Blanchard & Assocs., 797 F. 3d 720, 731 (9th Cir. 2015).

75) Harduvel v. General Dynamics Corp., 878 F. 2d 1311 at 1316.

76) Stout v. Borg-Warner Corp., 933 F. 2d 331, 336-37 (5th Cir. 1991). ホーク・ミサイルの整備用の冷却器に手を挟まれ，4本の指全部と親指の半分を切断した事故につき，被害者が「不合理に危険」な設計だったと主張したが，軍の指示は単なる「ゴム印」ではなかったとして，政府契約法理により事業者が免責されるとする。

77) Andrew v. Unisys Corp., 936 F. Supp. 821, 829-30 (W. D. Okla. 1996) は，郵便仕分機によりストレス性障害を被ったとして郵便局員が製造物責任を主張した訴訟で，政府契約法理を適用して請求を棄却した。

乗務中に交通事故に遭った医療技術者からの訴えにも政府契約免責法理を適用するとした[78]。第2巡回区も，連邦不法行為責任法と同様の趣旨で裁量免責条項を有する連邦災害救助法の免責規定を拡張して，連邦政府の当局が監督している場合には，災害救助活動における民間事業者に類似の免責が認められると判示した[79]。第6巡回区の最近の判決も，軍事に限られないとの解釈に分がある（at least plausible）としている[80]。

また，ボイル判決以前の各巡回区控訴裁判所の判決には，政府契約免責法理の適用対象が軍事に限られないと明言したものが見られる。たとえば第11巡回区は，民間事業者に政府契約免責法理を適用しないのは「非論理的だ」と断じて，ブルセラ症ワクチンの過誤による接種事故について製造業者に厳格責任を追及することはできないとしていた[81]。また第7巡回区は，合衆国政府の推進したインフルエンザ予防接種プログラムのためにワクチンを供給した製薬会社について，政府契約免責法理により免責されるとしていた[82]。

この問題についての合衆国最高裁の判例は，まだ出ていない。しかし，傍論ではあるが，近年の判決では，政府契約免責の民間事業者への適用を示唆している[83]。地区裁判所のレベルになると，第9巡回区を除けば，民生分野においても政府契約免責法理の適用があるとするのが一般的である[84]。このように見て

---

78) Carley v. Wheeled Coach, 991 F. 2d 1117, 1119-23 (3d Cir. 1993). その上で，第3要件の充足の有無を審理させるため第一審に差し戻した。Id. at 1126-27.
79) McCue v. City of New York (In re World Trade Ctr. Disaster Site, Litig.), 521 F. 3d 169, 197 (2d Cir. 2008). 世界貿易センターへの9.11テロ攻撃後に救助活動に当たった民間人や警察官・消防隊員の訴訟。
80) Bennett v. MIS Corp., 607 F. 3d 1076, 1090 (6th Cir. 2010).
81) Burgess v. Colorado Serum Co., 772 F. 2d 844, 846 (11th Cir. 1985), citing Yearsley. ただし，ボイル判決後の同巡回区は，「軍需契約法理」の呼称を用いている。Brinson v. Raytheon Co., 571 F. 3d 1348, 1351. なお，Glassco v. Miller Equip. Co., 966 F. 2d 641, 643-44 (11th Cir. 1999) は，竜巻で損傷した樹木の補修作業に従事していた森林作業員が革製安全ベルトの不具合による転落事故に遭い重傷を受けたとしてメーカーを訴えた訴訟で，当該安全ベルトはかつて被告が陸軍に納入した制式品であり，それを中古ショップで購入した原告に対しても政府契約の抗弁が成立するとした。
82) Boruski v. United States, 803 F. 2d 1421, 1430 (7th Cir. 1986).
83) Corr. Serv. Corp. v. Malesko, 534 U.S. 61, 74 fn. 6 (2001).
84) [4th Cir.] Richland-Lexington Airport Dist. v. Atlas Props., Inc., 854 F. Supp. 400, 421 (D.S.C. 1994)：汚染残土処理事業。処理業者に対する請求を棄却；[5th Cir.] La. United Bus. Ass'n Cas. Ins. Co. v. J & J Maint., Inc., 2015 U.S. Dist. LEXIS 129589, **11-15 (W.D. La. Sept. 24, 2015)：不動産再開発事業；[6th. Cir.] Caldwell v. Morpho Detection, Inc., 2013 U.S. Dist. LEXIS 17930, **9-14 (E.D. Mo. Feb. 11, 2013)：空港の荷物検査機についての運輸安全局職員の訴え。ボイル判

みると，米国法の実情としては，政府契約法理は一般的なものであり，その射程は軍事に限られないということができる。

むすび

　以上のように，合衆国政府が有する主権免責は，政府と一定の関係に立った民間企業にも拡張される。即ち，まず，先端技術に関する特許発明が，まさに先端技術なるがゆえに他の企業に無許諾で実施された場合であっても，それが政府に納入する物品やサービスに使われていた場合は，特許権を侵害した私企業に対して権利を行使することができず，政府を相手取って補償金を請求するほかはない（タッカー法改正法）。また，政府が推進する公共事業によって財産権が損なわれたり健康障害が生じたりした場合であっても，まさに政府が推進したというその理由により，政府のみならず民間事業者もまた免責され，被害者がその被害のことごとくを甘受せねばならないことがある（イヤースリー判決以降の公共事業免責法理）。さらに，政府と契約した民間事業者が政府の指定した通りに任務を遂行した場合も，生命や健康への加害を含めて，一切を免責される。その場合，一般的には政府にも裁量免責が与えられるので，死亡したり障害を負ったりした被害者は，泣き寝入りするほかはない（ボイル判決以降の政府契約免責法理）。合衆国の国家責任は「未だに」成立していないというよりは，民間の責任をも解除する方向で，独自の発展を続けているのである。

　これら諸法理の帰結は，ステルス戦闘機の機体材料に関する発明から収益を得るのを困難にし，大量の塵芥を焼却して有毒ガスを発生させた行為を免責し，ヘリコプターや航空機が墜落した事故で地上の民間人犠牲者に泣き寝入りを余儀なくさせる，少なくともその可能性を与えるということである。そのような事態を容認できる法的感覚の由来は浅学な筆者には想像し難いところであるが，ともあれ，それが米国法の冷酷な現実である。むろん，司法的救済の及ばない免責の範囲を拡張するのが「大いなる損失」だということは，合衆国最高裁も，自覚している[85]。それにもかかわらず，時に華々しい人権判例によって世の注視を浴び

　　決の第1要件を欠くとした。[11th Cir.] Gadsden Indus. Park, LLC v. United States, 2015 U.S. Dist. LEXIS 66878, **17-18 (N.D. Ala. May 22, 2015).

　85) Westfall v. Erwin, 484 U.S. 292, 295 (1988), superseded by statute on other grounds, Pub. L. No. 100-694, 102 Stat. 4563 (1988).

る合衆国最高裁自身が主導して，本稿の描いたような発展がなされてきた。このことにわずかでも注意が向けられるとすれば，本稿の目的は，達せられたことになる。

　良くわかっている，既に知っているつもりの事柄に曇りのない目で接すれば，いままで見えていなかった景色が見えることがある。新たに見えた光景を世に伝える，そのために刻苦勉励する，それが学問である。それが，小早川教授から教えていただいた，最も重要なことだったように思う。未だに行政法学の周辺をさまよう未熟な学徒の習作に過ぎないものであるが，古稀をお祝いして，本稿を奉呈する次第である。

　［追記］　本稿は，2016年1月10日までに公表された判例と文献を基礎にしている。紙幅の都合上，注記は最小限に留めた。

議会の財政・金融権限と名誉革命

中 里　実

はじめに
I　名誉革命の経緯
　　──宗教対立とウィリアム3世の即位
II　財政軍事国家
III　財政と金融の憲法上の位置付けの差異

はじめに

　私達はとかく財政と金融を切り離して考えがちであるが，両者の間には密接な関係が存在するのではないか，その点について考えるには歴史を辿る必要があるのではないか，この問題意識こそが本稿を執筆した動機である[1]。

　そもそも，国家の財政と金融の密接な結びつきについて歴史的に考えてみようと思ったのは，昔，司馬遼太郎『街道をゆく23　南蛮のみちII』を読んでいた時のことであった。その中で，著者は，大航海時代のスペインが，アメリカ大陸等で収奪した富を母国に送金して貴族が華麗な生活を送り，さらなる収奪のための軍事費を国際金融業者からの借金でまかなうようになり，やがてフェリペ2世は何度も自らの債務の支払延期を行ったという事実を述べている[2]。

　これに対して，イングランドは，スペインやフランスと対照的に，オランダで発展させられた金融技術を駆使した財政と金融の一体的運用により，スペインを

---

[1]　中里実「憲法上の借用概念と通貨発行権──憲法が前提とする憲法外の法概念・法制度」高橋和之先生古稀『現代立憲主義の諸相上巻』(2013年) 641-671頁，参照。
[2]　司馬・同書21頁。実際に，フェリペ2世が4度も債務支払延期に陥っているという点については，cf. Mauricio Drelichman and Hans-Joachim Voth, The Sustainable Debts of Philip II: A Reconstruction of Spain's Fiscal Position, 1560-1598, CEPR Discussion Paper No. DP6611, SSRN, December 2007 (http://ssrn.com/abstract=1140540).

駆逐，やがてフランスに勝利して植民地戦争の覇者となる。以下では，このようなイングランドの状況について，名誉革命における財政と金融の融合と整備との関連で検討する。法律学は，政治史・制度史にかたよりがちであるが，経済の面からみたらどうなるかがここでの関心事である。

すなわち，通常の政治史的分析から離れて，経済や財政や金融の観点から名誉革命を見るとどうなるかという視点から，それを現代国家の財政や金融の基礎をつくった革命として位置付けるのが，本稿の目的である。なお，本稿は，新制度派経済学による名誉革命の分析について紹介した，中里実「制度の効率性と租税」[3]を，歴史的観点から補充するものである。

I 名誉革命の経緯
── 宗教対立とウィリアム3世の即位

清教徒革命後，大陸に亡命していたチャールズ2世は，1660年の王政復古後，議会と和解し国教会やピューリタンを容認することを期待されていたにもかかわらず，逆にカトリックを前面に出し絶対王制の復活を図ろうとした。これに対して，議会は，非国教徒を公職から排除する審査法（Test Act, 1673）や，不法逮捕等を禁ずる人身保護法（Habeas Corpus Act, 1679）等を制定して抵抗した。

前王のチャールズ1世が断頭台で処刑された原因の一つとして，議会の財政権限を軽視したこともあり，チャールズ2世は財政に関して慎重であった。王が課税・賦役等に関する封建的特権を差し出す代わりに，議会は，関税・間接税その他から生ずる収入を王に認めた結果，封建的特権を失ったチャールズ2世は，議会の同意なしに課税できないこととなった。このように，王政復古の行われた1660年から，議会は，チャールズ2世に対して，海外貿易と一定の国内消費に対して恒久的に課税することを認めたほか，必要な場合には土地に対する臨時の課税を議会が承認することを認めたが，これらの租税は，議会の議決を得たものであったために，従来の封建的公課ほどには不人気ではなかった。そのために，チャールズ2世は一定の税収を上げることに成功した[4]。

しかし，1685年にチャールズ2世の弟でカトリックのジェームズ2世が即位すると，彼は，審査法を無視してカトリックを要職に任命する等，専制を行った。

---

[3] 論究ジュリスト10号（2014年）84-91頁。
[4] Cf. John Miller, The Glorious Revolution, 2nd ed., Chapter 8, 1997.

その後,ジェームズに男児が生まれ(1688年),その子をカトリックとして養育するに至って,議会が動き,ジェームズ2世の娘のメアリーの夫である,オランダ総督のオレンジ公ウィリアムを呼び寄せた。ウィリアムは軍隊を率いてイングランドに上陸,ジェームズ2世はフランスに亡命した。1689年,議会は,ウィリアム3世とメアリー2世を共同の王として推戴し,2人は,「権利の宣言(Declaration of Rights)」を議会に提出して,議会の意思を優先することを宣言,議会の承認を得て即位した。

議会は,この「権利の宣言」に法的拘束力をもたせるために,「臣民の権利ならびに自由を宣言し,王位継承を定める法律(An Act Declaring the Rights and Liberties of the Subject and Settling the Succession of the Crown)」を1689年12月に制定した。これが,「権利章典(Bill of Rights)」である。

この名誉革命の政治的インパクトは,清教徒革命と王政復古以降のカトリックとプロテスタントの壮絶な宗教対立の中で,ジェームズ2世を追放し,ウィリアム3世とメアリー2世の2人を共同の王に推戴することにより,議会に終局的な権力があることを示したという点にある。実際,商業資本を背景として対外政策重視のWhig党と,地主階級を背景に国内の治安重視のTory党という対立はあったが,重商主義の下に国民国家を形成するという点で議会の果たした役割は大きかった[5]。

他方,名誉革命の経済的インパクトは,国王を,商人国家の名目的ヘッドであるかのように位置付けた点にあるのではなかろうか。その結果,弱体な王権と強大な議会支配の結びつきによる財産権の保障を通じて経済発展の基礎がつくられた。ここでは,それ以上に注目したいのが,財政と金融の議会による支配を通じて国家活動のための効率的な資金調達が可能になった点である。これがすなわち,次のⅡで述べる財政軍事国家の成立である。

Ⅱ 財政軍事国家

1 財政軍事国家の成立と対外戦争勝利

封建時代の王や領主は,それぞれの私的収入を用いて支出をまかなっていたが,

---

5) 名誉革命時のTory党とWhig党については,イギリス議会のホームページがわかりやすい。http://www.parliament.uk/about/living-heritage/evolutionofparliament/parliamentaryauthority/revolution/overview/whigstories/

1600年代の絶対主義の時代になって，戦争や植民地経営などの国家全体のための王の支出が増大し，深刻な財政赤字が生じた。この問題を解決したのが，名誉革命後の財政・金融制度である。名誉革命により成立した，財政制度と金融制度が結びついて対外戦争のための効率的軍事費調達を可能にした国家体制は，歴史学において，「財政軍事国家（Fiscal Military State）」と呼ばれている。John Brewerにより提唱された概念である[6]。

　Brewerによれば，人口も経済力もイギリス（彼は，Englishではなく，Britishという言葉を用いている）の4倍もあったフランスとの戦争に，17世紀末からイギリスが勝ち続けたのは，名誉革命によりもたらされたイギリスの財政・金融制度のためであるという。Brewerは，特に，イギリスの近代的な官僚制に依拠する徴税機構が効率的で，重い租税を課すことが可能であった点を強調する。すなわち，フランスのように徴税請負人に依存しない，集権化された近代的官僚制に基づく比較的公平な徴税メカニズムの下，納税者の代表で構成された議会の定めた租税法律が執行されたという点が重要だというのである。

　法的な観点から見た場合においても，租税制度との関係において，市民革命の中でも特に重要なのがイングランドの名誉革命[7]である。すなわち，1689年の権利章典の中には，以下のような，租税法律主義の定めが置かれ[8]，名誉革命後のイングランドの財政は厳格な議会の監視の下におかれることになる。

　　"……levying money for or to the use of the Crown by pretence of prerogative, without grant of Parliament, for longer time, or in other manner than the same is or shall be granted, is illegal……"

　他方，租税制度とともに，名誉革命後のイングランドの国力拡大の元となったのが，後の3で述べるオランダからもたらされた新しい金融技術を用いた金融制度である。端的には，議会により将来税収を原資とする償還の保証された国債の発行による低利の資金調達が可能であったこと，及び，様々な人間が出資したイングランド銀行から政府への貸付が行われたことが，イングランドの軍事力拡

---

6) John Brewer, The Sinews of Power: War Money and the English State, 1688-1783, 1988. この概念については様々な分析が行われているが，詳しくは2以下で論ずる。

7) Mark Dincecco, Political Transformations and Public Finances: Europe, 1650-1913, 2011; Alan D. Morrison and William J. Wilhelm, Jr., Investment Banking: Institutions, Politics, and Law, pp. 37-63, 2007, 参照。

8) http://avalon.law.yale.edu/17th_century/england.asp

大の元となった[9]。このように,名誉革命については,国家の財政と金融が密接な関係を保つかたちで,その後の国家秩序が形成された点が重要である。

租税法律主義と同様に重要なのが,国の債務は議会の関与の下においてのみ認められるとする憲法上の原則である[10]が,これは,名誉革命において,課税が議会の支配に服するとされた際に認められた原則なのではないかと推測される。将来の税収を担保とするかたちで,国債の償還を(課税を決める)議会が事実上保証することにより,国債が信頼されるかたちで発行されるようになり,財政と金融は密接な関係にたつことになった[11]。

2 財政・金融と対外戦争

名誉革命においては,国家の財政と金融が密接な関係を保つかたちで組織化され,そのシステムに従って,その後の国家秩序が形成された点が重要である。現在のような財政金融秩序が真の意味で成立したのは名誉革命においてである。それ故に,名誉革命の世界史的な意義は,現在にまで至る財政金融秩序の基本を作り出した点にあるといえよう。

権利章典(Bill of Rights)[12]においては重要な原則がいくつか採用されたが,その一つが,前述の,議会の同意なしに課税はできないという,真の意味の租税法律主義である。議会の同意の下に行われる消費課税や土地課税を通じて,イングランド王の戦費調達は容易であった。のみならず,名誉革命後,国の支出に対する議会の強い関与が行われるようになった[13]。また,その関連で,国の借入に

---

9) すなわち,マルクス主義の立場に立って「帝国主義」という用語を用いるある研究(Patrick O'Brien, Imperialism and the Rise and Decline of the British Economy, 1688-1989, New Left Review, No. 238, pp. 48-80, 1999; Patrick O'Brien, Mercantilism and Imperialism in the Rise and Decline of the Dutch and British Economies, De Economist, vol. 148, pp. 469-501, 2000.)は,イングランドの政府は,戦費を短期で借り入れ,それを長期の国債に借り換えていったとして,長期国債への借換が可能だったのは,政府の税収への信用があったからであるという。彼は,数々の戦争の戦費調達のために,名誉革命以降,租税負担は次第に重いものになっていったと述べている。
10) 日本国憲法には,国庫債務負担行為について国会の承認を要求する85条がある。
11) Cf. Dincecco, supra note 7, at pp. 4-5.
12) 権利章典については,cf. English Bill of Rights 1689, An Act Declaring the Rights and Liberties of the Subject and Settling the Succession of the Crown (http://avalon.law.yale.edu/17th_century/england.asp).
13) 権利章典にはこの点に関する直接の定めはないが,例えば,イギリス王室のホームページには,名誉革命について,"Parliament tightened control over the King's expenditure; the financial settlement reached with William and Mary deliberately made them dependent upon Parlia-

ついては税収を担保にするということが法律により規定された[14]り，イングランド銀行が設立されたりした。租税法においては，通常は，租税法律主義のみが強調されるが，国の借金に関する議会の関与の意味も大きい。議会が課税も借入も，どちらもコントロールするということになると，議会が直接に国債を発行するわけではないが，議会の管理支配の下に国債が発行されることになる。このような国債は，議会が権限をもつ課税権から生ずる将来の税収を当て込んで償還することができる[15]。これは，名誉革命以降，イングランドの国債を買った者は，議会の力により将来税収でもってその国債の償還がなされるという約束の下に，安心してイングランド国債を買うことができるということを意味する。国債が，王の個人的負債としてではなく，課税権を有する議会の関与の下に国の借入として発行されるので，信用が高かったのである[16]。その結果，イングランド国債のデフォルトのリスクは著しく低くなり，イングランドは，低金利で資金調達することができるようになったところに大きな意味があった[17]。

より具体的には，名誉革命後，対フランス戦争の費用調達に苦しんでいた政府は特定の税の将来税収を担保とする借入（国債発行）を行うこととなり，1692年

---

ment, as one Member of Parliament said, 'when princes have not needed money they have not needed us'." との記述がある（http://www.royal.gov.uk/HistoryoftheMonarchy/KingsandQueens oftheUnitedKingdom/TheStuarts/MaryIIWilliamIIIandTheActofSettlement/MaryIIWilliamIII. aspx）。

14) 税収を担保とする借入等について，佐藤芳彦「名誉革命後イングランド議会における予算の審議過程（I）――対フランス戦争と『軍事歳出予算』及び『1年間援助金譲与法』導入を中心に」アルテス リベラレス第82号（2008年）43-67頁，44頁参照。

15) Karin Knorr Cetina and Alex Preda eds., The Oxford Handbook of the Sociology of Finance, p. 494 は，"According to North and Weingast (1989), sovereign borrowers can more credibly commit to repay their loans when they share political power with those from whom they borrow. By sharing power with parliament after the Glorious Revolution of 1689, British monarchs found it easier to borrow because national debts were "backed" by parliament." と述べて，Douglass C. North and Barry R. Weingast, Constitutions and Commitment: The Evolution of Institutions Governing Public Choice in Seventeenth-Century England, The Journal of Economic History, vol. 49, pp. 803-832, 1989 を引用している。

16) このような国王の私的借金から国の借金への移行について，富田俊基『国債の歴史』（2006年），参照。すなわち，同書は，王が議会に税源と債務を引き渡したと推測している。いずれにせよ，信用力のある国債は，強い徴税権を有する国家のみが発行できるものであるといえよう。なお，租税と国債の結びつきについては，イタリア都市国家とオランダの都市国家で個別税収を引き当てに借金した例がある。

17) Cf. Institutional economics, Glorious revolutions and their discontents, The Economist, December 4th 2013 (http://www.economist.com/blogs/freeexchange/2013/12/institutional-economics).

に国債発行に関する法律が議会を通過した。これにより法律に基づいて議会の保証が付与された国家の債務である国債が発行されるようになった。また，対フランス戦争の費用調達に苦しんでいた政府を財政的に支援するため，民間から出資を募りその全額を国庫に貸し上げる等のために，1694 年に出資者達が設立したのがイングランド銀行[18]である。イングランド銀行は，出資者から募った資金を政府に貸し付けて，それ（貸付という資産）を引き当てに銀行券を発行した。

このように，イングランドが，新大陸での植民地競争においてスペインやフランスと戦うための資金は，議会がコントロールしているところの租税制度により，あるいは，議会がコントロールしているところのイングランド国債の発行により得られる。このシステムの下，イングランドは，植民地競争において必要な資金をきわめて効率的に調達できるようになったのである[19]。このように，イングランドで生まれた（真の意味の）租税法律主義は，金融に対する議会のコントロールと不可分一体のものであり，大陸法における法治国原理の延長線上のものとは多少異なり，あくまでも財政・金融を統合した議会支配の原理の表現であった。そして，日本国憲法 84 条や 85 条を見ると，そのような理念は，日本国憲法における財政の章にも受け継がれているといってよい。

これに対して，フランス等は，資金調達の効率化においてイングランドに後れを取った。その結果，新大陸における軍事競争に有利となったイングランドに植民地競争で敗北した。すなわち，City を支配している金融資本が覇権を確立し，商人達から戦争を請け負った王が軍隊を送って戦うというかたちになり，商人達が軍事も支配するようになったということで，財政軍事国家と呼ばれているのであろう。

3 歴史的背景としての金融技術の発展

財政軍事国家成立の背景には，議会主導の下での租税法律主義の成立や私的財

---

[18] Cf. Thomas Fortune, A Concise and Authentic History of the Bank of England: with Dissertations on Metals and Coin, Bank Notes and Bills of Exchange, to Which is Added, Their Charter, 3rd ed., 1802; Joseph Hume Francis, History of the Bank of England: A Comprehensive Account of of Its Origin, 1888; Richard D. Richards, The Early History of Banking in England（Rle Banking and Finance), 2012.

[19] その私的金融に及ぼした影響について，cf. Stephen Quinn, The Glorious Revolution's Effect on English Private Finance: A Microhistory, 1680-1705, The Journal of Economic History, Vol. 61, No. 3, pp. 593-615, 2001.

産権保護の貫徹とともに，金融技術の進展が重要な意味を有していた[20]。名誉革命を資金面から支えた金融制度の整備は，オランダ[21]において進展していた金融技術の導入によりなされた[22]。名誉革命以後のイングランドにおける，国債の利用やイングランド銀行による政府貸付をはじめとする金融制度の発展については，それ自体がきわめて重要でまた興味深いテーマである[23]。

　前述のように，金融制度は租税制度と密接な関連を有する。日本国憲法の下においても，85条において「国費を支出し，又は国が債務を負担するには，国会の議決に基くことを必要とする。」として，国の借金については国会の議決が必要であるとされている。これは，結局，国の借金は将来の税収により返済しなければならない点から，租税法律主義の延長であると考えられる。

　なお，イングランドの金融革命について，イギリス議会（Parliament）のホームページにおいて記述がある[24]点は注目される。興味深いものなので，以下に引用しておくこととする。

---

20) 金融技術の歴史的進展については，cf. William N. Goetzmann and K. Geert Rouwenhorst eds., The Origins of Value: The Financial Innovations that Created Modern Capital Markets, 2005.

21) 当時のオランダにおける経済発展については，cf. Jan de Vries and Ad van der Woude, The First Modern Success, failure and perseverance of the Dutch economy, 1500-1815, 1997; Jan de Vries and Ad van der Woude, Nederland 1500-1815: de eerste ronde van moderne economische groei, 1995; John Leslie Price, Dutch Society: 1588-1713, 2014.

22) 名誉革命の背景としてのオランダの金融制度の発達については，cf. W. Fritschy, A 'Financial Revolution' Reconsidered: Public Finance in Holland during the Dutch Revolt, 1568-1648, The Economic History Review, New Series, Vol. 56, No. 1, pp. 57-89, 2003; Oscar Gelderblom and Joost Jonker, Completing a Financial Revolution: The Finance of the Dutch East India Trade and the Rise of the Amsterdam Capital Market, 1595-1612, The Journal of Economic History, Vol. 64, No. 3, pp. 641-672, 2004; James D. Tracy, A Financial Revolution in the Habsburg Netherlands: *Renten* and *Renteniers* in the County of Holland, 1515-1565, 1985; Charles P. Kindleberger, A Financial History of Western Europe, 2015; Henry G. Roseveare, The Financial Revolution 1660-1750, 2014.

23) 金融革命（financial revolution）という表現を最初に用いた，イングランドの金融革命に関する重要な業績が，P. G. M. Dickson, The Financial Revolution in England: A Study in the Development of Public Credit, 1688-1756, 1968である。また，同様に，Bruce G. Carruthers, City of Capital: Politics and Markets in the English Financial Revolution, 1996と，Carl Wennerlind, Casualties of Credit: The English Financial Revolution, 1620-1720, 2011も，イングランドの金融革命についてのきわめて重要な業績である。他方，ヨーロッパにおける金融革命全般については，J. H. Munro, Rentes and the European 'Financial Revolution' in: Gerard Caprio ed., Handbook of Key Global Financial Markets, Institutions, and Infrastructure, Vol. 1, Chapter 23（pp. 235-249），2013が簡潔でわかりやすい。

24) http://www.parliament.uk/about/living-heritage/evolutionofparliament/parliamentaryauthority/revolution/overview/financialrevolution/

・「金融革命（The Financial Revolution）
　1689年の5月に，議会は，新しい国王であるウィリアム3世の希望に従い，フランスに宣戦布告した。その後，5年間の休戦期間を除く25年間にわたり，イングランドは，海峡を挟んだその隣国と長期にわたる費用のかかる戦争に従事した。この戦争の終わりの時期には，イングランドは，ヨーロッパの指導的勢力となり，議会は，王の財政に関する監督権限を増大させた結果としてより強力な機関となった。」
・「戦費の調達
　下院は，15世紀から租税財政関連法案（supply Bills）を発議する権限を有していたが，ウィリアム3世とその後継者アンが，戦争遂行に必要な金を得るために継続的に議会を会期中にしておかなければならないようにすべく，下院は，慎重に，王を資金不足の状態に置いた。当初は550万ポンドだった経費は，終いには850万ポンドにまで増加した。戦争の間，王の大臣と官僚は，多くは下院に席を置く者であったが，革新的な課税を開発する。それらは，負担は重かったが，議会の同意に基づいて課されるという点で公衆により正当なものであると考えられた結果として，円滑に支払が行われた。このことにより，平均して年に500万ポンドもの税収が上がった。」
・「公会計検査委員会
　1690年に，下院は，王が収入をどのようにつかっているかを調査するために，公会計検査委員会（Commission of Public Accounts）を設け，その租税財政関連法案（supply Bill）の中に，上げられた収入が特定の目的のためにどのように用いられるかを指示すべく，支出配賦（appropriations）を入れることを開始した。このような収入に関する議会の支配の増大は，1694年に法律により創設されたイングランド銀行の成功を保証するのに役立った。なぜなら，そのことにより，イングランド銀行は，その政府への貸付が，貸付返済を目的として配賦された議会による課税を通じて返済されることを確信することができたからである。」
・「王室歳費（Civil List）
　このいわゆる金融革命（Financial Revolution）の一部として，王権と議会の間の関係を根本的に変えたのは，1698年の王室歳費の創設である。これにより，政府の運営と王立の組織を運営する費用として年に70万ポンドの収入を，議会が王に認めるようになる。この時点から，王は，その日常の運営の費用に関して議会の監督に服するようになったのである。」

　ここでは，金融についてこれ以上ふれる余裕がない。詳しくはBruce G. Carruthers, City of Capital: Politics and Markets in the English Financial Revolution, 1996（前出注23））に委ねたい。また，支出配賦（appropriations）についても，

さらに研究を続けたい。

4 財政軍事国家の成立をめぐる考え方

イングランドにおける名誉革命後の財政軍事国家の成立をめぐっては，Dickson の金融重視説と，Brewer の課税重視説が対立している。

財政軍事国家成立の理由を，名誉革命によるイングランドの金融革命としたのが Dickson である[25]。「金融革命（Financial Revolution）」という表現を最初に用いた Dickson は，18 世紀以降のイングランドの覇権確立の要因を，名誉革命によりもたらされた金融革命であると説いた。1968 年のことである。この時代には，まだ，財政軍事国家という用語は提唱されていなかったが，後の 2009 年に発刊された彼のための記念論文集で，Storrs は Dickson の業績を財政軍事国家との関連で位置付けている[26]。

これに対して，名誉革命後のイングランドの覇権確立の要因を，名誉革命後の重い課税を要因として分析し，財政軍事国家という概念を提唱したのが，前述の Brewer である[27]。すなわち，Brewer の課税重視説は，議会の同意の下に納税者の納得を得たかなり重い課税が，徴税請負人に依存せず中央集権的な官僚制度により徴税された結果として，効率的に税収を得ることができた点を重視する。

この点は，いずれが正しいかという問題ではなく，別稿で論じた新制度派経済学の分析[28]のように，要は両方の要素が組み合わさった結果であると考えるのが妥当なところであろう。また，名誉革命後のイングランドの経済発展に対して与えた財政の影響についての計量的な分析も最近現れており，注目される[29]。この財政軍事国家という概念は，ヨーロッパ諸国の世界的覇権確立の要因として有用なものであるためか，ヨーロッパ各国・各地域における財政軍事国家の成立

---

25) Dickson, supra note 23.
26) Christopher Storrs, Introduction: The Fiscal Military State in the 'Long' Eighteenth Century, in Christopher Storrs ed., The Fiscal Military State in Eighteenth-Century Europe: Essays in honor of P. G. M. Dickson, pp. 1-22, 2009.
27) Brewer, supra note 6.
28) 金融制度と財政制度が効率的に仕組まれたイングランドにおいて経済発展が達成されたという新制度派経済学の経済史的な分析があり，これが 1993 年にノーベル経済学賞を取ったダグラス・ノースの考え方である。詳しくは，中里実「制度の効率性と租税」（前出注3）84-91 頁，参照。
29) Dincecco, supra note 7.

と発展に関する注目すべき業績も現れている[30]。

　実際のところ，明治時代後期（特に，日露戦争期）における日本を財政軍事国家の枠組みで分析することも不可能ではないかもしれない[31]。すなわち，明治維新による様々な改革の結果，財政制度，金融制度，市場経済メカニズム等が整備され[32]，憲法その他の法制度も確立されていたからこそ，日露戦争の際のロンドンにおける外債発行による戦費調達がどうにか可能であったという議論は不可能ではない。日本の特色は，むしろ，その後の無理な戦費調達により財政軍事国家が短期間しか機能しなかったという点にあるといえるかもしれない。

　実際に，財政権と戦争の間にはきわめて密接な関係がある。議会と戦争と財政の関係については，BanksとRaven-Hansenが興味深い考察を行っている[33]。すなわち，彼らは，まず，イングランドにおける財政権を用いた議会による軍隊の監督（parliamentary control of the army by the power of the purse）について，アメリカ連邦憲法の起草者は，軍事に関する議会の財政権を評価し，それを，国防上の配賦権限について定める際に利用した（they endorsed the parliamentary power of the purse in military affairs and borrowed heavily from it in framing the national security appropriation power.）と述べ[34]，イングランドの歴史においては，少なくとも13世紀から，議会統治，財政権，そして王の軍事権が密接に結びついていた（From at least as early as the thirteenth century, parliamentary government, the power of the purse, and royal military power were bound together in English history.）と述べ

---

30) Richard Bonney, The Rise of the Fiscal State in Europe c. 1200-1815, 1999. なお，アメリカにおける大統領の戦費調達に関する，John Yoo, Crisis and Command: A History of Executive Power from George Washington to the Present, 2011 も，金銭的バックアップの観点から大統領権限を分析した興味深い業績である。また，cf. Victoria Tin-bor Hui, War and State Formation in Ancient China and Early Modern Europe, p. 125, 2005.
31) もっとも，例えば地租改正は，地方に集積された富を産業発展を目的として製鉄業等に集中的に投資することを可能にしたという研究もあるので，明治時代を単に軍事の観点のみから語るわけにはいかない。Cf. Henry Rosovsky, Capital Formation in Japan, 1961; Ohkawa Kazushi and Henry Rosovsky, The Role of Agriculture in Modern Japanese Economic Development, Economic Development and Cultural Change, vol. 9 no. 1 Part II, pp. 43-68, 1960.
32) 大日本帝国憲法においてかなりの数の財政（大日本帝国憲法では「会計」）に関する定めが置かれていた点は，起草者が国家における財政の重要性を正確に認識していた何よりの証といえよう。
33) William C. Banks and Peter Raven-Hansen, National Security Law and the Power of the Purse, 1994. なお，アメリカにおける裁判所の財政権限について，cf. Nancy Staudt, The Judicial Power of the Purse, How Courts Fund National Defense in Times of Crisis, 2011.
34) Banks and Raven-Hansen, supra note 33, at p. 11.

ている[35]。

5 財政軍事国家をめぐる分析

ここでは，財政軍事国家をめぐる分析のうち，特に興味深いものを二つ詳しく紹介したい。両者ともに，様々な文献を引用して，財政軍事国家の成立について優れた分析を行っている。

(1) Thomas Poole の分析[36]の紹介　まず，彼は，Steve Pincus の研究[37]を引用して，Pincus が，名誉革命の引き起こした変革について，以下の3点をあげている点を指摘する[38]。

① 外交に関して，イングランドは，親フランスの立場から，オランダと連携して反フランスに移行した。
② 経済に関して，Tory 党的な土地重視政策から，Whig 党的な産業重視に移行した。
③ 宗教に関して，より寛容な政策に移行した。

この点を要約して，Poole は，"1688-89 marks a decisive point" とし，1688年の体制は，フランスとの戦争に対応するための，財政・金融革命，及び，行政改革をもたらし，ジェームズ2世の追放以降のフランスとの戦争は，中世以来最長のものとなったと述べた上で，以下の2点を指摘する[39]。

第一に，大国フランスとの長い戦いのために，金融先進国オランダをモデルとしたイングランドの財政・金融改革が行われ，増税が行われ[40]，徴税のための官僚制の近代化[41]も行われた[42]。

第二に，イングランドは，また，主としてオランダ由来の新しい金融技術を大胆に採用した[43]。例えば，国の長期債務の利用が始まった[44]が，それには，特

---

35) Banks and Raven-Hansen, supra note 33, at p. 12.
36) Thomas Poole, Reason of State, pp. 105-108, 2015. なお，Poole の引用している文献については，以下に，Poole の引用としてあげておく。なお，これらについては，私自身も文献を入手して確認している。
37) Steve Pincus, 1688: The First Modern Revolution, p. 12, 2009.
38) Poole, supra note 36, at p. 104.
39) Poole, supra note 36, at p. 104.
40) Poole は，Brewer, supra note 6, at pp. 88-91 を引用している。
41) Poole は，Brewer, supra note 6, at pp. 66-68 を引用している。
42) Poole, supra note 36, at p. 105.
43) Poole は，Dickson, supra note 23, at p. 41, p. 51; Anne L. Murphy, The Origins of English Financial Markets: Investment and Speculation before the South Sea Bubble, 2009, pp. 45-46 を引

定の将来税収を利払いに充てるという議会の保証[45]もついていた。その結果として，名誉革命後の統治機構の改革により，法の支配が強化され，イングランドの「政治的，軍事的，商業的，及び金融的成功」への道筋がつけられた[46]。議会の課税承認を政府が正面から受け入れることにより，政府の活動への信頼が醸成され，税収獲得も容易になった。1694年に創設されたイングランド銀行も，政府への有力な貸し手となった。このような財政・金融革命の結果として，長期国債がもたらされた。国家の金融と私的金融の関係も密接であった。貿易で蓄積された資本が国家にも会社にもまわされたのである[47]。

この1690年代の財政・金融革命は，憲政に重大な影響を及ぼした。課税の急増，大規模な長期国債の発行，官僚制の整備，により，イングランドの fiscal-military state，すなわち，大規模な戦争を戦う能力と，そのための資金を獲得する能力を有する国家（a state capable of fighting large wars and raising the resources needed to pay for them）としての基礎が作られた[48]。すなわち，「国家財政こそが，国家の拡張と帝国建設の基礎だったのである（The public fisc was the basis for state expansion and empire building.）[49]」。Pooleはまた，Pocockが，大規模な戦争を遂行するための常備軍の創設と，それを維持することのできる公的信用システムという制度こそが革命的であったとしている[50]点を引用する[51]。

このような国家建設は，以下のように二つの意味を有していた。第一に，債務は王のものというよりも国家のものと認識されるようになった[52]結果，議会は政府の見張りの役割の他に，政府の一部[53]になっていった[54]。

　　用している。
44)　Pooleは，Andrew C. Sobel, Birth of Hegemony: Crisis, Financial Revolution, and Emerging Global Networks, 2012, pp. 110-114 を引用している。
45)　Pooleは，Carruthers, supra note 23, at pp. 73-74 を引用している。
46)　Pooleは，Sobel, supra note 44, at p. 103 を引用している。
47)　Poole, supra note 36, at pp. 105-106.
48)　Pooleは，Brewer, supra note 6, at p. xvii を引用している。
49)　Carruthers, supra note 23, at p. 83.
50)　Pooleは，J. G. A. Pocock, The Significance of 1688: Some Reflections on Whig History' in Pocock, Discovery of Islands: Essays in British History, 2005, p. 123 を引用している。
51)　Poole, supra note 36, at p. 107.
52)　Pooleは，Carruthers, supra note 23, at p. 73 を引用している。
53)　Pooleは，Brewer, supra note 6, at p. 70, p. 159 を引用している。それに続いては，Pooleは，Adam Smith, Lectures on Jurisprudence, 1766, p. 62 が，The Revolution "brought in a new family which as the royal demesnes were entirely alienated depended wholly upon taxes, and were obliged to court the people for them. Ever since, the kings revenue tho' much greater than it

第二に，財政・金融革命以降，政府は国家債務に信頼できるかたちでコミットできるポジション（in the position to commit credibly to its debt obligations）に立つことになった結果，債権者の権利は保護され，債権者はより多くを安心して政府に貸すことができるようになった。他方，政府の債権者となった国民は，政府の存続に重大な関心を寄せざるをえなくなった結果，革命後の体制の支持者となったのである[55]。

　この財政・金融革命は，国家と国民の間の関係を再編し，安定感をもたらすことにより，政治的争いは平和的なものとなった。その結果，主権と正統性といった根本的な問題は，金銭，貿易，軍隊，国債，腐敗といった，より具体的な次元の問題に置き換えられ，根本的な問題についての争いはなくなった[56]。

　以上の Poole による名誉革命の分析は，きわめて説得的で，かつ水準の高いものである。

　(2) Andrew C. Sobel の分析の紹介　　他方，財政軍事国家の成立に関する Sobel の分析も興味深い[57]ので，以下に詳しく，ほぼ翻訳のかたちで紹介しておく。

> 「社会変革を迫る様々な危機，戦争，統治機構の再構成，財政，金融，といった要素により，世界におけるイングランドの金融的・商業的リーダーシップの確立可能性の条件が作り出された。これらはいずれも，国境を越えた通商と経済成長を促進するための集合的な制度（collective goods）をもたらす能力，すなわち，経済的成功を害する可能性のある経済的危機を回避するための対応方法を見出す能力，のための決定論的な解決策（deterministic recipe）として提供された（prescribed）ものではない。世界的なリーダーシップや，そのような集合的な制度をもたらす能力は，統治の機構と金融の革命的変革の意図せざる帰結として出現したものであるが，それらは，名誉革命後の1世紀にも及ぶ英仏の対立においても

---

was then depends so much on the concurrence of the Parliament that it never can endanger the liberty of the nation."と述べている，ことをあげている。

54) Poole, supra note 36, at p. 107. cf. Brewer, supra note 6, at p. 70, p. 159.

55) Poole, supra note 36, at p. 108.

56) Poole, supra note 36, at p. 108. Poole は，John Greville Agard Pocock, Machiavellian Moment: Florentine Political Thought and the Atlantic Republican Tradition, 2009, pp. 401-402 における，「17世紀後半から18世紀にかけて，……西洋の政治，社会思想は，その中世後の段階から，初期現代の段階に移行した（Western political and social thought passed from its post-medieval to its early modern stage.）」という記述を引用している。

57) Sobel, supra note 44, at pp. 107-115. 特に，その Ch. 4, Creating a Financial Foundation for British Leadership in the Global Arena の最後の，Conclusion（pp. 123-126）が重要である。

まれた結果，より効率的で信頼できるものとなった。イングランドにおける財政と金融の変化は，国外の経済活動従事者により受け入れられた結果，ロンドンは，金融と経済活動の世界的ネットワークの中心となった。この新しいネットワークは，それ以前に存在したオランダ人による商業的・金融的リーダーシップにとって代わるものであった。これは，オランダの失敗というよりも，イングランドの改革が，100年前のオランダの改革同様に信頼のできるものであるのみならず，より効率的で，かつより大規模な政治経済体制の上に立っていたからであった。これに対して，フランスは，はるかに規模の大きい経済を有する世界的リーダーシップにふさわしい国であったが，経済規模ではなく，統治メカニズムと財政・金融制度の相対的な非効率性により，競争に敗れた。その結果，フランス革命における王制の崩壊につながった。」[58]

「1600年代における一連の危機が，イングランドの統治と財政の現状に対して変革を迫るものとなり，その内治における混乱の時代を生み出した。宗教対立，絶対主義王政，統治，財産権等の問題がなかったとしたら，スチュアート朝は打倒されたであろうか。そのような内部的紛争がなかったとしたら，オランダ出身のウィリアム3世は，ジェームズ2世をイングランド王位から追放したオランダの侵略についてイングランドの政治家の支持を取り付けることができたであろうか。オランダの侵略がなかったとしたら，統治と財政における顕著な政策改革をもたらした名誉革命は起こり得たであろうか。それらの政策改革が，法の支配による議会優位の統治構造の基礎を打ち立て，イングランドの財政・金融を変化させ，市民社会の影響力を拡大した。しかし，商業取引従事者，資本保有者，潜在的借主は，名誉革命期のイングランドの統治と財政の改革に引き続いてすぐにロンドン市場に押し寄せたわけではなかった。私的経済主体は，新たな制度の下における契約や取引について心配していた。彼らは，そのような新たな制度に不確実さを感じつつ対応した。ルイ14世に対するアウグスブルグ同盟戦争とスペイン継承戦争という，新たな制度への即座の挑戦がなかったとしたなら，新しい国家と社会の関係や財政の新しい基礎が牽引力や信頼性を獲得したであろうか。」[59]

「国際紛争の緊張と，その結果として示された諸改革を断行しようとするイングランド政府の意思の下，財政の改革が信頼性を獲得するや否や，イングランドの借入コストは劇的に低下した。これと対照的なのがフランスである。なぜならば，この時期のフランス政府においては，その金融上の債務の支払の困難が継続していた。深刻な国際的競争は，フランス財政の現状の弱点を強調するものであ

---

58) Sobel, supra note 44, at pp. 123-124.
59) Sobel, supra note 44, at pp. 124-125.

った。それにもかかわらず，このような競争に対応して積極的な改革策を採用する代わりに，フランス政府は，フランス財政の信頼性を損ない続けるような政策を採用していた。フランス政府は，……その公的債務の返済条件を一方的に変更したのである。その結果，フランス政府の資本コストは高いままであるのに対して，イングランド政府の資本コストは低下した。」[60]

「統治と財政におけるイングランドの改革が信頼性を獲得していくにつれ，イングランド政府は，財政・金融上の取決めのさらなる革新と改革のための新たな機会を作り出した。これらの機会は，イングランドの財政・金融への信頼醸成に役立つ一方で，リターンの増加をもたらし主要な資本のセンターとしてのロンドンの成長の基礎となった。この動態は，フランスの大陸における力の台頭に対するオランダとイングランドの親密な連携により強化された。オランダ資本はイングランド市場に大挙投資され，イングランド銀行や，交易会社のようなその他の試みを支えた。この動きは，ロンドンを中心とする，ますます濃厚となる世界的金融ネットワークの構築を促進した。1700年代半ばまでに，ロンドンは，主要な金融センターとして登場していた。」[61]

「イングランドの金融・商業上のヘゲモニー創出のプロセスは，長期的なものであり，意図的に行われたものではなく，そのような能力創出を害したかもしれない潜在的罠に直面したことも多かった。……以前のオランダのヘゲモニーの出現の場合と同様に，これらの財政・金融上の改革は，新たに作り出されたものであった。一連の深刻な危機，それらの危機に対する反応，そして，何よりも，世界中からの参加者，すなわち，それらの反応と創造の信頼性を評価し，それらの反応を条件づけ，その結果として，イングランド人が自由主義的なヘゲモニーを背景とするリーダーシップを行使し，世界的な資本主義を生み出すのに必須の協力関係をもたらすカギとなる集合的な財（the key collective goods）を提供する元となる，世界的な金融・商業的なネットワーク創出の可能性をもたらす，世界中からの参加者，が必要であった。この長く動態的なプロセスのすべての段階は，その前の選択と行動に依存するものであり，どれも決定論的にあらかじめ決定されていたものではなかった。」[62]

「1600年代末に設けられ，1700年代により強固なものとされたイングランドのリーダーシップの基礎は，1700年代末までに実を結び，1800年代も同様であった。」[63]

---

60) Sobel, supra note 44, at p. 125.
61) Ibid.
62) Ibid.
63) Ibid.

以上の Sobel の分析も，また，水準の高い，説得的なものであり，今後の名誉革命研究で参照されるものとなろう。

III 財政と金融の憲法上の位置付けの差異

1 名誉革命と財政民主主義

　名誉革命と財政の関係についてごく簡単にまとめると，それは，一方で，課税について議会の権限を確認・強化し，議会による課税の支配を貫徹させるとともに，他方で，支出について，議会による国庫管理権限を強化した。現代的な予算概念の幕開けといって良いかもしれない。前者の租税に関する議会の強大な権限は権利章典に明文化され，それが集権化された徴税機構の下，効率的な税収獲得に結びついた。

　名誉革命と財政民主主義の関係について考える際には，日本の租税法律主義のような（大陸法的法治主義類似の）形式的・手続的条文解釈が問題となるのではなく，実質的に議会がどのような財政・金融権限を手にしたかという内容の問題が重要である。すなわち，イングランドにおいては，議会が課税権限と金融権限を有することにより，国王を管理下に置くという実質的な原則の成立が重視されているのである。この点を様々な論者の叙述を借用して述べると，以下のようになる。

　17世紀におけるスチュアート朝の恣意的な王権の発動は，新たな税収のために議会を招集しなくてすむ範囲でのみ可能であった[64]が，名誉革命後は，議会が毎年戦争関係予算の議決を行うようになった[65]。借入による戦争遂行について，ナポレオンが主として課税により戦費を調達しなければならなかったのに対して，イングランドにおいては名誉革命後，財政運営が効率的に行われた[66]。

　Dincecco の分析によれば，名誉革命により議会の課税に関する専権が再確認された点（The Revolution Settlement reaffirmed parliament's exclusive authority to levy new taxes and curtailed the executive's capacity to pursue independent revenue

---

64) Alan D. Morrison and William J. Wilhelm, Investment Banking: Institutions, Politics, and Law, p. 102, 2007.
65) Victoria Tin-bor Hui, War and State Formation in Ancient China and Early Modern Europe, p. 125, 2005.
66) Riccardo Fiorentini and Guido Montani, The New Global Political Economy: From Crisis to Supranational Integration, p. 146, 2012.

sources.), 及び, その直後に, 議会が, 毎年, 政府の支出に拒否権を発動したり政府財政を監督する権限を取得した点（Soon after, parliament gained for the first time the annual right to veto expenditures and audit government finances.）が重要で, 定期的に予算を管理する権限により, North らが, 財政事項に関する議会の「至高」の役割と呼ぶところのもの[67]が確立された（The ability to monitor the budget at regular intervals established what North and Weingast (1989, p. 816) call parliament's "supreme" role in fiscal matters.）とされる[68]。

Rosenthal は, この点について, John Brewer の著書と, Douglass North and Barry Weingast 論文を引用して, この二つが指摘したように,「イングランドにおける課税問題は, 王から議会への権限の移行により解決された（the tax problem in England was solved through a transfer of power from the king to Parliament)」と述べている[69]。その結果,「イギリスの王は執行権を保持し続けたのに対して, 議会は, 予算を検査監督し租税を議決する権限を獲得した（British king retained executive power, while the Parliament gained the powers to examine and censor the budget and to vote taxes.）」[70]のである。

2 憲法と財政・金融

私は, 財政と金融を密接に関連する一体のものとしてとらえた上で, その法的コントロールに関する研究を続けてきた。議会の権限としては, 財政権, 立法権, 憲法改正権, その他の権限があげられる[71]が, 行政権の議会によるコントロールは, 財政権に基づき予算を通じて行われる（財政法律主義）とともに, 立法権に基づき法律を通じて（法律による行政の原理）行われるという, 二層構造が存在する点が重要である。特に, 一般的な議論において無視されがちな財政権であるが, それは, 議会の歴史的発展において本質的な役割を果たし, その起源においては立法権の役割よりも重要なものであった[72]。すなわち, 立法権も財政権も,

---

67) North and Weingast, supra note 15, at p. 816.
68) Dincecco, supra note 7, at p. 26.
69) Jean-Laurent Rosenthal, The Fruits of Revolution: Property Rights, Litigation and French Agriculture, 1700–1860, p. 147, 2009.
70) Thomas J. Sargent, Rational Expectations and Inflation, 3rd ed., p. 253, 2013.
71) Maurice Duverger, Institutions Politiques et Droit Constitutionnel, p. 288, p. 296, 1973.
72) Duverger, supra note 71, p. 296 は,「議会は, 租税を承認し, 法律を制定する以前に予算を制定した（Les assemblées ont «consenti» l'impôt et voté le budget avant même de voter la

いずれも議会の支配の現れであるが，それぞれの成立した歴史的経緯が異なるのである。なお，租税法律主義の定めが憲法の財政のところに置かれていることからうかがわれるように，租税法律主義は，法律による行政の原理とは異なり，議会の財政権に関する定めである。すなわち，**租税法律は予算と並んで，財政権に基づいて行政権をコントロールする手段なのである。**

　ここで注目すべきが金融制度の憲法上の位置付けである。日本においては，中央銀行をはじめとする金融制度の議会によるコントロールについての検討が，憲法との関係で行われることはあまりない[73]。その結果としてか，財政が厳格な国会の支配の下に置かれているのに対して，金融に関する国会の支配はあまり存在しない。しかし，中央銀行の議会による統制について，憲法83条との関連で，もう少し詳しく議論する必要があるのではなかろうか。日本銀行の業務は広義の行政であり，それは確かに形式上は内閣の下にあるのかもしれないが，問題は憲法との関連で，果たしてそれが議会のコントロールの下になくて良いのかという点である。特に，現在の日本銀行は，本来の業務の他に，ETF や REIT の取得，ドル特則（貸出支援基金の運営として行う成長基盤強化を支援するための資金供給における米ドル資金供給に関する特則）に基づく資金供給[74]等，政策金融に及ぶと思われる業務を行っており，それについての憲法関連の議論が必要といえよう。

---

　　loi.)」と述べている。
　73）　例外は片桐直人准教授であろう。なお，片桐正俊『財政学：転換期の日本財政』（2007 年）386 頁以下の，「3.3 財政および金融の分離と中央銀行の独立性」，参照。
　74）　http://www.boj.or.jp/mopo/measures/term_cond/yoryo79.htm/

非常事態の法理に関する覚書

長谷部 恭男

I　エイリエス判決
II　ウィンケル判決
III　ドルおよびローラン判決
IV　デルモット判決
V　非常事態での法の欠缺
　　　──アンドレ・マティオ
VI　法治主義の否定
　　　──リュシアン・ニザール
VII　むすび

　非常事態（circonstances exceptionnelles）の法理は，フランスの行政判例法理である[1]。非常事態では，行政は通常時は遵守すべき法律に反して必要な行動をとることが認められ，そうした行政活動も適法（soumis au droit）とされる。法律に基づく行政とは異なる法原則が妥当する。

　非常事態の法理が妥当する場面としては，戦争（CE 28 juin 1918, Heyriès ; CE 28 févr. 1919, Dol et Laurent），ゼネスト（CE 18 avr. 1947, Jarrigion），大規模な自然災

---

1) ジャン・リヴェロ『フランス行政法』兼子仁＝磯部力＝小早川光郎編訳（東京大学出版会，1982年）91-94頁参照。同書は circonstances exceptionnelles に「例外状況」の訳を当てる。例外は原則と一体となって単一の法規範を構成するが，circonstances exceptionnelles は，後出V・VIで見るように，通常時の法状態とは全く別個の，並行する法状態を指す。なお，フランスには広い意味での制定法上の非常事態法制として，憲法16条の定める大統領の非常事態措置権，同36条の定める閣議による戒厳令のほか，緊急状態（l'état d'urgence）に関する1955年4月3日法律があり，この法律は近年では2005年10月のパリ近郊の暴動に際して，また2015年11月のパリにおける組織的テロに際して，適用された。比例原則に基づく裁判上のコントロールを含む同法を巡る諸論点については，Jean-Claude Masclet, 'Article 36', in François Luchaire, et al. eds., *La constitution de la République française*, 3rd ed. (Economica, 2009)；矢部明宏「法律による緊急事態制度と国家緊急権」岡田信弘他編『憲法の基底と憲法論』（信山社，2015年）1127-33頁参照。

害（CE 18 mai 1983, Félx Rodes）等がある。

　非常事態において行政は，法律の適用を停止すること，通常の権限を超えて活動すること，および，私人の基本的自由を侵害することが認められる。全くの私人が行政庁として行なった活動に，正規の行政活動としての身分が認められることさえある[2]。行政賠償責任の分野では，通常時は過失（faute）を構成すべき行為も責任を免除されることがあり，また，通常時であれば暴力行為（voie de fait）として司法裁判所の管轄に属すべき行為も，単純な過失として行政裁判所の管轄に属する行為とされる。さらに，通常時であれば過失による損害賠償の対象となる行為が，無過失責任による賠償の対象となることもある。

　本稿は，非常事態の法理が形成された第1次大戦前後の判例と学説を素描し，その特質を記述する。評釈執筆者として主に参照されるのは，モーリス・オーリウである。

I　エイリエス判決[3]

　原告のエイリエス氏（sieur Heyriès）は，1916年10月22日付で工兵隊設計技師としての職を免ぜられ，その取消しを求めて越権訴訟を提起した。違法原因として彼は，1905年4月22日法律65条が，懲戒処分等の公務員の身分の変動に際して，事前に身上に関する書類を本人に交付すべきことを命じていたにもかかわらず，交付がなされなかったことを挙げた[4]。また，戦争継続中，同条の適用を停止する1914年9月10日のデクレは違法無効であるとも主張した。

　コンセイユ・デタは，まず，1875年2月25日の公権力の組織に関する法律3条が，大統領に対して，法律の執行を保障すべきことを要求していること，したがって，法令によって構築された公役務が，戦争の引き起こす困難にもかかわらず，継続的に機能するよう保障すべきことを要求していることを指摘した。そして，大統領が1905年4月22日法律65条の適用を1914年9月10日のデクレに

---

2) 「事実上の公務員 fonctionnaire de fait」として知られる観念である。ルコック事件（CE 7 janv. 1944, Lecocq）では，全く無権限の市長が行なった課税処分が適法とされ，またマリオン事件（CE 5 mars 1948, Marion）では，住民の組織した委員会が貯蔵された食料を市民に売却した活動が適法とされている（*Les grands arrêts de la jurisprudence administrative*, 19th ed. (Dalloz, 2013), p. 195）。

3) CE 28 juin 1918, Heyriès.

4) この条項は，Maurice Hauriou, *La jurisprudence administrarive de 1892 à 1929*, tome 3 (Sirey, 1929), p. 155 に再録されている。

より戦時中,停止したことは,1875年2月25日法律3条に基づく適法な権限の行使であり,防衛大臣による免職処分も含めて,権限を逸脱したものとは言えないと結論付けた。

状況に関する説明が必要である。1914年から18年にわたる第1次大戦中,政府は通常時の権限を超える多くのデクレを発した。1915年3月30日の法律は,これらのデクレの多くを事後的に遡って合法とし,その効力を補完(ratifier)したが[5],同法はおそらくは法案作成過程でのミスから,本件で問題とされた1914年9月10日のデクレを効力補完の対象としていない。

通常であれば,デクレによる法律の効力停止は明らかに違法となるはずであるが,コンセイユ・デタは,公役務の継続性の原則は,戦時下のような非常事態においては,政府および行政の権限の例外的拡張を正当化するとして,原告の請求をしりぞけた。

モーリス・オーリウは,本判決が憲法の解釈に踏み込んだ点を強調する[6]。学説は裁判所による憲法の解釈に否定的であるが[7],本判決はこの臆病な見解を否定しているとする。オーリウによると,1905年4月22日法律65条は「出来の悪い法律 lois mal faites」の典型である。立法者は問題の一面――恣意的な免職から公務員を保護する必要性――しか見ていない。政府は戦時においてこの条項の適用を一時停止する必要に迫られ,1914年9月10日のデクレを発したが,このデクレは1915年3月30日法律による効力補完の対象とされなかったため[8],コンセイユ・デタは大いに困惑(grand embarras)することになった。

デクレによって法律の効力を停止すること,とりわけ個人の権利を保障する法律の効力を停止することは,できないはずである。オーリウは,個人の権利を保

---

5) こうした法律の制定が立法権の行使として,そもそも正当化され得るのかという問題もある。問題の一局面につき,さしあたり長谷部恭男『続・Interactive憲法』(有斐閣,2011年)第19章「法律の概念」参照。
6) Maurice Hauriou, 'Note Affaire Heyriès', in his *La jurisprudence administrarive de 1892 à 1929*, tome 1 (Sirey, 1929), pp. 78-84.
7) オーリウが引用するのは,エスマンとネザールの教科書の次の記述である。「裁判官は通常法律を適用し解釈する権限を有するが,憲法を適用・解釈する権限を持たない」(Adhémar Esmein et Henry Nézard, *Éléments de droit constitutionnel français et comparé*, 7th ed., tome 1 (Sirey, 1921), p. 592)。
8) オーリウは憲法教科書の中でも,このデクレが補完の対象とされなかったのは立法上の誤謬によるものだとの見方を示す(Maurice Hauriou, *Précis de droit constitutionnel*, 2nd ed. (Sirey, 1929), pp. 450-51)。

障する法律は，通常時に向けて制定されたものであり，非常事態においては，国家の安全は個人の便宜に優先するとする。しかし，デクレによって法律の効力を停止することが許されるのか。それは立法権の侵害ではないのか。コンセイユ・デタはこの論点を解決するため憲法の条文に訴えかけた，とオーリウは言う。

判決によれば，「1875年2月25日法律3条により，大統領はフランスの行政組織の頂点にあり，法律の執行を保障する責任を負う。したがって，彼は常時，法令によって組織された公役務が機能するよう保障する責任を負う。戦争の引き起こす困難がその機能を麻痺させることがないよう保障する責任をも負う……公権力がこの時期に置かれた状況のゆえに，大統領には，その権限の下にある公役務の執行のため必要不可欠な措置を自身で発令する責務がある」。

行政権の任務は法律の執行にはとどまらない。それ以前に，行政の機能自体を確保する必要がある。「まず統治と行政を確保し，しかる後に法律を執行する」。これは，「まず生きる，しかる後に，規則正しく生きる。平常時は常に規則正しく，しかし非常時には可能な限りで」ということと同様である。ただ，非常事態においても，行政はすべての法律の執行を停止できるわけではない。国家の機能麻痺を招く法律の執行を停止し得るにとどまる。個人の自由を保障する法律についても同じである。「通常時は個人の自由が，戦時においては国家の正当防衛（légitime défense）が，最上位に置かれる」。

オーリウの論理からすると，本件において1905年4月22日法律の適用を停止したのは，デクレではない。「適用を停止したのは，憲法である」。暗黙のうちに，適用違憲の手法がとられていることになる[9]。

Ⅱ　ウィンケル判決

オーリウが1905年4月22日法律65条を論じたのは，エイリエス判決が初めてではない。非常事態の法理からは離れることになるが，1909年のウィンケル判決（CE 7 août 1909, Winkell）を見てみよう。

郵便切手製作所に勤務する公務員ウィンケル氏（sieur Winkell）は1909年5月，ストライキに参加したことを理由に免職処分を受けた。彼は，処分が1905年4月22日法律65条に違背して，事前の通告および身上書類の交付なしで行なわれ

---

[9] オーリウは，アメリカ型の裁判所による適用上の違憲審査の導入を提唱していた。Cf. Maurice Hauriou, *Principes de droit public* (Dalloz, 2010 (1910)), pp. 75-76.

たとして越権訴訟を提起した。

　コンセイユ・デタは，公務員の集団的ストライキは違法であり，公務員はその地位に就くことで，公役務の必要性に基づくすべての義務を引き受け，国民生活に不可欠な公役務の継続性と両立し得ないあらゆる権能を放棄するとし，1905年4月22日法律はストライキに参加した公務員に適用されることを予定していないとして，訴えをしりぞけた。

　オーリウが本判決に付した評釈は興味深い[10]。オーリウによると，コンセイユ・デタが述べているのは，公務員はその地位に就いたこと自体で，ストライキの権利を放棄しており，ストライキへの参加自体によって失職することになるということである。そして，コンセイユ・デタはもちろん正しい，と彼は言う。

　ストライキは，公役務の契約において違法（illicite）であり，契約破棄（rupture）の理由となるという以上のものである。公務について契約の観念を容れる余地はない。公務員のストライキは，契約状況の一要素ではない。

　問題は公役務におけるストライキにとどまらない。オーリウによると，ストライキは違法行為であり，社会秩序の破壊である。それを理解するためには，現代のサンディカリズムの教説を勘案する必要がある。団結とストライキは階級闘争であり，一部の国民による他の国民に対する蜂起である。そこには法も正義もない。プロレタリア階級はブルジョワ国家の正義を否認し，直接行動により彼ら自身の正義を実現し，主権を簒奪しようとしている。ストライキの権利は，私戦の再燃であり，主権を獲得しようとする階級による系統立った私戦である。オーリウからすれば，労働関係の教科書が，ストライキの権利をさも通常事であるかのように真面目に議論すること自体，理解不能である。労働紛争は法令に基づいて解決されるべきであり，私戦は終結すべきである。

　そうだとすれば，公役務を停止する公務員の団結とストライキをいかに性格付けるべきかも容易に理解できる。公務員は国家自体を構成する階層秩序として組織されており，そもそも使用者と労働者の関係には立ち得ない[11]。

---

10) Maurice Hauriou, 'Note Affaires Winkell et Rosier', in his *La jurisprudence administrarive de 1892 à 1929*, tome 3 (Sirey, 1929), pp. 154-74.
11) オーリウは，*Précis de droit administratif et de droit public*, 12th ed. (Sirey, 1933), p. 741 において，私企業の労働者と公務員との違いを強調している。労働者は私企業の経営に参加することはない。他方，公務員は機関（organes）であり，公行政の企画・運営に参画している。行政と公務員とは対立し得ない。両者は一つである。これは，私企業の使用者と労働者とが単一の社

公務員の団結とストライキが革命的事態であり，戦争状態なのであれば，政府が交戦権を行使し，復仇を行なったとしても驚くにはあたらない。国際関係に戦争と平和の法があるように，国内関係においても，紛争状態で都市や県は戒厳令を施行し，憲法上の保障を停止する。本件で郵政官庁は戒厳状態に置かれ，法的身分保障は停止された。ストライキに参加した公務員は，法令の保護の外に自身を置いたわけである。

そうした事態に対処する特別の法律が用意されるべきではないか。たしかにそうである。しかし，「法律の制定には時間がかかるし，法律ができる前に死んでしまわないようにすることが肝心である」。

とはいえ，政府のとった措置にいかなる法的根拠があるのか。1905年4月22日法律65条の適用を停止することはできるのか。ここでオーリウが提示するのは，やはり法律の違憲性の主張である。ストライキに参加した公務員について1905年4月22日法律65条を適用することは違憲性の瑕疵を帯びるがゆえに，コンセイユ・デタはその適用を排除することができる。ただし，ここにあるのは，憲法の明文の規定と法律の条文との衝突ではない。国家の存立の必要条件と法律との衝突である。国家が存立すべきことは，成文憲法の条項よりさらに根本的である。「国家の存立のための根本的な条件は，国民生活にとって不可欠な公役務が継続されることを要求し，かつ，公務員が政府と和合することを要求する」。

やはり郵政職員のストライキによる免職処分と1905年4月22日法律65条との関係が問題となった4年後の判決（CE 1 mars 1912, Tichit）に関連してオーリウは[12]，同じ法律の形式をとる法規範の中にも，より基本的な法律と通常の法律との間で効力の上下関係を想定することが可能であるとし，この事件でも，また先行するWinkell判決でも，問題とされたのは，行政の階層秩序に関する基本的

　　　会制度（institution sociale）に統合されていないことを意味する。行政組織は「制度」であり，そこでは使用者と労働者との対立は想定し得ない。存在するのは，多様な諸機関であり，機関相互の対立は法によって解決される。もっとも，オーリウは公務員の団結権（droit de coalition）については肯定的である（ibid., p. 748, n. 27）。公務員の組合（syndicat）結成権さえ否定する学説も，当時は珍しくなかった（cf. Adhémar Esmein, *Éléments de droit constitutionnel français et comparé*, 6th ed. (L.G.D.J., 2001 (1914), pp. 698 ff.)。公務員の団結権をめぐる当時の全体状況については，Guillaume Sacriste, *La république des constitutionnalistes: Professeurs de droit et légitimation de l'État en France (1870-1914)* (Presses de Sciences Po, 2011), pp. 427-51 参照。

　　12）Maurice Hauriou, 'Note Affaire Tichit', in his *La jurisprudence administrarive de 1892 à 1929*, tome 3 (Sirey, 1929), pp. 174-81.

諸法律と1905年4月22日法律65条との衝突であって,それを理由に後者の適用が排除されたとの説明を加えている。

そこで言う行政の階層秩序に関する基本的諸法律とは何か。オーリウは憲法教科書で,共和暦Ⅷ年憲法,共和暦Ⅷ年雨月法律での行政階層秩序に関する規定,並びに1875年2月25日の公権力の組織に関する法律3条4項「大統領はすべての文官および武官を任命する」を挙げる[13]。

彼は続ける。「学説は私に従うことはなく,丁重にも眼鏡を拭いたらいかがかと助言する者もいた。私は事態の推移を見守ることとした——事物の背後にある本質を解明する能力を備えた者は誰か。1914年に戦争が勃発し,1905年4月22日法律65条の危険性を郵政職員のストライキよりも明らかにした。政府は直ちにデクレによりこの不幸な条項の適用を停止することを迫られた。これが1918年6月28日のエイリエス判決のきっかけである」[14]。

オーリウこそが事物の背後の本質を見抜いたと学界が納得したかは定かでない。しかし,彼の性格を解明するには十分のように思われる。

Ⅲ ドルおよびローラン判決[15]

ドルおよびローラン判決(CE 28 févr. 1919, Dol et Laurent)は,非常事態の法理を示す代表的先例である。1916年4月および5月,ツーロン軍港の鎮守府司令長官(préfet maritime)は,カフェ,バーおよび居酒屋(débits de boissons)の経営者に対し,娼婦を客として受け入れまたは娼婦に酒類を提供することを禁止するとともに,娼婦に対して特定地区以外で客を引くこと,居酒屋を経営すること,並びに従業員として居酒屋で働くことを禁じた。禁令に違反した店舗は営業停止とされ,婦人は拘留される。娼婦であると自称する2人の女性ドルとローランは,これらの命令が司令長官の権限を逸脱しているとし,その取消しを求めて越権訴訟を提起した。

---

13) Hauriou, *Précis de droit constitutionnel*, supra note 8, p. 283.
14) Ibid. ジュリア・シュミッツは,オーリウが社会主義の攻撃から第三共和政のリベラルな体制を擁護するために「書く技法 art d'écrire」を用いたとするが (Julia Schmitz, *La théorie de l'institution du doyen Maurice Hauriou* (L'Harmattan, 2013), p. 308),「書く技法」と形容するには,記述が直截にすぎるかに見える。オーリウによるとモスクワ共産党政権は,国外から文明自体の破壊を企んでいる (Hauriou, supra note 8, p. 290)。
15) 野村敬造教授による解説「非常事態理論 (Dol et Laurent 事件)」野田良之編『フランス判例百選』(有斐閣,1969年) 35頁以下がある。

コンセイユ・デタは，秩序と安寧を維持するために公機関が行使し得る警察権限の範囲は，平時と戦時とで同一ではあり得ないとし，戦時では国防の利益が公の秩序の原理を大きく拡張し，公の安寧のために厳格な措置をとることを要求するとした上で，ツーロン軍港での娼婦の活動が拡大したため，秩序および衛生を維持し，軍事機密の漏洩を防止する見地から当局に警戒すべき義務があったことからすれば，軍と国益を擁護する目的での，婦人の行動の自由および居酒屋経営者の営業の自由への制約は，司令長官の権限の範囲を逸脱していないとした。

　オーリウは本判決への評釈で[16]，本判決が危険な「戦争状態 l'état de guerre」の法理に基づいて結論を導こうとしているのではないかとの懸念を示す。これは戦時下にあることのみを根拠として政府の権限を限りなく拡張し，「巨大なスポンジ colossal éponge」のように，あらゆる違法性，あらゆる過失を消し去り，あらゆる行政責任を希薄化しかねない法理である。

　こうした単純きわまりない危険な法理に頼らなくとも，本件を解決する道筋はあったとオーリウは言う。第一に，「何人も自己の背徳の援用を許されず nemo auditur turpitudinem suam allegans」の格言通り，本来，法によって保護されるべきでなく，単に許容されているにとどまる売春の自由（liberté de la galanterie）の侵害を主張する原告の訴えは受理されるべきではなかった。コンセイユ・デタは，司令長官の行動を正当化したかったがゆえに，「背徳 turpitudo」による訴えの利益の欠如という高邁な法理を確立する機会をむざむざと逃した。

　第二に，コンセイユ・デタは，状況（circonstances）の緊要性（urgence）に訴えかけることで，先例にも即し，かつ，個別の事案の個性に適応した形で，一時的な個人の自由の制限を正当化することができたはずである。

　本判決は非常事態の法理の先例として理解されているが，エイリエス判決が大統領の権限に関する憲法的法律の条項に言及することができたのに対し，本判決は何らの実定法上の根拠にも触れておらず，戦時と平時との警察権限の範囲の違いにかんがみて，司令長官の命令を「法律の与える権限の正当な（légitime）行使」とするのみである[17]。本判決が言及する，戒厳令に関する1849年8月9日法律でさえ，これほど広範な権限を司令長官に与えるものと理解することは難し

---

16) Maurice Hauriou, 'Note Affaire Dol et Laurent', in his *La jurisprudence administrarive de 1892 à 1929*, tome 1 (Sirey, 1929), pp. 63-70.

17) *Les grands arrêts de la jurisprudence administrative*, 19th ed. (Dalloz, 2013), p. 210.

い。オーリウも，適用違憲による正当化の論理は，本判決の評釈において触れていない。

Ⅳ　デルモット判決

デルモット判決（CE 6 août 1915, Delmotte）は非常事態の法理の先例ではなく，戒厳令に関する1849年8月9日法律の解釈が問題とされた事案である。コンセイユ・デタによる解釈は，行政権に対してきわめて寛容なものであり，背景にある姿勢は，ドルおよびローラン判決と通底することが指摘される[18]。

戒厳令に関する1849年8月9日法律9条4項は，戒厳令が宣言された場合に，公の秩序を維持するために，集会を禁ずる権限を軍当局に与えていた。アヌシーの司令官は，デルモット氏が経営する当地のカフェが騒乱の場となったこと――閉店時間を機に客であった兵士たちに帰営を命じた下士官に亭主が暴行を加えた――を理由に，新たな命令が下されるまで，当該カフェを閉鎖する命令を下した。デルモット氏は命令の取消しを求めて訴えを提起した。コンセイユ・デタは，カフェや居酒屋等での事実上の集会も，秩序を乱し，戒厳令下で軍が守るべき利益を損なう場合には，1849年8月9日法律9条4項の対象となるとし，デルモット氏のカフェを閉鎖した司令官の命令は同条項の与える権限の行使にとどまるとして，訴えをしりぞけた。

1849年8月9日法律9条4項の与える権限が，カフェや居酒屋等での事実上の集会――客が集まって飲酒すること――の禁止をも含むかが，本件の論点の一つであり，コンセイユ・デタはそれを肯定した。もう一つの論点は，同条項の与える集会の禁止の権限は，当該店舗を閉鎖する権限をも含むかである。コンセイユ・デタはこれをも肯定したが，理由を明快には示していない。とりわけ，1880年7月17日法律は，一般行政権および司法権に対しても，定期市や祝祭等の特殊な場合での一時的閉鎖を除いて，小売店舗の閉鎖権限を与えていない。戒厳令が一般行政権限を軍に移すものだとすれば，なぜ本来存在しない権限が戒厳令の下で出現するのかを説明する必要がある。

オーリウによれば[19]，1880年7月17日法律は，第三共和政の下での酒類販売

---

18) Ibid.
19) Maurice Hauriou, 'Note Affaires Delmotte et Senmartin', in his *La jurisprudence administrarive de 1892 à 1929*, tome 3 (Sirey, 1929), pp. 127-39.

の勝利の頂点を示している。1851年12月29日のデクレは酒類販売を特許制の下に置いていた。ところが1880年には，アルコール中毒に対処すべき適切な社会的視点ではなく，選挙対策が先に立っていたため，酒類販売業も，私立学校や出版業と同様，届出制の下に置かれた。とはいえ，私立学校は裁判所による閉鎖命令の対象となることがあり（1886年10月30日法律40条および42条），出版物も一定の場合には差止め・押収の対象となることがあるが，居酒屋は裁判所による閉鎖の対象ともならない。1880年7月17日法律の下では，居酒屋は行政権によっても司法権によっても，閉鎖されることはない。

それでも軍司令官による閉鎖命令は正当である。オーリウはその根拠として，ここでも，法律間の効力の階層関係を持ち出す。1849年8月9日法律は，警察および公の秩序にかかる法律（loi de police et de sûreté）である。この種の法律は，第一に，必然的に特別法的性格を持つ。かりに個人の自由を保障する一般法が存在するとしても，特別法が一般法によって適用を排除されることはない（legi speciali per generalem non derogatur）。

第二に，この種の法律は必然的に緊急性を帯びる。したがって，司法的にではなく，行政的に執行されなければならない。オーリウはここで，政教分離に関する行政的執行の数々を想起するよう読者に促す。修道会の解散，学校の世俗化，教会と国家の分離を実現するため，人々をその住居から追い出し，家屋を封印で閉鎖して長期にわたって使用を禁止し，教会動産の目録作成を強制する行政措置は，次々に提訴の対象となったが，それらは権限裁判所によって，いずれも適法とされ，司法裁判所による介入は排除された。修道会を解散させるために私有財産を一時的に閉鎖することより，公の秩序を維持するために居酒屋を一時的に閉鎖することの方が，より深刻だと言えるだろうか，とオーリウは問いかける。江戸の仇を長崎で討っている観がなきにしもあらずの論評だが[20]，オーリウは大真面目である。

1849年8月9日法律は警察および公の秩序に関する法律であり，だからこそ，居酒屋をこの法律によって一時的に閉鎖することも認められる。雑誌の刊行が一

---

20) 第三共和政初期の政教分離の動きに対するオーリウの反応を詳述する小島慎司『制度と自由——モーリス・オーリウによる修道会教育規制法批判をめぐって』（岩波書店，2013年）参照。Hauriou, *Principes de droit public*, supra note 9, p. 614 での，政教分離法を具体例とする行政的執行（voie d'exécution administrative）一般へのオーリウの批判をも見よ。

時的に停止されることと同様である。

V 非常事態での法の欠缺
―― アンドレ・マティオ

非常事態において，通常時と異なる法原理が機能することに関するオーリウの説明は，成文または不文の憲法原則により，通常時に適用されるべき法律の適用が排除されるというものであった。この議論が，裁判所による違憲審査権限を否定する学説の大勢の同意を得ることはなかった。そもそもオーリウの議論には，愛国主義に裏付けられた「国家の正当防衛」の観念によって結論が先取りされ，それを正当化するために憲法が呼び出されるという，奇妙に逆転したおもむきがある[21]。

より穏当に見える説明として，非常事態における「適用すべき法の欠缺 absence de droit applicable」を想定するアンドレ・マティオの議論がある[22]。

通常時においても，行政権の責務は状況に応じて変化し得る。その変化は立法者および実定法を補完する法の一般原則の範囲内のことである。しかし，非常事態においては，この範囲が余りに狭く，実定法の修正が必要となる場合がある。そのとき，行政裁判所は，危機の法（droit législative de crise）を適用する。裁判所は，立法者の意思に反して法律を適用することはできない。単に，平時における法規範に厳格に即した非常識かつ不条理な理解に基づいては，法律を適用しないというだけである[23]。

他方，実定法に修正が加えられないならば，行政裁判官は，立法の不作為（carence du législateur）を認定する。非常事態を想定した法規範の欠如に直面した裁判官は，平時において立法者を指導するのと同様の諸要素――つまり，公共の福祉および適宜性の要求――を勘案して，紛争を解決する。平時の法に反する（contra legem）かに見える判決を下すとき，裁判官は法の欠缺を認め，当該事件に関する限りで，修正された法規範が適用されるべきだと結論付ける。それは，行政を麻痺させ，一般利益に反することになる権限規範や手続規範の遵守から，

---

21) François Saint-Bonnet, *L'état d'exception* (PUF, 2001), pp. 355-56.
22) André Mathiot, 'La théorie des circonstances exceptionnelles', in *L'évolution du droit public: études offertes à Achille Mestre* (Sirey, 1956), pp. 413-28.
23) Ibid., p. 416. マティオは，「実際のところ裁判官が，法の明文に違背しない限りで，間接的に *contra legem* の判決を下すことは，周知のところである」と述べる（ibid., note 5）。

行政を解放することである。エイリエス判決も，このような理解の中に位置付けることができる[24]。

そうだとすると，判例によって形成された非常事態の法理は，既存の実定法と抵触するものではなく，実定法と並行する形で，平時における判例法理と同じ手法に従って形成されたものである[25]。

マティオの言う「法の欠缺」とは，通常，理解されるところの「法の欠缺」ではない。非常事態の法理を持ち込まなければ，そこには適用されるべき正規の法令は存在する。彼が指摘するのは，「危機」の状況に即した「法の欠缺」である。明文の法規範がそこにないわけではない。しかし，平時を想定して制定されたその法規範は，非常事態において適切な結論を導くものではない。非常事態に即した法が，そこには欠けている。

果たしてこうした議論が，行政権および行政裁判を的確に枠付けることができるのか。マティオは，非常事態の法理が妥当する状況を，先例を参照しながら限定しようとする[26]。しかし結局のところ，「非常事態が何かを事前に正確に述べることはできない」[27]のだとすれば，この法理への疑義は強まることになる[28]。マティオは，非常事態の法理はドイツの国家緊急事態法理（Staatsnotrecht）とは異なり，行政権の宣言した国家緊急事態に対応するため，その場しのぎの仕方で法令から拘束力を剥奪するものではなく，法律へのより善い形での復帰を可能とするべく，裁判所のコントロールの下で，行政権が拘束される法の内容の柔軟化ないし変容を認めるもので，法律の支配を否定してはいないとするが[29]，実質において，両者にどれほどの違いがあるかは定かとは言い難い[30]。

---

24) Ibid., p. 417.
25) Ibid., pp. 417-18.
26) 第一に，当該状況が一見明白に異常である（situation incontestablement abnormale）こと，第二に，重要な利益（intérêt essentiel）のために行政が行動すべき状況であること，第三に，行政のとった具体的行動が，問題解決のために必要であったことである（ibid., pp. 419-21）。ほぼ同旨の近年の文献として，Jean Waline, *Droit administratif*, 24th ed. (Dalloz, 2012), p. 340 がある。
27) Mathiot, 'La théorie des circonstances exceptionnelles', supra note 22, p. 418.
28) Saint-Bonnet, *L'état d'exception*, supra note 21, p. 11.
29) Mathiot, 'La théorie des circonstances exceptionnelles', supra note 22, pp. 415-16.
30) Saint-Bonnet, *L'état d'exception*, supra note 21, p. 14.

VI 法治主義の否定
　　　── リュシアン・ニザール

　オーリウとマティオは，いずれも非常事態の法理の弁護者であり，この判例法理がいかにして正当化可能かを探究した。リュシアン・ニザールの議論は[31]，この法理に対してきわめて懐疑的である。

　ニザールは，判例の形成した非常事態の法理には憲法上の根拠が欠如しているとした上で[32]，この法理は，議会制定法を中核とする法治主義の体系と並行する別箇の法体系──非常事態法の体系──の存在を意味すると指摘する。「法治主義原理（principe de légalité）を，もはや厳密なものとして受け取ることはできない。それは，自らと並行する別箇の法規範の存在を認める一つの法規範にとどまる。……法治主義原理は，公の秩序が問題とならない限りで行政権を義務付けるにとどまる。公の秩序の観点からすれば，あるのは行政権限の相対性（relativité）という一般原理であり，法律適合性の原則は，この原理を妨げることができない。公の秩序の観念が拡張し，並行的な法規範には，法治主義と同等の重要性が与えられている」[33]。実際上，そこにあるのは，法治主義をとるか，公の秩序をとるかの二者択一である。

　法治主義原理と並行する非常事態の法理を認めることは，ニザールにとって，リベラル・デモクラシーを危機にさらすことである。「リベラル・デモクラシーが，多数決による法律の適用と，各個人へ常に保障される自律性とで定義されるとすれば，非常事態の法理の承認は，この二つの特質を否定することである。この法理はまず，行政権に対して，法律適合性，つまり多数派の意思そのものの侵害を許容する。この法理はまた，個人に対し，その自由を不可侵の権利とみなすことを禁ずる。個人の自由は本質的に不確実なものであり，公権力は，裁判官の同意の下で，必要と考える場合にはそれを撤回することができる」[34]。

---

31) Lucien Nizard, *La jurisprudence administrative des circonstances exceptionnelles et la légalité* (LGDJ, 1962).
32) Ibid., pp. 249-56.
33) Ibid., pp. 261-62. Charles Eisenmann, *Cours de droit administratif*, tome 1 (LGDJ, 1982), pp. 478-82 も非常事態の法理は，法律の支配の原理の一環ではなく，非常事態において法律の適用の停止，またはそれからの離脱を認める裁判所の創設した法であるとする。もっともアイゼンマンは，善し悪しの評価ではなく，行政は，裁判官がその法律への服従を保障しようとする限りにおいて法律に服従する，という現実を見ることが肝心だとする。

ニザールは，非常事態の法理を認めるか否かは，究極的には政治哲学（théories philosophiques）の領域に属すると考える。一方には個人の自然権を出発点とし，国家権力への抵抗を正当化する個人主義があり，他方には国家の自己保存権を出発点とする国家理性（raison d'État）の理論がある[35]。いずれの立場も，それを貫けば，自由で民主主義的な国家権力は維持し得ない。

Ⅶ　むすび

　法による国家権力の拘束と，具体的場面における適切な解決の提示との，双方を満たすことは容易ではない。正しい統治の実現という目的からすれば，法の支配は権力者による恣意的支配を防ぐための次善の策にとどまる。アリストテレスは『ニコマコス倫理学』で次のように言う[36]。

> 法はすべて一般的なものであるが，ことがらによっては，ただしい仕方においては一般的規定を行いえないものが存在する。それゆえ，一般的に規定することが必要であるにかかわらず一般的なかたちではただしく規定することのできないようなことがらにあっては，比較的多くに通ずるところを採るというのが法の常套である。その過っていることを識らないではないのだが――。しかも法はだからといって，ただしからぬわけではない。けだし過ちは法にも立法者にも存せず，かえってことがらの本性に存するのである。つまり「個々の行為」なるものの素材がもともとこのような性質を帯びているのである。

　非常事態の行政の権限は，既存の法を離れて具体の必要に応ずる裁量的権限の極限的な形態である。ジョン・ロックは『統治二論』の中で次のように言う[37]。

> 事実，法が予め備えることがどうしてもできないことは数多くあるのであって，それらは，必然的に執行権力を手にする者の思慮に委ねられ，公共の善と利益とが要求するところに従って彼の命令を受けなければならない。いや，場合によっては，法それ自体が執行権力に，というよりもむしろ，自然と統治の根本法に，すなわち，社会のすべての成員はできる限り保全されなければならないという法に譲歩するのが適当なことも少なくない。

　ニザールの指摘する法治主義と非常事態の法理との対立関係は，非常事態に対

---

34)　Ibid., p. 277.
35)　Ibid., p. 279.
36)　『ニコマコス倫理学（上）』高田三郎訳（岩波文庫，1971 年）209 頁［1137b10］。同書 233-34 頁［1142a］におけるエピステーメーとフロネーシスの区別をも参照。
37)　ジョン・ロック『統治二論』加藤節訳（岩波書店，2007 年）321 頁［第Ⅱ篇 159 節］。

処する議会制定法を用意すれば解決するわけではない[38]。その法律が想定していなかった非常事態が発生する可能性を否定することはできないし，想定された種類の状況ではあっても，そもそも平時に制定された一般的法律によって非常の事態に対処し得るのかという疑問は，なお残る。デルモット判決は，法律が課した制約をほとんど否定した[39]。必要の前に法はない（necessitas non subditur legi）。バルテルミーが述懐するように，「危機の状況において行政権の権限を規制し，限界付ける立法府の試みが実際上，無駄に終わることを，われわれは理解し始めている」[40]。しかも，立法者も行政官も，また裁判官も，「非常事態が何かを事前に正確に述べることはできない」[41]。

ニザールの示した個人主義と国家理性の二項対立は，この問題を掘り進めていくには，平板で厚みがなく，抽象的なレベルにとどまっている。非常事態とは何か，なぜそれを事前に十分に予見することができないのか。非常事態に対処するはずの権力が，もはや平時に帰ることを想定せず，根底的・永続的な現状変革を追求することはないのか[42]，そして，それを支える論理はあり得るのか。それをさらに問い詰める必要がある[43]。公法学の研究対象は実定法にはとどまらず，そこで公法学が終わることはない。

---

38) ということは，そうした議会制定法の存在を許容する憲法条項があれば解決するというわけでもない。カール・シュミットが指摘するように，論理を突き詰めれば非常事態とロック流の法治国理論自体が「比較不能 Inkommensurabel」である（*Politische Theologie*, 8th ed. (Duncker & Humblot, 2004), p. 20）。
39) Saint-Bonnet, *L'état d'exception*, supra note 21, p. 368.
40) Joseph-Barthélemy, 'Le droit public en temps de guerre', *Revue du droit public*, 1915, p. 157. 第1次大戦勃発とともに発令された戒厳令（état de siège）の下で，夜間の外出禁止，飲食店の夜8時での閉店，アブサンの販売禁止等，市民の諸自由を法律の明文の根拠なく制約する政府の措置が発せられている事態についてのコメントである。こうした措置が合法であるとすれば，公の秩序を維持し国防を保障するために政府が行動し得る旨を授権する不文の法（règle de droit non écrit）があると前提せざるを得ないと，バルテルミーは言う（ibid.）。
41) 前出注27）および対応する本文参照。
42) 「被抑圧者の伝統は，ぼくらがそのなかに生きている『非常事態』が，非常ならぬ通常の状態であることを教える」との，ヴァルター・ベンヤミンの言葉（「歴史の概念について」Ⅷ）を参照。
43) 長谷部恭男「主権のヌキ身の常駐について」法律時報87巻9号（2015年8月号）103頁以下参照。

小早川 光郎 先生 略歴

1946 年 9 月 10 日生れ

最終学歴

1969 年 6 月　　東京大学法学部第 II 類卒業

職　歴

1969 年 7 月　　東京大学法学部助手
1972 年 11 月　　東京大学法学部助教授
1983 年 5 月　　東京大学法学部教授
2004 年 4 月　　東京大学大学院法学政治学研究科教授（組織変更による）
2010 年 3 月　　同上退職（東京大学名誉教授）
　同　年 4 月　　成蹊大学大学院法務研究科客員教授（現在に至る）
2014 年 4 月　　同上法務研究科長（現在に至る）

在外研究

1978 年 10 月　　フランス，パリ（1980 年 8 月まで）
1991 年 10 月　　フランス，パリ（同年 12 月まで）

社会活動等

1982 年 5 月　　河川管理責任研究委員会委員（1985 年 3 月まで）
　同　年 6 月　　都制度調査会専門調査員（1984 年 6 月まで）
　同　年 7 月　　税制調査会特別委員（1983 年 7 月まで）
1983 年 4 月　　東京大学大学院法学政治学研究科公法専門課程主任
　　　　　　　　　　　　　　　　　　　　　　（1985 年 3 月まで）
1984 年 4 月　　東京大学総長補佐（1985 年 3 月まで）
1986 年から 1989 年まで，1999 年から 2000 年まで，2002 年
　　　　国家公務員採用 I 種試験専門委員
1986 年 7 月から 1990 年 2 月まで，1991 年 11 月から 1994 年 9 月まで
　　　　社会保障制度審議会幹事

1987年3月から1996年3月まで，1997年8月から2001年1月まで	
	河川審議会委員・専門委員
1987年4月	横浜国立大学経済学部非常勤講師（同年10月まで）
1988年4月	東京都地方労働委員会委員（1996年3月まで）
1989年12月	たばこ事業等審議会専門委員（1995年12月まで）
1990年7月	建築審議会委員（1998年9月まで）
1991年1月	臨時行政改革推進審議会公正・透明な行政手続部会専門委員（1992年6月まで）
1992年4月	中央公害対策審議会委員（1993年11月まで）
	関税等不服審査会委員（2000年4月まで）
同年10月	日本公法学会理事（2010年10月から理事長，現在に至る）
1993年11月	中央環境審議会委員（のち臨時委員，2015年2月まで）
1994年4月	大学入試センター各種委員（1997年3月まで）
同年8月	住民記録システムのネットワークの構築等に関する研究会委員（1996年3月まで）
1995年2月	東アジア行政法学会理事（2011年12月まで）
同年3月	行政改革委員会行政情報公開部会専門委員（1997年3月まで）
同年11月	日仏法学会理事（現在に至る）
1996年1月	司法試験考査委員（1999年12月まで）
同年4月	地方分権推進委員会参与（2001年6月まで）
同年6月	名古屋大学大学院非常勤講師（1997年3月まで）
同年10月	行政管理研究センター・事後救済制度調査研究委員会委員（1998年6月まで）
1997年4月	神奈川県公文書公開（のち情報公開）審査会委員（2001年3月まで）
同年6月	環境法政策学会理事（現在に至る）
同年12月	中央省庁再編等準備委員会参与（1998年6月まで）
1998年4月	明治大学兼任講師（2000年3月まで）
同年7月	東京大学評議員（2000年3月まで）
1999年3月	都市計画中央審議会専門委員（2001年3月まで）
同年7月	国立大学協会各種委員（2004年3月まで）
同年9月	文京区経営改善懇談会委員（2001年8月まで）
2000年2月	個人情報保護法制化専門委員会委員（同年10月まで）
同年4月	鹿児島大学非常勤講師（2001年3月まで）

同 年 7 月		国立大学等の独立行政法人化に関する調査検討会議委員（2002 年 3 月まで）
2001 年 4 月		日本自治学会理事（現在に至る）
		内閣府情報公開審査会委員（2004 年 3 月まで）
同 年 9 月		北海道大学非常勤講師（1 か月）
同 年 11 月		地方制度調査会委員（2006 年 2 月まで）
2002 年 2 月		司法制度改革推進本部行政訴訟検討会委員（2004 年 10 月まで）
同 年 4 月		財団法人（のち公益財団法人）社会科学国際交流江草基金評議員（現在に至る）
同 年 10 月		大学設置・学校法人審議会専門委員（2007 年 3 月まで）
同 年 12 月		国土審議会委員（2007 年 3 月まで）
		東京都環境審議会委員（2011 年 2 月まで。2005 年 4 月から会長）
		大学基準協会法科大学院適格認定検討委員会委員（2005 年 3 月まで）
2003 年 1 月		国税審議会臨時委員（2004 年 12 月）
同 年 2 月		新司法試験実施に係る研究調査会委員（2003 年 12 月まで）
同 年 4 月		東京大学総長特任補佐（2004 年 3 月まで）
		東京大学情報公開委員会委員（2010 年 3 月まで）
同 年 6 月		警察政策学会理事（2007 年 3 月まで）
同 年 8 月		国民生活審議会委員・臨時委員（2009 年 7 月まで）
同 年 12 月		人事院 I 種採用試験に関する研究会委員（2004 年 12 月まで）
2004 年 4 月		新司法試験問題検討会委員（2005 年 3 月まで）
		情報公開法の制度運用に関する検討会委員（2005 年 3 月まで）
2005 年 4 月		大学基準協会各種委員（2007 年 3 月まで）
		財団法人東京市政調査会（のち公益財団法人後藤・安田記念東京都市研究所）評議員（現在に至る）
同 年 5 月		新司法試験考査委員（2007 年 10 月まで）
同 年 9 月		国民生活審議会委員（2009 年 7 月まで）
同 年 10 月		行政管理研究センター・行政不服審査制度研究会委員（2006 年 3 月まで）
2006 年 1 月		総務省・地方分権 21 世紀ビジョン懇談会メンバー（同年 7 月まで）
同 年 8 月		人事院参与（2014 年 7 月まで）
同 年 10 月		総務省・行政不服審査制度検討会メンバー（2007 年 7 月まで）
2007 年 4 月		財団法人（のち一般財団法人）河中自治振興財団評議員

	（2012 年 3 月から常務理事，現在に至る）
	地方分権改革推進委員会委員（2010 年 3 月まで）
2008 年 9 月	国土交通省・都市計画法制検討委員会委員（2009 年 3 月まで）
2009 年 7 月	社会資本整備審議会専門委員（現在に至る）
	総務省・行政苦情救済推進会議委員（現在に至る）
同 年 12 月	地域主権戦略会議構成員（2013 年 3 月まで）
2011 年 7 月	外務省・ハーグ条約を実施するための法律案の中央当局部分の立案に係る懇談会委員（同年 12 月まで）
同 年 11 月	消費者庁・消費者の財産被害に係る行政手法研究会委員（2013 年 6 月まで）
2012 年 4 月	総務省・国地方係争処理委員会委員長（現在に至る）
2013 年 4 月	地方分権改革有識者会議構成員（現在に至る）
2014 年 2 月	消費者委員会・景品表示法における不当表示に係る課徴金制度等に関する専門調査会委員（2015 年 8 月まで）
同 年 4 月	衆議院議員選挙区画定審議会会長（現在に至る）
2015 年 1 月	消費者庁参与（現在に至る）
2016 年 4 月	総務省・行政不服審査会委員（現在に至る）

小早川 光郎 先生 主要著作目録

I 著書（単著）

1983 年（昭和 58 年）
　　8 月　　行政訴訟の構造分析（東京大学出版会）
1993 年（平成 5 年）
　　4 月　　行政法講義（上Ⅰ）（弘文堂）
1994 年（平成 6 年）
　　4 月　　行政法講義（上Ⅱ）（弘文堂）
1998 年（平成 10 年）
　　10 月　　地方分権推進委員会勧告を読む／講義ノート（埼玉県西部地域創造センター）
1999 年（平成 11 年）
　　6 月　　行政法（上）（弘文堂）
2002 年（平成 14 年）
　　11 月　　行政法講義（下Ⅰ）（弘文堂）
2005 年（平成 17 年）
　　10 月　　行政法講義（下Ⅱ）（弘文堂）
2007 年（平成 19 年）
　　8 月　　行政法講義（下Ⅲ）（弘文堂）

Ⅱ 著書（共著）

1974 年（昭和 49 年）
　　3 月　　過疎地域問題調査報告書 —— 過疎地域における広域行政システムの設定のあり方（過疎地域問題調査会）
1976 年（昭和 51 年）
　　3 月　　仙台都市圏における広域行政の方策に関する調査研究報告書（国土計画協会）

11月　湖沼に関する法律・行政制度の研究（琵琶湖問題研究機構）
1977年（昭和52年）
　4月　行政法の基礎（青林書院新社）
1978年（昭和53年）
　5月　行政法を学ぶ2（有斐閣）
　8月　行政法学の基礎知識(1)（有斐閣）
1979年（昭和54年）
　2月　演習行政法（上）（青林書院新社）
1982年（昭和57年）
　3月　都市と国・府県との関係に関する調査（日本都市センター）
　　　　大都市制度の現状とその問題点（自治総合センター）
　7月　フランス行政法（東京大学出版会）（Jean Rivero, droit administratif の翻訳書，共訳）
　9月　各国の環境法（第一法規）
1983年（昭和58年）
　3月　エネルギー立地をめぐる訴訟（日本エネルギー法研究所）
　8月　都市と国・府県との新しい関係——都市自治の確立をめざして（日本都市センター）
1985年（昭和60年）
　3月　河川管理責任の考え方について（河川管理責任研究委員会）
　4月　行政事件訴訟法体系（西神田編集室）
　11月　注釈地方自治法（第一法規，加除式）〔14条部分執筆〕
1986年（昭和61年）
　2月　別冊法セミ・基本法コンメンタール行政救済法（日本評論社）
　3月　行政手続と住民参加に関する研究（神奈川県自治総合研究センター）
　10月　新版行政法(1)（有斐閣）
1990年（平成2年）
　3月　都市圏環境計画の概念と手法（文部省人間環境系重点領域研究・研究報告書G039）
　12月　現代行政の統制：フランス行政法研究（成文堂）
1991年（平成3年）
　5月　社会保障の新しい理論を求めて（東京大学出版会）

1993年（平成5年）
　10月　自治体行政手続法（学陽書房，共編著）
1994年（平成6年）
　10月　注釈地方自治法（第一法規，加除式）〔2条から4条の2および14条部分補訂〕
1995年（平成7年）
　2月　廃炉措置および高レベル放射性廃棄物処分の法制および問題点（日本エネルギー法研究所）
　5月　自治体行政手続法〔改訂版〕（学陽書房，共編著）
1996年（平成8年）
　6月　行政法(1)〔第3版〕（有斐閣）
1998年（平成10年）
　7月　地方分権と地方自治（ぎょうせい）
1999年（平成11年）
　7月　情報公開法——その理念と構造（ぎょうせい，編著）
2000年（平成12年）
　6月　注釈地方自治法〔全訂〕（第一法規，加除式，共編著）〔2条部分書き直し〕
2001年（平成13年）
　7月　自治制度研究会報告書・地方分権下の都道府県の役割（全国知事会）
2004年（平成16年）
　6月　水の事典（朝倉書店）
　7月　行政訴訟改革・行政法の将来展望（日弁連法務研究財団編・法と実務(4)）
　8月　行政訴訟の実務（第一法規，加除式，共編著）
　11月　詳解改正行政事件訴訟法（第一法規，共編著）
2008年（平成20年）
　3月　行政不服審査の実務（第一法規，加除式）
2009年（平成21年）
　5月　法学（有信堂高文社）
2010年（平成22年）
　10月　自治体法務検定公式テキスト基本法務編（第一法規）
2011年（平成23年）
　6月　Transformation of Administrative Law under Globalization and

　　　　　　　Transition: In Search of the Theory for Comparative Administrative Law-Models and Common Principles（三重大学・名古屋大学主催による国際シンポジウムのペーパー集）

2015 年（平成 27 年）
　4 月　　行政不服審査の実務（第一法規，加除式）〔7 条・8 条部分執筆〕
2016 年（平成 28 年）
　7 月　　条解行政不服審査法（弘文堂，共編著）〔1 条部分執筆〕

　　Ⅲ　編集・共編等

1986 年（昭和 61 年）
　2 月　　判例コンパクト〔昭和 61 年版〕（岩波書店）〔平成 5 年版まで〕
1993 年（平成 5 年）
　4 月　　別冊ジュリ・行政判例百選Ⅰ・Ⅱ〔第 3 版〕（有斐閣，Ⅰ4 月・Ⅱ5 月）
　10 月　判例基本六法〔平成 6 年版〕（岩波書店）
1994 年（平成 6 年）
　11 月　法律学小辞典〔新版〕（有斐閣）
1996 年（平成 8 年）
　7 月　　ジュリ増刊・行政手続法逐条研究（有斐閣）
1998 年（平成 10 年）
　6 月　　岩波講座・現代の法(4)政策と法（岩波書店）
1999 年（平成 11 年）
　2 月　　別冊ジュリ・行政判例百選Ⅰ・Ⅱ〔第 4 版〕（有斐閣，Ⅰ2 月・Ⅱ3 月）
　7 月　　史料日本の地方自治第 1 巻～第 3 巻（学陽書房）
　12 月　南博方先生古稀記念・行政法と法の支配（有斐閣）
2000 年（平成 12 年）
　5 月　　別冊ジュリ・あたらしい地方自治・地方分権（有斐閣）
　9 月　　金子宏先生古稀祝賀・公法学の法と政策（上）（下）（有斐閣）
　　　　　地域分権と自治体法務〈分権型社会を創る 4 巻〉（ぎょうせい）
　10 月　分権改革と地域空間管理〈分権型社会を創る 9 巻〉（ぎょうせい）
　12 月　道路管理の法と争訟（ぎょうせい）
2001 年（平成 13 年）
　6 月　　塩野宏先生古稀記念・行政法の発展と変革（上）（下）（有斐閣）

2004年（平成16年）
- 1月　市民と公務員の行政六法概説（行政管理研究センター）
- 9月　上級行政法2004/2005（有斐閣）（東京大学法科大学院の教材）
- 10月　ジュリ増刊・行政法の争点〔第3版〕（有斐閣）

2005年（平成17年）
- 3月　ジュリ増刊・改正行政事件訴訟法研究（有斐閣）
  - 六法全書〔平成18年版〕（有斐閣）〔平成24年版まで〕
- 10月　ポケット六法〔平成18年版〕（有斐閣）〔平成24年版まで〕

2006年（平成18年）
- 5月　別冊ジュリ・行政判例百選Ⅰ・Ⅱ〔第5版〕（有斐閣，Ⅰ5月・Ⅱ6月）
- 8月　上級行政法2006/2007（有斐閣）

2007年（平成19年）
- 10月　判例六法Professional〔平成20年版〕（有斐閣）〔平成24年版まで〕

2008年（平成20年）
- 9月　上級行政法2008/2009（有斐閣）
- 12月　行政法の新構想2：行政作用・行政手続・行政情報法（有斐閣）
  - 行政法の新構想3：行政救済法（有斐閣）

2011年（平成23年）
- 10月　解説地域主権改革：義務付け・枠付けの見直しと権限移譲〔監修〕（国政情報センター）
- 11月　行政法の新構想1：行政法の基礎理論（有斐閣）

2012年（平成24年）
- 7月　旧法令集〔平成改正版〕（有斐閣）
  - 行政手続法制定資料〈平成5年〉(1)～(10)（信山社，7月～12月）

2013年（平成25年）
- 2月　義務付け・枠付け見直し　独自基準事例集〔監修〕（ぎょうせい）

Ⅳ　論文・判例評釈・小論等

1970年（昭和45年）
- 1月　町長の専決処分による町道路線認定の可否および道路敷地に対する権原と供用開始の効力との関係（福島地判昭和43・3・18行裁例集19巻3号399頁）（自治研究46巻1号154-164頁）

10月 更正の請求によらないで納税申告の無効を主張することが許されるか——申告における誤りの客観的明白性（東京地判昭和45・1・22判時583号46頁）（ジュリ464号142-145頁）

1971年（昭和46年）
5月 第三者所有物件に対してなされた滞納処分としての差押について無効確認請求が認容された事例（東京地判昭和44・10・29行裁例集20巻10号1304頁）（自治研究47巻5号181-190頁）
9月 みなし拒否規定がある場合の不作為違法確認訴訟の訴の利益，"法令に基づく申請"の意義他（東京地判昭和44・12・24行裁例集20巻12号1743頁）（自治研究47巻9号153-164頁）

1972年（昭和47年）
11月 通達に対する取消訴訟の適否——計量法10条の解釈他（東京地判昭和46・11・8行裁例集22巻11=12号1785頁）（自治研究48巻11号187-199頁）

1973年（昭和48年）
1月 租税犯則通告処分と行政事件訴訟（最判昭和47・4・20民集26巻3号507頁）（ジュリ524号135-137頁）
3月 帰化不許可決定に対する取消訴訟の適否（東京高判昭和47・8・9行裁例集23巻8=9号658頁）（判時691号119-121頁）（判評169号13-15頁）
6月 取消訴訟における実体法の観念(1)（国家86巻3=4号59-118頁）（行政訴訟の構造分析所収）
10月 取消訴訟における実体法の観念(2)（国家86巻7=8号1-63頁）（行政訴訟の構造分析所収）
11月 取消訴訟における実体法の観念(3)（国家86巻9=10号54-90頁）（行政訴訟の構造分析所収）
12月 取消訴訟における実体法の観念（4・完）（国家86巻11=12号30-87頁）（行政訴訟の構造分析所収）

1974年（昭和49年）
2月 保育所入所児童が保育所設置者に対し省令最低基準の履行を請求しうるとされた事例（神戸地決昭和48・3・28判時707号86頁）（判時724号127-130頁）（判評180号21-24頁））
3月 滞納者は国税徴収法83条違反を理由として交付要求（参加差押）の取消を求めることができるか（名古屋地判昭和48・3・27判時709号30

頁)(ジュリ 556 号 119-121 頁)

無瑕疵裁量行使請求権(別冊ジュリ・法教〔第 2 期〕4 号 138-139 頁)(行政訴訟の構造分析所収)

10 月　不適式な申請にかかる不作為違法確認の訴の成否,都市公園内にある無許可工作物の所有者が公園施設の設置許可申請をしている場合の除却命令の適否他(東京地判昭和 48・9・10 行裁例集 24 巻 8 = 9 号 916 頁)(判時 749 号 138-143 頁(判評 188 号 16-21 頁))

1975 年(昭和 50 年)

1 月　破壊消防による損害について損失補償請求が認容された事例(最判昭和 47・5・30 民集 26 巻 4 号 851 頁)(法協 92 巻 1 号 102-114 頁)

3 月　第二次納税義務にかかる納付告知を受けた者は,右告知の取消訴訟において,主たる納税義務の存否または額を争うことができるか(広島高岡山支判昭和 48・10・15 行裁例集 24 巻 10 号 1058 頁)(ジュリ 583 号 159-161 頁)

〈書評〉原田尚彦著『訴えの利益』(国家 88 巻 3 = 4 号 269-293 頁)(行政訴訟の構造分析所収)

4 月　不動産登記簿の記載等にもとづき譲渡所得の帰属認定を誤ってなされた課税処分が特段の事情のないかぎり当然無効であるとされた事例(最判昭和 48・4・26 民集 27 巻 3 号 629 頁)(判時 768 号 155-159 頁(判評 194 号 25-29 頁))

5 月　予算外支出にもとづく町長の賠償責任(松山地判昭和 48・3・29 行裁例集 24 巻 3 号 290 頁)(自治研究 51 巻 5 号 134-141 頁)

10 月　〈学界展望〉行政法(公法 37 号 190-207 頁)

1976 年(昭和 51 年)

4 月　取消判決の拘束力——越権訴訟における取消の観念に関する一考察(法協 93 巻 4 号 429-468 頁)(行政訴訟の構造分析所収)

保険医指定制度廃止後における保険医指定取消処分の取消訴訟の適否(最判昭和 41・11・15 民集 20 巻 9 号 1792 頁)(別冊ジュリ・医事判例百選 172-173 頁)

6 月　審決取消訴訟と消費者の訴訟参加の許否(東京高決昭和 50・3・18 行裁例集 26 巻 3 号 344 頁)(ジュリ臨増・昭和 50 年度重要判例解説 39-41 頁)

7 月　先決問題と行政行為——いわゆる公定力の範囲をめぐる一考察(田中二

　　　　　郎先生古稀記念・公法の理論（上）（有斐閣）371-404頁）
　9月　〈学界展望〉行政法（公法38号313-327頁）
1977年（昭和52年）
　3月　摂津訴訟の論点と評価（ジュリ632号16-21頁）
　10月　フランスの環境・公害法制（環境研究18号97-120頁，共著）（環境調査
　　　　センター編・各国の環境法所収）
　12月　保険医指定取消処分の執行停止（浦和地決昭和29・4・20行裁例集5巻4
　　　　号917頁）（別冊ジュリ・社会保障判例百選78-79頁）
　　　　児童福祉施設と国庫負担――摂津訴訟（東京地判昭和51・12・13行裁例
　　　　集27巻11＝12号1790頁）（別冊ジュリ・社会保障判例百選176-177
　　　　頁）
　　　　通告処分の法律問題（租税法研究5号39-61頁）
1978年（昭和53年）
　1月　〈座談会〉これからの行政法学（ジュリ655号68-98頁）
　10月　集団的訴訟――行政上の集団的紛争と訴訟理論（公法40号205-215頁）
　　　　（行政訴訟の構造分析所収）
1979年（昭和54年）
　2月　フランスにおける環境影響評価制度（環境研究23号99-116頁，共著）
　　　　（環境調査センター編・各国の環境法所収）
　　　　〈座談会〉環境影響評価制度の比較法的研究（環境研究23号144-178頁）
　4月　課税処分と当然無効（最判昭和48・4・26民集27巻3号629頁）（別冊
　　　　ジュリ・行政判例百選Ⅰ 197-198頁）
1981年（昭和56年）
　1月　北海道海面漁業調整規則の適用範囲（最判昭和46・4・22刑集25巻3号
　　　　451頁）（別冊ジュリ・地方自治判例百選48-49頁）
　10月　〈書評〉アンドレ・ドゥミシェル『行政法――理論的省察試論』(1)(2)完
　　　　（法時53巻11号（10月）・12号（11月））
　　　　フランス地方制度改革とその背景（自治研究57巻11号3-11頁）
　12月　バール政府の行政法制改革（日仏法学11号59-81頁）
1982年（昭和57年）
　2月　〈翻訳〉P. M. ゴドメ「経済計画実現のための税制上の誘導措置」（自治研
　　　　究58巻2号3-18頁）
　9月　公務員の採用拒否と司法救済（最判昭和57・5・27民集36巻5号777

頁）（ジュリ 773 号 60-64 頁）
- 10 月 〈演習〉行政法（法教 25 号（1982 年 10 月）〜47 号（1984 年 8 月），隔月分担執筆）
- 11 月 工場誘致施策の変更によって企業者に損害を生ぜしめた地方公共団体の責任（最判昭和 56・1・27 民集 35 巻 1 号 35 頁）（法協 99 巻 11 号 1746-1756 頁）

1983 年（昭和 58 年）
- 3 月 質問検査権(1)——理由告知の要否等（最決昭和 48・7・10 刑集 27 巻 7 号 1205 頁）（別冊ジュリ・租税判例百選〔第 2 版〕166-167 頁）
- 10 月 裁量問題と法律問題：わが国の古典的学説に関する覚え書き（法学協会百周年記念論文集(2)憲法行政法・刑事法（有斐閣）331-360 頁）
- 11 月 契約と行政行為（岩波講座・基本法学(4)契約（岩波書店）115-132 頁）
  抗告訴訟の本質と体系（現代行政法大系(4)行政争訟 I（有斐閣）135-167 頁）
- 12 月 〈学界回顧〉行政法（法時 55 巻 12 号 17-27 頁）

1984 年（昭和 59 年）
- 3 月 三大市における区制度／1982 年 12 月 31 日の法律第 1169 号（日仏法学 12 号 115-157 頁）
- 12 月 〈学界回顧〉行政法（法時 56 巻 13 号 22-33 頁）

1985 年（昭和 60 年）
- 8 月 〈書評〉宮崎良夫著『行政訴訟の法理論』（社会科学研究 37 巻 1 号 173-180 頁）
- 9 月 加治川水害訴訟最高裁判決について——最高裁昭和 60 年 3 月 28 日第一小法廷判決（ジュリ 843 号 79-82 頁）
- 10 月 〈紹介〉（フランス）行政法に関する最近の体系書等について（比較法研究 47 号 260-262 頁）
- 12 月 〈学界回顧〉行政法（法時 57 巻 13 号 17-28 頁）

1986 年（昭和 61 年）
- 4 月 公務員の採用内定（最判昭和 57・5・27 民集 36 巻 5 号 777 頁）（別冊ジュリ・公務員判例百選 18-19 頁）
- 9 月 新聞支配の規制／1984 年 10 月 23 日の法律第 937 号（日仏法学 14 号 75-78 頁）

1987 年（昭和 62 年）
- 1 月　　行政争訟制度の課題（ジュリ 875 号 26-30 頁）

　　　　　(1)地方自治法 243 条の 2 所定の職員の賠償責任につき同条 3 項の賠償命令を経ないで住民訴訟によりその履行を求めることは許されるか（積極）／(2)地方公共団体に対する長の損害賠償責任については民法によるべきであり地方自治法 243 条の 2 の適用はない —— 市川市長接待費住民訴訟事件上告審判決（最判昭和 61・2・27 民集 40 巻 1 号 88 頁）（判時 1212 号 176-181 頁（判評 335 号 14-19 頁））

- 5 月　　不可変更力（最判昭和 29・1・21 民集 8 巻 1 号 102 頁）（別冊ジュリ・行政判例百選 I 〔第 2 版〕144-145 頁）

　　　　　実質的確定力（最判昭和 42・9・26 民集 21 巻 7 号 1887 頁）（別冊ジュリ・行政判例百選 I 〔第 2 版〕146-147 頁）

　　　　　一事不再理（最判昭和 28・3・3 民集 7 巻 3 号 218 頁）（別冊ジュリ・行政判例百選 I 〔第 2 版〕148-149 頁）

- 6 月　　〈座談会〉学校事故を考える（ジュリ 886 号 4-19 頁）
- 11 月　　公務員の不法行為と責任の帰属 —— フランス行政賠償責任法の一側面（国家学会百年記念・国家と市民(1)公法（有斐閣）323-354 頁）

1988 年（昭和 63 年）
- 4 月　　〈座談会〉市民生活と警察の接点（ジュリ 906 号 4-18 頁）
- 5 月　　水の再利用と法（自治研究 64 巻 5 号 3-12 頁）〔都市圏環境計画の概念と手法で再整理〕
- 6 月　　換地処分無効確認訴訟の許否（最判昭和 62・4・17 民集 41 巻 3 号 286 頁）（ジュリ臨増・昭和 62 年度重要判例解説 42-44 頁）
- 10 月　　行政組織法と行政手続法（公法 50 号 164-188 頁）
- 12 月　　道路と住民と法（東京大学公開講座・道（東京大学出版会）173-195 頁）

1989 年（平成元年）
- 1 月　　〈研究会〉現行型行政訴訟の検討課題（ジュリ 925 号 2-98 頁）
- 4 月　　〈座談会〉憲法訴訟・行政訴訟における政策決定問題 —— 第 2 回日仏法学共同研究集会(2)憲法・行政法部門（ジュリ 932 号 84-98 頁）
- 8 月　　事業認定と土地収用法 20 条 3 号の要件 —— 日光太郎杉事件（東京高判昭和 48・7・13 行裁例集 24 巻 6＝7 号 533 頁）（別冊ジュリ・街づくり・国づくり判例百選 118-120 頁）
- 12 月　　行政控訴院の創設／1987 年 12 月 31 日の法律第 1127 号（日仏法学 16 号

94-96 頁)

1990 年（平成 2 年）

4 月　調査・処分・証明——取消訴訟における証明責任問題の一考察（雄川一郎先生献呈論集・行政法の諸問題（中）（有斐閣）249-279 頁）

6 月　行政行為概念の意義（ジュリ増刊・行政法の争点〔新版〕54-57 頁）

1991 年（平成 3 年）

7 月　行政の過程と仕組み（高柳信一先生古稀記念論集・行政法学の現状分析（勁草書房）151-165 頁）

10 月　保護申請の却下と執行停止（東京地決昭和 45・12・24 判時 618 号 19 頁）（別冊ジュリ・社会保障判例百選〔第 2 版〕194-195 頁）

1992 年（平成 4 年）

　　　La responsabilité administrative en droit japonais（Revue internationale de droit comparé, numéro spécial: Journées de la Société de législation comparée, vol. 14, année 1992, pp. 159-164）（発行月の表記なし）

4 月　行政争訟の実質と形式〈一緒に考えなおす行政争訟法 1〉（法教 139 号 87-90 頁）

6 月　行政処分の確定と発効〈一緒に考えなおす行政争訟法 2〉（法教 141 号 65-68 頁）

8 月　審査請求の趣旨と理由〈一緒に考えなおす行政争訟法 3〉（法教 143 号 106-109 頁）

9 月　〈座談会〉公害紛争処理制度の充実と発展（ジュリ 1008 号 10-26 頁）

10 月　行政法典のあり方（法教 145 号 17-19 頁）

12 月　質問検査権(1)——理由告知の要否等（最決昭和 48・7・10 刑集 27 巻 7 号 1205 頁）（別冊ジュリ・租税判例百選〔第 3 版〕166-167 頁）

　　　事実認定の審査と裁量〈一緒に考えなおす行政争訟法 4〉（法教 147 号 80-82 頁）

1993 年（平成 5 年）

1 月　環境基本法の制定問題（ジュリ 1015 号 57-60 頁）

2 月　〈座談会〉伊方・福島第二原発訴訟最高裁判決をめぐって（ジュリ 1017 号 9-35 頁）

　　　〈座談会〉責任概念の日仏比較研究——第 3 回日仏法学共同研究集会に出席して（ジュリ 1017 号 98-118 頁）

　　　行訴法 4 条前段の訴訟〈一緒に考えなおす行政争訟法 5〉（法教 149 号

57-59 頁)

- 4 月　行政政策過程と"基本法"(成田頼明先生横浜国立大学退官記念・国際化時代の行政と法(良書普及会) 59-76 頁)

　　　行政による裁判の利用〈一緒に考えなおす行政争訟法 6〉(法教 151 号 104-107 頁)

　　　不可変更力(最判昭和 29・1・21 民集 8 巻 1 号 102 頁)(別冊ジュリ・行政判例百選 I〔第 3 版〕142-143 頁)

　　　実質的確定力(最判昭和 42・9・26 民集 21 巻 7 号 1887 頁)(別冊ジュリ・行政判例百選 I〔第 3 版〕144-145 頁)

　　　一事不再理(最判昭和 29・5・14 民集 8 巻 5 号 937 頁)(別冊ジュリ・行政判例百選 I〔第 3 版〕146-147 頁)

- 5 月　〈シンポジウム〉行政手続法要綱案の検討――行政手続法対案研究会「対策」との比較を中心として(法時 65 巻 6 号 90-120 頁)

- 7 月　行政手続法案(平成 5 年 5 月 24 日衆議院提出)(ジュリ 1026 号 62-69 頁)

　　　行政訴訟の一般法と特別法〈一緒に考えなおす行政争訟法 7〉(法教 154 号 104-107 頁)

- 9 月　手続瑕疵による取消し〈一緒に考えなおす行政争訟法 8〉(法教 156 号 94-97 頁)

　　　組織規定と立法形式(芦部信喜先生古稀祝賀・現代立憲主義の展開(下)(有斐閣) 469-481 頁)

- 11 月　非主観的訴訟と司法権〈一緒に考えなおす行政争訟法 9〉(法教 158 号 97-100 頁)

　　　北海道海面漁業調整規則の適用範囲(最判昭和 46・4・22 刑集 25 巻 3 号 451 頁)(別冊ジュリ・地方自治判例百選〔第 2 版〕52-53 頁)

1994 年 (平成 6 年)

- 1 月　判決時説か処分時説か〈一緒に考えなおす行政争訟法 10〉(法教 160 号 120-123 頁)

- 2 月　〈座談会〉行政手続法の制定と今後の課題(ジュリ 1039 号 8-29 頁)

- 3 月　争訟対象処分の同一性〈一緒に考えなおす行政争訟法 11〉(法教 162 号 94-96 頁)

- 4 月　熊本水俣病認定不作為事件――申請処理の遅延と慰藉料請求(最判平成 3・4・26 民集 45 巻 4 号 653 頁)(別冊ジュリ・公害・環境判例百選 88-89 頁)

| 5月 | 基礎的自治体・広域的自治体（法教 165 号 24-25 頁）
| 7月 | 処分の取消しと拘束力〈一緒に考えなおす行政争訟法 12・完〉（法教 166 号 120-122 頁）
| | 〈研究会〉行政手続法(1)〜(14)完（ジュリ 1049 号（1994 年 7 月）から 1076 号（1995 年 10 月）にかけて，不定期に掲載）（ジュリ増刊・行政手続法逐条研究所収）

1995 年（平成 7 年）

| 1月 | L'administration au Japon : son passé et son avenir（Ruvue française d'administration publique, numéro 73, pp. 5-8）
| 3月 | 行政内部手続と外部法関係（兼子仁＝磯部力編・手続法的行政法学の理論（勁草書房）99-113 頁）
| 4月 | 韓国の行政法の現状と課題〈日韓行政法研究集会報告より〉はじめに（自治研究 71 巻 4 号 61-62 頁）
| 6月 | 行政法判例の動き（ジュリ臨増・平成 6 年度重要判例解説 26-29 頁）
| 7月 | 〈座談会〉日仏法学シンポジウム週間——第 4 回日仏法学共同研究集会「異文化と比較法」／アンリ・カピタン協会日本大会「団体と法」（ジュリ 1071 号 59-77 頁）

1996 年（平成 8 年）

| 5月 | 住民基本台帳ネットワークシステムの構想（地方自治 582 号 2-11 頁）
| 6月 | 〈座談会〉機関委任事務廃止と地方分権——地方分権推進委員会中間報告をめぐって（ジュリ 1090 号 4-29 頁）
| | 行政法判例の動き（ジュリ臨増・平成 7 年度重要判例解説 22-25 頁）
| 8月 | 住民基本台帳ネットワークシステムに関する研究会報告（自治研究 72 巻 8 号 3-13 頁）
| 10月 | 行政法・行政政策過程（法律学がわかる。（朝日新聞社）44-45 頁）
| 12月 | 行政法改革？（季刊行政管理研究 76 号 1-2 頁）

1997 年（平成 9 年）

| 3月 | 〈鼎談〉情報公開法要綱案をめぐる基本的問題（ジュリ 1107 号 4-22 頁）
| | Judicial Review in Japan（Comparative Studies on the Judicial Review System in East and Southeast Asia, edited by Yong Zhang）
| 6月 | 行政法判例の動き（ジュリ臨増・平成 8 年度重要判例解説 27-30 頁）
| 7月 | 〈座談会〉環境影響評価法をめぐって（ジュリ 1115 号 4-24 頁）
| 8月 | 〈翻訳〉オランダ一般行政法典（国家 110 巻 7＝8 号 665-684 頁）

9月	国と地方公共団体の新しい役割分担（地方議会人28巻4号10-13頁）	

1998年（平成10年）

- 1月　抗告訴訟と法律上の利益・覚え書き（成田頼明先生古稀記念・政策実現と行政法（有斐閣）43-55頁）
- 2月　〈座談会〉分権改革の現段階——地方分権推進委員会第1次～第4次勧告をめぐって（ジュリ1127号12-37頁）
- 3月　フランス行政訴訟における"指令"について（現代ヨーロッパ法の展望（山口俊夫先生古稀祝賀の趣旨で編まれた論文集）（東京大学出版会）445-457頁）
- 5月　〈対談〉行政構造の変革（ジュリ1133号24-39頁）
- 7月　行政救済制度の課題——事後救済制度調査研究委員会報告書（ジュリ1137号159-175頁）

1999年（平成11年）

- 2月　実質的確定力（最判昭和42・9・26民集21巻7号1887頁）（別冊ジュリ・行政判例百選Ⅰ〔第4版〕158-159頁）
- 　　　一事不再理（最判昭和29・5・14民集8巻5号937頁）（別冊ジュリ・行政判例百選Ⅰ〔第4版〕160-161頁）
- 3月　行政法の将来・50年経って（成田頼明ほか編・行政の変容と公法の展望（有斐閣学術センター）188-193頁）
- 5月　環境影響評価法とその課題（ジュリ増刊・環境問題の行方58-61頁）
- 7月　〈研究会〉「パブリック・コメント手続」——規制に係る意見提出（ジュリ1159号72-90頁）
- 11月　国立大学法人化問題に寄せて（書斎の窓1999年11月号）
- 12月　機関委任事務と国家賠償法1条（南博方先生古稀記念・行政法と法の支配（有斐閣）1-12頁）

2000年（平成12年）

- 1月　法定受託事務と国の関与について（法務省訟務局訟務資料516-492／地方分権一括整備法による改正法律に基づく訴訟について）
- 3月　厚生年金保険被保険者資格の確認を求める訴え（東京地判昭和39・5・28行裁例集15巻5号878頁）（別冊ジュリ・社会保障判例百選〔第3版〕70-71頁）
- 5月　〈座談会〉地方分権改革の意義と課題（ジュリ増刊・あたらしい地方自治・地方分権4-57頁）

9月	並行権限と改正地方自治法（金子宏先生古稀祝賀・公法学の法と政策（下）（有斐閣）289-311頁）
	中央省庁等改革関連法律の理論的検討(1)〜(4)完（自治研究76巻9号（9月）〜12号（12月），共著）
10月	地方分権改革——行政法的考察（公法62号163-178頁）
12月	法曹養成と行政法教育（自治研究76巻12号3-11頁，共著）
	〈座談会〉個人情報保護基本法制大綱をめぐって（ジュリ1190号2-29頁）

2001年（平成13年）

4月	法科大学院における行政法カリキュラムの充実に向けて：具体案の提示・検討の呼びかけ（自治研究77巻4号3-13頁，共著）
6月	基準・法律・条例（塩野宏先生古稀記念・行政法の発展と変革（下）（有斐閣）381-400頁）
9月	〈講演〉行政訴訟の課題と展望（司法研修所論集106号27-55頁）

2002年（平成14年）

2月	司法型の政府間調整（岩波講座・自治体の構想(2)（岩波書店）57-71頁）
3月	〈視点〉公務員制度改革の論点（ジュリ1218号2-4頁）
4月	行政訴訟改革の基本的考え方（ジュリ1220号62-64頁）

2003年（平成15年）

6月	環境政策における情報と参加・総論（環境法政策学会編・環境政策における参加と情報的手法（商事法務）1-6頁）
	〈パネルディスカッション〉日弁連「行政訴訟法案の検討」（日本弁護士連合会編・使える行政訴訟へ（日本評論社）99-144頁）
	〈座談会〉現代における安全問題と法システム（上）（下）（ジュリ1245号（6月）・1248号（7月））
10月	北海道海面漁業調整規則の適用範囲（最判昭和46・4・22刑集25巻3号451頁）（別冊ジュリ・地方自治判例百選〔第3版〕70-71頁）

2004年（平成16年）

3月	〈鼎談〉行政訴訟検討会の「考え方」をめぐって（ジュリ1263号6-46頁）
	〈講演〉行政訴訟の課題と展望——行政訴訟改革をめぐって（司法研修所論集111号32-62頁）
4月	熊本水俣病認定不作為事件——申請処理の遅延と慰藉料請求（最判平成3・4・26民集45巻4号653頁）（別冊ジュリ・環境法判例百選74-75

8月	行政庁の第一次的判断権・覚え書き（原田尚彦先生古稀記念・法治国家と行政訴訟（有斐閣）217-245頁）
9月	規制行政と給付行政（ジュリ増刊・行政法の争点〔第3版〕8-9頁）
10月	〈座談会〉行政判例研究会とこれからの行政法学（上）（下）（自治研究80巻10号（10月）・11号（11月））
12月	〈講演〉行政事件訴訟法改正がめざすもの（ジュリ1281号72-78頁）

2005年（平成17年）

3月	〈鼎談〉「国立大学の法人化」と国立大学協会（東京大学大変革・現状と課題4　106-120頁）
	概説／法人化の経緯（同上121-125頁）
6月	環境訴訟と行政訴訟改革（環境法政策学会編・環境訴訟の新展開（商事法務）1-8頁）
	個人情報保護と行政情報一般ルール（上）（季報情報公開個人情報保護17号2-4頁）
10月	質問検査権(1)――理由告知の要否等・荒川民商事件（最決昭和48・7・10刑集27巻7号1205頁）（別冊ジュリ・租税判例百選〔第4版〕206-207頁）

2006年（平成18年）

3月	事業者の安全管理と行政介入（ジュリ1307号46-49頁）
5月	実質的確定力（最判昭和42・9・26民集21巻7号1887頁）（別冊ジュリ・行政判例百選Ⅰ〔第5版〕140-141頁）
	小田急線連続立体交差事業認可処分取消，事業認可処分取消請求事件：意見書（小田急高架訴訟弁護団編・住民には法を創る権利がある：小田急高架訴訟大法廷の記録（日本評論社）199-202頁）
6月	憲法改正論議と地方自治原理（日本自治学会2005年度活動報告集80-85頁）
7月	行政不服審査制度研究報告書――その背景と経緯（ジュリ1315号76-77頁）
9月	〈基調講演〉行政法制度改革の基本的な視点（日本弁護士連合会編・行政法制度改革で，わたしたちは何をなすべきか（現代人文社）4-16頁）

2008年（平成20年）

1月	〈基調講演〉地方分権改革推進委員会の今後の展望（市政57巻1号43-

		48頁)
	3月	課税処分と国家賠償（藤田宙靖博士東北大学退職記念・行政法の思考様式（青林書院）199-202頁）
	5月	厚生年金被保険者資格確認の義務付けの訴え（東京地判昭和39・5・28行裁例集15巻5号878頁）（別冊ジュリ・社会保障判例百選〔第4版〕74-75頁）
	11月	〈シンポジウム〉行政訴訟の門戸開放は実現されているか──小田急大法廷判決をめぐって（法時80巻11号58-69頁）
	12月	「義務付け・枠付け」を廃して条例制定権拡大をめざす（ガバナンス2008年12月号12頁）
2009年（平成21年）		
	1月	〈対談〉自治立法権の確立に向けた地方分権改革（都市問題100巻1号27-40頁）
	3月	地方分権改革の動向と市町村が果たすべき役割（自治振興セミナー・地方分権と法制執務：平成20年度講演録（地方自治研究機構））
		地方分権と地方財政健全化法──公法学の視点から（日本財政法学会編・自治体財政の健全化〔財政法叢書25〕（全国会計職員協会）9-19頁）
		〈討論〉自治体財政の健全化（日本財政法学会編・自治体財政の健全化〔財政法叢書25〕（全国会計職員協会）69-112頁）
	8月	分権改革推進委員会 義務付け・枠付け「中間報告」の読み方（ガバナンス2009年8月号101-103頁）
2010年（平成22年）		
	12月	地方分権の現状と課題（ジュリ1413号8-13頁）
2011年（平成23年）		
	3月	〈巻頭言〉折衷型二元代表制（自治実務セミナー50巻3号1頁）
	9月	熊本水俣病認定不作為事件──申請処理の遅延と慰藉料請求（最判平成3・4・26民集45巻4号653頁）（別冊ジュリ・環境法判例百選〔第2版〕72-73頁）
	11月	行政法の存在意義（磯部力＝小早川光郎＝芝池義一編・行政法の新構想(1)（有斐閣）1-19頁）
2012年（平成24年）		
	7月	義務付け・枠付けの見直し──その意義と展望（市政61巻7号22-24頁）

10 月　　行政事件訴訟法第二次改正シンポジウム（判時 2159 号 3-30 頁）
2013 年（平成 25 年）
　2 月　　〈巻頭言〉国民審査と棄権（自治実務セミナー 52 巻 2 号 1 頁）
　5 月　　墓埋法と同法施行条例——事務権限移譲と独自基準（さいたま地判平成 21・12・16 判自 343 号 33 頁）（別冊ジュリ・地方自治判例百選〔第 4 版〕62-63 頁）
　8 月　　〈コメント〉原発事故の環境法への影響（環境法政策学会編・原発事故の環境法への影響：その現状と課題（商事法務）98-102 頁）
2014 年（平成 26 年）
　2 月　　〈座談会〉地方分権の 20 年を振り返って(1)〜(7)完（地方自治 795 号（2 月）〜801 号（8 月））（地方自治制度研究会編・地方分権 20 年の歩み収録）
　3 月　　〈巻頭言〉パブコメ手続と国地方関係（自治実務セミナー 53 巻 3 号 1 頁）

あとがき

　小早川光郎先生は，2016年9月10日にめでたく古稀をお迎えになられる。本書は，東京大学で先生からご指導を受けた研究者が，先生の古稀を祝賀し，先生に献呈する論文集である。

　先生は，東京大学法学部の助手，助教授を経て，同大学大学院法学政治学研究科・法学部教授として，長年にわたり，行政法の研究教育に邁進してこられた。東京大学を定年退職後は，成蹊大学大学院法務研究科で教鞭をとられるとともに，2014年4月より法務研究科長の重責を担われておられる。

　研究者としての先生は，理論を徹底的に分析することを好む学究の徒である。処女作である『行政訴訟の構造分析』をはじめ，本書著作目録に示された先生の御著作に，先生の深い思索の成果が示されている。行政の法的仕組みに着目した理論体系を構築されたことも，特筆されるべきであろう。

　もっとも，先生は，決して象牙の塔にこもる孤高の研究者ではない。先生は，研究者仲間との議論を大変好まれ，研究会を大切にされた。行政判例研究会，フランス行政法研究会は，先生が長年にわたり中心となって運営されてきた研究会であり，やむを得ない事情があるとき以外は，必ず出席され，議論に参加された。また，ジュリストの編集にあたっても，先生は，座談会で議論を深める企画を好まれ，その成果が，行政手続法，改正行政事件訴訟法，地方分権改革に関する書籍として公刊されている。行政法制研究会は，法科大学院の発足に伴い，理論研究が疎かになることを懸念された先生が，理論研究の活性化を意図して，立ち上げた研究会である。

先生は，多数の行政法研究者を養成してこられたが，各研究者の個性を尊重して，自由な研究環境を与えてくださった。他方，まったくの放任主義というわけではなく，ご相談を持ち掛けたときには，常に懇切に助言・指導をしてくださった。そのような先生の態度は，研究者の養成の面に限らず，学内行政・研究会の運営等に関するご相談をさせていただいたときも一貫していた。

　さらに，先生は，日本公法学会の運営においても，長期間，事務局，庶務担当理事，理事長として，多大なご尽力をされた。また，東アジア行政法学会理事として，東アジアにおける学術交流にも功績を挙げられた。行政法研究フォーラムの設立にあたっても，先生は多大な貢献をされたが，先生がきわめてご多忙な中で，このような労を惜しまれなかったのは，行政法学界全体の発展に常に配慮してこられたからであろう。

　それに加えて，先生は，国・地方公共団体等の夥しい数の審議会，研究会等に参加され，立法や制度の運用等においても活躍されてきた。行政手続法・行政機関情報公開法・地方分権一括法の制定，行政事件訴訟法・行政不服審査法の改正等，その例は枚挙に暇がない。この点については，本書掲載の先生の御略歴を参照いただきたい。このような場への参画を通じて，先生は，行政実務への洞察を深められ，行政の実態を踏まえた均衡のとれた解釈論・立法論を展開してこられたのである。

　先生は，現在も，研究教育，日本公法学会の運営，政府の審議会等への参画等，多方面にわたって，精力的な活動を続けておられる。今後も，引き続き，私ども後進にご指導ご鞭撻を賜るようにお願い申し上げたい。また，長年にわたり先生の研究生活を支えてこられた令夫人とともに，これからもお元気でご活躍されることを祈念申し上げる。

　末筆ではあるが，本書の企画および編集に当たっては，有斐閣書籍編集第１部

の佐藤文子氏，渡邉和哲氏にひとかたならぬお世話になった。両氏の惜しみないご協力なくして本書の刊行にこぎつけることは到底不可能であった。ここに記して衷心よりお礼申し上げたい。

 2016 年 7 月

宇 賀 克 也
交 告 尚 史

現代行政法の構造と展開

2016 年 9 月 10 日　初版第 1 刷発行

編　者	宇　賀　克　也
	交　告　尚　史
発行者	江　草　貞　治
発行所	株式会社　有　斐　閣

郵便番号 101-0051
東京都千代田区神田神保町 2-17
電話　(03)3264-1314〔編集〕
　　　(03)3265-6811〔営業〕
http://www.yuhikaku.co.jp/

印刷・株式会社精興社／製本・牧製本印刷株式会社
© 2016, 宇賀克也・交告尚史. Printed in Japan
落丁・乱丁本はお取替えいたします。
★定価はケースに表示してあります。

ISBN 978-4-641-22701-9

JCOPY　本書の無断複写（コピー）は、著作権法上での例外を除き、禁じられています。複写される場合は、そのつど事前に、(社)出版者著作権管理機構（電話03-3513-6969、FAX03-3513-6979、e-mail：info@jcopy.or.jp）の許諾を得てください。

本書のコピー，スキャン，デジタル化等の無断複製は著作権法上での例外を除き禁じられています。本書を代行業者等の第三者に依頼してスキャンやデジタル化することは，たとえ個人や家庭内での利用でも著作権法違反です。